纪 念

中国第一历史档案馆
成立 100 周年

明清档案与历史研究

论文选

2015—2024

中国第一历史档案馆　编

下

国家图书馆出版社

目　录

（下册）

明清历史研究

金石以寿　典谟永藏

——略谈明清时期的皇史宬

胡忠良

皇史宬是明清两代皇家档案馆，历史悠久、建筑弘奇、制度完备，既是中国古典国家档案馆标志性的物质遗存，亦是中国古代档案文献制度史上的一座文化丰碑。

一　沿革

皇史宬始建于明朝。明中期，宫廷档案文献积累日繁，火灾频发，隐患不断。弘治五年（1492），大学士丘濬上疏弘治帝，建议以"石室金匮"式建筑保存宫廷重要经籍图书。"自古帝王藏国史于金匮石室之中，盖以金石之为物，坚固耐久，非木土比，又能扞格水火，使不为患。有天下者斫石以为室，锢金以为匮。凡家国有秘密之记，精微之言，与凡典章事迹，可以贻谋传远者，莫不收贮其中，以防意外之虞"①。丘濬在奏疏中建议仿照古代石室金匮之制在文渊阁附近择地建重楼一所，不用木植，专以砖石垒砌，上层置铜匮奉庋明代帝王实录、玉牒等重要典籍；下层置铁匮专藏诏册、制诰、敕书，以及"可备异日纂修一代全史之用"的行礼仪注、应制诗文、前朝遗文旧事等项杂录。"如此则祖宗之功德在万世永传信而无疑，国家之典章垂百王递沿袭而有本矣。"

　　丘濬的建议得到弘治帝采纳，但由于各种原因，未遑付诸实现。至嘉靖初，其议始再被重提。嘉靖帝以藩王入继大统，饱受"继统"与"继嗣"舆论的困扰，继位后即发动"大礼议"之争，坚持"继统"，并以皇帝的威势力压众议，追尊其生父为献皇帝，上庙号睿宗、升祔太庙。这场礼议之争前后持续十多年，嘉靖十三年（1534）七月，嘉靖帝命开实录馆，修撰恭睿献皇帝《实录》《宝训》，并重抄历朝《实录》《宝训》；同时大兴土木，修建"石室金匮"制式的"神御阁"，拟将其父献皇帝及先朝列祖列宗的御容画像以及《实录》《宝训》，享殿供奉，借以昭示天下后人其父亲的地位和他继位的合法性在国史中永远不容动摇。该工程历二年而竣，然原所计划的上下两层重楼的设计中途发生变化，最终完成的是一座单层黄瓦大殿，嘉靖帝乃将原拟典藏于重楼上层的御容画像尽移藏于重修过的景神殿中，而新建的"石室金匮"大殿则专门用来祭藏列帝《宝训》《实录》等国典。

　　嘉靖帝无疑采纳了丘濬原疏中防备水火天灾的国家档案典籍备份库的思路，其重点显然更侧重于配享传世国典之政治层面的考量。在选址上，嘉靖帝颇费心思，没有建在紫禁城内文渊阁附近②，而选在东华门外"南内"的重华宫附近。从堪舆上讲，其位置在皇城东南角，与《礼记》"匠人营国"理论中皇城"左祖、右社"的理念一脉相承；从格局上讲，其位于皇城左前方之东南巽位，也是文庙应在的方向。嘉靖帝还特意给新的"石室金匮"建筑起了一个新的名字——"皇史宬"。据《春明梦余录》载：皇史宬"门额以史为叏，以成为宬。左右小门曰齾历，以龙为齾，皆上自制字而手书也。"③ 由此可见，嘉靖帝所建并非只是一座单纯的备份藏书库，而是一个由正殿、配殿组合的独立的院落式祭藏结合型的皇家文献档案阁库，规格极高。

　　皇史宬自明嘉靖肇建定制到明亡，其间隆庆二年（1568）有过修缮，然祖制格局未曾变易。明清易代，清廷基本上全盘沿用明朝制度，皇史宬也延续了明代的制度与功能，但也有一些变易与革新。

清代皇史宬的沿革流变可略分为两个阶段。第一阶段为清入关至乾隆时期。从宫藏康熙八年（1669）《皇朝宫殿衙署图》看④，当时皇史宬内院中正殿前甬道正中央尚存一座原明朝所建的小型建筑，据推测可能是作为皇帝观礼拈香的享殿，此外正殿的前面也尚未出现后来的崇基陛阶的大型汉白玉月台。而到了乾隆初的《皇史宬全图》中，甬道中央的原明建小殿已被拆除，正殿前则出现了宽大的汉白玉陛阶月台。显然在此期间，清廷对皇史宬建筑进行过重新规划翻建。另据《春明梦余录》记载，明代皇史宬正殿内原有 20 座独立石台，其上各置金匮一只。而乾隆初《皇史宬全图》中，正殿的石台已改建为前后两列长条形状，"前石台离南墙一丈三尺三寸"，前后石台的间隔为"五尺二寸"，后石台"离后墙三尺"，前后石台"东西各长九丈五尺三寸五分，各高四尺六寸，南北各宽三尺"，前后两列石台上，各排放 15 只金匮，内贮清太祖到世宗的列帝《实录》《圣训》。此外，在后列石台的左角尚有一只小柜，内贮清世宗雍正帝的上谕。而所有正殿中原来明代的金匮，则已移到了东配殿中⑤。

第二阶段为嘉庆中期及迤后。嘉庆十二年（1807），乾隆《实录》《圣训》修竣，入藏前，嘉庆帝对皇史宬进行了重新的规划与翻修。首先是对正殿内的陈设形式进行了变更。鉴于新修之满、蒙、汉三体文字的高宗《实录》《圣训》体量过大，原正殿内陈设空间已不敷适用，兼综合考虑到后世不断的增量，嘉庆帝决定将原正殿内典藏的玉牒一体移出，典藏于景山寿皇殿，并著永为例。同时，将正殿内原设前后两列汉白玉台改为连接成为一个整体大台，以便新修《实录》《圣训》的重组排列。新修的汉白玉石台，据光绪朝《皇史宬金匮图》记："石台高四尺五寸一分，东西长十二丈八尺二寸，南北宽二丈三尺九寸。"⑥

为方便正殿装修，嘉庆帝下旨将正殿内原藏"五朝圣训、实录暂行移奉配殿"⑦。待新石台扩建晾干后择吉与新修高宗圣训、实录"一体奉入尊藏"，重新排列。此外，为了给后世各代新修的实录、圣训预留典藏空间，下旨翻修东西配殿。新翻修后的两配殿空间上有所扩展，至今殿内尚可见扩建时所遗原明代建筑的柱基痕迹，同时在两配殿的门前新修了前伸的石阶平台。嘉庆帝下谕："嗣后（正殿）石室排列充盈，即著于东西两配殿依照（正殿）石台规制，敬谨建造分贮，奕叶遵循，永远无替。将此旨交内阁敬谨存记。"⑧此外，嘉庆帝还在皇史宬内院的东北角新修了一座御碑亭，内立满汉双语的重修皇史宬之碑，以缕叙皇史宬沿革并纪念此次重修功绩。

嘉庆帝对皇史宬的重修，继承延伸了明代嘉靖帝的奠藏理念，将皇史宬的皇家档案殿堂级地位提到了新的高度，也成为清代皇史宬最终规制格局，此后几无变化。

与同期的内阁大库，以及清朝乾隆时期所修建的"文渊阁"等档案、书籍库不同，重新翻修的皇史宬既是藏书殿，更是一个有正殿、配殿组合的独立的礼天法祖礼仪空间。该正殿保留了明代原建的面阔九楹、正中券门五座的顶级"九五之尊"配置，包括正殿檐角上的九只脊兽，在等级规格上也与紫禁城中的乾清宫比肩相侔。

二　典藏

皇史宬所藏典籍档案内容，明嘉靖时期已定制垂范，重在列朝列帝的《实录》《宝训》等国典的昭示奉藏；然嘉靖以后，其典藏范围渐渐扩容。清因明制，随时代的不同也有所损益。具体轨迹如下：

在明代，《实录》《宝训》是皇史宬正殿所奉藏的无可动摇的核心档案文献，自嘉靖帝首创此制，明清两朝一直恪守不替。《春明梦余录》卷十三载："皇史宬，在重华殿西……中贮列朝《实录》及《宝训》，每一帝山陵，则开局纂修，告成焚稿椒园，正本贮此。《实录》中诸可传诵宣布者曰《宝训》。宬中四周上下俱用石甃，中具二十台，永陵、定陵各占二台。"⑨据此可知，至明末皇史宬正殿内已有石台 20 座，每座石台上放置金匮 1 座，且除嘉靖帝和万历帝的《实录》《宝训》各用了 2 座金匮存放外，其余皇帝的实录、宝训均用 1 座金匮贮放。而当嘉靖帝首建皇史宬时，下谕内阁将事先抄缮的明代前朝九帝的《实录》《宝训》一体入藏，可判是时正殿内应有九尊石台、金匮，此后历朝迭积，不断增益，至明末时达 20 座石台、金匮。此为明代实录、宝训的典藏实况。

明嘉靖二十四年（1545）后，重修的玉牒入藏皇史宬，从此永为定例。隆庆初，明廷重抄之嘉、隆本《永乐大典》也正式入藏皇史宬。清康熙末年，翰林待诏高不骞奉命入皇史宬检书，所撰纪事诗《检书行》中有云："四围橱簏众星共，经经纬史光焰重。谁钦纷纶卷倍万，永乐大典堪当冲。"⑩可见清初皇史宬的典藏盛况。据史料记载，直到清雍正年间，《永乐大典》始从皇史宬移到翰林院典藏。此外，明中晚期以后，还陆续有一些内府传世的典籍入藏。《春明梦余录》记明中期文渊阁内"所积书计二百余部，近百万卷，刻本十三，抄本十七，蓄积之富，前古所未有也。嘉靖中，阁灾，书移通集库及皇史宬"⑪。然其收存于正殿抑或东西配殿，没有确切记载。据清乾隆初的《皇史宬全图》所记，当时皇史宬东配殿尚"内贮石刻法帖七十六块，前明实录金匮十九座，"尤可窥皇史宬明季所藏之杂博。

清入关伊始，即筹修明史，诏收天下之明代档案。皇史宬所藏明朝《实录》《宝训》《玉牒》等也被移出，集中供清廷开馆修史之用。而清朝的《实录》《圣训》《玉牒》等则陆续入藏皇史宬，盖因皇史宬正殿乃国家尊典之所，例为本朝独享。康熙初，清朝列帝实录首次入藏皇史宬正殿。康熙十一年（1672）《清世祖实录》修竣，尊藏于大内，翌年四月，"丙寅，监修总裁、副总裁等请旨，于是日同纂修官等遵奉典礼，自实录馆恭送《世祖章皇帝实录》至皇史宬尊藏"⑫。康熙二十一年（1682），《大清太宗文皇帝实录》重修完成后，举行了进呈及入藏仪式。同年，开始纂修太祖、太宗及世祖三朝《圣训》，至康熙二十五年（1686）竣，将《大清太祖高皇帝实录》及三朝《圣训》同时存入皇史宬。该年十月二十七日，"戊寅，监修总裁、总裁、副总裁等官恭送《太祖高皇帝实录》《圣训》至皇史宬尊藏"⑬。此后，《实录》《圣训》同时入藏皇史宬，成为宫中定例。

清朝很早即已开始援明朝旧例，每隔十年开修一次本朝玉牒。顺治十一年（1654）四月，礼部尚书胡世安等题请纂修《玉牒》⑭。顺治十八年（1661），清朝第一份《玉牒》修竣，翌年（康熙元年，1662）正式入藏皇史宬。此后，"（玉牒）每修成一次，腾缮装潢，进呈御览后，恭送皇史宬尊藏"⑮。乾隆初《皇史宬全图》中的绘注在正殿四壁陈设有玉牒柜78箱，记录了当时《玉牒》庋藏的规制。

嘉庆十二年，嘉庆帝对皇史宬正殿的典藏进行重新规划，下谕将玉牒永远地从皇史宬移出。"因思石台金匮规制深严，应专为尊藏列圣实录、圣训之地，以昭万年法守，其中旧贮及本年续修玉牒均移贮于景山寿皇殿之东西两室，著所司诹吉遵行"⑯。

关于清代皇史宬东西配殿内的藏品，乾隆初《皇史宬全图》

图说中西配殿的记注中写明"内贮通政使送内阁副本"的字样。史载，雍正七年（1729）大学士九卿遵旨议准"各省督抚题奏事件，例有副本送通政司。嗣后应令一并送阁，奉旨后，内阁将副本遵照红本用墨笔批录另存皇史宬。其在京各部院覆奏本章，亦照此办理"[17]。《茶余客话》记载"内阁副本每届年终派汉本堂中书查对，送贮皇史宬内。辛巳之冬（乾隆二十六年，1761）祝宣诚前辈维诰应斯役，予偕入观，数百十年之章疏，积若崇山"[18]。此外，乾隆初《皇史宬全图》中还记注在正殿中有《钦定大清会典》及《朔汉方略》等书柜，嘉庆重修正殿时随玉牒移出存放于东西配殿，此后再也没有移回正殿。综上所述，可知皇史宬东西配殿的收藏典籍文档的大致情况。嘉庆十二年重修之后，东西配殿一直作为内阁的内部文档库房。

皇史宬收藏中还有一类重要清代文物，即清代将军银印。清初战事频仍，各钦命将军（经略）银印铸颁后均不销毁，而由内阁依例收藏于皇史宬中，遇命将时开列名目，待皇帝钦定后从皇史宬请出颁授，凯旋后再缴回皇史宬存放，此制度自康熙起即已实施。高不骞《检书行》诗"艺苑秘宝探无外，银印一笥留尘封。文命敷于武功后，累累忍使洪炉熔"中的"银印一笥"，即指此物。乾隆初《皇史宬全图》中也明确绘有此印笥放在正殿的右二门洞内，并注明"内藏各将军印信"。据载，皇史宬内所积存的将军印信，从顺治二年至雍正十一年（1645—1733）计有大将军印41颗、将军印65颗、副将军印3颗，共计109颗。乾隆十四年（1749），乾隆下令重新清厘，定制为34颗（实为17颗将军印，每印除留下原印，又配有乾隆十四年新刻的满汉篆合璧的新印）。"各分七匣收贮，稽其事迹始末，刻诸文笥，足以传示奕祀。即仍其清汉旧文而配以今制清文篆书，如数重造，遇有应用，具奏请旨颁给。一并藏之皇史宬，其余悉交部销毁"[19]。皇史宬所藏将军印，乾隆以后历朝都还在命将使用，虽非固定典藏之物，但出于机密需要，一直被存放在了皇史宬，归"（内阁）典籍（厅）及满本房掌管收发"[20]。清末八国联军入京，皇史宬遭到洗劫，这箱钦命将军银印也从此失踪。光绪二十七年（1901）七月初二日李鸿章上奏提到："再查臣衙门兼管之皇史宬石门内台阶下，向存虎纽银印一箱共计三十四颗，系我朝命将出师凯旋恭缴者。比因上年变乱，箱内银印全行失去。"[21]

三　规制

皇史宬建筑无疑是中国历史上古典"石室金匮"皇家档案馆的顶格规制。

皇史宬内院为一坐北朝南的长方形院落，主要建筑包括正殿，东西配殿及清代的御碑亭。内院南边还有一个外院，为工作人员生活区。

皇史宬内院南大门为设在院落中轴线上的石须弥座上的三券式组合的琉璃大门，大门琉璃构件上的花纹带有明显的明代嘉靖时期的风格特征，其配套的石须弥座和栏杆等也是明代皇家重要建筑前琉璃大门的典型规制。此外，南墙还设有两翼对称的过梁式的琉璃随墙门各一座。

皇史宬内院中偏北坐北朝南者的正殿，建在石须弥座殿基上，殿前连基延伸出一座高深的巨大月台，月台正前方陛阶正中处设海水江崖雕龙汉白玉丹陛石一块，丹陛石东西两侧各设玉阶一道；此外在月台的东西两侧，也各有台阶一道。月台包括正殿后及左右台基的周围均环以汉白玉石栏杆，并有间格探出的排水汉白玉雕龙头。正殿面阔九间，上覆单檐庑殿黄琉璃瓦顶，檐下枋、柱、檩、斗栱、椽子及窗棂，全为石制彩绘。整个大殿均为砖石复合券结构。大殿正面开五个券门，门有两层，外层为实踏大门，内层为朱红隔扇门。殿内顶部为进深方向拱券，不用梁架结构，故又称"无梁殿"。正殿南墙厚达 6m，东西墙各有对开的朱漆大铁窗户。殿内东西长 42m 多，南北进深 10m 多。抬地铺设一座高 1.2m、几乎与大殿面积相同的汉白玉须弥座石台，基座及腰线等处雕刻有精美的海水、行龙、飞凤等图案。石座上所陈设 153 个鎏金铜皮樟木柜，即"金匮"。每柜高 1.31m，宽 1.34m，厚 0.71m。清代的金匮中还装潢有棉袱屉匣，今已佚失无存。

皇史宬内院中东西两配殿对称拱正殿鹄立，在建筑形式处理方法上使整个院落建筑规划取得和谐统一。两配殿均为前后封护檐的硬山建筑，殿正面辟三券门，上安棋盘大门。其内部为进深 3 间的大木结构，配有彩绘天花板与梁柱。殿的正立面屋檐下，设有石雕金钱气孔 21 个，殿内南北山墙上对开石砌方形老虎窗。

在皇史宬正殿东侧，建有清嘉庆十二年重檐四角攒尖碑亭，面阔 3 间，为清代御碑亭普通形制。其位置不抢院中主要区域，空间上也未伤内院格局的整体和谐。

皇史宬内院的全部地面均做过专门的防挖、防盗、防水措施。建造者将沙土、糯米、生石灰等材料混合铺地，形成坚如水泥般的黏土地基层，号称"金地"，其质地之坚硬，铁器亦无可伤；地基上再铺陈灰色的倒斗形地砖，铺好后表面紧密无隙，实则下面中空，便于雨水迅速渗透而避免积水之虞。此外，在内院的正门到正殿中以及东西配殿前，统一以原色石条呈十字连结铺设甬道，勾画出院落的空间界线。

石室砖甍、穴壁为窗。所有砖石结构的建筑，均配有金匮、木柜等特殊装具，在通风、防潮、防尘、防虫蛀鼠噬等方面，最大限度地起到了对所藏档案文献的保护作用。尤其该正殿内四周的厚墙，使得殿内天然地形成了一个冬暖夏凉的稳定理想的保护环境。再加之各类金匮、木柜内层层的函套、书衣，包括樟木、烟叶等纯天然驱虫物等，更使其保护措施得到了多重加持。

明代皇史宬由司礼监专设监官与监工负责日常管理，"司礼监提督以下，则监官十余员，第一员监官提督皇史宬"㉒。入清后，皇史宬归内阁满本房管辖，康熙时期设章京四人，披甲二十；乾隆后则"额设守尉三人，守吏十六人"㉓。乾隆初《皇史宬全图》图也注有"看守皇史宬食七品俸尉三员，食二两钱粮吏十六员"的文字。皇史宬设在皇城内，宫禁之地，把守森严，据乾隆《京城全图》所绘，在皇史宬院墙外即有八旗外护军值班的堆拨㉔。

皇帝亲诣皇史宬拈香瞻礼是最隆重的仪典。据史料记载，明朝《实录》《圣训》入藏时，都要举行隆重仪式，皇帝亲临视阅。司礼监官一路护送，经奉天门、左顺门、东华门至皇史宬。其间，鼓乐齐鸣，百官依次跪拜，行叩头礼。清朝基本沿用了明朝仪典，乾隆帝曾于乾隆十五年（1750）亲诣皇史宬瞻礼，并作御制诗以纪，其诗至今留在皇史宬大殿中的石碑上。自嘉庆十二年重修皇史宬并亲诣瞻礼后，每届新实录、圣训修成，皇帝必亲自陛临皇史宬拈香瞻礼，此制遂成定例。在咸丰七年（1857）军机处抄出的嘉庆十二年嘉庆皇帝"亲诣皇史宬拈香行礼"则例档案中详细记载了皇帝行走路线、下轿入殿，以及"内阁大学士、内阁学士、满本堂侍读学士等俱穿补褂在西角门外顺南墙西首门内向站班迎送"等细节㉕。后世列帝瞻礼仪典之隆已不如嘉庆时期，同治六年（1867）同治皇帝例赴皇史宬拈香行礼，下谕一切从简，"毋庸派人递香，御前大臣、御前侍卫随入殿门内，乾清门侍卫俱在殿门外，至实录馆总裁及礼部各员均毋庸随往"㉖。然则直到光绪时，这一制度始终未曾废替。

除了内阁对皇史宬的日常管理，皇帝还会定期不定期地派大臣前往查验皇史宬档案状况，这类档案至今在中国第一历史档案馆所藏档案中寻常可见。

皇史宬例设晒书制度。明人沈德符《万历野获编》云："六月六日，本非令节，但内府皇史宬曝列圣实录、御制文集诸大函，为每岁故事。"㉗清承明制，未有变易。据记载，乾隆十三年（1748）奉上谕："每岁春秋二季，恭奉大库（内阁大库）尊藏实录及皇史宬尊藏实录翻晾一次。"㉘

嘉庆以降，清廷对皇史宬的管理日趋严密，使得皇史宬也更加封闭，而制度上也更加保守谨依旧例，鲜有变革。

注释：

① （明）陈子龙等：《明经世文编》卷 76，丘濬《访求遗书疏》，北京：中华书局，1962 年版，第 652 页。

② 明代文渊阁位于紫禁城东华门内内阁大库一带，明末已毁，与清乾隆帝在文华殿后仿"天一阁"所修建的收藏《四库全书》之"文渊阁"并非同一事物。

③⑨ （清）孙承泽：《春明梦余录》卷 13，北京：北京古籍出版社，1992 年版，第 161 页。

④ 《皇朝宫殿衙署图》，现存藏于台北故宫博物院。据考该图绘制于康熙八年（1669），是现知最早的关于北京皇城建筑布局的皇家舆图。

⑤ 中国第一历史档案馆藏：内务府全宗舆图档案，《皇史宬全图》，档号：舆 1887。据考此图应绘于乾隆十五年（1750）之前。

⑥ 中国第一历史档案馆藏：内务府全宗舆图档案，《皇史宬实录金匮图》，档号：舆 1885。

⑦ 中国第一历史档案馆藏：上谕档，嘉庆十二年七月十四，第 1 条。

⑧ 中国第一历史档案馆藏：上谕档，嘉庆十二年十一月初六，第 3 条。

⑩ 杨钟羲：《雪桥诗话续集》卷 3，北京：北京古籍出版社，1991 年版，第 168—169 页。

⑪ （清）孙承泽：《春明梦余录》卷 12，北京：北京古籍出版社，1992 年版，第 153 页。

⑫ 《大清圣祖仁皇帝实录》卷 42，康熙十二年四月丙寅。

⑬ 《大清圣祖仁皇帝实录》卷 127，康熙二十五年十月戊寅。

⑭ 中国第一历史档案馆藏：内阁题本，礼部尚书胡世安题为天潢首关国本玉牒亟宜肇修事，档号：02—02—02—2038—005。

⑮ （嘉庆）《钦定大清会典事例》卷 1，宗人府·天潢宗派·纂修玉牒。

⑯ 中国第一历史档案馆藏：上谕档，嘉庆十二年十一月初六，第2条。

⑰（光绪）《钦定大清会典事例》卷14，内阁四·职掌·颁发书籍。

⑱（清）阮葵生：《茶余客话》卷1，上海：上海古籍出版社，2012年版，第23页。

⑲ 中国第一历史档案馆藏：上谕档，乾隆十四年六月初六，第2条。

⑳（光绪）《钦定大清会典事例》卷15，内阁五·职掌。

㉑ 中国第一历史档案馆藏：军机处录副，李鸿章奏片，档号：04—01—34—801—014。

㉒（明）刘若愚：《酌中志》卷16，北京：北京古籍出版社，1994年版，第94页。

㉓（光绪）《钦定大清会典事例》卷2，内阁。

㉔ 中国第一历史档案馆藏：内务府全宗舆图档案，《京城全图》，档号：舆295。

㉕ 中国第一历史档案馆藏：上谕档，咸丰七年四月初二日，第1条。

㉖ 中国第一历史档案馆藏：上谕档，同治六年五月初五日，第1条。

㉗（明）沈德符：《万历野获编》卷24，北京：中华书局，2004年版，第619页。

㉘（光绪）《钦定大清会典事例》卷15，内阁五·职掌。

（原载于《北京古都历史文化讲座学术文集》第三辑，北京燕山出版社，2024年出版）

明清国家记忆：
15—19 世纪丝绸之路的八条线路

李国荣

　　丝绸之路是中国古代东西方著名的商贸通道，是沟通中外经济文化的重要桥梁。学界对丝绸之路的研究既广且深，成果累积至为丰厚。然而，对明清时期丝绸之路的研究一直略显薄弱。作为明清中央政府档案保管基地的中国第一历史档案馆（以下简称"一史馆"），馆藏明清档案 1000 余万件，涉及 53 个国家，有汉、满、蒙、藏、日、俄、英、法、德等 20 余种中外文字，其中具有丝绸之路涵义的有关中外经济文化交往档案约 7 万余件。这些宫藏档案，从明清王朝角度记载了 15—19 世纪的中国与世界各国交往的历史详情，既具有中央政府的权威性，又具有原始文献的可靠性，同时也具有档案独存与价值独特的唯一性，是全面研究明清时期丝绸之路实况最为翔实的珍贵文献。

　　2016 年，一史馆与中国社会科学院历史研究所合作，正式启动"明清时期丝绸之路档案编研出版工程"，旨在通过对明清宫藏丝绸之路档案的系统整理和考证研究，突出反映明清时期中国与丝路沿线相关国家的贸易往来和文化交流情况，弘扬丝路沿线区域和平、合作和共同发展的历史主题，从档案义献角度充实中国"一带一路"倡议的历史文化内涵。作为专项课题，明清时期丝绸之路档案的开发成果是多层次、多形式、系列化的，目前已经取得一些阶段性成果，并正向深度和广度推进。这些集体成果主要包括：一是在档案整理方面，编纂出版《明清宫藏丝绸之路档案图典》，分为陆上丝绸之路卷、海上丝绸之路卷，这是明清宫藏丝绸之路专题档案的首次甄选与公布，填补了有关问题的史料空白，将由国家图书馆出版社出版。二是在学术交流方面，一史馆与中国社会科学院历史研究所每年联合主办一次"一带一路"文献与历史研讨会，2016 年在呼和浩特，2017 年在榆林，2018 年在海口，已主办三次，这一研讨机制将继续推进下去。三是在成果推介方面，《历史档案》自 2019 年第 1 期起开设"明清丝路"专栏，同时在《中国档案报》开设"明清档案里的丝绸之路"专栏，陆续刊发系列研究专文，以推动学界对明清时期丝绸之路的研究。四是在学术著述方面，一史馆与中国社会科学院历史研究所正联合编写《明清丝绸之路研究》专著。另外，在展览宣传方面，2017 年一史馆参加在苏州、深圳举办的"中俄丝绸之路历史档案展"，2018 年在苏州、福州主办"丝绸之路历史档案文献展"，在法国巴黎举办"锦瑟万里，虹贯东西：16—20 世纪初中外丝绸之路历史档案文献展"。明清时期丝绸之路档案的珍贵价值和独特作用愈加彰显。

　　对明清时期丝绸之路的认识，应该说过去一度有两个误区：一是谈起丝绸之路，往往认为主要存在于汉唐时期，将丝绸之路固化为中古以前的历史名片，明清时期的丝绸之路被严重弱化，甚至不认可近代中国丝绸之路的存在；二是对丝绸之路大多只认可传统说法的两条经典之路，即自新疆西行的陆上丝路和自南海下西洋的海上丝路。那么，一史馆所藏档案揭示了怎样的明清时期丝绸之路？

一　明清档案中的陆上丝绸之路

陆上丝绸之路，传统意义上讲，是古代横贯亚洲连接欧亚大陆的商贸要道。它起源于西汉时期汉武帝派张骞出使西域，开辟了以都城长安（今陕西西安）为起点，经中亚、西亚，并连接地中海各国的陆上交通线路。这条通道被认为是古代东西方文明的交汇之路，而中国出产的丝绸则是最具代表性的货物，因此自19世纪末，西方学者开始称之为"丝绸之路"，作为一个专用概念，被广泛认可使用，产生世界性的影响。一史馆档案揭示，明清时期的陆上丝绸之路并不仅仅是传统的自新疆西行亚欧的一条线路，而是分为四条线路，即东面过江之路、南面高山之路、西面沙漠之路、北面草原之路。

（一）陆上东向过江之路

这条线路主要是指横跨鸭绿江与朝鲜半岛的经济文化交流。中朝两国在地域上唇齿相依，隔江相望。明清时期，朝鲜是东亚地区与中国关系最为密切的藩属国，不仅有相沿成例的朝贡道路，也有定期开市的边境贸易。崇祯四年（1631）正月初三日的礼部题稿非常明确地记载，从京师经辽阳东行再渡鸭绿江陆路至朝鲜的贡道。乾隆九年（1744）四月二十三日户部尚书海望呈报中江地区朝鲜贸易纳税情形的奏折，则详细记载了朝鲜在中江采购的物品种类包括绸缎、丝帛、灰貂、棉花、毡帽等等，且有"在边门置买货物""朝鲜人等不纳税课"的特殊优惠规定。这件奏折还记载了朝鲜为请领时宪书（当时的年历）而派遣使者的情况。又如，道光二十一年（1841）十月十五日礼部尚书色克精额的题本，反映了清政府对会宁、庆源边境贸易的管理，其中详细开列了兽类毛皮贸易的准许清单，"凡貉、獾、骚鼠、鹿、狗等皮，准其市易；貂皮、水獭、猞猁狲、江獭等皮，不准市易"。

（二）陆上南向高山之路

这条线路主要是从四川、云南、西藏等地出发，到达东南亚、南亚地区的经济文化交流，其中与安南、缅甸、印度、廓尔喀等东南亚、南亚国家交流比较频繁。兹举数例。乾隆五十七年（1792）十二月初一日，大将军福康安等大臣有一件联衔奏折，内容是与廓尔喀商议在西藏地区进行贸易通商之事，其中记载了清政府确定的对廓尔喀贸易基本原则：第一，允准贸易。"廓尔喀业经归命投诚，准其仍通买卖。"第二，官府统办。"所有贸易等事，竟应官为办理，不准噶布伦等私自讲说。"第三，确保公平。"一岁中酌定两次四次，予以限制。驻藏大臣仍不时稽查，亲加督察该处银钱，亦可公平定价，不致再有争执。"乾隆五十八年（1793）八月初二日，署理两广总督郭世勋上奏说，安南除在原定通商贸易章程中规定的高平镇牧马庯和谅山镇驱驴庯设立市场之外，又在谅山镇花山地方设立市场。经查，花山地方确实交通便利，且人口稠密，利于双方贸易。可见，清代中越边境贸易是十分频繁的。光绪三十一年（1905）十二月，署理两江总督周馥向外务部递送咨呈，主要陈述了南方诸省种植的本土茶叶受到从锡兰印度进口的茶叶的冲击，将会导致茶商破产、茶户改种、本土茶叶被排挤出市场。经派员到锡兰印度对英国人种植茶叶的方法进行考察，发现"我国茶叶，墨守旧法，厂号奇零，商情涣散，又好作伪，掺杂不纯"，如此局面必无法与进口的锡兰印度茶叶相抗衡。同时还提出了"设机器厂，立大小公司"等应对措施。这里提出了如何在对外贸易中保护和改进民族产业的问题。

（三）陆上西向沙漠之路

这条线路是传统意义上丝绸之路的延续，它在漫长的中外交往史上发挥了巨大作用。自汉代通西域以后，中原与西北边疆的经济文化交流一直存在。唐中期以后，海上丝绸之路兴起，宋、明两朝更因为不能有效掌控西域，西北的中外官方交往受到很大限制，因此学界对这条丝路的研究也往往详于唐以前而略于后。但事实上，有清一代，尤其是乾隆二十二年（1757）彻底平定西北边陲后，逐步恢复西部贸易，中亚许多与新疆接壤的国家开始与清政府建立往来，并派出使者前往北京。乾隆二十七年（1762），爱乌罕（今阿富汗）汗爱哈默特沙遣使进京朝见乾隆帝，沿途受到各地督抚的热情接待，而乾隆帝在接见使者时，得知爱哈默特沙抱恙在身，还特意赏赐药品及药方。正是在这种积极友善的氛围中，清政府与中亚诸国的来往呈现良性化的态势，这条古老的丝绸之路再次焕发出勃勃生机。从清代档案可以看到，清政府长期从江南调集丝绸布匹经陕甘运至新疆地区，用来交换马匹等物，当时新疆地区主要的通商地点在塔尔巴哈台、喀什噶尔、库伦、伊犁等地，贸易对象除了当地部落，还有哈萨克、俄罗斯、浩罕等国。在乾隆二十二年十一月二十八日，陕甘总督黄廷桂上奏朝廷说，哈萨克等地"为产马之区，则收换马匹，亦可以补内地调拨缺额"。由此可知，乾隆朝恢复西部贸易，一个重要目的是要获取哈萨克等地的马匹。乾隆二十四年（1759）十一月十一日，驻乌鲁木齐办事三等侍卫永德的满文奏折，主要内容就是呈报与哈萨克交换马匹及所用银两数目的详情。清政府与哈萨克贸易中，十分注意哈方贸易需求，如在绸缎的颜色方面，哈萨克人喜欢青蓝大红酱色和古铜茶色等，乾隆帝谕令贸易缎匹"悉照所开颜色办解"。档案还记载，乾隆四十三年（1778），理藩院侍郎索琳作为钦差前往库伦办理与"鄂啰斯"商人交易事宜，面对俄罗斯商人改变贸易地点和减少交税等情况，钦差大臣索琳草率下令关闭栅门断绝贸易。乾隆帝对索琳擅自做主关闭中俄贸易通道很是愤怒，当即将其革职。可见，乾隆帝对中俄贸易还是很看重的。在这期间，西北边陲的民间经济文化交流也很频繁，从清廷屡次颁布严查私自买卖玉石、马匹、茶叶等货物的谕令中，可看出民间商贸活动是广泛存在的。

（四）陆上北向草原之路

这条线路主要是由内地经漠北蒙古草原、中亚草原与俄罗斯等国的经济文化交流。在清代，俄皇多次派遣使团来华商谈贸易事宜。康熙时期，清政府在北京专门设立俄罗斯馆，以安置俄国使团和商队。雍正年间，还曾派出官方使团参加俄皇即位典礼。由于清朝分别在康熙和雍正年间与俄罗斯签订了划界及贸易条约，尼布楚、恰克图、库伦等地获得了合法的贸易地位，传统的草原丝绸之路进入了鼎盛时代。现存档案中有一件康熙三十八年（1699）正月十二日俄罗斯的来文档，是俄国西伯利亚事务衙门秘书长致送清朝大臣索额图的咨文，其内容就是奉俄皇旨令派遣商帮至北京贸易，恳请予以优待。康熙五十八年（1719）十一月三十日，俄国西伯利亚总督切尔卡斯基致函清廷说：俄国皇帝已得悉若干俄国商人在贵国经商确有某种越轨举动，嗣后俄商一概不容有任何损害中国政府之行为，如有任何俄国属民为非作歹，定予惩处。同时，恳请允准派往商队，照旧放行，允其进入内地直至北京。这类有关日常贸易纠纷的档案内容，说明中俄贸易已经呈现常态化，也从一个侧面反映了当时中俄贸易的广泛和深度。一史馆现存的俄商来华贸易执照、运货三联执照、货物估价清册、进出口货物价值清单等档案，更详尽反映了中俄贸易的规模和内容。

二　明清档案中的海上丝绸之路

海上丝绸之路，一般说来是指从南海穿越印度洋，抵达东非，直至欧洲的航线，是古代中国与外国交通贸易和文化交往的海上通道。该路以南海为中心，所以又称"南海丝绸之路"。因海上船运大量陶瓷和香料，也称"海上陶瓷之路"或"海上香料之路"。海上丝绸之路的起点主要是广州和泉州，历史上也曾一度被称为"广州通海夷道"。一史馆档案揭示，明清时期的海上丝绸之路并不仅仅是传统的自南海下西洋的一条线，而是分为东洋、南洋、大西洋、美洲四个方向。

（一）海上东洋之路

这条线路主要是与东亚各国之间的经济文化交流。东亚是明清时期朝贡体系的核心地区，自明初开始，朝鲜、琉球与中国延续了长达五百余年的宗藩关系及朝贡贸易。日本虽游离于朝贡体系边缘，但与中国也一直保持着密切的贸易往来。一史馆藏档案中有一幅彩绘地图，墨笔竖书——《山东至朝鲜运粮图》。经考证，这是康熙三十七年（1698）十二月十五日侍郎陶岱进呈的。从图签可知，这是一幅从山东向朝鲜运送赈济粮米的地图。当时朝鲜连年饥荒，此图应是在运送赈济粮米到朝鲜后，为向朝廷呈报情况而绘制的。该图所示船只，从山东沿着海路将粮米运到鸭绿江，再转运上岸，是清代北洋海域海上交通的鲜活例证。康雍乾年间，清廷一直鼓励商船前往日本购运洋铜，中日间的海上贸易迅猛增长。雍正九年（1731）三月初三日江苏巡抚尹继善有一件奏折，请求派员前往日本采办洋铜，其中谈到"采办洋铜商船入洋，或遇风信不便，迟速未可预定"。尹继善同时奏报朝廷，正与各省督抚广咨博访，细心筹划，"通计各省需办之铜"。可见前往日本采购洋铜的数量不在少数。档案记载，明清时期北京的国子监专门设有琉球官学，琉球国中山王"遣官生入监读书"，乘船到闽，然后登陆北上京师。琉球国派遣官生留学，在明清两朝一直没有间断，这反映了明清时期清代海上丝绸之路文化交流的一个侧面。

（二）海上南洋之路

这条线路主要是与菲律宾、泰国、新加坡等东南亚国家的经济文化交流，以朝贡、贸易、派驻领事与商务考察等事务居多。东南亚各国是明清朝贡体系的重要组成部分，自明初以来，东南亚各国逐渐建立了对中国的朝贡关系。清政府一直鼓励沿海福建、广东等省从暹罗、安南等东南亚国家进口稻米，以纾解粮食压力。乾隆八年（1743）九月初五日，乾隆帝传谕闽粤督抚，"米粮为民食根本"，外洋商人凡船载米粮者，概行蠲免关税，其他货物则照常征收。光绪中期以后，在驻外使臣和地方督抚的奏请之下，清政府对南洋地区事务日益重视，先后选派官员前往考查商民情形。光绪十三年（1887）十月二十四日两广总督张之洞的奏折，就是呈报派遣官员前往南洋访查华民商务情形。从这份档案来看，调查殊为细致，认为小吕宋（马尼拉）华人五万余人，"贸易最盛，受害亦最深"，"非设总领事不可"；槟榔屿则"宜添设副领事一员"；仰光自英据之后，"为中国隐患"，"宜设置副领事"；苏门答腊华民七万余人，"宜设总领事"等。由此，晚清政府在南洋各处先后设立了领事组织，处理侨民事务，呈递商务报告。清廷也多次派遣官员随舰船前往东南亚游历考察，光绪三十三年（1907）七月初三日直隶总督袁世凯的奏折，便是奏请派舰船前往南洋各埠巡视，当地侨民"睹中国兵舰之南来"，"欢声雷动"。一史馆档案中，还有《东洋南洋海道图》和《西南洋各番针路方向图》，是清政府与东南亚各国交往而绘制的海道图，图中绘有中国沿海各口岸通往日本、越南、老挝、印尼、柬埔寨、文莱、菲律宾等国的航线、针路和需要的时间，并用文字说明当地的物产资源，是南洋区域海上丝绸之路的鲜活体现。

（三）海上西洋之路

这条线路是传统的海上丝绸之路，主要是中国与西亚、非洲、欧洲通过海路的经济文化交流。明清时期，随着西方大国新航路的开辟与地理大发现，以及借助于工业革命的技术成果，海上丝绸之路已由区域性的海上通道延伸为全球性的贸易网络。永乐三年（1405）到宣德八年（1433）间，郑和船队七下西洋，遍访亚非30多个国家，是中国古代规模最为宏大、路线最为长远的远洋航行，是海上丝绸之路在那个时代一个全程式的验证活动，也是海上丝绸之路发展史上的一次壮举。一史馆所藏明代《武职选簿》，就记载了跟随郑和下西洋船队中的随从水手等人物的情况。清初实行海禁，康熙二十三年（1684）七月十一日的《起居注册》记载，康熙帝召集朝臣商议解除海禁。次年，清政府在东南沿海创立粤海关、闽海关、浙海关、江海关四大海关，正式实行开海通商政策。由此，清代的中国通过海路与英国、法国、德国、意大利、比利时、瑞典等国的经济文化交流日益频繁。于是，法国的"安菲特里特号"商船、瑞典"哥德堡号"商船、英国马嘎尔尼使团纷纷起航来华。对西洋的科技、医药及奇异洋货等，康熙、雍正、乾隆几个皇帝都是极感兴趣，康熙帝要求"西洋来人内，若有各样学问或行医者，必著速送至京城"，并下令为内廷采购奇异洋货"不必惜费"。大批在天文、医学、绘画等领域学有专长的传教士进入皇宫，包括意大利画家郎世宁、德国天文学家戴进贤、主持建造圆明园大水法殿的法国建筑学家蒋友仁等等。值得一提的是，乾隆二十九年（1764），清宫西洋画师郎世宁等绘制《平定西域战图》，次年海运发往西洋制作铜版画，历经种种波折，在12年后由法国承做的铜版画终于送到乾隆帝眼前，这是海上丝绸之路演绎的一个十分典型的中西文化交汇佳话。一史馆档案中还有一些关于外国商船和贡船遇难救助的记载，如乾隆二十六年（1761）九月十五日广东巡抚托恩多的奏折称瑞典商船遭风货沉，水手遇难，请求按照惯例抚恤救助。这说明清政府已经形成了一套有关维护海上贸易秩序的措施与政策。

（四）海上美洲之路

这是海上丝绸之路最远的线路，其航线最初是从北美绕非洲好望角到印度洋，再过马六甲海峡驶往中国广州，后来也通过直航太平洋经苏门答腊到广州。万历元年（1573），两艘载着中国丝绸和瓷器的货船由马尼拉抵达墨西哥的阿卡普尔科港，这标志着中国和美洲贸易的正式开始。从此之后的200多年，以菲律宾为中转的"大帆船贸易"是中国和美洲之间最重要的贸易渠道。乾隆四十九年（1784），美国"中国皇后号"商船首航中国，驶入广州黄埔港，船上装载的西洋参、皮货、胡椒、棉花等货物全部售出，然后购得大量中国茶叶、瓷器和丝绸等商品。次年，"中国皇后号"回到美国时，所载中国商品很快被抢购一空。中美航线的直接开通，开辟了中美间互易有无之门，促使中美之间的贸易迅速发展，道光二十三年（1843）闰七月十二日两江总督耆英等人的联衔奏折记载，"各国来粤贸易船只，惟英吉利及其所属之港脚为最多，其次则米利坚（美国），几与相埒。"这说明对华贸易，在当时美国仅次于英国。在美洲的开发和经济发展中，华侨及华工也做出了一定的贡献。道光二十八年（1848）美国加利福尼亚州发现金矿，急需大量劳动力进行开采，大批华侨及华工涌入美国，拉丁美洲国家也在华大量招工。光绪元年（1875）七月初十日李鸿章奏报说，华工像猪仔一样运送美洲，澳门等处就设有"猪仔馆"。光绪六年（1880）中国与巴西签订《和好通商条约》，第一条就约定"彼此皆可前往侨居"，"各获保护身家财产"，从而为巴西在华招工提供了合法性。除了经济上的贸易往来，中美在文化上也相互交流，清末的"庚款留学"即是其中之一。宣统元年至宣统三年（1909—1911），清政府共派遣三批庚款留美学生，为近代中国培养了一大批著名人才。从宫藏赴美留学生名录可以看到，后来成为清华大学终身校长的梅贻琦、中国现代物理学奠基者之一胡刚复、新文化运动倡导者胡适等均在其列。

三 明清丝绸之路档案的重要价值和独特作用

本文并不是对明清丝绸之路档案的系统研究，只是撷取那个时代的一些文档记录，粗略梳理明清时期丝绸之路的历史轮廓。这些一史馆藏明清丝绸之路档案既是历史珍存，更是国家记忆。透过对明清档案的初步考察，对明清时期的丝绸之路有这样几点新的认识：

第一，丝绸之路在明清时期并没有中断。我们注意到，国内外学界高度认可，丝绸之路是中华民族走向世界的标志，丝绸之路的起伏与中华民族的兴衰息息相关，丝绸之路把古代的中华文化与世界各个区域的特色文化联系起来，对促进东西方之间的交流发挥了极其重要的作用。然而，过去不少人谈到丝绸之路，往往贴上的仅是汉唐标签。受此历史认识的影响，明清时期的丝绸之路被严重忽视和扭曲，甚至不认可近代中国丝绸之路的存在，乃至认为丝绸之路出现了的历史空白期。有的学者即使承认明清时期还有丝绸之路，也感到那是穷途末路，不足轻重。为什么明清时期的丝绸之路被严重忽视？一个很重要的原因是，近代以来西方列强大肆殖民侵略带来的新的世界贸易规则和秩序，与传统中国同远近邻邦的贸易交往活动有着截然不同的内涵和影响，列强这种新的带有殖民色彩的贸易秩序逐渐推广的过程，也是传统中国互利贸易秩序被排挤并逐渐被遗忘的过程。翔实的档案揭示，明清时期的丝绸之路实实在在的一直在延续，尽管不同时间段有起有伏。这些历史记忆，让我们听到了明清时代的陆上丝绸之路仍是驼铃声声，看到了明清时代的海上丝绸之路仍是帆影片片。

　　第二，明清时期的丝绸之路并不限于传统说法的两条经典之路。长期以来，提起丝绸之路，大多认为只是自新疆西行的陆上丝路和自南海下西洋的海上丝路。明清丝绸之路档案的挖掘，印证了明清丝绸之路不仅存在和延续，而且有其自身特色，构成了特定历史时期的丝绸之路网络。这就是远远不限于传统的、简单的陆上一条路、海上一条线，而是随着古代科技的发展，轮船时代的到来，多线并举，展现的是明清时期中国与世界交往的大格局。应该看到，近代以来，虽然海洋远程贸易逐渐成为连接世界的主要形式，但在以中国为中心的东亚地区，通过陆上线路展开的外交与贸易活动依然活跃。也就是说，在明清时期，海上丝绸之路与陆上丝绸之路一直是并行的，只是不同阶段各有侧重罢了。同时，中国传统朝贡体系中的朝鲜、琉球、越南等国，在晚清中国朝贡体系解体以前，依然保留着传统的朝贡贸易，这些藩属国的传统贡道与丝绸之路的某些线路也大多契合，是丝绸之路的特殊存在形式。传承至今的档案文献为我们铺陈了明清时期的丝路轮廓，陆上丝绸之路和海上丝绸之路又各分为纵横交错的四个方向。明清时期海陆丝绸之路的八条线路，是基于对一史馆所藏明清档案的挖掘而得出的丝路历史阐释，是古代丝绸之路在工业时代、轮船时代的扩展。这个丝路框架，基本涵盖了明清时期所有以中国为中心的贸易路线与贸易活动，是对丝绸之路历史尾声的新解读。

　　第三，明清时期丝绸之路档案勾勒了历史与现实相通的时空走廊。通过对明清时期丝绸之路档案的考察，让我们部分还原了明清时期中国与世界的贸易联系，并加深了我们对这块古老大地上所发生的、丰富多彩的人类交往活动的历史理解，这也正是这些珍贵档案的价值所在。我们从中看到，明清时期丝绸之路的万千气象，那是古代丝绸之路的延伸，那是一个纵横交错的远程贸易圈，是一个四通八达的中外交汇网。大量明清时期中国与丝绸之路沿线国家和地区进行经济文化交流的档案记载，充分说明了东西方交流是双向性的，阐释了明清时期丝绸之路特殊的存在形式及其重要的历史地位。明清时期的丝绸之路与当今立意高远的"一带一路"构成了贯通契合的中外海陆交通脉络，明清宫藏丝绸之路档案是"一带一路"宏伟倡议的重要历史依据和文献支撑。

（原载于《历史档案》2019 年第 1 期）

明清档案中的中朝交流

王　澈

丝绸之路是著名的古代东西方商贸通道，更是中外文化交流的重要路径，学界对丝绸之路的研究成果颇为丰厚。随着"一带一路"倡议的提出，有关历史上"丝绸之路"的研究再度引起了学者们高度关注，"丝绸之路"一词也早已突破了"丝绸"的范畴，成为中外经济、文化交流的代名词。然而，人们在谈到"丝绸之路"时，往往将注意力集中到汉、唐、宋、元，明清时期的丝绸之路被严重忽视和扭曲，或者否认近代中国丝绸之路的存在，认为丝绸之路在明清时期出现了历史的空白期；或者即便承认了明清时期还有丝绸之路，但认为其作用无足轻重。通过考察中国第一历史档案馆（以下简称"一史馆"）保存的明清时期中央政府和皇家档案，可以部分还原明清时期中国与世界的贸易文化联系，看到一张点、线结合的中外贸易文化交流网，中朝丝绸之路就是其中的一部分。

一　明清时期中朝两国间的交通

中国与朝鲜两国在地域上唇齿相依，隔江隔海相望，交通路径也分为海、陆两种方式。由于文献资料较为丰富，中朝之间频繁的交往情况相对清晰。

明初，太祖朱元璋定都金陵（今江苏南京），朝鲜使臣航海而至，与明朝建立了朝贡册封关系。洪武年间的贡道交通虽多有变化，但主要经由海路，越渤海、黄海，经太仓港至长江口抵达南京。后兼行陆路，其具体路线为：从义州过鸭绿江，陆行经辽东至旅顺口，乘船经渤海至登州，过高密、日照、淮安，走大运河水路，抵达南京①。靖难之役后移都燕京（今北京），朝鲜根据明朝的规定，使臣"由鸭绿江，历辽阳、广宁，入山海关达京师"②，交通改为陆路。明末泰昌年间因后金攻陷辽阳，明与朝鲜的陆上通道受到阻隔，再度改为走海路，取道山东登州（今烟台），再改陆路，经济南、德州、河间、良乡赴京师。崇祯二年（1629），也曾一度改朝鲜贡道由觉华岛（今属辽宁兴城）水路航行，因路途凶险，改为海行至登州，再陆行进京③。

清入关后，延续既往陆路交通。中朝之间相沿成例的陆路贡道，仍由中国方面确定，"定例遵行，未可轻言改易"④。从朝鲜至京师，渡过鸭绿江后，大多要经过栅门、凤凰城、辽阳、广宁、锦州、山海关、深河、永平、丰润、玉田、蓟州、通州，到达京城。其中辽阳、广宁为重要交汇点，由辽阳可从两个方向、分三条道路再汇集到京师。因此，明清时期传统的陆路贡道大致有如下三条：（1）从辽阳向南，走海城（明代海州卫）、牛家庄、盘山，转向西北的广宁，再走锦州、宁远、山海关、永平、丰润、玉田、蓟州、三河、通州至京师；（2）从辽阳向北，走奉天（明朝称沈阳），再向西北走孤家子，向西南走白旗堡、二道井、小黑山堡至广宁，以后路线同第一条；（3）从辽阳向北走奉天、孤家子、白旗堡至二道井，继续西南行正安堡、朝阳、建昌、平泉、承德、滦平、古北口，经密云、怀柔入京师⑤。

附丽于贡道织就的交通网，明清时期中原大陆向东的交流，主要体现在中国与朝鲜两国使臣的封贡仪轨、朝贡贸易及文化交往上，并且中朝两国形成同期对外关系中最为典型的封贡制度下的紧密关系，即以经济、军事、文化居于领先优势的国家为"上国"，形成册封、朝贡制度下的藩属关系的一种国际关系秩序。

二 明清时期的中朝关系的特点

（一）封贡关系稳固密切

洪武二十五年（1392），李成桂取代了王氏高丽的统治，遣使明朝，请求"圣主俞允""中外人心咸系"的李成桂"主国事"，又请更名、更国号。洪武帝赐其国名为"朝鲜"。永乐帝朱棣又赐予朝鲜国王金印、诰命、圭玉、冕服九章以及经书等。从此，朝鲜开启了"岁辄四五至"的朝贡程序⑥，"与凡为属国者不同"⑦的藩属关系得以建立，朝鲜国王获得了与宗藩亲王相似的礼遇。万历东征援朝战争（1592—1598）结束后，朝鲜官方编辑书名为《事大文轨》的文书汇辑，中朝关系从此有了"事大字小"这样的专门名词：中国对朝鲜实行怀柔和保护小国的政策，称"字小"；而朝鲜对中国行侍奉和礼敬大国的政策，为"事大"。

封贡体制下，属国需要履行定期到"上国"朝贡的义务，"上国"也要遵从"厚往薄来"的原则。《礼记·中庸》载"厚往而薄来，所以怀诸侯也"，即君主应对来朝诸侯赠以厚重的礼品，而对诸侯贡献则要从轻从薄，如此这般，诸侯才能心悦诚服。洪武五年（1372），洪武帝曾对中书省臣说："西洋诸国素称远蕃，涉海而来，难计岁月。其朝贡无论疏数，厚往薄来可也。"⑧宣德四年（1429），宣德帝遣使敕赐朝鲜国王李祹白金300两，纻丝纱罗50匹，彩帛30匹，并对侍臣曰："高丽远在海外，修贡益勤，厚往薄来，古之道也。"⑨明初制定的怀柔远人原则，在以后的中朝关系中普遍施行。

明清鼎革易代，清朝以武力强迫朝鲜与清朝建立了朝贡外交关系，双方关系逐渐回归到传统封贡关系的轨道。清朝施行优礼使臣、削减贡物等体恤藩邦的措施。例如："朝鲜一年一朝，原定阁臣一员、尚书一员、书状官一员，共三员代觐。今念尔国阁臣、尚书垂白衰老者颇多，且道路遥远，此后或阁臣、尚书一员，侍郎一员，令其代觐，书状官仍旧。"⑩再如，"凡馈送白金仪物等项，悉按旧例裁减一半，永著为令"等。目的都是减轻朝鲜的负担，消除其抵触情绪，使"厚往薄来"的理念真正落实。即位之初乾隆帝就指出在考虑减免朝鲜负担时，还要考虑藩属国的感情，要照顾朝鲜"国王有歉于心"的想法⑪，朝鲜也在雍乾之际成为与中国关系最为密切的藩属国。因此，明清两朝的统治者都将朝鲜视同内服的藩国，在家、国、天下的理念框架之下，视朝鲜国王为替明清天子守边的藩臣，双方关系类似君臣、父子，权利、义务也有相应的礼法秩序：朝鲜使用中国皇帝年号来记载年份，采用中国历法，并派遣贡使携带贡物到北京进行例行的年贡、朝贺新年、祝贺皇帝生日、庆贺冬至等等。朝鲜国王、王妃和世子、世子嫔均须接受中国皇帝册封始获正统名分，由中国皇帝派钦差使臣至朝鲜首都汉城行册封典礼；中国皇帝或朝鲜国王辞世，也均互遣使臣赐祭或吊唁。除日常礼仪外，朝鲜国王对本国政教则完全自主。

（二）官方边贸开展有序

在封贡体制的框架下，明清时期中朝之间的边境经贸于中江、会宁（今属朝鲜咸镜北道）、庆源（今属朝鲜咸镜北道）三地渐次展开。中江是中朝边境互市最重要的一个地点，具体位置在朝鲜义州与中国凤凰城（今辽宁凤城市）之间的鸭绿江中小岛。其背景和渊源，可追溯至元朝与高丽"互市"于鸭绿江西（明代后称九连城，位于今辽宁安东县东北），明朝与朝鲜之间的"鸭绿之市"在万历东征援朝期间达到新高：战争初期，因朝鲜经济凋敝，物资供应艰难，朝鲜国王特请在鸭绿江中江贡道旁"暂设关市"济急，原定战争结束即行停止，却因万历帝所遣太监高淮等在辽东开矿征税，权及中江，因而一直维持了19年，直至万历四十年（1612），经朝鲜国王再请才罢市。而事实上，中朝民间通过中江进行的贸易交往和走私活动却无法断绝。中江闭市15年后，后金崛起，与朝鲜重开中江互市。清朝入主中原后，两国官民中江贸易往来的客观需求更加旺盛，由此也促进了税收管理模式的发展，中江贸易征税从不定额税发展到定额税。同时，会宁和庆源也形成了单双市贸易。

政治上实行册封、经济上采取朝贡贸易支撑起来的中朝封贡体系，双方的权力、义务都有清晰、明确的界限。

三　明清档案中的中朝交流

地域上毗邻的国家有着天然的紧密联系。特别是14—19世纪的500余年间，中朝两国国运紧密相连，朝鲜成为东亚地区与中国关系最为密切的藩属国。光绪二十年（1894）甲午战争以后，清朝国运日衰，明清以来持续500余年的封贡关系走向终结，但中朝交流的具体情况却在明清时期的档案中留下了清晰地记载。

（一）封贡体制下的密切交流

一史馆保存了两册来自朝鲜管理礼仪的机构礼曹的档案《迎接都监都厅仪轨》，内容都是迎接明朝使臣的礼仪规制[12]，粗麻质封面，细铁板装订，一册的铁板上套有铁环，另一册无铁环。两册档案在装订的方式、纸张的材质上，与一史馆保存的大量清代册籍迥异。档案全程记录了万历三十七年（1609）、天启元年

（1621）朝鲜迎接明朝诏使的经过，具体形象地展示了封贡体制下中朝关系的双向互动。

有铁环的一册档案是明万历三十七年朝鲜迎接明朝两起诏使的记录。一起为行人司行人熊化所率的使团，出使目的是赐祭朝鲜宣祖李昖；另一起是司礼监太监刘用所率的使团，出使目的是册封光海君为朝鲜国王。封面上自右至左写有五行墨笔汉字："赐祭，礼曹；天使行人司行人熊；册封；天使司礼监太监刘；迎接都监都厅仪轨。"无铁环的第二册档案也是两起迎接明朝诏使的记录。封面上自右至左写有三行墨笔汉字："天启元年四月；登极天使刘鸿训；杨道寅。"展示了一个罕见的时期——1620年8—12月，在中国历史上的这5个月中，有两个年号、三位皇帝。该年既是万历四十八年，又是泰昌元年；这5个月中，明朝出现了三个皇帝：万历帝，七月去世；泰昌帝，八月即位，九月辞世；天启帝继位，宣布以八月前为万历四十八年，八月以后为泰昌元年，次年改元天启。泰昌帝遣派的翰林院编修刘鸿训为正使、礼科都给事中杨道寅为副使的登基诏书颁示使团尚未出发，当朝皇帝已改为天启帝，再命刘鸿训、杨道寅颁诏朝鲜。因此，天启元年朝鲜再度迎接明朝两起登基天使，一为正使刘鸿训使团，"二月十三日辰时"出发；一为"钦差副使"杨道寅使团，"本月二十五日辰时"出发。分别通报万历帝驾崩、泰昌帝即位，泰昌帝驾崩、天启帝即位的情况。正、副使团相差12天分别前往朝鲜，成为中朝交往中"二百年所无骇怪之事"。两册仪轨在展示中朝双方重大事件通报、册封等历史事实的同时，参照《大明集礼》《大明会典》加以朝鲜本国传统而形成的迎接礼仪，也印证了明朝典章制度对朝鲜的重要影响。

这种及时通报各自大事、遵守共通礼法、每年多次往返的密切交往，已出离了一般宗主国与藩属国的关系，难怪嘉庆二年

（1797）太上皇乾隆帝感叹："尔朝鲜国久隶职方，抒忱宾服，与凡为属国者不同。"⑬

（二）稳定活跃的贸易往来

有清一代，中朝封贡贸易包括传统的朝贡贸易和边境贸易。

朝贡贸易包含两个层次的贸易活动：一是朝贡和回赐，二是使团贸易。"朝贡"有朝鲜国王对清廷每年定期的年贡、冬至贡、元旦贡、万寿贡和不定期的"贡品"和"礼品"，"回赐"是清廷对朝鲜王室和使团的反馈，在双方宫廷范围内进行，遵循严格的礼法程序，依据"厚往薄来"的原则，政治含义更为重要。以乾隆五十四年（1789）为例，朝鲜年贡有"白苎布二百匹、红绵绸一百匹、绿绵绸一百匹、白绵绸二百匹、白木绵一千匹、木绵二千匹、五爪龙席二张、各样花席二十张、鹿皮一百张、獭皮三百张、好腰刀十把、好大纸两千卷、好小纸三千卷、粘米四十石"⑭。清廷的回赐依照身份，年贡回赐国王表缎五匹、里五匹、妆缎四匹、云缎四匹、貂皮一百张；赏赐正、副贡使大缎各一匹、帽缎各一匹、彭缎各一匹、绸各一匹、纺丝各一匹、绢各二匹、银各五十两；赏赐书状官大缎一匹、彭缎一匹、绢一匹、银四十两；赏赐大通官大缎一匹、绢一匹、银二十两；赏赐押物官彭缎一匹、布二匹、银十五两；赏赐从人银四两⑮。使团贸易是由使团官员和商人进行的经贸活动，朝鲜以"八包"贸易为主，使团携带"八包"货品，在京师会同馆等处开市，直接与清朝市民和商人进行买卖交换。另有"栅门后市"，为使团进出凤凰城栅门时进行的交易；还有"奉天八包贸易"，由朝鲜官方组织的商队随使团进入栅门后，在牛（家）庄、沈阳等地交易，单独先期返回朝鲜。

边境贸易是在中江、会宁、庆源三地开展的中朝封贡体制下的互市贸易，由于管理有序，商业交往稳定而活跃。清朝康、雍、乾时期，封贡体制下，无论是中江的税制变化从参差不齐到统一规范的发展，还是从驻守凤凰城附近的八旗官兵到内地商民对中江贸易的参与，以及会宁和庆源的单双市贸易的管理，都在档案中有丰富的体现。如在中江贸易中，朝鲜可以采购的物品种类有绸缎、丝帛、灰貂、棉花、毡帽⑯；会宁、庆源交易中，允许貉、獾、骚鼠、鹿、狗皮等皮毛交易，禁止貂皮、水獭、猞猁狲、江獭等皮毛交易，也严禁官兵私带人役、货物交易⑰。

　　直到光绪八年（1882）《中国朝鲜商民水陆贸易章程》签订以后，中朝传统的封贡贸易向近代条约贸易转变。当年六月，朝鲜发生壬午兵变，清政府出兵朝鲜，帮助闵妃为首的外戚集团重新掌权。八月二十九日，署理北洋通商大臣李鸿章上奏，请妥议《中国朝鲜商民水陆贸易章程》。为了加强清政府对朝鲜的宗主权，同时发展对朝贸易，由天津海关道周馥、候选道马建忠与朝鲜全权官员赵宁夏、鱼允中等反复商酌，拟定《中国朝鲜商民水陆贸易章程》共八款，标志着中朝传统封贡贸易向近代条约贸易的转变，反映出进入近代中朝贸易关系发生的新变化。李鸿章特别强调该章程"系中国优待属邦之意，不在各与国一体均沾之列"。显示清政府欲利用"属国"概念或"属邦条款"，说服西方列强接受中国宗主权的努力，并由"中国驻朝商务委员"扶持朝鲜不受列强侵略，也埋下了清朝与西方及日本冲突的种子。光绪二十年中日甲午战争之后，中朝封贡关系宣告结束，该条约在施行12年后被废止。五年后，两国关系实现从古代封贡体制向近代条约体制的真正转型，此时，朝鲜已改称韩国。光绪二十五年（1899）十一月十二日，中韩两国代表在韩国首都汉城互换了《中韩通商条约》（韩方称《韩清通商条约》，清宫档案中保存的文本显示为《韩国条约》），共计15款。次年三月，条约文本送回总理衙门，五月开始执行⑱。从此，中韩两国相互拥有领事裁判权及司法主权让渡，在拥有治外法权的待遇上已具有对等性。清政府在韩国对华商事务的领事权，也在《中国朝鲜商民水陆贸易章程》作废停权五年后得以恢复。

（三）高度融合的文化表征

文化，广义而言，可涵盖物质与精神的一切领域；狭义而言，主要涵盖文学艺术、制度习俗、思想意识等精神层面。这里，仅就狭义的文化含义，依托明清档案的历史记录，观察中华文化在朝鲜半岛的影响。

中朝文化上的融合可谓源远流长，在宗教、国家理念、文字、历法等方面都有体现。朝鲜半岛的原始宗教为萨满教，与清人同源；经由中国大陆传入半岛的佛教、道教也多有信众；其国家理念的基础是源自中国的儒家学说，3世纪至1444年李朝世宗"训民正音"出现之前的1000余年间，朝鲜半岛上使用的唯一的文字是中国的汉字，使用的历法也由中国皇帝颁行。

以下仅以时宪书和汉文律诗为例，说明中朝两国的文化交流。

时宪书，原称时宪历，清朝为避乾隆帝弘历名讳而改称。每年冬季，朝鲜国王派专人来华领取次年时宪书，一般是一支由赍咨官、小通事、随从共若干人组成的团队。乾隆六十年（1795）十月十一日，大学士管理礼部事务王杰呈送题本记录了当时的情况，拟请照例赏赐前来京师领取时宪书的朝鲜赍咨官卞复圭1人银两30两、小通事1人8两、从人11人每人4两，共13人，赏银共82两，从户部领取，由礼部颁给，并赐宴1次[19]。直到光绪年间的档案中，仍清晰地记载着这样一支领取历书团队的活动情形[20]。

朝鲜在使用汉字进行书面表达的同时，其文学造诣也达到了相当的高度。汉字律诗是一种文学载体，它要求诗的作者要用有节奏和韵律的语言表达思想和情感，而使用汉文作诗的能力，也是汉文水平最有说服力的表现。就目前所见档案，最晚至乾隆四十七年（1782），已有朝鲜进贡使臣向清帝献诗或唱和的记录。之后，或正、副二使进诗，或正、副二使及书状官3人同时进诗的画面成为经常性的场景，同时也因其表现上佳，领取了较琉球、暹罗、安南等其他藩属国更多的赏赐物品。而在清朝为尊老而开办的千叟宴上，朝鲜贡使成为唯一与宴的藩属国陪臣，固然与中朝两国非同一般的藩属关系有关，同时也与他们的诗文水平有关。清代千叟宴先后共有四次，分别举行于康熙五十二年（1713）、康熙六十年（1721）、乾隆五十年（1785）、嘉庆元年（1796）。乾隆四十九年（1784）秋，75岁的乾隆帝为效仿其祖父康熙帝，酝酿清朝的第三次千叟宴，并于乾隆五十年正月初六日在乾清宫举行千叟宴。其缘由为海宇乂安，天下富足，喜得五世元孙。与宴文武官员、士商兵民，蒙古、回部、西藏、西南土官年过六十者共3000余人，齐聚一堂，饮酒赋诗。清宫档案中记录，早在筹备阶段，乾隆四十九年十一月十一日，乾隆帝就发布谕旨，命朝鲜国王"酌派年在六十以上陪臣二三人，充正、副使，来京与宴"[21]。乾隆五十年正月初二日，军机大臣奏报，朝鲜贡使李徽之、姜世晃来京参与了千叟宴，并呈进千叟宴诗[22]。

明清时期中朝两国在政治、经济、文化等各方面有着密切的联系，朝鲜是东亚地区与中国关系最为密切的藩属国，两国之间不仅有相沿成例的海路、陆路朝贡路线，也有定期开市的边境贸易，更有以汉文典籍和汉字书写为基础的治国理念和文化传承，伴随着中朝封贡的持续绵延，官方使臣的往来穿梭、民间商业的频繁交易、文人学士的诗文唱和，中朝两国之间的交流显示出更为深厚的历史底蕴。直至光绪二十年甲午战争以后，传统的封贡关系终结，中朝关系进入了新的历史阶段。

注释：

① 杨雨蕾：《明清时期朝鲜朝天、燕行路线及其变迁》，《历史地理》第 21 辑，上海：上海人民出版社，2006 年版，第 265 页。

②《大明会典》卷 105，礼部六十三·朝贡一。

③ 中国第一历史档案馆藏：明代档案，兵部为朝鲜贡道改途令礼兵二部会议查考复咨事行稿，崇祯四年正月初三日，档号：01—01—001—000080—0020。

④（光绪）《钦定大清会典事例》卷 502，礼部二一三·朝贡。

⑤ 张存武：《清韩宗藩贸易 1637—1894》，台北："中央研究院"近代史所专刊，1985 年版，第 32 页。

⑥《明史》卷 320，列传第二百八·外国一·朝鲜。

⑦ 中国第一历史档案馆藏：军机处上谕档，嘉庆二年正月二十六日，第 2 条。

⑧《明史》卷 325，列传第二百一十三·外国六·琐里。

⑨《明宣宗章皇帝实录》卷 52，宣德四年三月乙卯。

⑩《大清世祖章皇帝实录》卷 42，顺治六年正月癸亥。

⑪ 中国第一历史档案馆藏：军机处上谕档，雍正十三年十二月二十四日，第 2 条。

⑫ 中国第一历史档案馆藏：明代档案，档号：01—02—001—000102—0001、01—02—001—000103—0001。

⑬ 中国第一历史档案馆藏：军机处上谕档，嘉庆二年正月二十六日，第 2 条。

⑭ 中国第一历史档案馆藏：内阁题本，大学士管理礼部事务王杰为朝鲜暹罗二国差正使进贡请旨事所附清单，乾隆五十四年正月二十日，档号：02—01—005—023111—0013。

⑮ 中国第一历史档案馆藏：内阁题本，大学士管理礼部事务王杰为赏赐朝鲜暹罗二国国王及贡使事所附清单，乾隆五十四年正月二十日，档号：02—01—005—023111—0014。

⑯ 中国第一历史档案馆藏：内阁题本，户部尚书傅恒为遵旨议定中江税额数请旨事题本，乾隆十二年四月十四日，档号：02—01—04—14115—005。

⑰ 中国第一历史档案馆藏：内阁题本，礼部尚书色克精额为循例派员监视会宁庆源交易事题本，道光二十一年十月十五日，档号：02—01—005—023455—0020。

⑱ 中国第一历史档案馆藏：外务部档案，外务部榷算司为补行颁发各省将军督抚《中韩通商条约》并转饬遵照事呈稿，光绪三十年八月二十日，档号：18—3018—002。

⑲ 中国第一历史档案馆藏：内阁题本，大学士管理礼部事务王杰为请赏赐朝鲜领时宪

书官员等银两赐宴事题本,乾隆六十年十月十一日,档号:02—01—005—023143—0048。

⑳ 中国第一历史档案馆藏:内阁题本,礼部尚书昆冈为本年朝鲜国遣使领时宪书官役照例赏银请旨事题本,光绪十七年十一月六日,档号:02—01—005—023871—0027。

㉑ 中国第一历史档案馆藏:军机处上谕档,乾隆四十九年十一月十一日,第4条。

㉒ 中国第一历史档案馆藏:军机处上谕档,乾隆五十年正月初二日,第1条。

（原载于《历史档案》2019 年第 4 期）

第五世达赖喇嘛封号解义

李保文

顺治五年（1648）五月二十日，顺治帝致书邀请第五世达赖喇嘛前来会晤。时隔四年，顺治九年（1652）达赖喇嘛如期抵达北京①。第二年返藏途中，顺治帝敕封其为"西天大善自在佛所领天下释教普通瓦赤喇怛喇达赖喇嘛"，并颁赐金册、金印②。学界在对其封号及印文的理解方面有很大分歧，迄今尚未得到共识。本文拟利用满洲、蒙古文档案文献对此略作考察，尚希方家指教。

据第五世达赖喇嘛言，顺治帝所赐金册、金印为汉、蒙古、藏三种文字合璧③。而康熙年间所修《大清世祖章皇帝实录》中有关第五世达赖喇嘛封号及印文内容是清代汉文档案文献最早的记载。其所记封号为"西天大善自在佛所领天下释教普通瓦赤喇怛喇达赖喇嘛"，印文为"西天大善自在佛所领天下释教普通瓦赤喇怛喇达赖喇嘛之印"，并记金册、金印"文用满、汉及图白忒国字"，未言有蒙古字④。另据乾隆朝内府抄本《理藩院则例》相关记载，第五世达赖喇嘛的金册、金印无蒙古文，否则雍正元年（1723）不会"议准，达赖喇嘛印、册，照五世达赖喇嘛之衔换给，并增蒙古字，别给敕书，令其办理噶卜伦事务"⑤。以此推断，第五世达赖喇嘛的"金册、金印"并非满洲、蒙古、汉、藏文四体⑥，而是满洲、汉、藏文三体，不兼蒙古文。第五世达赖喇嘛有可能由于满文、蒙古文的字形及书写方式相似而误将满文当作蒙古文。

　　然而，中国第一历史档案馆藏"内秘书院内翰林秘书院蒙古文档册：顺治十年（1653）档子"内收录有"册文""印文"的蒙古文原档，其印文划方框以示区别，所署日期为顺治十年四月二十二日⑦，是目前所见最早最直接的档案记载。其所收册文记封号为：baraqun x*deket‾un xuilemji sayin/ xamuqulank‾du burqan‾u：：telekey‾deki burqan‾u surqaquli‾yi x*rkileksen：：qamuq‾i medekci /w*jir‾a dar‾a talay lam‾a，占三行断了两处。可直译为"西方的大善具安乐佛的、掌世界的佛的教的、遍知一切者瓦赤喇怛喇达赖喇嘛"。其印文档案记为：baraqun x*deket‾un xuilemji/ sayin xamuqulank‾du burqan‾u/ telekey‾deki burqan‾u surqaquli‾yi/ x*rkileksen：：qamuq‾i medekci w*jir‾a /dar‾a talay lam‾a‾yin tamq‾a：：：，占五行断了一处，可直译为"西方的大善具安乐佛的掌世界的佛的教的、遍知一切者瓦赤喇怛喇达赖喇嘛之印"。二者在断句方面有些许出入，但不影响封号的文意。

　　再看满文的"封号和印文"。《西藏历代藏印》⑧第60页已刊布印谱，学界一般认为该印为顺治帝给第五世达赖喇嘛金印的复制品⑨。1981年，Dieter Schuh曾经发表过该复制品的印记⑩，全文为：wargi xabkai xamba sayin jirgara/ fucihi‾i xabkai fejergi fucihi /tacihiyan‾be xaliha x*yiten‾be sara/ wacira dara dalay lamai doron：：中间没有断句，可直译为"西天的大善安逸佛的承天下的佛教的遍知一切者瓦赤喇怛喇达赖喇嘛之印"，文意与蒙古文的"册文和印文"档案记载一致。

　　另外，顺治十四年（1657）六月二十四日，顺治帝给达赖喇嘛蒙古文敕谕原件的封号为：baraqun x*deket un xuilemji sayin xamuqulank‾du burqan‾i telekey‾deki burqan‾u surqaquli‾yi x*rkileksen：qamuq‾i medekci w*jir‾a dar‾a talay lam‾a⑪，其断句方式与蒙古

文"印文档"相同。档案抄件记为：baraqun x*deket-un xuilemji sayin xamuqulank-du burqan-i telekey-deki burqan-u surqaquli-yi x*rkileksen：：qamuq-i medekci w*jir-a dar-a talay lam-a，区别为敕谕原件于 x*rkileksen"领"字后面，书有标点符号的"单点"，而档案抄件则书有标点符号的"双点"，以示断句。

康熙十年（1671）⑫、十一年（1672）⑬，康熙帝给达赖喇嘛分别同时咨行三道敕谕。其封号对照如下：

道次	第一道	第二道	第三道
康熙十年六月	baraqun x*deket-un xuilemji sayin xamuqulank-du：： burqan-u telekey-deki burqan-u surqaquli-yi x*rkileksen:: qamuq-i medekci w*cir-a tar-a talay blam-a	baraqun x*deket-un xuilemji sayin xamuqulank-du： burqan-u telekey-deki burqan-u surqaquli-yi x*rkileksen:: qamuq-i medekci wacir-a dar-a talay blam-a	baraqun x*deket-un xuilemji sayin xamuqulank-du：： burqan-u telekey-deki burqan-u surqaquli-yi x*rkileksen:: qamuq-i medekci w*cir-a dar-a talay blam-a
康熙十一年十一月二十九日	baraqun x*deket-un xuilemji sayin xamuqulank-du： burqan-u telekey-deki burqan-u surqaquli-yi x*rkileksen:: qamuq-i medekci w*cir-a dar-a talay blam-a	baraqun x*deket-un xuilemji sayin xamuqulank-du dakin-i burqan-u surqaquli-yi x*rkileksen: qamuq-i medekci w*cir-a dar-a talay blam-a	baraqun x*deket-un xuilemji sayin xamuqulank-du： burqan-u telekey-deki burqan-u surqaquli-yi x*rkileksen qamuq-i medekci w*cir-a dar-a talay blam-a

以上示例以及表格中的文本，虽然皆为达赖喇嘛的封号，其断句和书写方式却有所不同。仔细比较后发现，敕谕和档案抄件

的缮写或者抄录，很大程度上取决于笔帖式对封号的理解，以及据此采取的断句和书写方式。因此，第五世达赖喇嘛的封号应以顺治十年的金册、金印及原始档案为准。

根据乾隆朝内府抄本《理藩院则例》"敕封喇嘛"条所记，"顺治十年，前藏五世达赖喇嘛来朝，赐以金敕、金印，授为西天大善自在佛领天下释教普通瓦赤喇怛喇达赖喇嘛"及前举封号，可以发现蒙古文"封号和印文档案"、满文的印文和封号中都没有体现与汉文封号的"所"字对应的文字，那么该"所"字是否可有可无？回答应是否定的。乾隆朝内府抄本《理藩院则例》准确地反映了满文或者蒙古文的档案原意，该则例编辑者或许没有看到当时的汉文档案记录，或许有意回避，并且特别强调满文、蒙古文档案在该问题上的权威性。如果将其视为翻译过程中出现的问题，那么显然有些牵强，因为其他用字是一字不差。

雍正四年（1726）正月二十五日，满洲、蒙古、藏三体的"雍正皇帝为指派康济鼐办理藏务事给达赖喇嘛的敕谕"为理解第五世达赖喇嘛封号提供了重要线索。其满文部分的封号为：wargi xabkai xamba sayin jirgara fucihi-i xabkai fejergi fucihi-i tacihiyan-be xaliha：x*yiten-be sara wacira dara dalay lama⑭，可直译为"西天的大善自在佛的领天下的佛的教的遍知一切瓦赤喇怛喇达赖喇嘛"，与第五世达赖喇嘛的印文中的满文小有出入，即在 fucihi（佛）和 tacihiyan（教）中间加了一个所属格的 i "的"字，但是不影响整句的语法关系，说明这个"教"是"佛"的"教"，起定语的作用。而蒙古文封号则较第五世达赖喇嘛的封号在用词方面发生了很大变化，记为：xuirun-e iuik-un ieke xoiljeyidu x*rkedu burqan-u xorun：telekey dakin-u burqan-u schasin-i x*rkileksen：qamuq-i medekci w*cir dhar-a talay blam-a⑮，只有"自在佛"的"佛"、表示"天下"的"世界""释教"的"释"字和"普通"以及"达赖喇嘛"用的词与第五世达赖喇嘛的封号一致外，其他字词，虽然词意相同，但形音截然不同，并且把表示"天下"的 telekey-deki（意为世界的）改为 telekey dakin-u（意为全世界的），又于"西天大善自在佛"的 burqan-u（佛的）之后加了一个表示"处所"的 xorun，并且加了一个标点符号的"单点"，以示断句。蒙古语中的 xorun 有多种含义：第一，住所；第二，国家、国、地方、地区、乡土、领土；第三，缺、席位、位置；第四，地点、处所、空间；第五，代替、替代、接管等⑯。另外，佛教文献语言的施主 xoiklige-yin a*jen 和福田（堪供）takil-un xorun 的"田"字也称 xorun。或许蒙古译师们曾经听到或者议论过，第五世达赖喇嘛对封号的藏文译文所作的"由于金印上的藏文印文为蒙古译师所译，故译文较拙"⑰的评价，当清朝再次册封达赖喇嘛时对藏文和蒙古文的封号用语进行了仔细推敲，为了以蒙古文准确地译出汉文的"所"字，便在 burqan-u"佛的"后面，加了一个 xorun（位子），使之与第五世达赖喇嘛的汉文封号相对应。如果译师在 xorun 后加所属格的格助词 -u 或 -i（的）字，那么达赖喇嘛的权利将局限于"西天大善自在佛"的教区。因此这道敕谕蒙古文部分的封号可译作"西天大善具自在佛的所在，领全世界佛的教的遍知一切者瓦赤喇怛喇达赖喇嘛"。

第五世达赖喇嘛的封号确实存在理解上的困难和认知上的疑虑，然而通过对满洲、蒙古等各该语种文献的比较研究分析能够取得共识。"所"字必须有，正如专家所言"所"字上连，理解为名词，应读作"西天大善自在佛所、领天下释教普通瓦赤喇怛喇达赖喇嘛"⑱。这个"所"字相当于现代汉语的"派出所""邮电所""研究所"的"所"字，也等同于日本语的"所"（tokoro）字，在此引申为"佛位"的"位"字。不过，由于满洲、蒙古文

"佛"下均有所属格的 -i 和 -u，所以"西天大善自在佛所"的"西天大善自在佛"非指达赖喇嘛，惟上述所属格 -i 和 -u 后少了"所"的对应词汇，给人们对整句封号的理解带来了一定的困难，同时也造成了一定的混乱。雍正朝再次册封达赖喇嘛时，满洲、蒙古译师补进了汉文"所"字的对应词汇 xorun，使之更加明确更加通俗化了。

综上所述，参考雍正四年正月二十五日满洲、蒙古、藏三体的"雍正皇帝为指派康济鼐办理藏务事给达赖喇嘛的敕谕"中的蒙古文封号，可以将第五世达赖喇嘛的汉文封号通俗地理解为"（居）西天大善自在佛位、领天下释教（之）普通瓦赤喇怛喇达赖喇嘛"，把第五世达赖喇嘛的满洲、蒙古文封号理解为"西天大善自在佛的（位）、领天下释教的、普通瓦赤喇怛喇达赖喇嘛"。如此，则满洲、蒙古、汉文封号的文意趋向一致，因为三种语言文字的同一封号在文意方面不可能、也不会存在本质的区别。

注释:

① 李保文:《顺治皇帝邀请第五世达赖喇嘛考》,《西藏研究》2006 年第 1 期,第 17 页。

② 郭美兰:《五世达赖喇嘛入觐述论》,《明清档案与历史研究论文集——庆祝中国第一历史档案馆成立 70 周年》,北京:中国友谊出版公司,2000 年版,第 961 页。

③ 阿旺洛桑嘉措:《五世达赖喇嘛传·云裳》(上册),《中国边疆史地资料丛刊·西藏卷》,北京:中国藏学出版社,1997 年版,第 343 页。

④《大清世祖章皇帝实录》卷 74,顺治十年四月。五世达赖喇嘛则说金册金印为汉、蒙古、藏三种文字合璧。

⑤ 赵云田:《清代理藩院资料辑录》,全国图书馆文献缩微复制中心,1988 年版。

⑥ 噶仲·洛朗巴著,刘立千译:《噶厦印谱译注》,《中国藏学》1990 年第 1 期,第 88 页。

⑦ 邓锐龄:《关于 1652—1653 年第五辈达赖喇嘛晋京的两个问题》,《民族研究》1995 年第 2 期。文中记此日期为三月三日,当误。档案原件记为"孟夏二十二日",与《大清世祖章皇帝实录》之记载一致。

⑧ 欧朝贵、其美:《西藏历代藏印》,拉萨:西藏人民出版社,1991 年版。

⑨ 邓锐龄:《关于 1652——1653 年第五辈达赖喇嘛晋京的两个问题》,《民族研究》1995 年第 2 期。

⑩ Dieter Schuh, *Grundlagen tibetischer Siegelkunde: Eine Untersuchung über tibetische Siegelau fschri ften in' Phags-pa-Schrift*,（Monumenta Tibetica Historica, Bund 5）VGH Wissenschaftsverlag·Sankt Augustin 1981.

⑪ 西藏自治区档案馆:《西藏历史档案荟萃》,北京:文物出版社,1995 年版。

⑫ 中国第一历史档案馆藏:内阁蒙古堂档簿,档号:02—19—002—000001—0001。

⑬ 中国第一历史档案馆藏:内阁蒙古堂档簿,档号:02—19—002—000001—0002。

⑭⑮ 西藏自治区档案馆:《西藏历史档案荟萃》,北京:文物出版社,1995 年版,第 57 页;欧朝贵、其美:《西藏历代藏印》,第 59 页。

⑯《新蒙汉词典》,北京:商务印书馆,1999 年版。

⑰ 阿旺洛桑嘉措:《五世达赖喇嘛传·云裳》(上册),第 343 页。

⑱ 邓锐龄:《关于 1652——1653 年第五辈达赖喇嘛晋京的两个问题》,《民族研究》1995 年第 2 期。

（原载于《历史档案》2024 年第 4 期）

清代边疆卡伦及卡伦侍卫来源

李　阳

　　卡伦，满语 karun，是清代在管辖区域内关隘、要塞等处设置的一种特有的管理或防御设施，执行巡查、稽查、监督等各种任务。一般按设置地点远近分为常设卡伦、移设卡伦、添设卡伦三种。常设卡伦为永远驻守者，后两者在常设卡伦之外边界线内，暖则外展，寒则内迁，进退盈缩，或千里或数百里。东北、蒙古、新疆的某些禁地或要冲处所，如盛京、吉林之柳条边，热河之木兰围场，外蒙古之呼图斯采金处，新疆之和田采玉处，以及哈密、吐鲁番等冲要之处，亦设卡驻兵，守卫稽查①。《钦定大清会典》记载："于要隘处设官兵瞭望曰卡伦，"② "以联捍卫驻守之兵。"③可以说卡伦是清代边疆管理和防御体系中的重要一环。

　　卡伦侍卫，满语 karun i hiya④，官名。侍卫处侍卫被派往卡伦戍守任事者之称⑤，是驻守卡伦的特定群体。清代派遣卡伦侍卫的地区主要有蒙古、西藏、新疆、云南等边疆地区。卡伦侍卫起初由清廷中央选派，无固定额数。侍卫员额与卡伦位置重要程度及事务多少有关，有每座卡伦设一名或数名侍卫者，亦有两座或数座卡伦设一名侍卫兼管者。遇有事则随时添派，或卡伦之间进行调拨，无事则适当裁减，以节饷需。

　　目前学界对清代卡伦研究已较为深入和广泛，成果丰硕。而对于边疆卡伦侍卫的研究，多集中在驻防制度、机构等方面，涉及侍卫群体的并不多，仅以鲁靖康《清代侍卫新疆史迹考——以〈清实录〉为中心》⑥和耿琦《清代驻守新疆"侍卫"职任考述》⑦两文为代表。前者以侍卫服役事项为重点，后者以侍卫职守类型为重点探讨新疆侍卫相关问题。本文拟依据中国第一历史档案馆藏清代档案对卡伦设置时间及卡伦侍卫来源略做探讨。

一　设置卡伦及派遣侍卫时间

关于卡伦的始设时间，《清史稿》中记载，清初就在东北、蒙古地区设立卡伦。《清代北部边疆卡伦研究》⑧一书中推断卡伦的始设时间可追溯至康熙年间。但目前通行的说法是始设于清初，未有确切时间。查阅档案史料，卡伦的设置可推至顺治年间。如顺治十二年（1655）十月二十七日理藩院尚书沙济达喇等所具题本⑨记载：

> neneme kalka musei emgi doro acara unde ofi, hinggan i amargi monggoi karun be an i sindaha ci geli dasame gisurefi nememe akdulame fisin sindaha bihe. te kalkai tusiyetu han, cecen han muse de doro acafi, aniyai alban benjiki seme umesi gashūme sain ohobi. damu jasaktu han i jui bisireltu han i teile unde, uttu ofi hinggan i amargi karun be kemuni akdulame fisin sindahai, uthai bisire majige eberembufi da an i obure be amban meni cisui gamara ba waka ofi, erei jalin gingguleme wesimbuhe hese be baimbi.

译文：

　　先是，因喀尔喀尚未与我等合一道统，除兴安岭以北照

常设立蒙古卡伦外，为预以防范，又复议密设卡伦。今，喀
尔喀土谢图汗、车臣汗已与我等道统合一，发誓输诚年贡修
好。惟扎萨克图汗之子毕席热勒图汗尚未合一，是以仍需防
范，保留兴安岭以北所设卡伦，稍事削减，恢复原状。等情。
臣等未敢擅便。为此，谨题请旨。

据此可以推知，卡伦应在顺治十二年或更早即已设立。

至于卡伦侍卫何时派驻，亦尚不能确定。但《清实录》雍正
十三年（1735）闰四月记载，"派守卡伦侍卫、护军三十五人驻
防年久"⑩，由此来看早在雍正十三年以前已有卡伦侍卫驻守卡
伦。雍正十年（1732）军机处满文上谕档中有一段关于卡伦侍卫
的记载⑪，可以进一步推断卡伦侍卫的派驻时间至少应在雍正十
年以前：

hūwaliyasun tob i juwanci aniya anagan i sunja biyai
ice de, coohai jurgan ci, karun de tehe hiya bamburi i
jergi juwan juwe niyalma be wang ni wesimbuhe songkoi
coohai bade bibufi faššabuki seme wesimbuhe jedzi de,
aliha bithei da ortai sede hese wasimbuhangge, dahashūn
wang ni wesimbuhe bade anafu meyen i karun teme jihe hiya
bamburi i jergi juwan juwe niyalma, cihanggai halara be
taka ilibufi, amba cooha gung mutere be aliyame, coohai
bade hūsun bume faššame yabuki seme niyakūraha sehebi.
bamburi se ududu aniya karun juce de faššame yabuha bime,
te geli cihanggai idu halara be nakafi, amba coohai gung
mutebure be aliyame, mudan dosotolo faššame yabuki seme
niyakūrahangge, umesi jilaka, jaka udu esede gemu bireme
kesi isibume šangnaha bicibe, ese karun juce i oyonggo bade

faššame yabure be dahame, cohotoi kesi isibume hiya hafan sunja niyalma de, niyalma tome susaita yan, bayara, uksin nadan niyalma de niyalma tome orita yan menggun šangna, ceni baiha songkoi coohai kūwaran de bibufi faššame yabukini sehe.

　　ice juwe erebe ceni jurgan i wesimbuhe da jedzi be suwaliyame coohai jurgan i bithesi yangju de afabuha.

　　suršan araha, dunghan acabuha.

译文：

　　雍正十年闰五月初一日兵部奏称，请将驻卡伦侍卫 bamburi 等十二人，照王所请仍留军前效力。等语。旋即大学士鄂尔泰等奉旨：据顺承郡王奏称，驻防前来驻守卡伦侍卫 bamburi 等十二人跪请情愿暂停换防，直至大功告成，留军前效力行走。等语。bamburi 等驻守卡伦、堆子效力行走数年，今又跪请情愿停止换班，直至大功告成，留于军前接续效力，甚属可悯。适才虽经一一施恩赏过，但此辈既然于卡伦、堆子要地效力行走，是以特施恩赏给侍卫官五人每人银五十两，护军、披甲七人每人二十两，照伊等所请留于军营效力行走。钦此。

　　初二日，将此及该部所奏原折一并交军机处笔帖式 yangju。

　　suršan 抄，dunghan 校。

以上是目前查阅所及关于卡伦侍卫记载较早的档案，其中的换班是卡伦侍卫期满之后奏请更换的制度。一般来说侍卫坐卡当差三年视为期满，由管辖大臣奏请换班，京城重新选派人员前往卡伦更换。如果以此推测，这些侍卫应该是雍正八年（1730）即被派往卡伦。但是卡伦侍卫制度是发展变化的，乾隆朝以后侍卫换班基本为三年期满换班，乾隆朝以前关于卡伦侍卫的档案不多，尚不能确定雍正时期是否为三年一班。但雍正十年或雍正十年以前，已经开始派遣卡伦侍卫。

二　派遣卡伦侍卫来源

卡伦侍卫从派遣之初便一直由京城选派 [12]，领侍卫内大臣负责从满洲、蒙古、乌拉齐、新满洲侍卫、护军校、骁骑校、护军内挑选敏锐才优者带领引见 [13]。至嘉庆二十四年（1819），嘉庆帝在一份满文谕旨中要求酌情裁撤新疆等处卡伦侍卫，改从各处换防官兵内拣选小心干练、通晓当地风俗的人员派补接替 [14]。关于裁撤京城派遣卡伦侍卫改由当地驻防官兵接替，档案中也给出了解释。

如扬威将军长龄所言，回疆卡伦侍卫由京拣派前来，情形俱未熟悉，所带守卡兵丁又非该侍卫等向所管辖，不能约束周密，难保无行私等弊。且距京路程较远，更替殊多周折 [15]。

德英阿、容安、那彦宝等亦奏称，伊犁、塔尔巴哈台两处地方所设各卡伦，多有毗连哈萨克、布鲁特、鄂罗斯（俄罗斯），守御、巡防、稽查例禁出境货物等事，在在均关紧要，京城派遣的侍卫初至口外，人地生疏，不熟悉情形，遇有驱逐哈萨克、追踪等事，往往需由他们添派本处驻防人员中熟悉情况者前往办理。等到这些侍卫对当地情形稍微熟悉后，又已到了任职期满该更换的时候。而且侍卫更换交替往返途中驿站大马供支徒滋糜扰，于防守均无实益。所以他们认为应照南路裁撤章程统一办理，将现在伊犁卡伦、塔尔巴哈台卡伦侍卫全行裁撤，俱改由本处驻防官员内小心干练、通晓当地风俗者派令接替，并严饬实力巡防，小心守御，如有疏懈偷漏情弊，一经查出，即行参办，这样非独于防边可期得力而于经费亦可稍为撙节 ⑯。

据此可以看出，卡伦侍卫来源发生变化的主要原因有二：一是京城派遣的卡伦侍卫远离边疆，人地生疏，不熟悉卡伦情形，对守卫、追踪等事务不利，且难以管辖和约束守卡兵丁；二是派遣侍卫至卡伦路途遥远，往返途中驿站夫马供支繁多，靡费巨大。

中国第一历史档案馆馆藏与卡伦及卡伦侍卫相关档案约有2000余件（多为满文档案），时间起于顺治十二年，迄于宣统三年（1911），内容涉及侍卫来源、派遣机构、升迁任免、增派裁减、年满换班、奖惩赏罚、故亡抚恤、资斧俸饷，以及执行稽查贸易、守卫边界、巡查卡伦、缉拿窃贼、护送贡物进京等任务的情况，为了解卡伦及卡伦侍卫提供了更多的信息和线索。清代实录和会典中，对卡伦虽亦有较多记载，但并不完整系统，参阅和解析卡伦及卡伦侍卫档案，为进一步深入研究提供了可能。

注释：

①⑤朱金甫、张书才主编：《清代典章制度辞典》，北京：中国人民大学出版社，2011年版，第169页。

②（嘉庆）《钦定大清会典》卷52，理藩院·典属清吏司。

③（乾隆）《钦定大清会典则例》卷143，理藩院·徕远清吏司。

④档案中也有其他说法，如 karun de tehe hiya，意为驻守卡伦侍卫。

⑥鲁靖康：《清代侍卫新疆史迹考——以〈清实录〉为中心》，《北方民族大学学报（哲学社会科学版）》2014年第4期。

⑦耿琦：《清代驻守新疆"侍卫"职任考述》，《清史研究》2015年第4期。

⑧宝音朝克图：《清代北部边疆卡伦研究》，北京：中国人民大学出版社，2005年版，第5页。

⑨中国第一历史档案馆藏：内阁满文题本，顺治十二年十月二十七日，档号：02—02—

012—000825—0041。

⑩《大清世宗宪皇帝实录》卷155,雍正十三年闰四月戊戌。

⑪ 中国第一历史档案馆藏:军机处满文上谕档,雍正十年闰五月初一日,档号:03—18—009—000003—0001。

⑫⑮⑯ 中国第一历史档案馆藏:宫中朱批奏折,道光八年五月初十日,档号:04—01—16—0132—089;中国第一历史档案馆藏:宫中朱批奏折,道光八年五月初十日,档号:04—01—16—0132—089;中国第一历史档案馆藏:宫中朱批奏折,道光八年五月初十日,档号:04—01—16—0132—089。

⑬ 中国第一历史档案馆藏:军机处录副奏折,乾隆六年七月二十日,档号:03—0175—1557—024。

⑭ 中国第一历史档案馆藏:军机处录副奏折,道光八年十月十九日,档号:03—2882—023;宫中朱批奏折,道光八年五月初十日,档号:04—01—16—0132—089。需要说明的是,04—01—16—0132—089 这件档案中提到了嘉庆二十四年关于裁撤卡伦侍卫的清字谕旨,但目前尚未找到,希望以后能有机会查到这件档案。

（原载于《历史档案》2024 年第 3 期）

满文档案中的年羹尧之子年兴新谈

赵秀娟

年羹尧是清代康熙和雍正两朝重臣。雍正皇帝即位不久，年羹尧即被问罪。清代史料对其事迹记载翔实，《清史稿》更有年羹尧列传，专题研究成果较多。无论影视作品，还是史料记载，对年羹尧这一历史人物都有很多演义和解读。但是，他的子嗣境遇如何，清代史料少有记载，亦未见有相关研究成果。

年兴（niyan hing）作为年羹尧之子，主要活动与年羹尧紧密相连，一生波折。在年羹尧位高权重之时，年兴作为其第四子，得到皇帝恩赏，官至一等侍卫、世管佐领。年羹尧获罪之后，年兴受到牵连，先是被发遣广西充军，后被流放到吉林乌拉（船厂，今吉林市），最终改置三姓（今哈尔滨市依兰区），终因各种情由获罪而被处死。对于年兴的活动，清代汉文实录及档案有少许记载，但关于年兴发遣情况，仅见于满文档案有所记载。笔者梳理中国第一历史档案馆藏满文档案，披露年羹尧第四子年兴在吉林乌拉、三姓等地的重要活动，以期弥补清代史志记载的不足。

一　年兴青年时期的殊荣

年兴，生卒年不详，镶黄旗汉军人，是年羹尧的第四子，其母为宗室女。雍正元年（1723）二月，年兴随父年羹尧进京觐见雍正帝时，蒙恩授为三等侍卫①，当时年兴未及 20 岁。据此推断，年兴生于康熙四十年（1701）左右。

另据雍正三年（1725）镶黄旗汉军都统观音保奏称：

> niyan fu dai li sy yamun i ilhi hafan bime beyede uju jergi ashan i hafan bi，niyan hing uju jergi hiya bime beyede bošoho nirui janggin bi，ere hafan niru serengge gemu cohotoi kesi isibume niyan geng yoo de šangname buhengge②.

> 年富系大理寺少卿，兼有一等男爵。年兴系一等侍卫兼有世管佐领，该项爵位、佐领均系特恩赏赐年羹尧者③。

侍卫为"清代侍卫处职官，掌宿卫扈从等事。清制，选上三旗（镶黄、正黄、正白三旗）满洲、蒙古子弟之才武出众者为侍卫，其由下五旗满洲、蒙古选用者及宗室侍卫、汉侍卫也都挈分在上三旗行走。其中，满洲、蒙古一、二、三等侍卫四百八十人；宗室一、二、三等侍卫九十人，四等侍卫无定额；汉侍卫亦分为一、二、三等及蓝翎侍卫，均无定额。皇帝从上述满、蒙、宗室侍卫内特简勋戚子弟及有奇能异才者为御前侍卫、乾清门侍卫（均无定额），由御前大臣统辖，负责内廷（乾清门以内至神武门）宿卫，故统称'内班侍卫'。其余各等侍卫，由领侍卫内大臣统领，负责外廷（乾清门外以南至太和门外）值班宿卫，故统称为'外班侍卫'或'大门侍卫'"④。世管佐领与公中佐领相对，"凡由原立佐领之人带来人丁编立与因功所得人口编立之佐领，或兄弟一同带来之人丁编立与族人合编之佐领，以及初编或分编佐领时即令承管积有五世以上者，均为世管佐领。其佐领员缺，例由原立佐领人或承管佐领人之子孙，按照房族之亲疏及管过之次数，分别拟正拟陪列名，请旨补授，世袭罔替"⑤。

未逾三年，年兴即从三等侍卫升为一等侍卫，擢升很快。雍正三年六月，上谕称：

niyan fu niyan hing daci gemu umesi juken[⑥].

年富、年兴素皆最劣[⑦]。

年兴所任世管佐领之职，承袭自其父年羹尧。雍正帝认定，年兴能力甚为平常，系凭借其父年羹尧之功绩而获得了侍卫、世管佐领等职。

二　年兴发遣广西、吉林

雍正三年，年羹尧获罪，被赐自尽，其家人均受牵连，四子年兴屡遭发遣。对于年兴个人波折的一生，仅《大清世宗宪皇帝实录》内有小段记载，清代官修史书对年兴的记载严重不足。《清实录》在纂修之时，并未刊印发行，存于宫中秘而不宣，当时也并未被广泛传播。国史馆的传记根据官员品级及影响，记录的史事也非常简略，而且没有较高品级和广泛影响的人物也不会被收入国史之中。如年兴一般的人物，随其父年羹尧的大起大落而命运起伏，事迹只在清代留存至今的满文档案中有详细记载，着实难得。

（一）年羹尧父兄子嗣论罪

雍正三年，年羹尧案直接牵连父兄子嗣，年富和年兴皆被革职。"癸酉，谕大学士九卿等：年羹尧如许大罪显露，而伊子年富、年兴等尚毫无畏惧之形。若伊父果有冤抑之处，应分晰代奏。若无冤抑之处，则应竭诚效力，以赎伊父之罪。乃随处为伊父探听音信，且怨愤见于颜色。年富、年兴俱著革职，交与伊祖年遐龄，倘仍不悛改，定行正法"[⑧]。

继而，雍正皇帝对年羹尧父兄子嗣进行全面论处。"年遐龄、年希尧皆属忠厚安分之人，著革职，宽免其罪，一应赏赉御笔衣服等物，俱著收回。年羹尧之子甚多，唯年富居心行事，与年羹尧相类，著立斩。其余十五岁以上之子，著发遣广西、云贵极边烟瘴之地充军。年羹尧之妻，系宗室之女，著遣还母家去。年羹尧及其子所有家赀，俱抄没入官。其现银百十万两，著发往西安，交与岳钟琪、图理琛，以补年羹尧川陕各项侵欺案件。其父兄族人皆免其抄没。年羹尧族中有现任候补文武官者，俱著革职。年羹尧嫡亲子孙，将来长至十五岁者，皆陆续照例发遣，永不许赦回，亦不许为官。有匿养年羹尧之子孙者，以党附叛逆例治罪"[9]。从以上记载可知，年羹尧之父年遐龄、兄年希尧革职，均被宽免其罪，基本未受牵连。年羹尧的直系子嗣则被株连，其中，年富被斩，其余十五岁以上之子被发遣至广西、云贵极边烟瘴之地充军，第四子年兴即在发遣之列。

（二）年兴屡遭发遣

年兴作为年羹尧之子而被朝廷关注，不止一次被发遣。《大清世宗宪皇帝实录》记载，雍正三年年羹尧十五岁以上之子被发遣到广西、云贵极边烟瘴之地充军，但未写明具体地点。雍正五年（1727）正月，雍正皇帝认定，年羹尧党羽并未滋事，转而念及年羹尧的功劳，故将年羹尧发配之子全部赦回。"壬寅，谕刑部：向因年羹尧狂悖妄乱，结党肆行，法难宽宥，朕不得已将伊治罪。又恐其党援固结不散，伊诸子留在京师或彼此暗相比附，又生事端。故令徙居边远之地，遇赦不赦。今见年羹尧正法之后，伊平日同党之人，实皆悔过解散，无一人比附之者，而当日平定青海，年羹尧亦著有功绩，著将伊子远徙边省者俱赦回，交与年遐龄管束，以示朕格外恩宥之至意"[10]。此段记载只是笼统地说明赦回年羹尧被发遣子嗣一事，并未刻意提到年兴。笔者幸从乾隆十四年（1749）宁古塔将军永兴满文奏折中获知，年兴由发遣地广西改置吉林一节。

enduringge ejen kooli ci tulgiyen, abka na i gese den jiramin kesi isibume wara be guwebufi, guwangsi golo ci gajifi, girin i ula de falabuha[11].

圣主破例施天高地厚之恩，免死，自广西携来，发配吉林乌拉。

由此得知，年兴最初确实被发遣到广西充军。此外，内阁满文起居注对年兴发遣吉林一事亦有记载。

ice uyun de niohon honin inenggi kubuhe suwayan i ujen coohai gūsa be kadalara amban oci sede hese wasimbuhangge niyan geng yoo i jui niyan hing be ging hecen de bibuci ojorakū, girin i ula de unggifi tebukini sehe[12].

（雍正五年四月）初九日乙未，谕镶黄旗汉军都统鄂奇等，年羹尧之子年兴不可留京，著发往吉林乌拉安置。钦此。

年兴在奉谕赦回京城后，又被发遣至宁古塔将军驻地吉林乌拉（即永吉州）。至乾隆十年（1745），年兴再次因罪发遣。当年，新任齐齐哈尔副都统黑雅图进京陛见请训时，乾隆皇帝降谕：

hese wasimbuhangge, niyan geng yoo i jui niyan hing yung gi jeo i bade falabuha weilengge niyalma bime, balai hafasa i emgi fumereme yabumbi. erebe si isinaha manggi, jiyanggiyūn de alafi ujeleme weile ara sehebe gingguleme dahafi[13].

年羹尧之子年兴系永吉州遣犯，然与官员恣意交往。俟尔抵达后，告之将军，著从重治罪。钦此。钦遵。

乾隆皇帝钦派黑雅图返程时专门进入吉林乌拉城访查。黑雅图查实，年兴不仅与当地官员相互交往，而且还与时任永吉州知州魏士敏结为姻亲，将女儿嫁给魏士敏之子。他将上谕内容和调查结果告知宁古塔将军巴灵阿，传谕严审年兴一案。

niyan hing ni jaburengge, mimbe girin i ulai bade falabufi, juwan uyun aniya oho, ubai hafasa i dorgi, mini takara niyaman daribuhangge bifi, urgun jobolon i baita de acaname yabuha mudan bisirengge yargiyan, jai yung gi jeo i jyjeo wei ši min serengge, mini ama i guculehe gucu i jui ofi, be ishunde yabumbihe, abkai wehiyehe i nadaci aniya mini takara tacibukū hafan de bihe wang jeng jala ofi, mini sargan jui be wei ši min i haha jui de sargan obume gisureme toktobufi, uyuci aniya uyun biyade buhengge yargiyan seme jabumbi[14].

年兴供称：我被发配吉林乌拉巳有十九年。此处官员内有与我相识、沾亲者，逢喜丧事行走数次，是实。再，永吉州知州魏士敏系我父友人之子，我等互有往来。乾隆七年经我素识之原任教习王政作媒，商定将我女嫁给魏士敏之子为妻，九年九月出嫁，是实。等语。

至此，同驻一城的宁古塔将军巴灵阿方才发现年兴的违例之举。巴灵阿等称：

kooli de irgese i sargan jui be harangga kadalara ba na i hafan de buci ojorakū bade, niyan hing serengge falabuha weilengge niyalma bime, ne tušan i jyjeo wei ši min i emgi bakcilame sadun jafahangge ambula kooli ci jurcehebi, uttu ofi, amban be niyan hing be an be tuwakiyame ekisaka banjirakū balai yabure falabuha urse de durun tuwakū targacun obume ilan biyai selhen etubufi tanggū šusiha tantafi[15]……

按律，民人之女不可嫁于该管地方官。年兴系遣犯，且
与现任知州魏士敏结亲，大干例禁。是以，臣等因年兴不安
分宁谧，肆意妄行，枷号三个月，杖百，以示惩儆遣犯。

上述史实同时说明，宁古塔将军衙门、奉天府所属永吉州等
地方机构对京城因罪发遣前来的高官子嗣之管理较为宽松。年羹
尧与永吉州知州魏士敏之父的旧友关系、年兴与魏士敏结亲形成
的姻亲关系，使得年兴在发遣地受到了一定关照。乾隆帝对年兴
结交官员的不安分之举不满，于是，在此件奏折上写下朱批："著
年兴发配三姓。"⑯

总的来看，年兴于雍正三年因父获罪被发往广西充军，雍正
五年由广西赦回，同年被发配到吉林乌拉，至乾隆十年又被发遣
至三姓。

三　年兴在三姓的活动

年兴发遣三姓之后，依然十分活跃，且与三姓副都统等地方
官员结仇，屡次控告。乾隆十四年，宁古塔将军永兴奏报年兴在
三姓期间蔑法生事的详细情形，请求将其永远枷号示众：

> aha yunghing ni gingguleme wesimburengge, hese be
> baire jalin, ere aniya aniya biyade ilan halai bade falabuha
> weilengge niyalma niyan hing ilan halai ba i hafasa be
> menggun šufafi falabuha niyalma de aisilame buhe, niyalmai
> ergen i baita be cisui wacihiyaha jergi baita be gercileme
> habšara bithe arafi, ini niyamangga niyalma sula šige be,
> girin i ula de unggifi, aha minde alibuha de, aha bi tuwaci,
> niyan hing ni habšaha baitai dorgi holbobuha urse gemu

ilan halai bade bimbime aifini icihiyafi, jurgan de boolafi wesimbufi wacihiyaha fe baita geli ududu hacin bisire jakade niyan hing ni alibuha bithe be ilan halai meiren i janggin fusengga de kimcime getukeleme baicame icihiyafi boolanjikini seme yabubuha bihe.

sirame nadan biya de meiren i janggin fusengga girin i ula de jifi, ere aniya ilan halai bade fukjin mukei jugūn i orhoda gurure temgetu bithe sindaha, gurure hūsun sei amasi bederere be tosome karun nonggime tebuci acara, hafan cooha be nonggime tucibufi oyonggo babe giyarime baicabure jergi baita be hebešeme jihede, aha minde alahangge niyan hing be ilan halai bade falabuha ci ebsi fuhali an be tuwakiyarakū baita dekdebure de amuran, imbe kadalaha dergi hafasa be daburakū, duleke aniya niyan hing ini beye de daljakū baita be dabali daname yabume habšaha turgunde, nenehe tušan i jiyanggiyūn, hafan tucibufi getukeleme beidefi, imbe šuwarkiyan tantara weile araha, ede niyan hing tubai hafasa de kimulefi, damu inde gelekini seme šerime yabumbime, geli falabume unggihe aha obuha ehe sabsitu sei emgi falifi yabume, koimali arga deribufi okto salame, buya urse de sain gebu gaime yabumbi seme alambi. aha bi meiren i janggin fusengga de niyan hing ni habšaha baita be getukeleme icihiyame wacihiyaha erinde, imbe harangga kadalara hafasa de afabufi ciralame jafatame kadalakini, aika kemuni an be tuwakiyame ekisaka banjirakū oci, uthai minde boola seme afabufi unggihe bihe.

jakūn biya de aha bi ningguta bedune, ilan halai jergi

babe giyarime baicame genefi, ilan hala de isinaha manggi tuwaci, jugūn giyai de ba bade gemu gebu akū bithe latubuha bime, aha mini tataha booi duka i bade inu gebu akū bithe maktahabi, bithe be tuwaci, gemu niyan hing ni neneme habšaha baita be alifi icihiyara hafasa icihiyahangge yargiyan akū, derencume jemden yabuha sere jergi gisun be arahabi, amala niyan hing, aha mini tataha bade jifi, dere acafi alara baita bi serede, aha bi gūnici, i serengge amba fudasihūn weile necifi, wara be guwebufi, falabuha ujen weilengge niyalma, imbe acaci acarakū ofi, niyan hing de baita bici, bithe arafi siden i bade alibu seme bošofi unggihe.

jai inenggi aha bi hafan cooha i gabtara niyamniyara be tuwame giyoocan de genehede, niyan hing dahalame genefi, ini neneme habšaha baita be alifi beidere hafasa icihiyahangge yargiyan akū, derencume haršaha turgun jemden bi, jai geren niyalma ini baru kimulefi, imbe seyerengge labdu, halafi encu bade falabureo seme bithe alibuhabi. alibuha bithe be tuwaci inu jugūn giyai de latubuha gebu akū bithede adališambi, uttu ofi, aha bi encu hafan tucibufi, ini neneme alibuha baita be suwaliyame tondo be jafafi kimcime narhūšame icihiya seme afabufi, geli niyan hing be enduringge ejen i isibuha ujen kesi be hukšeme ekisaka an be tuwakiyame banji, jai ume balai baita dekdebume yabure seme ciralame tacibuha, niyan hing heni gelere olhoro be sarkū, geli aha mini tataha bade jifi, gūnin cihai arbušame, ini habšaha baita be meiren i janggin yamun de afabuci ojorakū, damu imbe ilan halai baci aljabufi, gūwa bade halame falabukini seme dalhidame alambi.

aha bi niyan hing ni arbun muru be tuwaci, banitai halai fudasi bime, faksi koimali fuhali olhoro gelere be sarkū, fujurulaci, an i ucuri baita dekdebure de amuran, an be tuwakiyarakū, harangga kadalara hafasa i kadalara be daburakūngge yargiyan, uttu ofi, aha bi niyan hing be uthai jafabufi, 〔 fulgiyan fi: salbadai, encehengge 〕 harangga meiren i janggin de afabufi, ini habšaha ele baita be angga acabume kimcime beideme icihiyafi encu wesimbureci tulgiyen, gingguleme gūnici, niyan hing serengge fudaraka weilengge niyalma, niyan geng yoo i jui, enduringge ejen kooli ci tulgiyen, abka na i gese den jiramin kesi isibume wara be guwebufi, guwangsi golo ci gajifi, girin i ula de falabuha, niyan hing girin i ula i bade, an be tuwakiyame ekisaka banjirakū, balai baita dekdebume, hafasa i baru amasi julesi guculeme yabure turgunde, enduringge ejen hafu bulekušefi, cohotoi hesei ilan halai bade falabuhabi. ede niyan hing giyan i enduringge ejen i nurhūme isibuha den jiramin ujen kesi be hukšeme gūnime, ini nenehe ehe be eteme halafi, an be tuwakiyame, fafun be dahame, ekisaka banjici acambi. umai an be tuwakiyame ekisaka banjirakū, falabufi aha obuha ehe sabsitu sei emgi falime acafi okto salame sain gebu gaime, gelhun akū fafun be oihorilame, harangga kadalara hafasa be daburakū, tubai hafasa be damu inde gelekini seme širime yabumbime, ilan halai babe dubei jecen de bisire be safi, imbe encu bade halame falabukini seme erehunjeme yabuhangge, yargiyan i fafun šajin be daburakū, fahūn amba ten de isinahabi, tere anggala, ilan hala

serengge, dubei jecen i ba bime, ilan halai jakūn halai urse
be guribume gajifi, uksin etubuhe aniya asuru goidahakū,
kemuni fafun kooli doro yoso be tengkime sara unde, aika
niyan hing be tubade sula bibuci, coohai urse ini arga jali
de tuhenefi, ehe tacin de icebure be akū obume muterakū,
ilan halai be i niyalma de labdu tusa akū be dahame, aha bi
bahaci, niyan hing be harangga meiren i janggin de afabufi,
enteheme selhen etubufi horifi, falabuha an be tuwakiyarakū
ehe urse de durun tuwakū obuki sembi. erei jalin gingguleme
wesimbuhe. hese be baimbi.

　　abkai weihiyehe i juwan duici aniya uyun biyai orin juwe
abkai wehiyehe i juwan duici aniya juwan biyai ice ninggun
de fulgiyan fi i pilehe hese, encu hese wasimbumbi sehe[⑰].

全译如下：

　　奴才永兴谨奏，为请旨事。本年正月，发配三姓遣犯年
兴派伊亲属、苏拉十哥至吉林乌拉，向奴才具禀讦控三姓地
方官员等凑银接济遣犯，私了人命案件等事。奴才看得，年
兴控诉案内所涉人等俱在三姓地方，因系早已办竣报部、经
奏准完结之旧案，复有数项情节，故曾行文三姓副都统富僧
阿，著详加查明年兴呈文，前来上报。等语。

　　续于七月，副都统富僧阿行至吉林乌拉，初次发放本年
三姓地方水路参票，而后前来商议应于刨夫等返回道路添设
卡伦、增派官兵巡查要地等事。其禀告奴才称，年兴发遣三
姓以来，竟不安分守己，善于滋事，不受所管上司约束。去
年，年兴妄自控告与其无关之事，经前任将军派员审明，拟
以杖笞之罪。因而年兴与彼处官员结仇，唯加以要挟，且又

结伙发遣为奴刺字之重犯等，使用奸计，散发药物，沽名于百姓。等语。奴才行文令副都统富僧阿，饬察明办竣年兴控诉案，将伊交付所管官员，著严加约束，倘仍不安分宁谧，立即报我。等语。

八月，奴才前往宁古塔、伯都讷，三姓等地巡查。抵达三姓后，看得，街道各处均张贴无名字帖，且奴才寓所门前亦抛来无名字帖。阅之，皆写承办年兴先前所告案件之官员等办理不实，徇情作弊等语。不久，年兴来至奴才寓所，称欲见面有事相告，奴才虑及伊系犯大逆之罪、免死发遣重犯，不应见之。遂称年兴若有事，缮文呈送公所，逐还之。

次日，奴才赴教场视察官兵骑射时，年兴随往。其呈文称，承审伊先前所告案件之官员等办理不实，有瞻徇情弊；再则，众人与伊结仇，憎恨伊者颇多，请换往别处发遣。等语。阅看呈文，亦与街道张贴无名字帖相似。是故，奴才另派官员，令连同伊先前所呈之案一并秉公详加办理。又严饬年兴，感戴圣主鸿恩，安分宁谧，再勿妄生事端。年兴毫不知畏惧，又来至奴才寓所，肆意妄行，渎禀称，不可将伊所告之案交付副都统衙门，唯请使伊离开三姓，换往别处发遣。

奴才观年兴面貌，禀性悖逆且奸猾，竟不知畏惧。经访查得，平素善于滋事，不守本分，不受其所管官员约束是实。是以，奴才遂将年兴缉拿（朱笔：萨勒巴第，好信口胡说）交付所属副都统，将伊所告诸案详察质审另奏。钦惟，年兴系谋逆犯年羹尧之子，圣主破例施天高地厚之恩免死，自广西携来，发遣吉林乌拉。年兴于吉林乌拉地方不安分宁谧，妄生事端，与官员交往之因，经圣主洞鉴，特降旨发遣三姓地方。对此，年兴理应感戴圣主屡施高厚之鸿恩，痛改前非，安分守法宁谧，然并不安分宁谧，结伙发遣为奴刺字重犯等，散发药味，沽名于百姓，竟敢藐视法律，不受其所管官员等约束，唯加以要挟。知三姓地处极边，希冀将伊换往别处流放，诚目无法纪，胆大至极。且三姓系极边之地，三姓、八姓人等迁来披甲未久，尚未深知法令道统，倘年兴在彼处闲居，恐兵丁难免中伊奸计，沾染恶习，于三姓地方之人甚无益处。奴才请将年兴交付所属副都统，永远枷号囚禁，以示惩儆发遣之不安分恶人。为此谨奏，请旨。

乾隆十四年九月二十二日。

乾隆十四年十月初六日奉朱批：另有旨。钦此。

纵览这件奏折，尽知年兴被发遣到三姓以后的主要活动。从永吉州改成三姓后，年兴多方联络三姓副都统、宁古塔将军，一心想离开三姓，但未能获准，由此引发更为激烈的举动，宁古塔将军衙门就此提出处理意见。根据这件满文奏折，我们可将年兴在三姓的主要活动分列如下：第一，年兴派亲属、苏拉十哥前往吉林乌拉城，向宁古塔将军衙门控告三姓地方官员凑银接济其他遣犯、徇私办理人命案件。宁古塔将军永兴据此认定年兴好滋事，爱告状。第二，三姓副都统富僧阿赴吉林乌拉城向宁古塔将军呈报年兴的诬告妄告举动。经前任将军派员审明，年兴受到杖笞，故与三姓官员结仇，随后与其他发遣为奴、刺字的重犯者结伙，使用奸计，散发药物，沽名于百姓，既暴露出刻意打击三姓官员的动机、品行不端，也显示出其有一定的经济实力。第三，宁古塔将军永兴赴三姓巡查之际，年兴趁机在街道各处张贴无名字帖，还向将军寓所抛撒无名字帖，反复陈述三姓官员对其案件办理不实，有瞻徇情弊；痛诉众人与其结仇，抵制三姓副都统衙门，请求改换发遣地。第四，宁古塔将军另派官员复查年兴先前所呈之案，与三姓副都统衙门得出同样的结论，认定年兴平素善于滋事、不守本分、不受其所管官员约束等情节属实。

宁古塔将军永兴认为，年兴畏惧三姓极边苦寒生活，期望转换到其他城池，此种不安分、不受管束的行为，会对编旗设佐时间略短、未谙法律道统的三姓、八姓披甲人造成不良影响，损害民风，所以，奏请将年兴在三姓永远枷号囚禁，以示惩儆不安分的流人。乾隆皇帝对此奏折写有朱批"另有旨"，具体内容详见于军机处满文上谕档。

> uthai ini gebu akū bithe latubuha weile be bodoci, an i niyalma necihe manggi, kooli de tatame wambikai, niyan hing weile bifi falabuha niyalma bime, geli ere weile necihe be dahame, kemuni bibuci ombio. yunghing de jasifi, niyan hing be eici tantame wafi, eici tatame wafi, geren de durun tuwakū obukini[⑱].

> 即便虑及伊张贴无名字帖之罪，常人违反，照例绞决也。年兴系有罪发遣之人，犹犯此罪，尚可留否。寄信永兴，年兴或杖毙，或绞决，以示众戒。

乾隆帝并未赞同宁古塔将军永兴"永远枷号"的请求，直接降谕处死年兴。至于最终的处死方式是杖毙还是绞决，尚未在满文档案中找到线索。

清史研究中的重要人物专题，无论是在清代还是在现当代，相对比较充分。尤其是在重要事件中起到推动历史发展作用的人物，其专题研究更加丰富，年羹尧研究即为实例之一。但对于小人物的研究略显不足，还有很多值得深入研究的问题。利用满文档案史料，发掘年羹尧之子年兴史料，透过档案所述其人生波折和琐碎事项，揭示发遣人犯与地方官员的纠葛，反映宁古塔将军衙门驻地吉林乌拉城即奉天府所属永吉州的一城多元化管理状态，从一个侧面反映清代社会风土人情和社会概貌的区域性特征，更加具有一定的社会史研究价值。

注释：

① 中国第一历史档案馆藏：宫中朱批奏折，雍正元年七月二十六日，档号：04—01—30—0012—006。

② 中国第一历史档案馆藏：宫中朱批奏折，雍正三年七月初四日，档号：04—02—002—000124—0015。

③⑦ 中国第一历史档案馆：《雍正朝满文朱批奏折》，合肥：黄山书社，1998 年版，1162 页。

④ 朱金甫、张书才主编：《清代典章制度辞典》，北京：中国人民大学出版社，2011 年版，385 页。

⑤ 朱金甫、张书才主编：《清代典章制度辞典》，146 页。

⑥ 中国第一历史档案馆藏：宫中朱批奏折，雍正三年七月初四日，档号：04—02—002—000124—0015。

⑧ 《大清世宗宪皇帝实录》卷 33，雍正三年六月。

⑨ 《大清世宗宪皇帝实录》卷 39，雍正三年十二月。

⑩ 《大清世宗宪皇帝实录》卷 52，雍正五年正月。

⑪ 中国第一历史档案馆藏：宫中朱批奏折，乾隆十四年九月二十二日，档号：04—02—002—000329—0018。

⑫ 中国第一历史档案馆藏：内阁满文起居注，雍正五年四月上，档号：02—14—001—000016—0003。

⑬ 中国第一历史档案馆藏：宫中朱批奏折，乾隆十年六月十九日，档号：04—02—002—000289—0021。

⑭⑮⑯ 中国第一历史档案馆藏：军机处全宗录副奏折，乾隆十年六月十九日，档号：03—0172—0890—005。

⑰ 中国第一历史档案馆藏：军机处全宗录副奏折，乾隆十四年九月二十二日，档号：03—0172—0894—003。

⑱ 中国第一历史档案馆藏：军机处全宗满文上谕档，乾隆十四年十月初六日，档号：03—18—009—000008—0002—0070。

（原载于《满语研究》2022 年第 2 期）

从清宫所藏满文档案看
准噶尔蒙古赴藏熬茶活动

郭美兰

　　熬茶，是指在藏传佛教寺庙发放布施的一种宗教仪式。清代熬茶，通常由熬茶者向众喇嘛发放银两等物，众喇嘛则为之颂经祈福。乾隆初年准噶尔蒙古派使赴藏熬茶，因有极其复杂的历史背景，故而清廷并未将此视作单纯的宗教活动。

　　首先从政治上讲，清入主中原之后，远在西北的卫拉特蒙古四部之一的准噶尔部开始时与清廷基本保持和平交往，但随着噶尔丹势力的增强，准噶尔与清廷之间的关系曾一度转为以战为主的关系，噶尔丹兵败之后，准噶尔汗国陷入困境，而发展到噶尔丹策零统治时期，随着准噶尔汗国日益强盛，则与清廷保持时战时和的状态。雍正十一年（1733），准噶尔部兵败额尔德尼昭之后，开始连年遣使进京，请求开放肃州等地的贸易，清廷也多次派人到准噶尔地方晓以利害。乾隆帝是在双方关系缓和的情况下，才考虑准许准噶尔部派人赴藏熬茶的。

　　其次从准噶尔与西藏的关系上讲，准噶尔蒙古进藏，对清廷来说，始终是个敏感问题，因为准噶尔蒙古策妄阿拉布坦当政时期，利用蒙古民众对藏传佛教的崇信，为了控制拉萨以号令众蒙古，曾经派兵侵扰西藏，占领拉萨，直到三年后才被清军逐出西藏，所以无论是清廷还是西藏当地的僧俗显贵，都对准噶尔人进藏持有戒心。

再次从宗教上讲，准噶尔蒙古人众信奉藏传佛教，入藏熬茶拜佛，是藏传佛教信徒毕生的信念和追求，尤其遇有上层人物去世，更得派人赴藏布施，请喇嘛念经超度。清廷为了笼络安抚蒙藏人民，一向推崇藏传佛教，面对准噶尔部力求派使赴藏，也不好断然拒绝。因此尽管存在诸多不便，最后还是同意准噶尔部派使熬茶。

中国第一历史档案馆保存的涉及乾隆初年准噶尔蒙古赴藏熬茶事宜的档案有满文《熬茶档》《夷使档》等专档，除此之外，相关内容尚可散见于宫中满汉文《朱批奏折》，军机处满文《录副奏折》《上谕档》等，这些珍贵清朝官方原始档案的存留，为我们还原准噶尔蒙古赴藏熬茶活动之史实提供了极其丰富厚实的史料基础。今从这些满文档案看，准噶尔部派使赴藏熬茶共有三次，第一次是在乾隆五至六年（1740—1741），第二次是在乾隆八至九年（1743—1744），第三次是在乾隆十二至十三年（1747—1748）。准噶尔蒙古熬茶使第一次赴藏熬茶，半道由青海西宁返回，而第二次、第三次则真正进入西藏，完成了所担负的熬茶使命。现就这三次准噶尔蒙古赴藏熬茶活动分别论述，以共同好。

一　准噶尔蒙古第一次派使赴藏熬茶

准噶尔蒙古第一次提出派使赴藏熬茶，是噶尔丹策零以五世班禅额尔德尼圆寂需作佛事并为噶尔丹策零之父已故策妄阿拉布坦熬茶为由，奏请乾隆帝准许遣使入藏，向已故班禅额尔德尼进献布施并为其亡父念经超度。五世班禅额尔德尼名洛桑益西，于康熙五十二年（1713），被康熙帝册封为"班禅额尔德尼"，赐金册金印，印面满、藏、汉三种文字对照，印文为："敕封班禅额尔德尼之印"，"额尔德尼"由此成为历世班禅之封号。五世班禅额尔德尼于乾隆二年（1737）圆寂后，乾隆帝即料到准噶尔蒙古会提出派使赴藏熬茶，故在乾隆三年（1738）派侍郎阿克顿一行前去与噶尔丹策零谈判时即预先嘱令："噶尔丹策零倘若提及达赖喇嘛、班禅额尔德尼，则告之曰，达赖喇嘛身体甚好，班禅额尔德尼去岁圆寂。本朝大皇帝派遣诸大臣、喇嘛等赍送布彦，我等来时，遣往之人尚未返回。等因相告。彼若提及遣人赴藏熬茶，则称，俟定边界和好之后，台吉尔若奏请圣上，料必遣派大臣官员等伴送尔之所派之人前往。"①并降旨噶尔丹策零曰："朕不拦敬奉黄教之人，先前尔属人等潜行入藏，祸害藏地，残害土伯特人众。今尔等之人遽经其地，土伯特人众怀愤生事，亦未可料。尔果欲赍送布彦诵经，俟遵朕旨定议后，若遣使前往，可遣百人赴藏。"②噶尔丹策零接到乾隆帝的这一谕旨，并未否认原先发兵入藏的事实，承认"前此起衅，发兵骚扰是实。兹礼待土伯特、前去诵经之少许人，断不致生事。惟携往藏地用于诵经之物件，百人难以送达，故不便与哈柳一同派往。兹吾与大国敦固修好，想诵经贸易之处，倘不仍旧，则属无益，故此奏请准将赴藏之人为三百人。至使臣贸易等杂事，已令哈柳口奏"③。噶尔丹策零在此提到的哈柳，曾于乾隆三年侍郎阿克顿等与噶尔丹策零谈判回京时第一次随同到京，受到清廷礼遇，赏赐颇丰，提出派人赴藏熬茶，获准只可派 100 人前往。紧接第二年哈柳再次进京，带至噶尔丹策零奏书，在乾隆帝同意派使赴藏熬茶的基础上，要求将人数由已准的 100 人增加到 300 人。这一要求，经过军机大臣鄂尔泰等议奏获准同意，遂将熬茶人数定为 300 名。

　　早在乾隆三年哈柳来京请求入藏熬茶并获准后，时任西宁办事大臣的巴灵阿就开始考察熬茶使的进藏路线，巴灵阿认为准噶尔"遣人赴藏熬茶既从巴尔库尔（巴里坤）而来，势必由肃州、赤金、安西等处而入青海境内，其间隘口汛卡之险要，通衢四达之关键，必须详加审查，以杜微渐"④。巴灵阿查出途经青海进入西藏的四季可行的大道，从肃州、赤金、安西进发，共有六条，第一条自肃州正南稍西行十日至阿里汉河，自阿里汉河西南再行一日至库尔鲁克；第二条自肃州西南尚有一条路直达库尔鲁克，计程也在十一日；第三条自赤金向正南稍东行六七日至阿里汉河，从阿里汉河再行一日至库尔鲁克；第四条自赤金正南经过苏勒河直至库尔鲁克，计程也在六七日；第五条自安西向正南过希尔哈尔金河约六七日至依克柴达木，依克柴达木的正南是大戈壁，无路可通，因此须从依克柴达木复向正东行六日至库尔鲁克；第六条自安西西向东南过希尔哈尔金河约十日也至库尔鲁克。也就是说，所有六条路都可到达库尔鲁克，库尔鲁克是自肃州、赤金、安西三处经青海进藏之必经之地。从库尔鲁克再往东南行经卡伦台站则到额默克，额默克系得卜特尔、依克柴达木两路卡伦之总台，传递公文运送粮食之要道，自额默克正南行四日至索洛木出青海境，过木鲁乌苏入玉树地方即可到达西藏。巴灵阿的结论是准噶尔熬茶使通过青海进藏，所经地方均系扼要重地，即便令其由西宁出口进藏，虽不到卡伦总台，也要沿途安设小台，且经涉各扎萨克驻牧之处，因此行经青海腹地存在诸多不便。巴灵阿的奏折经过军机大臣等议奏，考虑安全及物资供应等诸多方面的问题，将准噶尔进藏熬茶路线确定为由肃州进入，出扁都口，前往东科尔地方贸易，而后由东科尔赴藏。

与此同时，远在西藏的驻藏大臣纪山与郡王颇罗鼐也在安全防范上做了周密安排。乾隆四年（1739）八月，驻藏大臣纪山接到军机大臣等议准准噶尔派使赴藏熬茶之事一文，命令纪山等人严固卡隘，注重防范，若有消息，即行调兵防备堵截。纪山当即密奏西藏地方原本备有厄鲁特、唐古特马步兵5万名，既有准噶尔熬茶之事，更须勉力防备。其基本部署是喀喇乌苏、达木、羊八井、纳克桑等处驻兵 6000 名，令扎萨克头等台吉珠尔默特纳木扎勒率带驻守；阿里克地方驻兵五千名，令公珠尔默特车布登驻守。且"于阿哈雅克路所属哈济尔、得卜特尔、仲干里麻尔诺木浑地方设卡三处；腾格里淖尔路所属穆斯加根、兴济勒沃岳地方设卡二处；纳克桑路所属工斯塘、特巴克托罗盖、沃莫库鲁木地方设卡三处；如托克路所属塞塘理塘地方设卡一处；努热路所属努如地方设卡一处。此等卡伦，每卡驻兵百名，干练可靠头目各一名"⑤。此外，考虑暂由西藏兼管之那克树等三十九族人众，均在木鲁乌苏、喀喇乌苏之间游牧，也需要遣派干练官兵收束防范，因此委派绿营官兵及唐古特精兵，前往那克树等三十九族游牧边缘瞭望，管束其游牧所有人众。纪山和颇罗鼐认为这样喀喇乌苏地方有重兵驻守，且又往外拓展设卡于阿哈雅克地方，熬茶使行抵西藏边界后，遣派官兵护送至藏，妥为办理熬茶拜佛，则无不虞。

　　西藏在物资供应上也作了充分准备，从东科尔开始，清廷派 500 名官兵护送准噶尔熬茶使进藏。自东科尔至西藏，路程约三个月，途中遇有水草丰美之地，虽然可以歇息牧养马畜，然渡河涉水，耽搁延宕，在所难免，因此加量拨给四个月米石、八个月盐菜银，以资沿途食用。抵藏之后，其在藏期间及由藏返回时所需口食米石，则由四川巡抚方显札饬驻藏管理钱粮官员，仍行咨文驻藏大臣纪山，会同郡王颇罗鼐，按入藏之人数，拨给四个月口食米石。在返回时，如若不需四个月口食米石，则由统兵将军、副都统酌情及时办理。纪山预计官兵至藏居留二个月，返回时拨给四个月口食米石，其护送熬茶使等之需用口食米石之官兵、跟役约 1000 人，六个月共需口食米 1494 石，因西藏所产皆为青稞，用米还得提前去往各地采买。此外，西藏附近地方，无处放牧牲畜，即便柴薪，亦在八、九日路程之外方可砍伐，在藏用草料、柴薪，均需差役由各处背运而来。准噶尔熬茶使及护送官兵之骑驮马驼，有数千余匹，一齐抵藏，肯定无处牧放，需要计其足敷乘骑入藏，将其余马驼均留于喀喇乌苏地方，酌留官兵，交付颇罗鼐之子扎萨克头等台吉珠尔默特纳木扎勒，遣派干练斋桑、兵丁，赶到水草丰美的地方代为牧放。其官兵之驮包，由颇罗鼐处遣派贤能第巴，将唐古特人等之乌拉牛预先聚集于喀喇乌苏地方，俟准噶尔熬茶使抵达，妥加驮载进藏。抵藏之后，其喂养官兵骑至马畜所需草料、柴薪，均照驻藏官兵支取草料、柴薪之例，逐月供给发放。

从以上情况分析，清廷在答应噶尔丹策零派使赴藏熬茶的请求之后，即开始了积极的准备工作，只等准噶尔熬茶使前来即护送入藏。但事情的发展似乎有些出乎清廷的意料，噶尔丹策零原先说的是其熬茶使于乾隆五年四月底到达哈密，但却迟迟不见来，直到六月十七日，准噶尔派往进京奏事的莽鼐一行 7 人到哈密卡伦，莽鼐曾于乾隆四年随哈柳进京，乾隆帝准许准噶尔派 300 人赴藏熬茶后，经哈柳奏请，派莽鼐先行回去传信给噶尔丹策零。因此莽鼐此次到哈密告称噶尔丹策零原准备等到哈柳返回，再令进藏人等启程，但哈柳于乾隆五年四月二十九日方回到准噶尔地方，准噶尔首领等人认为天已转暖，路途蚊蝇孳生，不便行走，想等入秋天凉再去。因此噶尔丹策零先派莽鼐奏明情况，并请准熬茶人等由口外可可沙西、希喇哈尔占等地行至东科尔，以免患病出痘。其前往熬茶之斋桑齐默特等，此时正在乌鲁木齐地方等候，可于八月二十日后抵达哈密。

此后的一段时间里，准噶尔熬茶使便杳无音信，但清廷的准备工作却并未因此而停止。早在乾隆五年二月，军机大臣鄂尔泰等即筹划遣派凉州、庄浪满洲兵 500 名护送准噶尔熬茶使，军机处还咨文告知凉州将军乌赫图、西宁办事大臣巴灵阿："此次伴送准噶尔熬茶使赴藏，已派尔等二人。尔等沿途须好生照看，凡事共同商议。好生管束兵丁，妥为牧放马匹，若有疲乏羸瘦者，巧为办理，断不可成累赘。再，准噶尔之噶尔丹策零既皆遵旨恭顺和好，相应沿途尔等凡事皆宜留意而行。乌赫图之将军之职，不可令准噶尔人等知晓，训诫官兵等皆呼大臣。尔等抵藏，须尊崇黄教，恭敬喇嘛，酌情行事。礼佛并叩拜达赖喇嘛时，务须恭敬。晓谕驻藏副都统纪山、郡王颇罗鼐，准噶尔熬茶使倘若提请由藏延请喇嘛及额木齐，或有不便之请，则颇罗鼐等告之曰，吾等虽在藏为首办事，然事无巨细，若未奉有圣旨，吾等未敢擅断。等因加以抚慰。"⑥但因乾隆五年准噶尔熬茶使始终不见来，乌赫图于乾隆六年二月初八日方带官兵自凉州启程，于十四日行抵庄浪，十六日率带庄浪官兵接着前行，二十一日抵达西宁。直到此时，因仍无准噶尔人的消息，乌赫图遂于西宁地方歇养马畜滞留8天，至二十九日会同西宁办事大臣巴灵阿率带官兵前行，于三十日抵达东科尔地方。

准噶尔熬茶使到达东科尔，则是在一个月之后。乾隆六年二月十六日，哈密提督李绳武所派副将钱子发带兵300名，在乔湾之布鲁顿地方迎接准噶尔人等后启行，自四月初一日至初四日陆续抵达东科尔，乌赫图等将准噶尔人等安顿在东科尔城东南的一处院内。准噶尔熬茶使一行有"为首喇嘛二人、随行喇嘛十八人，斋桑二人，噶尔丹策零之亲信二人，蒙古二百二十四人，回子五十二人，番子三人，共三百零三人，鸟枪一百五十支，撒袋七十二副，腰刀五把"⑦。其为首喇嘛为多约特、禅机，斋桑为齐默特、巴雅斯瑚朗。

准噶尔熬茶使在东科尔休整10天左右，喇嘛多约特、禅机等即提出西宁塔尔寺系宗喀巴佛诞生地，黄河以南扎西车里寺系阿寿、阿旺喇嘛居住地，宗喀巴佛系众喇嘛之佛祖，扎西车里寺所居喇嘛，亦为名僧，来时噶尔丹策零献有布施，要求前去熬茶。开始乌赫图等以其先请准熬茶时，仅称赴藏熬茶，并未具奏前往他处熬茶而未应允，然经斋桑齐默特等再三告请，以扎西车里寺位于黄河以南，路途遥远且沿途皆系蒙古游牧地方未加应允外，因塔尔寺位于西宁以南 50 里处，距东科尔一日路程，往返需时二三日，且无蒙古游牧，遂答应了其前往塔尔寺熬茶的请求。五月初三日，准噶尔约 60 人前往塔尔寺，巴灵阿率满洲官兵 100 名护送，当日即抵塔尔寺。初五日，准噶尔熬茶使入寺熬茶，进献布施，燃灯念经，于当日返回东科尔。此后准噶尔熬茶使提出前往位于距东科尔城约 30 里地方的大藏寺、东科尔寺熬茶，也如愿以偿。

准噶尔熬茶使到达东科尔之后，除了在东科尔附近寺庙熬茶之外，并未立即进藏，而是在东科尔滞留达数月，其问题就出在准噶尔熬茶使携带货物贸易之事上。准噶尔请求进藏时，原本只讲是熬茶，但准噶尔熬茶使真正来的时候却带来了大量货物，这些货物经过肃州时虽曾出售一部分，但大部分都带到了东科尔。贸易一事，从准噶尔方面讲是其熬茶活动的一部分，因为路途遥远，熬茶使所带皮张等实物，不可能动用大量人力、物力直接带到西藏，须在半道某个合适的地方换成便于携带的金银等物带往。但此事事先并未与清廷很好沟通，护送熬茶使的乌赫图等人并不知道熬茶使要带来如此多的货物，因此官方预先安排也不够周密，而仅靠东科尔当地市场，购买力相当有限。

准噶尔熬茶使本欲五月二十日始启程赴藏，但其贸易之事，因价格问题难以解决，故而迟迟无法成行。期间双方在价格问题和启程赴藏问题上多次交涉，准噶尔斋桑齐默特等认为，如果赶在夏季行路，水草丰美，人会觉得舒服；若秋季行路，则进藏路途极其寒冷，在藏不宜过冬，而返回东科尔地方又无水草，人畜之给养草料将无法解决。此外双方讲和之后，准噶尔人等进京纳贡，往来贸易四五次，对于物价已有一定的心理预期，所以此次前来，希望按照以前在北京或肃州的贸易价格出售货物。准噶尔熬茶使认为并未讨要高价，如果乾隆帝命令降价出售，也可以服从，当初请求赴藏熬茶时，乾隆帝曾颁有敕书准许将货物携至西宁、东科尔等地出售后，采买在藏熬茶所用物件携带至藏。但到东科尔以来，凡涉及牧放牲畜及供给食用牛羊口粮，均称奉有乾隆帝谕旨，但议及货价，皆称系民人自行购买，所出价低，其货物不便出售，因此要求携带所余货物进藏。在东科尔准噶尔熬茶使一味强调肃州等地贸易价高，但却忽略了一个重要问题，即东科尔本是一个小城，没有太大的货物吞吐能力，购买力极其有限，准噶尔人等携来大量货物，且品种单调，形成庞大的卖方市场，货物自然销不出去。而清廷一方则认为准噶尔熬茶使"因不加价，即告称进藏者，显系以其货物为重，借此佯装，不宜即遂其愿，相应俟将军等处一旦挑定马驼，确定日期赴藏，彼等便计穷无望，不再萌发贪得无厌之心"[⑧]。因而断然拒绝了齐默特等人的要求。齐默特等人见加价无望，进一步提出到东科尔已有两三个月，拟赶在夏季行路，若久留东科尔，所有物件皆得采买，其原先携来50余天口粮，食用至今已有两月有余，衣烂粮绝，状况已极窘迫。先前奏请赴藏熬茶，奉有乾隆帝谕旨，等到贸易地方，要尽速贸易启程，且以其马驼倘若疲惫，准给调换马驼，认为乌赫图等没有遵行谕旨。而且以前请乌赫图等确定启程日期，乌赫图等言称将咨文总督、巡抚，俟有回文，再确定启程日期。准噶尔人等声称其贸易事小，赴藏熬茶事大，要乌赫图等确定启程日期，尽早起行。双方交涉至此，乌赫图等计划安排七月初启程赴藏，具体启程日子则由准噶尔熬茶使来定，准噶尔熬茶使告称要在七月底启程。

此后的日子里，准噶尔熬茶使售出狼皮 3600 余张、羊皮 30500 张，其余物品则打算不再出售。事情到此，准噶尔熬茶使本该启程赴藏了，但在七月二十日，斋桑齐默特等派人告诉乌赫图等："先前我等曾来与大臣等商定于七月底启程赴藏，故此我等派人前去探察我等之在牧驼马，马尚可骑用，驼则全然不可，问询我等曾在藏地游历之人，据称藏路地势险峻，且极为寒冷，并无适宜骆驼之水草。我等蒙古往来行走，但靠驼马，而今我等之骆驼已不堪用，且马亦水土不服，倘若行至中途驼马不支，不仅于我等极为无益，且难返回我等地方。我等谨此告知大臣等，俟至办妥我等之贸易之事，请准返回。"⑨乌赫图等问齐默特等其中原因，齐默特等说并无他故，只是现在天已寒冷，草亦枯萎，藏路险峻，不宜于驼马远行，故而意欲返回。这时乌赫图等还是主张进藏，告知齐默特等说既经请旨前来，理宜即行赴藏。驼马有膘壮堪用者，可挑其膘壮者，如若不敷，可补给驼马，其余羸瘦驼马留原地牧放，俟由藏返回，牧放之马驼业已上膘，则易返回。而齐默特等以时值寒冷，草木枯黄，马驼不支，即便补给数百驼马也难前往为由，执意返回。而且讲熬茶之事每年皆可前往，返回之后，拟将何时前来为宜，何时入藏为宜之处，加以斟酌，整治行装，再行前来。此消息传到北京，军机大臣等认为准噶尔人请求为黄教赴藏熬茶，但又携至多项货物，现因未能如愿抬高价钱，不便明言，故托词马驼羸瘦不能前往，指望便利其贸易之事。此次准噶尔等派使熬茶，不仅不便官为资助，如果以后习以为常，日后频频前来贸易，以此为惯例随意勒索，则更有掣肘之处。故乾隆帝命乌赫图等还是规劝准噶尔熬茶使按原先议定之例入藏，如若执意返回，也可听其自便。当乌赫图将乾隆帝的谕旨转告齐默特等人后，齐默特仍以天气寒冷为由坚持返回。

此次为了准噶尔贸易，清廷也曾动用官银十万余两，但准噶尔熬茶使自有主张，到八月底的时候，其携来羊皮、狼皮、狐狸皮、沙狐皮等皮张业已尽数售罄，羚羊角、绿葡萄、瑙砂等物，亦售出大半，其余物品，决定不再出售，而且拟于八月二十六日启程返回游牧。乌赫图等带领官兵，于二十六日自东科尔启程护送噶尔熬茶使，九月二十一日经赤金地方，十月初九日抵达哈密，将300余名准噶尔人如数移交提督李绳武等。乌赫图于当月十三日率凉州、庄浪官兵自哈密启程返回外，西宁办事大臣巴灵阿率侍卫、章京等仍回到西宁。准噶尔第一次派人赴藏熬茶之事至此无果而终。

二　准噶尔蒙古第二次派使赴藏熬茶

准噶尔蒙古第一次派使熬茶半道折回，从噶尔丹策零后来的奏书看，似乎也在噶尔丹策零的预料之外，因为齐默特一行返回后，噶尔丹策零即以吹纳木喀为使派往京城，吹纳木喀于乾隆七年（1742）正月二十二日到哈密，驻防哈密安西提督李绳武奏报此消息称："据云，赴京进贡，并去岁蒙恩许熬茶，齐默特等去藏不远，中道而返，恐天朝见责，故遣使谢罪，并恳仍许熬茶。"此折奉乾隆帝朱批："朕已料彼必为熬茶之事再来陈请也。"[⑩] 吹纳木喀三月到北京，携至噶尔丹策零奏书，果然请求赴藏熬茶，且经由噶斯而行，乾隆帝对吹纳木喀讲："尔台吉噶尔丹策零奏章，朕已入览，今尔口奏之语，朕之大臣亦悉以闻。前噶尔丹策零以其父故屡请赴藏熬茶，朕廷臣议应勿许，朕特施恩，念其为父讽经，尊崇黄教，本属善事，降旨允之，复遣大臣官兵护送，助以牲畜口粮。乃尔使齐默特等既至东科尔，惟以贸易为事，迁延数月，并不进藏，遽欲还部，朕之大臣屡谕不听，始以奏闻。"[⑪]

吹纳木喀解释说齐默特回去后曾告诉是受到了守卡人的阻拦而返回，噶尔丹策零不信，因此派使具奏。乾隆帝认为进藏熬茶，本是噶尔丹策零最重要的事情，应该遣派可靠之人，为什么要派齐默特呢。况且齐默特等返回时，已经明确降旨，现如今就是仍欲进藏，亦应等候再降旨允行才能前往，岂容自作主张，且要求取道噶斯而行呢。见乾隆帝态度如此坚决，吹纳木喀讲出原因，是因为以前齐默特回去后，并没把乾隆帝的谕旨告知噶尔丹策零，所以众人怀疑。进藏一事，在噶尔丹策零最为切要，恳请能够恩准。乾隆帝遂以熬茶人数、日期俱未议定，未具体降旨，只是以天气即将转暖为由，遣回了吹纳木喀等人。

吹纳木喀一行七月经过哈密返回准噶尔游牧地方，但时隔不久，又被噶尔丹策零派赴进京，于十月初三日从哈密启程，途经肃州、宁夏而行，于十一月十七日到京。吹纳木喀等人带来的噶尔丹策零奏书中讲明齐默特等去年未曾入藏而由东科尔地方擅自返回属实，已经治罪，拟派300人于乾隆八年三月初启程。且提到："若照前由南行，则绕弯且于马畜无益；倘取道噶斯，则路近且水草丰美，有益于牲畜。吾等前往土伯特念经之人携带物品，理宜径直带往，惟于多坝、西宁地方贸易毕，带其易获物品前往念经，庶得两便。若皆行经噶斯，将所留人等，留噶斯口附近水草丰美之处。其带我等之物径赴念经者，行经麻勒占、呼济尔路；其往多坝、西宁者，自哈济尔、得卜特尔、柴达木路至多坝、西宁，渡过木鲁乌苏之多伦鄂罗木渡口，逐水草而行，则于牲畜有益，相应奏请准自此路行。"⑫ 这段话，颇让朝臣费解，因此问吹纳木喀是何意，吹纳木喀讲："吾等返回游牧，将大皇帝颁降慈旨告知噶尔丹策零后，噶尔丹策零甚为感激欣悦，仅令我等歇息十日，即令从速启程。噶尔丹策零之意，倘蒙大皇帝悯顾，恩准我等遣人赴藏，则先前所行之路远且难，请就近准由噶斯路而行。由我等遣往三百人内，分出一队，带现有财帛、供品，先行自噶斯口纳木噶地方沿麻勒占库察路径行赴藏。另分一队，携带皮张等物，自哈济尔、得卜特尔路前往西宁、多坝，换取物品后，再由多伦鄂罗木渡口渡木鲁乌苏河，进藏会合，则于我等赴藏之事及牲畜、盘费均皆有益。"[13]其意就是300人分两路而行，一路带部分物品抄近道，一路绕道贸易换取金银携往西藏。对于路线问题，军机大臣等告诉吹纳木喀分两路不可行。为此，乾隆帝颁降敕书给噶尔丹策零曰："尔先前请求赴藏熬茶，朕已恩准，然尔等之人半道折回。兹复请派人赴藏，此次由噶斯路行走，理应不准，惟因系为尔父诵经之好事，且极为恭顺具奏，故朕特地施恩，照尔所请，仍准派三百人赴藏，虽不能准由噶斯路而行，然仅此一次亦准尔之所请，但将尔赴藏人等分两路，一路自噶斯纳玛干行经麻勒占库察路径直入藏，一路至西宁、多坝贸易已毕，由多伦鄂罗木路赶赴藏地。如此，不但我大臣、官兵等难以照看，即尔所遣人等，亦难分起行走。此等情形，朕已面谕吹纳木喀，因彼等称欲至西宁贸易，相应仍准三百人为一队，一同至西宁，俟贸易事毕，皆由多伦鄂罗木入藏。朕酌情沿途赏补牲畜、盘费，并派大臣、官兵等护送。尔等之人何时自游牧地方启程、何时抵达我边界地方之处，务必预先报告边界大臣等。"[14]吹纳木喀遂于十二月十五日启程返回。

允准准噶尔蒙古第二次派使赴藏熬茶后，乾隆帝即安排凉州将军乌赫图和侍郎玉保护送并办理相关事宜，并谕令在四个方面做了准备：

一是增派官兵，拓展沿途卡伦。西宁至伊克柴达木、得卜特尔，原设卡30处，有青海蒙古兵200名、绿营兵100名分别驻守。因准噶尔赴藏人等此次行经噶斯路，须将卡伦酌情往远处拓展至哈济尔。皂哈、巴哈柴达木等卡伦，仅驻有蒙古兵，并无绿营兵，因此需要在使臣往返之前，由西宁总兵所属绿营兵中，再增派 100 名，交付西宁办事大臣莽鹄赍，酌情派往卡伦驻守。赴藏经过路线附近的青海游牧蒙古人众，预先要离开住处迁往他处，等熬茶使通过后，才可照常游牧。由满洲、索伦、蒙古侍卫、章京内，拣选 4 人带领引见，分别遣往哈济尔、得卜特尔 2 处卡伦，等候准噶尔熬茶使抵达后，伴送赴藏。

二是调遣官兵，以便护送准噶尔熬茶人等。钦差将军乌赫图、侍郎玉保总统管带伴送；派理藩院章京 1 员、笔帖式 2 员、领催 2 员，负责往来为熬茶使等传话、办理杂事；仍拣派庄浪、凉州的满洲官兵 500 名护送赴藏，妥为办理马畜、撒袋、鸟枪等物；准噶尔熬茶人等来时，侍郎玉保即带领章京、官员等至卡伦地方迎接，带至东科尔照料贸易，会同将军乌赫图率领官兵伴送入藏。俟熬茶事毕，由原路送出边界后，除乌赫图带领官兵返回任所外，侍郎玉保则率领部院章京等回京。清廷也做了噶尔丹策零不让熬茶人等赴西宁东科尔贸易，奏请经卡伦取道麻勒占库察径直入藏的准备。其预案是如果准噶尔事先派人至卡伦报称由彼就近前往，则侍郎玉保等即一面奏闻，一面咨文将军乌赫图，带领满洲官兵前往卡伦，护送熬茶使由卡伦直接入藏，并由卡伦地方守候的 300 名绿营官兵内，酌留照看熬茶使存留人畜者外，将其余绿营兵遣回原处。由索伦等章京内酌留 1 人，会同绿营官员看护，仍令驻西宁办事大臣莽鹄赍稽查办理。

三是采办粮石牲畜，以备接济准噶尔熬茶使及其护送官兵。准噶尔台吉噶尔丹策零为其父遣人入藏熬茶，自备资斧前往，但路途遥远，人数逾百，加之护送官兵近千人，需要酌情接济。因此，事先饬令准噶尔熬茶使路经诸地的总督、巡抚等备办廪给牛羊、米面等项，由东科尔地方启程前往西藏时赏赐一次外，事毕返回时，于青海附近地方再赏赐一次。另外，命令各该地方官员预先备办马驼，当准噶尔熬茶使及其护送官员的马畜疲乏或倒毙时，视其情形酌量给予补充或更换。其换下的牲畜，交付地方官员妥为牧放，以备返回时补充或更换使用。

四是筹办银两，以便支付盘费和贸易之价银。事先命令四川总督筹银 3 万两，转交将军乌赫图、侍郎玉保携带，用于支付赴藏途中及在藏期间的所需盘费，等熬茶事毕后核销。另外，为了保证准噶尔人赴藏途次在青海的贸易顺利进行，除事先召集商贾前去贸易外，还下令陕甘总督等筹办官银 17 万两—18 万两，以便贸易之用。

与此同时，驻藏大臣索拜也做了相应准备，一是加强前后藏防备，增设卡伦，派官兵及第巴等驻守那克树地方。二是将卡伦、兵丁以及游牧，于熬茶使抵达阿哈雅克卡伦之前内迁至水草丰美地方，交付扎萨克头等台吉珠尔默特纳木扎勒妥加管束，俟熬茶使抵达西藏地界附近，交付珠尔默特纳木扎勒由其所辖驻守兵丁内简派干练斋桑、第巴 2 名，率兵 300 名往迎，一直护送到拉萨，并加以防范准噶尔人探取消息。三是熬茶使拜谒大小昭庙、哲蚌、色拉、甘丹等大寺时，妥派官兵加以管束，依次拜谒。熬茶使倘若前往后藏拜谒班禅额尔德尼并熬茶，则派可靠斋桑、第巴 2 人率兵 300 名护送。四是熬茶使携带进藏货物，视颇罗鼐力所能及，尽数购买，也可动用国帑收购。五是班禅额尔德尼呼毕勒罕甫经转世，年方六岁，而后藏除商卓特巴济隆罗布藏策旺外，别无管事者，故请郡王颇罗鼐遣派可靠大第巴 1 名，在熬茶使抵达之前遣往扎什伦布，会同商卓特巴济隆罗布藏策旺办事。

乾隆八年四月初二日，侍郎玉保即由西宁启程，二十六日行抵得卜特尔卡伦。将军乌赫图于三月二十八日率官兵自凉州启程，四月初三日行抵庄浪，再带庄浪官兵于十五日抵达东科尔。侍郎玉保于五月二十七日行抵纳马噶，得到消息称准噶尔熬茶使已于五月二十一日至噶斯，查询来人及牲畜情形，有"为首使臣吹纳木喀、喇嘛第巴纳尔巴、商卓特巴，副使巴雅斯瑚朗、多尔济，噶尔丹策零近侍四人及随从等在内共三百零三人、二千三百五十三匹马、一千三百七十三峰驼、一千八百三十九只羊、一百七十三支鸟枪、七十副撒袋"⑮。第二天侍郎玉保在噶斯之噶顺会见吹纳木喀等，问其逾期原因，吹纳木喀告称，四月初十日即自游牧启程，因塔里木河发洪水，月余才渡完河。六月初三日，准噶尔熬茶使到哈济尔，此后双方商谈前往东科尔贸易及在附近寺庙熬茶事宜，吹纳木喀等要求先派一部分人前往东科尔贸易，并提供了清单，前去贸易和熬茶者共 175 人，驮载行李货物 600 余包，并打算采办缎绫、哈达、茶叶、把碗等物件。侍郎玉保给赏 60 头牛、600 只羊以及米石、炒面等，派头等侍卫达赖等带绿营兵 100 名护送，于六月初七日自哈济尔卡伦启程前往东科尔。熬茶使抵达东科尔贸易期间，准备前往衮布木庙、大藏寺、塔尔寺熬茶念经，而在卡伦地方等候的有为首使臣喇嘛商卓特巴、斋桑吹纳木喀等。侍郎玉保带领他们到哈坦和硕等处，于靠近拜都河渡口附近玛勒延库察路等候其前往东科尔贸易之人，俟贸易之人返回后，即速进藏。准噶尔人到达东科尔后，于七月初三日前往大藏寺熬茶，七月十三日前往衮布木庙熬茶，七月二十一日前往塔尔寺熬茶，进献寺庙以哈达、金盅二只、银盅、银奔巴、银灯、银盘、铁镜、绸缎，转交噶尔丹策零致各寺庙的唐古特字、蒙古托忒字信 5 封，各寺庙喇嘛亦回赠镨镥、玉珠、哈达等物，并交给致噶尔丹策零回信 5 封。

准噶尔人在东科尔的贸易熬茶活动，至八月初基本完毕，将军乌赫图于八月初八日照料准噶尔人等自东科尔地方启程，二十六日行抵哈坦和硕地方。次日吹纳木喀至乌赫图住处相见，告称其前往东科尔贸易人昨日全数抵达，鉴于天已转冷，打算尽速进藏办妥熬茶事宜，只是骆驼已倒毙 500 余只、马也倒毙 460 余匹，请赏给马匹、骆驼。乌赫图答应赏给更换所需驼 300 只、马 300 匹，并接济口粮。当办完补充牲畜口粮事宜后，乌赫图于九月初三日率领熬茶使自哈坦和硕启程赴藏，历时一个月，于十月初三日抵达拉萨。初六日，喇嘛商卓特巴、斋桑吹纳木喀等将噶尔丹策零交付之宗喀巴史迹经书、衣冠、坐褥等物进献达赖喇嘛。次日，喇嘛商卓特巴、斋桑吹纳木喀等又将噶尔丹策零为其父母祈福而供献之金银缎匹等物进献后，达赖喇嘛照其所请，为之念经，准噶尔熬茶使合掌跪地聆听叩首。而后，喇嘛商卓特巴、斋桑吹纳木喀等先后到大小昭、色拉、哲蚌、甘丹等大寺庙亲自熬茶，进献物件，散发布施银两。同时，还分派属下人前往里定、齐齐克塔拉、色当、格木贝、桑布等小寺熬茶，散给布施银。随同熬茶使前来之人众，纷纷前往达赖喇嘛处进献伯勒克为自己祈福，顶礼膜拜。十一月初三日，准噶尔人等前往扎什伦布熬茶，于二十四日返回前藏。

准噶尔熬茶使在藏期间，"进献达赖喇嘛金十两、银一百两，进献大昭银三千七百二十二两，进献小昭银三百六十九两，进献布达拉银一百零九两，进献哲蚌寺银四万九千二百八十二两，进献色拉寺银三万一千九百六十八两，进献甘丹寺银二万八千七百八十九两，进献热振寺银六百零八两，进献齐齐克塔拉寺银五十四两，进献净寂寺银五百两。进献珠木札勒寺银一百八十二两，进献尼塘寺银二百二十八两二钱，进献德格都温都孙寺银九千零五十两，进献道喇都温都孙寺银八千八百一十两，进献班禅额尔德尼金二两、银一百两，进献扎什伦布寺金二百两、银三万八千七十六两，进献前世班禅额尔德尼塔金二百两、银二千两，进献色赖卓特巴寺银二百二十五两，进献鲁木布泽寺银二百九十两，进献纳木灵寺银七十八两八钱，进献鞾衮寺银九百二十四两，进献荣扎木沁寺银五十八两，进献色当寺银二十六两，进献拉穆吹忠金一两，进献哲蚌吹忠金一两。噶尔丹策零之子策妄多尔济那木扎勒进献班禅额尔德尼金十三两、银三十两，进献拉穆吹忠金一两。大策零敦多卜之孙达克巴进献哲蚌吹忠金一两、银二十七两"。此次准噶尔人等在藏期间，前后共给二十个寺庙进献"金四百三十六两、银十七万五千五百零六两"⑯。给七世达赖喇嘛、六世班禅额尔德尼等人带来噶尔丹策零的信6封，而七世达赖喇嘛、六世班禅额尔德尼等也给噶尔丹策零回信4封。

熬茶结束后，乌赫图等带领准噶尔人于当年十二月初五日由藏启程，十三日抵达喀喇乌苏。十二月十六日自喀喇乌苏启程，二十八日到达边界卡伦，令其自行返回游牧地方，而乌赫图、侍郎玉保分别返回各自之任所。

那么，此次准噶尔熬茶使赴藏，到底有多少人进藏，其费用又如何呢？据驻藏大臣索拜奏称："其护送大臣、满洲官兵及跟役共七百三十七人，骑至马驼骡九百二十八头匹；因赉送颁降达赖喇嘛、班禅额尔德尼敕书及运米等差而来绿营官兵跟役六十二人，骑至马驼七十五头匹；准噶尔人等二百三十五人，骑至马驼骡五百九十六头匹。"这样算下来，进藏人数共为1034人，所带牲畜共为1599匹。而"将此照采买驻藏防守官兵所需草料、柴薪之例，每人每日支给柴薪十斤，无论马驼骡，每畜每日支给草料十斤、料豆二升计，自抵藏之日起至启程之日止，共六十二日，核计给过柴薪六十四万一千零八十斤，以每斤按定价给银五毫计，共需银三百二十两五钱四分；草料九十九万一千三百八十斤，以每斤给价银五毫计，共需银四百九十五两六钱九分；料豆一千九百八十二石七斗六升，以每石给价银七钱五分计，共需银一千四百八十七两七分。再，准噶尔之驼一百九十四只，理应喂盐，六十二日共喂盐三千二百零一斤，以每斤给价银一分计，共需银三十二两一分。以上草豆、柴薪及盐之价银共二千三百三十五两三钱一分"⑰。护送准噶尔熬茶使入藏官兵及准噶尔人乘骑骑马驼所需之草料、柴薪等项，事先曾令郡王颇罗鼐动用西藏库存银两采买。因此，当熬茶活动结束后，即刻按实际消费的草料、柴薪等项数目，依据当地驻防官兵采买此类物品的市价核算，共需上列价银2335两3钱1分，如数交给郡王颇罗鼐归库。

三　准噶尔蒙古第三次派使赴藏熬茶

准噶尔蒙古第二次派使赴藏熬茶结束后，时隔两年，乾隆十年（1745），噶尔丹策零病逝，其次子策妄多尔济那木扎勒于次年初继台吉位，继续与清廷的和好通使关系，其所派使臣哈柳，于乾隆十一年（1746）三月初九日到京，递交了策妄多尔济那木扎勒的奏书，奏书中称其父于乾隆十年突然去世，以前遇有此事，曾派人赴藏念经，因此要循例先行遣往数人，熬茶超度，随后遣往多人念经，以弘扬黄教。其中心意思是要派人赴藏熬茶，而且要分作两批前往。对此，乾隆帝特降敕书："尔为尔父祈福诵经，理所应当，素常无事，本不准行，似此之事，焉有不准行之理。唯修善事，不在次数之多寡，尔等之人往返之辛劳，尔等亦知之。分作两次，未免繁琐。尔等且将欲修善事，一次修齐。此次前往，特为尔父修善事，相应朕仍照前例，施恩遣人照看，赏补牲畜、口粮。又为尔父超度，专特施恩赏银曼达、茶桶、酒海各一个，红、黄香一百束，交付使臣哈柳等赍往外，又赏大哈达一百条，小哈达一千条，茶一千包，俟尔等诵经人等赴藏之时，由我边界地方取而带往。尔等前往人数、启程日期、何时可抵我边界之处，须先来报。"⑱从乾隆帝敕书看，对准噶尔蒙古第三次派人赴藏熬茶之事是答应得很爽快，但限定一次前往，不得分作两次。

乾隆十一年十一月初六日，准噶尔台吉策旺多尔济那木扎勒派赴京城请安的使臣宰桑玛木特一行 26 人从哈密启程，于十二月二十二日到京，所递策旺多尔济那木扎勒奏书中称："诵经人三百，约于兔年九月十五日行抵哈济尔等处。惟我等赴唐古特地方诵经人众内，有自带货物乘作法之隙售卖者，亦有径直带物前往诵经者。故请将携实物前往诵经之众安置于哈济尔、得卜特尔过冬，俟赴东科尔贸易人众返回，与住哈济尔、得卜特尔之众会合，一同前往诵经。"⑲策旺多尔济那木扎勒还让使臣玛木特等口奏，请赏给其赴藏人等以牲畜、口粮等物，并强调诵经之事，要在用银，请在其前往东科尔地方贸易人等贸易时，饬令内地商贾用银换购。清廷委令侍郎玉保专门与玛木特商议，就启程时间、贸易地点等具体事项和环节逐一协商，最后基本同意策旺多尔济那木扎勒所请。

清廷照准准噶尔的熬茶请求后，自乾隆十二年初即开始筹办相关事宜，从军机大臣讷亲的奏折看，借鉴前两次的经验，在以下几方面做了准备：

一是确定进藏路线，委派官兵设卡。此次准噶尔熬茶使进藏路线，仍定为噶斯路，均照乾隆八年第二次熬茶之例，酌量派兵丁拓展卡伦，预先迁移途经青海地方的游牧蒙古人众，具体由西宁办事大臣众佛保负责办理，以期确保准噶尔赴藏熬茶使及途经地方之安全。

二是采办粮石牲畜，以备接济准噶尔熬茶使及其护送官兵。准噶尔熬茶人等长途跋涉前往西藏，而且是数百人，必须做好各项补给事项，其中食粮和乘骑牲畜更为重要。预先交付陕甘总督、巡抚等员，仍照乾隆八年第二次熬茶之例，备办口食所需牛羊、米面等物，除酌情赏给赴藏熬茶使外，还供应给留在青海看管其赢瘦疲惫牲畜及行李杂物人员。同时，还备办一定数量的马驼，根据护送官兵及准噶尔人马驼的赢瘦疲惫情况，及时给予更换。其换下来的驼马交给当地官兵妥善牧放，以备返回时再使用。

三是筹办银两，以便支付盘费和贸易价银。乾隆八年第二次熬茶时，备带银3万两，实际花费2万两，剩余1万两携回，加之这次派往官兵少于前次，所以让陕甘总督动支当地官库银2万两，交付侍郎玉保带往，以便支付赴藏途次及入藏期间的盘费，返回后如数核销。另外，准噶尔熬茶使此次于卡伦地方贸易，为了便于携带和熬茶布施，请求其所带货物仅以银两交易。因此，此次较上次贸易所需备银17万两—18万两之数应略为增加，并令甘肃巡抚黄廷桂筹办此项银两，由当地道员、知府等员内选派干练者，率领有贸易经验的人前往卡伦地方，与准噶尔人进行贸易，其易取的物品限期变价出售，所得银两补还原项。

四是调遣官兵，以便护送准噶尔熬茶人等。前于乾隆八年熬茶时，先到东科尔贸易结束后才入藏，因而由西宁遣派绿营兵100名驻防卡伦，100名看管准噶尔所留人员、牲畜和物件，100名看护准噶尔人赴青海各寺熬茶，另派500名满洲官兵看护准噶尔人入藏。此次赴藏熬茶使等不到东科尔，将其货物在卡伦地方贸易，而后入藏，不必遣派过多兵丁。因此，决定不再遣派满洲官兵，改派西宁绿营官兵450人，派总兵1员管带，预计准噶尔人来的时间，赶赴哈济尔卡伦等候。侍郎玉保率领由京所派章京等员于四月启程前往西宁，会同西宁办事大臣众佛保协商办理所有应办事项。

五是备办礼品，以便赏给准噶尔熬茶使及达赖喇嘛、班禅尔德尼等西藏活佛。拟赏给准噶尔熬茶使的大哈达 100 方、小哈达 1000 方，侍郎玉保由京城内库支取带往；茶叶 1000 包，交付甘肃巡抚黄廷桂由该处存储茶叶内拨给，委派官兵先期如数运抵西藏，等准噶尔熬茶使等抵达后赏赐。另外，又备办颁给七世达赖喇嘛、六世班禅额尔德尼的敕书及赏赐所需茶桶、银壶等物件，也由侍郎玉保启程时带往。

六是深思熟虑，以防不测。准噶尔熬茶使若告求将策妄阿拉布坦、噶尔丹策零尸骨做成擦擦，则要驻藏大臣傅清婉言回绝。准噶尔蒙古前次派使熬茶时，西藏郡王颇罗鼐曾尽心竭力备办诸项事务，保证了在西藏的熬茶活动圆满完成，而准噶尔蒙古这次派使熬茶之前，西藏郡王颇罗鼐刚刚去世，颇罗鼐的儿子珠尔默特纳木扎勒袭封郡王，总理藏务，然而珠尔默特纳木扎勒年轻气盛，阅历不多，办事恐有不周到的地方，因此事先命令驻藏大臣傅清务必与郡王珠尔默特纳木扎勒多加协调，以期熬茶活动的顺利进行。

乾隆十二年五月初五日，准噶尔派人到哈密报告，其派赴西藏熬茶人等，于八月十五日抵达哈济尔地方，贸易事毕即行赴藏。八月二十日，侍郎玉保抵达哈济尔，当日策妄多尔济那木扎勒的近侍阿尔布扎前来告诉，其赴藏熬茶使喇嘛绥绷、斋桑巴雅斯瑚朗等 300 人，于六月初十日由游牧地方启程，行至塔里木河，因水大难渡，不能如约于八月十五日前抵达，或可于八月二十六七日抵达哈济尔地方。然熬茶正使斋桑巴雅斯瑚朗，副使斋桑玛木特等 300 人，带着驼 2000 余只、马近 3000 匹、羊 3000 余只、鸟枪 200 余支、撒袋近 60 副，直至九月十四日才行抵哈济尔，较预报的时间晚了近二十天。斋桑巴雅斯瑚朗等告诉其中原因，这次仍是塔里木河发大水，渡河时许多马匹、骆驼等牲畜被冲走，但携带而来的货物价银仍在 30 万两左右。侍郎玉保告诉他们说，按原先约定应该携带价银 8 万两的货物，增加如此多的货物，现在召集到得卜特尔地方的商贾没有如此大的购买力，也没能力运走换取的货物。由于准噶尔熬茶使抵达哈济尔的时间过晚，倘于九月二十一、二日抵达得卜特尔，二十三、四日开始贸易，即便加紧办理，亦须将近一个月时间才能贸易完毕，至十月二十日左右才可启程赴藏。按西藏的习俗，自正月初五日始，至二十九日止，举行法会念经作法，召集藏属官兵施放枪炮，各地人众聚集瞻拜，各处商贾亦云集贸易，非常热闹熙攘。若于十一月二十日抵藏后即行加紧熬茶，至来年正月十五、二十日方可完毕。因此，侍郎玉保要求必须及早赴藏，赶紧办理熬茶事宜，争取于正月初五日前启程返回。然而，由于贸易进展缓慢，未能按侍郎玉保计划的时间赴藏。直到十月初，斋桑巴雅斯瑚朗来找侍郎玉保时，尚称商贾之间议价近半月，仅议定沙狐、貂皮、狼皮、水獭等六、七项皮张的等级，其价钱至今尚未议定，而狐狸皮之等级仍迟迟未定。于是，侍郎玉保命令办理交易参将马得胜，限定在 10 天内务必议定狐狸皮、俄罗斯毡子、骆驼价钱。至十月十二日，"共点取灰鼠皮一万六千八百四十张、狼皮五千六千九十六张、羊羔皮八万九千三百五十二张"[20]。

准噶尔熬茶使贸易期间，九月二十六日，斋桑巴雅斯瑚朗等请求派 6 人前往衮布木、大藏、扎西车里、郭隆等寺熬茶，而后前往西藏，侍郎玉保以此次策妄多尔济那木扎勒并未事先奏请皇帝前往衮布木等寺熬茶为由婉言谢绝。十月初三日，斋桑巴雅斯瑚朗又提出，策妄多尔济那木扎勒已将在衮布木等寺熬茶所用物品交付携来，前次噶尔丹策零为其父赴藏熬茶时，曾在衮布木等寺熬茶，此次若无法前往衮布木等寺熬茶，则策妄多尔济那木扎勒熬茶之事便有所缺憾。侍郎玉保回答说，扎西车里寺靠近西宁界内河州，衮布木、大藏、郭隆等寺靠近东科尔，并非西藏地方，策妄多尔济那木扎勒既不知详情，将赴衮布木等寺熬茶所用物品交付携至，可以派 6 人前往熬茶。但熬茶结束后，不必由彼赴藏，仍由原路返回，会同留在得卜特尔地方的人暂住等待赴藏人等返回。十月十六日，准噶尔前往衮布木等寺熬茶的 6 人启程，侍郎玉保派理藩院笔帖式颛泰、千总马贤应带兵 10 名护送，于十一月初五日抵达东科尔。十一月十二日，准噶尔人前往大藏寺熬茶 4 次；十六日，前往郭隆寺熬茶 4 次；二十一日，前往衮布木寺熬茶 4 四次；三十日，前往扎西车里寺熬茶 3 次，分别供献金银、缎匹、哈达、俄罗斯毡子、布、熏牛皮、狐狸皮、木碗、小素珠等物件，并带去策妄多尔济那木扎勒致各寺庙喇嘛的蒙古、唐古特字信函，于十二月十七日，自东科尔启程返回。

至于准噶尔赴藏熬茶使的启程时间，则迟迟无法确定，直到十一月初七日，斋桑巴雅斯瑚朗等才向侍郎玉保说，其贸易进行得十分不顺利，计划于本月十三日启程赴藏，并打听从什么路入藏。侍郎玉保告诉说，由得卜特尔地方启程进藏，越过哈西哈岭，经巴彦喀喇北面山根布伦路而行，仍由木鲁乌苏摆渡过河。同时答应委派会蒙古语官弁照看其留于哈济尔、得卜特尔地方看管杂物及剩余马驼的 38 人。巴雅斯瑚朗等又请求拨给应赏的 300 只骆驼、300 匹马及口粮。侍郎玉保等如数赏发，并按先前之预定，于十一月十三日率领准噶尔熬茶使自得卜特尔启程赴藏。二十八日抵达木鲁乌苏后，斋桑巴雅斯瑚朗等请求拨给马畜，侍郎玉保未答应，巴雅斯瑚朗称抵达喀喇乌苏后若不拨给马畜，则难以抵藏，侍郎玉保答应等到喀喇乌苏后根据具体倒毙疲惫牲畜之数目再行拨给。十二月初七日，抵达喀喇乌苏，西藏之公班第达、噶伦策零旺扎勒率官兵 300 名前来迎接。七世达赖喇嘛、郡王珠尔默特纳木扎勒委派多尼尔等人，仍照前次之例作为口粮拨给准噶尔人等以米石、炒面、茶叶、酥油等物。此时，经侍郎玉保查看准噶尔熬茶使乘骑驮载而来的牲畜，其600余匹马多已倒毙，800余只骆驼可用的仅剩两成多，于是按喇嘛、斋桑等每人马二匹，随从人员每人马一匹计算拨给外，还拨给驮载物品所需牛300头。在喀喇乌苏经过短暂几天的休整后，十二月初十日启程前行，十九日到达拉萨。

从到达拉萨的第二天起，准噶尔进藏喇嘛、斋桑及其随从人员就开始进行礼节性的拜访西藏僧俗首领的活动。二十日，前往大小昭瞻拜，而后前去拜见郡王珠尔默特纳木扎勒。二十一日，达赖喇嘛在布达拉宴请准噶尔熬茶使，侍郎玉保、索拜、傅清等亦照例一同前往，准噶尔熬茶使叩谒达赖喇嘛、进献伯勒克。从二十六日起，准噶尔人等开始前往各寺庙进行熬茶、拜佛、诵经、布施等项佛事活动。

准噶尔熬茶使在藏期间，正赶上年节，因此其活动较前次要频繁而丰富。首先是参加年节期间七世达赖喇嘛举行的法会或宴会。这年十二月二十九日是除夕夜，达赖喇嘛在布达拉念经作法，新年的正月初一、初二日，达赖喇嘛举办宴会，准噶尔熬茶使参加了法会和宴会，还遣派6人前去参加后藏的法会，先行向班禅额尔德尼问候，进献哈达、供佛之衣物、奉献法会之物品。此后达赖喇嘛于正月十三日以年礼至大昭念经，直至二十三日法会结束达赖喇嘛才返回布达拉。此间，正月十五日，准噶尔熬茶使向达赖喇嘛进献丹舒克，侍郎玉保等随行观看准噶尔人呈递其台吉策妄多尔济那木扎勒进献七世达赖喇嘛的丹舒克物品、瞻拜达赖喇嘛。

其次是前往各寺庙熬茶。关于熬茶之事，巴雅斯瑚朗起先曾告诉侍郎玉保等说要等法会结束冉前往各寺庙熬茶，但听说当地有人出痘，就要求从正月十八日开始就前往色拉、哲蚌、甘丹等寺庙加紧熬茶，而后赴后藏熬茶。侍郎玉保答应了这一要求。至二月初二日，斋桑玛木特等告称，已在色拉、哲蚌等寺熬茶完毕，本应先往甘丹、色当二寺熬茶后再赴后藏，但据闻甘丹、色当二寺之人亦在出痘，所以要在第二天即赴后藏熬茶，等返回后不再出痘，再前往甘丹、色当二寺熬茶，倘若仍然出痘，则派已出痘的少部分人前去熬茶。侍郎玉保于是率100余名官兵照看准噶尔斋桑巴雅斯瑚朗等150人，于二月初三日启程前往后藏。初九日，抵达后藏，受到六世班禅所派喇嘛人众的迎接。此后总理班禅额尔德尼商上事务的商卓特巴喇嘛益西车累与侍郎玉保商议，前藏有人出痘，其本地喇嘛等未出痘者众，班禅额尔德尼亦未出痘，倘若仍前照其所请拜谒数次，供献祈福物品熬茶，多有不便，请让熬茶人等歇息一日，于第三日拜谒班禅额尔德尼，所有呈递丹舒克之事，当日完成。十一日，准噶尔喇嘛、斋桑等叩拜班禅额尔德尼，递丹舒克，为其台吉祈福。十六日，六世班禅筵宴准噶尔熬茶使，交付回信及赏赐物件。十九日，侍郎玉保率熬茶使离开后藏返回前藏。又派出过痘的准噶尔侍卫布林等带29人前往拉萨，进献其留于色拉、哲蚌、大昭、小昭等寺之灯火银两，再由拉萨前往甘丹寺熬茶，然后由甘丹寺直接前往喀喇乌苏。巴雅斯瑚朗等也要求不再去前藏，让留于前藏的216人前往羊八井暂住，最后于喀喇乌苏集结，一同返回游牧。侍郎玉保于二十四日抵达前藏，留在前藏的斋桑玛木特请求前瞻拜达赖喇嘛，此事经七世达赖喇嘛同意，于二十八日准其11人瞻拜。三月初七日，在拉萨的准噶尔熬茶使得到了驻藏大臣等补给的牲畜、食物等后启程前往喀喇乌苏。至此，准噶尔蒙古第三次所派熬茶使在西藏的熬茶活动结束。

　　准噶尔蒙古第三次派使赴藏熬茶，其用于布施的金银总数，较前一次赴藏熬茶略有增减。据侍郎玉保所奏清单记载："进献达赖喇嘛、班禅额尔德尼、各寺庙之金四百余两、银五万九千八百余两，散给各寺庙喇嘛等布施银九万六千八百余两，其中给银各二十五两之堪布喇嘛十五名，给银各五两之喇嘛一万六千六百余名，给银各一两之喇嘛一万零二百余名，给银各一钱之喇嘛二万零六百余名，得布施银之喇嘛共四万七千七百余名，此次共用金四百余两、银十五万六千七百余两。"㉑"金较前次少十六两七钱，银较前次多五百八十九两一钱。"㉒

　　另外，准噶尔蒙古此次赴藏熬茶与前一次比较，还有两件事可以说是在意料之外，第一件事是准噶尔人在哈济尔贸易时，因嫌物价低，将熏牛皮7000张、俄罗斯毡子近700张直接带到了西藏，拟提请郡王珠尔默特纳木扎勒同意后出售。其结果按郡王珠尔默特纳木扎勒之说法，当地人根本不用这些物品，没有人会去购买。斋桑巴雅斯瑚朗等人又找侍郎玉保帮忙说情，侍郎玉保回答："在得卜特尔地方交易时，给尔等携至之大熏牛皮银一两五钱、小熏牛皮银一两三钱，毡子不计优劣，每尺给银七钱，尔等为卖高价，未曾出售，告称带回，并未声明在藏交易，此处无人购买者实。"㉓巴雅斯瑚朗见没有通融的余地，无奈进献给寺庙用修善事。

　　第二件事是准噶尔熬茶使在藏期间，拉萨等地流行天花。乾隆十三年正月十七日，斋桑玛木特等得知当地有人出痘的消息后，因其熬茶人等多未出过痘，极为惊慌，打算避往其他地方，但熬茶活动尚未完结，因此要求看护的官兵住远一些，并适当减少，且从第二天起即前往色拉、哲蚌、甘丹等寺庙加紧熬茶，而后前往后藏熬茶。这些要求，侍郎玉保一一答应。但准噶尔人仍以人多气味杂为由，要求随行官兵回避或再减少，侍郎玉保遂指出官兵若不随行，存在诸多安全隐患，因此不能再减少随行的官兵。这样，虽然侍郎玉保没有完全满足其撤离官兵的要求，但相应减少了随行护卫的官兵数目，以消除其顾虑。然而对侍郎玉保的这一做法，乾隆帝极不赞同，训斥说："玛木特等告请其众畏惧出痘时，侍郎玉保等自应驳斥，尔等不过畏惧身生出痘而已，我兵丁既已出痘，岂有复出之理，不必远离。然听从彼等所言，饬令官兵撤离远住，所办甚属姑息。"㉔

这两件事说明，准噶尔蒙古此次赴藏熬茶确实也遇到了一些始料未及的问题，但在各方面的协调努力下，其熬茶活动还是得以善始善终。

四　结语

从清朝满文档案的记载看，通过清廷允许准噶尔派人赴藏进行的大规模熬茶活动共有三次，其中第一次因故中途返回而未曾进藏，其余两次都圆满完成。准噶尔蒙古笃诚信奉藏传佛教，其赴藏熬茶，旨在祈求福祉，超度亡灵，保佑众生，故而对熬茶活动极为重视。因此当圆满完成这两次赴藏熬茶活动之后，准噶尔台吉策妄多尔济那木扎勒曾希望采用减少人数的方式，将派人赴藏熬茶活动常态化。乾隆十五年（1750），台吉策妄多尔济那木扎勒派人进京向乾隆帝进递奏书请准每年派少许人赴藏熬茶。乾隆十六年（1751），准噶尔新袭台吉喇嘛达尔扎也派人进京向乾隆帝奏书请求赴藏熬茶。然而，清廷以准噶尔台吉没有为其亡父熬茶超度之事为由，均婉言拒绝，准噶尔蒙古持续派人赴藏熬茶的请求未能得以实现。

在乾隆五至十三年的九年时间内，准噶尔蒙古先后三次派人赴藏熬茶，无论对准噶尔蒙古来讲，还是对清廷乃至西藏、青海地方来讲，都是一件重大活动，受到了各方面的高度重视和相互协作，特别是清廷在安全保障和物资供应方面给予了最大限度的帮助，从而保证了准噶尔派人赴藏熬茶活动的圆满完成。在当时历史背景和条件下，能够得以实现熬茶活动实属不易，是各方面尽心协作的结果。这些不仅有利于改善清廷与准噶尔蒙古的关系，而且也有利于促进西部蒙古与西藏、青海地区之间的交流，特别是在宗教文化方面的交流。

纵观这三次熬茶活动的内容及相关交涉情况，准噶尔派人赴藏熬茶不仅仅是要进行一种宗教仪式，而且在很大程度上隐含着贸易的目的，因此其每次携带之货物数量都非常可观，准噶尔人等中途在东科尔等地长期停留贸易，甚至将货物直接带到了西藏拉萨。另外，当时虽然清廷和准噶尔蒙古业已讲和，谈判划界，停止交战，准噶尔台吉每年遣使进京纳贡，清廷则允许其在肃州等地定期开市贸易，但清廷对准噶尔蒙古仍存有戒心，故将其赴藏途经地区居民都事先派官兵撤离，不准接触准噶尔人，而且委派官兵随时随地严密观察准噶尔人的言行。再者，清廷接待和护送准噶尔人员赴藏熬茶花费大量的人力和财力，而且还组织内地商人到东科尔或卡伦地方购买其货物，必要时又动用官库银两采买，无疑是一种负担。所以，当准噶尔台吉提出以常态化方式继续派人赴藏熬茶时，清廷之婉言谢绝就成为必然的结果。

注释：

① 中国第一历史档案馆藏：军机处满文夷使档，档号：1760—4。

②③⑥ 中国第一历史档案馆藏：军机处满文夷使档，档号：1761—1。

④ 中国第一历史档案馆藏：宫中朱批奏折，档号：40—2。

⑤⑦⑧⑨ 中国第一历史档案馆藏：军机处满文熬茶档，档号：1741—1。

⑩《清高宗实录》第 4 册，台北：华文书局，1969 年版，第 2362 页。

⑪《清高宗实录》第 4 册，第 2404 页。

⑫⑬⑭ 中国第一历史档案馆藏：军机处满文夷使档，档号：1761—3。

⑮⑯⑰ 中国第一历史档案馆藏：军机处熬茶档，档号：1742—1。

⑱ 中国第一历史档案馆藏:军机处满文夷使档,档号:1762—2。
⑲ 中国第一历史档案馆藏:军机处满文夷使档,档号:1762—3。
⑳ 中国第一历史档案馆藏:军机处熬茶档,档号:1742—2。
㉑㉒㉓㉔ 中国第一历史档案馆藏:军机处熬茶档,档号:1741—2。

（原载于《西藏档案》2015 年第 2 期）

乾隆帝革去弘曕亲王爵位始末探析

韩晓梅

爱新觉罗·弘曕（1733—1765），清世宗雍正帝第六子，因幼时常住圆明园，又名"圆明园阿哥"。弘曕身为乾隆帝的弟弟，深得乾隆帝喜爱，幼年便得以承袭果亲王爵位，富贵至极。然世事无常，少年亲王长至成年，却被乾隆帝削去亲王爵位，降为贝勒，至33岁时，便盛年早逝。以往学界对于弘曕这一清代历史人物的研究较少，且研究弘曕的史料依据大多出自《清实录》和《清史稿》，鲜少用到清代满、汉文原始档案这一第一手史料。弘曕究竟因何被削去亲王爵位，从风光无限落得抑郁早逝的下场？笔者通过查找清代满文、汉文档案中有关爱新觉罗·弘曕的相关记载，抽丝剥茧，梳理史实，为世人解开这一疑团，以充实清代宫廷人物史方面的研究。

一　爱新觉罗·弘曕生平

爱新觉罗·弘曕是清世宗雍正帝第六子，生母乃雍正帝谦妃刘氏。《清史稿》记载："谦妃，刘氏。事世宗潜邸，号贵人。雍正间，封谦嫔。高宗尊为皇考谦妃。子一，弘曕。"① 雍正十三年（1735）九月癸卯，在雍正帝过世后，乾隆帝遵皇太后懿旨，"谦嫔诞生圆明园阿哥，今应封妃"②。因此，圆明园阿哥弘曕生母谦嫔得以封妃。

弘曕 3 岁时，父亲雍正帝便已过世，教养弘曕之责便由兄长乾隆帝承担起来。对于弘曕身边随侍之人，乾隆帝十分留意，稍有失职，必严惩之。因弘曕身边的随侍太监王自立失职，未曾好生引导弘曕，乾隆帝曾降谕内务府总管太监等，重责王自立四十大板，以示惩戒。清实录记载："圆明园阿哥处太监王自立，前日来请皇太后安，未候见朕，径回圆明园去。今皇太后向朕说，圆明园阿哥请安，称朕为汗阿哥。阿哥年小，如何知道请安之礼，自然是王自立教阿哥如此，此时不向好处导引，候阿哥长大，倚恃皇太后照看，性情自然骄纵，称惯了汗阿哥字样，朕虽不见责，经王大臣闻知，必然参奏，岂不贻误阿哥。如今阿哥年幼，传谕王自立尽心往好处导引，阿哥系朕之弟，日后成立，知感朕恩，即是朕之辅佐，尔等将王自立传来，重责四十板，令伊回去，小心导引阿哥，俟明年阿哥进宫来，一并令谢成照管，与永璜、永琏同住斋宫，阿哥等朝夕相见，必按长幼礼节，若因是朕之子，令圆明园阿哥卑礼相见，断乎不可。"③

由此件上谕可看出，乾隆帝对年幼的弘曕既关爱有加，又严格教导。为避免弘曕长大后性情骄纵，将来因目无礼法被王大臣等参奏，乾隆帝惩治了弘曕身边不用心教导的太监。为了弘曕能够健康成长，乾隆帝让弘曕与皇子永璜、永琏同住斋宫，对幼弟弘曕与自己的皇子一视同仁，一同教养。不仅如此，乾隆帝还特别叮嘱阿哥等朝夕相见，必按长幼礼节，断不可因永璜、永琏身为皇子，便令弘曕卑礼相见，足可见乾隆帝对弘曕关爱备至。

乾隆三年（1738）二月甲申，和硕果亲王允礼薨逝，因允礼无子嗣，果亲王爵位无人承袭，王大臣奏请将六阿哥弘曕过继给果亲王允礼，以承袭果亲王爵位。乾隆帝降谕"著照所请，令六阿哥袭封果亲王"④。于是，弘曕被过继给没有子嗣的果亲王允礼。乾隆三年，6 岁的弘曕得以承袭亲王爵位，成为新一代果亲王。

乾隆十一年（1746），14 岁的果亲王弘曕出宫建府。总管内务府奏请乾隆帝，参照和硕诚亲王、和硕和亲王出府之例，于乾隆十一年十二月二十日和硕果亲王出府之日，请派内务府大臣一员"带领内务府官员往送，查派内府年老结发夫妇，于王出府日，预行前往，俟王至府迎出引入，预备饽饽桌十张，饭桌十张，赏赐往送人员"⑤。

乾隆十三年（1748）六月二十七日，乾隆帝为 16 岁的弘曕指婚，将"镶黄汉军旗范宜谦牛录下监察御史范鸿宾之女指给果亲王"⑥。乾隆十四年（1749）九月二十八日，总管内务府奏请乾隆帝为果亲王指定婚期。乾隆十四年十月初一日，乾隆帝降谕"果亲王迎娶福晋之日，派内大臣海望及散秩大臣一员，率三十侍卫前去"⑦。乾隆十四年十月，果亲王迎娶福晋，完成大婚。

乾隆十五年（1750），弘曕年满 18 岁，乾隆帝命弘曕管理武英殿、圆明园八旗护军营、御书处及药房事务。乾隆十七年（1752），弘曕又兼管造办处事务。乾隆十八年（1753），弘曕 21 岁时又任正白旗蒙古都统。弘曕聪敏好学，喜好藏书，《清史稿》有载："弘曕善诗词，雅好藏书，与怡府明善堂埒。"⑧

乾隆十八至二十八年（1763），弘曕从 21 岁到 31 岁的十年是他人生中最好的年华。弘曕作为富贵亲王，同时又身兼数职，真可谓是春风得意，风光无限。然世事无常，本该平安顺遂、荣华一生的弘曕，在乾隆二十八年五月却缘事被乾隆帝削去亲王爵位，降为贝勒，自此郁郁寡欢，体弱多病。乾隆三十年（1765），年仅 33 岁的弘曕便盛年早逝，结束了他短暂的一生。

二　果亲王弘曕被革亲王爵位成贝勒

弘曕幼年便继承果亲王爵位，富贵至极。少年时期，弘曕在乾隆帝的关爱下长大，得以顺利出宫建府，奉旨完婚。青年时期，弘曕又被委以重任，管理武英殿、圆明园，任八旗都统。然而太过优越的成长环境，造就了弘曕骄奢跋扈的性格。弘曕行为放纵，无视礼法，敛财谋私，最终触怒了乾隆帝。

（一）乾隆帝历数弘曕罪状，革其亲王爵位

乾隆二十八年五月十三日，乾隆帝对弘曕的不满日积月累，终于爆发。乾隆帝亲颁上谕，历数弘曕所犯罪状，叱责弘曕"不知祗遵朕训，承受朕恩，屡蹈愆尤，罔知绳检"⑨。

乾隆帝在上谕中提及了弘曕七大罪状，具体可归纳为：第一，为己谋私，喜好敛财。弘曕曾开设煤窑，侵夺民产。第二，目无礼法，行为放纵。乾隆帝曾命弘曕赴盛京恭送玉牒，弘曕无视礼法，不亲自护送玉牒北上盛京，竟谩奏先赴行围等候。第三，妄托官员办事。弘曕私托两淮盐政高恒售卖人参牟利，并令各处织造关差等买办绣缎等物，却不给足额银两，变相索取财物。第四，干涉选官，干预朝政。弘曕曾私下请托兵部尚书阿里衮，令阿里衮在朝廷选官之时安插其门下之人。第五，不遵皇太后懿旨，微词讽刺乾隆帝。果亲王弘曕母谦妃千秋之时，皇太后曾降谕弘曕，令将预备称祝之仪陈设宫陛，为其母妃增辉。弘曕却抗旨不遵，并以乾隆帝未额外加赐称祝为由，声称不敢自行铺张，并微词嘲讽乾隆帝。第六，圆明园失火，毫不关念。圆明园中曾失火，诸王皆第一时间觐见乾隆帝，关切询问皇帝是否安好，而弘曕在圆明园中的居所距离皇帝最近，却在诸王之后方才到来，且嬉笑如常，毫不关念。第七，请安无礼，仪节僭妄。和亲王弘昼与果亲王弘曕到皇太后宫请安之时，仪节僭妄，不循轨度，弘曕竟直接膝席跪坐在皇太后宝座之旁，占据了乾隆帝原本请安跪坐之地。在上谕中，乾隆帝逐条列举弘瞻经年所犯罪状，可见对弘瞻的不满由来已久，已经到了忍无可忍的地步。

历数弘瞻种种罪状后，在上谕的最后，乾隆帝宣布了对弘瞻的处置决定，"今王大臣等讯明各款，合词公请削爵。朕核之，弘瞻即请安无礼及不遵慈旨，谩语相诋二节，已应革爵，圈禁治罪。朕仍推同气之恩，从宽革去王爵，赏给贝勒，永远停俸，以观后效。其兼摄都统，并内廷行走及管理造办处圆明园各职掌，概行解退"⑩。

弘瞻所犯之罪，本应削爵，圈禁治罪，而乾隆帝仅从宽革去弘瞻亲王爵位，降为贝勒，永远停俸，解退弘瞻所任职掌，令其反思自省，以观后效。由此可见，乾隆帝还是念在手足之情，并未严责弘瞻。

（二）弘瞻被革亲王爵位的原因

弘瞻干预朝政，僭越礼法的行为，严重挑战了乾隆帝至高无上的皇权。乾隆帝曾有过担心："高恒等于弘瞻尚如此顾忌，则将来诸皇子若效其所为，谁复有奏朕者，朕实为之寒心。我皇考御极之初，阿其那、塞思黑等狂悖不法，并经苦心整顿，此王大臣所共知，揆厥所由，因皇祖临御六十余年，圣寿崇高，诸王等各为阉仆所播弄，分立门户，肆威渔利，入者主而出者奴，彼此交相倾轧，无所不至，非大加惩创，国法将不可问。""然弘瞻既如此恣肆失检，朕若不加儆诫，将使康熙末年之劣习，自今复萌，朕甚惧焉。此即分长如诸叔辈，设事干国家政治，朕膺皇祖皇考付托之重，何敢不奉法从事。若朕诸皇子不知所鉴，或尤而效之，则朕之立予示惩，固不止如弘瞻矣"⑪。

通过上面两段文字可以看出，乾隆帝处置弘瞻的根本原因即皇权至高无上的地位不可动摇，为避免皇子效仿弘瞻的不法行为，同时避免康熙末年夺嫡局面再次出现，必须对弘曕严加惩戒，以儆效尤。

（三）弘曕革爵后的境遇变化

弘曕被革亲王爵位，降为贝勒，原先享有的亲王待遇皆被剥夺，果亲王权力的象征——金宝被销毁，亲王品级享有的护卫被裁撤，就连之前兼任的八旗都统等职务也被乾隆帝一一解退，弘曕成了真正的"富贵闲人"。

第一，销毁亲王金宝。弘曕的爵位从亲王降为贝勒，按例亲王金宝应行销毁。乾隆二十八年九月，礼部将弘曕府上应行销毁的亲王金宝送至总管内务府。九月初九日，总管内务府奏请乾隆帝，询问销毁果亲王金宝事宜。总管内务府按照先前销毁淳亲王金宝之例，请示"今礼部送到前项金宝一颗，请交该库官员镕化，俟化得成色并金两实在数目，归入月折具奏，可也"⑫。对于总管内务府所请，乾隆帝朱批："知道了。"同意总管内务府将果亲王金宝销毁。

第二，裁降护卫官员。弘曕被削爵后，宗人府奏请乾隆帝，果亲王弘曕奉旨革退王爵，赏给贝勒，其贝勒分内应得护卫官员，照数存留，其余官员应交兵部裁汰。于是，乾隆二十八年八月二十九日，署兵部尚书托恩多题请裁汰革退王爵果亲王门上二等护卫阿堵等员。兵部题本中记载，"查会典内开，贝勒司仪长一员，二等护卫六员，三等护卫四员，五品典仪一员，六品典仪一员"，"今果亲王奉旨革退王爵，赏给贝勒，所有贝勒分内应设护卫官员，该旗既称除司仪长一缺，系奉特旨，令副都统永兴管理外，请将一等护卫额尔登额、三齐哈、阿琳、六十五、梧桐保、五尼达等俱减一等，作为贝勒分内二等护卫，三等护卫巴兰泰、巴尔当阿、黑格、常有等仍留贝勒分内，五品典仪花保、六品典仪济兰泰，讲三照旧存留之处，均与会典开载额数相符，应各准其存留坐补"⑬。原有亲王护卫皆遵照会典，按贝勒分内应配护卫数目，相应减少人数，原一等护卫降为二等任用，原有二等护卫阿堵等员全部裁汰，原三等护卫仍留贝勒分内，未有变化。

第三，解退原任官职。未革亲王爵位前，弘瞻曾管理武英殿、圆明园八旗护军营、御书处、药房、造办处等事务，乾隆十八至十九年（1753—1754）弘瞻任正白旗蒙古都统，乾隆二十四年（1759），暂署镶白旗蒙古都统印务，乾隆二十六年（1761），又署理镶蓝旗汉军都统，可谓身兼数职，公务繁多。乾隆帝颁布谕旨革退弘瞻亲王爵位的同时，又将弘瞻兼任都统、内廷行走，管理造办处、圆明园等职务概行解退。自此，弘瞻再无一官半职，并被责令在府中反省，以观后效。

（四）乾隆帝对弘瞻革爵后的问责

乾隆二十八年五月十三日，乾隆帝颁布上谕革去弘瞻亲王爵位。此后，于六月初十日、十一日、十五日，乾隆帝又连发数道寄信上谕，问责弘瞻妄托官员办事，采买优伶等情。

乾隆二十八年六月初十日，因贝勒弘瞻素不安分，乾隆帝曾令弘瞻自陈所犯罪状，但弘瞻"只奏称曾令萨载捕拿逃人，置办制衣缎匹等物，并未言及另有他项妄托，今何以又出采买优伶而借取银两之事"⑭。于是，乾隆帝寄谕大学士来保等，令来保等传弘瞻问明采买优伶，借取银两等情。

时隔一日，乾隆二十八年六月十一日，乾隆帝又寄谕大学士来保等，"弘瞻从前与萨载素不相识，方经谋面，即向伊请托，可见其之妄托，并非萨载一人，尚有其他人等，亦未可定"⑮。因此，乾隆帝令来保、舒赫德、福康安询问弘瞻，除萨载外，还曾因何事妄托于何人。

同日，乾隆帝又降谕江宁布政使彭宝，询问弘瞻采买优伶借银之事。"弘瞻从前与萨载素不相识，即为此等之事，向萨载妄托，且又曾托席宁、舒善、尤拔世等采买什物，可见伊另有妄托之事，谅必不少。著传谕彰宝、普福、李永标，询问弘瞻有无因事妄托伊等之情，令其务必据实陈奏，朕将与弘瞻质对其词。伊如倘稍有欺隐，其欺君之罪，重不可宥"⑯。

乾隆帝一面降谕命令弘瞻自陈妄托他人为己谋私之事，一面又降谕其他官员，检举弘瞻有无请托办事之情，若稍有欺瞒，即是欺君之罪。由此可见，乾隆帝对弘瞻倚仗亲王身份所行种种谋私之举深恶痛绝，惩治弘瞻的态度亦是十分坚决。

大学士来保等遵旨询问贝勒弘瞻妄托采买之事，弘瞻供称，他与萨载本不相识，因诚亲王告称萨载于造办处行走，方知其人，遂妄托采买伶人、衣物。又曾给伊拉齐银五百两定做蜡烛；给高恒银三百两采买素缎、金鱼；给普福银一千两制作织绣衣物；给锦惠银二百两采买伶人，另给其二百两定购蜡烛；给李永标银三百两采买素珠、时钟。

乾隆帝见来保奏报弘瞻所供，于六月十五日，又寄谕大学士来保等，"前弘瞻曾云，（圆明园）失火一案，伊赴现场，并未迟误，此为诚王所见。而诚王却称，未曾看见。伊因此衔恨诚王，今日故意栽赃嫁祸。高恒因将伊妄托之事供出，弘瞻怀恨在心，故加陷害。其用心阴险巧诈，甚属不堪。弘瞻于此等之人，给银百两，必求数倍之利，岂有白给银两之理……其隐瞒不敢陈奏之事，谅必甚多，实属卑鄙无耻至极。著传谕来保、舒赫德，以弘瞻给普福等银两二千五百两之十倍，追缴其银"⑰。

乾隆帝认为弘瞻因圆明园失火一事，故意栽赃诚亲王，因高恒供出他妄托之事，故意陷害高恒，弘瞻人品阴险狡诈，给人银两必求数倍之利。于是，乾隆帝命来保等十倍追缴弘瞻所给银两，以示惩戒。

三　贝勒弘瞻因病得封果郡王

乾隆二十八年，弘瞻31岁，正当盛年之时被乾隆帝革去亲王爵位，降为贝勒。乾隆帝令其自省思过，并未将他圈禁治罪。只要弘瞻真心悔过，未尝没有重获圣眷的可能。但弘瞻却因承受不住从亲王贵胄变成闲散贝勒的打击，终日里郁郁寡欢，最终抑郁成疾，缠绵病榻。

（一）弘瞻病重，加恩晋封果郡王

乾隆三十年二月二十八日，弘瞻被削爵两年后，病情加重，已至病危。为了让弘瞻心情舒畅，病情能够好转，乾隆帝降谕，"从前贝勒弘瞻等年幼不学好，且不遵皇太后懿旨，又因好事，教而不改，朕革其亲王，降为贝勒……今览御医所奏，弘瞻身体多病，朕心甚悯，恭请皇太后懿旨，封伊为郡王。弘瞻闻后欣喜，病情必会速痊。弘瞻著封为郡王，该衙门查例办理"[18]。

同日，乾隆帝又寄谕弘瞻加意调养病体，盼望弘瞻能够尽快康复。"据御医奏称，贝勒弘瞻患病系属弱症，从前差务较多，身体颇壮，现在差务甚少，年少之人，未免不知爱惜身体，耽于安逸，致有此病。今加恩将伊晋封郡王，伊接奉谕旨，理宜仰体朕恩，加意调养。果若善加调养，朕回銮时，自可痊愈，永受朕恩。若仍不知恩，不善加调理，未能痊愈，是甘于自弃矣"[19]。

时隔半月，乾隆三十年闰二月十五日，乾隆帝又寄谕果郡王弘瞻垂问病情有无好转。"适朕念弘瞻病重，晋封为郡王，又谕令望伊加意调养，于朕回銮时，即至痊愈。接奉谕旨，伊理应陈奏病情较前是否见好，或病若何之情。今伊以封王具奏谢恩前来，而病体情形并未陈奏。因伊有病，朕深为廑念，而伊确全然不知。著寄信询问之"[20]。

半月之间，乾隆帝先是晋封弘瞻为郡王，令弘瞻好生调养身体，不可自弃，随后又询问弘曕病情是否有所好转，可见乾隆帝对弘曕病情非常重视，希望弘曕晋封郡王后，能够心情舒畅，爱惜身体，让病情得以缓解。

（二）无力回天，果郡王盛年早逝

虽然乾隆帝为了让弘曕能够康复，封弘曕为郡王，但为时已晚，最终没能挽留住弘曕的生命。乾隆三十年三月初八日申时，果郡王弘曕因病薨逝。军机处满文上谕档中有载："乾隆三十年三月十二日奉上谕：据留京办事王大臣等奏称，果郡王本年三月初八日申刻薨逝等语。朕启銮时，闻伊病重，朕即加恩封为郡王，原期伊闻之欣悦，病可速痊。今闻薨逝，深为恸悼，著施恩一切应办事宜皆照亲王例办理，派六阿哥穿孝，其余阿哥祭祀之日前往。"㉑果郡王离世之时，乾隆帝正在南巡，并不在京城，突闻噩耗，乾隆帝深为恸悼。弘曕虽是郡王，但乾隆帝命一切葬礼事宜皆依照亲王例办理，并派六阿哥为其穿孝。

因弘曕过世，郡王府中无得力办事之人，为避免府中下人欺压幼主，乾隆帝又派专员办理王府家务。乾隆三十年三月十五日，乾隆帝寄谕副都统和尔精额："近因果郡王薨逝，永兴不能办理王府家务，朕派和尔精额办理王府家务。王府无善办事之人，二子尚幼，特派英廉同和尔精额办理王府家务。此时属下人及太监等乘机窃取什物，借故侵渔，俱所不免。著寄谕和尔精额，留心详查，不得姑息……现英廉既然来此，和尔精额宜好生留心查办。俟英廉返回后，伊二人同心办理一切，务期于王之子有益，断不可稍存姑息。"㉒

乾隆三十年四月己酉，清实录有载："予故多罗果郡王弘曕，祭葬如亲王例，谥曰恭。"㉓至此，爱新觉罗·弘曕的一生，只经历了短短33年，便落下了人生舞台的帷幕，终止在了最好的年华。

（三）弘曕长子永瑹袭封果郡王

在多罗果郡王弘曕过世百日后，果郡王弘曕嫡福晋呈请宗人府依例办理承袭郡王爵位事宜。果郡王嫡福晋呈文奏请："我夫多罗果郡王弘曕于本年三月初八日薨逝，今百日期满，祭葬礼毕，我所生第一子永瑹年十四岁，第二子永璨年十三岁，我夫庶福晋刘氏所生第三子年四岁，未有名，此外并无别子，恳乞衙门照例办理。"[24]

为办理爵位承袭事宜，宗人府查得先例，凡亲王、郡王薨逝，祭葬礼毕，请旨承袭父爵。再和硕亲王以下及宗室将军，父故子袭，兄故弟袭，不俟岁满，即准承袭，又有"亲王以下奉恩将军以上，遇有缺出袭职时，交宗人府王公等，将伊等子嗣内，不论嫡庶所出，资质好，人去得步射骑射，清语尚可造就者，拣选几人，系何人所出之处，于袭爵谱内注明进呈，带领引见，俟奉旨袭与何人，照例缮本进呈"[25]。

于是，乾隆三十年六月二十二日，宗人府奏请将果郡王嫡福晋所生第一子永瑹、第二子永璨带领引见，由乾隆帝确定袭爵之人。同日，乾隆帝降谕，"不必带领引见，著加恩将果郡王之子永瑹封为郡王"[26]。于是，弘曕长子永瑹得以承袭果郡王爵位，成为新一代果郡王。

四　结语

爱新觉罗·弘曕生为皇子，身份贵重，身为皇弟，备受荣宠。幼年即得封亲王，实乃天之骄子，如无意外，弘曕必是富贵一生。然而弘曕却得意忘形，忘记了帝王皇权不可挑战，国家法纪不可践踏，僭越礼法，敛财谋私，最终触及乾隆帝的底线，被削去亲王爵位。

削爵之时，弘曕仅 31 岁，人生之路还有很长。如果弘曕能够自省思过，余生未尝没有重获圣眷的机会，即便不能重获亲王爵位，做个富贵闲人，也是个不错的选择。但是弘曕在被削爵后，却抑郁成疾，终至不治。究其原因，也许是太过顺遂的人生，太过优越的环境，使弘曕形成了骄傲脆弱的性格，致使他无法承受削爵的打击；也许是自幼缺少父辈的教导，缺乏心智的磨炼，致使弘曕丧失了重新振作的勇气，从而导致了弘曕盛年早逝的悲剧人生。

注释：

① 赵尔巽等：《清史稿》卷 214，北京：中华书局，1976 年版，第 8915 页。

② 《大清高宗纯皇帝实录》卷 2，雍正十三年九月癸卯。

③ 《大清高宗纯皇帝实录》卷 5，雍正十三年十月癸未。

④ 中国第一历史档案馆藏：军机处上谕档，乾隆三年二月初二日，第 2 条。

⑤ 中国第一历史档案馆藏：内务府奏案，乾隆十一年十二月十五日，档号：05—0082—008。

⑥ 中国第一历史档案馆藏：军机处满文档簿，乾隆十三年六月二十七日，档号：03—18—009—000007—0003—0128。

⑦ 中国第一历史档案馆藏：军机处满文档簿，乾隆十四年十月初一日，档号：03—18—009—000008—0002—0061。

⑧ 赵尔巽等：《清史稿》卷 220，第 9083 页。

⑨⑩⑪ 中国第一历史档案馆藏：军机处上谕档，乾隆二十八年五月十三，第 1 条。

⑫ 中国第一历史档案馆藏：内务府奏案，乾隆二十八年九月初九日，档号：05—0210—054。

⑬ 中国第一历史档案馆藏：内阁题本，乾隆二十八年八月二十九日，档号：02—01—006—001855—0002。

⑭ 中国第一历史档案馆：《乾隆朝满文寄信档译编》第 4 册，长沙：岳麓书社，2011 年版，第 517 页。

⑮ 中国第一历史档案馆：《乾隆朝满文寄信档译编》第 4 册，第 519 页。

⑯ 中国第一历史档案馆：《乾隆朝满文寄信档译编》第 4 册，第 519—520 页。

⑰ 中国第一历史档案馆：《乾隆朝满文寄信档译编》第 4 册，第 521—522 页。

⑱ 中国第一历史档案馆藏：军机处满文档簿，乾隆三十年二月二十八日，档号：03—18—009—000033—0001—0026。

⑲ 中国第一历史档案馆：《乾隆朝满文寄信档译编》第 5 册，第 614 页。

⑳ 中国第一历史档案馆：《乾隆朝满文寄信档译编》第 5 册，第 625 页。

㉑ 中国第一历史档案馆藏：军机处满文档簿，乾隆三十年三月十二日，档号：03—18—009—000033—0001—0038。

㉒ 中国第一历史档案馆：《乾隆朝满文寄信档译编》第 5 册，第 651 页。

㉓《大清高宗纯皇帝实录》卷 734，乾隆三十年四月己酉。

㉔㉕㉖ 中国第一历史档案馆藏：内阁题本，乾隆三十年六月二十九日，档号：02—01—03—06057—001。

（原载于《清宫史研究》第十三辑，辽宁民族出版社，2020年出版）

皇六子永瑢远赴岱海
迎接六世班禅始末

郭美兰

岱海位于内蒙古自治区乌兰察布市凉城县境内。清乾隆四十五年（1780）七月，六世班禅额尔德尼远道赴承德觐见乾隆帝，途经岱海稍事休整，在乾隆帝专门派去迎接的皇六子永瑢、章嘉呼图克图等人的陪同下，会见蒙古各部僧俗人众，举办法会，讲经授戒，使原本寂静多年的岱海熙攘一时。六世班禅入觐的起因、准备、行程及在承德、北京的活动，笔者得益于编译《六世班禅朝觐档案选编》一书，在拙著《六世班禅入觐始末》等文中已有论述，但以六世班禅途经各地的程站为节点的研究，尚未尝试过。如果仔细考察，不难发现，六世班禅东行途中，所经塔尔寺、归化城、岱海三处是清廷重点安排迎接的地方，都曾专门派人迎接、筵宴并赏赐。可以肯定的是，在岱海的接待最为隆重。故本文选择六世班禅东行途中经过并作短暂停留的岱海，根据中国第一历史档案馆所存满文档案及相关文献资料，将皇六子永瑢在岱海迎接六世班禅及其相关活动加以梳理，以便于拓展并充实有关六世班禅研究的内容，也有助于内蒙古地区的区域历史及文化研究。

一　选定岱海为接待六世班禅地点的原因

岱海因地处我国北部地区东西交通之要道，向为清廷所重视，这点从清初五世达赖喇嘛进京入觐，往返途中均以岱海为下榻处并从事多项活动中可以得到充分证明。顺治九年（1652），五世达赖喇嘛应邀入京觐见顺治帝，清廷为五世达赖喇嘛的到来做了充分准备，除像《蒙古源流》记载的那样"在大都城外依式修建了黄城，在城内修建了奇妙的三世佛寺，并为达赖喇嘛和随行弟子等人建造了美丽的歇息房、住房、仓房等房屋"①，即敕建黄寺作为五世达赖喇嘛的驻锡地外，还在五世达赖喇嘛途经地方修建房屋及庙宇。在岱海修建的房屋，根据《五世达赖喇嘛传·云裳》中描述，是"一处带围墙的汉式行宫，房屋为汉式屋顶"②。即使在五世达赖喇嘛返回西藏之后也安排有喇嘛居住看守，且每年由理藩院支给钱粮。

有意思的是，清廷最初的打算是请五世达赖喇嘛进京，五世达赖喇嘛也曾欣然答应，但五世达赖喇嘛在进京途中行至查干塔拉地方，在其表文中称："因内地疾疫甚多，改在归化城或岱海地方觐见，"③并请顺治帝决定。对五世达赖喇嘛的请求，顺治帝先是毫不犹豫地颁给敕书答应在边外相见，之后又谕令满汉大臣等讨论是否应当出边迎接，满洲大臣等认为出迎可使喀尔喀蒙古从之而来，且不失礼，至于是否进京可视情况再定；而众汉臣却认为皇帝作为一国之君不便出迎，加之当年西南用兵，南旱北涝，五世达赖喇嘛所带随从有 2000 余人之多，也不便邀请入京，派王或大臣前去代迎，"其喇嘛令住边外，遗之金银等物，亦所以敬喇嘛也"④。最后，大学士洪承畴等人以流星突入紫微宫，天象不合，不可不省戒为由劝阻顺治帝"游幸不若静息为安"⑤。顺治帝遂放弃亲自到岱海迎接的计划，告诉五世达赖喇嘛："前者朕降谕旨，欲亲往迎迓。近以盗贼间发，羽檄时闻，国家重务难以轻置，是以不能亲往，特遣和硕承泽亲王及内大臣代迎。"⑥五世达赖喇嘛随之改变初衷，将随行之近2000人留于岱海，仅带300人进京。五世达赖喇嘛于顺治九年十二月到北京，次年二月离开北京前往岱海，顺治帝仍派其伯父、和硕承泽亲王硕塞护送到岱海。

五世达赖喇嘛返藏途中再次在岱海停留，使一时沉寂下来的岱海又复车水马龙，人声鼎沸。所有原本打算入京拜见达赖喇嘛但未获准的蒙古王公、呼图克图等人，纷纷来到岱海拜见达赖喇嘛。喀尔喀蒙古的土谢图汗、哲布尊丹巴呼图克图等亦派人到岱海向达赖喇嘛进献礼品。五世达赖喇嘛在岱海停留月余，赐福摩顶，讲经授法。其间，清廷派礼部尚书郎球等将顺治帝颁给五世达赖喇嘛的金册金印送至岱海，封五世达赖喇嘛为"西天大善自在佛所领天下释教普通瓦赤喇怛喇达赖喇嘛"⑦。正是有此历史渊源，并且岱海离北京及蒙古各部都比较近便，天气也凉爽宜人，因而成了清帝派皇子迎接六世班禅地点之首选。

二　清廷决定派皇六子永瑢前往岱海迎接六世班禅

康熙年间由于征讨准噶尔部噶尔丹，为安定蒙古民心，巩固蒙古和西藏民众的内向力，清廷十分希望五世班禅能够取道蒙古进京，但因种种原因不曾成行。到了乾隆中期，尽管西南西北尽入版图，但乾隆帝很清楚，要巩固对蒙古、藏区的统治，不能单纯依靠武力，必须借助于宗教力量。当时，八世达赖喇嘛年纪尚轻，而身为八世达赖喇嘛师傅的六世班禅，拥有很高的威望，因此邀请六世班禅来京，无疑是乾隆帝的最佳选择。六世班禅入觐之事，是章嘉呼图克图和六世班禅通过信件往来商定的。乾隆四十三年（1778）底，章嘉呼图克图将商量结果奏报，乾隆帝当即颁降谕旨，要求安排大臣一路护送，还派呼图克图、王、大臣等人在中途迎接。可以说，六世班禅朝觐一事确定以后，清廷就开始了周密的接待安排。在诸多的准备工作中，涉及岱海的就是确定了六世班禅的行程，即六世班禅于乾隆四十四年（1779）六月十七日从扎什伦布寺起程，先行经西宁、三眼井、阿拉善、鄂尔多斯，渡过黄河，再由归化城至岱海，然后经多伦诺尔、克什克腾、翁牛特、喀喇沁至中关，于七月到达避暑山庄。其中，塔尔寺、归化城、岱海三处是清廷重点安排迎接的地方，都曾派人迎接、筵宴并赏赐。

六世班禅入觐的路线确定后，路经各地即开始作相应准备，包括准备住处、食物及交通所用马驼。岱海作为东行途中最重要的迎接地点，其接待安排由宫廷和岱海本地共同完成。宫廷的准备，最初设想是由筹办接待事宜的军机大臣福隆安提出的："及至班禅额尔德尼抵达岱海，离京城已近，相应遵旨派章嘉呼图克图、王、大臣等往迎。彼等此去，仍以存问礼，赏班禅额尔德尼敕书，交章嘉呼图克图及王、大臣等赍往，并以颁敕礼，赏嵌珠帽一顶、嵌珠袈裟一件、念珠一串、一等雕鞍一副、一等白走马一匹、五十两银镀金茶桶一个、茶酒壶一个、盅一只、各色绸缎五十匹、大小哈达各二十条。呼图克图、王、大臣等至彼，筵宴一次。"[8] 对于派人迎接的事，开始时乾隆帝只是讲要派呼图克图、王、大臣等往迎，但并未讲派哪位呼图克图前去，也未讲到何处迎接，而福隆安的这段话，至少明确了两件事，即一是要派章嘉呼图克图前去迎接，二是迎接的地点定在岱海，不过派哪位王则不明确，但这一问题很快有了答案。乾隆四十四年二月初八日，福隆安奏称："明年六阿哥前往岱海地方迎接班禅额尔德尼，随往大臣、侍卫、官员、兵丁人数，理合预先定议。"[9] 从这句话不难看出，紧随六世班禅入觐一事的确定，时为多罗质郡王兼内务府总管大臣的皇六子永瑢前往岱海迎接六世班禅的事也定了下来，并已开始筹备相关事宜。

三　宫中筹办皇六子永瑢前往岱海迎接六世班禅事宜

皇子出京，在宫廷来讲虽属常事，但皇六子永瑢的此次出行，是专为迎接远道而来的六世班禅，因此备受重视。首先在随行人数上，军机大臣福隆安拟派领侍卫内大臣、散秩大臣、内总管大臣、护军统领及向导、护军等近 250 人，乾隆帝认为人数过多，命令侍卫、护军为 120 人，拨给所派人等官马、差银，还"钦命尚书永贵为总谙达，充作领侍卫内大臣随行，凡管束所派官兵及阿哥在沿途之各项事务，均交永贵统管办理"⑩。其次，在路线安排方面，永瑢的出行路线是由京城出杀虎口至岱海，返回时再由岱海经察哈尔游牧而行，自多伦诺尔行经克什克腾、翁牛特游牧，从中关至避暑山庄，即接到六世班禅后再同路到避暑山庄。此一路，永瑢获准将皇子出行时所用蓝布城改为黄布城使用，只是其规制有一定限制，乾隆帝对此曾讲道"阿哥每日下榻之处，亦不可与朕驻跸大营相比，酌量搭城，其长宽各约六丈，稍加拾掇即可，切不可过于铺张靡费"⑪。其黄布城，由工部、护军统领处负责准备并运往搭支。

接下来，军机大臣等讨论岱海的接待礼仪，主要围绕两个问题进行，其一是会见礼，其二是筵宴礼。初次见面时，皇六子永瑢要先期到达岱海，但不必迎候，而是等六世班禅入住岱海寺之后，"率扈从大臣等恭赍御赐班禅额尔德尼之敕书、赏物，进寺之中门，班禅额尔德尼跪请圣安，恭接敕书、赏物时，六阿哥即遵照适降谕旨，立即扶起，勿令班禅额尔德尼跪拜。六阿哥见班禅额尔德尼，要立地握手问好，扈从大臣等亦立地问好毕，请班禅额尔德尼进屋入座。坐次为班禅额尔德尼居中，六阿哥在左，章嘉呼图克图在右，扈从大臣等继阿哥坐于地铺"⑫。至于筵宴，则在"筵宴之日，令班禅额尔德尼坐中铺，六阿哥坐东铺，章嘉呼图克图在阿哥之次；六阿哥之扈从大臣、班禅额尔德尼之护行大臣，均继章嘉呼图克图于地铺按序入座；班禅额尔德尼随行徒众内，令仲巴呼图克图在西侧面对章嘉呼图克图就座外，余皆于仲巴呼图克图之次打地铺依次就座。递茶时，从阿哥扈从侍卫内派一名职衔较高者，给班禅额尔德尼递茶，所有阿哥、章嘉呼图克图、大臣、喇嘛等，亦均由侍卫等递茶。至班禅额尔德尼之随行僧俗人等，在院内就餐即可。宴毕，六阿哥送班禅额尔德尼礼物。此宴，六阿哥及随宴大臣等，均著蟒袍补褂，遵旨免备烧酒、奶酒等"⑬。这一宴会是乾隆帝专门赏赐，饬令山西巡抚雅德负责备办的。

四　察哈尔都统常清筹办迎送六世班禅事宜并修缮岱海寺

时任察哈尔都统的常清，通过理藩院咨文获悉六世班禅下榻岱海的消息，即于乾隆四十四年二月初十日专程前去岱海寺察看。察哈尔八旗总管、官兵等也纷纷呈文表示极其愿意承担岱海寺的修缮任务。常清通过调查得知："岱海寺内现成有都罡楼，原先修建均属牢固。据喇嘛等称，先前达赖喇嘛来时，即曾下榻此楼。等语。观此楼内尚属舒适，且于都罡内筵宴尽可容纳，虽稍陈旧，尚不必大修。"⑭可见五世达赖经过岱海时之住所，虽经128年的风蚀雨浸，仍保持着原貌并且坚固。因此常清将应稍加修补之处一一指明，饬令察哈尔镶蓝旗总管乌林泰等从速无误，务必事先妥加修缮，使之见新且美观。对岱海寺的关注，不止于此，这一年六月，乾隆帝又派德保驰驿前往张家口，会同常清察看位于岱海的庙宇，嘱令如有应行修理之处，彼等二人共同酌定具奏。

在安排修缮岱海寺的同时，其他准备工作也在进行中，察哈尔旗所承担的头一晚住宿地是距归化城约 160 里的查干布拉克地方，自查干布拉克东行至图古里克，察哈尔旗共需备办 15 个打尖处、15 个住宿地，自卓克多尔住宿地起，则由克什克腾旗备办。从查干布拉克至岱海寺，60 里设一住宿处，其间 30 里处设一打尖处，约行 120 里至岱海寺，宴毕住宿数日，自岱海寺启程前往避暑山庄时，则因人数众多，选择水草丰美之处，按 70 里或 80 里安设打尖及住宿处。所有住宿处，均需备蒙古包、凉棚、帐房、家用被褥器皿、柴薪木炭、马匹牛羊、茶叶酥油、米面等 ⑮。

除了准备迎送六世班禅过境以外，常清通过军机处得知皇六子永瑢将到岱海迎接六世班禅，因此也作了相关准备。镶黄等察哈尔八旗总管巴里玛特等人呈文常清称："遵饬我等共同议得，六阿哥出杀虎口，于山西省延平道所属宁远通判所管交界名榆树林之乌孙图鲁地方住一宿，由彼行三十里于赫呼地方打尖一次，自赫呼行三十五里至岱海寺。"⑯从岱海寺回返，永瑢与六世班禅同行，故沿六世班禅东行之路线，于每个打尖、住宿处，专为永瑢清理出搭支黄布城的地方，共要准备 15 个打尖处、14 个住宿地。

五　皇六子永瑢等人先后启程前往岱海迎候

乾隆四十五年，在皇六子永瑢启程前往岱海之前，章嘉呼图克图先于三月十三日从京城出发前往多伦诺尔，其目的是抵达多伦诺尔后，要筹备进献班禅额尔德尼的物件，并且待永瑢将抵岱海时，由多伦诺尔启行前往岱海，偕同永瑢迎候班禅额尔德尼。至于永瑢离京前去岱海迎接六世班禅，则较章嘉呼图克图整整晚了一个月。永瑢启程前具疏奏称："臣永瑢于四月十三日自京城启程前往岱海迎接班禅额尔德尼，路途诸务，均遵皇父训谕而行。"⑰ 与永瑢同行的是乾隆帝特意指定的吏部尚书永贵。有关永贵随行之事，早在乾隆四十四年正月二十二日，乾隆帝就曾有谕旨："明年七月间，班禅额尔德尼来避暑山庄谒觐。届期朕欲遣皇六子迎接，例应有一领侍卫内大臣随往，尤须得一老成练达者方妥。永贵熟悉外藩事务，且伊原系总谙达，朕欲即令伊为领侍卫内大臣、总谙达，随皇六子前往。"⑱ 乾隆帝为此特赏永贵穿黄马褂，足见其重视之程度。

皇六子永瑢一行在路上走了近半个月，于四月二十七日出杀虎口，二十八日到达岱海，当即向察哈尔都统常清询问六世班禅到达岱海的日期，常清告诉永瑢尚未得到确切消息。永瑢在岱海等候六世班禅期间，抓紧学习藏语，甚至为练习藏文，仔细研读随身带来的准备颁给六世班禅的满、蒙古、藏文三种文字的敕书，竟然发现其中有数处错误，其一是将赏给六世班禅之素珠，在敕书的三种文字中均写为"东珠"，而从广储司支领带来的却是紫珠；其二是藏文敕书中将乾隆帝当年之七十寿辰写成"来年"七十寿辰；其三是将六世班禅去年冬季住塔尔寺写成"当年"冬季；其四是将大小哈达写成大"少"哈达。发现这些错误，永瑢立刻请求饬令相关部门修改敕书，并因之前未发现错误自请处罚⑲。

至于六世班禅到岱海的日期，直到五月初九日，永瑢才从钦差护送六世班禅的西安将军伍弥泰处得到消息，称六世班禅可于五月二十三四日到达，并据察哈尔都统常清告诉永瑢称："章嘉呼图克图已于五月初四日由多伦诺尔地方启程来此，计其日程，可于本月十五日左右抵达。"⑳章嘉呼图克图抵达岱海是在五月十六日，永瑢随即与章嘉呼图克图会商迎接六世班禅并宴赏等事项，令察哈尔都统常清及山西巡抚雅德妥善办理应办事宜。可以说，永瑢在岱海等待六世班禅近一个月，始终在从容有序地办理接待事宜。

六　皇六子永瑢与章嘉呼图克图在岱海接待六世班禅

乾清门侍卫佛尔卿额是乾隆帝专门派到归化城迎接六世班禅的大臣，根据其奏折中所讲，六世班禅是在五月二十二日离开归化城的⑳。二十六日，六世班禅抵达岱海寺，当时的情景，永瑢在奏折中讲得非常清楚：

> 先是，班禅额尔德尼入寺，上台阶下轿进殿。谙达永贵恭赍臣永瑢请至之敕书在前行，臣永瑢随其后，进殿立于班禅额尔德尼东侧，班禅额尔德尼跪请皇父安，当即扶起。臣永瑢面南而立，宣读唐古特文敕谕，赏皇父所赐哈达一条，班禅额尔德尼亦献哈达一条。而后臣永瑢与章嘉呼图克图一同献哈达，彼此握手问好，在场诸大臣亦皆献哈达问安毕，将皇父所赏帽子、鞍马等物，令班禅额尔德尼一一过目，并将皇父赏给臣永瑢献班禅额尔德尼之伯勒克，亦按序赠送，班禅额尔德尼欣然接受。而后，请班禅额尔德尼在大殿中央坐定，臣永瑢与章嘉呼图克图坐于两侧，奉茶水。臣永瑢与章嘉呼图克图对班禅额尔德尼称，喇嘛不远万里来朝，委实世所罕见。皇父早已洞察喇嘛之至诚，甚是欣喜，特降谕旨，派我等赍赏物来迎。喇嘛自西藏来此，路途遥远，经久劳顿，数易寒暑，顺利到达，实属大喜之事。等语。班禅额尔德尼

称，小僧自孩提时起即承蒙圣主隆恩，不胜尽数，早欲入觐
圣明，未有机会，内心甚是焦虑。去年谨遵慈旨从扎什伦布
启程，一路平安，为早日入觐，时时在三宝佛前诵经祈祷。
今逢吉日抵达岱海，与阿哥、章嘉呼图克图相见，只领御赐
敕书、物件，如同谒见金颜，由衷欣感。此皆仰仗前辈修行
所致，只盼不久将前往避暑山庄觐见圣明。等语。臣永瑢对
班禅额尔德尼称，皇父为振兴黄教，安抚众生，洞察喇嘛之
宿愿，请喇嘛东行以来，诸事顺成，世人无不称奇。等语。
章嘉呼图克图靠前以唐古特语稍加帮助作答，观之，班禅额
尔德尼尚能明白臣永瑢所言，其朝觐皇父之心亦诚，承蒙颁
赐赏物，并派臣永瑢、章嘉呼图克图远迎，不胜感激②。

六世班禅在岱海寺与永瑢会面的情形，从当时在场的章嘉呼
图克图的描述看，似乎更生动些。章嘉呼图克图在其奏折中称：
"班禅额尔德尼抵达岱海寺后，六阿哥以唐古特语颁宣敕谕，班
禅额尔德尼虔心合掌，欣聆谕旨，笑容可掬，称赞阿哥，于殿内
叙谈、行营会见，班禅额尔德尼与阿哥皆彼此款待，用唐古特语
间候作答，班禅额尔德尼感慨圣主恩重，听毕阿哥诵念唐古特经，
经过试问，盛赞诚于黄教大有裨益。"㉓

当晚，六世班禅并未住在岱海寺，原因是永瑢等考虑岱海寺
的房屋院落比较狭小闷热，而且六世班禅的随行人众、来叩拜六
世班禅的蒙古王公官员等将接踵而至，如果将乾隆帝所赏的蒙古
包、黄布城搭在空旷的地方，会更加凉爽舒适，而且六世班禅从
归化城到岱海，一路都是如此住宿，六世班禅也喜欢。因此，在
寺庙附近找了一处平整的地方搭了蒙古包和黄布城，永瑢和章嘉
呼图克图陪伴六世班禅离开岱海寺到其住处后才各自散去。第二
天，举行乾隆帝赏赐六世班禅、由山西巡抚雅德承办的宴会，"将

班禅额尔德尼请至所搭凉棚内筵宴，令班禅额尔德尼坐中间，六阿哥、章嘉呼图克图坐左侧，大臣及喇嘛等、班禅额尔德尼之徒众及来迎之呼图克图等、蒙古王公、扎萨克等，皆按序就坐㉔。宴会的内容非常丰富，除了丰盛的食物和茶饮外，还请六世班禅观赏戏曲、马术、射击、舞蹈。宴毕，六世班禅称："今蒙圣主赐宴，所备物品均属上乘，难得一见，戏曲杂耍，值得欣赏，似此隆恩，小僧及随行人众均感激不尽。"㉕并为此向乾隆帝和皇六子永瑢各献一条哈达表示谢意。第三天，察哈尔都统常清等人亦盛宴款待六世班禅，岱海寺僧众及赶来的各部蒙古人众纷纷向六世班禅献礼。

如果说永瑢与六世班禅的会见是一种礼仪，那么章嘉呼图克图则担负着实际的沟通协调任务。六世班禅在岱海期间，章嘉呼图克图曾与六世班禅单独会谈，商定了几件很重要的事情。六世班禅向章嘉呼图克图表示自己非常期盼尽快见到乾隆帝，章嘉呼图克图问六世班禅是否愿意进京，六世班禅讲京城佛寺无数，万里远行，若不瞻拜而归，必然后悔，愿意托皇帝鸿福进京拜谒。章嘉呼图克图还问要否编一部吉祥经令众人念，六世班禅告称在路上已编好，且已译成满、蒙古、汉文。章嘉呼图克图还告诉六世班禅到避暑山庄后举办大法会，在宫内念秘密经，六世班禅均表示愿意。当章嘉呼图克图告诉六世班禅热河新修须弥福寿之庙补放达喇嘛，需要从六世班禅随行之喇嘛内拣放，而且以后该达喇嘛出缺，例于六世班禅之沙比内补放时，六世班禅说其随行喇嘛内有可以补放的人选，到避暑山庄之后即可提名奏闻㉖。

七　皇六子永瑢用藏语与六世班禅交谈表示极度尊重

考察皇六子永瑢与六世班禅接触的过程，无论是宣读敕谕，

还是互相交谈或互赠礼物，永瑢所使用的全都是藏语，即便偶有
不通之处，借助章嘉呼图克图或其他人的帮助，其交流也没存在
太多障碍。

　　永瑢最初学习藏语究竟始于何时，本文暂不作考察，但他肯
定学过藏语，并有一定基础，这点从临近启程前往岱海时永瑢
的一份奏折中可以找到答案。乾隆四十四年底，永瑢奏称："臣
永瑢明年往迎班禅额尔德尼，一路无事，得有闲暇学习蒙古、唐
古特语。查得，妙应寺达喇嘛格桑格隆，平素跟随臣永瑢说蒙古、
唐古特语，人尚可靠，此次既然派遣喇嘛等，请皇上加恩，准带
达喇嘛格桑格隆随行，以备沿途学习唐古特语。"㉗毋庸置疑，其
藏语水平虽难界定，但永瑢会藏语，且平常也跟寺庙的喇嘛用藏
语交流，临到要去迎接六世班禅时，永瑢希望进一步提高其藏语
水平，因此提出了带妙应寺喇嘛随行的要求，也获得了乾隆帝允
准。永瑢学习藏语，非常见实效，这一点在永瑢到达岱海后校对
藏文敕书并能够发现其中的多处错误一事上得到过验证。细究起
来，乾隆帝非常重视永瑢学习藏语，并且用藏语与六世班禅交流，
以及六世班禅对永瑢使用藏语所持的态度。六世班禅到岱海当
天，随六世班禅来的仲巴呼图克图因途中染患天花，未能跟随六
世班禅同时到岱海，也未能参加乾隆帝所赐的宴会。随后乾隆帝
谕令赏六世班禅及仲巴呼图克图钟表等物，及至护送大臣伍弥泰
等转赏，六世班禅及仲巴呼图克图请永瑢转表其谢意。永瑢将此
事奏报乾隆帝后，乾隆帝批道："知道了。尔与班禅额尔德尼交
谈时，均可以唐古特语交谈乎，喇嘛待尔如何，尔观喇嘛较章嘉
呼图克图如何。"㉘永瑢接到乾隆帝批示的时候，已经离开岱海
在前往多伦诺尔的路上了，对于跟六世班禅用藏语交谈的问题，
永瑢奏称："臣永瑢于岱海地方迎见班禅额尔德尼以来，遵旨每
日在路途跟随，或前或后而行，早晚时晤面交谈，臣永瑢皆就己

所学，勉力讲唐古特语，班禅额尔德尼尚能领会臣之意。彼此久坐，班禅额尔德尼话长且连续讲话，因语速快，臣永瑢听不清楚时，均由班禅额尔德尼之随行绥绷堪布、臣之随行达喇嘛噶勒藏格隆等译成蒙古语。班禅额尔德尼待臣，感激皇父之恩，念臣永瑢系皇子，且又如此远行来迎，待臣极为尊重且亲切。再，班禅额尔德尼生性谦和，相貌魁伟，平素章嘉呼图克图即已甚好，然今彼此相见，观章嘉呼图克图尽为徒之道、班禅额尔德尼款待章嘉呼图克图，则班禅额尔德尼益加伟岸，人皆称赞。"㉙

时任内务府总管大臣的质郡王永瑢，为了前去迎接六世班禅，孜孜不倦学习藏语，且在短时间内便有了长足进步，另外乾隆帝也非常重视永瑢使用藏语之事，仔细询问其对话情况，由此分析，清廷在六世班禅朝觐途中，派永瑢远赴岱海迎接应是一个重点环节，而身份高贵的皇子永瑢直接用藏语宣读皇帝的敕书并交谈，更是体现了对六世班禅的高度重视和极度尊重。

八　皇六子永瑢陪伴六世班禅离开岱海前往承德

六世班禅对乾隆帝派其第六子永瑢及章嘉呼图克图到岱海迎接十分感激，为此备"洁白哈达、至尊弥勒佛响铜佛像、无量光佛和救度佛母吉祥响铜佛像各一尊、四臂观音和恰那多吉之吉祥响铜佛像各一尊、释迦摩尼和弥勒佛像各一尊，以及各佛像之佛衣等，恭呈御览。祝愿尽早仰觐天颜，享受无比幸运之欢乐"㉚。在岱海期间，除为永瑢及章嘉呼图克图等人摩顶外，更多的是为来自四面八方的蒙古王公、扎萨克人众讲授佛法、摩顶、授戒，受众多达千余人。六世班禅所讲授的佛经有"《兜率上师瑜伽论》《圣道三要论》及《无量寿佛修念随许法》《马头金刚修念随许法》《长寿经》等"㉛。

当岱海的活动圆满之后，章嘉呼图克图先于永瑢和六世班禅等人离开岱海去多伦诺尔备办再次迎接的事宜。多伦诺尔在康熙年间修有汇宗寺、雍正年间修有善因寺，随着章嘉呼图克图和哲布尊丹巴呼图克图的进驻，乾隆时期的多伦诺尔已成为蒙古地区的宗教中心，因此六世班禅路过多伦诺尔必定前去瞻拜，清廷也必隆重接待。

六世班禅离开岱海前，曾通过章嘉呼图克图告诉察哈尔都统常清，来岱海前，所经各地，均曾备宴献礼，所以他也相应回赠过礼品，抵达察哈尔旗后，六世班禅见各旗官兵更加整齐，凡事办理妥帖，且皆备宴献礼，觉得应当回礼，因此拿出"银一万六千两"[32]请常清散发。常清以察哈尔官兵都食有俸饷，为六世班禅备宴献礼均出自其本愿之由，屡经推辞，六世班禅坚持要赠送，不得已常清将此事告诉了永瑢，永瑢觉得不好力辞，故经与永贵、伍弥泰等人商量，将银两暂令常清保管，永瑢则奏报乾隆皇帝。乾隆帝随后批道："著即平分与众。按其礼叩拜喇嘛，乃常事哉。"[33]据嘉木央·久麦旺波所著《六世班禅洛桑巴丹益希传》记载，六世班禅将这项银两给了察哈尔尼满豁苏寺，虽与永瑢所讲有不同，但受众终归是察哈尔蒙古。

六世班禅离开岱海时，其随从人等并未全部随之而行。理藩院起先即决定："班禅额尔德尼自岱海启程时，仍照昔日达赖喇嘛来之例，仅令随行大喇嘛、绥绷、卓尼尔等近侍喇嘛等及管事第巴、戴绷等要人随之前往多伦诺尔，其余人众及行包物品，于岱海寺附近寻觅水草之地居住留候，仍饬察哈尔都统常清，由察哈尔右翼总管内遣派二员率带官兵严防盗贼，班禅额尔德尼返回时再明白交付。"[34]因此临到六世班禅从岱海启程，扈送大臣伍弥泰等问六世班禅要留多少人，六世班禅获悉带走所有随行人员有困难，也很体谅，经与仲巴呼图克图商议后，留下了"僧俗五十六人，以及杂物一百二十包、马二百五十四"⑮。

六世班禅共在岱海住了六天，六月初四日，六世班禅离开岱海启程继续东行，路途有永瑢等前后随行，钦差大臣伍弥泰、察哈尔都统常清、山西巡抚雅德等率官兵护送，于当月二十一日抵达多伦诺尔，受到了乾隆皇帝所派丰绅济伦、章嘉呼图克图等人的隆重接待。之后六世班禅复从多伦诺尔启程，仍在永瑢等人的一路相伴下前行，于七月二十一日到达避暑山庄，当日即觐见乾隆皇帝，并入驻在承德专为六世班禅建造的驻锡地须弥福寿之庙。皇六子永瑢远赴岱海出迎六世班禅之行至此完满结束。

清乾隆年间六世班禅额尔德尼赴承德给乾隆帝祝寿，是有清一代西藏高僧的第二次入觐。作为乾隆朝的一大盛事，其反响非凡，意义深远。除清统治者高度重视外，还受到青海、漠南和漠北地区蒙古各界的欢迎，沿途六世班禅额尔德尼举行各种佛事活动，进一步增进了满、蒙古、藏各民族的相互交流。乾隆帝特派皇六子永瑢和章嘉呼图克图等人先期到漠南的岱海等待迎接，而后陪同至承德进行祝寿。纵观岱海的迎接活动，从其筹备之精细、安排之周密、言语之诚恳、场面之隆重，足见清廷对西藏地宗教领袖六世班禅额尔德尼的极度尊重，更体现了清廷对六世班禅入觐一事的高度重视。漠南蒙古地区第三大内陆湖——古称天池的岱海，因其独特的地理位置、秀美的山水、宜人的气候为清廷所青睐，被选作六世班禅额尔德尼进京途中的驻锡地，一场盛会由此呈献，诠释了满、蒙古、藏等各民族共同向往美好未来的心愿。

注释：

① 乌兰：《〈蒙古源流〉研究》，沈阳：辽宁民族出版社，2000年版，第477页。

② 阿旺洛桑嘉措：《五世达赖喇嘛传·云裳》，《中国边疆史地资料丛刊·西藏卷》，北京：中国藏学出版社，1997年版，第318页。

③ 中国第一历史档案馆等：《清初五世达赖喇嘛档案史料选编》，北京：中国藏学出版社，

1998 年版,第 23 页。

④《大清世祖章皇帝实录》卷 68,北京:中华书局,1986 年版,第 2 页。

⑤《大清世祖章皇帝实录》卷 68,第 22 页。

⑥ 中国第一历史档案馆等:《清初五世达赖喇嘛档案史料选编》,第 26 页。

⑦《大清世祖章皇帝实录》卷 74,第 12 页。

⑧ 中国第一历史档案馆等:《六世班禅朝觐档案选编》,北京:中国藏学出版社,1996 年版,第 10 页。

⑨ 中国第一历史档案馆等:《六世班禅朝觐档案选编》,第 29 页。

⑩ 中国第一历史档案馆等:《六世班禅朝觐档案选编》,第 28 页。

⑪ 中国第一历史档案馆等:《六世班禅朝觐档案选编》,第 30 页。

⑫⑬ 中国第一历史档案馆等:《六世班禅朝觐档案选编》,第 100 页。

⑭ 中国第一历史档案馆藏:军机处满文录副奏折,档号:03—2781—014。

⑮⑯ 中国第一历史档案馆藏:军机处满文录副奏折,档号:03—2781—017。

⑰ 中国第一历史档案馆藏:军机处满文录副奏折,档号:03—2822—01。

⑱《大清高宗纯皇帝实录》卷 1075,北京:中华书局,1986 年版,第 13 页。

⑲ 中国第一历史档案馆藏:军机处满文录副奏折,档号:03—2826—30。

⑳ 中国第一历史档案馆等:《六世班禅朝觐档案选编》,第 171 页。

㉑ 中国第一历史档案馆藏:军机处满文录副奏折,档号:03—2829—05。

㉒㉕ 中国第一历史档案馆等:《六世班禅朝觐档案选编》,第 182 页。

㉓㉖ 中国第一历史档案馆藏:军机处满文录副奏折,档号:03—2831—16。

㉔ 中国第一历史档案馆藏:军机处满文录副奏折,档号:03—2831—19。

㉗ 中国第一历史档案馆等:《六世班禅朝觐档案选编》,第 126 页。

㉘㉜㉝ 中国第一历史档案馆藏:军机处满文录副奏折,档号:03—2831—28。

㉙ 中国第一历史档案馆藏:军机处满文录副奏折,档号:03—2832—30。

㉚ 中国第一历史档案馆等:《六世班禅朝觐档案选编》,第 201 页。

㉛ 嘉木央·久麦旺波:《六世班禅洛桑巴丹益希传》,拉萨:西藏人民出版社,1990 年版,第 449 页。

㉞㉟ 中国第一历史档案馆藏:军机处满文录副奏折,档号:03—2831—31。

（原载于《内蒙古师范大学学报（哲学社会科学版）》2022 年第 2 期）

"弘历生辰立象安命图说"初考

王光越

2016 年 12 月，中国第一历史档案馆（以下简称"一史馆"）编《明清宫藏档案图鉴》（以下简称《图鉴》）由人民出版社出版，该书共收入 187 件（组）馆藏珍贵明清档案。其中一组稀见的弘历星命档案为首次公布。《图鉴》命其名为"弘历生辰立象安命图说"，附图三幅并配有文字简介，说明了档案的形成时间，采用的星命占验方法，图 1 和图 2 的档案开面文字以及该档案幅面尺寸[①]。

文字简介为：

> 清康熙五十年八月十三日（1711 年 9 月 25 日）。弘历为乾隆帝名，出生于雍亲王府即后来的雍和宫。本图说除了采用中国传统的推命方法，还采用了西方十二星座的占验法。纸本。1. 圣寿无疆 27.7×300cm；2. 万年如意 25×11.3cm。

笔者对三幅图内的文字进行了仔细研读，并对比在一史馆工作期间对其中一件档案所做的笔记，又参阅了相关星命方面的历史文献，结合对这组档案形制和内容的介绍、分析，分别对其文本、具文时间及所采用的占验方法等进行初步考释。因考释涉及笔者专业之外的天文学和星命术知识，或有谬误，敬请读者斧正。

古代帝王宣扬君权神授，往往借星命谶纬之说标榜正统，并依此施政决策，有时甚至影响了历史的进程。如果加上当太上皇的四年，乾隆帝是我国实际在位时间最长的皇帝。虽然在继位之初就驱除了宫中的道士，但档案中仍有推衍星命，甚至命钦天监官员以卜卦缉凶的记载。对这些档案进行解读，对于了解帝王的性格、为政以及当时的社会，均有一定的意义。

一　文本内容的介绍和分析

（一）关于图 2 的介绍和分析

图 2 所载档案为红色纸本，未属具文者与具文时间，文本形制为折件式，共计 7 面[②]。开面上书"万年如意"四字作为题名。全件共有正文文字 21 列。

正文第一面中有文字四列，其第一、第二、第四列的起首二字"天助、天禄、天官"分别为八字命理中的吉神（但同样的八字不同的算命人会对应不同的神煞名称，如最常见的"命理十神"等，在存世弘历的其他八字占卜档案中可以印证这种现象的存在）[③]。第三列的起首二字"日元"为八字命局中命主出生日的天干，是论命的定位中心，故称日元或日主，代表命主自身，其余干支他神则代表其他相关人事。

在"天助、天禄、日元、天官"下分别对应着"辛卯、丁酉、庚子、丙子"四组干支。笔者应用八字四柱推算法计算得出，这正是弘历的生辰八字，即辛卯（年柱）、丁酉（月柱）、庚子（日柱）、丙子（时柱）。

在生辰八字下对应的财星、旺星、禄星、秀星则是与其出生年、月、日、时对应的吉星名称。

八字占卜法认为，人生的格局即"命"，系由生辰八字决定。但是，同年同月同日同时出生的人很多，而人生的状况为什么会千差万别？按八字占卜的说法是，人不但有命还有"运"。因此，八字占卜不但要算命，还要根据生辰八字算行运（即流年和大运），其代表行运的干支不同，行运也不相同，只有准确地测算出行运，方能准确了解流年与大运之年的吉凶以及应做与不应做的事，同时命主还必须具有把控自己行为的能力。算得准行运且命主行为得当，贫贱命的人也能富贵，反之则相反。除此以外，八字占卜还需预测行运之年，通常十年一大运。第一面前四列的下半段所书"六岁运丙申，十六岁乙未，二十六甲午，三十六癸巳，四十六壬辰，五十六辛卯，六十六庚寅，七十六己丑"大致就是弘历行大运之年段以及代表所行何运的干支。

接下来的文字内容就是对庚申年弘历流年的具体测算。文中先测算了该年天运正行甲午和与之对应的星象、吉象以及"起居顺遂，喜从内有，福自天临"等如意吉祥的好运，同时提示了本年不宜远行的缘由，之后，再分说当年正月至十二月各个月的运势，最终概言，全年"虽有小烦"，但"上上大吉"。

弘历自康熙五十年（1711）出生至嘉庆四年（1799）驾崩，虽享年89岁，但他一生恰恰只经过了一个庚申年，这一年是乾隆五年（1740），依中国传统以虚岁计算，还正是他的三十整寿。这便为判断此件档案的具文年份和背景提供了方便。

显然这是一份乾隆五年的弘历八字占卜档案。1964年5月台湾国风出版社出版的《掌故丛编》中，曾载有弘历（十一岁出童限后）十二岁八月十三日子时乾造八字占卜图（所排命盘图）和二十一岁八月十三日子时八字占卜两份档案。经比对，可确认《图鉴》之"弘历生辰立象安命图说"中的图2，应为乾隆帝弘历存世八字占卜档案之一。

（二）关于图1的介绍与分析

《图鉴》"弘历生辰立象安命图说"所注之图1，亦为红色纸本，未属具文者与具文时间，文本形制为折件式，原件共计8面，开面上并无编者于文字简介中所注"圣寿无疆"四字，全篇共有文字 35 列。在其第 2、3 面绘有星象草图一幅，起首有文字一列："康熙五十年辛卯八月十三日子时从正初刻推，北极出地四十度奇"（参见附图《图鉴》图 1）。星象图后为图说，有文字 34 列，仔细品读、分析，有两部分内容：

其一，为七曜（或称七政）即日月与金木水火土五星在天盘上的位置，各曜分别为何宫主星以及从各曜间的相互关系所确定的吉星和吉照。

其二，为根据前述星象细节阐明所主之事，并依此推得命主之圣德、圣寿、福祚、圣明、圣性、禄位、子嗣等大致情形，最后占断"二十岁后君临天下"[④]、"四十二岁圣治乾健"、"五十六岁恩溥化淳"、"七十岁外圣寿无疆"等大运。

通篇观之，图像绘制极不工整，文字简略，若不精通星命之道或无其他参考文献比较，较难辨识其为何种星命之法，仅能根据起首文字知其为依据弘历出生时刻的星象为其所做占卜，但它显然与以干支五行相生相克的八字占卜法不属一类。据此，笔者估计这是另属一类的弘历星命档案草稿。

（三）关于图 3 的介绍与分析

首先需要说明的是，《图鉴》"弘历立象安命图说"共选图三幅，其中两幅分别有 1、2 数字序号，而另一幅图，即开面书有"圣寿无疆"的图，没有标号。不仅如此，《图鉴》文字简介中还把其开面所书"圣寿无疆"，作为了图 1 的题名。

若将这幅没有数字标号的图与图 1 进行比较，会发现两图所述为同一件事，只不过图 1 既没有开面题名，星象图也画得潦草，且文字非常简略，书写格式也不规范，相比之下，显见图 1 是这幅没有数字标号的图的草本（草稿）。再从《图鉴》文字简介中给出的图 1 的幅面尺寸 300cm 的长度来看，明显也与图 1 的长度不符。或许《图鉴》编者将图1与这幅没有数字标号的图视为了同一件档案。故本文将该图暂定为图3以方便论述。

笔者在一史馆工作期间曾见过图3的原件。为便于日后仔细研究，曾将此档案按原版式、原字体录入，并对该图的9处挖补（或破损）处做有记录。经过对图3内容、格式的反复核对研读，确定图3正是笔者记录过的原件，但《图鉴》公布时对其进行了节选。笔者认为，这幅图才是"弘历生辰立象安命图说"的正本，而图1是其草本。为证明这一判断，故拟将图3作为本文重点，依据以往对其原档形制和内容的完整记录，对这一在《图鉴》中被节选的稀见宫藏星命档案加以全面介绍和分析。

图3亦为红色纸本，未属具文者与具文时间，文本形制为折件。原件共计23面，长度约为图1的3倍。开面书"圣寿无疆"作为该件档案的题名。第2、3两面绘弘历生辰时刻的星象图。该图右上方书"康熙五十年辛卯八月十三日子时立象安命图"。右下方书"北极出地四十度奇"。根据《明史》天文志所记，在北京观天象，北极星出地平40度（因北极出地度数对应北半球纬度），故该图所绘星象似应以北京为观测基点。图的左上方书"从正初刻推"，后有小字注"不知真时刻是何时刻，且从正初刻推"[5]。就是说，因不知弘历生辰的准确时间是子时的几刻，所以只能以子时正初刻的星象作为依据。这些图周文字给出了该图所记星象的时间与观测位置的地理坐标，但似乎并不能作为该件档案的成文时间（原因后叙）。

自第4面起为图说正文，共20面。共有图说文字156列（其中正文间双排小字注释笔者均按1列统计）。

图说文字内容可分为总说、象、占、又推、算回年捷法等五部分。（因《图鉴》幅面太长，为反映全貌，在拍摄时对原件做了折叠。）

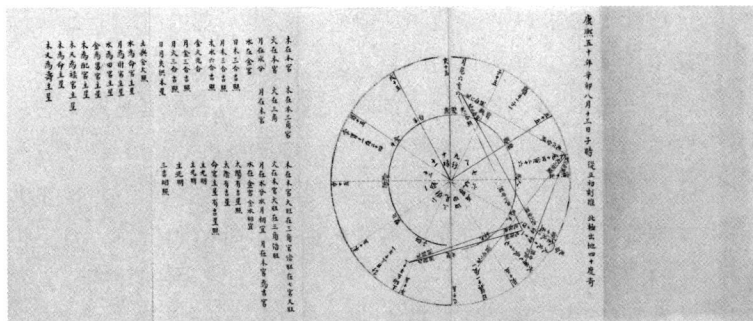

弘历生展立象安命图说（草本）(《图鉴》标为图1)

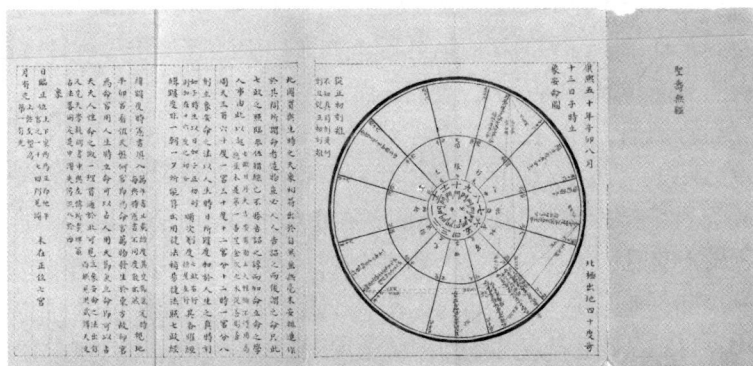

弘历生展立象安命围说（正本局部）(《图鉴》未编图号,本文中为图3)

第一部分：作为总说。首先强调此图的客观性："实与生时之天象相符"，"并无毫末安排造作"。其知命立命之学的依据是七政（日月与金木水火土五星）照临的错综复杂的星象。继而扼要说明，立象安命法的基本方法，是以周天三百六十度，均分为十二宫，十二宫分十二时，一宫分八刻，该法"以人生时日所躔度加于人生之真时刻"，顺次确定七政各曜在天盘中的经纬躔度，同时强调，此"躔度非一朝一夕所能算出"⑥，以及必须借助的天文算法和工具书，然后先确定命宫，如此"用人生时立命可以占人，用天节气立命可以占天"。最后，指明"立象安命之法出自西域，见洪武译天文又见天学疑问书中"，并且图说具文者认为，与"左传所载神灶占法略同，定是中国失传流入于西"⑦。

第二部分：象。这一部分主要说明了前绘星象图中，根据弘历生辰时刻推算出的日月与金木水火土五星所在的位置，各自运行的方向，各为何宫主星，各主何事，各曜间相照的角度，吉星和吉照以及推算所据部分工具书——《时宪书》《历象考成》。

第三部分：占。若将此部分的内容做一梗概，正与图 1 之内容一致，只不过此部分与图 1 比较，占测的解说把占测的依据说得更加详细，占测的精度也更高。如图 1 中："二十岁后行日运，大吉大旺，应君临天下，政媲三代。"在此则改为："大运二十二岁后行日运，木日在正位相照，大吉，应君临天下，政媲三代。"⑧另如图 1："五十六后行木运，主恩溥化淳，家给人足。"在此则改为："五十六后行木运，木旺，在正位七宫（七宫管晚年）照命宫主星水，又照日月，主恩溥化淳，家给人足，为丰亨裕大万国来朝之象"等。加之再对比图 1 和图 3 中所绘星象图的标准程度，可判定图 1 为图 3 的草本的依据应是充分的。

第四部分：又推。此部分为根据弘历生辰的星象——七曜运行的位置和相互关系，对前述占测所做的进一步补充。从而推出："命中合受天命"和"有好名声""性格纯良，善于使人""能成全一切事"，以及命主的"志趣""勤谨""光明正大""宽厚和平""正直心慈""聪明好学""能文章""通阴阳""识见远大""用心诚实""有寿""福大""父慈子孝""螽斯衍庆"等一切优良品行、福德、寿命、子嗣。

推命之后具文者明确强调：

第一，"立象安命法凡推算一切不用干支，而用各曜躔度，盖躔度即是实在干支,其七政亦是实在星辰。原系天人合一之理,儒者格物穷理之事并非谶纬术数小伎。"贬斥了汉唐以后术家在论说天文现象上的谬误。

第二,应用该法的基本方法和工具,指出"右所推之图(即前绘星象图),犹是天下相同之象……北极出地平分十二宫,方是各方生人之命"。具文者认为,用"弧三角算不易,用表算亦不易,惟用天球量界稍易。"同时,又强调因"书器未具"推算有不细致处,但"监中推步诸法实是此学之基"⑨。在这个基础上,"再加以数倍于监中之功,能推测数十年之星象使贯通于胸中,方可以占人;能推测数千年之星象使贯通于胸中,方可以占世;能推测一年之星象使贯通于胸中,方可以占时"。即不同的天文学、星占术功力,决定着占测和推命的水平、层次。

第五部分:算回年捷法。如何求太阳运行到命主生辰时刻的躔度和此时其他各曜的躔度。具文者指出:"立象安命为回年,盖各年日回行到生时之原度必不同于生时之日、时、刻、分,或前或后不齐,而各曜有迟速不同,则所行亦各异。是名回年乃一年之大象也。"他所说的这一客观现象,是因中国农历的闰月、金木水火土五星的运行轨道半径不同(反应为视运动的速度差)所造成的。但由于农历又是阴历结合了二十四节气的历法,故农历的节气与太阳运行一周天过程中的特定躔度是对应的。因此,具文者计算出,康熙五十年八月十三日子时,正是秋分后十九小时零二分。那么,各年秋分后十九小时零二分时的太阳躔度,便是康熙五十年八月十三日子初时的太阳躔度,依此可查弘历生辰时刻和各年生日时日月星辰之大象。于是,他简要介绍了求回年捷法以及如何求生时距秋分的时间,求秋分的具体方法等。

二　"弘历生辰立象安命图说"的考释

（一）关于该组档案题名

如前述介绍与分析，《图鉴》之"弘历生辰立象安命图说"，系由三件档案构成，即："乾隆五年弘历八字占卜档案""弘历生辰立象安命图说（草本）""弘历生辰立象安命图说（正本）"。笔者以为，这三件档案不宜合并题名。

1. 八字占卜法与立象安命法是两种不同的星命法

首先，八字占卜法大致可算中国的占卜法。这种占卜法从域外传入中国后，由唐代殿中侍御史李虚中和五代的徐子平加以改造"中国化"，亦称为"子平法"。此法的基本特点则是以生辰年月日时的干支，用五行王相，相生相克，来推人寿夭、贵贱、利与不利。干支原本是与星辰运行有关的，但八字占卜法的具体推算过程，却只把干支作为符号，同星象已没有多大关系了。其中与星命关系较为密切的所谓神煞的相关星象，许多还是虚构的[10]。

其次，如上所述，"弘历生辰立象安命图说（正本）"的具文者，也明确说明了立象安命法"出自西域"及原书译名，特别是他着重强调："立象安命法凡推算一切不用干支，而用各曜躔度"。他认为"躔度即是实在干支"，日月与五星（或称七政、七曜）亦是实在星辰，同时，还贬斥了中国的谶纬术数，这就划清了其与受谶纬学说影响属于中国古代星命术分支的八字推命法的界限[11]。

因此，笔者认为，"乾隆五年弘历八字占卜档案"和"弘历生辰立象安命图说"是两份不同的档案。

2. 关于"弘历生辰立象安命图说"的正本与草本

首先，正本与草本虽然主题相同，但就文本而言，毕竟各为独立文本，《图鉴》应在文字简介中加以说明，以避免读者对"弘历生辰立象安命图说"文本的实际情况产生认识偏差。

其次，不仅正本与草本的文字内容详简大为不同，而且，二者在重大问题的表述上，即对命主君临天下的时间上也不同，显见正本对草本有所修正，更接近弘历继位的实际时间，如将正本与草本进行仔细比对，差异颇为明显。

（二）关于"弘历生辰立象安命图说"的具文时间

"弘历生辰立象安命图说"不论正本或草本，均无具文时间、发文时间或朱批、抄录、收文时间。图1和图3中的星象图的右方解说文字"康熙五十年辛卯八月十三日子时从正初刻推"和"康熙五十年辛卯八月十三日子时立象安命图"，虽是某位钦天监官员为乾隆帝星占的基本依据，但并不能等同于这一文件的形成时间。

1. 从康雍两朝皇位传续的历史背景分析

首先，弘历生辰为康熙五十年八月十三日，正处在康熙帝两度立废皇太子之间（距此半年多后，皇太子再度被废）。这时，康熙帝已被权臣欲与皇太子结党的图谋和多位皇子联合攻讦皇太子、欲取而代之的企图所深深困扰，心力交瘁。他虽还不时向大臣们征询对皇储的意见，但反馈的意见却多遭斥责，让其"忿恚"，在立储一事上，乾纲独断的倾向已十分明显。若"弘历生辰立象安命图说"此时成文，具文者无疑将背负借天命以暗喻储君的大逆之罪，因为，若将来弘历能够"君临天下"，其前提是皇四子胤禛必须获得储位，这时说弘历合受天命，就等于说胤禛应为皇储。这样的暗喻不仅会引起康熙帝的震怒，也不是行事审慎的胤禛所希望的。

其次，"弘历生辰立象安命图说"在雍正朝成文也是不大可能的，因为，于雍正帝在位之时，预测其子弘历"君临天下"的大致时间，也就等于预测了雍正帝的大致死期，对在位之君来说，岂非大讳之言？

另外，雍正帝继位时已建立了秘密立储制度，皇储早已暗定[⑫]，谁争也没用。在具有高深莫测的帝王术的雍正帝面前，谁会行此风险天大的无益之举呢？

因此，"弘历生辰立象安命图说"不可能成文于康熙朝，也没有成文于雍正朝的理由。

2. 从"弘历生辰立象安命图说"（正本）内容分析

首先，在该图说第二部分"象"的第7列中，提到了"历象考成有图有表"，说明该图说具文者在撰写时应用过《历象考成》一书。经查，清廷是自康熙五十二年（1713），组织钦天监内外人员开始编纂《钦若历书》，共历时9年至康熙六十一年（1722）方才完成，至雍正初才更名为《历象考成》，雍正四年（1726）正式颁行。对此罗振玉为《钦若历书》作跋时曾加考证[⑬]。故该图说不可能形成于康熙朝。

其次，该图说正本的开面书有"圣寿无疆"四字作为题名，按照清代礼制和文书规范，

只有成为皇帝，才能称"圣"。从这点看，该图说的成文时间只能在弘历承继帝位之后。

还有，在该图说"又推"部分的第41—45列中，有言："监中推步诸法，实是此学之基，基即定矣，再加以数倍于监中之功，能推测数十年之星象，使贯通于胸中方可以占人。能推测数千年之星象，使贯通于胸中方可以占世。能推测一年之星象，使贯通于胸中方可以占时。"

日月星辰的运转，均有一定的规律（周期），古人虽然不具备现代天文知识，但通过长期观测，掌握各星辰的运转周期，也可以推算出其在过去甚至未来某时刻的位置。这也就是说，该图说之星象图可以不是弘历生辰时刻的即时记录，也可以是后人推测计算出来的。

综上所述，笔者以为，"弘历生辰立象安命图说"（正本和草本）的具文时间，一定在弘历承继帝位之后。再从其正本开面所书"圣寿无疆"字样来看，应属万寿庆典时所进庆贺表、书一类，同时，再考虑到其与开面所书"万年如意"的"乾隆五年弘历八字占卜档案"，不仅用意略同，形制、用纸相似，又存档于一处⑭，故判断其成文于乾隆五年，即乾隆帝三十岁万寿庆典前夕的可能性较大。中国第一历史档案馆藏军机处上谕档中，有一份乾隆五年五月初一日授张永祚为钦天监八品博士的上谕，内中提到大学士鄂（尔泰）等奉旨询问浙江巡抚卢焯咨送通晓天文、明于星象之杭州府学生员张永祚的情形。其中据张永祚自述：初年留意理数之学，于《史记》天官，《汉志》太初、三统，唐大衍，元授时，明大统等各代历书粗得要领，并能通算各代历法的不同积算方法。同时，还将本朝《时宪书》推步七政之法中七政细草的日躔月离等类，编为歌诀以资诵习等情况。其中最关键的是他提到，"读梅文鼎《天学疑问》等书内有立象安命之法，因穷究天人合一之理，遂一意专学占验"的动机，以及关于立象安命法还见于《天步真原》与《天文实用》等书，但"原本于洪武年间译天文之书，其法略与左传神灶相同"的情况。这恰与"弘历生辰立象安命图说"（正本）中正文第12—13列文字内容基本一致。据此，有理由推定，"弘历生辰立象安命图说"的具文者是张永祚，而具文时间在乾隆五年五月初一至八月十三日之间的可能性极大。该图说应是他任钦天监八品博士后，借乾隆帝三十寿辰之机，给乾隆帝所进的一份大礼。

也许会有读者质疑，事后的占测还有什么意义？学习了关于星占、梦占等神秘文化研究的成果后，方知历代史书中所记载的星占与梦占应验的例子，其实绝大部分属于"前事已往，后来追证"⑮。通观"立象安命图说"（正本）的要义便可发现，它不仅以弘历生辰时的星象证明了其上位的光明正大，还以溢美之词全方位地将其推上了万世明君千古一帝的圣坛。这一为当今圣上昭天命，给真龙天子塑金身的表现，无疑会使龙颜大悦，"后来追征"的意义正在其中。

（三）关于"弘历生辰立象安命图说"采用的占验方法

"弘历生辰立象安命图说"文字简介中提到："本图说除了采用中国传统的推命方法，还采用了西方十二星座的占验法。"笔者以为，考证这个问题涉及天文史，研究中尚无确定结论的问题。

1.关于"弘历生辰立象安命图说"是否采用了中国传统推命方法的考释

首先，从该图说正文内容看。具文者在"象"与"占"等部分，确有一些关于中西星象表述相同或略同的比较，但均不足以作为该图说采用了中国传统推命法的证明。因为天象乃客观存在，而人类对客观事务的认识过程和方法必然具有很多共性。具文者仅以立象安命法"与左传所载裨灶占法略同"，而判断定为"中国失传流入于西"的观点，明显存在以局部相似证明整体相同的逻辑缺陷。具文者身处乾隆时期，难免被其时中国知识界盛行的"西学中源说"所裹挟⑯，在不了解世界古代天文史（包括与之伴生的星命术）的情况下，做出如此判断并不意外。但今天就此立论，则必须立足于世界天文史（包括星命术）研究的知识基础之上。在世界几大古代文明诞生之后，其各自的天文学知识（包括星命术）在世界范围内，不可避免地会通过贸易、战争、宗教、文化等交流渠道得以传播，肯定会相互影响，相互借鉴，而不可否认的是，其各自知识体系的特殊性（如李约瑟所归纳的中国的赤道坐标系统；阿拉伯的地平坐标系统；希腊的黄道坐标系统等），必然会形成不同的天文学（包括星命术）体系。笔者认为从该图说正文中不能找到其使用中国传统推命方法的可信依据。

其次，从"弘历生辰立象安命图说"正文前绘星象图分析。笔者以为，仅着眼于该图说的正文部分还不够，于是，便又仔细阅看了该图说前绘星象图。该星象图如正文所言：立象安命法以"周天三百六十度，一宫三十度，十二宫分十二时，一宫分八刻"。但该星象图自圆心处还标有一至十二共十二门，并各以30°依次向外对应卯、寅、丑、子、亥、戌、酉、申、未、午、巳、辰十二时，再依次对应人生所涉十二个方面的命理十二宫名称："命、财、兄、田、男、奴、配、八、行、禄、十一、十二"等（说明在星占中各宫所主之事），再向外依此标明"阴阳、巨蟹、狮子、双女、天秤、天蝎、人马、磨羯、宝瓶、双鱼、白羊、金牛"等黄道十二宫的名称[⑰]（为何称为黄道十二宫名称而不称为十二星座名称，后文专述）。对此，笔者初步分析，该星象图以中国十二地支计时，可以是翻译中对译原文时间单位的结果，与占验法无关[⑱]。

但笔者在对比分析该星象图中命理十二宫名称及所主之事时，却发现其与"弘历十二岁八月十三日子时乾造八字占卜命盘图"中的十二宫名称与各宫所主之事极为相似。例如，八字命盘图十二宫也从命宫排起，依次为："命、财、兄、田、男、奴、妻、疾、迁、官、福、相"等十二宫，与立象安命图说之星象图中的"命理十二宫"的名称、次序与所主之事极为相似，只是该图说之星象图的八、十一、十二这三宫只以数字代名称，且未明言所主之事。

笔者在回回天文书目中找到了线索，并在中国国家图书馆善本部找到了具文者所言"洪武译天文"书[⑲]。该书封面题名为"明译天文书"，共四类（即四卷）。据序言所记：洪武初平元都后，"收其图籍经传子史凡若干万卷，系上进京师，藏之书府"。洪武帝得暇"即召儒臣进讲，以资治道"。其中有西域书数百册，"言殊字异，无能知者"。洪武十五年（1382）九月十七日，帝召翰林李翀、吴伯宗谕："天道幽微，垂象以示人，人君体天行道乃成治功。古之帝王，仰观天文。俯察地理，以修人事育万物。""迩来西域阴阳家，推测天象至为精密有验，其纬度之法又中国书之所未备，此其有关于天人甚大，宜译其书，以时披阅，庶观天象可以省躬修德，思患预防。顺天心，立民命焉。"说明了此书的来源和洪武帝欲译此书的目的。为此事，遂召钦天监灵台郎海达儿、阿答兀丁、回回大师马沙亦黑、马哈麻等，选择其中天文、阴阳、历象之书翻译，并命："尔西域人素习本音，兼通华语，其口以授儒，尔儒译其义，辑成文焉，惟直述。毋藻绘，毋忽。"说明此书由钦天监精通西域语言和汉语以及天文历象、阴阳之术的官员和大师口授，由儒臣直译，没有修饰。序言还记述了之后开局与洪武十六年（1383）二月译成《天文书》并命吴伯宗作序的情况。吴伯宗在序中对比了自伏羲以来中国的天文历象及阴阳之术，认为"西域天文书与中国所传殊途同归"，并赞誉了西域圣贤马合麻及后贤辈出的盛况，肯定了阔识牙尔大贤所作此书极其精妙。据序所述，洪武帝和吴伯宗均没有认为其书采用的是中国传统的推命法。

笔者反复阅读了该书。如上所述，该书共分四类（四卷），分别为：总说题目、断说世事吉凶、说人命运并流年、说一切选择。在各类下，再分别细分数门。其所谓门者，明显为节或段的意思。据此，反观该图说前绘星象图并结合正文内容，笔者弄清了该星象图中十二门的含义，即如该图说总说第6—10列："立象安命法以人生时日所躔度，加于人生之真时刻（如子时生，以日加子正初刻，则加在16°之初分）顺次划度"。然后"视地平卯宫看值天盘何宫即为命宫"。此处所说"何宫"，即指将天盘均分为十二区段的黄道十二宫中的何宫。之后依次对应命理十二宫，根据天盘中各区段的星象，为命主占测其人生中十二个方面的命运。

在基本了解了该图说前绘星象图的基础上，笔者又将该图说正文内容与《明译天文书》总说题目类下的二十三门内容相对照，印证了二者在星象推算的基本方法和能力、七曜躔度、七曜性情、相照关系、吉凶判定、星命占验方法等方面的一致性，特别是对"十二星宫度位分"和"命宫等十二位分"以及对"福德箭"等内容的阐释也是一致的。因此，可以认为，该图说具文者所言，立象安命法出自洪武译西域天文书没有疑问。因此，仍旧没能找到该图说使用了中国传统推命法的依据。

除此以外，笔者根据《明译天文书》第一类第二十一门——说命宫等十二位分的内容，查得该图说前绘星象图中，以数字代名称的命理三宫所主之事：第八宫主死亡凶险并妻财等事；第十一宫主福禄并想望之事；第十二宫主仇人争竞并牢狱等事。笔者猜测以数字代宫名，是否与该三宫所主之事不宜于庆典文书中明言呢？不管是或不是，单就逐一比对该星象图命理十二宫和"弘历十二岁八月十三日子时乾造八字占卜命盘图"中的十二宫的名称、次序以及所主之事来看，二者太相似了。但笔者在了解了一些古代天文学的研究成果后，对此还是有所质疑。因为，如前所述，目前大多数天文学者，均认可几大古代文明的天文学（包括星命术）知识，随贸易、战争、宗教、文化交流渠道，相向传播并相互影响。著名哲学家刘文英先生在其著述中就曾提到过，随着佛经的翻译，在《敦煌遗书》伯3081中，有唐代传入中国的古印度《七曜星占书》残卷，其中讲到以生日所值日月五星推人命运。另于伯4071有《十一曜见生图等历算玄文》残卷，该书在日月五星外又加上了罗睺、计都、月孛、紫气四星，同时，值得关注的是作者把它们同中国二十八宿相配，并且，与黄道十二宫对照，推人命运。而八字占卜法恰自中唐时萌生，之后这些星名、星象在八字占卜法中也隐约得见其形。如果大多数天文学者的观点是正确的，则说明受古巴比伦天文学和星命术成就影响的印度、波斯、阿拉伯的天文学和星命术，很有可能早在唐代就影响了中国的星命术，八字占卜法或许由此变异而生也有可能。

2. 关于"弘历生辰立象安命图说"是否采用了西方十二星座的占验法

首先从天文史、星命术的一些相关知识分析。（因笔者天文知识所限，以下论说仅供读者参考。）西方（这里所言西方指今欧洲地区而不包括中国所言西域）提及星座的最早记录，见于公元前 270 年希腊诗人 Aratus 的诗歌中，据诗中所述，在 Aratus 之前，星座一词已为人类知晓。而引起天文学者关注的是，Aratus 在诗中所提及的星座中，完全没有近南天极上空的星体，故他们推测大概这些南天极上空的星体，皆位于为星座命名的人当年所在地域的地平线之下。天文学者根据这些未经测绘到的天域范围进一步推断，当年为星座命名的人们大概居住在北纬 36° 左右，即希腊以南，埃及以北的区域，这里正是苏美尔、古巴比伦文明相继诞生之地。同时，由于地球自转时的岁差现象，地球南北极与南北天极会随着时间作周期性偏离。据此推算，这片未经测绘的天域，正好处于公元前 2000 年的南天极之上，而这时也正好是古巴比伦人的时代。据此，有天文学者认为，有理由相信希腊人的星座和星命知识源于古巴比伦人（先传至埃及，后被当时居住该处的希腊学者获知并与古希腊神话融合，影响了西方的天文学和星命术）。若如此，立象安命法作为出自西域的阿拉伯星命术，其中所言十二星座名称，可否能直接说成为西方的十二星座就需要审慎处之了。

其次，另据天文史学者介绍，古巴比伦人对每年环天一周的太阳运行轨迹和在这一轨迹左右各 8° 范围内的十二星座进行了长期的观测、记录、研究，据此测算、确定出黄道（太阳在天盘上的运行轨迹）以及与附近十二星座的相对位置。他们又把黄道均分成 12 等份，每份 30°，称为 1 段。太阳在 12 个月内绕黄道运行 1 周，每月运行 1 段，因此就把黄道上的 1 段叫做 1 宫。这样，黄道上的 12 段便成了"黄道十二宫"。黄道十二宫的名称虽与黄道附近的 12 个星座名称相同，但黄道十二宫表示太阳在黄道上的位置，宫与宫的大小是固定的，都是 30°。太阳进入每一宫的时间也基本上是固定的，而黄道附近的 12 个星座的宽窄却不相同，如双鱼座的宽度达 49°，而巨蟹座的宽度只有 21度；12 个星座也不一定都位于黄道上。因此，星命术上的黄道十二宫与天文学上的十二星座存在本质上的区别。反观该图说前绘星象图，恰是按各三十度等分周天为十二宫，也就是说，其所标"阴阳、巨蟹、狮子、双女、天秤、天蝎、人马、磨羯、宝瓶、双鱼、白羊、金牛"是黄道十二宫，而不是十二星座。

另据天文史学者研究，阿拉伯天文学和星命术，继承了古巴比伦和波斯的天文学和星命术遗产，同时也学习借鉴了古希腊、古印度的部分天文学、星命术成果，其成就在当时对欧洲乃至世界产生过巨大影响。因此，说立象安命图说采用的是从西域传入中国的阿拉伯星命法或许才更为准确。

三　结语

第一，"弘历生辰立象安命图说"所采用的推命方法，见于明洪武译西域《天文书》，是一种源于阿拉伯天文学的星命术。元代时引入中国。

第二，与该图说一起公布的"乾隆五年弘历八字占卜档案"，属中国星命术，与"弘历生辰立象安命图说"正本和草本的星占法不同，应为相对独立的档案。

第三，经推断该图说的具文时间应为乾隆五年，更精确的具文时间目前尚缺少确凿的判定依据。

第四，该图说的具文者为乾隆五年五月初一日授钦天监八品博士的张永祚。其人通晓天文历算和星命术，有天文学著述《天象原委》20卷，为清代著名天文学家，《清史稿》有传[20]。

第五，从文化发展角度看，天文学起源于人类原始的星辰崇拜和农畜生产的需要，以及昭示统续天授和预求人之祸福的需求，故星命术与天文学的萌发过程伴生而出。在这一过程中，不能否定星命术对星辰运行规律的观测、记录和计算的实际需求，在客观上对人类天文学知识的积累具有一定的促进作用，正如炼金术作为化学的雏形，虽已被近现代科学所否定，但其存在确实促进了化学学科的萌生。古代占星术在客观上也曾促进过天文学的发展，而且影响到帝王和民众的行为及社会的发展。当然占星术早已被现代科学证明是荒诞不经的，因为其所依据的对宇宙的认识是粗浅的，而星象与个人的命运更是难以建立联系。但星命术作为一种文化现象，对其进行研究无论从历史或人类行为学的角度而言，均不应认为已失去了意义。因此，对此类档案进行研究时，应将其置于特定的历史背景下加以认识。

注释：

① 中国第一历史档案馆:《明清宫藏档案图鉴》,北京:人民出版社,2016年版,第84页。

② 所谓"面"指折件式档案每一折叠截面的统计单位称谓,在中国第一历史档案馆内务府来文档中,可见应用实例。

③《掌故丛编》乾隆八字,台北:国风出版社,1964年版,第286页。

④ 占测比其实际的二十四岁继位早了四年。

⑤ 如按今天的测量精度（北京）地理坐标39.9度,无论真时刻是何时刻,《明史》中的北京地理数据"北极出地四十度"也尚不够精确,或许这说明时人在天文地理数据测

量方面的局限性。

⑥ 古人把周天分为三百六十度,划为若干区域,辨别日月星辰的方位。用以标明日月星辰在天空运行的度数称为躔度。

⑦ 神灶,春秋时的郑国大夫,善星占。

⑧ 比该图说草本预测的继位时间又精确了两年。

⑨ 推步分别指:推算日月星辰的运行和推算天文历法之学。见商务印书馆《古代汉语词典》推步词条。

⑩ 刘文英:《星占与梦占》第二章第五节"星象与个人命运",北京:中央编译出版社,2008年版。

⑪ 李中华:《谶纬与神秘文化》"天人感应论"和"纬书与天文学"等节,北京:中央编译出版社,2008年版。

⑫《清世宗起居注》卷1,雍正元年八月十七日。

⑬ 项旋:《清宫康雍乾时期铜活字印书述论》,《历史档案》2015年第3期;王广超:《历象考成中的日躔模型》,《自然科学》2013年第4期。

⑭ 中国第一历史档案馆藏:宫中全宗杂件。

⑮ 刘文英:《星占与梦占》第四章"星占术与梦占术的内在秘密"。

⑯ 高王凌、熊月剑:《宗教与科学的双重失败——耶稣会士刘松龄研究新论》,《中州学刊》2012年第1期。

⑰ "阴阳"为"双子"古名;"双女"为"室女"古名;"磨羯"为"摩羯"古名。

⑱ 阿拉伯天文学的成就之一是发明了"小时、分、秒"的计时单位,以两小时对应中国的一个时辰。

⑲（明）海达儿口授,（明）李翀、吴伯宗译:《天文书》,明洪武十六年刻本。

⑳ 赵尔巽等:《清史稿》卷502,列传二百八十九,北京:中华书局,1977年版。

（原载于《历史档案》2019年第1期）

清代新疆玉石内运路线考

——以乾隆朝高朴案为中心

郭　琪

　　新疆是中国陆上传统丝绸之路的必经之路，也是明清时期中央政府与中亚各国贸易往来的重要桥梁。乾隆二十五年（1760），乾隆帝在平定大小和卓之乱之后，采取了一系列政策稳定新疆地区尤其是南疆的局势，并积极鼓励内地商人前往新疆贸易，逐渐培养了"西商"等商人群体。这些商人频繁来往于新疆与内地之间，用新疆的牲畜、畜产品、酿酒、玉石交易内地的绸缎、布匹、大黄和茶叶等，并形成了叶尔羌、喀什噶尔等固定的贸易集市。在此过程中，内地商人摸索出了从新疆到内地各处的贩运路线。

　　新疆南部盛产玉石，分为河玉和山玉两类，叶尔羌城附近的密尔岱山便是山玉的高产地区。乾隆四十一年（1776），高朴就任叶尔羌办事大臣，很快与叶尔羌阿奇木伯克勾结在一起，私下开采密尔岱山玉石贩运到江南的苏州一带售卖。为了确保贩运顺利，高朴将此事委托给西商张銮、赵君瑞等人，利用其长期来往新疆与江南两地，熟悉路线的优势，躲避沿途各关卡的审查，直至乾隆四十三年（1778）案发。关于高朴私贩玉石一案，学界研究重点多放在缓和民族矛盾、吏治整肃等方面，如赖惠敏从惩治贪污与经济犯罪的角度回顾了相关成果，并对内务府在乾隆朝玉石贸易中的角色变化进行了研究[①]；孙文杰通过对满文寄信档的研究，对清代新疆吏治管理的基本模式和天山南路的综合管理范式形成的重大影响进行了阐述②；薛天翔将高朴私采私贩玉石案作为清代中前期新疆地区惩贪的重要案例③。而关于清代西北贸易的研究，多集中于贸易物品、商人群体、城市商贸等问题④。但是，对于新疆与内地之间的贸易路线的专门性研究仍有所欠缺。本文拟从高朴私运玉石的路线考证着手，探求当时的玉石内运路线，以及新疆玉石政策在高朴案前后的变化。

一　清初的玉石贸易路线

清代西北地区的交通体系是建立在明代的基础之上的。明时，由于西北边陲长期处于战争状态，为加强战备，保证军队调动迅速、粮草运输顺畅、军令传达及时有效，中央政府对山西、陕西、甘肃一带原有的交通道路进行了整修，并拓展了部分新的道路，构建起相对较为完备的交通体系。其中，最为重要的一条交通要道便是从西安府至甘州的大驿路，其"主干驿道自西安府之京兆驿出发，经邠州（今彬县）、长武、平凉西北行，过兰州、凉州直达甘州（今张掖市）……在今河西走廊一带与陕边四镇交通道路相合"⑤。清初进一步拓展了西北驿路，将大驿路的两端延伸至北京和新疆的伊犁，使京畿地区和新疆地区连接起来，成为两地往来的重要通道。而在官方交通要道拓展的同时，大量山西、陕西商人也在开辟西北贸易的路线，他们沿着清军进入新疆的路线，逐渐深入新疆腹地。"从山陕出发至甘肃安西州的柳沟驿，经哈密向西到古城、乌鲁木齐和伊犁的惠远城，然后经伊犁向北到塔尔巴哈台，再由塔尔巴哈台经南一条驿道至奎屯，在天山南路的台站，西商从哈密起转向西南的吐鲁番，经喀喇沙尔、库东、阿克苏至叶尔羌，再由叶尔羌向西达喀什噶尔，向东到和田城"⑥。从康熙朝到乾隆朝早期，山陕商人开辟的这两条道路逐渐成为新疆经过山陕与内地贸易往来的主要路线。

这个时期，商人从新疆贩运货物至京城的路线大抵如下：从新疆出发，经过甘肃安西州进嘉峪关，过肃州、甘州、凉州、兰州、平凉、泾州六府，入陕西邠州，经西安府至同州府，过潼关至风陵渡，进入山西境内，一路折向东北，从蒲州府斜穿至平定州，进入直隶境内正定府，再经保定府、顺天府入京。而如果将货物运往江南一带，大多数商人会选择在山西境内转折南下。

随着西北地区贸易交通的逐渐成熟，新疆与内地的贸易往来也日渐频繁，玉石便成了其中最主要的贸易货物之一。虽然当时的新疆玉石开采名义上仍然归于官方统一管理，但其制度并不完备，管理也相对松散，许多负责玉石开采的官兵往往将获得的零碎玉石出售给当地民众或商人，当地私采玉石也是常见现象，这就为玉石商人们提供了充足的货源。而明清时期的苏州，是全国的玉石重镇，主要因为：其一，宋元以来的江南地区经济发展迅速，虽屡遭战火侵扰，整体上仍然呈现繁荣发展的趋势，至明清时期，手工业十分兴盛，产生了大量的玉石匠人；其二，早在明中叶，苏州便已是江南地区的商业中心，来自全国的商人都在此处进行贸易，玉石等货物买卖十分便利；其三，江南一带素来文风兴盛，又属富庶之地，当地对精神上的追求亦十分重视，而玉石恰好以其特有品质及历史渊源成为文化品位的重要象征。因此，玉石商人往往将苏州及其附近的扬州等地作为贩卖玉石的首选，并在这些地区开设了大量的玉石商铺。

正是在这些玉石商人的长期贩运过程中，逐渐形成了各自独有的能够有效避开官道上沿途关卡的贩运路线，也是西北贸易往来的重要路线之一。高朴正是看中了这一点，才愿意与张銮⑦、赵君瑞等民间玉石商人合作，以按股分成的模式，委托他们替自已私贩玉石至苏州等地售卖。因此，可以认为高朴私贩玉石内运路线，便是这张西北地区玉石内运路线网络中的重要组成部分。

二　高朴内运玉石路线考

高朴，镶黄旗满洲人，原两淮盐政高恒之子，乾隆帝慧贤皇贵妃高佳氏之侄，案发时其叔父高晋正担任两江总督，可谓背景显赫。乾隆四十一年，高朴出任叶尔羌办事大臣，主要职责之一便是监管当地密尔岱山的玉石开采。到任后，高朴与叶尔羌城的阿奇木伯克鄂对、伊什罕伯克阿布都舒库尔等人勾结在一起，先是上奏乾隆帝请求封禁密尔岱山，获得同意后再私下雇佣当地民人上山开采玉石，转手出售以获取大量利润。为了确保能够将私采玉石顺利地运到江南贩卖，高朴与玉石商人张銮、赵君瑞等人合作，以他们作为向导并介绍苏州等地的玉石商铺，自己安排家人负责押送玉石通关过卡。

乾隆四十二年（1777）底，高朴派遣家人李福等随同张銮等人出发，从叶尔羌到嘉峪关仍然沿着官道正常行走，并按例准备照票。李福于案发后供称："自叶尔羌携带玉石起身，经过嘉峪关一带……到肃州换了骡驮子，装作买卖人，由边墙一带行走至山西汾州，复从山西走河南，过浦口到苏州，经过关口，因张銮常走，都熟识的，出些使费给巡查的人，就放过来了。"[⑧]嘉峪关本为新疆往来内地总路关卡，凡有商人贩运货物从新疆进入甘肃境内，均需经过该关验明照票方能继续前行。但是，乾隆帝对于此份供词并不满意，称："至李福由边墙一带到汾州府，由山西何处进口，因何并无盘诘，亦著巴延三明白回奏。其余各关如何偷过，俟将各犯严讯明确后再行办理。"[⑨]山西巡抚巴延三不敢怠慢，根据李福供认路线比照地图沿线查找访寻，发现自边墙一带行走至汾州府，有三条路线，"一由黄河东岸入山西境，即系汾州府所属永宁州地方，由汾州前往河南，为甘肃至江苏通行之路；一从北路保德州过河，经由五寨等县至汾州，为程稍远；又迤北入杀虎口，经由朔平亦可抵汾州府"⑩。这均有可能是李福贩运行经路线。

此件档案中提及的"边墙"，横跨西北诸省。乾隆十年（1745），甘肃巡抚黄廷桂奏请修葺边墙时曾提及"查沿边应修一带边墙城堡，应先由甘省宁夏府属之花马池查勘起，次及凉、甘、肃等处"⑪，可见该边墙从陕西、甘肃交界的宁夏府起，向西经兰州府、凉州府、甘州府，直至肃州的嘉峪关，贯通了整个甘肃省的北部⑫。因此，李福等人自进嘉峪关后，行至肃州城更换骡马，沿着边墙前行，既可以确保不会迷路，亦可以缩短路程，由此可见张銮等玉石商人以往曾经长期沿此路线行走。乾隆四十三年十月，军机大臣多次审讯李福等人，发现他们"于上年十一月，由甘州、凉州走，二月初，至山西绥德、永宁、汾州、平阳等处，前往河南"⑬，绥德应属陕西省，李福等人由陕入晋应是从陕西绥德行至山西永宁，往南再经隰州、霍州、沁州之一进入平阳府，前往河南。因此，比照前文可以看出，李福等人应该是沿着第一条路线进入山西的。

那么，甘肃与山西两省之间还相隔陕西省，李福等人在陕西境内的路线又是怎样的呢？据毕沅于乾隆四十三年十月二十三日奏称："讯据高朴家人李福供称，自叶尔羌携带玉石起身，经过嘉峪关，由肃州换骡，从口外边墙一带行走至山西汾州府。等语。此项玉石虽未经由陕西……"⑭鉴于此时高朴一案已近尾声，乾隆帝要求其玉石内运沿线各省官员严肃查核失职之处，并将省内各关卡情况报告，因此，毕沅是在全省查核后确定李福并未经过陕西境内的。但是，若结合前文李福所称的"由边墙一带行走"，在从甘肃省境内沿边墙行走至甘、陕交界处后，由于长城是从宁夏府盐池地方进入陕西定边境内，在陕西境内则基本沿袭陕西与伊克昭盟交界东延，因此，李福等人在陕西境内应该也是沿长城行进，这样就避开了较多的关卡，造成了毕沅的误判。

关于李福等人从山西平阳南下进入河南境内后的路线，山西巡抚巴延三于奏折中曾记录李福的供词，称"赴河南过浦口至苏州"⑮，但此种说法过于简单。浦口现位于南京市西北部，苏州位于南京东部，均位于江苏南部，如若从河南前往浦口，既可以从河南归德府进入江苏北部的徐州府，然后一路南下经淮安府、扬州府进入江宁府，也可以从河南进入安徽境内的颍州府或六安州境内，转而东行至江苏扬州府，再前往江宁府，甚至可以直接从安徽的泗州或太平府进入江宁府。而在署理两江总督萨载的奏折中，李福的供词相对详细："小的自山西由河南汴梁一带到江南凤阳，走滁州一带，今年三月内由浦口下船到江宁。"⑯可见，李福等人进入河南境内，经开封府后极可能是通过归德府或陈州府，进入安徽凤阳府、滁州地界。

乾隆四十三年十月二十七日，山西巡抚巴延三上请罪折，其中引述军机大臣审办李福等人结果，提及"（李福等人）前往河南，由临淮关至浦口换船，过江宁由泗安一路绕道，四月初至苏州"。临淮关位于安徽滁州，结合前文，可以肯定李福等人是经过滁州进入江苏境内的江宁，再换船走水路绕行泗安。泗安位于浙江湖州，北邻常州府与苏州府，可以判断李福等人行船至常州府境内后，并未直接前往苏州城，而是南下进入泗安后，再转北上进入苏州府境内，前往苏州城。至此，李福等人为高朴贩运玉石从新疆至苏州路线基本厘清：从新疆出发进入甘肃，于肃州嘉峪关过关后沿边墙经甘州、凉州等东行，从宁夏府盐池进入陕西，继续沿边墙而行，到山西境内后一路南下，经由汾州、平阳等进河南，再东进安徽，经由临淮关至江宁，换船水路至常州，绕行南边的浙江湖州，北上苏州。

以上为高朴遣家人李福贩运玉石至苏州的路线，与此同时，高朴还派遣家人常永前往肃州贩卖玉石。乾隆四十三年十月十三日，乌什参赞大臣永贵奏报，原阿奇木伯克鄂对等人"自四十二年起至本年止，偷采玉石，或给高朴，或自行偷卖给陕西西安府渭南县之民人赵君瑞，及山西朔平府右玉县之民人张銮，并高朴家人李福、常永前后带送赵君瑞、张銮进关"⑰，其中提到，常永主要为高朴贩运玉石前往肃州等城售卖。高朴案发后，"据高朴差派来京之侍卫纳苏图供称，高朴家人常永于今年四月十九日自叶尔羌起身，带车五六辆载运玉石赴肃州一带售卖。等语。是其在甘肃贩卖已属确实"⑱，也说明高朴私采玉石中确有一部分是售卖到肃州等地。

常永当次共用大车五辆，运送"高朴玉料三千斤，家人们玉料一千斤"前往肃州售卖。起初，他与李福相继出发，沿同样的路线出新疆过嘉峪关。通过嘉峪关后，常永因与同伴赵乡约定于肃州汇合，便在肃州停留数日，但由于"赵乡约随后同玉车抵肃，因玉未卖去，赵乡约令伊先行至渭南良天坡居住"，常永得知赵乡约未能按期赶到，便"预将所带玉料沿途寄顿及留存肃州玉铺"⑲，继续带着玉石前往陕西，并沿途售卖玉石，在得知李福案发后感到害怕，将所带玉石沿途埋藏在糜子滩等处。常永在甘肃境内并没有与李福一样沿着边墙行走，而是正常经甘州、凉州、兰州各府西行，在甘陕交接的陕西邠州长武县被拿获。而赵乡约的贩运玉石路线，虽然落后常永，但大致上仍然一致。根据陕甘总督勒尔谨于乾隆四十三年十月初十日的奏报，赵乡约先是遵照高朴嘱咐，将玉石"同常永运至肃州变卖"，却"因价贱未卖，随令常永押带玉车先走，及至靖远县脑泉地方"。后来，由标千总沈宗贵"会同固原州知州那礼善在固原州属开城地方将该犯拿获"[20]。据此可以初步判断，常永等人在甘肃境内的路线在兰州府之后，是前往平凉府、泾州进入陕西境内。根据勒尔谨次日的另一份奏折，勒尔谨遵照乾隆帝"即派妥干大员，于肃州至入陕境之长武县一带严密缉访搜查，将常永所匿玉石尽行起获"的谕旨，"飞檄甘肃平凉府知府汪臬鹤、凉州府知府吴鼎新各带干役，一由泾州起至兰州省城止，一由兰州起至肃州嘉峪关止，在于河东河西一带分路确加搜查"[21]，这也可以作为常永在甘肃境内贩运、售卖、私埋玉石路线的佐证。但是，常永被拿获于陕西长武县，其口供也主要围绕当次贩运玉石的情况，并未涉及过往，因此，也就无法探究常永究竟是如何从陕西前往京城的了。

三　高朴案前后的玉石政策

乾隆帝统一天山南北后，对于新疆与内地的商贸往来活动是持鼓励态度的，他曾经下谕表示："回部既已平定，内地商贩自应流通，但贸易一事应听商民自便，未便官办勒派……著寄信杨应琚将此传谕商民，若有愿往者即办给照票，听其贸易，若不愿，亦不必勒派。如此行之日久，商贩自可流通矣。"[22]正是在乾隆帝的支持下，南疆贸易很快恢复了生机，大量商人重新来往于新疆与内地，开辟了两地间的贸易交通要道。清政府专门为这些商人发放照票，方便其通过沿途关卡，也使得新疆与内地的贸易往来顺畅有序。玉石商人将新疆玉石内运，很多时候也是按照这一流程进行，高朴私运玉石也不例外。山西巡抚巴延三审讯玉石商人冯致安，其供词中便称："李福、张鸾起身时原在叶尔羌起了路票，经过阿克苏，换了乌什的票，又从库车、哈喇沙尔、辟展，一路缴换。"[23]当然，由于高朴的玉石内运难以见光，李福等人在通过嘉峪关后也是避开了正常的贸易路线，在张銮等玉石商人的带领下，沿着边墙行至山西再转向河南、安徽，最终换水路行至苏州，沿途十分顺利，基本没有遭遇到盘查，这就说明至少在高朴案发之前，新疆玉石内运已经形成了相对固定的贩运路线。另一方面，高朴案发之后，甘肃、陕西、山西等省先后查出数起玉石商人私贩玉石内运的案件，其中既有与高朴玉石内运路线重合的，也有其他的内运路线，这也足够证明当时新疆玉石内运贸易之兴盛，已经成为新疆与内地贸易往来的重要组成部分了。

正是在这种背景下，不难看出高朴案对于乾隆帝在心理上的冲击。高朴案之前，乾隆帝对于新疆玉石尽管要求应纳尽纳，但相对来说管理较为松散。尤其在官方开采玉石时，对于开采过程中所产生的大量碎玉，许多官兵愿意认买，以便转手卖与商人获取差价，官方对于此种行为也持认可态度，甚至为了区别民间私采玉石，专门给这些玉石发给照票，以便购买碎玉的商人路遇关卡，凭照票放行，此种官商贸易也被认为是一种合法的行为。即便地方大员将查出的商人私运玉石贩卖案件呈报上来，乾隆帝也往往不愿意深究，甚至专门下发谕旨表示对此现象表示理解："自平定回部以来，所产玉石除交官所余招商变价外……奸商潜踪私买载回内地制器牟利者，并不始于此时……第以国家幅员广辟，地不爱宝，美玉充盈，以天地之利供小民贸易之常，尚属事所应由，故虽知而不加严禁。"[24]在这种宽松的政策下，新疆的玉石贸易得以迅速发展，以苏州为核心，江南成为玉石交易最为活跃、玉器手艺最为发达的地区，并对北京等地的玉石市场产生了较大的影响。

高朴案后，乾隆帝的态度发生了变化，"著传谕回疆办事大臣等，嗣后凡盘获偷带玉石之回民商贩即行具奏治罪"[25]，只是对于如何治罪仍然没有具体的态度，多以没收所贩玉石为主。但是考虑到高朴案的恶劣性，乾隆帝为了加强对新疆玉石的管理，在严惩高朴等人、宽慰为高朴等开采玉石的当地回民的同时，加强了官玉开采与运输的管理，一律严禁民间私人开采和贩卖玉石，一旦发现，严惩不贷，此政策一直延续到乾隆朝晚期。这一政策的实施与推广，震慑了玉石商人，使得新疆民间的私采私买玉石活动大为减少，原有的私玉贸易体系瓦解，有利于当地玉石矿产的保护，也使得官方的玉石开采变得更为可控与有序。另一方面，对于乾隆帝的玉禁政策，赖惠敏认为，"乾隆皇帝利用高朴案禁止玉石买卖，且将商人走私玉石收归内务府贮藏，然后依照人参专卖的模式，发给税关、织造局、盐务机构贩售，玉石成为内务府垄断贸易的项目之一"㉖。由此可见，高朴私贩玉石案可视为清代的新疆玉石贸易由"公私玉并行"彻底转向内务府垄断的转折点。

注释：

① ㉖ 赖惠敏：《从高朴案看乾隆朝的内务府与商人》，《新史学》2002 年第 3 期。

② 孙文杰：《从满文寄信档看"高朴盗玉案"对清代新疆吏治的影响》，《北方民族大学学报（哲学社会科学版）》2017 年第 1 期。

③ 薛天翔：《清代乾嘉时期新疆官员奖惩制度研究》，新疆大学硕士学位论文，2014 年。

④ 姚红：《明清时期西商与西北的民族贸易》，青海师范大学硕士学位论文，2010 年；李昂：《明清张家口商贸问题研究——以来远堡为例》，河北大学硕士学位论文，2018 年。

⑤ 张萍：《官方贸易主导下清代西北地区市场体系的形成》，《清史研究》2016 年第 4 期。

⑥ 姚红：《明清时期西商与西北的民族贸易》，青海师范大学硕士学位论文，2010 年。

⑦ 在高朴案相关档案中，商人"张銮"之姓名，或写为"张鸾"，本文中除档案引文外，均统一写为"张銮"。

⑧⑨⑩⑮ 中国第一历史档案馆藏：宫中朱批奏折，山西巡抚巴延三奏为遵旨回奏高朴家人李福在山西过境线路并自请议处事，乾隆四十三年十月十九日，档号：04—01—08—0192—012。

⑪ 中国第一历史档案馆藏：内阁工科题本，甘肃巡抚黄廷桂为题报查勘城堡边墙起程日

期事，乾隆十年三月二十八日，档号：02—01—008—000516—0022。

⑫ 本文中涉及各省府州县地理位置等均以由中国历史地图集编辑组编辑、中国地图出版社出版的《中国历史地图集》第八册（清时期）为准。

⑬《大清高宗纯皇帝实录》卷1069，乾隆四十三年十月己卯。

⑭ 中国第一历史档案馆藏：宫中朱批奏折，陕西巡抚毕沅奏为高朴私贩叶尔羌玉石一案奉旨免交部治罪改为自行议罪谢恩事，乾隆四十三年十月二十三日，档号：04—01—08—0190—013。

⑯ 中国第一历史档案馆藏：宫中朱批奏折，署理两江总督萨载奏为拿获高朴家人李福及熊濂等讯供并解京情事，乾隆四十三年九月三十日，档号：04—01—08—0189—017。

⑰ 中国第一历史档案馆藏：宫中朱批奏折，乌什参赞大臣永贵奏为遵旨复奏现在审办高朴在叶尔羌串通商人私采玉石案情事，乾隆四十三年十月十三日，档号：04—01—01—0367—015。

⑱ 中国第一历史档案馆藏：宫中朱批奏折，山西巡抚巴延三奏为遵旨沿途逐站密查高朴家人常永情形事，乾隆四十三年九月三十日，档号：04—01—08—0190—001。

⑲ 中国第一历史档案馆藏：宫中朱批奏折，陕西巡抚毕沅奏为在长城县盘获携带玉料人犯高朴家人常永等复讯情形遵旨回奏事，乾隆四十三年十月十一日，档号：04—01—08—0189—002。

⑳ 中国第一历史档案馆藏：宫中朱批奏折，陕甘总督勒尔谨奏报审讯高朴家人供出之赵乡约供出埋藏玉石委员押带查起事，乾隆四十三年十月初十日，档号：04—01—01—0367—014。

㉑ 中国第一历史档案馆藏：宫中朱批奏折，陕甘总督勒尔谨奏为遵谕饬属沿路搜查高朴家人常永贩卖藏匿玉石情形事，乾隆四十三年十月十一日，档号：04—01—08—0189—010。

㉒《大清高宗纯皇帝实录》卷656，乾隆二十七年三月甲午。

㉓ 中国第一历史档案馆藏：宫中朱批奏折，山西巡抚巴延三奏为拿获张銮案内同贩玉石人犯冯致安查抄财产等讯供情形事，乾隆四十三年十月二十四日，档号：04—01—08—0190—012。

㉔ 中国第一历史档案馆藏：军机处上谕档，乾隆四十三年十一月初一日第4条。

㉕《大清高宗纯皇帝实录》卷1067，乾隆四十三年九月癸丑。

（原载于《历史档案》2020年第3期）

再论奇三告状案

孙浩洵

目前，学术界关于奇三告状一案的专题研究共有三篇文章，分别是敖乐奇的《楚勒罕与齐三告状》①、都兴智的《奇三案始末》②、苏钦的《从"奇三告状案"看清朝对达斡尔族地区法律统治的特点》③。虽然他们都论及了乾隆六十年（1795）奇三告状的相关内容，但是并不详细，且很少利用相关满文档案。与之相比，有关案件涉及的贡貂制度的研究则较多④。笔者拟用相关满文档案与其他文献史料记载对此案进行研究，详细叙述奇三告状案情的同时，并就处理结果展开分析。

一　清代布特哈贡貂制度下弊端

关于清代黑龙江地区的贡貂，清人徐宗亮有精辟总结："黑龙江省土贡，以貂皮为重，肇自天命、天聪之年"，"黑龙江省诸部归顺之初，随朝纳貂，略表臣服之义，盖无年限、数目、定制，自经披甲当差，而打牲部落，始有贡貂之制"⑤。由此不难看出两点：一是黑龙江是貂皮的重要产地；二是黑龙江诸部最初归顺纳貂之时，贡貂的政治意义格外凸显，即臣属关系，相反经济意义却不是十分明显，并没有形成十分完整的贡貂制度。入关后，这一区域也是清廷一个重要的貂鼠产地。当时，黑龙江将军辖区内主要有索伦、达斡尔、鄂伦春等打牲部落，为了统一管理，清廷设置了索伦总管，隶属理藩院，办公衙门在嫩江右岸的伊倭齐。也许是方便就近管理索伦、达斡尔等族的缘故，康熙三十年（1691）三月，索伦总管正式归于黑龙江将军管理。自此以后，索伦总管完全纳入到黑龙江将军的管理之下，虽然后改为布特哈总管，且分满洲、索伦、达斡尔各一员，但始终都隶属于黑龙江将军管理，当然，负责的各项事务也要向将军请示，这其中自然也包括布特哈贡貂事务。关于清代布特哈贡貂制度，金鑫的研究翔实地描述了其发展演变过程，即"捕貂→布特哈总管统一登记在册→楚勒罕盟会将军、副都统、协领等选验贡貂→楚勒罕集市自行买卖与官营贸易→贡貂存贮→贡貂解送→户部尚书、内务府总管、布特哈总管验收→朝廷奖惩"⑥。与此同时，这一制度难免出现了一系列弊端。

"布特哈，无问官、兵、散户，身足五尺者，岁纳貂皮一张，定制也"⑦。这是清廷规定布特哈衙门所辖各部贡貂的硬性指标。就清廷而言，贡貂的数量与质量是检验貂皮的两个基本标准。康熙二十九年（1690），清廷规定：索伦等岁贡貂皮，每壮丁应纳貂皮一张，内一等貂皮五百张，二等一千张，其余应作为三等收纳⑧。但之后貂源不足，捕获貂皮质量下降，多为黄劣貂皮。虽然清廷默许了布特哈貂源不足这一事实，但与此同时清廷也坚信布特哈人钻了贡貂制度的空子，自身存在隐匿、偷换、夹带等舞弊行为，目的是私下交易买卖，获取高价。因此，历任黑龙江将军秉承清廷的旨意，数次在贡貂制度上做出调整，意在防范杜绝这类行为。如乾隆二十九年（1764），当时的黑龙江将军富僧阿奏请"驱逐布特哈地方做买卖民人，永远不准在布特哈地方买卖交易"，杜绝商人每年带去货物酌情赊给布特哈人，于贡貂之前偷偷将好貂折价征收买卖之弊⑨。更有甚者，索伦、达斡尔官军还失去了解送貂皮的资格，乾隆四十九年（1784），黑龙江将军恒秀奏请将贡貂改由齐齐哈尔官军解送到避暑山庄，认为这样"不误布特哈人等生计，狩猎及操演技艺，亦可清除其中不肖之人私自夹带情弊"，此奏得到乾隆皇帝批准⑩。

在清廷看来，布特哈牲丁是需要严防的舞弊对象。与此同时，清廷也寄希望于这一地区最高长官黑龙江将军能够带领其下属官员在贡貂每个环节中发挥应有的作用，让布特哈人安心充当皇家捕貂人这一角色。毋庸置疑，清廷更加信任自己委派的这批官员，而不是"长于利者甚多，知义理者少"⑪的布特哈人，但事实上，清廷却忽视了贡貂环节的另一舞弊对象，即这批以黑龙江将军为首的地方官员。楚勒罕会盟之时，将军、副都统等官员需要选验貂皮，西清对此有一段很清楚的叙述，即"选貂之制，将军、副都统坐堂上，协领与布特哈总管分东西席地坐，中陈貂皮，详视而去取之。甲乙既定，钤小印于皮背，封贮备进，然后印掷还之皮，而皆刐其一爪，如皮背无印而四爪全者，私货也。事干例禁，人不敢买"⑫。由此可见，在楚勒罕选貂的过程中，以黑龙江将军为首的地方官员无疑有着很大的权力，而貂皮昂贵的价格也在某种程度上刺激着他们额外为自己谋利。乾隆八年（1743）发生了黑龙江将军博第与布特哈总管巴里孟库互参一事，其中将军博第减价勒买貂皮，将价值二两貂皮、价值一钱五分貂尾"出五百八十五两，却给价每张貂皮一两、貂尾一钱"⑬。但清廷注意力只集中在巴里孟库聚众上告，最后只是把博第改为西安将军，而对黑龙江将军日后在貂皮上造成弊端估计不足，故在此后的几十年里，类似的问题也像滚雪球一样越滚越大，最终在乾隆六十年，这些积弊终丁人爆发。

二　奇三的上奏与钦差福长安的审理

乾隆六十年八月，正从避暑山庄返京的乾隆皇帝接到了一份特殊的御前上告文书，告状者是布特哈副总管奇三与佐领蒙库瑚图灵阿，而他们控告的对象正是以将军舒亮、副都统安庆等为首的黑龙江地方官员。而此案也是乾隆末年最为轰动朝野的案件之一，史称"奇三告状"。事实上，这是三位布特哈总管社尔图、阿穆喇图、三多保率属下众官军的一次集体控诉，共控诉了黑龙江将军等官员八条罪状。控诉的内容大大出乎了乾隆皇帝的意料，在意识到事态的严重性后，乾隆皇帝当天就指派福长安与保宁前往黑龙江彻底查办。

社尔图的控诉可简单概括为：偷换减价勒买貂皮、貂棚木材冒归己用、将军近前官员半价购买毛皮、成倍增加会盟所用蒙古包与奶牛、克扣布特哈官军俸禄钱粮、款待将军等饭食、追还损坏箭矢手工银、勒索跟随办事布特哈兵丁毛皮。而福长安也正是针对此八事，逐一展开调查，弄清事件原委。经过调查，福长安认为社尔图所控八事有六项属实，二项不实。

（一）偷换减价勒买貂皮

根据社尔图的控告，这项控诉主要包含四方面，福康安逐项进行了调查。

第一，将军等官员贱价购买貂皮。在当年会盟选貂后，将军舒亮、副都统安庆等自捕获貂皮共 8750 张，照丁数挑选 5457 张，又分别于掷还貂皮内，各给价八钱，购买 2524 张，但是若按照实际价格来说，若将掷还貂皮出售，价格在二两以下、一两以上。

第二，布特哈人被逼无偿给将军与副都统貂皮。将军等官员购买了掷还貂皮后，除去备用貂皮外，返还布特哈人 671 张。此时，协领纳颜泰想令舒亮、安庆等发觉他的贤能，悄悄对社尔图等说："将军、副都统近日奏免你等新添牲畜借银，你们应从掷还貂皮内呈交足数貂皮于将军、副都统，作为你等报答之念"，三位总管社尔图、阿穆喇图、三多保因此给将军舒亮貂皮 500 张，副都统安庆 100 张，而后协领纳颜泰又以"布特哈人天性诡诈"为由，劝说将军"不可征收其未要价物品"，故"舒亮、安庆立即悉数收取呈交貂皮，回给他们绸缎、布匹等物"。

第三，协领舒通阿借解送貂皮之机勒索貂皮。协领舒通阿解送贡貂之时，向总管社尔图要了貂皮 53 张，但是完全以朋友之礼不给价，无偿征收。

第四，纳颜泰与舒通阿父子借选貂之机，以劣换好。据社尔图等控称，在将军选貂定等后第二日，"协领纳颜泰，其子协领舒通阿等来棚子后，在挑选一等、二等贡貂内，以十八张劣貂充为一等，五十一张劣貂充为二等，六张貂皮充为好三等"，掷还不好貂皮以充贡数，换取贡貂⑭。

经过福长安等初审，除了换取贡貂一项不实，其余皆属实。

（二）貂棚木材冒归己用

《黑龙江外记》中有一段对貂棚的简单描述："盛暑架木铺条子以遮旸，谓之冷棚。因沁屯楚勒罕时，行辕冷棚，布特哈办。其后一棚条子派万束，而事罢仍命办者运入邸第，为御冬计。"⑮顾名思义，貂棚就是为了将军验看貂皮所搭建的临时场所，而貂棚的搭建自然由布特哈人负责。根据社尔图的诉文，搭建貂棚的主要材料是树木与柳条，"此种树木若在街市出售，每颗落叶松二钱，每颗椽子木一分九厘，两束柳条算做一束，价值二分"⑯。西清也指出："齐齐哈尔用木，皆楚勒罕时买之布特哈人，其水由嫩江运下，积城西北，两人合抱之材，价银数钱，此关内所不能。然较二十年前，贵已三倍，伐木日多，入山渐远故也；平地多榆，近水多柳，榆无合抱者也。柳皆丛生，烧之恋火，故条子价倍杂草，条子，土人谓柳也。"⑰ 这原本是康熙年间所定的制度，很多年都相安无事，但收取树木柳条官员的贪婪让布特哈每年的压力越来越大，原本的貂棚其实本不需要多少树木和柳条，但很多官员出于用为柴火之目的，随便使唤布特哈人，到了乾隆五十九年（1794），黑龙江将军明亮曾查办此事，定"棚子、柴火需用落叶松八百、椽子木一万、柳条十万束"，搭建貂棚的布特哈人也增加到了二百人，作为回报，赏赐这些布特哈人遣奴十人。而这一沉重的负担让布特哈人心生不满，当年会盟之时，棚子所需之木没有按数完成，将军舒亮又鞭打了带头的巴尔达虎，最后，总管社尔图不得不"将所缺树木、柳条折价送来，交付舒亮之衙门近前讷恩德三百九十两八钱银子、安庆之衙门近前霍尔霍里一百五十余两银子，各自购买柳条"。经过调查，钦差福长安认为："支棚选貂系康熙年间所定。迄今一直奉行，伏念，向来一切皆有章程，断无虐待布特哈地方之人之款。年久前任将军等全不思怜爱布特哈打牲人，一直缺少教习，唯因讨取便宜之时，留下棚子需用之木，共为柴火。"⑱

（三）将军近前官员半价购买毛皮

关于这项，总管社尔图等称将军身边官员半价勒买毛皮，但经过福长安等调查，勒买之人并非近前官员，而是将军舒亮的包衣德寿，"购买他们所卖猞猁皮十二张、水獭皮十张、狐皮二十五张、狼皮十二张、灰鼠皮一百二十四张，共给银五十七两二钱，贱价购买毛皮"⑲。

（四）成倍增加会盟所用蒙古包与奶牛

由于楚勒罕会盟要持续好几天，而将军、副都统以及属下官员势必要驻扎几日，而惯例则是"将军、副都统率属僚驻扎其地，凡穹庐、马匹及羊、酒，皆布特哈按项供应"⑳。而蒙古包和奶牛的增加，无疑是"当事者诛求无厌，布特哈苦之"的一个缩影。

同时，由于近几年蒙古包质量下降，将军等官员多在外面租住，而这些钱也需布特哈人负担。

（五）勒索跟随办事布特哈兵丁毛皮

根据福长安等调查结果，确如社尔图所说，抽调将近一百四十多名布特哈富裕之人去近前当差，交纳毛皮。但事实上，这些人却并没有当差，而这些人平时应该与寻常布特哈人一样需要捕貂、种地，或在总管下当差，在楚勒罕会盟之时，才会到达交易的因沁屯，这说明这些布特哈人最多是在会盟时期将军用来以备差遣之人，但每年还需这些布特哈人额外交纳毛皮等物，无疑是将军假藉虚名，为己渔利。

（六）款待将军等饭食

关于此项，将军舒亮曾经上疏，为"其省各地方年年拖欠银两俱行豁免"，而布特哈官员为了感谢将军，故款待将军与属下官员，协领纳颜泰办理此事，共花银220两，并由齐齐哈尔、黑龙江、布特哈三处分摊，其中将军与副都统也出30吊钱[21]。但实际上，将军舒亮为兵丁奏请豁免拖欠银两本身是一项善举，亦为本分，而舒亮、安庆二人也出了饭资30吊钱，事后还免去了布特哈人摊派的76两饭钱，但这项支出严格上来说是额外支出，而事后摊派众地方的行为无疑是违反律条。

（七）克扣布特哈官军俸禄钱粮

关于布特哈八旗俸禄钱粮发放，原来固定每年二月发放，但是在乾隆二十九年，将军富僧阿奏准"停二月发给布特哈官军俸禄、钱粮，五月会盟之时发放"[22]。除了方便索伦、达斡尔等购买马匹牲畜、吃穿用品等外，同时也是制衡他们，令纳好貂，防偷换夹带之弊的一种手段。经福长安调查，此项为诬告，因为总管社尔图三次领取俸禄钱粮之时，皆呈文将军称照数领取，当时并未控告，而今又拿不出任何证据。

（八）追还损坏箭矢手工银

经调查，这项支出应为呼伦贝尔、布特哈两地之事，"此类银系理应由呼伦贝尔、布特哈两地应给"，并未存在"胡乱借口克扣征收"之处 ㉓，可以算是公费开支的一种。福长安认为社尔图此项系糊涂控告。虽然这于例符合，但事实上，这的确也加重了布特哈人的负担。

此外，福长安还查出协领纳颜泰私自扣除官军银两一事，在上奏的同时请将纳颜泰从重办理。与此同时，福长安还强调了此案的三个细节之处，即："留下貂棚需用木材作为柴火、以贱价购买掷还之貂皮、每年令跟前办事布特哈人交付毛皮，一直为惯例也。"㉔

由此不难看出，福长安称之为惯例的三项积弊是由来已久的，而现任将军舒亮与属下官员只是贪图利益，故沿袭办理，但惯例究竟始自于谁，福长安的初审并没有完全调查清楚，而随着调查的继续深入，惯例的始作俑者逐渐浮出水面，也因此牵扯出了更多涉案人员。

根据福长安的调查，这三项积弊中的两项始作俑者被确定为前任黑龙江将军宗室都尔嘉，此案发生之时，都尔嘉正担任右翼前锋统领。除了都尔嘉之外，这三项积弊甚至还波及前后几任黑龙江将军：宗室永玮、宗室恒秀、宗室琳宁、明亮。经调查，"只有都尔嘉规定收取树木、柳条，始自购买貂皮时给价八钱，抽调布特哈征收毛皮等事，明亮亦照都尔嘉购买貂皮，收取树木、柳条，征收近前当差布特哈毛皮"，"购买貂皮给价八钱，征收当差布特哈毛皮二事，皆自都尔嘉始"，其后任明亮、舒亮都照此办理，而之前的永玮、恒秀、琳宁并无太大罪过，其中恒秀与琳宁主要是照前收取了貂棚的木材，且恒秀基本是给银 40 两购买；而近前当差一事，"永玮、恒秀、琳宁虽有布特哈近前当差，但未令交付毛皮"㉕。此外关于协领纳颜泰私自扣除官军银两一事，虽然纳颜泰极力否认，告称为了军需所用，但乾隆皇帝认为纳颜泰未与将军、副都统、其他协领商议，显系心怀私吞之意，即令福长安审理实情，从重治罪。

三　奇三案的处理结果

福长安认为布特哈总管社尔图所控八款，除纳颜泰与舒通阿父子借选貂之机，以劣貂换好貂、纳颜泰克扣布特哈官军俸禄钱粮两款为诬告，追还损坏箭矢手工银为糊涂控告外，其余皆坐实。据此，福长安拟定涉案人员各自应得之罪。

将军舒亮、副都统安庆，不能清除积弊，因循旧例，贱价购买貂皮等。福长安"参奏舒亮、安庆，既皆革职，请将一干人等押送京城，交付刑部、宗人府，照例从重治罪"。针对因循积弊、照前效尤、讨取便宜的几位前任黑龙江将军，福长安认为都尔嘉、明亮应皆交部，分别严加议罪，并将琳宁、恒秀一并交部查议。协领纳颜泰，除为讨好将军，授意总管社尔图等向将军交纳貂皮、款待将军私自摊派银两的罪名外，又以胡乱借口、私扣官军俸禄钱粮数罪并罚，请"从重，即照律入己违法收取八十两，绞监候"。协领舒通阿，以解送贡貂为名，勒索貂皮53张，并未给价，从重戴枷两年，鞭责一百。舒亮家人德寿，倚仗主人之势，以市价一半购买布特哈人毛皮，获益50余两，从重发往乌鲁木齐，赏给兵丁为奴㉖。

原告布特哈一方，社尔图供认上告一事系其起头，并与另两位布特哈总管阿穆喇图、三多保共同商定，奇三与蒙库瑚图灵阿则是自愿前往热河。针对于此，福长安认为社尔图身为满洲，不但没有尽到教习之责，而且上告没有走正常程序，本应"遵例派人到军机处或所该部衙门控告"，反而派奇三等"竟致控告于皇上跟前"的行为属于任意僭越，"其控告属实人等正应从重治罪，若将此等人不办理训诫，难免嗣后骄纵愈发胡乱妄为"。故拟定，"请将社尔图照总管冲撞皇上野外仪仗，胡乱参奏，承派亲笔缮写诉状之律例，发配近省从重治罪，发遣伊犁后，责以苦差"。副总管奇三、佐领蒙库瑚图灵阿两人听信社尔图之言，前往首告，"请将此些人等悉数革职后，于齐齐哈尔城戴枷两年，痛责一百鞭，以示警戒"。涉案的另外两位索伦、达斡尔籍的布特哈总管阿穆喇图、三多保则从宽处理，理由是"倘若将此些人等革职，将布特哈总管等更换新人，于事甚为无益"，故对阿穆喇图、三多保处以革职留任的处罚㉗。根据福长安的审理拟定之结果，乾隆皇帝在朱批其处理略有差错的同时，也据此做出了本案的最终裁决。

将军舒亮、副都统安庆，"应照监临官吏强索所部财物，计赃准枉法论，仍从重照实犯枉法赃八十两以上律，拟绞监候，秋后处决"。都尔嘉，之前已被革职，以"从前用贱价采买貂皮，令跟随兵丁交纳皮张等事"为始，"应照监临官吏低价买物，计余利准不枉法罪止满流律，杖一百，流三千里，从重发往伊犁效力赎罪"。明亮"复行效尤，甚属非是"亦革职，"应于都尔嘉罪上减一等，杖一百，徒三年，从重发往乌鲁木齐效力赎罪"。琳宁、恒秀，"虽仅将棚杆变价，貂皮系给价采买，然不能整顿积习，亦难辞咎"，"应照溺职例请旨革职"。恒秀，"前于另案革职，定拟绞监候，蒙恩释放，应请仍交宗人府圈禁，俟将旧欠官项银两缴清后，再行释放"。其余除"齐三、蒙库瑚图灵阿、听信舍尔图之言，即前来首告，实属冒昧，若仅拟枷号，不足以示警"，改二人亦著发往伊犁充当苦差㉘，剩下皆照福长安所奏准行。

四　新章程的确立及影响

奇三案后，乌里雅苏台将军永琨与宁夏副都统达明阿分别调补黑龙江将军与齐齐哈尔副都统，其中永琨是乾隆皇帝之侄，乾隆皇帝也对其寄予厚望，叮嘱其在"此方经彻查，制定新章，正需人部署"之时"务须痛惩陋习，实心办事"[㉙]。而这里所说的"新章"指的是福长安秉承乾隆皇帝旨意所定布特哈事宜章程，意在革除黑龙江历任将军大臣酿成的地方积弊。此章程共包括四点，即：

第一，恢复了索伦官兵解送貂皮到京之权利。清廷规定解送贡貂之时，"照前例仍由打牲总管副总管内委派一员，按数带兵十名，驿送热河，交总管内务府衙门。因解送貂皮，赏银即给打牲官军，其余等每年皆照来时例办理"。同时要派齐齐哈尔官军护送，"沿途留心查看布特哈打牲人舞弊"，意在监视，杜绝布特哈人沿途调换貂皮，"布特哈打牲人将捕获自行解送，亦能革除情弊"。

第二，取消貂棚陋规。由于搭棚之处距齐齐哈尔城不是很远，可以快速验看，因此令总管将貂皮解送将军衙门挑选，不必搭建貂棚，但楚勒罕会盟仍然保留。

第三，当地官员买貂需按时定价。针对近年将军、副都统等黑龙江地方官员低价购买貂皮的情况，规定"嗣后挑驳之貂皮照例钤记，俱交该总管带回，任其出售"。将军等官员若想购买，必需按时议价，"倘仍有低价强买者，一俟查出或控告，则将采买之人，按违法治以重罪"。

第四，裁减布特哈人亲丁当差。福长安奏请布特哈亲丁当差人员应酌情裁减，"将军留二十名，副都统留十名，每年到行围及会盟处所，以备差遣。其裁汰者俱回本旗当差"[㉚]。

　　福长安将此章程上奏后，乾隆皇帝批准三项，只是认为"其中拟定布特哈殷实人等留给将军二十名，副都统十名以为随甲之处，尚不妥协"，理由是"伊等游牧地方距城较远，寻常并不在衙门当差，不过每年在行围、会盟时以备差遣，遂假藉虚名，令伊等交纳皮张，成此恶习"，故乾隆皇帝改为"此项亲丁，均应裁汰，俟将军大臣等行围时，再由打牲人内暂挑数名，按打围之例操演可也"③。

　　总体来说，这个章程以贡貂环节为立足点，在某种程度上起到了革除积弊的作用，同时也减轻了布特哈人的额外经济负担。其一，布特哈官军又重新掌握了解送贡貂的权力，但与此同时，为了防止偷换夹带，亦有齐齐哈尔官员的护送。其二，貂棚与布特哈亲丁当差惯例的取消，分别革除了"其欲藉此将所用木植，浮冒入己"与实则"假借虚名、令伊等交纳皮张"之弊。而对于搭棚选貂，继任将军永琨有诗指出："貂鼠于人既无分，柳棚从此不须开。"②其三，关于将军、副都统率员低价勒买貂皮处罚章程的确立，则为后来黑龙江地方官员敲响了警钟，以致"今则将军至贵，买貂亦索重价，余可知"③。此外，乾隆六十年奇三案之后，清廷还在此章程之外关于领取俸禄钱粮方面施行了新的规定。乾隆六十年以前，黑龙江地区包括俸禄钱粮在内的一切支出在"十一月内造册，遣协领一员，率佐领、骁骑校等之盛京请领"，"若夫墨尔根等五城银两，初亦由齐齐哈尔官一并领来交库，而五城自于库上领之"。清廷想必是受到了协领纳颜泰克扣官军钱粮控告的教训，虽然此事并非积弊，但出于未雨绸缪之目的，清廷为了防止这种行为的发生，主动做出了调整，于是"改由五城派官自之盛京请领"，削弱了齐齐哈尔银库的权力，与此同时，"主者乾没之弊亦顿减"④。

五 结语

总体来说，自清廷将索伦总管划归黑龙江将军管辖之后，布特哈贡貂也自然归于将军统一管理。而贡貂的制度化则是在历任黑龙江将军的施政过程中不断调整而形成的，不得不说，黑龙江将军在管理布特哈贡貂过程中的权力很大，尤其是楚勒罕选验貂皮这一环节，而其他环节，即便黑龙江将军并不亲自参与，也都制定了一系列防止布特哈人舞弊的措施。与布特哈官员、牲丁相比，清廷显然更加信任委以重任的黑龙江将军，故赋予其在贡貂制度上很大的权力，意在保证专享这一龙兴之地特产的同时，并达到在政治与经济上制衡布特哈人之目的，但是，清廷却并未重视黑龙江将军等官员借用职权为自己谋利、鱼肉布特哈人的可能，故奇三案的发生，令清廷不得不正视这一问题，不但处罚了涉事官员，而且还借惩处官员之机对黑龙江将军权力以及贡貂制度等方面做出了一系列调整。

纵观此案，奇三案的发生大大出乎最高统治者乾隆皇帝的意料，在意识到了问题的严重性后，出于维护封建统治之目的，乾隆皇帝重拳出击，严厉惩处了相关涉案人员。在涉案的五位黑龙江将军之中，舒亮、明亮系战功赫赫的大臣，琳宁、恒秀、都尔嘉则是出身宗室，也都出任要职。而此案他们基本从重处罚，分别被判处绞监候、革职、流放、监禁。不得不说，乾隆皇帝对此案的处理还算是比较合理的。其一，乾隆皇帝借奇三案有力整饬了黑龙江地方吏治，并在布特哈贡貂的治策上做出调整。新的贡貂章程清除了搭建貂棚、布特哈亲丁当差之积弊，并重新赋予布特哈官军解送貂皮的权力，规定了将军等官员低价勒买貂皮的律例。这不但消除了黑龙江地方官员由来已久的舞弊行为，而且人大打击了黑龙江将军的独断专行与贪赃枉法行为，限制了将军的权力，并在一定程度上起到了以儆效尤的作用。后继任的黑龙江将军大都引以为戒，很少敢去触碰警戒线。其二，奇三案后，黑龙江地方官员对于布特哈人在经济上的变相勒索也大大减少了，这也就减轻了布特哈人额外的负担，此意在减轻布特哈人对此事的积怨，保证日后贡貂的正常进行。其三，乾隆皇帝对原告布特哈一方也做出了相关处理，要求他们杜绝越级上告，认真完成贡貂。与此同时，清廷也并未放松对布特哈人贡貂舞弊的规定。此外，在乾隆年间黑龙江将军的任期越来越短，以此次涉案五位黑龙江将军为例，恒秀任期最长：六年（乾隆四十七年八月—乾隆五十三年十月）；琳宁：半年（乾隆五十三年十月—乾隆五十四年四月）；都尔嘉：两年半（乾隆五十四年四月—乾隆五十六年十二月）；明亮：三年（乾隆五十六年十二月—乾隆五十九年十二月）；舒亮：半年（乾隆五十九年十二月—乾隆六十年九月），这是清廷对驻防将军频繁调换的一个缩影。一方面。黑龙江将军基本为武臣出身，文化程度较低，初到黑龙江地区，并不熟悉政务，故多沿用前任办理之例，一些积弊因此被沿袭下来；另一方面，虽然黑龙江将军与副都统为城中最重要的两个大员，但真正实施政令却需要下面的官员来办理，而"黑龙江省将军、副都统而下，以协领为尊，既有专辖旗分，或兼掌各司关防，则文武职任一身肩之"㉟。在任期上，协领也往往比黑龙江将军与副都统时间更长。此案曾提及协领纳颜泰自乾隆四十六年（1781）就开始担任齐齐哈尔城协领，他也比将军与副都统更加熟悉黑龙江地方政务，故这几任将军很多事情也多倚靠于他，特别是其子舒通阿也被任为同城协领，一人在户司银库当差、一人主持印务处事务。"父子权倾一时，将军不觉也"㊱。奇三案后，乾隆皇帝也正是针对协领纳颜泰、舒通阿之行为，在发放俸禄钱粮方面做出调整。总体来说，最后此案的处理固然有惩罚相关官员之目的，但更深层次之目的是调整黑龙江治策、维护当地统治秩序。

注释：

① 敖乐奇:《楚勒罕与齐三告状》,《黑龙江民族丛刊》1986 年第 3 期。

② 都兴智:《奇三案始末》,《北方民族》1992 年第 4 期。

③ 苏钦:《从"奇三告状案"看清朝对达斡尔族地区法律统治的特点》,《西南民族大学学报》2003 年第 6 期。

④ 王学勤:布特哈八旗贡貂刍议》,《黑龙江民族丛刊》2014 年第 2 期;王学勤:《试述布特哈八旗贡貂制度及其特征》,《满族研究》2012 年第 4 期;金鑫:《八旗制度与清代前期索伦达呼尔社会》,北京师范大学博士学位论文,2011 年;金鑫:《清朝对索伦和达斡尔两族的官营贸易》,《历史档案》2015 年第 4 期;于学斌:《楚勒罕述略》,《北方文物》1989 年第 3 期;乌力吉图:《论清代"楚勒罕"制的发展》,《内蒙古社会科学》1988 年第 6 期。

⑤ (清)徐宗亮等:《黑龙江述略(外六种)》,哈尔滨:黑龙江人民出版社,1985 年版,第 52 页。

⑥ 金鑫:《八旗制度与清代前期索伦达呼尔社会》,北京师范大学博士学位论文,2011 年,第 200—218 页。

⑦⑩ 中国第一历史档案馆等:《清代鄂伦春族满汉文档案汇编》(下),北京:民族出版社,2001 年版,第 531、644 页。

⑧《钦定大清会典则例》卷 129,《文津阁四库全书(影印本)》第 207 册,北京:商务印书馆 2006 年版,第 414 页。

⑨⑪ 中国第一历史档案馆藏:军机处满文录副奏折,黑龙江将军富僧阿奏严办贡貂事务折,乾隆二十九年六月二十二日,档号:03—0181—2094—015。

⑫⑳㉝ 任国绪:《宦海伏波大事记(外五种)》,哈尔滨:黑龙江人民出版社,1994 年版,第 960 页。

⑬ 中国第一历史档案馆藏:军机处满文录副奏折,黑龙江将军傅森奏查将军博第减价勒买貂皮案折,乾隆九年四月十八日,档号:03—0171—0243—001。

⑭⑯⑱⑲㉑㉓㉔ 中国第一历史档案馆藏:军机处满文录副奏折,军机大臣福长安奏总管社尔图控告将军舒亮等勒索布特哈兵丁各款属实请革职审办折,乾隆六十年九月八日,档号:03—0195—3510—037。

⑮⑰㉜ 任国绪:《宦海伏波大事记(外五种)》,第 989 页。

㉒ 中国第一历史档案馆藏：军机处满文录副奏折，黑龙江将军富僧阿奏严办贡貂事务折，乾隆二十九年六月二十二日，档号：03—0181—2094—015。

㉕ 中国第一历史档案馆藏：军机处满文录副奏折，军机大臣福长安奏报自前任黑龙江将军都尔嘉始自贱买貂皮收取布特哈亲丁等情片，乾隆六十年九月十四日，档号：03—0195—3511—012。

㉖㉗ 中国第一历史档案馆藏：军机处满文录副奏折，军机大臣福长安奏审拟总管社尔图控告将军舒亮副都统安庆等勒索布特哈兵丁一案折，乾隆六十年九月十四日，档号：03—0195—3511—011。

㉘《大清高宗纯皇帝实录》卷1487，乾隆六十年九月己巳。

㉙ 中国第一历史档案馆藏：军机处满文寄信档，寄谕黑龙江将军永琨等著秀林永琨入觐之事分别遵旨而行，乾隆六十年十二月初九日，档号：03—141—4—073。

㉚㉛ 中国第一历史档案馆藏：军机处满文录副奏折，军机大臣福长安奏请更定布特哈索伦达斡尔等贡貂条例折，乾隆六十年九月十四日，档号：03—0195—3511—010。

㉞ 任国绪：《宦海伏波大事记（外五种）》，第946页。

㉟ （清）徐宗亮等：《黑龙江述略（外六种）》，第43页。

㊱ 任国绪：《宦海伏波大事记（外五种）》，第961页。

（原载于《中国边疆史地研究》2018年第2期）

从清代档案谈林则徐南疆勘荒

哈恩忠

林则徐成为中国近代史代表性人物，不仅因为其厉禁鸦片，放眼世界，还因为其职任封疆，为地方做了很多有益民生的事情。鸦片战争后，林则徐被遣戍新疆，开垦荒地，兴修水利，造福民间，至今传为佳话，对此学界已多有深入探讨和丰富研究成果。而有关林则徐的公牍文录、日记信札、题跋祭文等资料的汇辑，也硕果累累，其中以海峡文艺出版社的《林则徐全集》最具代表性。但限于当时条件，《林则徐全集》等资料汇辑中公牍文录部分尚付阙如。林则徐及与林则徐相关的档案公牍主要保存于中国第一历史档案馆，集中在宫中朱批奏折、军机处录副奏折、上谕档、内阁题本中，本文即以此为基础，浅析道光二十五年（1845）林则徐在南疆奉旨勘荒的有关档案情况及勘荒原因、过程，并对勘荒地亩数字作出统计。

一　林则徐南疆勘荒的档案

鸦片战争后，道光二十一年（1841）五月初十日，林则徐被革去四品卿衔，从重发遣伊犁，"效力赎罪"①。二十二年（1842）十一月初九日，林则徐到达伊犁惠远城，开始了他在新疆的遣戍生活。二十四年（1844）十二月至二十五年六月，林则徐奉旨南疆勘荒。此时期林则徐因系革员，没有题奏本章之权，"所有勘明各城地亩情形，仍著由该将军汇核具奏请旨办理"②，因此，有关林则徐在南疆的活动主要反映在伊犁将军布彦泰、前喀喇沙尔办事大臣全庆等人的奏折以及明发或寄信的上谕、记事的实录中。相关档案情况分述如后：

（一）宫中朱批奏折

奏折是官员向皇帝奏事的文书，经过皇帝朱墨批示的即是朱批奏折。与林则徐相关的宫中朱批奏折有300余件，其中涉及林则徐南疆勘荒的奏折并不多。这些朱批奏折大致可分为两类：

1. 奉旨启程勘荒。如道光二十四年十二月十四日，伊犁将军布彦泰《奏为遵旨传谕林则徐赴回疆各城查勘地亩并暂留全庆会勘事》③；道光二十五年二月初八日，前喀喇沙尔办事大臣全庆《奏为卸篆起程会同林则徐查勘地亩事》④。二十四年十月二十九日，道光帝通过军机处密寄伊犁将军布彦泰上谕，告之"阿克苏等城民回杂处，现在开垦荒地，若令民户认种，究竟能否相安，及酌给回户承种，日后有无流弊之处，必须另行派员亲历各该城体察情形，熟筹定议。伊犁前办开垦事宜，经该将军奏明委林则徐查勘，办理尚为妥协。著即传谕林则徐前赴阿克苏、乌什、和阗周历履勘。并著布彦泰选派明白晓事之协领一员，随同前往勘视"。同时，还令林则徐就近履勘库车可垦荒地情况，以确定是否"捐廉兴工"，给当地回户耕种。布彦泰当即传谕林则徐遵谕办理，并请由已卸事的喀喇沙尔办事大臣全庆随同林则徐一起履勘荒地。二十五年二月初八日，全庆汇报了卸任随同林则徐履勘荒地的情况："此时甫交二月，各处地上积雪方消，正可乘时履勘。林则徐昨经行过喀喇沙尔面嘱，奴才亦即起身。"并与接任署理喀喇沙尔办事大臣常清交接办事大臣印信、案卷。

2. 奏报勘荒情形。如道光二十五年三月二十四日，伊犁将

军布彦泰《奏为全庆林则徐呈报勘明库车可开地亩体察实在情
形事》⑤。二十四年十月二十九日接奉上谕后，林则徐、全庆当
即启程履勘荒地。据全庆所言："先至库车，递及阿克苏、乌什、
和阗、喀喇沙尔，次第履勘。"⑥二十五年二月十五日，林则徐、
全庆到达库车。"该处所垦荒地，在距城七十里之托伊伯尔底地
方。当即会同往勘，逐段丈量。该地东西牵算各长二千三百六十
丈，南北牵算各长一千八百七十五丈。核与原奏六万八千余亩之
数有赢无绌。土脉腴润，易于发生。所引渭干河水，亦足以资灌
溉"⑦。鉴于库车当地民人多为外来经商，无人愿承种新垦荒地
的情况，林则徐、全庆建议"仍准赏给回子耕种"，"以回疆之产
济回疆之人，仍由官为分派，随时约束稽查"。此即布彦泰根据
林则徐、全庆履勘库车荒地情况而所具奏折。

（二）军机处录副奏折

录副奏折是军机处誊抄的朱批奏折，用以供有关衙门传抄执
行和存案备查。与林则徐南疆勘荒相关的录副奏折仅有一件满文
奏折，是道光二十五年二月十五日伊犁将军布彦泰奏报喀喇沙尔
办事大臣全庆及林则徐即将抵库车勘查垦荒片。奏折内容仅具奏
林则徐、全庆即将行抵库车事。

（三）军机处上谕档

上谕档系清廷所颁发上谕的汇抄，有关林则徐南疆勘荒的上
谕、议覆奏折按时间顺序抄录，保存比较完整和系统，对林则徐
南疆勘荒问题有很全面的解读。此部分上谕档共 16 件，所记载
内容按文种分为上谕和奏折两部分：

1. 上谕。上谕内容为安排指令林则徐、全庆前赴南疆阿克
苏、库车等地勘荒，核实各地荒地及民情，从中透露出清廷对待
开垦荒地、酌给回户开垦的态度。道光二十四年十二月初八日，
上谕伊犁将军布彦泰："喀什噶尔闲荒地亩堪以开垦，现已捐资

兴工……著该将军再行传谕林则徐，并派出之协领，一并前赴喀什噶尔详细履勘。"⑧二十五年正月十四日，再谕布彦泰："兹据该将军奏，旗营协领识力尚恐未周，请令喀喇沙尔办事大臣全庆暂缓北上，会同林则徐履勘……所见甚好，著即照所议办理，全庆俟会勘地亩事竣再行回京。"⑨三月初七日，上谕全庆："著先行传谕常青，将喀喇沙尔拟垦之地暂停筹办，全庆俟各城事竣后，仍会同林则徐亲赴该处详加履勘，妥议具奏。"⑩四月十七日，上谕布彦泰和全庆："现在全庆会同林则徐查勘各城垦荒事宜，著于行抵叶尔羌时即将和尔罕荒地情形一并确切查明。"⑪五月初九日，在给布彦泰的上谕中，道光帝明确了以往对垦荒认识的偏颇："因思回疆各城开垦荒地，朕意原以内地民人生齿日繁，每有前往各城营生谋食者，如能将此项荒地招致民户承种，则地无旷土，境鲜游民。"而经全庆、布彦泰等人的核勘后，"惟事当创始，不可不豫防流弊，著布彦泰等体察各处回情"⑫。五月二十九日，据布彦泰所奏，库车开垦荒地"经全庆、林则徐前往查勘，所浚渠道量验丈尺，间有未敷，仍责令加挑"，因此再谕布彦泰"核明该处所办渠工果否如式"⑬。六月十九日，谕全庆"伊拉里克开垦地亩，仍著全庆、林则徐前往该处详细履勘"⑭，命林则徐等人南疆勘荒后继续前往吐鲁番伊拉里克履勘荒地。七月二十五日，再谕布彦泰，塔尔纳沁地方荒地亦"著全庆、林则徐前赴该处详细履勘"⑮。九月二十八日，道光帝在上谕中对林则徐南疆勘荒极为满意："兹据布彦泰奏，各城开垦九、十月间即可全局完竣。林则徐自饬派查勘以来，自备资斧，效力奔驰，将近一载，著有微劳。著饬令回京，加恩以四、五品京堂候补。"⑯十一月初四日连下两道上谕，命林则徐署理陕甘总督，而且"林则徐于接奉谕旨后，无论行抵何处，迅即驰赴该省接印任事"⑰。

2. 奏折。上谕档中所录奏折均为军机处大臣穆彰阿等议覆奏折，其中涉及南疆勘荒的奏折有7件。分别是：道光二十五年五月初九日，议覆布彦泰奏报核勘库车地亩事[18]。道光二十五年六月初七日，议覆布彦泰奏请将乌什屯兵撤屯安汛，所遗地亩交与回子耕种纳粮事[19]。六月二十三日，议覆布彦泰所奏核勘阿克苏新垦地亩，并请准给回子耕种事[20]。七月十八日，议覆布彦泰所奏查勘和阗地亩情形，并请召集回子耕种事[21]。七月二十六日，议覆布彦泰奏勘明叶尔羌所垦荒地请给回子耕种事[22]。八月初四日，议覆布彦泰奏喀什噶尔新开地亩请给回子耕种事[23]。八月十八日，议覆全庆奏会勘喀喇沙尔续垦荒地事[24]。

议覆奏折是军机处根据皇帝的谕令商讨有关事情后所具奏折，并提出建议供皇帝采纳，其内容与上谕密切相关，故此部分议覆奏折中有关南疆履勘荒地的内容可与上谕互相印证，互相参考，并多可视为对上谕执行的结果。

（四）《清实录》

《清实录》[25]是清代历朝的官修编年体史料汇编，主要是选录各时期的起居注及内阁、军机处所存上谕和奏疏，内容包括政治、经济、文化、军事、外交及自然现象等各方面，但因为是纂修史书，对档案会有不同程度的篡改，与上谕档相比，有二次加工的痕迹。《清实录》中，有关林则徐南疆勘荒的上谕和奏折亦有收录，且基本与前述上谕、奏折相同，故不再赘述。

（五）《随手登记档》

《随手登记档》是军机处每日处理文档的原始登记簿，是记录军机处每日处理谕旨、奏折等各项事件的摘由总目和索引，保存比较完整，但记载内容也相对简单，仅仅提供事件摘由，亦不再另述。

中国第一历史档案馆与林则徐南疆勘荒相关的档案基本集中于上述全宗档案之中，其他如内阁吏科、户科、刑科等题本档案中均未涉及林则徐南疆勘荒。以目前所及有关林则徐南疆勘荒档案来看，上谕档和《清实录》由于是编年记载，应该是史料价值最高且收录较为完整的档案，从中能够反映出清廷对南疆勘荒的基本态度和立场以及南疆勘荒的过程和结果。奏折相对数量不是很多，却是在奏批过程中形成的第一手原始档案，没有经过后人的加工和删改，可与上谕档和实录互为参校和补充，亦具有很高的史料价值。《随手登记档》对相关奏折、谕旨的时间和事由有较完整的记录，是查阅相关档案的索引工具，能起到很好的参考和索引作用。

二　林则徐南疆勘荒的原因

关于林则徐南疆勘荒的原因，在前述朱批奏折和上谕档中表述非常清晰，从中透露出的原因有三：一是阿克苏、和阗等处荒地酌给回户承种，裁撤屯兵，今后有无流弊，需要派员亲历各处查明情形；二是林则徐办理伊犁开垦地亩事宜"尚为妥协"，处置比较得宜，应该说道光帝对其颇为放心；三是原履勘南疆各城垦地的伊犁参赞大臣达洪阿因病回旗调养，林则徐刚好捐办阿克苏垦地一事完竣。

但这仅仅是林则徐本人奉旨勘荒的原因，南疆勘荒还有更深层次的原因，也是促成林则徐勘荒的根本原因。

（一）鸦片战争前后，英、俄等国窥伺新疆，甚至蚕食土地。英、俄等国对于新疆地区久有"非分"之意，如"1831年，沙俄侵入我巴尔喀什湖以东、以南地区，并在巴尔喀什湖和斋桑湖之间强设了塞尔格奥堡，控制这一地区通往塔尔巴哈台的通道"；"1839年，沙俄奥伦堡总督彼罗夫斯基远征中亚希瓦汗国，企图打开夺取我国新疆叶尔羌的通道"[26]。"英国于1839年入侵阿富汗后，'已近中国西藏之西界，相距叶尔羌、戈什哈地方不远'"[27]。

英、俄等国的觊觎，对新疆地区构成了潜在的威胁；鸦片战争的失败，清廷不得不提高警惕，对新疆乃至西北边陲地区的安全渐行重视。作为巩固边疆的重要举措，清廷在西北地区实行屯田制度，"都是为了加强边防的经济力量，支持在边境上集结的军队，对外防备敌国犯境，对内巩固对边陲各族人民的统治地位"㉘。"屯田为自古安边良法，果能从内地移民就产，生聚日久，则各保田庐即可永资捍卫，于边防大有裨益"㉙。开垦荒地、屯田戍边具有防范外国侵略、巩固边防的现实意义。

　　（二）南疆屯田薄弱，清廷大力推广屯垦，以节省屯驻军队饷需。"屯田则有兵屯、旗屯、遣屯、回屯等名称，内容不同，制度各异"㉚。南疆以喀喇沙尔、库车、阿克苏、乌什东四城，喀什噶尔、英吉沙尔、叶尔羌、和阗西四城为代表，但这一地区屯田与北疆相比仍很薄弱。在英、俄等国觊觎的形势下，开垦荒地、屯田戍边更显重要和迫切。道光以后，清廷对此形势有进一步认识，大力推广南疆屯垦。道光二十四年二月初九日上谕中言："西陲地面辽阔，隙地必多，果能将开垦事宜实心筹办，尚可以岁入之数供兵食之需，实为经久有益之举……如有可垦之地，务须设法招徕，随时奏明办理。"㉛同日，户部在奏折中也说："西陲地面辽阔，旷地必多，倘能筹画水利，劝垦升科，日久储蓄充盈，以本地自然之利，供本处应用之需，既可减调饷银，更可节省采买，并以额征所余津贴八旗养赡，实为经久有益之举。"㉜可见，屯垦对于清廷来说，既有客观上的需要，又有实施开垦的可行性；既有明确的认识，又鼓励地方实施。道光二十四年，伊犁将军布彦泰增辟土地，于是道光帝"下令各城地方如有旷地可以招垦者，仍著该将军等详细饬查，务使野无旷土，人力其田"。接下来，阿克苏、乌什、喀喇沙尔等城相继垦荒兴屯。但阿克苏垦荒未经奏报，引起道光帝不满，各城开垦事宜一律停工候旨。

"他命令布彦泰确切查明，并令委派专员履勘"③。

（三）受屈流戍新疆，警醒边陲形势，自愿履地勘荒。"关山万里残宵梦，犹听江东战鼓声"④。林则徐虽然人已经来到新疆，但仍然关注着东南战事。同时，对于边疆的安全也惴惴于心，"林则徐在主持翻译《四洲志》的时候，对俄罗斯的历史也是有所了解的。沙俄自彼得王（即彼得大帝）后，不断地扩张领土，所以他到达伊犁后，像关心海防一样地关注着西北的边防"⑤。他继续"经世致用"的思想，兴修水利，发展农业，改善百姓生活，非常有利于屯垦戍边。道光二十三年（1843）六月二十五日，前河南粮道淡春台因招募眷民赴巴尔楚克屯田，奉旨"著赏给六品顶戴，准予释回"⑥。林则徐认为这是一个即可戍边屯田又兼尽早开复的可行办法，于是向伊犁将军布彦泰提出捐办惠远城城东阿齐乌苏荒地，得到允准。为解决浇灌水源问题，林则徐还呈文布彦泰："林则徐受恩深重，获咎遣戍，遇此开垦要务，尤宜踊跃急公，情愿认修龙口要工，借图报效。"⑦次年六月，龙口工程兴工，四个月后竣工。阿齐乌苏垦荒共"用夫匠五十三万四千工，实垦得地三棵树、红柳湾三万三千三百五十亩，阿勒卜斯十六万一千余亩"⑧，成效还是很可观的。也正是因为看到了林则徐垦荒的成效，乌鲁木齐和天山南路各城亦相继奏请开垦荒地。

客观上，勘荒屯田的需求和可行性以及边疆安全的需要；主观上，林则徐开垦荒地，报效国家，不顾身体的疲惫和路途的艰辛，"短衣携得西凉笛，吹彻龙沙万里秋"⑨，毅然受命开始了履勘荒地之行。

三　林则徐南疆勘荒的过程

道光二十四年十二月十七日，林则徐奉旨南疆勘荒，"日昨统帅传奉谕旨，以南路各地所垦荒地，饬则徐前往履勘……只缘此次添勘库车起亩，统帅属令即从库车勘起，应俟札南山大兄到任，指领勘明。是以定于本月十七日自伊江起行……"⑩。林则徐本人的《乙巳日记》和此时期的书简对南疆勘荒过程的记载比较细致，但相对于勘荒结果记载的系统性而言，则因琐碎而略显凌乱。以下结合中国第一历史档案馆所藏军机处上谕档，对此一过程略作勾勒。

二月十五日⑪，林则徐、全庆到达库车。次日，便与商民见面，"面问垦田事"。接着，即"查该处所垦荒地，在距城七十里之托伊伯尔底地方。当即会同往勘，逐段丈量。该地东西牵算各长二千三百六十丈，南北牵算各长一千八百七十五丈。核与原奏六万八千余亩之数有赢无绌。土脉胰润，易于发生。所引渭干河水，亦足以资灌溉。"不仅如此，林则徐等还召集在此经商的内地铺户，询问其能否携眷到此认种荒地。结果，铺户均予以回绝，一是因为携眷垦荒需费过多，二是因为回户人口日繁"多无产业""易生事端"，三是因为现有荒地已经由回户开垦。因而提出："查《回疆则例》内有入官地亩赏给回子耕种专条，如蒙天恩仍准赏给库车回子耕种，仍由官为分派，随时约束稽查。"得到允准："应准令该处无业回子暂行试种一年后，再行升科。"⑫

二月三十日，到达乌什。"该处地亩东、西两面长四十五里至九十余里不等，南、北两面长二三里至十四五里不等。查维禄原奏各工屯田连踏勘地共八万三千四百余亩，兹按四至通盘围估，除砂碛硗地约有三分之一不计外，尚有十万三千余亩，所引毕底尔河及骆驼、巴什、柳树泉各水利，足资灌溉。"林则徐等人建议"因乌什僻在边隅，人民稀少，无户可招，只得查照成案，拨给回户耕种纳粮"⑬。

三月初五日，在阿克苏勘荒。"查该处新垦荒地十一万九千余亩。除沙冈等处不堪耕种外，核与原奏十万亩之数，尚余地二千余亩"。"开渠引水，足资耕种"，"一律挑挖渠道，砍伐树木"。通过调查，在此处的内地人分为三种，一是发遣人犯，一是游民佣工，一是贸易商人，"俱不能承种"新垦荒地，因此，林则徐等人请"仍准赏给阿克苏回子就近承种升科"[44]。

三月二十八日，抵达和阗[45]。和阗新垦之地在达瓦克地方，"达瓦克系该地总名，就中更分土名数处，曰鸡克坦爱海里，曰苏尔坦叶里雅克，曰阿提巴什，皆犬牙交错之地。当经逐段丈量，除砂碛冈梁外，实在可耕者总有十万余亩"。和阗境内有一条玉河，二十四年在"达瓦克西南二十余里之处筑坝开渠，修立龙口，将玉河之水顺势导入"，又考虑到冬春河水消减，"复自洋阿里克至达瓦一带，觅得泉源五十余处，接引入渠，终年皆堪灌注"。"和阗在回疆中最为偏隅，而新垦地亩则又偏隅中之偏隅"，来到和阗之前，道光帝除指示勘荒外，还特别叮嘱需要查明，"一系此项荒地是否可开垦，一系有无民户可以招垦，一系招集回户有无流弊"[46]。履勘荒地后，林则徐等人建议招集回户承种。

四月十五日，在叶尔羌勘荒。林则徐等接到上谕，令"著于行抵叶尔羌时即将和尔罕荒地情形一并确查"。经过履勘，"所有该地亩数本系十万有零，除去沙梁碱滩，核与原奏九万八千余亩之数，亦属相符"。"和尔罕地本膏腴，须将西北之哈拉木札什水渠，并东南之和色热瓦特大渠接引到地便可耕种"。并且查明，"叶尔羌为回疆重镇，非无内地游民"，"和尔罕只系偏隅，即使设法招民，亦恐徒形单薄"，只能仍请拨给回户承种[47]。

四月二十二日，行至英吉沙尔，正赶上"即日前布鲁特纠结逆回，欲行扑城，被英吉沙尔官兵剿败"[48]。在此停留两日后，林则徐、全庆等人即赶赴喀什噶尔。

四月二十四日，来到喀什噶尔。林则徐又接到上谕，喀什噶尔新垦荒地"与阿克苏等处事同一律，著再行传谕林则徐一并详细履勘"。林则徐等人经过勘查，喀什噶尔"所垦地亩分河东、河西二处。河东之巴依托海计地六万七千二百亩，河西之阿奇克雅黑计地一万六千九十八亩"。所引用"锐列普曲克河之水，源远流长，尽足以资灌溉"，"所有渠工坝座尚需加以岁修"。"以地方而论，为万里极边之区，虽有内地游民，非穷极无聊不肯来此"，因此河东地亩"既无民户可招，自不得不酌配给回子耕种，仍宜察看地脉之肥瘠、收成之多寡，查明定例，予以年限，督令升科"，河西地亩"既称可招民户耕种，自宜设法速为招徕"⑭。

六月初八日，到达喀喇沙尔。在喀喇沙尔所辖库尔勒北山根处"履勘得可耕地九千九百亩，随将环城地量得可耕者三千六百亩，二共一万三千五百亩"。环城荒地"即于旧渠之旁开渠一道"；"库尔勒北山根荒地请将旧渠龙口加宽修筑，紧接渠源，另挖大渠"。林则徐等建议"派员往吐鲁番一带招民试种一年，奏请升科，每亩交粮六升五合"⑮。

综上所述，林则徐南疆勘荒历经八城（实际履勘七城，英吉沙尔只作停留），"周历回部八城，往来约二万里"。同时，对于垦荒所必需的水利条件也一一进行了查勘和规划。八城勘荒结果见下表，共计约586798亩。

地点	勘荒亩数（亩）	地点	勘荒亩数（亩）
库车	68000	英吉沙尔	0
乌什	103000	叶尔羌	100000
阿克苏	119000	喀什噶尔	83298
和阗	100000	喀喇沙尔	13500

此履勘荒地数字分别由布尔泰和全庆在奏折中具报，经军机处议奏，应该讲是比较准确的。一方面此数字的准确与否关系清

廷在新疆的边防政策的制定以及对民族关系的调整；另一方面也
反映了林则徐等人履勘荒地过程中所付出的艰辛，"到一城，查
一城，将实情呈报将军核奏，绝不敢稍有成见，亦绝不能粉饰迎
合"。七城勘荒的奏折，六件由布尔泰具奏，一件由全庆具奏。
喀喇沙尔勘毕，林则徐即回至吐鲁番候旨，"但期绣陇成千顷，
敢惮锋车历八城。丈室维摩虽示疾，御风仍喜往来轻"。《清史稿》
布彦泰、全庆传记中所记林则徐南疆勘荒总数约为 60 余万亩 ⑥，
与档案中所载较为接近。

二十五年九月二十八日，林则徐接到上谕："林则徐自饬派
查勘以来，自备斧资，效力奔驰，将近一载，著有微劳。著饬令
回京，加恩以四、五品京堂候补。" ㉜ 十一月初四日，"林则徐著
加赏三品顶戴"，署理陕甘总督 ㉝。

林则徐南疆勘荒，"为清政府的南疆垦荒政策的制定起了关
键作用，再次为中华民族的边防巩固做了杰出的贡献" ㉞。首先，
通过履勘南疆八城荒地，基本核实了南疆可开垦荒地的数量，而
且在履勘荒地过程中对于荒地灌溉所需的水利情况也进行了考
察，帮助各城解决困难，完善水利设施，客观上扩大了兵饷来源，
减轻了清廷财政压力。其次，通过履勘荒地，林则徐等人分析了
屯垦形势，"以往为了隔绝不同民族间的交往联系，竭力阻挠内
地人民进入回疆的做法固不可取，但如果只强调招集内地民户兴
垦而完全忽视当地人民的屯种能力和需要，同样偏颇不当"，"因
地制宜，毫无成见，惟应给回户者，仍不能强招民人" ㉟，实事
求是地处理新垦荒地，有针对性地采取不同的屯垦形式，拟定新
垦荒地的分配方案，提出将荒地全部给回、民回兼顾、全部招民
的三种设想，促进了屯兵的归营操防，最终得到道光帝允准。第
三，大批南疆回户得以开垦荒地，生活得到一定保障，生活水平
在一定程度上得到了提升，稳定了民族关系，有利于边疆安全的

巩固，也为新疆的农业发展奠定了良好的基础。中国第一历史档案馆所收藏与林则徐南疆勘荒相关的档案比较集中，尤其是军机处上谕档中的记载更为系统，对于林则徐南疆勘荒相关问题的阐明有参考作用。本文即以档案为基础，对林则徐南疆勘荒问题作相关探讨，抛砖引玉，希望得到有关专家学者的指正。

注释：

① 《大清宣宗成皇帝实录》卷352，道光二十一年五月。

② 中国第一历史档案馆藏：军机处上谕档，道光二十五年正月十四日，第1条。

③ 中国第一历史档案馆藏：宫中朱批奏折，伊犁将军布彦泰奏为遵旨传谕林则徐赴回疆各城查勘地亩并暂留全庆会勘事，道光二十四年十二月十四日，档号：04—01—31—0085—012。

④ 中国第一历史档案馆藏：宫中朱批奏折，喀喇沙尔办事大臣全庆奏为卸篆起程会同林则徐查勘地亩事，道光二十五年二月初八日，档号：04—01—31—0085—013。

⑤ 中国第一历史档案馆藏：宫中朱批奏折，伊犁将军布彦泰奏为全庆林则徐呈报勘明库车可开地亩体察实在情形事，道光二十五年三月二十四日，档号：04—01—23—0184—004。

⑥ 中国第一历史档案馆藏：宫中朱批奏折，喀喇沙尔办事大臣全庆奏为卸篆起程会同林则徐查勘地亩事，道光二十五年二月初八日，档号：04—01—31—0085—013。

⑦ 中国第一历史档案馆藏：宫中朱批奏折，伊犁将军布彦泰奏为全庆林则徐呈报勘明库车可开地亩体察实在情形事，道光二十五年三月二十四日，档号：04—01—23—0184—004。

⑧ 中国第一历史档案馆藏：军机处上谕档，道光二十四年十二月初八日，第1条。

⑨ 中国第一历史档案馆藏：军机处上谕档，道光二十五年正月十四日，第1条。

⑩ 中国第一历史档案馆藏：军机处上谕档，道光二十五年三月初七日，第1条。

⑪ 中国第一历史档案馆藏：军机处上谕档，道光二十五年四月十七日，第1条。

⑫ 中国第一历史档案馆藏：军机处上谕档，道光二十五年五月初九日，第3条。

⑬ 中国第一历史档案馆藏：军机处上谕档，道光二十五年五月二十九日，第1条。

⑭ 中国第一历史档案馆藏：军机处上谕档，道光二十五年六月十九日，第1条。

⑮ 中国第一历史档案馆藏：军机处上谕档，道光二十五年七月二十五日，第1条。

⑯ 中国第一历史档案馆藏：军机处上谕档，道光二十五年九月二十八日，第6条。

⑰ 中国第一历史档案馆藏：军机处上谕档，道光二十五年十一月初四日，第1、3条。

⑱ 中国第一历史档案馆藏：军机处上谕档，道光二十五年五月初九日，第6条。

⑲ 中国第一历史档案馆藏：军机处上谕档，道光二十五年六月初七日，第6条。

⑳ 中国第一历史档案馆藏：军机处上谕档，道光二十五年六月二十三日，第3条。

㉑ 中国第一历史档案馆藏：军机处上谕档，道光二十五年七月十八日，第5条。

㉒ 中国第一历史档案馆藏：军机处上谕档，道光二十五年七月二十六日，第4条。

㉓ 中国第一历史档案馆藏：军机处上谕档，道光二十五年八月初四日，第5条。

㉔ 中国第一历史档案馆藏：军机处上谕档，道光二十五年八月十八日，第5条。

㉕ 中国第一历史档案馆藏：《大清历朝实录》。

㉖ 杨国桢：《林则徐传》，北京：人民出版社，1981年版，第395页。

㉗ 林庆元：《林则徐评传》，郑州：河南教育出版社，1990年版，第302页。

㉘ 杨国桢：《林则徐传》，第394—395页。

㉙ 中国第一历史档案馆藏：军机处上谕档，道光二十五年五月初九日，第6条。

㉚ 王希隆：《清代西北屯田研究》，兰州：兰州大学出版社，1990年版，第9页。

㉛ 中国第一历史档案馆藏：宫中朱批奏折，和阗办事大臣奕山奏为遵旨查出达瓦克荒地招集回户承种并捐廉开挖渠道及报兴工日期事，道光二十四年八月二十五日，档号：04—01—22—0059—115。

㉜ 中国第一历史档案馆藏：军机处录副奏折，大学士管理户部事务潘世恩等奏为甘肃新疆地亩请饬查试垦等事，道光二十四年二月初九日，档号：03—58—3394—004。

㉝ 刘翠溶、范毅军：《试从环境史角度检讨清代新疆的屯田》，《中国社会史评论》第8卷，2007年版，第188页。

㉞ 《次韵答陈子茂》，《云左山房诗钞》卷6。

㉟ 邵纯：《封疆大吏林则徐》，福州：海峡文艺出版社，2015年版，第185页。

㊱ 中国第一历史档案馆藏：军机处上谕档，道光二十三年六月二十五日，第2条。

㊲ 林则徐全集编辑委员会：《林则徐全集》第5册，福州：海峡文艺出版社，2002年版，第325页。

㊳ 《清史稿》卷382，北京：中华书局，1977年版，第11639—11640页。

㊴ 《塞外杂咏》，《云左山房诗钞》卷7。

㊵ 《致惟勤》，道光二十四年十二月中浣，杨国桢：《林则徐书简》，福州：福建人民出版社，1985年版，第229页。

㊶ 此时间据《乙巳日记》，下同。林则徐全集编辑委员会：《林则徐全集》第9册。

㊷ 中国第一历史档案馆藏:军机处上谕档,道光二十五年五月初九日,第 6 条。
㊸ 中国第一历史档案馆藏:军机处上谕档,道光二十五年六月初七日,第 6 条。
㊹ 中国第一历史档案馆藏:军机处上谕档,道光二十五年六月二十三日,第 3 条。
㊺《致奕经》,道光二十五年四月初八日上午,杨国桢:《林则徐书简》,第 234 页。
㊻ 中国第一历史档案馆藏:军机处上谕档,道光二十五年七月十八日,第 5 条。
㊼ 中国第一历史档案馆藏:军机处上谕档,道光二十五年七月二十六日,第 4 条。
㊽ 林则徐全集编辑委员会:《林则徐全集》第 9 册,第 562 页。
㊾ 中国第一历史档案馆藏:军机处上谕档,道光二十五年八月初四日,第 5 条。
㊿ 中国第一历史档案馆藏:军机处上谕档,道光二十五年八月十八日,第 5 条。
(51) 周轩:《林则徐与南疆勘地》,《新疆社会科学》1986 年第 4 期,第 103 页。
(52) 中国第一历史档案馆藏:军机处上谕档,道光二十五年九月二十八日,第 6 条。
(53) 中国第一历史档案馆藏:军机处上谕档,道光二十五年十一月初四日,第 3 条。
(54) 林庆元:《林则徐评传》,第 308 页。
(55) 华立:《论林则徐与南疆屯垦》,《新疆社会科学》1986 年第 5 期,第 64 页。

（原载于《林则徐与民族复兴——纪念林则徐诞辰二百三十周年学术研讨会论文选编》，海峡文艺出版社，2016 年出版）

光绪年间的银钱比价与行窃计赃律例

——以金七十儿盗窃案为中心

徐春峰

　　金七十儿盗窃案是光绪年间一桩极普通的案件，18 岁的大兴县民金七十儿因盗窃钱物数目过大而被判处绞监候。但其不同寻常之处在于，由于当时社会政治、经济等各方面的影响，行窃计赃律例因为银钱比价的巨变而重新调整厘定，小人物金七十儿的命运也因此发生了根本性的改变，刑罚由绞监候改为杖徒后得以活命。

　　对于其中所涉及的清代银钱比价问题，此前的研究较多。货币金融相关专著中均有章节阐述，如彭信威《中国货币史》提及清代货币的购买力，其中"清代制钱市价表"中的内容即体现了当时的银钱比价[①]；张家骧《中华币制史》专门论述银铜比价，有"银两与制钱比价变动表"，并以上谕及奏折内容简论清代银钱比价内容[②]；杨端六《清代货币金融史稿》第三篇，按照年代次序搜集了银钱比价的文献资料，将清代划分为三个时期并论述其"银钱比价变动及其原因、后果与对策"[③]。而相关研究的论文，很少有具体梳理清代银钱比价的整体状况，对于光绪年间银钱比价的内容，大多立足于探讨银钱贵贱：或由银贱钱贵之因引出币制改革[④]，或对清代银钱比价变化三个阶段的原因及影响进行剖析[⑤]。

相比较来说，对于决定金七十儿命运的银钱比价之"钱"，也就是"京钱"的研究较少。彭凯翔先从火神会账本入手，认为京钱有虚实之分，其中对作为"虚货币"的京钱进行阐释，并以"京钱本位"讨论物价、工价与银钱比价⑥，继之定义京钱即"清代降及民国，北京及周边某些地区民间习用的一种虚货币，它以'京钱'为名，充当了市面标价、商铺记账以及私商发行钱票的基本单位"⑦。邵义则探讨了京钱产生的时间和原因等问题，认为"在清代，京钱是指人们行使制钱以一当二的一种特别方式"⑧。

关于光绪年间银钱比价与行窃计赃律例之间关系的研究，目前尚未见到。至于金七十儿盗窃案，亦未曾有专文述及。基于这种情形，本文拟从档案所记载的金七十儿盗窃案入手，梳理清代银钱比价的变化，进而揭示案件所涉及的光绪年间银钱比价、行窃计赃律例与金七十儿命运之间的关联，并以之为据探讨京钱之含义。

一　金七十儿盗窃案

关于金七十儿的身份及相关情况，档案中仅用了 23 个字来描述，"直隶大兴县人，年十八岁。父亲金二，年五十三岁，母亲已故"⑨。整个盗窃案的经过也并不复杂，从光绪二年（1876）七月间到八月二十八日夜被抓获，金七十儿前后共进行四次盗窃，最终因第四次盗窃财物的数额过大而被判处绞监候。

第一次盗窃发生在"光绪二年七月间"，金七十儿"同素识冯立儿等伙窃"，被抓获送刑部。处置结果是金七十儿"右臂刺字，杖责交县管束"，之后"讨保出来，各处负苦"，并且还私自"将臂字销毁"⑩。不久，金七十儿又进行第二次盗窃，八月二十五日，金七十儿"路遇素识王百岁"，"复因贫商同他偷窃"。26 岁的王百岁亦是大兴县人，"在拐棒胡同居住，负苦度日"。"二人在白米斜街地方不知字号染房内窃得蓝布三匹，携赃逃走"。适遇素识"正红旗蒙古玛那洪阿佐领下养育兵"雨子向他们查问，二人遂"向他告知，随分给他布一匹"，金七十儿和王百岁亦各自分得一匹，金七十儿"将布一匹卖钱十吊花用"①。

　　第三次盗窃是由金七十儿一个人进行的。在二次盗窃后的第二天，也就是八月二十六日夜里，金七十儿"独自在鼓楼东地方"偷窃了一个山货铺，窃得"现钱三十五吊，青马褂蓝布衫二件，褡裢小帽等物"。这一次，金七十儿将偷盗的青马褂和蓝布衫等物品"卖给不认识人，得钱十四吊，同现钱一并花用"②。

　　或许正是因为连续两次盗窃的顺利得手和获得的钱财养大了金七十儿的胃口，同时也助长了其行窃行为，两天之后，他又进行了第四次盗窃。正是这次盗窃，使得金七十儿最终被判处绞监候的。

　　第四次盗窃发生在八月二十八日夜，金七十儿又"独自在扁担厂地方"，跳墙进了一家的院内，"拨门进屋"后进行了一次大洗劫。"窃得金表一个，烟壶二个，包金扁方耳挖二只，钳子二副，银牙签一只，银子一两，钱票十五张，共一千零七吊。春罗衫灰绣马褂二件，香色夹棉坎肩二件，驼绣、绿绣金银罗男女套裤共三只，青绣褡包二条，酱绣单袍灰绣夹袄二件，灰绣棉袄、红青单褂、白布汗褂、蓝绣小夹袄四件，女蓝布衫、藕绣女坎肩二件，蓝布大小包袱、红云缎包袱三块，水烟袋、羽绫鞋、白布袜、褡裢、单裤、铜钱平金补子等物"，后携赃而逃。就在金七十儿带着包袱逃走的路上，又一次路遇雨子向其查问。金七十儿"将包袱一个内包衣服等物交给雨子收存"，准备带着其他赃物逃走，不料走到东安门时被"下夜官人"盘获。金七十儿供出"知情分寄赃物"的雨子，以及之前"协同偷盗的王百岁等人"，并"起获各赃"⑬。

金七十儿盗窃案由步军统领衙门咨送刑部，光绪二年十二月，刑部开始会同都察院、大理寺三法司会审，至光绪三年（1877）六月二十三日定拟具题，二十五日奉旨依议⑭。三法司拟定最终处置结果，"查金七十儿前因犯窃杖责刺臂，交县保释后不知悛改，辄将刺字销毁，复又伙窃一次，独窃二次，实属不法。查该犯所窃次数内二次计赃均在一两上下，惟独窃扁担厂住户家一次，计赃逾贯，自应以一主为重科断。金七十儿除销毁刺字轻罪不议外，合依窃盗赃一百二十两以上绞监候律，拟绞监候，秋后处决，照例刺字"⑮。

其他伙同盗窃及分赃之人也同案被定罪。伙窃人王百岁，因"听从金七十儿伙窃一次，计赃一两以上"，故"合依窃盗赃一两以上杖七十，为从减一等律，拟杖六十，右臂刺窃盗二字"。因在案件审理时，王百岁"业已取保病故，应毋庸议"⑯。正红旗蒙古养育兵雨子，除被金七十儿盗窃案牵扯外，还查出其曾于八月二十七日夜"因贫起意偷窃"，在地安门外元成棉花铺内窃得"棉被一床、布鞋一双，将布鞋卖钱七百文，棉被当银三钱五分花用"。雨子因"独窃一次，计赃一两以下，亦应按律问拟"，"除知情分寄赃物轻罪不议外，应革去养育兵，合依窃盗赃一两以下杖六十律，拟杖六十"，因"系旗人，销除旗档"，免刺字。雨子最终"被编入民籍"，"杖责发落，交大兴县严加管束"⑰。所有人犯"所得卖赃钱文，讯系花用，赤贫免追"⑱。

清代"自顺治十年始行朝审之例，令每年于霜降后十日，将刑部现监重囚，引赴天安门外，三法司会同九卿、詹事、科道官逐一审录。若有司称冤并情可矜疑者，奏请减等缓决，其情真者具题请旨处决"⑲。也就是说，刑部拟绞监犯金七十儿按例需经朝审核实后奏请缓决或者秋后处决。此后，光绪三年和四年（1878），金七十儿连续经过两次朝审，均入"情实免勾"之列㉕。由于金七十儿并不符合清制中"亲老疾者则留养"的规定，若不能遇有"俟恩旨，其例得请减者"或者"颁诏"大赦的情形㉖，便不可能获得刑罚减免的机会，进而逃脱秋后处决的命运。

二　清代不同时期的银钱比价

档案中所载，金七十儿盗窃钱物计赃银一百二十两，是根据当时京城地区行窃计赃的"例价"即"京钱二千作银一两"㉗折算所得。清代律例中计赃例价的规定究竟是何时所订，目前未见有确切的记载。但通过现有的档案文献，可以初步梳理清代不同时期银钱比价的大体情形。

清初对于银钱比价或折算有明确的规定，"康熙二十九年议准，制钱务照定例，每银一两不得不足一千之数"㉘。康熙五十九年（1720）工部堂司各官公费发放时，"每制钱九百五十文作银一两"㉙。由于京城制钱钱价日贵，至六十年（1721），原来"市价每银一两易钱八百八十"的状况已无法维持，"每银一两易钱七百八十"㉚。此后，乾隆元年（1736），"工部堂司官公费以制钱九百文作银一两"。十二年（1747），"工部堂司官公费仍自行办理，以制钱八百文作银一两"㉛。

与此同时，雍正至乾隆时期的云南兵饷搭放维持了固定的银钱比价。雍正十一年（1733），"云南昭通一镇，东川、镇雄、寻沾三营每年搭放饷钱，每钱千二百文作银一两"。乾隆元年，"云南督抚两标及云南城守武定、临元等镇营兵饷于乾隆二年（1737）为始，每钱千二百作银一两搭放"㉜。八年（1743），云南新辟府州等处搭放饷银仍为"每钱千二百文作银一两搭放"。此外，乾隆六年（1741）江南兵饷搭放制钱，因"核计成本每银一两铸出钱八百九十六文"，是以"每银一两止折制钱八百八十文"，至八年上谕"著自乾隆九年为始，仍照定例每银一两给钱千文"⑧。

乾隆二十六年（1761）时，外省题咨的盗窃案件，刑部"计赃科罪，俱以每钱一千作银一两，画一办理"，但其实"各省窃钱之案，有每钱一千作银一两者，亦有按照时价每钱一千作银一两一二钱者"⑨。道光十年（1830），京城钱价"每银一两合制钱一千一百文"；二十一年（1841），"每银一两合制钱一千三百文"。咸丰四年（1854），河南"制钱一千六百文作银一两"。同治七年（1868），京城"每银一两合制钱一千二百文"；光绪七年（1881），京城"每库平银一两合制钱一千七百文"⑩。

以上即为官方文献所记载的清代银两和制钱之间的折算，其中，清代后期银钱比价的各种记载及研究不尽相同。如光绪二年的通政使于凌辰奏折中提到，"咸丰、同治间，外省银价，每两制钱三四千文"⑪。而据梁启超《各省滥铸铜元小史》制成的"清代制钱市价表"显示，同治九至十一年（1870—1872），白银一两合制钱数1856文，同治十二年（1873）1782文，同治十三年（1874）1787文⑫。又有银两与制钱比价为"同治九年至十一年，海关银一两合制钱1875文，十二年1808文，十三年1805文"的记载⑬。不同来源的记载在制钱数目上确实存在出入，但同治光绪年间海关银与制钱比价变动的整体趋势大致无异。

当时的文献还记载了银两和京钱之间的折算。如咸丰朝芦商生息银两，即为"五成现银、二成钞票，余三成每两按京钱四千文交纳"⑭。清代银钱的折算规定，大致是以银价为基准的，因此京钱的价格会随着当时银价的变化而变化。如山东黄县钱粮"每两向折京钱三千四百文"⑮，"宁海州每银一两折收京钱四千二百，诸城县每银一两折收京钱四千二百六十”，至道光八年（1828）以来，“通省银价，库平一两值京钱二千五、六、七百文不等，时盈时绌，无甚悬殊”㉖。不可否认的是，银钱比价的变化基本上能够体现当时社会或经济的状况。如热河于乾隆嘉庆年间，“每两折京钱一千七八百文”，至道光二十年（1840）“则每两易京钱三千五六百文”㉗。咸丰三年（1853）、四年，炉头匠役工食银两之三成均为“每两折给各项京钱四千文”㉘。咸丰十一年（1861），“京钱二十千折给实银一两”㉙。

除此以外，又有“当十大钱”之名见诸档案文献。鸦片战争之后，清王朝经历了内忧外患，经济和社会出现了剧烈变化。咸丰三年七月，“京师户、工两局添铸当十大钱，与制钱搭放行用，甚为便利”，故有“通行各直省照式增铸大钱酌拟章程试办”及试铸“当二十、当五十、当百大钱”之事㉚。后“当百、当千者皆旋行旋停，惟当十大钱，行之最久”㉛。“大钱只行于京城，制钱遍及于天下”㉜。至光绪朝时，“物价日昂，钱价日低，民间购物，大钱一千仅敌制钱二百之数，是名虽当十，而实则当二矣”㉝。咸丰同治年间，京市银价每两易大钱“五六千文、八九千文至十千余文不等”㉞，至光绪二年夏秋之际，“京市银价每两易大钱十六千上下”，“以致旗、民交困，生计维艰，日甚一日”㉟。金七十儿因贫盗窃的案件，正是这个时候发生的。

三　金七十儿之命运转折

令人未曾预料的是，经过光绪三年和四年两次朝审缓决的金七十儿，在光绪五年（1879）终于等来了他命运的转折。

在此之前，因“京城行窃计赃，向系按照例价，以京钱二千作银一两计算”㊱，金七十儿行窃的钱票 1007 吊计赃银 120 两以上⑳。直到光绪五年四月二十四日，刑部认定"京师行窃计赃定罪之案，例价与市价悬殊"，因此"奏定章程均照市价计赃"且"奏准在案"⑳。因清制"按律新例轻者，其事犯在前，均应照新例遵行"⑳，故此，金七十儿盗窃案被"按照市价计赃"重新核准刑罚减等。刑部复于光绪五年八月二十三日奏明，金七十儿"行窃钱票一千零七千"，"罪不至绞，应于朝审本内扣除"，由刑部"核其情罪另行办理"，当日奉旨依议⑳。至此，原本定拟绞监候秋后处决的金七十儿总算可以死里逃生。

除金七十儿以外，同时由刑部具奏"罪不至绞"或者"改入缓决"的还有四人，"均系窃赃逾贯拟绞之犯"，分别为黄三、幅崇、郭二和刘氏。其中，黄三"系迭窃拟军配，逃，复窃"，因"得钱四百五十三千"，"遇赦不准援免，酌入三、四等年缓决"；幅崇"行窃钱票六千五百零八千，入于三、四等年情实，免勾"；郭二"行窃银一百一十二两，钱票一千八百千，入于四年情实，免勾"；刘氏则"系行窃衣物当钱三百一十五千，银五钱三分"，新入光绪五年朝审。五人中，黄三、刘氏和金七十儿一样罪不至绞，"于朝审本内扣除"另行办理，幅崇、郭二两人"赃未逾五百两，均应改入缓决本内具题"⑳。因此可以说，此次金七十儿等五名人犯均改变了既定的命运，成为光绪五年"行窃计赃"定罪新章程——"市价定赃"的受惠者。

按照当时律例规定，"六十两杖七十徒一年半，七十两杖八十徒二年"⑳。由刑部"另行拟罪"的金七十儿，因"独窃扁担厂住户家钱票一千零七吊，按市价合银六十两以上"按律问拟，"除销毁刺字轻罪不议外，合依窃盗赃六十两杖七十徒一年半律，拟杖七十徒一年半，于左面刺窃盗二字，并于右小臂补刺窃盗二了，交定地充徒，至配折责拘役"⑳。刑部按律问拟后将金七十儿递交顺天府，顺天府随于光绪五年十一月初六日"将徒犯金七十儿定发新乐县充徒，至配折责拘役"⑬。自此以后，金七十儿这个小人物的命运和生活，已不复见于现存的清宫档案之中。

综观金七十儿盗窃案的整个过程，银钱比价的巨大变化，并未立即引发或推动行窃计赃律例的相应调整。咸丰同治年间，京市银价就已经是每两兑换大钱五千至十千余文，光绪二年夏秋，更是每两银兑换大钱十六千上下。但光绪三年六月份案件审结时，京城地区行窃计赃仍以"例价"为准，"京钱二千作银一两"⑭，故依照窃盗赃律例，金七十儿行窃钱票一千零七吊折合银"一百二十两以上拟绞监候"⑮。直至光绪五年，刑部等机构方因京师地区"例价与市价悬殊"而照"市价计赃"⑯，金七十儿行窃的钱票"按市价合银六十两以上"，也使得其刑罚减等改为杖徒。

清制中虽有相应的减免刑罚的规定，如"留养""恤刑""大赦"等等，但不同于以上原有律例的惯性执行，光绪五年金七十儿等人犯的刑罚减等则是起因于原有律例的调整厘定。确切地说，主要由于当时社会政治和经济的剧烈变化，影响了当时京城银钱比价的浮动，直接导致律例中"行窃计赃"之"例价与市价悬殊"情形的出现，推动刑部等机构奏定章程即对原有律例重新进行厘定。最终，新的律例规定"市价计赃"，京师相关人犯重新核准刑罚，从而改变了金七十儿等一些小人物必死的命运。光绪年间的银钱比价、行窃计赃律例和小人物金七十儿的命运之间，至此完成因果关联，金七十儿盗窃案的特殊性正在于此。

根据金七十儿最终"依窃盗赃六十两杖七十徒一年半律，拟杖七十徒一年半"的刑罚来看⑰，一千零七吊京钱折合白银数额应为六十两与七十两之间。据此推算，光绪五年京钱"市价"

为银一两折合京钱 14385.7—16783.3 文，即银一两可以兑换十四千以上接近十七千的京钱。根据京钱和大钱与白银比价的相关记载，以此数字对照印证，可以看出，光绪初年京钱和"大钱"两者轨迹基本吻合。光绪十四年（1888）三月初一日，户部议覆御史文郁奏请以当十大钱抵银报捐一折，本日奉旨允准，规定按"搭交大钱一成，每银一两折抵大钱十二千"⑭。光绪二十八年（1902）三月"户部奏请旗饷搭放大钱，以当十京钱一吊，扣银七分"，"故京钱一吊，乃当十大钱五十枚，即等于制钱一百文"⑮，从而我们可知京钱与大钱之间的关系。综上所述，京钱并非仅仅是一种"充当了市面标价、商铺记账以及私商发行钱票的基本单位"的"民间习用"的"虚货币"⑯，也不能简单概括为"行使制钱以一当二的一种特别方式"⑰。与其他档案文献中记载的内容相印证，金七十儿盗窃案中提及的"京钱"，即是指咸丰初年以来的"当十大钱"，更确切地说，京钱实际上是基于当十大钱实体之上的一种货币使用和计量方式。进一步讲，是指当十大钱建立的一种与制钱之间"以一当二"的兑换和使用方式。

四　余论

清代档案尤其是官方文书，主要记载了清王朝时期围绕清政权进行的行政管理及公文运转的过程，从中可以寻找到八旗贵族自入关之始巩固政权而后仍未逃脱历代王朝的命运最终走向崩溃的过程。不过，历史永远是人的历史，清代文书档案中也从不同的侧面记录了当时社会各阶层的生产和生活情况。这些记录在清王朝施政的档案中，只是一些碎片的、片段的内容，并不全面和系统，但透过这些碎片和片段，亦足以还原或窥得曾经的历史事件或社会细节。

第一历史档案馆馆藏清代《刑部法部全宗》所记载的金七十儿盗窃案中，光绪年间的银钱比价、行窃计赃律例和小人物金七十儿的命运之间，表面看似毫无关联却彼此环环相扣且终成因果。以光绪五年为时间节点，社会经济导致银钱比价的巨变，推动清代律例行窃计赃从例价变为市价，金七十儿的刑罚也随之出现了从绞监候到杖徒的变化。通过这些清代档案，可以初步了解当时的社会经济和生活现状，而纵观金七十儿盗窃案始末及其个人命运变化轨迹，能够从一个侧面窥探当时清王朝内外交困的大概情形，以及在颠簸前行的大历史背景下，身处社会底层的小人物那种无法摆脱被时代裹挟的生活及命运。光绪年间的这桩普通的金七十儿盗窃案，其案件走向揭示了一个极简单的道理：大历史的进程影响小人物的命运，小人物的命运折射大历史的进程。

故此，通过历史档案的碎片式记载，可以捕获和梳理历史事件发展的脉络，观察和了解当时社会小人物的命运，能够在目前系统架构的历史大框架之下，补充更多的局部或细节，并以此勾勒出更完整更丰满的大历史。同时，这种梳理和观察从叙事入手但又不仅止于此，而是以辩证的思维、交叉的视野，于事件的发生发展当中，发现其间的因果关联，从而为发掘和探索当时的社会、经济、制度、文化、生活等各个领域的问题提供更多可能。此亦即为历史档案价值之所在。

注释：

①㉜ 彭信威：《中国货币史》，上海：上海人民出版社，1958 年版，第 623—624 页。

②㉝⑥⓪ 张家骧：《中华币制史》，郑州：河南人民出版社，2017 年版，第 30—33 页。

③ 杨端六：《清代货币金融史稿》，武汉：武汉大学出版社，2007 年版，第 169—212 页。

④ 王宏斌：《论光绪时期银价下落与币制改革》，《史学月刊》1988 年第 5 期，第 47—53

页。
⑤ 石书平:《清代银钱比价关系探微》,《辽宁师大学报(社科版)》1999 年第 6 期,第 73—75 页。
⑥ 彭凯翔:《近代北京货币行用与价格变化管窥——兼读火神会账本(1835—1926)》,《中国经济史研究》2010 年第 3 期,第 91—100 页。
⑦(61) 彭凯翔:《“京钱”考》,《江苏钱币》2013 年第 2 期,第 13—20 页。
⑧(62) 邵义:《清代京钱小考与〈红楼梦〉所设地点辨析》,《清史研究》2014 年第 2 期,第 136—141 页。
⑨⑮⑰⑱ 中国第一历史档案馆藏:刑部法部全宗,档号:16—01—002—000277—0041。关于金七十儿的年龄,刑部法部全宗,档号:16—01—002—000277—0042 供单记载为“年十九岁”。
⑩⑪⑫⑬⑯ 中国第一历史档案馆藏:刑部法部全宗,档号:16—01—002—000277—0034。
⑭ 中国第一历史档案馆藏:刑部法部全宗,档号:16—01—002—000277—0037。
⑲ (康熙)《钦定大清会典》卷 130,刑部二十二 · 朝审。
⑳㊽(57) 中国第一历史档案馆藏:刑部法部全宗,档号:16—01—002—000277—0036。
㉑ (光绪)《钦定大清会典》卷 56,刑部 · 尚书郎。
㉒㊻㊾㊿(51)(55) 中国第一历史档案馆藏:刑部法部全宗,档号:16—01—002—000277—0039。
㉓㉕ (乾隆)《钦定大清会典则例》卷 44,户部 · 钱法 · 钱价。
㉔㉖ (乾隆)《钦定大清会典则例》卷 51,户部 · 俸饷上 · 京官月费。
㉗ (乾隆)《钦定大清会典则例》卷 44,户部 · 钱法 · 搭放省饷。
㉘ (乾隆)《钦定大清会典则例》卷 52,户部 · 俸饷下 · 直省兵饷。
㉙(56) (嘉庆)《钦定大清会典事例》卷 622,刑部三十九 · 刑律贼盗 · 窃盗。
㉚ (光绪)《钦定大清会典事例》卷 220,户部六十九 · 钱法 · 钱价。
㉛㊶㊷㊸㊹㊺ 中国人民银行总行参事室金融史料组:《中国近代货币史资料》第 1 辑,北京:中华书局,1964 年版,第 515—516 页。
㉞《大清文宗显皇帝实录》卷 242,咸丰七年十二月下丙子。
㉟《大清宣宗成皇帝实录》卷 139,道光八年七月辛酉。
㊱《大清宣宗成皇帝实录》卷 149,道光八年十二月癸未。
㊲《大清宣宗成皇帝实录》卷 334,道光二十年五月丙申。
㊳ (光绪)《钦定大清会典事例》卷 891,工部三十 · 鼓铸 · 出钱。

㊴（光绪）《钦定大清会典事例》卷 220，户部六十九·钱法·钱价。

㊵ 中国第一历史档案馆藏：军机处上谕档，咸丰三年七月二十五日，第 2 条。

㊼ 中国第一历史档案馆藏：刑部法部全宗，档号：16—01—002—000277—0035。

㊷ （光绪）《钦定大清会典事例》卷 789，刑部六十七·刑律贼盗·窃盗一。

㊾㊿㊽ 中国第一历史档案馆藏：刑部法部全宗，档号：16—01—002—000277—0040。

㊿ 中国第一历史档案馆藏：宗人府全宗，档号：06—01—001—000699—0153。

（原载于《吉林师范大学学报（人文社会科学版）》2021 年第 2 期）

中法关于 1844—1848 年
在琉法国传教士之交涉考

李中勇

　　1843 年底，法国拉萼尼使团肩负外交大臣基佐关于与中国缔约、开埠及寻找远东军港的使命从法国布列斯特港出发驶华，最终迫使中国签订了著名的丧权辱国条约——中法《黄埔条约》。为配合签约谈判，同时最主要基于在远东寻求海军基地与东进日本的目的，同行的法国印度支那舰队与巴黎外方传教会合作，于 1844 年至 1846 年三次向琉球派遣传教士，在当地进行情报刺探、语言学习与联络等活动，为最终以琉球为跳板打开日本国门做准备。在这期间，琉球分三个阶段，多次向宗主国中国求援，恳请中国与法国交涉，促使法国将所留传教士撤离。然而，一方面，刚刚在鸦片战争中惨败的中国在外交上处于绝对守势，客观上于此事无力有效斡旋；另一方面，法国基于自身目的，对于中国之交涉极力推托。虽最终撤侨，却是基于本身实际因由。中国清政府在这一过程中扮演的角色，反映了其刚刚被迫踏入近代国际关系时于外交上的无知与迷茫，虽力图维系中琉传统的宗藩关系，但在外力介入时的无力驾驭，却客观上加速了这种关系的瓦解。

一　法国海军与巴黎外方传教会的合作

19 世纪 40 年代前后，法国在远东地区一直没能像葡、英等国一样占有稳定的据点，特别在中国，其不得不借助葡、英所据澳门、香港等地以进行贸易与传教等活动。这种受制于人的状况促使法国政府迫切要求在远东地区寻找一可靠军港以作为其在当地活动的桥头堡。

1841 年，法国商业大臣克宁一格就曾建议在暹罗湾与印度支那海岸建立海军基地。1843 年，在法国议会的一次辩论中，法国外交大臣基佐也认为必须效法英国与荷兰，在世界各重要地区建立商港与军港，以便与各列强竞争①。因此，基佐在拉萼尼出使中国之前的训令中明确指出，"我王已决定，今后应在中国和印度海面派驻一支海军舰队，其任务在于保护我们在那里的政治与商业利益，并在一旦需要的情况下出面用武力进行捍卫"，因此必须竭尽一切所能在接近中国的地区寻找一个海港以作为法国海军的基地②。

当时，纳入法国政府目标范围的有苏禄群岛上的巴西兰岛与安南北部的东京一带。1844 年，拉萼尼在完成与清政府的中法《黄埔条约》谈判后，利用双方换约时机，于当年 12 月 21 日与瑟西尔赶赴吕宋巴西兰岛就军港一事进行考察，却不料被早已盘踞吕宋的西班牙捷足先登，法国妄图将巴西兰岛变为自身殖民地军港的计划落空③。

作为法国在远东军事力量的代表，法属印度支那舰队从一开始便积极投入到寻找军港的行动中。其多方收集情报，在远东地区进行刺探性的活动，除上述两个地区以外，琉球亦是其重要目标。

法国早期在远东的殖民与传教活动是密不可分的。作为法国

两大教会组织之一的巴黎外方传教会早自 1663 年成立后就一直
在亚洲活动。1832 年，教皇以朝鲜为中心，设立了包括琉球群
岛在内的新的教区，以图将传教活动进一步渗透到日本。然而，
至 1839 年，巴黎外方传教会在朝鲜的传教活动由于朝鲜闭关
锁国的政策而宣告失败，外方传教会遂将注意力转向琉球群岛。
1843 年，哆尔加助等两名传教士被派往澳门，命以琉球为跳板
找到进入日本的方法。与此同时，泊于澳门的法属印度支那舰队
正在多方寻找合适的军港。得知教会计划向琉球派遣传教士的消
息后，舰队司令官瑟西尔在未向巴黎报告的情况下，迅速形成了
一个周详的计划，即由海军派遣一艘战舰武力护送传教士到达琉
球，此举一方面展示法国武力，另一方面可令传教士在当地学习
语言，同时了解当地政治经济状况，以便在不久的将来同琉球签
订通商条约，将琉球置于自身的保护之下，建立法国自己的海军
基地。当瑟西尔将此计划向澳门的巴黎外方传教会提及时，双方
一拍即合，传教士哆尔加助及翻译粤五思旦被迅速派往琉球④。

　　1844 年 4 月 28 日，法舰阿尔迈那号在船长哆尔烈路璞朗的
率领下进入琉球那霸港口⑤，以购买食物及修船木料为借口⑥，
登陆上岸。随后，哆尔烈路璞朗致信琉球国王尚育，要求"通和
结好、往来贸易"，并派执事哆尔加助、通事粤五思旦在此学习
语言⑦。不料此两项要求却被琉球严词拒绝——"敝国蕞尔疆疆、
土瘦地薄，物产不多，金银无出，不能广与他国交通"⑧。同时，
琉球请求哆尔烈路璞朗将哆尔加助二人带离。然而，5 月 6 日，
哆尔烈路璞朗强行将哆尔加助二人留下后即率舰离去。法船先往
舟山，八九月间返抵广东⑨。

　　实际上，法国此行的目的远不止哆尔烈路璞朗所说的通商贸
易那么简单。留琉之法国传教士哆尔加助随后将法国的意图对琉
球官员和盘托出："琉球虽穷，所产无多，然英国见其居于中国、

日本之间，两国货船可聚于此，遂有心取之者不一年矣。欲阻其谋，惟有二计，一或格外保护，一或先自取之。但先自取之则公义难保；格外保护，我心之愿也。"[⑩]其意欲将琉球纳入法国殖民地范畴，实现法国海军建立远东军港的目的昭然若揭。同时，夥尔加助并请在琉球传播天主教。通事粤五思旦亦出言恫吓，"凡天下不与吾西土通好者，伐之"，"琉球不同西土和好，必为西土疆国所有"。面对耸听危言，琉球当局意识到其背后阴谋，遂以自身为"天朝属国"，不能自主为由，拒绝了其"保护"、传教之请求。然夥尔加助不予理会，"动有借端生事之机"[⑪]。琉球在向日本萨摩藩请示后，决定趁本年例贡之机将此事报告宗主国——中国清政府，请求清政府出面对法交涉，以求法国速将夥尔加助、粤五思旦二人撤出琉球[⑫]。中法关于在琉法国传教士之交涉正式拉开序幕。

二　中法交涉之第一阶段

1844 年秋，琉球遣正使耳目官毛嘉荣、副使正议大夫郑元伟等率领进贡使团于 11 月初到达厦门，随后秘密行文福建布政使司，告以法舰抵琉，强留执事通事之事。闽浙总督刘韵珂得到藩司徐继畬有关此事的详报后，因事关夷务，不敢怠慢，遂于 12 月 4 日由驿驰奏道光帝，并从传统的封贡体制中清政府所负有的道义责任出发，主张对法交涉此事："臣等伏查琉球为天朝属国，称臣奉贡，最为恭顺。此次佛兰西兵船闯入其境，以通和传教为词……我皇上为华夷共主……自不容置之不论不议。"[⑬]

鸦片战争以前，清政府认为同外国关系仅是"理藩而已，无所谓外交也"。俄国使臣来华，沿例由理藩院接待，其他各国均由礼部接待办理。鸦片战争后，广州一口通商体制被打破，但清政府仍力图避免与欧美列强直接接触，令两广总督专办与欧美国家交涉，特加钦差大臣头衔，称"五口通商大臣"。因此，在如何与法交涉的问题上，刘韵珂认为："现在闽省并无佛国人船，无从察办。查该国使臣拉萼尼现正在粤省与钦差大臣两广督臣耆英筹议通商事宜。"因此建议道光帝谕令钦差大臣兼任两广总督的耆英与正在广州的法国公使拉萼尼交涉，核实法人驻琉事件，体察情形，设法开导，"谕令"拉萼尼将所留之执事夥尔加助等接回。

道光帝在 12 月 22 日御览刘韵珂上奏后，当日连发两道谕旨，其一谕令福建督抚转咨琉球国王，清政府对琉球国王"恪守臣节，将此事源委详晰咨明"表示肯定；同时告知"现已谕两广总督耆英代其查办此事，待有详细结果后再行通报"⑭。其二则谕令两广总督耆英："前据耆英奏，佛兰西夷使到粤陈请各款，有中国所属之琉球等国，准予据守亦有裨益之语。该督等设法劝谕，逐款言明，所有妄议各情，均即不复提起。旋据议定通商条约，业已照议准行矣。"⑮随后道光帝告以法舰抵琉前情，并提出了自己的看法："琉球国所见佛夷战船在本年三月间，自系在条约未定之先。现在该国通商事宜既经定议，自不应再至天朝属国别生事端。"⑯并谕令耆英就此事进行详查，迅速复奏。

道光帝的谕令中，谈及耆英于本年 10 月 18 日上奏中所提法国欲占琉球一事⑰，当是夥尔烈路璞朗自琉球回棹广东，向拉萼尼等谈及琉球臣属中国，拒绝贸易一事后，法国就此向清政府所做之交涉，希望中国应允，不料耆英对此一口回绝，同时拒绝的还有法国请求派驻使节、中国向法派员学习修船铸炮技术、法国在虎门地方建楼居住等要求⑱。道光帝对法国战船于未签条约之前驶入琉球一事表示不予深究，但同时表示中法既已签约，就不应该再到天朝属国生事，将琉球视为中华一体，签约主体理所应当包括琉球在内。道光帝令耆英等核查此事情实与否，如果情实，则以中法《黄埔条约》为据，设法劝导。

道光帝上谕发出的前一日，法国公使拉萼尼已离开广东前往吕宋巴西兰岛考察军港事宜。因此，耆英无法直接与其交涉，遂令选道潘仕成向在澳门居住之法国使团人员、翻译加略利及商人隆铎等打探，得知哆尔烈路璞朗兵船确有到过琉球一事，但已于八九月间回广东，并无复往，且不久即将返法，而对留琉之法人信息则"尚未查有确据"。于是，耆英遂于 1845 年 1 月底将探查结果上奏："现在探查路璞朗兵船由琉球驶回粤省，并无复往，此外又别无兵船前去。似其觊觎之心已息，谅不至再生事端。纵以传习天主教为由，强留二人在彼，该国既不遵奉其教，似亦技无所施。"⑲

耆英认为法欲占领琉球一事既经琉严词拒绝，则法国原有之计划恐已取消。至于法所留二人在琉传习天主教，他认为只要琉球不予遵奉，则于该国并无威胁。

然而道光帝对于耆英敷衍了事的做法却并不认同，要求对法国留琉二人一定要追查到底。2 月 16 日，道光帝上谕："仍著耆英随时察访，并俟今春拉萼尼到粤设法探询。"⑳同时令耆英将现查情形移咨闽浙总督转告琉球。

5 月底，琉球贡船回棹之际，福建藩司将相关情况咨复琉球国王尚育，并令琉球贡船顺便带回㉑。中法双方关于在琉传教士第一阶段的交涉在无任何结果的情况下，宣告结束。于清政府来说，至此唯一确定的是法国军舰实有到达琉球一事而已。

三　中法交涉之第二阶段

然而，哆尔加助二人在琉并未离开。1845 年 9 月初，琉球趁接贡之机，再次携带两份咨文，分别报告哆尔加助二人并未撤回及英国船只到彼八重山等地量水探地情形，请求清政府再与法国交涉。但本年接贡船只在海上遭风，下落不明，未能抵达闽省。相关文件以底稿的形式于第二年由琉球贡使带到福建㉒。

　　实际上，先前，耆英在得到道光帝令其随时查访的上谕后，道光帝又于 4 月 10 日㉓、7 月 8 日㉔两次谕令耆英查访"所留执事通事二人是否仍在琉球"，足见其对此事的重视程度。7 月中旬，拉萼尼从吕宋败兴而归，回到澳门。耆英随即与其就此事展开交涉。拉萼尼回复"系伊未到粤省之先，兵头瑟西尔遣人前往，今既与中国定好，伊于前赴通商各口之便，即当将该二人撤回，以后断不再令前往"㉕。在确定实有夥尔加助二人滞留琉球后，耆英一改先前"其觊觎之心已息"的判断，认为其仍"意存觊觎"，但"今既据称即将该二人撤回，断不再令前往，似可不致另有他虞"㉖。不久，拉萼尼与瑟西尔各自正式就此事回文，耆英随即抄送咨行福建，相关文书于 9 月 30 日到闽㉗。刘韵珂在将二人的文书对比后，认为事情已经解决，遂令藩司于 10 月 4 日咨会琉球在闽行馆，告以前情，并要求将夥尔加助二人离琉日期转告福建㉘。遗憾的是，由于本年接贡船只遭风未到福建，琉球方面似乎未能接到此反馈信息。

　　据后来事态发展，拉萼尼所谓"赴通商各口之便，即当将该二人撤回"，只不过是推诿之词。其于 1846 年 1 月便已回国，未见对此事有何措施。夥尔加助二人仍在琉球逗留。随着 1846 年 6 月，瑟西尔访问琉球，要求订约通商，琉球事件向着更严重的方向发展。

四　中法交涉之第三阶段

　　1846 年 5 月 1 日，在并无本国授权与指示的情况下㉙，瑟西尔派法国战舰沙滨号作为先遣舰，在舰长摄蓝的指挥下，带着另一名传教士伯多禄复抵琉球。6月4日及5日，法舰胜利号及歌丽巴德皇后号分别在黎我与瑟西尔的率领下抵达琉球，要求"与该国结好，以做生意"[30]。瑟西尔原认为夥尔加助等在琉学习语言已届两年，各方面情况已比较了解，与琉球签订通商贸易条约的时机已经成熟，并计划进一步带夥尔加助等人再至日本长崎以辅助签定类似条约，最后至朝鲜调查1839年大主教范世亨、谋旁及沙士当等人被处斩事件[31]。不料瑟西尔在首站琉球便遇挫折。虽"经琉球国王遣员与伊面议，一一熟筹"[32]，其结好通商、保护、传教等要求仍被琉球拒绝[33]。无奈之下，没有本国授权的瑟西尔不便强行开战以迫使琉球屈从，遂决定将此事上报本国政府后再作处置。但为沟通、翻译起见，又强留传教士伯多禄在琉等候法国政府回文[34]，将夥尔加助与粤五思旦二人于7月17日带往日本与朝鲜，后再回中国。

稍后，法国远东舰队司令官易人，拉别耳代替瑟西尔之职，传教士亚臬德被派往琉球主持当地传教事宜[35]。在军舰的护送下，亚臬德于9月8日从香港出发，9月15日抵达那霸，仍以瑟西尔之名义致信琉球政府："伯多禄孤居不便，再留亚臬德陪伴同居。"[36]琉球虽仍婉言坚拒，但亚臬德还是在琉留了下来。

另外，同年4月30日，受英国"琉球海军使节团"的派遣，英国传教士伯德令亦来到琉球[37]，进行传教、行医和情报刺探等活动。

面对英、法武力压境要求通商、保护、传教等情况，琉球为之"愁虑无计"，遂于本年秋季进贡之机遣贡使向元模等密咨福建藩司，请求上奏交涉，以求将伯多禄与亚臬德二人撤离。

原以为夥尔加助留琉事件已经解决的闽浙总督刘韵珂等因不了解英、法真实意图，对此甚感困惑，"究竟佛、英两国果否欲与该国结好通商，抑仍欲广传其教，或竟心怀叵测，现惟不克悉其底蕴"㊳。但刘韵珂仍从中琉封贡关系角度出发，将此事于 12 月 8 日上奏道光帝，建议在广东与英、法再次交涉。同时"仍咨两广督臣向佛、英两酋设法劝谕，俾琉球得免惊扰以示体恤"㊴。

道光在了解情况后，亦感事态紧急，为此先后五次颁发谕旨，令耆英与英、法交涉；耆英在收到道光谕旨后，也三次上奏报告交涉情况。

1847 年 1 月 5 日，道光在览悉刘韵珂奏折后，以五百里加急向耆英发出第一道谕旨，令耆英迅速照会英、法两国以求事态解决："著耆英等接奉此旨，即向佛、英各酋曲加劝导，晓以成约之不可违，谕以小利之不可取，务使各将兵船及侨寓人等悉数撤去，以免惊疑而符定约，是为至要。"㊵道光帝援引 1842 年中英《南京条约》与 1844 年中法《黄埔条约》，暗示琉球非中国通商口岸，要求英、法两国遵守定约，将本国传教士撤出琉球。

另一方面，耆英在接到刘韵珂"飞咨"后，随即展开交涉。此时拉萼尼已经回国，瑟西尔也已离职不在广东，但耆英仍"备文交给在粤佛兰西夷目"转交瑟西尔，要求"将伯多禄等即行撤回"。同时，耆英行文闽浙总督，要求"密饬琉球使臣，将佛、英二夷所留之人，妥为安顿防范，约束国人勿与交接，俾各夷无可希冀，免生事端"㊶。随后，在道光帝 1 月 5 日的上谕到达前，耆英将上述情况第一次片奏道光帝，并表示"俟接有复文，再行相关办理"。

居留泊村的亚臬德与伯多禄二人行动原颇自由，而后却被严加监视，甚至被当地民众敌视。1847 年，琉球王尚育去世，于 10 月 17 日出殡，亚臬德二人为示尊敬，亦赴首里吊唁，竟被当地民众袭击㊷。二人有此遭遇，未尝不是耆英"妥为安顿防范"指示的结果。

道光帝 1 月 5 日的上谕到达广东时，瑟西尔的复文尚未到达耆英处，但耆英先前照会英国公使德庇时的交涉此时有了回复，遂第二次拟定奏折将相关情况上报。对此事甚感疲惫的耆英向道光帝表示，琉球"四面滨临外洋，各国兵船乘风驶往，暂时停泊，在所不免。若必欲由中国概行禁阻，恐亦鞭长莫及"。至于传教的伯多禄、伯德令等，"该国唯当示以镇静，严禁土人勿与交通"，则"该夷等无技可施，自当废然而返。若此时亟加驱逐，恐不免阳奉阴违，徒烦辩论"[43]。

其如此上奏，意在清朝国力衰微的客观情况下，推脱交涉之责，同时仍建议琉球采取消极抵抗政策。除此以外，耆英因常年与欧美各国打交道，对近代国际形势渐有了解。其对英、法在琉意图给出了自己较为深刻的分析：

> 再，臣等风闻东洋各国，惟日本素称富饶，西洋诸夷不得前往贸易，未免垂涎。上年秋间，佛夷即有欲赴日本之说，英、米二夷亦颇思附和。而德庇时此次回文亦以琉球附近日本为词，似该夷等欲通日本而借琉球为东渡津梁。其兵船前往，意在测量水路曲折，其留人在彼，因以侦探日本虚实。虽夷情变幻多端，殊难悬揣，而传闻必非无因，其意殆别有所注[44]。

这里，耆英关于英、法欲东进日本的分析大抵是符合当时客观情况的。然而，道光帝要求他就撤出传教士一事与英、法交涉。为此，耆英采取了一贯的延宕之法，"现在德庇时既借词推宕，若徒向该酋驳辩，恐未必遽能折服。似应俟佛酋瑟西耳复文到日，如果尚无胶执，再向德庇时相机开导，或亦易于转圜"[45]。耆英指望英、法事同一律，好有说辞，实际上只不过是不得已的假设而已。道光帝收到耆英此次上奏后，于 2 月 24 日第四次谕令耆英：

"该两夷遣往琉球之人，何时撤回，该督即随时驰奏。"[46]

耆英在将备文交涉的情况第一次片奏后，于 2 月 5 日接到道光帝第二次的相应谕令，仍要求耆英相机办理，迅速复奏[47]。当时，因情势急迫，就在道光帝对耆英第二道上谕发出之后两天，琉球贡使在北京分别于 2 月 7 日[48]、9 日[49] 将英、法等国驶琉之事咨告礼部，请求转奏。此时，耆英的第二道奏折尚未到达北京，道光帝在 2 月 10 日又第三次谕令耆英："此事既未便颁给佛、英敕谕，令其撤回侨寓人等，又不值遣兵前往与之理论。惟在该督仰体此意，复向佛、英各酋反复晓谕，使知成约既不可违，小利亦无可取，务使各将逗留人等悉数撤去。"[50]

此时，道光仍然坚持为琉球交涉，也认识到佛、英二夷"不就自己范围"，不能以敕谕的形式对其发号施令，但又不能以武力与之对抗。唯一选择仍然是令耆英"反复交涉"。

耆英接到道光帝的第三次谕令时，瑟西尔的复文亦刚好到达。文中，瑟西尔表示其在知悉琉球"系天朝属国，不能与别国结好"的情况后，已将此事上报本国政府定夺，一年之内便有回文。至于留伯多禄等二人在彼，实为听候回文，以便翻译。回文到时，即将二人撤去[51]。耆英认为瑟西尔在了解琉球国情后，其看法已与自己大致一致，撤出传教士之言尚可相信，唯需让琉球稍作等待便可，遂将上述情况第三次上奏道光帝。道光帝在收到耆英此道奏折后，亦认为事情大体解决，于 3 月 26 日第五次谕令耆英："相机妥为之。"[52] 随后，闽浙总督刘韵珂接到耆英关于此事的咨会，令藩司将相关情况转咨琉球，让其"无须忧虑"[53]。然伯多禄、亚皋德二人仍在琉球。"日夕焦思、别无筹策"的琉球哪能不忧，遂又于 1847 年 9 月通过接贡船只再次向福建藩司递交咨文，请求交涉[54]。但这次清政府应是接受了耆英的建议，上下并未有所行动，认为琉球唯须等待法国回文之时，便可将伯多禄等二人撤回。

　　然而，自拉萼尼在吕宋的行动失败以后，法国外交部对在远东寻找军港一事便持消极态度。瑟西尔所谓等待"法国回文"之词，多半是其一厢情愿。当时，法外交大臣基佐在回文法海军部的一份陈述中说道："我们在欧洲有足够多的重大及复杂问题需要处理……在近东疏于行动，在阿尔及利亚有许多困难的任务需要完成，在美洲也有大量重要事务，没有必要再将我们自身陷于世界上其他地方的冒险行动当中……在印度与中国海域，没有必要再去从事一些牵涉法国大量精力及花费高昂的活动。"㉟1847年，欧洲爆发经济危机，各国社会矛盾与民族矛盾丛生。可以推测，在此种情况下，法国外交部对于瑟西尔在远东琉球的行动并未抱多大兴趣。1848年2月，法国爆发"二月革命"，七月王朝被推翻，法国自顾不暇，无力东顾。身在中国的法国海军舰长及传教士们隔岸观火般了解到法国国内的风云变幻，静静等待着新时期的到来。同时，由于夥尔加助等人在琉传教效果甚微，1848年初，巴黎外方传教会大幅消减了在琉传教士的活动经费，相关人员已无留琉必要㊱。8月，法国派遣兵船将伯多禄接回（亚臬德已于本年7月病故）。11月，琉球贡使向统绩等至闽入贡，将此消息告知清政府，并归功于清朝"皇上德威所被"㊲。持续四年之久的中法关于撤回驻琉传教士的交涉终告一段落。然英国传教士伯德令仍在琉球，并且随后生出了一系列让琉球政府大伤脑筋之事。实际上，琉球近代的苦难自此才刚刚拉开序幕。

注释：

①*La Chine et le Japon*（《中国与日本》）第一卷，巴黎1860年版，第8—9页。

②Lavolee：*France et Chine*（《法国与中国》），巴黎1900年版，第13—14页。

③John F.Cady：*The Roots of French Imperialism in Eastern Asia*，Cornell University

Press,1954,pp.57—58,p.60。

④㉙Meron Medzini:*French Policy in Japan During the Closing Years of the Tokugawa Regime*,Harvard University Press,1971,p.5,p.7,pp.7—8。

⑤张雁深:《中法外交关系史考》,长沙:史哲研究社,1950 年版,第 52 页。

⑥⑦滨下武志等:《历代宝案》第 15 册,《佛英情状》,台北:台湾大学,1972 年影印本,第 8737 页。

⑧滨下武志等:《历代宝案》第 15 册,《佛英情状》,第 8738 页。

⑨张雁深:《中法外交关系史考》,第 53 页。

⑩⑪滨下武志等:《历代宝案》第 15 册,《佛英情状》,第 8738—8739 页。

⑫[日]西里喜行:《鸦片战后东亚的外侮与琉球问题——以道光、咸丰时期为中心》,张启雄:《琉球认同与归属论争》,台北:"中央研究院"东北亚区域研究所,2001 年版。

⑬中国第一历史档案馆藏:军机处录副奏折,闽浙总督刘韵珂等奏为接准琉球国王密咨内涉法人无故入境等情请饬查询等事,道光二十四年十月二十五日,档号:3—7756—115。

⑭⑮⑯中国第一历史档案馆藏:军机处上谕档,道光二十四年十一月十三日,第 1 条。

⑰⑱《道光咸丰两朝筹办夷务始末补遗》,两广总督耆英奏驳斥佛酋要求进京等事与开导弛禁开主教之请,台北:"中央研究院"近代史研究所,1965 年影印本,第 99 页。

⑲㉕㉖《筹办夷务始末》道光朝卷七十四,台北:文海出版社,1971 年影印本,第 6132—6136、6163—6164、6163—6164 页。

⑳中国第一历史档案馆藏:军机处上谕档,道光二十五年正月初十日,第 1 条。

㉑滨下武志等:《历代宝案》第 15 册,《佛英情状》,第 8740—8745 页。

㉒㉚㉝㉟㊱㊲㊳㊴㊵中国第一历史档案馆藏:军机处录副奏折,闽浙总督刘韵珂等奏为接准琉球国王密咨关涉英法两国兵船连年驶往等情事,道光二十六年十月二十日,档号:3—7756—117。

㉓中国第一历史档案馆藏:军机处上谕档,道光二十五年正月初十日,第 1 条。

㉔中国第一历史档案馆藏:军机处上谕档,道光二十五年正月初十日,第 1 条。

㉗《道光咸丰两朝筹办夷务始末补遗》,闽浙总督刘韵珂片,佛夷照请转咨琉球国王愿将在琉佛夷撤回,台北:"中央研究院"近代史研究所,1965 年影印本,第 126—127 页。

㉘滨下武志等:《历代宝案》第 15 册,《佛英情状》,第 8755—8756 页。

㉛张雁深:《中法外交关系史考》,第 53 页;Meron Medzini:*French Policy in Japan During the Closing Years of the Tokugawa Regime*,Harvard University Press,1971,p.6。

㉜㉞(50)(51)(52)(53)(54) 中国第一历史档案馆藏:军机处录副奏折,两广总督耆英奏为现接法复文逗留琉球法人拟一年内撤回等事,道光二十七年正月二十二日,档号:3—7756—122。

㉟ 张雁深:《中法外交关系史考》,第55页。

㊵ 中国第一历史档案馆藏:军机处上谕档,道光二十六年十一月十九日,第1条。

㊶ 中国第一历史档案馆藏:军机处录副奏折,两广总督耆英奏为接准闽省来咨备文交给法人头目转交侵入琉球兵头谕令即行撤回等事,道光二十六年十二月二十日,档号:3—7756—118。

㊷ 张雁深:《中法外交关系史考》,第56页。

㊸㊹㊺ 中国第一历史档案馆藏:军机处录副奏折,两广总督耆英等奏为遵旨劝谕英法两国撤离琉球国情形事,道光二十七年正月初十日,档号:3—7756—121。

㊻ 中国第一历史档案馆藏:军机处上谕档,道光二十六年正月初十日,第1条。

㊼ 中国第一历史档案馆藏:军机处上谕档,道光二十六年十一月十九日,第1条。

㊽ 中国第一历史档案馆藏:军机处上谕档,道光二十六年十一月二十二日,第1条。

㊾ 中国第一历史档案馆藏:军机处上谕档,道光二十六年十一月二十四日,第1条。

(55) 滨下武志等:《历代宝案》第15册,《佛英情状》,第8763—8765页。

(56) 滨下武志等:《历代宝案》第15册,《佛英情状》,第8767—8774页。

(57) 中国第一历史档案馆藏:军机处录副奏折,闽浙总督刘韵珂奏为接到琉球国王咨报留住法人已经撤回等事,道光二十八年十二月十五日,档号:3—7756—123。

（原载于《历史档案》2016年第2期）

清末京师筹办自来水新探

朱琼臻

　　自来水系统是城市建设的一个重要组成部分。大体而言，北京自来水相关研究可分为两类：第一类是研究城市史的专著，部分涉及北京自来水公司的发展，如北京自来水集团公司的《北京自来水发展史（1908—1990）》①、史正明的《走向近代化的北京城——城市建设与社会变革》②、袁熹的《北京近百年生活变迁（1840—1949）》③等。第二类是研究京师自来水公司的学术论文，如谷银波的《清末民初的京师自来水公司》④、刘流的《公用事业类的私营企业艰难成长之一例——记解放前北京市自来水业的变迁》⑤、苏秀英的《北京自来水公司研究1908—1937》⑥、田玲玲的《矛盾与冲突——北京自来水公司的早期发展》⑦等。这些论文主要依据《北京自来水公司档案史料（1908年—1949年）》⑧一书中收录的档案史料，从光绪三十四年（1908）京师自来水公司初设开始论述，从而归纳京师自来水公司创建的背景、过程、经营等情况。

　　目前，相关研究所关注到的最早的官方记载，是光绪三十四年三月十八日农工商部大臣溥颋等人所奏："京师自来水一事，于卫生、消防关系最要，迭经商民在臣部禀请承办……为京师切要之图，亟宜设法筹办。"⑨而事实上，早在光绪二十四年（1898）八月初五日，内阁学士徐琪和兵部候补主事费德保就分别具奏请旨设立自来水公司。此外，在京师自来水公司正式创建前的光绪二十四至三十四年间，比利时、美国、西班牙、奥匈帝国等国的洋商或以单独承办名义，或以与华商合办名义，先后申请创办北京自来水公司。虽然最终清政府从"自来水关系地方要政"角度考虑，决定由中国自行筹办，但不可否认，这些洋商在资金筹集、设备购置、工程设计、水源选择、人员设置等方面做的准备工作，为后来中国自行创办京师自来水公司提供了不可或缺的参考资料。本文拟着眼于光绪三十四年京师自来水公司设立之前，从国内开明人士的呼吁和国外洋商的争相竞办等前人未曾触及的角度，充分挖掘中国第一历史档案馆藏清代档案，探讨这些因素对京师自来水创建和发展所起到的积极作用。

一　清末开明人士的呼吁

清末开明人士的倡导呼吁是推动京师自来水系统创建的一个重要因素。一些"开眼看世界"的有识之士和力推"洋务新政"的政府官员审时度势，呼吁学习西方先进科学技术，效仿西方治理城市的体系。光绪二十四年八月初五日，内阁学士徐琪奏称，"日本使臣到京，恒以京师不设自来水管为疑"[⑩]。他事先了解到，"自来水管之法系于百里或数十里外有水泉甘美之处设立水厂，由彼处安置铜铁之管，以达于各居民铺户之前，无论远近皆可以到。居民欲取水时不拘窗隙柱间，但令将管安妥，去其螺旋，水即涌出。若将螺旋安上，其水即止"[⑪]。而且中国已有成功先例，"前数年江南科场以此法行于贡院，士林已欢其便。今若施之京师，非独百姓食德饮和，即异邦人见之亦俱仰盛世振兴之速"[⑫]。他指出，七月二十日皇帝已发谕旨饬令修整京师道路沟渠，"若街道既修而自来水管不设，既恐水车过多压损路脉，而泉源尚杂，仍觉有滞清机"⑬。因此，建议在修路的同时，设立自来水厂并铺设自来水管，一举两得。

是日，兵部候补主事费德保也上奏，请求"皇上明降谕旨，或给官帑设立自来水公司，或官督商办，广招股份，交译署妥议"⑭。他从三个方面总结了此举的好处："盖疏通沟渠后，水管更易安置，一举两便，其利一；城外水味苦涩，得自来水而遍地和甘，人皆乐饮，其利二；城外市廛比栉，若遇失慎，难于取水，虽有水会，呼应较远，有自来水管便于取携，用之不竭，其利三。"⑮建议"趁疏通沟渠之时，宜仿上海租界设立自来水水管，先于繁盛处试之，逐渐推广"⑯。

袁世凯对北京自来水的创办也有着意义非凡的助推作用，虽然在中国第一历史档案馆未查到相关档案，但其他史料的记载可参考一二。"自来水之源起，本袁公在军机时所创。当日慈禧后以京中屡有火灾，疑革命党所为，问防火有何善政，袁公以自来水对，即责成袁公主办，袁公饬周缉之筹之，订机购地。正在举行而慈禧崩，袁公去位，幸以列入筹备宪政内得不废"⑰。"敝公司自前清光绪三十四年开办，实大总统在军机时力予提倡，始得成立"⑱。此外，京师自来水公司创办初期的主要管理者周学熙、孙多森等都曾是袁世凯的亲信，公司中"所有应用工程员司……择要由北洋各局所商调借用"⑲。

二　各国洋商争相竞办

在清末政府资金短缺、民间举措乏力、科学技术落后的现实情况下，各国洋商纷纷投资铁路、电报、汽车、公园等公共事业，在近代中国的市政建设方面，起到了一定的推动作用。京师是清朝的政治中心，其自来水建设自然为西方国家所密切关注，

"津、沪等处华洋各商争订机器，巧揽强售，诡计百出，其开价在二三百万两以外"㉒。

（一）比利时洋商

中国第一历史档案馆藏清代档案中可以查阅到的最早提出承办京师自来水的西方国家是比利时。光绪二十四年八月初五日兵部候补主事费德保的奏折中提及，"近闻有比国洋商具呈译署，请备款试办，意在求利。译署诸臣恐致耢轕，且利权在彼，尤多窒碍，咨府尹臣核复，议未允准。窃思中国自有之利权，何待西人越俎"㉑。寥寥几句，透露出比利时敏锐的经济"嗅觉"。

（二）美国洋商

随后而来的是美国洋商。"光绪二十七年间，有美商宝恩公司禀呈外务部请办，其筹备本金数百万两，并议协同华商，请派督理。报效有款，纳税有章"㉒。同时，美国驻华公使康格与"外务部往复函商，详拟办法，订就章程"㉓。然而，清政府迟迟没有答复。光绪二十八年（1902）正月二十五日，康格致函外务部："西本月初一日，接住津田夏礼来电，内称所拟承造北京自来水一事，现愿退却……并申明其大意，缘该自来水公司人以中国迟缓多时，延未允办，致误该公司所招集之银无从生息。"㉔虽然美国商人田夏礼决定放弃京师自来水工程，但美国却未放弃争取这次机会，康格表示"本国商人刘承恩仍愿应承此事，尚望贵王大臣将自来水一事即允予美国公司承造"㉕。此外，美国还专门派人考察了北京的自来水源，此内容放于文章第三部分详述。但清政府仍然没有允准，"北京大局初定，风气未开，街道工程一切事同创始，自来水一时未便安设"㉖。

（三）西班牙洋商

光绪三十三年（1907）六月初七日，西班牙驻华公使贾思理照会外务部，传达了西班牙洋商想承办京师自来水的愿望："本国代表人李色利雅禀请……联合中国资本家合办……此系初次日斯巴尼亚国资本安顿于贵国。"㉗照会中还附有草拟的《北京自来水公司合同》和《北京用自来水之益处》。外务部经过与民政部磋商，认为此前美国请求承办自来水时，"招集资本备存应用，以及绘图开送节略，已费许多工夫"㉘。如今，西班牙与当日美国诉求相似，也可以用相同的理由予以拒绝。于是，光绪三十三年六月二十三日外务部照会西班牙公使："查京城街道安设自来水管系属地方要政，应由中国自行筹办。"㉙然而，五天后贾思理又发照会申辩："从前外人初次请中国政府允让修造铁路、建设电线并开矿，中国亦曾驳未准。乃如今中国已有修造铁路、电线，并有外人开采矿产之事。本国人李色利雅所请系通商口岸常见之事，不过系外人联合一华人或与数华人合办，外人与华人订立合同可算数千次，此事若非经贵国政府允准，想该合同亦已签押。惟应须承贵政府允准，是以该李色利雅应请准其合办，并为作实确凭证起见，请中国政府派员监督经营资本何用何销。此外每一百分余利，纳中国政府二十五分。此等情形实于中国政府有罕见之大益，且华人如能照此情形订立合同亦如所愿。"㉚

（四）奥匈帝国洋商

对此事最上心并与清政府拉锯最久的是奥匈帝国洋商。光绪三十三年六月，中国商人金辅清等人向民政部禀请设立京师自来水公司。七月初六日，民政部做出第一次批示："该商等创办京师自来水自是热心公益，惟设立公司须由农工商部核准。该商等既经禀请农工商部，应听候农工商部办理，图禀、章程存部备案。"㉛光绪三十四年二月十二日，第二次批示："当经禀蒙农工商部批示，安设水管经过地方及小民生计有无妨碍，事关地面，应禀由民政部核准。"㉜但查此案尚未经农工商部咨照到民政部。二月二十六日，第三次批示，此事交给商会妥议。两天后，在民政部、农工商部尚未核准的情况下，华商张百煦、袁世勋等人与奥匈帝国商人万尼科拟订了一份自来水机器货物草约。三月初五日，又续拟了一份聘请工程师的合同章程。然而不到半个月，踌躇满志的奥商遭遇了当头一棒，三月十八日的《京报》刊登了清政府委派周学熙为自来水总理的新闻。四月二十七日，护理奥国驻华公使师特克亲自到外务部交涉此事。五月间，师特克又多次致函外务部，仍希望周学熙能代替金辅清等人与万尼科继续履约。外务部经过反复与民政部、农工商部商议，最后致函奥使："查金辅清等请办京师自来水既未经农工商、民政两部批准，所举代表人与万尼科订立购买机器、聘请工程师合同亦未禀报该两部有案……所订合同自系个人私事，无关交涉，其应如何商结之处，仍由该商等自行清理。"㉝同时，声明"京师自来水系由农工商部奏派周道学熙承办，所有订购机器等项事宜应由该道自行主持，非本部所应干预"㉞。

（五）其他国家洋商

有关其他西方国家洋商承办京师自来水工程的史料记载较少，但从部分档案中仍然可略窥一斑。光绪二十九年（1903）四月二十六日御史徐堉上奏："近又传到德、法、意等商人有先自江米巷使馆租界举行之议，且去岁有日本商人在京都内外遍凿水井。"㉟徐堉认为"若欲我国自办，则力不能给，永无成期"㊱，从其奏折中可见德国、法国、意大利、日本对承办京师自来水工程也有一定的兴趣。后来在京师自来水公司建设中，由于当时中国无力自行生产自来水所用设备和零部件，并且国内也缺乏专业技术和人才，而不得以与德国一家洋行签订了订购设备、承包工程的合同。"阅时匝月，历考数十家，其中唯德商瑞记洋行曾办天津自来水，熟习北方天时地势，且于孙河一带水源考察有年。经本公司再四考究，所陈方法当属切实，所开价单亦大致不差"㊲。

德国以种种优势最终拿下京师自来水的工程合同。

三　国内外政商所起的积极作用

尽管各国洋商最终都没有获得独自承办京师自来水工程的机会，但这些洋商在申办过程中所做的充分准备，以及国内部分开明人士的建议，为后来京师自来水公司的正式创办提供了很多有价值的参考和借鉴。

（一）资金筹集方面

《辛丑条约》签订后，清政府每年须向各国支付巨额赔款，财政状况捉襟见肘，无力拨巨款修建自来水工程，只能采取官督商办模式。光绪二十四年，兵部候补主事费德保最早提出筹资建议，"或给官帑设立自来水公司，或官督商办，广招股份，交译署妥议"[38]。而西方国家为了不引起清政府的反感，纷纷提出或与华商合办，或请华人督理的合作模式。如美国宝恩公司"筹备本金数百万两，并议协同华商，请派督理"[39]。西班牙洋商建议联合华人合办，"公司股份议订售与华人五成，定期六个月，逾六个月后，华人之五成股票尚未售尽，则所余之股票均售与洋人。凡股东之权限，无论中外之人均按照附股之多寡看待"[40]。而奥匈帝国洋商提出的筹资方式更接近后来的集股模式，由华商金辅清等人筹集资金创办自来水公司，奥商以作保洋工程师的押金方式入股，此股份日后可以以现银换回，奥国洋行根据合同负责提供技术和设备等。"公拟招股章程，自总理、总董以及众董事赞成员群策力，认定共集大小股本银六十万两，先收四成银二十四万两，已存胜豫银号五万两、义善源票庄十万两，余由沪、浙汇来，亦将汇到"[41]。农工商部虽没有批准华商金辅清等人的承办请求，但对其已筹集的资金，给出"自来水关系地方要政，本部业经奏派大员统筹办理。如该商等所集股本果系妥实可靠，情愿入股，届时开办自应准其呈明，一体附股"⑫的建议。

可以说，资金筹集方式的逐步细化和优化，对后来京师自来水公司的筹股模式有一定的参考意义。最终，京师自来水公司正是采取招商集股方式，发行了 300 万元股票，分为 30 万股，每股 10 元。公司明文规定不接受外国投资，"本公司专辑华股，不附洋股。凡系本国人民，无论官、绅、商、庶均可入股，一律享股东之权利"⑬。此外，清政府在自来水公司运营的头三年，允许直隶总督批准天津银号"每年筹拨银十五万两，以备应用"⑭。

（二）设备购置方面

近代中国科技水平远远落后于西方国家，生产设备和专业人才极度缺乏，无法自行制造建设自来水系统所需的供水设备。因此，清政府必然与洋商合作，从外国购置机器设备等。西班牙洋商表现得很大度，"所有应用物料，该公司可以任便，无论在何国均可采办"，而且"总以用中国土产为宜"⑮。这一不拘购置物料于何国的态度，一方面出于向清政府示好的考虑，另一方面也因其工业技术并不代表当时世界顶尖水平。但京师自来水公司却从"总以用中国土产为宜"中得到启发，毕竟如果样样材料都向外商购买，路途遥远，成本极高。因此，在后来创建自来水厂的过程中，采取了中国有之即在国内采购的方法，在一定程度上缩减了成本。

奥匈帝国驻华公使师特克则表示，"议定购办全套机器水管等件已立有草约为凭，俟工程师测量后，开用何样机器料材价值清单"，"工程师所修工程万尼科作保，工坚料实、引水洁净、铁管毫无渗漏……所有工程材料以及水管等项如有舛错，工程师补修认罚。万尼科若有耽误日期、材料不佳等事，以及自来水公司耽误开工日期，查照事之大小议罚"⑯。这些工程担保、延误议罚等规定，对后来清政府要求瑞记洋行履行合同具有指导意义，合同规定瑞记洋行应"提供德国著名大厂极新式而又极坚固耐久之头等正号机器，随各机件均有图样及本厂保险、保固年限洋文凭单呈验"[47]。虽然瑞记洋行在后来的合作中劣迹斑斑，一再延迟交货，耽误工期，且偷工减料、以次充好，但京师自来水公司依据合同与其进行多次交涉，据理力争，维护自身权益。

（三）工程设计方面

美国和西班牙洋商因被拒较早，未进入工程设计阶段，但华商金辅清等人与奥商在这方面做了较多功课，规划了京师自来水工程管线设置等，建议先试办前三门自来水。"先自清河至西便门，又接通至宣武、正阳、崇文三门及各街巷应联终之处，共长四万一千四百余丈，应用大小水管合银二十九万八千七百两上下；机器等件合银三万二千两，置买房地及砖瓦灰石等件约合银三万五千五百两；聘请工程师、翻译及创办人等津贴各项，工人伙食，按一年计算，约合银三万二千两；租房及置办桌椅等件约合银二千五百两，统共合需银四十万两……待办有成效，再行续集股款，推办城内各区"[48]。后来因勘探改变了取水源地，"查得孙河足供京城自来水之用"[49]，工程设计也随之做了相应调整，从孙河"沿途安设水管，由朝阳门水关接入城内敷设，一路挖土埋管，旋挖旋填，既于路政无损，即民田庐舍，亦俱无妨碍"[50]。

调整后的建造方案与后来京师自来水公司的实施方案非常接近。京师自来水公司建有孙河水厂和东直门水厂两座水厂，由孙河送来的清水在东直门水厂被制成自来水成品，再接入市区管道。自来水配水管"自东直门水厂起，经东直门内大街、北新桥，向南经东四牌楼、东单牌楼、崇文门，向西经前门到宣武门，向北经西单牌楼、西四牌楼到平安里"[51]。全市管线长约20万米，比前三门自来水方案原计划的"四万一千四百余丈"（约14万米）

增长了 6 万米。

（四）水源选择方面

京师地处内陆，气候干旱，河流较少且流量不大，地下水水质低劣，因此寻找合适的水源成为建造水厂的头等大事。虽然后来确定孙河为自来水源，且从京师自来水公司开办，到 1937 年，水源未发生变化，但在这之前寻找水源的过程也是颇费周折，经受了时间和实践的考验。

光绪二十四年八月初五日，兵部候补主事费德保便主张"其取水来源，最善在西山各泉提吸，因势利导，水清源近，即可将水管通入内城以供天厨之用"㉜。光绪二十九年十一月初六日，美国驻华公使康格致函外务部："本国大学堂教习维理士来京，彼曾应允本国政府所嘱，允为考察北京城内外及西山一带地方土质石层能否挖深，可以得有自来之水。第一要处须察考后门内之煤山系何土质，及该山岩石形式均系面向何方。拟于本月初八日前赴煤山察阅……至本月初九日，该教习并欲出京前往西山查察该山一带石层，绕至南口，由汤山旋京。"㉝费德保和美国驻华公使先后提出的取水西山或煤山的方案，虽不甚可行且最终未被采纳，但不失为一种可尝试性方案。

金辅清等与奥商为寻找合适的水源地付出了巨大的劳动，也直接为后来京师自来水公司取水源选址孙河奠定了坚实的基础。最开始"勘定北城得胜门外有沙河一道，距城四十五里；又清河一道，距城十五里。该河二道源远流长，味甘适口。先在清河近旁择有蓄泄不尽之处安设机器通至前三门，接设小机器分达各区各巷"㉞。为保险起见，他们找来"机器匠应德顺、张云生，曾办上海自来水工程者，带往沙河、清河，直抵龙泉山一带察看水源，测量地势，估计工程"㉟。农工商部对此持谨慎态度，后札行顺天府"分饬、大宛两县、昌平州分往，勘得清河一道，发源于玉泉山，水势畅旺，似可挹注不穷，至能否足供前三门民食之用，无从豫计。又据查得沙河来源三道水，大时一二日即行消去，寻常之水深仅数尺，窥其形势，似不甚畅。惟一经开办，必须挖地安筒，究与民间有无妨碍，未据指明，经过地址，未便悬揣……查得沙河来源甚远，清河虽近而闸多，诚恐取之不便"[55]。但这次勘探却有意外收获，因为"今勘有该二河下游交汇之孙河桥地方水更畅旺，距东直门三十里，将来安机通管足敷北京自来水之用，并于坟墓、民田均无妨碍"[57]。于是札令大兴县会同奥商前往孙河一带沿途复勘，"查得该河系沙河、清河交注之处，察看桥下水流甚为畅旺，滔滔不绝，实有挹注不穷之势，足供京城自来水之用"[58]。几日后再札委顺天府治中史廷华前往详勘，"查得该河上游来源发自黑龙潭、玉泉山、兴隆口三处，流至沙子营为清河、沙河交汇，孙河为其下游，又其下为通州温榆河，直趋东南，由天津北塘入海。察看该处河身宽不下十丈，现在水深四尺有奇，上有冰凌数寸，凿去浮冰，水流颇畅。询据土人，则称春夏之交该河水势更为畅旺，水深五六尺、七八尺不等，虽至冬令及极干旱之时，水势仍滔滔不绝。等语。当饬汲取该处之水烹茶，尝之其味甚甘。查该河水势源远流长，现当冬令，水深四尺有奇，实有取之不尽、用之不竭之势，矧水味甚甘，以之安轮汲取，俾供京城自来水之用。不特水足敷用，且于卫生有益。即沿途安设水管，由朝阳门水关接入城内敷设，一路挖土埋管，旋挖旋填，既于路政无损，即民田庐舍，亦俱无妨碍"[59]。

（五）人员设置方面

西班牙洋商预设的人员结构是建立在中外合筹股份的基础上的，公司总办由"中国政府酌派才干有余之官员一人，并由各股东认可"；公司董事"于华股东内，按照股票多寡，酌量公举一人或数人作为该公司董事，经理各华股东应得利益之账目"；总工程师则需由外国人担任，但"无论欧美各国人皆可应聘，不必专用日斯巴尼亚国人"；司账人员也是"无论欧美国人皆可，其延派之法，与延请工程师之法一律办理"[60]。在工程师和司账的人选上，西班牙洋商再次表示不必限于本国人，与机器设备不必限于西班牙购置的原因相同，除向清政府示好外，还有技术优化的考量。

奥商与华商的合作基于华商出资、奥商出力的模式，因此在人员设置上，公司"董事之位置以入股之多少定其权限，今已举定首先入股一千股、花翎二品衔分省补用道高尔嘉为公司总董。再有能入多股者亦仍举为总董，余皆为董事"[61]。工程师由奥商万尼科代聘，"其工程师一切公费皆由自来水公司账房支领"[62]。最开始，万尼科找到一名"德国著名建造自来水工程师，现在青岛，拟即聘请来京，代为详加考核，酌定汽机锅炉之马力，水塔水池之形式，水管龙头之大小，各项工料之准则"[63]。在万尼科与金辅清等续订工程师合同后，重新聘请"工程师二名，系属法人"[64]，并担保"工程师做工押款一百万两，此款存在外国银行"[65]。奥商拟聘和实聘的工程师分别为德国人和法国人，从一个侧面说明了当时德、法两国在工业技术上的领先地位，为后来京师自来水公司与德国瑞记洋行合作，使用德国机器设备和工程师等提供了参考。

光绪三十四年京师自来水公司初建时，采用雇佣制招募职员52人，包括五个级别的职员及独立于一、二级之间的董事和查账员。第一级监督的任职要求是"现任农工商部丞参及各司印稿员缺者，洞悉其商情声望素著者"[66]。第二级总理和协理则要求"年已逾冠，有本公司二千股以上者；品端操洁，性情和平者；久办商业，素精综核者；曾充本公司董事，洞晓公司营业情形者"[67]。至于专业技术人员，不得不依赖外国技术人员从事各项技术工作，"瑞记洋行选派专办自来水洋工程师四名来京，分别绘具详细作法图说，常川督率华工匠照料工作，安配齐全"㉞。

　　清末，华人无论兴办何种实业均困难重重，西方国家总是想方设法从中分一杯羹。京师自来水公司在当时内忧外患的社会大背景下，得到官方的有力支持，顶住外国各方的压力，最终顺利创建，并走上有序发展的正轨，实属不易。虽然受当时低下的生产力和落后的科学技术所限，不得不从国外采购设备器材和聘请洋工程师，但是其开创的专集华股、专用华人、专办华事的模式，对以后中国兴办各类实业具有很重要的借鉴意义。

注释：

① 北京市自来水集团公司：《北京自来水发展史（1908—1990）》，2019年版。

② 史正明著，王业龙、周卫红译：《走向近代化的北京城——城市建设与社会变革》，北京：北京大学出版社，1995年版。

③ 袁熹：《北京近百年生活变迁（1840—1949）》，北京：同心出版社，2007年版。

④⑲ 谷银波：《清末民初的京师自来水公司》，郑州大学硕士学位论文，2003年。

⑤ 刘流：《公用事业类的私营企业艰难成长之一例——记解放前北京市自来水业的变迁》，天津师范大学硕士学位论文，2005年。

⑥ 苏秀英：《北京自来水公司研究1908—1937》，华中师范大学硕士学位论文，2009年。

⑦ 田玲玲：《矛盾与冲突：北京自来水公司的早期发展（1908—1928）》，首都师范大学硕士学位论文，2009年。

⑧⑳ 北京市档案馆、北京自来水公司、中国人民大学档案系文献编纂学教研室：《北京自来水公司档案史料（1908年—1949年）》，北京：燕山出版社，1986年版，第11页。

⑨ 中国第一历史档案馆藏：军机处录副奏折，农工商部尚书溥颋为筹办京师自来水请由周学熙董理事，光绪三十四年三月十八日，档号：03—7120—123。

⑩⑪⑫⑬ 中国第一历史档案馆藏：军机处录副奏片，内阁学士徐琪奏为陈明京师应设自来水总厂铺设自来水管事，光绪二十四年八月初五日，档号：03—9455—004。

⑭⑮⑯㉑㊳㊲ 中国第一历史档案馆藏：军机处录副奏折，兵部候补主事费德保奏请降旨或给官帑设立自来水公司事，光绪二十四年八月初五日，档号：03—9455—014。

⑰ 王锡彤，郑永福、吕美颐：《抑斋自述》之《燕豫萍踪》，郑州：河南大学出版社，2001年

版，第155页。

⑱《北京自来水公司董事陈秉鉴关于商办政府不得作借款抵押品以维商艰呈》，《中华民国史档案资料汇编》第三辑工矿业，南京：江苏古籍出版社，1991年版，第306页。

㉒㉓㉟㊱㊴ 中国第一历史档案馆藏：外务部档案，军机处为御史徐堉片奏请商办自来水局事交外务部抄片，光绪二十九年四月二十六日，档号：18—3468—003。

㉔㉕ 中国第一历史档案馆藏：外务部档案，美国驻华公使康格为请允予美国公司承办北京自来水事致外务部信函，光绪二十八年正月二十五日，档号：18—3468—001。

㉖㉘ 中国第一历史档案馆藏：外务部档案，民政部为西班牙资本家拟与中国合办北京自来水分司一节与原美案相同仍希酌办事致外务部咨文，光绪三十三年六月初十日，档号：18—1812—007。

㉗㊵㊺(60) 中国第一历史档案馆藏：外务部档案，西班牙驻华公使贾思理为本国资本家拟与中国合办北京自来水公司照送节略事致外务部照会，光绪三十三年六月初七日，档号：18—1812—006。

㉙ 中国第一历史档案馆藏：外务部档案，外务部为西班牙资本家请与中国合办自来水公司一节碍难照办事致西班牙公使照会稿，光绪三十三年六月二十三日，档号：18—1812—010。

㉚ 中国第一历史档案馆藏：外务部档案，西班牙驻华公使贾思理为开办北京自来水公司一节仍请准李色利雅合办事致外务部照会，光绪三十三年六月二十八日，档号：18—1812—012。

㉛㉜㊶㊷㊽㊾㊿(54)—(59)(61)(63) 中国第一历史档案馆藏：外务部档案，农工商部为金辅清与奥商新订自来水公司合同本部断难承认抄录函禀等件乞核复事致外务部咨文，光绪三十四年五月初十日，档号：18—1753—004。

㉝ 中国第一历史档案馆藏：外务部档案，外务部为金辅清与奥商万尼科订立自来水合同应自行清理事致护理奥公使特克信函稿，光绪三十四年五月十四日，档号：18—1753—005。

㉞ 中国第一历史档案馆藏：外务部档案，外务部为奥商万尼科自来水事本部爱莫能助事致外护理奥驻华公使师特克信函稿，光绪三十四年五月二十二日，档号：18—1753—007。

㊲㊼ 北京市档案馆、北京自来水公司、中国人民大学档案系文献编纂学教研室：《北京自来水公司档案史料（1908年—1949年）》，第9页。

㊸(51) 北京市档案馆、北京自来水公司、中国人民大学档案系文献编纂学教研室：《北京自来水公司档案史料（1908年—1949年）》，第4页。

㊹ 北京市档案馆、北京自来水公司、中国人民大学档案系文献编纂学教研室:《北京自来水公司档案史料（1908 年—1949 年）》,第 58 页。

㊻㊽㊾ 中国第一历史档案馆藏:外务部档案,护理奥国驻华公使师特克为华人金辅清等与奥商万尼科订办京师自来水公司合同未能照办请秉公审断事致外务部信函,光绪三十四年五月初四日,档号:18—1753—001。

㉝ 中国第一历史档案馆藏:外务部档案,美国驻华公使康格为美国大学堂教习维理士考察京城自来水请准并派兵保护事致外务部信函,光绪二十九年十一月初六日,档号:18—3468—004。

㊿ 中国第一历史档案馆藏:外务部档案,北洋大臣端方为奥商公义洋行与华商袁世勋订购自来水机器一案请转行查复事致外务部咨呈,宣统元年八月十九日,档号:18—1753—012。

㊱㊲ 北京市档案馆、北京自来水公司、中国人民大学档案系文献编纂学教研室:《北京自来水公司档案史料（1908 年—1949 年）》,第 36 页。

㊳ 北京市档案馆、北京自来水公司、中国人民大学档案系文献编纂学教研室:《北京自来水公司档案史料（1908 年—1949 年）》,第 8 页。

（原载于《历史档案》2021 年第 2 期）

清末法部律学教育探析

佟利丽

清末，清政府在内忧外患下，无奈宣布"新政"，在"新政"官制改革中，将刑部改为法部。光绪三十三年（1907）正月，法部尚书戴鸿慈上奏光绪皇帝，因人才不足为虑，请求设立律学馆，得光绪帝的允准。律学馆以其办学宗旨、课程设置、培养效果，无疑成为清政府专业司法人员的法律进修学堂。中国第一历史档案馆馆藏 2000 余件清末法部律学馆的官方档案，非常系统完整，笔者对此加以整理研究，拟厘清律学馆的开设背景、课程设置及基本运作等，以期从中窥得清末官方法律近代化教育的意义和启示。

一 律学馆的创办宗旨及基本情况

道光以降，清政府对外签订了诸多不平等条约，丧失了治外法权。"逮光绪二十六年，联军入京，两宫西狩。忧时之士，咸谓非取法欧、美，不足以图强。于是条陈时事者，颇稍稍议及刑律。二十八年，直隶总督袁世凯、两江总督刘坤一、湖广总督张之洞会同保奏刑部左侍郎沈家本、出使美国大臣伍廷芳修订法律，兼取中西。旨如所请，并谕将一切现行律例，按照通商交涉情形，参酌各国法律，妥为拟议，务期中外通行，有裨治理。自此而议律者，乃群措意于领事裁判权"①。在清末修订法律的热潮下，法政学堂也如雨后春笋一般出现在全国各地，法部尚书戴鸿慈上呈光绪帝关于开设律学馆的奏折中提到，法部为天下刑名汇总，应培养熟谙中外法律的刑名人才，冀修订法律以收回治外法权。在清末社会亟需新式法律人才的情况下，此二点亦道明了律学馆的办学宗旨。彼时，虽法律学堂已经开设，但对于法部办公人员来说，因进学和办公时间冲突，常不能完成学习。因此，参照度支部有计学馆，陆军部有兵学馆的先例，在法部衙署附近设立一所供法部人员研习律法且授课钟点不牵碍办公时间的专门机构，可做到既不误公又不废学，无疑是法部一举两得之选。

　　律学馆在正式开设之前，有一年的试办时间，对外用律学馆行文，经费由官府拨付，沿用原刑部律例馆场所（今人大会堂西路附近）。因财政紧张，经费不足，开班所用的桌椅器具一并借用，后期随着招收人数的增多，于宣统二年（1910）在旧日四川、广西、贵州、浙江四司故址上进行了扩建，"原有北房三间，抱厦一间，折去旧料随工使用，新盖北楼三间……原有北房三间，折去改做四间……原有西厢房四间，进深一丈三尺五寸，面宽各一丈，折去改做五间……平地起东厢房五间……原有大门一间，大门东二间，共三间，折去改做五间……南院新盖平地起南房三间……新做平门一槽，分二扇"②。扩建后，律学馆的场馆面积很大，新建的两座讲堂，可容纳600名学员。讲堂之外，设有藏书楼、自习室、饮茶室、庶务室、接待厅，以备日常教学。此外，还有刷印房、文牍房、茶房、饭厅、厨房等庶务场所。

　　日常办公设监督（执事）一人，一般由法部郎中担任，其职责"为全学总统，有总司讲务庶务、匡正各员之权，凡回堂事件统归主持"，即总揽律学馆一切事宜。设提调一人，"有总司教庶各务、督催之权，凡遇重要事件由监督等会同回堂"，辅助监督处理律学馆的日常学务和庶务等事宜。监督和提调均由法部尚书亲自指派。设总教习一人，负责教务。设讲员两人，负责讲务和授课。设外律讲员两人，专门负责讲授欧美律法、日本律法并同时讲授英语、日语。设总理庶务（即庶务员）两人，"有总司庶务、督饬书记、司簿之权，并稽查学员勤惰，会同提调而进退之"③。这些人员均由法部人员共同推选，尚书点派。律学馆还设书记一人、司簿一人，以及厨、茶杂役人员各一人。此外，设名誉调查员一人，由秋审处坐办提调担任，负责到馆抽查学员考课，设名誉赞成员十人，每日安排一人轮班到馆监视庶务情况。总体来看，律学馆内设简单，但人员职掌明确，保障了该馆的日常运转。光绪三十二年十二月十三日（1907 年 1 月 26 日），律学馆试开馆，由法部郎中善佺任监督，崇芳、刘敦谨为庶务员；教员有翰林院庶吉士徐谦、张家骏，补用同知颜绍泽，都察院降调署正吉同钧等，均属潜心法政或肄业法学之员。律学馆还广购外洋商律等相关书籍，兼及路矿律、招工律、保险律、报律，以及各国通商条约，并将这些书籍陆续译出，审慎采择，参照中国律例编成条款，用于授课。

　　律学馆成立后，即对法部各司、各处布告招生事宜，"律学馆为传知事……传知各司书手回明各位老爷，有愿入馆肄业者，每位月出膳费叁圆，务于五日内将愿入衔名开送本馆，以便汇齐呈堂酌定"④。各司愿入学人员，由本人向所在司呈请，该司呈请法部尚书同意后，再移付律学馆。如法部举叙司为此移付律学馆之文："举叙司为移付事，据地方审判厅民科行走推事赵保三呈请送律学馆肄业等情，现奉堂谕准其入馆肄业，相应移付贵馆查照可也。"⑤后期，随着律学馆教授中西法律课程体系日益完备，名声渐显，大理院等衙署都与法部咨商关于赴律学馆插班学习的相关事宜。

二　律学馆的教学模式及考核制度

律学馆在教学上兼采了其他法政学堂的教学模式，如学制时间较短，课时安排紧凑，课程内容以律学教育为主，等等。律学馆的学制为一年，考试合格酌给文凭，后来以"律学精深，断非两易暑寒所能造极"⑥，定为二年毕业。因场所面积所限，第一年拟招收一班四十人，待推广后再扩招。入学条件较为宽泛，法部人员不拘年龄和官职均可入学，不对外招收学员，馆里提供学习资料。在课时编排方面，根据衙门办公时间和时令设置有"春学"（见表1、表3）和"秋学"（见表2、表4），实行"早署晚课、晚署早课"。冬春晚衙时，称为"春学"或"早课"，上午开课，从八时三刻到十一时二刻；夏春早衙时，称为"秋学"或"晚课"，下午开课，从下午三时二刻到下午六时一刻，每日授课三小时，中间有休息时间。每年四月，早课调整为晚课，六月开始暑假，五十日左右，十二月开始放寒假，三十日左右。如学员已经毕业，还可呈请再接续学习，且法部免堂期日、万寿圣节等休息日，有愿来馆学习的仍可前往。暑假，律学馆会专门设立七日课，每星期一开课，固定两门课目，从上午七时到十时。

"课程内容为多数人而设，应从切近入手"⑦，在课程内容的安排上，律学馆结合法部职掌，研习中外律法、新旧律法，而且还设有外语课程。《律学馆开办演说清册》讲到："近来，海禁大开，事繁交涉，中律固应探其蕴奥，西律亦应观其会通，所有章程业经公同酌定，须知此举，为学成致用起见，务望虚心考证，教学相资，于乐群敬业之中，得切磋琢磨之益。"⑧因此，律学馆设有五门基础课程。一是讲义。讲义分两门课程，一门课程是研习法律学堂的讲义，另一门课程是《大清律例》，由讲员酌定讲授。二是拟稿。由讲员虚拟案情为题，另有学员拟一稿尾⑨，听讲员和同窗的评议，讲求平允适当，不求词气抑扬。三是著论。由讲员命题，各抒所见，无须连篇累牍，义求精当即可。四是质辩。分两门，一门是由讲员发问，学员作答；一门是由学员请问，讲员作答。五是旁参。旁参课程主要是研习欧美、日本律法。除正课之外，还设有英文和日文两门附课，以备读译西方和日本法律，为学员理解贯通外律创造条件。两门外语课程一般都在"春学"开设，日常学习以五门基础课程轮授为主。

随着律学馆教学的不断完善，授课内容也更加丰富，添设了《法学通论》《洗冤录》以及发秋审格式等非常实用的课程。在教授内容方面也讲求联系实际，以拟稿和札记两门基础课程为例，出题内容即是刑名案件，如"光绪三十三年正月二十二日课题拟稿：张甲掷伤李乙身死一案。张甲在李乙地内捡拾柴枝，李乙瞥见，向阻不服，彼此争闹，张甲拾石块将李乙右额角掷伤，逾时殒命，张甲应科何罪。张甲时年十三岁，李乙时年二十四岁"⑩。另，以考试试题为例，"旧例凡受徒罪者不准在京潜住，又直隶、奉天不准安插流犯，现在军流以下收所习艺，杂居辇毂之下，有无流弊"⑪。自光绪二十八年（1902）至宣统二年，刑律、民律、商律、国籍法、法院编制法、违警律等新律频出，而"司员办事为多，故练习法律者，固亦有人而学鲜专门"⑫。在民法艰于成书之时，户役、田宅、钱债、婚姻等条新法未备，审判时新旧制度杂糅之事不鲜见，如宣统年间，商民开设公司钱铺侵亏倒闭数额巨大案、伪造商铺银票钱帖案，类似案件应援引新刑律还是破产律，因二者定罪悬殊，对于新律、旧律并行之时，在司法实践中如何准确适用律、例，是律学馆学员的必修课。

在常课之外，为练习书法、备充缮写，还设立习字课，可练习汉字或清字（满文），"习汉字者每星期以扣足两开为断，其习清字者亦须兼习汉字一开"⑬。从中可以看出，律学馆在引进西学的同时，还非常注重官员基本功的训练。为督促学员之间相互学习进取，开办一年后，律学馆将所有学员"著说""札记"两门课卷择优抄汇付印，命名为"律学馆功课"，散发学员学习，并成为定例。

表 1　律学馆"春学"功课表（光绪三十四年，1908）

星期六	星期五	星期四	星期三	星期二	星期一	星期/功课
大清律	洗冤录	大清律	大清律	法学通论	大清律	第一堂
通行章程	法学通论	洗冤录	通行章程	法学通论	通行章程	第二堂
拟稿	发秋审格式、中律讲义	拟批	判词	发秋审格式、外律讲义	拟稿	第三堂

表 2　律学馆"秋学"功课表（光绪三十三年）

星期六	星期五	星期四	星期三	星期二	星期一	星期/功课
讲义	讲义	讲义	讲义	讲义	讲义	第一堂
讲义	讲义	讲义	讲义	讲义	讲义	第二堂
拟稿	讲义	拟稿	判词	讲义	拟稿	第三堂

表 3　律学馆"春学"功课表（宣统三年，1911）

星期六	星期五	星期四	星期三	星期二	星期一	星期/功课
现行刑律	各国法律	现行刑律	现行刑律	各国法律	现行律	第一堂
各种法律	各种法律	各国法律	各项章程	各种法律	各国法律	第二堂
策论		笔问	判词		拟稿	第三堂

表 4　律学馆"秋学"功课表（宣统三年）

星期六	星期五	星期四	星期三	星期二	星期一	星期／功课
新刑律	民诉	刑诉	现行律	商法	现行律	第一堂
刑法	民诉	民法	编制法	商法	现行律	第二堂
	国际公司法	民法	笔述（按照所讲各门轮流出题）	秋审条款	笔述（拟稿、拟批两种轮流出题）	第三堂

　　律学馆在考核方面，有月考、季考、年考、期考制度，考试均订有规则。

　　月考。定在月末，一般考四天。"计开月考条规，二月分，二十六日看稿限八刻交卷，二十七日拟稿限十六刻交卷，二十八日著说限十六刻交卷，二十九日札记限十六刻交卷，诸君课卷字数多者，不得过千字，少者必须过百字，不合格及交卷逾限者均扣除分数。"

　　季考，即每季度的考试。相对于月考，律学馆对季考更加重视，由法部尚书亲临考场出题，"十一日准午刻，堂宪亲临考试，到馆后，肃请升前堂公座，各执事员谒见，行一揖礼，命题一道，拟稿，限两小时交卷，逾时不收，堂宪上下讲堂，各学员均照平时讲师上下堂一体行肃立礼"。对于季考，律学馆监督还强调"请教员细加批改，俾学员得所，遵照早日成材，不但教员名誉有归，即弟等亦荣耀无尽矣"⑭。毕业之时，所有历次季考课卷汇总存案，知照学部，卷内分数填入毕业文凭。

　　年考。一般两天，在每年年末举行。考前停课三日作为温习功课时间，到期肄业人员不必参加年考。

　　期考，即毕业考试。主要是本届毕业人员参加，考试一般占用两至三天，且期考需要提前知照学部备案。

考试科目与考题均与平时所学相关，以宣统二年一次期考为例，考试三天，"十七日，现行律、法院编制法、商法；十九日，秋审条款、刑事诉讼法、刑法；二十一日，唐律、民事诉讼法、民法"⑮。

考试结束后，均会订立单项课程的分数单、各项课程的分数表以及"常课分数榜册""中外合大榜底册"等。以律学馆某次期考各项分数表为例，该份档案内书写"谨将律学馆此次期考各项分数开列表试恭呈钧鉴"⑯，考试科目列有十科，含编制法、商法、秋审条款、刑诉、刑法、唐律、民诉、民法、除数、现行律，同时开列了155名学员的成绩，以总平均分最高的学员陈继实为例，该学员十科成绩平均分为80.5分，常课平均分是97.5分，总平均分为89分。从这件档案可以看出，律学馆的期考成绩不仅要看考试成绩，常课的表现也占权重之一半，这就从规制上督促学员平时笃学，不能"临时抱佛脚"。

三　律学馆的内部管理

律学馆在试办时订立了试办章程，就办学宗旨、建置、课程、学额、限制、时间、规则、禁条、休息、仪节、接待、毕业、经费、久计、附则等列举了二十条款。在管理方面，明确执事、名誉调查员、名誉赞成员、讲员、庶务员、书记员、司簿等职责为"监督总司讲务、庶务，宜逐日到馆，名誉调查员宜随时到馆抽查，名誉赞成员每日一员分班到馆监视庶务，讲员为全学精神所在，每日到馆宜按定功课表实心指授……庶务员责任繁重，宜逐日在馆督同书记、司簿精白乃心、勤慎将事，书记承办讲务，一切应用之件并司书籍公牍，宜常川住馆，不得贻误。司簿专管各项簿籍及银钱出纳等事，宜常川住馆，随事登记，切毋含混遗漏"⑰。

律学馆在教学管理方面看重学员常课表现，设立了《勤学分数簿》，主张其勤学宗旨，记录学员到学、课业等方面的分数，并通过增、减分数对学员进行奖惩管理，"本馆现已定勤学分数簿，凡告假不到，分别扣减分数，惟因差不到，不在扣减之列"。同时，"早到学员应得记勤……应于季考卷面注明记勤字样"⑱。法部尚书为示对律学馆授课的重视，每月定期阅看律学馆画到册，发现连日告假或旷课情况时，令监督、提调告知学员"孰惰孰勤，本部堂极为注意也"等语，还设立了"值课员"负责稽查课业。

为了督促学员到学，律学馆订立了严格的考勤制度，主张"讲学之地，规则不可不严"，到学应画到，不得迟到。前期，律学馆按照坐位画到，后期因学员增多以及有易座的情况不好操控，改为学员每日到馆先到庶务室取各自名笺，再赴讲堂听讲，听讲完毕再送回名笺，"所有在馆肄业各学员，遇有不能到学之日，务祈先期或当日告假，次日倘仍因事阻滞，亦须续假，如有无故不到逾三日者记簿，将来折扣分数，逾五日者回堂宪除，以便传补他员，不致有旷学务"。后来，又敬告学员"告假亦不得日期太多，致与定章相背"⑲，在考勤制度的执行方面也比较严格，定期清退因差不能兼顾或旷日太多的学员，开列退馆学员名单传付各司。

律学馆要求"讲师上堂讲授之时，务请诸君一律入堂听受，幸勿留此闲谈致误要课"，"尤当查照规则，不得任便谈笑或伏几假寐"⑳。根据课程特点也规定了相关要求，如在"质辩"课时要求"讲员问及何人即何人作答，他员不得揽语，学员如有请问，须豫拱手示意，同时拱手者以坐位先后为次，不得急抢，彼此问答以剖析当时课程疑义为主，不得徒逞谈锋，故相诘难，致涉诋諆"㉑。学员在做"札记"功课时，领取卷纸就必须交功课，如不愿做功课，必须先作声明，勿领卷纸。监督、提调定期检查学员功课，不准有代写功课的情况，要求"作课务当词必己出，手自书写，万勿再有前项情事"[22]。律学馆设藏书处，为学员准备的法律学习资料，学员须凭条领取，不得转借他人或外借出馆。

作为法部内设学堂，律学馆尊崇儒家敬天法祖、尊师重教的传统，在开学、毕业等节点，以及丁祭、圣诞等日要举行固定的仪式，平日对学员及其随行家人的礼仪、行为、仪表等方面均有约束。

开学礼。每逢"春学"或"秋学"开课，须执开学礼，"学员排班恭迎堂宪，堂宪在先师前拈香行九叩礼，监督、提调、教员谒圣，行九叩礼，学员谒圣，行九叩礼，执事员谒堂，行三揖礼，学员谒堂，行三揖礼，学员谒执事、教员，各行三揖礼，学员入班恭听堂宪劝勉，教员劝勉，执事劝勉，学员答谢，行应立正礼，恭送堂宪"。

丁祭。八月第一个丁日祭祀孔子。停课一日，学员到堂行礼。

毕业礼。"全班共分五排，第一排六员，二排、三排、四排、五排各五员，分排谒圣，行三跪九叩礼。齐赴白云亭，排班照前，分排进内谒堂，行一揖礼，恭领文凭，每一排领文凭讫，齐立向三堂统行三揖礼。礼成，由庶务员带领诣厅致谢参丞，行三揖礼，诣馆致谢教员，行三揖礼，致谢监督，行三揖礼。"

圣诞礼。八月二十七日先师圣诞，学员要到堂行礼。

此外，还有暑假礼等诸多规制。律学馆对各学员及其随行人员的行为均有约束要求，如"本馆系讲学之地，理宜整洁，勿许在附近地方拴系羸马、卸放车辆，并跟役车夫以及闲杂人等有喧哗骚扰情事。如敢故违，定行扭送收发所，从严惩办，毋谓言之不预也"[23]。同时，要求随行家人、车夫及使役等不准赤膊袒臂，如违反亦扭送收发所严惩。

四　结语

从光绪三十二年十二月十三日试办，到宣统三年十一月十七日 ⑳ 停办，律学馆共招收、培养学员千名有余。

晚清新律初行，育才为先，急需熟谙东、西律法，行编纂调查、检查审议的专业司法人才，律学馆的成立是晚清法部司法教育从通才教育到专才教育转型的必然趋势。律学馆会通旧学、标领新知，为法部培养了一批专业司法人才。法部规定，律学馆毕业取得文凭的学员可以参照法政学堂毕业生，各部调用人员时可以变通补用，也可以凭个人意愿派往京外。律学馆的司法教育近乎近代化，然而各种礼仪规制却处处彰显礼教纲常，所学课程虽融合东西，但前期仍以《大清律》为本，后期根据情势才改良了功课。凡此种种，无疑显露了律学馆司法教育中礼法融合的纠结。最后，作为法部内设的专业司法人员进修学堂，律学馆在推动晚清法部司法教育专业化、拓宽时人法律视野、培养近代专业司法人才方面均发挥了一定的作用。

注释：

① 丘汉平：《历代刑法志》，北京：群众出版社，1984 年版，第 568 页。

② 中国第一历史档案馆馆藏：刑部—法部全宗档案，法部律学馆修造房屋做法并工料银两书目单（宣统朝），档号：16—02—012—000005—0126。

③⑦⑰㉑ 中国第一历史档案馆馆藏：刑部—法部全宗档案，法部律学馆开办事宜清册，光绪三十二年十二月，档号：16—02—014—000002—0001。

④ 中国第一历史档案馆馆藏：刑部—法部全宗档案，为传知各司书手回明各位老爷务于五日内将愿入馆肄业者衔名送馆事，光绪三十二年十一月二十八日，档号：16—02—014—000001—0021。

⑤ 中国第一历史档案馆馆藏：刑部—法部全宗档案，为报明地方审判厅民科行走推事赵保三入馆肄业事致律学馆，宣统二年四月十二日，档号：16—02—014—000001—

0053。

⑥⑬⑭⑮⑱⑲⑳㉒㉓ 中国第一历史档案馆馆藏:刑部—法部全宗档案,律学馆告白簿,宣统二年六月,档号:16—02—014—000001—0005。

⑧ 中国第一历史档案馆馆藏:刑部—法部全宗,律学馆开办演说清册,光绪三十二年,档号:16—02—014—000002—0014。

⑨ "稿尾"在这里应做案件判词。

⑩ 中国第一历史档案馆馆藏:刑部—法部全宗,律学馆三十二三四年律学馆出题簿,光绪三十二年,档号:16—02—014—000006—0017。

⑪ 中国第一历史档案馆馆藏:刑部—法部全宗,律学馆试题,无朝年,档号:16—02—014—000048—0287。

⑫ 中国第一历史档案馆馆藏:军机处录副奏折,奏为设立律学馆请调徐谦等差事,光绪三十二年正月二十六日,档号:03—7220—003。

⑯ 中国第一历史档案馆馆藏:刑部—法部全宗档案,律学馆期考各项分数表,无朝年,档号:16—02—014—000008—0043。

㉔ 中国第一历史档案馆馆藏:关于律学馆的最晚时间档案。

（原载于《清史论丛》第二辑，社会科学文献出版社，2023年出版）

从清宫历史档案看清末东北鼠疫爆发及清朝政府的抗疫应对

胡忠良

清宣统二至三年（1910—1911）岁末年初，东北地区爆发鼠疫，延及直隶、山东等地，6 万人丧生，财产损失 10 亿元[①]，此次疫情是 20 世纪中国乃至世界发生的最大的一次鼠疫灾难。中国第一历史档案馆现存相关历史档案中，较为详尽地记录了当时清政府及时应对、全面防治疫情的情况。

一　疫情爆发情况

此次东北鼠疫爆发，事前已有征兆。据档案记载：从光绪二十七至宣统元年（1901—1909）在满洲、新疆喀什、直隶营口、湖北武汉先后出现过"鼠瘟"疫情。

宣统二至三年东北鼠疫爆发的最初疫点，出现在黑龙江中俄边境满洲里东清铁路（俄国开办）附近。满洲里素以出产旱獭皮及中俄贸易著名。据夏明方主编《20 世纪中国灾变图史》载：鼠疫爆发之前的几年间，旱獭皮需求量从 1907 年 70 万张增长到 1910 年的 270 万张，而且售价也翻长 6 倍，因此吸引更多劳工闯关东，前往捕猎赢利，形成季节性的人员聚集，捕猎者们多集中住在简陋客栈或工棚，天寒地冻，人员密集，甚至几十人共用一条大炕，卫生条件很差。为了赢利，竭泽而渔的捕猎者甚至连病残旱獭也不放过。由于"工人不知择别（带病旱獭），取皮食肉，以致吸受毒菌，辗转传播"②。宣统二年九、十月间，满洲里发生鼠疫，并渐次向外蔓延。至十一月间，以哈尔滨为中心，鼠疫突然井喷式全面大爆发，"哈尔滨一隅及其附近之双城、呼兰、长春每日辄毙百数十人，岌岌不可终日。哈埠人口不及二万，死亡至六千以上"③。惊慌失措的染疫人群完全失控，沿铁路、公路四散奔逃，致使疫病传染势如江河一泻千里，不可遏绝。旬月间，东三省相继沦陷。鼠疫造成人口大量死亡，交通遮断，生产停摆，谣言蜂起，社会恐慌。关内相邻的山东、直隶也陆续出现疫报，京津告急，南方武汉等地也先后发出警报。一时疠疫汹汹，天下震惊。

二　疫情发生后清政府所面临的风险危机

突如其来的疫情，使清政府顿时陷入无可回避的巨大风险危机之中。

一是政权失控的风险危机。当时正值辛亥革命前夜，清廷内外交困，政权濒临覆亡，南方起义暴动不断，甚至在1910年疫情期间，北京还发生了革命党人汪精卫、黄复生策划刺杀摄政王载沣事件。而在统治阶级内部，政治腐败，矛盾重重，举步维艰。溥仪小皇帝才继位两年，大政一出于摄政王载沣，在中央内部，新旧势力、满汉相纠等各种矛盾交织糜烂，1909年新政以来，各部之间相互掣肘，矛盾丛生。疫情严重时，朝廷曾命邮传部出资200万两支援灾区，邮传部竟以各种理由推三阻四，不予理睬④。疫情发生后，不少朝中公卿大员态度暧昧，或漠视不闻，或挟私訾议，认为小题大做："窃查东三省去岁偶患冬瘟，医治不及，闻有死亡，此亦北方数见之事，不足怪也"。甚至别有用心地弹劾："东省误信谣言，因检疫伤毙人命过多""总督锡良畏葸过甚""虚糜巨款，任意支销"，名为防疫，实乃邀功⑤。同时在各地方上，情况更为复杂，自"庚子事变""东南互保"以来，地方政府独立自保，不听中央指挥调动的情况愈演愈烈，已成顽疾。即使在灾疫最严重时期，各省多持自扫门前、坐壁观望的态度。康乾时期的一省有难，各省协饷援助的情况已不再现。

　　二是领土主权丧失的风险危机。东三省地位十分特殊，从政治地位上讲，它是清朝"祖宗发祥之地"；从战略地位上讲，东三省不但临海，而且与俄国、朝鲜接壤，是拱卫京师的战略前哨；从经济地位上讲，东三省物产丰富、潜力无限，是国家物资储备后院。长期以来，清廷对之一直采取保护政策，甚至不准移民与开发。鸦片战争以后，日趋沦为列强觊觎争夺的重点，尤其日俄两国，对东北长期侵略渗透，开设银行、铁路、工厂等。甲辰日俄战争后，日俄加紧在东三省境内外沿线增兵遣将，形成"门户洞开，轮轨毕达"，日俄数十万军队两三日内即可直达东北的局面⑥。鼠疫大爆发后，日俄等列强各怀利益，勾心斗角，企图越俎攫取中国鼠疫防治主导权。各国公使、政客纷纷上门游说，不约而同地增兵设检，不断施压。中国抗疫的一举一动皆被监视放大，"稍一延缓，外人便执世界人道主义，以肆责言"⑦。如此险情，如清政府处理不当，给列强借口，势必引发新一轮领土瓜分与丧权辱国狂潮。

　　三是财政与经济面临全面崩盘的风险危机。当时，清政府按以往签订的不平等条约每年要被迫拿出 5000 多万现款赔付列强，加之高昂的战争赤字，清政府财政几近崩溃。而国内各省连年灾歉，经济雪上加霜。疫情爆发后，防疫救灾投入巨大，"地方公帑挪用殆罄，交通断绝，市面恐慌，各属请款急于星火"仅哈尔滨一处就新增灾款近 40 万两，京奉铁路停车数月，损失收入上百万两⑧。后人统计，全部疫情造成的直接财产损失高达 10 亿元，是 1910 年清政府财政预算收入（3 亿元）的 3 倍多。如果疫情不能及时扑灭，财政经济继续恶化，势将成为压死帝国骆驼的最后一根稻草。

四是社会矛盾激化引发动乱的风险危机。东三省前线发回的报告中提到疫情之严重，疫气所至，朝发夕毙。官绅商民无中外贵贱，日惴惴焉如临大敌，人心危惧。国家形象、民众信心自会严重受挫，随时会引发动荡。由于人口大量死亡，交通阻断，停市失业，加上百姓对鼠疫的恐惧，包括对政府在紧急状态被迫采取的大规模强制隔离、消毒、焚尸等非常措施的误解与抵触，导致社会流言不断，惊恐加剧，如不及时制止疏导，将使国家权威和民众信心继续受挫，加剧社会矛盾激化，引发极端事件。更为严重的是，由于关闭关隘，导致山海关外几十万内地打工者被迫滞留东北疫区，失业流离。开春后，又有大量直隶、山东的劳工等待出关打工，挣钱养家，给当局造成巨大压力，历史上曾频繁出现过的因灾疫而引发流民暴动的情况，随时可能重演。

三　清政府抗疫应对的策略与措施

对此，清政府被迫及时判断与选择，并作出了反应。

（一）及时决策动员，全力抗疫

鼠疫爆发后，清政府连续下旨，指出"东三省时疫流行，地方官防范不力，以致蔓延关内"。着令中央地方"督令各属赶速清理，务期早日扑灭，勿稍玩延"⑨。并迅速制定实施了全国分区抗疫的基本战略，明确各级灾区抗疫工作重点。

第一是明确首要国家任务：即在东三省已失守的情况下，严防死守，确保京师安全，切断鼠疫南下传染全国路径。鼠疫发生后，清廷下达的第一道上谕即是："现在东三省鼠疫流行，著预于山海关一带设局严防，认真经理，毋任传染内地，以卫民生。"清政府及时关闭了山海关等各关，停开京奉铁路，封锁相关公路。在京津沿线"节节布置，严密防径，沿长城一带路口，均驻兵队查禁，以免疏虞"[⑩]。

第二是在东三省重灾疫区采取最高等级的防治措施，强行关闭交通，实施分区分片隔离封锁，设立各级检疫局、隔离所、医疗所，强制推行焚烧疫物、疫尸，动用军队协防封锁等非常手段，力争遏止疫情的爆发势头。比如哈尔滨疫情爆发后，即在付家甸开辟专门集中隔离治疗区。付家甸也因此被写入了中国防疫史的史册。

第三是在次灾区的直隶、山东地区，加强境内染疫人员的重点检疫与社区全面排查，对染疫者采取定点集中隔离治疗，局部关闭境内京津、津胶等铁路、公路。在京师由民政部牵头，暂借东城钱粮胡同民政部官医院设立临时防疫局，并于永定门外设立传染病室及隔离病室。除山海关设局检疫外，"帮子沟至北京并节节布置，严密防径，沿长城一带路口，均驻兵队查禁，以免疏虞"[⑪]。

第四是在全国其他非疫区，也加强防范检查。在武汉、上海等交通枢纽，拨款设立防疫医疗点，严格执行过关检疫制度。同时在全国范围内，各地区根据实际制定防疫章程，加强防疫科学的宣传普及，移风易俗，动员全社会开展灭鼠防疫、清洁卫生运动。

（二）调配动用国家资源，支援地方抗疫

疫情发生后，摄政王载沣下谕："东三省疫气流行，深为可虞，无论所需费用多寡，皆不足惜。"[⑫]在中央财政非常拮据的情况下，清政府先后两次协调拨款 30 万两，之后又从外国银行贷款 200 万两，支援东三省抗疫 ⑬，同时允许受灾各省可以截留应例行上缴的船钞关税，以作防疫之款 ⑭，甚至批准外务部将原准备接待德国皇储访华的五万两拨款截留用于防疫 ⑮。另外，清廷在各疫省也大量投入国家军队，协助地方抗疫工作。哈尔滨疫区封闭后，曾陆续调拨三镇军队上千人前往协防封锁 ⑯。

（三）迅速建立统一的全国临时抗疫指挥系统

指定外务部代表朝廷牵头负责联络协调全国防疫工作。同时在各省地方也分级建立"全省防疫总局（会）"、府厅县区"防疫所""检疫所""隔离所"等抗疫临时机构，从而形成了全国从中央到地方多级防疫工作网络体系。清政府要求各地疫情及时直报外务部备案督办；相关部门加班加点，即使在"封印"期也不放假；为提高效率，疫情期间，各疫省官员一切例奏事件均可推迟上报，有关疫情折奏与报告等一律改用电奏 ⑰。

（四）迅速组建国家医疗队

鉴于东三省疫情严重，地方医疗设备与能力已无力应付，清政府决定由外务部协调，及时组建了一支国家医疗队，深入疫区前线，指导东三省抗疫工作。该医疗队主要由北洋陆军医学堂、北京协和学堂的医官、学生及外国医生组成，由北洋陆军医学堂副总监（副校长）伍连德博士任领队总医官。国家医疗队到达哈尔滨后，及时了解疫情情况，果断建议采取有效的分区隔离治疗，利用军队封控疫区，及时在傅家甸、呼兰、绥化重灾区及时采取焚化疫尸、疫物等非常措施，并在东三省全面推广，起到了及时遏止鼠疫蔓延的效果 ⑱。

（五）积极灵活开展外交活动

在防疫主导权问题上，清政府巧妙利用列强之间的冲突矛盾，多方斡旋，据理力争，迫使列强接受"设立防疫局于满洲瘟疫最盛之处，招致中外医士，统受中国政府节制"[19]。维护了国家尊严与主权。此外，清政府还积极寻求国际援助与合作。抗疫期间，许多外国医生专家，积极献方献策，有的亲赴疫区前线救死扶伤，法国医生梅森、英国医生来格、美国医生杨怀德等人在抗疫一线先后因被传染献出了生命[20][21]。

（六）充分用好舆论工具，宣传抗疫，及时辟谣

疫情期间，流言四起，谤议纷飞，社会谈疫色变、一夕三惊。清政府非常慎重舆论导向与尺度的把控，"严禁各报妄行登载"[22]，并注意登报公开政府信息，息谣止谤。宣统二年十二月间京师谣传有人搭车从天津来北京，进入打磨厂客栈时已死亡，引发社会恐慌，英国大使也致函外务部询问，清政府立即责成地方及时调查，确认是误传后，及时回复英使，并登报公布[23]。抗疫期间，"欧美各报每日必有专电专函，彼此转载，盈篇累牍，其中谣讹至多"[24]。对此清政府及时查证澄清。如对于"京津《泰晤士报》污蔑东省地方官对于仇视日人不加禁止"的不实报道，即日在北京英文日报予以驳正，并将伦敦《泰晤士报》驻京记者关于英国盛赞中国东三省抗疫成就的电报全文，刊登在当日的北京英文日报上[25]。

（七）成功召开"万国鼠疫会议"，适时决策宣布解除全国疫禁

宣统三年三月初，各地疫情渐次平息，但何时宣布疫禁解除，天下悬望，政府犹豫。三月五日至二十九日，中国择机在奉天召开"万国鼠疫会议"，来自中、英、美、俄、德、法、奥、意、荷、日、印、墨等12国的34位世界防疫学、医学领域的权威专家，以及其他来自国内外的官员、医士、驻华使节等共计130人出席了会议。会议肯定了中国在东北鼠疫防治中取得的成绩，通过了国际通行的防疫方法。清政府十分重视本次会议的筹办，特意拨专款4万两为会务经费，由施肇基随身带到奉天[26]。会议中形成的成果，及时支持并坚定了中国政府全面开禁疫区的决心。就在

会议期间，直隶、山东、东三省相继宣布疫情解除。

四　清政府抗疫应对的几点启示

此次东北鼠疫，能在四五个月内基本肃清，固然存在着各方面的原因，但仅就清政府的国家公关和施策应对的层面上讲，无疑是较为成功的。一些经验可供借鉴：

第一，是信任、重用了一批能干、实干的良臣、能吏。

东三省总督锡良便是其中的一个典型。锡良为官一向清介，勇于担当。鼠疫爆发后，他主动提前请销病假，前往哈尔滨一线指挥，及时在哈尔滨设立傅家甸隔离区，"开办防疫所"[㉗]。作为东三省抗疫前线的总指挥，锡良能够做到忠于职守，尽管于抗疫"苦无经验"，但临危不乱，以身作则，坚定"盖以防疫事同御敌，捐一己之性命以赴急难，与临战阵冒锋镝正复何异"[㉘]，以"名节"激励下属，及时向中央政府报告灾情、请求支援，坚持不懈，最终打开了工作局面。

另一个典型是外务部右丞施肇基。清政府决定由外务部总理全国防疫工作，并指定施肇基为专门负责人，有其原因：施肇基曾先后在邮传部、黑龙江、吉林等多处任职，具有丰富的中央与地方工作经验。档案记载，疫情期间，除应付日常繁重的上传下达、联络协调工作外，还参与了许多国家抗疫的重要决策。如对外谈判、组建派遣国家医疗队、筹备召开"万国鼠疫会议"等，各疫省何时解禁通车，都要先由他主持召开医生专家会议研究通过。施肇基以及其他在抗疫中贡献突出受到清廷嘉奖的伍连德、郭宗熙等人，具有一些共同特点：年富力强，曾留学海外，视野开阔，工作中勇于担当，较少沾染官场旧习。他们与锡良在工作及私交方面也多有交集。伍连德担任国家医疗队总医官是源于施肇基的推荐；郭宗熙接任吉林交涉使，前任便是施肇基；郭宗熙临危受命接手哈尔滨防疫总办后，积极配合国家医疗队，与伍连德相处十分融洽。而锡良曾经是施肇基、郭宗熙的上级，在抗疫中对伍连德也十分信任，倾力支持。这种良好关系，也使得他们能够在抗疫工作中彼此信任，相互支持，起到了中流砥柱的作用，成为官场中不多见的一股清流。当然，他们的作为，也招致了不少官员，包括一些别有用心的外媒诽议诘难，甚至诋毁弹劾，但清政府能在紧急情况下，绕开层层官僚机制与不良舆论的壁垒羁绊，始终信任并使用好这一批"关键少数"的贤员、能吏，可以说是此次抗疫成功的一个重要原因。

　　第二，是制定并实施了保障"不职者既给予以严惩，死事者自应邀优恤良"㉙的相关奖惩优恤政策。

　　抗疫初期，"疫气蔓延，人心危惧"，出入疫区的官员兵丁，不辞危险，坚守岗位。奋战在前线的医护人员更是如此，国家医疗队初到疫区，很快便有人被传染去世，"各医缘此寒心，伍医生连德上禀辞差，英国医生吉陛坚欲回京，军医学生全体乞退"。对此情况，锡良及时上奏朝廷，请求批准立案落实医护人员以及官员的保奖抚恤章程，安定了军心㉚。

　　清廷在加大保奖力度的同时，也加强对于抗疫工作中不作为乱作为官员的惩处力度。锡良曾对抗疫中"办事不力及稍形畏缩者，先后撤参数员"㉛，如前哈尔滨防疫总办于驷兴因工作不力被革职。由于奖惩分明，措施得当，收到了稳定军心，振作士气的效果，"在事人员，甘任劳怨，不顾利害，出生入死，如临大敌""或肩任义务，枵腹从公，或救死扶伤，奔驰疫地"㉜。一些官员甚至在抗疫中因公殉职，如黑龙江防疫会副议长鹤鸣"不避危险，亲率医员为民疗治，卒以染疫身死"㉝。

　　疫情结束后，清政府兑现承诺，照章奖赏，仅宣统三年四月十七日当天，就批准奖赏东三省抗疫出力人员103人。受奖者上至章京，下至军医、生员[34]。不仅如此，政府还对定立保奖抚恤章程之前在抗疫初期殉职的英医嘉克森、日医守川歆显，以及中国官员毓琛、医生王芝臣等人加以追认奖恤[35]。"万国鼠疫大会"结束，清政府特准施肇基、伍连德参加摄政王接见，以示嘉奖[36]。

第三，尊重科学，信任专家，采纳推广科学防疫治疫方法。

此次抗疫是中国历史上第一次具有近代意义的防疫活动。疫情严重之时，清政府选派组建了历史上第一支掌握现代医学技术并由中外医疗专家组成的国家级防疫医疗队。他们尊重科学，勇于破立，果断采取科学有效的防治措施。特别是火化处理病人遗体、遗物的方法，曾经引发社会很大反响，但清政府能够认识到："隔离消毒既于民情不便，烧尸烧屋尤类残刻所为，然非实力执行，则疫无遏止之期，不特三省千万人民生命财产不能自保，交通久断则商务失败，人心扰乱则交涉横生，贻祸何堪设想"[37]。因此坚定决心，支持科学，排除阻力，立法强制推行。

在这次抗疫中，清廷还培养造就了一批勇担当、重实践的国际型的中国防疫学专家。伍连德以其丰富学识、严格按科学办事的精神与卓越的组织才能脱颖而出，受到政府的信赖和国际医学界的赞赏，成为国际防疫科学界的权威。清政府授予他陆军医科进士荣誉，俄皇也为他颁授勋章。

清政府通过此次抗疫，成功举办国际"万国鼠疫大会"所形成的有关鼠疫的预防、治疗、处理措施及一系列理论与主张，至今仍被人类医学科学广泛应用，是中国对世界的贡献。

注释：

①⑱ 中国第一历史档案馆藏：外务部档案，档号：18—5077—001。

② 中国第一历史档案馆藏：军机处录副奏折，档号：03—7578—011。

③ 中国第一历史档案馆藏:外务部档案,档号:18—5079—001。

④ 中国第一历史档案馆藏:军机处录副奏折,档号:03—7578—008。

⑤ 中国第一历史档案馆藏:宫中朱批奏折,档号:04—01—38—0207—042。

⑥ 中国第一历史档案馆藏:军机处录副奏折,档号:03—7479—006。

⑦ 中国第一历史档案馆藏:军机处录副奏折,档号:03—7578—019。

⑧ 中国第一历史档案馆藏:军机处录副奏折,档号:03—7567—009。

⑨⑩ 中国第一历史档案馆藏:军机处录副奏折,档号:03—7578—004。

⑪ 中国第一历史档案馆藏:军机处录副奏折,档号:03—7578—009。

⑫ 中国第一历史档案馆藏:外务部档案,档号:18—1537—046。

⑬㉓ 中国第一历史档案馆藏:外务部档案,档号:18—4218—041。

⑭ 中国第一历史档案馆藏:外务部档案,档号:18—5079—001。

⑮ 中国第一历史档案馆藏:军机处电报档,档号:1—01—13—003—0015。

⑯ 中国第一历史档案馆藏:民政部档案,档号:21—0528—0001。

⑰ 中国第一历史档案馆藏:军机处电报档,档号:1—01—13—002—0320。

⑲ 中国第一历史档案馆藏:外务部档案,档号:18—0278—020。

⑳ 中国第一历史档案馆藏:军机处录副奏折,档号:1—01—13—003—0005。

㉑㉗㉘㉚ 中国第一历史档案馆藏:军机处录副奏折,档号:03—7477—053。

㉒ 中国第一历史档案馆藏:外务部档案,档号:18—7578—034。

㉔ 中国第一历史档案馆藏:外务部档案,档号:18—4218—041。

㉕ 中国第一历史档案馆藏:外务部档案,档号:18—5079—001。

㉖ 中国第一历史档案馆藏:外务部档案,档号:18—5078—026。

㉙㉟ 中国第一历史档案馆藏:外务部档案,档号:18—5079—001。

㉛ 中国第一历史档案馆藏:军机处录副奏折,档号:03—7477—053。

㉜㊲ 中国第一历史档案馆藏:军机处录副奏折,档号:03—7578—014。

㉝ 中国第一历史档案馆藏:军机处录副奏折,档号:03—7578—017。

㉞ 中国第一历史档案馆藏:军机处录副奏折,档号:03—7453—104。

㊱ 中国第一历史档案馆藏:外务部档案,档号:18—5079—001。

　　（原载于《紫禁城建成600年暨中国明清史国际学术论坛文集》,故宫出版社,2022年出版）

大权将何以总揽？

——从召对、奏事的改变看预备立宪时的皇权

刘文华

　　清代皇权的集中与强化程度前所未有，这是众所周知的。清代皇帝亲自深度参与庶务处理，乾隆帝就说："乾纲独断乃本朝家法。"[①]皇帝亲自处理政务，在制度上需要有所凭借，最重要的就是召见制与奏折制。

　　自顺治、康熙两朝以来，清帝就经常召见内外大臣。嘉庆帝曾说："我朝革除一切秕政，首在通下情而宣上意。每日宵衣视事，召对臣僚，周咨庶政。乃至外来道府等官亦俱准其亲诣宫门递折请训，无不随时召对，法良意美，从无堂廉隔绝之事。"[②]同治时御史李宠谟也说："我朝家法相承，无日不召见臣工，是以重熙累洽，政事修明，允足超越万古。"[③]至于奏折，自乾隆朝定制以后，就成为清朝最重要的公文，也是皇帝掌控朝政的重要工具。

　　通过召对臣工与处理折奏，清朝皇帝亲裁大政，保持了对朝政的直接掌控。道咸时官员叶坤厚称，"我朝祖训超越古初，而大端有五"，其中前两条就是"时召见""躬阅本"[④]（这里的"本"更多应指奏折）。可见，召见制与奏折制是清代皇权施行的两大抓手。

　　因召见制与奏折制涉及皇权根本，很少有人敢置疑或轻议更

改，因为稍有不慎，就可能被扣上非议皇权独断的帽子，遭到严惩。但是，随着清末预备立宪的迅速推进，特别是宣统年间《内阁官制》的拟制，情况发生了重大改变。借着预备立宪的"政治正确"，朝野内外对召见制与奏折制有了变革的意愿与行动。

责任内阁的设立，是清末预备立宪新政的核心举措之一。学界对此已经有不少研究，不过重点在于设立责任内阁过程中的政治斗争，内阁官制的文本内容分析，以及责任内阁（被称为"皇族内阁"）的人员组成及其成立后的影响⑤。然而，在拟定《内阁官制》条款时，各方对召见和奏事有何认识，是倾向于扩大阁权还是倾向于维护皇权，如何进行博弈，责任内阁成立后阁权的建立与实施会如何影响皇权，这些问题都有待进一步厘清。本文拟充分挖掘档案，辅以时人的日记、文集及当时报刊记载，对比进行细致探讨。

一 《内阁官制》的草拟与其对召见、奏事的规定

光绪三十二年（1906）清廷发布立宪上谕，从改革官制入手。袁世凯等大力鼓吹仿行责任内阁，但因涉嫌专权而遭到众多官员的接连弹劾，慈禧太后对此也颇为关注，京城风起云涌，大有政潮一触即发之势⑥。奕劻、袁世凯等虽然仍坚持仿行内阁，但在拟制的内阁官制条款中已较为收敛，避免专政、妨害君权之嫌，贻人口实。最终的《内阁官制清单》中对召对事宜涉及不多，并未严格限制内阁成员在总理大臣、副大臣之外的召对奏事权，主要是强调保证内阁总理大臣对各部行政的知情权与参与权，对内阁之外的大臣的召见资格与奏事权等丝毫未加提及⑦。

不过，这还是引起一些官员的警惕。如主事胡思敬就认为，关涉一部或数部变更或关涉全体的事件，都须会同总理大臣具

奏，这样，"自行具奏，自行拟旨……似此威福自专，不但开辟以来，无此政体，恐五洲万国，亦未有若是之倒行逆施者也"。各部大臣虽能专折言事，但又会"各受总理箝制，仰其鼻息"，这样"孤寡""天子"难免"芒刺在背，亦慄慄可危矣"。对于规定部臣随内阁总理入对，胡思敬也抨击说："内阁新设总理，摄领枢务，左右参相，且不免旅进旅退之讥，尚书追随其后，如妇在两姑之间，总理代白数言，叩头呼万岁而出，曾何能曲达隐情。况既定诣阁入对之令，则十一部政要，必先详具说帖禀商阁臣，阁臣意见不合，即可诘难指驳，壅遏不使上闻。纵有一二强项之臣不受牢笼，抗疏请对，既召忌阁臣，旋或假以他事，播弄明主之前，即□□不安其位。盖随同入对则邻于卑，自请独对则嫌其抗。"⑧ 如此规定下，他担心部臣不敢直抒己见，得听从总理大臣摆布，而如果部臣奏请独对，就有与总理大臣"立异"之嫌，使这一条文的执行困难重重。御史赵炳麟也上奏称内阁官制使权归内阁，流弊太多。其中对奏事、入对的规定的担忧与胡思敬大率相同，认为"每部大臣虽具单衔奏事之名，其权限固已微矣"，"大臣敢自请入对者，盖亦寡矣"，由此，"内阁之势力，非特可监督诸臣之奏事，并得监督诸臣之奏对……臣不知此次该大臣等所拟官制，置朝廷于何地也"⑨。

　　恐怕是察觉到新内阁对皇权的威胁，慈禧太后否决了成立内阁的提议⑩，有关召对、奏事权之事就此罢论。随后制定的"九年预备立宪清单"，也丝毫不敢涉及成立责任内阁⑪。

　　光绪三十四年（1908）十月，光绪皇帝、慈禧太后先后去世，溥仪登基，载沣摄政。摄政王载沣的政治权威与慈禧太后、光绪皇帝不可同日而语，控制朝臣的能力也不能相提并论。于是，成立责任内阁重新进入议事日程。而且，此时立宪愈发成为"政治正确"，有些相当"出格"的意见、建议也被提出来了，比如对召见制与奏折制的讨论，而且涉及其核心问题——召见范围与具奏资格。

召见范围是清代召见制度的核心问题之一，皇帝召见哪些官员，什么级别的官员具有被召见的资格，由此衍生了召见是否是"独对"，有没有其他官员在场。具奏资格则是清代奏折制度的核心要素之一，哪些官员有奏事权，哪些官员没有奏事权。这些都不仅是官员地位、权势的象征与表现，更关系着皇帝信息获取的范围与深度。召见、奏折制度自从乾隆年间定制以后，都很少更改，即使有官员提出意见，也只是建议皇帝多召见中下级官员，或扩大具奏资格范围，谁也不敢反其道而行之，否则，就有壅蔽皇帝耳目、非议皇帝独断大权的嫌疑。但是，随着预备立宪的推进，尤其是责任内阁的筹备，召见范围、具奏资格成为必然要触及的问题。光绪末宣统初，朝野上下严厉抨击军机大臣不负责任，导致政务丛脞。于是，趋新者纷纷主张设立须对行政事务负责任的责任内阁。然而，欲要求内阁负责任，就必须考虑限定召见官员的范围、限制上奏官员的资格，并更改召见与上奏的程序。这就比光绪三十二年的《内阁官制清单》明显更进一步。

宣统二年（1910）十月，在立宪派多次请愿与督抚连衔电请成立国会的背景下，清廷下旨设立责任内阁，要求先拟定内阁官制。在此以前，宪政编查馆已着手内阁官制的拟制，具体由李景铄、汪荣宝负责起草[⑫]。李景铄草拟《内阁官制》后，汪荣宝评价说："孟鲁（按，李景铄字孟鲁）于责任精神极为注意，故于召对及陈奏之限制规定甚详。此于我国国情颇相矛盾，去之则失统一事权之要义，留之则惹起日后种种之阻力。本日提出讨议，未能解决。"[⑬]

李景铄草拟的《内阁官制》"于责任精神极为注意"，应该是比较"激进"的，对召对和具奏的资格限制很严，以保证内阁总理大臣能够统一行政，担负责任。这可以从汪荣宝的记载中得到印证："宪政馆同人以厘订官制事开会议，余发表意见如下：……（三）侍郎有会同尚书奏事及发部令之权，但不副署谕旨，不列阁议……（五）巡抚有奏事之权，但须敕部议覆乃行……同人多赞同余说，惟李孟鲁对于（三）（五）两问题有异说，余亦无以难之，卒不得要领而散。"⑭为何李景铄对于第三、第五两条有异议？因为他主张严格限制直接向皇帝奏事之权，并不赞同侍郎、巡抚可以直接给皇帝上奏，而是应该经过内阁总理大臣。

这一草案对召对和奏事权的限制，果然引起了朝臣的置疑与不满。如御史欧阳廉就极为担忧内阁专权："自各部大臣以下不可经由总理大臣始得入奏，会同总理大臣始得进见，诸臣不得入奏、不得进见，则耳目壅蔽，一人孤立于上，群臣横行于下，则言规定奏事各权者不可从也。"⑮可见，欧阳廉明确反对"经由总理大臣始得入奏，会同总理大臣始得进见"，反对限定各部、各官的奏事、召见权。学部左丞乔树楠深恐立宪伊始，办理不善，"以致大权不能统于朝廷"，也奏称："但闻官制定后，凡例应言事者即不得有所参劾、有所陈奏，如果确有是说，是奏定后虽有忠言远虑，亦无由自达于君父之前。由是举朝忠爱之臣皆不免鳃鳃过虑，以为作事谋始只此旬月之内，正我国家政体千钧一发之时也。"⑯他认为官员直接向皇帝陈奏，关系国家政体，关系君主大权，极为重要，也明确提出质疑。

二 政务处大臣对召见、奏事条款的意见

《内阁官制》的制定是清廷重大政治事件，须经过会议政务处的会商讨论。宣统三年（1911）年初，在《内阁官制》及《内阁暂行办事章程》拟制后，不少政务大臣都对召对、奏事权事宜

提出质疑。如度支部说帖称："（《内阁官制》）惟第十条规定具奏事宜，虽为保事权之统一，杜议论之纷歧，揆诸立宪国通例，原无不合，但目前阁制甫经组织，议会方始萌芽，执行监督之机关尚未完备，似宜稍宽限制。凡例得奏事人员仍许其径行上奏，以广言路而达下情。如恐于宪法原理稍有不符，则暂行章程中似不妨酌改。"⑰度支部尚书载泽认为现在立宪刚开始不久，监督机制尚不完备，应该稍宽限制。"凡例得奏事人员仍许其径行上奏"就是完全沿袭旧制，没有任何限制。但这有悖于通行的宪法原理，在《内阁官制》中不好这样明确规定，那就应修改暂行章程，保留"例得奏事人员"的直接上奏权。

礼部尚书荣庆说帖的主要意思是"仍以重主权为内容"⑱，可见其出发点是维护皇权。他认为："《暂行办事章程》内于内外官制未经一律施行以前，言官得奏劾国务大臣，于条奏国务不适用之等语，现在改订之始，法律未备，若过于限制建言之人，恐失朝廷兼听兼观之明，可否将例许言事之人弹劾官吏、条陈时政两事均暂仍旧制，但不得摭拾攻讦，淆乱是非，徒渎圣聪。"⑲荣庆的建议实际上也是沿袭旧制，没有太大限制。

学部尚书唐景崇也不赞成过于限制官员的召对、奏事权。在《内阁官制》中，唐景崇建议增加主管大臣"或蒙特旨召见亦得自行入对"的条文。他解释说："各部大臣既法定担负主管责任，则偶有入对主管事件固在各大臣权限之内……主管大臣因主管事件或蒙特旨召见，自应准其入对，况各部行政稍涉重要事件均经阁议，偶奉特旨召见，其政见固不致涉纷歧也。"⑳这是要求保留国务大臣单独召对的权力。

对于《内阁办事暂行章程》，唐景崇建议，对于自行入对，增添"其偶有不及商明亦得自行入对，但必事后报于内阁总理大臣、协理大臣"。理由在于："内阁政体，大臣得入对国务者，以其担负责任，而责任精神即具于署名制度之内……现在办事暂行章程……较之各国制度已加严重，自无虑政见纷歧。似主管大臣一时或蒙特旨召见，偶有不及商明自行入对者，亦应准其入对，而事后又限制以报知总理大臣、协理大臣，其保持行政统一之精神固自无亏缺也。"即如果果来不及，主管大臣可以自行入对。此外，对于召对，唐景崇建议增加"不关国务蒙特旨召见或例应召见人员暨御前大臣"字句。理由是："中国数千余年均以勤见臣下为美德，我朝独对之制尤具深意。现在一切旧制尚未改革，本条小注如八旗都统等官以其职守不负国务责任，自应许其入对，此外一切官吏如于国务无关，奉特旨召见或例应召见者，仍应准其入对，按之现在情事，惟较合宜。"这是不赞成过于限制召见官员的范围，如果不涉及国务，所有例应召见官员或奉特旨召见的，都仍旧可以被召见。对于专折奏事一款，唐景崇建议酌加修改："关于国务陈奏事件除依内阁官制规定外，凡按照向例准其专折奏事者，其条陈国务仍得专折具奏，但此项条陈经御览后统即发交内阁，分别采取以杜纷歧。其内外官制未经一律施行以前，言官奏劾国务大臣者仍照旧例办理。"理由是："办事暂行章程尚系试办，中国历代治法，均以疏通言路为第一要政，至我朝言路尤无壅塞。此草案原文，条陈国务折件先送内阁，自系为杜政治纷更起见，但骤加限制，易滋疑虑，拟仍本原文意义立想，凡有条陈国务者，准其迳达宸聪，但此项条陈仍由皇上批交内阁备核，则臣下之意见既得发舒，九重之天听不虞壅蔽，而于政治之统一仍无妨碍也。"[21]唐景崇建议，原先有奏事权的官员，仍然允许奏陈国务，只不过，皇帝阅看后需要将奏折发交内阁。言官则仍照旧可以直接向皇帝奏劾国务大臣，不加限制。

陆军部大臣荫昌，对召对、奏事之权亦极为关注。对《内阁官制》有关召对的规定，荫昌建议，由国务大臣带领入对一语，拟改"入对后当报告内阁总理大臣"。理由是：

> 立宪国君主于国务不负责任，而大臣负其责任，故谓国务大臣，此为内阁之原则。操国务者定行政之方针，每虑不负国务责任之人奏陈国务，扰乱方针，故不欲君主单行召见阁臣以外之人谈论国务，此为内阁之事实。然东、西国内阁官制虽有大臣担负责任之明文，尚无君主召见臣工之限制……若以神圣不可侵犯之美名，而拘束君主之身体耳目，恐政见无人发表，大权将何以总揽，此按之我国事实或有窒碍难行者。我朝召见臣工，向例天颜咫尺，非他人所得窥听。若例应召见人员非阁臣带领不得入对，君上关于国务将囿于阁臣之政策，并无参考之谟猷，《宪法大纲》大权操自君上之语，将同虚设，似非启发圣明之道。且阁臣均为君上亲信默契之员，简在帝心，何虑阁臣以外之员淆乱圣听，若君上不以内阁之方针为然，阁臣既失信用，惟有辞职之一途，断难箝制君上耳目，不令扩张见闻也。兹拟改为"例应召见人员于国务有所陈述者，入对后报告内阁总理大臣"，则阁臣自可接洽矣㉒。

可见，荫昌的意见非常尖锐而激烈，他对召见对于君权的意义有着深刻透彻的认识。他对于以成立责任内阁的理由限制皇帝召见官员的范围非常不满，质问如果限制皇帝召见官员，"大权将何以总揽"？按其意见，召见制度基本不必更改，无须国务大臣带领入对，只是要求召见官员如果陈述国务，入对后将相关情况报告给总理大臣而已。对《内阁官制》有关奏事的规定，荫昌认为不能过于限制具奏官员的范围："现在国会未开，一切宪政尚未大定，特例奏事之规似宜稍宽其范围，不必以日制为限。"㉓

荫昌对《内阁办事暂行章程》中有关召对的规定亦有所修正。

如由内阁总理大臣或协理大臣带领入对一条，拟改"入对后当报告内阁总理大臣、协理大臣或主管各该部大臣"。他认为："例应召见人员无庸阁臣带领，其理由已详内阁官制草案第九条修正案。盖君上召见臣工，借以觇知时务，识拔人才，非必尽谈国事之得失，人才亦不必因政党而显达，且奏对何事，非臣下所得预知，似无庸阁臣侍侧以重天威之尊严。惟于国务既有所陈述，则事后报告阁臣，俾期接洽，自无扰乱行政方针之虑。"这仍然是要求对官员召对沿袭旧制，只是如有必要（对国务有所陈述），应在事后报告总理大臣。对于督抚大吏入对，荫昌建议加上"入对后当报告内阁总理大臣、协理大臣或主管各该部大臣"。他认为："封疆大吏统辖文武，管理军民各政，其所奏对不尽关于内阁担负之国务，且督抚地位未定，就中国事实而论，其体制当如各部大臣……非向例得蒙召见之人员可同日而语也。抑有进者，黜陟大臣之权操自君上，阁臣均为君上默契深信之员，简在帝心，若除阁臣以外，君上不得与大臣讨论政治，将舍阁臣并无识拔之人才、属意之大员，内外要政将虞隔膜。当兹政党内阁未成之时，大权操自君上，未便将国柄委诸十数阁臣之手。必时时召见封疆大吏，熟知督抚贤能、民间疾苦，庶内阁更易尚有后起之贤……督抚与各部大臣视同一律，商明总协理大臣均得自请入对。惟为保持行政方针，关于国务有所陈述，事后令报告总协理及主管各诸部大臣，自可接洽矣。"㉑荫昌强调不仅不能限制皇帝召见督抚等封疆大吏，还要建议皇帝要经常召见督抚大臣，只是依旧要求如有必要，应在事后将陈述国务的情况报告总协理大臣及各部大臣。

以上度支、礼、学等各部尚书的意见，都是考虑中国传统及现实政治状况，要求暂时放宽对官员召对、奏事的限制。而陆军部大臣荫昌的意见则更为传统，他认为召对制度不应改变，只不过为符合责任内阁制的要求，被召对官员应当在对国务有所陈述后将相关情况告知内阁总理大臣而已。

当时的报界对此事也颇为关注："新内阁官制各部院说帖颇有主张反对者，其反对之点以召见不能独对及上奏须经由内阁两层为最注意，现在此项说帖已进呈监国，尚不知上意如何。"㉕也有舆论对各部说帖要求放宽奏事权一事不以为然，因为"其所争之点在保存奏事权，此事关系甚大，盖不经阁议而率行上奏，则行政机关何能统一，何人能负责任"㉖。

对于召见、奏事权一事，朝野争讼纷纭，置疑者主要是站在维护君主大权的角度，反对过于限制被召见官员的范围及召见须由内阁成员带领，也反对过度限制官员的具奏权及官员具奏须经过内阁总理大臣，着重防止内阁总理大臣权力过大，尾大不掉，危及君权。

三　责任内阁成立后召见、奏事的变更

宣统三年四月初十日，清廷最终颁布《内阁官制》和《内阁办事暂行章程》。在立宪深入人心的背景下，作为国家根本行政法规的《内阁官制》对于责任精神还是颇为注重，对于召见，内阁总理大臣可以随时入对，各部大臣入对时，总理大臣也可以在场，但各部大臣也可以请旨自行入对。对于奏事，除了军务由陆、海军大臣自行具奏外，保证了内阁各部上奏都需经过总理大臣。而原先例应召见或例应奏事人员不能自行入见或上奏，都得由国务大臣带领入对或代递，但是，并没有规定都必须由内阁总理大臣带领入对或代递。此外，还都开了个豁口，那就是"其蒙特旨召见及法令有特别规定者不在此限"㉗。总的来说，《内阁官制》对官员的召对、奏事已经颇有限制了，而作为暂时行政规定

的《内阁办事暂行章程》则主要是延续旧制，又稍加限制。对于召见，颇注重于保护内阁总理大臣的会同入对、带领入对权，但皇帝身边的近臣及军务诸臣等都不在此限，而且奉特旨召见或法令有特别规定的也是例外。而各省督抚大吏请安、请训或奉特旨召见，总理大臣也不应在场（但是督抚们请安、请训时何尝不会谈及国务呢？）对于奏事，则凡例应奏事人员的上奏权基本没有限制，即使是内阁各组成衙门中各部的寻常例奏事件，也是由各部大臣径行向皇帝上奏，只是需要在上奏后抄稿咨送内阁备案查核[28]。总之，关于召见、奏事，《内阁官制》吸收了西方宪政惯例，着眼长远；《内阁办事暂行章程》则考虑清代政治实际，折衷现实。但两者之间的鸿沟，显而易见。当然，制度如此规定，还得看各衙门如何执行。

在颁布《内阁官制》的同时，责任内阁（暂行内阁）成立，按照《内阁官制》的规定，内阁总理大臣须保持行政统一，各部事件就不能事无巨细直接奏报给皇帝。四月十二日，陆军部发文询问内阁："查本部应行循例具奏事件及关于陆军行政一切应行具奏事件是否暂行照常具奏，贵总理大臣、协理大臣是否一律会衔？如循例事件无须会衔，即由本部自行具奏……相应咨呈贵大臣谨请查照迅赐示复，以凭遵办。"[29]按照《内阁办事暂行章程》规定，某部重要事件须会同内阁总理大臣、协理大臣具奏，只有寻常例奏事件可由该部径自上奏，但也得在上奏后咨送内阁查核。这就需要先由内阁主持划分"重要事件及寻常例奏事件"[30]。陆军部询问之时，相关事宜尚未启动。之后，责任内阁发文着手与各部划分重要、寻常、应奏、不应奏事件。

民政部在接到责任内阁的来文后，咨复内阁，只概略区分了重要事项和寻常事项，其中重要事项包括："一为各项法令章程，例如民治司之关于自治等事，警政司之关于警察等事，疆理司之关于户籍等事，事属创办，应随时具奏请旨者；一为任用人员、预算经费等事，或属于君上大权，或关系国家财政，例如机要科主管之请补官缺、会计科主管之请拨专款，虽系遵照奏定专章，亦应随时具奏请旨者；一为遵奉特旨交办等事，例如宪政筹备处之办理奏报成绩，统计处之办理各项统计，均有一定期限，应随时具奏请旨者是也。""其属于重要者应由本部会同内阁具奏。"可见，民政部有关自治、警政、户籍等的法律章程，官员任用，经费预算，以及特旨交办事件，都须与内阁会商。民政部文并没有指明有哪些不应奏事项，这有它设立时间短的原因："查各衙门应奏、不应奏事件向以则例及历办成案为据，本部设立仅及数年，一切主管事宜概系随时拟具规章，奏明办理。"更重要的是，因为"具奏权限关系内阁制度者甚大"，民政部有所顾虑，怕越权，又把皮球踢回给内阁："各衙门应奏、不应奏事项款目虽或不同，而标准须有一定办法，庶不纷歧，应请于各衙门开单送齐后统筹规定，提出阁议，以期划一而重责成。"㉛

法部则迅速拟定了本部重要、寻常、应奏、毋庸具奏的各项事件咨呈给责任内阁核办，其中"本部重要事件应行会阁具奏"的包括："一请简各省提法使。一请简本部丞参。一请简京师审检各厅丞长。一请简大理院刑科民科推丞。一请简各省高等审检两厅丞长。一各省高等丞长试署期满请旨实授。一考试京外第一次法官。一考验京外第二次法官。一审判厅员缺之添设裁并。一各项法律之变更。一各项章程规制（应送法制院复核者届时送核，应请旨交资政院议决者先期会阁奏交）。"可见，请简内外重要的与法部有关的官员及有关法律章程的制定变更等事宜，法部都须与内阁商议。法部"本部毋庸具奏事件"则包括：

一、庭丁职务章程。

一、京畿及各直省申报起限展限、开参疏防、赃赎银，人犯到配起解，及一切由部咨结并例应外结报部存案之件。

一、各省咨送囚犯口粮，递解军流口粮、棉衣、药饵等项。

一、各级审判厅建筑报销。

一、各省监犯病故（原注：向系年终汇奏，似可删除）。

一、汇报正法盗犯。

一、恭逢恩诏查办交所习艺徒犯向俱咨复。

一、司法经费[32]。

由此可知，法部将向来是年终汇奏的"各省监犯病故"一事拟定不再具奏。宣统二年宪政编查馆拟定的各省循例事件改咨各部清单中规定，各省审判厅的建筑报销咨部后，由法部相应汇奏或专奏，还拟定各省"汇报正法监犯"改奏为咨[33]（但摄政王仍朱圈要求专奏），这两类事件法部都拟定为毋庸具奏。另外，在施行财政预算决算制度的情况下，如秋审费用之类的司法经费也不再专门具奏。

由以上民政部、法部的档案可以看出，两部的重要事务，如人事变更、财政预算、法律章程的拟定等，在上奏前都须与内阁会商。以内阁的强势地位，很可能会获得相应事务的主导权。此外，法部拟具奏事项已有所缩小。如果完全内阁成立，则各部向皇帝具奏的事件应该会大大压缩。奏事如此，召对应该也会呈现同样的趋势。一方面是内阁总理参与决定各部重要事务，另一方面是各部具奏事项的减少，此消彼长之下，阁权增长，君权空置，恐怕是必然的趋势。

有朝臣对此提出质疑，御史温肃上奏称："议者则谓立宪国除内阁与议院外，不得有奏事之权，恐其言庞而挠大计也。然此制惟阁臣负完全责任方能行之，阁臣负完全责任，则每事不必请旨，诏谕不必钤章。揆之现势，谓能行之乎？不能行之，而自去其耳目，此揽权者之利，非国之利也。"㉞可见，温肃对这种限制官员奏事权、"自去耳目"而有利于权臣的态势非常担忧。

辛亥革命爆发后，清廷不得不请袁世凯出山担任内阁总理大臣。袁世凯要求清廷给予完全的内阁权力，清廷只得答应。袁世凯要求除国务大臣之外，其余官员的入对、奏事暂行停止，称"现在完全内阁业经组织，各项制度尚未规定，除各衙门办事仍暂照旧外，所有与立宪制度抵触事项拟请暂行一律停止"。对于召见，"除照《内阁官制》召见国务大臣外，其余召见官员均暂停止。俟定有章制再行照章办理。总理大臣不必每日入对，遇有事件奉召入对，并得随时自请入对"。除了国务大臣外，皇帝已经没有召见其他官员的权力。对于奏事，"除照内阁官制得由内阁国务大臣具奏外，其余各衙门应奏事件均暂停止，所有从前应行请旨事件均咨行内阁核办，其必应具奏者暂由阁代递，凡无须必请上裁事件均以阁令行之。各部例行及属于大臣专行事件毋须上奏"。此外，"向由奏事处传旨事件均暂停止，内外折照题本旧例均递至内阁，由内阁拟旨进呈，再请钤章"㉟。除了内阁国务大臣外，其他各衙门不能再上奏，而各部例行应奏事件，以及各国务大臣专行事件都停止上奏，其他各衙门必须上奏的奏折也由内阁代递。

可见，在袁世凯内阁完全按照《内阁官制》实施的情况下，清帝已基本丧失了处理政务的权力。御史欧家廉就称："以组织内阁，停止奏事入对，撤销值日，人心愈疑，以为实权既去，空文亦亡，朝廷自此替矣。"㊱显然，欧家廉认为，停止官员具奏及召对标志着清廷丧失了对朝政的掌控权。当然，袁世凯内阁时期的情形只是辛亥革命爆发后、皇权式微的极端情况。

召见制度与奏折制度是维护清代皇权专制的核心制度，皇帝单独召见内外重要官员，接受内外官员的直接奏报，让皇帝得以垄断上行重要政务信息，拥有信息上的绝对优势，以保证皇帝对朝政的掌控。宣统二年年底、三年年初，清廷决定仿行责任内阁制，在制订内阁官制时，加强内阁总理大臣责任，缩小召见、奏事官员范围是这一制度的应有之义，不过，摄政王与众大臣们考虑到具体情形，拟订了暂行章程，基本维持原状。暂行内阁成立后，各部院奏事已有所更改。辛亥革命爆发后，袁世凯内阁成立，要求完全内阁权力，停止了除国务大臣之外官员的入对、奏事。这虽然是革命爆发后、皇权式微的极端情况，但是，按照预备立宪进程，暂行内阁毕竟只是权宜之计，数年之后，完全内阁就应成立，那时内阁就应全面承担起统一行政的职责。统一行政，必须加大内阁对于例行国务事件的处理权力，切实负起责任。彼时的召见、奏折制度应该就是介于暂行内阁与袁世凯内阁之间，召见资格、奏事权被进一步限制，召见时常有内阁成员陪同，奏事一般需由国务大臣代奏。此时阁权的扩大与皇权的受限，成为必然。总之，随着清末新政的迅速推进，尤其是预备立宪的快速展开，责任内阁成立、阁权建立之后，召见制度、奏折制度都会产生巨大变化，甚至触动了皇权的根本。

注释：

① 《大清高宗纯皇帝实录》卷323，乾隆十三年八月辛亥。

② 《大清仁宗睿皇帝实录》卷231，嘉庆十五年六月辛亥。

③ 中国第一历史档案馆藏：军机处录副奏折，御史李宏谟奏折，同治十一年五月初一日，档号：03—5090—013。

④ 孙雄：《道咸同光四朝诗史》乙集卷1，叶坤厚，宣统二年刻本。

⑤ 彭剑：《清末宪政编查馆研究》，北京：北京大学出版社，2011年版，第145—173页。高放等：《清末立宪史》，北京：华文出版社，2012版，第403—409页。李细珠：《地方督抚与清末新政》，北京：社会科学文献出版社，2012年版，第312—334页。迟云飞：

《清末预备立宪研究》，北京：中国社会科学出版社，2013 年版，第 380—385 页。李凤凤：《清末"暂行阁制"的制定与权力纷争》，《近代史学刊》第 13 辑，北京：社会科学文献出版社，2015 版，第 66—85 页。李学峰：《载沣与宣统政局》，新北：花木兰文化出版社，2017 年版，第 112—118 页。李细珠：《新政、立宪与革命》，北京：北京师范大学出版社，2018 年版，第 43—65 页。

⑥ 李细珠：《新政、立宪与革命》，第 43—65 页。彭剑：《清末宪政编查馆研究》，第 160—164 页。

⑦ 中国第一历史档案馆藏：军机处录副奏折，奕劻等清单，光绪三十二年九月十六日，档号：03—9284—024。

⑧ 胡思敬：《退庐全集》，沈云龙：《近代中国史料丛刊》第 45 辑，台北：文海出版社，1970 年版，第 1385、1394 页。

⑨ 中国第一历史档案馆藏：宫中朱批奏折，御史赵炳麟奏折，光绪三十二年八月二十五日，档号：04—01—02—0109—005。

⑩ 李细珠：《新政、立宪与革命》，第 65 页。彭剑：《清季宪政编查馆研究》，第 165、166 页。

⑪ 上海商务印书馆编译所：《大清新法令》卷 1，北京：商务印书馆，2010 年版，第 122—127 页。

⑫ 韩策、崔学森：《汪荣宝日记》，北京：中华书局，2013 年版，第 158 页。

⑬ 韩策、崔学森：《汪荣宝日记》，第 166 页。

⑭ 韩策、崔学森：《汪荣宝日记》，第 216 页。

⑮ 中国第一历史档案馆藏：军机处录副奏折，御史欧家廉奏折，宣统三年三月十二日，档号：03—9301—013。

⑯ 中国第一历史档案馆藏：军机处录副奏折，学部左丞乔树枏奏折，宣统三年三月二十日，档号：04—01—02—0013—006。

⑰ 中国第一历史档案馆藏：宫中朱批奏折，度支部说帖，宣统三年，档号：04—01—02—0014—002。

⑱ 谢兴尧：《荣庆日记》，西安：西北大学出版社，1986 年版，第 189 页。

⑲ 中国第一历史档案馆藏：宫中朱批奏折，礼部尚书荣庆说帖，宣统三年，档号：04—01—02—0014—003。

⑳ 中国第一历史档案馆藏：宫中朱批奏折，学部尚书唐景崇说帖，宣统三年，档号：04—01—02—0014—005、04—01—02—0014—013。

㉑ 中国第一历史档案馆藏：宫中朱批奏折，学部尚书唐景崇说帖，宣统三年，档号：04—

01—02—0014—006。

㉒㉓ 中国第一历史档案馆藏：宪政编查馆档案，陆军部议内阁官制草案并按语修正案，档号：09—01—03—0040—032。

㉔ 中国第一历史档案馆藏：宪政编查馆档案，陆军部议内阁办事暂行章程修正案，档号：09—01—03—0040—030。

㉕ 《云雾中之新内阁筑室道防三年不成》，《申报》1911年4月24日，第5版。

㉖ 《新内阁迟迟发表之八面观，议与能得其真相者》，《申报》1911年4月27日，第6版。

㉗ 中国第一历史档案馆藏：宫中朱批奏折，清单，档号：04—01—13—0436—042。

㉘㉚ 中国第一历史档案馆藏：军机处录副奏折，宪政编查馆大臣奕劻等清单，宣统三年四月初六日，档号：03—9301—043。

㉙ 中国第一历史档案馆藏：军机处录副奏折，陆军部咨呈，宣统三年四月十二日，档号：03—7485—208。

㉛ 中国第一历史档案馆藏：民政部档案，民政部咨文，宣统三年五月二十七日，档号：21—0308—0139。

㉜ 中国第一历史档案馆藏：刑法部档案，承政厅清册，无朝年，档号：16—02—001—000001—0065。

㉝ 中国第一历史档案馆藏：军机处录副奏折，宪政编查馆大臣奕劻等清单，宣统二年九月十四日，档号：03—9298—010。

㉞ 中国第一历史档案馆藏：宫中朱批奏折，御史温肃奏折，宣统三年八月初九日，档号：04—01—01—1114—026。

㉟ 中国第一历史档案馆藏：军机处上谕档，宣统三年十月初二日，第4条。

㊱ 中国第一历史档案馆藏：军机处录副奏折，御史欧家廉奏折，宣统三年十一月初一日，档号：03—8674—012。

（原载于《近代史研究》2019年第4期）

晚清避暑山庄瓷器运回紫禁城之原因

张小锐

一　避暑山庄瓷器由来

承德避暑山庄，也称热河行宫。热河行宫原是为康熙帝北巡塞外、木兰行围修建的行宫之一，是京城至围场千里行军的必经之地。因地理位置距离京师较近，奏章朝发夕至，与宫中无异；优越的自然环境，风清夏爽，峰峦叠嶂，清流萦绕，又是避暑的佳地，故在康熙、乾隆两朝被扩建成为规模宏大的皇家避暑山庄，成为"习武绥远"和怀柔外藩的重要场所。

避暑山庄自康熙四十二年（1703）始建，乾隆六年（1741）又继续扩建，直到乾隆五十七年（1792）完工，工程历时89年，是清代最大的一座皇家园林。山庄内72景错落其间，宫殿区、山区、湖区、平原区，山水相映，天然成趣。据史料记载，康熙帝、乾隆帝在位时，每到五月至十月间，驻跸避暑山庄，秋季举行围猎比武的秋狝活动；或是在山庄召见蒙古、西藏、青海、新疆以及台湾等地少数民族的上层首领、王公贵族、宗教领袖；或是接待外国使节。各种大小规模的接见、加封、颁赏、赐宴、观戏等活动繁忙，此地成为清廷处理政治、军事、民族、外交等国家大事的重要地方。

康熙、乾隆、嘉庆时期避暑山庄政务活动频繁，加之康、乾两帝对瓷器的欣赏和喜爱，清宫瓷器烧造达到了高峰，瓷器成为皇家园林内宫殿陈设、清帝赏赐、日常使用不可缺少的精美物品。避暑山庄内陈设了大量瓷器，如光绪十二年（1886）陈设册记载，澹泊敬诚殿陈设有嘉窑瓷九狮尊、青花白地瓷玉壶春瓶、白瓷红花玉壶春瓶、青花白地瓷圆水盛、霁红瓷观音瓶等8种近20件瓷器。从热河行宫陈设档案的记载看，主要陈设瓷器有瓶、花插、尊、觚、鼎、如意、壶、盖罐、磬、冠架等器型。收藏有定窑、钧窑、哥窑、汝窑、青花等各种仿古瓷器和景德镇特制康熙、雍正、乾隆款的瓷器，种类相当丰富。

　　赏赐用瓷器也是必不可少的。康熙、乾隆时期，清廷与蒙古王公、西藏宗教首领、少数民族土司结为友好，关系密切，除了按照定例赏赐物品外，还有加赏。乾隆四十五年（1780），六世班禅为庆祝乾隆帝70寿辰，特来朝觐，乾隆帝谕令在避暑山庄外仿照西藏扎什伦布寺建造须弥福寿寺庙，作为班禅居所，仿照拉萨布达拉宫建造普陀宗乘之庙——小布达拉宫，在会见六世班禅时赏赐物品中除金银器、玛瑙、兽皮、茶叶、佛像、缎纱等物品外，另有玻璃碗、玻璃盘、玻璃瓶、瓷碗、瓷盘、瓷瓶。乾隆五十八年（1793），英国马戛尔尼使团在避暑山庄觐见乾隆帝，清廷以高规格招待英使，赏赐英使在万树园与蒙古王公、缅甸各国一起参加筵宴，并给英国国王及来华使臣赏赐礼物，除了珐琅、玉器、玛瑙、漆器、绸缎、茶叶等外，还有瓷瓶、瓷壶、瓷盘等各种瓷器[①]。

　　避暑山庄瓷器与宫廷瓷器同为皇家瓷器，在康、乾时期宫廷将景德镇御窑厂进贡瓷器划拨运出紫禁城，用于盛京、皇家园林等处陈设、赏赐，避暑山庄在这一时期也留下了大量库存。以清宫进单档案记载为例：乾隆四十五年八月初五日，九江关监督额尔登布进贡一批瓷器，其中被分拨交与热河行宫的有：黄底洋彩五供养成分、黄底洋彩宝塔、成窑五彩宝瓶成对、霁青描金奔巴壶成对、洋彩太平有象花插成对、成窑五彩万国来朝太平尊成对、洋红地洋彩暗八仙万代如意尊成对、霁青描金万福万寿葫芦瓶成对、成窑青花九龙天球尊成对、成窑五彩宝月瓶成对、定窑锥花百兽尊成对、哥窑双喜太极瓶成对等瓷器。

避暑山庄瓷器存贮主要在两个地方：一是芳园居库临芳墅，库存有"瓷樽瓶六百七十五件"，洋瓷扳指、洋瓷玩器、瓷碗、磁带钩、瓷火镰袋等，存量"六千九十五件"[②]；二是梨树峪的梨花伴月，存贮各样瓷器"多达十二万件"[③]。

然而出人意料的是，晚清同治、光绪、宣统时期，这些在避暑山庄的瓷器又重回了紫禁城。

二　避暑山庄瓷器运回情形

康熙二十年（1681）建立木兰围场，每年秋分时节后，清帝亲自带领随行侍卫、八旗官兵、蒙古骑兵等开始大规模围猎"哨鹿"的活动，这也是清政府与蒙古各部王公的盛大集会。清廷通过在围场召见、行猎、比武、宴请、赏赐等方式，以及共同观赏赛马、摔跤等活动，加强了与蒙古各部上层的结好，从而达到巩固北方边防的目的。康熙年间有 48 次出塞行围。雍正在位 13 年，国事繁忙，虽然停止了行围，但是定下规矩："后世子孙，当遵皇考所行，习武木兰，勿忘家法。"乾隆六年后，乾隆帝延续了木兰行围活动，将天山南部的回部及其他少数民族都汇集在此，并对避暑山庄进行大规模扩建来满足处理政务和消夏避暑的需要。在避暑山庄处理政务期间，军机处大臣、内阁大学士各机构衙署派出随从官员前往，协助处理军政事务，上达的题本奏章每三天驿递送达，遇有紧急报告，以五百里、六百里加急或超过六百里特急送达。康乾时期，避暑山庄一度成为第二个政治中心。

　　直到嘉庆二十五年（1820）嘉庆帝突然病逝于避暑山庄，道光帝继位后，停止行围，在位 30 年没有到过避暑山庄，而是把清宫避暑活动移至圆明园，对于远在热河的避暑山庄只是进行必要的园内修缮。咸丰十年（1860），为躲避英法联军，咸丰帝曾来到避暑山庄居住，但不到一年就病逝于烟波致爽殿。咸丰十一年（1861）后，山庄失修坍塌现象相当严重。据档案记载，这一年宫中曾派出苏拉 20 名，从避暑山庄抬运陈设钟表，往返十五天到京。紧接着从芳园居运回绸缎、玻璃器皿、朝珠等物品。同治十一年（1872）和光绪十四年（1888），遇清帝大婚，光绪二十年（1894）慈禧皇太后 60 寿辰，避暑山庄瓷器被陆续运回紫禁城。光绪三十二年至宣统二年（1906—1910），瓷器分批大量运回。

　　（一）同治帝大婚用瓷

　　同治十一年九月十五日，同治帝大婚。

　　这年二月初三日两宫皇太后下懿旨，选定翰林院侍讲崇绮之女阿鲁特氏为皇后，定于当年九月十五日举行大婚。这是清宫自顺治帝、康熙帝举行过大婚典礼后，历经雍正、乾隆、嘉庆、道光、咸丰 5 位皇帝成年继位，紫禁城里已有 200 多年没有举行过大婚典礼。为筹备同治帝大婚典礼，早在同治八年（1869）二月初五日，两宫皇太后即下懿旨“先期预备一切应办事宜”，并指派恭亲王奕䜣、户部尚书宝鋆以及总管内务府大臣、礼部大臣、工部大臣等共同筹备婚礼④。

　　百年难得一遇的皇帝大婚，也引起外国人士的格外关注，中国皇室的隆重庆典第一次受到海外媒体的报道。清廷专门成立“大婚礼仪处”，负责大婚的一切事务。从记载同治、光绪帝大婚典礼过程的《大婚典礼红档》可见，清帝大婚仪式隆重，规模宏大。

　　皇帝大婚典礼首先是婚前聘礼：纳采礼、大征礼。纳采即开始了大婚的序曲。顺治八年（1651）明文规定纳采礼有"鞍马十匹、盔甲十副、缎一百匹、布二百匹、金茶筒一具、银盆一圆"⑤。这一规定自清初一直沿袭到清末，同治、光绪帝的大婚也照行未改。金茶筒是用来盛放奶茶的器具，也称为"多穆壶"。

大征礼是送给皇后及另赐给皇后父母礼品的礼节。同治帝大征礼定于八月十七日，礼品有"黄金二百两、银万两、金茶筒一具、银茶筒二具、缎千匹、文马二十匹、闲马四十匹、驮甲二十副"。光绪帝大征礼与同治帝相同⑥。

迎亲礼是大婚典礼最隆重、最重要的部分，分册立礼、奉迎礼。行册立礼，标志着皇后身份的正式确立，之后是奉迎礼，由使节代表皇帝将皇后迎入宫中。接着是婚成礼：合卺礼。皇帝、皇后进入洞房，代表帝后二人真正结为夫妻。成婚后还有一系列的婚后礼：庙见礼、朝见礼、颁诏礼、筵宴礼。

皇后妆奁物品的准备。同治帝的皇后妆奁，大体分为冠帽衣物、珠宝首饰、被褥毡帐、家具摆设等，这些妆奁采办分为内办、京内、京外的方式，由内务府、粤海关监督、江宁三织造、奉锦山海关兵备道等承办。妆奁中需用的瓷器，用瓷讲究，数量可观，由于内务府广储司瓷库的内存瓷器"式样多有不敷"，因此命令由景德镇特殊烧造。

同治六年（1867）三月，造办处传办九江关监督按照交下皇后所用瓷器活计画样23种，要求九江关监督加紧烧造大婚典礼瓷器。其中有粉地五彩八吉祥盖碗，茶盅；藕色地锦上添花茶缸、绿地五彩福寿茶缸；粉地蓝八卦海水江崖茶盅；黄地暗龙茶盅、黄地绿竹子碗、黄地喜鹊梅碗、黄地金囍字百碟碗、红地金囍字碗等等；要求"统限于同治七年内陆续解齐"⑦。但是，到了同治八年十二月，九江关监督景福解交大婚瓷器"一万零七十二件"，然"均烧造粗糙，不堪应用"，处罚由景福照数赔补⑧。自同治九年（1870）八月至十年（1871）十一月，这批大婚用瓷，才算全部"补造"完毕解京⑨。同治十年三月，大婚礼仪事务处又传办皇后妆奁用五彩百子瓷器 32 对，式样有五彩百子大果盘、大瓶、茶缸、碗、盖碗、茶盅，取多子多福寓意⑩。

采办婚宴用瓷。大婚婚礼瓷器需求量大，烧造的瓷器仍不能完全满足，仅七月二十六日同治帝大婚纳采日的傍晚，设在皇后家府邸的盛大纳采宴，承办"酒宴桌一百席，每席应用五彩红花双喜字细瓷大号海碗贰件、大碗肆件、中碗肆件、汤碗肆件、饭碗肆件；七寸碟捌件、五寸碟捌件、三寸碟捌件"⑪。合计五彩红花双喜字细瓷碗、碟至少需要 4200 件，因而内务府广储司瓷库采办不惜花费"三千八百二十八两"⑫。

紧急运回避暑山庄的瓷器。据馆藏档案《热河总管衙门造具查取梨花伴月并月色江声瓷器运京等件数目清册》记载，同治十年二月，运回瓷器有"五彩百禄尊四对、青花天禄尊四对、青花如意班子碗二十件、五彩龙凤碗六十件……"还有各种盘子、酒盅等瓷器，共计运京瓷器"三十九款"，"共大小件九百三十五件"⑬。

（二）光绪帝大婚用瓷

光绪十五年（1889）正月二十七日，举行光绪帝大婚典礼。

光绪帝大婚用瓷，虽然也要求江西九江关监督进行烧造，但比起同治帝大婚烧造瓷器缺少了专门用于皇后妆奁用瓷，以及筵宴用瓷。纳采宴所用五彩红花双喜字细瓷碗、碟各 100 份，4200件，除宫中剩余 1284 件外，广储司瓷库又采办了 2916 件。储秀宫茶膳房备宴应用瓷器出现"库里无存"⑭，只能用其他瓷器代替。光绪帝大婚典礼用瓷，既用了前朝雍正、乾隆、嘉庆、道光各款瓷器，又用本朝瓷器，实在是捉襟见肘。

再次运回避暑山庄瓷器。光绪十四年二月二十日，内府总管李莲英口传懿旨："交出热河陈设单册，刻即派员前往，照单运取交进等因，钦此。"并下令派出郎中文珮，笔帖式文广、奎珍"前往运取"。热河总管遵照旨意选取避暑山庄玉器、瓷器、漆器共计"二千二百九十二件"，其中陈设瓷器"一千零九十四件"，装箱分批运回紫禁城⑮。同年四月，郎中文珮等到达热河行宫后，为了这批陈设瓷器能安全运往京城，定制了包装箱、绳子等运输需用的物品。据内务府呈稿记载，"成做木箱二百只、木扛二百个、夹板 50 付"，"办买棉花一千九百五十斤"，备办粗细麻绳、皮绳铁钩、油纸、灯笼等物件，及雇佣车辆、抬夫人力，需要兵丁护送等，共计用银"一千六百三十四两一钱"⑯。

光绪十四年，热河总管衙门又选取前宫陈设、钱粮等处陈设、钱粮处收存南路陈设、如意洲等处陈设、月色江声陈设等五处陈设；月色江声分下文园、戒得堂、清舒山馆陈设；月色江声收存的北路陈设、芳园居等处陈设、芳园居库存陈设，还有含青斋、瀑布、旷观等多处陈设玉器、瓷器，其中瓷器共有"一百十五件"运京⑰。

（三）慈禧 60 岁寿辰用瓷

清晚期，慈禧皇太后两次垂帘听政，权倾一世。光绪帝大婚后，理应皇帝亲政，但是光绪帝实际仍无法超越慈禧的权力和威严。到了光绪二十年慈禧 60 岁寿辰时，正逢甲午年，国难当头，但是慈禧却要举办极为隆重的庆典活动，光绪帝不敢有丝毫怠慢。光绪十六年（1890）九江关监督呈送的烧成瓷器清册中有"总管内务府札饬恭备万寿传用瓷瓶，现已烧成"，共计 40 件。光绪十七年（1891）又烧成了万寿赏用细彩瓷瓶、大盘、碗碟等⑱。

光绪十八年（1892）五月初七日，内务府遵照慈禧太后懿旨："著派郎中文珮前往热河行宫，运取陈设物件。"郎中文珮五月二十五日抵达热河行宫，"将现存陈设内，堪可呈览者敬谨选出"，"共装黄箱二百三十一只，拴抬运京"。此次运回数量比前次增多⑲。

（四）分批大量运回

光绪二十六年（1900），八国联军侵入北京，慈禧皇太后携光绪帝西逃，北京城皇宫里的文物珍宝遭到侵略者洗劫，被烧的烧、抢的抢，紫禁城里空空荡荡。

光绪三十二年正月，内务府开始筹划将避暑山庄陈设物品分批运京事宜，时任热河都统松寿奉旨将热河陈设册档（共47册）送交内务府呈览⑳。二月，松寿奉旨"将堪用陈设按款签出"，"选择共计粘签二千七百二十三款"，需用经费"约需五六万两"㉑。

自光绪三十三年（1907）起至宣统二年，避暑山庄瓷器被陆续分批运回京城。梨花伴月是山庄存储瓷器最多的地方，共收藏完整瓷器"十一万七千四百七十三件"㉒。据档案记载，光绪三十三年九月，第七起运送梨花伴月瓷器，"箱桶300件，由热河水道直达滦州河岸，转换火车运京"，"于九月十八日由热河启行，二十四日准抵滦州，次日由火车转运正阳门车站，再行抬送"㉓。到光绪三十四年（1908）五月，热河运送共十一起梨花伴月瓷器。宣统二年四月，运回梨花伴月瓷器的数量为"箱共四百四十八箱，桶共一千一百四十四桶"，两项共计1592箱桶，瓷器"十一万四千九百五十九件"㉔。

据内务府奏，发现丢失143件㉕。同时还运回了古玩、玉器、漆器、钟表等陈设物品。

三　避暑山庄瓷器运回原因分析

（一）宫廷瓷器供不应求

从同治帝大婚紧急采买瓷器和调回避暑山庄瓷器，反映出宫廷库存瓷器及烧造出现供不应求的状况。究其原因，一方面缺乏熟练技工。由于咸丰年间太平军与清军的对抗，江西景德镇的窑厂遭到毁坏，咸丰五年（1855）清廷即停止御窑厂烧造瓷器。同治五年（1866）为了宫廷的需要和同治帝的大婚，清廷在旧址上重新恢复御窑厂，但是缺少熟练工匠，烧造技术大不如前，出现同治大婚瓷器"均烧造粗糙，不堪应用"的状况，因此赶办大婚瓷器力不从心。

另一方面，缺少烧造经费。清代御窑厂的资金来源于九江关的盈余银两。从雍正五年（1727）规定，不再动用江西地方财政经费，而是从淮安关等关税收入支出；到乾隆四年（1739）改由九江关盈余银两动支，一直延续至清末。经费数量由雍正时"不及八千"到乾隆朝一万两，嘉庆四年（1799）减至五千两，直到道光二十七年（1847）后，减到两千两。同治五年虽然恢复，但技术和财力都无法与从前相比，才不得已紧急采购和运回避暑山庄瓷器。

（二）山庄瓷器弥补不足

康乾盛世，清宫大批拨运瓷器到避暑山庄，山庄内72景陈设瓷器数不胜数，仅梨花伴月一处就留存12万件瓷器。雍正、乾隆时期建立了完备的严格管理体系，加强了对山庄的保护。在管理上，设立直隶热河总管（都统）统领，由皇帝钦定。下设官员副总管、丞苑、副丞苑、千总、副千总。驻防官兵隶属直隶八旗左翼驻防，派驻官兵达到上千名，负责典守器物，稽查内围，看守行宫、庙宇、仓廒。据《热河园庭则例》记载，乾隆时期园区及"外八庙"主要的建筑群均设重兵守卫。分片包干，划分出10个区域部分。所以说，康雍乾时期对避暑山庄瓷器存储与严格的保护，为后来解决宫廷需要提供了便利条件。避暑山庄瓷器在"光绪十四年、十八年已将上等之完整者已经运送"㉖宫中，以解宫中急用。

（三）年久失修坍塌严重

从道光朝起，皇帝不再巡幸塞外，避暑山庄的随围功能逐渐衰退，管理趋于涣散。

同治帝在继位后发布一道上谕："热河避暑山庄停止巡幸已四十余年，所有殿亭各工，日久未修，多就倾圮。上年我皇考大行皇帝举行秋狝，驻跸山庄，不得已于各处紧急工程稍加葺治。现在梓宫已恭奉回京，朕奉两宫皇太后亦已旋跸，所有热河一切未竟工程，著即停止。"避暑山庄在风雨飘摇中，建筑倾圮，荒凉破败，出现屋顶渗漏、壁画褪色、木料糟朽、彩绘剥落等残破景象，失去了往日的辉煌。

据同治六年内务府档案记载，热河总管锡奎等奏请派员查勘热河园庭情形时具奏："热河园庭内外殿宇坍塌渗透，外围墙垣倒通，石桥、泊岸、闸口被水冲塌。"内务府派出六库郎中纶增等人前往查勘，"择要分别修理"㉗。同治九年，内务府又派出六库郎中祥泰等前往详细查勘，"择其情形较重必须修理者，开单呈复，再行酌核奏明办理"㉘。

（四）山庄物品屡屡被盗

到了清光绪、宣统年间，避暑山庄屡屡出现盗窃案件。据清宫内务府档案记载，光绪二十九年（1903）九月，发生园内芳园居买卖街铺内黄釉瓷碗56件被窃一案。按照大清律例，偷窃避暑山庄乘舆服物者，斩立决。此案系合伙作案，按例量减，"杖一百，流三千里，各与左面刺'盗官物'三字"㉙。

光绪三十三年正月，据热河都统廷杰呈报，梨花伴月值宿副千总盛镇等报告，上年十二月十八日清晨，发现"西外园窗户立栓脱落，封条纸片间被撕动，进内查验，所存瓷器有被窃形迹"。经查验"西外园第一间丢失架存冻（冬）青釉纸槌瓶五件、冻（冬）青釉观音瓶一件，箱存霁红观音瓶十二件、霁红胆瓶一件，桶存霁红花囊十件；第七间丢失架存白地绿龙盘三十件。内园素尚斋西顺山房丢失架存霁青盅二件、白釉盅二十五件"[30]。

光绪三十三年十一月，布达拉庙万法归一殿储存官物被窃，丢失珊瑚朝珠、珊瑚念珠、镀金佛宝、洋彩瓷花瓶等物件，窃贼系该庙喇嘛监守自盗，盗卖获赃银五十两[31]。

光绪三十四年五月十三日，内务府发现热河在运送第十一批梨花伴月瓷器装箱时被窃，"加封时未经查觉"，丢失白釉磬口盅10件，青山水人物盅30件，霁红小盒67件，霁红匙箸瓶36件，共丢失143件。

宣统元年（1909）三月，据热河都统廷杰呈报，园庭月色江声殿内陈设被盗窃，经查验"二殿内收存中关行宫陈设，计亏短瓷器六件；东配殿收存戒得堂陈设，计亏短玉辘瓶盒三份、玉如意二柄、折扇一柄、玉果碗一件、瓷器二件等"[32]。

总之，避暑山庄瓷器经历了康熙、乾隆、嘉庆时期的拨运，留下了大量库存；也经历了同治、光绪两位皇帝大婚，紧急调用来弥补不足，以及慈禧万寿庆典的精挑细选。从管理上反映出避暑山庄瓷器与宫廷瓷器相同，都有统一规范的管理制度。随着清王朝的衰败以及战争的爆发，宫廷瓷器不仅损毁严重，而且烧造越来越艰难，出现供不应求的现象。光绪二十六年，八国联军侵华，京城皇宫里的珍宝悉数成了侵略者的囊中之物，皇家园林均受到严重破坏，避暑山庄的瓷器显得更加珍贵。恢复皇宫昔日景象，也许是清政府决定将避暑山庄大量珍贵的物品和瓷器尽快运回紫禁城，来弥补宫廷缺失的另一原因，这些有待于进一步研究。山庄年久失修、坍塌严重，存储物品屡屡被盗，加快了清政府将避暑山庄大量瓷器及陈设物品运回紫禁城的步伐。

注释：

① 中国第一历史档案馆、承德市文物局：《清宫热河档案》卷7，北京：中国档案出版社，2003年版，第218页。

② 中国第一历史档案馆藏：内务府奏案，乾隆三十四年二月十八日，档号：05—0262—010。

③ 中国第一历史档案馆藏：军机处录副奏折，乾隆五十六年，档号：03—0307—044。

④ 中国第一历史档案馆藏：军机处上谕档，同治八年二月初五日，第2条。

⑤ 《康熙会典》卷29。

⑥ (光绪)《钦定大清会典事例》卷1187，内务府。

⑦ 中国第一历史档案馆、北京铁源陶瓷研究所：《清宫瓷器档案全集》卷35，北京：中国画报出版社，2008年版，第102页。

⑧ 中国第一历史档案馆、北京铁源陶瓷研究所：《清宫瓷器档案全集》卷35，第225页。

⑨⑩ 中国第一历史档案馆、北京铁源陶瓷研究所：《清宫瓷器档案全集》卷36，第78页。

⑪⑫ 中国第一历史档案馆、北京铁源陶瓷研究所：《清宫瓷器档案全集》卷36，第81页。

⑬ 中国第一历史档案馆、北京铁源陶瓷研究所：《清宫瓷器档案全集》卷36，第50页。

⑭ 中国第一历史档案馆、北京铁源陶瓷研究所：《清宫瓷器档案全集》卷41，第351页。

⑮ 中国第一历史档案馆、北京铁源陶瓷研究所：《清宫瓷器档案全集》卷42，第100页。

⑯ 中国第一历史档案馆藏：内务府呈稿，光绪十四年四月二十三日，档号：05—08—001—000146—016。

⑰ 中国第一历史档案馆、北京铁源陶瓷研究所：《清宫瓷器档案全集》卷42，第152页。

⑱ 中国第一历史档案馆、北京铁源陶瓷研究所：《清宫瓷器档案全集》卷42，第100、408页。

⑲ 中国第一历史档案馆藏：内务府呈稿，光绪十八年十一月初一日，档号：05—08—001—000150—0069。

⑳ 中国第一历史档案馆藏：内务府奏案，光绪三十二年正月二十八日，档号：05—1046—016。

㉑㉒ 中国第一历史档案馆藏：内务府奏案，光绪三十二年二月十八日，档号：05—1046—042。

㉓ 中国第一历史档案馆藏：内务府来文，光绪三十三年九月初六日，档号：05—13—002—000984—0025。

㉔ 中国第一历史档案馆、北京铁源陶瓷研究所:《清宫瓷器档案全集》卷49,第44页。

㉕ 中国第一历史档案馆藏:内务府奏案,光绪三十四年八月初十日,档号:05—1055—
007。

㉖ 中国第一历史档案馆藏:内务府奏案,光绪三十二年正月二十八日,档号:05—1046—
016。

㉗ 中国第一历史档案馆藏:内务府呈稿,同治六年十月二十七日,档号:05—08—009—
000422—0019。

㉘ 中国第一历史档案馆藏:内务府呈稿,同治九年八月二十七日,档号:05—08—009—
000438—0036。

㉙ 中国第一历史档案馆藏:内务府来文,光绪三十年八月二十八日,档号:05—13—
002—000971—0049。

㉚ 中国第一历史档案馆藏:内务府来文,光绪三十三年三月十三日,档号:05—13—
002—000981—0135。

㉛ 中国第一历史档案馆藏:内务府来文,宣统元年五月十一日,档号:05—13—002—
000992—0160。

㉜ 中国第一历史档案馆藏:内务府来文,宣统元年五月二十五日,档号:05—13—002—
000992—0205。

（原载于《清宫史研究》第十三辑，辽宁民族出版社，2020
年出版）

端方与晚清留学生的交往

周　棉　屈春海

　　清末新政时期，中国的留学教育得到空前发展，这与部分开明督抚的大力推动密切相关，端方便是其中的典型代表。端方（1861—1911），满洲正白旗人，先后在陕西、河南、湖北、江苏、湖南等地任职，官至直隶总督、四川总督等。曾赴欧美考察宪政，回国后奏请预备立宪。宣统三年（1911），为镇压四川保路运动入川，在资州因兵变被杀，追赠太子太保，谥忠敏。作为晚清思想开明并握有实权的地方大员，端方对派遣学生出国留学有着清醒的认识和明确的目的，并曾多次派遣留学生分赴欧美及日本学习。端方对于留学教育的重视和推动，促进了清末长江中下游地区教育的现代化和留学人才的培养。以往学界关于端方的研究，虽然涉及他与留学教育的关系，但成果较少且褒贬不一①。中国第一历史档案馆所藏端方档案达 8 万余件，其中与留学教育相关的档案文献有近千件。由于端方档案一直处于整理编目过程中，尚未对外开放，专家学者较少加以利用，故以往有关端方与晚清留学教育的研究普遍存在核心档案欠缺等不足，相关研究尚有继续开拓掘进的空间。本文依据该馆所藏档案及相关资料，在以往研究的基础上，简要概述端方与晚清留学教育的关系，并就端方与留学生的信札往来以及其对具有革命倾向的留学生的态度进行梳理和论析，以就教于专家学者。

一　端方与晚清的留学教育

开展留学教育不仅是清末教育改革的重要内容，也是清末新政培养人才的重要途径。对此，端方有着清醒的认识，他认为"中国力求新政，所求正在此辈，若不广图造就"，将来势必"继往无人"②。实际上，开展留学教育也是端方践行"本原所在，教育为先"③理念的体现。而且随着时局的变化，其对留学重要性的认识也不断发展，认为欧亚诸国为强国兴邦无不游学。因此早在光绪二十七年（1901）署理陕西巡抚任上，他就提出从皇室子弟中选拔才俊出国留学。及至光绪三十年（1904），他已不再局限于皇室子弟，认为必须扩大派遣范围，"中国行省文武实业各项学堂均已次第兴办，而规模粗具，研究未精"，非"多派学生出洋不能网罗英俊，宏济艰难"，而且"早有一日之经营，即早收一分之效验，断未可置为缓图"④。这表明作为开明的地方大员，端方已意识到新政广泛推进面临的人才匮乏问题，认识到开展留学教育和培养人才的急迫性，从而比以往更积极主张发展留学教育以"早收效验"。

（一）严格鉴别、选拔留学派出人选

派遣留学生是清末新政的重要内容。作为封疆大吏的端方从维护清王朝的长治久安出发，对派出人选严格鉴别、选拔，既考虑派出目的的达成，同时也注意派遣国家的广泛性和"安全性"。近代中国留学教育始于留学欧美，但自张之洞的《劝学篇》风行之后，国内学子留日的势头超过欧美，以致在清末形成了"世界史上最大规模的学生出洋运动"⑤。但端方并不认为日本是中国最佳的留学目的国，他根据所管辖地区建设和发展的需要，把学生派到东西洋，既希望其博采多国之长，又力图避免其"沾染"革命思想。在当时，资产阶级革命派在日本活动频繁，端方的认识客观反映了留日学生和留学欧美学生在革命问题上的不同。与西洋相比，日本距离中国较近，留日学生容易受到革命思想的影响。而留学欧美，远离国内的政治风云，有利于培养"心术纯正"的人才。以端方的身份而言，他关于留学目的国的认识不可谓不明智，因此他在派遣时积极推进留学目的国多元化，同时他也认识到日本的发达以及留学日本的便利，并不排斥留学日本。

光绪二十九年（1903），科举还没有废除，端方就选派多人出国留学⑥，而且不是集中于一个国家，而是分赴美国、德国、日本等国留学。次年，他又选派80名学生分赴日本、欧美留学。当时的《大公报》曾这样报道他初到南京任职时派遣留学生的情形：

> 端午帅莅任伊始，即调各处办有成效各学堂学生来宁听候挑选，以便派往东西洋学习陆军或农工商矿诸专门实业。十月十一日，奉调各生齐集省垣，约有三百余人。十二日，午帅督同深明学务多员在将备学堂闱门考试，是日由午帅命题多道，以两艺为完卷。试毕，复在学务处验视各生身体目力，直至十六日一律验竣，十七日午后揭晓，计取学生八十名……十九日，设筵于高等学堂款待各生，午帅命驾亲临诰诫。二十日，各生由宁省首途，午帅乘坐马车亲往下关江浒送别⑦。

由此可见端方对留学教育的重视，对选拔、派遣留学生的认真负责。他参与留学生选派的全过程，产生了良好的社会反响和示范效应，在他任职的地区形成了重视留学教育的社会风气。

当时，大规模派遣人员出国留学还没有经验，更没有规章制度可循，所派人员难免鱼龙混杂。光绪三十年，时任湖北巡抚的端方发现在四川省派遣的一批留学生中，竟然有识字不多的人滥笒充数，于是将这些人暂留湖北，令其补习文化基础课程，以观后效[⑧]。有鉴于此，端方认为，政府应该制定选拔留学生的章程，留学生出国前要具备相当的学养和知识储备，出国人员必须参加考试，合格后才能按照计划派出。

光绪三十一年（1905），端方出任湖南巡抚，开始设立游学预备科，并制定严格的准则，"为诸生预备购物之才"[⑨]，以便出国后能够有所鉴别，提高出国留学的实效。预备科不但"授以游学应修各种学科"，而且规定"非国文具有根柢，并能熟一经一史以上经面试合格者，不得应考"[⑩]。端方还主张留学生应根据自身的特点选择所学专业，"或取其脑力密致，或取其体气强实，或取其学识优长，皆视其所学何门而取材"。这实际就是因材选学，发挥个人的优势和潜质，以最大限度地育人成才，使"无浪掷巨资为汗漫之游者"[⑪]。应该说，端方重视出国留学生的知识储备、设立预备学校的做法符合教育学的原理，也符合国家发展留学教育的初衷。

（二）积极筹措留学教育经费

清末国势颓危，财政困难，教育经费有时也难以为继，而留学生个人的经济情况则贫富不一。对此，端方表现出高度的责任心。对外，他要求驻外使臣对留学生"认真爱护，设有资斧不济或患疾病者，无论官费自费，概由出使大臣酌量情形，资其费用"[⑫]；对内，他勇于任事，想尽一切办法筹措经费。

如光绪二十九年，端方派送湖北学生 22 名赴美、俄、德、法等国留学，费用甚巨，每年需白银六七万两，而"鄂省用款支绌万状，此项费用甚属不赀，然为大局起见，不敢惜此巨款，惟有饬司局竭力筹画，以备应付"[⑬]。又如光绪三十年，江宁水师学堂挑选学生 6 名到英国学习海军业务，学费从通州纱厂的官本利息中拨付[⑭]；三江师范学堂送学生赴日本学习，学费、治装费、旅费则从该学堂的经费中拨付⑬。再如光绪三十三年（1907），端方"署江督未及两月，而骤考选学生百二十名，分派赴东西洋留学，经费十万，可谓热心学务"⑭。这些留学生的成功派遣均离不开端方的支持，因此两湖、江浙等省的留学生与他关系密切，时有函札来往，商讨面临的多种问题。

端方考虑到留欧"人数既多，其奋志向学者固不乏人，亦虑品诣未能齐一，此时德性问学之浅深，即关他日国力、人才之消长"⑮，便联合湖广总督张之洞奏请派遣留欧学生监督，以加强对留欧学生的管理。至于所需经费，他又通过联络商定，由留欧学生占多数的江苏、湖北各认筹一万两，四川、直隶、广东各认筹五千两，共计三万五千两，其余由派出留欧学生的省份协商承担⑯。在此情况下，清廷学部亦奏请"各省经费应汇由两江总督汇寄欧洲，以免参差不齐之弊"⑰。端方正是利用自己督抚的身份，多方面筹措留学经费，保证了留学教育事业的顺利开展。他主动提出并承担留学经费的筹措等，得到了时论的好评。

（三）开辟多种渠道派遣留学生

清末新政时期，赞成出国留学成为主张革新的标志，同时也是检验官员是否拥护新政的一个尺度。在开展常规留学的基础上，端方也积极开辟多种渠道派遣留学生，其行为无可争议地展现了开明督抚的进步形象。

首先，支持个人自费留学。在清末留日大潮中，自费留学的人数要超过官费留学人数。其中不仅有官员，也有平民，对此端方都予以支持。如光绪三十一年，湖南嘉禾县教谕林元仕欲赴日本留学，端方大加奖励，"即饬善后局筹给官费日币四百元"，并"饬司迅速委员接署，俾得及时东渡"⑱。尤为引人注目的是，端方还将其子继先送往美国留学，开派遣旗人子弟留学之风气，对于打破陈腐观念、激发社会的留学热情至为重要。

其次，积极派遣官绅留学。在清末留日大潮中，端方顺应时代潮流，大力派遣官绅留学，并且根据现实需要对官绅留学所学科目予以规定。他认为法政、警察、理财诸事为当今之要政，非参考异地不足以收实效，把这些科目作为官绅留学的重要专业⑩。如光绪三十年，他派官绅 40 人赴东京学政法科一年。以备学成后任以行政、司法之事⑫。后来端方又多次派遣官绅留学。据不完全统计，端方在任职地方的 5 年间，派出的留学生多达 750 人，派往的国家有日本、比利时、德国、英国、美国、法国、俄国等，所涉专业有师范、实业、军事、警察、机械、经济、工程、法政、哲学等。在当时的情况下，这可以说是一个了不起的成绩。

再次，通过外交途径争取留学机会。甲午一战，中国耗费多年时间创建的北洋海军全军覆没。为培养海军人才，端方打算选派学生到英国学习海军业务，却被英方拒绝。为此，他多次与英国驻南京领事协商，最终达成留学生派遣协议⑬。虽然由于清政府的腐败无能，中国此时已不可能振兴海军，但端方此举仍可称赞。光绪三十一年，端方奉命在美国考察宪政，虽然任务繁重、时间紧张，但是他仍然利用多种关系和机会，争取到美国多所著名大学的免费留学名额。其中，耶鲁大学每年 11 名，加利福尼亚大学每年 6 名，韦尔斯利学院每年 3 名；另外，哈佛大学每年赠送 2 万美元以资助中国留学生⑭。这在当时不能不说是一个奇迹。可以说，为了达到多派留学生、培养人才的目的，端方始终不遗余力。

二 端方与留学生的信札往来

晚清官僚开明与否，对留学教育的态度是一个很好的评判标准。可以说，地方官僚是否开明对留学教育的发展有直接的影响。

端方长期担任地方长官，对出国留学积极热情，对留学生也比较关心。他在任职期间与留学生交往较多，时有函札来往，与留学生维持着不一般的私人关系。

以往人们过分强调留学生群体的反清行为或革命倾向，在未做细致研究的情形下便笼统地认为端方与留学生完全站在对立面，而留学生也向来与端方水火不容。其实，细细品读端方与留学生的往来信札就会发现，历史的真实情况并非完全如此。端方与留学生的关系是多方面的，在通常情况下是和谐的。如日本弘文学院留学生杨明周致函端方："伏思大人抚鄂抚湘，皆汲汲以遣派留学生为己任，以故苏、鄂两省于现今留学界之能首屈一指者，皆出自我大人热心教育、极意培养之力也。"⑧该生毕竟有求于端方，他给端方的函札难免有溢美甚至阿谀之辞，但总体上看，端方之所以能够赢得留学生的赞扬有着坚实的基础，那就是他对留学教育的支持和对留学生的关心。可以这样说，除特殊情况下的对立外，端方与留学生的关系可概括为相互依赖、和睦共处、对未来充满希望。

（一）学习生活，亦师亦友

留学生在外遇到困难应该是普遍的，向人求助则是迫不得已而不是随意的。从史料来看，端方派出的留学生如遇到学习方面的问题，每每致函端方向其求教。他们把端方称为"师帅"，意思是端方既是他们留学的资助人，也是他们的恩师教长。端方对于留学生的来信总是不厌其烦地回信指点，坦率地说出自己的看法。如有一位叫刘庆云的留美学生就学习语种和方法问题向端方请教，端方极有耐心地回信说：

> 愚意不如德文或俄文，盖德文为立约所必需，而习俄文者又甚少，将来俄国必多交涉，故该两国文尤不可不加意也。

总之，中学为体，西学为用，立国者无舍其本国之文，而尽学他国之理，即为学者，亦无弃其旧时之学而尽习新学之理。每见根柢未固者，往往期自决藩篱，遂至忘厥本来，不堪向迩。足下……先求妥帖，足见趋向之正，从此努力猛进，未可限量，弥望他日回国，有心匡济时艰也⑦。

端方通过驻外学生监督或公使转达对留学生学习关切的信件就更多了，他曾给湖南留日学生监督李宝巽寄信，希望他劝导在日学生"精心学业，勉为有用之才，以济时艰，勿蹈荒嬉，为守旧所借口"，并让学生们明白"吾辈苦心经画"之用意，希望留学生早日学成归国，使国家富强"有收效之一日"⑧。

在端方档案中，此类勉励留学生学成报国的信件有很多。端方经常给留学生写信，告诫他们要虚心向先进的国家学习，相互取长补短，成为国家栋梁之材。如他在致留德学生哲筠等的信函中指出："弟辈当思语言为从学之初基，而苟非加意研求、潜心体察，则将来各种学问皆无所附丽，此时正宜急起直追。规矩一切事事禀承阁监督，学问一切则于教习外，凡同人中皆可互相考究、互相师法。大抵学必求其实，而心必求其虚，心虚则乃见其实事求是也。时局日艰，将来倚赖于学生者甚大。"⑨又如，他在给赴美留学生朱启烈的信札中告诫说："累日以后苟有所见，尽可不拘绳尺，畅所欲言，既备采择之资，而吾弟之学问亦借以考见也！尝谓我国人之心思、才力原不亚于欧美，只以彼求诸实，我索诸虚，故彼强而我弱。今者变通政治，风气渐开，数十年后彼所长者，我尽取之，彼所短者，我尽补之，虽以复三代之盛不难，此我国人所当共勉，不可虚骄而亦不容退让者也。"⑩

还要指出的是，留学生长期在国外生活、学习，难免受到域外文化、习俗的影响，对此端方也能持相对宽容的态度。如留学生断发在当时被认为是慕洋西化乃至革命反清的行为，但端方也能予以包容，他的指示是留学期间可以剪掉辫子，"断发者听之，学成回华务须预留"①。这实在是难能可贵的大度开明。

（二）尽其所能，予以帮助

清末留学生人数众多，但是只有部分能够获得官费资助。端方给所派留学生的生活津贴普遍较高，他在两江总督任上给两江留学生颁发的"安家银两"更在他省之上。《申报》报道《江督准给留学生安家银两》的消息说：

> 江督端午帅准代理出使奥国大臣吴观察函开，德国头批武学生除倪谦、张一爵已回华外，尚有六名，向未有安家银两。又留法学生吴勤训亦未有安家银两，均求加恩推惠一体酌给等因。午帅以此项安家银两本在部章之外，例应停给，姑念诸生远学绝国，内顾多忧。德国头批武学生现既暂照学部新章每人每月发给学费德银一百二十马克，另给杂费八十马克，业与第二批学生同一办法，自应照给安家银两以昭公允。又留法学生吴勤训亦应照给，以免向隔，业已札饬江藩司自本年中历四月起，查照旧章，每人每月筹给安家银十二两②。

端方对留学生之关照期待亦可从此窥见一斑。但是，对大部分自费生而言，情况就不一样了。一般人认为，旧中国的留学生皆来自富豪显贵之家、富裕殷实，其实并非如此，向端方请求资助的留学生也不少。生活费短缺、旅费无着、租房困难，甚至买不到合适的学习用品，都是留学生们向端方写信的原因。端方也不厌其烦，尽量予以帮助。光绪三十一年，端方由江苏巡抚调任湖南巡抚，已经身在离苏赴湘途中。可是，不知情的江苏自费留学生章霖等人述致函端方，表示生活拮据，请求"由官每月津贴数元"。端方本可置之不理，但他还是为此特致函江苏署理巡抚效曾，提出"该生等有志向学，同属吴人，所贴又属无多，似可允办"㊳。还有一位赴德国留学的学生，因在德国买不到适用的德华字典也致函端方，端方即刻在国内代买，然后通过学生监督转致该学生，并附言"天涯负笈，借助他山……求彼都实业各科，必能日征进步，及时成学"㊴。

端方对留学生所求之事，有时也会力不从心，难以事事支持。遇到这种情形，他会坦诚地回信直言，说明自己的困难或考虑。有一位自费赴日的留学生听说江苏考选赴欧洲留学生，也想参加考选改赴欧洲，便向端方写信申请名额。端方认为他不符合招选规定，但也及时予以回复，在信中心平气和地规劝该生不要见异思迁："足下观于日本学生之明效，亟思负笈欧洲，取法乎上，志坚而识远，披览一过，如见劬学苦心。弟同学人多，事难破例，还望安心研考，勿以驰骛之思转致有荒日力。彼邦维新以后，学界从达，实已逼近泰西。"㊵

不要官威，只在长者平和的鼓励之中微露劝诫，使学生心悦诚服地接受，这是端方区别于其他封疆大吏的难得之处。当然，留学生对端方也是投桃报李，常有主动提供服务之举。特别是光绪三十二年（1906）端方率团在欧美考察宪政期间，很多留学生自愿为其提供服务。光绪三十三年，端方在两江总督任上有心在辖区内开矿，在比利时留学的陆安、陈传瑚等人主动提出，让端方将两江各地所收矿样寄往比利时，他们愿意在所工作的实验室中帮助化验，以确定矿产含量和开采价值㊶。

由上可见，作为坐镇一方的封疆大吏，端方与留学生的关系总体上比较融洽，对留学生在生活和学业上面临的困难，能够尽其所能给予帮助或指导。

（三）广纳良言，寄予厚望

出于维护清朝统治的目的，也出于自己对留学教育的认识，端方对留学生出国学习寄予厚望，同时也虚怀若谷、广纳良言。他对留学生的认识总体是正面积极的，不仅有原则性的规划，还有具体方法的指导，希望初到国外的留学生在学习的同时，将其所见所闻随时斟酌记录下来，阐述观点、辨明是非，以备其在政务活动中改易旧说，或存以待定。如端方在给留德学生罗葆寅的信中指出：

> 凡中国人初至外国，见其制度规模，往往目眩神摇，不免有震惊之意，其谬者且鄙夷中国为不足有为，不知外国文明固胜于中国，其十八九世纪中要亦犹今之中国，或尚不如中国，其所以致此者，非一朝一夕之故，妄自鄙夷者、失之徒相震惊者，亦未为得也！弟辈睹其形式，省察其精神……彼操何道而臻此境界，我国可仿效否？抑应参酌否？随时记之于册，并抒其所见以相印证，□之见解，或□于前，则改易旧说，或并存以待审定。其不宜于我国者略之，或加辨诲以明其是非，渐积渐久，识解自与寻常不同，乃为有用之学。虽初时未必能确有心得，而要不可不先存此心，将来回国，出其所记，便是著述。稍暇，则撮笔记中大概，先行阅告。同人中或彼此所见不同，或一人所见前后各异，尽可无妨[30]。

撇开端方维护清朝的立场而论，这种细心的辨析指教即使在今日也不失为可取之言，也难怪其派出的学生称其为"师帅"。

晚清留日学生特别关心国内情况和国际时政，他们常常把自己的国外见闻特别是有关中国的消息加以整理，向端方汇报。例如日俄战争前夕，爱国的留日学生常常向端方汇报他们在日本的所见所闻，发表自己对此事的看法，或向端方提山我国应如何应对的建议。有的留学生则根据自己的经验和见闻，提出改进中国教育的建议。比如留德学生马德润长期和端方保持书信往来，他在光绪三十年给端方的信中谈及：

> 西人之不可及者，莫若人人有普通之知识，其知识厥有三因：曰善诱之力，曰报章之功，曰多见之助……中国学堂所以必借官办者，由科举未废之故。倘学堂而亦如科举，将不待劝，而人而皆纳资以入学堂。既有公家学堂以倡于上，必有私家学堂以继于后，事势之便，莫便于此。非不然者，学堂俱有官费，以有限之款项，培无限之人才，窃恐帑藏易穷，而志士之向隅者，仍不知凡几也。民智之开，运会随之。当此危急多事之秋，此为第一要义。科举之一成不变，此真可为痛哭流涕长叹息者矣⑩。

信中所言与端方在《请立停科举折》中的观点是一致的。可以说，端方持有比较开明的教育思想与他长期与留学生保持联系、接受新的信息观念不无关系。留学生也往往把端方视为实现自己抱负的知己和救助者。光绪三十一年，湖南留日学生刘冕执、杨昌济等 6 人联名致函端方，全信札共 62 纸，洋洋洒洒万余字，信中建议在湖南全面推进新政改革，其中包括"注重蒙小学堂""派人赴东学习蒙师教授法""专设外国语学校求言语文字之发达""速筹经费开办警视厅暨警察学堂""振兴女学""派人学习制炼石油"等 15 项内容⑪，充满了对端方的信任和期待，也流露出毛遂自荐的意愿，更为端方的日常政务活动提供了参考和借鉴。

三　对具有革命倾向的留学生的态度

面对不断兴起的反清革命运动，端方对待留学生的心态是复杂的。归纳起来，主要有以下几方面：

（一）坚持底线，尽可能宽容、袒护激进的留学生

作为清王朝开明的封疆大吏，端方对留学生抱有很大的期望，希望自己派遣的留学生能够成为振兴国家、维护清朝统治的新型人才。因此，他尽可能地培养、资助、指导、扶植他们，其中也不乏拉拢的手段和技巧。即使发现留学生有轻度越轨的行为，如"断发"等，他也表现出理解和宽容大度。另一方面，他又担心留学生在国外的言行过激，尤其害怕他们"沾染"革命思想。也就是说，端方对留学生的行为有着自己坚持的底线，那就是不能触动清王朝的统治根基。当留学生的行为触碰这条底线时，端方便会转变其平和的态度，改为严肃制止和反对。不过，他也尽可能避免把矛盾激化至极点。如端方赞成宪政，但是他不主张学生介入。因此，在获悉留日学生要求归政、立宪时，他毫不犹豫地电告驻日大臣："密加防范，勿为所惑。"⑧不过，这种情况并不多见，他更多的还是疏导、劝诫。光绪二十八年（1902）底，湖北留日学生李书城等人酝酿创办学生刊物《湖北学生界》。为了得到官方资助，创办者致电湖北巡抚端方汇报情况。端方得信之初，似无坚决反对之意，他在向自己的老师、老上司、时任两江总督张之洞通报情况并请示应对办法时写道：

> 顷见湖北游学生在东洋开办报章，名曰《湖北学生界》，其宗旨在唤起国民精神，其体例分政治、教育等八门，以日京为开办所，湖北为总发行，察阅大致，尚无违谬字样。但出自学生私立，倘沾染海上新说，漫无别择，致弊亦不可不防，应否加以阻止，抑或行令监督卞守分别裁定，使采撷论议，一出于纯正，庶为有益。究应如何办理，祈公筹定电复为盼⑨。

但张之洞对学生办报十分反感，他一面致电中国驻日公使，

请其出面制止学生办报，一面回电端方，陈述自己反对学生办报的理由：

> （游学生）若私设报馆，撰刻报章，流弊无穷，万不可行，外国亦无此例。此等不安本分所为，竟出自湖北游学生，殊为失望。该生等果有余暇，尽可翻译政治、教育各门有用之书，饷遗宗国。停学开办报章，除电出使大臣总监督暨卞守禁阻外，祈尊处迅电饬禁……如违，应即将不听教学生停给学费，立予撤回为要[⑩]。

端方接张电后未敢怠慢，当天便将内容转电中国驻日公使及留日学生监督，祈请剀切劝谕留学生专心读书、停止办报。端方还特别汇寄 3000 元，让湖北留日学生留心撰刻"教育讲义"，而不要空谈政治。端方希望通过疏导的办法化解湖北留日学生参政热情的做法，遭到张之洞的强烈反对。他对端方网开一面的做法十分不满，在光绪二十九年正月十四、十五两日，连续致电告诫端方："此事关系甚重，现在学生流弊百出，不可不防，万不可由湖北学生开端。"[⑪]

可能是因为端方对张之洞的指示贯彻不力，致使《湖北学生界》成功创刊，张之洞在一个月后又致电端方："学生报事，鄙人早知必不妥，故屡电力请查禁。现游学生来禀，以禀奉台端核准寄款开办为词，将来报纸传达京师，为人所指摘，甚不便。此时必宜设法挽回，惟从前敝处早有严电训饬诸生，此次自应由尊单衔电饬，以见尊意实不以为然，该生等方肯遵从。"[⑫]这封电报明显表现出张之洞的责备之意，端方接电后，立即致电学生监督汪大燮和驻日领事卞綍昌："速成师范十三人既卒业，饬即归，周继桢、李书城、连颖亦望饬令随同前来。"[⑬]虽然李书城接电后回信极力诉说其报国的忠心、对端方的感激和不愿回国的理由[⑭]，但最终由于清政府的干预，其所创办的《湖北学生界》自第 5 期起不得不更名为《汉声》。不过，此后随着留日学生的剧增和革命意识的高涨，《浙江潮》《江苏》《四川》《直说》等各省留日学生所办刊物陆续出版。

端方、张之洞在报刊创办上的不同态度表明，他们与留学生的关系明显存在不一般的亲疏差别。端方在当时显然是以留学生保护人的形象为公众所接受的，留学生遇到大大小小的困难时，往往寄望于端方的帮助。事实上在辛亥革命以前，有革命倾向的留学生与端方时相过从、关系和谐。端方固然反对革命，但对有此倾向的留学生也多是苦口婆心、好言相劝。如他曾致函有革命倾向的饶凤璪、饶凤璜兄弟说：

> 吾华学术日坏，有志之士相率而就学东瀛，其孤诣苦心良足令人爱敬。乃久沾染习气，趋向殊途，摭拾西说之唾余，忘却本来之面目，问以外洋善政善教，懵然不知，徒于饮食服玩间专心摹仿，非驴非马，识者讥之。甚至惑于流言，沦为败类，与负笈远游之始愿有大相违背者，台踪根柢既厚，必不蹈此浇风⑥。

后来成为革命者或民国精英的那些留学生对端方似乎也多有赞词。如李书城在给端方的一封信里写道："去岁蒙恩派至日本，未能专心致志，期底于成，而妄发议论，淆乱是非，受业即今思之，惭愧良多，誓此后切实向学，辞避一切邪说，储为有用之器，以报效朝廷，未尝不可以涤前此之污，而图将来之效也。比者闻夫子派学生至比利时留学，受业窃不揣冒昧之罪，敢以是请，然受业前此之过失太深，谅难邀大了之允准。受业敢剖明心迹以陈之。"⑦

端方档案中类似的书信还有许多，说明当时即使是倾向革命的留学生，其与端方的关系也并非像后人想象的那样势同水火。端方一般是以长者的姿态，尽其所能地与之联络，规劝留学生以学习为重，不负国家派遣之厚望。如广西的马君武，早年到日本留学，后加入革命党。端方发现后不关也不杀，而是派他到德国去学习。这倒成全了马君武，否则他后来不会成为中国第一个工学博士和教育家、翻译家。有时端方还会对留学生委以重任。光绪三十年，拒俄义勇队的队长蓝天蔚回国，端方对他十分器重，开始奏留他在鄂襄助新军训练，接着又委任他带 50 名湖北官费生赴日留学。

对于留日学生参与反清革命的事实，清政府非常了解，如何让留日学生一心向学又不"沾染"革命思想，成为清政府面前的一大难题。不同于清廷严厉的防范和镇压，端方虽然也竭力维护清朝的统治，但他对具有反清革命意识的留学生更倾向于争取和拉拢。即使在出洋考察期间，端方也不失时机地召见留学生，传达清廷的旨意和自己的关心。如在美国，他召见湖北籍留学生，就是以叙"师生之谊"为由，并且以忠君之义劝说留学生不要为革命所迷惑。他对刘成禺主持《大同日报》宣扬革命论调的做法予以严厉禁止，但同时仍给他以官费资助 ⑧。由此，我们可以看出端方维护清王朝的原则底线和对有革命倾向的留学生的复杂态度。

端方曾任湖北巡抚，兴办学校比较积极，选派留学成效显著，造就了一批新式人才，但是这也成了慈禧的心病。光绪三十三年，慈禧对端方说出了自己的担心："造就人才的是湖北，我所虑的也在湖北。"⑨慈禧在这里表现出的担心就是：湖北积极派出留学生、造就新式人才，固然成效很大；但这些人才日后回到湖北，可能就是革命造反的火种和先锋！因此，慈禧此语实际上反映了清朝统治阶层对留学生的担心。应该说，慈禧的预感并没有错，事实也是如此。留学生虽然是由清政府派出的，但在东西洋接受先进的教育后，相当一部分人接受了新思想而反对旧统治，成为清王朝的掘墓人。

（二）以培养人才为己任，显示出开明官吏的政治远见和育才情怀

从端方档案中可以看到，一些有革命倾向的留学生的派遣与端方的任职有着千丝万缕的联系，从他支持和保护蔡锷、秋瑾、宋美龄、陈独秀等留学名人的举动中，我们能真切地体会到端方不同于清朝一般封疆大吏的政治远见和育才情怀。

蔡锷，近代著名的爱国者，民初杰出的军事家。他于光绪二十五年（1899）留学日本，光绪二十六年（1900）随唐才常回国参加自立军起义。起义失败后蔡锷再赴日本，入成城学校学习军事，参与组织"拒俄义勇队"。光绪二十八年，蔡锷考入东京陆军士官学校，与蒋百里、张孝准被称为"中国士官三杰"。光绪三十一年五月，蔡锷学成回国后，端方致电赵尔巽："（蔡锷）为公所学均优，人亦十分醇谨，特为举荐。"⑧接着，他又聘请蔡锷出任湖南新军教练处督办，兼武备、兵目两学堂教官之职。

秋瑾，近代民主革命志士。光绪三十二年，秋瑾从日本留学归国，安庆起义失败后英勇就义，坟茔几次被毁。光绪三十四年（1908），秋瑾的结拜姐妹吴芝瑛与徐自华按照秋瑾遗愿，合力将其灵柩葬于杭州西湖孤山西泠桥西侧的临湖草地上。当年九月，御史常徽到杭州巡游西湖，他发现秋瑾墓后立即奏请平毁。清廷命浙江巡抚增韫铲平秋瑾墓、焚尸灭迹，并缉拿秋瑾一案余党。增韫接到谕旨后左右为难：平坟定会受到社会舆论谴责，不平坟又无法向朝廷交代。于是他向端方请示如何办理。端方考虑再三，十十月初四日回复增韫："似秋（瑾）墓平毁已足。吴芝瑛所为与原案无关，只以羞善心，行悲悯事，类于红十字会举动，且仅

助资，一切鼓动耳目之事，半出报章妆点，心本无他，世所共信，恳兄维持。"⑩增韫领会端方之意，归纳为十二个字：墓可平，碑可铲，坟迁移，人不拿。最终，在端方的争取下，秋瑾的灵柩得以保存下来。

宋美龄，现代外交家，蒋介石夫人。光绪三十一年，端方有意向美国派遣女留学生，宋美龄之父宋耀如得知消息后，立即与宋美龄的姨父温秉忠商议办理宋美龄留美一事。温秉忠为留美幼童出身，曾为两江总督府洋务总办，得到端方的赏识。当年年末，端方赴欧美考察宪政，将温秉忠以候补道员职衔召至考察团。端方回国后不久，即聘任温秉忠为暨南学堂总理。有了温秉忠的关照，宋美龄很快就办妥了赴美留学手续。端方迅速落实了各项经费，并委派温秉忠为监护员，专门护送宋美龄等赴美留学，所有治装费以及川资旅费等，均由他负责核实、支用、造报。光绪三十三年六月二十六日，温秉忠自上海致电端方，表示"率同男女生十四人，同行自费女生宋美林（龄）、牛惠珠二人，共十八人，并随带书箱行李等，乘美大北公司米尼苏打船"，赴美韦尔斯利学院等留学⑫。

陈独秀，中国共产党的主要创始人，先后五次东渡日本留学或避难。光绪三十三年春，陈独秀第四次赴日留学，就读于早稻田大学等，这是陈独秀五次在日时间最长的一次。因是自费，生活十分拮据，为此他专门致函端方，希望得到资助。宣统元年（1909）八月二十四日，端方在致电邮传部尚书徐世昌的电文中称："仲甫（陈独秀）夙所企佩，已加札嘱查学务，并资助川资三千金，借壮行色。"⑬正是有了端方的资助，陈独秀才没有了后顾之忧，在日本完成了学业和反清革命的一些工作。

此外，诸如本文前面提到的蓝天蔚、李书城、马君武、杨昌济、刘冕执、刘成禺等人，都曾不同程度得到端方的资助，得以在异国他乡完成学业，后来成为湖北乃至中国近现代史上的著名人物。如杨昌济后来成为北京大学教授、毛泽东的岳父，蓝天蔚在辛亥革命时期曾任新军第二混成协统领，李书城曾任黎元洪大总统的顾问、新中国首任农业部部长。

由上可见，端方在任职期间不但多方派出留学生，而且与留学生保持着相当紧密的联系，为湖北、湖南、江苏等任职地区培养和造就了一大批人才。与他有特殊关系的一些留学生，后来还成为中国近现代史上不同时期、不同领域的精英。他们大多早年在国外加入了同盟会等进步团体，归国后参加了武昌起义，成为推翻清王朝的元勋，其后又担任了南京临时政府要职。他们有的成为杰出的政治家、外交家，同盟会和民国的领导人，有的成为中国共产主义运动的先行者，有的还成为著名的教授、学者和专家，还有的在新中国担任了政府要职，对中国产生了较大影响。

四　结语

作为清朝贵族和封建官僚的端方，对留学教育异常重视，其中既有直接的现实原因，也有深层的政治目的。为了清王朝的长治久安和国家富强，他积极参与清末新政，大量派遣留学生，培养新式人才，做了大量卓有成效的工作。但是，最终结果却违背了其选派人员出国留学的初衷，端方间接地充当了清王朝的掘墓人。另一方面，作为一个思想开明的大臣，端方不仅清楚地认识到国家的落后之处，更知道当时的社会缺乏深刻变革的基础，希望通过教育来培植人才，试图以这种温和的方式改变这种状况。为此，他广建新学堂，派遣留学生；严格选派出国人员，大量投入财力、人力、精力，不惜花费很多时间与留学生往来交流，保持经常性联系并给予多方面帮助，从而培养和造就了一批对江南、两湖地区乃至整个中国的教育转型和社会转型都有重要影响的人才。端方为留学教育所做的种种努力，使他在当时得到了官绅士子和留学生的好评，我们在批判其忠君思想、维护封建统治的同时，也应肯定其大力派遣留学生的远见卓识。

注释

① 学界关于端方的研究，涉及端方从政历仕的诸多方面，包括端方与立宪运动、端方与辛亥革命、端方的满汉观念、端方与帝后的关系、端方与晚清文化事业、端方与保路运动等，代表性成果有张海林的《端方与清末新政》（南京大学出版社，2007 年版）等。涉及端方与留学教育的专论较少，夏昀的《端方与晚清留学教育》（《北京大学研究生学志》2005 年第 3 期）、潘崇的《端方与清末留学教育》（《徐州师范大学学报（哲学社会科学版）》2010 年第 1 期）等数篇，均肯定了端方对留学教育的做法，而王建华、翟海涛的《端方与清末教育现代化》（《苏州大学学报（哲学社会科学版）》2002 年第 3 期）则认为端方对留学教育"仅凭一时意兴"。

② （清）端方：《端忠敏公奏稿》，台北：文海出版社，1966 年版，第 284 页。

③ （清）端方：《端忠敏公奏稿》，第 776 页。

④ （清）端方：《端忠敏公奏稿》，第 477 页。

⑤ ［美］费正清、刘广京：《剑桥中国晚清史》下卷，北京：中国社会科学出版社，1985 年版，第 404 页。

⑥ 《选派留学》，《江苏》1903 年第 1 期。

⑦ 《游学人多》，《大公报（天津）》附张，1904 年 12 月 13 日。

⑧ 《四川派赴美国游学学生》，《东方杂志》1904 年第 1 卷第 4 期。

⑨ 《湘抚端尚书游学预备科开学演说》，《华字汇报》1905 年 7 月 15 日。

⑩ 陈天锡：《迟庄回忆录》第 1 编，台北：文海出版社，1974 年版，第 50 页。

⑪ （清）端方：《端忠敏公奏稿》，第 803 页。

⑫ （清）端方：《端忠敏公奏稿》，第 658 页。

⑬ （清）端方：《端忠敏公奏稿》，第 285 页。

⑭ （清）端方：《端忠敏公奏稿》，第 483—484 页。

⑮ （清）端方：《端忠敏公奏稿》，第 493—494 页。

⑯ 《考遣留学中止》，《大公报（天津）》1904 年 12 月 21 日第 2 版。

⑰（清）端方:《端忠敏公奏稿》,第 972 页。

⑱《咨商筹措留学监督之经费》,《大公报（天津）》1907 年 12 月 22 日第 2 版。

⑲《学部奏请派欧洲游学生监督并陈开办要端折》,《政治官报》1907 年 12 月 18 日。

⑳《各省游学汇志》,《东方杂志》1905 年第 2 卷第 8 期。

㉑《湘抚派员游学日本》,《大公报（天津）》1905 年 6 月 17 日第 2 版。

㉒《省新闻》,《大公报（天津）》附张,1904 年 8 月 17 日。

㉓中国第一历史档案馆等:《清代外务部中外关系档案史料丛编:中英关系卷》第 2 册,北京:中华书局,2007 年版,第 177 页。

㉔（清）端方:《端忠敏公奏稿》,第 848 页。

㉕中国第一历史档案馆藏:杨明周为祈酌补官费使生等继续求学事致端方信札,光绪三十年十二月,档号:27—02—000—000030—0051。

㉖中国第一历史档案馆藏:端方为在外学习宜坚持中学为体西学为用事致刘庆云信札稿,光绪三十四年,档号:27—02—000—000109—0008。

㉗中国第一历史档案馆藏:端方为承示游学生抵东后分习各科布置妥当望各生精心学业事致留日学生监督李宝巽信函,光绪三十一年,档号:27—02—000—000020—0007。

㉘中国第一历史档案馆藏:端方为留学生须潜心研求事致留德学生哲筠等信函稿,光绪朝,档号:27—02—000—000067—0003—0001。

㉙中国第一历史档案馆藏:端方为向欧美学习取长补短事拟致留美学生朱启烈信函稿,光绪朝,档号:27—02—000—000067—0001。

㉚中国第一历史档案馆藏:端方为断发者听之学成回华务须预留事致驻比京大臣杨兆鋆电报,光绪三十年正月初三,档号:27—01—001—000074—0001。

㉛《江督准给留学生安家银两》,《申报》1907 年 5 月 9 日第 12 版。

㉜中国第一历史档案馆藏:端方为到湘受事及维持游学生津贴等事致护理江苏巡抚效曾信函,光绪朝,档号:27—02—000—000020—0006。

㉝中国第一历史档案馆藏:端方为先寄上上海商务石印本德华字典暂用待购到山东刻本再寄事致德国游学生信函稿,光绪三十年,档号:27—02—000—000101—0004。

㉞中国第一历史档案馆藏:端方为望安心在日本学习事致留学生杨汝梅信函稿,光绪二十九年二月初四日,档号:27—02—000—000105—0017。

㉟《札催呈送各种矿质》,《申报》1907 年 8 月 31 日第 12 版。

㊱中国第一历史档案馆藏:端方为初到国外望将所见所闻随时斟酌记录于册事拟致留比德学生罗葆寅信函稿,光绪朝,档号:27—02—000—000067—0005。

㊲ 中国第一历史档案馆藏：马德润为德国教育新闻博物院等见闻事致端方信札，光绪三十年十一月初十日，档号：27—02—000—000216—0003。

㊳ 中国第一历史档案馆藏：刘冕执杨昌济等为敬陈注重教育建立学堂派人出洋留学事致端方信函，光绪三十一年，档号：27—02—000—000005—0001。

㊴ 中国第一历史档案馆藏：端方为闻留学生联名求归政立宪之事湘鄂苏宁游学人数最多祈密加防范勿为所惑事致东京驻日大臣杨枢电报，光绪三十一年正月十七日，档号：27—01—001—000016—0055。

㊵ 中国第一历史档案馆藏：端方为湖北游学生在东洋开办报章应如何办理祈公筹定事致南京署理两江总督张之洞电报，光绪二十八年十一月二十八日，档号：27—01—0031—000104—0001。

㊶ 中国第一历史档案馆藏：张之洞为禁阻湖北游学生私办报馆并劝诫其安分用功事自南京致端方电报，光绪二十八年十二月初一日，档号：27—01—003—000104—0002。

㊷ 中国第一历史档案馆藏：张之洞为游学生刊报作何处置关系甚重祈速筹办法事自南京致端方电报，光绪二十九年正月十四日，档号：27—01—003—000104—0008；《张之洞为评议处理留学生办报所拟办法事自南京致端方电报》，光绪二十九年正月十五日，档号：27—01—003—000104—0010。

㊸ 中国第一历史档案馆藏：张之洞为请由尊处单衔电饬诸生停办报刊事致端方电报，光绪二十九年二月二十日，档号：27—01—003—000104—0016。

㊹ 中国第一历史档案馆藏：端方为饬令周继桢李书城等速归事致驻日公使馆汪大燮卞绶昌电报，光绪二十九年三月初二日，档号：27—01—003—000104—0024。

㊺ 中国第一历史档案馆藏：李书城为倡办〈湖北学生界〉杂志万难听命停办事致端方信函，光绪二十九年四月二十五日，档号：27—02—000—000214—0003。

㊻ 中国第一历史档案馆藏：端方为学术日坏摭拾西说之唾余忘却本来之面目事致饶凤璟等信函，光绪二十八年三月二十二日，档号：27—02—000—000016—0015。

㊼ 中国第一历史档案馆藏：李书成为蒙恩派至日本留学未能专心致志妄发议论入义勇队思之惭愧事致端方信函，光绪三十年十月初六日，档号：27—02—000—000004—0016。

㊽ 刘禺生：《世载堂杂忆》，北京：中华书局，1960年版，第101—102页。

㊾ 董宝良、熊贤君：《从湖北看中国教育近代化》，广州：广东教育出版社，1996年版，第247页。

㊿ 中国第一历史档案馆藏：端方为蔡锷学问甚优举荐事致北京盛京将军赵尔巽电报，光绪三十一年五月二十日，档号：27—01—001—000103—0133。

(51) 中国第一历史档案馆藏:端方为常徽御史奏平秋瑾墓舆论纷然及吴芝瑛与秋瑾案无关事致浙江巡抚增韫信函,光绪三十四年十月初四日,档号:27—02—000—000142—0020。

(52) 中国第一历史档案馆藏:温秉忠为带学生宋美林(龄)等十八人赴美留学请电美公使照会美外部饬关放行等事自上海致端方电报,光绪三十三年六月二十六日,档号:27—01—002—000033—0098—0001。按:宋美林应为电文翻译所致。再,有专家学者认为,与宋美龄一起前往美国的还应有宋庆龄、胡彬夏、王季茝等人,可是电文中并没有宋庆龄等人的名字,或许是已经官方手续正式报过名,无需再在电文中一一列出。

(53) 中国第一历史档案馆藏:端方为资助仲甫(陈独秀)川资三千金事致北京邮传部尚书徐世昌电报,宣统元年八月二十四日,档号:27—01—002—000275—0135。

(原载于《山东社会科学》2023年第12期)

清末驻巴拿马总领事馆的设立

徐春峰　　屈春海

　　清朝建立驻外领事馆，是从光绪初年开始的。直至清朝灭亡，先后在海外设立了 40 多个领事馆。清代驻外领事馆的设立，是中国外交近代化过程中重要的组成部分。关于这段历史，现存有大量文献，为研究者提供了很多方便。本文利用清代档案，梳理清朝驻巴拿马总领事馆设立过程，廓清驻巴拿马总领事馆设立的缘由和开展的活动。

一　驻巴拿马总领事馆设立的历史背景

　　鸦片战争爆发后，西方的坚船利炮打破了清朝以天朝自居、闭关锁国的局面，清政府被动地卷入了世界政治的漩涡。道光二十二年（1842）中英《南京条约》规定：开放广州、福州、厦门、宁波、上海五处为通商口岸，并允许英国在这些地区派设领事。这是西方国家正式在中国派驻领事之始。随后，法、俄、德等国也先后在各口岸设立领事馆。然而，在西方列强的步步紧逼之下，长期闭关自守的清朝仍然处于被动自封的状态，并没有立刻作出海外设领的反应。

　　咸丰十年十二月（1860 年 1 月），因各路军机络绎不绝，涉外事务头绪纷繁复杂，清政府设立总理各国事务衙门。随着《天津条约》的签订，华工出国合法化，海外华侨人数激增，交涉事件也日益繁多。同治十一年（1872），古巴、秘鲁发生虐待华工事件，清政府于同治十二年（1873）派留美学生主事陈兰彬、帮办容闳前去调查。在查清海外华工生存情形之后，清政府才做出决定，"必须照约于各国就地设立领事等官，方能保护华工"。虽然目的是保护华工，但归根结底还是为了维护清朝的形象，"若不派员驻扎，随时设法拯救，不独无以对中国被虐人民，且令各国见之，亦将谓中国漠视民命，未免启其轻视之心"①。光绪元年（1875），清政府正式派郭嵩焘为驻英大臣，并开始陆续向各国派驻使节。以郭嵩焘为代表的驻外大臣深切认识到领事的作用："西洋各国以通商为制国之本，广开口岸，设立领事，保护商民，与国政相为经纬，官商之意常亲。"②光绪三年（1877），"英国属地新加坡等处，中国流寓经商人民共计数十万人"，郭嵩焘遂请于新加坡设领事，并举荐当地侨商、广东道员胡璇泽为首任领事。这是中国向外派遣领事的开始③。

　　派遣驻外使节，是清朝数百年未有之事。即使是首先面对海外诸国的使臣，对设领制度的认识也非常有限，大多认为设立领事只是为了保护侨商和维护清政府的形象，并未充分认识到华侨对国计民生的意义。就连郭嵩焘也认为，领事的设立于国计民生没有丝毫裨益，"此时设立领事，取从民愿而已，毫无当于国计"④。总体上来说，这个时期的清政府对海外设领意义的认知还处于初级阶段，主要原因是清政府对国际事务缺乏全面的了解，对华侨的存在价值也缺乏重视。尽管如此，驻外领事馆的设立，已成为一种不可更改的历史趋势。至光绪二十年（1894），清政府先后在新加坡、横滨、大阪、檀香山、古巴等国家和地区设立了领事馆，并在箱馆、槟榔屿两处设立了副领事。

　　甲午战争之后，清王朝对于海外设领的态度发生了变化。光绪二十二年（1896），委办朝鲜商务总董唐绍仪请求在汉城设立总领事，并派领事分驻各口。唐绍仪指出，若不设领事，"凡遇交涉及争讼事件，无人保护，与国体商情诸多窒碍"。总理衙门商议后立即表示："自应及早开办。"⑤ 以在汉城设领为契机，到光绪二十六年（1900），清政府先后在仁川、釜山及小吕宋、海参崴等地设立了领事馆。

光绪二十七年（1901）实行新政之后，清政府设领的态度渐趋积极。这一年，清政府在与荷兰议定商约时，一面令吕海寰与盛宣怀在国内与荷兰议约，订立领事关系的条文，一面令荫昌与其外交部交涉在荷属地设领问题。之后，清政府加快了设领步伐，从光绪二十八到宣统三年（1902—1911）不到 10 年间，在海外设立领事馆达 27 个。

正是在这种大背景下，清政府在巴拿马设立了总领事馆。本文拟借助清朝档案，尽力还原驻巴拿马总领事馆的设立过程。

二　驻巴拿马总领事馆设立的过程

巴拿马地处拉丁美洲中部，土地面积 7.7 万平方公里。16 世纪初巴拿马为西班牙殖民地，1718 年归属哥伦比亚，1903 年脱离哥伦比亚独立，称巴拿马共和国。同年美国取得巴拿马运河开凿权和运河区永久租用权。

光绪二十九年（1903）九月二十八日，美驻华公使康格（Edwin H.Conger）专门为此发来照会，原属于美国的"巴那马一省，现分立为民主新国。"据美国外部本月十四号电，美国总统已经承认"巴那马为新民主自主之国"，并准该国"派来使臣呈递国书"⑥ 就这样，"以西历一千九百零三年离哥伦比亚国，仰美保护宣布独立"⑦ 的巴拿马，第一次以独立国家的形象，进入清朝的视野。

光绪三十三年（1907）六月初六日，美驻华公使柔克义（William Woodville Rockhill）转来巴拿马政府给清外务部的信函，因信函系西班牙文，外务部"现无通晓此项文字之员"，因此将原信函送到海关总税务司赫德处希望找人帮忙翻译。但因海关"并无西班牙国人员"，而副总税务司裴式楷"虽于该国文字略经学习，未甚精通"，故将原信抄寄上海，令江海关的头等帮办绵嘉义代为翻译。赫德、裴式楷在光绪三十三年六月十四日将巴拿马照会大意译出寄回[⑧]。

巴拿马照会以"欲与贵国设立通商之事，以固两国邦交"为由，提出"宜在中国设立一总领事府。现已选派东亚肋柏多·穆来诺白来司为总领事，其公署则在香港驻扎，所办皆属中国一切公事"。同时，将巴拿马总统递交国书"封于照会内，即系遣派穆来诺白来司来华以膺总领事之职"，并请外务部将国书代为呈递光绪帝[⑨]。

巴拿马总统向中国递交国书的时间为1907年5月25日，即光绪三十三年四月十四日。国书中除了与照会重复的内容外，还强调了驻华总领事的职能，即"能以保护本国子民及巴纳玛国之利益。无论何项，凡关乎合理体面及应为之事，均归该总领事办理。本总统亦饬本国商人船户及一切所属本国之人民，均当承认遵其命令"。为此巴拿马总统"特请中国大皇帝暨属下官员，祈即接纳此巴纳玛国总领事"，"并祈允饬所属官员随时与其交接，深望遇事帮助保护"。同时表示，"倘以后贵国有派官员来本国者，亦互相一体看待"，明确允诺了中国可以同样在巴拿马设立驻总领事[⑩]。现存的外务部档案中，附有汉文巴拿马总领事的照会和巴拿马总统的国书，应当是后来正式翻译归入的。

但是，清王朝在允许巴拿马设立驻华总领事的同时，并未立刻设立驻巴拿马总领事。直到宣统朝时，驻巴拿马总领事的问题才真正提上日程，而其直接的原因是华工的保护问题已刻不容缓。

当时中国沿海地区的居民，由于生活所迫或者是怀着寻求新的出路的愿望，一批又一批背井离乡，漂洋过海，陆续到达中美洲的巴拿马。档案中就记载了当时修建巴拿马运河招募华工的情形。光绪三十年（1904）十月二十三日，外务部接到驻美大臣梁诚的咨文，"巴拿马埠自主立国，将开通海峡全权让归美国，迭议招雇各国劳工前往开掘"，"美国开河公局准其包雇华人承工"。但是梁诚认为条件艰苦，"每工每日只索美洋六角，凡住屋医药衣食一切均包在内。本大臣以该处水土最恶，工作艰难，佣价过廉，公司苛刻种种情形均与华工有损无益"。并"据巴拿马商董戴国栋禀陈各节"印证，因此梁诚要求国内查明情形、刊布告示，"俾华人知所趋避，不至误遭骗诱"。因此外务部给两广总督咨文，由地方预为防范，"如果为疏通游惰起见，亦应由地方官勒令该公司优给佣值，妥定章程，由美国领事官签印作保，始不虞或生他变"[⑪]。

光绪三十二年（1906）八月，驻美大臣梁诚再次报告，巴拿马开河拟招华工。"河局业已决议，暂招华工二千五百名作为试办，经刊发条款招人承雇"，并于"本月初三日在华盛顿开标出投，计到者四家"。其中，"中美招工公司允收每工每小时美金一角"，而且"此工资一角并非全为工人所得，而承雇公司一切薪工费用、招募费用、载运来往船价、衣服、食用、意外赔恤种种规费均在此内。并有代理人工头种种剥扣，其实到工人之手者不知能有三分之一否"。再加上"巴拿马天气酷热，水土恶劣，掘工开河工程艰苦，谈者以为畏途，而所得工资不及此间寻常劳动之半"。因工作条件及待遇恶劣，况且"按之公法度以邦交，美国既有招雇华工之事，应先向我商准订立专约，设官保护，始为合办。今乃迳与贪利华人私相授受，希图蒙雇，蔑我国权，轻我民命，而彼之藏头露尾，举止羞涩，自待亦甚薄矣"。因此提出"我国既未得彼政府正式照会，尽可于公司来华招工之时，明出告示禁人应招。一则保全国体，二则执行公法，三则慎重民命"。前车之鉴不远，"南非洲华工滋事受虐补救无从"，"岂可任听子民再蹈覆辙"？"即使美人狡狯，专向飞猎滨、香港、澳门等处雇使，我无从禁阻。然无论寄居何处，皆系中国子民，人数多至万千，我应有权保护。亦可据理力争，不容稍有含混"⑫。光绪三十三年二月，外务部向南洋大臣发出咨文，要求"严饬随时稽查，复出示晓谕"⑬，以禁止华人应募。

在外务部档案中，暂时还没有发现巴拿马开河招募华工最后的交涉情形，但其结果可以从其他的资料中得到佐证，应该是有2500名左右的华工最终赴巴拿马开挖运河。

宣统元年（1909），外务部已知巴拿马华侨"三千余人，商多工少，营业颇称发达"⑭。到宣统二年（1910）十月时，巴拿马华工数量"约五千人，商居其九，耕种畜牧约二百人，洗衣及业裁缝者亦二百人，不工不商衣食于赌者百余人"⑮。从当时的记载可以看出，这些华人居住在巴拿马，绝大多数是经商。当时中国尚未与巴拿马订立条约，也没有派驻使领，所有涉外事务由驻美大臣代为管理。驻美大臣对于巴拿马地区的华人来讲，肯定是鞭长莫及的。宣统元年，驻美大臣伍廷芳曾言，"前由臣照会美外部转饬驻巴美使代为保护，虽稍资得力，然假手他人，终虞隔膜"⑯，因此，当时巴拿马华侨"只以未设领事官，时有被虐待情事"⑰，因此亟需设立驻巴拿马总领事。

为了设立领事，保护在巴拿马的华工，经清政府批准，驻美大臣伍廷芳于宣统元年七月十六日开始了巴拿马之行，七月二十二日抵达巴拿马⑱。其时的巴拿马，"侨商数千，投资千万，几握其全国商务权之半"⑲，但由于"无代表专员，则于内政外交均时形不便"⑳。当时英法"列国虽未立约，业已遣派驻使设有领事"，因此伍廷芳提出，"沿现在各国现在尚未立约先行派使之惯例，先与通好设领徐商订约"。"否则将来美国势力日益扩张"，不免出现"其一切华人利益竟为美国苛例所牵掣"的情形，再加上"此间华民三千咸作贸易，鲜有为工人者。华民习海便商竞争营业，均远出土人上，故土人亦深忌之"㉑。伍廷芳与巴拿马总统会晤，达成共识，"先行设领，继与订约"㉒。同时，还给外务部发了一份电报进行说明，明确提出"巴拿马应设领保护"，并且已经得到了当时巴拿马总统的允许㉓。根据调查巴拿马华侨的情形，伍廷芳以各种方式和途径多次恳请设立巴拿马总领事馆，"现在美巴条约尚未妥定，我可先设领事，徐商定约，以期简捷，免将来华侨为美国苛例所牵制"㉔。现存的档案中，就有伍廷芳给外务部的信函、电报，也有请外务部代递的奏折等㉕。

宣统元年十二月初六日，外务部在拟请设立驻巴拿马总领事馆的奏折中，介绍了巴拿马地理位置的重要："中美洲巴拿马旧隶哥伦比亚管辖，近年离哥独立，美国首认保护，借美款开巴拿马运河，以通太平洋航路。西欧诸国皆将改道于此，工商麋集，实为南北美转运之要冲，英法各国均设有领事。"且当地已有华侨 3000 余人，大多从商，因为没有使领保护，经常会受到不公正对待，因此"亟应设立巴拿马总领事"。外务部提出，"拣派熟悉外情人员前往驻扎，以资保卫所有一切。所有一切开办常年经费、俸薪、章程均照坎拿大美利滨新设总领事办法，添设二等通译官一员，二等三等书记官各一员"。分别有"温哥华正领事、江苏候补道欧阳庚堪以升署驻扎巴那玛总领事；其二等通译官请以温哥华领署二等通译官留学美国毕业生欧阳琛调署；二等书记官请以温哥华领署二等书记官广东候补从九品章清鉴调署；其三等书记官请以候补通判缪蔚桢试署"㉖。欧阳庚在温哥华正领事任上，是江苏候补道衔，在被任命为巴拿马总领事官后，"仍留原有官衔先行试署"㉗。

十二月十六日，清政府以宣统皇帝名义颁布敕谕："驻巴拿玛国总领事官欧阳庚，兹因巴拿玛国华侨甚众，稽查保护责任宜专特派尔充巴拿玛总领事官前往驻扎。所有该处华商人等务须随时照料，遇有商务交涉事件妥为办理，仍秉承外务部核示遵行，俾臻详慎。尔其殚竭智虑，敬谨将事，毋负委任。"㉘十二月十八日，外务部照会巴拿马外交部，告知将派出欧阳庚充当驻巴拿马总领事官，"奏颁委任敕谕，发交该总领事官祗领前往任事"，请"给予认准文凭照章接待"㉙。此次致巴拿马外交部的照会，仍然"由驻美张大臣转交"㉚。十二月二十一日，外务部抄录委任巴拿马总领事馆官员的奏折及谕旨，并将"部刊给关防一颗"㉛札行欧阳庚。欧阳庚领到"颁发到敕谕一道、驻巴那玛总领事官关防一颗"㉜，正式成为清王朝第一任驻巴拿马总领事。

宣统元年十二月十五日，欧阳庚从温哥华给外务部丞参发来电报，请求拨给开办巴拿马总领署的经费并添派三等书记官㉝。宣统二年正月二十八日，外务部札行欧阳庚等人。于是欧阳庚于宣统二年二月十六日，将"温哥华领事官关防"印务及相应文书、薪俸银两等，移交新任署温哥华正领事官张康仁接收，通译官欧阳琛、书记官章清鉴也于二月十六日随同交卸。新任驻巴拿马总领事欧阳庚就于二月二十日率同通译官欧阳琛、书记官章清鉴由温哥华起程前赴新任㉞。

在欧阳庚给外务部丞参的信函中，可以了解到整个赴任行程。欧阳庚率同通译书记各官，"由温哥华起程取道美境，由舍路体仑经金山纽柯连等处，前赴巴那玛"，"沿途六易舟车，盖巴那玛虽隶属中美而由温至巴道路颇为曲折，非一水可达，又因风雨阻滞，旬日直至四月初一日始抵巴那玛国"。侨寓巴国的华侨商民等"先期联同在个嘟埠伺接迎请登岸"，欧阳庚当即"宣布朝廷德意，设官保护，优加抚慰"，侨商人等"莫不异口同声感戴皇仁"。一番往来之后，该处"个嘟埠总督遣员前来接待"，欧阳庚婉言致谢，"随即搭车前赴巴京，即于是日开办领馆"[35]。

四月初一日欧阳庚抵达巴拿马，二等通译官欧阳琛、二等书记官章清鉴、三等书记官缪蔚桢也在同一天随同到达，开办领事馆，启用关防[36]。驻巴拿马总领事馆正式设立。

三　驻巴拿马首任总领事欧阳庚的活动

欧阳庚，广东香山人。同治十一年，14岁的欧阳庚考取官费留美幼童，在9年内完成了16年的课程，于光绪七年（1881）毕业于耶鲁大学。在出任第一任驻巴拿马总领事前，曾任旧金山总领事、温哥华正领事等职。光绪十八年（1892），欧阳庚在驻美大使辖下任"金山翻译官、候选通判"。其父去世按例应丁忧，但当时的驻美大臣崔国因奏称，"欧阳庚熟悉情形，经手事件甚多，无员可派接替"，因此留用，待差满后补制[37]。光绪二十四年（1898），因出洋期满，时任江苏直隶州知州衔的欧阳庚等人"升叙加衔"[38]。宣统元年十二月之前，作为温哥华正领事，欧阳庚授衔为江苏候补道[39]。在试署驻巴拿马总领事之后，欧阳庚授布政使衔江苏存记道[40]。

从档案记载内容上看，欧阳庚任驻巴拿马总领事以来，任内活动主要有开办总领事馆、启用关防，申报领事馆各员履历，赴巴拿马外交部接洽并谒见巴拿马总统，调查侨民状况并处理相关事务、代递国书等。

宣统二年四月初一日，试署驻巴拿马总领事欧阳庚并通译官、书记官等抵达巴拿马，"即于是日开办总领事馆"[41]，标志着驻巴拿马总领事馆的正式设立。

驻巴拿马总领事馆设立之后，首先要获得巴拿马政权的承认，正式确定驻外领事馆的合法性。因此，欧阳庚"恭录敕谕并将开办总领事馆日期备文照会"递交巴拿马外交部。四月十二日，巴拿马外交部"复称照章接待"，并"送到由该国现任总统签押承认文照一张"以供收存备案。四月十三日，欧阳庚前往巴拿马外交部接洽，当天"即由该外部大臣带领晋谒总统，承其款接，优礼有加，并道通好之意"[42]。

在与巴拿马外交部及总统往来的同时，总领事馆还将初设事务向国内相关机构汇报。宣统二年四月十五日，欧阳庚将四月初一日开办领事馆并启用关防之事向外务部申报[43]。同日，将总领事馆署二等通译官欧阳琛、署二等书记官章清鉴、试署三等书记官缪蔚桢等衔名及出身履历备造清册报外务部备案[44]。四月十八日，将巴拿马总统"签押承认文照暨谒见该国总统日期"申报外务部[45]。

至于调查当时的侨民状况，欧阳庚在宣统二年四月十八日致外务部丞参的信函中，就详细记录了巴拿马侨民的大体情形。当时的巴拿马共分为7个地区。"自独立之后，禁我华民入境甚严，无论工商各界概不准入境。间有未经向该政府领有册纸者，一经查获立即拘留拨发回华，因此侨民时有被扰情弊。该侨商等从前曾延律师与该政府驳论禁例，几费辩驳，始准该大行商店遇有店伴回华，先期报明该政府给发凭照，准予另换一人前来。"侨民在巴拿马生活之艰难显而易见。同时，侨民在巴拿马的商业经营情况也发生了变化。"华民商务之在巴国者，以巴京为最大，次则个啷埠。由巴京至个啷开河一带，火车路所经约共华里一百四十余里，华民店铺约三百家，零星散处各埠者，亦不下百十家，约共有三千余人，商多工少。我华民商务从前本甚发达，自前岁美国在开河一带开设卖平货公司专售物件与开河工人，我华民商务逐致减色。现在商务情形大非昔比，然尚有微利可图。又我侨民在该国置有产业者，亦不乏人"⑯。

侨民在巴拿马置业也存在问题。根据当地侨民严生意等到领事馆汇报的情况来看，"民等在此侨寓，日久娶妻养子，置有产业"。巴拿马政府屡次以"中国能否允准巴国人民在中国置业"为由，提出"如中国允准，则巴国亦允准中国人在此置业，给发执照"。现在侨民所置办的产业，巴拿马政府大多没有发给执照，必须由中国总领事官签字方可发给。对此情形，欧阳庚提出解决办法："此事关系我侨民身家财产甚大，经即答复，如巴国准我侨民置业，则我国亦可照办。"欧阳庚多次接见华侨商民人等，了解了侨民平日所受到的种种苛待情形以及"屡次呼吁请设领保护"的缘由，认为"现在亟宜妥筹保护之法，挽救之方，择其尤苛之例与之交涉删除，始足以慰侨情而维商务"。为了交涉事务便利，欧阳庚还打算"延聘法律优长之洋员一名"，每月由欧阳庚发给薪水，"以便遇事顾问，似与交涉上不无小补。将来如有成效，再当另筹津贴办法"⑰。

未设立中国驻巴拿马总领事之前，清王朝与巴拿马的交涉往来文书往来依靠驻美大臣转交。比如递交欧阳庚的委任敕谕及致巴拿马外交部的照会，便是由当时的驻美大臣张荫棠转交⑱。随着驻巴领事馆的开办，中国与巴拿马两国之间递交国书的职责自然就从驻美大臣转归于总领事欧阳庚。从档案记录来看，宣统二年七月，外务部接到巴拿马外交部照会及其新任总统国书后，一方面上报皇帝，另一方面将答复巴拿马的国书及照会札送巴拿马总领事欧阳庚，并要求"该总领事配译洋文一并转送"⑲。欧阳庚收到外务部文书后，按照其要求进行翻译，然后将"答复国书一道，该外部照会公文一角配译洋文二件送交该外部大臣接收"，由巴拿马外交部将国书代呈总统。欧阳庚除收到巴拿马外交部回复备查外，同时将递交国书照会日期报外务部[30]。

作为首任驻巴拿马总领事的欧阳庚，自陈"自顾菲材，渥荷委任，责无旁贷"，希望做到"凡可为侨民汰一分之苛例，即吾民获一分之幸福。惟有尽职分之当为，以期无负委任而已"。但在实际交涉中，作为领事官的欧阳庚必须做到"随时随事""禀承"外务部的指示而行，不太可能有个人选择的余地。欧阳庚曾提出，要解决侨民在巴拿马置办产业的合法化问题，需要中国能够允许巴拿马国人民在中国置产[31]。这种办法，基本符合当时的国际惯例。但外务部的答复却是："查中国向章，非通商口岸除各国教堂公产外，无论何国人民不得在内地购置产业，载在条约。华侨之在各国殖地置产者，不独美洲，并无两国人民得以互相置产之例。"所以在给欧阳庚的信函中称，其所提议解决方案，"万勿轻易提及为要"[32]。

清朝驻巴拿马总领事馆和其他的驻外使领馆的设立，从一个侧面反映了中国外交近代化的进程。但在同时，历史的细节不容忽视。新兴的巴拿马，从1903年独立建国到1907年提出在中国设领事，也不过用了四年的时间；清政府则踯躅反复，当首任总领事官欧阳庚正式抵达巴拿马的时候，历史的脚步已经迈入了宣统二年的农历四月，而此时，距离清朝的最终覆灭仅仅只有14个月的时间。

注释：

① 王彦威、王亮：《清季外交史料》，长沙：湖南师范大学出版社，2015年版，第64页。

②③④ 杨坚：《郭嵩焘奏稿》，长沙：岳麓书社，1983年版，第384页。

⑤ "中央研究院"近代史研究所：《清季中日韩关系史料》第8卷，台北："中央研究院"近代史研究所，1973年版。

⑥ 中国第一历史档案馆藏：外务部档案，档号：18—3663—001。

⑦⑮ 中国第一历史档案馆藏：外务部档案，档号：18—3674—001 附件揭帖。

⑧ 中国第一历史档案馆藏：外务部档案，档号：18—3665—002。

⑨ 中国第一历史档案馆藏：外务部档案，档号：18—3665—002 附件照会。

⑩ 中国第一历史档案馆藏：外务部档案，档号：18—3665—002 附件国书。

⑪ 中国第一历史档案馆藏：外务部档案，档号：18—3673—001。

⑫ 中国第一历史档案馆藏：外务部档案，档号：18—3673—004。

⑬ 中国第一历史档案馆藏：外务部档案，档号：18—3673—012。

⑭⑰㉔㉖ 中国第一历史档案馆藏：外务部档案，档号：18—3666—006。

⑯⑱⑳ 中国第一历史档案馆藏：外务部档案，档号：18—3671—009。

⑲㉒ 中国第一历史档案馆藏：外务部档案，档号：18—3666—003。

㉑ 中国第一历史档案馆藏：外务部档案，档号：18—3671—007。

㉓ 中国第一历史档案馆藏：外务部档案，档号：18—3666—002。

㉕ 中国第一历史档案馆藏：外务部档案，档号：18—3671—007、18—3666—002、18—3666—003、18—3671—009。

㉗㉞㊴ 中国第一历史档案馆藏：外务部档案，档号：18—3667—002。

㉘ 中国第一历史档案馆藏：外务部档案，档号：18—3666—007 附件敕谕。

㉙ 中国第一历史档案馆藏：外务部档案，档号：18—3666—009。

㉚㉜㊶㊷㊺㊽ 中国第一历史档案馆藏：外务部档案，档号：18—3667—005。

㉛ 中国第一历史档案馆藏：外务部档案，档号：18—3666—012。

㉝ 中国第一历史档案馆藏：外务部档案，档号：18—3667—001。

㉟㊻㊼㊿ 中国第一历史档案馆藏：外务部档案，档号：18—3667—006。

㊱㊵㊸ 中国第一历史档案馆藏：外务部档案，档号：18—3667—003。

㊲ 中国第一历史档案馆藏：军机处录副，档号：03—5290—069。

㊳《大清德宗景皇帝实录》卷418，光绪二十年四月乙亥。

㊹ 中国第一历史档案馆藏：外务部档案，档号：18—3666—004。

㊾ 中国第一历史档案馆藏：外务部档案，档号：18—3669—004。

㊿ 中国第一历史档案馆藏：外务部档案，档号：18—3669—005。

52 中国第一历史档案馆藏：外务部档案，档号：18—3672—009。

（原载于《历史档案》2017 年第 1 期）

清宫祭祀斋戒浅析

顾川洋

祭祀被历代王朝的统治者视为国家社稷之根本，正所谓"国之大事，在祀与戎"。古人祭祀之前，必沐浴更衣，不喝酒，不吃荤，不与妻妾同寝，以示虔诚庄敬，称为斋戒。故《孟子·离娄下》云："虽有恶人，斋戒沐浴，则可以祀上帝。"在中国，斋戒主要用于祭祀、行大礼等严肃庄重的场合。斋戒包含了斋和戒两个方面。"斋"来源于"齐"，主要是"整齐"，如沐浴更衣、不饮酒、不吃荤。戒主要是指戒游乐，比如不与妻妾同寝、减少娱乐活动等。后来多以此指称相似的宗教礼仪。

有清一代，祭祀活动颇多。笔者通过查阅清代相关档案，结合军机处上谕档、《钦定大清会典》、《清实录》等相关史料，参考《清帝的斋戒与祭祀》[①]《清代祭祀制度的礼法规制研究》[②]等相关文章，拟对清宫祭祀斋戒的相关问题进行探讨。

清代祭祀斋戒相关事宜与明代规制一脉相承。明洪武三年（1370），制定祭祀之制，大祀斋戒三日，中祀斋戒二日。礼部预先铸造高一尺五寸的铜人。铜人手执牙简，碰到大祀则在简上书写"致斋三日"，如遇中祀，则"致斋二日"，由太常寺官员安放在斋戒之所。洪武五年（1372），各衙门在祭祀活动到来之前，设置木质斋戒牌，其上铭刻"国有常宪，神有鉴焉"八字。自此，斋戒牌和铜人一分为二[③]。清代祭祀定例又逐步完善，在《清实录》及《钦定大清会典》中多有记载。清顺治二年（1645），定郊祀斋戒仪④。顺治八年（1651），定祭祀斋戒例，大祀致斋三日，中祀致斋二日，各衙门均设斋戒木牌："凡祀天地、太庙、社稷，照例斋戒三日；祭历代帝王，照例斋戒二日。此五祭或上亲往，或遣官恭代，俱于太和殿设斋戒牌位、铜人，各衙门亦设斋戒牌，不理刑名。若有紧急事务，仍行办理。"⑤康熙朝将祭祀分为三等：圜丘（天坛）、方泽（地坛）、祈谷（祈谷坛）、太庙（劳动人民文化宫）、社稷（社稷坛）之祭为大祀；朝日（朝日坛）、夕月（夕月坛）、历代帝王庙、文庙、先农（先农坛）之祭为中祀；太岁神祇等坛、先医、东岳城隍等庙为小祀（另称群祀）⑥。其后，略有更易：乾隆时期，将常雩改为大祀，将先蚕改为中祀。咸丰时，升关帝、文昌为中祀。光绪末年，将先师孔子改为大祀。通过史料可见，大祀一般为皇帝亲祭，中祀或由皇帝亲祭，或派遣官员恭代，小祀则遣官致祭。

皇帝斋戒，大祀前二日斋于紫禁城内斋宫，第三日移于坛内斋宫斋戒。每岁祭祀日期由礼部札行钦天监恭选吉日后，将一年中大祀、中祀日期具题请旨，奉旨后交太常寺告之朝野，以便各衙门文武百官届期按规定的仪制如期斋戒祭祀。据嘉庆朝《钦定大清会典》记载，凡遇祭祀，皇帝斋戒，则进斋戒牌、铜人（斋戒牌木制，饰以黄纸，以清汉文书斋戒日期，铜人立形手执斋戒铜牌）。圜丘、祈谷、常雩大祀，皇帝宿斋宫，设斋戒牌、铜人于乾清门二日，于斋宫一日，其余皆设于乾清门。陈于黄案，斋戒牌南向，铜人西向，太常寺官行一跪三叩礼，退。皇后斋戒亦大体如此（飨先蚕皇后亲诣者，致斋二日，太常寺进斋戒牌、铜人至乾清门，交内监设于交泰殿）。皇帝祭祀斋戒，文武官员皆要陪祀斋戒。祀天（冬至圜丘，上辛祈谷，孟夏常雩）地（夏至方泽）则颁制辞以誓于百官，制辞书于龙牌，首书某年月日某祀，次书惟尔群臣其蠲乃心，斋乃志，各扬其职，敢或不共，国有常刑，钦哉勿怠。各衙门设于大堂正中。亲王、郡王、领侍卫内大臣、御前大臣、散秩大臣、御前侍卫、乾清门侍卫，于紫禁城内致斋。宗室八旗文武各官，于各衙门致斋。外任来京官在附近地方致斋。而到了皇帝宿坛之日，各官须均于坛外致斋⑦。斋戒前期由礼部行文各部、院及八旗等衙门，各以斋戒职名造册送于太常寺（宗室、觉罗官由宗人府，八旗满洲蒙古汉军官及文职官由吏部，銮仪卫官由銮仪卫，巡捕营官由步军统领衙门，在京外任文职官由吏部，外任武职官由兵部）并转送都察院查核。斋戒之日，凡陪祀致斋各官不理刑名、不办事（有要紧事仍办）、不宴会作乐、不问疾吊丧、不饮酒茹荤、不祭神扫墓，前期一日沐浴。皇帝亲祭坛庙时，陪祀各官均候坛庙鸣钟依次入内，不得先入或登阶观望，违者议处。如遣官恭代，王以下、公以上，不斋戒，文武等官斋戒如前。其有灸艾体气残疾疮毒者，不与斋戒；有期服、大小功缌麻在京者、闻讣者，该衙门预咨都察院注册核实，按规定在一定时间内不与斋戒；王公大臣年逾六十者，或斋戒而不陪祀，或不斋戒，允许其自行酌情为之。临祭祀时复咨都察院对册详查，有捏报者，指名题参。

　　虽清朝历代统治者对斋戒祭祀都十分重视，屡次下谕要求百官严肃对待，不得懈怠，但日久事弛，稽查不严，以致出现官员怠玩。为警示诸臣，康熙四十年（1701）降谕："朕自御极以来，一切祀典必敬谨斋戒，躬亲展祭，以尽昭事之诚，四十余年于兹矣。每当临祭之时，朕无一事不敬，此礼部、太常寺、起居注官所共知。从来祭祀，登降起立，莫不如常。这次行礼将毕，微觉头眩，朕之身体稍逊于前，于此可见。祀典关系重大，朕恐精力偶有不周，致敬心少间，可以此意谕诸大臣等，著议奏。"⑧可以看出康熙皇帝在身体有恙的情况下仍然不忘告诫百官，重视祀典。雍正皇帝更加重视祭祀斋戒之礼。雍正十年（1732），曾谕"国家典礼，首重祭祀。每当斋戒日期，必检束身心，竭诚致敬，不稍放逸，始可以严昭事而格神明。朕遇斋戒之日，至诚至敬，不但殿庭供设铜人，即坐卧之次，亦书斋戒牌，存心警惕，须臾弗忘。至内外大小官员虽设斋牌于官署，但恐言动起居之际稍有亵慢，即非致斋严肃之义"⑨。并参照明代祀典陪祀之人有悬祀牌之例，钦定斋牌式样，令陪祀人员佩着心胸之间，"使触目警心，恪恭罔懈，并得彼此观瞻，益加省惕，其于明禋大典，愈昭虔洁"⑩。从上可见斋戒之日除各部院、衙门设斋戒牌于大堂正中，大祀三日，中祀二日，斋戒各官还要胸前佩戴不同形制的斋戒牌（斋戒牌广一寸、长二寸、书清汉斋戒字，佩着心胸之间⑪）。凡小祀，不进斋戒牌，各衙门亦不致斋。祭祀斋戒活动结束后，斋戒牌和铜人会被送至太常寺库内收贮，以便下次使用。此胸前佩戴之斋戒牌的作用一是时刻提醒参与祭祀之人勿忘斋戒，保持自觉，另一方面，佩戴者的举动受到他人的监督，使之不敢懈怠。

清朝不但有一套完善的祭祀斋戒礼仪制度，还通过惩处违反祭祀制度的行为来保护祭祀制度的正常运转。康熙二十三年（1684），多罗惠郡王博翁果诺祭地坛时未曾患病不行斋戒，康熙皇帝得太皇太后懿旨，削去其王爵⑫。乾隆十三年（1748）五月，致祭地坛，陪祀宗室章京很多推病未到。乾隆皇帝非常生气，说："祭祀大典，不比寻常齐集，岂有尽行推病不到之理？"⑬后查陪祀文武大臣官员中不到者亦是甚多，乾隆皇帝下旨此次涉及官员姑且宽免，嗣后如遇朝祀大典，应陪祀斋戒各官，如有仍蹈前辙，心存侥幸者，绝不姑息。并令督查大臣敬谨从事，严查核实。乾隆二十六年（1761），因稽查斋戒人员不实心办事，导致昼夜稽查制度有名无实，乾隆皇帝下旨改为夜间稽查。乾隆四十八年（1783），吏部侍郎阿肃家乳妇王朱氏谋害伊主幼子一案，王朱氏供词内有正月初七日二更时合家俱听影戏之语。乾隆皇帝非常细心，指出当日系斋戒且值世祖章皇帝忌辰，下旨查办。遂经军机大臣回奏确有此事。侍郎阿肃革职，所有军机大臣及刑部堂官自请议处之处著加恩宽免[14]。乾隆皇帝从犯人供词中发现阿肃家在斋戒日内听戏，令大臣查明议处，统治者对斋戒的重视程度可见一斑。嘉庆二十四年（1819），国子监祭酒敏登额等斋戒不恭，经查议，降二级，罚俸两年[15]。道光八年（1828），二等男恩绪、三等轻车都尉兼佐领德东并未赴本旗署内斋戒，著交部照例办理[16]。官员违反斋戒祭祀制度被惩处的情况在史料中比比皆是，虽然清朝统治者对祭祀斋戒非常重视，并且设有稽查人员，但无论是负责稽查之人还是应参与斋戒的官员皆有敷衍懈怠之情。

　　纵观中国历朝历代无不首重祭祀。《礼记·祭统》载："凡治人之道，莫急于礼；礼有五经，莫重于祭。"据不完全统计，清代大中祀就十余项，而小祀则有五十项之多。统治者以此祈求国泰民安，风调雨顺，并同时昭告天下其王朝统治的合法地位。

注释：

① 李文：《清帝的斋戒与祭祀》，《北京档案》1995 年第 4 期，第 42 页。

② 房秋实：《清代祭祀制度的礼法规制研究》，《兰台世界》2015 年第 24 期，第 38—39 页。

③（明）林尧俞：《礼部志稿》卷 25，《景印文渊阁四库全书》第 597 册，台北：商务印书馆，1986 年版，第 464 页。

④《大清世祖章皇帝实录》卷 21，顺治二年十月己亥载："礼部奏言：圜丘、方泽、社稷三坛，如遇皇上亲祭，应照故明例，增用牛一，仍进上胙肉、福酒。其迎神、送神，令鸣赞官赞唱。遣官代祭，则止。如祭太庙，虽亲祭，亦不增用牛，不献福胙，不赞迎神、送神。以太祖神位前供献牛肉，颁赐诸王贝勒。从之。"

⑤《大清世祖章皇帝实录》卷 55，顺治八年三月癸卯。

⑥（康熙）《钦定大清会典》卷 55，礼部十六·祠祭清吏司·祭祀通例。

⑦⑪（嘉庆）《钦定大清会典》卷 56，太常寺。

⑧《大清圣祖仁皇帝实录》卷206，康熙四十年十二月辛巳。

⑨⑩《大清世宗宪皇帝实录》卷115，雍正十年二月庚子。

⑫《大清圣祖仁皇帝实录》卷115，康熙二十三年五月癸未。

⑬《大清高宗纯皇帝实录》卷315，乾隆十三年五月壬子。

⑭中国第一历史档案馆藏：军机处上谕档，乾隆四十八年正月二十四日，第2条。

⑮中国第一历史档案馆藏：军机处录副奏折，嘉庆二十四年十二月二十八日，档号：03—1614—089。

⑯《大清宣宗成皇帝实录》卷149，道光八年十二月癸巳。

（原载于《民族史研究》第十五辑，中央民族大学出版社，2019年出版）

清代雩祭礼制与皇帝祈雨活动

傅育红

　　雩祭，亦称雩祀，古代为求雨而举行的祭祀。《左传》载"龙现而雩"。那么，何谓"龙现而雩"？《后汉书·礼仪志中》注引："谓四月昏，龙星体现，万物始盛，待雨而大，故雩祭以求雨也。"中国古人将天上的众多恒星分为28群，称为二十八宿，认为天上每一颗星体都对应着一位护佑神灵，它们常宿在固定的方位，有规律地显现在天空。龙星于每年四月（农历）间日落之后现于东方，此时大地万物也正值生长旺盛之期，急待更多的雨水浇灌，所以正当举行祭天求雨礼之时。据史料记载，古人举行雩祭之典分为两种："常雩"和"大雩"。常雩，"为每岁常行之礼"①，祭告天地神灵为百谷祈膏雨——每年孟夏之月（四月），"龙现"之后，卜日致祭，即使雩祭时不旱，亦为雩——这是定期举行之礼；若雩祭后仍不雨，或雨不足，再雩，此为因旱而雩。大雩，就是为亢旱而设之雩礼。孟夏常雩之后，旱甚，则大雩——大雩礼不得轻易举行。雩祭作为清代三大祭天（冬至祭天、孟春祈谷、孟夏常雩、旱甚大雩）隆重典礼之一，被列入大清会典，并且一直延续到光绪三十二年（1906）②。学界在天坛建筑、祭坛礼制的研究中，有关雩祭的内容较少。本文依据清宫档案和史料，综述清代雩祭礼制的形成、雩祭盛典的内容及历朝皇帝祈雨的活动，以期还原"雩祭"曾经的典礼盛况。

一 清代雩祭礼制的形成

清代雩祭礼制始设于乾隆七年（1742），是年四月十六日，掌山东道监察御史徐以升奏请设立雩坛：

> 《春秋传》曰：龙现而雩。盖古者有雩祭之典，所以为百谷祈膏雨也。《礼记·祭法》曰：雩禜，祭水旱也。《月令》：仲夏之月（按，原文为"春"，当误），命有司祈祀山川百源，大雩帝，用盛乐。命百县雩祀百辟卿士有益于民者，以祈谷实，是为常雩。乃若偶逢亢旱，则又有雩。《周礼》：稻人旱暵，共其雩敛。《春秋》书雩二十有一，有一月而再雩者，旱甚也，是又因旱而雩。义虽不同，要之雩祭之典，自古有之。

徐以升认为，雩字之意，乃"吁嗟求雨之意"，雩坛在于南郊之旁。自西汉之世，雩礼始废，旱则祷祈天地宗庙。晋穆帝永和年间议制，雩坛于国都南郊。唐太宗时也雩祀于南郊。宋朝制度，孟夏雩祀昊天上帝。明代，设雩坛在泰元门外（圜丘坛东门外）。"是历代皆雩也。""我朝礼制具备，会典载有躬祷之仪。独于雩祭尚未设有坛壝，似属阙典。虽郊祀之祭亦有云雨风雷之神，与岳镇海渎之位，而礼必有所专设，乃于祈祷之典似觉更诚敬周详"[③]。请敕下礼部大臣"博求典故，详考制度"，于京城之内选择地域建立雩坛，效仿古代"龙现而雩"之礼，每年届期择日致祭一次。偶遇亢旱，或降雨延期，或雨泽稀少，就在此望告岳镇海渎及诸山川能出云雨者，以祈求雨泽。毋庸在各宫观处祈祷。祈雨、祈晴"事同一体"。倘若有雨水过多，祈求开霁之处，请照《祭法》雩宗祭水旱之例，也在雩坛致祷。乾隆帝朱批："大学士会同该部议奏。钦此。"[④]

大学士鄂尔泰等及礼部大臣奉旨后，针对徐以升奏折内阐述的观点和祭祀事宜进行了合议，于乾隆七年五月十五日复奏称，考据古礼，孟夏之月，苍龙宿现东方，为百谷祈膏雨，故龙现而雩。晋代永和中叶，依照郊坛制度建立雩坛，祈祀上帝、百辟（君主），天旱时则祈雨。唐朝时，雩祀于南郊，后行雩礼于圜丘。历代京师孟夏以后，因旱而雩之礼，皆七日一祈。"我朝"雩祭之典，"似宜仿唐制而稍加参订"⑤，即"孟夏龙现，择日行常雩礼，祀昊天上帝于圜丘，以列祖配飨，四从坛（大明、夜明、星辰、云雨风雷神位）从祀于下。前期礼部奏请皇上亲诣行礼或遣亲王行事。孟夏后旱，则祈天神、地祇、太岁坛，次祈于社稷坛，次祈于太庙，皆七日一祈。不雨，或小雨不足，还从各坛祈祷如初。旱甚，乃大雩，祀昊天上帝于圜丘。先经祈祷太庙，既已虔告列祖，此次不设配位，仍设四从坛于下。雨足则报祀，或已斋未祈而雨，及所曾经祈祷者，皆报祀。斋期祭品俱如常仪。大雩之礼，应用舞童十六人，衣元衣，为八列，各执羽翳。终献乐止，赞者赞舞童歌御制云汉诗八章。今蒙皇上仿云汉诗体，御制诗歌八章，圣念恳诚，宸章剀切，亘古未有。舞童八列，按舞而歌。歌毕乃望燎。舞童令掌仪司选声音清亮者演习，应用羽翳，照《周礼》皇舞之式制办。余礼仪与孟夏常雩同。至若久雨祈晴之处，仿照《春秋左传》鼓用牲于社，及《文献通考》荣祭国门之礼，伐鼓用少牢，荣祭于京师国门，视水来涌集最多之门而祭。仍雨不止，则伐鼓用牲，祭于社。毋庸于各坛祈祷"⑥。僧录司僧官，道录司道官，每逢斋戒致祭之日，饬令督率僧道分派在显佑宫等五庙，虔诚诵经祈祷。而且，仍照例禁止屠宰。各衙门于斋戒日，照例停理刑名。至于地方雩祭，"直省府、州、县，雍正四年（1726）皆置有耕耤田，其中俱设有坛祀。嗣后，令孟夏择日行常雩礼，或有亢旱，亦每七日先祭界内山川，次祭社稷坛，致斋虔诚祈祷雨泽。如仍不雨，复行祈祷如初，但不得用大雩之礼，亦不必另设雩坛祈祷。其或霪潦为灾，则伐鼓用牲，荣祭城门，以祈晴霁"⑦。自此，清代雩祭礼制形成，被载入《钦定大清会典》。

二　雩祭的礼制

清代雩祭之典，礼仪"悉照圜丘之制"⑧。"兆阳位于南郊，圆以象天，曰圜丘。其制三成（三层）"⑨，"凡常雩之礼，岁以四月龙现，卜日祀皇天上帝于圜丘，为百谷祈膏雨"⑩。上帝位列第一层，南向；圣祖位（清朝已故皇帝）亦列第一层，东西向。四从位第二层，大明（日神）西向，星辰在其次，夜明（月神）东向，云、雨、风、雷神在其次。各神位前均设青幄（帐幕）。各神位前陈设祭器、祭品为：上帝，苍璧一，帛一，犊一，登一，簠二，簋二，笾、豆各十二，尊一，爵三，炉一，灯六，燔牛一。列圣，均帛一，犊一，登一，簠、簋各二，笾、豆各十二，尊一，爵三，炉一，灯四。大明、夜明之神，均帛一，牛一，登一，簠、簋各二，笾、豆各十，尊一，爵三，盏二十，炉一，灯二。星辰，帛十一，云雨风雷，帛四，余同，均牛一，羊一，豕一，登一，铏二，簠、簋各二，笾、豆各十，尊一，爵三，盏三十，炉一，灯二。玉帛盛于筐，牲载于俎。尊实酒，疏布幂（用东西遮盖）勺具。

祭祀前一日，乐部设中和韶乐于坛下，左右悬挂。巳刻，太常卿诣乾清门奏请皇帝诣天坛斋宫。皇帝穿龙袍衮服，乘礼舆出宫，至太和门阶下降舆。换乘辇驾，发警跸（帝王出行时清道，禁止行人来往），午门鸣钟，大驾卤簿（仪仗）前导。不陪祀王公、文武各官均朝服跪送。导迎鼓吹，设而不作。皇帝到达天坛时，銮仪卫校鸣斋宫钟。皇帝入天坛西门，至昭亨门（圜丘坛南门）外降辇。皇帝由左门入，诣皇穹宇殿，于上帝、列圣神位前上香，行三跪九拜礼；两庑从位遣分献官上香行礼。然后，皇帝诣圜丘视坛位，诣神库视笾豆，并视牲牢。视毕，皇帝由内壝南左门出外壝南左门，至神路右侧，升辇诣斋宫（大祀斋戒三日，前两日斋戒在皇宫）。

祀日，黎明时分，皇帝御祭服，乘辇至外壝南门外神路右侧，降辇，入大次盥洗。礼部尚书率太常官诣皇穹宇，恭请神位，安放青幄毕，皇帝出大次入坛。皇帝入至祭坛第二层，黄幄次拜位前。陪祀诸王、贝勒站位第三层阶上，贝子、公站位阶下，百官站位外壝门外，左右序立，均面向北。典仪官唱燔柴迎帝神，典礼正式开始。奏迎帝神乐《霭平之章》，赞引官恭导皇帝诣第一层上帝位前，上柱香、瓣香各三次，皇帝再依次诣列圣配位前上香后，回到第二层拜位，行三跪九拜礼。皇帝升坛，诣上帝位前，跪受箧，奠玉帛，奏《云平之章》，再依次诣列圣配位前奠帛，复位。皇帝升坛，跪进俎，奏《需平之章》，复位。行初献礼，奏《霖平之章》，舞干戚之舞，皇帝升坛，诣上帝位前，跪献爵，奠正中，然后诣读祝位，跪，由司祝跪读祝文毕，奉祝版诣上帝位前跪安于台案，皇帝率群臣行三拜礼。再诣配位列圣前依次献爵行礼。乐止，武功之舞退，文舞八佾进（八排八列六十四人）。行亚献礼，奏《露平之章》，舞羽籥之舞。皇帝升坛，以次献爵奠于左，仪如初献礼，不读祝。皇帝复位。行终献礼，奏《沾平之章》，舞与亚献同。皇帝升坛，以次献爵奠于右，仪如亚献礼。四从位前上香、奠帛、献爵、行礼，以分献官完成。乐止，文德之舞退。皇帝诣"饮福受胙"位，进福酒，皇帝跪受爵，拱举，授接爵官，再进胙，皇帝跪受胙、拱举，授接胙官，行二拜礼。最后，皇帝率群臣行谢福胙礼，三跪九拜。撤馔，奏《灵平之章》，有司诣上帝位前捧苍璧退。送帝神，奏《霈平之章》，皇帝率群臣行三跪九拜礼。有司奉送祝版、帛、馔、香至各燎炉，奏《霈平之章》，皇帝由内壝南左门出，至望燎位望燎。祝、帛焚半，赞引官奏礼成，恭导皇帝更衣回銮。

常雩之礼制，皇天上帝位前用帛一，与孟春祈谷礼同，冬至礼上帝位前用帛十二——此为供品之不同；典礼过程中九项程序所奏乐章自成体系，与冬至日不同。"余仪均与冬至日大祀同"[⑪]。

"凡大雩之礼，岁孟夏常雩之后，如不雨，遣官祇告天神、地祇、太岁，越七日不雨，告社稷；仍不雨，复告天神、地祇、太岁，三复不雨，乃大雩"[⑫]。先祀一日，皇帝遣官祇告太庙。是日巳刻，皇帝御常服诣斋宫，不作乐，不除道，不设卤簿。祀日，皇帝着雨冠素服，躬祷于圜丘，设皇天上帝位，四从位。陪祀王公及以下各官咸着雨冠素服。三献礼终，乐阕，列舞童十六人为皇舞，衣元衣，执羽翳，歌御制云汉诗八章，以祈优渥。"余仪及乐章均与常雩同"[⑬]。降雨了，则报祀，遣官朝服行礼，如常仪。

三　清帝圜丘坛祈雨

清朝皇帝为祈雨而至圜丘行祷拜礼，史料最早记录为顺治十四年（1657）。

顺治十四年四月，顺治帝以亢旱躬诣圜丘祈雨。前期致斋三日，王以下陪祀各官皆致斋三日。斋期内，上致百官，下致黎民都穿着浅淡色服装，禁止屠宰。由内院官恭撰祝文，礼部、太常寺官预设酒、果、香、灯、祝帛并熟牛脯醢于圜丘台上。届时，皇帝素服，"行步祷礼"，不设卤簿，不清除道路，不奏乐，不设配位，不奠玉，不饮福受胙。完成迎帝神，奠帛，进俎，行初献礼，行亚献礼，行终献礼，撤馔，送帝神，望燎各项虔敬之礼。皇帝致祭圜丘的同时，遣官致祭方泽、社稷神坛。礼毕，皇帝尚未还宫，即降下大雨。这一年顺治皇帝定制，"以岁旱躬祷郊坛"⑭。十七年（1660）五月，以久旱祷雨，皇帝遣官分诣各坛虔祷如礼，但未雨。六月，最终皇帝亲诣南郊告祭。

康熙十年（1671）四月，十七年（1678）六月，康熙帝以亢旸不雨，躬诣天坛祷祈，继以雨足而告谢各坛。十八年（1679）四月、十九年（1680）四月，为祈雨，康熙帝再亲诣圜丘行礼，并诏谕修省，直言得失，清理刑狱，得雨告谢。二十六年（1687），京师几月不雨，康熙帝亲制祝文，以表诚恳。祀日，雨冠素服，乘马诣天坛西门，步至圜丘。回銮时，大雨立降。五十六年（1717），康熙帝就祈雨事谕诸皇子及大臣等：京师初夏，每少雨泽。朕临御五十六年，约有五十年祈雨，每至秋成，悉皆丰稔。昔年曾因亢旱，朕于宫中设坛祈祷。长跪三昼夜，日惟淡食，不御盐酱。至第四日，步诣天坛虔祷。油云忽作，大雨如注。步行回宫，水满雨靴，衣尽沾湿。康熙五十八年（1719），年迈的康熙帝还亲诣南郊天坛祭祀，以表至诚致敬。

雩祭之礼制定后的乾隆九年（1744），自冬往春，雨雪稀少，但雩祭之期未至，乾隆帝"深为忧惕"。于是谕令部臣虔诚祈祷关帝庙、城隍庙、凝和庙、时应宫、宣仁庙、昭显庙等处，等待常雩之期到来再停祈，若降雨则报祀，结果未雨。以至此年常雩礼与定制有所不同，皇帝诣斋宫及祭毕回銮皆御常服，未乘辇，未设卤簿，未作乐，祀日由斋宫步至圜丘行礼。乾隆十年（1745），常雩礼之细节再作变动：皇帝诣天坛斋宫，不设大驾卤簿，不作乐；祀日，皇帝雨冠素服，陪祀王公、大小官员皆穿雨冠素服；午门前迎送各官皆常服。乾隆二十四年（1759）四月，皇帝循制躬祷雩坛行常雩礼，未雨。夏至，皇帝再躬祭方泽（地坛，每年夏至大祀）祈雨，"竭诚吁（大声呼喊之意）恳"，依然未获甘霖。乾隆帝实在心焦难耐，决定敬举大雩之礼。皇帝御制祝文内，深省自责，祈天勿以"臣一身之故，而令万民受灾害之侵"，"呜呼惠雨"。祀前一日，乾隆帝御常服，乘骑出宫到坛斋宿，未乘辇、未设卤簿，未陈乐。驾至天坛西门入，至昭亨门外降骑，步行入坛恭视坛位，按仪节上香行礼。祀日，皇帝雨冠素服，步祷于坛。未燔柴，未进俎，未饮福受胙。皇帝回宫后，为此举特作御制诗一首《恭举大雩祈雨》："北至（夏至）都逾早种期，晚田亟待泽斯时。人穷反本呼天吁，旱甚因谁责己知。汤祷载陈三足鼎，宣忧重订八章诗。（壬戌议举常雩、大雩之礼，时曾制云汉诗八章，为舞童升歌之词，然率即得雨，迄未用。今岁旱甚，乃举大雩，元衣八列，升咏此诗，又协候移易数语。）好生帝德其宁惠，渴望云行即雨施。"⑮据史料载，礼成后当日，即甘霖普降，四野沾足。乾隆三十五年（1770），皇帝已是60岁老人，他大概自觉体力下降，四月常雩，谕令赴坛改由广利门入，在祭礼完毕后乘辇处降辇，以减少步行距离。三十七年（1772），又酌定升级次数及降辇步行之远近。三十九年（1774）再谕："非年至六旬，一切典章，断不可减。"⑯

嘉庆十二年（1807），冬雪少，春雨稀，土壤干渴以至中旱。常雩大祀之期，皇帝决定放弃御辇，换乘礼轿诣天坛斋宿，并谕令："嗣后遇雨泽稀少之年，举行常雩祀典，均著照此行。"⑰

道光十二年（1832），已届大暑，却只有微雨洒落。道光帝心里"弥形焦灼"，决定恭举大雩之礼。道光帝先期在养心殿斋戒，戴纬帽，穿常服，不挂朝珠，"夙夜战兢，省躬思过"。特意亲撰祝文：

　　呜呼皇天！世不有非常之变，不敢举非常之典。今岁亢旱异常，经夏不雨。岂但稼穑人民倏罹灾患，即昆虫草木亦不遂其生。臣忝居人上，有治世安民之责。虽寝食难安，焦忧悚惕，终未获沛甘霖。

日前社稷坛、方泽致斋期内，均蒙浓云四布，微雨飘洒，而不能畅施，仰见天心仁爱，总缘臣罪日深，鲜诚鲜敬，不能上感天心而叨鸿贶。敬稽乾隆二十四年皇祖高宗纯皇帝恭行大雩之礼，臣于万不得已，仰溯成规，战兢干冒，省躬思过，冀可仰邀赦宥。抑臣祀事不敬，骄侈之心不觉萌而萌与？日久怠于庶政，不能忧勤惕厉与？出言不谨，有干谴责与？赏功罚罪，轻重不得其平与？重起陵园，劳民伤财与？任官不得其当，以至政有丛脞与？刑罚不得其平，含冤无所控告与？惩办邪教，滥及无辜之人与？官吏欺蒙，民隐不能上达与？西陲连次用兵，未免杀戮之惨而务边功与？南省灾民赈抚不得其宜，委于沟壑者众与？楚粤逆猺剿抚不当，以至民遭涂炭与？凡此者，皆臣思虑所及，宜加黾勉省改；其思虑所不及者，盖有之矣。

伏祈皇天赦臣愚蒙，许臣自新。无辜万姓因臣一人是累，臣罪更难逭矣。夏徂秋至，实难再逾，叩祷皇天速施解作之恩，立沛神功之雨，以拯民命，稍赎臣愆。呜呼皇天，其鉴之！呜呼皇天，其惠之！臣不胜忧惧惶恐之至[18]！

皇帝恭诣天坛斋宿日，戴雨缨帽，穿青褂，只骑马，未乘礼舆。可能是皇帝为民请命的挚诚感动了"上天"，在坛斋戒当日，浓云四布，雷电交加，澍雨立沾。祀日礼成后，皇帝策马还宫，"欣看积水"。钦感之余，给在坛各执事人员、恭读祝文人、歌章作乐之乐舞生等分别恩赏了品级、钱粮、物品等。并专派了亲王诣坛，按常仪行礼报谢。

咸丰四年（1854），雩祭届期。咸丰帝上谕：朕寅承大宝时即以效法祖制为念。但因腿疾未愈，去岁冬至南郊大祀，"未克躬亲"，今年正月祈谷，又酌减仪文，"惭愧萦衷"。"幸赖天恩"，此时朕躬步履如常，一切典礼仍应照旧举行。只是前期阅视笾豆、牲只，非关大典。嗣后仍遣员阅视，毋庸再请。祭日，礼成后，仍在降舆处乘礼轿出广利门。永为例。

同治十三年（1874），穆宗毅皇帝亲政后的第二年，恭举常雩大祀。一切仪节均查照成案遵行。

光绪十三年（1887），皇帝亲政，每遇常雩大祀，俱先期驾诣斋宫。祀日，升坛行礼如仪。

雩祭礼制乾隆七年制定，乾隆九年为始施行，其后皇帝皆按制举行。据《清代皇帝祭祀天坛年表》[19]统计，乾隆帝在位60年，以乾隆九年记录为始，后52年间圜丘常雩39次，大雩1次。嘉庆帝在位25年，圜丘常雩25次。道光帝在位30年，圜丘常雩28次，大雩1次。咸丰帝在位11年，圜丘常雩8次。同治帝在位13年，圜丘常雩3次。光绪帝在位34年，圜丘常雩17次。

四　清帝行常雩礼之变化

清代雩祭礼制并非沿袭明制。"明初举行雩祀无定制亦无常仪，大多于宫内举行。至嘉靖八年（1529）才规定由皇帝祈祷于南郊，仪式颇为简单"[20]。嘉靖九年（1530），皇帝又令建崇雩坛于圜丘坛外泰元门以东，专为祈雨，"为制一成，岁旱则祷"[21]。但自崇雩坛建成，仅"嘉靖皇帝在此举行过两次雩祀大典，其余雩祀均在圜丘举行"[22]。因崇雩坛长期闲置无用，渐至荒芜。

清入关后，顺治元年（1644）定："每岁冬至日大祀天于圜丘，以大明（日神）、夜明（月神）、星辰、云、雨、风、雷从祀。"[23]顺治初年又定："岁遇水旱，遣官于天神坛、地祇（地神）坛，祇告云、雨、风、雷之神。"㉔ 顺治十四年春，大旱，采用了明代"岁旱则祷"于圜丘的雩祭方式。此次祈雨"立有明验"，顺治帝遂以其所举行之典礼仪节为模式，制定了"以旱躬祷郊坛"之制。康熙皇帝即位后，承袭其父雩祭之礼，为苍生祈福。但因未被后来皇帝延用，只作为"雩祀"事例记录在光绪朝编纂的《钦定大清会典事例》中。

从档案史料记载看清代各皇帝郊祀祈雨，很容易发现没有雍正皇帝的记载。难道雍正帝执政时期一直是风调雨顺，没有举行过雩祭吗？并不是，而是他改变了雩祭的方式和地点。雍正帝是位笃信宗教的君王，又深感其父为祈雨之辛苦。他即位之时，国家已是百业渐兴、国力日盛。雍正帝认为："龙神专司雨泽，散布霖雨，福国佑民，功用显著。"㉕ 于是，他在即位后的第二年，即雍正元年（1723），敕令建造时应宫（俗称龙神庙），"前殿供奉四海四渎龙神，后殿正中供奉顺天佑畿时应龙神，两旁左右供奉全国十七省龙神，每年六月十三日，新正（农历的正月）前后九日，万寿圣节前后三日，皆改建道场（道场就是由道士做法事，具有某种祭祀、庆祝或纪念意义的仪式）"㉖。岁遇旱、涝天象时，再专门致祭祷祈。雍正五年（1727），又特降谕旨："将各省龙神像，著该省督抚迎请，供奉本地，虔诚展祀。增修时应宫后殿，以供奉八方龙神。"㉗ 雍正六年（1728），皇帝谕大臣时对他的这一做法很是得意："几年以来，朕虔祝龙神，有祈必应。其福庇苍生者，历有明验。"㉘ 但他又认为，"风雨时若，百物繁昌"，思忖风神，"巽顺和煦，茂时育物"，亦应举行隆重祀典，建立庙宇，因时祷祈。于是在同年，雍正帝钦定风神封号"应时显佑风伯之神"，庙名"宣仁庙"（俗称风神庙）。翌年，雍正帝再降谕旨，"朕躬承天眷"，必须恪守兴修祀典，为"四海苍黎仰祈嘉佑"。云、雨、风、雷之神是代上天主管命令的天神，能使得千山育物，万顷繁昌，雷以动之，风以散之，天降时雨，山川出云，赐福黎民之功劳同等盛大。前代及本朝，每年冬至日，南郊大祀天帝之时，云雨风雷之神牌皆列从坛，同享祭祀。现在已经特建了庙宇，崇祀龙神、风伯。但是云师、雷师尚缺专祠。"今欲特建庙宇，虔奉云师、雷师之神。因时祷祀，敬迓洪庥，以展朕为民祈祷之意"㉘。同年，钦定云师封号"顺时普荫云师之神"，庙名"凝和庙"（俗称云神庙）；钦定雷师封号"资生发育雷师之神"，庙名"昭显庙"（俗称雷神庙）。

前引奏折中提到"设立雩坛后"，"毋庸在各宫观处祈祷"，那么说明乾隆朝早年，乾隆帝是延续其父雍正帝的雩祭方式，致祭云、雨、风、雷等神庙。乾隆九年以后才按新定制行常雩礼。据史料记载，嘉庆帝除遵循祖、父之制外，还祈祷黑龙潭龙神、玉泉山龙神。自道光朝始，"岁遇水旱"，皇帝改于大高殿设坛祈祷，同时遣官至云、雨、风、雷四神庙祈神，偶尔亦前往时应宫再祈龙神（雨神）。在档案中很少出现皇帝去其他坛、庙祈雨的记录。大高殿、时应宫、宣仁庙、凝和庙、昭显庙成为道光朝以后皇城内皇家专门祈雨、祈雪、祈晴的场所。如愿报祀。

乾隆帝之后各皇帝在圜丘举行常雩礼，乾隆帝、道光帝举行过大雩礼，仪节基本是按照前朝定制完成，但是也有个别仪节在不同时期有改变。然而仔细研究后发现，其改变的目的完全是皇帝为了表示对帝神更虔诚、更恭敬，更能够体现出他们为民请愿的决心和"忍辱负重"的责任感。

五 结语

雩祭之典分为常雩和大雩两种。常雩又包括定期和不定期两类。乾隆七年制定雩祭礼制，九年举行为始，嗣后每年"龙现而雩"之礼，历朝皇帝均遵制奉行，未有特殊原因，比如国丧、疾病等，皆亲自诣坛行礼，历百余年而无悖，此为定期。除此之外，皇帝为祈雨而采用的任何方式的祭祀活动，包括顺、康两朝皇帝祈祷于圜丘，雍正帝祈祷时应宫龙神及云、风、雷各庙神，乾隆帝祈祷天神坛、社稷坛，嘉庆帝祈祷黑龙潭，以及道光朝以后各皇帝在大高殿设坛祈祷，均属于不定期的"因旱而雩"之礼。常雩礼，无论是定期还是不定期，其目的是相同的，即"为百谷祈膏雨也"。大雩礼，整个清代只举行过两次，分别于乾隆二十四年和道光十二年。

清代幅员辽阔，地域气象差异很大。京城地处北方，干旱多于水涝，所以在档案文献记载中，皇帝举行雩祭礼大多是为祈求雨泽，而且祈求的范围也只是京城周边一带地域。其他直省、府、州、县雩祭礼则均由地方官吏按定制礼仪举行。

云、雨、风、雷本是自然现象，然而在科技不发达的古代中国，上至王公大臣，下至黎民百姓，都笃信天地之间分别住着玉皇大帝及各路神仙，包括云、雨、风、雷、电、龙王、土地等天、地神，它们听从玉皇大帝的调遣和指令，对人间施展各自的本领，即所谓帝坐殿，神显威。水是生命之源，万物靠水滋养。古代中国以农耕业为主，世代靠天吃饭，只能把丰收的希冀寄托于上天的恩赐，因而他们就要不断地祈祷、礼拜这些能够赐福的帝神。中国远古就有祭上天神灵，祈风调雨顺的传说，祭天祈愿的祭祀活动在中国延续了几千年。而且，祭拜帝神不只是民间的重要活动，更是统治者最隆重的典礼——封建帝王自称是上天的儿子，其任务是代天治民，代天佑民。"国以民为本，民以食为天。"五谷丰登，风调雨顺是国态民安、帝位永传的先决条件。"礼以敬为本，而祭又礼之大者。"所以皇帝对帝神表示最大的敬重和祈求就是举行祭祀典礼。到清代，这种祭祀活动已成为国家首重之典礼，形成了完善的祭祀礼制，载于《钦定大清会典》。

注释：

① （清）方观承：《坛庙祀典》卷上。

②⑲ 北京市地方志委员会：《北京志·世界文化遗产卷·天坛志》，北京：北京出版社，2006 年版，第 336 页。

③④⑤⑥⑦ 中国第一历史档案馆藏：宫中朱批奏折·内政礼仪，乾隆七年五月十五日折，档号：04—01—14—0008—051。

⑧⑭⑯⑰⑱ （光绪）《钦定大清会典事例》卷 420。

⑨⑩⑪⑫⑬ （乾隆）《钦定大清会典》卷 37。

⑮《御制诗二集》卷 86，天坛公园管理处：《清代皇帝天坛祭祀御制诗文集》，北京：线装书局，2007 年版，第 83 页。

⑳㉑㉒《解读天坛》，天坛公园管理处：《清代皇帝天坛祭祀御制诗文集》，2007 年版。

㉓ （光绪）《钦定大清会典事例》卷 418。

㉔ （光绪）《钦定大清会典事例》卷 440。

㉕㉖㉗㉘㉙ （光绪）《钦定大清会典事例》卷 1186。

（原载于《历史档案》2022 年第 4 期）

清代内务府进九九盒考察

郑海鑫

《旧唐书》记载，开元十七年（729）玄宗诞辰，在花萼楼下宴请百官，朝臣上表请将此日定为千秋节，此为万寿节之始，后节日名历天长节、地平节、圣寿节、天寿节之变，但节日为天子祝寿的内核未改。明代，皇帝生辰称万寿节，皇后、皇太子的生辰称千秋节，庆典级别低于皇帝生辰。清代在继承明朝万寿、千秋两节基础上又有新的发展，将皇太后的生辰命名为圣寿节，并将万寿节与元旦、冬至一道确定为清宫三大节。

皇太后生辰有圣诞节、圣寿节之称，但并非固定，也将其称为万寿节、万寿圣节。如《大清高宗纯皇帝实录》载"大学士等议覆，皇太后万寿圣节，恩赏八旗年老男妇缎匹银两，应令各该旗按名分赏。其能接驾之老妇，应于皇太后驾过时赏给缎银"[①]；咸丰十一年（1861）十月二十六日"总管内务府谨奏恭照本年十月初十日圣母皇太后万寿节臣等应行恭进吃食"[②]。在清代史料文献中将圣寿节称为万寿节、万寿圣节已成为普遍现象，只在万寿节或万寿圣节前冠以皇帝、皇太后等称呼来加以区分。因此万寿节这一概念有狭义和广义之分，狭义单指皇帝生辰，而广义万寿节则包含了皇太后生辰，本文提及万寿节取其广义之说。

一　九九盒及其研究状况概述

广义的万寿节包括了皇帝生辰和太后生辰，因此有必要将内务府在皇帝、太后万寿节期间进呈的吃食作以区分。清代，等级分异渗透在衣、食、住、行方方面面。即使在爱新觉罗家族内部也不例外，作为九五之尊的皇帝处处体现着最高等级，不可僭越。虽然皇帝和皇太后生辰都有万寿之名，但在等级上有着严格的差别。清宫万寿节，内务府按例要向皇帝或皇太后进呈吃食，总管内务府大臣上折具奏，折件用黄纸，开单列出每一盒所盛食品。皇帝万寿进呈九九盒，九九盒顾名思义，即九九八十一盒吃食，为饽饽点心、水果、蜜饯、熏肉四类二十七种，每种三盒。皇太后万寿（以及皇后千秋）内务府进呈三九盒，二十七盒吃食，为饽饽点心、水果、熏肉三类，每类三种，每种三盒。

内务府进九九盒、三九盒之制，在道光朝之前未见档案记载。最早见于档案的记载为道光四年（1824）八月初八日，最晚到溥仪小朝廷时期，民国九年（宣统十二年，1920）。道光朝《钦定总管内务府现行则例》载："道光三年十月，总管内务府大臣禧恩面奉谕旨，嗣后恭遇皇太后万寿圣节内务府大臣等不必呈进宴桌，著照旧递如意、进吃食三九盒，钦此。"[③] 从《钦定总管内务府现行则例》来看，在道光朝内务府万寿节进吃食三九盒、九九盒，道光之前内务府在万寿节进呈九九盒与否，目前缺少档案佐证，笔者查阅清人笔记、实录、会典等史料，均未找到道光朝前内务府进呈九九盒的记载。道光朝前，万寿节进九九盒之史实目前无史料依据，但通过现有史料可以判断，道光朝及以后，万寿节期间内务府进九九盒、三九盒制度趋于完善，且一直延续到清帝退位后的民国九年。

以九的倍数来确定进献礼物的数量，是清代官员向皇家进贡、献礼的形式之一。早在清初，"定外扎萨克四部落时，以九白（白驼一匹，白马九匹）为贡也"④。康熙三十九年（1700），皇太后六旬万寿节，命皇四子胤禛整备进献礼物，其中就有"东珠、珊瑚、金珀、御风石等念珠一九，皮裘一九，雨缎一九，哆罗呢一九，璧机缎一九，沉香一九，白檀一九，绛香一九，云香一九，通天犀、珍珠、汉玉、玛瑙、雕漆、官窑等古玩九九，宋元明画册卷九九，攒香九九，大号手帕九九，小号手帕九九，金九九，银九九，缎九九"⑤。到了乾隆朝，"贡品一成'九数'"⑥的制度逐渐形成。《养吉斋丛录》载："曩万寿节，大学士、尚书、侍郎、各省督抚皆有贡，以九为度，一九则九物，至九九而止，"⑦直到"道光以后，命停止"⑧。除在位大臣万寿节需进贡外，遇皇太后万寿节，皇帝也要进献礼物，"清朝康熙、乾隆两朝太后均长寿，每逢整寿，宫廷内外必有大庆，皇帝本人应进寿礼，且多以'寿礼九九'的形式进献"⑨。"乾隆十六年，（皇太后）六十寿；二十六年，七十寿；三十六年，八十寿：庆典以次加隆。先期，日进寿礼九九。先以上亲制诗文、书画，次则如意、佛像、冠服、簪饰、金玉、犀象、玛瑙、水晶、玻璃、珐琅、彝鼎、瓻器、书画、绮绣、币帛、花果，诸外国珍品，靡不具备"⑩。可见，内务府万寿节进九九盒是对明朝万寿节"以九为度呈进礼物"的继承，也是对"寿礼九九"的延续。将其所进吃食分为九九盒、三九盒两个等级，九九盒为最高等级。

本文关于内务府进九九盒的研究是围绕万寿节里某项活动展开的专门研究。除中国第一历史档案馆所藏有关九九盒、三九盒进单外，清人笔记、日记中也有对九九盒的记载，清人傅云龙在日记中写道："（同治十三年十月）初八日，晴，抄内务府进九九盒。"⑪恒懿在回忆录中记录了慈禧太后万寿节的情景："溥俊说：'皇太后，我都一个月没听戏了，我想听大戏，还想放爆竹！'

慈禧太后笑了：'行行行，今儿个都依你！等会接受完文武百官的朝贺之后，拿上内务府进的九九盒（九九盒是专为祝寿用的，共八十一盒食品），就去听戏。"⑫

九九盒相关研究主要围绕以下几点进行：第一，叙述九九盒这一制度。"清廷有所谓九九盒者，为皇帝万寿日，由内务府呈进之方物也，盒式如习用之果盒，而以金漆九龙形，内格以九，外则圆形，盒面复画捕金之桃九。计同式之盒九具，名为九九盒"⑬。第二，对九九盒、三九盒内吃食进行介绍。"九九盒共八十一盒，均为吃食，每种三盒，共二十七种，其内容计饽饽点心十五种，共四十五盒，鲜果蜜饯肉食三类，每类四中各十二盒。饽饽有寿字饼"⑭。第三，关注九九盒接收主体的变化。"皇太后、皇后千秋，遇几旬整寿之年亦进九九盒，非整寿则进三九盒……惟慈禧太后晚年万寿，内务府大臣等所进之吃食，虽非整寿，亦均九九盒"⑮。从上文来看，以往研究中已经指出慈禧太后逾越礼制，享用九九盒这一问题。第四，九九盒分发处置问题。"此盒俟食时，陈列筵前，俾呈预览。除留一二盒外，余均分赐各宫"⑯。

但囿于史料限制，这些研究或多或少存在不足，本文借助中国第一历史档案馆今年开发的内务府档案，以补先前研究之不足。第一，立足现有史料，详细统计九九盒进呈时间、进呈吃食情况，呈现出九九盒的动态变化。如在以往研究中列举葡萄也在九九盒当中，但通过对进单吃食的汇总，未发现有进呈葡萄的情况。第二，深入考察慈禧太后万寿节接收九九盒问题。第三，关注九九盒从吃食到衣料的变化问题，这一变化在以往研究中鲜有提及。第四，将九九盒之进呈与其所处政治现实、文化传统相结合，对其寓意进行阐释。

二 九九盒的进呈情况分析

从道光朝到宣统朝乃至清帝退位后，皇帝万寿节共有进单67件，其中66件进单列举了九九盒内吃食种类。下面将从进呈时间、吃食种类、排列顺序、命名等几个方面的变化对九九盒进行比较分析。

（一）九九盒进呈时间

表1 道光、咸丰、同治、光绪、宣统（及溥仪小朝廷时期）
五朝皇帝万寿节内务府进九九盒时间统计表

皇帝	万寿时间	进单（件）	进九九盒时间
道光帝	八月初十日	16	八月初八日 八月初十日
咸丰帝	六月初九日	8	六月初七日
同治帝	三月二十三日	9	三月二十一日 三月二十三日
光绪帝	六月二十六日	28	六月二十四日 六月二十五日 六月二十六日
宣统帝	正月十四日	6	正月十二日 正月十三日

道光朝皇帝万寿九九盒进单16件，除道光六年（1826）、十八年（1838）在八月初十日万寿当天进呈，其余都在万寿节前两天八月初八日进呈。咸丰朝皇帝万寿节九九盒进单8件，4件为六月进呈，无具体呈递日期，其余4件在六月初七日呈递，提前了万寿节两天。同治朝皇帝万寿九九盒进单9件，除同治二年（1863）进呈时间为三月二十三日万寿当天进呈，其余均在万寿前两天的三月二十一日进呈。光绪朝皇帝万寿九九盒进单28件

（其中1件没有进单），光绪元年（1875）进呈时间为六月二十六日万寿节当天，二十四年（1898）、二十五年（1899）、三十年（1904）为六月二十四日进呈，其余均在六月二十五日进呈。宣统朝及溥仪小朝廷时期进单6件，宣统三年（1911）、十一年（1919）、十二年在正月十二日进呈，宣统八年（1916）在正月十三日进呈，另有两件无具体呈递日期。

从统计中不难发现，九九盒进呈时间大多要提前皇帝生辰一到两天，少数在万寿节当天进呈。道光、咸丰、同治三朝提前两天或在当天进呈，没有出现提前一天的情况。从现有史料来看，没有皇帝万寿内务府延迟或补呈九九盒的史料，但皇太后万寿有补递的情况。咸丰十一年七月十七日咸丰皇帝驾崩，这一年的十月十日是慈禧太后的生辰，因先皇驾崩未出百日，并未操办，但同年的十月二十六日即国服出百日的第一天，内务府便补进三九盒："恭照本年十月初十日圣母皇太后万寿节臣等应行恭进吃食三九盒谨照例补进谨奏。"⑰

（二）九九盒内的变化

九九盒内有吃食二十七种，每种三盒，计为八十一盒。吃食种类有饽饽点心、水果、蜜饯果脯、熏肉四类。饽饽点心在清单中书写多为一饼一酥或一酥一饼相互穿插。

从九九盒吃食统计表中我们不难发现，道光四年到溥仪小朝廷时期，近百年间九九盒内吃食大的种类没有发生变化，为饽饽点心、水果、蜜饯果脯、熏肉四类。但在清单书写时的排列次序、水果种类等方面发生了变化。

吃食排列次序及命名的变化。道光四至十年（1830）内务府进九九盒的清单中，水果在前，随后是饽饽点心、蜜饯果脯、熏肉。以道光十年进单为例，依次为："苹果三盒，鲜桃三盒，槟子三盒，沙果三盒，南梨三盒，荸荠三盒，万字饼三盒，寿意酥三盒，福字饼三盒，花桃酥三盒，松寿饼三盒，喜字酥三盒，福寿饼三盒，百花酥三盒，三桃饼三盒，松仁酥三盒，七星饼三盒，如意酥三盒，禄字饼三盒，蜜饯桃脯三盒，蜜饯杏脯三盒，蜜饯果脯三盒，蜜饯梨脯三盒，熏猪三盒，熏鸭三盒，熏鸡三盒，熏肉三盒。"[18] 道光十三年（1833）之后进单内食物排列次序发生了变化，道光十三年进单依次为"万字饼三盒、寿字酥三盒、福字饼三盒、禄字酥三盒、喜字饼三盒、如意酥三盒、福寿饼三盒、百花酥三盒、三桃饼三盒、松仁酥三盒、七星饼三盒、花桃酥三盒、松寿饼三盒、苹果三盒、鲜桃三盒、槟子三盒、沙果三盒、桔梨三盒、荸荠三盒、蜜饯桃脯三盒、蜜饯杏脯三盒、蜜饯果脯三盒、蜜饯梨脯三盒、熏猪三盒、熏鸭三盒、熏鸡三盒、熏肉三盒"[19]，吃食种类依次为饽饽点心、水果、蜜饯果脯、熏肉。自此之后，九九盒的进单书写均依照道光十三年食物种类次序。

光绪朝皇帝万寿，内务府进单中吃食命名次序又做了调整："万字饼三盒、寿字酥三盒、福字饼三盒、禄字酥三盒、吉祥饼三盒、如意酥三盒、福寿饼三盒、鹤年酥三盒、长春饼三盒、百花酥三盒、三桃饼三盒、松仁酥三盒、七星饼三盒、花桃酥三盒、松寿饼三盒、鲜桃三盒、春橘三盒、红李子三盒、黄李子三盒、蜜饯桃脯三盒、蜜饯杏脯三盒、蜜饯果脯三盒、蜜饯梨脯三盒、熏猪三盒、熏鸭三盒、熏鸡三盒、熏肉三盒。"[20] 不仅保留了前四种吃食命名中"万寿福禄"的字眼，第五、六种吃食名字组成"吉祥如意"一词，后面的吃食命名为"福寿""鹤年""长春""百花"等，吉祥寓意更加显眼、明确。可见吃食品种在内务府进呈清单中书写次序和命名的调整也标志着内务府进九九盒制度的逐步完善。

至于为何要调整进呈吃食书写次序，笔者认为当时内务府出于对皇帝万寿吉祥寓意之考量，将饽饽点心调整，进单上从左至右吃食中类一一列出，组成吉祥字眼。后世认为这样的书写更加符合万寿节吉祥、福禄的要求，因此得以延续下来。

进呈水果、点心的变化。九九盒内进呈之水果是二十七种吃食中发生变化最频繁的。道光四年万寿进水果六种依次为"苹果三盒，鲜桃三盒，槟子三盒，沙果三盒，南梨三盒，荸荠三盒"，到了咸丰四年（1854）之后水果调整为四种：鲜桃、红李子、黄李子、波梨；同治二年为：苹果、荸荠（又名南荠）、波梨、百合；光绪三年（1877）为：鲜桃、春橘、红李子、黄李子。咸丰四年水果种类由六种减少到四种，此后每年皇帝万寿进呈九九盒内水果均为四种，不再变化，这也是九九盒制度完善的表现之一。

进呈水果除数量减少外，种类变化很频繁，具有季节性。根据皇帝万寿所处季节不同，内务府选择时令水果。如：道光生辰在八月初十日，正值秋季，苹果、桃子、槟子、沙果、梨子、荸荠均是这个季节应季水果，自然就被作为吃食进呈。即使不同皇帝，因万寿节所处季节相近，内务府在九九盒水果种类并未有意翻新花样，另觅新品。咸丰帝生辰在六月初九日，光绪帝生辰在六月二十六日，前后相差不足一月，咸丰帝万寿期间内务府进九九盒所选水果有鲜桃、春橘、红李子、黄李子、梨子、荸荠、苹果等品种，到了光绪帝万寿，内务府进呈九九盒内的水果的仍在以上种类中选择。

水果减少了两种，计为六盒，其缺由其他吃食补充以保证九九盒原有之数。从咸丰四年开始进呈饽饽点心由十三种增加为十五种，新增的两种为：鹤年酥三盒，长春饼三盒。此后鹤年酥、长春饼作为固定吃食出现在皇帝万寿的食盒中。

通过以上对九九盒进呈情况的动态分析，进呈次序和命名的调整更为符合吉祥寓意，进呈水果种类的选择符合时令产出，水果数量的减少，饽饽点心种类的增加使得总体仍旧保持九九盒的数量。这都体现着随着年代的更替，内务府进呈九九盒这一制度也在进行符合现实需要的调整。

三 九九盒进呈的特殊情况

皇帝万寿节享用九九盒毋庸置疑，皇后千秋、皇太后万寿只进呈三九盒虽有明文规定，但在实际操作中却受到了挑战。

遇皇太后整寿进九九盒，此为第一种特殊情况。按例逢皇太后万寿内务府只需进三九盒，道光三年（1823）十月，"总管内务府大臣禧恩面奉谕旨，嗣后恭遇皇太后万寿圣节内务府大臣等不必呈进晏桌，著照旧递如意、进吃食三九盒，钦此"[21]。道光二十六年（1846）十月初八日皇太后万寿内务府进：万字饼三盒、寿字酥三盒、如意酥三盒、苹果三盒、石榴三盒、鸭梨三盒、熏猪三盒、熏鸭三盒、熏肉三盒[22]。这位皇太后是嘉庆帝的第二任皇后孝和睿皇后，钮祜禄氏，满洲镶黄旗人，生于乾隆四十一年（1776）十月初十日，"道光二十九年十二月甲戌，崩，年七十四"[23]。道光二十六年十月初八日是皇太后七十一岁寿辰，内务府进献三九盒，并未因其高寿而将三九盒升格为九九盒。从现存档案看，三九盒的进呈为水果、饽饽点心、熏肉三大类，每类三种，每种三盒，共计二十七盒。总体类别与九九盒食品种类相似。道光朝以后仍延续皇太后万寿内务府进三九盒之例，至慈安、慈禧两位太后时情况才发生改变。

慈安太后生于道光十七年（1837）七月二十日，于咸丰二年（1852）被立为皇后，"光绪七年三月壬申，崩，年四十五"[24]。慈禧太后生于道光十五年（1835）十月十日，是同治帝的生母。1861年咸丰帝驾崩，载淳即位，年号同治，尊生母为圣母皇太后，上徽号曰慈禧端佑皇太后[25]；尊先皇后为母后皇太后，上徽号曰慈安端裕皇太后㉖。慈安、慈禧两位太后历三朝皇帝，特别是慈禧太后对晚清政局有着举足轻重的影响。两位太后自新皇即位开始就展开较量，这种尊位等级的微妙较量也体现在万寿节内务府进吃食上。

同治一朝，两宫皇太后生辰内务府进三九盒吃食，逢整寿进九九盒。光绪二年（1876）七月十一日内务府"恭查同治三年恭遇慈禧端佑康颐和昭豫庄诚皇太后三旬圣寿、同治五年恭遇慈安端裕康庆皇太后三旬圣寿，总管内务府大臣均应例进九九盒"㉗。这份奏折明确指出，从同治三年（1864）慈禧三旬万寿开始，逢两宫皇太后整寿，内务府要进呈吃食九九盒。同治十三年（1874）内务府奏"本年十月初十日慈禧端佑康颐皇太后四旬万寿，臣等照案恭进寿意缎绸九九件，吃食九九盒"，光绪十年（1884）慈禧五旬万寿，内务府进"寿意江绸九九件，吃食九九盒"㉘，延续了皇太后整寿进九九盒之例。

第二种特殊情况是遇皇太后万寿进九九盒。光绪七年（1881）慈安皇太后死去，少了慈安的牵制，慈禧变得肆无忌惮起来，除了在朝政上大权总揽，在礼仪规制上也处处僭越。"孝钦晚年，一切仪节以女皇自居，享用铺陈，务极豪侈，唯此九九盒，终不可僭。尝以此风示近御诸臣，然以礼部重礼，不稍逾越典则。内务府不敢抗，后请训于德宗，奉旨特别呈进，孝钦意稍释。然顾对于礼部各官，终含愠意也"㉙。可见，慈禧想要僭越仪制也是费了一番周折。光绪十五年（1889）十月初八日，慈禧五十五岁万寿，内务府仍按旧制进三九盒；而到了光绪十六年（1890）慈禧万寿，内务府已改呈九九盒；至光绪十七年（1891）十月初八日福锟、嵩申、师曾、巴克坦布、崇光等进"万字饼三盒、寿字酥三盒、福字饼三盒、禄字酥三盒、吉祥饼三盒、如意酥三盒、福寿饼三盒、鹤年酥三盒、长春饼三盒、百花酥三盒、三桃饼三盒、松仁酥三盒、七星饼三盒、花桃酥三盒、松寿饼三盒、苹果三盒、石榴三盒、鸭梨三盒、南荠三盒、蜜饯桃脯三盒、蜜饯杏脯三盒、蜜饯果脯三盒、蜜饯梨脯三盒、熏猪三盒、熏鸭三盒、熏鸡三盒、熏肉三盒"㉚，是为九九盒。从光绪十六年开始皇太后万寿节进九九盒已为定例。至隆裕太后时延续了皇太后万寿进九九盒之例。"皇太后、皇上万寿节本府呈进九九盒需用十成宝银一千两，由余平项下发给现在余平无著，此项银两著银库正款项下照数给发，特谕"㉛。民国二年（1913），溥仪小朝廷里的"内务府"所呈的奏折中也证实了皇太后万寿要进九九盒的事实。

第三种特殊情况，吃食九九盒与衣料九九盒共同呈进。慈禧晚年每逢寿辰不仅要进吃食九九盒，还要进衣料九九盒。自同治三年慈禧三旬万寿开始，逢整寿不仅要进九九盒吃食还要进衣料九九盒，是为九九绸盒、九九缎盒，光绪十六年起逢慈禧万寿进九九盒已经包括了吃食九九盒、衣料九九盒。这些衣料有时为绸有时为缎，光绪二十九年（1903）内务府进绸盒九九，"宝蓝万福万寿江绸衣料三匹，绛色万福万寿江绸衣料三匹，竹灰万福万寿江绸衣料三匹……品月群仙祝寿江绸衣料三匹"㉜，共计九九八十一匹。光绪三十年内务府呈进九九缎盒，"万寿明黄加重库缎九卷、万寿雪灰加重库缎九卷……万寿品月加重库缎九卷"㉝。

在吃食九九盒上，光绪三十三年（1907）慈禧去世的前一年万寿节㉞，内务府进九九盒为"佛手九盒、香橼九盒、苹果九盒、香蕉九盒、广橙九盒、木瓜九盒、鸭梨九盒、百合九盒、南荠九盒"㉟，九种水果，每种九盒，计八十一盒。光绪三十四年（1908）十月初八日万寿节内务府也进了九九盒，由于进单明细缺失不能佐证所进儿九盒与光绪三十三年一致，但从宣统时期隆裕皇太后万寿进儿九盒的档案看，九九盒内吃食并无上述变化。笔者推测，内务府很可能在光绪三十三年、三十四年对九九盒吃食作出比较大的改变，只是这种变化没有上升为制度上的改变，因此也没有被沿用。但衣料九九盒与吃食九九盒共同进呈、光绪三十三年九九（果）盒的进呈都扩大了九九盒的外延。此为九九盒进呈之第三种特殊情况。

第四种进九九盒的情况仅有九九盒之名，其进呈主体、背景等方面与上述情况不同，不在本文讨论之列。同治十三年皇帝染天花，十一月十五日恭亲王奕訢上奏，为皇帝进贡吃食"红喜字酥九盒、红太史饼九盒、红鼓盖饼九盒、苹果九盒、百合九盒、春橘九盒、炉猪九盒、炉肉九盒、熏肘九盒"[36]。进呈主体由内务府这一机构变为官员个人，进呈目的为祈求皇帝早日消除灾病，龙体安康，进呈种类虽减少，但数量仍为九九八十一盒，这也表明以九为度的献礼形式一直延续到清末。

除第四种情况外，内务府进呈的九九盒从皇帝万寿专享，到同治朝皇太后逢整寿进九九盒，再到光绪十六年之后规定皇太后万寿进九九盒，九九盒接收主体扩展为皇帝和皇太后。随着皇太后这一主体的加入，内务府为讨得皇太后欢心，将衣料、珍贵水果纳入，使得皇太后万寿不仅有九九盒吃食的进呈，还有九九盒衣料、九九盒水果，扩大了九九盒的范围。

四　九九盒进呈之意义与其文化寓意探讨

九九盒进呈主体为内务府，在皇帝或皇太后万寿节前一到两天或当天进呈，共计八十一盒吃食，有水果、点心、蜜饯果脯、熏肉四类，二十七种，每种三盒，后期又有九九缎（绸）盒、九九果盒。其作为制度具有延续性和发展性，其命名和内涵寓意丰富，进呈主体、接收主体具有稳定性。

九九盒之进呈，相较于清代万寿仪式中点景、戏曲等活动，并未引人注意，但却历经道光、咸丰、同治、光绪、宣统五任君主，慈安、慈禧、隆裕三位太后，前后相延近百年。中国第一历史档案馆藏溥仪档案中收录了宣统十二年正月十二日进呈九九盒的档案："万字饼三盒、寿字酥三盒、福字饼三盒、禄字酥三盒、吉祥饼三盒、如意酥三盒、福寿饼三盒、鹤年酥三盒、长春饼三盒、百花酥三盒、三桃饼三盒、松仁酥三盒、七星饼三盒、花桃酥三盒、松寿饼三盒、苹果三盒、百合三盒、鸭梨三盒、广橙三盒、蜜饯桃脯三盒、蜜饯杏脯三盒、蜜饯果脯三盒、蜜饯梨脯三盒、熏猪三盒、熏鸭三盒，熏鸡三盒、熏肉三盒。"[37]这与光绪朝万寿所呈九九盒吃食相同。

九九盒进呈作为制度能够延续下来有两个原因：第一，进呈主体内务府的保留。辛亥革命后根据《清室优待条件》的规定，内务府继续为溥仪小朝廷提供服务，"以前宫内所用各项执事人员，可照常留用，惟以后不得再招阉人"[38]。正是由于内廷服务机构内务府的存在，万寿节照旧进呈吃食才能实现。第二，万寿节进呈九九盒相对其他活动成本较低、难度较小、易于实现。慈禧六旬万寿用银540万两[39]，乾隆皇帝在其母七旬万寿期间，仅扩建戏台一项就花费7.5万余两[40]。清帝退位后，其日常开销所用经费由民国政府支付，每年拨给经费400万两[41]，在万寿节上的开销自然缩减很多。通常内务府筹备九九盒吃食需银500两，在常人看来500两筹备九九盒吃食花费很大，但对于奢侈成习且经费日渐紧张的皇室，这些花费仍在可承受范围，这也可以为结束统治的清王朝在万寿节里保留下最后的体面。

九九盒进呈的特殊情况是宫廷权力中心转移的重要表现。最初道光朝规定皇太后万寿进三九盒，并未有进九九盒之成例，到了慈禧、慈安两宫皇太后时逢整寿要进九九盒，体现了正值新帝年幼，两宫皇太后在权力的角逐中达成某种妥协，实现地位平等。而慈禧太后晚年将万寿进九九盒固定下来，同皇帝万寿等级相同，也正体现了此时慈禧紧握大权，缎盒九九、绸盒九九、果盒九九的进呈不仅是内务府作为奴仆机构对主子的讨好，更体现了慈禧太后个人生活的奢靡、权力的膨胀。到了宣统朝，隆裕太后默许并沿用了皇太后万寿进九九盒之例，此时的溥仪年纪尚小，隆裕太后学习慈禧垂帘听政，与摄政王载沣共同执掌朝政，可见此时权力中心在太后而不在皇帝。

　　九九盒从吃食命名到数字选择蕴含了丰富的文化寓意。九九盒吃食的命名选用了吉祥语——"在一些特定场合使用的，约定俗成的具有固定形式的，用来表达美好祝愿和增添喜庆气氛的言辞"[42]。前文所述九九盒内的变化中，在清单缮写上将饽饽点心调整为第一书写顺序，饽饽点心的命名取字多用"万、寿、喜、福、禄、松、鹤、长春、吉祥、如意、松寿"等吉祥字眼，符合万寿节祝愿皇帝、太后福寿吉祥的美好寓意。更值得注意的是，道光十三年后九九盒进呈时排在前面的四种吃食为"万字饼、寿字酥、福字饼、禄字酥"，正取其首字"万寿福禄"之意。九九盒之九九音同"久久"，喻江山永固、福寿延年之意。中国古代一至十数词里九是最大的奇数，为数之极，也被称为"天数"[43]，因九被视作"阳"数，属于最大的阳数[44]，在传统文化中"九"被认为是最为尊贵、神圣的数字。皇帝是九五之尊，紫禁城里台阶多为九级或九的倍数，三大殿高度是九尺九，皇帝生辰所进的吃食为九九盒，正是最高规格的体现。也因此清末几位太后万寿进九九盒被后世认为是对皇权礼制的僭越。九九盒内吃食每种都为三盒，三也是吉祥数字，许慎在《说文解字》中认为，"三，天地人之道也"[45]，老子也有"道生一，一生二，二生三，三生万物"[46]的解释。"在汉语中，数词三有完全、完美之意"[47]，因此九九盒内吃食数量选择均为三盒，取其完美、完全之寓意，且三三成九，又寓尊贵、长久之意。足见九九盒从食物命名到数量选择蕴含了丰富的吉祥寓意，体现了权力的至高等级。

九九盒从吃食的选择、命名上反映了清代统治阶级上层对汉族文化的接受，虽然饽饽点心的制作工艺我们不得而知，但其命名上完全见不到满洲的民族特征，在数量的选择上，也反映出对汉文化数字含义的接受和应用。清代有皇帝赏赐臣下吃食、物件、字画的传统，以示恩宠和体恤，达到笼络人心的目的。九九盒进呈后，交由茶膳房分赏给臣公、内廷仆役，以示恩赏，也符合皇帝、太后万寿节里普天同庆的意愿。

注释：

① 董诰等：《大清高宗纯（乾隆）皇帝实录》，台北：华文书局，1964 年版，第 6011 页。

② 中国第一历史档案馆藏：内务府奏案，奏为皇太后万寿节恭进吃食照例补进事，咸丰十一年十月二十六日，档号：05—0810—021。

③㉑ 故宫博物院：《钦定总管内务府现行则例二种》第 1 册，海口：海南出版社，2000 年版，第 172 页。

④（清）吴振棫：《养吉斋丛录》卷 24，北京：中华书局，2005 年版，第 205 页。

⑤（清）朱轼等：《大清圣祖（康熙）仁皇帝实录（五）》，第 2702 页。

⑥ 董建中：《清乾隆朝王公大臣官员进贡问题初探》，《清史研究》1996 年第 1 期，第 44 页。

⑦（清）吴振棫：《养吉斋丛录》，第 315 页。

⑧（清）吴振棫：《养吉斋丛录》，第 319 页。

⑨ 郑宏：《九九礼考辨——以崇庆皇太后六旬、七旬圣寿节为例》，《故宫学刊》2016 年第 1 期，第 121 页。

⑩ 赵尔巽等：《清史稿》第 30 册，北京：中华书局，1977 年版，第 8914 页。

⑪ 傅训成：《傅云龙日记》，杭州：浙江古籍出版社，2005 年版，第 311 页。

⑫ 爱新觉罗·恒懿：《我的皇室家族》（上卷），合肥：安徽人民出版社，2013 年版，第 14 页。

⑬ 苏海若：《皇宫五千年》，济南：山东友谊书社，1988 年版，第 541 页。

⑭⑮ 故宫博物院文献馆编：《文献专刊（故宫博物院十九周年纪念）》，北京：故宫博物院，1943 年版，第 10 页。

⑯ 章乃炜等：《清宫述闻》，北京：紫禁城出版社，2009 年版，第 692 页。

⑰ 中国第一历史档案馆藏：内务府奏案，奏为照例补进三九盒事，咸丰十一年十月二十六日，档号：05—0810—021。

⑱ 中国第一历史档案馆藏：内务府进单，奏为皇上万寿节恭进吃食事，道光十年八月初八日，档号：05—0658—065。

⑲ 中国第一历史档案馆藏：内务府进单，奏为万寿恭进吃食事，道光十三年八月初八日，档号：05—0673—069。

⑳ 中国第一历史档案馆藏：内务府进单，皇上万寿进吃食单，光绪元年六月二十六日，档号：05—0885—038。

㉒ 中国第一历史档案馆藏：内务府进单，皇太后万寿进单，道光二十六年十月初八日，档号：05—0750—012。

㉓㉔ 赵尔巽等：《清史稿》第 30 册，第 8920、8925 页。

㉕ 中国第一历史档案馆藏：内阁题本，礼部尚书存诚题为慈安慈禧皇太后上徽号恭缴原颁敕谕事，同治元年六月初一日，档号：02—01—005—023635—0033。《清史稿》载：国"有庆累加上"慈安皇太后的徽号最终为"慈安端康裕庆昭和庄敬皇太后"，慈禧皇太后徽号为"慈禧端佑康颐昭豫庄诚寿恭钦献崇熙皇太后"。

㉖㉜ 中国第一历史档案馆藏：内务府清单，皇太后六旬万寿呈进九九缎（绸）盒事：宝蓝万福万寿江绸衣料三匹，绛色万福万寿江绸衣料三匹，竹灰万福万寿江绸衣料三匹，品蓝万福万寿江绸衣料三匹，茶色万福万寿江绸衣料三匹，泥金万福万寿江绸衣料三匹，枣红万福万寿江绸衣料三匹，雪青万福万寿江绸衣料三匹，品月万福万寿江绸衣料三匹，宝蓝八仙庆寿江绸衣料三匹，绛色八仙庆寿江绸衣料三匹，竹灰八仙庆寿江绸衣料三匹，品蓝八仙庆寿江绸衣料三匹，茶色八仙庆寿江绸衣料三匹，泥金八仙庆寿江绸衣料三匹，枣红八仙庆寿江绸衣料三匹，雪青八仙庆寿江绸衣料三匹，品月八仙庆寿江绸衣料三匹，宝蓝群仙祝寿江绸衣料三匹，绛色群仙祝寿江绸衣料三匹，竹灰群仙祝寿江绸衣料三匹品蓝群仙祝寿江绸衣料三匹，茶色群仙祝寿江绸衣料三匹，泥金群仙祝寿江绸衣料三匹，枣红群仙祝寿江绸衣料三匹，雪青群仙祝寿江绸衣料三匹，品月群仙祝寿江绸衣料三匹，光绪二十九年九月二十五日，档号：05—0998—022。

㉗ 中国第一历史档案馆藏：内务府奏片，总管内务府奏为慈安端裕康庆皇太后四旬圣寿请旨事，光绪二年七月十一日，档号：05—0893—012。

㉘ 中国第一历史档案馆藏:内务府奏折,内务府为慈禧皇太后万寿照案进物品吃食事,光绪十年十月初八日,档号:05—0938—085。

㉙ 苏海若:《皇宫五千年》,第 541 页。

㉚ 中国第一历史档案馆藏:内务府进单,奏为慈禧万寿节进九九盒事,光绪十七年十月初八日,档号:05—0980—049。

㉛ 中国第一历史档案馆藏:旧整簿仪档,民国二年十二月二十四日,档号:26—01—000—000182—060。

㉝ 中国第一历史档案馆藏:内务府进单,总管内务府奏为呈进九九缎事:万寿明黄加重库缎九卷、万寿雪灰加重库缎九卷、万寿二蓝加重库缎九卷、万寿绛色加重库缎九卷、万寿红灰加重库缎九卷、万寿枣红加重库缎九卷、万寿茶青加重库缎九卷、万寿竹灰加重库缎九卷、万寿品月加重库缎九卷,光绪三十年十月初五日,档号:05—1041—048。

㉞ 光绪三十四年十月二十二日慈禧太后去世。

㉟ 中国第一历史档案馆藏:内务府进单,总管内务府呈报恭进九九盒清单,光绪三十三年十月初八日,档号:05—1051—074。

㊱ 中国第一历史档案馆藏:内务府进单,奏为皇帝天花恭进吃食事,同治十一年十一月十五日,档号:05—0879—023。

㊲ 中国第一历史档案馆藏:旧整簿仪档,奏为皇上万寿进九九盒事,宣统十二年正月十二日,档号:26—01—000—000182—0059。

㊳ [英]庄士敦:《紫禁城的黄昏》,香港:李敖出版社,1988 年版,第 72 页。

㊴㊵ 滕德永:《慈禧太后与其六旬万寿》,《白城师范学院学报》2015 年第 10 期,第 61 页。

㊶ 秦国经:《逊清皇室秘闻》,北京:故宫出版社,2014 年版,第 105 页。

㊷ 代颖颖:《汉语数字吉祥语研究》,扬州大学硕士学位论文,2011 年。

㊸ 刘燕:《英汉词汇文化对比研究》,成都:西南交通大学出版社,2015 年版,第 91 页。

㊹ 张淑媛、张一弛等:《天象》,北京:中国旅游出版社,2015 年版,第 204 页。

㊺ 丁福保:《说文解字诂林》,北京:中华书局,1988 年版,第 978 页。

㊻ 老子著,陈国庆注:《道德经》,西安:三秦出版社,1995 年版,第 195 页。

㊼ 刘燕:《英汉词汇文化对比研究》,成都:西南交通大学出版社,2015 年 12 月,第 89 页。

（原载于《清宫史研究》第十三辑,辽宁民族出版社,2020 年出版）

清代上书房谙达考

刘　恋

　　谙达系满语，写作"anda"，《五体清文鉴》释为"宾友"①，即朋友、伙伴之意。清代在上书房②当差教习皇子满语骑射等专职人员称之为谙达，清内务府派往黑龙江达斡尔、索伦（即今鄂温克族）、鄂伦春等地区征收貂皮或贸易人员亦称为谙达。另外，在通常交往过程中相互间成为挚友的人，在满语中也称之为谙达。本文所考的是第一种，即上书房的谙达。

　　上书房设立于康熙初年③，为清代皇子、皇孙课读之所，满文写作"dergi bithei boo"，汉译上书房，又作"agesai bithei boo"，汉译阿哥书房，直译则为"阿哥们书房"。雍正朝确立秘密立储制度以后，上书房则成为培养储君的摇篮，即所有皇子接受同等教育，从中选拔贤能者继承大统。《钦定大清会典》载："诸皇子六岁以上即就上书房读书，即皇孙、皇曾孙亦然。既选京堂翰林以分课其读，复派大学士、尚书数人以总视其成，更简满洲、蒙古大臣、侍卫等以肄之国语骑射。"④即选任翰林等为皇子师傅教授汉文经典，每名皇子均有自己的师傅，伴读者亦有伴读师傅；再由大学士、尚书等担任总师傅，不与皇子授课，意在督查众师傅。再自满洲、蒙古大臣、侍卫中挑选总谙达和谙达，谙达负责教习众皇子满语、蒙古语及骑射，地位稍微低于师傅。另外，皇子在上书房读书时，还有内谙达、外谙达、哈哈珠子（满语，汉译男儿）、太监等随侍当差。总谙达负责管理众谙达及哈哈珠子，二者关系类似总师傅与一般师傅。

一 上书房谙达的设立

清朝终其一朝都强调遵承祖宗之制，设立或者改革任何制度都首先考虑是否有违祖制，首要的就是不能丢掉满洲淳朴旧俗即国语骑射，皇家及宗室更要率先垂范，清代康熙、雍正、乾隆等皇帝均有很高的国语骑射水平，因此非常注重子孙在此方面的教育。皇子的国语骑射水平成为皇嗣的重要参评标准，康熙对于皇子骑射教育的重视不需多言，道光帝更是因在藩邸曾带领谙达等击退了攻入紫禁城的天理教"谋乱"之徒，而直接赢得了嘉庆皇帝的赞赏。谙达的设立正是皇子国语骑射教育的需要。

谙达设立时间未见官书记载，但乾隆六十年（1795）十月二十日上谕内有记载："雍正元年……年甫十三……于养心殿西暖阁召见，蒙垂询谙达中有无可用之人。时即恭奏，谙达多系东三省朴鲁之人，不过弓马清语娴熟……"⑤另外，中国第一历史档案馆藏内务府奏销档亦有雍正元年（1723）为诸阿哥挑选谙达的档案⑥，可见，谙达的设立当在雍正元年以前，或可推测与上书房同时设立。

上书房总谙达总理上书房庶务，不具体授课，主要负责挑选及督查众谙达。总谙达一般选亲王、郡王或满蒙一品大员充当，或能服众，或有赫赫战功。谙达设满洲谙达、蒙古谙达及弓箭谙达，每职额设三员。满洲谙达满文为"manju bithe be tacibure anda"，简称为"manju anda"，汉译为教习满语文之谙达，有时亦称翻译谙达，满文为"ubaliyambure anda"，负责教习皇子清语及翻译；蒙古谙达满文为"monggo gisun taciburc anda"，汉译为教习蒙古语文之谙达；弓箭谙达亦称伯哩谙达，满语为"gabtara be jorišara anda"，简称"beri anda"，汉译为指教弓箭谙达，伯哩是满语"beri"，汉语即指弓箭。

除以上谙达，皇子入上书房，还有内谙达和外谙达侍奉，满语分别称"dorgi anda"和"tulergi anda"。以往有研究者认为，满洲、蒙古谙达或教授清文翻译者即为内谙达，弓箭谙达即教授骑射者为外谙达⑦，盖皆引自《养吉斋丛录》中的记载⑧，笔者持怀疑态度。实际上，满洲谙达、蒙古谙达、弓箭谙达与内谙达、外谙达在满文文献里写法不同，比较容易区分，而在《清实录》《清史稿》等汉文文献里常常省略定语，笼统写作谙达，故而容易对不同的谙达混淆。如嘉庆十八年（1813）十一月，嘉庆皇帝奖赏二阿哥及毕勒哈纳、全善保、明喜、济克津扎布、富英阿等一事，《大清仁宗睿皇帝实录》里将毕勒哈纳、全善保、明喜、济克津扎布、富英阿五人写作谙达⑨，而满文上谕档里则写作"tulergi anda"，说明此五人实际为二阿哥外谙达⑩。另外，与固定额设的负责教授上书房读书的皇子皇孙的满洲谙达、蒙古谙达及弓箭谙达不同，内谙达、外谙达依例配给所有皇子，即每个皇子都有自己的随侍谙达。如中国第一历史档案馆藏《内务府奏销档》记载，乾隆四十八年（1783），德保奏补阿哥谙达时称"agesai gabtara be jorišara anda i oron emke ekiyekebi, jai ningguci age juwan emuci age i ekiyeke tulergi anda i oron emte"⑪，汉译为"阿哥等弓箭谙达所出缺一员，又六阿哥、十一阿哥外谙达所出缺各一员。"由此可见，弓箭谙达与外谙达显系不同的谙达。又如嘉庆四年（1799），三阿哥绵恺已经五岁，依例次年入上书房读书，嘉庆帝降谕：

> ilaci age ishun aniya bithe hūlaci acara be dahame, abka be ginggulere yamun de afabufi, ishun aniya juwe biyai dolo bithei boode dosire sain inenggi be songkokini. tumešen mengju be uthai ilaci age i dorgi anda sinda. sefu be aliha bithei da bithei yamun uheri sefu sede afabufi songkokini, tulergi anda haha

juse be uheri anda sede afabufi, kooli songkoi niyalma sonjofi omšon biyai dolo gaifi beyebe tuwabukini, sehe⑫.

汉译为：

> 三阿哥来年应入上书房读书，故交钦天监选定来年二月内入书房之吉日。著以图默慎（tumešen）、孟柱（mengju）即补三阿哥之内谙达，其师傅交大学士、翰林院总师傅等拣选，外谙达、哈哈珠子交总谙达照例拣选，于十一月内带领引见。钦此。

据此可见，满洲、蒙古、弓箭谙达遇缺则补，不受众皇子先后入书房读书影响，而内谙达、外谙达则是皇子入学前分别为其选取妥当，以备随侍当差。亦有入书房前未及挑选外谙达，后来挑补者，如乾隆九年（1744）四月十三日和硕和亲王奏请为四阿哥挑补外谙达时奏称"amba age i tulergi anda sunja, ilan age i tulergi anda sunja, duici age ne bithe tacime hūlambi, tulergi anda kemuni gaire unde be dahame, bahaci inu gūwa agesai songkoi tulergi anda sunja gaiki"⑬，即"大阿哥外谙达五员，三阿哥外谙达五员，四阿哥现在上书房读书，仍未挑取谙达，请亦照其他阿哥例挑选外谙达五员"。可见，皇子入上书房例选外谙达五员，以便照顾、侍奉阿哥们读书。

二　上书房谙达的选任与职能

上书房谙达依其职能不同选任稍有差别，但不论何种谙达，均要求选任行为恭谨、熟谙清语且身体康健之人。若后来发现有不符条件者，即行革职。如：嘉庆初年，向进保（siyangjimboo）在军营效力时曾患疯病，总谙达仪亲王等未查明就将其挑授为阿哥谙达，至嘉庆十年（1805），向进保因疯病复发而被革退[14]。再如：嘉庆十二年（1807），三阿哥内谙达孟柱叩头谢恩时，竟口奏"tumen elhe be baimbi"即"恭请万安"，嘉庆帝盛怒。此前因同样的缘故，嘉庆帝当面申斥过孟柱，而孟柱又复如此，可见他不精通清语，最终被革去乾清门侍卫、三阿哥内谙达之职[15]。

上书房总谙达额设一至三员不等，"不专司训课，其责专在稽查"[16]，即不必每日到书房入值，重在总理皇子学习清语及骑射等事务，并监督管理众谙达及哈哈珠子等。皇子师傅虽教习汉文经典，却不限于由汉臣担任，而总谙达及谙达则均选自满洲、蒙古大员，绝无汉臣。除由亲王、郡王担任外，总谙达仅在满洲、蒙古八旗中挑选，一般官至都统或领侍卫内大臣，甚至很多人在任总谙达前立有赫赫战功。《清史稿》内有传且载其任过总谙达者共六人，兹列表如下[17]：

姓名	旗籍	历任官职及军功	任总谙达时间
永贵	正白旗满洲	历任参赞大臣、镶红旗汉军都统、礼部尚书、署伊犁将军等，乾隆四十二年（1777），以吏部尚书充总谙达	乾隆四十二年
伍弥泰	正黄旗蒙古	历任凉州将军，正蓝旗蒙古都统，江宁将军，署镶黄蒙古、正白汉军两旗都统，理藩院尚书兼镶白旗汉军都统，绥远城将军等。乾隆四十八年，授吏部尚书、协办大学士、镶白旗蒙古都统，充上书房总谙达	乾隆四十八年
五岱	黑龙江人，乾隆十八年（1753）隶正黄旗满洲	三等侍卫，赐墨尔根巴图鲁名号，后迁二等侍卫；历任正黄旗汉军副都统、赐骑都尉世职、参赞大臣、正黄旗蒙古都统等；因平金川，图形紫光阁，列后五十功臣；乾隆四十九年（1784），授镶蓝旗蒙古都统，充上书房总谙达，授领侍卫内大臣	乾隆四十九年

续表

姓名	旗籍	历任官职及军功	任总谙达时间
赛冲阿	正黄旗满洲	嘉庆间充十五善射，键锐营参领；嘉庆十一年（1806）因征战台湾，赐号斐灵额巴图鲁，图形紫光阁；历任吉林三姓副都统、广州将军、成都将军、正白旗汉军都统、御前大臣、领侍卫内大臣、盛京将军、理藩院尚书等。道光即位，加太子少保，赐紫缰，管理咸安宫蒙古、唐古忒，托式诸学，出西安将军，四年召授内大臣、镶蓝旗蒙古都统，充总谙达	道光四年（1824）
和瑛	镶黄旗蒙古	乾隆间，历任户部主事、员外郎、四川按察使，安徽、四川、陕西布政使，西藏办事大臣，内阁学士等；嘉庆间历任理藩院侍郎、山东巡抚、喀什噶尔参赞大臣吏部侍郎、乌鲁木齐都统、陕甘总督、盛京刑部侍郎、工部尚书等；嘉庆二十三年（1818），授军机大臣、领侍卫内大臣，充上书房总谙达、文颖馆总裁	嘉庆二十三年
长龄	正白旗蒙古	乾隆间，历任军机章京、理藩院主事等，从征甘肃、台湾、廓尔喀，累擢内阁学士，兼副都统；嘉庆间，历任右翼总兵、宜昌镇总兵、左翼总兵、古北口提督、安徽巡抚、河南巡抚、陕甘总督、伊犁参赞大臣、伊犁将军、科布多参赞大臣等；道光元年（1821），加太子少保，协办大学士；二年（1822），署直隶总督，拜文华殿大学士，管理藩院事；三年（1823），授军机大臣，管理户部三库，充总谙达	道光三年

从表中可以看出，选任总谙达者无一例外为满洲、蒙古一品大员，且多数功勋卓著，其中五岱、赛冲阿更是分别以平定金川及征战台湾立下军功而图形于紫光阁，说明地位和武功是总谙达选任的重要条件。另外，嘉庆以后，总谙达也经常由宗室亲王、郡王担任。如：嘉庆年间荣郡王绵亿、定亲王绵恩，道光年间惇亲王绵恺，咸丰至同治年间惇郡王奕誴等，均充任过上书房总谙达，盖以其年幼时曾在上书房读书，对谙达制度及职能更为熟悉，与皇子等更为亲近，便于指导教育。

总谙达主要负责上书房庶务及管束众谙达、哈哈珠子以及太监等。皇子随皇帝入住圆明园时，总谙达陪住在圆明园。此外，皇子祭陵、随驾行围、南苑行围及一些特殊情况，如迎接班禅额尔德尼入觐等，需总谙达奏请随扈[18]。

满洲谙达、蒙古谙达及弓箭谙达，一般由侍卫内选任；而内谙达、外谙达，一般在侍卫、护军及拜唐阿内选任，尤以关外八旗居多。如：乾隆五十五年（1790），常明在请选诸皇子谙达的奏折中言称"ere anda gairede, kemuni nenehe songkoi solon ulaci ice manju i hiya bayara baitangga sei dorgici niyalma ojoro be tuwame sonjome gaifi beyebe tuwabume wesimbuki sembi"[19]，汉译为"挑选此项谙达，仍照前例于索伦、乌拉齐、新满洲侍卫、护军、拜唐阿内选取可用之人，带领引见"。索伦、乌拉齐、"新满洲"即乾隆所言的"东三省朴鲁之人"，从他们中挑选谙达，盖以其入关未久，清语骑射俱佳之故。

前已述及，皇子入学前，总谙达为其挑选内谙达、外谙达及哈哈珠子带领引见，由皇帝从中亲简。满洲、蒙古及弓箭谙达的挑选任用，按定制与内谙达、外谙达的挑选任用有所不同，满洲谙达遇有缺出，例"由内阁行文各部院衙门于司员中保送"，不经考试，"经大学士拣选拟定正陪，带领引见补放"[20]。

蒙古谙达原由总谙达保送，带领引见，并不经考试。如：乾隆四十九年，蒙古谙达缺出，总谙达德保因乾清门侍卫德勒格楞贵（deregerenggui）蒙古语尚好，便奏请将其挑补蒙古谙达㉑；弓箭谙达遇有缺出，原由侍卫及各营章京保送㉒，有时也从十五善射中挑选。如：乾隆二年（1737），教习阿哥等弓箭谙达达素（dasu）患眼疾不能当差，常明即奏请由十五善射内选取一人补为教习㉓。而同治七年（1868），和硕惇亲王奕誴在请另行添设总谙达奏折内称："臣查遇有蒙古谙达、弓箭谙达缺出，将应放人员，当面逐一考试，蒙古文艺娴熟，带领引见在案。"㉔可见，蒙古谙达与弓箭谙达，原先保送引见补放，后改为经过考试择优引见补放。

满洲谙达、蒙古谙达、弓箭谙达与内谙达、外谙达既为不同的谙达，职能亦有不同。满洲谙达、蒙古谙达、弓箭谙达每日需各有一人进宫入值，次日再由人接班。"某人某时入值，某时散值，或因事不至，皆须一一注明"，由"管门太监按日登记，藉备查核"㉕。"弓箭谙达每早先在书房等候"，待皇子与师傅学习汉文经典后，"即教拉弓，各屋依次，教毕退出；次蒙古谙达教蒙古话，又次满洲谙达教清文及翻译"㉖。内谙达、外谙达主要职能为随扈伴当，并随时于国语骑射之处给所侍皇子以提醒。皇子若入上书房读书，则一同入书房听差；若遇外出，则俱随从。曾入上书房读书的道光帝第七子奕譞在《竹窗笔记》里写道："随皇子之达哈拉拉谙达五员，哈哈珠子八名，每日进乾清门预备，东路在御药房廊上等候迎接，西路在乾清门以东檐下等候，朝散后散值。遇有外差，五员谙达俱随从。"皇子读书时，"随侍内谙达、外谙达人等，均在窗外或明间听差，闻唤始入。其有言语喧哗不守规矩者，哈哈珠色由达哈拉拉谙达秉知总谙达惩办，太监由内谙达惩办"㉗。达哈拉拉即满语"dahalara"，意为"跟随"，"达哈拉拉谙达"汉译为"随侍谙达"。从"哈哈珠色由达哈拉拉谙达秉知总谙达惩办，太监由内谙达惩办"的情况来看，达哈拉拉谙达非内谙达，达哈拉拉谙达有五员，外谙达亦有五员，可推知随侍谙达即外谙达。

皇子遇有外出活动，包括随驾驻跸圆明园、随驾行围热河、南苑行围、迎驾回宫、祭陵及进香等活动，需总谙达及内谙达、外谙达随扈。其中驻圆明园、行围热河及南苑行围等，实际上是宫中上书房教育的延伸，圆明园亦设有上书房，热河、南苑行围则是检验及锻炼皇子骑射水平的重要活动，此类外出由总谙达与内谙达、外谙达共同随扈；其余活动例由内谙达、外谙达随侍，是否派出总谙达则由皇帝定夺。如南苑行围，例由总谙达及内谙达跟随，内谙达一般派二员轮流入值，总谙达若有二员或三员者，则要请旨从中选取一员随侍。如：乾隆五十六年（1791）二月，十七阿哥等前往南苑练习打猎时，皇帝指派总谙达五岱（udai）前往，内谙达阿满泰（amantai）、哲色木保（jesemboo）轮流随侍[28]。道光以后，南苑行围一般需两名总谙达轮值。

三　上书房谙达的奖罚

皇子身份尊贵，总谙达、谙达侍奉皇子当差，享有很多礼遇。如：总谙达经常被赏戴花翎，有时赏穿黄马褂，谙达也经常被赏戴蓝翎。清廷对谙达奖罚分明，一方面予以荣誉，立功者即论功行赏，鼓励谙达继续在任上好好当差。另一方面，上书房谙达管理制度严格，如有差错，一经发现立即惩罚，以使其他谙达引以为戒。

皇子若功课有长进，尤其是国语骑射水平被皇帝肯定，总谙达、谙达也常常被奖励。嘉庆十八年，嘉庆皇帝行围木兰，天理教教徒趁机攻入紫禁城，即为二阿哥谙达散值时发现，二阿哥即后来的道光皇帝迅速带人应对，并击毙教徒二名，嘉庆皇帝非常满意，认为"二阿哥枪毙贼匪二名，自系谙达等平日与阿哥讲习技艺，故能如此精熟"，功不可没，除将二阿哥封为智亲王外，"谙达毕勒哈纳、全善保、明喜、济克津扎布、富英阿等，著赏加一级"㉙，甚至对于已经去世的谙达二等侍卫佛尔卿额（fergingge），亦赏其子察良阿（caliyangga）挑充吉林地方领催㉚。

相反，皇子若有表现不佳之处，尤其在品德与国语骑射方面出现问题，皇帝往往会认为是谙达、师傅等教导有失造成的，并予以惩罚，通常为罚俸，重者甚至革职。乾隆十四年（1749），三阿哥满十五岁却仍不能骑射，乾隆帝认为是谙达等平日未尽心教导之故，将谙达亲军护军统领乌勒登、乾清门二等侍卫巴斯哈，分别罚俸一年㉛。再如：嘉庆二十三年六月二十二日，这天为三阿哥生日，三阿哥进宫请安，嘉庆皇帝便用清语询问几句，三阿哥竟不能对答，嘉庆帝下令将其满洲谙达格图肯（getuken）、福堂泰（futangtai）及其外谙达官丁保（guwandingboo）、扎拉木保（jalamboo）、法伊当阿（faidangga）、德英额（deyengge）、吉尔通阿（giltungga）分别罚俸一年㉜。

谙达平时对皇子应尽心教导，不可有半点疏忽，若有玩忽职守、怠工旷误之处，一经发现，立即责罚，情节严重者停职。如：道光十一年（1831）五月初四日，道光帝因满洲谙达斐森布等于谙达差上漫不经心，立即颁布上谕惩处。据这份上谕记载：

> 满洲谙达斐森布、弓箭谙达富尼雅杭阿、随侍谙达富英阿、阿隆阿、钟灵、锡图勒浑、德升额，平日教习、随侍一切差使漫不经心、交传事件未能合宜，殊属非是。此事若在当时发觉，定将伊等从重治罪。今事属已往，姑免深究。斐森布、富尼雅杭阿、富英阿、阿隆阿、钟灵、锡图勒浑、德

升额，俱著降一级以示薄惩。嗣后再有似此等事，定将该谙达等从重治罪，绝不宽贷③。

斐森布等所犯何事，限于材料未能知晓，但此次薄惩显系未能改变他们当差漫不经心的习惯，因为当年六月十四日，道光帝又下了一道谕旨，将斐森布等"交该部衙门，嗣后伊等永行停止升转"㉞。两年后道光皇帝方施恩将斐森布等交该衙门选任升调，但那时阿隆阿已因别事革职，钟灵已自请革职，富英阿则已身故㉟，皆无福享受了。

另外，上书房有严格的考勤制度，师傅、谙达等如因事不能入值，则需向总谙达告假，总谙达奏请皇帝批准。咸丰四年（1854）十月三十日，应入值之蒙古谙达蒙古奏事侍卫多尔济帕拉玛（dorgipalam）竟未入宫值班，管事太监将此事报告给了咸丰皇帝，咸丰即着载垣查奏。次日，载垣上奏，审得多尔济帕拉玛因突然得病未能入内值班，并在奏折中称："aha baicaci monggo gisun tacibure anda i alban serengge idu teisuleci giyan i erdeken i dolo dosifi gingguleme kiceci acarangge uthai nimekulehe seme inu giyan i šolo baici acambi。"㊱汉译为："奴才查得，蒙古谙达之差，若遇值班，理合提早入内详慎办理，即有生病之处，理应请假。"载垣奏请多尔济帕拉玛蒙古谙达革职，并罚俸两年。同日，咸丰皇帝所降谕旨内，不仅革除了多尔济帕拉玛蒙古谙达之职，同时革除其蒙古奏事侍卫之职，并罚俸两年㊲。

四　上书房谙达制度的意义与弊端

清代上书房谙达的设立，对皇子教育及清朝统治起到了一定的积极作用。首先，谙达的设立，即国语骑射的教育一定程度上有利于保持满洲传统。皇子入上书房读书，一方面有汉文师傅讲解儒家经典和诗词文章，另一方面设立谙达教习国语骑射，使皇子受到全方面的教育，这与历朝的皇子教育不同。清朝皇帝素以勤政尚武著称，并视国语骑射为满洲根本，因而对于皇子教育十分严格，认为骑射行围等"非身习劳苦不能精熟人情，好逸恶劳往往趋于所便。若不深自提策，必致习为文弱而不能振作，久之将祖宗成宪亦罔识遵循"㊳。乾隆四十五年（1780），总谙达永贵因"今春气候较寒，南苑积雪未化"，请旨是否暂停年幼阿哥南苑行围。乾隆帝当即驳回，斥责永贵，每岁木兰行围环境较南苑更为恶劣，阿哥等尚且随行，"岂有偶遇雨雪即不可驰骋之理"㊴？可见，谙达的设立不仅在于恪守祖训，教授国语骑射，更是为随时提点皇子等积极上进，意在磨砺其意志，使其不废民族传统，保持纯朴敦厚、勤奋振作的满洲遗风。

　　其次，国语骑射及蒙古语的学习，提升了皇子的综合素质，一定程度上有利于国家稳定及民族文化的交流。清统治者认为娴习国语骑射才能使江山稳固，正如乾隆帝所言："我国家世敦淳朴之风，所重在乎习国书、学骑射，我子孙自当恪守前型，崇尚本务，以冀垂贻悠久。"㊵这显然也成了皇子教育的重点，满洲谙达、蒙古谙达及弓箭谙达的设立，使皇子在学习儒家文化的同时，不偏废国语骑射，加上蒙古语的学习，对于全方面提高皇子素质，有着重要意义。清朝是统一的多民族国家，内地基本沿用明朝一贯的统治措施，而在治理边疆民族和与之交流的层面上，尤其是重大军务方面，则多使用清语及蒙古语，所以设立谙达教习皇子清语、翻译及蒙古语十分必要，不仅为以后治理国家及参政议政提供支持，有利于维护国家稳定，还有利于民族文化和民族情感的交流。

　　另外，谙达扈从皇子，还起到了保卫和陪伴的作用。皇子六岁即入上书房，年龄很小，礼仪、功课等很多方面需要人提醒，外出如出城进香、祭陵、围猎等则需要人保卫安全，除了随侍的哈哈珠子、太监等，比哈哈珠子身份略高的随侍谙达则肩负了主要责任。所以，谙达多选任细心恭谨之人，小心侍奉，如无过错，则会在皇子身边陪伴多年，伴随皇子成长。有的谙达与皇子相处得很好，感情真挚。如：嘉庆皇帝为皇子时，额勒登保曾充谙达有年⑩，嘉庆登基以后，额勒登保屡立战功，可谓股肱之臣。从文献上看，二人感情颇深。嘉庆十年八月，额勒登保病重，未能随嘉庆帝东谒祖陵，嘉庆深为惦念，命留京王大臣不时探病，并钦赐御用之物，冀其好转，谒陵礼成时还晋封额勒登保为三等公。不日却传来额勒登保病逝的消息，嘉庆皇帝闻讯大哭，深为悲痛，回京后亲自祭奠，并亲撰诗文悼念，还命人在地安门外建祠，赐"扬武抒忠"匾额⑫。虽然额勒登保可能是因其功勋卓著才颇得圣心，但充当谙达，对在藩邸的嘉庆的多年陪伴应为二人打下深厚感情基础。再如：前述嘉庆十八年，嘉庆帝下令奖赏二阿哥的谙达时，外谙达佛尔卿额已经去世，嘉庆念其当年亦充当过自己的谙达，便赏佛尔卿额之子挑选吉林地方领催。可见，皇帝对于谙达的感情更像是朋友之间的情谊，谙达对于皇子除了护卫及时刻提点外，陪伴也是很重要的职责。

　　尽管上书房谙达制度的实施对于皇子教育、成长及传承国语骑射传统、维护清朝统治稳定有着一定的积极意义，但是一项制度在长期实施过程中，难免会产生一些弊端。谙达选任多通过保举的方式，不经考试，选取水平必然有差，甚至出现舞弊的现象。如前引孟柱于嘉庆四年即挑选为三阿哥内谙达，而迟至十二年嘉庆皇帝才发现其根本不懂清语，中间八年的时间竟也无人参奏，十分耐人寻味。专门教授阿哥清语及翻译的满洲谙达也是问题重重，嘉庆十九年（1814），曾官居内阁侍郎的琦昌参奏，各衙门于保送满洲谙达时，“未能悉心遴选，甚至将捐纳出身未谙翻译者率经保送，在各员自揣学业平庸不能胜任，又不敢在本衙门力辞，恐拂堂官之意。是以，大学士拣选时纷纷告病，以致实难其选”[43]，于是提出“各部院衙门于保送谙达时，专于翻译出身人员内择其人品端方、学问优长者核实保送”[44]的建议，而嘉庆皇帝竟认为“所奏甚属无谓”，并下令“著院衙门仍循照向例秉公慎选，亦无庸专用翻译举人进士，更改成例”[45]。同治四年（1865），又有给事中恩霙上奏建议更改成例，拣选满洲谙达时应“面加考试、翻译清语”[46]，可见直至清末，满洲谙达挑选的方式一直未变，保送的满洲谙达名不副实的情况仍然存在。满洲谙达尚且如此，遑论其他谙达？选任制度难以保证谙达的实际能力与水平，这会直接影响皇子习文学武。

另外，谙达地位尴尬，难以“管束”皇子。上书房总师傅有很高的地位，皇子入学时不仅要拜先师孔子，还要给总师傅行礼。皇帝与皇子对师傅比较尊敬，皇帝亲政后还经常称在上书房读书时的师傅为老师。谙达虽然地位高于哈哈珠子及随侍太监等，但不及师傅，师傅坐授，谙达立授，且对皇子自称奴才，对王爷方自称谙达。相比老师，谙达更像是皇子的玩伴，正如嘉庆所言，“agesai anda oci manggai gucu i adali tuwarangge，sefu de duibuleci ojorakū”[47]，即：“阿哥谙达不过同伴一样，不可与师傅相提并论。”可见，在皇帝与皇子，甚至谙达自己的眼里，都认为谙达不同于老师，是皇子的“奴才”，不过在平时对皇子的行为礼仪稍加提醒罢了。因此，皇子并不惧怕谙达，谙达并不能像师傅那样，名正言顺地对皇子的“出格”举动进行讽谏。如：乾隆三十年（1765），阿哥们不学清语，谙达等不仅未能劝谏，竟还有借故不往上书房者，最后乾隆下令将总谙达阿里衮、努三交御前大臣察议[48]。再如：前述嘉庆三皇子，嘉庆五年（1800）

即入上书房，直至嘉庆二十三年，仍然未能熟练使用清语，可见所谓的师生关系形同虚设，难以像统治者期望的那样保证皇子国语骑射的学习。

上书房谙达的设立，可谓是清朝统治者的"一片苦心"，尤其是具有民族特色的满洲谙达、蒙古谙达和弓箭谙达的设立，旨在保持和传承清朝继任统治者及皇室子孙的国语骑射能力与水平。但因弊端重重及清王朝的内忧外患，与其他鼓励旗人不忘根本学国语习射箭的措施一样，尽管屡经整治，也无法阻止国语骑射的式微及清王朝的衰落。虽然如此，笔者认为上书房谙达的设立仍然是利大于弊，对于清王朝中前期的政治稳定、提高皇嗣各方面素质以及对于皇子个人成长都有很大的意义。从同治朝至清亡，上书房再无真正的皇子读书，也很少能见到挑选谙达的档案文献。光绪三十四年（1908），年仅三岁的溥仪奉慈禧太后之命入上书房读书[49]，后来还为其挑选了满洲谙达依克坦教习满文[50]，但此举也只是在形式上恪守祖训，没有实际意义了。随着清王朝的倒台和依克坦的去世，上书房谙达制度也完成了它的使命，走向消亡。

注释：

① 故宫博物院藏：《五体清文鉴》，北京：民族出版社，1957 年版，第 1231 页。

② 亦称尚书房，有研究者认为道光以后改称上书房，但从档案可见两种说法贯穿于有清一代，似通用。

③ 关于上书房设立时间，目前学界有康熙初年和雍正初年两种说法。赵志强通过考证认为上书房设立于康熙初年（赵志强：《清代中央决策机制研究》，北京：科学出版社，2007 年版，第 462 页），笔者认同此说。

④（嘉庆）《钦定大清会典事例》卷 242，礼部十·册立。

⑤ 中国第一历史档案馆藏：军机处上谕档，乾隆六十年十月二十日，第 1 条。

⑥ 中国第一历史档案馆藏：内务府奏销档，档号：164—253。

⑦ 冯哲佐、李尚英:《清宫上书房和皇子读书》,《故宫博物院院刊》1981 年第 4 期;冯哲佐:《清宫的"上书房"与皇子读书、习武》,《北京档案》,2008 年第 3 期;闫涛:《清朝皇子教育中文武特质的培养分析》,《天津大学学报(社会科学版)》2017 年第 6 期,第 527 页。

⑧ 《养吉斋丛录》载:"又或云内谙达、外谙达共五人。内谙达教满、蒙书,由八旗翻译人员选派;外谙达教弓箭骑射等事,由八旗参佐领选派,轮日入值。"引自(清)吴振棫:《养吉斋丛录》,北京:中华书局,2005 年版,第 64 页。

⑨ 《大清仁宗睿皇帝实录》卷 278,嘉庆十八年十一月己巳日。

⑩㉚ 中国第一历史档案馆藏:军机处满文上谕档,嘉庆十八年十一月初六日,档号:03—18—009—000070—0004。

⑪ 中国第一历史档案馆藏:内务府奏销档,乾隆四十八年十二月初,档号:380—122。

⑫ 中国第一历史档案馆藏:军机处满文上谕档,嘉庆四年十月十九日,档号:03—18—009—000057—0002。

⑬ 中国第一历史档案馆藏:内务府奏销档,乾隆九年四月十三日,档号:211—268—2。

⑭ 中国第一历史档案馆藏:军机处满文上谕档,嘉庆十年十二月初四日,档号:03—18—009—000062—0004。

⑮ 中国第一历史档案馆藏:军机处满文上谕档,嘉庆十二年十月十三日,档号:03—18—009—000064—0004;《大清仁宗睿皇帝实录》卷 186,嘉庆十二年十月辛巳日。

⑯ 中国第一历史档案馆藏:军机处上谕档,乾隆五十四年三月初七日,第 7 条。

⑰ 赵尔巽等:《清史稿》卷 320,列传一百七;《清史稿》卷 323,列传一百十;《清史稿》卷 333,列传一百二十;《清史稿》卷 348,列传一百三十五;《清史稿》卷 353,列传一百四十;《清史稿》卷 367,列传一百五十四。

⑱ 中国第一历史档案馆藏:军机处满文上谕档,乾隆四十四年十一月二十三日,档号:03—18—009—000044—0003。

⑲ 中国第一历史档案馆藏:内务府奏销档,乾隆二年十月二十三日,档号:198—384。

⑳ 中国第一历史档案馆藏:军机处录副奏折,同治四年二月初二日,档号:03—4613—077。

㉑ 中国第一历史档案馆藏:内务府奏销档,乾隆四十九年十一月二十四日,档号:387—046—2。

㉒ 中国第一历史档案馆藏:军机处录副奏折,同治四年二月初二日,档号:03—4716—035。

㉓ 中国第一历史档案馆藏:内务府奏销档,乾隆二年十月二十三日,档号:198—384。

㉔ 中国第一历史档案馆藏：军机处录副奏折，同治七年十月初六日，档号：03—0208—4499—017。

㉕（清）吴振棫：《养吉斋丛录》卷4，第63页。

㉖㉗ 章乃炜等：《清宫述闻》，北京：故宫出版社，2009年版，第376—377页。

㉘ 中国第一历史档案馆藏：内务府奏销档，乾隆五十六年二月初四日，档号：424—170。另据内务府奏销档，乾隆五十七年二月初七日，档号：430—158；乾隆五十八年二月初四日，档号：436—131；道光四年二月二十一日，档号：526—278。

㉙《大清仁睿皇帝宗实录》卷278，嘉庆十八年十一月已巳日。

㉛ 中国第一历史档案馆藏：军机处满文上谕档，乾隆十四年五月二十六日，档号：03—18—009—000008—0001。

㉜ 中国第一历史档案馆藏：军机处满文上谕档，嘉庆二十三年六月二十二日，档号：03—18—009—000075—0002。

㉝《大清宣宗成皇帝实录》卷188，道光十一年五月乙卯日。

㉞ 中国第一历史档案馆藏：军机处满文上谕档，道光十一年六月十四日，档号：03—18—009—000083—0004。

㉟ 中国第一历史档案馆藏：军机处满文上谕档，道光十三年六月二十一日，档号：03—18—009—000084—0006。

㊱ 中国第一历史档案馆藏：军机处满文录副奏折，咸丰四年十一月初一日，档号：03—0206—4387—034。

㊲ 中国第一历史档案馆藏：军机处满文上谕档，咸丰四年十一月初一日，档号：03—18—009—000098—0004。

㊳《大清高宗纯皇帝实录》卷760，乾隆三十一年五月辛巳日。

㊴《大清高宗纯皇帝实录》卷1100，乾隆四十五年二月丙辰日。

㊵《大清高宗纯皇帝实录》卷760，乾隆三十一年五月辛巳日。

㊶（光绪）《钦定大清会典事例》卷453，礼部一百六十四·群祀·功臣专祠。

㊷（光绪）《钦定大清会典事例》卷663，工部三·坛庙规制·群祀；《清史稿》卷344，列传一百三十一。

㊸ 中国第一历史档案馆藏：军机处录副奏折，嘉庆十九年九月初四日，档号：03—1561—021。

㊹ 中国第一历史档案馆藏：军机处录副奏折，嘉庆十九年九月初四日，档号：03—1561—021。

㊺ 中国第一历史档案馆藏：军机处上谕档，嘉庆十九年九月初四，第2条。

㊻ 中国第一历史档案馆藏：军机处录副奏折,同治四年二月初二日,档号:03—4613—077。

㊼ 中国第一历史档案馆藏：军机处满文上谕档,嘉庆十四年十一月二十一日,档号:03—18—009—000066—0004。

㊽ 中国第一历史档案馆藏：军机处满文上谕档,乾隆三十年十一月十五日,档号:03—18—009—000033—0003。

㊾ 中国第一历史档案馆藏：军机处上谕档,光绪三十四年十月二十日,第3条。

㊿ 爱新觉罗·溥仪:《我的前半生》,北京:群众出版社,1964年版,第67页。

（原载于《清宫史研究》第十三辑,辽宁民族出版社,2020年出版）

清代"执事女官"略论

邵琳琳

一 清代女官与执事女官

女官，帝王宫中执事的女性官员合称，主要包括充实后宫的妃嫔和负责执事的宫官，历代均有配置，品位名目不一[①]。有学者指出，中国古代的女官，从广义上讲，指皇帝的后妃嫔嫱（内命妇）和掌管宫中各项事务的宫人。从狭义理解，则单指内宫中与天子无配偶名分而掌管着上起后妃教育、下至衣食供给的各级女性管理人员[②]。汉朝女官有十四等，隋朝女官设六局二十四司，唐代内官分十九等。清沿明制，顺治十五年（1658）礼部议定"宫闱女官名数品级及供事宫女名数"[③]，只是这套仿照明朝后宫制度的章程只在《清实录》中有所记载，并没有真正付诸实施[④]。有清一代，无论是三年一度由礼部负责的皇帝选妃，还是一年一度由内务府操办的宫女选拔，都是选秀女制度的重要内容，也是清朝独有。学界关于八旗秀女和选秀问题，研究成果颇丰，如王佩环《八旗秀女与清宫后妃》、定宜庄《满族的妇女生活与婚姻制度研究》等。相比之下，专门讨论清代女官和女官制度的研究较少。清代内务府取代十三衙门掌管内廷衣食住行的所有事务，女官参与宫廷事务的管理明显减少，名目也简单得多，女官作为一个机构和制度逐渐没有了存在的价值，但是零星的女官群体还是有的⑤。有文章在讨论选秀制度、宫廷事务管理、典礼祭祀等问题时，对清代女官的情况略有涉及。赵令志在《论清代之选秀女制度》⑥一文中，就内务府三旗选秀女问题，言及内廷役使宫女的分类，有专门侍奉后宫的普通宫女，还有掌管各种礼仪的资深宫女等。杨占永在《清代皇后亲蚕躬桑论述》⑦中，分析了皇后亲蚕躬桑队伍的组成，皇后是祭扫活动的最高领导者，王公命妇是次一等陪祀人员，掌礼女官和蚕母、蚕妇是末等服务人员。姚安在《清代北京祭坛建筑与祭祀研究》⑧中详细描述了先蚕坛祭祀中各女官的分工、职能与引礼流程等。无论是对清代宫廷女性的具体分类，还是对祭祀典礼中女官的定位都值得本文借鉴，也启发笔者对未尽之处做些许补充。

"执事女官"并非清代独有，明代后妃册立、公主婚礼和先蚕祭祀等典礼和祭祀活动中均有关于执事女官的记载。清代，乾隆七年（1742）开始商议皇后主持先蚕坛祭祀的问题，《钦定大清会典》记载，皇后亲蚕"其执事女官四十六人，蚕母二人，由各佐领下命妇奏派"⑨。对此，《钦定大清会典事例》亦有补充说明，皇后躬桑礼"其女官于宫内择选，如人数不敷，在内务府八旗中选择充补"⑩。结合会典与会典事例可知，在先蚕坛祭祀中，执事女官由宫女和命妇两部分构成，后者是对前者的补充，并且在日后的实际选拔过程中逐渐取代前者。乾隆七年皇后开始亲蚕躬桑后，"执事女官"的表述开始规律频繁地出现在内务府的往来文书中。目前可用于研究的资料比较单一，主要是中国第一历史档案馆藏汉文档案，如内务府呈稿、抄奏、奏片和奏折等，从乾隆朝至光绪朝分别有十几件到几十件不等，记载了祭祀、册封和婚礼等典礼和筵席中执事女官或女官的职数、封赏等情况。其他内容散见于《钦定大清会典》《钦定大清会典事例》《大清历朝实录》和《清史稿》等官方史料中，如礼部册立（封），内务府祀典等内容，均对女官职任有所涉及。笔者在使用这些资料的过程中，十分注意档案与史书的对照与互证，以期真实客观地描述清代执事女官的任用情况。

二 执事女官的任用与配置

清代，在祭祀、册立（封）和婚礼等大型典礼和筵席中，女官的任用是较为普遍的，虽然没有完全制度化，但也有较为成熟的操作流程。尤其是先蚕坛祭祀中，执事女官的任用最为典型，从选拔、分工，到培训、服饰等，自成体系。乾隆九年正月十四日，内务府曾奏陈皇后亲祭躬桑随从女官、蚕妇服饰问题：

> 查得前议内开皇后亲祭躬桑大典需用女官四十六人。此内典仪二人、赞引二人、传赞六人、司香二人、司帛二人、司爵二人、奉福酒四人、奉福胙四人、对引二人、前引十人、相仪二人、补缺八人。前期三月，内务府将应派各执事奏请钦定……查，自奏准之后，随行文八旗及交内务府各佐领、管领，令其将应挑女官、蚕母之命妇保送，等因。去后。续拔，八旗及内务府各佐领、管领陆续共保送到八十五人，内臣等公同分别遴选得女官四十六人，蚕母二人，除令太常寺官演习，太监转教伊等外。伏查，皇后亲祭具礼服，伊等自宜随服礼服。躬桑具吉服，伊等自宜随服吉服……以上女官、蚕母、蚕妇等官做衣服，令其于事毕之后仍交还衣库收存，俟来年应用之时再行领用①……

由此可知，皇后亲蚕躬桑典礼中，执事女官的选派工作由内务府具题呈请，获准后咨行八旗和内务府，由旗下各佐领、管领据实报送命妇名单，人数要多于实际需求，最后由内务府司员会同遴选执事女官。太常寺司员负责演习祭祀流程，再由内监转教执事女官。执事女官 46 人中，分工及人数各有不同，《钦定大清会典事例》有部分列举，其中"典仪二人，掌奏请皇后行礼之仪。赞引二人，掌恭导皇后行礼之仪。传赞六人，掌分导从采暨蚕母受筐唱赞行礼之仪。对引二人，掌引导。前引十人，在对引前导引。相仪二人，在皇后后，随宜襄赞。补缺八人，凡执事有遗缺者补之"⑫。祭祀典礼具服攸关礼法，从蚕妇"皆系无职人之妻，不便与女官一色服饰"⑬可知，从八旗和内务府遴选的执事女官身份特殊，应着官用女朝服和女蟒袍，并且为了保证服装新旧、长短统一，此次官服均由官府备办。

清例，先蚕坛祭祀中执事女官的构成主要来源于宫女和命妇两部分。祭祀仪式结束后，内务府有司负责汇总女官花名，上报请赏。笔者查阅档案时发现，大部分内务府掌仪司奏稿的随附名单已散佚，有名单档案上女官花名均为"某某之妻"，其中有 5 件档案还分有"镶黄旗执事女官""正黄旗执事女官"和"正白旗执事女官"。由此推知，先蚕坛祭祀中执事女官身份的三个特征，一是已婚，为八旗和内务府各佐领、管领及其下人之妻。嘉庆元年（1796）五月初三日，内务府掌仪司具呈执事女官花名，其中有 3 人为护军参领之妻，1 人为副护军参领之妻，3 人为护军校之妻，1 人为骁骑校之妻，10 人为笔帖式之妻，3 人为员外郎之妻，4 人为库守之妻，2 人为库掌之妻，2 人为库使之妻，1 人为司匠之妻，1 人为仓掌之妻，1 人为厩掌之妻，1 人为云骑尉之妻，6 人为内管领之妻，1 人为副内管领之妻，1 人为郎中之妻，1 人为催长之妻，1 人为委署催长之妻，1 人为委署主事之妻，1 人为顶带领催之妻，1 人为监造之妻⑭，46 人全部为已婚女子。二是分旗，保送阶段内务府虽咨行八旗，但其自身上三旗包衣的组成，或多或少会影响最后的遴选。嘉庆十八年内务府掌仪司呈稿附执事女官名单，有镶黄旗女官 21 人、正黄旗女官 16 人、正白旗女官 9 人[15]；道光六年（1826）有镶黄旗女官 23 人、正黄旗女官 16 人、正白旗女官 7 人[16]；道光七年有镶黄旗女官 23 人、正黄旗女官 16 人、正白旗女官 7 人[17]；道光八年有镶黄旗女官 23 人、正黄旗女官 15 人、正白旗女官 7 人[18]；十年有镶黄旗女官 21 人、正黄旗女官 16 人、正白旗女官 10 人[19]；十一年有镶黄旗女官 20 人、正黄旗女官 16 人、正白旗女官 10 人[20]。三是识清字、会满语。乾隆八年四月十三日，正蓝旗汉军咨覆"皇后亲祀先蚕仪注内称，应用蚕母、女官四十六人，如宫内拣选不敷，在内务府八旗中择有顶带能满语者补充"[21]。无独有偶，嘉庆元年二月，礼部知照有言，"再八旗文武官员之妻内详细普查有识清字、能满语者，多行咨送，以便挑取女官"[22]。

皇帝亲耕、皇后亲蚕，是清廷重视农桑的体现。有学者统计，自乾隆七年至宣统三年（1911）的近 170 年中，皇后亲祭的占 59 年，其余是妃嫔或官员代祭[23]。乾隆十一年大学士会同各该衙门具奏，若遇"皇后不行亲蚕之年，既遣妃恭代行礼"[24]，其配备执事女官 34 人，祭祀过程"除仍用先蚕坛乐章，不饮福受胙外，一切赞引、导引、拜跪、奠献、仪注，俱照遣官例行"[25]。道光十六年摄六宫事皇贵妃，位同皇后，躬桑礼配执事女官 46 人[26]。除此之外，还有亲王福晋致祭与停止不行两种情况。乾隆四十二年"王福晋致祭先蚕坛，所有执事女官二十七人"[27]成为定例，女官具体分工不详，嘉庆四年，道光元年、二年，咸丰十一年（1861）都是王福晋主持先蚕坛祭祀。由此可知，先蚕坛祭祀典礼中，主持者身份尊卑关涉执事女官人数多寡，一般情况下，主位身份愈尊贵，典礼规格愈高，祭祀程序愈复杂，所需服务人员愈多。

与先蚕坛祭祀相比，皇室册立（封）、婚礼中女官的任用职数少、分工简、规模小。同治六年（1867）册立皇后，"内院官于东侧西向立读册宝文，毕，以册宝授女官，二女官跪授，献皇后，皇后跪受，授侍立女官，女官跪受，置中黄案上"㉘有侍立女官。《钦定大清会典》有载，"凡册立皇后，授以册、宝"㉙，有引礼女官二人，负责引礼和奏请；宣读女官二人，负责宣读册文、宝文和授册、宝；侍仪女官四人，负责接册、宝㉚，共计执事女官八人。且"凡册封，各辨其等而定制"㉛，封皇贵妃、贵妃册用册、宝仪仗，妃用册、印彩仗，嫔用册彩仗㉜。咸丰六年册封懿妃，大典上宣册、印，赞引女官3人，授接册、印，对引女官5人㉝。隔年，懿妃晋封贵妃，大典上宣册、宝，赞引女官3人，授接册、宝，对引女官5人㉞。后妃册立（封）典礼中册文均为满含合璧书写，有着重彰显满族文化以及促进满汉融合的用意，这也直接影响女官的挑选。乾隆二年曾因"挑选女官不符应用"，令其"读皇后册宝外，其妃、嫔等册宝停其读念"㉟。此后，内务府在选派后妃册立（封）大典执事女官时，要求"识清字、会清语"㊱，嘉庆三年、十三年也曾分别咨行值年旗，令其行查呈报合乎标准的八旗命妇。皇室大婚，也要挑选备差女官，人数无定。光绪十四年（1888）七月，礼部恭办大婚礼仪处咨行宗人府、八旗各都统和内务府，需挑选人员负责典礼各项差役，其中执事女官由内务府各佐领、管领下女官充任，无论年龄、命相等，有无事故一律报送㊲，选中的备差女官要负责筵席中宴桌撤送等专项事务。

三　执事女官的赏赐与任期

清代，祭祀、册立（封）和婚礼等皇室活动中，执事女官作为典礼的服务人员与见证者，理应受到赏赉，这有益于旗人生计，尤其是部分闲散旗人家庭。首先，先蚕坛祭祀礼成"赐执事女官暨蚕妇银币有差"[38]，可见执事女官和蚕妇受赏有别。单论执事女官，因选入年份、典仪规格、承差轻重不同，受封赏内容因时、因礼屡有调整，还有前后交叉实行的情况。《钦定大清会典事例》载，乾隆九年奏准，皇后亲祭躬桑礼成，"执事女官四十六人，各赏缎二匹、绸二匹。二十四年奏定，执事女官四十六人，各赏大缎一匹、绸一匹"[39]。而《钦定大清会典》载，礼成后，"执事女官各赏大缎二端，绸二端，银二两"[40]。根据档案资料，乾隆九年议定的封赏次年即有变化。乾隆"十年、十二年、十九年各赏给大缎一匹、裹绸一匹"[41]。经过初期的尝试和实践，乾隆二十四年将封赏制度调整为各赏大缎一匹、裹绸一匹，由广储司缎库发给，此后成为定例，在所有先蚕坛祭祀典礼封赏中最为常见。光绪朝，皇后亲蚕躬桑，执事女官受赏内容比较多变。其一，光绪十五年，执事女官每人各得赏银三十两，由广储司银库照数发给[42]。其二，光绪二十九年，执事女官演习礼仪，赁用翠钿，雇觅车辆，制买裹衣、朝珠等项，各得津贴二十两，由广储司关防处发放[43]。其三，光绪三十三年，"所有执事女官四十六人恭备赞引、对引、典仪、唱乐、供献帛爵差务，制买朝帽、里衣、津贴、车费等项，照案每人各给银三十两。四十六人内恭备赞引、对引遣官，典仪、唱乐、香帛爵馔数帛，递胙酒、接胙酒女官十四人承差较重，照案每人各增加津贴银十两"[44]。此次根据执事女官承差轻重不同，区别封赏。除此之外，其他年份皇后躬桑礼成，执事女官俱照乾隆二十四年定例受赏。

遣妃恭代致祭先蚕坛，乾隆三十一年议准，执事女官俱照册封妃、嫔之例，"各赏银十两"[45]，以为整理衣服、雇觅车辆之费，由办理苏拉车辆处赏给。乾隆三十九年七月，查办苏拉处事务郎中十格等呈明裁减之例，议准"先蚕坛执事女官，每次各赏银十两，今酌减二两"⁴⁶，此后遇妃致祭先蚕坛，执事女官每人得赏银八两，由掌关防管理内管领事务处照例发给。案查，嘉庆二年、三年、五年、九年、十年、十四年、二十四年，道光十三年，咸丰五年、八年即遵照议准裁减之例给发。

此外，王福晋致祭先蚕坛，据乾隆四十二年之例，所有执事女官每人各得赏银四两，由官房租库给发⁴⁷。嘉庆四年，道光元年、二年、咸丰十一年王福晋致祭先蚕坛礼成，即遵照此例领赏。另，著停之年，执事女官例有封赏。道光十一年躬桑礼停止举行，执事女官按皇后亲祭之例赏赐减半，每人各赏大缎半匹、裹绸半匹⁴⁸。

册立（封）大典中执事女官受赏以银为主。执事女官职任分工不同，赏银数量不同。典仪中，宣册、宝（印），赞引女官每人得车脚盘费二十两，授接册、宝（印），对引执事女官每人得车脚盘费赏银十两，照例本由苏拉处支领，嘉庆元年，改由恩德当按名发给⁴⁹；嘉庆三年，又改由官房租库得给。咸丰六年册封懿妃，隔年懿妃晋封懿贵妃，宣册宝、赞引、授接册宝、对引女官按例每人应得赏银以银钞各半给发⁵⁰。无独有偶，咸丰十一年，王福晋致祭先蚕坛，执事女官每人得赏银四两，银钞各半得给⁵¹。咸丰朝赏银支领方式的改变，源于财政危机下的货币改革，以票钞代替实银，减少支出，保障库存。

其次，关于执事女官的任期。特点有二，一是每届任期较短，执事女官大多因节、因礼临时征派当差，每年每期当职"一般不超过几个时辰，差闭即归家"⁵²，无实衔、任期短、非常设。二是多年连任普遍。如，嘉庆元年皇后躬桑祭祀、嘉庆四年王福晋致祭先蚕坛、嘉庆六年妃恭代行礼，护军参领常清之妻、副护军参领四达塞之妻、护军校福明之妻、笔帖式双住（柱）之妻、员外郎德升之妻、库掌三存之妻、仓掌玉保之妻等均被选派为执事女官，道光、咸丰、同治等朝亦有之，此处不一一列举。

四　结语

清初，欲沿袭明代六局一司设置女官，后来随着国家机构的完善与职能的重新划分，女官制度未等确立，其权力和职能即归并总管内务府。在内务府管理宫廷事务的格局下，清代女官出现三种分化：其一，供内廷役使的宫女，地位较低，主要负责各宫扫洒、侍立等日常事务；其二，充任宫内女官或在皇太后、皇后、贵妃、妃等宫内当差的官女子，她们主要是内务府官员之女及妃、嫔、贵人等姊妹或亲兄弟之女[㊳]，在宫女中地位高于前者；其三，宫廷典礼、筵席中掌管各种礼仪的执事女官，她们多由内务府及八旗各佐领、管领及下人之妻充任，负责在册封、祭祀等场合奏请、引礼等，无品级、不升迁。

清代"执事女官"出自八旗、内务府，与选秀女制度略有不同。因负责遴选的机构为内务府，故而人员多集中在镶黄、正黄和正白三旗。女官的任用在先蚕坛祭祀和后妃册立（封）典礼中最为常见，先蚕坛祭祀中更为典型和系统。其选派要依例依礼，既要遵从礼法制度，又兼顾满汉融合。先蚕坛祭祀，领导者从皇后到妃到王福晋，后妃册立（封），从皇后、到皇贵妃、到贵妃、到妃、再到嫔，执事女官人数依次递减，流程有删减，分工有调整，赏赐内容有变化。从中可以看出，作为清代宫廷活动重要组成部分的祭祀和册立（封）能够直观地体现出贵贱有级、尊卑有等的宫廷文化。横向比较，可发现祭祀和册立（封）中，主位者级别越高，执事女官的配置规格越高、赏赍越丰；纵向分析，可知执事女官的激励机制因事有别，因时而变，其兑现与清廷中央政府的支付能力相关。总体而言，有关清宫执事女官的问题，有特征、规律可循，值得一论，其他限于资料未能解决的问题，有待进一步补充和论证。

注释：

① 郑天挺、谭其骧主编：《中国历史大辞典·壹》，上海：上海辞书出版社，2010 年版，第 210 页。

② 黄兆宏、王对萍、王连连等：《辽夏金的女性社会群体研究中》，兰州：甘肃人民出版社，2016 年版，第 111 页。

③ 《大清世祖章皇帝实录》卷 121，顺治十五年十月至十一月，台北：华文书局，1964 年版，第 1437 页。六局一司的具体设置："乾清宫。设夫人一位，秩一品；淑仪一人，秩二品；婉侍六人，秩三品；柔媛二十人，芳媛三十人，俱秩四品。尚宫局。尚宫、司纪、司言、司簿、各二人，司闱四人，女史六人。尚仪局。尚仪一人，司乐二人，司籍、司宾、司赞、各四人，女史三人。尚服局。尚服一人，司仗四人，司宝、司衣、司饰、女史各二人。尚食局。尚食一人，司馔四人，司酝、司药、司供、女史各二人。尚寝局。尚寝一人，司设、司灯各四人，司舆、司苑、女史各二人。尚织局。尚绩一人，司制四人，司珍、司彩、司计、女史各二人。宫正司。宫正、女史各二人，俱秩六品。慈宁宫。设贞容一人，秩二品；慎容二人，秩三品；勤侍无品级定数，从之。"

④ 李国荣：《清宫档案揭秘》，北京：中国青年出版社，2004 年版，第 214 页。

⑤ 李存：《明清宫廷事务管理研究》，山东师范大学硕士学位论文，2010 年。

⑥ 中国第一历史档案馆：《明清档案与历史研究论文集》（上），北京：新华出版社，2008 年版，第 591 页。

⑦ 中国第一历史档案馆：《明清档案与历史研究论文集》（上），第 579 页。

⑧ 姚安：《清代北京祭坛建筑与祭祀研究》，中央民族大学博士学位论文，2005 年。

⑨ 《钦定大清会典》卷 92，内务府·掌仪司一，北京：中华书局，1990 年版，第 837 页。

⑩ 《钦定大清会典事例》卷 1187，内务府一八·典礼，北京：中华书局，1991 年版，第 818 页。

⑪ 中国第一历史档案馆藏：内务府乾隆朝奏片，乾隆九年正月十四日，档号：05—0059—047。

⑫ 《钦定大清会典事例》卷 314，礼部二五·亲蚕，第 707 页。（乾隆）《钦定大清会典》卷 89 载，皇后躬桑先蚕，执事女官"典仪一人，赞引二人，传赞三人，司香一人，司帛一人，司爵一人，奉福酒、接福酒各一人，奉福胙、接福胙各一人，以上各备一人。前引

十人、相仪二人、补缺八人,执事有遗缺者补之"。

⑬ 中国第一历史档案馆藏:内务府乾隆朝奏片,乾隆九年正月十四日,档号:05—0059—047。

⑭ 中国第一历史档案馆藏:内务府嘉庆朝呈稿,嘉庆元年五月初三日,档号:05—08—004—000003—0001。

⑮ 中国第一历史档案馆藏:内务府嘉庆朝呈稿,嘉庆十八年五月二十六日,档号:05—08—004—000063—0044。

⑯ 中国第一历史档案馆藏:内务府道光朝呈稿,道光六年六月十九日,档号:05—08—004—000123—0042。

⑰ 中国第一历史档案馆藏:内务府道光朝呈稿,道光七年闰五月二十日,档号:05—08—004—000128—0040。

⑱ 中国第一历史档案馆藏:内务府道光朝呈稿,道光八年六月初十日,档号:05—08—004—000134—0005。

⑲ 中国第一历史档案馆藏:内务府道光朝呈稿,道光十年六月十一日,档号:05—08—004—000142—0005。

⑳ 中国第一历史档案馆藏:内务府道光朝呈稿,道光十一年六月三十日,档号:05—08—004—000145—0056。

㉑ 中国第一历史档案馆藏:内务府乾隆朝咨呈,乾隆八年四月十三日,档号:05—13—002—000385—0033。

㉒ 中国第一历史档案馆藏:内务府嘉庆朝咨文,嘉庆元年二月,档号:05—13—002—000074—0029。

㉓ 中国第一历史档案馆:《明清档案与历史研究论文集》(上),第575页。

㉔㉕《大清高宗纯皇帝实录》卷258,乾隆十一年二月上,台湾:华文书局,1964年版,第3736页。

㉖ 中国第一历史档案馆藏:内务府道光朝呈稿,道光十四年六月二十四日,档号:05—08—004—000161—0039。

㉗ 中国第一历史档案馆藏:内务府嘉庆朝呈稿,嘉庆四年四月十六日,档号:05—08—004—000015—0001。

㉘ 中国第一历史档案馆藏:上谕档,同治六年二月十五,第5条。

㉙《钦定大清会典》卷28,礼部·仪制清吏司二,第232页。

㉚《钦定大清会典事例》卷303,礼部一四·册立,第572页。

㉛《钦定大清会典》卷28,礼部·仪制清吏司二,第233页。

㉜《钦定大清会典事例》卷306,礼部一七·册封,第603、605页。

㉝中国第一历史档案馆藏:内务府咸丰朝呈稿,咸丰六年十二月十八日,档号:05—08—004—000255—0044。

㉞中国第一历史档案馆藏:内务府咸丰朝呈稿,咸丰七年十二月十五日,档号:05—08—030—000387—0054。

㉟中国第一历史档案馆藏:内务府乾隆朝满文奏折,乾隆二年十二月初二日,档号:05—0018—002。

㊱中国第一历史档案馆藏:内务府嘉庆朝呈稿,嘉庆十三年八月二十一日,档号:05—08—004—000044—0039。

㊲中国第一历史档案馆藏:内务府光绪朝咨文,光绪十四年七月十八日,档号:05—13—002—000898—0054。

㊳《钦定大清会典事例》卷314,礼部二五·亲蚕,第706页。

㊴㊺㊻《钦定大清会典事例》卷1187,内务府一八·典礼,第820页。

㊵《钦定大清会典》卷92,内务府·掌仪司一,第838页。

㊶中国第一历史档案馆馆藏:内务府乾隆朝奏折,乾隆二十年四月十四日,档号:05—0140—069。

㊷中国第一历史档案馆馆藏:内务府光绪朝呈稿,光绪十五年二月二十八日,档号:05—08—030—000491—0024。

㊸中国第一历史档案馆馆藏:内务府光绪朝呈稿,光绪二十九年四月二十四日,档号:05—08—030—000492—0029。

㊹中国第一历史档案馆馆藏:内务府光绪朝呈报,光绪三十三年四月十一日,档号:05—13—002—000356—0069。

㊼中国第一历史档案馆馆藏:内务府嘉庆朝呈稿,嘉庆四年四月十六日,档号:05—08—004—000015—0001。

㊽中国第一历史档案馆馆藏:内务府道光朝呈稿,道光十一年六月三十日,档号:05—08—004—000145—0056。

㊾中国第一历史档案馆馆藏:内务府嘉庆朝呈稿,嘉庆元年三月初三日,档号:05—08—009—000002—0017。

㊿中国第一历史档案馆馆藏:内务府咸丰朝呈稿,咸丰七年十二月十五日,档号:05—08—030—000387—0054。

○51中国第一历史档案馆馆藏:内务府咸丰朝呈稿,咸丰十一年五月二十七日,档号:05—08—004—000273—0021。

㉜ 朱家溍：《德龄、容龄所著书中的史实错误——〈瀛台泣血记〉〈御香缥缈录〉〈清宫二年记〉〈清宫锁记〉》，《故宫博物院院刊》1982 年 04 期。

㉝ 中国第一历史档案馆：《明清档案与历史研究论文集》（上），第 593 页。

　　（原载于《清宫史研究》第十三辑，辽宁民族出版社，2020年出版）

清宫中正殿念经处员役选任考述

赵郁楠

中正殿位于紫禁城内西北隅建福宫花园之南，系清宫藏传佛教活动中心。中正殿念经处，"隶属内务府掌仪司"，"是清帝首次在宫廷中设立的专管藏传佛教事务的官方机构"①。该机构各级职缺的设置与选任，是清代内务府官制中不可或缺的一个重要组成部分，极具清宫皇家之特色。本文依据中国第一历史档案馆所藏满汉文档案等，拟就中正殿念经处员役选任这一具体问题进行系统梳理和考述。

一　清宫管理中正殿事务王大臣等的特简

中正殿喇嘛念经事务，初由札萨克达喇嘛管理，据《钦定大清会典事例》记，康熙三十六年（1697）降旨："中正殿供奉佛像，著喇嘛念经，交与札萨克达喇嘛管理。"②札萨克达喇嘛是驻京的最高喇嘛，掌管在京宗教事务，隶属于理藩院喇嘛印务处。至康熙六十一年（1722）中正殿喇嘛念经事务始派王公总管，具体为"特派王、贝子各一人，管理喇嘛念经及办造佛像事务"③。此后，中正殿念经事务由王公管理遂成定制。

（一）管理中正殿事务王大臣对中正殿念经处印信印钥的掌管

康雍时期中正殿念经事务具体办事机构的名称并未固定，有称"中正殿喇嘛处""中正殿造佛处""总管中正殿事务处""中正殿办事处"的，抑或就简称"中正殿"的，不一而足。直至乾隆十三年（1748）正月，中正殿念经处这一机构名称才最终得以确立。但在档案行文中旧称仍时有沿用。中正殿念经事务机构在更名"中正殿念经处"前，还曾铸有"中正殿喇嘛处"图记，《钦定大清会典事例》所记雍正"七年奏准，铸给图记"④，是为"中正殿喇嘛处"图记。机构名称更定后开始筹划铸造新图记印信。新铸图记为正方形，纵 5.5cm、横 5.5cm，新图记的使用时间，从档案实物上来看，是从乾隆十三年五月开始钤用的。图记用满汉文形式合璧镌刻，其满文部分起初并非篆书，至乾隆十八年（1753）三月改刻篆书。盛贮印信的朱匣并锁钥亦于乾隆十八年启用，至道光三年（1823）十月，因印匣使用日久，多有糟烂之处，有碍观瞻，故中正殿念经处进行了印匣的首次更换⑤。而此次将印信移于新印匣内存贮，是择于道光三年十月十九日吉日在管理中正殿事务庆郡王绵慜目视下进行的，其过程皆被记录在案，十分正规，足见清宫对藏传佛教事务管理的重视。

中正殿念经处已铸有印信，但其行文光禄寺领取厨役工价银仍须借用内务府印信。直至嘉庆二十四年（1819）七月方呈请改用本处印信。档案中详细记载了此次改印的原因，"中正殿月例唪经喇嘛饭食需用厨役工价咨行光禄寺文移，向系赴内务府呈稿借印。但本殿凡遇奉旨办道场并例载文移行内务府及各部院衙门，俱系用本殿奉旨所设印信咨行。惟厨役工价微末一项，赴他处借印，不能画一，且借用印信日期不准，易至逾限，实于公事无益"⑥，故呈请嗣后每月行文领取厨役工价，用中正殿印信咨行光禄寺，毋庸借印。此外，中正殿念经印信也并不仅限于本殿使用，雍和宫就曾借用过此图记行文⑦，嘉庆十七年（1812），军机大臣面奉谕旨："雍和宫行文办事，向无印信，嗣后著用中正殿印信。"⑧雍和宫是清朝内地最大的藏传佛教格鲁派寺庙和宗教活动与管理中心⑨,尚须借用中正殿念经处图记行文。改印和借印事件均反映出中正殿念经处在清宫藏传佛教事务行政管理上的重要地位日益凸显。

中正殿念经处印钥,日常由管理中正殿事务王大臣等佩戴。中正殿念经处具奏行文用印皆需请示掌印管理中正殿王大臣等,中国第一历史档案馆就藏有大臣等因蒙恩佩戴印钥而上奏的谢恩折。若王大臣等有其他公务不能掌印,还需请旨派员署理。如光绪二年(1876)二月二十六日中正殿办事处给军机处呈文内载:"查管理中正殿事务贝子衔奉恩镇国公奕谟现在隆福寺住班,贝子衔科尔沁公棍楚克林沁现在请假回籍,总管内务府大臣魁龄于本月二十七日恭请圣训前往惠陵住工,中正殿印钥无人佩戴,相应呈报军机处请旨派员署理。"⑩当日由内阁抄出奉上谕:"中正殿印钥著师曾暂行署理。"⑪

(二)清宫管理中正殿事务王大臣等简选范围和任职任期概况

清宫管理中正殿事务王大臣等,均由皇帝特简。史书对此记载不详。如《钦定大清会典》记:"中正殿管理王大臣特简,无定员。"⑫《钦定总管内务府现行则例》记:"管理中正殿事务大臣系特旨简派。"⑬《钦定八旗通志》仅记:"中正殿管理事务大臣二人。"⑭目前笔者通过粗略考察中国第一历史档案馆所存中正殿念经处满文呈稿办文单签押人员情况看出,管理中正殿事务王大臣等,主要由宗室王公、蒙古札萨克王公、内务府大臣及理藩院尚书等担任,额数在1—6人之间。

管理中正殿事务宗室王公,主要包括果亲王允礼、庄亲王允禄、质郡王永瑢、仪亲王永璇、多罗惇郡王绵恺、庆郡王绵慜及惠郡王绵愉等。蒙古札萨克王公,主要包括科尔沁和硕亲工固伦额驸色布腾巴勒珠尔、喀尔喀札萨克和硕亲王固伦额驸拉旺多尔济、土默特札萨克贝子固伦额驸玛尼巴达喇、土默特札萨克固山贝子德勒克色楞、奈曼札萨克多罗达尔汗郡王固伦额驸德木楚克扎布、喀尔喀札萨克和硕亲王达尔玛、贝子衔科尔沁公棍楚克林沁、科尔沁多罗贝勒那尔苏、喀尔喀札萨克和硕亲王那彦图等。此外，乾隆初期满洲异姓功臣果毅公讷亲也曾管理过中正殿事务。再仔细阅读呈稿档案就会发现，管理中正殿事务的宗室王公多系第一签押责任人，蒙古札萨克王公多为第二签押责任人。总体看，宗室和蒙古王公等任期均很长，如和硕仪亲王永璇任职近28 年，土默特札萨克贝子玛尼巴达喇任职 16 年有余，且清前期任职者普遍比清后期任职者任期要长。乾嘉时期甚至出现了蒙古王公比宗室王公任期还要长久的特例，比如喀尔喀札萨克和硕亲王拉旺多尔济。

　　清宫管理中正殿事务的满蒙王公等，伴驾御前，进出宫闱，拈香礼佛，殊于常务，能任职长久者，务须深得皇帝宠信方可。如上述任期最久的拉旺多尔济，系乾隆帝第七女固伦和静公主之额驸，喀尔喀蒙古赛因诺颜部超勇亲王策凌之孙、札萨克和硕亲王成衮扎布之子，自乾隆三十七年（1772）直至嘉庆二十一年（1816）病故，其管理中正殿事务近 44 年。乾隆二十一年（1756）清军西征准噶尔蒙古时，发生喀尔喀和托辉特部首领青衮杂卜之乱，成衮扎布受命平叛，乾隆帝为稳定喀尔喀蒙古的动荡局势，笼络札萨克和硕亲王成衮扎布，将其第七女指嫁成衮扎布第七子拉旺多尔济，并封拉旺多尔济为世子。拉旺多尔济幼育内廷，于订婚 14 年后的乾隆三十五年（1770）与固伦和静公主正式成婚，被封为固伦额驸，与公主长久住京，不久任御前行走，次年袭其父札萨克和硕亲王爵位，于乾隆三十七年命管中正殿事务。乾隆帝对其较为信重，曾委以军事重任，同时也相当护佑这位七额驸，中国第一历史档案馆所藏满文寄信档中就曾记载，"乾隆四十六年四月初五日奉上谕：著寄谕阿桂、和珅。额驸拉旺多尔济乃蒙古亲王，凡领兵打仗，亦不可如内地提督、领队大臣一样差遣，令其冲锋陷阵。阿桂、和珅理应留意"，"时值暑热，拉旺多尔济断难忍受，著其暂停来京，由彼即赴游牧避暑，乘便亦得祭扫其父之墓"⑮。拉旺多尔济所娶和静公主与嘉庆皇帝系同母姐弟，皆系令贵妃魏佳氏所生。乾隆晚期和珅专权时，七额驸耿介自持，不与之交。且其武功出众，尽心宫卫职守，对嘉庆帝还有护驾之功。《清史稿》对此记为："嘉庆八年闰二月，仁宗乘舆入顺贞门，有陈德者伏门侧突出，侍卫丹巴多尔济御之，被三创，拉旺多尔济搦其腕乃获而诛之，赐御用补褂。"⑯拉旺多尔济因此在清代王公大臣等中口碑甚好，有人甚至将其比作"西汉宫中辅政的大将军霍光和匈奴王子金日磾"⑰，他也是清宫唯一一位历经乾嘉两朝，先后协助永瑢、永璇两位宗室亲王职掌中正殿念经事务，任期长达44年之久的蒙古亲王。

管理中正殿事务的内务府大臣或理藩院尚书等，则多系呈稿第三或第四签押责任人，其任期普遍不长，更换亦较为频繁，少则数月，多则两三年不等。起初管理中正殿事务王公等遇有离京外派或缺勤之情况，皆需奏请皇帝降旨遣派大臣等临时署理中正殿事务，随设随撤。如嘉庆七年（1802）五月初二日至七月初八日拉旺多尔济请假期间，皇帝依照所请特派尚书琳宁署理中正殿事务。嘉庆时期，大臣等亦逐渐由署理变为管理中正殿事务，如据满文档案记载，嘉庆十二年（1807）四月十七日，管理中正殿事务永璇奏请称："与其一同管理中正殿事务之和硕喀尔喀亲王拉旺多尔济已去避暑。查得，此数年间，奏请代替拉旺多尔济署理中正殿事务时，每次均派理藩院尚书博兴。臣永璇愚以为，每年夏季奏请代署拉旺多尔济，似稍显繁杂，若圣主再增派一位大臣，同臣永璇、拉旺多尔济一齐管理中正殿事务，则可毋庸每年为署理具奏。合适与否之处，仰祈额真指教后遵行。"此折奉旨：
"著派尚书博兴管理。"此外，通过考察中正殿念经处呈稿办文单
签押责任人数量还可以看出，存在同时有多达 5 位内务府大臣协
助王公共同管理中正殿念经事务的情况⑱。

二　清宫中正殿念经处有品级官员的拣选

清代内务府官员选任的最主要方式是公缺和题缺⑲。公缺，
满文拉丁转写为 siden oron，是指在内务府所有机构中将符合资
格者选拔升用；题缺，满文拉丁转写为 tesu bai oron，仅限在本
机构中选拔，由该机构最高长官"自行题补"，并咨送内务府核
实备案。中正殿念经处员外郎等有品级官缺的设置与拣选是异常
复杂的内务府官制的一个缩影。

（一）中正殿念经处员外郎的拣选

中正殿念经处专设从五品员外郎 2 员。康熙三十六年奉旨：
"派内府司官二人，与察罕喇嘛呼图克图办造佛像事务。"雍正五
年（1727）奏准："办造佛像之内务府司员二人，著兼办喇嘛念
经处事务。"雍正十三年（1735）又奏准："办造佛像兼办中正殿
念经事务之内务府司官二人，令其专司本处事务，其本缺另行铨
补。"⑳通过考察中国第一历史档案馆所藏中正殿念经处满文呈
稿档案不难发现，"内务府司官（员）"具体即指员外郎，其 2 员
之定额，虽乾隆初期偶有增设，但自始至终变动不大。

员外郎 2 缺最初由管理中正殿事务王大臣等"自行题补"，
均为题缺。但到乾隆五十一年（1786）和珅任总管内务府大臣
时，奏准将其全部改为公缺。"中正殿员外郎二缺，向系题缺，
今俱改为公缺"㉑。嘉庆四年（1799）又奏准改为公缺、题缺各
1 个。员外郎 2 缺为何会有题缺、公缺的变化呢？据满文档案记

载可知，乾隆五十一年和珅具奏后，上驷院、武备院、奉宸苑等处额缺均定为一半公缺、一半题缺，唯有中正殿员外郎2缺俱定为公缺。但因各寺院念经、行围祭祀等差，均由中正殿官员承办，任务繁重，将员外郎定为题缺更为方便。若照和珅所奏均定为公缺，则中正殿应升人员均无晋升之路，而调补之人又不熟悉念经事务。故此，嘉庆四年二月，管理中正殿事务仪亲王永璇同固伦额驸拉旺多尔济合议后，奏准将员外郎2缺，亦照上驷院等衙门，定为公缺、题缺各1个[22]。至嘉庆八年（1803）十二月二十三日中正殿念经处查奏："中正殿各项道场以及随围祭山等项差务较繁，而由公缺升用人员，既非本处出身之人，于本处差务实多未谙，且臣本处题缺既少，而平素奋勉当差人员无从鼓励，臣等公同酌议请将公缺员外郎一缺，仍遵旧例改为本处题缺，如此办理，既于旧例相符，而本处人员驾轻就熟，实于公务有裨。"[23]该折奉旨依议后，员外郎2缺又皆改回题缺2个。据中正殿例载：遇员外郎二员缺出，应由副内管领拣选，挨次递升；其员外郎二员，卓异俸深，应咨内务府以郎中拣选升用[24]。

（二）中正殿念经处副内管领的拣选

中正殿念经处专设正六品副内管领2员，亦专司本处事务，不承办内务府其他杂差。如嘉庆二十四年紫禁城东西华门外大连房安设汲桶[25]，内务府堂派披甲人、苏拉、骁骑校、副内管领等值宿并稽查操演，中正殿念经处副内管领吉瑞、德瑞虽是内务府人员，但属中正殿奏准"占用专司人员"[26]，不能出差，故经中正殿念经处呈报内务府堂后，照例免除二人承此杂差。

副内管领2员之定额，几经增减，至嘉庆二年（1797）后方成为定制。其初设时仅有1人，目前从档案记载来看，自乾隆三十四年（1769）十一月二十三日起，呈稿办文单首页始由员外郎永泰、德泰2人和副内管领德格1人签押，而此前则均由员外郎和笔帖式等签押，并无副内管领签押之处。副内管领仅有 1 人签押的状况，一直延续至乾隆四十年（1775）三月十四日前，自该日始呈稿办文单首页由员外郎永泰、德泰和副内管领老格、成明 4 人签押，说明此时已设有副内管领 2 人。然至乾隆四十二年（1777）七月十一日，呈稿办文单首页又变由员外郎陈政、老格 2 人和副内管领石图、三福、金柱 3 人签押，可知此时副内管领又增至 3 人。直至嘉庆二年三月，签押副内管领之人数方又转为 2 人，此后一直沿用 2 员之定额，呈稿办文单首页始终由员外郎 2 人、副内管领 2 人共同签押。

副内管领 2 缺均系题缺，主要由本处笔帖式充任，但亦有笔帖式因未等到副内管领缺出而告降之例。如据档案记载，嘉庆十三年（1808）中正殿念经处笔帖式吉全被挑在奏事处行走，3 年期满后经奏事处带领引见，奉旨以中正殿念经处主事补用。然经总管内务府查明，中正殿念经处"向无额设主事，仅有题缺副内管领，系属文职六品，与主事职俸相等"[27]，又奏准以该处副内管领补用。但吉全自钦奉恩旨后，即行开缺候补，直到嘉庆二十四年已将近 8 年，也一直没有等到副内管领缺出，故伊不得不呈请中正殿念经处咨行内务府，情愿"照依候缺委署主事告降补笔帖式之例，以内务府笔帖式补用"[28]。副内管领当差勤勉者，除可升补中正殿员外郎之缺外，还可升补内务府内管领之缺，如据中正殿例载："副内管领二员，卓异俸深，以内务府内管领拣选升用。"[29]

（三）中正殿念经处八品笔帖式的拣选

中正殿念经处共设八品笔帖式 4 员，内 2 员赏给六品虚衔，均系题缺。

考八品笔帖式定额 4 员定制，系于乾隆三十九年（1774）厘定。据《钦定大清会典事例》记载，康熙五十九年（1720）奏准中正殿"增设外旗蒙古助教一人、护军一名，为铺排头目。内务府铺排内委放头目一名"。雍正帝又进一步规范"铺排头目"等职名，雍正元年（1723）降旨："中正殿念经处外旗蒙古铺排头目二名，内府铺排头目一名，俱授为八品笔帖式。"是时中正殿念经处共设八品笔帖式3名，其中选自上三旗蒙古2人、选自内务府三旗1人。乾隆三十九年中正殿念经处奏准："内务府苏拉笔帖式内，增设八品笔帖式一人。再于上三旗蒙古并内务府八品笔帖式内各拣选一人，给与六品虚衔，仍食原俸。"[30]此后中正殿念经处共设八品笔帖式4名，其中选自上三旗蒙古2人，选自内务府三旗2人，且各有一人给六品虚衔。

　　选自内务府的六品虚衔八品笔帖式和八品笔帖式各1缺，自本处行走无品级内务府苏拉笔帖式内选补，其任职5年期满后，既可"咨送内务府补用"[31]，亦可补取中正殿念经处副内管领之缺。如据档案记载，同治六年（1867）九月，中正殿副内管领常瑛升补本殿革职清弼所遗员外郎一缺后，常瑛所遗副内管领一缺，则由中正殿六品衔八品笔帖式克兴额补取；克兴额所遗之缺，则由八品笔帖式德钟补取；德钟所遗之缺，则由苏拉笔帖式荣科补取[32]。

　　而选自上三旗蒙古的六品虚衔八品笔帖式和八品笔帖式各1缺，均自本处行走无品级蒙古苏拉笔帖式内选补，5年期满后可咨送理藩院升用。据《钦定大清会典事例》载："乾隆五十九年定，五年期满，移咨吏部，专以理藩院蒙古主事，不论双单月，无论保题、升选，五缺之后升用。"[33]后又有所变化，如嘉庆六年（1801）[34]议准后定为，5年期满，如果勤慎奋勉，仍食原俸，毋庸移咨吏部，直接由中正殿念经处保奏，"照依喇嘛印务处年满笔帖式咨送理藩院学习主事上行走之例咨送理藩院本班候补"[35]。

（四）中正殿念经处职官的京察与奖惩

管理中正殿事务王大臣等对中正殿念经处中级官员的考核非常严格，每3年须照例进行一次京察考核。中正殿要提前拟出本殿官员等次报行内务府堂，由内务府上报皇帝后，各员按等级再行升补录用。如道光二年（1822）二月中正殿抄出内务府堂交："京察准为一等官员、笔帖式、达他等，例应指定应升班次，以备入名拣选，今列一等人员业经带领引见，著交所属各等处，查照定例，将应保升人员、应升缺分，回明大人等位，即行报堂。"管理中正殿事务和硕惇亲王、正红旗蒙古都统土默特札萨克贝子固伦额驸玛尼巴达喇、总管内务府大臣常福，随即遵奉堂交将员外郎存德咨文保送内务府，文内称："本殿行走员外郎存德，自乾隆五十二年升授八品笔帖式至今，食俸共三十五年，竟员外郎任上二十年，理合咨送内务府归入俸深班，遇有郎中缺出，入名拣选。"㊱但因内务府司员保奖过多，每有缺出，将内务府保奖司员尽先补用，中正殿卓异俸深各员，则"开列在后，以致补缺无期，年复一年，习为故事"。据档案记载，"自道光年间保列一等之员外郎存橦升补掌仪司郎中，同治年间保列一等之副内管领福濬升补内管领，此外别无升转之员"㊲，足见京察中正殿一等官员升转之艰难。管理中正殿事务科尔沁多罗贝勒那尔苏等又查得，道光、同治年间保列一等"该员等皆由考取苏拉笔帖式出身，食饷银一两，当差二十余年，始能食俸，异常清苦。近因光绪八年春间经王大臣等会议严申门禁章程，经奴才等派委该司员等逐日进署严察该员等，尚能认真稽查，不避劳怨，且同系内府世仆，一体当差，而升转一途，苦乐不均，未免向隅"，故将光绪十一年（1885）京察中正殿一等员外郎常瑛，于二月初八日带领引见奉朱批圈出后，中正殿堂官又经过再四思维，再次奏请皇帝，饬交内务府，将其所保一等员外郎常瑛"参酌旧例，仿照计缺轮补章程，遇有内务府郎中缺出，无论何项班次，统计三缺，截补一缺，其副内管领，遇有内管领缺出，亦照此办理。此缺即作为中正殿司员轮补专缺，以励人材而符定例"㊳，此折于光绪十一年二月初九日具奏奉旨依议后，"老成练达、心地明白"㊴之员外郎常瑛，方得以照章"截升内务府郎中。在案"㊵。此后，京察中正殿一等官员之升补方才得到些许保障。

据相关满文档案记载可得，中正殿念经处当差各员，常有派出随围承办念经事务等外差，皆可照例领取赏银。如中正殿念经处行走蒙古八品笔帖式富僧，于乾隆三十六年（1771）一年之内被派出随驾皇上木兰行围共计 81 天，分别是七月初十日启程，七月十三日返回，七月十九日又启程，直至十月初八日回京。乾隆三十六年在京已领 50 日路费，在外领取 20 日路费，乾隆三十七年又补领 11 日路费，此项路费银两皆由中正殿念经处知会笔帖式富僧所在旗行文户部咨领。乾隆三十八年（1773）承德避暑山庄新赐建戒台、罗汉堂二寺，中正殿念经处派出内务府八品笔帖式五十，运送二寺喇嘛念经所用无量寿佛经等经书 114 部，中正殿念经处则呈请内务府照例支给其"当铺滋生银"等。倘有职官违纪，相关衙门则对其严惩不贷，绝无姑息。如乾隆三十九年提督衙门会同都察院议覆，旗人不许入园听戏，又经通行出示晓谕在案。但乾隆四十一年（1776）十月二十八日，提督衙门派番役在正阳门各处戏园查访，发现广和楼戏园内有中正殿员外郎德泰，副内管领成明，笔帖式佛尔青额、五保 4 人在戏园听戏。档案内具体记为："据德泰供，系镶黄旗包衣四十七管领下中正殿员外郎，本月二十八日，因本管大臣拉旺多尔济在正阳门外西月墙考验射箭，我同副管领成明，笔帖式佛尔青额、五保回事后，我们四人在永和馆饭铺吃了饭，因佛尔青额、五保买东西去，我与成明在奶茶铺等候总不见来，遂叫家人找寻，说他们在广和楼听戏，我们二人原找到广和楼叫他们一同进城，才进戏园坐下即被官人拿了。"⑩后经参奏，此4人皆被革职、罚俸，交刑部照例治罪。

三　清宫中正殿念经处无品级职缺的选用

据《总管内务府现行则例》统计，中正殿念经处共设无品级苏拉笔帖式34缺，另从档案记载中看，该处还设有效力行走苏拉笔帖式⑫、唐古忒学生、拜唐阿领催等20余缺，具体从事缮写满汉稿案和奏折、外派随围当差、开闭清宫中正殿一区各殿殿门、缮写四体佛号及监看喇嘛念经等大量基础性工作。伊等均无品级，食原来钱粮，分别由管理中正殿事务王大臣等从内务府三旗、上三旗蒙古及唐古忒官学等内自行考选后奏准补用。

（一）内务府苏拉笔帖式的选补

中正殿念经处最初设铺排苏拉28名，均选自内务府三旗各管领下的包衣披甲人。据《钦定大清会典事例》载："康熙三十六年议准，于内务府三旗各管领下，挑取披甲人二十八名，充当铺排苏拉。五十九年奏准，内务府铺排内裁汰四名，额定二十四名。"⑬雍正帝进一步规范铺排苏拉职名，雍正元年降旨："中正殿念经处铺排等，俱更名为苏拉笔帖式。"⑭其额数后来裁减至22名，如据《钦定总管内务府现行则例》所记，中正殿念经处额设内务府三旗苏拉笔帖式22员⑮。此内务府苏拉笔帖式出缺后，或从本处内务府效力行走苏拉笔帖式挑补，或由中正殿念经处向内务府三旗各佐领、管领下咨取披甲人、闲散幼丁呈堂考取⑯。闲散幼丁因本身并无所食钱粮，其补取苏拉笔帖式后，每月暂行添给1两钱粮，并由中正殿念经处咨行内务府交都虞司，遇有各自佐领、管领下披甲出缺即可扣补。

　　苏拉笔帖式当差勤勉者，除可补取本处所悬八品笔帖式之缺外还可升转。其升转主要分为保升和不保升两种情形[47]。保升者：如其是佐领下人，均被保送骁骑校入单拣选升用；如其是管领下人，则被保送副内管领入班拣选升用。不保升者：多被拨回原佐管领下披甲。如中正殿念经处苏拉笔帖式钟瑞，自乾隆四十三年（1778）在写佛号处效力当差20余年，无过，因嘉庆五年（1800）以来家道更较寒难，实不能承应中正殿之差，故呈请拨回原管领下披甲[48]。

　　而当差怠惰者亦会相应受罚。如据满文档案记载："宝华殿开门打扫、念经结束后闭门、同太监交接等事务，原派苏拉笔帖式9人，编作3班轮班行走，每日接班者均于天未明时即开殿门，以备打扫、摆供。乾隆三十四年正月二十九日皇上进宫，当班委署首领苏拉笔帖式戴玉日出时仍未前来，所管官员等派人叫后，方前来开殿门，对其稍加教训，不仅称没有误事，且还出言不逊，推诿称直接告我，在哪不吃口饭，不知体统。结果苏拉笔帖式正黄旗六十五管领下披甲戴玉，终因怠惰被革去所食钱粮米石，以儆效尤。"

　　（二）上三旗蒙古苏拉笔帖式的选补

　　上三旗蒙古苏拉笔帖式，因晚于内务府"铺排苏拉"等而设，初名"补排"，康熙五十九年仅设有5缺，雍正元年又增设7缺并均更名为苏拉笔帖式，合计12缺。如据《钦定总管内务府现行则例》记，中正殿念经处额设上三旗蒙古苏拉笔帖式12员[49]。

　　中正殿念经处蒙古苏拉笔帖式出缺后，主要从上三旗蒙古前锋、护军、领催等内选补。如乾隆三十八年三月，苏拉笔帖式镶黄旗蒙古纳尔善佐领下领催喀明阿病故，遗缺选由镶黄旗蒙古索诺木策巴佐领下护军博瑞考补。初蒙古苏拉笔帖式每出一缺，上三旗蒙古每旗均要自护军、领催等内，选送通满、汉、蒙古文翻译且年壮优良，或既懂蒙古语又能缮写满文折的 2 名人选，交由管理中正殿事务王大臣等考补。此外也有直接从本处效力行走蒙古苏拉笔帖式中选补者，如乾隆四十二年十二月十六日，管理中正殿事务多罗质郡王等，将苏拉笔帖式上效力行走正黄旗七十七佐领下蒙古护军佛尔卿额调补实缺苏拉笔帖式，而佛尔卿额所遗效力苏拉笔帖式一缺，则由正黄旗法保佐领下蒙古前锋三福挑补⑩。

上三旗蒙古护军等挑补中正殿念经处蒙古苏拉笔帖式后，本身仍照常食原来钱粮，但诸凡紫禁城内其他杂差均不用承担，如有应升之处还可照常升任。其当差勤勉者，既可升任中正殿念经处八品笔帖式文职，也可保送侍卫蓝翎、护军校、骁骑校等武职，升途较挑补前更宽。如乾隆十三年八月中正殿行走苏拉笔帖式正黄旗武弥泰佐领下蒙古护军富昌，可勘补取侍卫蓝翎，中正殿念经处便呈请行文该护军统领转行领侍卫内大臣处办理相关事宜。但是乾隆二十七年（1762）六月档案中又记富昌升为察哈尔旗都统笔帖式，其所出苏拉笔帖式之缺则由镶黄旗明全佐领下蒙古护军关柱补取，可见此蒙古苏拉笔帖式实际上升迁并不快。

（三）唐古忒学生和画匠的选用

管理中正殿事务王大臣等亦奏请皇帝批准选取一些承担特殊差务之人，如缮写佛号的唐古忒学生。唐古忒学生，亦作西番学生，满文拉丁转写为 tanggvt tacikv i juse，皆选自清政府为培养藏语文翻译人员专设的隶属理藩院管辖的唐古忒官学，多由八旗蒙古人充任。

据档案记载，乾隆二十四年（1759）中正殿念经处内部始设写佛号处，其全称为缮写满、汉、蒙古、藏四体字佛号处，满文罗马转写为 duin hacin hergen i fucihi colo be arara ba。写佛号处行走当差人员的职名在各时期略有不同，额数大体保持在 10 人左右，分别是首领 1—3 员不等，多由笔帖式和骁骑校兼任，其下设苏拉笔帖式 4 员，唐古忒学生 4 员[51]。

写佛号处唐古忒学生之缺并非最初即设，初为经咒馆候缺笔帖式。据档案记载，乾隆二十四年四月十七日太监胡世杰传旨："著交和硕庄亲王选取中正殿笔帖式，同经咒馆缮写满、蒙古字之人一起，跟随阿嘉呼图克图缮写四体佛号。"和硕庄亲王遵旨选取的是中正殿苏拉笔帖式 3 名，经咒馆候缺笔帖式 4 名。此继出候缺笔帖式之缺，最初均行文经咒馆选人带领补取。乾隆三十七年正月二十九日奉旨："经咒馆著归并清字经馆。"[52]继而清字经馆接收了原经咒馆官员人等 129 名，此时写佛号处悬有候缺笔帖式 2 缺，因清字经馆没有能缮写蒙古字折之候缺笔帖式，他项人内虽有能写蒙古字之人，但各自均有交办事务，暂时找不到人补缺。后中正殿念经处查得，唐古忒学生等内有能缮写唐古忒文、满文、蒙古文者，故奏请皇帝准自唐古忒学生等内选取优良者 2 名进行充补，且不出其唐古忒学生之缺，仍占原额，其应支钱粮银米等项亦照常支给，两名唐古忒学生在写佛号处如若诚心行走，优良者可于唐古忒学生等应升之处前列补用，所余候缺笔帖式 2 缺若出，亦照此自唐古忒学生内选取优良者进行充补。据档案记载，写佛号处行走唐古忒学生勤勉效力 5 年期满以后，除可保送补取唐古忒官学、理藩院笔帖式之缺，补取唐古忒官学苏拉教习、助教之缺外[53]，还可外放，如赴喜峰口驿站、四川总督衙门等处任笔帖式等职。

此外，在写佛号处当差之人，除唐古忒学生之外，尚有选自内务府三旗的画匠 1—2 名。如据档案记载，乾隆三十九年，正白旗李文昭佐领下画匠寿儿病故，其所出之缺由镶黄旗朱尔杭阿佐领下画匠三达子补取；而正黄旗刘淳佐领下画匠福保，因当差怠惰被驳回后，其所出之缺则由镶黄旗保山管领下画匠住儿补取[54]。

（四）拜唐阿领催和厨役的选雇

拜唐阿，系满语"baitangga"之音译，意为差人、有事者、执事人。据档案记载，每月清宫中正殿等处念经、做巴苓喇嘛等共有1500余人⑤，中正殿念经处除照例行文内务府交掌仪司给喇嘛等领取应得口分钱粮外，掌仪司还曾设立催总1人、领催5人，专门负责每日给喇嘛等做饭、伺茶之事。乾隆三十三年（1768）内务府奏准议定后，给喇嘛等领月例银和做饭、伺茶等事均毋庸交掌仪司，而改由中正殿念经处直接办理，并裁去催总1缺、领催3缺，视现有之人出缺即行裁减，此后仅保留拜唐阿领催2缺，拜唐阿领催所出之缺亦改由中正殿官员等选补。既简化了流程，又裁撤了冗员。

苏拉人员任职拜唐阿领催，系属被正式委以职务，且每月食有二两固定钱粮之员，本身也具有一种选官资格，如《清史稿·选举志》所记："满人入官，以门阀进者，多自侍卫、拜唐阿始。"⑤ 但目前从档案记载来看，中正殿喇嘛饭房行走的拜唐阿领催，鲜有继续升用者，多在此效力终身。如掌仪司拜唐阿领催礼珠，正黄旗良保管领下人，于乾隆三十七年正月初四日病故，中正殿念经处在收到该管领出具的礼珠病故保结后，便行文内务府交会计司等处办理裁去伊每月所食二两钱粮，其后又选取镶黄旗管领下苏拉额勒达色补其所出之缺。中正殿喇嘛饭房行走拜唐阿领催吉祥，正黄旗博文管领下人，乾隆四十九年（1784）十月十六日病故，其所遗之缺选由镶黄旗玛达色管领下苏拉福广补取。此外，拜唐阿领催也有因革职出缺补取的情况，如嘉庆十三年十二月，拜唐阿领催常青，即因旷班，数次严催亦不前来，经办理中正殿事务官员等呈明管理王大臣等后被革职，其所出之缺后选由镶黄旗吉喇敏管领下苏拉常诚补取。

厨役，满文拉丁转写为mucesi，具体承办给清宫念经喇嘛做饭之差，数量并不固定，平均每月用工 60 余名。如据嘉庆元年（1796）正月中正殿念经处呈稿档案记载："中正殿念经正月小二十九日用厨役五十八工，恩佑寺每月初一、十五日摆供用厨役四工，恩慕寺每月初一、十五日摆供用厨役四工，以上共用厨役六十六工。"⑤据档案记载，自乾隆二十三年（1758）五月起，中正殿喇嘛饭房拜唐阿领催和厨役开始承担宫内看守火炭值宿之差。禁城之内当差理宜安静，不应任意聚谈。乾隆四十八年（1783）九月初五日，喇嘛饭房厨役林二与裱匠刘五在内值宿，即因相坐闲谈一时声高，被当班护军抓去审问，后被重责 30 板方行送回⑧。雇用厨役所需银两，档案中称为"工价银"或"工值银"，系计工给价、计工给值之意，初由掌仪司按月行文光禄寺领办，如《钦定大清会典事例》记："中正殿等处喇嘛诵经，造办饭食，应用厨役工值，据掌仪司来文数目覈给。"⑨但从满文档案记载来看，此项领取厨役工值之事，内务府于乾隆三十三年议定，毋庸交付掌仪司，改由中正殿念经处直接行文光禄寺办理⑩。另据满文档案记载，嘉庆七年九月二十八日、三十日，管理中正殿事务和硕仪亲王永璇会同七额驸拉旺多尔济给属下发布札付，"令办理中正殿念经喇嘛等饭食诸凡事务，由副内管领萨丙阿、六禄二人，会同员外郎清泰、存德二人一体办理"，既体现了清宫对藏传佛教事务管理的重视，又反映出中正殿念经处在清宫藏传佛教事务管理上发挥的作用日益突出。

四　清宫中正殿等处太监喇嘛的选补拨派

太监喇嘛系"唪藏传佛教经卷的内监僧"⑪，均无品级，专司唪纾、宫值、香烛、洒扫等事，一般在 30 名左右（详见表 1），清宫中正殿、慈宁宫、永安寺、大西天、圆明园等多处皇家藏传佛教殿堂寺庙内均有专门设置。目前从档案记载来看，顺康雍时期清宫各处太监喇嘛设置情况不详，但自乾隆朝以来，其选补和拨派主要由中正殿念经处具体负责，且太监喇嘛的安设地点也逐渐由分散走向集中，最终皆统归于中正殿一处，故而中正殿本殿太监喇嘛的额数不减反增，基本维持在 20 名以内，其晋补之制亦更较完备。

表 1　清宫中正殿等处太监喇嘛设置定额简表[⑧]

	中正殿	慈宁宫	永安寺	大西天	圆明园清净地	宝相寺	总计
乾隆十九年	11	6	10				24
乾隆三十三年	8	7	9	7		3	34
乾隆四十三年	12		8	10		1	31
嘉庆十九年	17				8	1	26
道光十六年	15				6	1	22
咸丰十一年	11				6		17
同治元年三月	17						17
光绪四年	4						4

（一）乾隆时期中正殿等处太监喇嘛的选补

据档案记载，乾隆十九年（1754）皇帝钦定清宫中正殿等处太监喇嘛数。是时中正殿念经处负责管理拨派的太监喇嘛共有 27 名，分别设于中正殿、慈宁宫和永安寺三处，具体为：中正殿首领太监喇嘛 2 名，太监喇嘛 6 名，额外太监喇嘛 3 名；慈宁宫佛房首领太监喇嘛 2 名，太监喇嘛 4 名；永安寺首领太监喇嘛 2 名，太监喇嘛 8 名。且酌情遇有养心殿、清净地、九州清晏佛堂念经及圆明园住班等差，中正殿、慈宁宫、永安寺三处太监喇嘛等，平均派出，当差行走。此等念经派差事务，均由中正殿念经处负责办理轮值。此后伴随皇家寺庙的增建，太监喇嘛等额数亦有增设，如根据乾隆三十三年（1768）档案统计，总额已增至34名，具体为：中正殿8名、慈宁宫7名、宝相寺3名、永安寺9名、大西天7名[63]。

中正殿等处太监喇嘛出缺后，主要自学经太监内选补。乾隆八年（1743）设有学经太监6名，安设地点均在北海永安寺。乾隆时期太监学经地点不仅永安寺一处，还有中正殿、大西天番经厂等[64]。学经太监出缺后，首先由管理中正殿事务王大臣等照例奏请内务府拨给，然后由内务府交敬事房总管太监，从能读满文、蒙古文文书的太监中挑补。正如乾隆四十一年内务府奏折档案内所载："中正殿现有首领太监喇嘛一名，副首领太监喇嘛一名，太监喇嘛六名，以供本处焚修打扫并承应养心殿、九州清宴（按档案原文如此）、碧云寺等处念经差使。此外尚有学经太监六名，现在永安寺学经，遇有中正殿、慈宁宫、永安寺太监喇嘛缺出，照例由学经太监内拣选习学经文好者，奏明穿黄，充当喇嘛，所出太监之缺，交敬事房挑补学习，以备陆续补用。"[65]学经太监虽多系来自京畿河间府、宛平县等地，年龄一般在11岁至20岁之间的民人，但皆被摊派到内务府三旗各管领下[66]，学经太监日常学习的佛教经典，多为藏传佛教基础常用篇目，如《无量寿经》《药师经》《吉祥天母经》《护法经》等。其经卷熟悉后，须由管理中正殿事务王大臣等奏准，交章嘉呼图克图、噶勒丹锡勒图呼图克图等活佛受戒披黄[67]，之后再奏准方可补取清宫各处太监喇嘛之缺。

但是遇有大西天太监喇嘛缺出，则是照旧例由礼部招募，再交由内务府、中正殿念经处办理选补。如乾隆三十六年五月十九日大西天太监喇嘛镶黄旗德克登额管领下曹兴病故[68]，中正殿念经处将其呈报内务府后，遗缺即由内务府行文礼部招募。礼部仪制司随即挑选年幼太监4名，开列年岁、籍贯付送掌仪司以便拣选。掌仪司查送到太监4名内，奉堂拣选得太监一名刘玉，年19岁，宛平县人，随将礼部送到新招募太监刘玉移送内务府相应也将刘玉移送中正殿念经处查办⑥。乾隆四十一年十一月，清宫太监喇嘛等出缺由内务府、礼部两处招募选取，"事未画一"，且"伊等差事多在内廷，关系甚要，理宜慎重"⑦，故经总管内务府奏准后，首先将大西天太监喇嘛、万善殿太监和尚行文礼部招募之处永行停止。其次将大西天太监喇嘛出缺之处，亦定为自永安寺学经太监内选补。最后，万善殿太监和尚向无学经太监之设，至此亦照永安寺学经太监之例，赏万善殿学经太监4名作为定额，以备充补。这里还需要说明的是，尽管大西天太监喇嘛至乾隆四十一年才停由礼部招募，归交内务府自宫内太监中选取，但其每月应得钱粮、衣物等项，早在乾隆十九年已规定皆由中正殿念经处办理，且大西天太监喇嘛还可由中正殿念经处办理挑补静宜园弘光寺太监喇嘛之缺。

　　根据档案记载统计，乾隆四十三年慈宁宫太监喇嘛俱被裁撤归入中正殿后，清宫中正殿等处太监喇嘛共有31名，分别是：中正殿首领太监喇嘛1名、副首领太监喇嘛2名、太监喇嘛9名，宝相寺太监喇嘛1名，永安寺首领太监喇嘛1名、太监喇嘛7名，大西天首领太监喇嘛1名、太监喇嘛9名⑪。

　　（二）嘉庆至咸丰时期中正殿等处太监喇嘛的拨派

　　为使中正殿等处太监喇嘛毋庸前往圆明园住班应差，嘉庆十八年（1813）将永安寺、大西天所设太监喇嘛均行裁撤，除将永安寺5名学经小太监交内务府当差，将5名太监喇嘛拨进中正殿应差外，又自9名大西天太监喇嘛内拨派8名给圆明园清净地常川应差⑫。此后，圆明园应念经之处无须自中正殿等处派差，即令此8名拨自大西天之常住太监喇嘛照例念经。中正殿念经处负责管理的太监喇嘛，进而主要集中于中正殿、圆明园清净地和宝相寺三处。根据嘉庆十九年（1814）档案统计，三处太监喇嘛总额共计26名，分别是中正殿17名、圆明园清净地8名、宝相寺1名[73]。尽管中正殿本殿太监喇嘛额数不减反增，但清宫各处太监喇嘛总数较之前已呈现出递减的趋势。此后从清宫档案记载看，学经太监的安设地点主要是在中正殿和圆明园清净地两处，如嘉庆二十三年（1818）两处各有学经太监2名[74]。

清前期宫中宗教思想文化比较多元，各庙既有太监喇嘛，又有太监和尚、太监道士等。道光皇帝谕令僧道太监中之青年者还俗，拨各处当差，不再传僧道徒弟，"惟中正殿之太监喇嘛仍旧"[75]。道光元年（1821），总管内务府大臣英和面奉谕旨："中正殿太监喇嘛，著定为十二名。"道光十二年（1832）又奉旨："清净地太监喇嘛，著定额六名。"此数量均少于嘉庆中后期两处太监喇嘛数量。道光时还规定，中正殿太监喇嘛缺出，不必向圆明园要，圆明园太监喇嘛缺出，亦不必向中正殿要，如中正殿太监喇嘛不敷用，"仍著在宫内挑选太监学经，著为例"[76]。学经太监的常设地点，据学者总结，于道光元年始，"统归中正殿一处"[77]。道光元年十二月将中正殿4名学经太监调补太监喇嘛后[78]，中正殿学经太监一直维持在2—4人之间，伴随清朝国运的日益衰败，至光绪、宣统时期，已几无学经太监可选。从清宫档案记载看，道光十七年（1837）宝相寺太监喇嘛被裁撤后，道咸时期清宫太监喇嘛，主要集中在中正殿和圆明园清净地两处，总计20名左右。

（三）同治以后中正殿太监喇嘛的晋补

同治元年（1862）二月，因圆明园已无唪经处所，亦无应预备之差，遂将清净地太监喇嘛6名尽拨中正殿当差[79]。此后直至溥仪小朝廷时期，清宫太监喇嘛亦统归于中正殿一处，随着清朝国运的衰落及太监喇嘛外逃、病故等，其额数逐渐减少，并最终走向衰落。

按清制，清宫各处首领、副首领太监喇嘛照例月领银三两、米三斛⑧、公费大制钱七百文⑧；太监喇嘛月领银二两、米一斛半、公费大制钱六百文，皆由中正殿念经处行文内务府照例办理。此外，内务府还会照例赏给官房、吃食分例和四季衣物等，其经济待遇也是优于普通太监和太监和尚的⑧。而其晋补之制亦较为完备有序，中正殿首领太监喇嘛出缺，从副首领太监喇嘛内挑补；副首领太监喇嘛出缺，从太监喇嘛内挑补，俱由中正殿念经处奏请皇帝循例准行晋补。

清宫档案中真实记录了清末中正殿太监喇嘛曹瑞清服役晋补的全部过程。曹瑞清，光绪四年（1878）二月二十九日新进宫当差，月领银二两，加领赏银五钱，官房一间。光绪五年（1879）十月二十日，学经太监曹瑞清经卷熟悉，经管理中正殿事务奕谟等循例奏准，交洞阔尔呼图克图受戒、披黄，充补太监喇嘛一缺。7年后，光绪十二年（1886）九月初四日，续出副首领太监喇嘛一缺，经管理中正殿事务科尔沁多罗贝勒那尔苏等查得，仅有太监喇嘛曹瑞清一名经卷熟悉，便共同商酌并奏准以其充补该缺⑧。5年后，光绪十七年（1891）二月二十六日，续出首领太监喇嘛一缺，管理中正殿事务奕谟等查得，仅有副首领太监喇嘛曹瑞清一名经卷熟悉，又奏准以其充补首领太监喇嘛之缺。曹瑞清担任中正殿首领太监喇嘛一缺20余年，在宫内当差服役近33年，直至宣统三年（1911）八月初六日病故，方被革职裁退其所食钱粮、公费，并撤回所住官房。宫深似海，终其一生都在中正殿当差，为皇家服役。

（四）清宫中正殿等处太监喇嘛受惩等概况

太监喇嘛，虽是喇嘛，究系太监，均须受总管内务府的严格管理，《钦定宫中现行则例》中亦有关于太监喇嘛等犯事如何惩处的规定，清宫学经太监、太监喇嘛等因学经愚笨受到惩处、患病裁退、出宫外逃，或被直接剥黄还俗等情况，各朝皆屡有发生。

乾隆十四年（1749），中正殿太监喇嘛张国瑞，因学不会经，又忍受不了首领太监喇嘛责打而逃出，被抓回后发往瓮山铡草[84]。乾隆十七年（1752）对宫内太监外逃制定定例：初次逃走六个月内自行投回者，鞭八十；六个月以外者，枷号一个月，鞭八十，俱发往热河当差，食一两钱粮米石[85]。未自行逃回者，系初次逃走发往吴甸铡草一年，期满交总管太监等分拨外围当差，二次逃走者则发往黑龙江给索伦为奴等。

乾隆五十年（1785）六月，永安寺首领太监喇嘛马进忠"身患痰症、遍身麻木"，虽经赏假调治，然"延医服药，反倒动履艰难"，以致"卧床不起"。永安寺为园庭重地，若无头目弹压，恐致误事，故而马进忠呈报中正殿念经处转启王爷，将其每月所食钱粮米石全行裁退，准令为民[86]。乾隆五十八年（1793）十一月三十日，中正殿首领太监喇嘛正黄旗恒贵管领下高进玉，同副首领太监喇嘛正白旗果勒敏管领下张进良、镶黄旗全柱管领下李进忠三人，因在养心殿念经甚为急速，遵旨各被罚去一月钱粮。

嘉庆六年中正殿太监喇嘛王七十，因学识一般被剥黄，并照例裁去每月所食钱粮、公费及官房等项，送交宫内打扫处当差[87]。嘉庆十年（1805），大西天园户[88]套儿偷窃大西天库房收贮官物，大西天太监喇嘛王兴业，系带领苏拉园户值宿之人，因失于查察，交总管太监重责四十板，减食一两钱粮，四年后仍给二两钱粮。大西天首领太监喇嘛白玉喜，有专管一切官物之责，疏于防范以致屡次被窃，亦难辞咎，被革去首领作为太监喇嘛，仍罚月银一年[89]。嘉庆十九年闰二月二十一日，圆明园清净地太监喇嘛正黄旗德经管领下陈进福无故逃走[90]。

同治八年（1869）五月初七日，中正殿首领太监喇嘛刘得喜，带领民役徐方盛之妻徐氏擅入神武门，神武门值班失察官兵等均由景运门值班该管大臣自行惩办，各该人等均记过、鞭责[91]。同治九年（1870），太监喇嘛李进得，时常向同伴太监讹索，经该管首领等屡次责惩未改，其先在清净地当差，后经奏准派在中正殿当差，又呈诉欲往大西天当差，其情状系属不安本分，无端生事，杖六十、徒一年，后改罚吴甸铡草一年，期满释回，勒令还俗，交顺天府为民[92]。凡此既是清宫内廷执役人员生存现状的一个真实记录，亦是一段家国记忆。

五　清宫中正殿念经处职官员役选任特点

清宫中正殿念经处的设立，体现了清朝皇帝对藏传佛教事务管理的高度重视。概括来说，该机构员役选任定制开始于康熙时期，规范于雍正时期，至乾嘉时形成定制（参见表2），道光朝略有改进后，咸丰朝以后各朝均相沿施行，持续至溥仪小朝廷结束。总体来看，中正殿念经处各级职官员役的选任主要呈现出内外互任、文武互转、职掌有序等特点。

表2　嘉庆十八年十二月中正殿念经处员役设置总表[93]

职名	额缺
管理中正殿事务王大臣等	3
员外郎	2
副内管领	2
六品虚衔八品笔帖式	2
八品笔帖式	2

续表

	职名	额缺
苏拉笔帖式等	档案房行走苏拉笔帖式、效力行走等	17
	库班委署首领及苏拉笔帖式等	5
	殿头班委署首领、苏拉笔帖式、效力行走等	4
	殿二班苏拉笔帖式、效力行走等	4
	殿三班苏拉笔帖式、效力行走等	4
	写佛号处行走委署首领、苏拉笔帖式及唐古忒学生等	8
	圆明园清净地、慈宁宫行走苏拉笔帖式等（后期裁撤）	6
	随班委署首领及苏拉笔帖式等	6
喇嘛饭房领催、厨役		68
中正殿太监喇嘛		17
圆明园太监喇嘛		8
宝相寺太监喇嘛		1
中正殿念经处自王以下各级员役		159

（一）内外互任　旗民分治

中正殿念经处虽系内务府所属，但其最高长官管理王大臣等，主要由皇帝从深得信任的满蒙王公大臣内特简，其中满洲王公皆为清太祖本支宗室王公，蒙古王公则多系来自与皇家联姻后长久住京的内外札萨克蒙古王公额驸家族，而管理大臣主要从内务府大臣和理藩院尚书内选派，且大臣是由兼职逐渐转为专职的，从管理王大臣的身份地位及隶属机构看，无疑是一种内外互任。而具体办事的中低级职官，亦由内外朝旗员共同充任。各自所占数额分别是：员外郎、副内管领、八品笔帖式8员内，选自内务府三旗者6人，选自上三旗蒙古者2人；无品级苏拉笔帖式34名内，选自内务府三旗者22人，上三旗蒙古苏拉笔帖式12人；

写佛号处行走的唐古忒学生 4 名，均选自外八旗蒙古；无品级效力行走苏拉笔帖式等近 30 名，亦分别选自内务府三旗和上三旗蒙古。此外，当差太监喇嘛、做饭厨役等，多系选自京畿的民人，其中 20 余名太监喇嘛均被摊派到内务府各管领下，受内务府严格管理和监督；而 60 余名厨役本身并非旗人，仅属受雇进宫、领取工价而给念经喇嘛等做饭伺茶的民役。需要指出的是，进宫念经画佛的喇嘛等，本身系职业僧人，其职级晋补均由理藩院管理，中正殿念经处主要负责后勤保障，这亦是清代旗民分治的一个体现。

（二）文武互转　升途较宽

中正殿念经处员外郎、副内管领、八品笔帖式等，均须遵循内务府公题缺选官之制，是清代异常复杂的内务府官制的一个缩影。乾嘉时期改进完善后，上述各有品级员缺最终均改为题缺，由管理中正殿事务王大臣等自行考选后奏补。实际上中正殿念经处内笔帖式品级划分有三类，分别为有品级兼加虚衔、有品级不加虚衔和无品级，尤以无品级充任者数量最多，而无品级充任者又有委署首领、候缺笔帖式、苏拉笔帖式、效力行走苏拉笔帖式等多种名目之分，种类繁多，升途较宽，可文武互转。如以苏拉笔帖式为例，总体看可选自内外各旗武职护军、披甲等，其当差年久且勤勉者，既可升任本殿八品笔帖式、副内管领及内务府员外郎、郎中等文职，亦可保送补取侍卫蓝翎、护军校、骁骑校等武职；既可挑在宫内奏事处等非内务府机构行走，亦可备补外朝理藩院蒙古主事、唐古忒官学助教等文职，甚至还能远赴喜峰口驿站、察哈尔都统衙门、四川总督衙门等处任职。正如《听雨丛谈》所言："我朝效法三代，八旗仕进之阶，不泥一辙，大臣故不判其文武。下至食饷弯弓之士，亦有文职之径，如骁骑校、护军、马甲选赞礼郎，若柏唐阿清语作执事之称、亲军、护军、马甲升笔帖式……均存因材器使之意。"[94]需要说明的是，中正殿念经处员外郎等职官升任途径虽宽，但真正任为三四品大员者却并不多见，总体看，各级员役升迁速度均十分缓慢，普遍都在职任上效力终生。

（三）职掌有序　各有专司

清宫管理中正殿事务王大臣掌管中正殿念经处印信、印钥及本处当差员役的考选奏补等。康熙时期初派中正殿之内务府司员，主要负责中正殿造佛事务，雍正初年始兼办念经事务，雍正末年由兼办转为专司办理念经事务。中正殿念经处既承办内廷念经礼佛等事，还常有随围祭祀等外差，专业性强。这就要求该处职官不仅要兼通满、汉、蒙古、藏等语言文字，且得熟悉藏传佛教经卷和皇家礼仪等。该处所设员外郎、副内管领、八品笔帖式等，均属中正殿奏准占用之专司人员，只负责缮写稿案、备案考勤、监看进宫喇嘛僧众念经及外派办道场等中正殿念经处本处所管事务，不承担紫禁城内值宿、操演汲桶等其他杂差，《钦定大清会典》对上述司官笔帖式等职掌也做了专门记载：员外郎、副内管领等"掌喇嘛唪经之事，具其僧众，备其供献，庀其物用，凡塑像则供其事"，八品笔帖式"掌给使令"等[95]。无品级苏拉笔帖式、唐古忒学生等，则分别承担值库班殿班、领办念经物料、缮写四体佛号及外派随围等具体差务，任务繁重，如乾隆五十五年（1790）热河普宁寺办道场所派苏拉笔帖式常宁即因腿上生疮不能骑马坐车后补派文保[96]。苏拉笔帖式等皆食各自原来钱粮，亦毋庸承担内务府其他杂差。中正殿等处所设太监喇嘛等，则专司唪经、宫值、香烛、洒扫等事，其补派晋补之制也较为规范。而诸如宫内值宿看守火炭等杂差，皆由喇嘛饭房所雇做饭厨役等来承担，各司其职。

综上所述，清宫中正殿念经处的机构设立和员役选任，真实反映了皇权在清宫藏传佛教事务运行中的主导作用，尽管其本身具有封建王朝的历史局限性，但客观上对增强民族凝聚力、加强蒙古族、藏族对中央王朝向心力均产生过积极作用。

注释：

① 王家鹏：《中正殿与清宫藏传佛教》，《故宫博物院院刊》1991年第3期，第58页。
②③④⑧㉚㊸㊹（嘉庆）《钦定大清会典事例》卷886，内务府二·官制。
⑤ 中国第一历史档案馆藏：内务府呈稿，档号：05—08—030—000340—0086。
⑥ 中国第一历史档案馆藏：内务府呈稿，档号：05—08—030—000196—0044。
⑦ 故宫博物院：《钦定总管内务府现行则例二种》第5册，海口：海南出版社，2000年版，第43页。
⑨ 赵令志、郭美兰等：《雍和宫满文档案译编》上卷，北京：北京出版社，2016年版，第1页。
⑩ 中国第一历史档案馆藏：军机处录副奏折，档号：03—5663—064。
⑪ 中国第一历史档案馆藏：内务府来文，档号：05—13—002—000836—0150。
⑫(95)（光绪）《钦定大清会典》卷98，内务府·中正殿事务。
⑬㊺ 故宫博物院：《钦定总管内务府现行则例二种》第4册，第249页。
⑭ 李洵等：《钦定八旗通志》第2册，吉林：吉林文史出版社，2002年版，第839页。
⑮ 中国第一历史档案馆：《乾隆朝满文寄信档译编》第15册，长沙：岳麓书社，2011年版，第556页。
⑯ 赵尔巽等：《清史稿》卷297，列传八十三，北京：中华书局，1976年版，第10383页。
⑰（清）昭梿：《啸亭杂录续录》卷2，北京：中华书局，1980年版，第407页。
⑱(55)(57)(60) 中国第一历史档案馆藏：内务府呈稿，档号：05—08—015—000002—0001。
⑲ 杜家骥：《清代八旗官制与行政》，北京：中国社会科学出版社，2015年版，第216页。
⑳（光绪）《钦定大清会典事例》卷1173，内务府四·官制。
㉑（嘉庆）《钦定大清会典事例》卷887，内务府三·升除。
㉒ 中国第一历史档案馆藏：内务府呈稿，档号：05—08—030—000176—0017。
㉓ 中国第一历史档案馆藏：内务府呈稿，档号：05—08—030—000180—0103。
㉔ 中国第一历史档案馆藏：内务府呈稿，档号：05—08—030—000570—0045。
㉕ 汲桶：又作激桶，是一种使用人力操作的喷水灭火设备。
㉖ 中国第一历史档案馆藏：内务府来文，档号：05—13—002—000578—0141。

㉗㉘ 中国第一历史档案馆藏：内务府来文，档号：05—13—002—000578—0139。

㉙ 中国第一历史档案馆藏：内务府呈稿，档号：05—08—030—000570—0045。

㉛㉝（嘉庆）《钦定大清会典事例》卷32，吏部十九·满州铨选。

㉜ 中国第一历史档案馆藏：内务府来文，档号：05—13—002—000801—0083。

㉞ 有关此时间，（嘉庆）《钦定大清会典事例》卷32记为"嘉庆十一年议准"，应属错误。

㉟ 中国第一历史档案馆藏：内务府呈稿，档号：05—08—030—000183—0018、05—08—030—000337—0041等档案中也有"嘉庆六年议准"的记载。另（嘉庆）《钦定大清会典事例》卷八百八十八《内务府四》也记为"嘉庆六年奏准，上三旗蒙古六品虚衔八品笔帖式如五年期满，奏请移送理藩院，候升主事"。

㊱ 中国第一历史档案馆藏：内务府来文，档号：05—13—002—000589—0068。

㊲㊳ 中国第一历史档案馆藏：内务府来文，档号：05—13—002—000882—0059。

㊴ 中国第一历史档案馆藏：内务府来文，档号：05—13—002—000882—0068。

㊵ 中国第一历史档案馆藏：内务府来文，档号：05—13—002—000925—0116。

㊶ 中国第一历史档案馆藏：内务府呈稿，档号：05—08—030—000016—0014。

㊷ 效力行走苏拉笔帖式：亦作效力行走，满文拉丁转写为aisilame yabure sula bithesi或aisilame yabure，目前从清宫满文档案记载看，其选补和承担差务同苏拉笔帖式基本一致，数量较多，可备补苏拉笔帖式实缺。

㊻ 中国第一历史档案馆藏：内务府呈稿，档号：05—08—030—000460—0034。

㊼ 中国第一历史档案馆藏：内务府呈稿，档号：05—08—030—000586—0075。

㊽ 中国第一历史档案馆藏：内务府呈稿，档号：05—08—030—000177—0095。

㊾ 故宫博物院：《钦定总管内务府现行则例二种》第4册，第250页。

㊿ 中国第一历史档案馆藏：内务府来文，档号：05—13—002—000444—0078。

51 中国第一历史档案馆藏：内务府呈稿，档号：05—08—030—000023—0035。

52 中国第一历史档案馆藏：内务府来文，档号：05—13—002—000426—0101。

53 中国第一历史档案馆藏：内务府呈稿，档号：05—08—030—000343—0025。

54 中国第一历史档案馆藏：内务府来文，档号：05—13—002—000432—0054。

55 赵尔巽等：《清史稿》，志八十五，选举五，第3213页。

58 中国第一历史档案馆藏：内务府呈稿，档号：05—08—030—000023—0064。

59（光绪）《钦定大清会典事例》卷1089，光禄寺·筵席·诵经供品。

61 82 罗文华：《乾隆时期宫中内监僧制度考》，《故宫博物院八十华诞暨国际清史学术研讨会论文集》，北京：故宫出版社，2006年版。

62 本表根据中国第一历史档案馆所存内务府呈稿等满汉文档案统计。

㉓ 中国第一历史档案馆藏：内务府呈稿,档号：05—08—030—000013—0048。

㉔ 中国第一历史档案馆藏：内务府来文,档号：05—13—002—000460—0004。

㉕ 中国第一历史档案馆藏：内务府奏案,档号：05—0329—020。

㉖ 中国第一历史档案馆藏：内务府呈稿,档号：05—08—030—000025—0112。

㉗ 中国第一历史档案馆藏：内务府呈稿,档号：05—08—030—000182—0095。

㉘ 中国第一历史档案馆藏：内务府呈稿,档号：05—08—030—000015—0099。

㉙ 中国第一历史档案馆藏：内务府呈稿,档号：05—08—030—000015—0007。

㉚ 中国第一历史档案馆藏：内务府奏案,档号：05—0329—020。

㉛ 中国第一历史档案馆藏：内务府呈稿,档号：05—08—030—000018—0055。

㉜ 中国第一历史档案馆藏：内务府呈稿,档号：05—08—030—000190—0080。

㉝ 中国第一历史档案馆藏：内务府呈稿,档号：05—08—030—000191—0004。

㉞ 中国第一历史档案馆藏：内务府呈稿,档号：05—08—002—000066—0018。

㉟ 信修明：《太监谈往录·宫廷琐记》,北京：故宫出版社,2000 年版,第 41、105 页。

㊱㊶ 故宫博物院：《钦定总管内务府现行则例二种》第 4 册,第 278—279 页。

㊲ 郎丰霞：《清宫太监喇嘛考——兼谈内廷藏传佛教仪式与信仰》,《贵州民族研究》2019 年第 4 期,第 166 页。

㊳ 中国第一历史档案馆藏：内务府呈稿,档号：05—08—030—000337—0113。

㊴ 中国第一历史档案馆藏：内务府呈稿,档号：05—08—030—000455—0013。

㊵ （清）鄂尔泰等：《国朝宫史》卷 21,北京：人民出版社,1994 年版,第 464 页。

㊷ 中国第一历史档案馆藏：宫中朱批奏折,档号：04—01—13—0358—017。

㊸ 中国第一历史档案馆藏：内务府奏案,档号：05—0100—069。

㊹ 中国第一历史档案馆藏：内务府奏案,档号：05—0119—077。

㊺ 中国第一历史档案馆藏：内务府呈稿,档号：05—08—030—000025—0037。

㊻ 中国第一历史档案馆藏：内务府呈稿,档号：05—08—030—000178—0088。

㊼ 朱金甫、张书才主编：《清代典章制度辞典》,北京：中国人民大学出版社,2011 年版,第 317 页。

㊽ 中国第一历史档案馆藏：内务府呈稿,档号：05—08—030—000182—0048。

㊾ 中国第一历史档案馆藏：内务府呈稿,档号：05—08—030—000191—0020。

㊿ 中国第一历史档案馆藏：内务府来文,档号：05—13—002—000807—0090。

⓬ 中国第一历史档案馆藏：内务府奏案,档号：05—0856—028。

⓭ 本表根据中国第一历史档案馆所藏内务府呈稿等满汉文档案统计,档号：05—08—030—000019—0037、05—08—015—000004—0018 等。此外需要说明的是,表中所

列中正殿念经处员役额缺数量各时期不尽相同,这里仅以嘉庆十八年十二月为例进行统计,且 159 名总额内并不包括该月念经喇嘛和画匠等。

㉔（清）福格:《听雨丛谈》卷1,军士录用文职,北京:中华书局,2016 年 3 月重印版,第 26 页。

㉖中国第一历史档案馆藏:内务府呈稿,档号:05—08—030—000019—0037。

（原载于《满学论丛》第十一辑,2022 年 4 月出版）

文渊阁《四库全书》的典藏与管理

丁　好

　　清代官修图书到乾隆朝达到高峰，乾隆帝在位 60 年的时间里，编修书籍达到 120 余种，成为历代帝王中修书最多者。《四库全书》作为包罗"古今数千年"，囊括"宇宙数万里"[①] 的巨著，凝聚了乾隆帝的无数心血。《钦定四库全书》卷首凡例中这样写道："是书卷帙浩博，为亘古所无。然每进一篇，必经亲览，鸿纲巨目，悉禀无裁。"为贮藏《四库全书》，乾隆帝特建"北四南三"七座藏书楼，而以文渊阁所藏为最精，其构思精巧的建筑、严格完备的管理制度均展现出中国古代图书典藏与管理的精粹，其中许多理念和方法也对现代文献管理有借鉴意义。

一　文渊阁的建筑特色

（一）文渊阁的建筑背景

　　自古以来，历朝历代都建有专门庋藏图书的地方（书阁），如汉代的天禄阁、兰台；唐代的乾元殿、集贤殿；宋代的崇文院、龙图阁；元代的宏文院，等等。而明清两代都建有文渊阁，但经历却大不相同，《钦定日下旧闻考》中曾提到："旧文渊阁在内阁旁，当文华殿之前，明时已毁于火"。

　　清代官修书规模较之前朝更为庞大。从乾隆三十八年（1773）

开始，到乾隆四十六年（1781）底第一部《四库全书》修成，清廷集全国上下之力征集、整理、编纂这部巨著。乾隆三十九年（1774），在开始编纂《全书》的第二年，认为"凡事豫则立"的乾隆帝已有所筹划，为《四库全书》建造专门的庋藏之所："书之成虽尚需时日，而贮书之所，则不可不宿构。宫禁之中，不得其地，爰于文华殿后，建文渊阁以待之。文渊阁之名，始于胜朝，今则无其处，而内阁大学士之兼殿阁衔者，尚存其名。兹以贮书所为，名实适相副。"②这座皇家藏书楼于乾隆四十一年（1776）修竣。

（二）文渊阁的设计特色

文渊阁选址在紫禁城东华门内的文华殿北面，为明代圣济殿（祭祀先医之所）的旧址。乾隆四十一年建成后，同文华殿毗连，形成与武英殿、静思殿东西对称的宫殿群。

在设计理念上，因古代藏书楼多为木制，而贮藏书籍又为纸质，极易引发火灾，所以防火为建筑的第一要务。乾隆帝了解到宁波天一阁"纯用砖瓷，不畏火烛，自前明相传至今，并无损坏，其法甚精"，③便派人前往考察，学其精华之处，用以文渊阁的修建。因此，文渊阁沿袭了宁波天一阁所用"天一生水，地六成之"的理念，有"以水制火"之意，分上下二层，面阔六间，各通为一。

文渊阁在内部设计时充分考虑到了日后的藏书功用。面对共计3.6万册之多的《四库全书》，为了扩充使用面积，文渊阁采用了阁内夹暗层方案，使外观二层实用为三层，形成避免浪费的合理布局。阁内三层，均贮图籍，下层左右梢间储经部图书二十架，中层储史部图书三十三架，上层中间储子部图书二十二架，两旁储集部图书二十八架。这些书架不仅起到了贮放各类图书作用，还能起到隔扇作用——运用自如，移动方便，可使室内格局富于变化。阁的下层内部，于次间左右利用书架为间壁使中央形成广厅，厅的中央设宝座，是当时经筵赐茶处。阁的上层在南北二面各有通道，通道之外侧，为了采光全部开窗，正中明间设"御榻"，其他各间都排列着书架。

二　文渊阁《四库全书》的典藏特色

《四库全书》是清代中叶纂修的一部体量巨大的官书，它将前人的遗著做了一次总的结集。"所收书籍，凡三千四百七十种，七万九千一十八卷"④。面对这样一片仅供皇家专用的"书海"，如何妥善保管、便捷查取是文渊阁《四库全书》典藏中的核心问题。

（一）四部如四季的分类装帧

《四库全书》不仅内容宏大，其在书籍装潢上也充分考虑到典藏管理方面的问题。《四库全书》书籍的装潢形制早在乾隆三十八年时已先行议定并上报，决定仿《永乐大典》之例，"装潢用杉木板为函，以防蠹损……俟钦定后，即将应用各色素绢，行文该织造处，如式织办备用"⑤。文渊阁本内文以浙江上等开化纸缮写，软素绢为书衣包背，选择以象征四季的颜色来标明类别，"经诚元矣标以青，史则亨哉赤之类，子肖秋收白也宜，集乃冬藏黑其位"⑥。经部用绿色绢，史部用红色绢，子部用蓝色绢，集部用灰色绢，《总目》与《简明目录》用黄色绢，共分为五种颜色，所有的图书都配置了楠木匣，按函次分别放置于固定书架上，此种装潢排列方式既大气美观，又防潮防蛀，更易于辨识取阅。

（二）简明扼要的《总目提要》

在《四库全书》编修时，考虑到能让阅读者快速地了解每部书的大致内容，每当一部书籍校订完成，就由四库馆臣拟写一篇提要，放于书前——"撮其大凡，撰为提要"⑦，最终汇集成《四库全书总目提要》。提要的内容，除了论述每部书的主旨大意之外，还包括著作源流和作者的官爵、家乡等情况，在卷首还大致记载了《四库全书》和《总目提要》的纂修经过和编写体例。

《总目提要》有着严密的分类体系，按照经、史、子、集四个大类，每一大类又分若干小类，其中一些比较复杂的小类再细分子目。每一大类、小类的前面有小序，子目的后面有按语，简要说明这一类著作的源流以及所以分这一类目的理由。值得一提的是，《总目提要》虽为乾隆第六子永瑢领衔编撰，但实际上，纪昀在《四库全书》馆时间最久，提要的整理加工亦以他的贡献最多，清代诗人张维屏在其《听松庐文钞》中赞到："文达一生精力，具见于《四库全书提要》。"

《总目提要》持论简明，修辞淡雅，对于了解《四库全书》中各类著作的内容、作者和源流等提供了极大方便。这部为《四库全书》承担着关键作用的工具书，是中国古典目录学方法的集大成者，对后来的各种藏书志、读书记、题跋记等著作的兴起和发展起了推波助澜的作用，直至今日依然有很大的查阅参考价值。

（三）系统便捷的《简明目录》

由于篇幅高达二百卷的《四库全书总目提要》线装本合计多达百余册，不仅检索不便，所占空间亦是可观。因此，乾隆于三十九年即提出编纂《四库全书简明目录》的想法："至现办《四库全书总目提要》多至万余种，卷帙甚繁，将其钞刻成书，翻阅已颇为不易，自应于提要之外，另列简明书目一编，只载某书若干卷，注明某朝某人撰，则篇目不繁，而检查较易，俾学者由书目而寻提要，由提要而得全书。"⑧永瑢、纪昀等经过8年的编纂，终于在乾隆四十七年（1782）完成《四库全书简明目录》，共二十卷。

《简明目录》陈设于文渊阁经部书架第一架的首位，为美观与便于识别与《四库全书》装帧形式一致，采用包背装，又以黄绢面页包背，突出识别与提纲挈领的意义。其内容包括：《四库全书》著录的典籍与其简略提要、部分按语等，排除了存目书籍。篇幅只有《四库全书总目提要》的十分之一，是具体而微的"总目"，不仅便于检阅，同时也能节省读者许多时间。

虽然《简明目录》能精确指引使用《四库全书》这部庞大的丛书，提高索书的效率，但乾隆帝曾在诗中表态："令纪昀别刊《简明书目》一编，只载某书若干卷，注某朝某人撰，以便翻阅，然已多至二十卷，检查亦殊不易。"⑨而实际上，相比于七万九千卷《四库全书》，查阅二十卷的《简明目录》已经十分简便了。

（四）顺序分明的《分架图》

为了使函架有明确清晰的方位，四库全书馆又编定了《四库全书分架图》四卷，以表格的形式记录《四库全书》各书列架、分层顺序摆放的情形。《四库全书》第一份成书后，于乾隆四十七年入藏文渊阁，并依经、史、子、集四部分别列架，然后按函次上架，共有六千一百多函。面对如此之多的书籍，如果上架之后没有记录，翻找起来会十分不便。所以，分架图按"经、史、子、集"四部区划，分为四册。图上按书衣颜色标明排架，每半开记录一架书籍，内分四横格，表示码放的层数；每横格内分四纵格，表示每层码放的摆数，写有书名，显示分函情形，描述了书架在文渊阁中的位置，以及每个书架上存放的文献名称，实际形象地反映了文渊阁本《四库全书》当年的陈设实况，便于检索提阅。

（五）完整呈现的陈设图和陈设清册

作为专供皇帝出入御览《四库全书》的场所，文渊阁陈设中除了书籍外，其他的器物自然也十分珍贵。为了便于清点，防止失窃等情况发生，咸丰七年（1857），内务府重新点检文渊阁《四库全书》，并将文渊阁所陈设的一切器玩、文具、书画、图籍等物，依陈列处所，绘图装订成册，并期长久保存。此陈设图，共九页，分别为：文华殿宝座陈设；文敬殿宝座陈设；文渊阁明间宝座陈设；文渊阁东梢间宝座陈设；文渊阁楼筒陈设；文渊阁仙楼东梢间宝座陈设；文渊阁大楼南面宝座陈设；文渊阁大楼北面宝座陈设；文渊阁楼下净房陈设。

为使各处藏品更为明晰，乃另造陈设账簿一册，详细注明陈设图中某些函匣中所盛之物。例如文华殿宝座之陈设图中，绘有紫檀匣二个。此账册于紫檀匣条目下注明内盛：玳瑁笔二枝蠹蛀，朱墨二锭，黑墨一锭。此外，账册又标明各器玩之质地以防掉包。

三　文渊阁《四库全书》的管理制度

《四库全书》在入藏气势恢宏的文渊阁后，其内部管理问题也提上日程。乾隆四十一年六月，大学士舒赫德奉上谕召集吏部及翰林院有关官员，详细商定文渊阁官制职掌及各项管理章程，并在《大学士舒赫德等奏遵旨详议文渊阁官制及赴阁阅抄章程折》（以下简称《章程》）中阐释了文渊阁管理的相关内容。

（一）管理理念仿效宋代

虽然《四库全书》和文渊阁都为清代修竣，但在管理理念上却向宋代学习。宋代是中国古代文化的繁荣时期，其文化成就颇多，尤以刻书及藏书为甚，宋版书在清代价值连城，许多善本深藏清宫中。乾隆帝曾御览宋人程俱所撰《麟台故事》，此书"俱详当时馆阁之制"，且书中又云"典籍之府，宪章所由"，认为国家藏书事业的建设和发展事关国家的治理。这正与乾隆帝"考镜源流，用彰我朝文治之盛"⑩的理念不谋而合。因而，文渊阁官制职掌以及阁书管理章程，均参照宋代制度进行。"案宋初以昭文、集贤、史馆为三馆……今文渊阁为图书之府，典籍充积，视宋三馆秘阁，尤为严重，应请参仿其制"⑪。"仿宋制"的理念贯穿了整个文渊阁的典藏管理，特点十分鲜明。

（二）管理人员设置完备

文渊阁作为皇家藏书楼，不同于一般的藏书楼，其在管理人员上的配备十分完整：配领阁士两人，直阁士六人，校理、检阅十六人等，均分工明确，各司其职。另外，乾隆帝为获得更佳的"借阅体验"，又加设文渊阁检阅等职位，专门负责在乾隆帝驾临文渊阁时站班值守。这些官职的人数、任职的资格和列衔署名规则都有明确的要求，并且针对官员可能出现的缺补情况，《章程》也作出了明确规定："如遇领阁事、直阁事缺员，应由翰林院列名具疏，提请简授……如遇校理缺员，应请由领阁事大学士会同翰林院学士遴选学问优长者数员，带领引见，请旨充补，以慎其选。"⑫便于对这些官员进行统筹管理。

文渊阁的日常事务则由内务府具体负责："邃阁尊严，储藏清秘，凡管轮启闭等事，并属内府司存，亦宜设立兼衔，以重职守……至阁内收发、宿直诸事，应于内府司员、笔帖士内，分派掌管。其应设几员兼管之处，即交派出之提举大臣，酌量奏明管理，似于制度更为详密。"⑬在实际操作中，文渊阁设提举阁事一人，总理阁务并司阁门锁钥；兼管文渊阁事务的内务府司员四人，掌陈设启闭、稽查值宿等事；笔帖式四人，掌给使令，并轮流值宿守护；供事二人，办理文移档案。

文渊阁不仅戒备森严，还需专人日夜值守。"案宋制馆职，有寓直禁中之制，又有秘书省官日轮一员宿直之法，盖所以慎司秘籍，昭示官常。今文渊阁缄鐍出入，典之内府，稽查维严，自毋庸别议宿直，而一切勘核登载，均系阁职所掌，自当量予直庐，用资料理"⑭。为了方便值守，还专门就近调拨宿舍："俟《四库全书》告竣后，于文渊阁就近，酌拨房屋数间，作为阁职直舍，令校理各员，轮番日直。"⑮这样看来，《章程》在文渊阁管理人员的职责和保障方面考虑相当周全，为管理人员坚守职责营造了良好的条件。

（三）管理及借阅制度严格

《四库全书》入藏上架后，并不意味着就可以永久不动一劳永逸，对于书籍的保养尤以曝书最为重要。曝书不仅是防止湿气侵袭书籍的手段，更可以借此机会将书籍检查、点阅。在《四库全书》成书之初，定以五、六月仿宋秘书省仲夏曝书之制，后改定为三、六、九月执行。不仅如此，还严格规定了曝书人员的选派："……提举阁事大臣会同领阁事大臣定期奏请曝书。令直阁校理各员咸集，公同启阁翻晾，用昭钜典……再设文渊阁检阅官八员，由领阁事大臣于科甲出身之内阁中书内遴选，奏明兼充，令其于检曝书籍时，诣阁随同点阅，更足以昭慎重。"⑯这些制度上的设置都展现出对于曝书的重视和一丝不苟。

文渊阁《四库全书》作为第一部修竣入藏之书，定位于专供皇帝御览，普通人员是不允许入阁借阅的。但感叹"四库所集，多人间未见之书"⑰的乾隆帝为"嗜古勤学"的大臣们提供了特殊优待："而钞录储藏者，外间仍无由窥睹，岂朕右文本意乎……大臣官员中有嗜古勤学者，并许告之所司，赴阁观望，第不得携取出外，致有损失。"⑱同时为了鼓励传播《四库全书》，乾隆帝下旨在翰林院贮藏了副本可供查阅，有想要一睹这部巨著真正风采的大臣官员，可以前往查阅、抄录。但借阅登记程序依旧严格："其司籍之员，随时存记档册，点明帙数，不许私携出院，致有遗缺。"⑲如若在借阅中发现文字错误，也需谨慎核对修改。"如所抄之本，文字偶有疑误，须行参校者，亦令其识明某卷、某页、某篇，汇书一单，告之领阁事，酌派校理一员，同诣阁中，请书检对，仍须敬谨翻展，不得少致污触"⑳。

文渊阁管理制度在设置时是建立在理想的环境条件下，但在实际管理过程中，由于文渊阁所设各项官职分别由内阁、翰林院、内务府等衙门派员兼任，时间一长，总难免出现职责不清、互相推诿的现象，直接影响到书籍的管理与保存。最终，阁中书籍及一应事务全部交由内务府管理，文渊阁遂成为事实上的"禁御重地"。

四　文渊阁《四库全书》典藏与管理对当今的启示

（一）对于当代收藏类馆舍建设的启示

文渊阁藏《四库全书》的管理从《四库全书》还未正式成书时就已经开始谋划，因为是专为《四库全书》的贮藏而建，所以文渊阁的设计建造、内部空间规划、器物摆放都体现出极强的针对性和适用性，这是以往的藏书楼所不多见的。这对于当代以古籍、文物和历史档案为主要馆藏的图书馆、博物馆和档案馆有着极强的借鉴意义。

以古籍、文物和历史档案为主要馆藏的馆舍，由于古籍、历史档案和文物的珍贵性，征集新的藏品较为困难，其馆藏总量不会发生较大变化。在设计建设新的馆舍时，可以参照文渊阁以《四库全书》为本的设计理念，根据自己的馆藏量身定制，突出自身的收藏、展示和利用特点，在充分满足功能需要的基础上，防止过度建设和空间浪费。

（二）对于当代收藏类馆舍资产管理的启示

文渊阁内包括《四库全书》在内所有的物品，都进行了详尽的登记造册，尤为可贵的是，物品不仅在陈设册中有包括质地、器皿内盛物等容易被忽略的细节信息，同时还配合排架图和陈设图，构建了立体直观的资产管理体系。

现代的资产登记与管理更多的是侧重物品的文字登记，对于其摆放位置和外观样式等存在一定程度的缺失和忽略。固然，现代的照相技术等较之清代不可同日而语，特别是在越来越讲求管理精细化的今天，如何利用现代技术，建立详尽立体的资产登记管理体系是更加需要思考的问题。

（三）对于当代图书馆和档案馆文献检索系统的启示

从《四库全书》到《四库全书总目提要》再到《四库全书简明名录》，反映出了《四库全书》检索的基本理念，就是检索工具的设置要"由繁到简"。而其体现在检索结果和检索过程中的则是"由简到繁"，先由书名检索提要，如提要所述符合需要则借阅整书。这与现代文献检索的理念基本一致，都是通过对海量文献信息进行充分挖掘，简化提炼出有效信息（即关键字词），再简化到名称标识（对应字段）。

文献检索系统是图书馆和档案馆文献借阅的中心，由于馆藏特点的不同，在实际工作中，需要定制开发符合馆藏特点的检索系统。运用"由繁到简"和"由简到繁"的理念，可以使检索系统的结果更符合借阅者的需求。

五　结语

文渊阁《四库全书》从入藏开始到现在已过去230多年，为我国保存下来大量的文化遗产。这期间虽经历了许多沧桑巨变，但其在管理上的措施在今天看来，依然有许多可取之处。研究历史即为"以史资政"，笔者希望通过本文对其相关几个方面的浅显分析，使古人的智慧为当今的文化事业建设提供一些借鉴和参考。

注释：

① 《高宗纯皇帝实录》卷 968，乾隆三十九年十月上，北京：中华书局，1986 年版，第 20 册，第 1211 页。

② 《钦定四库全书（清）文渊阁藏本》第 1 册，厦门：鹭江出版社，2004 年版，第 2 页。

③ 中国第一历史档案馆：《纂修四库全书档案》上册，上海：上海古籍出版社，1997 年版，第 212 页。

④ （清）永瑢等：《四库全书简明目录》出版说明，上海：上海古籍出版社，1985 年版。

⑤ 中国第一历史档案馆：《纂修四库全书档案》上册，第 76 页。

⑥ 朱诚如：《清史图典·乾隆朝》，北京：紫禁城出版社，2002 年版，第 364 页。

⑦ 章乃炜、王蔼人：《清宫述闻》，北京：紫禁城出版社，2009 年版，第 288 页。

⑧ 中国第一历史档案馆：《纂修四库全书档案》上册，第 229 页。

⑨ 《钦定四库全书·集部·御制诗五集》卷 67，第 1 页。

⑩ 《高宗纯皇帝实录》卷 963，乾隆三十九年七月下，第 20 册，第 1068 页。

⑪⑫⑬⑭⑮⑯ 中国第一历史档案馆：《纂修四库全书档案》上册，第 525 页。

⑰⑱ 《高宗纯皇帝实录》卷 1010，乾隆四十一年六月上，第 21 册，第 556 页。

⑲ 中国第一历史档案馆：《纂修四库全书档案》上册，第 526 页。

⑳ 中国第一历史档案馆：《纂修四库全书档案》上册，第 527 页。

（原载于《清宫史研究》第十二辑，辽宁民族出版社，2017 年出版）

清宫西洋贡品考略

伍媛媛

清宫西洋贡品是清代中西交往的重要见证,是17—19世纪中西政治文化交流过程中具有特殊价值的历史珍存。西洋贡品不仅反映了清宫生活的一个侧面,也折射出清朝皇帝对西方的认知与态度。厘清清宫西洋贡品的历史脉络和基本状况,对全面了解清代近三百年间中国与世界的交往,对充分认识明清时期丝绸之路的延续与铺展,都是有一定助益的。需要说明的是,在清代档案文献中习惯性所称的西洋贡品,实际上很大一部分是中西正常交往中的礼品和定制采办的西洋物品,为转引论述方便,本文仍统称贡品。

一 清宫西洋贡品的来源

明清时期,常用"西洋"一词泛指西方国家。本文所言西洋贡品,主要是指欧洲国家转送到清朝皇宫的各色器物。大致说来,西洋贡品进入清宫的主要渠道,有西洋各国使臣的进贡,还有西洋传教士的进献,也有广州地方大员的采办。

(一)西洋各国使臣的进贡

清朝初年,曾一度实行海禁政策,而此时的欧洲则已进入海权时代。为了开拓中国市场,追逐商业利润,荷兰、葡萄牙、瑞典、英国等欧洲国家相继东来，不断派遣使臣来到清朝。大批西洋方物由此带进清宫，成为清朝皇帝观赏和享用的特殊物件。

荷兰是最早积极与清廷建立联系的西方国家，顺治十年（1653），荷兰巴达维亚总督就派遣使臣斯克德"至广东请贡，兼请贸易"，但因使臣没有携带表文和贡物，与朝贡制度不符，"巡抚具奏，经部议驳"①。初次请贡遭拒，使荷兰人对清朝的朝贡制度有了具体的了解。两年后，荷兰巴达维亚总督再度遣派使臣来华，这次按照清朝的定制，专门备有表文和诸多贡物。经广东巡抚奏请，清廷准其赴京朝觐。据记载，顺治十二年（1655）荷兰使团携带的贡物种类繁多，包括以荷兰国王名义进献的方物和使臣自己进献的方物两部分。其中，进呈皇帝的方物有：镶金铁甲、镀金马鞍、镶银剑、鸟铳、铳药袋、镶银千里镜、玻璃镜、八角大镜、珊瑚、珊瑚珠、琥珀、琥珀珠、哆啰绒、哔叽缎、西洋布花被面、大毡、毛缨、丁香、番木蔻、五色番花、桂皮、檀香，共22种。进呈皇后的方物有：玻璃镜、玳瑁匣、玻璃匣、乌木饰人物匣、珊瑚珠、琥珀珠、琥珀、哆啰绒、哔叽缎、西洋布、百倭缎、花毡花被面、玻璃杯、花石盒、白石画、蔷薇露，共16种。清朝统一台湾，开放海禁之后，荷兰使臣于康熙二十五年（1686）再度入贡。康熙帝对荷兰的贡物也做了明确规定："令贡珊瑚、琥珀、哆啰绒、织金毯、哔叽缎、自鸣钟、镜、马、丁香、冰片、鸟枪、火石，余均免贡。"②

葡萄牙也是较早和清朝建立联系的国家，康熙朝便送贡物进京。据《钦定大清会典事例》记载，康熙九年（1670）七月，葡萄牙使臣抵京，向清廷进献的物品有：国王画像、金刚石饰金剑、金珀书箱、珊瑚树、珊瑚珠、琥珀珠、迦南香、哆啰绒、象牙、犀角、乳香、苏合油、丁香、金银乳香、花露、花幔、花毡，共17种。雍正四年（1726）十一月，"西洋博尔都噶尔国王若望，遣使麦德乐等，具表庆贺，恭请圣安"[③]。这次葡萄牙进献的方物有：大珊瑚珠、宝石素珠、金珐琅盒、金镶咖什伦瓶、蜜蜡盒、玛瑙盒、银镶咖什伦盒、蓝石盒、银镀金镶玳瑁盒、银镀金镶云母盒、各品药露五十瓶、金丝缎、金银丝缎、金花缎、洋缎、大红羽缎、大红哆罗呢、洋制银柄武器、洋刀、长剑、短剑、镀银花火器、自来火长枪、手枪、鼻烟、右巴依瓦油、圣多默巴尔撒木油、璧露巴尔撒木油、伯肋西理巴尔撒木油、各品衣香、巴斯第里、葡萄红露酒、葡萄黄露酒、白葡萄酒、红葡萄酒、喀什伦、各色珐琅、乌木镶青石桌面、镶黄石桌面、乌木镶各色石花条桌、织成远视画，凡41种。

随着工业革命的开展，英国迫切需要打开海外市场，这促使英国加紧谋求向东方大国中国倾销商品，于是英国贡品便随之而来。乾隆五十八年（1793），英国国王乔治三世特派马戛尔尼率使团访华，以为乾隆帝的83岁生日贺寿为名，在避暑山庄觐见了乾隆帝，并向清廷提出了一系列扩大通商的请求。英国使臣马戛尔尼携带了一批足以能够引起中国皇帝和大臣兴趣的贡品，包括：天文地理音乐大表、地理运转全架、天球、地球、探气架子、运动气法西瓜炮、铜炮、椅子、火镜、玻璃灯、印图、丝毛金线毯、大毡毯、马鞍、凉暖车、成对相连枪、自来火金镶枪、自来火银镶枪、自来火小枪、小火枪、大火枪、钢刀、巧益架子、西洋船样、千里眼、各色哆罗呢、羽纱等，共29种。

此外，法国国王路易十四、俄罗斯彼得大帝等诸多西方君主，也曾先后遣派使臣来华，分别带有各色礼品。这些各式各样的西洋贡品，成为历史上中西国家间交往的重要凭证。

（二）西洋传教士的进献

清前期，大批西方耶稣会士相继来华。据档案文献记载，从康熙朝至乾隆朝，葡萄牙国王、西班牙国王、法国国王、罗马教皇等都曾选派耶稣会士分赴中国。这些来华的西洋传教士有两个特点：一是大多学识渊博，各有高超技艺，借此走进皇宫，且能留在皇帝身边服务，其中有数学家、天文学家、地理学家、内外科医生、音乐家、画家、钟表机械专家、珐琅专家、建筑专家等，二是传教士们来华，不仅带来了异国的宗教与文化，还随身带有大批西洋的珍玩器物，他们进京后，将所携带的器物作为见面礼进献给清朝皇帝，以博取好感，争取清廷放宽教禁，由此方便他们在中国更广泛地传教。纷至沓来的西洋奇器进呈后，也确实引起了清朝君臣的极大兴趣。现存的清宫档案中，保存着这些西洋传教士向清朝皇帝进呈各种珍稀器物的进单，其中不仅标注了传教士的中国名字，还具体开列了所进器物的名称和数量，记述颇详，弥足珍贵。兹举几例：

雍正十一年（1733）十月二十六日，西洋人戴进贤、巴多明、徐懋德、德里格等，向雍正帝恭进"洋木百套杯一尊、比例尺一个、取方向仪一个、半圆仪一个、垂线平仪一个、罗经一个、日晷一个、千里眼大小四个、眼镜六副、规矩二套、景物图画十幅、容镜一个、珐琅戒指一个、珐琅片二个、银星玳瑁筒一对、花磁盒一个、花银盒一个、西香一匣、火漆十六条、小剪一套、罗斯玛立诺露二瓶、避风巴尔撒木香六盒、巴西弟辣四瓶、鼻烟六瓶"④。

乾隆三十四年（1769）十月初三日，"两广总督李侍尧奏称，西洋人严守志、梁栋材二人情愿赴京效力"，并进献"借光镜一件、大花布二匹、小花布二匹、手巾二匹、白布二匹、银丝鹦哥二架、绒狗二个、槟榔膏小狗四个、槟榔膏鸭子四个、珐琅珠盒子一个、珐琅珠囊一个、草绣花囊一个、草绣花鞋面二双、金丝绣囊一个、绣花囊一个、鼻烟四瓶、意大利石鼻烟盒二个、意大利石小挂屏一挂、文具套二个、小刀子四把、小剪子四把、小铜版画八张"⑤，其中清廷将小花布、槟榔膏小狗、珐琅珠囊、金丝绣囊一个、小剪子收讫。从这些进单的记载中我们看到，西洋传教士们为博得清朝皇帝的赏识，确是用心良苦，他们搜罗各种珍玩，携带各类奇器，万里迢迢来到北京。从某种角度上讲，这些西洋贡品也确实成了传教士们走进紫禁城的见面礼，拉近了传教士与清朝皇帝的感情距离。

（三）广州地方大员的采办

清代每逢元旦、万寿、冬至等节令，封疆大吏都要向皇帝进献当地名贵物产，这在当时已成惯例。广州作为清朝对外贸易的主要港口，是洋货进入中国的主要通道。据档案文献记载，历任广州将军、两广总督、广东巡抚、粤海关监督等大员，均竞相争购西洋舶来品，为宫廷输送紫檀、象牙、珐琅、鼻烟、钟表、仪器、玻璃器、金银器、毛织品及宠物等大批洋货，广州由此成为"天子南库"。从广东大吏进呈西洋贡品的档案记录中我们可以看到，广东封疆大吏为搜罗西洋贡品实在煞费苦心，每次进呈的物品都不在少数。如雍正十一年二月二十三日，粤海关监督毛克明恭递进单，上面开列了进呈皇帝的西洋器物：金标五尊（内间标二尊）、千里镜九架、自鸣报时一架、益达联规矩二尊、双面哆罗呢二联、洋绣手巾二百方、洋绣门帘九副、花绒毡二幅、花羽宁十联、鼻烟盒一箱（内益达联一对、玛瑙五个、青咖实伦一对）、鼻烟四箱（内二十四瓶）、洋油三盒（内檀香油四瓶、白花油九瓶、丁香油九瓶）、香三盒（内迦南四块、沉香三块）⑥。乾隆二十三年（1758）二月十八日，署理两广总督李侍尧奏报说："向省中各洋行铺店及澳门驻澳夷人处所遍加购觅"，共得西洋器物一批，特呈送皇上。其中有：镀金洋景亭一座、自鸣钟五架、乐钟六架、挂钟二架、推钟七元、表七元、鼻烟壶盒八件、规矩六件、玻璃棋盘一个、重一钱上珍珠一颗、七分上珍珠一颗、六分上珍珠一颗、五分上珍珠一颗、四分上珍珠一颗、三分上珍珠九颗、二分上珍珠二十颗、小珍珠手串二串⑦。在广东大吏办理西洋贡品过程中，半官半商性质的对外商贸垄断组织广州十三行充当了特殊的角色。清宫内务府有关需要采办的西洋贡品，大多是交广东封疆大吏，最终通过广州十三行去置办。广州十三行商人按照内廷出具的清单，从洋船上逐件采买或订制，再交广东地方官员转送清宫。档案记载，圆明园内西洋楼里的洋玻璃灯、洋地毡、自动玩具、机械钟表、西洋镜、铜版画等陈设，都是由粤海关通过洋行商人采买运送北京的。

　　诚然，清廷对西洋贡品的大量需求也加重了广东地方官府和洋行商人的负担。"粤海关监督每年采办官物，如紫檀、花梨、乌木、羽纱、大绒、花毡、洋金银线等物，向来定有官价，较之市价未免减少"⑧，致使行商"赔垫价值，积习相沿"⑨。不仅如此，广州行商还要以"备贡"的名义，每年向内务府造办处上缴银五万五千两，为皇室传办贡品提供专项经费，而当时专门承做宫廷御用品的造办处，其每年开销的银两也只在三四万两之间。可见，采办贡品已经成为广州洋行商人不敢推也推不掉的巨大负担。至乾隆末年，行商因负债而破产者迭出，备贡的苦累即为其中一端。到了道光二十年（1840），鸦片战争爆发。在硝烟风云中，清政府下令断绝中英贸易，广州十三行因此失去了主要的交易对手，洋货来源寥寥。而此时的清朝国势已衰，荣光不再。在既缺货源又少银钱的窘境下，道光帝下令对西洋器物"不必多方购求"⑩，广东大吏每年进贡洋货的定制也随之停止。

二　清宫西洋贡品的类别

　　通过各种渠道进呈清宫的西洋贡品，林林总总，种类繁多。

其中，有代表当时西方科技水平的各种仪器，也有毡毯之类的生活用品，还有钟表和玻璃画等陈设摆件，甚至还有一些异兽珍禽等等。在诸多西洋器物当中，西洋钟表和各式机械玩具最能博得清朝皇帝及其后妃们的喜欢。

（一）科技仪器类

清朝前期，西方世界已经进入工业时代的前夜，科技制造达到了一定的水平。在这段时间里，不少具有近代科技含量的西洋器物送入清宫，成为特色贡品。德国传教士汤若望是最早走入清宫的西洋人。顺治十二年二月二十七日，汤若望的教友耶稣会士利类思、安文思向顺治帝进献了一批贡品，其中就有西洋大自鸣钟一架、西洋万象镜一架、西洋按刻沙漏壶一具、西洋鸟枪一支、西洋画谱一套。这里的自鸣钟、万象镜、按刻沙漏壶，都是技艺先进制作精美。法国传教士白晋，在康熙二十六年（1687）带来了一些天文仪器，他向康熙帝详细介绍天文现象及这些仪器的用法，引起了康熙帝极大的兴趣。

在西方传教士带来的西洋奇器中，望远镜格外受到清朝皇帝的青睐。在清宫档案中，常常形象地把望远镜称为"千里眼"。乾隆三十七年（1772），意大利传教士潘廷璋来到北京，向乾隆帝进献"新法望远镜一架"，这部望远镜"远视便捷，其长一二尺，可抵旧法一二丈有余"。乾隆帝对这架望远镜爱不释手，甚为喜欢。对意大利传教士潘廷璋，乾隆帝除给予赏赐外，还封其为启祥宫"行走"。对推荐潘廷璋的法国传教士蒋友仁，乾隆帝夸赞其"办理西洋人所进之物甚好"，并赏赐大缎一匹[⑪]。

（二）洋毡织品类

清宫的西洋纺织品，主要是西方国家传入中国的西洋布、西洋绸缎和毛织品等，最初来自外国使团和传教士的进献。如顺治十二年，荷兰使团就向顺治帝进献"哆啰绒、倭缎各二匹，哔叽缎六匹，西洋布二十四匹"⑫这里提到的哆啰绒，又名哆啰呢，是西方一种宽幅的毛呢类织物。这类织物以羊毛为原料，分为平纹、斜纹，以平纹居多。哆啰呢常常作为皇室生活铺垫之用，比如用于皇帝、皇后的轿舆之内，或充作寝宫的炕毯、桌毯等。据内务府奏案记载，乾隆二十六年（1761）六月初十日，銮仪卫成做皇太后乘用暖轿帏二份，奏请领用"黄哆啰呢五丈五尺九寸六分四厘"，"成做皇太后、皇后乘用车帏二份，用黄哆啰呢十丈八尺七寸一分四厘"⑬。乾隆二十九年（1764）三月初一日，广储司因成做皇太后、皇后乘用车帏，上奏领用"黄哆啰呢九丈六尺三寸八分八厘"⑭。可以看出，西洋哆啰呢在清宫生活中已是广为使用，且存量不少。

　　除了外国进献，清帝也不时谕令地方官员为之采办。譬如，雍正三年（1725）四月初七日，广东巡抚年希尧接到雍正帝朱笔批示过的奏折，在专门传递奏折的折匣内，年希尧发现还有花番巴二块、花小绒二块，另有太监传谕"照式购寻恭进"。年希尧立即于广州洋行和澳门货店里寻找，最终"寻得旧存番巴二匹，一系元青色、一系大红色"⑮。这里看得出，雍正帝对西洋各色花布是很青睐的。

　　（三）钟表陈设类

　　在西洋贡品中，钟表占有很大的比重。档案文献记载，康熙帝对欧洲传教士进呈的机械钟表很是欣赏。康熙帝不仅传谕粤海关监督，在广州口岸每年向外商购买大盘的欧洲钟表，还特地延请瑞士著名钟表师法斯·斯塔林入宫指导，在内务府造办处内设立"自鸣钟处"，就近制造机械钟。

　　乾隆帝对西洋钟表的兴趣尤其浓厚。在军机处《上谕档》中，载有乾隆帝的明确谕令："惟办钟表及西洋金珠奇异陈设，并金线缎、银线缎或新样器物，皆可不必惜费，亦不令养心殿照例核减，可放心办理。"⑯时任署理两广总督李侍尧接到廷寄之日，随即"向省中各洋行铺店及澳门驻澳夷人处所遍加购觅，得有镀金洋景亭一座，自鸣钟五架，乐钟六架，挂钟二架，推钟七元，表七元，鼻烟壶盒八件，规矩六件，玻璃棋盘一个，重一钱上珍珠一颗，七分上珍珠一颗，六分上珍珠一颗，五分上珍珠一颗，四分上珍珠一颗，三分上珍珠九颗，二分上珍珠二十颗，小珍珠手串二串"，先行呈进养心殿御览。对办贡后剩余银两，乾隆帝也令其不必解交养心殿，而是"留粤以备本年洋船进口补行采办金珠奇异陈设之用"⑰。在这之后，待乾隆二十三年洋船进口后，李侍尧遵旨陆续购觅，"得洋镶金玛瑙规矩乐钟一对，镶金玛瑙规矩一座，镶金珠玛瑙规矩箱一座，镶金玛瑙牙签筒一件，镶金玛瑙小圆罐一对，小方罐一对"⑱。

（四）玻璃画作类

玻璃画，又称为镜子画，在欧洲也称为背画，是用水粉或油彩直接在玻璃的背面作画，在着彩的另一面可观赏到精美的图画。玻璃画多为大块的平板玻璃，用于挂屏、插屏、桌屏、屏风、围屏之上。

宫中进单中有诸多进呈玻璃画的记载：乾隆十年十月初二日，两广总督策楞进呈画玻璃挂屏二对；乾隆十三年四月二十四日，两广总督策楞进呈画玻璃挂屏一对，画玻璃插屏一对，玻璃画屏一对；乾隆十七年七月十一日，两广总督阿里衮进呈画玻璃挂屏一对，双面画玻璃地屏一对，画玻璃小桌屏十座；乾隆十七年七月十七日，两广总督阿里衮进呈紫檀镶玻璃画镜桌屏六座；乾隆十七年十二月初七日，两广总督阿里衮进呈紫檀画玻璃地屏一对，紫檀画玻璃八方灯二对，紫檀画玻璃挂屏一对；乾隆二十四年十二月初五日，两广总督李侍尧进呈紫檀镶画玻璃横披、挂屏各一对；乾隆二十六年四月二十七日，粤海关监督李侍尧进呈紫檀洋花镶画玻璃横披二对；乾隆二十八年十二月十八日，两广总督苏昌、粤海关监督方体进呈紫檀镶画玻璃炕屏一座；乾隆二十九年十二月二十日，两广总督李侍尧进呈紫檀镶画玻璃三屏风一座，紫檀镶画玻璃桌屏一对；乾隆四十七年五月初二日，粤海关监督觉罗巴延三进呈紫檀木雕洋花镶画玻璃炕屏十二扇，紫檀木雕洋花镶画玻璃挂屏五幅；乾隆四十七年十二月十四日，粤海关监督觉罗巴延三进呈紫檀洋花镶画玻璃围屏十二扇，紫檀镶画玻璃大插屏一对；乾隆四十八年四月二十八日，粤海关监督尚安进呈紫檀木雕洋花镶画玻璃彩胜挂屏五幅。透过这些宫中进单我们可以看到，清宫对玻璃画的需求数量着实不小，各式各样的玻璃画进呈清宫一直没有间断，而这一特殊皇差主要是由广东大吏经办。

（五）异兽珍禽类

在种类众多的西洋贡品中，还有一种很是特殊别致的，那就是异兽珍禽。这里试举一例，据《康熙起居注》记载，康熙十七年（1678）八月初二日，"西洋国主阿丰素遣其臣本多白勒拉贡狮子、进表"[19]。西洋国即葡萄牙，葡萄牙进献的狮子送到北京后，迅即成为清廷上下关注的对象。康熙帝认为"异兽珍禽，虽古人所不尚，但西洋远贡来京，跋涉艰阻，多历岁月，诚心慕化，良为可嘉，故留畜上林"[20]。随后，清廷安排了多场观赏狮子的活动。八月初六日巳时，康熙帝亲自前往太皇太后、皇太后等后宫处所，恭进西洋送来的狮子，进行欣赏。随后，康熙帝又前往神武门，召集"掌院学士陈廷敬、侍读学士叶方蔼、侍读学士张英、内阁中书舍人高士奇、支六品俸杜讷，同观狮子"[21]，陈廷敬等人还进七言古诗一首，以昭皇上慎德格远之化。

清宫的西洋贡品，除了仪器、毡毯、钟表、玻璃画、异兽珍禽外，还有不少其他方面的珍品物件。比如雍正帝点名要的伽楠香，雍正七年（1729）八月二十一日内务府总管奉旨，传谕粤海关监督祖秉圭："配药需用平常伽楠香四十斤，著该监督寻觅送来。"内务府总管格外叮嘱祖秉圭"加意寻觅四十斤，得时即差人送至本府"。粤海关监督祖秉圭接到旨意后，立即置办，"一俟买足，即差人赍赴内务府交纳"㉒。此外，还有通过各种形式进献清宫的漆器、玻璃、鼻烟、香水、珐琅、家具、绘画、宝石、酒类、药品等等。所谓的西洋贡品，确实可以说是包罗万象。

三　清宫西洋贡品的审视

清宫西洋贡品是中西交往的特殊印证。可以说，每一件贡品，都打上了时代的烙印，其来龙去脉都具有特殊的历史涵义。同时，这些贡品也反映出清朝统治者的心境，并或多或少地影响了清朝君王的生活。从这个角度上讲，静静的西洋贡品又是鲜活的，它让我们有更多一层视角去解读那个时代。

（一）西洋贡品在一定程度上助推清朝统治者了解世界

西洋贡品是时代的产物，从清初德国传教士汤若望进京后，西方传教士的身影一直没有离开过紫禁城。客观地说，陆陆续续送进清宫的西洋贡品，已经成为清朝帝后生活的一个重要方面，清朝皇帝和文武大臣们在观赏享用之余，也增加了对西方世界的了解与认知。西洋人与西洋贡品，在一定程度上传播了欧洲先进的科学技术和西方的美学观念，由此带来了西学，有了西学东渐，西洋的天文、历法、数学、音乐、绘画等艺术都曾引起清帝的兴趣。特别是康熙、雍正、乾隆三代，是清代经济、文化、贸易迅速发展的时期，东西方文化交流尤为频繁，西洋贡品进入清宫的数量和种类激增，使得康雍乾三帝更多地接触和了解西方世界。可以说，西洋贡品成为康雍乾盛世的一种点缀。

在清宫内务府造办处还设有专门机构，对一些西洋贡品进行仿制，从而使清宫某些制造工艺得到大大提升。在档案文献中，自康熙二十八年（1689）起，便有了"自鸣钟处"的记载，主要负责仿做西洋钟表。雍正元年（1723），自鸣钟处划归养心殿造办处，成为专门的钟表作坊。到了雍正十年（1732），又正式改称为做钟处。清朝皇帝对西洋钟表的特别赏识和仿制举措，直接推动了清代钟表制造业的发展。其他西洋贡品的仿制也时有安排，如雍正八年（1730）四月二十日，太监俞之交来西洋玻璃玳瑁圈眼镜一副，雍正帝下旨"照样或用水晶，或用墨晶做二三副，钦此"㉓，最终于十月二十八日做成仿西洋茶晶眼镜三副，水晶眼镜一副。乾隆二十二年（1757）七月十二日，西洋人蒋友仁进呈了新建水法仪器样一件，奉旨"照样准做"，并将"造办处从前造过仪器之匠役，著进内随蒋友仁依样成做"㉔。如此等等，清宫内仿制西洋贡品的活动一直没有间断。

西洋贡品还促使清宫持续设立有关人才培养机构。雍正七年十月，清宫设立西洋学馆，培养翻译人才，以加强与外国的交流，具体运作由内务府负责。乾隆帝即位后，又设立了画院处和如意馆，作为宫廷绘画的两个部门，统称画院。画院位于紫禁城内，中外画家们在此可与造办处的工匠们合作，在玻璃、铜、陶瓷制造的珐琅器上绘画。如意馆在夏宫圆明园内，也是既有画家也有手工匠。这些中外交流活动，无不有着西洋贡品的影子。应该说，西洋贡品在助推清朝统治者加强对世界的了解方面是有一定的积极作用的。

（二）西洋贡品促进了广州地方特色工艺的发展

西方世界一批又一批的舶来工艺品吸引着清朝皇帝，清宫的特殊需求刺激了仿制的盛行。聪明的广东匠师凭借着得天独厚的优势，迅速掌握了欧洲的工艺技术和艺术风格，并且由模仿到制造，与本地的传统工艺美术相结合，创造了大量具有中西融合、风格鲜明的工艺品。精美绝伦的广作走向宫廷，也走向世界，清代广州成为中西文化交汇的窗口。

这里以广州钟表为例。机械钟表最早产生于14世纪的欧洲，自传入中国后，机械钟表逐渐以其计时准确、造型精美博得了中国皇帝和后妃的欢心，于是大量欧洲钟表从广州口岸进入中国，经广东官员购买后进贡给朝廷。随着欧洲钟表进入广州，我国的机械钟表业也于18世纪初在广州诞生了。广州钟表业由最初的仿制逐步走上独立制造，并巧妙地将西洋钟表的造型艺术与中国的传统文化结合起来，使用珐琅、紫檀木等材质，并采用楼观式、亭式、葫芦形等中国传统的造型，形成了"广钟"独特的艺术风格。特别是乾隆中后期，广州自鸣钟制造业大为发展，"广钟"的生产技术大大提高，出现大批结构复杂、造型独特、装饰华美的广州钟表，不仅有报时的功能，还有敲打乐器、转动景物、开合门窗等多种多样的工艺特色，且价格较之西洋钟表便宜很多，因此紫禁城内送来的钟表很多产自于广州。客观地说，西洋贡品带动了广州地方特色工艺的发展。

（三）对西洋贡品的处置折射出清朝统治者的封闭心态

西方国家原本的使臣交往和礼尚往来，在以天朝大国自居的清朝皇帝的眼里，却被看成是带有俯首称臣意味的万邦来朝。这些使臣来华，一般由礼部接待，将表文、贡物转呈皇帝。如蒙召见，觐见时须按清朝的礼制行跪拜礼。于是在清政府的官方档案文献记载中，外国的使臣被称为贡使，正常交往的礼品被视为贡品，留下这些异域方物还要说成是赏收。清前期，经济发展，乾隆帝认为"天朝物产丰盈，无所不有，原不借外夷货物以通有无"㉕。马戛尔尼来华携带的贡品，虽然是"英王陛下经过慎重考虑之后，只精选一些能够代表欧洲现代科学技术进展情况，及确有实用价值的物品作为向中国皇帝呈现的礼物"㉖，但乾隆帝也仅仅是感兴趣而已，并最终拒绝了英国使臣的通商请求。嘉庆二十一年（1816）英国派阿美士德为首的使团访华，嘉庆帝因为英国使臣阿美士德拒行叩拜之礼，不仅没有接见，且立即降旨将英国使团"即日遣回，该国王表文亦不必呈览，其贡物俱著发还"㉗。

对于送进清廷的西洋贡品，清朝统治者并没有给予足够的重视和应用。形形色色的贡品原本是西洋各国甄选的精品，反映了当时西方的科技水平和制作工艺，这对清朝君臣来说无疑是一个学习借鉴的机会。然而，清朝皇帝对西方先进技术却是置若罔闻，错失良机。譬如乾隆时期英国使臣马戛尔尼带来的一批贡品，长期被堆放在圆明园的仓库内，舰船模型、望远镜、枪炮等科技含量较高且应用价值较大的物品，也没有进行专门的研究，更谈不上应用，直到1860年被英法联军烧掉。总体说来，清朝皇帝对西洋贡品大多只是停留在观赏享用的层面上，并没有挖掘深层次的价值，更没有对其科技性给予应有的重视。

注释：

① （清）梁廷枏：《海国四说》，北京：中华书局，1993年版，第204页。

②③ （光绪）《钦定大清会典事例》卷503，礼部·朝贡·贡物一。

④ 中国第一历史档案馆：《清中前期西洋天主教在华活动档案》第1册，北京：中华书局，2003年版，第72页。

⑤ 中国第一历史档案馆：《清中前期西洋天主教在华活动档案》第4册，第346页。

⑥ 中国第一历史档案馆藏：宫中朱批奏折，粤海关监督毛克明进呈西洋器物清单，雍正十一年二月二十三日，档号：04—01—30—0423—129。

⑦ 中国第一历史档案馆藏：宫中朱批奏折，署理两广总督李侍尧等为遵办钟表等洋物事，乾隆二十三年二月十八日，档号：04—01—14—0028—049。

⑧ 中国第一历史档案馆藏：宫中朱批奏折，福州将军新柱等为粤海关监督每年采办洋货官价较市价低事，乾隆二十四年八月十九日，档号：04—01—32—0041—009。

⑨ 中国第一历史档案馆藏：军机处上谕档，乾隆五十年十二月二十七日，第1条。

⑩ 中国第一历史档案馆藏：军机处上谕档，道光二十年三月初七日，第 2 条。

⑪ 中国第一历史档案馆：《清中前期西洋天主教在华活动档案》第 4 册，第 357 页。

⑫ （清）梁廷枏：《粤海关志》，广州：广东人民出版社，2002 年版，第 441、449 页。

⑬ 中国第一历史档案馆藏：内务府奏案，总管内务府为皇太后暖轿用哆罗呢成做事，乾隆二十六年六月初十日，档号：05—0192—037。

⑭ 中国第一历史档案馆藏：内务府奏案，总管内务府为皇太后皇后乘车帏需用黄哆罗呢请由内廷领用事，乾隆二十九年三月初一日，档号：05—0215—009。

⑮ 广东巡抚年希尧为遵旨于省城洋行及澳门货店购寻花番巴恭进内廷事，雍正三年四月初七日，中国第一历史档案馆：《明清宫藏中西商贸档案》，北京：中国档案出版社，2010 年版，第 277、278 页。

⑯ 中国第一历史档案馆藏：军机处上谕档，乾隆二十三年正月初四日，第 2 条。

⑰ 中国第一历史档案馆藏：宫中朱批奏折，署理两广总督李侍尧等为遵办钟表等洋物事，乾隆二十三年二月十八日，档号：04—01—14—0028—049。

⑱ 中国第一历史档案馆藏：宫中朱批奏折，署理两广总督李侍尧等奏为乾隆二十三年遵旨购办西洋乐钟等物事，乾隆二十四年正月初九日，档号：04—01—14—0029—001。

⑲ 《康熙起居注》，康熙十七年八月初二日。

⑳ 中国第一历史档案馆：《康熙十七年（南书房记注）》，《历史档案》1995 年第 3 期。

㉑ 《康熙起居注》，康熙十七年八月初六日。

㉒ 中国第一历史档案馆藏：宫中朱批奏折，粤海关监督祖秉圭为遵旨购觅伽楠香交内务府事，雍正七年十一月初四日，档号：04—01—35—0307—018。

㉓ 《清宫内务府造办处档案总汇》第 4 册，北京：人民出版社，2005 年版，第 335 页。

㉔ 《清宫内务府造办处档案总汇》第 22 册，第 550 页。

㉕ 中国第一历史档案馆藏：军机处上谕档，乾隆五十八年八月三十日，第 3 条。

㉖ ［英］斯当东著，叶笃义译：《英使谒见乾隆纪实》，上海：上海书店出版社，2005 年版，第 227 页。

㉗ 中国第一历史档案馆藏：军机处上谕档，嘉庆二十一年七月初七日，第 3 条。

（原载于《历史档案》2021 年第 2 期）

清宫档案与宫藏青铜器

王　征

中国的历代帝王和皇室都有博雅好古的收藏传统，作为中国历史上最后一个大一统的封建王朝，清朝的内府藏品更是蔚为大观，堪称历代皇室收藏的集大成者。这其中，象征着统治皇权的青铜鼎彝之器，以其存世久远、地位独特而成为皇家的重要典藏，备受世人瞩目。

一　清宫档案所载青铜器及其来源

在有关清宫庋藏青铜器的文字记载中，以乾隆皇帝敕撰的《西清古鉴》《西清续鉴甲编》《西清续鉴乙编》《宁寿鉴古》四部图录（合称《西清四鉴》）最具影响，为众多研究者所征引。与此相应，中国第一历史档案馆馆藏的清代档案，尤其是与清代宫廷生活相关的清宫档案，保存了当时皇家宫廷事务办理过程中的大量原始记载，其中的宫中进单、宫中档簿记载有当时青铜器入贡进宫的信息；陈设档册记录有青铜器在宫廷园囿各处的陈设和库贮状况；造办处活计档记载有青铜器在宫内的装潢配饰；奏案、奏销档登记有青铜器的日常清点和管理；溥仪全宗档案则涉及清末的青铜器盘点及部分流出宫廷的记载，等等。这些珍贵的清宫档案，为我们呈现出清代宫廷收藏青铜器的基本情况和诸多细节，特别是各类管理活动中近乎繁琐的登记内容，为我们深入探究清代规模庞大的皇家青铜器藏品提供了丰富而翔实的参考资料。

清宫档案中青铜器的记载方式比较多样。可据铭文断代的，以年代、铭文、器型来命名记载，如周青绿中以父卣、青绿周仲姜匜、青绿周鲁公方鼎、商父丁觯等；无铭文但可判定年代的，以年代、造型或纹饰、器型来命名记载，如周弦纹瓠、青绿周乳铎、周素觯、汉素连等；年代不明，便以造型或纹饰、器型来命名记载，如古铜饕餮鼎、青绿朝冠耳三足鼎、古铜出戟花瓠、青绿盘螭樽等；还有的是简单记录，仅以器型或器类来记载，如青绿鼎、青绿尊、青绿花瓠、古铜匜、古铜器等。这些清宫收藏的青铜器很大一部分都铸造于中国历史上的商周时期，因其存世久远，表面往往生成一层颇具标志性的青绿色铜锈，因此在清代档案记载中往往在其器名之前加上"古铜"或"青绿"的字样，用以特指这些古代的青铜器藏品，以便与宫内使用的其他铜器进行区分。清宫内务府也往往将这些青铜器藏品专门归入到"古铜"类的簿册或记载之中，如《养心殿库房古铜册》《宁寿宫等处古铜》《内殿古铜账》等簿册内，都开列了大量被断代为商周时期的青铜器。与此同时，青铜器也会偶尔出现在"古玩"类的簿册和记载之中，如乾隆十三年（1748）三月二十八日呈报的《古玩等项清单》内就记载有古铜花尊、古铜一统尊、古铜文王鼎、古铜兽面炉等青铜器 [①]。可见，在当时人们的认识里，青铜器不但具有"古铜""铜器"的类别归属，也可以包含在"古玩"的认识范畴之中，它不仅是庙堂中象征着王权意志与祭祀庄严的国家礼器，承载着正统的政治、伦理和道德，寓意着国之祥瑞，同时也可以作为皇家居室内以器寄情的文人清玩，被广泛陈设于内廷及行宫各处，随时供皇帝赏鉴，进而营造清代宫廷生活浓厚的文化氛围与高雅情趣。

　　青铜器作为礼器，自夏商周三代开始，便被赋予了维护社会文明与礼制的重要功用。也正是因此，历代皇室对于青铜器的收藏都具有"维护正统"的先天需求。特别是汉代以来，随着钟鼎彝器等青铜礼器、国家重器的时有出土，青铜器以其威严的纹饰与气度、曾经鼎移则王朝易主的社会功能得到了历代帝王的尊崇，一经出现即被多方搜罗，成为宫廷内府的重要藏品，得以传承。乾隆皇帝在《西清古鉴》序中也提到，宫内青铜器于"殿廷陈列与夫内府储藏者，未尝不富"②。这些清宫收藏的青铜器的来源③，大抵有以下途径。

　　延续明代的宫廷收藏。中国历代王朝的宫廷多有收藏文物的传统，"一个王朝灭亡后，新的王朝则取其收藏为本朝所有，清之于明亦循其例"④。在存藏于清宫的青铜器之中，有些就是在清初直接继承自明代的宫廷收藏。

　　清代封疆大吏的进献。清宫青铜器的收藏过程主要集中在清朝统治期间，地方和大臣的进献是最主要的方式之一。

　　其他各种途径进入宫廷内府的青铜器藏品。包括籍没大臣家产、搜集流散民间的藏品等。一些民间收藏的青铜器物，也会通过不同途径，披沙拣金，逐渐荟萃于清宫，转而成为宫廷内府的皇家私藏。

　　当然，对于包括青铜器在内的清宫收藏而言，皇帝才是最终的主导者。康雍乾诸帝对于收藏的酷爱，很大程度上是清宫收藏活动异常兴盛的关键因素。所谓"上有所好，下必甚焉"，内外臣工为投皇帝之所好，在民间大肆搜集备办各类珍玩，每遇庆典，便纷纷向大内进献，以博取皇帝的欢心，宫内的青铜藏品因而得到了不断的充实。这一点在乾隆时期表现得尤为突出。每逢端午、中秋、万寿等节庆，在各地官员进呈的贡品中，就常常有青铜器物，少则几件，多则十几件。根据对乾隆年间宫中存藏的进单档案的不完全统计，仅和珅就曾多次向乾隆皇帝呈进青铜器，其中46份进单所开列的1093种贡品内，青铜器就有144种之多⑤，涉及的青铜器类型也比较广泛。如：

> 青绿绳纹双喜尊成件，青绿三牺鼎成件，青绿花觚成件，青绿文王鼎成件，青绿花篮成件，青绿胆瓶成件，青绿商金豆成件，青绿四喜瓶成件，青绿天禄洗成件，青绿天鸡爵成件，汉铜三牺罍成件，青绿提梁卣成件，商金四喜敦成件，古镜九圆⑥……

> 青绿四喜太平尊成件，青绿周仲姜匜成件，青绿周鲁公方鼎成件，青绿双喜汉纹尊成件，青绿三牺鼎成件，青绿双喜宝月瓶成件，青绿百乳炉成件，青绿汉纹簋成件，青绿熊足盉成件，青绿诸葛甋成件，青绿文豆成件，青绿雷纹铎成件，青绿汉铜洗成件⑦……

包括青铜器在内的清宫收藏，通过大臣及地方进贡的方式得以大量地扩充，及至嘉庆时期，就已经使得内府存藏"充牣骈罗"，"几于无可收贮之处"。嘉庆皇帝于是颁布谕旨，令"所有如意、玉、铜、瓷、书画、挂屏、插屏等物，嗣后概不许呈进"，且"不许增入古玩"⑧，以减轻内府藏品过于充盈的困扰。但是，直至清末，各级官员的进献仍然是珍玩入宫的重要方式。

除去官员的主动进呈外，查抄罚没罪臣的私人财产也是皇帝充实个人收藏的方式之一。所谓"三代彝器，其存至今者，人皆宝为奇玩"⑨，在清代官员的家藏中，青铜器自然也是备受青睐的重器，尤其是那些位高权重的王公大臣，在"器以藏礼"的观念影响下，青铜器更成为其身份与地位的象征。如乾隆年间的宠臣和珅，"凡外省督抚等呈进物件"，乾隆皇帝"不过赏收一二件，其余尽入和珅私宅"⑩。在查抄其家产时，仅"家藏珍珠古玩首饰器皿价估数千万两"，另开列有"汉铜鼎一座""古铜鼎十三座"⑪。其各类家产或"交内务府入官办理"，或"交崇文门分别拣选进呈"⑫，均被嘉庆皇帝抄没。

二　清宫档案所载青铜器的陈设和管理

青铜器作为皇家重要的陈设物品，被广泛陈设和存藏在清宫内外，"养心殿、宁寿宫、乾清宫、四执库、懋勤殿、圆明园及万寿山、玉泉山、香山等处陈设存贮物件甚多"⑬。青铜器被陈设在这些宫殿、园林和行宫之内，或置于寝宫，或摆于殿堂，或陈于园囿，均为皇帝时常出入之所，作为厅室装潢的一个部分，即是王权的象征，又可供皇帝随时赏鉴。在咸丰年间的《养心殿东暖阁陈设档》中，详细记载了当时养心殿东暖阁内的青铜器摆放情况⑭：

> 南窗设……周螭梁卣一件（紫檀木座），周诸姬尊一件（紫檀木座），周牺尊二件（俱紫檀木座），周云龙尊一件（紫檀木座）……周散氏盘一件（内盛册页一册，紫檀木座）
>
> 南边厢墙紫檀木玻璃格一件，内设……汉兽环壶一件（紫檀木座）……汉圣德镫一件（紫檀木座）……汉鸠车樽一件（紫檀木座）……周史樽一件（楠木座）……周蟠虬匜一件（紫檀木座）
>
> 北边厢墙紫檀木玻璃格一件，内设……汉编钟一件（紫檀木架）……周宝彝一件（紫檀木座），周亚鼎一件（盖嵌玉顶，紫檀木座）……周亚樽一件（铜胆，紫檀木座）
>
> 温室床上，花梨木炕案一对，上设……周素觯一件（紫檀木座）

正宝座，两旁设书画玻璃格一对，一件内设……周舞铙
一件（紫檀木座）……周叔孙觚一件（紫檀木座）；一件内
设……周叔觚一件（紫檀木座）……周执戈觯一件（紫檀木
座）……汉三螭壶一件（紫檀木座）

随安室床上……紫檀木琴桌一件，上设……古铜出戟花
觚一件（紫檀木座）

寄所托床上……花梨木琴桌一件，上设……古铜饕餮鼎
一件，周友史鼎一件（盖嵌玉顶，紫檀木座）

窗户台上设……商父丁觯一件（紫檀木座）

门内北边镶墙钟格子一件，内设：周蟠虺盂一件（紫檀
木座）……周云雷瓶一件（紫檀木座）……汉云纹奁一件（盖
嵌玉顶，紫檀木座），上设……铜角端一对（紫檀木座）

在民国时期抄本的《养心殿库房古铜册》内，也有详细开列
养心殿东暖阁、西暖阁、后殿等处各库房所收贮的青绿、古铜等
器物的记载，数量达 250 件[15]。《宁寿宫等处古铜》册内，还按
照所藏处所，详细开列了养性殿、三友轩、乐寿堂、颐和轩、延
趣楼、玉粹轩、倦勤斋、符望阁、梵华楼、景福宫、阅是楼、宁
寿宫、皇极殿等各处所存藏的各类青绿、古铜等器物，数量共计
268 件[16]（部分标注被"上留"，实存 219 件）。可见，青铜器在
宫内的陈设和存藏分布十分广泛，是清代宫廷生活中不可或缺的
重要藏品。

有清一代，皇帝北巡塞外避暑理政并举行木兰秋狝是一项极
为隆重的礼仪典制。在皇帝出京期间，内务府也要随行备带上几
件青铜器。如乾隆四十一年（1776），在乾隆皇帝木兰秋狝的随
带物品中就有所记载："乾清宫西暖阁随围备带：周晋姜鼎一件；
乾清宫东暖阁随围备带：周百兽豆一件。"[17]

　　青铜器作为重要的礼器，出于维护皇权统治的象征意义和教化作用，还会被陈设在特定的场所，应用于礼仪活动之中。正如乾隆皇帝在《西清古鉴》序中所言："壶尊簠簋斝彝悉宗庙享祀之用，器以藏礼，礼以辨义"。在清代军机处档案中就记载，乾隆三十三年（1768）因修葺太学告成，乾隆皇帝特颁谕旨："遐稽阙里庙堂，有后汉时牺象诸尊，以为观美。爰择内府所藏周范铜鼎彝、尊、卣、罍壶、簠、簋、觚、爵、洗、勺各一，颁置太学，陈之大成殿中，用备礼器。夫孔子志在从周，楹间列姬朝法物，于义惟允，所司其敬凛将事，典守勿替，以克副朕意。"⑱

　　在内阁档案中也记载，乾隆三十六年（1771）乾隆皇帝临幸曲阜拜谒孔林后，亦颁下谕旨："兹临幸曲阜，祗谒先师，阅视所列各器，不过汉时所造，且色泽亦不能甚古。惟兹昌平圣里，宜陈法物，以为观美。著仿太学之例，颁内府所藏姬朝铜器十事，备列庙庭，用惬从周素愿，俟朕回銮后，慎选邮发。交与衍圣公孔昭焕，世守勿替，以副朕则古称先至意。"⑲

　　从谕旨中可见乾隆皇帝对于商周时期青铜器的格外欣赏，亦可显现出青铜器作为象征性陈设的地位及其特殊性。

　　从内务府陈设的角度来看，清代皇家的藏品数量是非常巨大的，而且几乎每年都会有增减添置或移动换陈的情况，有的是在宫殿内的位置调换，有的则是撤换下来收归该处的库房，有的还会被送往其他园林行宫收贮或陈设。如乾隆四十四年（1779）内务府将康熙、雍正、乾隆年款的瓷器十万件送往盛京存贮⑳；乾隆四十七年（1782）又奉旨运送珠宝及青铜器往盛京收贮㉑；在交往热河陈设的物件单中㉒，也有不少将宫内和宫外园林陈设及库贮的青铜器运送往热河行宫的记载：

　　　　御花园档内移交热河：周弦纹甗一件，汉博山炉一件，

周伯敦一件，周祖已鼎一件，周蟠夔彝一件。

清漪园内……旷观斋：青绿长方有盖熏炉一件，青绿飞戟方花觚一件，古铜兔式提梁壶一件，古铜兽纹飞戟方花觚一件……古铜商丝方盒一件……青绿兽纹太极瓶一件。

圆明园库贮：青绿兽耳封建尊一件（紫檀座，三十九年二月三十日交热河文园）。

为了确保藏品的安全，乾隆皇帝还规定各处宫殿、园囿、行宫和寺院等，每年年底都要将其陈设物品的添撤及更换情况进行核查汇总，清点完毕后一律造册呈报。每五年还要请旨钦派总管内务府大臣对照每年的清册，再次进行清查，并将情况向皇帝呈报[23]。其中，各处的陈设物品要分别造册两份，一份存放在各该处所随时备用，一份送交内务府以备查点，与陈设之年互相稽核。对发生变动的陈设物品，要在相应的陈设物品名称上面粘贴浮签，注明其来源或去向，查核时也要按签辗转确查其当前存放地点，避免疏漏。有时，"册内粘贴浮签，叠经更移，年日甚久，浮签粘至十数层"[24]，难以考稽，则须按照第一层浮签，以现有之物作准，另造新册。旧册钤盖广储司印信，按处所汇交敬事房存贮，以备查考。这一管理方式从乾隆六年（1741）开始，逐成惯例，一直沿用至清末。

以乾隆四十三至五十三年（1778—1788）间内务府大臣汇总呈报的静宜园内各年陈设物品添撤的数目变化情况为例。

乾隆四十三年至五十三年间静宜园陈设添撤数目表（单位：件）[25]

年份	遵旨添安陈设	换安过陈设	撤下陈设
乾隆四十三年	165	42	3
乾隆四十五年	518	20	——

续表

年份	遵旨添安陈设	换安过陈设	撤下陈设
乾隆四十六年	407	44	39
乾隆四十七年	739	59	14
乾隆四十八年	897	21	10
乾隆四十九年	355	21	——
乾隆五十年	425	69	20
乾隆五十一年	204	76	2
乾隆五十二年	262	131	2
乾隆五十三年	161	85	11

通过统计，我们可以看到：乾隆四十三至五十三年间，静宜园内的陈设物品数量是不断增加的，最多的一年内甚至添置增加了897件陈设物品，同时还有不少陈设被撤换调整，总在几十件上下，这其中当然就包括了青铜器的添置和撤换。如在乾隆四十四年就记载有：

> 九月二十三日……勤政殿内……换下青绿英雄合卺觚一件（紫檀座）……于十八日交太监常宁呈览，奉旨……换下青绿觚一件……交养心殿。钦此。

> 九月十九日……又栖云楼西间床上原设青绿夔龙樽一件（紫檀座）移在妙高堂明间床上换安，换下青绿双环高口瓶一件（有磬，紫檀座）移在海棠院殿内明间床上添安。

> 九月二十三日……带水屏山方亭琴桌上……换下青绿乳钟一件（紫檀架）在情赏为美仙楼上琴桌上换安。

> 十月初四日造办处交紫檀连二格一件（内设玉器十四件，铜器六件，瓷器七件）……水容峰翠南间床上……换下青绿双耳樽一件（紫檀座）移在怡情书史北间案上换安，换

下青绿镶金凤耳福环四喜盖樽一件（紫檀座），移在本殿床上添安。

　　十月十九日……揽秀殿内床上……换下青绿穿带橄榄瓶一件（紫檀座）在林天石海床上换安㉖。

从档案的记载中我们不难发现，包括青铜器在内的陈设物品的添置安设，很多都标注了"奉旨"的字样，可以想见，这些藏品陈设的添置撤换应该是由皇帝亲自决定的。同样，清查这些藏品时一旦发现问题，也必然要及时向皇帝进行呈报。根据内务府奏案的档案记载，乾隆四十一年，乾隆皇帝派遣总管内务府大臣丰昇额等对宫内及宫外各处进行通行查点。丰昇额、迈拉逊被分在一班清查养心殿，奎林、英廉被分在一班清查宁寿宫，福康安、高朴被分在一班清查乾清宫等处，和隆武、金简被分在一班清查懋勤殿及四执事库各等处，每三日轮换所查地点，查完宫内后，又往圆明园、万寿山、静明园、静宜园四处轮替清查，以"印册为凭"，"按册点验"，查验相符，则各自在册内注明某日系某人会查，"以专责成"㉗。在这次清查中，就发现宫内存藏的青铜器有记载不符的情形：

　　御花园续入西清古鉴铜器，按册查核，共应有铜器一千五百六十四件，除各处陈设取用过六百八十五件已查对相符，现存八百九十九件，核其数目，较册内所开计多出二十件，且名目亦有不符。随调取敬事房所存该处节年奏折，逐细按件校对，折内共该铜器一千五百八十九件，系二十一年造册时遗写汉绹纹尊等铜器二十件，又于二十三年重复写入汉蟠夔钲等铜器五件，自是年因循至今，总未清厘，以致名目不符㉘。

　　在查实御花园续入西清古鉴铜器的存贮情况后，内务府大臣们将时存的 899 件青铜器，根据底座所刻的名目，录写了清单，交该处的太监另造清册，以备今后查核。

　　出于藏品保存和安全的考虑，陈设在宫外宫殿、园林和行宫内的青铜器等物品，平时都是收贮在该处的库房之中的，皇帝若不前往，这些陈设和藏品便始终不必拿出库来摆放。每次都是待皇帝预备前往某处而下旨启銮时，该处才会将需要陈设的青铜器等物件一一取出，按照各殿陈设清册的记载逐件进行摆放。即便是在热河行宫、畅春园等皇帝常常幸临的重要居所，也不例外。而且，一俟皇帝圣驾回銮后，还要及时将这些取用的青铜器等陈设物品再次归库收贮㉙。这可能是青铜器在清宫内外陈设管理方面的一大不同之处。

　　而存放在宫内的青铜器，则像其他陈设物件一样，一般是由各宫的太监负责日常的收存、送取、撤换、除尘等工作。比如，养心殿太监"专司近御随侍，收掌内库钱粮，收贮古玩书画，陈设洒扫，坐御前更等事"，古董房太监"专司收贮古玩器皿，坐更等事"㉚。从总体上来看，宫内各处的太监大体都有收贮和洒扫、坐更值班的事务在身。宫内各处包括青铜器在内的陈设物品的变动情况，自然也需由这些值班的太监们负责随时登记流水账目，以备查核。如在内务府奏案中就记载：

　　　　御花园……为汇总收贮铜器之所，不时交取，现在之首领太监目不识丁，而承办册档者又只有一人，亦不甚明晰，应交总管太监等另选粗能识字书写之人，专司其事，随时登记，庶不致有遗漏重复之处㉛。

　　这实际上是对宫内保管青铜器的太监们也提出了一定的要求，那就是至少要能"识字"，认得底座上的名称，同时还要做事认真"明晰",以减少错漏的出现。但从实际的登记管理情况来看,发生些许错误也是在所难免。如乾隆十三年三月二十八日呈报的《古玩等项清单》内记载:

> 古铜花箍一个（无座）,古同西瓜鼎一个（无座）,古同风鑑尊一个（木匣盛）,古同鼎一个（木匣盛）,古同兽面炉一个（有座,盖坏）,宣同胆瓶一个（木座）,古同荷叶水盛一个（锦匣盛）[32]……

这里的"铜"字就都误写作了"同","花瓠"也被误写成"花箍"。类似的错字情况在档案中时有出现。再如前文所述御花园清点中的"御花园续入西清古鉴铜器,按册查核……较册内所开计多出二十件,且名目亦有不符"[33]的错漏等等。究其原因,或许是青铜器与其他陈设如瓷器、玉石相比,它的器型名称更加复杂晦涩,特别还有铭文的存在,对于文化程度本就不高的太监们,应该是增加了不小的难度,从而一定程度上也造成宫中各类簿册中登记的青铜器名称往往有不相一致、不够准确的问题。

三　清宫档案所载青铜器的鉴赏和装潢

青铜器作为贡品入宫后,有时会先送到懋勤殿,交由该处的值臣们认看,档案中类似的记载也颇为常见。如在乾隆四十二年（1777）十二月二十六日和珅的进单中就记载有:

> 青绿太平有象成件,青绿汉纹龙凤四喜尊成件,青绿提梁卣成件,青绿汉纹果洗成件,青绿三喜鼎成件,青绿舟成件（交懋勤殿认看）[34]。

巧合的是,参与过《西清古鉴》编纂的梁诗正、汪由敦、于敏中等人，刚好都有曾在懋勤殿侍值的经历。与此相应，在内务府活计档中亦不乏书画作品奉旨交懋勤殿"著翰林认看等次"的记载㉟。由此我们不难推断，懋勤殿应该与宫廷藏品的鉴赏活动有着非常密切的联系。其中常常出现的"懋勤殿认看"的记载，很可能与青铜器的鉴定真伪、划分等第、判定年代、给予命名等鉴赏活动有关。而出现在内务府陈设档中"古上等""古次等"的等次划分，想来也很可能就与"懋勤殿认看"的记载存在着一定的关联性，抑或是"认看"后才给出的等第也未可知。如道光十五年（1835）七月十一日，"入古上等陈设档案"内记载："库内现存入古上等陈设…周晋姜鼎壹件（紫檀木盖座顶玉，入书，出外），周百兽豆壹件（紫檀木座，入书，出外）。"㊱

　　当然，除了有很多被判定等次并入藏内府的青铜器外，还有大量因"驳出"而被内务府拒绝收入宫中的青铜器。而且，在这些拒收青铜器的记载中往往都标注有"奉旨驳出"的字样，显然这类拒收是经内务府奏报并由皇帝准许的，甚至有些可能就是经由皇帝本人赏鉴以及评定后，才决定予以舍弃的。如"乾隆十七年六月十六日，总漕瑚宝进贡内，奉旨：驳出……青绿周天古铎成座，青绿四喜方尊成座，青绿夔龙古鼎成座，青绿纯全古洗成座……交与把总僧八等"㊲。

　　试析其中的缘由，一方面可能是皇帝为了昭显"不事玩好"的至高德行，以免臣工于所在地方争相搜刮，破坏皇帝的形象；另一方面也可能是这些珍玩贡品当中确有品质不佳者，或在宫中已有多件相似及更好的藏品，抑或出现鱼目混珠及真伪难辨的情况，等等。而这些自然都会被列入"驳出"铜器的行列。与此颇为相似的情况，在其他类别的入贡藏品中也较为常见。如乾隆十七年（1752）七月初四日，在内务府"奉旨驳出"两淮盐政普福进贡的"璞玉万年拱璧一件"后，即有对驳出缘由的记载："本日有奉旨：著传谕普福家人，拱璧是假的，被人哄了，阁子俗，再不许进。"⑱

　　青铜器也常出现类似的情况。特别是自宋元明延续而来的崇古之风，造成了当时"上仿制以崇古""下造伪以牟利"的局面，许多藏匿于民间的青铜器赝品，在这种条件下，被进献到宫中，甚至流入宫廷。而"驳出"所反映出的正是清宫收藏青铜器辨伪和鉴赏的过程。这些被"奉旨驳出"的包括青铜器在内的古玩贡品，则往往直接被退还给官员本人，令其带回。

　　对于内务府因抄家而获得的青铜器等古玩物件，同样也要经历辨别拣选的过程，选出"好物"或"尚堪留备赏用"的物件，其余交由崇文门监督变卖。其中也有很多"驳出"青铜器的记载。如乾隆十三年三月二十八日在查抄浙江巡抚常安家产后，由内务府大臣向乾隆皇帝具折并开列清单，请旨办理。其中的青铜器显然没有达到入宫收藏的价值，因而被内务府列入"驳出"的行列。在"拣选应驳办价古玩玉器朝珠等项清单"内记载："古铜西瓜鼎一个，古铜兽面炉一个，宣铜胆瓶一个，古铜荷叶水盛一个……以上物件，于乾隆十三年四月初四日交崇文门拿去。"⑲

　　对于已经被内府收藏入宫的青铜器，如果之后又被认定为品质不佳或品相不全，仍然会被"驳出"，拿到宫外变价出售，有些甚至会被熔毁，以作宫内铸造的原料。如乾隆四十八年（1783）二月三十日，活计档记载：

　　　　太监鄂鲁里交商青绿铜月樽一件（变价），青绿铜罩一件（变价），青绿铜夔凤卣一件随牌一件（变价），汉青绿铜鼎一件（变价），汉铜小花浇一件（变价），明铜百乳钟一件（变价），青绿双环炉一件（变价），汉铜圆樽一件（变价），汉青绿铜铎一件（变价）……汉青绿铜方瓶一件（毁铜），汉青绿铜象鼎一件（毁铜），汉青绿铜罍一件（毁铜）。传旨：著舒文将此铜器认看，应变价者，应毁铜者，分晰具奏。
钦此⑩。

这批包括青绿铜斝、青绿铜夔凤卣、汉青绿铜鼎在内的
37件铜器，经认看后，"挑选得堪可变价青绿器十五件，珐琅
铜器三件；拟交铸炉处毁铜青绿器十九件，珐琅器一件，平重
二百二十三斤"。其后，又奉旨："青绿器十五件，珐琅器三件俱
准交崇文门变价。其余青绿器十九件，珐琅器一件，亦准交铸炉
处毁铜应用。"

这些奉旨驳出、变价和毁铜的记载，可以理解为是皇帝在宫
内对所藏青铜器进行的鉴定或赏鉴活动的具体体现。只有那些被
皇帝认定为品质极佳或品相完好的青铜器，才最终会被收入皇家
的内府存藏，从而得以陈设在皇帝活动的居所。

当然，青铜器在入宫之后，为了使其适用于宫廷的陈设和摆
放，往往还要进行一定的装潢或搭配配饰。一般都要先配制好相
应的底座，才能进呈给皇帝赏鉴。如：

乾隆十七年七月十一日，员外郎达子来说，总管刘沧洲
交青绿犀牛花插一件，古铜双福花囊一件，古铜胆瓶一件，
青绿锅洗一件，青绿鼎炉一件，青绿钟式罐一件，青绿卮一
件，青绿双耳礶一件，青绿笔挑一件……传旨：著俱各配座。
钦此⑪。

于十二月初二日，员外郎白世秀将青绿犀牛花插一
件，青绿钟式礶一件各配得紫檀木座持进，交太监胡世杰
呈进讫。

十八年正月初五日，首领吕进朝将古铜胆瓶一件，青绿
笔挑一件，各配得紫檀木座持进，交太监胡世杰呈进讫。

于十八年正月初六日，首领吕进朝将青绿卮一件，配得

紫檀木座持进，交太监胡世杰呈进讫。

于三月十八日，员外郎白世秀将古铜双福花囊一件，配得紫檀木座持进，交太监胡世杰呈进讫。

于六月十七日，员外郎白世秀将青绿鼎炉一件，青绿双耳盖礶一件，俱配得木作持进，交太监胡世杰呈进讫[42]。

皇帝在看过呈进的青铜器后，有时还会提出进一步的加工或改造要求。如乾隆十八年（1753）七月，"二十九日，员外郎白世秀来说，太监胡世杰交青绿周环梁卣一件（随紫檀木架）。传旨：架上配一圆托脐，将周环梁卣足下在脐内，其木架下配一方盘，将架子上字样刻在盘上"[43]。

皇帝有时还会对进呈的青铜器判定等级，要求配制专门的锦匣，以便于存放。如乾隆十七年（1752）正月，广木作记载："初七日，太监程敬贵来说，太监胡世杰交青绿汉素圆瓶一件，青绿螭虎耳方炉一件。传旨：将汉素瓶配文锦匣，入乾清宫，入古上等。其炉亦配锦匣，入乾清宫，入古次等。用交萨木哈的锦糊用。"[44]

皇帝有时还会要求制作特殊的配饰，以使青铜器呈现出更好地观赏效果。如乾隆十八年七月，"二十九日，员外郎白世秀来说，太监胡世杰交青绿周环梁卣一件（随紫檀木架），青绿青篆带钟一件（随紫檀木架），青绿周邢敦一件（随楠木座），青绿周乳铎一件。传旨：将周乳铎另配架，周环梁卣木架下托座换紫檀木，青篆带钟另拴绦子，其周邢敦配楠木盖嵌玉顶，得时交首领程斌看地方摆设。钦此。于八月十四日，员外郎白世秀将画得铎架纸样一张持进，交太监胡世杰呈览。奉旨：照样准做"[45]。

有时，还会为青铜器更换配饰和盖座等。如雍正元年（1723）十二月二十四日，"总管太监张起麟交周青绿亚夫方鼎一座（嵌玉凤顶紫松木盖座），嵌玉花顶紫檀木盖一件。奉旨：将此紫檀木盖上玉花顶子取下来，换在方顶盖上，将方鼎盖上玉凤顶子取下来，安在此紫檀木盖上。方鼎上的原木盖不可换，将座子往秀气里收拾，糊的锦去了"[46]。

甚至已经陈设在宫殿、行宫中的青铜器，也会不时调换盖座。如静宜园陈设档记载："乾隆四十七年……经造办处与三月十八日将前项换下玉炉顶五个内交还本园三个，在溢芳轩西配殿青绿顶盖上换安一个，在含清堂南稍间青绿炉盖上换安一个，在含清堂北稍间青绿炉盖上换安一个，于三月二十四日呈览……五月初三日，玉炉顶二个，拟在水容峰翠南间格内青绿炉盖上换安一个，拟在烟霏蔚秀明间炕案青绿炉盖上换安一个。"[47]

而且，青铜器时而还会与其他陈设物品进行搭配，组成新的装饰性陈设品。比如与玉器组合在一起，作为室内装饰性藏品的一个部分，从而为皇帝营造出古朴雅致的居室环境。档案记载：

（乾隆十三年闰七月初一日），太监胡世杰交青绿乳丁铎一件（随紫檀木架），汉白玉流云扇器一件。

传旨：将木座收拾粘好，上做掐子将扇玉扇掐住，其青绿铎用绦子拴在玉扇器上。钦此。

于本月二十八日，司库白世秀、七品首领萨木哈将青绿乳丁铎一件，汉白玉流云扇器一件随木架粘补收拾好，配掐拴绦子持进，交太监胡世杰呈进讫[48]。

但是，从装饰性陈设品的角度讲，某一种类的青铜器藏品的数量可能就会达不到皇帝的陈设需求，于是清宫也会以宫内所藏的青铜器为蓝本，仿造一些铜器。如乾隆十三年三月二十七日，"司库白世秀、催总达子来说，太监胡世杰传旨：养心殿现安之青绿博山炉，著佛保照样铸造烧古博山炉一件"。"于七月二十八日……将做得博山炉一件持进，交太监胡世杰呈览。奉旨：著在脐内刻款，再照样成做四件。""于本年八月初一日……

将做得烧古博山炉一件刻得款持进，交太监胡世杰呈览。奉旨：
著配座"⁴⁹。

清宫对所藏青铜器的装潢配饰，体现了皇帝本人对青铜器藏
品的鉴定能力、鉴赏要求和审美标准。乾隆皇帝也自述"于几务
晏闲，间加品题，夷考旧图，多所未载"⁵⁰。把对青铜器的鉴赏
真正当作了他勤政后的怡情悦性之事。在清宫的内务府造办处活
计档中，有关内务府为所藏青铜器配座、做匣及装潢配饰的登记
数量众多，自雍正元年就已经出现，及至乾隆、嘉庆等朝均有相
关的记载。

四　清宫档案所载青铜器的流出

清宫的内务府尤其是乾隆时期内务府的青铜器收藏规模，在
其长期的统治期内逐渐达到了前所未有的丰富程度。这些青铜器
至今大多保存在北京故宫博物院和台北故宫博物院内，但也有部
分清宫收藏的青铜器通过各种途径流出到了宫外。

首先是赏赐和变卖。由于古铜器具有"礼器"的特殊象征
意义，因此皇帝有时也会以它来赏赐近臣或藩王，以示重视。
如雍正十年（1732）三月初七日，内务府奉旨向入京朝贡的琉
球国使臣王舅向克济颁赏瓷玉玛瑙等各类物件，其中就有"青
绿鼎一件"的记载⁵¹。另外，在乾隆年间的档案中，就出现有奉
旨将宫内若干青铜器"驳出"并变卖的记载，虽然只是个别所见，
但在一定程度上也使得宫中的青铜器有所外流。

其次就是清末的流失和损毁。尤其是经历了咸丰十年（1860）
英法联军焚毁圆明园，以及光绪二十六年（1900）十一国联军
攻陷北京等事件，使清宫的皇家文物珍品受到了空前的劫掠和破
坏。在咸丰十年十月初四日，总管内务府大臣明善向咸丰皇帝奏

报圆明园被抢被焚情形的奏折中就提到，园内各处焚毁严重，即使"房屋尚存，而殿内陈设……均被抢掠"[52]。正如时人所言，经过如此浩劫，"中国自元明以来之积蓄，上自典章文物，下至国家奇珍，扫地遂尽"[53]，清宫所藏的青铜器自然也在其中，难于幸免。

还有就是清末"小朝廷"时期内府珍宝的散佚。辛亥革命后，逊帝溥仪暂居宫禁，大量清宫文物在这一时期以各种形式流出紫禁城。溥仪在他的传记《我的前半生》中就记述了那个时期宫内收藏管理混乱，太监偷盗宫中珍宝的事情。建福宫的失火和珍宝失窃等相关传闻在当时就流布甚广，真假难辨，但建福宫内存藏的古玩、彝器等藏品在火灾过后荡然无存，却也是不争的事实。另外，溥仪在被逐出宫前，也有设法将清宫所藏文物转移出宫的举动。在1924年的《王罗大人提出古铜册》中，记载了八月二十七日至三十日间提取青铜器的情况：

> 八月二十七日，王罗大人由养性殿提出备请上留古铜，存银库。青绿汉蟲匜一件（盖缺，顶随座），青绿周亚尊一件。
> 二十八日提：青绿周立戈甗一件，青绿壶一件（花纹如武梁祠石刻），青绿周祖乙尊一件。
> 二十九日：青绿周牺尊一件，青绿周刑季尊一件。
> 三十日：古铜壶一件，古铜单靶卮一件[54]。

同时，为了维持"小朝廷"的庞大开支，清宫的旧藏文物还被内务府大量抵押和售卖，清宫档案内也保存有1922年内务府公开出售宫廷珍宝古物等陈设物品的登报底稿：

> 清室内务府广告：兹因经费拮据异常，现将库存古瓷、玉器、古铜约五百余件招商出售，藉资补助。凡属本国殷实

商号，有愿承购此项物件者，由一月七日起至十一日止，赴景山西门内务府筹备处检阅详章，交纳保证金壹万圆。应以本京殷实银行现银圆存单为适用，发给估价物类单一分，听候定期看物估价⑤。

在其后开列的估价单中也记载有："古铜三足朝天耳鼎一件（估价八百七十三圆），古铜提梁卣一件（估价五百二十圆），古铜鎏金双鹿耳尊一件（估价六百三十圆）。"相关的运输出宫记录也记载有："十二月二十日，刘崇纶承领：瓷器七十七件，玉器一百四十件，古铜十六件，运出神武门，查照放行可也。内务府堂具。"

另外，逊帝溥仪还经常拿一些古玩字画赏人，对北京城里掌握实权的人物更是免不了将宫内珍玩陈设作为贺礼，以为笼络。如1923年，溥仪就曾挑选了宫内存藏的10余件古玩充作生日贺礼，赠送给当时的大总统曹锟，其中除了瓷器、玉器外，就有"古铜三足朝天耳炉1件、古铜鼎1件、古铜鎏金双鹿耳尊1件、古铜提梁卣1对"⑤等青铜器。宫内的藏品尚且如此，宫外的行宫、山庄存藏的陈设物品，"小朝廷"更是难以顾及。相关档案记载⑤：1913年，张锡銮的奉天都督府就从奉天行宫旧藏中提借汉天鸡樽、周夔罍、周伯彝、周叔孙卣、立戈卣、汉兽环壶、汉兽耳方壶、周仲驹匜、周盘云瓶等22件铜器留署陈列。之后久借不还，在当时还引起了清廷遗老们的不满。总之，随着清朝皇室的衰落和王朝的覆灭，包括青铜器在内的清宫收藏，逐渐脱离了皇帝和内务府的管理。

五 结语

1924年，末代皇帝溥仪被赶出紫禁城。1925年10月10日，在辛亥革命纪念日及中华民国国庆节当天，国民政府宣布成立故宫博物院，将紫禁城对外开放，并明确"著国务院组织善后委员会，会同清室近支人员，协同清理公产私产，昭示大公。所有接收各公产暂责成该委员会妥慎保管，俟全部结束，即将宫禁一律开放，备充国立图书馆、博物馆等项之用，借彰文化而垂久远"⑱。包括青铜器在内的清宫旧藏，由此从清室的私产转变为故宫博物院的藏品，进而成为国家悠久历史和灿烂文化的象征和"国宝"。

故宫博物院建立后，掌理故宫及所属各处的建筑物、古物、图书及档案的保管、开放与传布事宜。成立之初下设古物馆和图书馆，后调整为古物、图书、文献三馆，大体上将包括青铜器在内的清宫文物藏品划归古物馆，《西清古鉴》等图书和古籍划归图书馆，清宫档案划归文献馆。

1931 年后，为避战火，故宫博物院将所藏古物和图书、档案等精品分批装箱转运，这些清宫旧藏被迫经历南迁西运的颠沛流离。1948 年后，部分南迁的古物、图书典籍和文献档案被迁运台湾，形成如今分存两岸的局面。1949 年中华人民共和国成立后，通过多次机构调整，文献馆（时称故宫档案馆）被整体划出故宫博物院，成为现在的中国第一历史档案馆，继续履行专门保管明清两朝中央政府和皇室档案的职能⑲。

如今，这些珍贵的清宫旧藏文物、典籍和档案文献，都得到了妥善的保管和保护，并通过不同的形式面向社会各界展览、开放，真正成为中华民族乃至全人类所共有并珍视的文化财富和记忆遗产。其中的清代档案文献，也随着中国第一历史档案馆馆藏档案整理、编目和数字化工程的推进，不断提升着对外开放利用的服务范围和水平。这些曾经深藏大内、秘不示人的皇家档案，作为当时的记载，与相应的古籍图书、文物藏品互相印证，在清宫旧藏青铜器的收集、存藏、陈设、装潢、管理等方面都具有独特而宝贵的史料文献价值。我们相信，随着对包括清宫旧藏青铜器在内的皇室藏品的系统整理和深入挖掘，特别是伴随《西清古鉴今访》一书的推出，相关的研究必将得到更大范围的关注和推动，迎来更多的精彩。

注释：

① 中国第一历史档案馆藏：内务府奏案，乾隆十三年三月二十八日，档号：05—0091—042。

②⑨㊿《铜版西清古鉴》，跋、跋三、上谕二。

③ 何方：《清宫收藏研究》，《中华文化论坛》2004 年第 1 期，第 95 页。

④ 单士元：《庭训琐记——我与初创时期的故宫博物院》，北京市政协文史资料委员会选编：《文苑撷英》，北京：北京出版社，2000 年版，第 8 页。

⑤《清宫恭王府档案总汇·和珅秘档》，北京：国家图书馆出版社，2009 年版。以下简称《和珅秘档》。

⑥《和珅秘档》第 10 册，第 40 页。

⑦《和珅秘档》第 10 册，第 47 页。

⑧⑩ 中国第一历史档案馆藏：军机处上谕档，嘉庆四年正月十五日。

⑪ 中国第一历史档案馆藏：宫中杂册 195，和珅犯罪全案档。

⑫ 中国第一历史档案馆藏：内务府奏案，嘉庆四年正月二十二日，档号：05—0473—023。

⑬ 中国第一历史档案馆藏：内务府奏案，奏为分班查核内庭圆明园等处陈设事，乾隆四十一年六月初八日，档号：05—0326—059。

⑭《故宫博物院藏清宫陈设档案》第 12 册，北京：故宫出版社，2013 年版，第 15—55 页。以下简称《故宫藏陈设档》。

⑮《故宫藏陈设档》第 12 册，第 763—790 页。

⑯《故宫藏陈设档》第 18 册，第 637—662 页。

⑰ 中国第一历史档案馆藏：内务府奏销档，随围备带物件单，档号：05—0343—064。

⑱ 中国第一历史档案馆藏：军机处上谕档，乾隆三十三年十一月二十五日。

⑲《大清高宗纯皇帝实录》卷 880，乾隆三十六年三月上。

⑳ 中国第一历史档案馆藏：内务府奏案，奏为库存旧磁器拨送盛京等处数目事，乾隆四十四年九月二十五日，档号：05—0348—003；内务府奏案，奏为现存库磁器送往盛京

事,乾隆四十四年十一月十七日,档号:05—0349—007;宫中朱批奏折,奏为收到运送盛京存贮瓷器收贮事,乾隆四十四年七月十九日,档号:04—01—36—0001—034。

㉑ 中国第一历史档案馆藏:军机处录副奏折,奏为收贮盛京宫内珍珠宝器等物事,乾隆四十七年三月十七日,档号:03—0354—007。

㉒ 中国第一历史档案馆藏:内务府奏销档,奏为报清查宫内外各处陈设库贮物件情形事折,乾隆四十一年十一月初九日,档号:05—0343—064。

㉓ 中国第一历史档案馆藏:内务府奏案,奏为五年一次派员查核东西路行宫陈设事,乾隆四十八年十二月初二日,档号:05—0380—031。

㉔ 中国第一历史档案馆藏:内务府奏销档,奏为清查宫内及圆明园等处陈设事,乾隆四十二年十月二十九日,档号:05—0333—001。

㉕ 中国第一历史档案馆藏:内务府奏案,档号:05—0342—006、05—0364—060、05—0381—032、05—0381—034、05—0381—036、05—0389—079、05—0398—001、05—0405—067、05—0410—048、05—0418—003。

㉖ 中国第一历史档案馆藏:内务府奏案,呈乾隆四十四年十二月十四日内殿交静宜园陈设数目清册,乾隆四十六年十二月十四日,档号:05—0381—031。

㉗ 中国第一历史档案馆藏:内务府奏案,奏为分班查核内庭圆明园等处陈设事,乾隆四十一年六月初五日,档号:05—0326—059。

㉘㉛㉝ 中国第一历史档案馆藏:内务府奏案,奏为查核养心殿陈设物件事,乾隆四十一年六月初八日,档号:05—0323—005。

㉙ 中国第一历史档案馆藏:内务府奏案,奏为蕙畹芝原殿遗失陈设事,乾隆五十三年六月初四日,档号:05—0415—014、05—0415—016。

㉚ 《钦定宫中现行则例》,《近代中国史料丛刊续编》第63辑,台北:文海出版社,1980年版,第662、678页。

㉜ 中国第一历史档案馆藏:内务府奏案,呈为古玩等项清单,乾隆十三年三月二十八日,档号:05—0091—04。

㉞ 《和珅秘档》第1册,第48页。

㉟ 《清宫内务府造办处档案总汇》第11册,北京:人民出版社,2005年版,第785—786页。以下简称《造办处档案总汇》。

㊱ 《故宫藏陈设档》第38册,第7页。

㊲ 《造办处档案总汇》第19册,第188页。

㊳ 《造办处档案总汇》第19册,第190页。

㊴ 中国第一历史档案馆藏:内务府奏案,乾隆十三年三月二十八日,档号:05—0091—

039。

㊵《造办处档案总汇》第46册,第794—796页。

㊶《造办处档案总汇》第19册,第117—118页。

㊷《造办处档案总汇》第19册,第118—119页。

㊸㊺《造办处档案总汇》第19册,第379页。

㊹《造办处档案总汇》第19册,第94页。

㊻《造办处档案总汇》第1册,第89页。

㊼中国第一历史档案馆藏:内务府奏案,呈乾隆四十七年十二月十一日陈设数目清单,乾隆四十九年十二月十四日,档号:05—0389—078。

㊽㊾《造办处档案总汇》第16册,第125—126、114页。

㊿《清代琉球国王表奏文书选录》,合肥:黄山书社,1997年版,第122页。

52 中国第一历史档案馆藏:宫中朱批奏折,奏为遵旨查得圆明园被抢被焚情形事,咸丰十年十月初四日,档号:04—01—33—0202—006。

53 柴萼:《庚辛纪事》,《中国近代史资料专刊》编委会:《义和团》第1册,上海:上海书店出版社,2000年版,第316页。

54《故宫藏陈设档》第20册,第727—729页。

55 57 中国第一历史档案馆藏:溥仪全宗档案。

56 溥仪:《我的前半生(全本)》,北京:群众出版社,2007年版,第119页。

58 吴瀛:《故宫尘梦录》,北京:紫禁城出版社,2005年版,第15页。

59 郑鑫淼:《清宫文物散佚与征集》,《华中师范大学学报(人文社会科学版)》2016年第5期。

（原载于《西清古鉴今访（北京卷）》，2020年出版）

清代武进士人数考

王金龙

　　清朝科举取士，文武并重，在选拔文科人才的同时，也重视武科人才的选取。有清一代，自顺治三年（1646）始，至光绪二十七年（1901）清廷将武科考试废止，256 年间，共举行武科殿试 109 次[①]。在清代进士群体研究中，对文科进士的研究较为广泛和深入，如对清朝录取文科进士的人数，学者意见已趋向一致：文科考试自顺治三年始，至光绪三十年止的 259 年间，共举行文科殿试 112 次，取中进士 26849 人[②]。但对于武科进士的研究，因受传统"重文轻武"观念的影响，则相对较为薄弱，即使是录取人数也尚未清晰。那么，清代总共取中了多少名武进士呢？本文试图通过清实录、起居注、小金榜、武登科录等档案文献的记载，对这一问题进行初步探讨。

　　关于清代武进士人数，据钱实甫《清代职官年表》"会试考官"记载，109 科武会试中，除顺治六年己丑科、九年壬辰科、十二年乙未科、十五年戊戌科、道光十三年（1833）癸巳科、光绪二十一年乙未科、二十四年戊戌科 7 科武进士人数不能清晰外，其他 102 科均有确定人数，共为 8572 人[③]。另据邓洪波、龚抗云编著的《中国状元殿试卷大全》（下卷）附录三《清代武举登科表》，除顺治六年己丑科、九年壬辰科、十五年戊戌科、十七年庚子科，光绪二十一年乙未科、二十四年戊戌科 6 科未有明晰人数外，其余 103 科均有确定人数，共计 8486 人 ④。这是目前所见清代武进士人数较为集中、完整的两种统计结果。但将两种数据进行比较，在二者均不缺载的 101 科武进士人数中，记载不同的科次有 11 科：最多的相差 100 人，如顺治十八年辛丑科、光绪六年庚辰科；最少的相差 1 人，如乾隆二十五年（1760）庚辰科、道光十八年戊戌科。因两种数据均未提供具体的资料来源，故不清楚作者依据何种资料。

为此，笔者依据清代有关档案及文献记载，对清代武进士人数考订如下。

一　记载武进士人数的档案及文献

清廷设科取士，虽称"文武并重"，但受"重文轻武"思想影响，现存武进士资料明显少于文进士。文进士录取后，会在国子监建立题名碑，随之形成完备的题名碑录等文献，但武科进士则无题名碑和题名碑录，故其人数不易清晰。此外，《清史稿》《清朝文献通考》《清朝续文献通考》中均有文进士人数的记载，但武进士人数却付之阙如。即使是 2005 年开始编纂的新修清史《历科进士表》中，也未将武进士纳入其中 ⑤。为此，笔者根据档案及文献中较为分散的记载，试对清代武进士人数进行初步统计。

记载清代武进士人数的档案，主要有以下四种：

（一）清实录

清实录中对武进士人数的记载，分散在历朝实录的相应年份中，分别记载殿试人数和传胪人数。记载传胪人数的形式主要有两种。一是直接叙述"传胪"时钦赐的武进士人数，这种形式的记载主要存在于顺治、康熙、雍正三朝实录。例如：顺治三年丙戌科，"癸亥，赐中式武举郭士衡等二百名进士及第出身有差"⑥。康熙三十年（1691）辛未科，"戊子，传胪。赐殿试中式武举张文焕等二百人武进士及第出身有差"⑦。雍正五年（1727）丁未科，"甲戌，上御太和殿，传胪。赐殿试武举王元浩等一百十六人武进士及第出身有差"⑧。二是分别叙述殿试"鼎甲"、传胪姓名以及一、二、三甲武进士人数，这种形式的记载主要存在于乾隆至光绪历朝实录。例如：乾隆四年己未科，"戊午，上御太和殿，传胪。赐中式武举一甲朱秋魁、哈国龙、罗英笏三人武进士及第；二甲刘德成等十人武进士出身；三甲钱夔元等九十八人同武进士出身"⑨。嘉庆十三年（1808）戊辰科，"壬子，上御太和殿，传胪。赐中式武举一甲徐华清、尚永德、王世平三人武进士及第；二甲李景淮等六人武进士出身；三甲王布德等四十三人同武进士出身"⑩。咸丰九年（1859）己未科，"辛丑，上御太和殿，传胪。赐中式武举一甲韩金甲、杜遇春、李上仑三人武进士及第；二甲曹凤甲等五人武进士出身；三甲韩堃等二十一人同武进士出身"⑪。光绪十六年庚寅科，"上御太和殿，传胪。赐一甲张宪周、李承恩、陈邦荣武进士及第；二甲谭鳌等十九人武进士出身；三甲叶鸿钧等三十五人同武进士出身"⑫。清实录中从雍正朝开始出现记载殿试人数的情况，例如：雍正元年癸卯科，"丁巳。策试天下中式武举李琰等一百三十名于太和殿前"⑬。乾隆三十四年己丑科，"戊午。策试天下中式武举林天洛等四十七人于太和殿前"⑭。

　　将实录中所记殿试人数与传胪人数进行比较，我们发现，殿试人数主要存在两方面问题：一是缺载较多，自顺治至光绪朝缺载科数达 45 次，而传胪人数仅缺载 7 次；二是记载不准确，将实录所记殿试人数、传胪人数与武科小金榜人数进行比较，发现殿试人数的准确性不如传胪人数。因此后文表二至表九中的实录人数采用传胪人数，个别无传胪人数的，采用殿试人数。

综观清实录对武进士传胪人数的记载，相较其他档案及文献更为完整，仅缺载顺治六年己丑科、九年壬辰科、十五年戊戌科、十八年辛丑科以及乾隆十三年戊辰科、光绪二十一年乙未科和二十四年戊戌科7科的人数，其他102科的武进士传胪人数均有记载。但清实录对一些科次所取武进士传胪人数的记载也不准确。如乾隆二年丁巳科武进士人数，实录记为28人："壬午，上御紫光阁，阅中式武举骑射技勇，赐一甲一名哈攀龙、二名张凌霞、三名冯哲武进士及第，二甲马瑞图等十人武进士出身，三甲焦腾汉等十五人同武进士出身。"⑮而小金榜所载当科武进士为108人⑯。乾隆起居注载："奉谕旨，一甲一名哈攀龙著授为一等侍卫，二名张凌霞、三名冯哲著授为二等侍卫，二甲马瑞图、曹戴桂、李时升……胡大猷十名著授为三等侍卫，三甲焦腾汉、张拓、刘涟捷……龙廷臣十五名著授为蓝翎侍卫。"⑰据此可知，清实录将该科武进士中授职侍卫人数误为当科录取的武进士人数，因而错记。乾隆二年丁巳科取中武进士人数，应为小金榜所记的108人。

（二）起居注

起居注对清代武进士人数的记载，分散在举行武殿试的年份里，也是在记载"传胪"情况时直接叙述钦赐的武进士人数。例如：康熙十二年癸丑科，十月初八日，"上御太和殿。传胪第一甲第一名郎天祚、第二名李世威、第三名赵文璧；二甲第一名陈丹忠等二十七名；三甲第一名卫若青等七十名；赐武进士及第出身有差"⑱。雍正二年甲辰科，十二月初二日，"上御太和殿升座，赐中式武举苗国琮、吕杰、茹銳三人一甲武进士及第；张斌授等二十人二甲武进士出身；徐梦熊等一百一十四人三甲同武进士出身。传胪毕回宫"⑲。乾隆十年乙丑科，十月二十五日，"上御太和殿升座，赐中式武举董孟、李经世、胡经纶三人一甲武进士及第；蔡永福等九人二甲武进士出身；钱国佐等七十三人同武进士出身。传胪毕，驾回宫"[20]。

此外，起居注中有时并不直接叙述所取中武进士人数，但会载明武进士授职情况，据此也可知晓当科武进士人数。例如：道光二年壬午科，十月初四日，"上亲定甲乙，并分别以营卫用。一甲第一名张云亭授为头等侍卫，一甲二名李书阿、一甲三名程三光授为二等侍卫；二甲一名马彦彪、二名赵龙安、三名刘观美、四名徐开业、五名张元英授为三等侍卫；三甲一名福成、二名薛联奎、三名崔吉瑞、四名宋万寿、五名陶懋高、六名纪攀桂、七名潘有源、八名刘昶东、九名何如光、十名王家琳、十一名梅万清、十二名雷调元授为蓝翎侍卫，武庆、赵得甫、谷韫璨……张培钰俱以营守备用；久长、刘金鳌、冯树堂……毛殿彪以卫守备用"[21]。

清代起居注馆正式设立始于康熙九年，目前所发现的起居注册起于康熙十年九月，迄于宣统二年（1910）十二月，但中间有所缺佚，已不完整。加之记注体例不一，有的起居注虽存，但并不记载所取武进士人数，如光绪朝起居注，在记载武进士传胪时，只有"升太和殿传胪"极为简单的记载，并未载明武进士人数。相较实录，对清代武进士人数记载，起居注缺载科次较多。

（三）小金榜

小金榜是取中进士的排名单，其上记录所录取的每一名进士名次、姓名和籍贯。通过小金榜，我们可以清楚地知道当科所取武进士人数。打开金榜，首为皇帝制诰一道，其格式为："奉天承运，皇帝制曰：×××年×月×日策试天下武举×××等×××名。第一甲赐武进士及第，第二甲赐武进士出身，第三甲赐同武进士出身。故兹诰示。"其后书写甲次和取中武进士名次、姓名、籍贯，最后书传胪日期。

但小金榜保存也不完整，尤其是顺治朝，未见有小金榜存留，康熙朝也仅存有 3 份武科小金榜，雍正以后，武科小金榜基本较为完整地保存了下来。就笔者所知，中国第一历史档案馆内阁档案全宗内现存从康熙朝到光绪朝武科小金榜共有 81 份[22]。小金榜是在殿试阅卷后即时形成的档案，其原始性、可靠性均优于实录和起居注，因此是统计清代武进士人数的最佳材料。

（四）会试录、登科录

会试录是会试结束后，由主考官主持编纂的会试文献；登科录为殿试后，由礼部主持编纂的殿试文献。"进呈试录，正副考官于闱中将中式三场试卷，每题遴选一篇，正考官撰前序，副考官撰后序，出闱后交提调刊刻。顺天乡试由府尹、会试由礼部恭进……殿试后，礼部将钦命策题及一甲三名进士对策，并诸进士籍贯、履历按其甲第名次，刊刻登科录，照会试例题进"[23]。同一科年的会试录内人数通常与登科录内人数是不一致的。"因为每一科会试中式者都有不参加当年殿试的，而每一科殿试中也有一些人是补试的"[24]。故殿试虽只是对会试录取者进行排名，"例不黜落"，但我们不能将会试录内人数等同于武进士人数。

但是，在没有其他材料记载取中武进士人数的情况下，会试录内人数仍可作为统计清代武进士人数的"正确人数"，因为它与实际所取武进士人数虽有不同，但二者相差并不悬殊。笔者在中国第一历史档案馆内阁全宗档案中查到了 23 科的武会试录，现从中选取 19 科存有小金榜的科次，将二者所载人数进行比较（查得登科录人数的科次 并列入），见表 1：

表1　武会试录、小金榜、武登科录所载武进士人数比较表 [25]

科年	武会试录	小金榜	武登科录	相差人数
康熙四十二年癸未科	100	99	99	+1
乾隆十年乙丑科	86	85		+1
乾隆十三年戊辰科	94	94	94	0
乾隆十九年甲戌科	61	59		+2
乾隆二十二年丁丑科	60	60	60	0
乾隆三十四年己丑科	47	46		+1
嘉庆元年丙辰科	33	35		−2
嘉庆七年壬戌科	59	60		−1
嘉庆十三年戊辰科	54	52		+2
嘉庆二十四年己卯科	42	43	41	−1
道光二十一年辛丑科	80	71		+9
道光二十五年乙巳科	66	69		−3
道光三十年庚戌科	55	52		+3
咸丰六年丙辰科	38	38	38	0
咸丰九年己未科	36	29	29	+7
咸丰十一年庚申科	25	25		0
同治元年壬戌科	43	43		0
光绪二十年甲午科	128	123	123	+5
光绪二十一年乙未科	138	136	136	+2
合计	1245	1219		26

　　从表中可以看出，武登科录所记人数除嘉庆二十四年与小金榜不同外（后文详述），其他7科与小金榜记载完全相同。故仅比较武会试录和小金榜的记载：上表中所列19科的人数，二者相同的有5科，不同的有14科；记载不同的14科中，其中会试

录人数多于小金榜所载人数的有 10 科，少于小金榜人数的有 4
科。总的来看，武会试录对上表中 19 科武进士人数的记载比小
金榜记载多出 26 人，平均每科多出不到 2 人。

二　各朝武进士人数

（一）顺治朝

顺治朝未见有起居注、小金榜、登科录和会试录留存，因此
目前很难明晰顺治朝确切的武进士人数。仅能根据清实录和《钦
定武场条例》的记载，得出大致数字。

顺治朝共举行了 7 次武举考试，《清实录》中明确记载了顺
治三年丙戌科、十二年乙未科和十八年辛丑科 3 科武进士人数：
顺治三年九月，"癸亥，赐中式武举郭士衡等二百名进士及第出
身有差"[26]。顺治十二年，"壬寅。谕兵部，国家选举人才，共襄
治理，文武两途，允宜并重。今科武举中式二百二十名，应照文
进士一体殿试，朕亲行阅视，先试马步箭，次试策文，永著为例"[27]。
顺治十八年十月，"己巳，传胪。赐中式武举霍维鼐等三百一人
武进士及第出身有差"[28]。据此，顺治三年丙戌科、十二年乙未科、
十八年辛丑科取中武进士人数，分别为 200 人、220 人、301 人。

其他 4 科武进士人数，可据《钦定武场条例》中的记载确定：
"顺治二年题准，武会试中额取中二百名；顺治十六年恩诏，再
行会试取中一百名；顺治十八年，武会试取中 300 名。"[29] 由此，
笔者认为，顺治六年己丑科、九年壬辰科、十五年戊戌科取中武
进士人数应为 200 名。《钦定武场条例》记载，顺治十七年庚子
科理应取中 100 名，但实录则载："谕兵部，朕屡试会试中式武举，
内李言、潘龙十、朱鹏、史学镒、许鹏、陆如贽、刘潜、直道生、
马逢元、方亦临十名，马箭、步箭俱甚不堪，俱著革去武举，此

等人何以取中前列，主考官著议处。"⑩据此，会试中式武举被革去十名，故顺治十七年武进士人数应为 90 名。

因此，顺治朝 7 科武进士人数分别为：顺治三年丙戌科，200 人；六年己丑科、九年壬辰科、十五年戊戌科，各为 200 人；十二年乙未科，220 人；十七年庚子科，90 人；十八年辛丑科，301 人。顺治朝共取中武进士 1411 人。因顺治朝 7 科人数中，有 5 科是根据会试人数统计的，根据前面对 19 科武会试录与小金榜所载人数的比较结果，顺治朝 1411 人的数字可能比实际人数偏多。

（二）康熙朝

康熙朝自康熙三年至六十年，共举行武举考试 21 次。清实录中对康熙朝武进士人数的记载最为完整，21 次武进士人数均有记载；起居注对 15 个科次的人数有记载，缺载 6 科；小金榜和武登科录对 8 个科次的人数有记载。将实录、起居注、小金榜、武登科录所记载的武进士人数进行比较（见表 2），发现这几种档案对有些科次武进士人数的记载并不一致：康熙九年庚戌科，实录记为 200 人，武登科录记为 199 人；康熙三十九年庚辰科，实录记为 100 人，起居注记为 91 人，而武登科录记为 97 人；康熙四十二年癸未科、康熙五十一年壬辰科武进士人数，实录记为 102 人、99 人，起居注、小金榜和武登科录均记为 99 人、97 人；康熙五十七年戊戌科，实录记为 110 人，武登科录记为 107 人。因起居注、小金榜和武登科录是殿试传胪前后即时形成的档案，其可靠性优于实录。因此，对康熙朝武进士人数的统计，小金榜存，首先以小金榜中所载为正确人数进行统计，其次则以武登科录、起居注所载人数统计，小金榜、武登科录和起居注中均未查得人数的科次则以实录所载人数进行统计。

表 2　康熙朝武进士人数情况一览表

科年	实录人数	起居注人数	小金榜人数	武登科录人数	统计人数
三年甲辰科	100				100
六年丁未科	100				100
九年庚戌科	200			199	199
十二年癸丑科	100	100		100	100
十五年丙辰科	149	149	149		149
十八年己未科	101	101			101
二十一年壬戌科	108	98			98
二十四年乙丑科	96	96			96
二十七年戊辰科	94	94			94
三十年辛未科	200	100			100
三十三年甲戌科	96	96			96
三十六年丁丑科	101	101			101
三十九年庚辰科	100	91		97	97
四十二年癸未科	102	99	99	99	99
四十五年丙戌科	94	94		94	94
四十八年己丑科	101				101
五十一年壬辰科	99	97	97	97	97
五十二年癸巳科	96	96			96
五十四年乙未科	107	107			107
五十七年戊戌科	110			107	107
六十年辛丑科	110				110
合计	2364				2242

　　据此，笔者将康熙朝武进士人数做如下统计：康熙十五年丙辰科、四十二年癸未科、五十一年壬辰科 3 科的武进士人数，依小金榜所载人数统计；康熙九年庚戌科、十二年癸丑科、三十九年庚辰科、四十五年丙戌科、五十七年戊戌科 5 科，依武登科录记载统计；康熙十八年己未科、二十一年壬戌科、二十四年乙丑科、二十七年戊辰科、三十年辛未科、三十三年甲戌科、三十六年丁丑科、五十一年壬辰科、五十二年癸巳科、五十四年乙未科 10 科，依起居注记载统计；其余 3 科，依实录所载人数统计。康熙朝 21 科录取武进士人数共为 2242 人。

　　（三）雍正朝

　　雍正朝共举行了 5 次武科考试，实录对 5 科武进士人士皆有记载。此外，军机处上谕档中对 5 科武进士人数也有记载："雍正元年十二月二十日，上御太和殿传胪，赐殿试武举李贤等一百三十六人武进士及第出身有差……雍正二年十二月初二日，上御太和殿传胪，赐殿试武举苗国琮等一百三十六人武进士及第出身有差……雍正五年十一月二十二日，上御太和殿传胪，赐殿试武举王元浩等一百十六人武进士及第出身有差……雍正八年十一月二十四日，传胪，赐殿试武举齐大勇等一百十八人武进士及第出身有差……雍正十一年十一月初十日，传胪，赐殿试武举孙宗夏等一百一人武进士及第出身有差。"㉛经查对，实录和上谕档对雍正朝各科录取武进士人数的记载完全一致。笔者又查阅了小金榜和起居注，小金榜存雍正二年甲辰科、五年丁未科和十一年癸丑科 3 榜，起居注中有元年癸卯科、二年甲辰科和五年丁未科的人数。经比较，几种档案及文献除对雍正二年甲辰科人数记载不同外，其他科次的人数记载都是一致的。雍正二年甲辰科人数，四种档案及文献记载呈现两种结果：实录和上谕档记载为 136 人，小金榜和起居注记为 137 人，相差 1 人。因小金榜中列有每一名进士的详细情况，雍正二年甲辰科武进士人数仍以小金榜人数进行统计（表3）。

因此，雍正朝5科取中武进士人数为：元年癸卯科136人、二年甲辰科137人、五年丁未科116人、八年庚戌科118人、十一年癸丑科101人，雍正朝共取中武进士608人。

表3　雍正朝武进士人数情况一览表

科年	实录人数	上谕档人数	小金榜人数	起居注人数	统计人数
元年癸卯科	136	136		136	136
二年甲辰科	136	136	137	137	137
五年丁未科	116	116	116	116	116
八年庚戌科	118	118			118
十一年癸丑科	101	101	101		101
合计	607	607			608

（四）乾隆朝

乾隆朝60年，共举行武科考试27次。实录和小金榜对27次武进士人数均有记载，但两者记载不一致的科次达10次。最少差1人，如七年壬戌科、十三年戊辰科、二十六年辛巳科、三十四年己丑科、四十三年戊戌科、四十九年甲辰科6个科次；最多差80人，如乾隆二年丁巳科，实录记载人数比小金榜所载人数少80人。此外，起居注、武登科录也对一些科次的武进士人数有记载（表4）。综合起居注与武登科录对相关科次人数的记载，笔者认为小金榜对乾隆朝武进士人数的记载更为可信。因此，乾隆朝武进士人数依小金榜所载人数统计，共取中武进士1675人。

表 4　乾隆朝武进士人数情况一览表

科年	实录人数	小金榜人数	起居注人数	登科录人数	统计人数
元年丙辰科	98	108			108
二年丁巳科	28	108			108
四年己未科	111	111	113		111
七年壬戌科	110	109			109
十年乙丑科	85	85	85		85
十三年戊辰科	93[②]	94		94	94
十六年辛未科	87	87	87	87	87
十七年壬申科	65	65	65	65	65
十九年甲戌科	59	59	59		59
二十二年丁丑科	60	60	60	60	60
二十五年庚辰科	61	61	61		61
二十六年辛巳科	60	61	61		61
二十八年癸未科	51	51	51		51
三十一年丙戌科	51	51	51		51
三十四年己丑科	47	46			46
三十六年辛卯科	50	49			49
三十七年壬辰科	50	53			53
四十年乙未科	48	48			48
四十三年戊戌科	48	47			47
四十五年庚子科	42	42	42	42	42
四十六年辛丑科	45	45	45		45
四十九年甲辰科	45	46	45		46
五十二年丁未科	36	36	36		36
五十四年己酉科	43	43			43

续表

科年	实录人数	小金榜人数	起居注人数	登科录人数	统计人数
五十五年庚戌科	41	41			41
五十八年癸丑科	37	37	37		37
六十年乙卯科	32	32	32		32
合计	1583	1675			1675

（五）嘉庆朝

嘉庆朝共举行了 12 次武科考试。实录、小金榜对 12 次的武进士人数均有记载，起居注仅缺载了十九年甲戌科的人数，六年辛酉科、十年乙丑科和二十四年己卯科 3 个科次的登科录也有存。比较上述几种档案的记载，其中对四年己未科、十年乙丑科和二十五年庚辰科 3 个科次的人数有差异，四年己未科人数，实录记为 64 人，小金榜和起居注记为 57 人，相差 7；十年乙丑科人数，实录和起居注记为 60 人，小金榜记为 58 人，而武登科录则记为 59 人；二十四年己卯科人数，实录、起居注和武登科录均记为 41 人，而小金榜记为 43 人，相差 2 人。

嘉庆十年乙丑科人数，前述四种档案文献记载出现 60 人、59 人和 58 人 3 种结果。为此，笔者将小金榜和武登科录进行核对，发现武登科录在记载该科武进士人数时，出现了错误。该武登科录制文："奉天承运，皇帝制曰：嘉庆十年十月十五日策试天下武举张元联等五十九名，第一甲赐武进士及第，第二甲赐武进士出身，第三甲赐同武进士出身，故兹诰示。"[33] 很明显，制文中记载的该科武进士人数为 59 人。但其后各甲次人数的记载，第一甲为 3 人，第二甲为 6 人，第三甲登科录记为"第三甲五十名，赐同武进士出身"。然而细数后面所列人数，实为 49 名，并非 50 名。因此登科录实载武进士人数为 58 人，而非 59 人。

　　嘉庆二十四年己卯科人数，之所以出现实录、起居注和武登科录所记人数与小金榜不同的情况，是因为该年的武状元、武探花均因迟误传胪大典而被革："本月二十日，朕御太和殿，专为武殿试传胪，其应行谢恩人员尚系附于是日行礼，乃胪唱时，一甲一名武进士徐开业、一甲三名武进士梅万清均未到班，当经都察院、鸿胪寺参奏，交兵部查询。据称徐开业、梅万清寓居西城，是夜先至西华门，因门未开启，绕至东华门，以致迟误等语。各武进士分住东西城，是夜多有由阙门进内者，一甲二名秦钟英等均未迟误，何以徐开业、梅万清二人独未到班，所言殊不足信，事关典礼，非寻常失误可比。本应全行斥革，念其究系草茅新进，徐开业著革去一甲一名并头等侍卫，梅万清著革去一甲三名并二等侍卫，施恩俱仍留武进士。再罚停明年殿试一科，俟下届武会试时，再同新中式武举一体殿试，其本科一甲一名武进士即以秦钟英拔补，授为头等侍卫。"[34]因小金榜须在传胪前写好，故其上有徐开业、梅万清其人，但实录、起居注和武登科录是在传胪后编写，已据上谕，将徐、梅二人除名，并将原榜眼秦钟英推升为状元，因此一甲仅有 1 名，该科总人数相应减少 2 名。遵照上谕，徐开业、梅万清确没有参加嘉庆二十五年庚辰科殿试，在道光二年壬午科殿试中分别考中二甲第四名和三甲第十一名武进士[35]。故该科人数以登科录所载 41 人为统计人数（表 5）。

　　综上，嘉庆朝 12 科武科考试共取中武进士 594 人。

表 5　嘉庆朝武进士人数情况一览表

科年	实录人数	小金榜人数	起居注人数	武登科录人数	统计人数
元年丙辰科	35	35	35		35
四年己未科	64	57	57		57

续表

科年	实录人数	小金榜人数	起居注人数	武登科录人数	统计人数
六年辛酉科	54	54	54	54	54
七年壬戌科	60	60	60		60
十年乙丑科	60	58	60	59	58
十三年戊辰科	52	52	52		52
十四年己巳科	57	57	57		57
十六年辛未科	49	49	49		49
十九年甲戌科	48	48			48
二十二年丁丑科	46	46	46		46
二十四年己卯科	41	43	41	41	41
二十五年庚辰科	37	37	37		37
合计	603	596			594

（六）道光朝

道光朝总共进行了15次武科考试，实录、小金榜对这些科次的武进士人数均有记载，但将二者进行比较，发现一些科次人数也存在差异。两者记载不同的科次有：三年癸未科、十六年丙申科，小金榜比实录多1人；十二年壬辰科，小金榜比实录少1人；二十四年己卯科、二十七年丁未科，小金榜比实录少4人。

此外，笔者又查到了九年己丑科、十三年癸巳科、十六年丙申科、二十年庚子科和二十七年丁未科的武登科录，发现登科录所载这5科人数与小金榜记载完全一致。因此，道光朝15科武进士人数，笔者仍以小金榜所载人数进行统计，共计取中武进士858人（表6）。

表6 道光朝武进士人数情况一览表

科年	实录人数	小金榜人数	武登科录人数	统计人数
二年壬午科	55	55		55
三年癸未科	53	54		54
六年丙戌科	31	31		31
九年己丑科	36	36	36	36
十二年壬辰科	73	72		72
十三年癸巳科	38	38	38	38
十五年乙未科	59	59		59
十六年丙申科	60	61	61	61
十八年戊戌科	45	45		45
二十年庚子科	71	71	71	71
二十一年辛丑科	71	71		71
二十四年 己卯科	84	80		80
二十五年乙巳科	69	69		69
二十七年丁未科	68	64	64	64
三十年庚戌科	52	52		52
合计	865	858		858

（七）咸丰朝

咸丰朝共举行武科考试5次，实录、小金榜对这5科的武进士人数均有记载，且记载完全一致。此外，二年壬子科、三年癸丑科、六年丙辰科、九年己未科的登科录所载各科武进士人数，也与实录和小金榜相同。同时，军机处录副奏折中，记载有咸丰九年己未科和十一年庚申科武进士人数："咸丰九年己（未）恩科武进士二十九名，殿试一甲授为头等侍卫一名，授为二等侍卫二名；二甲授为三等侍卫五名；三甲授为蓝翎侍卫八名，以营守备用者六名，以卫守备用者七名。咸丰十一年补行庚申恩科武进士二十五名，殿试一甲授为头等侍卫一名，授为二等侍卫二名；二甲授为三等侍卫三名；三甲授为蓝翎侍卫五名，以营守备用者八名，以卫守备用者六名。"⑧军机处录副奏折对咸丰九年己未科和十一年庚申科武进士人数的记载也与小金榜、实录的记载一致。

据此，咸丰朝武进士人数以实录和小金榜所载人数进行统计：即二年壬子科54人、三年癸丑科26人、六年丙辰科38人、九年己未科29人、十一年庚申科25人。咸丰朝5次殿试共取中武进士172人（表7）。

表7　咸丰朝武进士人数情况一览表

科年	实录人数	小金榜人数	武登科录人数	统计人数
二年壬子科	54	54	54	54
三年癸丑科	26	26	26[37]	26
六年丙辰科	38	38	38	38
九年己未科	29	29	29	29
十一年庚申科	25	25		25
合计	172	172		172

（八）同治朝

同治朝共举行武科考试6次，实录中对6科武进士人数均有记载，小金榜缺二年癸亥科人数。此外，军机处录副奏折中，有对元年壬戌科、二年癸亥科、四年乙丑科武进士人数的记载。"同治元年壬戌科武进士四十五名，殿试一甲授为头等侍卫一名，授为二等侍卫二名；二甲授为三等侍卫八名；三甲授为蓝翎侍卫十名，以营守备用者十二名，以卫守备用者十二名。同治二年癸亥恩科武进士四十九名，殿试一甲授为头等侍卫一名，授为二等侍卫二名；二甲授为三等侍卫九名；三甲授为蓝翎侍卫十一名，以营守备用者十三名，以卫守备用者十三名"㊳。又载："同治四年乙丑科武进士八十三名，殿试一甲授为头等侍卫一名，授为二等侍卫二名；二甲授为三等侍卫十五名；三甲授为蓝翎侍卫十五名，以营用二十五名，以卫用二十五名。"㊴

对比几种档案文献的记载，发现仅元年壬戌科人数的记载存在差异：实录记为 43 人，小金榜、军机处录副奏折记为 45 人。因此，对咸丰朝武进士人数统计，仍以小金榜所载人数为正确人数。同治二年癸亥科小金榜虽不存，但军机处录副奏折与实录均记为 49 人，故二年癸亥科以 49 人统计。同治朝共取中武进士482 人（表 8）。

表 8　同治朝武进士人数情况一览表

科次	实录人数	小金榜人数㊵	录副奏折人数	统计人数
元年壬戌科	43	45	45	45
二年癸亥科	49		49	49
四年乙丑科	83	83	83	83
七年戊辰科	78	78		78
十年辛未科	92	92		92
十三年甲戌科	135	135		135
合计	480			482

（九）光绪朝

光绪朝举行武科考试共 11 次，实录缺载二十一年乙未科和二十四年戊戌科武进士人数，小金榜未缺，记载有全部 11 科的武进士人数。此外，军机处录副奏折中也记载了除二年丙子科、三年丁丑科和二十四年戊戌科外的其他8科武进士人数。其中，六年庚辰科、九年癸未科、十二年丙戌科、十五年己丑科，以先叙述当科武进士总人数，再述及授职情况的方式记载，如："光绪六年庚辰科武进士一百二十二名，殿试一甲授为头等侍卫一名，授为二等侍卫二名；二甲授为三等侍卫十五名；三甲授为蓝翎侍卫三十名，以营守备用者四十六名，以卫守备用者二十八名。"㊶另一种是不写出当科武进士总人数，直接叙述各甲次武进士授职情况："光绪十六年庚寅科武进士，殿试一甲授为头等侍卫一名，授为二等侍卫二名；二甲授为三等侍卫二十名；三甲授为蓝翎侍卫三十五名，以营守备用六十九名，以卫守备用三十五名。"㊷

对比几种档案及文献对光绪朝武进士人数的记载，发现在对二年丙子科、九年癸未科、十五年己丑科、十六年庚寅科和十八年壬辰科5科人数的记载上存在差异。二年丙子科人数，实录记为107人，小金榜记为108人；九年癸未科人数，实录记为135人，小金榜和军机处录副奏折记为136人；十五年己丑科人数，实录记为130人，小金榜和军机处录副奏折记为136人；十六年庚寅科人数，实录记为57人，小金榜和军机处录副奏折记为162人；十八年壬辰科人数，实录记为155人，小金榜记为150人，而军机处录副奏折记为151人。

经过对几种档案文献所记光绪朝武进士人数的比较，笔者认为，小金榜所载人数，更加真实可信，故该朝武进士人数仍以小金榜所载人数进行统计。光绪朝11次武举考试，共计取中武进士1472人。

表9　光绪朝武进士人数情况一览表

科次	实录人数	小金榜人数	录副人数	武登科录人数	统计人数
二年丙子科	107	108			108
三年丁丑科	142	142			142
六年庚辰科	122	122	122		122
九年癸未科	135	136	136	136	136
十二年丙戌科	119	119	119		119
十五年己丑科	130	136	136		136
十六年庚寅科	57	162	162		162
十八年壬辰科	155	150	151		150
二十年甲午科	123	123	123	123	123
二十一年乙未科		136	136	136	136
二十四年戊戌科		138[@]			138
合计		1472			1472

三　结语

从前述对清朝武进士人数的统计过程看，因材料所限，笔者对顺治、康熙两朝人数的统计可能并不十分准确。如顺治朝，除了三年丙戌科、十八年辛丑科是据实录所载确切人数统计外，其余5科均根据会试人数统计。康熙朝人数也是通过小金榜、武登科录、起居注、实录不同档案及文献进行统计的，尤其是经过对几种档案及文献记载人数的比较，发现清实录的记载并不准确。因此，康熙朝的人数可能也与实际有所出入。雍正朝至光绪朝7朝共计81科的武进士人数，则据小金榜、武登科录、军机处上谕档、军机处录副奏折等原始档案所载人数统计，相较顺治、康熙两朝据清实录和会试人数的统计，要更为准确。

至此，笔者根据小金榜、武登科录、起居注和清实录等有关档案的记载，考订出清朝 109 次武举考试总共录取 9514 名武进士，其中各朝分别为：顺治朝 7 次，取中 1411 人；康熙朝 21 次，取中 2242 人；雍正朝 5 次，取中 608 人；乾隆朝 27 次，取中 1675 人；嘉庆朝 12 次，取中 594 人；道光朝 15 次，取中 858 人；咸丰朝 5 次，取中 172 人；同治朝 6 次，取中 482 人；光绪朝 11 次，取中 1472 人。

注释：

① 许友根：《有关清代武举制度的两个问题》，《历史档案》2003 年第 3 期。

② 毛晓阳、金甦：《清代文进士总数考订》，《清史研究》2005 年第 4 期；江庆柏：《清朝进士题名录》，北京：中华书局，2007 年版；吴宣德、马镛、王志明：《〈历科进士表〉编纂缘起、栏目设计意图及相关问题》，《清史研究》2008 年第 2 期；王金龙、许杨帆：《清代进士人数及相关问题》，《儒家典籍与思想研究》第 4 辑，北京：北京大学出版社，2012 年。

③ 钱实甫：《清代职官年表》第 4 册，会试考官年表，北京：中华书局，1980 年版。

④ 邓洪波、龚抗云：《中国状元殿试卷大全》（下卷），附录三"清代武举登科表"，上海：上海教育出版社，2006 年版。

⑤ 吴宣德、马镛、王志明：《〈历科进士表〉编纂缘起、栏目设计意图及相关问题》，《清史研究》2008 年第 2 期。

⑥ 《大清世祖章皇帝实录》卷 28，顺治三年九月癸亥。

⑦ 《大清圣祖仁皇帝实录》卷 153，康熙三十年十月戊子。

⑧ 《大清世宗宪皇帝实录》卷 63，雍正五年十一月甲戌。

⑨ 《大清高宗纯皇帝实录》卷 104，乾隆四年十一月戊午。

⑩ 《大清仁宗睿皇帝实录》卷 202，嘉庆十三年十月壬子。

⑪ 《大清文宗显皇帝实录》卷 296，咸丰九年十月辛丑。

⑫ 《大清德宗景皇帝实录》卷 290，光绪十六年十月辛丑。

⑬ 《大清世宗宪皇帝实录》卷 14，雍正元年十二月丁巳。

⑭《大清高宗纯皇帝实录》卷844，乾隆三十四年十月戊午。

⑮《大清高宗纯皇帝实录》卷53，乾隆二年闰九月壬午。

⑯ 中国第一历史档案馆藏：内阁全宗乾隆二年武科小金榜，清代谱牒缩微胶片（编号 B30）。

⑰ 中国第一历史档案馆：《乾隆帝起居注》（二），桂林：广西师范大学出版社，2002 年版，第 444 页。

⑱ 中国第一历史档案馆：《康熙起居注》第 1 册，北京：中华书局，1984 年版，第 126 页。

⑲ 中国第一历史档案馆：《雍正朝起居注册》第 1 册，北京：中华书局，1993 年版，第 381—382 页。

⑳ 中国第一历史档案馆：《乾隆帝起居注》（四），第 714 页。

㉑ 中国第一历史档案馆藏：内阁全宗起居注册，道光二年十月上，缩微编号 136。

㉒ 中国第一历史档案馆已经对小金榜档案进行了缩拍，收入清代谱牒缩微胶片档案内，胶片编号为 B30、B31。

㉓《钦定科场条例》，《故宫珍本丛刊本》第 337 册，海口：海南出版社，2000 年版，第 141 页。

㉔ 江庆柏：《清朝进士题名录》，北京：中华书局，2007 年版，第 35 页。

㉕ 表中武会试录、小金榜、武登科录武进士人数数据，均采自中国第一历史档案馆藏清代谱牒缩微胶片档案，武会试录在编号为 B11 胶片内，小金榜在编号为 B30 和 B31 的胶片内，武登科录在编号为 B12 的胶片内。后文表二至表九中关于小金榜、武登科录的人数数据无特别注明者来源与此相同。

㉖《大清世祖章皇帝实录》卷 28，顺治三年九月癸亥。

㉗《大清世祖章皇帝实录》卷 96，顺治十二年九月壬寅。

㉘《大清圣祖仁皇帝实录》卷 5，顺治十八年十月己巳。

㉙《钦定武章皇帝场条例》，《故宫珍本丛刊》第 338 册，第 196 页。

㉚《大清世祖章皇帝实录》卷 134，顺治十七年四月乙巳。

㉛ 中国第一历史档案馆：《嘉庆道光两朝上谕档》第 4 册，桂林：广西师范大学出版社，2000 年版，第 388—389 页。

㉜ 该科人数，实录中记载传胪人数不明，故采用殿试人数。《大清高宗纯皇帝实录》卷 327，乾隆十三年十月壬寅："策试天下中式武举杨德润等九十三人于太和殿前。"

㉝ 中国第一历史档案馆藏：内阁全宗嘉庆十年武进士登科录，清代谱牒缩微胶片（编号 B12）。

㉞ 中国第一历史档案馆：《嘉庆道光两朝上谕档》（二四），桂林：广西师范大学出版社，

2000 年版, 第 563 页。

㉟ 中国第一历史档案馆藏:内阁全宗嘉庆二十五年和道光二年武科小金榜,清代谱牒缩微胶片(编号 B30)。

㊱ 中国第一历史档案馆藏:军机处全宗录副奏折,呈咸丰九年十一年恩科武进士授职各数目单,档号 03—4997—069。

㊲ 中国第一历史档案馆藏:军机处全宗录副奏折,咸丰癸丑科武进士登科录,档号 03—4525—055。

㊳ 中国第一历史档案馆藏:军机处全宗录副奏折,呈同治元年壬戌科武进士并同治二年癸亥恩科武进士授衔清单,档号 03—4999—123。

㊴ 中国第一历史档案馆藏:军机处全宗录副奏折,呈同治二年癸亥恩科武进士并同治四年乙丑科武进士授衔清单,档号 03—5002—096。

㊵ 中国第一历史档案馆尚未对同治朝武科小金榜进行缩微拍摄,此表中的同治朝武科小金榜人数来自该馆所藏内阁全宗小金榜档案,档号分别为 133、136、138、139、141。

㊶ 中国第一历史档案馆藏:军机处全宗录副奏折,呈光绪六年九年武进士授职单,档号 03—7190—007。

㊷ 中国第一历史档案馆藏:军机处全宗录副奏折,呈光绪十六年庚寅科等科武进士授职单,档号 03—5910—026。

㊸ 中国第一历史档案馆藏:内阁全宗光绪二十四年武科小金榜,杂件 140 号。

(原载于《明清论丛》第十六辑,故宫出版社,2016 年出版)

清代武状元籍贯与地域分布

王金龙

　　清代科举，文武并行，进行文科考试的同时，也会举行武科考试，相应也就产生了文武状元。有清一代，自顺治三年（1646）始，至光绪三十年（1904）止，共举行文科会试112次，产生了114名文状元（顺治九年、十二年满汉分榜，故状元人数比实际科数多出2人）。武科会试自顺治三年始，至光绪二十四年止，共举行109次，产生武状元109人。目前，关于清代状元研究中，文科状元的姓名、籍贯、地域分布等问题已基本清晰，但武状元的姓名、籍贯、地域分布仍存在诸多疑问。本文将在已有关于清代武状元研究基础上，通过查阅有关档案和地方志，对清代武状元姓名、籍贯进行考补，进而确定其地域分布情况。

一　以往清代武状元研究情况

　　清代科举研究中，虽然也存在传统的"重文轻武"倾向，但武状元作为武科最高一级考试的"魁首"，科举学界仍给予了较多关注，有不少学者对清代武状元问题进行了研究。

　　胡兆量在论及人才地理特征时，指出"清朝武举开科112次，有籍贯可考的武状元93人"[①]，并指出清朝武状元的地理分布情况为：

省	河北	山东	河南	山西	辽宁	宁夏	陕西	甘肃	北方小计
武状元（人）	35	15	6	5	3	3	2	1	70
武状元（%）	37.6	16.1	6.5	5.4	3.2	3.2	2.1	1.1	75.3
省	浙江	江苏	福建	江西	广东	四川			南方小计
武状元（人）	8	6	4	2	2	1			23
武状元（%）	8.6	6.5	4.3	2.1	2.1	1.1			24.7

胡兆量等人的上述结论完全被张琴等人所接受，张琴在《清代武状元分布与我国区域体育文化差异》一文中认为，清朝武举开科112次，有籍贯可考的武状元也为93人，且93位武状元籍贯地的分布情况与胡兆量等人的上述结论完全一致②。胡兆量等人在讨论清代武状元地理特征时，并未标明依据何种资料，而张琴等人则直接引用了胡兆量的结论。胡兆量、张琴等人对清代武举开科次数显然没有经过仔细的考察，故认为清代武科会试共"开科112次"，这与清代武科会试实际开科次数不符。清朝武科会试始于顺治三年丙戌科，止于光绪二十四年戊戌科，252年间共举行了109次。"武举开科112次"的结论，可能是受了清朝文科会试开科112次的影响。但实际上清代武科会试较文科会试少开设3次，分别是顺治四年丁亥科、光绪二十九年癸卯科和光绪三十年甲辰科。

许友根在《武举制度史略》中指出，清朝共举行武举考试109次，有记载的清代武状元109人，其中有籍贯可考者95人。同时，明确95位武状元的地理分布情况为：

直隶	28	山东	13	浙江	8	江苏	7
汉军八旗	6	河南	5	山西	5	广东	3
福建	3	甘肃	3	满洲八旗	3	顺天	3
京卫	2	江西	2	陕西	2	四川	1
贵州	1						

于伟在《清代武状元地理分布研究》一文中完全肯定了许友根的上述结论，但在对95位武状元地域情况列表时，却将山西省武状元重复列出（一处为5人，一处为2人），使表中武状元总人数达到97人，显系误列③。许友根等人明确指出，其关于清代武状元的籍贯及地理分布的结论是依据《旧典备征》（下称《备征》）中"武鼎甲考"的记载，并参考了地方志，因此，尽管有14位状元籍贯不明，但其关于清代武会试共举行109次的结论是正确的。

此外，还有一些学者对清代武状元进行了研究。如王鸿鹏等人编著的《中国历代武状元》一书附录二为"清代武状元表"，表中列有清朝109名武状元的姓名、籍贯及科次，但缺载了10位状元的籍贯；莫雁诗、黄明编撰的《中国状元谱》也列出了清朝武状元情况，其中有14位状元的籍贯不明；萧源锦认为，清代武科榜数为110，武状元人数为110人，其中有16位武状元籍贯不详④；邓洪波、龚抗云编著的《中国状元殿试卷大全》（下卷）附录三《清代武举登科表》列出了清朝武状元，但也有10位籍贯未详。此外，宋元强《清代科举制度论集》中《古代状元史话》一文内也列有"清代武状元表"，但有17名武状元的籍贯缺载。

综观以往学者对清朝武状元的研究，大多依据近人朱彭寿《备征》卷四中的"武鼎甲考"，因未能深入利用有关档案，致使清朝武状元的籍贯一直未能完全清晰，籍贯既不能清楚，欲明了清朝武状元地理分布情况，更不能得。

二　清朝武状元籍贯考订

《备征》是近人朱彭寿所著具有工具书性质的清代史料笔记，其中卷四的"武鼎甲考"较详细地列出了清朝武科状元、榜眼、探花的姓名、籍贯。该书列出了清朝 109 位状元的姓名，其中的 93 位有籍贯可考，16 位籍贯不详。此外，有籍贯可考的 93 位中，有一些状元的籍贯记载也不尽准确。

（一）《备征》缺载 16 位武状元籍贯考订

《备征》"武鼎甲考"中缺载武状元籍贯情况见下表（表 1）。

表 1　《备征》中缺载武状元籍贯情况一览表

科年	状元	科年	状元
顺治六年己丑科	金抱一	康熙五十七年（1718）戊戌科	封荣九
顺治十二年乙未科	于国柱	康熙六十年辛丑科	林德镛
康熙三年（1664）甲辰科	吴三畏	雍正元年（1723）癸卯科	李琰
康熙十五年丙辰科	荀国樑	乾隆七年（1742）壬戌科	贾廷诏
康熙二十一年壬戌科	王继先	乾隆十九年甲戌科	顾麟
康熙二十七年戊辰科	王应统	乾隆三十一年丙戌科	白成龙
康熙四十二年癸未科	曹维城	乾隆六十年乙卯科	邸飞虎
康熙五十一年壬辰科	李显光	嘉庆二十二年（1817）丁丑科	武凤来

从表 1 看，《备征》"武鼎甲考"共缺载了 16 位武状元的籍贯，

其中顺治朝 2 位，康熙朝 8 位，雍正、嘉庆两朝各 1 位，乾隆朝 4 位，兹据中国第一历史档案馆藏内阁全宗内的武科小金榜、武进士登科录、武会试录以及有关地方志等档案文献记载分别考订如下：

表 2 《备征》缺载籍贯武状元考订情况一览表

科年	状元	籍贯	考订依据
顺治六年己丑科	金抱一	直隶京卫	（康熙）《金华府志》卷 21 内载："金抱一，直隶京卫人，己丑状元。"
顺治十二年乙未科	于国柱	江苏吴县	（同治）《苏州府志》卷 67 内载："顺治十二年乙未于国柱榜。吴，于国柱，石公，状元。"
康熙三年甲辰科	吴三畏	顺天大兴	（乾隆）《瑞安县志》卷 4 内载："吴三畏，大兴人，甲辰武状元。"
康熙十五年丙辰科	荀国樑	金吾左卫	康熙十五年武科小金榜内载："第一甲赐武进士及第。第一名荀国樑，金吾左卫武举；第二名何天培，燕山右卫武举；第三名聂达，腾骧右卫武举。"
康熙二十一年壬戌科	王继先	陕西榆林	（道光）《榆林府志》卷 18 内载："王继先，康熙二十一年壬戌科武进士，状元，历官参将。"
康熙二十七年戊辰科	王应统	山东长山	康熙二十七年武会试录内载："第十五名，王应统，山东长山县。"
康熙四十二年癸未科	曹维城	贵州贵阳	康熙四十二年武科小金榜记载："第一甲赐武进士及第。第一名，曹维城，贵州贵阳府武举。"再据该科武进士登科录记载："曹维城，贵州贵阳府民籍，年二十五岁。"

续表

科年	状元	籍贯	考订依据
康熙五十一年壬辰科	李显光	陕西宁夏	康熙五十一年武进士小金榜记载："第一甲赐武进士及第。第一名，李显光，甘肃宁夏卫武举由兵丁。"
康熙五十七年戊戌科	封荣九	直隶真定	康熙五十七年武进士登科录记载："封荣九，直隶真定府真定县民籍，年三十岁。"
康熙六十年辛丑科	林德镛	广东揭阳	（乾隆）《潮州府志》卷27内载："林德镛，揭阳人，状元，授侍卫。"
雍正元年癸卯科	李琰	直隶献县	中国国家图书馆古籍馆藏《武鼎甲策》内载："雍正癸卯恩科。状元李琰，直隶河间府献县民籍，顺天乡试第七名，会试第一名。"
乾隆七年壬戌科	贾廷诏	山西清源	乾隆七年武科小金榜内载："第一甲赐武进士及第。第一名，贾廷诏，山西清源县武举。"
乾隆十九年甲戌科	顾麟	顺天宛平	乾隆十九年武科小金榜内载："第一甲赐武进士及第。第一名，顾麟，顺天宛平县武举。"
乾隆三十一年丙戌科	白成龙	直隶河间	乾隆三十一年武科小金榜内载："第一甲赐武进士及第。第一名，白成龙，直隶河间县武举。"
乾隆六十年乙卯科	邸飞虎	直隶定州	乾隆六十年武科小金榜记载："第一甲赐武进士及第。第一名，邸飞虎，直隶定州武举。"
嘉庆二十二年丁丑科	武凤来	陕西神木	嘉庆二十二年武科小金榜内载："第一甲赐武进士及第。第一名，武凤来，陕西神木县武举。"

（二）《备征》中记载不确武状元籍贯考订

康熙九年庚戌科武状元张英奇籍贯，《备征》记为"直隶深州"，但该年武登科录记载："张英奇，山西平阳府安邑县民籍，年二十岁。"⑤据此，笔者认为，张英奇籍贯为山西安邑，并非直隶深州。康熙十二年癸丑科郎天祚籍贯，《备征》记为"浙江山阴"，该年武登科录记载与《备征》不同："第一甲三名赐武进士及第。郎天祚，燕山右卫。字祐之，行五，年二十三岁。"⑥故郎天祚籍贯应为燕山右卫。康熙二十四年乙丑科徐宪武籍贯，《备征》记为"直隶□□"，查该年武会试录有以下记载："第十五名，徐宪武，燕山右卫武举。"⑦故徐宪武籍贯为燕山右卫。康熙三十六年丁丑科缴煜章籍贯，《备征》记为"京卫"，查康熙三十三年武会试录，内有"第九十七名，缴煜章，顺天宛平县"⑧的记载，故缴煜章籍贯为顺天宛平。

乾隆二年丁巳科武状元哈攀龙籍贯，《备征》记为"直隶任邱"，该年武科小金榜记为"直隶河间"。乾隆二十八年癸未科德灏旗籍，《备征》记为"满洲正黄"，小金榜内记为"正黄旗包衣汉军"。道光十三年癸巳科牛凤山籍贯，《备征》记为"河南汜县"，查清代河南并无汜县，该年武科小金榜，记为"第一名牛凤山，河南汜水县武举宿字围"⑨，再查该年武进士登科录，内有"牛凤山，河南汜水县民籍"⑩的记载，因此，牛凤山籍贯为河南汜水县。咸丰九年（1859）己未科韩金甲籍贯，《备征》记为"山东历城"，该年武科小金榜内有"第一名韩金甲，山东禹城县武举张字围"的记载，再查该年武进士登科录，内记载为"韩金甲，山东禹城县"。因此，韩金甲籍贯应为山东禹城县，而非山东历城县。光绪六年庚辰科黄培松，《备征》记为"福建龙泉"，查清代福建并无龙泉县，龙泉县属江西，该年武科小金榜内载："第一名黄培松，福建泉州府武举宿字围。"光绪九年癸未科杨廷弼，《备征》记为"河南祥符"，但该年武科小金榜记为："第一名杨廷弼，河南兰仪县武举列字围。"再查该年武进士登科录，内载："杨廷弼，河南兰仪县。"据此确定杨廷弼籍贯为河南兰仪。

除籍贯记载有误外，《备征》对一些武状元名字记载也有误。嘉庆十年乙丑状元，《备征》记为"张联元"，属于误记。该年武进士登科录内载："第一甲三名赐武进士及第。张元联，直隶省河间府献县民籍。"⑪同科武科小金榜内载："第一甲第一名，张元联，直隶献县武举。"由此确定，该科状元为张元联，而非"张联元"。道光二十一年辛丑科状元，《备征》记为"德庆"，也属误记。实录记载："乙酉，上御太和殿，传胪。赐殿试武举一甲德麟、王振隆、刘宗汉三人武进士及第。"⑫该年武进士登科录及武科小金榜内也记为"德麟"，因此，该科状元应为德麟，而非"德庆"。

（三）关于"京卫"

武状元籍贯，会试录、登科录、小金榜以及《备征》等档案及文献的著录并不统一，有时著录省、府、县三级政区，有时只著省、府或省、县二级，也有著录旗籍者，除此之外，还有著"卫籍"者，如"京卫""燕山右卫""金吾左卫"等。如《备征》中记载的康熙甲戌武状元曹曰玮和丁丑武状元缴煜章的籍贯均为"京卫"，地方志中，也有著为"京卫"的，如顺治十八年辛丑科霍维鼐，《贵州通志》记为"霍维鼐，京卫人，武状元"⑬。康熙十二年癸丑科郎天祚和康熙十五年丙辰科荀国樑在武进士登科录和小金榜中分别著为"燕山右卫""金吾左卫"。那么，"京卫"
与"燕山右卫""金吾左卫"究竟是什么关系，其所属地域为何，
在此有必要加以说明。

清朝建立之初，对明朝卫所制度加以改造和调整，建立起
新的卫所制度，在全国共设立了 426 卫、326 所^⑭，这些卫所
分布于全国各地，设于京师者称"京卫"。顺治元年，在京设立
三十二卫。顺治七年，裁二十二卫并为十卫。康熙三年，又"裁
并京卫十卫为六卫，止设金吾左卫、永清左卫、神武左卫、彭城
卫、腾骧右卫、燕山右卫"^⑮。同时，专为在京六卫及宛平、大
兴二县设立京卫武学，额定取进武童一百名。因此，籍隶"京卫"
的武状元便是由"京卫"武童所考取。康熙二十六年，"将六卫
裁去，其地亩、户口俱分隶顺天、保定、河间、正定四府之各州
县管辖"^⑯。

由此来看，"京卫"是对设于京内卫所的统称，从初设
三十二卫到燕山、神武、彭城、永清、金吾、腾骧六卫，皆可称
为"京卫"。同时，从六卫裁并归入顺天、保定、河间、正定四
府各州县来看，将"京卫"归入直隶是恰当的。因此，后文谈及
清朝武状元的地域分布时，笔者将籍贯著为"京卫"者，统一归
入直隶省进行讨论。

三　清代武状元地理分布

经对《备征》中缺载和记载不确清代武状元的考补，笔者将
清代 109 位武状元的姓名、籍贯基本考补完全，现列表如下：

表 3　清代武状无情况一览表

朝代	科数	科年	状元	科年	状元
顺治朝	7	三年 丙戌科	郭士衡 山东章丘	六年 己丑科	金抱一 直隶京卫
		九年 壬辰科	王玉璧 浙江仁和	十二年 乙未科	于国柱 江苏吴县
		十五年 戊戌科	刘炎 浙江山阴	十七年 庚子科	林本直 江苏上元
		十八年 辛丑科	霍维鼐 直隶京卫		
康熙朝	21	三年 甲辰科	吴三畏 顺天大兴	六年 丁未科	秦蕃信 顺天宛平
		九年 庚戌科	张英奇 山西安邑	十二年 癸丑科	郎天祥 燕山右卫
		十五年 丙辰科	荀国樑 金吾左卫	十八年 己未科	罗琪 浙江会稽
		二十一年 壬戌科	王继先 陕西榆林	二十四年 乙丑科	徐宪武 燕山右卫
		二十七年 戊辰科	王应统 山东长山	三十年 辛未科	张文焕 甘肃宁夏
		三十三年 甲辰科	曹曰玮 直隶京卫	三十六年 丁丑科	缴煜章 顺天宛平
		三十九年 庚辰科	马会伯 甘肃宁夏	四十二年 癸未科	曹维城 贵州贵阳
		四十五年 丙戌科	杨谦 江苏仪征	四十八年 己丑科	田畯 直隶献县
		五十一年 壬辰科	李显光 甘肃宁夏	五十二年 癸巳科	宋如柏 甘肃宁夏
		五十四年 乙未科	赛都 正红旗汉军	五十七年 戊戌科	封荣九 直隶真定
		六十年 辛丑科	林德镛 广东揭阳		

续表

朝代	科数	科年	状元	科年	状元
雍正朝	5	元年 癸卯科	李玑 直隶献县	二年 甲辰科	苗国琮 镶白旗汉军
		五年 丁未科	王元浩 山东胶州	八年 庚戌科	齐大勇 直隶昌黎
		十一年 癸丑科	孙宗夏 陕西镇安		
乾隆朝	27	元年 丙辰科	马负书 镶黄旗汉军	二年 丁巳科	哈攀龙 直隶河间
		四年 己未科	朱秋魁 浙江金华	七年 壬戌科	贾廷诏 山西清源
		十年 乙丑科	董孟 正黄旗汉军	十三年 戊辰科	张兆璠 江苏泰兴
		十六年 辛未科	张大经 山西凤台	十七年 壬申科	哈廷楔 直隶献县
		十九年 甲戌科	顾麟 顺天宛平	二十二年 丁丑科	李国梁 直隶丰润
		二十二年 庚辰科	马全 山西阳曲	二十六年 辛巳科	段飞龙 直隶永年
		二十八年 癸未科	德灏 正黄旗汉军	三十一年 丙戌科	白成龙 直隶河间
		三十四年 己丑科	钱治平 顺天霸州	三十六年 辛卯科	林天瀍 浙江江山
		三十七年 壬辰科	李威光 广东长乐	四十年 乙未科	王懋赏 山东福山
		四十三年 戊戌科	邢敦行 直隶定州	四十五年 庚子科	黄瑞 浙江江山
		四十六年 辛丑科	刘双 顺天大兴	四十九年 甲辰科	刘荣庆 江苏泰州
		五十二年 丁未科	马兆清 山东临清	五十四年 己酉科	刘国庆 江苏泰州
		五十五年 庚戌科	王福 正黄旗汉军	五十八年 癸丑科	徐殿飏 山东掖县
		六十年 乙卯科	邸飞虎 直隶定州		

续表

朝代	科数	科年	状元	科年	状元
嘉庆朝	12	元年 丙辰科	黄仁勇 广东海阳	四年 己未科	李云龙 直隶阜城
		六年 辛酉科	姚大宁 广东南海	七年 壬戌科	李白玉 直隶藁城
		十年 乙丑科	张元联 直隶献县	十三年 戊辰科	徐华清 山东临淄
		十四年 己巳科	汪道诚 江西乐平	十六年 辛未科	马殿甲 河南邓州
		十九年 甲戌科	丁殿宁 山东益都	二十二年 丁丑科	武凤来 陕西邓州
		二十四年 己卯科	秦钟英 陕西神木	二十五年 庚辰科	昌伊苏 正黄旗满洲
道光朝	15	二年 壬午科	张云亭 直隶清丰	三年 癸未科	张从龙 山西临县
		六年 丙戌科	李相清 山西阳曲	九年 己丑科	吴钺 山东蓬莱
		十二年 壬辰科	李广金 山西灵邱	十三年 癸巳科	牛凤山 河南汜水
		十五年 乙未科	波启善 正红旗满洲	十六年 丙申科	王瑞 直隶安肃
		十八年 戊戌科	郝光甲 直隶任邱	二十年 庚子科	赵云鹏 河南汝阳
		二十一年 辛丑科	德麟 镶白旗汉军	二十四年 甲辰科	张殿华 直隶枣强
		二十五年 乙巳科	吴德新 直隶东明	二十七年 丁未科	李信 直隶晋州
		三十年 庚戌科	彭阳春 四川华阳		

续表

朝代	科数	科年	状元	科年	状元
咸丰朝	5	二年 壬子科	田在田 山东巨野	三年 癸丑科	温常涌 直隶天津
		六年 丙辰科	王世清 直隶南和	九年 己未科	韩金甲 山东禹城
		十一年 庚申科	马鸿图 直隶抚宁		
同治朝	6	元年 壬戌科	史天祥 直隶邯郸	二年 癸亥科	黄大元 直隶怀安
		四年 乙丑科	张蜀锦 直隶广平	七年 戊辰科	陈桂芬 浙江天台
		十年 辛未科	丁锦堂 福建上杭	十三年 甲戌科	张凤鸣 河南西平
光绪朝	11	二年 丙子科	宋鸿图 福建侯官	三年 丁丑科	佟在棠 直隶天津
		六年 庚辰科	黄培松 福建泉州	九年 癸未科	杨廷弼 河南兰仪
		十二年 丙戌科	宋占魁 山东昌邑	十五年 己丑科	李梦说 山东阳谷
		十六年 庚寅科	张宪周 山东郓城	十八年 壬辰科	卞庚 江苏海州
		二十年 甲午科	张鸿翥 江西鄱阳	二十一年 乙未科	武国栋 直隶天津
		二十四年 戊戌科	张三甲 直隶开州		

据上表所列顺治丙戌至光绪戊戌 109 科统计，清朝 109 名武状元地域分布情况为：直隶 41，山东 14，江苏、浙江、山西、汉军八旗各 7，河南 5，广东、甘肃、陕西各 4，福建 3，江西、满洲八旗各 2，四川、贵州各 1。清朝 114 位文科状元的地域分布情况为："江苏四十九，浙江二十，安徽九，山东六，广西四，直隶、江西、湖北、福建、广东各三，湖南、贵州，满洲各二，顺天、河南、陕西、四川、蒙古各一。"⑰ 将顺天的一名文状元并入直隶，则清朝共计 223 名文武状元的地域分布情况为：

表 4   清朝文武状元地理分布情况表（以武状元多少依次排序）

地区	武状元	文状元	地区	武状元	文状元
直隶	41	4	山东	14	6
江苏	7	49	浙江	7	20
山西	7	0	汉军八旗	7	0
河南	5	1	广东	4	3
甘肃	4	0	陕西	4	1
福建	3	3	江西	2	3
满洲八旗	2	2	四川	1	1
贵州	1	2	安徽	0	9
广西	0	4	湖北	0	3
湖南	0	2	蒙古八旗	0	1

从表 3 看，清朝文武状元地域分布呈现以下特点：

一是分布极不均衡。武状元最多的直隶，人数达 41 人，占清代全国武状元总的比例为 37.6%，达到全国武状元总数的 1/3 强，而四川、贵州仅为 1 人，各仅占清代全国武状元总数的 0.9%，更有湖北、湖南、安徽、广西、云南等省，没有产生武状元。而文状元人数最多的江苏，人数达 49 人，占清代全国文状元总比例近 43%，陕西、四川、河南仅有 1 人，山西、甘肃则没有产生文状元。

二是武状元呈现北多南少、文状元呈现南多北少特点。北方的直隶、山东、山西、河南、陕西、甘肃等省的武状元人数达到了 75 人，占武状元总比例的 68.8%，而南方的江苏、浙江、广东、福建、江西、四川、贵州等省的武状元人数仅为 25 人，占武状元总比例的 22.9%。此外，尚有八旗武状元 9 人，若将之以南北方进行划分，则北方武状元人数更多，呈现出明显北多南少特点。文状元方面，南方的江苏、浙江、安徽、江西、福建、广东等省人数明显多于北方的直隶、山东、陕西、河南等省，明显属南多北少，与武状元人数分布特点正好相反。

三是文武状元均呈现出东多西少特点。综观清朝 223 位文武状元的地域分布，东部的直隶、山东、浙江、江苏等省的状元人数远远多于西部的陕西、甘肃、四川等省。状元大多集中在社会经济发达和交通便捷的东部地区，而经济发展相对滞后的广大中西部地区人数较少。

注释：

① 胡兆量等：《中国文化地理概述》，北京：北京大学出版社，2009 年版，第 197 页。

② 张琴等：《清代武状元分布与我国区域体育文化差异》，《体育文化导刊》2009 年第 1 期。

③ 于伟：《清代武状元地理分布研究》，《黑河学院学报》2014 年第 3 期。

④ 萧源锦：《状元史话》，重庆：重庆出版社，2004 年版，第 111～124 页。

⑤ 中国第一历史档案馆藏：内阁全宗康熙九年武进士登科录，见清代谱牒缩微胶片，编号 B12。

⑥ 中国第一历史档案馆藏：内阁全宗康熙十二年武进士登科录，见清代谱牒缩微胶片，编号 B12。

⑦ 中国第一历史档案馆藏：内阁全宗康熙二十四年武会试录，见清代谱牒缩微胶片，编

号 B11。

⑧ 中国第一历史档案馆藏：内阁全宗康熙三十三年武会试录，清代谱牒缩微胶片，编号B11。

⑨ 中国第一历史档案馆藏：内阁全宗道光十三年武科小金榜，清代谱牒缩微胶片，编号B30。

⑩ 中国第一历史档案馆藏：内阁全宗道光十三年武进士登科录，清代谱牒缩微胶片，编号 B12。

⑪ 中国第一历史档案馆藏：内阁全宗嘉庆十年武进士登科录，清代谱牒缩微胶片，编号B12。

⑫ 《大清宣宗成皇帝实录》卷 359，道光二十一年十月乙酉。

⑬ （乾隆）《贵州通志》卷 28，清乾隆六年刻嘉庆修补本。

⑭ 李巨澜：《清代卫所制度述略》，《史学月刊》2002 年第 3 期。

⑮ 《钦定大清会典事例》卷 556，兵部·官制·卫所，北京：中华书局，1991 年影印本，第7 册，第 212 页下。

⑯ 中国第一历史档案馆藏：兵部尚书孙柱题议嗣后京卫武童归顺天等府与民籍武童一体应试事题本，雍正二年九月初十日，档号：02—02—019—001256—0001

⑰ 商衍鎏著，商志（香覃）校注：《清代科举考试述录及有关著作》，天津：百花文艺出版社，2004 年版，第 191 页。

（原载于《历史档案》2017 年第 4 期）

清代青州八旗驻防民族关系浅探

张瑞英

满汉关系向来是清史研究的重要问题之一，但是大多数研究倾向于八旗制度的整体性研究，而很少深入探讨某一驻防与所驻地方形成的独特关系。本文着重探讨青州八旗驻防的民族关系，作为研究清朝社会和民族关系的一个切入点，反映清代特殊的民族发展历程。

一　青州八旗驻防的设立

青州八旗驻防设置于雍正七年（1729），最初雍正帝想要仿照天津水师营之例，在山东登州、莱州一带添设满洲水师营，完善满洲水师体系，并缓解京师八旗生计压力。经河东总督田文镜赴山东考察后，上奏"惟青州府系适中要地，四通八达，内与陆路各营声势联络，外与沿海各汛呼吸相通"①。鉴于此，雍正帝最后选定在青州设满洲驻防营。

雍正十年（1732），青州驻防正式定制，初设将军一员、副都统一员。乾隆二十六年（1761），裁将军缺，以副都统驻守青州。直至清末，隶属兵部，并可直接向皇帝奏事。初设时，官兵共计 2473 名，此后不断裁缺。光绪二十七年（1901），尚有兵丁共 900 名。1929 年，随着清朝灭亡，青州驻防在风雨动荡中最终解散。

为了避免旗人受到汉人习俗濡染，融于汉民群体之中，失去监视绿营之功效，同时方便驻防旗人日常操练和生活，统治者选定在"青州府北5里"[②]的平坦之地，另建新的满城。此处地势较高，且平坦开阔，便于防守，还可满足2000多名官兵训练和15000多人日常生活。因地理位置与青州府形成南北遥相呼应之势，时人多称驻防城为"北城"，青州府为"南城"。南北城相互并存，彼此又存在差异，在社会功能、生活方式、管理模式、建筑布局、文化风俗等方面各不相同，形成隔阂与并存的两个社会。

满城的修建在民间引起很大的骚动，尽管雍正帝强调修建新城不得因采买物料等行为侵扰当地百姓，为此特意要求到东北采买松榆[③]，但修建满城过程难免占用民地，骚扰百姓。《青社琐记》载，筑城时，以低价强买民田，让很多百姓受损。更为当地百姓情感所不能接受的是强制迁坟移茔。修建满城侵扰百姓，导致冲突与矛盾是一方面，另一方面还阻隔八旗驻防兵丁与周边民人的交往、交流。

驻防旗人处于汉人的"包围"之中，彼此文化、思想、风俗各有不同，难免会发生矛盾、冲突。到了雍正时期，汉族民众大规模的反清斗争早已结束，驻防八旗不再公开扮演镇压民众的角色。统治者采取二元政治的方式处理满城与汉城事务，八旗驻防与地方政务分离，驻防官员与地方官员不得互相干预。一旦旗人与民人产生纠纷、诉讼事务，由专设的理事同知负责。理事同知为地方属员，缺由满员补选，"如遇缺出，必得熟悉地方情形，谙练旗、民事件之员，方堪胜任"[④]。在处理旗民纠纷时，既能治理民人，又能弹压旗人，在地方官员中占有比较重要的地位。理事同知府的规格也很高，据青州驻防旗人的后人回忆："青州驻防旗城南门里路西，有一座气势威严的衙门，三进大院，房二十九间，内设厅房、公堂、刑讯及关押犯人的地方。衙门里的官员虽仅六品，但占地面积和住房待遇却大于副都统。这就是北城的司法机关——理事同知府，"⑤可见其威严与特殊地位。

无论是修建满城，还是旗民分治，都是统治者通过种种禁锢措施，隔绝八旗驻防兵丁与周边民人的交往，这使得旗民畛域明显，造成旗民间的隔阂与敌视终清一世未曾消除，阻碍了民族间交往和文化发展。

二　青州八旗驻防内部民族关系

八旗驻防的民族关系，不单单是旗人与周边民人的交往、冲突。在驻防城内部，还存在不同的民族成分，他们或是被发配到此的其他民族奴仆，或是被抱养、雇佣的汉人，他们融入到驻防旗人之中，从内部打破了旗民畛域的局面。

青州驻防兵丁本身身份较低，八旗满洲内拣选"余丁内之次等者"⑥，"或系单身或父子兄弟可以同往驻防者"⑦，甚至是后来京旗一些犯错之人发往青州当差。他们难以通过读书、考试获取功名，回京也有种种限制，更有可能留在驻防地繁衍家口，成为新的土著。

驻防旗人虽然身份较京旗低，但是为了激励八旗将士效死疆场，还是会有一些罪犯或战俘发配给驻防兵丁为奴。并且出于京师安全考虑，凡是战俘都会发往各个驻防地，所以这类奴仆在驻防人丁构成中占有一定比例。清朝入关后，多是通过契买方式获得奴仆，青州驻防旗人较京旗俸饷少，所以契买的奴仆相对也少，大部分奴仆是战俘、降人或者罪犯。

（一）发遣为奴的罪犯

清代，发遣刑作为流放刑的一种，把罪犯发往东北、边疆或者各八旗驻防地分别当差、为奴、种地。发遣的罪犯中有一部分是普通民人，他们有的因为盗窃、抢劫、杀人、诈骗等一般刑事案件被发配，有的因政治叛乱失败被发配。

青州驻防发遣来的奴仆，既有一般刑事罪犯，也有政治罪犯。如光绪二十三年（1897）六月二十一日，罪犯王三，"系河间县民人，因毁销钱文一案，发往山东驻防为奴"⑧。为了防止遣犯逃脱，方便管理，官府还会对遣犯附加刺字刑，像王三，右脸刺有"改发"二字。

发遣为奴的政治罪犯，地位更低，管理也更加严格。例如，咸丰三年（1853），福建邱二娘、胡熊等人领导下层农民发动起义。起义失败后，咸丰九年（1859），胡熊被陈情出卖后被捕，凌迟处死，其子胡迭"分给镶白旗恩庆佐领下马甲平文为奴管束"⑨。胡迭本身并未参与起义，受到其父牵连，发配为奴，受到了宫刑，可见清代对待政治罪犯手段之残忍。发遣的奴仆，失去人身自由，没有法律地位，家主对其有管束、监督之责，如果逃走的话，家主也会受到牵连。

（二）发遣为奴的投诚人、战俘

有清一代，尤其是乾隆时期，多次对西北、西南用兵，蒙古等少数民族或主动投降或战败被俘，成为清王朝属民，他们大部分留在原地安置，有的被安插到内地，其中一部分被安插到了青州驻防。

对于战争中主动归降的投诚人，清政府一般会将其编佐领，纳入旗下，以示奖励。例如，乾隆十三年（1748），"携眷来降之额鲁特发宁古塔安插，单身来降之额鲁特发江宁、杭州、青州、天津等处安插"⑩。这部分投诚人作为驻防新成员，编为额外马甲，给半份钱粮，并赏给娶妻、买奴、置地银两。

除了主动投诚的，还有一部分是战俘，清政府将其赏给驻防旗人为奴，待遇远不能与投诚人相比。例如，平定准噶尔后，将伯格里属人360余人，分给保定、天津、青州等驻防满洲官兵为奴。此外，道光八年（1828），张格尔叛乱失败，受牵连的26名妇女和5名十岁以下男犯，由刑部发派到河南、青州、太原、江宁、京口、杭州、乍浦、荆州、成都各处驻防为奴。到达发配地后，该处将军、副都统、城守尉等每年年终需要上报该处犯人情形。这些回人地位低，脸上刻有奴隶标识的符号，在《青社琐记》中便记载了张格尔亲属发配北城各旗为奴之事：冬天卧具单寒，不胜其苦，因此数日便相聚一起痛哭。张格尔，新疆人，系逃亡境外的伊斯兰教白山派首领大和卓木之孙。因此，青州驻防城中除了蒙古人，也有回人成分。

投诚人和发遣为奴的战俘在青州驻防中占有一定比例，成为其人丁构成的一大特色。清廷在安插他们的同时，也注意严加防范、管束他们。一部分投诚人在内地生活不适，便趁机脱逃。他们身份特殊，清廷对其管理格外严格，一旦出现脱逃人员，便迅速严查、缉拿。对于投降战俘，清廷对他们管理格外严苛："此等厄鲁特俱系获罪之人，若不遵约束，即正法示众。"⑪乾隆三十一年（1766）五月，赏给青州骁骑校富昌的厄鲁特奴策布格脱逃，立即饬行地方官缉拿，拿获后就地正法，这种处罚明显要比旗人逃人严厉得多。

这些投诚人、战俘"因事发遣，所生之子向准其在配挑差"⑫，但是他们只准充兵额，不准升官。直到宣统三年（1911），山东巡抚孙宝琦上奏"如遇拣选官缺，可否准将厄鲁特人等一体拣选"⑬，被准行。投诚人、战俘逐渐得到了与驻防旗人同等的升迁机会，表明他们逐渐融入驻防城，被其所接受，成为其中的一部分。

此外，驻防旗人还通过抱养养子、义子等方式，充当甲缺。

由于民人子女较贫贱，所以抱养民人之子现象比较普遍。这些养子、义子多在旗人环境中成长，姓名、情感、心理等与旗人趋同，成为满化最彻底的汉人。例如，乾隆十四年（1749）六月，佐领舒鲁将李二之子收为义子，取名舒宁阿，自己供述："我将抱养养子舒宁阿谎称亲生，挑补步兵铁匠，造入满洲另户丁册。"⑩驻防旗人通过抱养养子的手段维持生计，同时也是汉人进入八旗的重要途径之一。

青州驻防通过安插投诚人，发遣战俘、罪犯，旗人抱养养子等方式，使得驻防城内加入了汉、蒙、回等多种民族成分，成为一个多个民族成分的共同体，也是驻防旗人与其他民族交往、交流、交融的主要形式之一。

三 旗、民间的矛盾与冲突

驻防旗人与民人在法律、地位上不同，在生活习惯、宗教信仰方面难免会有隔阂与不适。这种优越感和不适感，使得旗人与当地民人容易产生冲突和矛盾，主要有以下几种形式：

（一）旗人勒索民人

驻防旗人凭借着统治民族的优越地位，久而久之养成了作威作福、桀骜不驯的习气，无端索要财物、欺压当地百姓的现象在各地驻防城并不少见，青州驻防甚至出现驻防官员公开索要财物的现象。雍正十年九月初二日，青州将军鄂弥达自京起程，带领官兵、匠役及家口等共计15000余人，前赴青州。为了保证驻防官兵的正常生活，山东巡抚岳濬协调各处地方官员，提前置办好水缸、铁锅等官兵居家所需什物，到青州府附近的寿张（山东寿光）和昌乐二县购买粮食、草料。青州将军鄂弥达到任之初，责备地方官员准备不周，索要器物、钱米，私吞铺户彩绸，利用寿辰收受大量礼品，并且难为地方官员不让进谒，雍正帝在鄂弥达奏折中批复："据闻尔为小钱财等事没体面。等情。倘如是，可惜朕恩，乃尔一世之名誉矣。"⑮雍正十三年（1735）五月，鄂弥达被查出在青州将军任上用官兵饷米放贷、对下属监管不力问题，最终被革职处分⑯。

咸丰三年二月，青州驻防官兵随琦善镇压太平天国运动，"经过河南裕州地方，强搬草料、抢取食物、勒折钱文。佐领以下各员，及兵丁、马匹、车辆，自行开单索取钱文，又勒取饭钱、程仪。稍稍不遂意，辄恃众殴打人役"⑰，驻防官兵在地方作威作福、欺压百姓行为，严重激化民族矛盾，威胁国家统一。对此，清廷绝不纵容姑息，将"青州驻防协领多廉，佐领倭绅布克坦、多绅保，防御依勒杭阿、全德，均著暂行革职，河南裕州知州姚庆溥，著一体撤任"⑱。

（二）旗马践食禾苗

战马是重要战略储备，青州驻防有马数千匹，设有专门的马场以供放牧，但是到了冬天，北方草木干枯，马乾银不足，旗人就会放任战马践食农作物，这让老百姓苦不堪言，据《青社琐记》所载，春夏秋牧山，冬则牧麦苗，远及四五十里，近城一二里。甚至其他驻防旗人到关外买马，途径青州地区，也习惯在农田放马。当地百姓多次反抗，多是不了了之，加上地方汉官级别较低，也无能为力，让驻防旗人更加肆无忌惮。

（三）旗民斗殴

青州驻防旗人与民人在生活习惯、宗教信仰方面不同，容易造成分歧和冲突。《青社琐记》中记民人祈雨时与驻防旗丁发生冲突的经过：姜家庄庄异神祈雨，行经驻防城。旧俗，凡戴笠张伞人，遇祈雨者必脱之撤之。旗丁独否，祈雨者呵斥之，因而相斗，旗丁猝未胜，将闭门俾不得出，集众痛殴之。有哑者精拳术，亦祈雨来，独御于门，俾众斗且出，而终以聋故受制于后。门闭，未出者数人，为所拘。祈雨以卤簿导神，中有兵器，旗员诬为入城械斗，将重罪之。整个事情经过并不复杂，青州百姓祈雨经过驻防城，按照习俗，遇见祈雨队伍，戴帽的要脱帽，撑伞的得撤伞，但是有一驻防旗人并不理睬，祈雨人呵斥了他，双方打了起来，然后祈雨同行的民人和驻防城的一些旗人也加入到打斗中。旗人关了城门，抓了一些没来得及逃跑的民人关到大牢，当地汉族官员通过多方努力救了这些民人。从此事件中，我们可以看到，当民人与驻防旗人在发生冲突时，很自然地，形成两个对立群体，也本身也是旗民矛盾的体现。

旗民交往中，当地百姓虽无权势，但也不是绝对的弱势群体，只要他们团结在一起，抗议旗人的欺压，便会形成一股不可忽视的力量。例如，光绪三年（1877），三名新到青州的驻防兵，到当地民人开的保佑坊买笔，把二十多支笔咬去笔头，百般挑剔，却一支没买。店主气不过，与他们理论，三名驻防兵气焰嚣张，打伤店主和伙计。当地人对此报愤不平，六七十家店集体停业抗议。总巡局只得将三人重责枷示，并出面劝导才最终化解了矛盾[19]。

虽然旗民间和睦相处为主流，但是在史料梳理中，更多的是旗民间的矛盾和冲突。究其原因，旗民之间身份、地位不同，往往造成冲突和矛盾人为放大化，并且一旦发生冲突很容易激起民愤，形成对立的两个阵营。

统治者试图缓解旗民间矛盾，雍正帝曾警告驻防旗人："勿以为满洲而欺压地方黎民，惟和睦相处，恪守本分。"[20]但旗、民间矛盾有其深层次原因，很难通过警告得以解决。首先，驻防八旗其军队性质便是震慑地方、监督绿营，这在本质上与当地百姓形成对立面，加之清代八旗驻防主要是由满蒙军队组成，所以军民矛盾掺杂了民族因素，更为复杂。其次，驻防旗人在法律和社会地位上高于一般民众，在旗、民发生冲突时，驻防旗人往往有恃无恐。最后，驻防八旗的军纪败坏，加上驻防官员包庇、纵容，很容易滋生事端，发生旗民冲突事件。

四　从客居到土著——旗、民间的交往融合

清朝统治者通过各种措施隔绝满汉间的交往，但是民族间的融合与发展却未曾间断，也无法阻挡。

（一）经济往来

驻防旗人无地产，不工、不商、不农，很多生活物资需要仰给民人，所以与民人经济往来是必然的。

雍正帝考虑在山东设置驻防，田文镜担心地方偏僻、生活贫苦，雍正帝不以为然："若言地方贫苦、商贾不坐，若设大镇驻兵，广众贸易者，自然辐辏，如哈密、安西一镇，乃在遥外数千里，今方驻移二载，一切市卖如内地，繁盛之处矣。"㉑青州驻防城建成之后，于雍正十一年（1733），经河东总督王士俊奏准："于司库存公项内动支银六千两，解赴青州，交将军鄂弥达查收，派委官员在于满城内开张当铺营运生息。"㉒其中5000两用于开当铺，1000两开米铺。之后，"准许四乡汉人进城经商贸易，并于城内四街闲处铺面房400余间，加原盖匠役房32间，租与商人，年收入租银700余两"，随着汉族商人在北城开张做生意，北城也逐渐热闹起来，城内"磨坊、油坊、酒坊、豆腐坊、肉铺、饼铺、菜馆、布匹绸缎、日用杂货等品类繁多，规模相当可观，不少汉人借北城名利双收"㉓，驻防城内商业繁荣。《青社琐记》中也记了汉人在驻防城开铺卖堕胎药、卖洋铁壶的民间故事，可见经济往来促进了青州旗民间的交流、互动，加深了感情。

（二）结亲拜友

青州驻防城与青州府仅隔五里，旗人在地方多年，有不少与民人结亲拜友的例子。据《青社琐记》所载，道光年间，在青州府昌乐县有一民间高人——唐五，武艺高强，气功深厚，普通攻击难以对他造成伤害，名声远播，所以驻防子弟，多拜其为师，后来被奸人诬告入狱，驻防旗人保释出来。

除了民间交往，还存在官场上旗民间投拜师生，以得到政治庇护的行为。乾隆十年（1745）九月安丘县监生刘鑅赌博在青州府被官府发现，通报地方查办，为了逃避审理，刘鑅多方打点，通过监生张星彩结交了青州驻防协领王宝柱。后来王宝柱因其他事情被查，其中"滥行结交，拜认师生"㉔行为是其罪行之一。本身官场结交、拜认师生就有朋党之嫌，统治者对此十分忌讳，加上驻防官兵与当地人交往过于密切，违背了"旗民分治"策略，更是让统治者忌讳。

总之，青州驻防旗人与当地民人长期交往过程中，既有矛盾、冲突也有交往、交流、交融，文化、风俗相互濡染。随着八旗生计问题凸显与封建王朝日益衰败，朝廷对驻防八旗的控制力逐渐削弱。乾隆二十一年（1756），允许驻防旗人就地安葬，青州旗人有了有了自己的茔地，身故之后无需回京安葬，逐渐疏远了与京旗佐领关系。嘉庆十八年（1813），准许驻防旗人与当地民人一体参加文武乡试，此后驻防旗人逐渐融入当地生活，身份也逐渐由客民发展为当地土著。旗民通婚现象日益增多，也有一些驻防旗人在南城置办家产，移居南城，"最早出旗置产的是佐领乌拉奋家，他家在北城西店建有'哈公怡园'"㉕。可以说，驻防旗人在青州就地安葬、参加科举考试，是其由客居到土著身份转变的重要推动因素。

　　光绪三十三年（1907）颁布新政，准许旗人自谋生计。新政取消了对旗人的人身限制，失去俸饷的驻防旗人，生活方式逐渐与民人趋同，他们开垦荒地，打麻织布，开办工艺局、作坊，也有部分旗人通过考学、经商、外出务工等方式离开驻防城。新政是驻防旗人土著化的另一重要催化剂。

　　驻防旗人居青州的近 200 年间，旗民间交流、交往、交融，逐渐土著化，成为当地居民的一部分。但是，这种土著化并非民族间的同化，今天驻防旗人的后代依然保持着特有的民族认同和民族情感以及自己独特的口音。文化的影响是双向的，这种互动式的融合产生了今天特有的青州文化风貌。

注释：

① 中国第一历史档案馆藏：内阁题本·户科，乾隆元年二月初六日，档号：02—01—04—12893—009。

② 隋同文等点校，张承燮等修：《益都县图志》，北京：中国文史出版社，2006 年版，第 428 页。

③ 中国第一历史档案馆：《雍正朝汉文朱批奏折汇编》15，南京：江苏古籍出版社，1993 年版，第 743 页。

④ 中国第一历史档案馆藏：宫中朱批奏折，乾隆九年十一月二十八日，档号：04—01—12—0043—018。

⑤ 李凤琪、唐玉民、李葵：《青州旗城》，济南：山东文艺出版社，1999 年版，第 26 页。

⑥ 《大清世宗宪皇帝实录》卷 109，雍正九年八月壬寅。

⑦ 中国第一历史档案馆藏：内阁题本·户科，乾隆元年二月初六日，档号：02—01—04—12893—009。

⑧ 中国第一历史档案馆藏：刑部·直隶司，光绪二十七年十二月二十八日，档号：16—01—001—000081—0011。

⑨ 中国第一历史档案馆藏：法部·编置司，光绪三十年十一月，档号：16—02—005—000069—0040。

⑩ 《大清高宗纯皇帝实录》卷 315，乾隆十三年五月己亥。

⑪《大清高宗纯皇帝实录》卷 549,乾隆二十二年十月丙戌。

⑫ 中国第一历史档案馆藏:内务府来文,道光二十八年十二月十九日,档号:05—13—002—000706—002。

⑬ 中国第一历史档案馆藏:宫中朱批奏折,宣统三年四月二十四日,档号:04—01—30—0146—020。

⑭ 中国第一历史档案馆藏:内阁题本,[乾隆十七年],档号:02—01—07—13815—007。

⑮ 中国第一历史档案馆藏:宫中朱批奏折,雍正十二年四月二十五日,档号:04—01—30—0165—041。

⑯《大清世宗宪皇帝实录》卷 156,雍正十三年五月戊午。

⑰《大清文宗显皇帝实录》卷 84,咸丰三年二月乙酉。

⑱《大清文宗显皇帝实录》卷 85,咸丰三年二月辛卯。

⑲《新兵犯法》,《申报》1877 年 7 月 7 日,光绪三年五月二十七日。

⑳ 中国第一历史档案馆:《雍正朝满文朱批奏折全译》,合肥:黄山书社,1998 年版,第2509 页。

㉑ 中国第一历史档案馆:《雍正朝汉文朱批奏折汇编》第 12 册,南京:江苏古籍出版社,1993 年版,第 107 页。

㉒ 中国第一历史档案馆藏:宫中朱批奏折,雍正十一年八月初八日,档号:04—01—35—0708—014。

㉓ 李凤琪、唐玉民、李葵:《青州旗城》,第 166 页。

㉔ 中国第一历史档案馆藏:宫中朱批奏折,乾隆十三年八月初三日,档号:04—01—26—002—029。

㉕ 李凤琪、唐玉民、李葵:《青州旗城》,第 259 页。

（原载于《民族史研究》第十五辑，中央民族大学出版社，2019 年出版）

清代伊犁索伦营述要

吴元丰

　　清乾隆年间统一新疆天山南北后，在天山北部地区设置驻防八旗，先后设立察哈尔营、索伦营、厄鲁特营、锡伯营、惠远城满营、惠宁城满营、乌鲁木齐满营、巴里坤满营、古城满营、吐鲁番满营，建立起完备的防务体系。索伦营作为新疆驻防八旗的组成部分，与其他各营一样，是军政合一的组织，具有军事、行政和生产三项职能。有关伊犁索伦营的历史，曾有学者研究并发表过文章 [①]。但随着相关满文档案的编译公布和开放利用，目前已有研究成果还不够深入，有必要进一步探究。本文根据满文档案，并参考相关汉文文献，就索伦营的设置背景、兵丁来源、建制沿革、生计维系、驻防任务五个方面作一论述，以供同好。

一　伊犁索伦营设置背景

　　清初，在伊犁驻牧的准噶尔部控制天山南北，与清廷抗衡，经过康熙、雍正、乾隆三朝的不懈努力，于乾隆二十四年（1759）最终统一了新疆天山南北。因长年战争，天山北部的人口锐减，土地荒芜，生产废弃，防务空虚。在这种严峻的形势下，为了巩固统一局面，加强西北边疆防务，清廷决定派兵驻守。起初，从出征的八旗和绿营官兵内，抽调派驻天山南北各重镇要地，其中派驻伊犁马兵 1500 名、绿营兵 2000 名，马兵负责驻防，绿营兵则负责屯田和筑城。这些派驻伊犁的官兵，并不携带家眷，不是永久性驻兵，按规定每三年换班一次，从内地各省调遣派驻，既耗费时间，又糜费钱粮，绝非长久之计。

　　清廷从新疆的长治久安考虑，决定选调携眷八旗官兵移驻，由换防兵改为永久性的驻防兵，而且对新疆实施军府制的治理政策，在伊犁设置总统伊犁等处将军，简称伊犁将军，统辖新疆天山南北军政事务。乾隆二十七年（1762）十月十六日，乾隆帝发布上谕，正式设立伊犁将军，并以明瑞为首任伊犁将军[②]。同时，军机大臣傅恒等遵旨议奏："自伊犁至乌鲁木齐、巴里坤，凡寻常事务，仍照旧例，由各该地方大臣办理……若有兵丁调遣之事，则听将军调遣……自喀什噶尔、叶尔羌至哈密所有回城，亦照巴里坤等处之例，驻各城官兵，皆听将军调遣，凡寻常事务，皆照旧例办理……又喀什噶尔、叶尔羌等处，皆地处边陲，回子各城地方，若有应急事件，需要调遣伊犁兵丁，亦准各处办事大臣咨商将军，就近调用伊犁之兵。"[③]遂奉旨准行，明确了伊犁将军的职责权限：既是新疆最高军事统帅，同时也是新疆最高行政长官，代表中央政权负责处理新疆的军政事务。

　　伊犁地处新疆天山北部的西端，与哈萨克、布鲁特等接壤，是通往中亚地区的交通要道。伊犁地理条件也极其优越，水草丰美，宜耕宜牧，曾经是准噶尔汗帐所在地。伊犁将军驻在伊犁河北岸的惠远城，该城也因此成为西北边陲的军事重镇，在当时是名副其实的"新疆都会"。伊犁地区的军事、政治和经济地位，居于全新疆之首，需要重兵驻守。为了解决伊犁地区所需驻防兵力，清廷对全国驻防八旗进行调整，甘肃凉州、庄浪驻防八旗满洲、蒙古官兵，全部携眷移驻伊犁；京口、杭州等处驻防八旗汉军全部改编入绿营，其腾出的名额，分别拨给张家口外八旗察哈尔和黑龙江布特哈索伦、达斡尔等，作为八旗兵携眷移驻伊犁。

这次移驻伊犁的八旗兵丁都是永久性驻扎兵丁，与以往的换防兵丁比较，不仅因携带家眷而人口众多，而且来自不同的地区和民族，移驻行程远近不一，生活习俗存在差异，需要办理的事项极其繁杂艰巨，需要全面统筹规划，分期分批有序合理推进。伊犁驻防八旗兵丁的移驻，从乾隆二十七年开始，止于乾隆三十六年（1771），共用了 10 年时间，先后分批移驻的有张家口外察哈尔、黑龙江鄂温克和达斡尔、盛京（辽宁）锡伯，以及甘肃凉州和庄浪、陕西西安和直隶热河满洲、蒙古等兵丁。其中首批移驻的是察哈尔兵丁，其次是鄂温克和达斡尔兵丁，最末一批是西安的满洲和蒙古兵丁。从移驻兵丁的来源来看，伊犁驻防八旗的构成是多元的，有满洲、蒙古、鄂温克、达斡尔、锡伯等民族，而且蒙古族又分八旗蒙古、察哈尔、厄鲁特等，其中八旗满洲、蒙古、锡伯早已成为正规的军人，八旗察哈尔、布特哈鄂温克、达斡尔则是移驻伊犁后才成为正规的军人，而厄鲁特属新编入的八旗兵。

二　伊犁索伦营兵丁来源

索伦，在清代文献中有两种含义，广义上指黑龙江鄂温克、达斡尔、鄂伦春等民族，狭义上指黑龙江鄂温克族。早先，索伦居住在黑龙江中下游地方，后来逐渐南迁至嫩江流域。康熙初年，先设布特哈八旗，后改设布特哈总管衙门，专门管理嫩江流域的鄂温克、达斡尔、鄂伦春等民族。布特哈是满语，其意为打牲。布特哈总管衙门管辖下的成丁，称为打牲丁，平常猎貂进贡，遇有战事也奉调出征。雍正十年（1732），为了加强呼伦贝尔防务，清廷抽调一部分布特哈鄂温克、达斡尔兵丁移驻，编设八旗，设置总管统领，至光绪年间改为副都统。这部分鄂温克、达斡尔人丁的身份发生变化，由打牲丁变成八旗兵，驻卡巡边，守卫疆土，而留在布特哈的鄂温克和达斡尔等人丁，仍保持其打牲丁的身份，每年照例捕貂纳贡。

乾隆二十二年（1757）初，当平定准噶尔战争进入尾声时，有人提议派索伦兵丁移驻伊犁等处地方，乾隆帝没有采纳，并明确指出："至所议索伦兵丁前往新疆管辖厄鲁特事宜，毋论远道迁移，事属未便，且索伦素属骁勇，若与厄鲁特聚处，势必染其余习，将来渐不可用，甚属无益。"④然而，到乾隆二十三年（1758）初平定准噶尔战争结束时，由于经过两次战争，当地厄鲁特蒙古人口锐减，彻底消除了乾隆帝顾忌的统治隐患，所以乾隆帝改变初衷，欲派索伦兵丁携眷移驻新疆，特降旨曰：

> 索伦兵效力军前，屡年未获休息，今贼众渐次剿灭，大功将竣，自可不日撤回。现议在乌鲁木齐、鲁克察克等处屯田，令绿旗兵驻扎，虽娴于耕作，而镇守巡防之用，不及索伦，若令索伦兵同驻，似为有益。伊等每年进纳貂皮，今移往驻防，既免其纳赋，又有钱粮养赡，射猎资生，自当更觉饶裕。可传谕绰勒多等，于索伦兵丁内拣选一千名，明白晓示，以驻防之外，并无别项差遣，且于伊等生计有益。或今年先遣兵丁前往，来年再将伊等眷属移去，料伊等自必情愿。至拣选兵丁时，若户口多者，恐其亲属相离，毋庸派往，惟小户单丁为善。其作何选派及携眷驻防，果否与伊等有益，著绰勒多等定议具奏⑤。

在此道谕旨发出后的第二天，乾隆帝又补充降旨曰：

> 昨谕绰勒多等，拣选索伦兵一千名，驻防乌鲁木齐等处，

并将携眷前往之处议奏。特虑伊等两地瞻顾，务使得所之意。今思人情安土重迁，或携眷亦非所愿，且驻防兵丁，亦不妨更番戍守。著传谕绰勒多，体察情形，如不愿携眷，即定以年限，派兵更代，酌量赏赐⑥。

这道补发的谕旨说明，此次派遣索伦兵丁携眷移驻新疆并非指令性的，而是要看索伦兵丁的意愿，若不愿意携眷移驻，则作为换防兵派遣，限期更换。经黑龙江将军绰勒多询问获悉，索伦兵丁都不愿意携眷移驻，因而改成换防兵派驻。

索伦本为渔猎民族，善于骑射，骁勇强悍，编入八旗后，成为清朝军队中的劲旅之一。每遇战事，索伦兵都被抽调出征，而且表现勇敢，屡建奇功，久负盛名。伊犁地处西北边陲，且又作为新疆首府所在之地，务必要派驻八旗之劲旅，加强防务力量。乾隆二十八年（1763）年初在筹划伊犁驻兵事宜时，清统治者必然会想到英勇善战的索伦兵丁，所以"令黑龙江将军、察哈尔都统等，从索伦、察哈尔丁内选其情愿携眷迁往伊犁者，索伦一千名、察哈尔一千名，均作为披甲，照先前移驻察哈尔、厄鲁特之例，将内地应得钱粮及出差应得盐菜银均支给，连同凉州、庄浪三千二百名满洲、蒙古兵，共计兵丁五千二百名，俱携眷移驻伊犁"⑦。

乾隆二十八年正月二十三日，黑龙江将军国多欢接到挑选布特哈兵丁携眷移驻伊犁的谕旨后，从鄂温克、达斡尔内各挑选兵丁500名，共计1000名，每100人内，拣选2人为头目管理，又选派布特哈总管1员、副总管1员、佐领10员、骁骑校10员管带前去。这些挑选的官兵分两队迁移，乾隆二十八年四月初十日，第一队的500名鄂温克兵，携带家眷1421口人，从嫩江流域起程西行，途经漠北蒙古车臣汗部、土谢图汗部地方，八月中旬抵达赛音诺颜部乌里雅苏台地方，经短暂休整补给后，八月底起程继续西行。在进入新疆后，伊犁将军明瑞派遣官兵携带米面至额敏河、博罗塔拉等处接济，于乾隆二十九年（1764）正月十九日，第一队鄂温克官兵顺利抵达伊犁。乾隆二十八年五月初三日，第二队的500名达斡尔兵，携带家眷1417口人，从嫩江流域起程西行，经过漠北蒙古车臣汗部、土谢图汗部地方，九月下旬抵达赛音诺颜部乌里雅苏台，在其附近扎巴坎地方扎营过冬。二十九年三月中旬，经补给口粮和牲畜后起程继续西行，取道巴里坤、乌鲁木齐等地，于七月二十六日，第二队达斡尔官兵也顺利抵达伊犁。这1000名鄂温克、达斡尔兵丁到达后，经伊犁将军明瑞奏准，安置在惠远城西北霍尔果斯河东西两岸一带地方，合编为一营，称之为"索伦营"。

在鄂温克、达斡尔兵移驻伊犁后，由于诸多原因，不仅人口繁衍缓慢，而且男丁不断减少，至嘉庆二年（1797）已经没有壮丁补充兵缺，出现了严重的兵源危机。时任伊犁将军的保宁发现，"伊犁索伦营人口增长向来不佳，竟有绝嗣之户，以往挑选披甲，已难得强壮闲散之丁。不料去年传染出痘，该营闲散丁亏损约四百名，现余闲散丁无多，亦俱年幼。是故，今挑选披甲，竟不得年力精壮者。"因此，伊犁将军保宁不得不向嘉庆帝提出建议称："索伦营兵系一支劲旅，若不稍加调整办理，而以幼丁为兵充数，或致兵数减少，均不成事体。奴才留心细查，近数年来，锡伯营人口甚旺，现堪以披甲之闲散丁颇多。索伦、锡伯俱系东三省之人，风气相近，若锡伯营闲散丁移补索伦营，现即可得强壮之兵，而自幼与索伦合居一处，日久练习，自然俱成壮健之兵。"嘉庆帝采纳此建议批准施行，"于锡伯营十八岁以上、三十五岁以下强壮闲散丁内，选出即可挑甲者一百六十户，移至索伦营，按各该牛录闲散丁之多寡，分补挑甲"[⑧]。后因道

光年间索伦营官兵数次奉调赴天山南部参加平叛战争，遭受一定
的伤亡，道光十三年（1833）索伦营再度出现了兵源危机。索伦
营领队大臣奇成额呈文伊犁将军特依顺保称："本部人口增长向
来缓慢，而道光六年、十年派往喀什噶尔出征官兵内，阵亡官兵
二百三十余员名。伊等所遗之缺，皆挑取身材较高之闲散、西丹，
补充兵缺当差。现有闲散、西丹，皆年幼尚未成丁。是故，堪以
挑选八旗披甲缺之闲散、西丹，委实不能接续。请仍如前办，由
锡伯营再选闲散、西丹一百名，携眷移至索伦部，以备拣选披
甲。"⑨遂经伊犁将军特依顺保奏准，由锡伯营拣选闲散丁100名，
连同家眷一并移入索伦营，均匀分至各该牛录。先后两次共选锡
伯闲散丁260户移入索伦营，从而彻底解决了兵源危机。伊犁索
伦营兵由鄂温克、达斡尔、锡伯三个民族共同构成，这在清代伊
犁驻防八旗各营中是极其罕见的，具有鲜明的特点。

三　伊犁索伦营建制沿革

八旗是清朝立国安邦的根本制度之一，分为京师八旗和驻防
八旗。清入关后，逐步在全国范围内开始建立八旗驻防体系，选
择全国各重镇要地派驻八旗兵丁，设置将军统率，至乾隆年间伊
犁将军设置时，全国有14处驻防将军。从各处驻防将军的具体
职掌来看，除盛京、吉林、黑龙江、伊犁4处将军外，其他10
处将军都是纯军事驻防性质的，只管理本驻扎城池或地区的八旗
事务，并不干预绿营兵和行政方面事务。而盛京、吉林、黑龙江
和伊犁将军则不然，全权负责管理当地的军政事务，但因各地事
务有所不同，彼此间仍存在一些差异。特别是在编制方面，比较
而言唯有伊犁驻防八旗极为特殊，不像其他地方驻防八旗一样编
设旗分佐领后，在将军之下设置副都统、协领、佐领、防御、骁

骑校等员管带，而是以相对单一来源的兵丁为单元，按八旗出征兵之例，分别设置察哈尔、索伦、锡伯、厄鲁特、惠远城满洲和惠宁城满洲6个营。因惠远城满洲营与将军同在一城而不设领队大臣，只设协领、佐领、防御、骁骑校管理外，其余各营均设领队大臣、总管、副总管、佐领、防御、骁骑校管理，而各营领队大臣都与将军同驻一城，由总管和副总管负责处理各该营的日常事务。

在鄂温克、达斡尔兵丁移驻伊犁之前，清廷已开始在伊犁河北岸修筑将军所驻城池，并派驻满洲和绿营换防兵，移驻一部分携眷察哈尔蒙古兵，收编留居伊犁的厄鲁特蒙古披甲当差。第一队鄂温克兵丁抵达后，就安置在伊犁河迤北霍尔果斯河迤西沙玛尔、齐齐罕、土尔根、撒橘等地；第二队达斡尔兵丁抵达后，就安置在霍尔果斯河迤东克阿里木图、霍尔果斯、富斯克等地。同时，所有1000名鄂温克、达斡尔兵丁，不按八旗之颜色，均匀编为6个牛录，其中鄂温克3个牛录、达斡尔3个牛录，分为左右两翼，统称索伦营，设置领队大臣1员、总管1员、副总管1员、佐领6员、骁骑校6员，负责管理营务[10]。

乾隆三十二年（1767），由于伊犁索伦、锡伯、察哈尔、厄鲁特各营生齿日繁，官差增多，原有官员已不敷当差管理。于是，伊犁将军阿桂奏称："移驻伊犁之索伦、锡伯、察哈尔兵，按新厄鲁特之例，编设牛录，故不论旗分，曾以近二百户为一牛录，每部各设六牛录。今生齿日繁，一切差使等项而又烦冗，如仍旧责成六牛录官员管理，实属不足。再两翼厄鲁特中，右翼人众，且陆续来归之厄鲁特，较前亦多。将此只责成六牛录官员管束，则亦不足。明瑞朝觐时奏厄鲁特足增添二牛录，奉旨准行。因而，除照办外，锡伯、索伦、察哈尔等三部，亦同厄鲁特部，请增添二牛录，俱整编为八牛录，以为八旗。""又锡伯、索伦、察哈尔、厄鲁特牛录，既已各为八旗，其旗纛颜色，亦应按旗授之。""原有左右翼（即厄鲁特——引者注）总管关防，锡伯、索伦、察哈尔总管关防及锡伯、索伦、察哈尔、厄鲁特佐领钤记（当作图记——引者注）所铸字样，均已不合。应照现今整办之例，以标旗色，改铸颁发"⑪。奉旨准行。此次整编未增加兵数，将原有的 1000 名兵丁，分编八旗，每旗各设 1 牛录，除原有总管 1 员、副总管 1 员、佐领 6 员、骁骑校 6 员外，增设佐领 2 员、骁骑校 2 员，并从披甲内选取领催 8 名，连同原有领催 24 名，共计 32 名，每牛录各为领催 4 名、披甲 121 名。在此基础上，颁发了新的总管关防和佐领图记，以及镶黄、正黄、正白、镶白、正红、镶红、正蓝、镶蓝八种颜色式样的旗。不久，因管理卡伦事务的需要，"于伊犁索伦、达斡尔内，视其效力奋勉、知晓卡伦事宜者，陆续拣选九名，给戴六品空蓝翎，轮驻卡伦"⑫。至此，伊犁索伦营的建制基本确立。

此后，索伦营建制并没有发生根本性的变化，只是在保持原有 8 个牛录及每牛录各为一旗的前提下，进行了一些必要的变动。乾隆五十六年（1791），添设养育兵 200 名、前锋 40 名，从前锋内选设前锋校 4 名。乾隆五十七年（1792），每旗各设委官 2 员、空金顶 8 名。道光八年（1828）平定张格尔之乱后，办理善后事宜，为了进一步加强新疆地区的防务力量，经钦差大臣那彦成建议，由军机大臣长龄奏准，索伦营增添披甲 100 名，并于左右两翼各设防御 1 员，专管前锋。由此索伦营的建制更加完善，兵力进一步加强，并最终确立下来。营下分设八旗，每旗各设 1 牛录，设有领队大臣 1 员、总管 1 员、副总管 1 员、佐领 8 员、防御 2 员、骁骑校 8 员、委官 8 员、空金顶 8 员、空蓝翎 9 员、委笔帖式 2 员、前锋校 4 员、前锋 36 名、领催 32 名、披甲 1038 名⑬。

同治年间，伊犁地区发生动乱，沙皇俄国乘机入侵伊犁，割占霍尔果斯河迤西索伦营兵丁驻牧的地区，一部分索伦营兵丁被迫携眷迁到塔尔巴哈台。光绪八年（1882）清朝收复伊犁后，在塔尔巴哈台的索伦营兵丁有部分回到伊犁，被编入刚刚恢复的索伦营，留在塔尔巴哈台的索伦营兵丁则被编入当地的新满营。1911年辛亥革命爆发，清朝灭亡，但索伦营制仍然保留，1938年才被废除。今新疆伊犁霍城市和塔城地区的鄂温克族、达斡尔族、锡伯族就是清代伊犁索伦营兵丁的后裔。

四　伊犁索伦营生计维系

伊犁索伦营的鄂温克、达斡尔兵丁，原在黑龙江时，虽然编入布特哈八旗管理，但并非正规的八旗兵，属于"打牲丁"，日常从事贡貂差使。起初毫不领取钱粮，后来因其生计困难，特发给2000份钱粮，然每份都不是全额钱粮，而是半额钱粮。移驻伊犁后，他们的身份就发生变化，成为永久性驻防八旗兵，承担守卫疆土的任务，因而由官方筹划安排其生计。

早在起程移驻时，黑龙江将军国多次就遵旨向他们承诺："现若移驻伊犁，则可获全额钱粮、盐菜银，又赏给立业牲畜及整装等项。"⑩同时，又按照军机处奏定的办法，发给移驻所需的银两、牲畜和物品，保证顺利到达目的地。选派移驻的总管、委营总、佐领、骁骑校22员，按其职级各发一年俸禄，共银1885两；兵丁1000户，每户各给赏银30两，共银30000两；兵丁每人各赏置办兵器银10两，共银10000两；官员、兵丁及其家眷，共拨给马2998匹，按每匹折价银8两计，共银23984两；每户各给驼1只，应给驼1000只，按每只折价银18两计，共银18000两；每户各给帐房1顶、锅1口，应给帐房1000顶、锅1000口，按每帐房折价银 4 两、每口锅折价银 2 两计，共银 6000 两；官员、兵丁及其跟役，按其级别身份，共发盐菜银 93229 两；所有家眷人口，按其大小，各发两个月口粮，共粮 1352 石余[15]。这样按其级别和人员身份发给的物资，不仅能够供给迁移途中的所需，而且有些物资到达目的地后仍可以继续使用，有利于其生计。

为了妥善安排索伦营兵丁的生活，经伊犁将军明瑞奏请，军机大臣傅恒遵旨议奏："携眷移驻伊犁之二千名索伦、察哈尔兵初到伊犁，尚不习惯，若仅给钱粮而不给盐菜银，于其生计不利。伊等与去年移驻伊犁之八百名察哈尔兵相同，理合与伊等一体办理。自此二千名索伦、察哈尔兵抵达伊犁之日始，一年内支给盐菜银，期满一年后，即行停发，只给钱粮，并种地所需籽种，尽量赏给。收获前所需口粮，分别大小人口，大口每日为八合三勺，小口减半，期满一年后，一并停发口粮。"[16] 在鄂温克、达斡尔兵丁移驻之初，为防止其生活发生困难，采取了适当的优惠措施，除支给额定的饷银外，按照出征行军和当差外出之例，还发给盐菜银和口粮，而且口粮的发放包括所有人口。经过 25 年后，索伦营人口繁衍增加，原有俸饷银已不敷供养，需要酌情办理，以便维持其生计。乾隆五十六年，乾隆帝特颁旨："伊犁索伦、达斡尔营兵丁移驻以来，一切差使均极奋勉，且于喀什噶尔、塔尔巴哈台换防差务，皆甚得力。惟近几年生齿日繁，每月所食一两饷银，难免不敷供养。著加恩伊犁索伦、达斡尔兵丁，每月各赏食二两饷银，并添设养育兵三百名，每月给食饷银一两。"[17] 将军保宁接奉此旨后，立即据实奏请变通办理，遂允准领催、披甲每月原食饷银 1 两外，各增加饷银 1 两，共计 2 两；所拨 300 份养育兵钱粮，添设养育兵 200 名，每月给食饷银 1 两，其余 100 名养育兵之额，添设前锋 40 名，每月给食饷银 2 两 5 钱。至此，每年应发俸饷银相对固定下来，即索伦营官兵共需俸饷银 26071

两，其中总管俸银 130 两、副总管俸银 105 两、佐领俸银 105 两、骁骑校俸银 60 两、轮驻卡伦空蓝翎盐菜银 10 两、笔帖式盐菜银 36 两、领催钱粮银 36 两、前锋钱粮银 30 两、披甲钱粮银 24 两、养育兵钱粮银 12 两[18]。

特设滋生银收取利息，除供养鳏寡孤独者外，还借给官兵应急之用。在移驻之初，有官方支拨的一年盐菜银，并未全部发给兵丁，酌量扣留库存，以备应急之用。后来又作为本金贷给商人滋生，所获息银专门供养鳏寡孤独者。乾隆五十三年（1788），伊犁将军保宁将所有 4000 两本银，饬交本地同知庄肇奎，每月每两收取息银 9 厘，赡养索伦营鳏寡孤独者。自乾隆五十六年增加兵丁饷银和添设养育兵后，索伦营兵丁生计逐渐得以改善，需要供养和接济者减少，每年收取的息银都有所剩余，至乾隆六十年已累积 1900 两。保宁具奏："索伦营红白事及所有承应官差、派往换防等处官兵，于置办衣物等项整装时，惟因无接济之项，当遇到差使后，不免为难。是故，经与索伦营领队大臣霍硕额商议，由此一千九百两银内，计其足敷使用，永久留给该营九百两，酌定数额，凡遇此等事时借给，不收取利息，勒限一年，陆续坐扣其饷银填补原项，仍继续借给伊等。其余银一千两，亦饬交抚民同知，仍照前例交给商人滋生，每月每两收取息银九厘。俟此项息银又累积达一千两后，亦照此办理，仍令每年借支及坐扣银两年终详细禀报，由卑职饬交粮饷处核查。请将此作为定例，永久遵行。"[19]奉旨允准，从而索伦营滋生银的管理和使用更加完善规范，确保鳏寡孤独者的供养和兵丁的应急借用。

索伦营官兵的俸饷银是额定而有限的，要想增加受到各种因素的制约，难以按索伦营的实际需求随时增加，从未来人口发展和生活需求出发，必须谋划长久之策。伊犁地区山川纵横，水草充足，适宜放牧，加之鄂温克人习惯于游牧兼渔猎的生活方式，而达斡尔人则习惯于农耕兼渔猎的生活方式，原计划一次性发给立业牲畜，牧放繁殖，补给生活。后因所需牲畜数量巨大无法解决，只好酌情变通办理，将官牧厂的孳生牲畜拨给牧放，按一定比例分配，以利于其生计。起初，鄂温克兵丁牧放的马1000匹、牛274只、羊12975只，达斡尔兵丁牧放的牛276只、羊13025只。这些数目并非常数，历年都有所变化。按孳生牲畜管理办法规定，孳生马"三年一均齐，每三年本马三匹取孳一匹"[20]；孳生牛"四年一均齐，每四年本牛十只取孳八只"[21]；孳生羊"一年一均齐，每一年本羊十只取孳三只"[22]。乾隆三十一年（1766）三月，伊犁将军明瑞查看发现，"索伦等经常游牧，接近蒙古之生活习惯，仍可放牧。达斡尔等原先务农屯居，尚会牧放马牛，竟不会牧放羊只孳生"[23]，致使孳生羊倒毙。经奏准后，将达斡尔兵丁所剩7232只羊都交给索伦兵丁牧放。乾隆三十三年（1768）六月，新任伊犁将军阿桂又发现，索伦等"耕种私田，牧放孳生及私有牲畜，官差不少，其驻牧之地，又系贸易哈萨克来往大道所在，较其他营多需看护之人，且索伦等在原籍时，养羊者少，不甚会牧放孳生"[24]。遂经奏准，将其牧放的10632只羊都移交厄鲁特营牧放。乾隆三十八年（1773）闰三月，索伦营领队大臣都尔嘉呈文将军曰："索伦等原牧放孳生马一千匹，陆续孳生马驹二百九十六匹，亦添给牧放孳生，又牧放私有牲畜，地方狭小，草场不佳，且去冬雪大，气候寒冷，牲畜倒毙甚众。本年应交孳生儿骒马驹数目不足，经各自尽力办理照数交纳。此项孳生马匹，若仍留给伊等牧放孳生，庶乎与其生计及官牧厂孳生均无益处。"[25]所以，又经伊犁将军舒赫德奏准，将索伦营牧放的1296匹马分别移交给察哈尔和厄鲁特营牧放。乾隆五十四年（1789），因索伦营兵丁官差繁多，再无暇牧放仅剩下的1600余只牛，经将军保宁奏准，全部抽出分交察哈尔营、厄鲁特营和屯田"回子"等牧放。索伦营兵丁虽然不牧放官牧厂孳生牲畜，但仍有私人牲畜牧放繁殖，成为其谋生的途径之一。

伊犁满洲二营既有饷银，又有口粮，而"锡伯、索伦、察哈尔、厄鲁特四营，除照例支给饷银外，所有口粮俱系自耕自食"㉖。乾隆二十九年初，伊犁将军明瑞奏称："索伦等移驻伊犁，其生计多半依靠种田及狩猎。今伊等抵达时，正值种田之际，令其妥善垦种，可及早得利，以便供给。故奴才等留有其承应官差、出行狩猎、牧放孳生官畜之时间，并计其耕作能力及足够食用，每户各拨给耕地八亩。又按其食用之喜好，由仓存粮石内，动支小麦五十石、青稞五十石、黍子一百五十石，作为籽种，按原先所奏赏给。"㉗这就说明，第一队鄂温克兵抵达伊犁的第一年，就开始开垦种田。第二队达斡尔兵于农历七月底到达伊犁，已过播种季节，从第二年起，照第一队索伦兵之例开垦种田。按每户耕种 8 亩计，索伦营兵丁一年共种 8000 亩地。另外，还允许索伦营兵丁按其所能多种地。乾隆三十一年二月，锡伯营和索伦营领队大臣给将军呈文称："今锡伯、索伦兵习耕此处地亩，若只种官给五百石籽种，尚未熟悉此处地亩情形，间或不能丰收，其食粮即致绝断。除官给额定籽种外，再尽力稍加多种，收成幸佳，其食不完者，于冬日饲养消瘦之马、卖而购置应补之畜皆有裨益。即使收成平常，因所耕有余，无论如何不碍食粮。请由官借给锡伯兵青稞四百石，索伦兵麦子、青稞、黍合五百石。所借之粮，俟秋收后，照从前回子等所借之例，每石利息一斗，本脚（当作本息——引者注）一并交纳。"㉘遂经将军明瑞等奏准，"借给锡伯兵青稞四百石，索伦兵麦子三百石、青稞一百石、黍一百石"，并令各该领队大臣、总管等官员督促兵丁按时开垦播种，妥加管理，以期丰收㉙。索伦营耕种所获的粮石都不交公，全部归本营支配食用。

索伦营兵丁除平常乘闲狩猎补给生活外，在遭灾欠收时还打猎自救，而且得到官方的支持和鼓励。乾隆三十一年，因遭受蝗灾，粮食欠收，由官方组织打猎救济。时任伊犁将军明瑞奏称："本年锡伯、索伦兵所种之田受蝗灾较重，若趁秋季兽肥，多派能手行猎，则于接济口粮稍有裨益。惟伊犁地方野兽之性，凡山兽多在大山深处险峻之地，戈壁之兽行于旷野。除撒大围捕杀外，少数人难以用弓箭捕杀，务由鸟枪手搜捕袭杀，方可有所收获。锡伯兵原先前来时，虽未带官枪，但所带私枪尚足以彼等行猎。索伦兵既无官枪，私带枪者亦寥寥无几。是以，现由在库旧存前由阿克苏、库车等处所送之枪内，借给索伦昂吉（即指营——引者注）一百支。惟现在此处，火药一项颇难私得，若误过打猎之季，实为可惜。"所以，未经奏准立即通融办理，"由官存火药内，得（当作拨——引者注）给锡伯鸟枪手共五十斤，索伦等一百斤"。同时，奏请"一千名索伦兵既无枪支，可否将现在借给之枪一百支，即留给该昂吉之兵以备应急，平时持之行猎，以利于彼等行粮"。乾隆帝在明瑞的满文奏折上用朱笔批示："sain。saha。"（此为转写——引者注）汉译"好。知道了"㉚。这标志着明瑞的奏请得到批准，从此索伦营兵丁就有鸟枪，除应急备用外，平时还可以持枪狩猎，保障打猎的收获和生计的补给。

五　伊犁索伦营驻防任务

设置伊犁驻防八旗的根本目的是加强本地区乃至整个新疆的防务力量，务必要布防合理，确保防务安全。伊犁地处西北边陲，"至于境外，自北而西则有哈萨克，自西而南则有布鲁特，壤界毗连"㉛，驻防任务极为艰巨繁重。伊犁的驻防八旗，由惠远城满洲营、惠宁城满洲营、锡伯营、索伦营、察哈尔营、厄鲁特营组成，而惠远城满营和惠宁城满营处于核心地位。惠远城和惠宁城都修筑在伊犁河北岸，一西一东，相距70里，伊犁将军驻惠远城。以惠远城为中心，"东北则有察哈尔，西北则有索伦，西南则有锡伯，自西南至东南则有厄鲁特，四营环处，各有分地"㉜。除锡伯营筑城而驻外，索伦营、察哈尔营、厄鲁特营都游牧而驻，但都有规定的防区和任务。

其一，驻守卡伦。卡伦是满语音译，其意为哨卡、哨所。卡伦之设，对外防范侵扰，对内查禁偷盗、稽查逃犯、看护屯所和牧场。卡伦有常设、移设、添撤之分，"历年不移而设有定地者，是谓常设之卡伦"；"驻卡官兵有时在此处安设，有时移向彼处，或春秋两季递移，或春冬两季递移，或春夏秋三季递移者，是谓移设之卡伦"；"其地虽有卡伦，而有时安设，过时则撤者，是谓添撤之卡伦"㉝。索伦营驻牧之地，毗连哈萨克游牧地界，设有常设卡伦和添设卡伦，共有10座，没有移设卡伦。其中常设卡伦6座，分别为霍尔果斯，卡伦侍卫1员，索伦营官1员、兵20名，厄鲁特营兵5名，共驻27人；齐齐罕，卡伦侍卫1员，索伦营官1员、兵15名，厄鲁特营兵5名，共驻22人；奎屯，卡伦侍卫1员，索伦营官1员、兵15名，厄鲁特营兵5名，共驻22人；博罗呼济尔，卡伦侍卫1员，索伦营官1员、兵20名，厄鲁特营兵10名，夏秋添惠远城满营官1员、前锋5名、索伦营兵10名，共驻48人；崆郭罗鄂伦，卡伦侍卫1员，索伦营官1员、兵25名，厄鲁特营兵10名，共驻27人；辉发，卡伦侍卫1员，索伦营官1员、兵20名，厄鲁特营兵5名，共驻27人。添撤卡伦有4座，分别为旧霍尔果斯安达拉，春季添冬季撤，索伦营官2员、兵30名，共驻32人；齐齐罕安达拉，春季添冬季撤，索伦营官2员、兵15名，共驻17人；河岸，冬季添夏季撤，伊犁河结冰后，与南岸锡伯营所辖沙喇托罗海卡伦合走开齐，索伦营官1员、

兵 20 名，共驻 21 人；奎屯色沁，冬季添夏季撤，索伦营官 1 员、
兵 20 名，共驻 21 人㉞。在以上 10 座卡伦中，索伦营独立驻守
的卡伦 3 座，与惠远城满营合驻的卡伦 1 座，与厄鲁特营合驻的
卡伦 6 座，与锡伯营卡伦"合走开齐" 1 处，每年派驻卡伦官兵
共计 264 人。按规定领队大臣每年春秋二季各巡查所属卡伦一次，
每两座相间的卡伦定期派兵巡逻会哨，称之为"开齐"，相互通
报情况，若有情况，或即处置，或逐级禀报。

　　其二，巡查哈萨克、布鲁特边界（指与清朝接壤的边界）。
伊犁接壤的"哈萨克游牧，自西而北，过塔尔巴哈台，直接科
布多交界"㉟。每年秋季伊犁将军派遣领队大臣 1 员，率领各
营所派官兵 300 名，其中索伦营官兵 50 余名，巡查哈萨克边界
一次。从伊犁起程后，"于沿途有兽之处率官兵练习打猎，妥善
指教一切出外之道，严加约束官兵，毋于哈萨克游牧内招致事
端，巡查库库乌苏、哈拉塔勒等处，至勒布什后，会塔尔巴哈所
派征收官赋之官兵，各自分地照例征收官赋"㊱，而后由原路返
回，需要月余时间。在巡边过程中所征的"官赋"，是指允准进
入卡伦内越冬哈萨克交纳的"租马"，或称"马税""马租"。"布
鲁特边界远在西南哈尔齐喇卡伦以外，越善塔斯太、毕勒哈图等
山，行数百里，始见其游牧之人，至特穆尔图淖尔两岸，间有布
鲁特所种田地"㊲。每两年春季伊犁将军派遣领队大臣 1 员，率
领各营所派官兵 300 名，其中索伦营官兵也有 50 余名，巡查布
鲁特边界一次。从伊犁起程后，沿途一边巡查边界，一边狩猎演
练，行至穆尔图淖尔后，由原路返回，需要近两个月时间。伊犁
巡边官兵每当接近其游牧地界时，临近布鲁特部落首领率人前来
迎见，进献"伯勒克马"，而后领队大臣设宴款待，酬赏绸缎等物㊳。
在双方会见结束后，布鲁特部落首领派专人陪同当向导，查看布鲁
特人是否擅自越界放牧和开垦种田，若发现违禁者，则立即驱逐。

其三，塔尔巴哈台换防。塔尔巴哈台地处新疆天山北部，西南与伊犁接壤，是通达阿尔泰、科布多等地的要冲，具有重要的战略地位。乾隆二十九年，在塔尔巴哈台地方修城，设参赞大臣1员，选派京城八旗和黑龙江索伦等官兵驻守。自乾隆三十一年开始，改由伊犁满洲、锡伯、索伦、察哈尔、厄鲁特等营选派1300名兵换防，其中满洲兵550名、锡伯兵150名、索伦兵100名、察哈尔兵200名、厄鲁特兵300名，酌派官员管带。在这些换防官兵内，满洲营、锡伯营官兵驻防二年，每年按新旧之班，于青草长出时更换一半，而索伦营、察哈尔营、厄鲁特营官兵驻防一年，期满一年后就全部换班。嘉庆十二年（1807），经伊犁将军松筠具奏调整后，各营派出的官兵数目如下：惠远城满营协领1员、佐领2员、防御2员、骁骑校4员、兵415名；惠宁城满营佐领2员、防御1员、骁骑校3员、兵305名；锡伯营佐领1员、骁骑校1员、兵130名；索伦营骁骑校1员、兵130名；察哈尔营佐领1员、骁骑校1员、兵160名；厄鲁特营佐领1员、骁骑校1员、兵160名；共计官22员、兵1300名[39]。此数并非一成不变，随着驻防形势的变化，还是有所调整的，但变化不大。各营赴塔尔巴哈换防的官兵，按规定重新编制后，才起程前往。"每一百兵为一甲喇；满洲、锡伯兵每甲喇派佐领以下实职官二员，索伦、察哈尔营每甲喇派实职官一员，左翼厄鲁特昂吉每甲喇派实职官二员；每一甲喇由实职官员内委任参领一员，俾其统兵；有一名实职官员之甲喇，由领催内委任骁骑校一员，协助带兵；由协领以下、佐领以上官员内派出二、三员委任营长，总统诸事"[40]。塔尔巴哈台换防的官兵，除驻守城池外，还分驻该地所设29座卡伦，巡查边境，以及承应其他临时性官差。

其四，喀什噶尔换防。喀什噶尔是新疆天山南部重镇，是中西交通要道，地理位置十分重要。乾隆二十五年（1760），设置参赞大臣1员，总理天山南部军政事务，并派西安、京城八旗官兵驻守。自乾隆三十六年始，改由伊犁满洲、锡伯、索伦、察哈尔等营选派官兵换防。喀什噶尔的换防官兵，两年换班一次，每年换防一半。各营换防官兵的数额，随着天山南部地区形势的变化，不时发生变化。起初曾有一段时间，停止选派索伦营和察哈尔营官兵，只选派满洲营和锡伯营官兵。至嘉庆年间，又开始选派索伦营官兵。此时各营派出的官兵数目如下：惠远城满营佐领1员、前锋校2员、委笔帖式1名、小旗4名、前锋24名、领催4名、兵35名；惠宁城满营防御1员、前锋校1员、小旗1名、前锋8名、领催2名、兵18名；锡伯营佐领1员、骁骑校1员、领催4名、兵96名；索伦营佐领1员、骁骑校1员、领催4名、兵96名。共计官10员、兵296名^㊶。这些赴喀什噶尔换防的各营官兵，按规定重新编制后，才起程前往。其派出的官兵，"每一百名兵为一甲喇；每满洲甲喇，由佐领、防御内委任参领一员统领，又派骁骑校一员协助；索伦、锡伯、察哈尔部派实职官一员，委任参领，俾其统兵；并由领催内拣选优良者一名，委任骁骑校，协助统兵；统兵所需营长，酌量兵数，于协领、总管以下、佐领以上官员内，拣选善于管束者一员，委任营长，总统诸事"^㊷。喀什噶尔换防的官兵，除驻守城池外，还分驻该地所设18座卡伦，巡查边境，以及承应其他临时性官差。

索伦营官兵除承担驻守卡伦、巡查边界和换防城池等日常防务外，凡遇有战事都奉调出征，与其他各营官兵一起，共同抵御外侵和平息内乱。道光六年（1826），逃亡浩罕的大和卓次孙张格尔率兵侵占喀什噶尔、叶尔羌等4城，索伦营副总管哈丹保奉命率兵出征，建立赫赫战功，赏赐达哈逊巴图鲁名号，画像入紫光阁。道光十年（1830），逃亡在浩罕的大和卓长孙玉素普入侵喀什噶尔等城，伊犁索伦、满洲、锡伯、察哈尔、厄鲁特各营共派官30员、兵2000名，远赴天山南部征战。同治四年（1865），浩罕军官阿古柏率兵入侵天山南部，伊犁索伦、满洲、锡伯、察哈尔、厄鲁特各营又共同派兵抵御。光绪二年（1876），左宗棠督军收复新疆时，索伦、锡伯、察哈尔、厄鲁特等营军民积极响应，纷纷赴前线作战。

　　总之，伊犁索伦营的构成是多元的，由鄂温克族、达斡尔族、锡伯族兵丁共同组成，在军政合一的八旗组织下，和睦相处，共同生活，担负着戍边屯垦的使命，为巩固新疆的统一，保持当地社会的稳定，加强西北边界的防务力量，抵御外来入侵，以及发展当地农牧业生产，都发挥了积极作用，做出了不可磨灭的贡献。

注释：

① 吴元丰：《索伦与达斡尔西迁新疆述论》，吴元丰：《满文档案与历史探究》，沈阳：辽宁民族出版社，2015年版，第284—298页；李俊梅、高颖：《清代伊犁驻防索伦营考》，《新疆职业大学学报》2002年第4期；佟克力：《清代伊犁驻防索伦营始末》，《新疆大学学报（哲学人文社会科学版）》2006年第1期。

② 中国第一历史档案馆藏：军机处满文上谕档，乾隆二十七年十月十六日，档号：03—18—009—000031—0002。

③ 中国第一历史档案馆藏：军机处满文议复档，乾隆二十七年十月二十日，档号：02—18—002—000031—2864。

④《大清高宗纯皇帝实录》卷530，乾隆二十二年正月庚子。

⑤《大清高宗纯皇帝实录》卷558，乾隆二十三年三月己亥。

⑥《大清高宗纯皇帝实录》卷558，乾隆二十三年三月庚子。

⑦《大学士傅恒等遵旨议奏续派一千名察哈尔兵丁携眷移驻伊犁事宜折》，乾隆二十八年正月初六日，吴元丰、阿拉腾奥其尔等：《清代西迁新疆察哈尔蒙古满文档案全译》，乌鲁木齐：新疆人民出版社，2004年版，第28页。

⑧《伊犁将军保宁奏索伦营闲散壮丁锐减请选调锡伯丁补充折》，嘉庆二年十月二十五日，中国第一历史档案馆等：《清宫珍藏达斡尔族满汉档案汇编》上册，沈阳：辽宁民

族出版社,2018 年版,第 465 页。

⑨《伊犁将军特依顺保奏调锡伯丁补充索伦营兵额折》,道光十三年十月十八日,中国第一历史档案馆:《锡伯族档案史料》下册,沈阳:辽宁民族出版社,1989 年版,第 615 页。

⑩⑪《伊犁将军阿桂奏察哈尔等营添设牛录并颁发旗纛折》,乾隆三十二年六月二十七日,吴元丰、阿拉腾奥其尔等:《清代西迁新疆察哈尔蒙古满文档案全译》,第 114 页。

⑫ 中国第一历史档案馆藏:军机处满文录副奏折,乾隆三十七年六月二十七日,档号:03—0185—2481—030。

⑬《伊犁将军保宁等奏添设伊犁索伦达斡尔养育兵并挑取前锋支给钱粮折》,乾隆五十六年四月二十二日,《清宫珍藏达斡尔族满汉档案汇编》中册,第 465 页;《伊犁将军德英阿等奏锡伯部添设防御前锋折》,道光八年八月二十二日,《锡伯族档案史料》上册,第 328 页;道光朝《钦定新疆识略》卷五,道光元年(1821)武英殿刻本,第 13 页。

⑭ 中国第一历史档案馆藏:黑龙江将军衙门满文档案,乾隆二十八年正月二十九日,档号:30—1763—1。

⑮《黑龙江将军国多欢等奏报拨给携眷移驻伊犁索伦达斡尔官兵盐菜银口粮等项数目折》,乾隆二十八年七月二十七日,中国第一历史档案馆等:《清宫珍藏达斡尔族满汉档案汇编》中册,第 962 页。

⑯《大学士傅恒等议奏明瑞等所奏筹办安置续迁察哈尔官兵事宜折》,乾隆二十八年三月二十日,吴元丰、阿拉腾奥其尔等:《清代西迁新疆察哈尔蒙古满文档案全译》,第 43 页。

⑰ 中国第一历史档案馆藏:军机处满文录副奏折,乾隆五十六年四月二十二日保宁奏,档号:03—0194—3337—015。

⑱ (道光)《钦定新疆识略》卷 8,道光元年(1821)武英殿刻本,第 16 页。

⑲ 中国第一历史档案馆藏:军机处满文录副奏折,乾隆六十年正月二十八日保宁奏,档号:03—0195—3493—022。

⑳㉑㉒ (道光)《钦定新疆识略》卷 10,道光元年(1821)武英殿刻本,第 3—5 页。

㉓ 中国第一历史档案馆藏:军机处满文录副奏折,乾隆三十一年三月初二日,档号:03—0182—2181—054。

㉔ 中国第一历史档案馆藏:军机处满文录副奏折,乾隆三十三年六月初四日,档号:03—0183—2272—011。

㉕ 中国第一历史档案馆藏:军机处满文录副奏折,乾隆三十八年闰三月二十日,档号:03—0185—2519—009。

㉖（道光）《钦定新疆识略》卷8，道光元年（1821）武英殿刻本，第3页。

㉗中国第一历史档案馆藏：军机处满文录副奏折，乾隆二十九年二月初九日，档号：03—
　0181—2073—036。

㉘㉙《伊犁将军明瑞等奏锡伯官兵借种增垦地亩折》，乾隆三十一年二月十九日，中国
　第一历史档案馆：《锡伯族档案史料》下册，第605页。

㉚《伊犁将军明瑞奏请狩猎济食折》，乾隆三十一年七月二十二日，中国第一历史档案
　馆：《锡伯族档案史料》下册，第605页。

㉛㉜（道光）《钦定新疆识略》卷11，道光元年（1821）武英殿刻本，第1页。

㉝（道光）《钦定新疆识略》卷11，道光元年（1821）武英殿刻本，第2页。

㉞（道光）《钦定新疆识略》卷11，道光元年（1821）武英殿刻本，第11页。

㉟㊲（道光）《钦定新疆识略》卷7，道光元年（1821）武英殿刻本，第3页。

㊱《伊犁将军庆祥奏派出锡伯官兵等巡查哈萨克边界折》，道光三年七月二十二日，中
　国第一历史档案馆：《锡伯族档案史料》下册，第570页。

㊳《伊犁将军特依顺保奏派出锡伯等官兵巡查布鲁特边界折》，道光十七年六月二十一
　日，中国第一历史档案馆：《锡伯族档案史料》下册，第571页。

㊴（道光）《钦定新疆识略》卷5，道光元年（1821）武英殿刻本，第28页。

㊵《大学士傅恒等议奏雅尔换防事宜折》，乾隆三十一年二月二十七日，中国第一历史
　档案馆：《锡伯族档案史料》下册，第535页。

㊶（道光）《钦定新疆识略》卷5，道光元年（1821）武英殿刻本，第30页。

㊷《伊犁将军伊勒图奏喀什噶尔等城换防定例折》，乾隆三十五年十二月初三日，中国
　第一历史档案馆：《锡伯族档案史料》下册，第547页。

（原载于《清史研究》2022年第2期）

清代热河芳园居库初考

倪晓一

《说文解字》对"库"字的解释是"兵车藏也"，即收藏兵器和兵车的处所，后延伸为贮存物品的屋舍。对于一个机构来说，库的建立与管理、库储物资的品类、库储内容的演变、动支的记录等，可作为整个机构职能乃至兴衰变化的重要见证。

清代，在有"夏宫"之誉的热河行宫里，也有这样一处承担着钱物汇总支兑职能的库房，档案中称之为"芳园居库"。热河行宫始建于康熙四十二年（1703），虽然直至乾隆五十五年（1790）方告最终建成，但早在康熙四十六年（1707）就已投入使用，康熙帝和乾隆帝多次在此驻跸，清前期许多重要的政治、军事、民族和外交等国家大事，均在此处办理。为满足其理政、外交、阅射、筵宴、娱乐以及日常起居所需，行宫内逐渐增添各色家具陈设，每日用度、赏赉物品为数甚巨，加之行宫及周边建筑还在不断扩建和维修，行宫中存兑钱物的专门库房应运而生。笔者拟借助中国第一历史档案馆（以下简称"一史馆"）所藏清代档案文献对热河芳园居库的相关记录，初步考述芳园居库的建制、库贮、职能及相关管理情况。

一　芳园居库的地理方位与设立时间

芳园居建于避暑山庄中的如意湖畔。《钦定热河志》卷三十在"如意湖"条目下记述，如意湖畔建有一亭，亭子前临如意洲，左侧是芳渚临流，"由亭而西为芳园居"。这也是该书中唯一一次提及芳园居。《大清一统志》中的记述与之基本相同。而杜红雨《避暑山庄的买卖街——芳园居》一文中载其"有门殿三楹，中悬'芳园居'匾额，正房五楹，后房七楹，东西有配房"，并说它是一座坐北朝南的方正密合的院落。这一记述与档案中的描述基本相符，下文再行展开。

　　除了方位，笔者比较关注的另一个问题就是，芳园居成为"芳园居库"具体始于何时？

　　在一史馆现已开放的档案中，用"芳园居"这一关键词进行检索，命中记录共计 185 条，主要集中在军机处上谕档、军机处录副奏折、宫中朱批奏折、内务府奏案、内务府呈稿等档案中，零散见于军机处满文档簿、内务府奏销档中。而以"热河"一词进行检索，相关记录则多达 1 万余条。

　　其中以"芳园居"为关键词检索出的关于芳园居库的最早记录见于乾隆四十八年（1783）六月初七日的军机处上谕档："……本年备赏缎匹数目除十月大运之外，尚须绸缎若干匹，热河芳园居现有存贮绸缎，即将锦、彩等项抵妆、蟒备赏亦无不可，并将芳园居收贮绸缎清单发寄阅看。"[①]

　　这条记录说明，至少在乾隆四十八年，芳园居库已经是山庄里一处常例库房，其库贮物品中包含备赏缎匹。

　　为了进一步明确芳园居库的设立时间，笔者扩大了检阅范围，对乾隆四十八年之前、以"热河"为关键词检索出来的档案进行了较为系统的排查。关于芳园居库的最早记录得以不断刷新，其他相关细节也逐渐显现。

　　乾隆三十八年（1773），总管内务府关于热河陈设器物的一份清单[②]上，详细记述了热河宫殿庙宇建筑群的陈设情况，并且对这些建筑进行了归并，共分为十三组，芳园居是与坦坦荡荡、松鹤清越、碧峰寺等殿共同被分在第四组。芳园居内陈列有："古玩三百五十件，炉瓶三色二十三分，如意二十五柄，冠架十六件，木瓜盘三十四件，痰盆二十四件，石砚九方，笔筒九件，册页六十八册，手卷一卷，书十九部计七十八套，玻璃挂屏五件，铜佛三十七尊，经一册，铜供器五件。"可见，芳园居不仅是一处库房，也不仅是用于皇帝宫嫔们消遣娱乐的"买卖街"，本身也是可居住的场所，房屋内布置了特定的陈设。清单还特意将芳园居的库贮情况专门胪列，"以上芳园居临芳墅库贮陈设缎匹朝珠荷包如意磁玛瑙晶石珐琅等器共一百五十七项"，点明了其库房的身份。

乾隆三十七年（1772），内务府广储司奉旨选取带有乾隆年款的各色瓷器 500 件交至芳园居。其原旨为："热河芳园居用磁樽瓶五百件，著交总管内务府大臣发给，钦此。钦遵。"③ 如此数量的瓷器，在此地陈设的可能性非常小，当为库贮。

乾隆二十八年（1763），内务府奏销为写心精舍制作壁衣绸幔、为烟波致爽等处制作靠背坐褥等所用绸缎的一份奏案中，提及办理上述活计，"由热河芳园居库内以及广储司库内领过缎锦绸绫等项据实核销"④。档案中直接写明是芳园居库，且库内存放着大量织物，可供制作活计时使用。

此外，在另一份内务府奏案中，回溯以往成案时写道："……乾隆十九年入销过芳园居库摆赏用缎匹并各处摆陈设糊黄方盘二百三十个，计用：净边黄纸二百七十六张，银三两三钱一分二厘；白面七斤三两，银一钱一分五厘；裱匠七工，银一两七分八厘。共用银四两五钱五厘……"⑤ 这件档案将芳园居作为库房的时间一下子提至乾隆十九年（1754），并再次申明了"缎匹"和"赏用"这两个关键词。这也是下一节讨论的重点内容。

在乾隆朝的相关档案中，暂未能找到将芳园居作为库房的其他证据。雍正帝在位期间并未巡幸热河，康熙帝虽然多次长时间在热河行宫驻跸，但检视康熙朝《起居注》《康熙朝满文朱批奏折全译》等档案文献⑥，虽然有关于热河行宫的记录，但并未提及芳园居及芳园居库。根据现有的史料，芳园居作为库房使用的职能应出现在乾隆朝前期。由于乾隆首次巡幸热河是在乾隆六年（1741），因此芳园居库的设立时间暂定于乾隆六年至十九年之间。

二 芳园居库贮与职能

芳园居库的职能集中体现在它所存贮的物品及其支兑情况中。乾隆三十八年热河陈设器物数目清单中，关于芳园居库的记述如下：

> 芳园居临芳墅库贮：古玩四百九十六件，炉瓶三色六分，如意一百二柄，冠架五十一件……锦缎五百二十七匹，官用黄缎十八匹半，官用金黄缎七十三匹，漳绒一千三百八十二匹，大卷八丝缎九百六匹，八丝缎五百九十六匹，大卷五丝缎七百二十八匹，五丝缎五百二十一匹，线缎二十匹，罗纹缎八匹，茧缎七十六匹，宁绸二百八十一匹，宫绸八十九匹，春绸二百八十匹，平绉绸一百二十匹，纺丝五十匹，绫二百九十五匹，汤绸十八匹，金边布九匹，大卷宫绸二百三十六匹半，胶纱一千十七匹……珐琅器一百三十件，玻璃器一百二十九件，漆器二百三十一件，磁樽瓶二百三十三件，磁器四千九百三件，铜手炉九十二件，铜镜二十九件，铜盆十九件，鼻烟四十瓶，玩器五百六十一件……女儿蕊茶一万七千八百六十五个，茶膏八百九十匣，砖茶三百九十九块。前宫存贮：玉器二百四十八件，铜珐琅器五件，磁器六十二件，铜器四十八件，水晶器八件，玛瑙器八件，玻璃器四件，石玩器二件，石砚四方，册页三册，经六部。以上芳园居临芳墅库贮陈设缎匹朝珠荷包如意磁玛瑙晶石珐琅等器共一百五十七项。

对这段记述进行分析，不难发现这几个事实：

其一，芳园居库虽仅为热河行宫内的库房，但所存贮物品种类繁多，数量很大，达 157 项。

其二，这一时期，芳园居库贮物品中以缎匹等纺织物和瓷器为主，特别是纺织物种类繁多，数额较大；瓷器虽未说明名目，但总数有四五千件之多，比起珐琅器、玻璃器、漆器等各自百余件的存量来说，称得上是数量巨大。

其三，档案中将"芳园居"与"临芳墅"并称，显示行宫内作为库房的处所并非只有一处。

那么，芳园居库自身所存贮的物品有哪些呢？除了存贮物品之外，芳园居库内是否贮有经费银两？山庄内其他作为库房的处所还有哪些？它们的库贮情况又大致是怎样的呢？

下文将对这三个问题进行探析。

（一）芳园居库自身库贮的种类和数量

根据乾隆五十七年（1792）的芳园居库贮清单[⑦]，在该年份，芳园居库内的实存物品有：

> 上用鹅黄缎一匹，蟒袍料一件，蟒缎一匹，妆缎二百六匹，锦三千五百三十八匹，小卷绒锦二百十匹，大彩二百五匹，片金二十四匹，闪缎九十三匹，官用鹅黄缎半匹，二彩漳缎一百八十五匹，顾绣八团二十副，顾绣领袖二十副，大卷八丝缎二千二百九十二匹，小卷八丝缎四百七十五匹，八丝缎袍料六件，八丝缎褂料四件，五丝缎褂料六件，大卷五丝缎三十六匹，小卷五丝缎五十八匹，线缎七十九匹，线绉三匹，茧缎二十八匹，茧绸十二匹，亮花缎六十六匹，瓯绸五十匹，荆绸二百匹，泽绸三匹，纺绸三百四十二匹，红白棉绸十三匹，大卷宁绸四百三十匹，小卷宁绸八百十四匹，大卷宫绸六十一匹，小卷宫绸一百十匹，漳绒一千二百四十

五匹，漳绒炕垫七十八匹，大卷春绸六十四匹，小卷春绸五百五十二匹，大卷平绉六十八匹，小卷平绉四百八十八匹，绫一千一十二匹，回子锦三十二匹，回子缎二十二匹，回子毯三块，花绒毯十八块，洋绒八匹，回子汤绸六十二匹，回子布二块，洋白布五十匹，大卷宫纱七十三匹，小卷宫纱七十二匹，胶纱六百二十七匹，屯绢十四匹，羽绉一百五十九匹，羽缎三十五版，羽纱三十六匹，黄羽纱马褂料十件，大凤葛五十三匹，小凤葛一百九十匹，兼丝葛二百六十七匹，大贡葛六匹，小贡葛二百二匹，小增城葛一百二十五匹，祁阳葛一百八十七匹，大呢单料十一件，小呢十一版，小呢单料十九件，红色毡六块，石青羽缎长褂料三件，石青大呢长褂料五件，黄大呢马褂料三件，黄小呢马褂料十一件，黄羽缎马褂料十一件，大手帕四十个，小手帕九百六十个，芙蓉手巾一千十六条，大呢二百六十版，喀喇明镜三十一联，宫扇四百三十四柄，芭蕉扇二百十四柄，玻璃器三十七件，香一百三十三盒，兰花香饼三匣内每匣盛十小匣，铜手炉三百九件，铜盆一百七十件，漆器一百七十四件，甜香帽架二件，十锦香袋三百四十一匣又五个，连四香袋一匣，连三香袋八十匣，连二香袋十二匣又十对，小绣香袋一百二十个，甜香宫珮一百十五匣，锭子宫珮一百四十九匣，连二锭子宫珮六匣内每匣十挂二匣，每匣五挂四匣，甜香扇器一百八匣，锭子扇器二百二十九匣，中分锭子扇器四百三十八个，香圆三百四十六个，线络香念珠一百三十三匣，线络香手珠一百五匣又五串，甜香念珠十四匣内每匣十串十匣，每匣八串四匣，甜香手珠四十一匣又八串，香罗汉珠二百八十二串，香念珠九十四串，香饼六百九十个，紫金蟾酥离宫盐水锭六百三十九包，玉玩器二十件，玉杯一百二十二件，玛瑙玩器八十三件，玛瑙杯七十件，晶石玩器二十九件，银累丝盒二件，玻璃玩器三十三件，竹玩器十五件，牙玩器四十六件，磁玩器三十二件，藤玩器九件，石玩器三十四件，珐琅玩器二十三件，宜兴玩器二十五件，油珀玩器十二件，螺钿玩器八件，木玩器一件，茜牙花盆景五件，鼻烟盒三十一件，蜜蜡器九件，鱼骨器四十四件，文竹小盒五十八件，文竹嵌玉镇纸二件，雕象牙茶盘一百四十九件，玳瑁茶盘二百件，各色茶盘三百八十件，红雕漆茶盘六十件，磁茶桶二对，铜珐琅茶桶一对，皮茶桶十五对，椰子茶桶五对，椰子碗四十五件，漆桃盒一百件，漆攒盒十件，大翠花二十匣，中翠花二十匣，软翠钿顶十匣，软翠钿边十匣，梳篦二十匣，胭脂二十匣，宫粉二十匣，珠绣火镰包四十五个，火镰（火连）片二百二十三件，火镰袋十四件，绣花靴插一百件，皮靴插七十五件，刮鳔九百三十三块，刮鳔吉庆一对，玛瑙鼻烟盒十八个，镶洋画片鼻烟盒一百四十五个，镶各样石鼻烟盒八十五个，铜鼻烟盒十八个，螺钿漆槟榔盒一百个，磁带钩二百五十六件，磁带版九件，象牙扳指套二百五十六件，树棕扳指套一百件，穿米珠扳指套三十八件，碎珊瑚扳指套五十件，皮绣扳指套一百件，皮扳指套五十一件，磁扳指套二百八十件，富川席扳指套一百九十件，富川席扇套一百七十件，富川席火镰袋七十六件，富川席火镰包四十一件，富川席牙签筒一百件，蜜蜡斋戒牌三十六件，磁斋戒牌四百四十件，象牙火镰包十九件，象牙挂摺一百件，象牙小盒七件，象牙小盖罐六件，象牙小花囊一件，铜珐琅茶盘四件，铜珐琅杯九件，铜珐琅小碟十七件，小漆盘一件，千里眼二十七件，铜翎管一百件，磁翎管四十件，磁盖盖八件，磁茶盘八件，玉碗十七件，珐琅牙签套二十七件，文竹牙签套一百三十二件，镀金带扣二分，影青磁靶碗三十件，磁樽瓶七十件，磁器三百八十九件，鹅黄辫花大荷包五十九对，金黄辫花大荷包十六对，金黄辫素大荷包五十六对，蓝辫花大荷包一千三十三对，皮大荷包五对，皮小荷包一百六十个，小荷包四千三百二十四个，厄鲁特荷包四百九十五个又火镰包一个，杭纬一千五百九十九匣，各色缎碗套五十件，各样竹股扇三百十五匣又五柄，珐琅器四百四十五件，茶叶一百五十八瓶，铜镜二十六件，绿玉朝珠六十盘，雕牙朝珠一盘，雕香朝珠一盘，紫晶朝珠一盘，玛瑙朝珠一百三盘，玲石朝珠一盘，椰子朝珠三盘，蜡面朝珠一盘，云产石朝珠四盘，无络香朝珠一盘，线络香朝珠四盘，香木朝珠三盘，琥珀根朝珠六十五盘，琥珀朝珠四十一盘，油珀朝珠三盘，金珀朝珠十四盘，蜜蜡朝珠四盘，云产石朝珠三盘珠儿不全，磁朝珠四十二盘，珊瑚数珠四十八串，蜜蜡数珠四十串，各样念珠一百二十一串，镶玻璃铜盒八件内各盛伽南香手珠一盘，皮盘碗一千三百五十六件，玉石如意二十四柄，紫檀镶嵌如意八十六柄，竹丝镶嵌如意一柄，红雕漆镶嵌如意一柄，铁鋄银如意一柄，拔丝镶如意一柄，木根如意二柄，蜜蜡如意二柄，雕紫檀如意二柄，铜如意二柄，银珐琅如意一柄，文竹如意一柄，雕刻木如意十六柄，白檀镶嵌如意一柄，磁如意十八柄，文竹靶小刀八十一把，子儿皮鞘玉石靶小刀十一把，桦皮鞘玉靶小刀十三把，象牙鞘靶小刀十二把，皮火镰六十一把，玛瑙鼻烟壶四十二件，红雕漆鼻烟壶五十件，磁鼻烟壶八百五十七件，晶石鼻烟壶一百三十六件，玻璃鼻烟壶八十二件，文竹鼻烟壶六十件，仿催生石鼻烟壶九件，仿蜜蜡鼻烟壶九件，磁扳指一千二百八十七件，晶石扳指二十四件，象牙扳指五十三件，玉扳指三十七件，青金扳指二件，仿催生石扳指八件，化石扳指三件，木扳指一件，堪达汉扳指六件，备好赏紫檀嵌玉如意五十三柄内嵌磁九柄，鼻烟三百八十五瓶。

　　比起乾隆三十八年的清单，此时芳园居库存贮的物品种类名目只多不少。此份清单还包括专门针对库贮纺织物更为详细的分解说明，例如单上所列的"大卷八丝缎二千二百九十二匹"，在此后的一份详单上将之分析为"男色一千七百五匹，女色四百三十一匹，红黄色一百五十六匹"，统计程度细致到不同性别及花色的各自存量。清单上开列的其他缎、绸、绉、纱类也逐一标注了男女不同的花色。从实际操作的层面，笔者认为，这样做的原因并非只是为了显示出盘查记录者工作的细致程度，而是为了在取用这些纺织物作为赏赐物品时，不致出现赏错的情况。多份类似的档案行文中多次出现"备赏""赏用""赏需"的限定语，也印证了这一情况。众所周知，伴随着清帝的圣驾，热河行宫每次都会迎来众多臣僚与外宾。前来入觐的蒙古王公、各藩属国使臣等络绎不绝，山庄接待的诸多外宾中当属乾隆五十八年（1793）英吉利国贡使马戛尔尼一行最为著名。除此之外，还有部分督抚等官员能够获得皇帝允准，到热河陛见，官员们将此行视为极大的恩遇。这些中外人等齐集一处，皇帝作为唯一的主人自然免不了盛情相待，筵宴、听戏、赏烟花，这些宾主尽欢的活动往往伴随着丰厚的物品赏赐。在这样的场合，不容有失，就会上升到外交层级。因此，务必小心行事，尽可能避免错赏误赐的情况。

　　芳园居库贮用于赏赉的物品，以纺织物品为主，也是经过充分考量的。一是纺织物与其他材质的玩赏器物诸如瓷、铜、漆、玉石等相比，自身的重量轻而价值高，便于长途运输，所需存贮空间也相对较小，便于受赏后携带；二是纺织品有着华美庄重的外观，本身就是精美的工艺品，同时也具备制成服饰的实用价值，自古以来就是各类交往中最常用的礼物之一。芳园居所贮存的织物，因多赐与内外藩属，按照清王朝一贯秉持的厚往薄来原则，其品类丰富，工艺精良，不逊于皇帝在紫禁城中备赏应用的同类物品。

这从其他档案的记载中也可得到证实。如乾隆四十八年官内失火，体仁阁所有阁存绸缎均遭烧毁，乾隆帝感觉本年备赏缎匹数目不足，便直接调用热河芳园居库存，"将芳园居存贮绸缎纱罗等项划出三分之一留备热河赏赉之用，其余并与内殿存贮之件一同拨抵"⑧。

乾隆六十年（1795），内务府遵旨查核芳园居存贮物件是否能满足当年热河瞻觐各外藩、呼图克图等赏需之用，结果是"绸缎磁器及荷包等件均属宽裕，惟查赏哈萨克衣服并喇嘛等铃杵哈达等件，又赏缅甸南掌之有龛玉佛笔砚绢布等项，现在芳园居并无存贮，应交佛堂敬事房广储司备带"⑨。可见，纺织物与瓷器在芳园居库的存量是常规的，数量也十分宽裕。但其他较为个性化的赏物，如赏给宗教人士的哈达，赏给缅甸、南掌等藩属国的玉佛，则要由广储司库拨交，随行带往。

（二）芳园居库贮经费情况

除了各类物品，芳园居库也收贮带有吉祥寓意的各类银牌与银锞子，以及大量银两。乾隆四十八年七月十二日，乾隆帝下旨："热河道库备贮银一百万两，著拨交总管于芳园居库内存贮。钦此。"⑩这一百万两资金专门由热河道库拨交芳园居库，主要是用作避暑山庄及周围建筑的备用维修经费，即档案中通常所说的"备工银两"。

根据档案记载，这并不是唯一一次向芳园居库拨存高达一百万两的大额经费，乾隆五十六年（1791），乾隆帝曾再度下旨从户部拨出一百万两元宝存于此处："乾隆五十六年十月十一日内阁抄出奉旨，热河芳园居收贮银一百万两内除已拨出修理普陀宗乘庙工备用之三十万两外，其余七十万两将来留该工不足之需并各项工程岁修之用，著再于户部库存元宝拨出一百万两交芳园居收贮，钦此。"⑪根据档案记载，乾隆四十八年拨交的备工银100

万两，到乾隆五十七年时已经全数用结或转存，因而五十六年时才有了再行拨银的举措。首拨一百万银两的具体用途见表1。

表1　乾隆四十八年至乾隆五十七年芳园居库贮银两支出统计表[12]

序号	项目	支出银数（万两）	备注
1	修理普陀宗乘之庙工程	56.1	分两次支出，首次30万两，第二次26.1万两
2	办理围场木植	2.3	
3	德汇门外泊岸工程	8.5	
4	挪盖东四旗营房工程	3.8	
5	舍利塔工程	2.6	
6	粘修热河并喀喇河屯等处八旗营房工程	3.5	
7	普宁寺三样楼工程	4.2	
8	拨交道署备工银库	19	乾隆五十七年六月交

从表1中可知，芳园居备工银两存贮的周期较短，用途较多，带有明显的暂存、周转性质，当大规模使用结束后，便相应拨回给原拨发部门。

除对大额资金的专门核销记录外，档案中还存有规制较为固定的批量"芳园居库贮正项银两管收除在数目清单"和"仓库现存银两米石数目清单"，前者是专门针对芳园居库银的旧管（原有）、新收、开除（支出）、实在（结余）情况的逐年核查情况统计，时间从乾隆朝持续到道光朝；后者是包括芳园居库、热河仓、喀喇河屯仓等在内各仓库的当年所存银米情况统计，均系按时专人上报。从这些类型的档案以及一些因临时事件产生银两收兑情况的档案记录中可以进一步梳理芳园居库银的用途。为便于分析，笔者将时间、事件记载较为明晰的相关档案内容梳理为表2。

表2 一史馆部分档案所载芳园居库历年库银收兑情况统计表

序号	时间	芳园居库银收入（两）	支出（两）	实存银数（两）	备注（档号／出处）
	乾隆四十八年	热河道库拨交100万两			03—18—009—000047—0001
	乾隆五十七年		原库存散碎银两100万两拨发完结		03—1811—012
	嘉庆十三年	由内务府钱粮库领取80000两			05—08—030—000107—0058
	嘉庆十九年	51335.02	工程银65011.805	30269.3	03—1825—074
	嘉庆二十四年	嵩年交进5万两	修理热河园内及外庙等工程购办物料银8000两		军机处上谕档嘉庆二十四年十二月初二日
	道光元年	2050	赏赐喇嘛经喇嘛50两	117000	03—3284—039
	道光二年	热河道生息银1500两	赏赐喇嘛经喇嘛50两，提出存外库450两	118000	03—3334—051
	道光三年	热河道生息银1500两	赏赐喇嘛经喇嘛50两，提出存外库450两	119000	03—3290—052
	道光四年	热河道生息银1500两，外库拨入550两	赏赐喇嘛经喇嘛50两	121000	03—3292—031
	道光八年	外库拨入550两，热河道生息银1500两	赏赐喇嘛经喇嘛50两	127000	03—3297—010

续表

序号	时间	劳园居库银收入（两）	支出（两）	实存银数（两）	备注（档号/出处）
	道光九年	热河道生息银1500两	赏赐唪经喇嘛50两，提出存外库450两	128000	03—3297—090
	道光十年	热河道生息银1500两，外库拨入550两	热河都统借银28000两，赏赐喇嘛50两	102000	03—3299—044
	道光十一年	热河道生息银1500两	赏赐唪经喇嘛50两，提出存外库450两	103000	03—3301—029
	道光十二年	拨往双城堡屯田闲散户丁帮贴车脚盘费余剩银1582.54两，各项生息银7100两，外库拨入367.46两	赏赐唪经喇嘛50两	112000	03—3302—064
	道光十四年	各项生息银3900两，拨往双城堡屯田闲散车价平余银97.92两，外库拨入52.08两	赏赐唪经喇嘛50两	120000	03—3303—012
	道光十五年	各项生息银4100两	赏赐唪经喇嘛50两，提出存外库50两	124000	03—3304—042
	道光十六年	各项生息银3900两，外库拨入150两	赏赐唪经喇嘛50两	128000	03—3305—032
	道光十七年	各项生息银3900两	赏赐唪经喇嘛50两，提出存外库850两	131000	03—3307—044

由上表可知，芳园居库银除了备工之外，也用来备赏及发商生息，以充裕其他公用。备赏银两通常是赏给驻热河官兵，以及按定例在园庭内诵经的喇嘛。因此，芳园居库每年都会产生一定数量经费的支出存兑情况。从总体来看，存贮在芳园居库的银两多数时候是较为规整的数目，这是因为嘉庆二十年（1815）时，嘉庆帝曾下旨，凡整万、整千的银两在芳园居库内存贮，尾零银两则交外库另款收贮[13]。

到了道光十八年（1838），芳园居库尚存有 13.1 万两白银，热河官员文庆等一度奏请将这笔库银集中发商生息，但又恐有拖欠的情况，转请将此项银两解交内务府并转交长芦盐政发商生息。道光帝最终在道光十八年二月十三日下旨："热河芳园居库存银十三万一千两，著毋庸解京，即留为该处园庭官兵俸饷之用，并著该都统等每年将支放银数分晰具奏，钦此。"[14] 这便是芳园居库银的最终去向了。

（三）山庄内其他作为库房的建筑及其库贮情况

根据档案记载，除了芳园居库，山庄建筑群中用作库房的至少还有临芳墅、永佑寺后库房、梨花伴月、坦坦荡荡、清音阁等处。

由于避暑山庄及周围建筑群存有大量陈设及物资，定期核查也成了主管官员的职责之一。通常每年均需对各处陈设、物品及热河仓等仓贮情况进行盘查，新任官员到任后的盘查尤为详细。例如，道光五年（1825），定祥接任热河总管，奉命对园内各处进行了逐一核查，除陈设铺垫佛像供器之外，重点盘查了库贮情况。对芳园居的盘查列在首位，他们对库贮银两进行了平兑，对银锞、银牌逐包点数，对芳园居的陈设及库存玩器、锦、缎、绸、纱、毡、呢、荷包、画扇、如意等物一一核对；此后又对其他处所的库贮物品进行了盘查，包括临芳墅库贮的木器铺垫、永佑寺后库房收贮的蒙古包和筵宴所用桌张与金银器皿等、梨花伴月收

贮的瓷器、坦坦荡荡收贮的卤簿大驾、清音阁收贮的戏衣、切末
等⑮。

由此可见，当时除了芳园居库作为钱与物的综合型库房之
外，还有一些建筑被用作存贮单一物品的专门库房。但芳园居库
是唯一在档案中被固定以"库"专称的库房，形成并留下了较为
系统的库贮情况记录，其他库房则没有这样的待遇。两相比较，
更加凸显了芳园居库作为山庄内最重要的综合库房的属性。这些
散落在山庄建筑群中大大小小的库房，与芳园居库一起，为清代
皇帝驻跸热河时的各项礼仪、外交、政务活动提供了充裕的物资
供应。

三　芳园居库的管理概况

作为热河最大、最重要的综合型库房，芳园居库的管理始终
受到严密的关切。从档案来看，主要的管理手段有两种。

其一，建立制度，指定专人逐年对库贮正项银两及物品进行
盘查奏报，以此来确保皇帝及内务府了解其变化状况。盘查工作
通常于年底封库前进行，档案中写明的截止日期通常是十二月中
旬，而奏报日期多是下一年正月。除常规盘查奏报机制之外，还
会根据皇帝的指示，随时进行抽查与复核。例如，乾隆五十八年
八月，乾隆帝命和珅、福长安派专人去查核芳园居库贮物件，两
位总管内务府大臣当即遴选吏部郎中索明阿、内务府员外郎德英
前往芳园居库逐项查点，"核与印册及奏片均属相符"⑯，说明了
这次派员核查的行为，是针对之前呈报上来的盘查芳园居库贮清
册和奏片的内容进行的一次复核。这种情况并不是每年都有，随
机性较大，也不失为对主管官员的一种有效监督手段。

其二，设立专门职官，直接承担对芳园居库的日常巡查与安

全保卫。热河行宫和其他各处行宫一样，属总管内务府统辖，而直接负责对芳园居库管理的文职官员为苑丞和苑副，武职官员为八品副千总，职位不高，但承担的责任不小，一旦发生库贮损毁等情况，均要一并被惩戒。芳园居库每晚均设有专人值宿，通常是由一名副千总带领十余名兵丁负责，值宿期间须对库房进行认真巡查。

即便设立制度并布置专人管理，仍有人对芳园居库丰富的库贮特别是库银存有觊觎之心。档案记录了几起涉及芳园居库的盗案，或详或略，为我们从侧面了解芳园居库的内部细节和管理情况提供了佐证。其中影响较大的，当属发生在嘉庆四年（1799）的革丁葛光亮等人伙同盗窃芳园居库银案。

该案件由内务府郎中、热河总管姚良上奏给嘉庆帝，案情及案发后的应对措施在奏折中详细开列。嘉庆四年十二月二十五日晚间，值宿芳园居库的副千总江汇等人在巡查时发现"头层库房银库护封门锁头砸坏，封条伤断，随看得库门上下锁亦被砸坏，南一扇门开闪"，立即报值宿苑丞盛世魁共同入库查看，发现头层库房南侧的银箱被撬开一箱，箱内丢失元宝银1000两，而其余银箱并无损失。之后又逐一查看了陈设、缎匹等库，所幸封锁俱属完好。盛世魁等人一面将案件情况上报姚良，一面继续开展勘察，发现芳园居"三层库前檐东边游廊房上积雪践有脚踪，即令人上房查看，东边游廊后坡上有蜈蚣梯一个，接连东游廊、后坡，围房上积雪亦有脚踪"。姚良赶来后，再前往各处勘察，发现了新的细节："至碧峰门西边，见城墙上下内外积雪亦践有脚踪，且城墙里皮遗有蜈蚣梯上横木一根，即将所遗横木持回，与芳园居原遗蜈蚣梯榫眼缺处相合，且木植俱系一色。"至此已无更多印记可以追踪。姚良认为地方官更擅长处置盗案，因而立即知会热河道庆章和承德知府图明阿，由他们带领捕役再行查验，结果与之前无异，一边派委差役兵丁等四处严加搜缉，一边将案情火速行文奏报嘉庆帝，奏折中以漫不经心、管理疏懈之罪自请严加治罪，并提出先自出经费赔补失窃的 1000 两库银[⑰]。热河园庭属于皇家禁苑，档案称"热河系岁时临幸驻跸之地，芳园居银库即系内府"，"芳园居系库藏重地，尤宜倍加慎重"[⑱]，对其财物的管理向来比照紫禁城之例。嘉庆帝为此十分震怒，命令严缉盗窃人犯，并对疏于防范的各级官员兵丁人等分别给予了惩处：当夜值宿的副千总江汇被革职，易文佐等随行兵丁均革去兵丁身份，枷号两个月，鞭一百；承担管理责任和领导责任的热河总管、苑丞、苑副等官员则被调任、罚俸或降级。案情的侦破在翌年有了突破，参与盗窃的犯人共 4 人，均系革退兵丁，对热河行宫及芳园居库的情况较为熟悉，其中李国旺、葛光亮二人于嘉庆五年（1800）十月被缉获，审明罪情后即刻问斩；同案犯阎泳宽、郭二也受到了严惩。

综观案件发生后的一系列勘察、处置过程，不难发现关于芳园居库的一些细节。

其一，芳园居库贮财物采用分库制，既有专门的银库，也有陈设库、缎匹库等库，库房按照建筑的分布情况也可被称为头层库、二层库、三层库。

其二，所有库房门上锁并粘贴封条，重要库房使用上下锁，日常看守和值宿时要进行巡查，巡查时须对库锁与封条的状态加以查看。

其三，芳园居库的建筑细节。档案中提到，其三层库东游廊与一处山坡相隔不远，可用蜈蚣梯相连，似乎芳园居库不但临湖，还有一侧是依山坡而建的。

其四，通过案件的侦破过程可知，虽然芳园居库乃至热河园庭的日常管理由内务府官员兼任的热河总管负责，但像审理盗案、缉拿罪犯等事件，热河总管既无人手，也无经验，须与热河道、热河都统、副都统等当地文武职官进行协作，通力办理。

其五，对有关人员的惩处档案中援引常例，侧面说明了广储司银库与热河芳园居银库的不同监管体制。

最后，对于芳园居库银的后续处置，与此案密切相关。案发之前，芳园居库存有数十万两备贮银，嘉庆帝曾于嘉庆四年七月时下令将芳园居库存元宝银 50 万两中留下 10 万两备用，其余 40 万两全部解回京城。此次被盗的 1000 两库银，就出自留存在芳园居库的 10 万两元宝银之中。案发后，嘉庆帝深感在芳园居库存放大量银两不够安全，于嘉庆五年三月谕令总管内务府将芳园居库贮 10 万两元宝银全数解京，交广储司银库存贮。此后，虽然在芳园居库仍有常项银两存贮，但再未达到此前的上百万两、数十万两之巨。

四　结论

总之，根据对相关档案记载的梳理，笔者暂时得出如下结论：

其一，热河芳园居库约设立于乾隆朝初期，具体为乾隆六年至十九年之间。

其二，芳园居库贮包括钱、物两大类，钱包括作为正项银两和用以赏赐的银锞、银牌等，用途主要是备工、赏赐和借支；物包含家具、古玩、瓷器、书画、缎匹、荷包、朝珠、药锭等，其用途以预备赏赉最为主要，赏物以纺织品为主。

其三，芳园居库并非热河行宫唯一存贮物资的所在，其余还有临芳墅库、永佑寺、梨花伴月、坦坦荡荡和清音阁，但以芳园居库贮类型最为全面，也唯有芳园居库存放较大金额的经费，档案中定期专门稽核芳园居库贮的记录有相对较多的存留，而对其他库房的记录为数稀少，说明了它作为库房的典型性、重要性。

最后，关于芳园居库的管理，建立了对库贮专人定期稽核奏报的制度及日常巡查等安全保卫制度，其日常安全与建筑维护，有专职官员负责。但乾隆帝之后的诸帝北巡次数减少，管理制度的执行也趋于疏懈，出现了一些库银失窃被盗案件，案件办理的记录从侧面勾勒了芳园居库的内部细节和管理情况。

笔者主要依据一史馆藏已开放档案对芳园居库进行了初步考述，不足之处，敬请方家指教。

注释：

① 中国第一历史档案馆藏：军机处上谕档，乾隆四十八年六月初七，第9条。

② 中国第一历史档案馆藏：内务府奏案，总管内务府呈为热河陈设器物数目单，乾隆三十八年十月二十八日，档号：05—0310—082。

③ 中国第一历史档案馆藏：内务府奏案，广储司奏为选得乾隆年款各色磁樽瓶五百件送往热河事，乾隆三十七年十一月二十日，档号：05—0303—019。

④ 中国第一历史档案馆藏：内务府奏案，总管内务府奏为成造热河写心精舍等处壁衣靠背等项用过绸缎事，乾隆二十八年十二月十三日，档号：05—0212—077。

⑤ 中国第一历史档案馆藏：内务府奏案，总管内务府呈报热河各寺庙并各处每年例销银两清单，乾隆三十三年八月十一日，档号：05—0255—041。

⑥ 中国第一历史档案馆：《康熙朝满文朱批奏折全译》，北京：中国社会科学出版社，1996年版。

⑦ 中国第一历史档案馆藏：满文录副奏折，芳园居库等处所存绸缎珠宝等物清单，乾隆五十七年八月，档号：03—0194—3397—045。

⑧ 中国第一历史档案馆藏：军机处上谕档，乾隆四十八年六月十三日，第4条。

⑨ 中国第一历史档案馆藏：军机处上谕档，乾隆六十年四月三十日，第2条。

⑩ 中国第一历史档案馆藏：军机处满文档簿，为著拨热河道备贮银一百万两交总管存贮于芳园居库内谕旨，乾隆四十八年七月十二日，档号：03—18—009—000047—0001。

⑪ 中国第一历史档案馆藏：军机录录副奏折，管理热河园庭事务福克精额为热河芳园居库原贮银开支报备事致军机处咨呈，嘉庆二年十二月，档号：03—1811—012。

⑫ 中国第一历史档案馆藏：内务府奏案，总管内务府奏为成造热河写心精舍等处壁衣靠

背等项用过绸缎事,乾隆二十八年十二月十三日,档号:05—0212—077。

⑬ 中国第一历史档案馆藏:宫中朱批奏折,热河总管福泰奏报芳园居库收发银两数目事,道光十七年十二月十七日,档号:04—01—35—0808—004。

⑭ 中国第一历史档案馆藏:军机处上谕档,道光十八年二月十三日,第4条。

⑮ 中国第一历史档案馆藏:军机处录副奏折,热河总管定祥奏报查验热河芳园居等处库贮银两及外库存款仓存米石铺垫等情形事,道光五年三月二十二日,档号:03—3293—019。

⑯ 中国第一历史档案馆藏:军机处上谕档,乾隆五十九年八月十九日,第4条。

⑰ 中国第一历史档案馆藏:宫中朱批奏折,热河总管姚良奏为芳园居银库被盗自请议处事,嘉庆四年十二月二十六日,档号:04—01—08—0078—027。

⑱ 中国第一历史档案馆藏:内务奏案,总管内务府奏为热河芳园居库被窃将郎中姚良等议处事,嘉庆五年四月十二日,档号:05—0481—086。

（原载于《清宫史研究》第十三辑,辽宁民族出版社,2020年出版）

中国古代对外关系的核心理念——"仁义"

——以清朝与琉球关系为例

刘毓兴

　　"在中国古代对外关系史上，客观地说，琉球古国对中国的关系是同时期任何一个国家无与比拟的"[①]。自隋朝有记载始，至清末日本占领琉球止，中国与琉球的关系源远流长且世代友好，尤其在明清时期达到巅峰。主要表现在：政治层面的进贡和册封一直保持，经济层面的贸易和馈赠持续繁荣，社会层面的灾难和救助一直延续，教育层面的官生和勤学一直进行等等。交往的内容广泛而深入，交流的方式持续且友好。从明洪武五年（1372）到光绪五年（1879）500余年的时间，与东方唯一大国长时期的和平交往，给琉球国带来了天翻地覆的变化和前所未有的收益。琉球国长期保持政治稳定、经济发展、社会包容、文明进步，总结思考其缘由，除了地理的得天独厚（地缘）和历史的机缘巧合（时缘），以及人民的物质需求（物缘）外，中央的包容交往政策（政缘）和其背后的思想文化因素（文缘），应该是自始至终沉隐其中，但又首屈一指、功不可没的。其中双方的思想理念，尤其是中方统治者的思想理念起到了主导性甚至决定性的作用。"柔远怀仁"，这个在明清档案涉外事务的公文中，司空见惯的词汇，笔者却认为它是包含着影响中央（皇帝决策）、指导政府（官方行为）长久保持外交政策不变的核心理念——"仁义"。关于这方面的探析，前辈们的研究成果虽已有揭示和体现，但主要集中在具体交往、制度等层面，而涉及外交行为文化特点心理取向——也就是思想理念价值观层面的研究不多。这里笔者不揣浅陋，以清代档案为据，以清琉关系为例，肤浅地分析一下，渗透在中琉外交关系中数百年不变的核心理念"仁义"，以就教方家。

一 关于"仁义"概念的阐释

"仁义"，是中国传统文化中的重要概念，也是东亚文化圈中的重要理念，凝结着中国封建社会道统之大端，左右着东方皇权体制制统之方向。《礼记·中庸》言："仁者人也，亲亲为大"；"义者宜也，尊贤为大"。宋代大儒朱熹先生说："仁者，心之德，爱之理；义者，心之制，事之宜也。"要而言之，仁义就是仁爱和正义。

在中国漫长的封建社会里，"仁义"作为传统道德范畴中的最高标准，是士人毕生追求的精神典范，所有违背仁义的行为都会为礼法所不容、被世人所不齿。这一富有人性光辉、理性光芒的理念在中国传了两千多年，上至自诩为"真龙天子"的皇帝们也难出其囿。康熙皇帝在"亲制"的《日讲四书解义序》中有这么一段论述："朕惟天生圣贤作君作师，万世道统之传，即万世治统之所系也……孔子以生民未有之圣，与列国君、大夫及门弟子论政与学，天德王道之全、修己治人之要俱在《论语》一书，《学》（《大学》——笔者注）、《庸》（《中庸》——笔者注）皆孔子之传……至于孟子，继往圣而开来学，辟邪说以正人心，性善、仁义之旨著明于天下。"②后来，康熙皇帝又在"亲制"的孟子庙碑文中进一步阐释："自王迹熄于春秋，圣人之道或几于泯灭，卒之晦而复明，历千百世而不敝者，恃有孔子也。孔子没百有余年，浸假及于战国，杨墨塞路，祸尤烈于曩时，子舆氏起而辟之，于是天下之人，始知诵法孔子，率由仁义。"③康熙皇帝以纵观古今之眼光和高屋建瓴之学识，不仅把学统的主线"春秋至、礼乐坏，晦复明、恃孔子，辟杨墨、惟仁义"勾勒清晰，还盛赞了孔子、孟子皆为圣贤，开天辟地首倡仁义的丰功伟绩，而且精辟地总结了辟邪传宗、正心明理、"率由仁义"的道理。雍正皇帝像其父康熙皇帝一样，毫无悬念地继承了"仁义"思想，在一次发给内阁的上谕中说："帝王体国经政治所施，惟准乎道理之至当，宽严赏罚各得其宜，若一涉利弊二字便入于私，是以《孟子》云：'仁义'而已矣，何必曰利。盖仁所以休养安全，义所以裁成化导也。"④这一论述将"个人修养"的规则提升到"国家理念"的范畴，而且明确提出国之所治"仁义"二字。之后，雍正皇帝又在一次发给内阁和九卿的上谕中说："《易经》云：立天之道曰阴与阳，立地之道曰柔与刚，立人之道曰仁与义。仁义虽分而其理则一，天下之人但知仁主于慈、义主于断，仁主于宽、义主于严，以为仁、义各有其用，而不知其相资相济而不可须臾离也。盖有仁而无义则姑息之爱，不合于事理当然之则矣。孔子曰：惟仁者能好人能恶人，盖其所好所恶，必合于事理之宜，而后天下享仁人之福。"⑤这一阐释运用《易经》"立人之道曰仁与义"之语，不但将仁、义之理说个明白，更是将"仁""义"相辅相成、密不可分的关系和"仁义"合于事理、利于天下的道理说了个透彻。

二 "仁义"理念在中琉关系中的具体体现

（一）和平交往中体现仁义

从"明洪武五年正月，明太祖遣杨载持诏谕琉球"，"同年十二月，琉球国中山王察度遣弟泰期奉表入贡"⑥起，到光绪五年，琉球国被日本吞并为止，500 余年两国交往未见兵戎。其间，中国经历换代改朝，琉球国也走向统一，但交往始终友好进行。这里，有明太祖朱元璋功勋卓著的亲善肇始，为了琉球国渡海交流之便，将手艺超群的造船家族"三十六姓"派往琉球。这一外交行动，对于一个四面环海、各方面都还比较落后的弱小岛国是何等重要可想而知，更有后来主政者一以贯之践行的"仁义"理念。在清朝刚刚定鼎中原不久的顺治初年，虽然此时对于满族统治者而言还四海未靖、政权未稳，中原主流文化对其影响还不够深入，但清政府依然向琉球国发出了友善的信号，"朕抚定中原，视天下为一家，念尔琉球自古以来，世世臣事中国，遣使朝贡业有往例，今故遣人敕谕，尔国若能顺天循理，可将故明所给封诰印敕，遣使赍送来京，朕亦照旧封锡"⑦。对于翻天覆地的时局变化，清朝统治者摆事实、讲道理，"以文会友"，自始至终未出一兵一卒，至于屠城杀戮更是闻所未闻。这在世界外交关系中堪称典范，在丛林法则盛行的古代国际社会堪称奇迹。毫无疑问，仁爱正义蕴含其中。

（二）进贡册封中体现仁义

进贡和册封是中琉关系的一条主线，贯穿中琉关系的始终。虽然这种关系源于双方的政治需求，但这一点不仅不影响中琉关系的友好发展，反而使其更加牢固可靠。西里喜行先生就此有段比较客观准确的论述："所谓的中华帝国体制或册封进贡体制为近代以前的东亚国际秩序，它具有以中国王朝为中心的'集团安全保障体制'的一个侧面。也就是说，中国王朝负责其周边诸国的'安全屏障'，同时也意味着，对中国而言，周边诸国起着边防＝'藩屏'的作用。另一方面，中国王朝与周边诸国之间的关系是宗主国和藩属国的关系（宗藩关系、宗主关系），在政治上属于支配、被支配的关系，也即主从关系。但是宗主国在原则上并不干涉藩属国的内政和外交，实际上藩属国属于'自主的国家'，有权力独自处理国务。支撑着宗属关系的两大支柱为册封和进贡。宗主国皇帝承认藩属国首长为国王的任命仪式被称为册封，而藩属国的首长则通过册封才能正式称自己为国王。众所周知，所谓进贡是指藩属国国王定期向宗主国皇帝献上特定的进贡物品，以表示在政治上的忠诚。作为回报，藩属国可以与宗主国进行进贡贸易……就琉球国王而言，从在冲绳群岛树立统一政权的尚巴志到随着王国的灭亡而退位的尚泰王，除了由于夭折的未能接受册封的若干王位继承者外，21 位王位继承者（国王）均已颁封方式接受册封。"⑧从上面的表述中我们可以看到：在中琉关系中，政治上虽然有宗主关系，但实质上宗主国并无权利渗透，仅仅是表面上或者说是礼节上的主从，对于藩属国的内政外交全不干涉。从实际情况看，中国需要琉球这个屏藩，琉球也需要中国这个靠山；清朝政府需要琉球名义上的臣服，琉球国王则需要清朝政府名义上的授封。中琉两国是一种表面上不对等，实际上很平等的国家之间"盟友"关系，也是一种既不干涉对方国家政治，更不损害第三方国家利益的真正和平友善的国际关系。

如果从经费角度看，清政府花费很大。"琉球使节在京期间，首先，清廷所提供的生活物品是极其丰富的，而且均属免费提供，同时还无偿提供厨役、茶役、苏拉等各种杂役，琉球使节在生活上得到了极其优厚的待遇……根据以上所引档案记载，还可知道接待同治四年（1865）十二月进京使节的总费用，白银 7381 两

9钱6分、钱1687串，其中还不包括直接从有关部门领取的绸缎布匹、煤炭蜡烛和米石的价格。由此，清廷每次接待琉球进京使节的费用，就可见一斑了"⑨。这还不算福建及沿途各省馆驿等处接待费用。"事实上，我们从其他的档案文献资料得知，琉球使者来到中国都得到优厚的待遇"⑩，仅此一项，清政府待邻以仁可见一斑。

如果从交通角度看，使者翻山越岭、劈波斩浪，历尽千辛万苦，除了舟车劳顿，有时还可能搭上身家性命。"文献记载中有'设浮翼，造水带至载棺，而系银牌于棺首，书云某使臣棺，令见者收而瘗之'（徐孚远《明经世文编》卷460，《李文节公文集》，中华书局影印版）。使团人员还'随带耕种工具'，以防'漂流别岛不能复回'"⑪。为什么在充满风险、牺牲巨大、被人们视为畏途的航路上，却有着册贡使者们历时数百年永不停歇的脚步，而且两国的关系始终风平浪静，这里面有诸多原因，但若没有精神因素和文化力量是不可能持续的。我们从一个"海上往返各用7天"⑫传奇式的人物册封使齐鲲亲历的小故事中，可窥见仁义渗透中琉交往之端倪。

齐鲲（1770—1815），字鹏霄，又字北瀛，福建侯官人。清嘉庆六年（1801）进士，选翰林院庶吉士，后授编修。嘉庆十三年（1808）奉命任册封琉球正使，偕副使工科给事中费锡章出使琉球。按例可随带本国特产贸易获利，但齐鲲却严行禁绝。至琉球，国王按惯例设七宴款待，宴后厚送金银，齐鲲婉言谢绝。为了减轻琉球国的经济负担，齐鲲等提前3个月登舟返回。"从京城出发，到居留琉球，齐鲲有感而发，共赋诗近百首，回国后辑成《东瀛百咏》"⑬，并与副使合撰《琉球国志略》。在《东瀛百咏》"诗集后面，齐鲲附有《致中山王札稿》，主要陈述了屡屡推却宴金（琉球王赏金——笔者注）的原因。其曰：'前者宴金屡却，非有他肠。谅贵国疲于供亿，临别，皇上中谕再三，凡事尤加体恤，至今谨识勿忘。违圣谕而润私囊，非惟寸衷所不安，亦实神明所不佑，惟王曲谅。'"⑭ 琉球王屡屡所赐，齐鲲"屡屡"婉拒，原因就是"临别，皇上中谕再三，凡事尤加体恤"，其间体现出的不仅是齐鲲本人高洁的人品和忠诚的操守，而清朝皇帝对"藩属远人"的仁爱之意也贯穿于齐鲲出使琉球的始终，溢于言表。

从心理的角度看，清朝统治者要的是"礼"、是"臣服"，是尊严和面子，是歌舞升平、万国来朝的心理满足，而不是也绝对不会是舍本逐末的舍义求利，这从汉代就兴起的宫廷画作《职贡图》经久不衰即可验证。"从（唐朝——笔者注）阎立本的《职贡图》到清代（乾隆时期——笔者注）的《万国来朝图》，都流露出了皇家对职贡图题材绘画的重视和仿效，其根本目的还是'万国来朝'，象征四海归化、政权永固的理想"⑮。由此可见，在封建社会，这是中国最高统治者精神层面的需求和其对理想社会状态之追求。但从历史的角度和客观的结果看，这种"唯我独尊"又"兼利万方"的皇帝心态，对他国来说未尝不是一种"大义"和仁爱。

系数兼治先生就封贡体制有一段独到且精辟的论述："封贡体制与以和平共处为基轴的明初的对外政策有不可分的关系。我认为这是基于儒教统治思想向传统统治方式的复归。武力统治有局限性，这是被元朝灭亡所证明了的，同时也没有用武之余力。但仍需维持原有的版图。因此不得不放弃'武'，转用'文'来统治。掌握一切权力的皇帝既是'圣'又是'神'，既然已经是'圣'是'神'，那么怀柔'远人'就是理所当然的结论了。封贡体制虽然以华上夷下的意识为基础，但是'柔远之至意'通过明清两朝得到一贯的执行，这从正使齐鲲册封的事实经过也可以理解。"⑯ 总之，这是一种既相互需要又互不干涉，既互惠互利又有礼有节的国际关系，其精神实质还是仁爱和道义。

（三）贸易馈赠中体现仁义

贸易在中琉关系中占很大比重，中琉贸易主要包括册封贸易和朝贡贸易两种方式。从贸易双方来看，清方船只虽后被允许有册封贸易（亦称冠船贸易、封舟贸易、估价贸易），且有时候货物估价金额不小，但总体上看，不仅频次很少而且受到种种限制。严格地讲它不是官方行为更不是官方贸易，仅是"为了弥补船户水脚及兵役川资的不足，政府允许随封官兵携带一定数量的货物，赴琉球贸易"[17]。而朝贡贸易（包括正贡船、加贡船、接贡船以及封赏谢恩船等）也就是琉球对中国的贸易，不论来（去）船只次数、数量，所带货物的种类、数量，涉及敏感甚至禁运物品的种类和货值，都远远超于清政府。"清政府对琉球船只来华进行的贸易，一律实行免费。除此之外，对严禁出口的物资，如土丝、大黄等，清廷也特别抚惠琉球"[18]。可以说，"琉球来华贸易，对于中山王国的国计民生是至关重要的"[19]。因为当时琉球国受各方面条件限制物产十分有限，"入明朝贡的贡物多采自东南亚诸国，而运往东南亚交易的货物又多是出自中国，尤其出自福建"[20]。但中国政府向来不是很看重对外交往交流中的利益获得，而总是以"远播仁义"为第一目的，甚至长期以来视其为唯一目的。琉球国非常积极主动进行纳贡贸易，中国政府却是"厚往而薄来"予以大量馈赠，给予琉球国"最惠国待遇"任其"自由贸易"。从明初到清末均是如此，几乎从未改变。

我们从另一个侧面也能看出琉球国对于清政府贸易的看重和依赖。道光十九年（1839）三月二十四日，道光皇帝因体念琉球等藩属国"贡献频仍"远途跋涉十分辛苦，就指示内阁说："向来越南国二年一贡四年遣使来朝一次，合两贡并进，琉球国间岁一贡，暹罗国三年一贡，在各该国抒诚效顺，不敢告劳，惟念远道驰驱，载涂雨雪，而为期较促，贡献频仍殊不足以昭体恤。嗣后越南、琉球、暹罗均著改为四年遣使朝贡一次，用示朕绥怀藩服之至意。"㉑但有趣的是，道光皇帝的爱护体恤并未让一向恭顺的琉球国王领情，而是在道光二十年（1840）仍照旧例（二年一次）派遣耳目官向国鼎、正议大夫林常裕为贡使赴京朝贡。原因何在？或许我们能从琉球国王给福建布政使的一份请求恢复旧制、言辞恳切的咨文中看出端倪："'请福建布政使司转祥督抚两院，奏请依旧二年一贡'。理由是'敝国弹丸荒服，人愚俗陋，全赖间岁朝贡仰沐圣朝之德化，得以略知君父之道。国治民安，永享太平……又，敝国地处海边，最患多口（风），惟朝贡以时则风调雨顺……又，敝国每值接进贡船入闽，例蒙天朝颁赐时宪书，遵一王之正朔'，'得正东海一隅之宵旦'，'而海隅节候有常，得以因时趋事，农桑庶务皆合早晚之宜……又，敝国不产药材，叨蒙天朝准买装载回船。药材乃命脉所关，藉以养生，人多老寿……又，敝国航海入贡全赖针法精详。必遴选谙习者一人看针，更择敏捷者数人学习，输流更换庶无疏虞……又，本朝定鼎，敝国孝顺为先，自祖宗以来皆二年一贡，无敢愆期……今独及微身四年朝贡一次，则上惭继志，下愧教忠。"㉒其实，最不容忽视、至关重要的理由应该是"四年一贡会使琉球国的经济收入蒙受损失"㉓。很显然是经济因素，因为琉球国与清政府的贸易不仅满足自身需求，还通过转口贸易大赚其钱。而这一有利局面的形成，都仰赖于"有明初朱元璋赐给的善操舟、熟谙航海技术的三十六姓后裔，有清政府的贡船随带货物免税政策，使它能在专供其贡船进出的口岸福州开展朝贡贸易。将购买的中国货物运回琉球，除满足国用外，再进行转手贸易，以获取利润，并将此列为国家发展经济的宗旨……琉球虽然是清政府的属国，定期向清朝皇帝朝贡和接受清帝的册封，但它毕竟是一个主权国家，在某种意义上这种称臣纳贡也是互相沟通的一种外交方式。通过申述沟通使道光皇帝了解了二年一贡对琉球的重要性"㉔。最终的结果是：道光二十年十一月二十二日，皇帝又一次降谕内阁："吴文镕（时任福建巡抚兼署闽浙总督——笔者注）奏琉球国遣使来闽吁请照旧间年进贡一折，向来琉球国间年一贡，上年降旨改为四年遣使朝贡一次，原所以体恤外藩。兹据该抚奏，该国王遣使来闽请照旧间年进贡，情辞极为真挚，著如所请行，所有该陪臣子弟四名准其随同贡使北上入监读书，余著照所议办理。"㉕道光皇帝收回了成命并允准琉球国继续派官生来华学习。皇帝发出谕令的原因是体恤"远人"，皇帝收回成命的原因也是体恤"远人"，而让皇帝"一言九鼎"一发一收，"金口玉言"成了"自食其言"，都是因为体恤"远人"。不容否认，其内在原因——思想根源还是"仁义"理念。

值得一提的还有一点，明清两朝从总体上说都有严格的海禁政策，出于经济目的的对外贸易几乎是被禁绝的，但从另一个角度看，"可以说，明代海禁是琉球中介贸易兴盛的历史条件"㉖，"在明朝长达277年的统治时期，中国向琉球派遣使者共有20余次，而琉球入明朝贡达300余次，频繁的中琉交往引出了琉球的中介贸易问题"㉗。清代的情形也大致如此，仅仅"自道光皇帝即位至道光十九年的19年间，琉球国共遣使来华23次"㉘，而终清一朝，清朝皇帝对琉球国王册封仅为8次。如此高的频率、如此大的优惠、如此多的货品、如此久的时间，琉球国对清政府的贸易顺差应该是个巨大到可以用"天文"来形容的数字。而保证它长期顺利运行的，除了琉球经济社会的需求和国王们富有远见的追求，就是清朝皇帝的仁爱和"仗义"了。

（四）灾难救助中体现仁义

清朝与琉球国虽说是一衣带水的邻邦，两国间仅有一水之隔，但这里的"水"对于当时的人们而言非同小可。"其国海道，浪大如山，波迅如矢，风涛汹涌，极目连天"[28]。其原因是"琉球群岛及我国东南沿海一带，每年夏季，由于受来自太平洋热带暖流的控制，盛行东南风，5—10 月份经常发生台风，7—9月份台风尤为频繁。每当台风到来时，均伴随着狂风暴雨，沿海岸则有高潮巨浪。而冬季又受来自西伯利亚高压寒流的影响，西北风常起。这对航海是极大的威胁，海难事件经常发生。因此，在历史上，中琉两国互救漂风难船的记载屡见不鲜"[30]。"据日本学者赤岭诚纪所著《大航海时代之琉球》一书统计，仅1390—1876 年约 500 年间，中琉航路上各类船只罹难的，有案可稽者达 645 起，其中死亡人数约 3300 余人"[31]。赤领守先生在《清代对琉球遭风难民之抚恤——以福州加赏为中心》一文中，还有一组统计数据，"关于漂流至中国沿岸的一般船只据《清实录》《历代宝案》及《中山世谱》等的漂流记载，由顺治至同治年间计有 324 件（搭船人数合计 5470 人，死亡人数合计 660 人）可得证实"[32]。

　　不论是哪组数据，都反映了一个共同的问题，中琉航路万险千难、危机四伏。根据清政府规定，漂流至中国沿岸各省之琉球难民皆需送至福州。"对于漂到中国的琉球国难民，中国（漂流地）地方当局提供衣食住，经审查后，沿途各省负责将难民由漂流地护送到福州琉球馆，在福州修理原船，令其回国，如果原船沉没，令其搭乘归国贡船或接贡船，救护及护送到福州的费用都由中国承担，在中国逗留期间，向漂流难民每人每天支付的有，米一升、盐菜银六厘，归国之日预支航海中的一个月的口粮，此外，有时还将在中国逗留期间赏给的物品兑换成现金，交给难民"[33]。"清政府对漂到本国的琉球难民从宗主国的观点出发，采取了许多优遇措施，以表示'怀柔远人之至意'。对其船只进行修理及收买，或对其船上装载货物进行收买，采取了一系列的优惠营救措施"㉞。

虽然具体的抚恤内容，在不同时期会稍有变化，但清政府较之他国，对难民的抚恤待遇极其优渥。到乾隆时形成定例，乾隆四十一年（1776）官撰之《户部则例》（江苏省布政使衙门藏版）中规定，"遭风难民由安插日起每人每日口粮米一升、盐菜银六厘，归国之时给行粮一个月，另加赏布四匹，棉花四斤，茶叶、生烟、灰面各一斤，每四十名给猪二口、羊二牵、酒二埕；不及四十名给猪一口、羊二牵、酒一埕，人数少者每名给猪肉、羊肉、酒各四斤。此一抚恤规定自乾隆以来，成为全清一代之定例"㉟，这还不算经由各省驿馆时的赏恤。在记录皇帝谕旨的档案《上谕档》中，经常有关于如何处理琉球难船的指示："闻今年夏秋间有小琉球国中山国装载粟米棉花船二只，值飓风断桅折舵飘至浙江定海象山地方，随经大学士嵇曾筠等查明人数资给衣粮，将所存货物一一交还，其船只器具修整完固，咨赴闽省附伴归国。朕思沿海地方常有外国船只遭风飘至境内者，朕胞与为怀，内外并无岐视，外邦民人既到中华，岂可令一夫之失所，嗣后如有似此被风飘泊之人船，著该督抚督率有司加意抚恤，动用存公银两，赏给衣粮，修理舟楫，并将货物查还遣归本国，以示朕怀柔远人之至意，将此永著为例。"㊱清朝政府及其最高统治者皇帝，对于琉球难民这种出乎于礼、发乎于情不计代价的救护行为，即便是两百余年后21世纪现代国际社会的发达国家，也并非尽然如此。皇帝的仁爱之心、清政府的仁义之举显而易见、无可争辩。

（五）官生勤学中体现的仁义

文化交流是两国之间一种更深层次的交流，而且是一种关系长远发展的交流。在封建时代的东亚文化圈，在农业社会早熟的中华文明面前，相对弱小落后的琉球国"向慕文教"派遣留华学生，既是中国文化的魅力所在，也是琉球国的英明之策。"琉球官生来华入监学习，始于明洪武二十五年，终于清同治十二年。这一制度实行五百多年来，为琉球国培养了大批安邦治世的人才"㊲。"如雍正时来国子监学习的郑秉哲被聘为国师。康熙时来华学习的蔡文溥、阮维新，道光时在监毕业的阮宣诏、东国兴等被任为紫金大夫或正议大夫，先后充任来华进贡使臣等等。他们都成了经邦济世之才，是琉球国的精英，为琉球国在历史上的发展与进步，做出了重要的贡献"㊳。

相对琉球国"虚心向学"的英明之策而言，中国政府所做的就是只出不进的"赔本买卖"了。"琉球官学生来华学习，清政府从衣、食、住、行及学习用品方面，都给以优厚的待遇，使其有舒适、安定的生活，俾能圆满完成学习任务……这一完备的廪给制度，一直实行到清末……在官生毕业之时，皇帝照例要厚加赏赐。赏赐的绸缎都是皇宫内所存的珍品。康熙二十八年十月康熙帝曾谕令：'凡赏外国应沾实惠，以见柔远之意。户部库缎匹不如内库缎匹。此赏琉球国王缎匹向内库取赏。'以后成为定例，凡赏琉球国王及官生的绸缎都从内库领取……官生回国之前，礼部还照例要筵宴官生一次。然后发给驿令，同贡使一块归国……琉球来华官生，多数学成毕业，丰收而归。但也有少数官生，不幸因病死亡。对于死亡的官生，清朝都厚加抚恤。一般都赏白金三百两，以二百两交贡使附归其家，以一百两交礼部官员，置棺木葬于北京附近通州张家湾地方"㊴。

琉球国派往中国的留学生不仅有"官生"还有"勤学"。官生自然是官方所派地位较高、待遇佳惠的学生，所学也是"四书五经"等经世致用、定国安邦之类课程。勤学，相较而言地位较低，费用还可能自理，但所学全为社会紧缺、生活急需之

"功课"。官生，一般由琉球国王子、世子（王储）或选拔的优秀高级官僚子弟组成，经中国政府同意，在正贡时随贡使同来，入中国最高学府国子监读书，其学习及生活等一切费用由中国政府负担。"官生入学后，由国子监指派专门教习进行传授，一般学习三至五年，有的长达七年。主要课程是孔子、孟子、朱熹等儒家经典"⑩。勤学是琉球国官方派往或自愿前往福州"读书习礼"或学习技能的琉球人，可分为官费生和自费生两种，大多数由个人出资来中国学习，由此可见琉球人的眼光和胸怀。"勤学生学习内容十分丰富，有学地理、历法的，有学医的，有学册礼、律书及学中华音乐等等。这些学生拜师问学，勤奋刻苦，与老师同吃同住，少则学三至五个月，多则也有三至五年的，学习时间没有严格的规定。在琉球家谱资料中记载了大量琉球人赴闽勤学的史实。这些勤学，为中琉两国架起文化交流的桥梁，成为中琉文化交流的友好使者"⑪。而且很多学有所成，比如"康熙四十七年二月初七日，琉球人蔡温（蔡氏家谱十一世）奉命学习地理……康熙五十一年，蔡温被任命为国师，雍正六年，升任法司官。乾隆四年十二月初七日，蔡温奉命'令匠人始造测影、定漏器物'（《那霸市史》家谱资料——笔者注）。蔡温成为琉球国杰出的政治家和科学家"⑫。

虽然没有准确具体的数据说明官生和勤学对琉球国的政治文明、经济发展、社会进步、生活改善到底发挥了多么大的作用，但是谁也不可否认，文化对于整个社会的影响和作用是多么的"低调"，又是多么的"重要"。从某种意义上说，文化不仅是一个民族的特色、国家的软实力，甚至"塑形"着这个社会的方方面面。而琉球国的这些举措都与明、清政府的"以见柔远之意"密不可分，这其中无不渗透着大爱和仁义。

三 结语：中琉交往中虚"仁义"的大实意

"仁义"一词本属道德领域思想范畴，是"务虚"之词修性之理，但正如雍正皇帝所言："仁所以休养安全，义所以裁成化导"。在外交领域，在有些人眼中，国与国之间似乎除了利益还是利益，别无其他。但在并不遥远的以前，在中国及其周边小国之间，就有不是为了自身利益，更不追求自己国家利益最大化，而是让"仁义所在，人可相亲、国可相安，大理存焉、大道化焉"。人类社会的文明进步不仅要有法律和制度，更要有仁爱和正义，因为法律制度完全可以依照部分人的意愿和利益或立或废，但仁爱正义却如同阳光和水，任何有生命的地方都同样需要她的光辉和滋润。从根本上说，人类意欲远离弱肉强食、强者通吃的自然法则，就须臾不可离开仁爱和正义二字，中华文明的迭宕延续已经充分说明这一点。而且一旦仁义理念渗透在文化的血液中，那么它就会弥漫在社会的细胞里。在明清这样的封建社会里，只要皇帝以及官僚阶层奉行了这一理念，整个国家的外交行为和行事轨迹都会发生改变。中国与琉球 500 余年友好交往史恰恰践行了这一理念，也很有意义地探索了在缺乏国际法或国际法无效情况下，国际关系该如何友好相处。在 21 世纪的今天，在复杂的国际关系中，这一点不仅具有其重大的历史意义，还有其深刻的现实意义。

注释：

①⑥ 谢必震、胡新：《中琉关系史料与研究》，北京：海洋出版社，2010 年版，第 124 页。
② 《大清圣祖仁皇帝实录》卷 70，康熙十六年十一月至十二月。
③ 《大清圣祖仁皇帝实录》卷 130，康熙二十六年四月至七月。
④ 《大清世宗宪皇帝实录》卷 50，雍正四年十一月。

⑤《大清世宗宪皇帝实录》卷84，雍正七年闰七月。

⑦《大清世祖章皇帝实录》卷32，顺治四年五月至六月。

⑧ ［日］西里喜行：《有关明清交替时期的中国、琉球、日本关系之考察——尚贤、尚质、尚贞的册封及其周边》，《第八届琉球·中国交涉史研讨会论文集》，冲绳：冲绳县教育委员会，2007年版，第203页。

⑨ 吴元丰：《清代琉球来华使节的进京及其待遇探析》，《第八届琉球·中国交涉史研讨会论文集》，第200页。

⑩ 谢必震、胡新：《中琉关系史料与研究》，第50页。

⑪⑳㉛ 谢必震、胡新：《中琉关系史料与研究》，第150页。

⑫ ［日］糸数兼治：《封使齐鲲》，《第四届琉球·中国交涉史研讨会论文集》，冲绳：冲绳县教育委员会，1999年版，第232页。

⑬ 谢必震、胡新：《中琉关系史料与研究》，第44页。

⑭ 谢必震、胡新：《中琉关系史料与研究》，第48页。

⑮ 杨晓萌：《从"职贡图"看历史上万国来朝的盛世荣光》，微信公众号：古籍weiguji，2016年9月2日。

⑯ ［日］糸数兼治：《封使齐鲲》，《第四届琉球·中国交涉史研讨会论文集》，第233页。

⑰ 秦国经：《乾隆时代的中琉关系》，《第四届琉球·中国交涉史研讨会论文集》，第193页。

⑱ 秦国经：《乾隆时代的中琉关系》，第194页。

⑲ 秦国经：《乾隆时代的中琉关系》，第197页。

㉑ 中国第一历史档案馆藏：军机处上谕档，道光十九年三月二十四，第1条。

㉒ 朱淑媛：《清道光皇帝收回改琉球四年一贡谕旨原因之我见》，《第八届琉球·中国交涉史研讨会论文集》，第252页。

㉓㉔ 朱淑媛：《清道光皇帝收回改琉球四年一贡谕旨原因之我见》，第253页。

㉕ 中国第一历史档案馆藏：军机处上谕档，道光二十年十一月二十二日，第8条。

㉖ 谢必震、胡新：《中琉关系史料与研究》，第205页。

㉗ 谢必震、胡新：《中琉关系史料与研究》，第203页。

㉘ 朱淑媛：《道光皇帝收回改琉球四年一贡谕旨原因之我见》，第250页。

㉙ 谢必震、胡新：《中琉关系史料与研究》，第192页。

㉚ 俞玉储：《再论清代中国和琉球的贸易——兼论中琉互救飘风难民的活动》，《第二届琉球·中国交涉史研讨会论文集》，冲绳：冲绳县立图书馆，1995版，第315页。

㉜ ［日］赤岭守：《清代对琉球遭风难民之抚恤——以福州加赏为中心》，《第七届琉

球·中国交涉史研讨会论文集》,冲绳:冲绳县教育委员会,2004 年版,第 205 页。

㉝［日］西里喜行:《关于清代光绪年间的"琉球国难民"漂流事件——以救国运动为中心》,《第二届琉球·中国交涉史研讨会论文集》,第 254 页。

㉞［日］西里喜行:《关于清代光绪年间的"琉球国难民"漂流事件——以救国运动为中心》,第 278 页。

㉟［日］赤岭守:《清代对琉球遭风难民之抚恤——以福州加赏为中心》,第 206 页。

㊱ 中国第一历史档案馆藏:军机处上谕档,乾隆二年闰九月十五日,第 1 条。

㊲ 秦国经:《清代国子监的琉球官学》,《第一届琉球·中国交涉史研讨会论文集》,冲绳:冲绳县立图书馆,1993 年版,第 289 页。

㊳ 秦国经:《清代国子监的琉球官学》,第 290 页。

㊴ 秦国经:《清代国子监的琉球官学》,第 286 页。

㊵㊶ 陈宜耘:《从〈琉球家谱〉看清代琉球人赴闽勤学》,《第七届琉球·中国交涉史研讨会论文集》,第 160 页。

㊷ 陈宜耘:《从〈琉球家谱〉看清代琉球人赴闽勤学》,第 164 页。

（原文题目为《浅析影响中琉关系的核心理念——"仁义"》,原载于《冲绳史料编辑纪要》第 40 号，冲绳县教育委员会，2017 年出版）

清代琉球使团入京途中的耽延现象浅谈

王　征

自明洪武五年（1372）朱元璋派遣杨载赴琉球国开始，中国与琉球正式建立起了以"封贡"为核心的官方联系。此后五百余年间，中琉两国通过册封、朝贡、贸易、海上救助、琉球官生入监学习等方式，在政治、经济、文化等方面开展了广泛的友好交往，直至清光绪五年（1879）日本吞并琉球王国时为止，两国一直延续着密切的封贡关系。特别是有清一代，琉球国以进贡、谢恩、请封、庆贺等名义向中国派遣了大量使团，在中琉两国的交往和交流中发挥了重要的作用。这其中，尤以入京觐见的使团行程最长、最具代表性。

中国第一历史档案馆保存有大量反映清代中琉关系的官方文书档案，自 1991 年与日本冲绳县教育委员会签署合作备忘录以来，它们被陆续整理编纂，截至 2016 年，已有 8 部汇编（8 册）、1 套丛编（进行中，已出版 33 册）先后与读者见面，其中就有大量关于琉球来华使团入京朝贡、谢恩、庆贺的记载。本文以这些珍贵的历史档案资料为依据，对清代琉球使团在入京途中出现的各类耽延现象进行初步的探讨。

一　琉球使团赴京朝贡

琉球使团入京最为重要且常规的活动是朝贡。自明洪武五年琉球国中山王察度首派其弟泰期到南京向明朝称臣纳贡以来，中国与琉球建立起了长期的封贡联系。每逢进贡年份，琉球国王都会派遣使臣携带表文、贡物进京朝贡。对琉球朝贡的规定，自明成化十一年（1475）颁布"二年一贡"的政策以后，逐渐成为定例①，清朝大体上沿袭了明朝的这一政策。顺治六年（1649），琉球请求向清政府朝贡。顺治八年（1651），清廷规定琉球每两年朝贡一次，朝贡的路线以福建省的闽县为起始②。顺治十一年（1654），"令二年一贡，进贡人数，不得过一百五十人，许正副使二员，从人十五名入京，余俱留边听赏"③。康熙二十八年（1689），题准："琉球国进贡两船，人数准其增添，共不过二百名，接贡一船……合三只之例。"④后又明确"琉球……贡舟无过三，每舟人无过百，赴京无过二十"⑤。这些规定明确限定了每逢贡期之时，琉球派遣来华进行朝贡活动的使团规模，即在"两年一贡"的基础上，进一步要求琉球国使团的总人数控制在150人或300人以内，且只允许正副使带不超过15或20名从人赴京。其余人等只能暂且留在福建，或是等候赴京使团回闽时一起归国，或是等待来时的船只贸易完竣搭乘返回琉球。

　　在清代，琉球使团入京朝贡的行程可谓十分不易。中国与琉球间的海路航行，受自然气候因素的影响较大，琉球贡船的往来具有明显的季节规律。琉球国贡使一般在贡期当年的二月份便开始"采办方物，修葺船只"⑥，待整装齐备后，大抵于当年冬季从琉球出发，经由海路，在当年年底至次年年初间抵达福建。琉球使团在远渡重洋入境之后，通常会先被安排在柔远驿进行休整，同时由福建督抚将使团的目的、规模、查验表文及贡物的情况等信息奏明皇帝，待礼部核准后，由福建派遣伴送官员沿途护送，于贡期当年十月至次年七、八月间起程赴京，经由浙江、江苏、山东和直隶各省，按程前行，大抵赶在贡期当年或次年的年底入京，以便受邀出席一年一度除夕与元旦的各类贺宴等活动。

根据中国第一历史档案馆编《中琉历史关系档案》中的史料记载，在嘉庆十五年（1810）前，琉球使臣一般是在贡期当年的年底或是次年的年初才能抵达福建，入京时间一般是在贡期次年的年底，参加贡期隔年的元旦庆典；而从嘉庆十七年（1812）开始，琉球使臣一般在贡期当年的九、十月间便已抵达福建，自闽赴京，再行走上七八十日不等，参加贡期次年的元旦朝贺等活动。

二　琉球使团入京途中的耽延现象

琉球使团由琉球国内出发，不但要历经漂洋过海的艰险旅程，还要经过陆上漫长的车马舟楫，才能最终到达北京。这期间不免遇到各类突发的状况，或是贡船海途不顺，或是在洋遭风漂流，或是自闽起程日期偏晚，或是途中气候恶劣、道路难行等等，这都可能造成使团在入京的途次出现耽延时日的现象。

（一）海风不顺

琉球使团从琉球国出发，往往都选在冬季风顺之时，但时常也会因为遇到天气变化，"风涛难测"，不得不停下来"等候风汛"。原本快则十几个昼夜的海上航程，有时则会经历好几个月的辗转周折。如乾隆五年（1740）正贡之期，琉球国王尚敬派遣贡使翁鸿业、蔡其栋等率使团来华进贡。两只贡船于乾隆五年十一月初十日便在琉球国开船出发，但"因无顺风"，无法成行，不得不开到马齿山停泊候风。等候了近两个月时间，至乾隆六年（1741）正月十八日，"见有顺风"，才一齐开洋，先后于乾隆七年（1742）正月二十四、二十五日抵闽，二月初三日入驿安插[7]。又如乾隆十五年（1750）贡期，贡使毛元烈、阮为标等率琉球使团赍表进贡，两只贡船于乾隆十五年十二月二十六日一齐开出，行至途中，陡遇飓风，头号船飘回本国属岛北木杉候风，直至次年三月十九日才又放洋出发，乾隆十六年（1751）三月二十五日才终于驶抵闽省怡山院地方湾泊⑧。

（二）遭风漂流

琉球使团乘船航行，受海上天气的影响尤其明显，一旦遭遇大风暴雨等恶劣天气，行程便会十分艰难甚至危险，极易发生漂风事故。据《钦定大清会典》的记载，康熙四年（1665），"中山王遣使进献香品，庆贺登极进贡。其贡物有在梅花港口遭风飘溺"；康熙十年（1671），"琉球国世子尚贞差官进贡，于常贡外加进鬃烟、番纸、蕉布"，也发生了"被风飘失贡物"的事故⑨。清朝的皇帝对此，每每怜悯优待，对于飘失的贡物，也均是"免其补进"。如康熙六十一年（1722）贡期，琉球国王尚敬派遣贡使毛弘健、陈其湘等率领使团来华进贡，两只贡船于康熙六十一年十一月二十六日一同从琉球国开洋而来。头号贡船于十一月三十日"在横山洋面冲礁打破"，正使毛弘健、副使陈其湘及附搭来华入监读书的官生蔡用佐、蔡元龙、郑师崇等均不幸罹难，"进贡表文并方物一半在头号船上"，也"尽行沉失"，其余使臣不敢入京，请求"于夏之前乘风返国，补进表文方物，再来进贡"。对此，清廷根据福建巡抚黄国材的题报，迅速进行了回应。雍正元年（1723）三月十四日即发上谕："琉球国进贡使臣毛弘健等，所坐头号船内表文、人员、方物俱冲礁覆没，甚属可悯，所贡方物准作速送到京师，表文方物免其补进，二号船所存方物，交与来使带回，仍准作进贡。"⑩礼部还依据会典所载，请照例"令内院撰祭文，所在布政司备祭品，遣堂官致祭一次"⑪，表现出了对琉球使团海上遇难的极大关怀。另如嘉庆七年（1802）贡期，琉球贡船在洋遭风，头号贡船下落不明，"贰号船只漂至台湾，遭风击碎"，"所有贡物行李尽皆沉失"，清廷除"优加抚恤"外，还特别强调"其沉失贡物，远道申虔，即与赍呈赏收无异"，

"不必另行备进"，且"所有此次赍贡使臣等回国后"，"该国王毋庸加以罪责"，"以副天朝柔怀远人至意"⑫。

（三）路途耽搁

琉球使团从闽赴京的路线是相对固定的。"福建省城至京，计程四千八百余里"，有驿站接替，路途相对固定，"如接程速行，五十日总可赶到"⑬。但是，其间也难免会出现因为天气原因，而风雪阻滞，停留等候；因为道路颠簸，而行走缓慢，以致改走水路；甚至有时会出现道路淹没、毁坏、封冻或者不能通行的情况。这都给琉球使团的入京行程带来了诸多不便，从而或多或少地造成了路途之中的耽延。

（四）伴送延误

琉球使团由福建出发后，福建督抚派遣的伴送官员成为使团陆上行进的责任人，他不但要协助处理贡使在进京途中的衣食住行及人身安全等一应事宜，同时还要确保使团按期抵京，不得迟延，否则伴送官员将受到严厉的查处。如乾隆三十五年（1770）便发生了琉球使团路途严重耽延，以致未能按期进京，延误元旦朝贺的事件。适值乾隆三十三年（1768）贡期，琉球国中山王尚穆派遣贡使毛德仪等率领使团来华进贡。贡船于乾隆三十四年（1769）三月初八日到闽，照例查验安顿⑭。闽浙总督崔应阶按照惯例派遣官员伴送琉球进贡使团赴京入京。琉球使团一行二十余人于乾隆三十四年九月十二日自福建起程，不料"在苏杭两处"，"天气寒冷"，贡使通事等人"各制皮衣"，"逗延十余日"；"复于十二月十一日，在高邮州车罗镇地方，冰冻难行"，"守候多日，冰冻更加"，"至二十二日，始行起旱"；"后京通事在途患病，又将息数日"⑮。最终，琉球使团未能在年内赶到北京，迟误了琉球贡使参与元旦的各类典礼。乾隆皇帝将其归咎于伴送官员"并不按期行走"，闽浙总督派委官员"不能妥慎"。闽浙总督崔应阶因此被"传旨申饬"，伴送官员王绍曾更是受到了"交部察议"的处分。

三　避免琉球使团路途耽延的各类举措

有清一代，清廷对琉球使团的入京均表现得十分重视。为了避免入京使团在路途中出现各类耽延的现象，使其顺利完成出使任务，清廷上下对接护、迎送琉球使团的问题，给予了高度的关注，不断出台相应的管理规定，逐步形成了相对完善的伴送制度，表现出清朝政府在对外交往中一贯秉持的"体恤远人"的态度。

（一）福建派员全程伴送

在清代，琉球贡使由闽入京，福建督抚要专门委派官员全程伴送。顺治八年即题准："凡外国进贡正副使及定额从人来京，沿途口粮、驿递夫马舟车，该督抚照例给发，差官伴送，及兵丁护送到京，其贡使回国，沿途口粮驿递夫船，兵部给与勘合。"⑯乾隆三十六年（1771）又强调："如福建之于琉球……贡使初至，该省皆有应行照料事宜，既派有承办伴送之员，即当始终其事。"⑰嘉庆十六年（1811）又规定："嗣后福建、广东、广西、云南等省，遇有外藩使臣入贡，著各该督抚均于文武员弁内拣派明干者两三员伴送来京，以昭慎重，毋得止委一员，致有贻误。"⑱这些变化，都体现出清廷对于使团伴送官员重视程度的不断提高。在伴送官员人数上，由初期的大体一名，逐步确定为两名文职官员及一名武职官员的三人伴送队伍；在伴送官员的选派上，也相对于初期愈加审慎。这些措施都在一定程度上加强了清廷对于琉球使团赴京路途中的管理，减少了使团不必要的滞留。

（二）沿途各省交替接护

琉球使团在赴京的过程中，不但有福建文武官员的全程伴送，其所经过的沿途各省，也要添派文武官员于省界处迎护，负责在各自辖区内的各类安全和保障事务，直至将琉球使团护送出省，由下一省份予以接替。同时，还要将琉球使团的过境情况，随时具折向皇帝奏报，并发送咨文向邻省通报，且"其经过之山东、江苏、浙江、福建各督抚一体遵照，派员于各省界处所，接替伴护"⑲，如此环环相扣，各省对于琉球使团入京的路途管理责任更加明确，沿途的保障效率也得到了有力提升。如嘉庆十三年（1808）贡期，因有前项贡物被留抵，清廷下旨无需朝贡，但因适逢册封礼成，琉球国王尚灏还是派遣陪臣王舅毛光国、紫金大夫郑章观等赴京赍表谢恩。谢恩使团于嘉庆十三年十月二十三日到闽，简单休整后，随即起程赴京。

福建巡抚张师诚首先奏报："该贡使等现于十二月初二日自闽起程进京，据布政使景敏详委漳州府云霄同知刘迁护送至京。除飞咨经过各省一体派员接护，并饬委员沿途加意照料以利遄行外，约计二月初旬可以到京。"

嘉庆皇帝接到奏报，于十二月二十二日发下上谕："该国贡使情殷入觐，若按站行走，于二月初旬到京，彼时年节已过，未免稍迟。抑且筵宴典礼难以施行。著传谕沿途经过各省督抚，于该贡使过境，一体派员妥为照料，所需夫马等项并饬属预先备整，或可兼程攒行，以期迅速。即未能于元宵节前赶到，亦当于正月二十五以前至京，俾该使臣得邀新春筵宴恩赏，用昭柔远之意。将此由四百里各谕令知之。"

随后，浙江巡抚阮元奏报：贡使"十二月二十五日已入浙境首站，目下尚未抵杭。但到杭当需数日方能赶出浙境，核算江苏、山东等省水陆程途尚远，未知能否于正月二十五日以前至京。但臣总当妥速备办，俾令赶紧攒行。现已飞行札催沿途各地方官，预将夫马船只等项逐一整备，随时应付，昼夜前进，不致稍任稽迟，并飞咨江苏各省一体攒催"。

之后，江苏巡抚汪日章会同两江总督铁保奏报："于本月二十四日接准福建抚臣咨会"，"当经臣檄饬沿途州县一体预备，以期随到随行"，并派员"各在交界处所接护前行"。但"该贡使于何日行抵浙江省城，尚未准省咨到"，"已飞咨浙省查催并添派干员，驰往前途迎护"，"并又檄饬经过各州县，将需用夫马船只等项，赶紧整备齐集，一俟该贡使到境，即妥为照料，星速兼程，护送出境交替，为该贡使于日内可抵吴江首站，一路风水顺利并兼程行走，约计旬日以外可期攒出江南境"。

接着，山东巡抚吉纶奏报：该使臣等约计"此时已入江苏境内，正月初旬可入东境"，现已饬员"驰赴入境首站迎护，并饬沿途经过地方预备车马人夫，妥为供应，一俟到境，即令兼程行走。一面知会直隶督臣，派员先赴交接迎护前进，务于正月二十五日以前抵京"。

之后，直隶总督温承惠奏报："该贡使于正月二十三日始抵山东首站，正月内不及到京。又经札饬该守等，一俟入境，即照应催攒行走"，"该贡使已于二月初三日巳刻入境，即日前进所需车马人夫等项，均经妥为应付，行走极为安静。"

最后，琉球使团经历了艰苦的长途跋涉，终于在嘉庆十四年（1809）二月十一日抵达北京[20]。这一次的陆上行程历经了71天。

附表：

时间	琉球使团行程
嘉庆 13.10.23	由琉球抵闽
嘉庆 13.12.2	由闽省起程
嘉庆 13.12.25	入浙境首站
嘉庆 14.1.11	抵江苏省城
嘉庆 14.1.23	抵山东首站
嘉庆 14.2.3	入直隶省境
嘉庆 14.2.11	到京

（三）明确抵京限期要求

琉球国使团的抵京时间，按照惯例，一般是在年底，"于十二月封篆前后"㉑，"以便与年班各外藩同预宴赍"㉒，并受邀出席各类朝贺等活动。但具体贡使何日抵京，在很长一段时期内并未制定确切的限定日期来，档案中往往出现"十二月下旬""十二月二十日"等，说法不一。直至道光十一年（1831），清廷向"闽浙两广云贵各总督"明确提出："嗣后如遇外藩遣使进贡，入关后即饬该使臣赶紧启程，并饬伴送官沿途照料，妥速行走，务于十二月二十日以前到京，以符定制，毋稍迟误。"㉓遂将琉球使团抵达北京的时间予以明确限定，并在之后成为定例。道光十二年（1832）贡期，琉球贡使向永昌、郑择中等率领使团入京朝贡，福建派遣邵武府知府刘学厚、永春直隶州知州陈铣及台湾协水师副将黄贵三人为伴送，一行人等于道光十二年十月初七日自闽起程，十二月二十三日到京，超过限期三天。礼部即以"未能妥速照料，依限到京，实属迟延"的罪责，分别议处了三名伴送官员。这也成为其后议处伴送迟延的依据。

琉球使团的入京朝贡是中琉两国交往中最为重要的活动之一。对于中国来说，它使得清朝的宗藩体制得到了极大的强化，满足了清廷统治者"普天之下""至高无上"的中心地位；而对于琉球，它则带来了与强大帝国开展贸易往来与文化交流的机会，促进了琉球国内的社会与经济的发展。因此，尽管琉球使团的入京之路如此艰辛，清廷沿途接待在"厚往薄来"的思想下颇费周章，两国仍然出于各自的考量，使这一活动得以在琉球国都与清朝京师间顺利进行，并成为维系朝贡体制最为重要的一环。

附：琉球使团入京行程统计表（乾隆—嘉庆）⑳

赴京使臣	使团活动	出发时间	抵闽时间	伴送官员	赴京时间	抵京时间
翁国柱、曾历	庆贺；进香					
毛健元、蔡渊	雍正 2 年朝贡					
毛汝龙、郑廷极	雍正 4 年朝贡		雍正 5.1.26			
毛鸿基、郑秉彝	雍正 6 年朝贡；谢恩					
向克济、蔡文河	雍正 8 年朝贡		雍正 8.12.22；雍正 8.12.23			
温思明、郑仪	雍正 10 年朝贡					
毛光润、郑国柱	乾隆元年朝贡		乾隆 1.11.10；乾隆 1.11.11			
向启猷、金震	庆贺；进香	乾隆 2.12.13	乾隆 2.12.26			
向维豪、蔡㙛	乾隆 3 年朝贡	乾隆 3.11.26	乾隆 3.12.26			
翁鸿业、蔡其栋	乾隆 5 年朝贡；谢恩	乾隆 5.11.10	乾隆 6.1.24；乾隆 6.1.25			
毛文和、蔡用弼	乾隆 7 年朝贡	乾隆 7.11.28	乾隆 7.12.9；乾隆 8.1.9	布政司经历于讷	乾隆 8.8.12	

续表

赴京使臣	使团活动	出发时间	抵闽时间	伴送官员	赴京时间	抵京时间
毛允仁、梁珍	乾隆 11 年朝贡	□	乾隆 12.2.5	莆田县凌唐巡检王德裕	乾隆 12.9.3	□
向永成、郑秉哲	乾隆 13 年朝贡	乾隆 13.12.20	乾隆 14.1.28	沙县比乡寨巡检余成	乾隆 14.8.22	□
毛元烈、阮为标	乾隆 15 年朝贡	乾隆 15.12.26	乾隆 16.3.25；乾隆 16.7.23	福州府照磨叶玺文	乾隆 16.10.2	□
向邦鼎、杨大壮	乾隆 17 年朝贡	乾隆 17.11.6	乾隆 17.11.21	崇安县丞廖捷	乾隆 18.8.2	□
毛元翼、蔡宏谟	乾隆 19 年朝贡	乾隆 19.11.14	乾隆 20.1.11；乾隆 20.1.14	□		乾隆 20.11.17
向全才、阮超群	乾隆 21 年朝贡	乾隆 22.1.30 放洋	乾隆 22.2.13	汀州府经历张位	乾隆 22.7.22	□
马宣哲、郑朝	谢恩	乾隆 22.1.30 放洋	乾隆 22.2.15	莆田县丞韩为雷	乾隆 22.4.4	□
毛世俊、郑士绰	乾隆 23 年朝贡	乾隆 24.2.14	乾隆 24.2.22	台湾县新港巡检曹煜	乾隆 24.8.6	□
马国器、梁煌	乾隆 27 年朝贡	乾隆 27.12.6	乾隆 27.12.29	松溪县二十四都巡检管一飞	乾隆 28.7.12	□

续表

赴京使臣	使团活动	出发时间	抵闽时间	伴送官员	赴京时间	抵京时间
向廷器、郑秉和	乾隆29年朝贡	乾隆30.1.23	乾隆30.2.19	诸罗县倅满典史周兆新	乾隆30.8.2	□
阿必振、阮大鼎	乾隆31年朝贡	乾隆32.1.17	乾隆32.2.18；乾隆32.2.19	试用县丞薛肇横	乾隆32.8.4	□
毛德仪、毛维琪	乾隆33年朝贡	乾隆34.2.2	乾隆34.3.8	试用知县王绍曾	乾隆34.9.12	□
毛自焕、魏献兰	乾隆35年朝贡	乾隆36.1.6	乾隆36.3.4	漳州府南胜同知张所受	乾隆36.9.21	□
向宣谟、毛景成	乾隆37年朝贡	□	乾隆38.闰3.10	福宁府海防同知张思振	乾隆38.9.9	□
向崇猷、蔡懿	乾隆39年朝贡	□	乾隆40.4.5；乾隆40.4.11	福宁府通判杨朝柄	乾隆40.10.15	□
翁宏基、郑鸿勋	乾隆41年朝贡	□	乾隆42.3.20；乾隆42.3.24	漳州府南胜同知逻庚	乾隆42.10.11	□
金有华、蔡焕	乾隆43年朝贡	□	乾隆44.3.30	汀州府同知刘举	乾隆44.10.22	□
向翼、毛景昌	乾隆45年朝贡	□	乾隆46.4；乾隆46.5.14*	□	□	□

续表

赴京使臣	使团活动	出发时间	抵闽时间	伴送官员	赴京时间	抵京时间
毛廷栋、蔡世昌	乾隆47年朝贡	□	乾隆48.4.18；乾隆48.4.19	福州府粮捕通判安静	乾隆48.10.9	□
向猷、毛景裕	乾隆49年朝贡	□	乾隆50.4.23	建宁府同知杨世纶	乾隆50.9.28	乾隆50.12.24
翁秉仪、阮廷宝	乾隆51年朝贡	□	乾隆52.4.22	署邵武府同知事试用布政司经历樊晋	乾隆52.10.10	乾隆52.12.20
向处中、郑永功	乾隆53年朝贡	□	乾隆54.闰5.3；乾隆54.闰5.18	邵武府同知谢泰宸	乾隆54.10.2	乾隆54.12.17
马绍谟、陈天龙	乾隆55年朝贡	□	乾隆56.8.20；乾隆56.8.21	福州府理事同知多隆阿	乾隆56.10.2	乾隆56.12.13
毛国栋、三廷柱	乾隆57年朝贡	□	乾隆58.7.23；乾隆58.8.24	厦门海防同知黄莫邦	乾隆58.9.18	乾隆58.12.5
向文凤、郑作霖	乾隆59年朝贡	□	乾隆60.5.27；乾隆60.5.28	候朴同知曾中立	乾隆60.9.28	乾隆60.12.20
东邦鼎、毛廷柱	嘉庆元年朝贡；庆贺	□	嘉庆2.4.17；嘉庆2.4.19	漳州府南胜同知嵩安	嘉庆2.9.22	嘉庆2.12.9

续表

赴京使臣	使团活动	出发时间	抵闽时间	伴送官员	赴京时间	抵京时间
向国垣、曾谟	嘉庆 3 年朝贡	□	嘉庆 4.2.16；嘉庆 4.2.21	邵武府同知曾中立	嘉庆 4.10.10	嘉庆 4.12.19
向必显、阮翼	嘉庆 5 年朝贡	□	嘉庆 5.11.2；嘉庆 5.11.3	福州府海防同知张采五	嘉庆 6.2.2	嘉庆 6.4.1
毛国栋、郑得功	谢恩	□	嘉庆 5.11.4；嘉庆 5.11.6	福建台湾理番同知吉寿	嘉庆 5.11.28	嘉庆 6.2.23
□	嘉庆 7 年朝贡	嘉庆 7.10.15	嘉庆 8.2.8*	□	□	□
毛廷勷、郑国鼎	嘉庆 9 年朝贡	□	嘉庆 10.2.20；嘉庆 10.2.30	龙岩州知州承柱	嘉庆 10.9.18	嘉庆 10.12.17
杨克敦、梁邦弼	嘉庆 11 年朝贡；请封	□	嘉庆 12.2.30*；嘉庆 12.3.8*	福州府理事同知那绶	嘉庆 12.9.10	嘉庆 12.12.13
毛光国、郑章观	谢恩	□	嘉庆 13.10.17*	漳州府云霄同知刘汪	嘉庆 13.12.2	嘉庆 14.2.11
向国柱、蔡肇业	嘉庆 15 年朝贡	嘉庆 15.9.14	嘉庆 15.12.25*；嘉庆 16.2.7*；嘉庆 16.4.12*	福州府理事同知那绶	嘉庆 16.7.8	嘉庆 16.9.26

续表

赴京使臣	使团活动	出发时间	抵闽时间	伴送官员	赴京时间	抵京时间
向谨、毛廷器	嘉庆 17 年朝贡	□	嘉庆 17.10.2；嘉庆 17.10.4	汀漳龙道海庆；平潭同知徐涛；抚标中军参将明全	嘉庆 17.10.25	嘉庆 18.1.7
向斌、郑嘉训	嘉庆 19 年朝贡	□	嘉庆 19.9.21	建宁府知府邹翰；长福营参将塔清阿	嘉庆 19.10.10	嘉庆 19.12.20
毛维宪、蔡次九	嘉庆 21 年朝贡	嘉庆 21.9.16	嘉庆 21.10.20*	延建邵道张汝骧；福州府理事同知明恒；罗源营游击双德	嘉庆 21.10.25	嘉庆 21.12.15
毛维新、郑克新	嘉庆 23 年朝贡	□	嘉庆 23.10.1*；嘉庆 23.10.10*	福州府知府雷维霈；理事同知明恒；督标左营参将范建樊	嘉庆 23.10.17	嘉庆 23.12.15
向邦正、蔡肇基	嘉庆 25 年朝贡	□	嘉庆 25.9.17*	兴化府知府俞润、延平府上洋通判萧嬅；连江营游击德滅	嘉庆 25.10.17	嘉庆 25.12.17

注释：

① 《明武宗毅皇帝实录》卷24，正德二年三月丙辰。

②③⑨⑪⑯（康熙）《钦定大清会典》卷72，礼部·主客清吏司·朝贡一·琉球国。

④（雍正）《钦定大清会典》卷140，兵部·职方清吏司·处分杂例。

⑤（乾隆）《钦定大清会典》卷56，礼部·主客清吏司。

⑥ 中国第一历史档案馆：《中琉历史关系档案：顺治朝、康熙朝、雍正朝》（下），北京：中国档案出版社，2006年版，第650页。

⑦ 中国第一历史档案馆：《中琉历史关系档案：乾隆朝》（二），北京：中国档案出版社，2006年版，第24—55页。

⑧ 中国第一历史档案馆：《中琉历史关系档案：乾隆朝》（四），第1—8页。

⑩ 中国第一历史档案馆：《中琉历史关系档案：顺治朝、康熙朝、雍正朝》（上），第106、112—113、128—131页。

⑫ 中国第一历史档案馆：《中琉历史关系档案：嘉庆朝》（四），北京：人民出版社，2013年版，第7—10、29—38页。

⑬ 中国第一历史档案馆：《中琉历史关系档案：嘉庆朝》（七），第131页。

⑭ 中国第一历史档案馆：《中琉历史关系档案：乾隆朝》（九），第567—571页。

⑮ 中国第一历史档案馆：《中琉历史关系档案：乾隆朝》（十），第104—108页。

⑰（嘉庆）《钦定大清会典事例》卷567，兵部一百四十一·邮政·疆护。

⑱ 中国第一历史档案馆：《中琉历史关系档案：嘉庆朝》（七），第261页。

⑲ 中国第一历史档案馆：《中琉历史关系档案：嘉庆朝》（七），第260页。

⑳ 中国第一历史档案馆：《中琉历史关系档案：嘉庆朝》（六），第60—80、86—105页。

㉑ 中国第一历史档案馆：《中琉历史关系档案：嘉庆朝》（四），第221页。

㉒ 中国第一历史档案馆：《中琉历史关系档案：乾隆朝》（十六），第386页。

㉓（光绪）《钦定大清会典事例》卷502，礼部二百十三·朝贡。

㉔ 表格根据《中琉历史关系档案》乾隆朝（1—17）、嘉庆朝（1—9）整理。抵闽时间大体为琉球贡船到达福建闽安镇亭头怡山院抛泊的时间，带"*"时间为贡船"进省"或"进口"的时间；如两只贡船未同时抵闽，时间分别表示。

（原载于《冲绳史料编集纪要》第40号，冲绳县教育委员会，2017年出版）

清代琉球向中国派遣官生规则考述

刘 洪 胜

清代，中琉间延续了明代的宗藩关系，二百多年间双方政治、贸易、文化交往不断，在和平友好的环境中书写了灿烂多彩的历史篇章。在诸多交往内容中，琉球向中国派遣官生入京读书，以国王受封为契机，随附朝贡活动渐次开展，逐渐形成了固定的规则。

明末，中国中央政府和琉球之间的宗藩交往出现了短暂的中断。顺治十一年（1654），清朝颁给琉球敕印，受南方战事影响未能渡海册封。从康熙二年（1663）清朝续派张学礼、王垓往封琉球国王尚质开始，中琉间重新建立起实质封贡关系，各项制度基本沿袭明制。经过康熙时期的交往实践，在清朝册封琉球国王、琉球向清朝二年一贡的框架下，贡物、贡船数、接贡船、随船人员等制度经历了一定的改革调整，最终定型并为后世遵循。琉球向中国派遣官生入国子监读书的活动，也随着封贡体制的完善和双方频繁稳定的交往而得以恢复，并逐渐形成定制融入到封贡体制内。

一　关于琉球向中国派遣官生的时机

琉球向中国派遣官生始自明洪武年间，至清代也沿袭了这一活动。据统计，自康熙二十五年（1686）第一次至同治五年（1866）最后一次，琉球向清朝派遣了九批官生，共三十四人。

派遣时间并非如"二年一贡"式的定期派遣，而是呈现出较大"跳跃性"，间隔最短的是第二次（康熙六十一年，1722）至第三次（雍正元年，1723），只有1年；间隔最长的第四次（乾隆二十三年，1758）至第五次（嘉庆七年，1802），长达44年。经梳理发现其背后存在一套明确的支配规则，即自尚贞开始，每位国王受封后即可向中国派遣一届官生，其情形又包含两种，一种是国王受封后派出的，一种是因整批次官生没能到达中国而补派的。

首先，派遣官生的时机附属于国王受封。清代，第一位受封国王尚质没有派遣官生。派遣活动的实施始于第二位国王尚贞。康熙二十一年（1682），皇帝指派正使汪楫、副使林麟焻前往琉球进行册封，二十二年（1683）八月十二日举行册封典礼[①]。册封使返棹前，尚贞亲到册封使馆舍并命陪臣致词："不（下）国僻处弹丸，常惭鄙陋，执（经）无地，向学有心，稽明洪武、永乐年间尝遣本国生徒入国子监读书，今愿令陪臣子弟四人赴京受业。"[②] 汪楫等回京转奏朝廷，礼部议称"唐贞观中兴学校，新罗、百济俱遣子（弟）入学。琉球国明初始内附，会典载大琉球国朝贡不时，王子及陪臣之子皆入太学读书，礼待甚厚。又载洪武、永乐、宣德、成化间琉球官生俱入监读书。今该国王尚贞……倾心向学，恳祈使臣汪楫等转奏（奉），愿令陪臣子弟四人赴京受业，应准所请听其遣陪臣子弟入监读书"，奉旨依议[③]。康熙二十五年琉球派遣梁成楫、郑秉钧、阮维新、蔡文溥四位官生搭乘进贡船来华学习[④]。

此次派遣官生形成了两条成例，第一是每位国王受封都提出派遣官生的需求，中国无不应允。第二是在程序上，必由新国王请册封使臣代奏，得到朝廷允许后在下一个贡期派官生随贡使入京。如此，国王受封后直接派遣的官生有七批次，共二十七人。清朝册封的8位琉球国王，除第一位国王尚质外，其余7位国王受封后都派遣了官生。

另外，有两批官生在海上发生事故，整批次未能到达中国，琉球方面相应进行了补派。

第一次发生意外的是康熙六十一年派遣的官生。康熙五十七年（1718）清廷派遣正使海宝、副使徐葆光往封尚敬为琉球国王⑤，次年七月完成封典⑥。依照康熙二十五年的成例，康熙六十一年，国王尚敬派遣蔡用佐、蔡元龙、郑师崇等三名官生随贡使赴京读书⑦。同年十一月二十六日两艘贡船一同开洋，不料头号船于三十日触礁沉没⑧，贡使、官生全部遇难。二号贡船返回琉球，同时带回了头号贡船失事，康熙皇帝驾崩、雍正皇帝登基的消息。次年，琉球遣使贺庆皇帝登基并补派了三名官生。关于补派官生，国王尚敬在奏本中说："康熙六十一年十一月遣官生蔡用佐、蔡元龙、郑师崇三人同贡使毛弘健等赴京入监读书，不幸在海沉没……今不敢违先皇遗旨，再遣官生郑秉哲、郑谦、蔡宏训等三人偕庆贺贡使王舅翁国柱等赴京入监读书。"⑨照例，贡使到达福建后，由地方官向朝廷汇报，并请旨是否允许贡使进京，礼部援引康熙二十七年（1688）官生入监读书的先例以及康熙皇帝同意尚敬派遣官生的经过，认为应当准许官生入京学习，获准⑩。

第二次发生意外的是嘉庆七年的官生，而且这一次更特殊。康熙六十一年派遣和雍正元年补派，都是受封者尚敬，而嘉庆七年派遣官生的是受封者尚温，嘉庆九年（1804）补派官生的则是世孙尚灏。嘉庆四年（1799）清朝指派正使赵文楷、副使李鼎元往封琉球⑪，五年（1800）七月完成封典⑫。七年，琉球派遣向循师、周崇镛、向世德、郑邦孝（及四名副官生）等人跟随贡使来华学习⑬。七年十月十五日两艘贡船起航，十六日晚上遭风漂散，二号船漂至台湾，头号船下落不明⑭。福建地方立即进行处理，一边将二号船获救人员护送至福建妥善安顿，一边行文沿海各省一起寻找失踪的头号贡船⑮。此后，双方的通讯表明，失踪贡船下落不明。嘉庆八年（1803）四月福建地方给琉球国王的咨文中说"头号贡船业已咨查沿海各省有无漂收到境，未准咨复，抑或乘风回国之处，仍希贵国王见复施行"⑯。嘉庆八年八月琉球国王给福建地方的咨文称"所有头号贡船探问本国属岛尚无漂来，统祈贵司代为查访，若今前后来闽省，即请照料周全遣发回国"⑰。九年八月琉球的咨文中又提到"该头号船只至今未见归来"⑱。可见，近两年时间头号贡船下落不明，随船官生也未能进京学习。于是又涉及补派官生。需要注意的是，嘉庆七年七月十一日，即签发进贡、派遣官生文书一月后，国王尚温就去世了，世子尚成也于嘉庆八年十二月去世，尚灏称世孙，继续补派官生。嘉庆九年正值贡期，尚灏派遣耳目官毛廷勤、正议大夫郑国鼎进贡，随船的还有报丧使正议大夫蔡邦锦及入学官生（及四名副官生）⑲。虽然受封者尚温已经去世，但他的继任者仍继续完成派遣官生的任务，有清一代虽只有这一个孤例，足见中琉双方共同遵守每位国王受封可派一届官生的成例。

由上述两次尤其是第二次特殊情况下的补派，可见清代琉球向中国派遣官生的时机，严格限定于国王受封之后。从国王尚贞开始，国王受封必派官生，凡派官生必源于册封。在发生意外事故整批次官生没能到达中国学习的情况下进行补派，不仅没有突破上述规则，更是对它的坚持和必要补充。因此，国王受封的格局基本决定了派遣官生的格局。

二　琉球官生的派遣时间

派遣官生的"机会"由国王受封决定，具体派遣和回国时间则与朝贡密切相关。清代，琉球向中国保持了稳定的二年一次的朝贡活动，贡期当年二艘贡船、贡期次年一艘接贡船彼此循环往来不辍。琉球派往中国的官生，也随贡使或谢恩使搭乘贡船、接贡船往返。在国王受封决定官生派遣的大框架下，具体哪一年派出、哪一年回国就深受谢恩、朝贡等活动的影响。

从国王受封到琉球派出官生的时间看，除上文已经述及的雍正元年、嘉庆九年补派的两批外，其余七批分为两种情况。康熙二十五年、六十一年两批是同一类型，相距国王受封三年。其余乾隆二十三年、嘉庆七年、嘉庆十五年（1810）、道光二十年（1840）、同治七年（1868）五批是同一类型，相距国王受封二年。

第一种类型，册封国王和谢恩当年不是贡期，以康熙六十一年派遣官生为例。康熙五十八年（1719）尚敬受封为王，同年琉球派遣法司王舅向龙翼、紫金大夫程顺则乘坐海船一支同返棹册封船一同来华[20]。这个时间节点值得注意，因康熙五十八年不是贡期，距下届贡期只有 1 年，同意派遣官生的相关文书不能在下届贡使派出前传递回琉球。清朝册封使回国后转奏琉球派遣官生的请求在康熙五十九年（1720）八月获准[21]，当年的贡使启程时，琉球尚未奉到批准的谕旨，并没有派遣官生。六十年（1721）六月琉球接到礼部咨文[22]，才得于下次贡期即六十一年派遣官生，因此前后间隔三年，实际是国王受封后的第二个贡期。

第二种类型，册封和谢恩当年是贡期，以乾隆二十三年派遣官生为例。乾隆二十一年（1756）八月尚穆受封[23]，同年十月派遣使臣进京谢恩。正值乾隆二十一年贡期，琉球派遣谢恩使与贡使分坐头号、二号贡船与返棹册封船一同赴闽[24]。乾隆二十二年（1757）五月派遣官生的请求得到批准，二十三年正月琉球接到文书[25]，当年随贡派遣官生，因此前后间隔二年。此后，册封之年恰值贡期，且册封使均于当年回国复命。嘉庆五年、道光十八年（1838）、同治五年琉球谢恩使及贡使之船均得随册封船至闽入京［嘉庆十三年（1808）因将嘉庆三年（1798）高宗皇帝请安礼物留抵正贡仅派谢恩使］。于是，派遣官生的时间节点也就固定在国王受封后的下一次贡期，时间差较第一种情形缩短一年。

两种情形稍有不同，但是其规则是一致的。

三 琉球官生在监学习时间

琉球官生在国子监读书的期限原则上为三年。

最初派遣官生，并没有明确规定学习期限，前两届官生回国是"临时"提出的，并为以后官生回国时间的确定奠定了基础。康熙二十五年的官生随贡使魏应伯进京，二十七年九月入国子监读书[26]。二十七年贡使毛启龙进京为官生带来了家书，官生梁成辑得知"父母衰老，倚闾望切"，于是向国王提出回国请求[27]，其文书应当是由贡使毛启龙等带回转达。下一次贡期，即康熙二十九年（1690），琉球方面便提出官生归国，理由有三：一是官生父母"年老奉养需人"；二是官生三人"俱未有室"，令其回国省婚；三是盼望官生回国宣扬教化"与臣言忠，与子言孝"[28]。康熙三十年（1691）九月礼部上奏认为，官生入学三年有余，达到了"文字已经成篇"的程度，又需回家赡养老人，应当准其回国[29]，于是官生随康熙二十九年贡使回国。

雍正元年补派的官生请求回国方式与前一次略有不同。雍正二年（1724）十一月郑秉哲等入监读书，六年（1728）通过国子监向礼部转达归国的意愿，大意是说接到雍正四年（1726）贡使毛汝龙带来的家书，请求回家赡养父母，礼部认为应当准许回国[30]。官生自雍正二年十一月入监读书至六年初提出归国请求，学习时间是三年多。将这两届官生请归过程相对照，可以发现第一次是官生向琉球国王提出请求，琉球再向中国提出，而第二次是官生直接通过国子监向礼部提出请求，但不论通过哪种渠道，其共性都是以"事由"为依据提出回国，而且在国子监读书时间都是三年多。

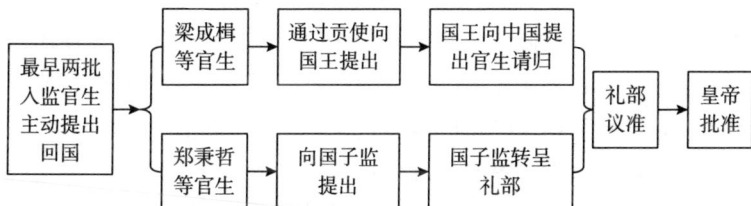

前两届官生提出归国的时间节点，为以后官生归国提供了参考，但请归方式则固定由国王提出，形成定制。琉球国王尚穆为乾隆二十三年即第三届入监官生请归时称"查康熙二十三年、五十九年前后官生在监读书各三年而归亦在案。伏念官生郑孝德等于乾隆二十七年之贡使到京日，其在监读书过三年……考其前后官生之例，即应奏请归国"㉛。以后历届入监官生都以学习时间三年为期，由国王提出请官生回国，也不再提及赡养老人等缘由，"学期三年"似乎形成定制，官生请归随即从依据"事由"转变为依据时间。又因朝贡使团进京以两年为一周期，在"学期三年"的影响下，国王提出官生归国的时机也被固定下来，即贡期随派官生，中间隔一个贡期，再下一次贡期提出官生回国，从派出到回国共经历三个贡期。官生从离开至回到琉球前后需要将近六年，除去路途往返的时间，大致也仅剩三年多在监读书。

官生实际在监读书的时间就是从进京后入监开始至随使团离京前出监时止。前者取决于带官生来华的使团进京时间，后者取决于接官生回国的使团离京时间。受当时交通条件影响，历次琉球使团进京、离京的时间虽在大致上有一个规律，但并不完全一致。中国方面也没有具体限定何时入监、何时出监，只要官生进京了便安排接收，直至接回官生的使团将要离京时才送出，而不是真正以三年为期送官生出监。因此，官生在监"学期三年"是请归原则的定例，并不是实际学习时间。还是以嘉庆九年补派官生为例加以说明。嘉庆九年世孙尚灏派耳目官毛廷勤、正议大夫郑国鼎进京朝贡，随派官生。贡船于十年二月到达福建，使团及官生于十年十二月十七日到达北京，次年正月二十日官生入监读书㉜。嘉庆十三年，国王尚灏派遣法司王舅毛光国、紫金大夫郑章观入京谢册封恩，并请官生回国。该使团于十三年十月到达福建，次年二月十一日到京。完成相关活动后礼部安排使团于嘉庆十四年（1809）三月十二日离京，国子监根据礼部的咨文在三月初十日将官生送到使团住处㉝，以便官生与谢恩使一道启程。自嘉庆十一年（1806）正月入学至十四年三月出监，毛邦俊等官生实际在监读书时间为三年零二月。嘉庆十五年官生是在十六年（1811）十月入学㉞，二十年（1815）二月出监㉟，实际在监学习时间为三年零四月。道光二十年官生在二十一年（1816）四月入学㊱，二十五年（1820）二月出监㊲，实际在监读书时间是三年零十月。

四　关于官生人数

如上文所述，派遣第一批官生由册封使汪楫回京代奏，人数是四人。康熙二十五年琉球派出官生四人，贡船在海上遭风，郑秉均遇难，实际到中国学习的为三人。康熙六十一年派遣了三名官生，可能受上一次实际入监学习人数的影响。雍正元年补派三人则显然沿袭康熙六十一年的人数。乾隆二十三年恢复为四人。

至嘉庆七年国王尚温派遣官生时曾为增派人数做了一定的努

力。他认为琉球人口增加了，派四人入监读书，教育国人已经不够，并提出了具体办法。照例，每位官生入监读书都随带一名跟伴，这些跟伴相当于"杂役"，因此派出四名官生，实际是"主仆"八人。尚温提出的请求是在不增加总人数的前提下增加官生，在派遣了向循师等四名官生的同时，又派了同为陪臣子弟的向善荣、蔡思恭、蔡戴圣、毛长芳四人充作跟伴，叫做"副官生"，希望他们也同样入监读书学习，实际是以四名跟伴名额换取四名官生名额。不料嘉庆七年的头号贡船遭风失踪，琉球方面的增派官生的请求没有得到清廷的反馈。嘉庆九年世孙尚灏补派官生时，继续提出增派请求，而且人员分配更明确。在派遣毛邦俊等四名官生的同时，随伴四人"亦属同官子弟"，其中孙国栋、红泰熙二人愿和官生一同入国子监，伯恢绪、荣祉祐二人请入太医院学医 [38]。贡船于嘉庆十年二月到达福建，福建巡抚李殿图随即将贡使到闽、官生入监的情况上报朝廷，琉球使团在福建等候。同年五月嘉庆皇帝拒绝增派官生，上谕共包含四点内容 [39]：

1. 毛邦俊等四名官生可随贡使进京。

2. 孙国栋等四人入监、学医，与旧案不符，著遣送回国。

3. 李殿图明知增派官生于例不符还代为声请，著传旨申饬。

4. 著行文琉球国王，一切遵守旧章办理。

增派官生的意愿没能实现，贡使毛廷勤安排孙国栋等四人跟随贡船由福建回国。又另派蔡嘉仪、冯玉田、李日升、宫平四人补作跟伴，随毛邦俊等四名官生进京 [40]。自此以后，每届四人的官生规模一直没有改变，最终形成了第一批四人，第二、三批三人，第四至九批四人的情形。

总之，清代琉球向中国派遣官生的规则深受册封、朝贡活动的影响支配，是宗藩制度的组成部分，琉球官生入监学习，也是中琉交往中的一项重要内容。

清朝册封琉球国王与琉球派遣官生对照表

册封				派遣时间	派遣者	官生	
姓名	完成封典	册封使	去世时间			官生姓名	备注
尚质	康熙二年	张学礼、王垓	康熙七年十一月十七日	未派官生			
尚贞	康熙二十二年	汪楫、林麟焻	康熙四十八年七月十三日	康熙二十五年	国王尚贞	梁成楫、郑秉均、阮维新、蔡文溥	郑秉钧去世
尚纯	康熙四十五年十二月三十日，为世子时去世						
尚益	称世孙未及请封，于康熙五十一年七月十五日病故						
尚敬	康熙五十八年	海宝、徐葆光	乾隆十六年正月二十九日	康熙六十一年	国王尚敬	蔡用佐、蔡元龙、郑师崇	在海遭风全部遇难
				雍正元年补派	国王尚敬	郑秉哲、郑谦、蔡宏训	蔡宏训病故
尚穆	乾隆二十一年	全魁、周煌	乾隆五十九年四月初八日	乾隆二十三年	国王尚穆	梁允冶、郑孝德、蔡世昌、金型	金型、梁允冶病故
尚哲	乾隆五十三年八月二十日，为世子时去世						

续表

姓名	册封			派遣时间	派遣者	官生	
	完成封典	册封使	去世时间			官生姓名	备注
尚温	嘉庆五年	赵文楷、李鼎元	嘉庆七年七月十一日	嘉庆六年	国王尚温	向循师、周崇镛、郑邦孝、向世德、向邦孝	在海遭风全部失踪
				嘉庆九年补派	世孙尚灏	毛邦俊、梁文翼、向邦正、杨德昌	请求增加四人入学被驳回
尚成	称世子未及请封,于嘉庆八年十二月二十六日病故						
尚灏	嘉庆十三年	齐鲲、费锡章	道光十四年五月二十九日	嘉庆十五年	国王尚灏	陈善继、毛世辉、马执宏、梁元枢	
尚育	道光十八年	林鸿年、高人鉴	道光二十年九月十七日	道光二十年	国王尚育	阮宣诏、郑学楷、向克秀、东国兴	向克秀病故
尚泰	同治五年	赵新、于光甲		同治七年	国王尚泰	葛兆庆、林世功、林世忠、毛启祥	葛兆庆、林世忠、毛启祥病故

注释：

① 滨下武志等：《历代宝案》第 2 册,台北:台湾大学,1972 年版,第 741 页。

②③ 滨下武志等:《历代宝案》第 1 册,第 223 页。

④ 滨下武志等:《历代宝案》第 2 册,第 916—917 页。

⑤ 滨下武志等:《历代宝案》第 3 册,第 1798 页。

⑥ 滨下武志等:《历代宝案》第 3 册,第 1810 页。

⑦ 滨下武志等:《历代宝案》第 3 册,第 1873—1874 页。

⑧ 中国第一历史档案馆:《中琉历史关系档案:顺治朝、康熙朝、雍正朝》(上),北京:中国档案出版社,2006 年版,第 106 页。

⑨ 中国第一历史档案馆:《中琉历史关系档案:顺治朝、康熙朝、雍正朝》(上),第 130 页。

⑩ 中国第一历史档案馆:《中琉历史关系档案:顺治朝、康熙朝、雍正朝》(上),第 185—187 页。

⑪ 滨下武志等:《历代宝案》第 8 册,第 4335 页。

⑫ 中国第一历史档案馆:《清代琉球国王表奏文书选录》,合肥:黄山书社,1997 年版,第 583 页。

⑬ 滨下武志等:《历代宝案》第 8 册,第 235 页。

⑭ 中国第一历史档案馆:《清代中琉关系档案选编》,北京:中华书局,1993 年版,第 351—352 页。

⑮ 滨下武志等:《历代宝案》第 8 册,第 318—319 页。

⑯ 滨下武志等:《历代宝案》第 8 册,第 315 页。

⑰ 滨下武志等:《历代宝案》第 8 册,第 352 页。

⑱ 滨下武志等:《历代宝案》第 8 册,第 418 页。

⑲ 滨下武志等:《历代宝案》第 8 册,第 4758 页。

⑳ 滨下武志等:《历代宝案》第 3 册,第 1822 页。

㉑ 滨下武志等:《历代宝案》第 3 册,第 1836 页。

㉒ 滨下武志等:《历代宝案》第 3 册,第 1862 页。

㉓ 中国第一历史档案馆:《清代中琉关系档案续编》,北京:中华书局,1994 年版,第 335 页。

㉔ [琉球] 蔡铎、蔡温、郑秉哲著,袁家冬校注:《中山世谱》,北京:中国文史出版社,2016 年版,第 159 页。

㉕ 滨下武志等:《历代宝案》第 5 册,第 2919—2920 页。

㉖ 滨下武志等:《历代宝案》第 2 册,第 758 页。

㉗ 滨下武志等:《历代宝案》第 1 册,第 495 页。

㉘ 滨下武志等:《历代宝案》第 1 册,第 496 页。

㉙ 滨下武志等:《历代宝案》第 1 册,第 236 页。

㉚ 滨下武志等:《历代宝案》第 4 册,第 2016—2017 页。

㉛ 滨下武志等:《历代宝案》第 5 册,第 3048—3049 页。

㉜ 中国第一历史档案馆:《清代中琉关系档案三编》,北京:中华书局,1996 年版,第
346 页。

㉝ 中国第一历史档案馆:《清代中琉关系档案三编》,第 374 页。

㉞ 中国第一历史档案馆:《清代中琉关系档案三编》,第 400 页。

㉟ 中国第一历史档案馆:《清代中琉关系档案三编》,第 406 页。

㊱ 中国第一历史档案馆:《清代中琉关系档案三编》,第 543 页。

㊲ 中国第一历史档案馆:《清代中琉关系档案三编》,第 590 页。

㊳ 滨下武志等:《历代宝案》第 8 册,第 412—413 页。

㊴ 滨下武志等:《历代宝案》第 8 册,第 440 页。

㊵ 滨下武志等:《历代宝案》第 8 册,第 448 页。

（原载于《第十二届中国·琉球历史关系学术研讨会论文集》，冲绳县教育委员会，2020 年出版）

清代琉球满文名称考

李健民

　　琉球与中国的关系源远流长。从明朝洪武五年（1372），察度向明朝称臣，琉球与中国一直保持密切的联系。清朝各级官署及官员在处理公务过程中，许多公文或记录以满文书写，故而形成了大量的满文档案，而现存满文档案中，关于琉球的记载很多。笔者从清代满文档案中发现，不同时期琉球的满文名称不尽相同。清廷在不同时期颁发的两枚琉球国王印的印文中琉球的满文名称也存在差异。本文主要讨论清代琉球满文名称变化的原因及其反映的历史问题。

一　清代琉球国王印中的琉球满文名称

　　琉球与清廷建立朝贡册封关系时，经历了漫长曲折的过程。清廷入主中原以后，琉球曾与南明政权保持联系。顺治三年（1646）十二月，清军将滞留在福建为南明唐王政权庆贺的琉球使节金思德等人带往北京，给予优待并谕琉球国王，"朕抚定中原，视天下为一家，念尔琉球自古以来世世臣事中国，遣使朝贡，业有往例，今故遣人敕谕尔国，若能顺天循理，可将故明所给封诰印敕，遣使赍送来京，朕亦照旧封赐"①。顺治十一年（1654）七月，颁发诏书和敕谕各一道，遣使册封琉球世子尚质为中山王，因为海道受阻、人员病故等原因，未能成行。康熙元年（1662）十一月，张学礼等人从京城出发，于康熙二年（1663）六月抵达琉球，七月完成册封。至此，琉球国王取得了顺治朝颁发的琉球国王印。

（一）顺治朝颁发的琉球国王印

顺治朝颁发的琉球国王印，材质为饰金银印，驼纽，平台方三寸五分，厚一寸，九叠篆文[②]。印文为满汉合璧，右侧为汉字九叠篆"琉球国王之印"，左侧为满文本字"lio cio gurun i wang ni doron"[③]，汉译为"琉球国王之印"。根据《钦定大清会典》记载："铸造印信，皆系礼部职掌，印文由内阁翰林院拟定，发铸印局铸造，满文居左，汉文居右，颁给内外直省，以及外国。"[④]该印的刻制便因循了上述规定。

（二）乾隆朝颁发的琉球国王印

乾隆十三年（1748），满文三十二篆体创制完成，随即应用于官印当中，藩属国国王印的改镌换发随之在各国的新王承袭时进行。乾隆二十年（1755）十二月，《清实录》载："琉球国世守藩服，恭顺有年，今世子尚穆，承祧继序，奏请袭封，已命侍讲全魁充正使，编修周煌充副使，赍诏前往。"[⑤]全魁、周煌奉旨前往琉球，于乾隆二十一年（1756）八月二十一日完成册封，另换颁给新印。册封使将旧印带回，交礼部核销。新印的材质和规格保持不变，仅印文作了修改，左侧为满文上方大篆（亦称尚方大篆）"lio kio gurun i wang ni doron"，汉译为"琉球国王之印"。右侧为汉字上方大篆[⑥]（与九叠篆字形相近）"琉球国王之印"。

（三）两枚琉球国王印的差异

乾隆颁发的新印与顺治朝颁发的印相比，变化主要是在印文的文字内容和字体方面。

首先，琉球满文名称变更。顺治朝颁发的琉球国王印满文印文为"lio cio gurun i wang ni doron"。乾隆二十一年颁发的琉球国王印，满文印文为"lio kio gurun i wang ni doron"。琉球中"球"字的满文由原来的"cio"改为"kio"。

其次，新印的满文字体变更。新印满文字体改为满文上方大篆。汉文的文字内容和字体则保持不变，依然是"琉球国王之印"。

最后，对满汉文字形予以统一。顺治朝颁发的印章，左侧满文本字周围有大量的空白，汉字部分比较饱满，整体不协调。乾隆朝颁发的新印，满汉文字体均为上方大篆，汉文篆字字体变得纤细，与满文篆字统一风格。满文上方大篆的笔画曲折较多，可以通过笔画的反复折叠，在不改变词义的情况下填补印章中的空白，使印章显得饱满，浑然一体。

图1：琉球国王印（顺治朝）　图2：琉球国王印（乾隆朝）

图3："琉球"（lio kio）满文篆字与满文本字

二　清代档案中的琉球满文名称

根据已经公布的清代满文档案记载，琉球的满文名称出现较早的是顺治年间的档案，满文写法为"lio cio"，属于音译。据满文档案记载，在乾隆年间清廷为琉球更换国王印之前，琉球的满文名称已经发生改变。在笔者管见范围内，康熙二十二年（1683）十月二十四日，礼部尚书介山为琉球国贡使回籍事的题本中，琉球的满文名称已经改为"lio kio"[⑦]。康熙三十二年（1693）三月二十六日，礼部尚书顾八代的题本中，琉球的满文名称亦为"lio kio"[⑧]。乾隆十五年（1750），琉球国中山王尚敬为谢恩事奏本当中，琉球满文名称为"lio kio"[⑨]。通过查阅满文档案，笔者发现琉球的满文名称除了"lio cio""lio kio"以外，还有"lio kiyeo""lio ki""lio kiyoo"和"lio giyeo"等。

对上述琉球的满文名称进行归类和总结，我们可以发现以下规律：

首先，满文档案中琉球的满文名称皆为音译，"琉"字的译法比较统一，均为"lio"，"球"字的译法比较多。

其次，清代前期档案中写法比较统一，清代中后期则存在同一朝代多种写法并存的情况。具体而言，顺治朝为"lio cio"，康熙、雍正、乾隆和嘉庆朝为"lio kio"，"lio kiyeo"则主要集中在道光、咸丰、同治和光绪朝。依据表一的统计可知，从道光朝开始，琉球的满文名称写法趋于多样，同一朝代不同写法的案例较多。

最后，存在几种少见的特殊写法。在满文档案中有几种很少出现的写法。如：道光二十八年（1848）的"lio ki"[⑩]，咸丰五年（1855）的"lio kiyoo"[⑪]，光绪元年（1875）的"lio giyoo"[⑫]等。这几种写法仅查到个别的案例，而且书写状况较差，笔者推测该类现象或由于笔误所致。

表 1　清代满文档案中琉球满文名称统计

	琉球满文名称	拉丁字母转写	出现的朝代
1		"lio cio"	顺治[13]
2		"lio kio"	康熙[14]、雍正[15]、乾隆[16]、嘉庆[17]、同治[18]
3		"lio kiyeo"	道光[19]、咸丰[20]、同治[21]、光绪[22]、
4		"lio ki"	道光[23]
5		"lio giyeo"	道光[24]
6		"lio kiyoo"	咸丰[25]、光绪[26]

（注：此表只统计了部分满文档案）

总体而言，琉球的满文名称大致经历了从"lio cio"到"lio kio"再到以"lio kiyeo"为代表，多种写法并存的变化。档案中琉球的满文名称出现较多的是"lio cio""lio kio"和"lio kiyeo"，前两个名称在琉球国王印中出现过，第三种从道光朝开始使用，并且在官方文书中有体现。道光元年（1821）八月十六日，琉球国中山王尚灏所进的"琉球国王为皇帝登极进表恭贺事"㉗表文，正文开头"lio kiyeo gurun i jung šan wang amban šang hoo i gingguleme wesimburengge"汉译为"琉球国中山王臣尚灏谨奏"。

三 琉球满文名称变化的原因

作为清朝的藩属国，琉球国的满文名称为何几经变化。通过查阅满文档案和相关文献，笔者着重从以下几个方面加以分析：

（一）满文对音字变化的原因

康熙朝以降，琉球满文名称的变化源于满文对音字的变化。如前所述，琉球满文名称的变化在康熙朝的档案中多有体现，例如，康熙三十年（1691）八月二十九日，礼部尚书熊赐履题本"为琉球国具表进贡方物事"（满汉合璧），"琉球"二字在正文和文末朱批写法均为"lio kio"㉘。而这一变化与清代规范对音字是一致的。《钦定清汉对音字式》中记载："kio"对音字为"球"，"cio"对音字为"秋"㉙。"球"字从"cio"改为"kio"，主要是满文辅音改变，发音由[tɕ'io]改为[k'io]，[k'io]更接近清代"球"字的发音。《清文总汇》㉚和《五体清文鉴》㉛中琉球的满文均为"lio kio"。因此，这一调整是相应时期满文自身发展和变化的体现。

（二）朝贡礼制规范化的需要

乾隆二十一年更换琉球国王印，除改镌满文篆字以外，亦将琉球的满文名称改成"lio kio"。作为朝贡礼制的重要一环，颁发藩属国国王印信的满文用字合乎规制显得尤为重要。此前，虽然公文中琉球的满文名称已经改变，但是顺治朝颁发的琉球国王印未及更换，印文仍然是"lio cio"，显然与日益完备的朝贡礼仪有所不符。自康熙朝肇始至乾隆二十一年以前，琉球的满文名称在公文中已调整为"lio kio"，而琉球国王印的满文写法仍然因循此前的"lio cio"。这种不一致，一直延续到乾隆朝重新颁发琉球国王印。重新颁发琉球国王印后，清朝将印文中的"lio cio"更改为"lio kio"，从而使琉球的名称在文书和官印中实现统一，使琉球国王印得以合乎礼制。

（三）清中后期满文趋于衰微的体现

满语文自创制以来，备受清朝统治者重视，并且大力推行，逐渐奠定其作为官方语言文字的地位。然而即便如此，也难免其走向衰微的结局。清朝中期开始，满语文的使用开始出现衰落的迹象。根据《清实录》中关于清朝中期满语衰微记载的统计分析，发现雍正、乾隆年间，存在大量满语文能力不足的问题。尤其是乾隆年间，在宗室子孙、满族官员、八旗士兵以及满族平民等各类人群中，关于满语文衰微的记载不胜枚举㉜。

为扭转这一形势，乾隆三十七年（1772）三月，乾隆帝曾颁发上谕："向来内外各衙门，题奏咨行事件，凡遇满洲蒙古人地名，应译对汉字者，往往任意书写，并不合清文、蒙古文本音……著交军机大臣，依国书十二字头，酌定对音，兼写清汉字样，即行刊成简明篇目，颁行中外大小衙门。"㉝由是，乾隆朝开始规范对音字。清朝疆域广阔，为保障通达政令，在满文公文中规范对音字，避免讹误是十分必要的。清代中后期满文档案中琉球名称的混用现象从侧面反映了满文衰微之大势，且乾隆帝的努力亦可谓收效有限。

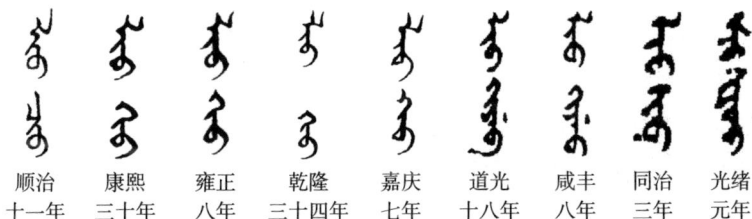

| 顺治十一年 | 康熙三十年 | 雍正八年 | 乾隆三十四年 | 嘉庆七年 | 道光十八年 | 咸丰八年 | 同治三年 | 光绪元年 |

图4：清代不同时期档案中琉球满文书写状况

四 琉球满文名称变化反映的问题

琉球满文名称变化是满文兴衰的表现。从琉球满文名称变化可以看出清代中前期满文应用趋于兴盛和中后期的日益衰颓。

首先，琉球国王印更换满文篆字印文，可视为满文走向鼎盛的表现之一。乾隆朝满文三十二篆体创制完成，并将其中部分篆体应用于官印当中，不同的满文篆体代表不同的官职等级。满文发展出篆字的体系，并成为封建等级制度的一部分，这使得满文除了具备信息传递的功能，满文篆体亦成为等级制度的符号之一。

其次，道光朝之后的琉球名称变化，以及书写不规范，是满文已经从鼎盛走向衰落的一个缩影。清朝中后期的满文公文中开始出现同一份文件中，琉球名称出现两种书写方式的现象，例如，光绪元年十二月十九日，浙江巡抚杨昌濬的题本中，出现"lio kiyoo"和"lio giyoo"㉞两种写法，且字迹模糊，笔画不连贯，很难辨识。道光二十八年十二月十四日，兵部尚书裕诚题本中，将"琉球"翻译为"lio ki"㉟，"ki"的发音与"球"字相去甚远。这些类似的个案，反映出满文的规范性已趋于弱化，其应用已逐渐走向衰落。

清代不同时期对琉球满文名称变化的处理方式也不相同。乾隆皇帝以制定满文篆字为契机，为琉球重新颁发国王印，同时修正了此前印信中琉球的满文名称。道光朝以后，清廷并没有因为琉球满文名称的改变而重新颁发国王印，其中原因值得进一步探究。

综上所述，琉球的满文名称大致经历了从"lio cio"到"lio kio"，再到以"lio kiyeo"为代表，多种写法并存的变化。其原因主要是满文对音字的变化。从琉球满文名称的变化这一视角，也可窥探满文的发展轨迹和不同时期的特点。此外，笔者认为满文公文书写中同音汉字译写的避讳问题亦为重要关注点，或与琉球名称满文书写的调整存在关联，因当下资料有限，留待今后予以关注，以期更为全面地分析满文公文书写变化的问题。

注释：

① 《大清世祖章皇帝实录》卷32，顺治四年六月。

② （乾隆）《钦定大清会典则例》卷63，礼部·仪制清吏司。

③ 本文中的满文转写，采用穆林德夫转写法。

④ （康熙）《钦定大清会典》卷54，礼部·祠祭清吏司。

⑤ 《大清高宗纯皇帝实录》卷502，乾隆二十年十二月。

⑥ 李书源：《乾隆御制三十二体篆书盛京赋》，长春：吉林人民出版社，2000年版。

⑦ 中国第一历史档案馆藏：内阁题本，康熙二十二年十月二十四日，档号：02—02—037—002686—0050。

⑧ 中国第一历史档案馆藏：内阁题本，康熙三十二年三月二十六日，档号：02—02—012—000831—0019。

⑨ 中国第一历史档案馆藏：内阁题本，乾隆十五年十一月十八日，档号：02—01—007—

036989—0033。

⑩㉓㉟ 中国第一历史档案馆藏:内阁题本,道光二十八年四月二十八日,档号:02—01—04—21421—015。

⑪㉕ 中国第一历史档案馆藏:内阁题本,咸丰五年十一月二十五日,档号:02—01—006—005149—0022。

⑫㉒㉖㉞ 中国第一历史档案馆藏:内阁题本,光绪元年十二月十九日,档号:02—01—04—22026—016。

⑬ 中国第一历史档案馆藏:内阁题本,顺治十一年三月二十八日,档号:02—01—02—2128—002。

⑭㉘ 中国第一历史档案馆藏:内阁题本,康熙三十年八月二十九日,档号:02—01—02—2272—002。

⑮ 中国第一历史档案馆藏:内阁题本,雍正八年十一月二十一日,档号:02—02—001—000009—0019。

⑯ 中国第一历史档案馆藏:内阁题本,乾隆三十四年六月初六日,档号:02—02—013—000919—0018。

⑰ 中国第一历史档案馆藏:内阁题本,嘉庆七年正月十九日,档号:02—02—003—000181—0001。

⑱ 中国第一历史档案馆藏:内阁题本,同治三年十月二十四日,档号:02—01—04—21771—023。

⑲ 中国第一历史档案馆藏:内阁题本,道光十八年十二月二十一日,档号:02—01—04—20958—022。

⑳ 中国第一历史档案馆馆藏:内阁题本,咸丰八年八月初三日,档号:02—02—018—001197—0032。

㉑ 中国第一历史档案馆藏:内阁题本,同治九年十月初一日,档号:02—01—04—21899—036。

㉔ 中国第一历史档案馆藏:内阁题本,道光十三年二月初七日,档号:02—01—02—3052—008。

㉗ 中国第一历史档案馆藏:内阁题本,道光元年八月十六日,档号:02—02—016—001106—0014。

㉙ (清)乾隆敕修:《钦定清汉对音字式》,光绪十六年(1890)聚珍堂刻本。

㉚ 《清文总汇》卷8,清光绪二十三年(1897)荆州驻防翻译总学刻本,第40页。

㉛ 故宫博物院藏:《五体清文鉴》"部院类",北京:民族出版社,1957 年版,第 2831 页。

㉜ 养亚庚、王小影:《以〈清实录〉为依据看清朝中期满语文的衰微》,《长春师范学院学报(人文社会科学版)》2005 年第 4 期。

㉝《大清高宗纯皇帝实录》卷 905,乾隆三十七年三月下。

（原载于《第十二届中国·琉球历史关系学术研讨会论文集》,冲绳县教育委员会，2020 年出版）

纪　念

中国第一历史档案馆
成立 100 周年

明清档案与历史研究

论文选

2015—2024

中国第一历史档案馆　编

上

国家图书馆出版社

图书在版编目（CIP）数据

明清档案与历史研究论文选：2015—2024：全二册 / 中国第一历史档案馆编 . -- 北京：国家图书馆出版社，2025. 8. --
ISBN 978-7-5013-8563-8

Ⅰ. K248.07-53

中国国家版本馆 CIP 数据核字第 2025E03636 号

书　　名　明清档案与历史研究论文选（2015—2024）（全二册）
著　　者　中国第一历史档案馆　编
责任编辑　刘静怡
助理编辑　刘娅楠
封面设计　徐新状

出版发行　国家图书馆出版社（北京市西城区文津街 7 号　100034）
　　　　　（原书目文献出版社　北京图书馆出版社）
　　　　　010-66114536　63802249　nlcpress@nlc.cn（邮购）
网　　址　http://www.nlcpress.com
排　　版　九章文化
印　　装　北京科信印刷有限公司
版次印次　2025 年 8 月第 1 版　2025 年 8 月第 1 次印刷

开　　本　889×1194　1/32
印　　张　41
字　　数　990 千字
书　　号　ISBN 978-7-5013-8563-8
定　　价　260.00 元

序　言

中国第一历史档案馆馆长　王鸿运

岁月不居，时节如流，奋斗永不停歇。2025 年，中国第一历史档案馆（以下简称"一史馆"）迎来了百年华诞。一个世纪以来，一史馆与国家和民族同呼吸、共命运，在不同历史时期发挥了独特而重要的作用；一代又一代的明清档案人矢志不渝，为守护国家记忆、传承民族文脉作出了不可磨灭的贡献。在建馆百年之际，我们从近十年馆内工作人员公开发表的学术论文中精选佳作，编纂成这本总计 98 篇 90 余万字的论文选，旨在厚植学术根基、探讨理论实践、赓续历史文脉，以此向百年华诞献礼。

弘沉毅之志，担守史重任。1925 年成立的故宫博物院文献部，标志着明清档案事业的正式启航。成立初期，先辈们在动荡时局中开山辟林，开启明清档案的初步整理与研究；新中国成立后，在党和国家的高度重视下，一史馆迎来了发展新篇，馆藏规模持续扩大，各项业务逐步规范，档案管理体系日臻完善；党的十八大以来，一史馆更是焕发蓬勃生机，主动适应新时代发展需求，在新馆建设、业务创新、开放交流、服务社会等方面成绩斐然。新时代、新征程，一史馆仍将以宽广的胸怀与坚定的意志，承担起"为党管档、为国守史、为民服务"的重担使命。

积硅步之功，致学术远途。百年来，一史馆几代档案人薪火相传、接续奋斗，不仅妥善守护着上千万件明清历史档案，更在学术研究领域硕果累累。这些研究成果涉及明清时期政治、经济、军事、文化、外交、民族等各个方面，为深入探究中国历史尤其是明清史研究筑牢史料根基，提供学术支撑。它们是学术智慧的结晶，也是社会责任的彰显，更是一史馆百年发展历程的生动见证。近年来，一史馆加强学术阵地建设，通过举办学术活动、出版馆内刊物等方式，营造浓厚的学术氛围。如今，一史馆重视学术的优良传统得以传承，老专家们深耕不辍、造诣精深，青年档案工作者崭露头角、锐意进取。一史馆人将秉持"文章千古事，得失寸心知"的学术自觉，持续深耕，以更多优质的学术成果回馈学界、服务社会，在国家强盛与民族复兴的历史进程中贡献自己的力量。

本论文选精心收录了十年来一史馆档案工作者在明清档案工作及明清历史领域的代表性研究成果。需要说明的是，这些论文发表于不同的刊物，各刊用稿体例不一，本次汇编在尊重原文的基础上，对注释、符号等略作调整。这些论文从多元视角展现了一史馆档案工作者的专业探索与不懈努力，字里行间凝结着明清档案人守护历史文脉的心血与担当。

展望未来，在信息化、数字化浪潮席卷的时代背景下，在新时代赋予的使命号召下，一史馆既面临新的机遇，也迎来新的挑战。我们将以建馆百年为新起点，传承先辈优良传统，创新工作理念和方法，深化档案资源开发利用，提升社会服务效能，将日常档案工作成果转化为学术成果，更好地服务党和国家工作大局、服务人民群众，续写新时代明清档案事业的辉煌篇章。

2025 年 8 月

目 录

（上册）

让历史档案"传下去""活起来"

王鸿运

中国第一历史档案馆(以下简称"一史馆")是专门负责收集管理明、清两朝及以前各朝代中央机构形成档案的中央级国家档案馆,前身是 1925 年 10 月成立的故宫博物院文献部,今年恰逢建馆 100 周年。馆藏的 1000 余万件(册)明清档案,是中华民族的文化瑰宝,也是珍贵的世界文化遗产。新时代新征程,一史馆认真学习贯彻习近平文化思想,深入贯彻落实习近平总书记关于档案工作的重要指示批示精神,以传承文脉、服务人民、守正创新的使命担当,持续加强历史文化遗产保护传承利用,努力为坚定文化自信、建设文化强国作出应有贡献。

坚持保护第一

习近平总书记强调,历史文化遗产是不可再生、不可替代的宝贵资源,要始终把保护放在第一位。一史馆的馆藏体量大、种类多、时间长、价值高,档案安全是头等大事,在库房环境、档案实体及文物保护、档案修复、仿真复制、数据资源等方面,严格落实人防物防技防措施,全面构建预防性保护、抢救性保护和利用性保护紧密衔接的防护体系。

　　面对新馆新环境，探索运用新技术，最大限度延长档案寿命、保持档案原貌。比如，开展新建档案库房环境调控技术研究，综合考量库房各项因素对环境的影响，分析环境变化情况和污染物来源，制定适用于新建档案库房的环境调控技术方案和工作流程。开展档案消毒和杀虫常见方法对比研究，进行杀虫灭菌效果和档案载体影响试验，确定不同的适用范围和应用场景。又如，档案修复中通过实验室仪器检测纸张色度，用数据为颜色差异、色剂配比提供科学参考，达到染出更准颜色补纸的效果；对档案残损状态和材料材质等进行全面检测和记录，有针对性地制定方案，寻找匹配材料和合适的修复方法。

　　馆藏除单页折件档案外，还有大量的古籍簿册、舆图、诰命等特殊形制、材质的档案，其修复技法与修复现代文书档案有很大区别。一史馆根据馆藏档案特点，形成具有自身特色的修复技术。一方面，重视基本功训练，有计划地开展作旧、染色、古籍装订、卷轴装裱等技能练习；另一方面，借鉴文博系统古字画修复、图书馆系统古籍修复经验，选择一批破损情况复杂、装帧形制独特的档案开展专项修复，形成一批科学规范、适用性强的修复案例，逐步建立具有自身特色的修复技术体系。

　　此外，正在对有近 500 年历史的明清皇家档案保管建筑群——皇史宬进行保护修缮，预计明年向公众开放。

主动服务大局

　　"让历史说话，用史实发言"。一史馆档案工作者心中有大局，多种形式开发利用馆藏资源，主动服务党和国家中心工作。

在资政资治方面，我们组织编写"《习近平著作选读》中的清代典故"系列文章，结合馆藏清代档案，介绍相关典故蕴含的哲理智慧、涉及的历史背景，帮助读者全面深入领会总书记著作的深刻内涵。承担国家社科基金重点项目"明清宫藏丝绸之路档案的整理与研究"，反映明清时期丝绸之路沿线国家的贸易往来和文化交流情况，从档案史料的角度诠释"一带一路"的历史文化内涵。创办馆内刊物《明清档案参阅》，挖掘原始文献，讲好治理故事。

在增强文化影响力方面，为弘扬中华优秀传统文化、培育社会主义核心价值观，联合国家图书馆、敦煌研究院、甘肃简牍博物馆共同策划"二十世纪初中国古文献四大发现展"；联合举办"印象上海"系列展，在南非开启首站巡展，服务共建"一带一路"倡议；与澳门大学联合举办"风起濠镜——明清档案中的澳门故事"展览，纪念中华人民共和国成立 75 周年暨澳门特别行政区成立 25 周年。一史馆是目前国内入选《世界记忆名录》最多的单位，列入各级名录的档案数量也居全国前列。清代科举大金榜、清代内阁秘本档以及与有关单位联合申报的清代"样式雷"建筑图档共 3 项入选《世界记忆名录》，《赤道南北两总星图》入选《世界记忆亚太地区名录》，清乾隆《京城全图》等 12 项入选《中国档案文献遗产名录》。

用心为民服务

利用档案史好地服务人民群众，是档案工作价值的重要体现。近年来，一史馆在展览、社教、档案开放、查档利用等方面采取多项新举措，努力提高群众的满意度和获得感。比如，在提升便利性方面，2024 年元旦后，增加周六开放参观展览和查阅档案服务；2025 年元旦后，取消个人参观预约，刷身份证即可入馆参观；"皇史宬大讲堂"学术活动适当向社会开放名额，并以视频直播的形式惠及更多人群。

周六开放、取消个人预约，这"一加一减"方便了群众，对馆内许多部门和同志却意味着更多的工作量、更长的工作时间、更高的工作要求，但大家都能以事业为重，迎难而上，用热情服务赢得群众的赞许和鼓励。

在开放馆藏资源方面，2024 年 6 月，馆藏档案出版物阅览室对外开放，各类馆藏档案排印及影印出版物均可阅览；清代内务府满文杂件档案向社会开放，2023 年 12 月开放第一批次 108 卷 1.3 万余件档案，2024 年 6 月开放第二批次 165 卷 1.4 万余件档案。这些档案作为内务府机构运转中形成的最原始、最直接的一手材料，对于研究清代内务府的机构职能、文书处理以及宫廷服务等具有重要参考价值；2025 年 2 月，军机处满文专档及理藩部全宗档案向社会开放，其中理藩部全宗档案共一万余件，内容丰富，文种多样，形制各异，涉及汉文、满文、蒙古文、托忒文等。

为满足公众查档用档需求，2023 年出版《中国第一历史档案馆馆藏档案全宗概述》，充分反映明清档案整理成果和保管现状，为档案利用者提供简明实用的查档指引。对使用计算机不熟练的老年人，安排专人协助查询，有档案复制需求的，现场审核，代为打印。积极优化查档区环境建设，免费使用的"空中花园"、报刊阅览区、图书资料等，获得查档群众肯定。

在丰富群众文化生活方面，利用春节、端午节、中秋节、冬至等节日节令举办系列社教活动，形成"我们的节日"特色品牌，并将主题社教活动送进中小学校园。比如，2024年中秋，精心策划了"乐"游兰台活动，到馆的观众欣赏音乐会、制作花灯，感受中华传统节日的文化魅力，进一步了解明清历史档案的文化底蕴。2024年春节起，连续两年举办"馆长送福迎新春"活动，原创福袋取材于馆藏档案中的皇帝御笔；举办"乾隆的祈愿"特展，集中展出乾隆皇帝亲笔书写的64件元旦开笔，深受观众喜爱。

夯实发展根基

档案工作更好地服务党和国家工作大局、服务人民群众，必须具备过硬的专业能力，打造一流人才队伍。注重提高学术研究能力，立足培养专家，争取培养"大家"。2024年创办"皇史宬大讲堂"，每月邀请明清历史和档案工作方面知名专家学者开展专题讲座，就民族交融、改土归流、北京中轴线等专题进行讲解，打造活动品牌。创办馆内学术交流刊物《皇史宬学刊》，刊载馆内同志在明清历史研究、档案业务工作研究方面的论文，营造专研业务的氛围。

注重多渠道培养锻炼满文专业人才队伍。一史馆藏满文档案数量巨大、内容丰富、价值独特。为进一步加强满文人才队伍建设，制定国家档案人才（满文）培训基地实施方案，为全国满文档案人才提供实训，推动全国满文档案专业人才整体水平提升，以国家社科基金冷门绝学团队项目"满文历史文献名词术语总汇"和国家文化遗产保护传承研究专项"中国第一历史档案馆藏满文古籍整理编目及研究"为抓手，以老带新，培养后继学术骨干。研发"满文档案图像识别软件系统"，解决海量满文档案信息录入难题。2023年起，连续选派4名满文处人员赴新疆伊犁州察布查尔锡伯自治县开展实训，锡伯文（与满语文相近）语言水平得到显著提高。

（原载于《秘书工作》2025年第6期）

档案社会化整理的实践与思考

李中勇

一　档案社会化整理的背景与研究现状

（一）档案社会化整理的背景

档案整理是档案馆（室）基础业务工作的首要环节。它是指档案机构按照档案的形成规律和特点，根据科学的理论与方法，把档案整理成便于保管和利用的有序体系的业务活动。通过档案整理能够让管理者、利用者理清档案之间存在的各种关系，对档案价值的实现具有重要作用。随着时代的发展以及政府购买公共服务的逐渐普及，依靠档案馆（室）自身力量开展档案整理、数字化、著录等基础业务工作的传统模式，逐步被借助社会力量等更加多元化的方式取代。档案社会化整理是政府购买公共服务理念的产物，它是档案外包整理的基本形式，主要指将档案整理外包给社会上具有专业能力与知识背景的机构，由其辅助档案管理机构完成档案的分类与整理等工作。

就档案馆（室）的职能行为而言，借助社会力量的模式，在其他国家或地区早已出现。方法、规则日趋成熟，有许多可供借鉴之处。但由于体制、历史环境、档案基础等方面的差异，全盘照搬绝非良策。在学习和研究国外已有经验的基础上，需要审慎地考察和研究此类模式在我国档案馆（室）相关职能活动中的情况。

（二）档案社会化整理的研究现状

最近十年来，档案社会化整理业务在我国档案行业逐渐兴起。纵观目前国内档案学界关于此方面问题的研究成果，我们认为学界对这一问题的研究主要存在以下三点不足：

第一，以企业档案业务外包为主，较少成果关注综合档案馆或专业档案馆档案业务外包问题。同时外包业务问题的针对性不强，仅仅从档案业务外包的大问题谈外包过程与策略，极少关注档案整理外包的细节问题。

第二，集中探讨档案业务外包的风险防范，重复性的观点与表述较多。因为我国缺乏比较成熟的档案业务外包机制，研究成果也仅仅是对外包过程的风险识别与防控问题展开，较少涉及实际意义上的业务外包流程与规范。

第三，重点探索档案业务外包的宏观理论研究，基于外包实例的文章较少，尤其是对"购买社会服务进行档案整理业务"的相关研究更少。

因此，基于大量实践、以购买社会服务进行档案整理的相关研究，具有相当的必要性，可在一定程度上填补学术空白。

二　一史馆档案社会化整理的实践与探索

（一）一史馆档案社会化整理的历史实践

中国第一历史档案馆（以下简称"一史馆"）隶属国家档案局，是专门保管明清历史档案的国家级档案馆，馆藏明清历史档案逾1000万件。建馆90余年来，档案整理工作几乎从未间断，在数十年的实践中，也曾有过借助社会力量进行档案整理的尝试。早在20世纪50—60年代，一史馆曾借助大专院校档案系、历史系、中文系来馆实习学生，对馆藏残题本档案进行案卷级整理。80—90 年代，以馆内管理人员加临时聘用人员的团队组合，成功进行了对馆藏军机处录副奏折、内阁题本等档案的整理。2000—2010 年的 10 年间，面向社会公开招聘 20—30 名临时整理著录人员，组建了一支较为稳定的整理著录团队，通过馆内整理工作人员的培训、组织、管理，合力完成了数十万件档案的整理和著录。

虽然上述档案社会化整理实践与档案业务外包在形式上有较大差异，但从实践内容与效果来看，与档案业务外包大致相同。通过以往的实践，一史馆逐步积累了借助和购买社会服务整理档案的宝贵经验，形成了对此类整理模式中安全管理、人员培训、质量验证、运作环节与运转周期等方面的初步认识，获得了采用此类整理模式进行案卷级整理、文件级整理的基本思路。

在以往实践和认识的基础上，为尽快完成馆藏历史档案的抢救性整理工作，为档案安全、资源和利用体系建设构筑牢固的基础，自 2011 年以来，一史馆全力投入到档案整理数字化工作中，进入购买社会服务进行整理的新阶段。

这一阶段的整理工作项目，其本质虽也是购买社会服务进行整理，但与以往相比，在购买服务的客体、管理模式、整理方式以及整理规模方面皆发生了质的变化。因此，我们称之为"档案社会化整理项目"。

（二）档案社会化整理项目管理框架构建与分析

1. 档案社会化整理项目管理框架的提出

自 2011 年 5 月至 2015 年初，一史馆通过实施社会化整理项目，比原计划提前 1 年多完成了对近 600 万件明清历史档案的全宗类目下的案卷调整和卷内档案的文件级整理，同时采集、记录了整理工作全部元数据。

　　在整理中，不但确保了档案实体的绝对安全，实现了"一件不丢、一件不损、一件不乱"，也将档案整理质量控制提升到历史高度，更为可贵的是，获得了档案社会化整理项目具体模式选择、流程操作管理、技术标准和工作规范等诸多方面的宝贵经验。

　　在实践中，一史馆借助公司方软件开发与企业项目管理的经验，广泛采用相关信息技术成果，尝试了档案特征截图和目录条目自动链接、计算机虚拟排序、档案装具信息自动打印与在线咨询等技术运用，初步构建了档案社会化整理的相关流程。

　　更为重要的是，课题组对档案社会化整理无论是在流程上还是管理上，逐渐形成了较为统一的规律性认识，进而固化为规则，凝炼为标准，为档案社会化整理管理的基本框架搭建打下了坚实基础。

　　在此基础上，经过进一步锤炼，我们将档案社会化整理项目的管理框架搭建为八个核心模块与两个非核心模块。八个核心模块分别是流程控制、安全控制、质量控制、人员控制、进度控制、数据管理、风险管控、验收机制。两个非核心模块是前期筹备与项目规则汇总。其中，流程控制是整个管理框架的核心环节，其主要任务是梳理档案社会化整理全过程的流程设计与衔接，并通过与其他七个模块的互动，全面监控整个管理流程的进展；数据控制、安全控制、人员控制与流程控制构成了该框架的第二层，其主要任务在于细化整理流程，明确具体任务，通过对档案实体整理、数据管理等任务设定，通过档案整理安全协调与人力资源配置的搭配，使项目实施有序化；由风险控制、进度控制、验收控制与质量控制组成了项目实施的保障层，其与流程控制相得益彰，通过对项目进行风险识别与进度监控，保障项目实施循序渐进，规避风险，最后通过质量控制与验收，保证档案整理的规范化与有序化。前期筹备与项目规则汇总视各档案馆情况，可以有针对性地取舍。

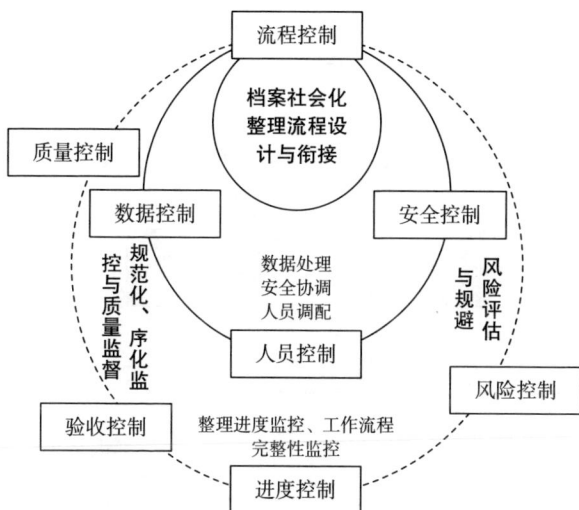

图 1　档案社会化整理八个模块运行关系模型图

2. 档案社会化整理项目管理框架的分析

（1）前期筹备

为保证项目的顺利实施，我们认为在档案社会化整理工作开展前需要对现有馆藏资源的结构、内容与规范化程度进行筛查、整改与完善，以符合档案社会化整理的初步要求。根据一史馆的经验，档案社会化整理项目实施前的前期筹备工作通常包括档号体系与保管体系的构建、整理内容的确定、项目实施方式确定、外包服务商的选择、档案馆（室）管理团队的搭建与初步管理框架的搭建等。

（2）项目流程控制

我们认为，一个完整的社会化整理项目设计主要包括以下管理流程：立项策划→调研→项目审批→岗前培训→项目启动（衔接）→深入调研→试整理→正式整理→整理成果质检→项目总体验收，如下图：

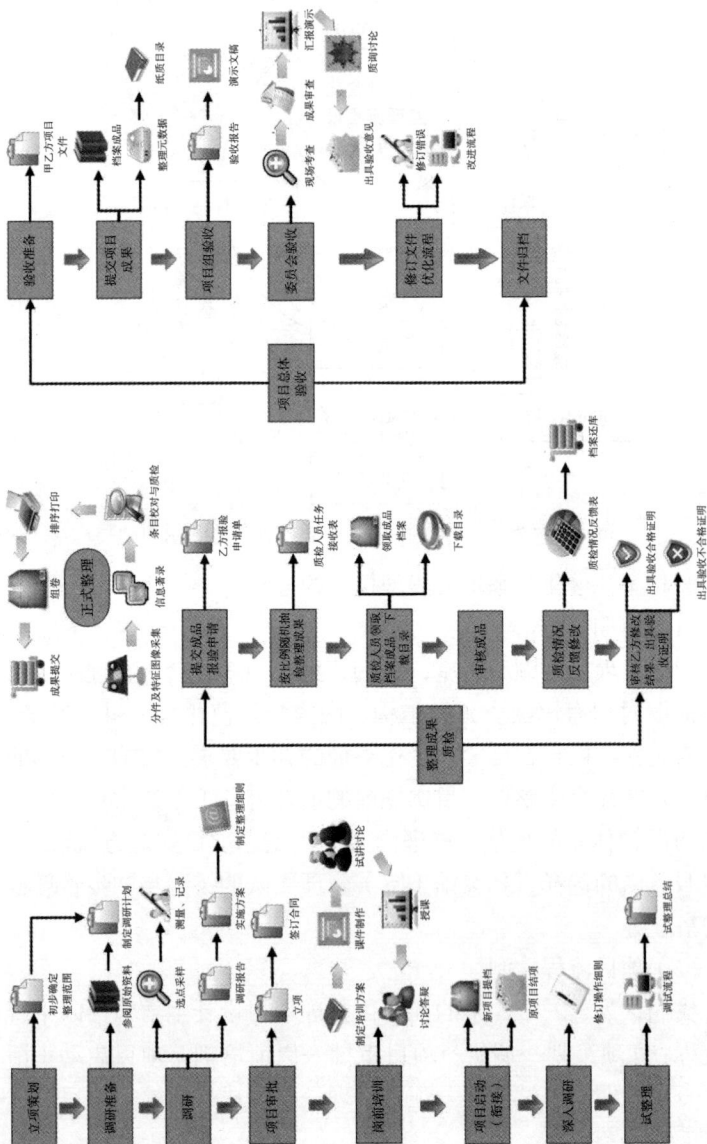

图 2　档案社会化整理流程图

其中，档案正式整理流程又可细分为：档案提调→档案分件及特征图像采集→信息著录→目录校对修改（比对档案实体、特征图像、著录条目）→目录质检与排序→组卷及组卷质检（打印封套、备考表、盒签，配装文件级、案卷级装具）→批次整理成果提交验收→整理成果质检→（质检不合格退回返工）→档案还库。在这些流程中，与传统手工实体整理的主要区别在于尽量采用计算机辅助整理技术，实现档案实体特征数据和内容特征信息分步生成、校验和固化。详细介绍如下：

档案提调是档案从保管库房按批次提调到整理场地周转库房的过程。重点需做好计划安排、库房准备、档案押运和交接工作。

分件翻拍是整理初始工序，也是最重要的工序，包含了三项主要内容，一是分件，界定单件档案并赋予每件档案初始文件号（原件号）；二是采集每件档案的特征图像；三是在线著录每件档案的实体特征数据。本工序共生成如下几个字段，包括：原件号、档案残损现象、残破程度、是否待修、面数、特殊规格、文字种类、簿册标识、备注（附属物状况、原状态等）。

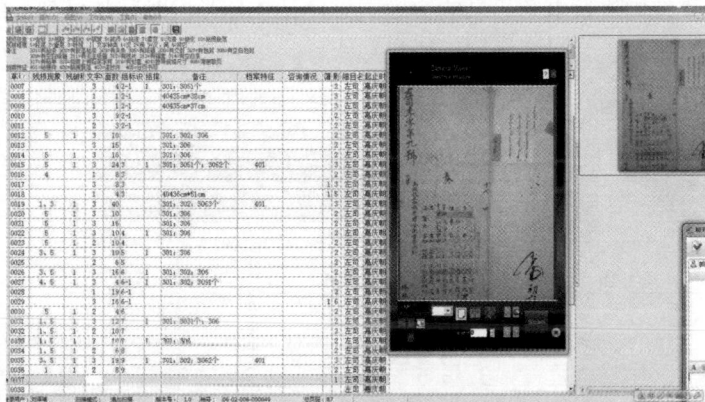

图 3　分件翻拍软件界面截图

　　双机看图摘录是对照分件翻拍工序采集的档案特征图像采集档案的主要内容特征信息，主要生成 3 个著录字段：档案的文种、责任者、时间信息。对同一件档案经双人双机著录，再将两次采集的信息在加工系统软件内进行比对，对出现不一致之处由质检人员进行确定和修改。经过这一套工序后，在加工系统内将全部信息整合，按照档号排列。

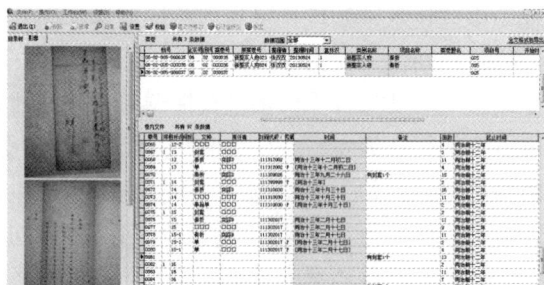

图 4　双机摘录软件界面截图

　　目录校对修改是操作人员对照档案实体、特征图像和整合后的电子目录进行质量检验的过程。通过目录校对修改后，可在加工系统内进行电子目录的案卷内排序，依照卷内时间从早到晚的顺序排列，并赋予排序后的新文件号。

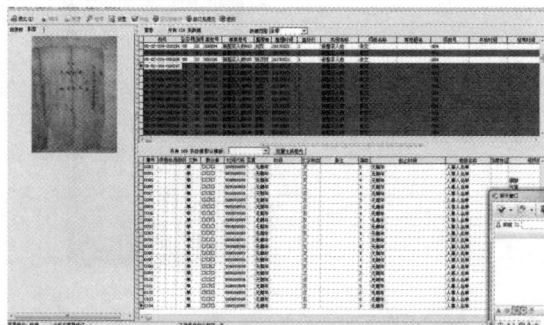

图 5　目录校对修改软件界面截图

目录质检与排序是操作人员以卷为单位，对照档案实体一一复核目录信息内容的过程，主要为确保在组卷环节之前相关信息的准确无误。

组卷及组卷质检是打印文件级和案卷级装具信息，配装文件级装具，档案实体排序和配装案卷级装具的过程。装具上的信息范畴可根据各档案机构的实际需求确定。

文件级装具（档案封套）显示的信息包括：完整的五级档号（全宗号—类号—项号—案卷号—文件号）及二维条形码、档案名称（指档案全宗名称和类目名称）、档案时间信息、面（页）数信息、备注信息；案卷级装具（案卷盒）显示的信息包括：全宗名称与全宗号，类目名称与类号，项别名称与项号，卷内文件数，卷内文件开始时间和结束时间、备注信息。

以上信息均由加工系统自动提取，在固定样式的空白封套、盒签上直接打印。

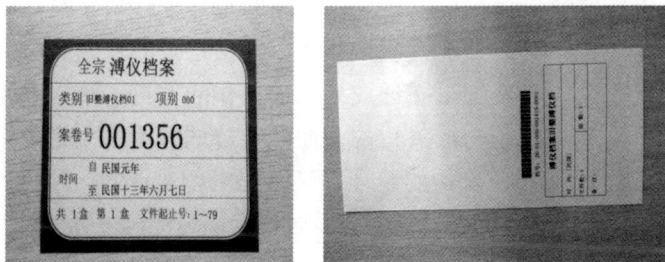

图 6　封套、盒签式样图

在经过再次核对、质检之后，乙方将批次整理成果提交甲方项目管理组质检。

分批次对整理成果质检是档案馆（室）的管理组对档案整理成果分批次进行质检验收的过程，可采用全检和按比例抽检等方式，抽检比例和容错率可根据实际需要确定。一史馆社会化整理项目按照不低于 20% 的比例进行抽样质检，质检不合格的档案退回返工，质检合格档案出具批次整理成果《验收合格证明》，安排还库。

档案还库是整理完毕的档案由整理库房回归保管库房的过程。

待以上流程结束，所有整理完成的档案正式归库、目录数据完整移交后，项目正式进入总体验收环节。

（3）项目安全控制

项目安全控制是整个管理架构中比较重要，且不可或缺的模块之一。由于采用社会化整理的方式将整理工作外包给档案馆外社会组织，对档案安全管理与管控方面提出较高的要求，档案社会化整理项目的安全控制模块主要包括人员安全控制、数据安全控制、整理操作安全规范控制、整理场地环境安全等。

（4）项目质量控制

质量控制包含在档案社会化整理的每一个环节，其中最重要的是质量设计，其次是质量监控，再次是事后质量控制。它是对外包公司档案加工整理成果验收工作的关键一环。质量检验并不是质量控制的最终目的，而是为整理方案的制定、现场咨询工作以及外包公司的整理等环节提供参考借鉴，要自始至终随着生产的进行而进行，通过及时对发现的错误进行分析，为前端生产良性循环开展提供依据，达到质量控制源头治理的最佳状态。

（5）项目人员控制

参与到档案社会化整理项目的人员组成包括外包公司专职服务人员、档案馆社会化整理项目管理团队人员、项目质量验收与监管人员等。档案社会化整理项目因工作量较大，参与人员数量多，层次复杂，因此需要对项目人员进行有效管控，一方面最大限度发挥人力资源优势，分清责任与义务，高效完成项目的处理与运作，另一方面有效管控相关人员行为，杜绝发生不必要的管理风险。

（6）项目进度控制

进度控制是指对档案社会化整理项目实施各阶段的工作内容、工作程序、持续时间和衔接关系根据进度总目标编制计划并付诸实施，然后在进度计划的实施过程中经常检查实际进度是否按计划要求进行，对出现的偏差情况进行分析，采取补救措施或调整、修改原计划后再付诸实施，如此循环，直到项目验收交付使用。一史馆在档案社会化整理项目进行过程中，其进度控制主要包括档案馆与外包服务公司进度控制人员的职责分工情况、审查外包公司提交的进度计划以及协调合同工期与进度计划之间的关系三方面内容。

（7）项目数据管理

档案社会化整理项目过程中形成了大量的整理数据，这些数据是档案社会化整理过程中形成的关键性信息，它对档案馆的其他业务环节具有重要的参考价值。因此，在档案社会化整理实践中需要对数据生成方式与流程、质量管控与确认等业务环节给予高度关注。需预先建立整理数据标准，实现整理数据的可回溯，督促公司方项目组制定与整理流程对位的数据分步生成规则，建立严格的数据管理制度，根据数据管理需求设计并改进加工系统，同时按照标准对数据进行专项验收。

（8）项目风险管控

项目风险管控是对在档案社会化整理项目实施过程中易出现的风险进行预估与研判，并结合项目进度控制，对风险进行识别与规避，尽量减小风险因素对项目产生的影响。根据一史馆的经验，我们认为，项目实施过程中的风险主要包括：载体损坏风险、档案丢失和信息泄露风险、档案整理不符合标准、外包服务商服务能力差等，在档案社会化整理过程中需要高度重视。

（9）项目验收机制

为确保档案社会化整理项目加工过程和成果的规范，应于项目运行中和完成后进行项目验收。项目验收是指在档案整理工作进行中，特别是结束后，对整理服务质量、绩效与规范化程度进行检查与验收的工作。按照档案整理外包业务的工作安排，应将档案整理工作划分为若干分支任务，每完成一个阶段性任务，都要进行验收，只有验收合格方能进行下一个阶段任务的实施。一般来说，验收应以招标合同和合同附件为标准，以整理加工方的全面情况和实际执行能力为基础，以项目管理组验收的可交付成果和提供的验收文件为依据。

一史馆社会化整理项目的验收，由馆验收委员会负责，主要从项目管理、质量控制和可交付成果三方面实施。

经过项目验收后，可报请相关审计部门对项目进行审计。审计结束后，档案社会化整理才最终完成，交付档案馆进行后续维护与处理。

（10）项目规则汇总

档案社会化整理项目完成后，需对所形成的规则及时总结与凝炼，形成准标准性文件，以推动相关标准的建立。一史馆档案社会化整理项目完成后，所形成的规则与标准主要有《档案整理立项报告模板》《整理实施方案模板》《整理元数据设立细则》《档案整理前期调研细则》《档案整理人员岗前培训细则》《档案提还移交细则》《档案整理现场咨询管理细则》《档案整理场地安全细则》《档案成品质量检查细则》《档案整理工作文件归档管理细则》《档案整理工作后勤保障实施细则》《项目验收办法》等，相关技术标准包含于上述工作规则中。

3. 一史馆档案社会化整理的思考

档案社会化整理架构的管理理念是我国档案学界和档案实践领域第一次对档案整理社会参与问题提出的具有创新性的观点。一史馆通过对该问题的实践与探索，将计算机与信息技术工具融入到管理流程设计之中，借助计算机辅助整理，实现了档案整理工作全过程监管与管理流程化，可视化。建构了一套较为成熟的档案社会化整理管理架构，明确了相应的管理流程、技术标准与工作规则。这些标准和规则建立在一史馆五年档案整理数字化工作的基础上，具有较强的普遍性应用价值。

首先，其整理流程可资借鉴应用。各档案馆（室）在购买社会服务进行各种不同目标或不同层级的档案整理时，可根据自身情况选择性地借鉴本架构在项目筹备、流程设计、标准制定、质量控制、数据管理、项目验收等环节的管理模式和相关经验。在购买社会服务完成其他档案业务的过程中，也可拆分和选择借鉴本架构中的工作设计流程和管理方法。

其次，衔接机制可借鉴。档案社会化整理项目同样由若干相互衔接的程序与环节构成，一史馆在档案整理实践中对关联业务工作的衔接机制和整理各环节的关联性进行了关注。如：档案整理与档号体系、保管体系、修复体系、数字化体系、编目体系、数据平台等上下游业务进行衔接。再如：由于对各整理环节的控制和要求十分明确，每个环节都可作为独立模块，按照实际需要选择性的重组和再衔接。对各档案馆（室）在开展相似业务时具有较强的参考价值。

再次，一史馆在购买社会服务进行档案整理实践中，产生了大量的可供实证分析的数据与记录，这些数据一方面以外包的档案整理数据为主，一方面与在购买社会服务过程中形成的数据有关。由于大规模档案整理的项目在国内外较少出现，由此产生的数据样本，可为各高等院校与专业研究机构作为研究素材与数据来源进行分析，进而能够为档案社会化整理提供理论性更强的学术成果，指导档案社会化整理项目的深化与普及。

最后，推动相关标准建立。我国在档案整理、数字化档案转换与加工、档案著录等基础业务环节制订并颁布了一系列整理规则与标准，这些基础性工作通过购买社会服务进行已成为常态。一史馆档案社会化整理项目以丰富的实践基础和扎实的数据、规则积累为先导，可在今后档案社会化整理项目过程中，推动我国档案社会化整理业务工作的标准制订。

综上所述，档案社会化整理项目管理架构的流程设计与管理经验，融合了传统档案整理的经验技巧，并辅以相关的计算机技术成果，促成了档案整理质量与速度的飞跃。这些虽基于一史馆大规模档案整理实践，但不局限于一史馆本身，具有普遍应用价值。可为各类档案馆（室）购买社会服务开展各项业务提供充足的模版，该架构各环节的模块化管理和完善的衔接机制可广泛推广，将对业界产生长远影响，有利于在数字档案馆建设过程中，推动相关行业标准的建立与完善，有利于集中档案馆优势力量，"抓大放小"，快速推进，推动建立新型的、以信息技术革命为背景的现代化数字档案馆。

（原载于《2017年全国青年档案学术论坛论文集》，中国文史出版社，2017年出版）

《明清档案著录细则》解读

邵熠星

随着信息技术在档案领域的广泛应用，明清档案著录在数字环境下呈现出不少新的特点。为进一步规范明清档案的著录工作，中国第一历史档案馆对《明清档案著录细则》(DA/T8—1994，以下简称《细则》)进行了修订，并于 2022 年 4 月 7 日发布。

一 修订背景

明清档案记载着大量的信息，蕴含着丰富的知识，是研究明清史最重要的第一手资料。明清档案著录是档案目录资源建设的一项基础性工作，是档案开发利用、实现多样化服务的根基。著录工作的标准化关系到由此形成的检索工具的通用性以及档案信息资源开发利用的有效性。《细则》自 1994 年 11 月 1 日起实施，已应用 20 余年，一直对明清档案的著录工作起着重要的规范作用。

然而，随着社会的进步以及大数据、云计算等新技术的应用，明清档案管理水平及数字化程度不断提高，国内外档案著录理念不断更新，档案著录工作不断推进。数字环境下的明清档案在表现方式及著录要求上发生了深刻变化：著录方式从手写卡片著录转变为借助计算机与软件平台著录；著录对象从明清档案实体转变为明清档案的数字图像；著录理念从关注个体内容转变为重视全要素著录。新技术、新环境为明清档案的保管带来了机遇和挑战，也对明清档案著录工作的标准化提出了更高要求。面对这种情况，原《细则》存在的不足逐渐显现，需对其进行重新修订完善以更好地规范和推动明清档案著录工作。

2013 年，作为保管有 1000 余万件（册）明清档案的国家级档案馆，中国第一历史档案馆开始筹备《细则》修订的相关事宜，并赴辽宁、江西等省档案馆调研。随后，编目处（2019年改为整理编目处）研究撰写了《关于明清档案著录细则修订的说明》，同时结合明清档案著录外包实践，完成《馆藏汉文档案数字化图像外包著录项目调研报告》《中国第一历史档案馆汉文明清档案数字图像著录细则》等文件，为《细则》修订打下了良好的基础。

2018 年 8 月，中国第一历史档案馆申报修订的《细则》，经过全国档案工作标准化技术委员会批准立项，签订组织实施档案领域行业标准计划项目协议书。《细则》修订组正式成立，由编目处具体负责《细则》修订工作。

二　修改和完善的主要内容

为应对明清档案著录工作出现的新变化，《细则》修订组参考了国际、国内的相关标准，主要在以下两方面进行了修改完善：

（一）调整框架结构

1.提升规范性

2020 年，国家标准委发布了《标准化工作导则 第 1 部分：标准化文件的结构和起草规则》（GB/T1.1—2020），更新了标准化文件起草的相关规定。《细则》对照该标准，重新梳理了文本，规范了总体结构，增加了"第2章 规范性引用文件""第3章 术语和定义""第4章 总体原则和要求"，并调整了其他章节的分布以及文字的使用，使得《细则》在结构和内容上更加符合标准化文件的要求。

2. 提高适用性

现阶段的明清档案著录基本都借助计算机操作，不再使用纸质文本，原《细则》中卡片式著录条目格式和书本式著录条目格式的内容在工作中已不再采用。因此，删除了原《细则》中的"第5章 著录格式"。同时，在著录项中增加了不少与计算机著录相关的内容，如"图像号"著录项，就用于著录档案对应的数字图像的信息，由"起始图像号""终止图像号"和"画幅数"组成，便于检索利用。通过对著录项的增加与调整，《细则》更加适用于数字环境下的明清档案著录。

3. 增强可操作性

为了便于《细则》使用者快速准确地参照著录，《细则》将每个著录项的著录规则均统一为几个部分进行说明：一是著录项名称，规范每一个著录项的命名；二是著录项目的，简要说明著录该项信息所要达到的目标；三是著录项的适用规则，详细描述该著录项应该在哪个层级著录，以及如何准确有效地著录；四是实际应用示例，直观的展示著录结果。对于一些较为复杂的著录项，《细则》还列出了不同情况下的著录建议，便于操作。例如，"文件形成日期"项明确对主要类型档案提出了不同的时间采用规定："一般情况下，公私文书著录发文日期，诏令文书著录发布日期，条约、合同著录签署日期，表册著录编制日期。"同时，由于有些明清档案会在一份文件上出现多个日期信息，《细则》又指出，"在具备条件的情况下，也可对多个日期项进行著录，如：朱批奏折著录具奏日期和奉朱批日期，咨文著录发文日期和收文日期"。这样的规定就使得著录工作具备了一定的可扩展性，更为实用。

（二）调整著录项

1. 引入多级著录

参照《国际档案著录规则（总则）》的相关规定，《细则》贯彻多级著录理念，增加了全宗、案卷级别的著录项目，并在每个著录项的著录规则中明确指出该著录项适用的层级，以及在不同层级中的应用。如题名项就涉及全宗名称（全宗级）、案卷题名（案卷级）、文件题名（文件级）3 个层级。同时，明确设置了"著录层级"这个项，确认著录单元所属的层次位置，便于将档案放在大环境中来理解，掌握其背景信息与来源信息。

此外，由于各档案馆的实际情况多样，层级设置存在区别，《细则》在对著录项进行描述时，仅覆盖了全宗、案卷、文件级别，这是因为各档案馆的明清档案整理体系基本都涵盖这 3 个级别。对于其他级别，《细则》明确指出，可根据需要自行选择著录。也就是说，各档案馆在著录时，可根据馆藏的实际情况增加相应级别，如类别级、项目级，确保了可扩展性。

2. 增加与修改著录项

为与国际和国内标准保持一致，《细则》将著录项目划分为标识项、背景项、内容与结构项、查阅与利用控制项、相关档案材料项、著录控制项、附注项等七个部分，将原标准中的著录项目融入这七个大项中。经过增加和修改，共设置有 40 个小项。这些项目大部分是在继承原《细则》的基础上，参考《国际档案著录规则（总则）》和《档案著录规则》而设置的。同时，结合明清档案著录工作实际，设置了 3 个特有的著录项，即图像号、实体修复记录、实体展览记录。

　　具体来说，著录项的设置继承了原《细则》中依然适用于现阶段工作的内容，如档号、题名、日期、文种／文本、责任者、分类号等，最大程度地保证了著录工作的延续性。基于多级著录增加的著录项，如机构沿革、人物生平、档案沿革、整理情况等，能够让管理者与利用者更好地了解档案的背景信息，从宏观上把握档案的情况。基于工作实践增加的实体修复记录、实体展览记录、复制件状况、出版附注等项，则有利于清晰地掌握档案在所有管理利用环节中的轨迹。作出这些改动，是期望能够将著录工作贯穿于明清档案工作的全流程，覆盖其整个生命周期，尽可能地确保明清档案的管理与利用信息不被遗漏。

三　修订意义

　　（一）更有利于与国际标准接轨

　　早在 2000 年，国际档案理事会就正式颁布了第二版的《国际档案著录规则（总则）》，成为当今国际上被应用最广的国际标准。该标准中明确提出了以尊重全宗理论为基础的多级著录规则，提出档案著录应当从总体到部分，即从全宗著录起，由全宗逐级向下著录到类别、案卷、文件等。《细则》的主要变化之一即引入多级著录原则，改变了原《细则》规定主要集中于文件级著录、案卷级著录且规定较简单的情况，丰富了对案卷及全宗级著录的规定，类别级著录也留有扩展余地，在最大限度上与国际标准保持一致。

　　（二）更有利于明清档案的管理与利用

　　明清档案著录不仅仅单纯为了编制档案目录，还是为了确保档案的真实性、完整性与可用性。原《细则》仅对档案内容进行简单著录，缺少对整理、复制、出版、保管、展览等情况的著录项。这些省却的要素对纸质档案来说并不会影响其原始性，但对于档案数字图像而言，缺少这些要素则会对管理与利用带来一定的影响。此次修订，将明清档案著录工作视为动态过程，对著录项进行了调整与增加。这些著录项贯穿于档案管理的整个生命周期，以期实现可持续、多维度的全要素与全程著录，真实反映档案实体管理的各个级别层次，多维、立体、完整地展现档案的特点。明清档案之间的联系是多种多样的，不仅可以根据档案的整理级别构成等级结构，也可根据同一责任者建立联系，还可根据同一主题将档案联系起来。如果实现了全要素著录，不仅能揭示其形式特征和内容特征，还能清晰反映出档案之间的联系，为档案利用带来极大的方便。

（三）更适用于现阶段及以后的明清档案著录工作

数字化环境下的档案著录，不仅要满足人工阅读的需求，还要满足计算机自动处理的需求；不仅要满足数字信息的检索需求，还要满足其凭证价值的证明需求。原《细则》对著录概念的理解基于手工整理与著录过程，其著录规定主要针对档案的内容和形式特征，忽略了数字图像的某些要素，如支持数字图像的软硬件平台等。而缺失这些要素不利于全面描述数字化的明清档案特征，不能很好地维护其真实性、完整性与可用性。修订后的《细则》不仅对档案的内容特征进行著录，还对档案的背景、系统来源等信息进行著录，不仅适用于传统的纸质档案，也适用于数字形式的档案，更适用于当下及以后多样化的著录环境。

当然，《细则》仅是明清档案著录的一部"总则"，不可能满足所有明清档案的著录需求。对于某些内容和形式极其特殊的档案，可基于该标准制订更具针对性的规则，根据实际情况作出调整。明清档案著录工作标准化是一项长期而艰巨的任务，是明清档案著录的内在要求，也是明清档案信息资源共享的客观需求。相关部门要时刻关注档案著录领域的理论与实践发展，与时俱进，实时更新，制订配套规则，创新方式方法，以科学统一的标准做好明清档案著录工作，发挥明清档案信息资源的价值。

（原载于《中国档案》2022 年第 6 期）

档案修复工作中的光源和照明问题的解决办法

——以中国第一历史档案馆新馆修复间照明供电系统实践为例

邢　洲

众所周知，光对档案的影响是客观存在的，绝大部分档案的载体是纸张，其主要成分是纤维素，长期的光照会使纤维受到破坏，纤维机械强度降低，纸张变黄发脆。另外，光也会影响字迹的耐久性和稳定性，造成字迹变浅、褪色。特别是光对档案的作用具有积累效应和后效应，短时间内虽不明显，长期则会对档案造成不可逆的伤害。

可是，光还是档案保管、修复和利用等业务工作过程中不可避免的环境因素，尤其是开展档案修复工作必须有合适且舒适的照明光线，才能更好地完成修复工作中的染色、拼对、修补、质检等工作环节。目前，对于光的危害和防光措施研究较多，但在论及实际工作中适配修复者的光源时，很多时候只是单纯理解为增加照明设备，对于环境光源是否变化、照明参数是否实用舒适、使用过程是否便捷合理、增加设备是否安全规范等方面却极少问津。本文通过笔者在修复工作中积累的修复光源问题进行分析、总结，并以中国第一历史档案馆（以下简称"一史馆"）的照明供电系统的解决方案作为实例说明，探讨档案修复工作中的光源和照明问题的解决办法，以期在保护档案安全的基础上更好地开展档案修复工作。

一 档案修复操作的理想照明

（一）档案修复照明参数标准

中华人民共和国档案行业标准《档案馆照明系统设计规范》（DA/T91—2022）中不仅明确提出了档案修裱工作中的照明参数，而且制定配电、照明控制和安全防护等方面的设计规范。本文从中筛选出修复照明设备可以参考和利用的参数如下。

照明标准值中业务技术用房中裱糊修复室的要求。参考平面及其高度；实际工作面；照度值：300；统一眩光值：16；照度均匀度：0.7；一般显色指数：80。

照明节能方面。天然光利用方面，无特殊要求的档案馆用房应充分利用自然光，房间的采光系数或采光窗地面积比应符合GB50033的有关规定。有条件时宜随室外天然光的变化自动调节人工照明照度。

照明功率密度限值方面。裱糊修复室的照明功率密度限值：8.0；对应照度值：300；对应室形指数：1.5。

照明电压及配电系统方面。一般照明光源的电源电压应采用220V。照明灯具端电压的偏差值宜控制在 ±5% 以内。对供电电压波动较大的情况，可考虑应用稳压电源设备。应根据照明负荷中断供电可能造成的影响及损失，确定负荷等级，选择配电方案。照明控制的自动控制可采用程控、时控、光控、红外等方式，并按需要采取自动调光、降低照度、延时自动熄灭等节能措施。

照明控制方式 / 策略方面。照明功能需求中五种需求：有照明仅需全开或全关；需调节照度值、光色，宜平滑或缓慢变化；

需实现个性化或小范围控制；控制区域内人员在室率经常变化，需要照明水平同步变化、需在照明运行过程中保持照度恒定。对应的五种照明控制方式／策略分别为：开关控制；调光控制；单灯或分组控制；存在感应控制；维持光通量控制：光感调光。

安全防护与接地方面。档案库及业务技术用房应选用防紫外线玻璃，采用遮阳措施防止日光直接射入。灯具与档案、图书资料等易燃物的垂直距离不应小于 0.5m，且应依照爆炸性环境选用对应类型的防爆灯具，防爆灯具的分类参见 GB/T3836.1。安装于建筑物内的照明配电系统应与该建筑配电系统的接地形式一致。配电线路的保护应符合 GB50054 的要求。

各类裸光源紫外辐射含量方面。白炽灯紫外辐射含量参考值是 70—80μW/lm，LED 紫外辐射含量参考值 <5μW/lm。

（二）处理好修复工作间的自然光源和照明光源

修复工作间的自然采光一方面要注意减少光的辐射强度和作用时间，避免阳光直射工作台面和大墙，从而减少光对档案的影响；另一方面要保证光线充足，节约能源的同时让修复人员工作时更加舒适。在楼层选择上要尽量避开潮湿的底层和太阳辐射强烈的顶层，这样做的好处之一是方便在缺少标准光源的环境中，使用修复间的自然光源进行补纸染色比对。另外，档案修复间要避开强自然光辐射，这就需要合理增减照明光源。修复用的照明光源应固定布置在裱案或工作台面正上方，光线均匀、分散，照度适当，保证操作时不产生阴影和眩光。

二　实际档案修复工作中照明现状

（一）自然环境的变化问题

档案馆当地的自然条件决定了修复间环境中温湿度、清洁度和照度的基本情况。其中温度、湿度可以通过空调或加除湿设备快速且成熟地获得相对稳定数值。但在照度方面，一天之中太阳公转的固定性和四季里天气的阴晴雨雪变化的随机性，都会直接影响修复工作中所需要的相对稳定的照明参数。特别是北方地区东西向房屋和南方地区梅雨季节的情况下自然光源快速变化是非常明显的。如果相应的照明设备不能及时充分适配环境的自然变化，就容易影响档案修复质量。

（二）建筑物的采光和照明问题

1. 建筑物设计和人类活动影响

档案馆修复业务通常是伴随着整理、复制等业务需要逐渐形成的，因此档案修复工作间往往是延后配置的，房屋的朝向和原始采光并不完全适配档案修复工作需要。另外，即使是带有修复功能设计的新建设档案馆，也会面临周围新建筑物的增加和邻近建筑物的改造问题，从而影响原始设计的采光效果。对于不同地区、不同建筑物外观及不同内部设计的房屋自然采光出现光照过足或不足现象时，通常采用拉窗帘解决光照过足情况，使用移动小型光源的办法解决光照不足的情况，但是这两种方式日常使用过于繁杂且效果不佳。

2. 建筑物原配置的照明光源不适用

无论新旧档案馆，修复功能用房的照明光源通常是建筑初期满足办公功能需求的光源，这种照明光源的数量和排布是按照房屋建筑面积的一定密度进行设计分配，电路管线固定在墙顶的照明设备，因而其照明参数远不能满足修复工作实际操作的照明要求。另外，现实中会出现各类业务设备放入房间后，修复工作台面不能正对已安装照明光源正上方的情况，从而影响修复工作的操作环节。

3. 安全措施要求下的照度被动减弱

出于对档案载体保护和消防安全的需求，相关部门会要求对已安装调试好的各类照明设备加装防护罩，这对采用灯管类型照明设备的老档案馆影响尤为明显。比如：档案技术保护部门为防止档案在修复过程中受到自然光中紫外线的影响，采取加装防紫外线灯罩的防光措施，以减少光对档案的危害。消防部门为防止极端情况下电压突然增加造成照明设备爆炸的安全隐患，要求灯具与档案垂直距离不应小于 0.5m 高度，同时还要对已悬挂的照明设备外加装防爆防护罩。上述情况都会减弱原有照明设备的照度值。

（三）实际工作中产生的问题

1.照明光源和修复设备的不适配

修复工作的理想光源是均匀、柔和的面光源。实际工作中工作案面大小、工作案面反光率大小，会造成同一工作面上不同区域的照度值、照度均匀值，显色指数的不同，这就出现工作面和照明光源不能完美适配的情况。体现在实际工作中，固定光源的照射面积无法完全覆盖工作台面，工作中造成遮挡，形成阴影；工作案面选用了反射率高的漆质或经年使用造成案面光滑，同时光源覆盖不均匀，产生光线反射，干扰到修复工作者实际操作，尤其会影响修补环节对纸张隐藏裂痕的观察。

2.修复者个体需求的差异

每个修复工作者是独立的修复主体，不同人的身高、年龄、视觉观感都会有区别。如果每个人都能使用适用于自己的照明光源就不会对档案颜色、补纸颜色的判断造成显著差别。同时，修复工作是一项长期工作，通过实现照明光源在夏冬季节和晴雨天气的可调节，不仅便于修复者更好地提高档案修复质量，更能延长档案修复师的工作服务年限。另外，修复者的工位通常是相向固定而坐，理论上在单向有窗户的修复间，应将修复工作案面与窗户位置垂直布置，使两人采光相对均匀，但实际工作中两人接受到的光源面积和阴影面积也会有很大区别，在安排工位和增加照明设备时都要有相应的考虑。

3. 采购和改造成本高

通常在修复工作开展以后会逐渐发现更多照明方面的问题，需要进行加装和改造电路。但是水电工作往往是隐蔽工程，这就面临着是否要动隐蔽的电路，是否能够采购到真正合适的灯具等问题。目前，对于已建设完成的档案馆修复间，如果电路走房顶是比较容易改造的，但对于电路隐蔽于墙面或地面的档案馆，施工就会比较麻烦，另外电路改造还涉及消防设施、施工安全和室内美观等问题。因此，如果有档案馆新馆建设的契机，业务部门一定要提前充分准备，先与基建部门沟通，如果电路改造费用可以包含在建设费里，一定要纳入施工设计中；不能包含在建设费里，则要考虑环境、采光、设备布置、人员情况等实际情况，提前为以后电路改造做好预留工作。另外，档案馆分管修复业务的领导和实际的修复者要充分将业务需求实际情况和负责采购的行财部门进行深入沟通。这就要求修复业务部门深入调研，以实际工作为基础，提出的产品参数要实用、科学，申请的预算要精确、合理。同样，行财部门按照相应财务制度进行招标或比选时，要参考业务部门建议，真正了解业务部门实际需求，把好厂家关、产品关，采购到实用、性价比高、便于维护的产品。

三　工作中对修复光源和照明设备的实践情况

根据上述《档案馆照明系统设计规范》中的适用参数和修复业务工作中自然采光和人工照明的需求和痛点问题，在一史馆修复间建设的契机中力求一并解决的同时做好发展预留，为日后长期稳定高效的修复工作夯实基础。

（一）通过扎实调研和科学统筹，精确排布照明电路点位

在一史馆建设工地时期多次前往工地现场调研，测量房屋尺寸后绘制房间平面图，进行前期的设计规划。将分配给修复工作的 8 间业务用房先进行功能分区，再按照现有人员数量、未来开展工作的人员需求和各房屋面积进行设计，以相邻修复案子之间间隔 3m 左右的距离，确定摆放修复案子的位置。根据各个修复工作间的窗户朝向和建筑面积情况，确定南向修复间窗户与修复案子垂直摆放，北向修复间窗户与修复案子平行摆放的方式。同时，确定以修复案子的正上方中点为照明电路定位点，随后与基建处沟通建筑施工中最终的电路和房间照明设备等情况。得知照明设备为通用办公照明，施工方必须按照原建筑设计图纸施工才能完成验收后，请示部门领导，申请需要开展电路改造，增加业务功能的照明设备相关的调研和准备工作。

（二）通过精心设计的自研方案，充分解决照明设备的调节需求

与行财部门比选出的中标单位明确需求，再会同安保部门的机电、物业方面人员调研配电间负荷，引电方式等工作细节，最终确定照明改造的深化方案。该中标单位还涉及修复间其他的改造工作，因此统一要求施工改造过程做到不破坏原有建筑的结构，不影响现行房间的正常照明和消防系统（预作用喷淋系统、火灾自动报警和消防联动控制）、安全防范（监控摄像）、应急照明、空调进出风等设备使用，同时做好瓷砖、墙面的成品保护。

照明设备安装方式采用吊顶安装吊杆和骨架，悬挂吊装灯具的方式。供电方式方面，采用配电间到配电箱的顶板下敷设电缆桥架方式，配电箱到室内采用 JDG 线管敷设方式。在建筑原有配电箱外单独起一组配电箱，做到一张修复案子配一个照明设备，一个照明设备单独配套一条 220V 线路。照明设备统一采用

300mm×1200mm×70mm 规格，能够充分覆盖整个修复案面。选用紫外辐射含量最低的 LED 无频闪灯珠作为照明光源，单片 LED 灯组功率为 50W，每个照明设备根据案面大小由 6—15 片 LED 灯组横、纵向拼接组成。通常色温在 3300—5000K 之间是柔和的中性色光线，可以使人有愉快、舒适和安详的感受，因此色温参数最高达到 5000K。显色指数 ≧ 90，优于档案行业规范数据。外观使用浅色铁艺框架，稳定拼接的同时还可以更好地融入整体环境。透光板采用 PC 材质，起到减少重量和过滤遮光作用。开关方面，一个照明设备配有两个开关，单设一个白色开闭开关，可以有效防止调低亮度时忘记关闭开关，另一个是玻璃面板的旋钮式无极调光开关，可以调节 0.2%—100% 亮度区间，带过热保护功能，最大功能功率 250W。

通过独立设计定制修复间照明设备，不仅价格便宜，远低于市面上同类修复照明设备价格，同时，可以安全方便地控制修复间内各种光线亮度变化，从而解决了影响修复工作的照度问题、阴影问题和个体与修复案面适配问题等。

（三）通过实践经验做好线路预留，创造性提出增加可伸缩的移动电源接口

考虑到如果需要临时增加移动光源或者手持的加热、除尘等电器设备的需求，创造性提出在上方的照明设备旁增加一组可以电动控制升降的照明及供电插座。将照明设备的配电箱电路单独分出专用线路，采用 JDG 线管敷设方式。每个供电设备配有照明光源及电源插座。照明启动和关闭可以通过敲击感应进行，每个修复案子两两相向共计有 6 个 220V 可调节高度的插座，最大可使用功率为 4500W。同时在预留空间最近的修复案子边上单拉一路 380V 电源插座，为以后设备用电做好足够的预留。增加以上设备后，每一位修复者可以不受身高限制和线路长短影响，

随时用手动遥控器调整电器与用电接口的距离；彻底解决墙插、地插临时增加线路造成手持设备使用取电不便，容易绊人和打扫卫生着水等情况安全隐患。

自研设计的照明供电系统，通过对照明的亮度调节，解决了长期以来困扰修复工作的自然光源实时变化的问题，同时增加的电源插座位置不仅使得取用电更加安全方便，而且为未来修复设备的发展更新做好预留。

（原载于《2023年全国青年档案学术论坛论文集》，中国文史出版社，2023年出版）

档案修复室建设实践与思考

——以中国第一历史档案馆为例

杨　茉

随着信息时代的发展，档案作为信息凭证，是公共信息的重要组成部分，在社会公共服务体系中发挥着越来越重要的作用。档案馆作为集中管理和保管档案的文化事业机构，是为公众提供档案服务的中心场所。档案修复室承担了提高档案保存质量与传承传统档案修裱技术的双重职责，档案馆建设需将修复室的水电需求、基础设备设施、装饰装修等要素纳入保护技术用房整体规划设计中，以满足科学化、专业化功能分区与布局要求，实现原有建筑配套的合理有效利用，为档案保护与修复工作的开展奠定坚实基础。

然而我国档案修复室的建设现状不容乐观，建设路径不明、标准规范模糊、参考案例匮乏等突出问题依然存在，易导致修复室建设规划的盲目性、不合理性，难以满足新时代档案工作的发展要求。本文基于档案修复室建设现状，以现有标准规范为理论支撑提出档案修复室建设规划路径，并以中国第一历史档案馆新馆修复室建设项目为案例，对其整体谋划、建设历程与关键项目进行细节阐述，总结与思考纸质档案修复室的规划思路与建设要点，以期为各档案馆修复室的建设提供全流程、细节化的参考。

一　档案修复室建设现状

档案修复是运用技术手段对已损坏或不利于长久保存的档案载体进行处理，使其增强性能或恢复原有形态的技术，修复环节包括除尘、去污、揭分、拼对、修补等。档案修复室是对档案进行修复的重要场所，随着档案修裱技术的传承与创新发展，通过合理布局规划、整合现有资源、完善基础设施建设等，实现对纸质档案的科学检测、传统修裱等功能，已经成为现代修复室建设的发展趋势。功能齐全、建设完备的档案修复室对最大限度地延长档案寿命、提高档案保存与保护水平、传承中华民族优秀文化具有重要作用。

（一）修复室建设案例与空间构成

档案修复室的空间布局应兼顾传统档案修裱需求与科学检测和修复设备应用，并为未来修复总量的增长与质量要求的提升预留充足的发展空间。传统档案修裱技术与书画修裱、古籍修复等纸质文物修复技术一脉相承，修复室的修建与配置较为近似。四川古籍保护中心在2018—2020年选取了两家市级图书馆为试点单位，修建微型古籍修复室，用于完成馆内破损古籍藏本的修复与传拓。其中阆中市图书馆的古籍修复室建设完成后，除古籍修复外，兼备书画装裱、雕版印刷、传拓体验等功能，并规划了古籍修复技术展示等社会宣教活动空间[①]。

现代科技的发展为纸质文物和文献提供了新的修复方式，档案修复格局逐步由单一手工操作向化学、物理学等多学科理论与实践融合转变，并形成修复技术的未来发展趋势。非接触文物精准测量技术、数字模拟修复系统、色彩管理分析系统等辅助工具使得档案修复与保护更加客观与科学。故宫博物院曾以数字复制技术结合手工临摹和书画修复技术，解决了因工艺失传而导致的修复材料短缺问题，完成《乾隆御笔符望阁口号》贴落修复[②]。南京博物院基于虹吸技术研制集清洗、脱酸等功能于一体的清洗设备，以不同高度液体气压差产生的毛细作用浸润清洗纸质书画，提升纸张除尘步骤中的安全性[③]。

因此，综合考虑修复室本质功能与发展需求，档案修复室应在顺应总体空间形态基础上规划传统修裱空间与科学检测修复设备空间，依照档案修复、科学检测等功能需求合理布局动态区域、静态区域、封闭区域等空间要素，并呈现档案资源优势与修复工艺特色的整体外观形象。

（二）档案修复室建设存在的问题

1. 系统规划引导不足

档案修复室是档案馆内专业性较强的空间之一，其整体规划、空间布局、基础设施要求复杂，修复专业设备设施与空间适配性要求较高，在建设标准与规划实施方面缺乏系统性引导。档案修复室需整体规划设计，例如修复工作台——传统大红漆案尺寸较大，体量厚重，落位后难以改动，需与干燥设备、照明系统等一体设计布局，因此规划时需提前谋划各功能空间的面积与区域。而目前国家对各级档案馆修复室需具备的功能要求尚未明确，目标定位、专业设备要求、未来发展方向等整体性规划的政策性、标准性指南和建成评价体系也较为缺乏。

2. 系统性研究成果较少

目前学界关于档案修复室建设的相关研究主要集中于基础性介绍和功能需求研究，对于系统性规划和建设相关的问题讨论较少。聊城大学档案馆档案保护与修复室按照相关标准，配备有裱台等专业设备设施和高拍仪、杀菌机等现代仪器设备，具备档案技术保护、除霉去酸等功能[④]。辽宁省档案馆除基本的修复设备设施外，配备了专业音像系统、专业分析设备等，为档案修复工作提供科学依据，并针对区域性国家重点档案保护中心特点兼顾了科研功能⑤。云南省档案局（馆）按照标准规划了500㎡多的档案修复工作场所，配备多功能档案修复工作台等设备设施，并逐步引进纸浆修复、字迹恢复等专业修复设施设备⑥。

3. 施工监管难度大

档案修复室建设包括水电布置、消防改造、装饰装修、专业设备设施定制和仪器采购等内容，需相互配合、穿插施工，期间产品原材料和制作工艺把控、施工进度把控、施工人员管理、成品验收等环节直接决定了整体档案修复室建设质量。大红漆案、壁子等专业性强的设备设施制作对气候各有要求，管理人员既需宏观运筹各项目施工安排，又需在图纸绘制、原材料下料等关键环节进行细致把控，涉及施工人员众多，全流程的监督管理难度较大。笔者在对各档案馆修复室进行调查研究时发现，施工团队拖延敷衍现象时有发生，易对最终建设成效造成不良影响。

二　档案修复室建设规划

档案修复室作为承载各功能模块的整体系统，应以国家档案局发布的《档案馆建设标准》及《档案修裱技术规范》为准则，兼顾各馆馆藏档案特色和修复室具体功能需求，通过合理的设计布局解决修复室复杂的系统规划难题。

（一）档案修复室建设标准梳理

国家档案局发布的档案馆建设相关标准明确了各级档案馆的规划布局和基础设施要求等，其中关于修复室的要求与标准是修复室建设初步设计的主要依据。本文梳理了国家档案局官方网站法规标准库板块中与修复室建设相关的标准内容，为送回风系统、温湿度控制、照明系统等客观要求提供依据，参考内容如表1所示。

表1　档案修复室建设相关标准

标题		实施日期
建标103—2008	档案馆建设标准	2008年7月1日
JGJ 25—2010	档案馆建筑设计规范	2011年2月1日
DA/T 87—2021	档案馆空调系统设计规范	2021年10月1日
DA/T 91—2022	档案馆照明系统设计规范	2022年7月1日
DA/T 25—2022	档案修裱技术规范	2022年7月1日

《档案馆建设标准》（建标103—2008）是省、市、县三级综合档案馆新建、扩建、改建等工程项目的执行标准。根据档案馆建设的标准与建筑设计规范中对于档案馆建筑构成的分类，档案修复室划归为档案业务和技术用房中的保护技术用房。除对档案馆及技术用房的平面规划、建筑设计等一般规定外，各级档案馆的裱糊修复室使用面积指标分类如表2所示。该标准同时标注了各项功能用房的个数与面积指标可根据档案及工作实际情况在档案馆总面积指标范围内适当调整。

表2　各级裱糊修复室使用面积分类表（单位：㎡）

级别	一类使用面积	二类使用面积	三类使用面积
省级档案馆	200—220	180—200	160—180
市级档案馆	100—120	90—100	80—90
县级档案馆	45—55	40—45	30—40

《档案馆建筑设计规范》（JGJ 25—2010）除对档案馆及技术用房的结构要求、安全防护、建筑设备等一般规定外，提出裱糊修复室内应设给水排水设施，因涉及水、电及设备使用，特别强

调要采取相应的安全防护措施。裱糊室温度应控制为 18—28℃，相对湿度为 50%—70%。

《档案馆空调系统设计规范》（DA/T 87—2021）规定档案馆空调系统新建和改扩建时应统一规划各个功能分区的空调系统，确保满足使用需求。其中对于裱糊修复室的温湿度要求同上，每小时通风换气 2 次。

《档案馆照明系统设计规范》（DA/T 91—2022）明确了档案修复室的照明要求，提出修复场所选用的照明灯具应通过国家强制性产品认证，采用高光效 LED 灯具或其他无紫外辐射、红外辐射灯具，同时不易积尘、易于擦拭，满足洁净场所的相关要求。技术用房等用于颜色检验、精加工或成品检验场所的一般照明宜采用宽配光、一般显色指数（R_a）不低于 90 的 LED 灯具。维护系数值为 0.8。裱糊修复室的照明标准值（表 3）以实际工作面为参考，照度值为 300lx，统一炫光值为 16UGR，照度均匀度为 $0.7U_0$，一般显色指数为 $80R_a$。对于照明功率密度限值的规定为 8.0W/㎡，对应室形指数为 1.5。

表 3　档案修复室照明标准值

名称	参考平面	照度值 lx	统一眩光值 UGR	照度均匀度 U_0	一般显色指数 R_a
裱糊修复室	实际工作面	300	16	0.7	80

主要修复设备的配置可参考《档案修裱技术规范》（DA/T 25—2022）中关于修裱设备和工具的标准，工作台分为裱台与拷贝台。裱台为用于进行破损档案的托裱、修补等技术操作的工作台。拷贝台为用于进行破损档案的拼接、修补等技术操作的工作台。宜采用亮度可调、无频闪的冷光源。干燥设备分为大墙、壁子、压板。

（二）档案修复室规划

档案修复室的规划与设计需注重传统修裱技术与现代科学保护理念的协调统一，秉持整体布局的建设理念，顺应多重功能需求的持续发展趋势，从"功能规划—基础配置—空间布局"三个层级逐步深入，打造守护传统工艺根脉的现代化档案修复室。

1. 档案修复室功能规划

（1）档案修复功能。档案修复与保护是修复部门的核心任务，修复室建设应以满足档案修复需求为首要目的，兼顾传统修裱功能与现代修复设备应用功能。依据修复人员数量与破损档案情况配备足量的裱台、大墙等传统手工修复基础设备设施，合理布局相关配套产品。同时探索多种修复方式，在传统手工修复的基础上配置纸浆修补设备等现代仪器，有效提升档案修复的工作效率。

（2）基础检测功能。通过检测档案本体与修复用纸的纤维构成及理化性能，为提高修复用纸与档案的适配度提供客观依据，是延长档案保存寿命的重要途径。档案修复室应规划专门的科学检测区域，配备纸张水分仪、厚度仪、白度仪、纸张纤维检测分析仪等基础纸张检测设备，要求较高的档案馆可配置纸张实验室、生物实验室等，提升修复工作的科学性。

（3）档案与材料存储功能。档案修复部门接收破损档案后应将其存放至专门区域，点数登记后分件或分批发放给修复人员，以保障档案安全管理。此外修复所用的材料繁杂，亦需要规划足够的储存空间。以修复用纸为例，因新制纸张性能尚未完全稳定，修复人员通常将修复用纸存放一段时间，待其物理和化学性能趋于稳定后再用于修复。档案与材料存储区域的环境要求有别于档案修复区域，除满足温湿度要求外还需避风、避光，因此档案修复室应具备适配工作量的存储功能，在建设规划中单独规划温湿度稳定、存放空间充足的档案库与材料库。

（4）其他功能。在档案馆的功能定位向现代化、数字化转型的时代背景下，档案修复室也应顺应发展趋势，具备信息化管理、社会宣传教育、科研等功能。许多档案馆都将修复室作为本馆的特色展示区域，向公众展示档案魅力和修复技术、践行社会教育职责。各级档案修复室在建设规划时可根据建筑基础条件与本馆需求配备相关功能所需的网络端口、展示空间等。

2. 基础配置规划

根据档案馆建设相关标准对区域面积、环境、水电等基础配置的要求，档案修复室规划时应在建筑设计期间介入，合理布局室内区域，设计与功能需求匹配的消防系统、空调系统、给排水系统与供电系统。

首先是位置要求，档案修复室所处区域需满足光线充足、避免阳光直射、通风条件良好、承重性能佳等要求，根据修复需求规划适宜的面积。其次是环境要求，纸质档案对周边环境变化较为敏感，修复室的温湿度控制和消防系统需与库房、展厅等其他用房分区控制以满足档案保护需求。按照《档案馆空调系统设计规范》（DA/T 87—2021）对业务和技术用房做出的温湿度范围、通风换气频率、合理划分室内空调分区等明确要求，在建筑空调系统规划与实施时完成档案修复室空调系统配置。最后是水电要求，档案修复室需在前期建设阶段预留充足且合理的给排水、电路、网络。浆糊打制、染纸做旧、污渍清洗等阶段用水需求较大，纸浆补洞机等现代修复设备对水电要求也比较高，应在档案修复区域、基础检测区域预留上下水位，各空间预留常压电源、高压电源与网络端口。

3. 空间布局规划

档案修复功能区需设清理除尘区、裱台区、干燥区，配备水台及给排水、电路系统。基础检测功能区可利用科学检测设备对档案及修复材料的理化性能进行检测，提高修复操作的客观性，应设纸张检测区、材料检测区，配备摆放桌台及电路系统。档案与材料存储功能区需设存档区、材料区，存档区依据各馆馆藏档案尺寸配备合适的档案柜、架等，加强该区域的安防性能；材料区需在操作面周围配备一定的存储空间，提高修复操作的工作效率。信息化管理功能是顺应档案信息化和办公自动化的建设与发展需要的必备功能，主要应用于人员与修复管理，应在建设项目实施前规划设计，预留满足安全、保密、整洁等要求的综合布线、预留接口等软硬件设备设施，避免建设完成后因技术或管理升级造成反复施工整改。宣教功能是在公共服务视角下延伸档案文化记忆、传播与弘扬中华传统文化的重要功能，可在规划时利用可用空间布置宣教展区，提前谋划参观讲解路线，设置网络端口，为线上线下的宣传教育与文化传播做好准备。整合各功能区域可归纳为涉水模块、电路模块、操作模块、管理模块、存储模块、网络模块。

三　档案修复室建设实践

中国第一历史档案馆新馆坐落于北京市东城区祈年大街9号，于2016年破土动工，2022年正式投入使用。基于百年工程定位，档案修复室以提升明清历史档案修复能力、培育推动档案修复事业发展新引擎、树立档案修复行业标杆为建设目标，成为承担新馆档案保护职责的重点区域。

（一）中国第一历史档案馆档案修复工作概况

中国第一历史档案馆始建于1925年，是保存了千万件明清两代中央国家机关及皇家档案的国家级档案馆，馆藏档案内容涵盖政治、经济、军事、文化、重大典章制度等诸多方面，集中体现了中华传统的政治文化，是研究和纂修明清历史的宝贵资料。档案载体以纸质为主，部分载体为绢质、木质、金属等，纸质档案装帧形式丰富多样，包括折件、簿册、手卷、挂轴、镜片、册页等。中国第一历史档案馆馆藏档案在悠悠岁月中历经数百年风雨、战乱，"八千麻袋"等事件亦对档案本体造成不可恢复的破坏，部分档案受残缺漏页、鼠咬虫蛀、脆化断裂、霉变、粘连、水浸、字迹洇退等病害侵袭，出现多种类型、不同程度的破损，待修复档案量巨大。

中国第一历史档案馆的档案修复队伍共有 10 人，修复方式以传统托裱与修补为主，根据档案破损情况及病害类型选取适宜的修复材料与工具，完成清洁除尘、除霉揭分、修补压平等修复工作。为提高档案抢救效率，2012—2018 年，中国第一历史档案馆以采购社会性服务的方式扩大修复规模，在本馆修复力量基础上增加了十余名外聘人员，由其完成破损程度较低的档案修复或展平工作。除日常修复功能外，修复室还具备精品档案修复、复制临摹与社会宣教等功能，适时开展接待参观与修复体验课堂等活动。

（二）中国第一历史档案馆档案修复室建设路径

中国第一历史档案馆作为明清档案事业发展的新平台，其档案修复室的功能建设也顺应由传统转向现代的档案馆转型趋势，于内部而言，主要承担档案保护修复的基本功能；于外部而言，需发挥传承传统修裱技术、传播档案文化等社会功能。其新馆档案修复室需求于 2016 年与新馆大楼共同纳入建筑设计方案，在深入调研分析相关单位先进理念和经验的基础上，以功能需求为导向，制定了"前期准备—整体规划—拆解项目—安全保障"的整体建设路径（图 1），力争将其打造成为以明清历史档案保护为主要视角，体现修复事业发展愿景的特色档案修复室典范。

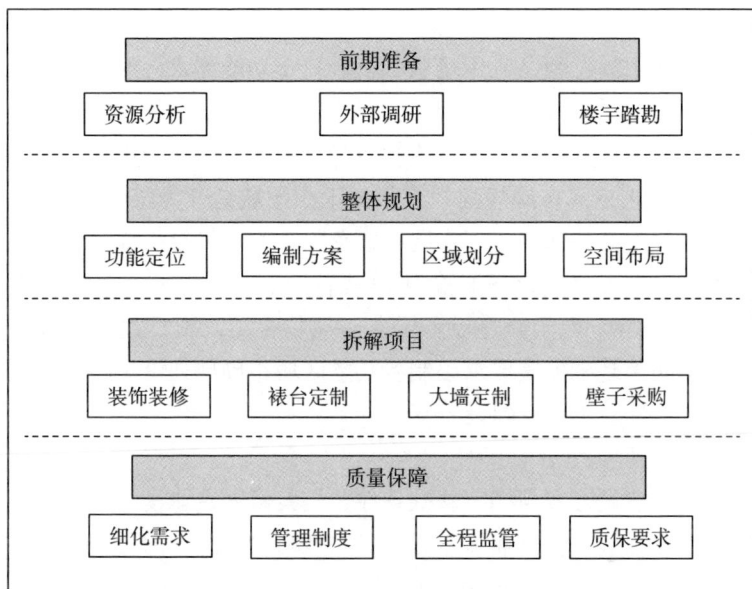

图 1　中国第一历史档案馆档案修复室建设路径

1. 前期准备

在档案修复室建设正式开展前，通过对馆藏档案资源体量、破损程度、修复效率的叠加分析，结合相关标准对于档案修复室面积、光照等的要求初步确立空间需求。整理待研究问题后对档案和文博单位、设备厂家等开展外部调研，并根据调研情况不断修订调研需求，充分了解不同应用场景下的功能需求，依据实际情况确定修复室建设思路与建设目标，再就调研中发现的规划要点及细节进行整合，明确位置、面积、基础设施配置等需求，最终确定新馆 B 区 4 层、5 层为档案修复室规划区域。2019 年，新馆大楼出具雏形，具备现场踏勘条件，功能分区设计与空间动线规划同步推进，为功能需求实现和整体规划落地奠定现实基础。

2. 整体规划

整体规划过程以应用场景分析修复室功能需求，形成以档案修复与装裱、基础检测、档案暂存与除尘为主要功能，兼顾材料储备、信息化管理、社会宣传教育等功能的整体功能规划。在此基础上细化空间布局规划，将整体工作区域划分为综合修复室、传统修复室、外包修复工作区、暂存除尘间、修复纸样间、染纸干燥间，主要修复设备配置为14张裱台、70余扇活动壁子、近30延米纸墙、若干修复设备及若干储物柜架，根据建筑空间与水电消防等基础配置要求绘制各功能区域布局规划设计图，完成新馆档案修复工作室建设方案。

3. 拆解项目

根据建设方案与楼宇基础条件，档案修复室建设以"顶层设计—整体思维—细化需求"三重导向加以推进。因部分修复设备设施制作工艺繁复，成品质量受材质、气候等客观因素影响较大，整体建设过程拆解为装饰装修、裱台修缮与定制、大墙定制、壁子采购四个主要项目，各项目分别细化需求与设计图纸，再以整体思维推演项目进场施工时间，合理规划进度安排。

4. 质量保障

档案修复室建设是一项系统工程，且多项硬件设施建成后难以返工，各环节的施工质量都直接影响最终效果呈现。中国第一历史档案馆通过细化项目需求、严格管理制度、全程专人监管、签署质保协议等多重保障加强建设过程与成品质量的监督管理，对各项目的深化方案逐一确认规格与技术指标，保障新馆档案修复室建设工程安全落地。

（三）关键项目

1. 装饰装修项目

新馆档案修复室装饰装修项目是根据对各功能区域基础格

局、基础装修及消防、空调、视频监控设备布设的实地踏勘结果，结合档案修复用水台、纸架、纸柜、照明灯组等修复设备设施的专业化要求率先入场施工的项目，针对管道隐蔽施工、室内设计、定制台柜、消防改造与灯具等具体要求对档案修复室区域的基础配置完成优化改造。

　　该项目以满足主要使用功能为首要要求，结合实用性与视觉美感，保障档案修复过程中的档案安全与人员安全，在功能完备、布局合理的基础上体现传统修裱技术传承与历史文化内涵。根据现场条件，经过深化设计，最终确定综合修复室、传统修复室、外包修复工作区沿外墙定制结合储物柜、工作台面、展示功能于一体的实木储物柜，包窗设计，台面配备五孔插座。除暂存除尘间与修复纸样间外，各房间沿给排水位定制不锈钢制浆糊边台，配备可抽拉冷热混水龙头、手宝热水器及防水插座。染纸干燥间因功能需要单独定制不锈钢制固定水槽、活动水槽、电动晾纸架、固定晾纸架等。因灯具对修复操作有直接影响，修复裱台上方定位定制光源，依据《档案馆照明系统设计规范》（DA/T 91—2022）及调研情况定制照度为 1000lx+、显色 R_a 大于 90、GAI 大于 90、紫外线含量低于 $75\mu W/1m$ 的专业照明灯箱，实际尺寸比照下方裱台尺寸，满足同一房间可统一开关、单组灯箱可独立控制开关及旋钮亮度调节要求。每组灯箱配备一台可遥控升降功能柱，功能柱需搭载至少 2 组 5 孔插座（图 2）。

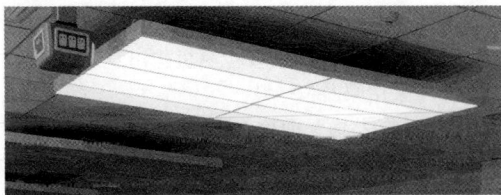

图 2　定制灯箱及功能柱

2. 裱台修缮与定制

传统大红漆案是用于进行破损档案的托裱、修补等技术操作的裱台，也称为案子，通常以实木做胎，经披麻挂灰，施以大红面漆，下配实木储物底柜，可满足档案修复操作需求。修复案子须利于对珍贵历史档案的全方位保护，包括极端状态下台面的稳定性（如热水、溶剂浸泡等），避免因质量问题损伤档案。中国第一历史档案馆原有修复案子 10 台，尺寸规格为 1.3—2m。其中 2 台为 20 世纪 70 年代制作，最新的 3 台为 2016 年制作。长期修裱中因外部环境变化，案子均现不同程度的木胎起拱、漆面皴裂等。考虑到木胎较新木胎更为稳定，20 世纪 70 年代所做两台胎体沉稳，更是珍贵，经多方研讨决定将原有案子进行修缮后运至新馆继续使用，另新做 4 台。

10 台原有案子送至厂家后铲去漆灰，将木胎打磨加固，施一麻五灰地仗及传统髹漆工艺。新做案子使用已加工成型的松木框架榫卯相交为龙骨内芯，上下面双包加固，后施一麻五灰地仗及传统髹漆工艺，具体参数要求见表 4，使案面具有稳定性和实用性（图 3）。

表 4　案子制作要求

名称	具体参数及要求
结构	面芯采用全榫卯结构，台面底部开燕尾榫槽穿带
材质用料	1. 面芯材料：定制案子采用一级红松木（200mm、材料通直、材质较好），木材需自然干燥两年以上，消除内应力，含水率 8%—11.4%（提供国家级检测机构出具的含水率检测报告）。修缮案子采用原面芯材料 2. 油浆材料：猪血、面粉、砖灰、桐油、石灰水等 3. 地仗灰材料：桐油、面粉、血料、砖灰、石灰水等

续表

名称	具体参数及要求
配置要求	定制案子面芯使用 200mm 以上宽的板材，穿带位置与底柜配合，不妨碍修复人员操作及底柜收纳功能。案子边角圆润，颜色为清宫内廷常用正红色
工艺要求	定制案子采用传统制作工艺，面芯榫卯拼接，底部加穿带，而后砍净挠白、撕缝、下竹钉、刷油浆；油饰地仗采用传统披麻挂灰工艺，至少做到一麻五灰，调料以"油满"为标准，所有缝隙、缺口等以油灰压实，需做到面芯平整，抹灰、上油薄厚适宜，每层充分阴干，确保牢固度。漆面层数不低于 5 遍。修缮案子需将原有地仗清理铲除
质量要求	台面色泽均匀、无露底、无剥落、无伤痕、无棕眼、无浮色，光滑平整且具有适当涩力，耐酸碱，不怕热水浸烫，适宜修裱的各种工序。有国家级检测机构提供的货物、原辅材料的环保、质量检测报告

图 3　定制案子台面

修复案子底柜配适台面设计，保证台面受力均匀、稳定，同时以日常修复工作使用物料、工具等实际需求为依据合理设计储物空间，实现收纳有序、取用便捷。由于原有案子穿带位置各异，为保障案子受力与美观性，结合各类修复用纸与修复工具的存放需求，每个案子单独定制底柜样式。

3. 干燥工具定制与采购

大墙是固定于墙面的档案干燥工具，用于各种尺寸破损档案修复完成后的绷干操作。纸质大墙由吸湿性能强、拉力强度大的手工纸在木框（图4）上糊制而成，木质大墙由不易变形的优质木板钉于木框制作而成。中国第一历史档案馆共定制了4面纸质大墙，1面木质大墙。

图4　大墙框架

　　活动壁子是门扇活动式档案干燥工具，用于较小档案的绷干操作，由上下梁、固定器、壁扇组成。中国第一历史档案馆共采购70余扇纸质活动壁子，其制作工艺为以优质不锈钢制作上下梁及固定器，固定于地面、墙面，将纸质壁扇固定至框架中，便于转动使用。纸质壁扇由木框糊纸制成，木框由木材榫卯拼接，纸张错位叠托、扒乘并补洞，逐层加厚，总层数为23层。壁扇木框材料选用已开料存放五年以上的优质红松木，确保壁子长期使用不变形。纸张材料选用高质量高丽纸，确保纸面平整耐用。除门扇式活动壁子外，还有2扇屏风式活动壁子，以优质不锈钢制作底座，配可固定活动轮，纸质壁扇安装于底座上，可推拉移动使用（图5）。

图5　屏风式活动壁子底座

四　档案修复室建设思考

（一）突出应用需求导向

档案修复的发展特点是传统修裱技术与科学检测修复设备辅助并行驱动发展，新时代档案修复室的基础设施建设在顶层设计上需突出应用需求导向，在实现保障档案安全，提高抢救性修复效率的主要应用功能基础上辅以其他功能建设。因此修复室的建设规划应采用"功能需求梳理—整合现有资源—预留升级空间—合理设计布局—基本设备设施招采"的逻辑架构。

因各档案馆馆藏档案的年代、性质、载体、破损程度不尽相同，各级档案馆的功能定位也存在差异，因此在修复室建设规划初期，应首先梳理修复室的主要功能，依据功能需求测算所需裱台、大墙等基本修复设备的体量。根据功能需求梳理现有资源，包括建筑格局、建安条件、已有修复设备等硬件资源；修复队伍、修复管理流程等软件资源，将可利旧或可改造的硬件资源分类梳理，根据修复人员的修复水平及工作管理流程合理设计空间布局。布局规划完成后分层次、分阶段开展装饰装修、设备设施定制等工作，可分项目逐一采购，也可总包为整体项目统一采购，项目实施应为未来修复技术的发展、管理制度的优化、修复效率的提升、功能需求的扩增等预留充足的提升空间。

（二）制定标准化系统参数体系

近年来，我国已完成多个档案馆新建、改建、扩建项目，2017年浙江省档案馆新馆建成并投入使用[⑦]，2019年北京市档案馆建成并对外开放[⑧]。"十三五"期间，我国600余个中西部地区县级综合档案馆大部分建成，6家区域性国家重点档案保护中心投入使用。《"十四五"全国档案事业发展规划》提出要加强重点领域档案工作监管，鼓励有条件地区建立乡（镇）档案馆[⑨]，档案馆的建设依然是未来一段时期的一项重要任务。

作为档案馆建设中一项涉及面广、专业度高的综合性项目，档案修复室建设可参考的标准体系依然较为薄弱，档案馆建设标准中关于修复室的标准要求也过于宏观，部分地理位置偏远或专业修复队伍尚未配备齐全的档案馆无法获取行之有效的修复室建设参考资料，不利于修复工作的开展。因此应参考已建成的国内外各类档案修复室建设的先进经验，依据我国各级档案馆的现状，制定详细的档案修复室建设标准与标准化建设图集，从而提升我国综合档案馆修复室建设的整体水平。

因修复室建设在建筑行业中较为小众，档案修复行业也可组建修复室建设数据库，建立供应商名录，提供合作过的设计单位、施工单位、监理单位、设备厂家等单位的完成质量与联系方式，共享修复设备、定制产品、照明系统等设备设施的配置要求，共同提升修复室规划和布局的科学性，完善基础设施标准和施工规范。

（三）强调全程精细化管理

20世纪法国档案学家米歇尔·迪香在《档案馆建筑与设备》一书中就已提出档案的修复实验室应装备有修补设备，水电线路设计应与设备安装的类型与位置相匹配[⑩]。档案修复室对于工作区域的光照、面积、承重程度、线路系统布设等方面要求较高，一般办公用房的标准规划设计参考性不足。因此在档案馆新建、扩建、改建的初期就需将修复室的建设纳入整体规划中，全程精细化管理。新建档案馆应在可研报告或项目建议书阶段就充分考虑档案修复室的特殊要求，包括区域面积、修复规模、功能定位、整体造价、建设工期、质量验收标准等，尽可能全面地向建筑设计单位提出设计任务书，制定一份周密的设计方案和招采计划。

精细化管理是科学管理的基础，是提升效率与效益的一种管理模式[⑪]。档案修复室建设施工过程中应以制度强化管理，充分运用程序化、标准化等形式，要求施工单位聚焦项目需求，细化各项目的具体规则与指标，对施工单位与施工人员采用全流程精细化管理，为修复室主要功能的实现提供硬件支撑与基础。

五　结语

《中华人民共和国国民经济和社会发展第十四个五年规划和2035年远景目标纲要》中提出，要深入实施中华优秀传统文化传承发展工程，加强文物和古籍保护研究利用，加强各民族优秀传统手工艺保护和传承[⑫]。档案是中华文化记忆的实质载体，是传承优秀传统文化的源泉活水，档案修复更是优秀传统手工艺中璀璨的珍宝。"工欲善其事，必先利其器"，档案修复工作的转型与发展要以现代化档案修复室的建设为基础，突出应用需求导向、制定标准化系统参数体系、强调全程精细化管理，以为历史文明的延续与现代文明的见证保驾护航。

注释：

① 陈媛、罗涵元：《四川微型古籍修复室建设研究》，《四川戏剧》2022年第2期，第49—53页。

② 王赫、王岩菁：《数字复制技术在〈乾隆御笔符望阁口号〉贴落修复中的应用》，《故宫博物院院刊》2014年第3期，第91—101、159页。

③ 何伟俊、张金萍、陈潇俐：《传统书画装裱修复工艺的科学化探讨—以南京博物院为例》，《东南文化》2014年第2期，第25—30、127—128页。

④ 马文媛《聊城大学建成山东高校首家档案保护与修复室》，https://www.lcu.edu.cn/ztzx/ldyw/500057.htm。

⑤ 詹丽竹：《区域性国家重点档案保护中心（辽宁省档案馆）运行探索—以档案保护和修复工作为例》，《兰台世界》2022年第10期，第15—17页。

⑥ 李颖:《浅谈档案修复工作场所建设—以云南省档案馆为例》,《云南档案》2016年第10期,第38—40页。

⑦ 曹跃进、邓小骅:《记忆场所的在地性表达 浙江省档案馆新馆》,《时代建筑》2021年第6期,第138—143页。

⑧ 孙彦亮:《信息化背景下的档案馆建筑策划与设计—以北京市档案馆新馆为例》,《中外建筑》2022年第5期,第99—104页。

⑨ 国家档案局法规标准库,https://www.saac.gov.cn/daj/gjbz/dabz_list.shtml。

⑩ [法]米歇尔·迪香、张克复、魏宏举:《档案馆建筑与设备(六)》,《档案》1993年第6期,第41—43页。

⑪ 汪中求:《精细化管理之基本理念》,《中国商贸》2008年第9期,第116页。

⑫ 《中华人民共和国国民经济和社会发展第十四个五年规划和2035年远景目标纲要》,https://www.gov.cn/xinwen/2021—03/13/content_5592681.htm。

（原载于《档案学研究》2024年第5期）

关于档案修复外包的工作思考

邢 洲

　　档案具有重要的参考价值和凭证价值，历史档案是不可再生的历史文化遗产。目前，全国各级档案馆的馆藏中存在着大量破损的档案亟待修复，并且随着时间的推移，档案破损的数量还在持续增长，破损的情况也会不断加剧。因此，开展规模化的档案修复工作迫在眉睫。在此背景下，采取档案修复外包的模式，合理扩大档案修复规模，有序、高效推进档案修复工作，是各级档案馆确保破损档案及时得到修复，档案寿命得以延续的有效措施。

一　档案修复外包工作的背景

　　面对亟待抢救的破损档案，很多档案馆面临着修复岗位技术人员不足的问题。一方面，受制于技术保护和修复岗位编制设置，修复人员往往要身任多角，无法保证固定、有效的修复时间专心从事具体的档案修复工作。另一方面，档案修复人才培养投入久、见效慢，且目前档案修复师资力量不够，许多档案馆在专职修复工作人员退休后，面临着后继无人的情况。因此，不少档案馆就产生了期望通过外包的模式来满足馆藏档案修复的需求。与之对应的是，近年来社会档案中介服务机构在不断增加，它们不断拓展档案专门业务，尤其在档案修复工作方面发展较为迅速。相关企业为增强公司档案修复工作业务能力，注重招聘具有手工修复专业背景的工作人员，部分企业甚至还获得了行业认可的相关修复资质，这为档案馆进行档案修复外包业务提供了可能性和可选择性。

　　因此，各档案馆利用好市场资源，引进档案修复外包工作，将之作为档案保护和修复工作中的重要一环，将极大地助力现有的档案保护工作。但是，如何开展招标，如何科学引导、监督、管理外包公司，如何监督、检查档案修复质量等，许多现实问题都值得我们进行深入思考。笔者拟以档案修复外包工作为例，对有关问题进行探讨。

二　档案修复外包概况

（一）修复外包的采购流程

　　为确保规范，外包工作需按照服务类项目招标采购，修复外包工作也要遵循相应的采购流程。采购外包服务前，一是要根据单位的馆藏规模、档案破损情况和比例进行实地调研，了解馆藏待修档案情况。实践中，可以将档案修复外包与馆内其他业务工作协调开展，同时推进，以便修复工作配合好进行的档案整理、数字化工作，可减少档案拿取、翻阅次数，有效保护档案。二是要就是否需要开展外包，以及外包条件、破损档案修复的市场价格等方面做好调研和论证。论证通过后，即进行修复外包工作的预算申请和项目立项。预算批复后，商定修复外包项目招标文本。之后着手招标采购。招标采购完成，档案馆与中标公司签订合同，就档案修复数量、质量、时间、使用修复材料和修复工艺等进行要约，中标公司按照要求进馆开展档案修复工作。

（二）修复外包管理流程

修复外包工作进行中，档案馆修复外包管理人员现场进行监督管理和业务指导，档案修复完成后由管理人员对档案修复数量和质量进行统计和检查。合同项目完成，档案馆根据实际情况组织项目验收，主要验收项目是否按照规定时间完成合同约定的修复工作数量，达到合同约定的修复质量，要求提供相关证明，如已修复的档案、档案修复前后图像和管理的相关单据。如公司完成合同约定，即可支付对应合同款项。

三　修复外包工作中应注意的问题及解决办法

（一）安全问题

档案修复外包中的安全问题主要是档案实体安全、修复环境安全和修复质量安全。

1.档案实体安全，注重各种环节登记。档案修复外包管理中存在档案接收、档案提还、档案暂存、档案分发和档案归还等档案转移场景。另外，档案修复中，还会有档案拆卷、修复、装订等情况。因此，为防止档案遗漏，要做到档案转移过程全程登记，确保档案件数、页数不少，页面顺序不乱。不同项目送修档案要使用固定的交接单，进入库房提还的档案需要入库档案登记单，标明档案件数。同时，点数数量也要双方签字确认。分发给公司修复人员时要签档案修复登记单据，标明修复人员、档案件数、页数，并对破损情况进行描述，有条件可以拍照存档，防止档案修复前后状态不同造成数据发生变化，时过境迁解释不清问题。

2.档案环境安全，注重暂存保管安全。档案修复的工作环境，不同于库房环境，配备有水源、电源、窗户等。档案存放和修复外包工作的空间需要配备监控设备、门禁系统，以确保档案的实体安全和修复过程的影像可回溯，有条件的还可以增加墙振报警、玻破报警、水浸报警等其他安防系统。另外，档案修复过程中要分页进行操作，特别是上墙干燥环节中的档案不具备转移到暂存档案间的条件，因此要杜绝修复工作间因用水、用电、取暖、温湿度设施产生的安全隐患。要制定水电安全使用规定，保证使用结束水电设备及时断水断电。管理人员下班前要进行巡检，法定节假日期前要对屋内门窗、水电设施的总阀门进行关闭，只保留安防、消防报警用电，以确保修复间存放档案的环境安全。

3. 档案修复安全，注重修复全流程质量。一是加强档案修复外包制度建设。在开展修复工作前要对修复工区管理、修复工艺、修复质量做出明确的书面要求，做到有据可查，有据可依。二是开展修复人员职业道德教育。要对修复人员作岗前培训，提高对档案安全性和工作重要性的认识。防止在修复过程中出现因个人大意造成档案损伤。三是注重修复人员业务技能。确保修复工作人员熟练掌握档案修复工艺、修复用原材料选择准确无误。四是强化外包修复过程质量监管。设置巡查、监督、解答等工作岗位，及时发现公司人员操作不当情况，及时修正、整改。五是设置合理处罚措施。在合同要约中，对修复人员个人原因对档案造成影响的情况，要有对应的惩罚措施，以提高重视程度，防止类似问题发生。

（二）管理中应注意的问题

由于档案修复为手工修复，而每件档案的破损类别、程度决定了修复的难度和时间，在具体修复方式上也会有所不同，因此，外包管理中需要管理者实时掌握现场实际情况，以把控工作进度，做好协调对接。特别是要注意做好以下两点。

1. 待修档案工作进度节奏的把握。档案修复外包工作中，对于待修档案工作进度节奏的把握，笔者认为，要做到"里""外"

平衡。"里"的平衡是指要保持修复外包现场运转的动态平衡，保障好现场修复物资和待修档案运转，做好档案修复工作的数据统计。由于档案修复是手工操作，因此送修档案数量、档案破损等级、档案修复方式、修复干燥设备剩余空间都影响着档案修复外包工作进度，这就需要管理人员了解相关进度及工作迟滞原因，及时调整工作安排，及时解决问题。"外"的平衡是指修复进展速度与整理、数字化等其他业务环节完美适配的平衡。由于场地规模、人员数量、不同批次档案破损情况等原因，会出现待修档案无法在下一批次档案流转前修复完毕情况。也存在其他业务部门的项目周期与修复项目立、结项时间节点不同，待修复档案数量不能满足修复外包现场人员定额情况，甚至还会出现无档案送来修复的情况。因此要和送修业务部门保持联系，掌握档案修复进度和档案送修节奏，科学安排不同项目的档案送修。在没有送修档案时，需要利用好平时掌握的库房中待修档案，及时补充送修。

2. 修复外包工作量统计的合理性。档案修复外包工作是按照服务类项目设计标的，付款结项的考核结算要对应实际完成的工作数量。但是，修复外包管理中档案实际修复数量并不能完全合理体现修复工作人员真正的工时，这种情况的存在可能影响修复人员的工作积极性，甚至影响档案修复质量。因此，需要管理者找到适合自己单位馆藏档案状况的统计方式，科学、合理地完成既定的合同目标。

一是档案难度等级不同。档案破损难度直接影响档案修复实际工时，随着破损档案的难度等级提高，档案修复时长会相应增加。因此分发档案时候要将档案难易程度进行综合分类，平均分发给每一位修复者。如果在档案分发中安排不当，难、易修复的档案被集中分发给一个修复人员，则直接影响修复外包工作整体进程，间接影响外包修复人员工作情绪，甚至可能导致修复质量的下降。

二是预处理时间不确定。档案在修复前对破损档案的污渍、霉变、粘连、酸化等情况进行去污、除霉、揭粘、脱酸等技术处理，被称为预处理。由于档案的破损情况存在着不可预测性，会导致预处理的工时存在不确定性，特别是霉变和粘连严重的情况下，预处理时间甚至会超过修复的工作时长，造成实际修复工作时长与完成的修复工作量不相匹配。

三是档案修复方法不同。修复档案前应根据档案修裱原则和质量要求，针对档案破损状况及档案纸张、字迹种类，制定合适的修复方案，选择适当的修裱材料，确定合理的修复方法。但是，相同熟练程度的修复人员使用不同修复方法，工作时长也会有不同。因此，要坚持最小干预的修复原则选择档案修复方法。管理中要加强监督，既要防止过度修复，也要避免为减少工时选择容易的修复方式，造成不利于档案长久保存的情况。

四　做好修复外包管理工作的几点经验

（一）选择安全稳定的修复手段

档案修复工作是为了延长档案寿命。目前传统手工修复方式在业界公认具有可靠性、可逆性，对档案本身干预最小，有利于档案长久保存。因此，在档案修复外包工作中一般提倡使用传统的手工修复方式和相应原材料进行修复。但是，传统手工修复方式需要全手工操作和自然干燥，要求修复人员具备熟练的修复技术水平，管理者需具备专业的修复技术知识，能够现场指导修复人员操作，并能及时对档案修复质量进行检查，防止因操作问题影响档案修复质量。

（二）制定科学有效的制度规范

档案修复外包开始前要提前制定科学的管理规章制度，比如档案破损登记、档案修复分段排序规定、档案修复技术流程、修复工区安全管理规定、修复工区水电安全使用登记、修复质量标准、质量检查细则、修复工区垃圾检查等等方面。且随着修复工作开展，要及时梳理产生的问题，总结成功的实践经验，不断修改完善相关规章制度。

（三）确保修复现场的运转稳定

修复现场的运转稳定是修复质量稳定的前提。管理者每日需及时关注修复外包操作现场的整体情况，包括修复物资情况及档案修复质量。另外，要提前和送修部门沟通待修档案数量、破损情况，以便及时调整现场安排，要保证现场修复人员精神状态的稳定。修复外包现场整体工作运转顺利，档案修复质量才能更加稳定、可靠。

（四）及时登记各类数据，便于回溯管理

档案修复外包的工作成品是修复完成的档案。档案修复前后状态会发生改变。同时，档案随项目流转，修复完成的档案可能随其他业务部门项目进行流转或已经归还库房。因此，修复外包期间的流转过程数据显得尤为重要。档案修复质量检查情况必须如实登记，并做好留存。如果有条件，纸质单据可以转为电子扫描版，以方便验收或其他工作随时回溯。

（原载于《云南档案》2024年第1期）

浅谈明清档案数字化图像加工的若干思考

徐 杰 杨 永

随着信息时代的全面到来，人类对信息的利用方式日益多元化、开放化，档案信息作为人们认识和把握客观规律的依据，对于人类文化历史传承和促进社会发展的作用越发明显。为了应对信息社会对传统档案工作模式的挑战，早在20世纪80—90年代，发达国家档案及古籍文献数字化工作已系统开展。进入21世纪，国内档案数字化也逐步进行了探索和实践，但在文物历史档案数字化方面，鉴于其特殊的信息载体、文物性质及历史文化地位，采取的数字化加工模式均具有特定的环境约束，尤其在明清历史档案数字化图像加工方面，各地开展相对较少，缺乏大规模开展数字化图像加工外包工作经验。

中国第一历史档案馆（以下简称"一史馆"）保存着明清两代中央国家机关和皇家档案1000余万件（册），分为74个全宗，是研究明清社会历史重要的第一手资料，是国家的记忆，是中华民族宝贵的历史文献遗产①，内容丰富，体系完整，具有较高的历史价值、研究价值和文化价值。2011年5月，一史馆全面开展馆藏明清历史档案整理和数字化工作，形式以外包为主，至2015年10月已完成约357万件档案、3820万画幅的数字扫描工作。在此过程中，遇到过一些这样那样的问题，也积累了一定的经验。这里笔者就明清档案数字化图像加工工作中的几点思考与大家一起探讨。

一　明清档案数字化图像加工项目立项原则

明清档案数量巨大，内容多样，要做到档案数字化图像加工工作系统、有序，就必须制定科学合理的工作计划，长期规划与近期计划相结合。明清档案数字化图像加工项目立项时应以需求为导向，以利用为目的，在明清档案整理的基础上，综合考虑档案价值、利用频率、档案状况、人力资源及数字化图像加工设备能力，有步骤、有计划地系统推进。具体可参考如下原则：

（一）价值性原则

以档案内容有无重要或比较重要的查考利用价值作为档案数字化图像加工的首要依据。主要考虑在见证历史、传承文化方面具有普遍而长久利用价值的，在服务国家政治大局等方面具有珍贵史料价值的档案。

（二）实用性原则

以档案利用需求及使用频率为参考依据。主要考虑能够满足大众历史文化需求，对于明清历史文化研究具有重要参考价值，档案原件使用比较频繁的档案。

（三）系统性原则

以保持数字化图像加工档案内容连续、完整为参考依据。主要考虑保持数字化图像加工档案全宗完整，来源上、时间上、形式上的连续性和完整性。

（四）现实性原则

以现有数字化图像加工条件及档案状况为现实依据，充分考虑适合数字化图像加工人力资源、数字化加工设备能力及档案现实状况（包括馆藏档案数字化基础、整理基础、档案形制、数量及残损程度）的档案。

二　明清档案数字化图像加工模式及场地选择

（一）明清档案数字化图像加工模式的选择

明清档案形制复杂，主要以纸张作为信息载体。大部分档案年代久远，历经战火洗礼，已经存在一定程度的残损（如残缺、断扣、虫蛀、粘连等）。因此，在档案数字化图像加工模式的选择上要全面考虑档案实体的安全以及档案形制、数量和价值大小等特点。不同类型、不同价值的档案，对数字化图像加工的安全监管、质量保障、项目进度、总体设计要求不同，加工场地、资金规模和管理团队亦有所区别。作为一项长期复杂的系统工程，明清档案数字化图像加工需要耗费大量人力、物力、财力。为此，合理利用现有资源，实现数字化图像加工效益最大化，是目前选择数字化图像加工模式的基础。

1. 流水式、规模化数字化图像加工

笔者认为，档案数量较大，形制单一，保管状况较好的档案，应采取流水式、规模化的全流程数字化图像加工模式，同时为了能在短时间内完成海量档案数字化图像加工，使其尽快地服务于社会，应借助社会的力量，充分利用社会资源，以外包服务为主，全程立体监管，开展流水式、规模化数字化图像加工，从而达到项目规划目标。具体到项目本身，还要综合考虑数字化图像加工人员水平、设备现状及预算等其他因素。一般来讲，第一，可以采取先易后难、灵活搭配的项目化运作方式，优先考虑大全宗。第二，形制完整、档案自身状况良好优先（小于10%），残破比例较高档案其次，特殊档案暂不加工。第三，能够满足数字化图像扫描持续开展一年及以上的全宗优先考虑，数量较少但形制及档案状况较好的合并立项。第四，从档案形制和数字化图像加工设备考虑，折件类档案优先，簿册类档案稍后。

2. 小规模、个性化数字化图像加工

对于档案价值较高、形制复杂和保管状况较差的档案，在考虑档案实体安全的情况下，应采取配属式数字化图像加工模式。主要是以档案业务部门为主，外包服务为辅，小规模、个性化开展档案数字化工作。此种模式应以尽快实现档案利用价值为出发点，充分考虑最终成果形式及利用方式，根据档案的特点制定更为翔实科学的方案，质量规范及工作要求应高于国家标准，环节设定不宜过多、过繁，方便双方及时沟通，实现工作效率最大化。

在实际工作中，以上两种加工模式往往是有机结合的，相互穿插，相互融合，从而可以大幅度提高明清历史档案数字化图像加工进程，同时尽量满足现实档案利用需求，推动档案数字化成果转化利用。

（二）明清档案数字化图像加工场地的选择和部署

明清档案数字化图像加工场地的选择和部署，要基于项目宗旨，充分考虑档案的复杂程度及原件安全、流水作业条件、现场监管和参与人员，以及设备、网络、用电、光源、通风等多项因素。好的场地、科学的部署可以更好地保证档案安全，确保数字化图像加工任务完成得更加顺畅。

1. 数字化图像加工场地的选择

首先，要根据项目的工作流程和特殊设计要求，加工场地总体要求为通透大开间，便于监管；布局合理、科学，保证工作流程顺畅；通风要好，要有除尘净化设备；场地有前后安全出口，便于人员疏散。

其次，要有完整的安全监控系统，以确保档案原件安全。档案数字化图像加工场地要消防设施齐全，设置立体现场监控，建有档案暂存库房，方便加工档案的存放和保管，并要求暂存库通风良好、安全的门禁设施、双方专人专管，建有详细的温度、湿度和人员出入登记。

最后，要有完善的配电、照明、空调、网络系统。加工区为独立可控的配电，LED 环保光源，防静电地胶，配备加湿器，保证加工区现场符合历史档案保管对于光照限制、温湿度等方面的要求；电源、网点部署合理科学，满足需求，同时安全准确。

2. 数字化图像加工场地的部署

一要根据场地的大小、参与项目的单位以及人数、加工工作的环节等等，科学合理地划分区域。一般档案数字化图像加工区按功能划分为五个区域：档案暂存库房、前处理区、扫描区、图像质检区、综合管理区，主要针对数字化图像加工流程进行设置，通过对各环节数字化加工效率计算及匹配，合理划定各工区规模及工位设置，以方便开展档案数字化流水作业。

二要保证数字化图像加工整体运转顺畅。在工作过程中还要根据档案实际残破状况适时调整各工作区规模，以确保各环节衔接顺畅，保障项目进度。从近五年数字化图像加工实践来看，以上部署基本能够满足大规模开展历史档案数字化要求。

三　明清档案数字化加工过程中档案原件及数据安全

明清历史档案数字化，档案原件安全是工作中的重中之重，是不可逾越的一道红线，数字化加工过程中形成的数据也比较重要，广义概念下可视同为档案。"安全第一、质量至上、保障效率"为数字化图像加工的基本原则，要将档案安全放在工作的首位，保证档案实体"一件不丢、一件不坏、一件不乱"[②]。

（一）确保档案原件安全

重点关注两个环节，一是档案原件的流转，二是人员管理的严控。

1.档案原件流转，严格环节、细节、责任

首先，档案的提调、归还环节，涉及各方均设置专职档案提调管理人员全程监管，运送和交接过程须在监控设备监控下进行，并需要制定严格的交接、清点登记制度，规定档案交接须参与项目各方同时在场、清点到件，核对档案数量及目录，并由各方专职管理人员签字确认。

其次，档案的加工环节，建立及时纠错及责任回溯机制。在数字化图像加工各个环节制定详细的登记、交接和数据流转登记制度，明确数字化图像加工过程中各个环节责任人，规定加工人员活动区域，记录档案原件加工过程中的流转，并实行流转登记核查，加强数字化图像加工过程执行监督，确保及时发现问题、及时追溯、及时改正，能够实时了解档案原件运行轨迹，确保档案原件安全。

2.充分考虑人的主观因素和不确定性

第一，必须与外包公司签订项目"安全保密协议"，并对参加本项目的所有外包公司员工要求公司与其签订"安全保密协议"，进行必要的审核和涵盖详细的惩罚机制；设立专职安全管理人员，负责实体档案和电子数据的安全，负责加工现场人员出入管理、监控管理、消防管理等；指定设备维修、维护等相关人员，负责现场设备安全与维护。同时公司要及时对员工进行安全教育、安全培训，不断强化安全意识，牢固树立责任心，并将安全与质量、进度、利益挂钩，严格一票否决制。

第二，加强安全监管，安全制度要落实到人，落实到位，落实到工作。安全在于监管，重在落实。安全工作需要纵向监管，横向协管，工作中我们要时时遵守安全制度规定，还要不时地寻找安全隐患，发现安全隐患人人都应及时制止，及时报告，妥善解决。同时，安全制度的落实无论是项目组，还是公司都应该依照制度规定严格落实到人，落实到位，落实到工作中，层层包干，明确责任与惩罚机制，安全与公司奖励挂钩。

第三，保持外包公司加工人员稳定。严格要求公司管理人员及加工人员数量，在项目期间，公司管理人员原则上不能更换，每天保证有三名管理人员到场；加工人员每月变动原则上不能超过总人数的10%；建立公司管理人员和加工人员出勤登记制度；做好公司月度人员流动统计。

第四，建立公司人员备份机制。要求公司配备一定数量业务能力合格的机动人员，防止人员变动造成公司加工人员数量和业务能力下降，从而确保数字化加工各环节的有效运转和数字化加工质量的稳定。同时要求公司实施人性化管理，缓解加工人员由于重复工作造成的压力，确保加工人员思想的稳定，进而保障档案原件安全。

（二）确保数据完整、安全保密

档案数据安全主要从物理控制和人为控制两个方面着手。

物理控制主要是对数字化加工设备的管控，全部加工、管理设备处于独立局域网环境下作业，与互联网和办公网完全物理隔断，加工电脑与外部交换数据的接口（如不必要的 USB 接口、红外线、蓝牙、SCSI 口、光驱等）必须全部封断；加工设备与加工人员一对一绑定，加工人员禁止操作除自己加工设备以外的任何设备，且进入加工现场不得携带任何电子设备（包括但不限于手机、相机、笔记本、U 盘、移动硬盘、软盘、光盘等）。

人为控制主要是对使用软件及操作规范的监管。工作电脑只能安装必须的操作系统、杀毒软件，必要的设备驱动和数字化加工软件，严禁安装除此以外的任何其他软件；各工种操作人员均使用独立的工号和密码登录加工系统，并定期进行更换，专人管理，同时规定接触扫描数据人员范围，防止公司员工电脑交叉使用、预防项目信息外泄。为确保数据完整及安全，数据库管理系统的自动备份采取"每日备份、多重复制、异地存放"的策略，加工数据实时上传至指定服务器，本地不作存储。通过软件算法对影像数据加密，保证加工过程中数据安全，即使"非法"得到数据也无法打开及阅读。

四　把握明清档案数字化图像加工过程中关键环节

明清档案数字化图像加工是一项长久而艰巨的任务，通过近五年档案数字化图像加工实践，笔者认为，前处理、质量检查以及参与双方的沟通协调在整个数字化工作中起着至关重要的作用。

（一）前处理是保证进度和质量的基础

由于明清档案形制、残破状况以及纸张等情况比较复杂，在开展数字化扫描之前，为达到扫描工作需求，保证数字化质量标准，需要对待加工档案进行扫描前处理。通过扫描前处理，能够对档案特点及状况进行详细记录并做出相应处理，帮助扫描加工人员有效缩短扫描准备时间，在大规模开展历史档案数字化过程中，扫描前处理质量的高低、速度的快慢，对保障档案原件的安全、加快数字化扫描的进度和图像质量的保障起着关键作用，可谓为大规模档案数字化加工的火车头。

档案数字化前处理应包括档案点数、展平及修复等若干环节，第一，要根据档案秩序目录和档案备考表逐卷（盒）、逐件、逐页清点核对档案实体，按照实际扫描页进行点数并在电子目录添加画幅数量，以作为档案图像扫描、质检依据。第二，要在点数过程中详细记录档案出现粘连、压字、纸张脆化、残破等基本情况，需送修档案填写《档案送修登记单》后送修，待档案修复后再扫描，档案原件必须准确无误地按原有编排顺序归卷，以保证档案数字化后图像完整。第三，点数过程中发现档案有缺件、缺页，档号编制错误或目录登记与档案原件实际状况有出入等情况，须做好详细的记录，并及时通知管理人员解决，以确保数字化中档案的安全和各环节衔接顺畅。

（二）严格的质量检查是项目的生命线

作为明清档案数字化图像加工的最后一环，质量检查工作起着至关重要的作用，是项目的生命线。明清档案的珍贵性和不可再生性要求我们在对待档案原件时慎之又慎。档案原件从库房到加工场地，提调涉及部门较多，环节交接登记详细，加工一次极为不易，这就要求我们数字化加工必须一次完成，一次达标，减少重复提调和重复加工。

为此，数字化加工质量检查显得尤为重要，为确保图像质量，项目实施可采取三道质检程序：图像技术质量检查、100%原档比对质检、成品质检三道关卡。图像技术质量检查主要是按照数字化加工要求检查 TIFF 格式图像，检查重点为图像本身的问题，例如褶皱、压字、异物、彩线等；100%原档比对质检是以原档案和 TIFF 格式图像进行比对，重点检查图像信息的完整性和准确性；以上两道工序完成后，在生成 JPG 图像的同时，进行 JPG 图像成品检查，最终生成成品数据，提交项目监管方抽检验收。主要工作程序如下：

项目监管方分三级质检，第一级为项目监管组数据抽检，主要由质检工作组承担；第二级为项目组抽检验收，主要由数字化项目总监和安全、技术总监承担；第三级为项目验收抽检，由数字化项目领导小组承担。第一级主要进行 20%JPG 图像抽检和 5% 原档比对抽检，20%JPG 图像抽检主要是从项目实施方提交的数据中，随机选择 20%JPG 图像进行检查，检查重点为图像本身的问题，例如褶皱、压字、异物、彩线等；5% 原档比对质检是从提交 TIFF 格式图像数据中随机选择 5%，对比原档案进行检查，重点为图像信息的完整性和准确性，两项抽检都以随机方式开展，要求卷级覆盖率达到 90% 以上；第二级项目组抽检验收，由数字化项目组管理人员，即项目总监、技术总监和安全总监对提交 TIFF 格式图像数据随机抽取 1%—2%，对比原档进行检查。第三级为项目整体验收时，由数字化领导小组随机抽取图像数据进行审查验收。通过项目实施方和监管方的 100% 质检和抽检验收，基本上能够保证最终提交数据的准确性和完整性。具体工作流程如下：

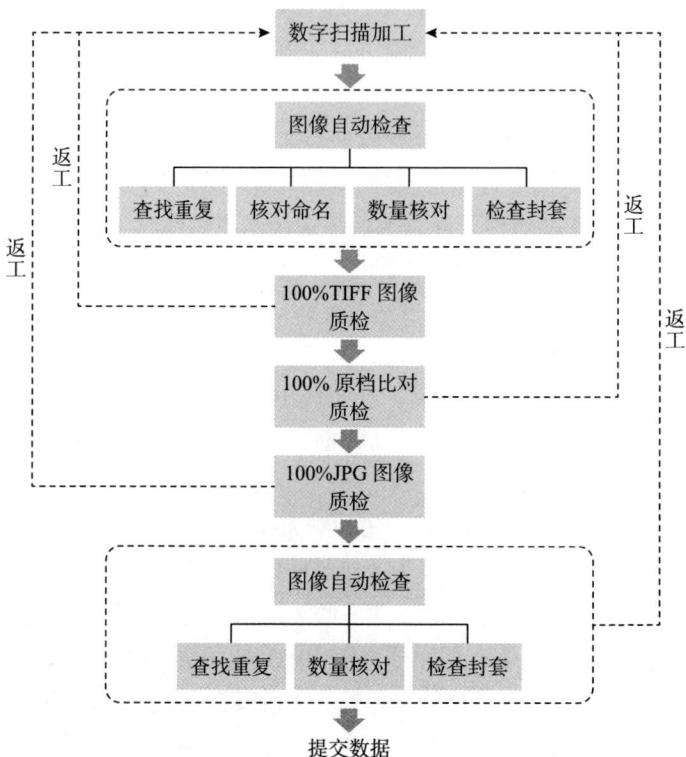

```
          ┌─────────────────────────────┐
          │      公司提交成品数据          │
          └─────────────────────────────┘
  返            ┌───────────────────┐            返
  工            │    项目质检小组     │            工
  不            └───────────────────┘            不
  合      ┌──────────────┐  ┌──────────────┐      合
  格      │ 5% 原件比对抽检 │  │ 20% 图像抽检  │      格
          └──────────────┘  └──────────────┘
                ┌───────────────────┐
                │     项目管理组      │
                │  2% 原件比对质检    │
                └───────────────────┘
                ┌───────────────────┐
                │      项目验收       │
                │    随机抽检图像      │
                └───────────────────┘
```

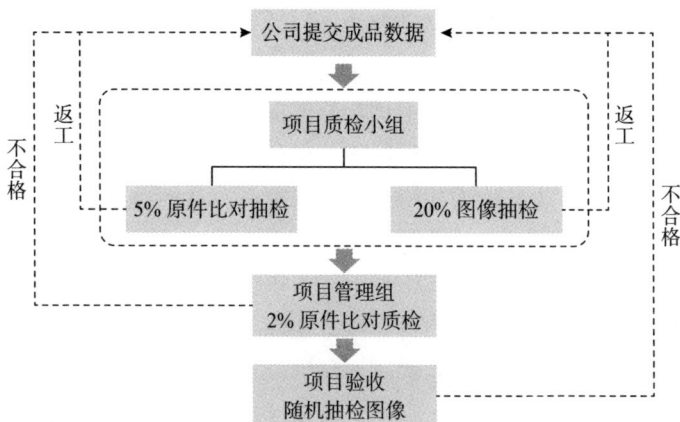

（三）有效沟通协调是一切工作的有力保障

大批量流水化明清档案数字化图像加工各环节紧密相连，首尾相接，相互联系，又相互制约，需要多个部门的同力协作，尤其是数字化图像加工监管部门、档案整理部门和加工公司的密切协同，才能在安全、有效保障的情况下使项目顺利地开展和保质保量地完成。

首先，加强部门间合作沟通是项目开展的基础。每一期新项目的开展前都需要了解项目档案的方方面面，对档案进行详细的调研，细致地了解档案的基本形制、档案的残破情况、档案的文种结构、档案整理时目录与实体的对应关系以及目录的命名架构、整理后的档案是否符合数字化图像加工的基本需求等，以更好地制定出科学合理的项目加工方案、实施细则。这就需要与档案保管、整理等部门进行详细的沟通了解，充分借鉴已有整理基础及档案保管状况，以针对性地制定项目实施工作计划及相关加工规范，为保障数字化加工项目顺利实施奠定基础。

其次，加强甲乙双方业务沟通是关键。明清历史档案的复杂状况，决定了数字化项目实施过程中各类问题和特殊情况的频发，这就要求甲乙双方必须保持良好的业务沟通，建立例行化的工作沟通机制，如数字化工作例会，业务讨论会，专题培训等。通过不断地沟通协调，寻求档案原件保护及利于数字化加工效果的最佳平衡点，最大限度地保障数字化加工标准一致性，确保数字化加工人员业务能力的稳定和不断提升，从而确保项目的顺利实施。

总之，明清档案数字化加工要重点保证档案原件、数据的安全性，数字化加工流程的科学性，现场工作的稳定性，进而保证项目安全、质量和效率能够达到科学设计的目标。实现探索明清档案数字资源真实性、完整性、可用性、安全保障及长期保存策略，将更多的明清档案在完成元数据著录、数据关联等环节后通过局域网和互联网提供发布与利用，提高明清历史档案的利用基础及效率，充分发挥明清历史档案的历史价值和社会价值，更好地为社会大众和专家学者提供服务。

注释：

① 赵雄：《明清档案整理数字化工作的若干思考》，《历史档案》2013 年第 4 期。
② 《中国第一历史档案馆规章制度汇编》2012 年 9 月。

（原载于《档案学研究》2016 年第 3 期）

明清档案"数转模"的
技术分析与管理探究

王海欧

作为明清档案最权威的保管机构，中国第一历史档案馆顺应时势发展探求出以纸质档案、缩微胶片档案、数字档案三位一体的档案管理模式，在不断提升档案开发利用水平的同时，更加注重对档案介质本身的保护。尤其在当今数字化技术突飞猛进的时代背景下，中国第一历史档案馆既注重有效保护传统纸质档案，也注重充分发挥缩微胶片在档案保护方面的功能，并在"数转模"技术方面积累了一定的经验。本文针对明清档案"数转模"过程中可能会遇到的一些技术性难题进行分析并探究相应的管理方案，希望能有益于同行们的工作实践。

一　明清档案"数转模"的技术条件及工作流程

随着信息技术的飞速发展，档案管理工作开始全方位进入数字化时代，伴随而来的是数字档案的长期保存问题。在档案行政管理部门着力强调异质备份工作的前提下，中国第一历史档案馆在加快推进档案数字化整理加工进程的同时也在稳步推进数字档案的"数转模"工作。中国第一历史档案馆从 2011 年开始对馆藏 700 万件档案进行数字化加工整理工作，2011—2015 年共完成 5 期 12 个数字化加工项目档案约 6 万卷，扫描档案原件 420 万件、扫描图像 4200 万画幅；计划在 2016—2020 年时段内完成数字化加工项目 3.6 万卷，扫描档案原件 287 万件，扫描图像 2900 万画幅。

应该明确的是，在当前数字化条件下，档案的开发利用固然重要，但对于传统历史档案文献来讲，长期保存更是不可忽视的重要环节。美国国家档案管理机构曾邀请权威单位确定档案的最佳保护介质，数十位专家对 5 种常用的介质（磁性介质、光盘、电子文档、纸张、胶片）进行论证，最后结论是纸张和缩微胶片最适宜文献的长期保存，建议用缩微胶片或纸质复制文献，以达到永久保存的目的。为保证"数转模"工作的有序进行，中国第一历史档案馆一开始就对档案数字化加工整理工作进行了技术规范，确定数字化图像主要技术参数：图像文件格式 TIFF，全彩色（RGB）、24bit 真彩色输出，分辨率不低于 300dpi，单页档案尺寸不超过 A3 尺寸标准画幅，且为 100% 原大尺寸扫描。同时规定，归档备份数据，采用多套多介质的备份机制，扫描图像存储采用 TIFF、JPEG（按原始 TIFF 格式图像转换、优化，压缩率为 50%）以及无损压缩 JPEG2000（按原始 TIFF 格式图像直接转换）3 种格式。经实践证明，这一系列技术规范是相当有价值的，不仅仅有利于传统纸质档案的数字化加工标准规范，同时更有利于后续"数转模"工作的有序进行。

明清档案"数转模"工作流程由一系列工序组成，主要分为 6 大环节，即数据接收下载环节、数据处理转换环节、胶片输出冲洗环节、公司质检环节、馆方抽检环节、成品移交环节。其中，数据接收下载环节是"数转模"整个过程中最基础的一个环节。数据接收员经授权后，根据项目批次的安排，下载接收档案 TIFF 格式图像进行清核，并按胶卷容量分配图像并制作文件夹进行逐一登记。数据处理转换环节是"数转模"整个过程中最重要的一个环节，转换人员将接收的彩色电子图像数据转换为黑白二值图像，并逐幅检查文件夹中电子图像的完整性、完好性以及顺序号，同时针对图像数据进行整合编排，添加电子标识区图像标板及文字说明等一系列数据前期处理工作。进入胶片输出冲洗环节，胶片输出人员要调试和操作数字存档机，按要求安装胶卷和预留片头、片尾护片及图像输出，冲洗员接收到已输出的胶片后，按照胶片的冲洗要求冲洗缩微胶片，待完成后移交质检人员进入下一步更为严格的质量检查以及成品移交入库。

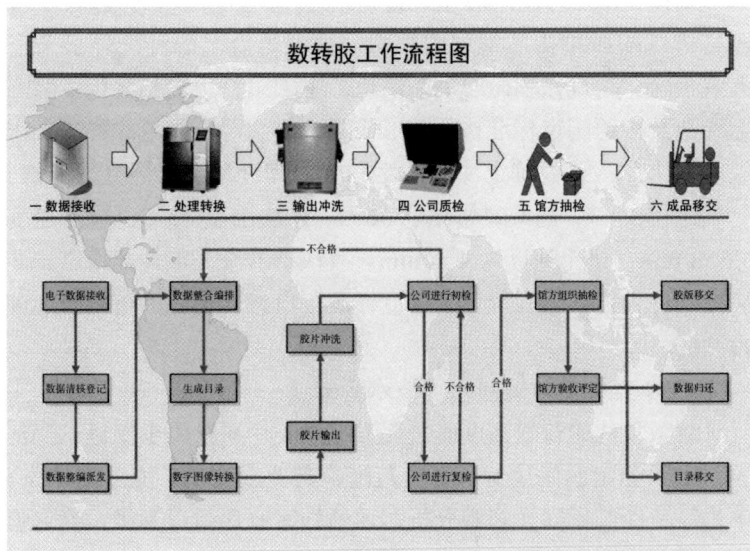

二 "数转模"输出缩微胶片的技术数据基础

中国第一历史档案馆从 20 世纪 70 年代就开始引入缩微技术，在缩微胶片质量检查方面有着丰富的工作经验。为确保缩微胶片不发生数据丢失或无法读取等相关问题，在"数转模"过程中，我们不仅要求对数字档案信息采取原汁原味的方式进行转换，而且在缩微胶片质量标准上要求与传统缩微胶片质量标准并无差别。2009 年 10 月国家档案局颁布了《数字档案信息输出到缩微胶片上的规定》（DA/T44—2009），规定了数字档案信息输出到 16mm 和 35mm 卷式黑白缩微胶片上的一般要求，这更为档案"数转模"工作提供了可靠的依据，确保输出缩微胶片的质量达到长期保存的标准。

（一）冲洗缩微胶片技术基础

无论是经数字存档机将数字档案信息输出形成的缩微胶片，还是传统缩微拍摄后形成的缩微胶片，所要求的冲洗环境条件大致相同。为确保缩微胶片的质量，中国第一历史档案馆参照国际标准及按照国家标准执行并形成了一整套严谨规范的科学工作程序。比如，首先确定冲洗条件 FP500 型冲洗机、阿克发药液、配制比例 1：3、药液显影温度 36℃、水洗温度 33℃、输片速度 3.5 m/min、烘干速度为 4 m/min。其次待冲洗药液性能稳定，冲洗控制片且符合原底片背景密度标准，再将转换后的缩微胶片进行冲洗。

（二）缩微胶片背景密度技术基础

缩微胶片的背景密度值是衡量缩微胶片质量的重要标志。首先，必须测定原底片背景密度范围，需要根据档案原件的纸张、字迹等条件的不同，客观分析、评估档案原件质量等级，确定胶片背景密度取值范围。由于明清档案纸张条件较差，字迹线条浅，特别是破损严重的手写体档案条件更差，所以背景密度值控制在 0.80—1.10 范围内效果才是最好的。其次，控制原底片的密度差。

现在常用的银盐拷贝片是一种反差较大的胶片，拷贝后，母片的高密度区在拷贝片上密度更高，而低密度区在拷贝片上密度更低，其结果反差增大，层次减少，给日后拷贝工作带来极大困难，所以原底片的密度差应尽可能地控制在 0.30 以内，以确保缩微胶片的质量。

（三）解像力检查技术基础

缩微胶片综合解像力是指缩微系统最终构成的解像力，是评价缩微胶片影像质量的一个重要指标。关于解像力，无论是采用传统缩微拍摄的方法形成的缩微胶片还是通过"数转模"后形成的缩微胶片，对缩微影像清晰度的要求是一样的，当然对缩微胶片综合解像力的要求也是相同的。根据国家标准（ISO3272）对一般文件摄影解像力的规定，缩率 1∶30，2 号测试图可分辨最小图样的空间频率原底片为 4.5，即 135 lp/mm。根据明清档案的具体情况，我们将缩率确定为 1∶32，原底片解像力为 170 条 lp/mm；缩率确定为 1∶25 时，原底片解像力达 140 条 lp/mm。

（四）缩微胶片入库保存条件

缩微胶片质量的好坏，除了取决于缩微胶片的化学稳定性和冲洗质量控制外，缩微胶片的保存环境和管理也是决定缩微胶片能否长期保存的重要条件。对于长期保存的原底片来说，控制好库房的温湿度，对缩微胶片的寿命及使用至关重要。从严格意义上讲，原底片必须存放在防火保险箱或绝缘密封容器柜中，胶片密封储存前应在储存温度和最低的相对湿度条件下调节胶片含水量，调节胶片湿度时可将胶片放在装有空调的室内或柜中。因为硫化氢、亚硫酸、次亚硫酸、二氧化碳等气体对胶片都有损坏作用，所以在放入空调房间时，利用水或活性炭过滤，将上述气体除掉，防止缩微胶片影像褪色、变色。

值得注意的是，严格按照缩微胶片档案管理的科学化和制度化进行管理，有利于延长胶片的保存寿命，提高胶片档案的利用率。为此，缩微胶片制作完成后，必须准确注明此盘胶片的胶片顺序号、档案名称及档案全宗、类别项目代码编号等，以利于日后方便查找使用和再制作。另外，缩微胶片入库时，需认真检查填写入库清单，如果发现胶片上有指纹印、胶片受潮、粘连、霉变或药膜有脱落等情况并带有腐蚀性气味时，库房管理人员有权拒绝接收胶片入库，待重新拷贝验收合格后方可入库封存。

三　"数转模"输出前的几大技术管理要素

在数字技术高度发展的今天，数模影像整合系统主要是通过利用数字存档系列产品及相应的软件系统，将数字技术传输的快速性、逻辑性和便利性优点同缩微技术的安全可靠性、永久性、真实性和经济性以及法律效力性结合在一起，共同纳入信息资料现代化管理的技术轨道。通过"数转模"技术手段，将电子档案信息转换成缩微胶片的根本目的就是有利于长期保存历史档案文献，以备数字档案信息一旦丢失至少还有胶片档案保存下来，并能再通过"模转数"技术手段将缩微胶片的模拟信息转换成数字档案信息进行再利用，从而有效实现档案管理的保护与利用双重功能。

然而，为了获得优质的缩微胶片，在"数转模"输出前就要对输出数据进行重新整合、编排、打包、打印；对前端生成完整的、格式规范的电子条目要逐一进行核对；对每卷、每件档案的特征图像与相应的电子条目进行仔细认真的核查；对所有数据进行全面的校正以确保输出数据的万无一失。前期工作是基础，基础工作做不好，后续就会出现偏差。因此，输出前的各项基础性工作越细化、越认真、越缜密、核查越到家，后续的"数转模"工作才会越有保障。

（一）电子目录数据与电子影像的一致性

基于馆藏档案数字图像分为档案正文图像和档案相关图像两种，根据档案实际状况及项目需求，中国第一历史档案馆对档案数字化工作将产生不同的数字化图像进行了命名规定。比如，档案正文图像命名采用"档号区＋画幅号区"命名方式，各级代码之间用"—"连接。档案相关图像为档案正文信息外的工作参考图像，采用"档号区＋标识代码区＋序号区"命名方式，各级代码之间用"—"连接。在输出前不仅要核查电子目录数据的文件命名、图像模式、文件数量等是否正确，而且要核查电子目录数据与电子影像数据是否一一对应、信息内容是否完整、顺序是否正确、有无遗漏现象等。

（二）电子影像文件逻辑顺序的准确性

中国第一历史档案馆在扫描时关于图像文件存储的结构有着严格的规定：数字图像的存储按档案类、项、卷三级结构依次建立三级存储文件夹，档案正文数字图像存储于卷级文件夹内；而各级文件夹又以自身级别的档号命名，档案相关图像存储根据自身级别存储相应层级文件夹内。明清档案上下跨越几百年，一千余万件，从档案文种上既有皇帝的制、诏、诰、敕、谕、旨，也有大臣上奏的题本、奏本、奏折和表文，还有各机构相互往来的移、札、知、照等不下百余种，扫描顺序也千差万别，因此必须对电子影像文件逻辑顺序进行认真细致的检查，不仅要检查卷级文件夹的顺序是否准确完整，检查卷内文件顺序以及文件夹内图像顺序是否准确完整，还要检查相应层级文件夹内档案的相关图像是否遗漏缺失等，这些均是基础性管理工作，不能有半点马虎。

（三）电子标版图像内容的正确性

按照缩微胶片制作标准，在打印缩微胶片之前还有一项重要的工作就是正确添加电子标版图像。电子标版内容包括片头符号、片头标识区、片尾标识区、片尾、待续、续上 6 个部分。片头标识区顺序为胶卷编号、法律凭证、技术标版、档案内容介绍、著录标版；片尾标识区顺序为著录标版、档案内容介绍、技术标版、法律凭证、胶卷编号。主要检查内容包括片首标识区所填写的内容与片尾标识区填写的内容是否一致，顺序是否正确等。另外，由于明清档案的特殊性如大臣上奏的内阁题本档案，扫描图像有的多达几百页甚至上千页，在分配缩微胶片画幅数量时，就会出现一盘胶卷内容不下某一件档案的全部内容，此时应按照缩微胶卷适当的容量合理分割这一件档案的内容，将剩余部分存入下一盘胶卷中，同时在上盘胶卷的片尾标识区应加入"待续"符号，而在下一盘胶卷的片头标识区加入"续上"符号。

（四）数字档案信息胶片输出的完整性

数字档案信息胶片输出过程中，文件格式、色彩模式、图像质量等因素对缩微胶片质量有着直接影响，而计算一盘胶片内合理的画幅容量更是必不可少的工作，既不能太少浪费胶片资源，又不能太多影响日后的拷贝。因此，为便于缩微胶片统一管理使用，中国第一历史档案馆参照传统缩微摄影技术标准，于 2012 年对内阁题本兵科和礼科的电子文件图像做了多次"数转模"试验，所选试验对象既包括状况较为完好的档案，也包括霉变、水浸、残破、字迹不清、图章压字等情况较为复杂的档案，基本涵盖了内阁题本档案的所有类型。试验结果表明，TIFF 格式图像经测验可满足使用需求，选择单列混排、负像、缩率 25、一级光点，16mm×30.5m 胶片 2400 个画幅，输出时片头、片尾各留至少 800mm 护片区以防止缩微胶片出现质量问题。

四 "数转模"项目实施过程中的技术管控及缩微胶片质量管理

"数转模"项目的实施过程，实际上就是不同档案存储介质的转化过程，在实际操作层面是一项非常巨大的管理工程。在存在诸多风险的条件下，尤其需要从技术层面进行良好的管控。传统纸质档案的数字化以及由以数字技术存储转化为以模拟技术存储，其项目的实施过程更是如此。从目前国内市场情况来看，囿于资金投入等方面的限制，多数单位的务实策略是由本单位专业人员来完成项目任务。但若该项目非常重要，且在项目资金到位的情况下，绝大多数单位往往经过一番成本的效益分析后决定采取项目外包的方式来进行。中国第一历史档案馆对馆藏汉文档案的数字化加工整理工作主要采用项目分包方式对外进行招标运作，无论是档案的整理数量，还是生成的电子档案数据量均实现了历史性突破，并取得了良好的工作业绩。更值得关注的是，整个项目实施过程中更将技术管控及缩微胶片质量管理置于相当重要的位置。

"数转模"项目实施过程中的技术管控与缩微胶片质量管理，实际上表现为操作过程中系统的有计划、有标准、有规范的日常监督与控制过程。在技术管控与缩微胶片质量管理活动中，过程监督是核心，质量核查是基础，因此需要有一个科学规范的监督与控制程序。只有这样，才能有效打破各部门间的界限，观察和预计可能出现的偏差并及时做出调整且实时处理大量的技术问题。比如，在核查数字影像时要求扫描图像应清晰，扫描色彩与原件视觉效果基本一致，图像页面与档案实际页面相符，不得出现漏扫、多扫、顺序颠倒现象，不得出现污渍黑点图像畸变等情况。又比如，在核查缩微胶片时胶片表层不得出现任何附着异物或图层脱落现象；不得出现断裂、擦痕、划伤、折痕等现象；严禁出现防光晕染料所造成的胶片染色痕迹以及药膜图层不匀等情况。产品质量无小事，只有采取科学规范的过程监督及质量核查，才能制造出真正合格优质的缩微胶片。

相对而言，档案"数转模"项目外包后所面临的风险更是显而易见的。从技术层面讲，主要是带来技术管理不确定性风险，"数转模"产品的质量可能会在外包之后下降，或者缺乏足够的技术兼容性等影响到新档案存储介质的价值因素。应该看到，档案单位管理方和外包承接方是两个不同的利益体，双方会以追求各自的利益最大化为目标。由于目标不同，要整合并与外包方建立密切的合作关系比想象中的难得多。为了规避业务外包所带来的风险，档案管理方应加强对外包承接方实施过程中的技术管控及缩微胶片质量管理，建立畅通的质量信息传递渠道，合理设置质量控制点，严格执行技术管控及缩微胶片质量管理标准。在有条件的情况下，争取建立由双方人员组织的技术控制小组，着眼于将质量管理从事后的处理、落实，推进到全过程的管理和控制，进而确保将技术管控及缩微胶片质量管理贯穿于整个项目的实施过程之中。只有形成全过程、全系统的技术管控及缩微胶片质量管理机制，外包单位才能给档案管理方带来稳定持久的优质缩微胶片。

总之，要有效实现明清档案"数转模"的工作目标，需要从多角度进行认真的考量，其中技术层面的因素更应该是值得高度关注的。在新时代条件下，中国第一历史档案馆现有纸质档案、缩微胶片档案、数字档案 3 种存储介质共存，且三者之间在互为依托中不断提升档案保护与利用水平。倘若在介质转换过程中不能执行严格科学规范的技术标准与缩微胶片质量管理流程，借助信息技术并适应信息化生存所衍生新的档案存储介质便徒具形式，不仅丧失了其自身应有的存在价值，而且也会伤损传统纸质档案，最终违背真正有效保护与利用历史档案的初衷。

（原载于《档案学研究》2018 年第 2 期）

历史档案数字化信息采集中
信息漏扫与应对

徐　杰

历史档案是我国档案资源体系的重要组成部分，是中华民族传统文化的宝贵遗产，是学术研究和社会文化繁荣的重要基石与资源宝库。为了更好地保护、利用历史档案资源，让历史档案焕发生命的活力，近年来历史档案数字化得以蓬勃开展，信息采集多借助社会力量，采取人机相结合的方式，安全实施，加速了历史档案数字化进程。

历史档案多为纸质档案，其年代久远，文种复杂，形制多样，并存在不同程度的残损现象。基于历史档案借助社会力量的采集模式，采集方式的人机结合，以及采集人员对历史档案的理解、认知的差异，给采集工作带来了许多困难，导致采集过程中会出现档案信息漏扫。众所周知，信息的漏扫、缺失会给日后历史档案的阅读、利用和研究带来诸多不便，影响历史档案学术价值、社会价值和文化传承的有效发挥，甚至带来历史档案原件的二次数字化信息采集和安全风险，因此不容忽视。

一　历史档案数字化采集中信息漏扫

信息漏扫是历史档案数字化信息采集工作中遇到的一个难

点，也是数字化信息采集工作的重点。工作中大家都力求完美无瑕、完整无缺地将历史档案信息采集并存储，方便后期的阅读、利用、史学研究。历史档案信息采集工作借助社会力量，人机结合，枯燥乏味的重复劳动，导致工作中出现信息漏扫，大家始终比较纠结、矛盾。虽然漏扫在实际工作中不可避免，可是档案人的职业追求又对它的出现零容忍。

（一）信息漏扫的原因

基于历史档案的珍贵文物价值和史学价值，文物部门往往在数字化信息采集过程中为了保存档案原貌，减少对档案原件的损坏，一般不编号，不拆装，不破坏档案原始状况。在这种情况下，一些簿册类档案、幅面较多的折件类档案、粘连状况复杂档案、残损档案，以及少数民族文字档案和外文档案等，成了信息采集中较为棘手的对象；再者，信息采集人员绝大多数是年轻人，缺乏对历史档案更多的了解和认知，短时间通过培训参与信息采集工作，易出现档案信息漏扫。

（二）信息漏扫的形式

历史档案形制、现实状况的复杂性以及信息采集人员对档案的认知不一，带来了数字化信息采集中信息漏扫的形式各式各样，有整幅面漏扫的，有半幅面重扫的，有折边信息漏扫的，有背面信息漏扫的，有粘接处信息漏扫的……其因各有所说，有的是档案特殊形制造成的，有的是工作中麻痹大意造成的，有的是业务不够熟悉造成的。

（三）信息漏扫的结果

历史档案信息采集中信息漏扫虽有不尽相同的形式和原因，但最终只有一个结果，所采集的信息不完整，对接下来的看图著录、电子档案信息的阅读、利用、史学研究等带来诸多不便，对历史档案自身价值和社会价值的发挥带来一定的影响，给研究者带来人力和财力的损失，给档案人的敬业打上了一个问号，还会给档案原件带来二次数字化采集和安全风险。

二　信息漏扫应对措施

（一）提高信息采集人员档案认知度

1. 提高责任强化意识

基于责任意识提升，采集人员端正工作态度，进一步提升工作能力。在数字化信息采集开始前，要针对历史档案特殊性、复杂性，组织开展历史档案专业知识和档案结构、形制的学习，进行针对性的培训，强化采集人员对标准的认识和理解，深入了解历史档案特点，提高责任心和对历史档案的认知能力。同时，强调历史档案数字化工作的重要性，进一步提升采集人员的大局意识，切实履行好岗位职责，把好历史档案信息采集质量关。

2. 标准规范强化统一

历史档案形制复杂、档案状况不一，很难采用一个数字化信息采集标准来衡量。为此，在制定数字化信息采集规范性文件时，要考虑标准规范的统一认知。首先，建立数字化信息采集标准，确定采集基本要求和操作规范，在信息采集原则和技术基础标准方面，确保各环节人员达成认知上的一致；其次，重视信息采集前试扫环节，采集方和监管方共同参与，针对不同文种、不同形制、残损状况差异的档案等，在信息采集标准规范的基础上制定详细的实施细则，统一双方对历史档案及规范、细则的认知。

3. 主动思考强化认知

加强信息采集人员思考主动性，提升工作积极性。采集人员要勤思考、勤询问，要善于挖掘、总结信息采集过程中历史档案的一致性与相通性。要时刻保持高度警惕，增强对问题的敏感性，对工作中存在的问题要及时发现，及时沟通，妥善处理，认真记录，切实强化历史档案的认知度。

（二）健全信息采集制度化科学化管理

1. 建立健全各项管理制度，强化工作方式

（1）历史档案数字化信息采集工作要建立健全管理制度，明确工作规范，做到管理有要求，行事有依据，过程有保障。制定数字化信息采集管理规定，明确数字化信息采集工作方式、工作流程和操作方法。完善数字化信息采集管理基础规范，完善数字化信息采集区督查管理办法，明确数字化信息采集、管理、安全、质量等基本标准，明确督查范围、流程及罚则。

（2）历史档案信息采集要重计划，稳节奏，严执行。重视工作计划，按月制定工作计划，及时发布，及时跟踪，及时总结。稳定数字化信息采集工作节奏，综合协调安全、质量和进度管理的平衡关系。强调执行的坚决性，处处有记录，事事有结果。

2. 构建全方位管理体系，严肃工作纪律

（1）明确岗位职责，制定岗位责任书。在历史档案数字化信息采集过程中明确各工作岗位责任人，明确监管范围，赋予相应的工作权利；同时，强化责任意识，确保履职无交叉，责任到个人。

（2）强化层级管理观念。历史档案信息采集工作中合理划分监管方、采集方、管理组和责任人的权限和责任，明确逐级领导、分工负责、各司其职的管理方式。工作分配要自上而下，先到管理组，再到具体责任人和信息采集岗位。

（3）严肃工作纪律。历史档案信息采集区严禁监管人员阅读无关书籍、杂志、报纸和玩手机等，禁止喧闹，严禁监管人员内部发生争执。严格考勤考绩，严格按照相关制度规定执行。

3. 实施参与化管理，加强采集方监管

（1）加强与采集方的沟通互动，严格执行例会工作制度，沟

通问题要形成备忘录，时时跟踪。同时，要密切关注采集方一线员工动态，从细微处发现隐患和问题，及时反馈给采集方管理层，及时解决。

（2）强化对采集方管理的监管。明确与采集方的双方关系与权责，严格按规定执行。重点关注采集方人员流动，强调月度的人员流动名额，做好人员流动登记。

（3）实时跟踪，主动管理。要求采集方数字化采集管理端权限开放，监管方指定专职技术人员，时时进入数字化采集管理端查看数据流转记录，跟踪信息采集工作进展，确保信息采集提交数据的安全性、真实性和完整性。

（三）构建业务沟通考核预警机制

1. 加强学习交流，提高业务能力

（1）建立日常历史档案专业知识沟通联络渠道，实时进行特殊历史档案业务交流，共同研究特殊历史档案数字化信息采集操作规范。

（2）组织开展内部经验交流。定期组织双方召开管理经验交流会，取长补短，相互学习，共同提高。

（3）建立内部学习交流平台。对信息采集工作中发现的新问题、新情况及时整理，形成文件，定期发布到中间数据管理平台，实现双方的知识沉淀，经验共享。

2. 完善培训管理，加强咨询指导

（1）完善对采集方的业务培训及考核体系。严格业务培训教材、文件，组织采集方人员的历史档案实践操作培训；落实采集方、监管方两级考核上岗制度，加强对采集方人员业务水平监管。

（2）建立有案可查、有例可循的现场咨询管理制度。指定现场咨询责任人，监管方为现场咨询指导第一责任人。建立咨询指导登记制度，每一例咨询指导均要记录备案，并在双方内部及时发布。现场咨询登记定期整理，典型问题和常见问题及时总结，及时上传中间数据平台，纳入培训范围。

3. 改善信息采集流程，建立问题预警机制

（1）改进点数工作方式。在历史档案点数画幅环节，采取双人正反两面点数，簿册类档案以 50 画幅为单位放置标签。对点数中发现的特殊情况，在"数字化信息采集流程单"上标注相应信息，以提醒采集人员避免信息遗漏。

（2）建立质量问题预警机制。批次历史档案信息采集错误率超 0.5‰，要汇报相关负责人，并对采集方提出预警。同批次同类质量问题出现三次以上，适当提高本批次质检比例。同批次质量问题集中出现，要对前后关联档案进行抽查。

（四）强化信息采集技术有效支撑

基于历史档案数字化信息采集工作的人机结合，采集技术和流程管控的有效支撑至关重要。进一步提高信息采集人员责任意识，严格按制度规范操作，让技术控制和流程管控互为辅助，克服历史档案数字化信息采集密集型、采集工作枯燥给人员带来的困扰，最大程度地减少历史档案信息采集的漏扫。

1. 技术层面。通过计算机技术应用，控制历史档案信息采集漏扫。一是通过数字化信息采集平台权限控制，利用采集系统自动检查采集信息数量和目录录入信息数量是否一致，信息命名及封套信息是否正确，若实际采集信息与目录出现不吻合时，自动停止采集信息上传，由采集人员检查核对采集信息的准确性，保证采集环节数据正确。二是引入 OCR（Optical Character Recognition，光学字符识别）技术，对采集上传的同一件历史档案所有信息进行匹配度识别，增强技术层面核准，进一步检查采集信息是否存在重扫、漏扫。

2. 流程层面。流程控制历史档案信息漏扫，重点在采集前处

理和质量检查环节。采集前处理，对档案信息详细登记，如档案形制、画幅数量、粘条、夹条、背面信息、粘连情况、残损状况等，作为信息采集目录备注信息，以提醒采集环节人员勿漏扫。质量检查环节，一是设置采集方100%档案原件比对，对采集图像逐画幅比对档案原件，检查是否信息漏扫；二是监管方的质量验收除设置图像质量检查外，还设置比对档案原件检查，以确保历史档案信息采集的完整。

三　历史档案数字化采集工作几点启示

（一）思想上高度认知，计划规范前瞻适用

档案部门在谋划历史档案数字化信息采集工作时，首先要充分考虑数字化信息采集在档案数字信息资源体系建设中的定位，明确信息采集的目标。其次，做好采集工作前的调研及准备工作，制定采集的长远规划和项目任务目标，充分考虑利用需求、现有设备及人员等条件，做好资源调配，系统制定采集方案、质量标准、操作规范和实施细则等，要前瞻、适用，可操作，知行合一，正确面对和应对信息漏扫，确保采集计划执行。

（二）采集流程架构科学，环节衔接紧密高效

基于历史档案数字化信息采集工作中涉及的档案状况复杂、多样，信息量较大，采集环节较多，其间要多方面入手，多角度考虑问题，要所有环节齐抓共管，建立一套涵盖全流程、各环节的科学流程管理体系，相互协作，密切配合。另外，整个采集过程中应实施在线流转，严格制度规定，紧密衔接，科学高效，精细化工作，以保证采集信息的完整性。

（三）建立良好沟通机制，确保采集顺利实施

历史档案数字化信息采集工作头绪多，涉及部门多，业务范

围广，尤其是档案监管方与信息采集方之间，要相互信任，建立良好有效的沟通协调机制。双方决策层举行定期例会和业务研讨，积极掌控采集工作的安全、质量、进度与资源配置的科学关系；同时，监管方要深入信息采集环节中，积极开展业务指导，协调解决工作中的疑难问题，时时掌握采集工作动态，实现全流程、全方位监管，有效避免漏扫，确保采集工作保质保量顺利实施。

（原载于《数字与缩微影像》2020年第1期）

明清档案"数转模"
项目质量风险及对策

王海欧

时下明清档案的"数转模"项目，实际上是在传统纸质档案经扫描后制成电子档案的基础上，通过计算机、数字存档机等相关专业技术设备将数字影像输出打印到缩微胶片上，制作出内容信息完全等同于传统纸质档案但存储介质却截然不同的作为备份档案的缩微胶片。在实际操作过程中，"数转模"项目是一项比较复杂的管理工程，涉及一系列组织管理环节和技术管控要素，任何组织管理环节和技术管控要素出现疏忽或失误，都有可能使原件档案的内容信息出现遗漏、失真甚至丢失等多重质量风险，进而危及备份档案的真实、完整、可靠、可用。本文针对明清档案"数转模"实施过程中可能遭遇到的质量风险和所需要的质量管控对策，结合中国第一历史档案馆多年来的实践经验进行分析，努力探究确保以缩微胶片作为异质备份档案的内容信息与传统纸质档案的内容信息，在完整意义上实现等同且具有同等价值的质量管理之道。

一　确保异质备份档案与传统纸质档案的
内容信息真实完整可靠可用

在传统历史档案以纸质为存储介质的条件下，档案存储介质与档案存储信息二者之间是互现的，其内容与形式均是可视的，看见纸质这一存储介质本身就意味着看到了档案内容，白纸黑字摆在那儿，"摸得着也看得见"。但纸质档案内容信息数字化或者模拟化后，其存储介质无论是缩微胶片还是其他介质，所呈现出来的都只是一种外在表现形式，所存储的档案内容信息必须借助相应阅读工具才可以展现出来，比如缩微胶片只有通过胶片阅读器甚至放大镜或显微镜才能看见胶片上的档案信息，而电子文档的内容信息则需要借助计算机才能供人浏览。这就导致出现"摸得着（胶片或光盘、磁 盘、硬盘等存储介质）看不见（存储信息）"的现象，由于"摸得着"的存储介质与"看不见"的存储信息二者之间出现形式与内容的分离，使得"数转模"项目中的制作者拥有足够的灰色空间在制作过程中放松对产品内在质量的要求，进而使得备份产品中档案内容信息出现遗漏或失真，这一现象在"数转模"项目实施外包之后表现得尤为突出。

明清档案作为一种特殊的信息资源，就其管理工作而言，传统纸质档案经异质备份后的数字信息或模拟信息都必须能够真实完整地再现其原始性的特点，这也就意味着传统纸质档案内容在复制备份过程中不能有任何的拼接、修改、删除等操作，并能够长期永久保存。正因为如此，无论采用哪种存储介质或采取何种存储技术，若要成为有效保护明清档案的最佳方式，仍然是数字化时代之前的那些基础条件。一是永久性。明清档案管理工作的根本基础是长期永久性保存其珍贵的纸质文档，而拥有170多年历史且技术成熟标准规范的缩微胶片在这方面拥有无可争辩的优势，相对而言，尽管其他各类存储介质保存期限也比较长，但还没有比纸张和缩微胶片保存时间更长的先例。二是真实性。随着高端电子技术的迅速发展，破坏档案真实性的技术手段更加先进，能否从根本上真实再现明清档案的原始状况，还原纸质档案的真实性、直观性，就成为选择新生存储介质的核心标准，缩微胶片因此拥有得天独厚的优选条件。三是可靠性。由于电子文件档案信息很容易被篡改，而且也很难找到篡改的痕迹，实现异质备份档案内容的真实可靠便是选择存储介质的又一重要因素，这项择优标准恰恰也是缩微胶片采用模拟技术手段所展示出来的突出特性。

二　"数转模"项目实施过程中的质量风险要素及其技术管控

明清档案"数转模"项目实施过程中易出现的产品质量风险是多方面的，甚至可以说是全方位的。应该看到，产品质量风险管理是一个系统化的过程，贯穿于备份产品的整个生命周期，即贯穿于档案异质备份的制作、保管、移交和利用的全部过程。其中，制作阶段的质量保障是确保异质备份产品整个生命周期质量的基础与核心，是质量风险管控的源头。"数转模"项目实施过程中产品质量风险主要体现在制作阶段产品质量的不确定性，即损益残次产品发生的可能性。为了管控好异质备份产品的质量，我们必须在备份产品风险识别的基础上进行具体分析和评估衡量，并依照结论采取有效措施，尤其是从技术要素上做好相关质量风险控制，做到防患于未然。

（一）"数转模"输出前的质量风险要素及其技术管控

转换缩微胶片之前有很多具体工作需要认真地完成，比如要对输出数据进行重新整合、编排、打包、打印等多道工序。这期间产品质量风险要素及其技术管控主要表现为三个方面。一是档案的电子目录数据与电子影像数据技术要素。其中电子目录数据涉及文件命名是否正确、图像模式是否转换、文件数量是否准确，电子影像数据是否完整、排列顺序是否正确、是否有遗漏现象，这是"数转模"项目中最基本也最繁琐的工作，稍有疏忽，就会出现产品质量问题。二是电子影像数据文件逻辑顺序技术要素。中国第一历史档案馆在扫描时对图像文件存储的结构有着严格的规定：数字图像的存储按档案类、项、卷三级结构依次建立三级存储文件夹，档案正文数字图像存储于卷级文件夹内；而各级文件夹又以自身级别的档号命名，档案相关图像存储根据自身级别存储在相应层级文件夹内。由于卷级文件夹内涉及的文件数量不同，有的甚至上百件之多，极易出现文件遗漏、顺序颠倒或错位等现象，所以认真核对卷级文件以及具体的文件数量工作就显得尤为重要。三是缩微胶片制作标准技术要素。缩微胶片制作标准首先是正确添加电子标版图像，内容包括片首标识区及片尾标识区，要求片首标识区所填写的内容与片尾标识区填写的内容一致、插入顺序正确，因为前后标识说明若出现不一致，对于将来的利用者来说在查找方面无疑会带来不必要的麻烦。

（二）"数转模"输出过程中的质量风险要素及其技术管控

明清档案"数转模"工作流程包括数据接收下载、数据处理转换、胶片输出冲洗、公司质检、馆方抽检、成品移交等六个工作环节，每个环节都有可能出现影响产品质量的风险因素。比如在数据接收下载环节当中档案图像格式没有按照 TIFF 格式进行下载接收，而是采用 JPEG 或者 JPEG2000 图像文件格式转换，就有可能出现马赛克、档案信息丢失等现象，甚至有学者会认为转换后的数据不是元数据，对其真实性表示质疑。电子影像数据不完整或者排列顺序出现差错，也会导致电子目录数据与电子影像数据无法得到有效的链接，最终使我们找不到正确的档案信息数据。在数据处理转换环节中是否将接收的彩色电子图像数据转换为黑白二值图像，是否逐幅检查文件夹中电子图像的完整性、完好性以及顺序号，是否正确添加了电子标识区图像标板及文字说明。在胶片输出冲洗环节中，缩微胶片输出人员是否按照操作规程正确调试和操作数字存档机，是否按要求安装胶卷等，输出时片头、片尾是否各留800mm护片区以防止缩微胶片出现质量问题。针对上述风险因素的种种表现，技术管控工作必须对前端生成完整的、格式规范的电子条目逐一进行核对，认真核查每卷、每件档案的特征图像与相应的电子条目等，对所有数据进行全面的校正，并根据国家档案局于2009年10月颁布的《数字档案信息输出到缩微胶片上的规定》（DA/T44—2009），满足数字档案信息输出到16mm和35mm卷式黑白缩微胶片上的一般要求，以确保输出缩微胶片的质量可以达到长期保存目标。

（三）"数转模"输出后的质量风险要素及其技术管控

鉴于明清档案纸质的特殊性，首先，客观分析、评估档案原件质量等级。要确定输出缩微胶片的原底片背景密度值控制在0.80—1.10范围内（一般情况下16mm胶片背景密度值确定为0.90—1.10，35mm胶片背景密度值确定为1.20—1.30），密度差是否控制在0.30以内。如果超过这个范围，会使银盐拷贝片密度反差增大，即高密度区在拷贝片上密度更高，低密度区在拷贝片上密度更低，层次减少，这会给日后拷贝工作带来极大困难。其次，确定文件摄影底片的解像力。根据国家标准（ISO3272）对一般文件的摄影解像力的规定以及明清档案的具体情况确定：缩率为1∶32时，原底片解像力为170 lp/mm；缩率为1∶25时，原底片解像力为140 lp/mm。若解像力低于预定值会使胶片影像出现字迹模糊、重影等现象，会严重影响日后的阅读效果。第三，探求适宜的库房贮存管理及核查指标。对于长期保存的缩微胶片来讲，库房要有较好的密闭性，远离工业区和繁华市区以减少大气中有害气体和灰尘对缩微品的侵害。库房内部要安装除尘效率高的空气过滤器或其他吸附装置。胶片库房温湿度要求符合国家胶片存放标准，即温度要求控制在 13℃—15℃，相对湿度控制在 30%—35% RH 范围内，胶片必须存放在防火保险箱或绝缘密封容器柜中，防止缩微品影像褪色、变色。

三　"数转模"项目质量管控过程中应协调好的四个基本关系

质量管控虽不能杜绝一切可能性的质量风险，但可以把产品的质量风险损失控制在可以承受的范围内。就传统纸质档案的介质转化或异质备份制作过程而言，针对传统纸质和所要求转化的备份介质特点，其质量管理过程就是系统地、连续地、科学地认识所面临的各种风险，分析可能引起这些质量风险的原因和条件，并采用一定的管理方法和监督手段来降低各种风险发生的概率。在此过程中需要协调好四个基本关系。

（一）协调好质量管理与工作进度之间的关系

"数转模"项目的实施过程就是缩微胶片的制作过程，因此缩微胶片质量的好坏取决于制作过程中的有效控制，任何一个环节的疏忽都可能导致缩微胶片质量不合格，因此在制作过程中需要详细记录工作清单，包括日常工序流程数据的填报、各种技术数据的收集与分析等，这一系列文档材料的正常录入往往会被理解为束缚了产品的工作进度。与此同时，专职或兼职的质量监督人员的介入，产品抽检频率的提升，更会使得制作者与管理者的关系常常处于紧张和敌对的状态。毫无疑问，当质量管理与工作进度发生冲突或不能均衡的时候，首先应该服从"安全第一，质量至上"的工作原则。同时更重要的是，应从根本上看到产品质量管理与工作进度之间互为促进的良性关系。若加工制作过程中确实出现不顾产品质量而盲目抢时间赶进度的情况，一旦检查出产品质量问题，必然需要新的人力、物力、时间去进行处理，进而使得产品质量和效益都难以保证。为此应事先认真对产品质量、工作进度做出客观务实的详细规划，制定周详的措施予以严格执行，这样不仅能够减少返工消耗的时间和成本，而且更会减少后道工序的生产成本，自然工作进度会有所提高，生产成本也会随之降低。同时，只有监管人员严格履行职责，制作人员也才能更加专注于质量和进度，双方的工作效益才能实现最大化。

（二）协调好质量管理与过程管理之间的关系

"数转模"项目实施过程中的技术管控与缩微胶片质量管理，实际上表现为操作过程中连续的有严格标准与系统规范的日常管理与控制过程，同时这个管理过程反过来又遵循一个科学规范的监督与控制程序。其中，过程管理是基础，质量核查是关键。过程管理本身所具有的监督特性往往通过相应技术规范可极大地防止不合格产品发生，但这并不能完全保证产品质量的稳定性，而质量核查可极大地确定产品质量的稳定性。在过程管理中通过质量核查进一步掌握产品的质量动态，根据核查的产品质量波动情况及时对制作过程进行适当调整，最终保证产品质量。值得注意的是，产品质量的核查尤其是产品的抽检工序，应由非生产部门来完成，因为若抽检产品由生产部门自行把握，比较容易出现质量失控状态，即便他们自身也愿意努力做好整个过程的管控工作。产品质量无小事，只有采取科学规范的过程管理及严格的质量核查，才能制作出真正优质合格的缩微胶片。

（三）协调好质量管理与安全管理之间的关系

应该看到，就整个档案工作的质量安全管理而言，"数转模"项目实施过程中的产品质量管控只是其中的一个重要组成部分。全面质量安全管理需要管理层和所有员工共同参与，需要全体员工获得共识并采取共同的自觉行动，需要相关专业管理人员通过系统科学的方法来贯彻实施。备份产品制作前端，原始纸质档案可能会发生虫蛀霉变或意外损毁的情况，其数字化过程可能因管理不严而导致档案被涂改或者调包替换。备份产品在制作过程中更是涉及诸多安全环节，比如用电设备的管控问题、消防安全的监管问题、现场人员的管理问题，其潜在的隐患均需要得到及时有效的控制。同时与项目管理实施过程密切相关的整理、交接以及信息系统改造、数据迁移等环节均与其他相关部门发生关联，需要各部门同样采取严格工作流程、明确操作规范。为此，需要建立起覆盖全时、全员、全区域、全过程的质量安全及保障体系，并在档案实体、档案信息整体安全的前提下更好地实现产品质量管理，确保所有的质量风险都得到识别，让识别的质量风险得到有效管理与控制。

（四）协调好质量管理与外包项目管理之间的关系

时下档案界在实践过程中的"数转模"项目大部分是采取外包方式来进行的，所面临的产品质量风险与技术控制难度更是不言而喻的。从技术层面上带来的技术管理不确定性风险，导致缩微胶片的制作质量可能会在外包之后下降，或者缺乏足够的技术兼容性。应该看到，尽管实行外包旨在发挥外包方的专业优势，但档案管理单位的最终目标还是希望获得优质的产品，这与外包方更多关心物质利益的出发点是有重大差别的，外包方关心物质利益的需求是以最小的成本获取最大的收益，其中一个非常明显且具体的表现就是外包方提供的操作技术人员普遍存在专业水平不高的现象，他们往往是经过短期技术培训之后就匆忙上岗，只会简单的重复操作，业务水平难以提高，且人员变化频繁，现场管理难度加大。为规避业务外包所承担的风险，档案管理单位应加强对外包方的管理，提高外包方的档案安全保护意识和专业操作技能，有效实施计划、组织、指挥和控制，而其中最为关键的因素在于推进外包项目过程中构建起严格的技术控制，创造条件建立由双方人员组织的技术控制小组，建立及时信息沟通与反馈系统，实时了解和掌握工作动态与出现的新问题，加强对产品质量的监督检查，切实提高专业技术管理人员的执行力。

总之，档案安全是档案工作的底线，是档案事业的根基。针对"数转模"项目实施过程中易出现的产品质量风险，应建立健全确保异质备份档案真实完整的质量安全体系，要始终把档案备份产品的内在质量放在优先位置，当产品质量与其他事项无法兼顾时必须优先保证备份产品内容信息的真实可靠性。尤其在档案工作面临内外部环境日趋复杂的形势下，应强化有效应对危及档案安全的技术控制与质量管理，突出关键治理环节和重要技术管理要素，妥善处理好相关管理过程和诸多管理要素之间的关系，并将相关技术管理手段融入具体鲜活的管理活动之中。

（原载于《档案与建设》2018 年第 7 期）

谈明清档案数字化工作的难点与对策

杨永　徐杰

历史档案是我国档案资源体系的重要组成部分。它不但是中华民族传统文化的宝贵遗产，也是政治经济文化活动的历史凭证，更是学术研究与社会文化繁荣的重要基石与资源宝库。作为历史档案重要组成部分的明清档案，其主体是各类纸质档案，由于年代较为久远，在具有珍贵文物价值和史料价值的同时，也具有形制复杂、残损严重等特点，对数字化工作造成诸多困难。中国第一历史档案馆（以下简称"一史馆"）是馆藏明清档案数量最多的中央级国家档案馆，自 2011 年 5 月就开始大规模引入社会力量，开展明清档案数字化工作，至今已完成超过 4000 万画幅的数字化扫描工作。笔者以此为基础，将数字化工作中遇到的问题及应对策略概述如下。

一　明清档案数字化工作难点

明清档案具有以下两个特点：一是文种复杂，形制多样；二是年代久远，状况较差。一史馆保存的档案，前后跨越 550 多年，内容涉及明清两代政治、经济、军事、社会发展各个方面，不但文种（约有 100 多个）较多，且档案形制不尽相同，包括折件、簿册、舆图以及实物等；另有部分档案或尺寸特殊（如幅面超过

45cm×60cm，部分簿册厚达 15—20cm），或档案中有夹条、贴条等，状况较为复杂。加上政权更迭、战乱破坏等一系列原因，档案损毁情况严重，较大部分档案存在不同程度的残破、褶皱、虫蛀、霉变、粘连等情况。鉴于上述特点，明清档案要比现行档案数字化难度更大，尤其在规模化数字化过程中，容易遇到如下几点困难。

（一）档案原件的安全问题

安全是档案数字化工作一条不可逾越的红线，尤其是明清档案数字化加工，由于档案原件文物特征明显，价值极其珍贵，保证档案原件安全成为重中之重。一方面，档案从出库、数字化加工到最后的入库，环节较多，接触人员范围较广，易出现安全防护隐患；另一方面，由于档案年代久远，残损状况较重，数字化过程中，一旦操作手法、加工方式稍有不慎，都会造成档案原件的损伤，加速档案老化。如何做好档案原件不丢、不损坏，是明清档案数字化外包管理中的一个难点。

（二）档案修复技术条件问题

明清档案的修复不同于现行档案，与文物古籍修复方法类似，专业要求高，准备周期和修复周期长。由于明清档案残损比例较高，对规模化明清档案数字化而言，残损档案的修复容易成为加工过程中的一个瓶颈。项目单位若专业修复场地不足，技术人员较少，无法满足所有档案的修复需求，将给数字化工作的流程化操作造成了极大困难。

（三）档案信息易漏扫问题

为保存档案原貌，减少对档案原件的损坏，业务部门在数字化过程中一般不编号，不拆装，不破坏档案原始状况。这种情况下，一些簿册类、幅面较多的折件类档案以及一些少数民族文字档案和外文档案，极易出现档案信息漏扫，对日后的著录及利用造成困扰。由于档案粘连状况复杂、簿册档案、满文档案较多，档案残损较重，一史馆数字化工作过程中，更易出现此类问题。

（四）加工质量不易控制问题

从明清档案特点来看，一方面，不同文种的档案形制不同，数字化加工要求也不同，很难采用同一个数字化加工标准来规范操作；另一方面，明清档案颜色丰富，对色彩还原要求较高，对设备使用和质量检查提出了更高的要求。从人员管理角度来看，加工人员流动性比较大，整体业务素质及水平容易起伏，在标准规范的理解上不易统一，从而导致数字化加工质量不易保持稳定。另外，明清档案较高的残损比例，一定程度上也增加了加工难度。这都是明清档案数字化加工质量不易控制的难点所在。

二　明清档案数字化工作难点应对

（一）档案原件的安全防护

国家档案局于 2014 年 12 月发布了《档案数字化外包安全管理规范》，从档案管理部门、数字化加工服务部门、加工场地、制度、流程等各方面，对档案原件及数据安全提出了细致、全面的工作要求和规范。一史馆的数字化工作连续几年实现档案安全零事故，基本是在这个框架基础上实现的。在场地管理、制度、流程、设备、监控等方面，一史馆都采取了严密的安全防护措施，并设置了严格的档案原件交接流程，建立了档案原件加工过程的流转机制、追溯机制等。除此之外，还有两个方面的做法值得借鉴。

1. 高度重视安全教育培训。一史馆充分考虑了人的主观因素和不确定性，把安全教育培训作为档案安全防护的起点，重点培养加工人员的安全责任意识。其主要做法有三，即集中培训、工作例会及警示教育。集中培训主要在项目开始前进行，着眼于培养加工人员对历史档案的责任感及主人翁意识，让加工人员切身体会档案安全的重要意义；工作例会主要从操作层面强调安全注意事项，通过周、月度工作例会，查找工作中存在的安全隐患，及早预防；警示教育主要采取案例汇编、召开全体人员警示教育大会等形式，用一些事故案例进行警示教育。通过以上三种方式，让加工人员在意识层面和操作层面时刻保持警醒，强化安全意识，最终确保各项安全举措得以贯彻落实。

2. 尽力避免和降低加工过程档案原件的损伤。在档案数字化加工过程中，除了场地温、湿度控制、消防安全定期检查、现场人员管理等安全措施以及严格的制度约束外，监管方通过专业的培训，严格的安全检查，管理侧重点的引导，以及规范加工人员对档案原件的操作手法，以避免和降低加工过程档案原件的损伤。首先，重视培训及安全检查。项目开始前，加工人员必须通过监管方档案修复和前处理操作培训。项目过程中，监管方设置现场安全巡查人员，全程检查加工人员档案原件操作手法是否规范。其次，注重细节管理。如接触档案原件必须身穿工作服，戴手套，佩戴口罩，一次只允许打开一件档案，配备岗位专用档案保管箱，保存档案碎屑等，从细节上狠抓档案原件安全。第三，管理手段控制。强调公司一检合格率，提高扫描工作质量，降低成品数据回退率，减少对档案重复扫描加工。通过以上措施，在保证档案原件流转安全的基础上，有效降低了加工过程中对档案原件的损伤，确保了档案原件的安全。

（二）扫描前处理中的档案修复瓶颈

为解决扫描前处理修复瓶颈问题，一史馆曾尝试过多种办法。目前主要采取修复前置和延后处理两种做法相结合的方式。

修复前置，是对需要数字化扫描的残损档案提前进行修复。

通过档案整理目录提调残损档案，集中力量在数字化扫描之前完成修复并回库。此种方法，在馆藏档案的大规模整理工作结束后才逐步开展。一方面对档案的整体状况有了基本了解，对档案残损状况有了详细、准确的记录，能够根据数字化加工规划逐步开展；另一方面，修复外包工作逐渐成熟，修复力度进一步加大，也为此种方式的开展提供了可能。

延后处理，主要是对由于目录信息统计不准确而未能提前修复的以及老化、残损档案，在数字化加工过程中集中出现而无法在当前项目及时完成修复，统一登记，制作专门目录，详细记录档案残损状况，延后修复、扫描。此部分档案在当前项目加工时不做图像扫描，只预留目录信息及存储空间，待项目结束后另行安排计划修复，修复完成后补充扫描。此种方法，能够保证数字化加工各环节顺畅，确保项目整体进度。另外，对于延后处理的档案，虽然残损严重，但如档案自身信息完整，档案实际状况适合开展抢救性扫描，可不修复而直接进行扫描，先保留档案信息，再进行登记，延后处理。如一史馆将准备延后处理的残损档案再细分出"应修已扫"档案，在确保数字化外包工作进度和效率的基础上，防止档案持续老化造成档案信息丢失，这也符合国家档案局"确保国家重点档案抢救和保护工作顺利实施"的工作要求。在实际工作中，往往是两种方式相结合来做，具体采取哪种方式，要根据档案整理及残损状况以及修复力量而定。

（三）减少档案信息漏扫

根据一史馆数字化加工经验，档案信息漏扫问题可以从流程控制和技术应用两个方面来解决。在流程控制方面，重点在扫描前处理及质量检查两个环节控制档案信息漏扫。扫描前处理环节，对档案信息进行详细记录，如档案类型、画幅数量、粘连情况、粘条及背面信息情况等，作为数字化加工目录信息，提醒扫描员在扫描过程中不漏扫相关内容。在质量检查环节，设置外包公司100%原档比对环节，对扫描图像逐画幅比对档案原件，检查是否有信息漏扫。甲方质量验收时，除设置图像质量检查外，还应设置比对原档检查环节，以确保图像信息的完整。经过一史馆数字化加工实践检验，尽管各环节原档比对需耗费较大的人力，但却是相对有效的控制漏扫的方法。

在技术控制方面，通过技术应用进一步控制档案信息漏扫。一方面，通过扫描环节平台权限控制，利用数字化加工系统自动检查扫描图像数量和目录录入画幅数量是否一致，图像命名及封套图像是否正确，一旦实际扫描图像与目录出现不吻合时，阻止扫描图像上传，倒逼扫描员检查核对扫描图像的准确性，从而保证扫描环节数据质量。另一方面，引入OCR图像识别技术，对扫描环节上传的同一件档案的所有图像进行匹配度识别，进一步检查图像是否重扫、漏扫。

无论是流程控制手段，还是技术手段，关键还在于人员操作，只有进一步提高加工人员责任意识，严格按制度规范操作，两种方式互为辅助，才能最大程度上减少档案图像信息漏扫。

（四）确保数字化加工质量稳定

确保数字化加工质量稳定，可以从统一标准规范认知、稳定加工人员业务水平及加工设备使用与维护三方面入手。

1. 统一标准规范认知。明清档案形制复杂、档案状况不一，很难采用一个数字化加工标准来衡量。为此，在制定规范性文件时，就要考虑标准规范的统一认知，采取分层设计的方法。首先建立数字化加工图像质量基础标准，确定图像质量基本要求和操作规范，在加工原则和基础技术标准方面，确保各环节业务人员能够很快达成认知上的一致。其次，重视加工前试扫描环节。通过档案试扫描，外包公司各环节加工人员和甲方监管人员共同参与，针对不同文种、形制和残损状况的档案，在基本质量要求和操作规范的基础上制定详细的质量标准和实施细则，有利于统一双方对项目档案及规范的认知。

2.稳定加工人员业务水平。首先，确保加工人员数量的稳定，控制加工人员流动比例，并设定相应处罚机制。其次，实施考核上岗制度，对加工人员进行培训和技能考核，培训过程中保证各环节加工人员对标准规范认知的一致性；考核可分为公司内部考核和监管方考核，两次考核通过，方能上岗。第三，建立加工人员备份机制。要求外包公司各环节配备一定数量业务能力合格的机动人员，可承担不同环节岗位工作，以防止人员流动造成加工人员数量和专业能力下降，从而确保各工作环节的有效运转和数字化加工质量的稳定。

3.数字化加工设备使用与维护。要确保图像色彩稳定，除定期更换色卡、做好色彩检查外，要严格设备操作规范，做好设备维护，在使用细节上不能忽视。如扫描仪启动必须保证足够预热时间，使用过程中随时清洁灰尘，及时更换白色背景板及玻璃罩，定期清理内部微尘，时时掌握扫描仪的总扫描画幅数等。只有严格按操作规范执行，注重使用细节，才能确保加工设备的正常运转，进而确保数字化加工质量稳定。

三　明清档案数字化工作的经验与启示

明清档案数字化工作是一项重大的系统工程，涉及资金、人员、设备、管理等诸多方面，投入大，范围广，需要档案管理部门认真考量，充分调研。要用科学的态度、方法和精神，从可持续发展的角度，制定近期和长期发展规划，并强调计划执行，充分利用现有资源及客观条件，做好项目排序、成本控制和资源配置。

（一）制定科学的数字化加工规划

档案数字化是一项长期而又艰巨的任务，完善的制度、良好的管理模式必不可缺，但前提是要有科学合理的数字化加工规划。档案部门要找准数字化在档案信息资源体系建设和档案事业发展中的位置，明确数字化加工的最终目标，统一认识；充分做好数字化工作开展前的调研及各项准备工作，制定数字化加工的长远规划和年度任务目标，做好人员和资源调配。在规划和年度计划的制定上，要充分考虑档案利用需求以及人员、设备等现实条件，既要有前瞻性、适用性，又要有可操作性，才能确保数字化加工规划的最终执行。

（二）建立有效的工作沟通机制

档案数字化工作千头万绪，涉及部门多、范围广，尤其是档案管理部门与数字化实施单位之间，更要相互信任，用共同的目标将双方有机联系起来，建立起有效的沟通协调机制。决策层要有例会等定期沟通机制，从整体上掌握整个数字化工作的进度和资源配置。具体执行过程中，合作双方不但要指定相应的责任人对接，还要在数字化各环节指定相应的负责人，尤其是档案管理部门，要深入到数字化加工现场各环节管理中，及时开展业务指导，协调解决各种问题，才能切实掌握数字化工作动态，实现全流程、全方位的管理，确保工作计划的顺利执行。

（三）做好成本控制，实现效益最大化

档案管理部门要有成本意识，学会引进成本控制等经济活动中的管理方式。尤其是历史档案数字化，由于档案形制不一，纸张状况较差，其数字化的成本较现行档案数字化偏高，投入比较大。为此，档案管理部门要做到精打细算，包括设备管理、耗材使用等，认真核算数字化过程中各环节工作量和工作难度，考虑当地人工成本及经济水平，采取合理的定价策略。同时，还要在数字化过程中严格控制非档案内容的一些无效信息数字化，把投入产出比做到最好，实现社会效益最大化。

大数据时代的到来，给明清档案数字化提出了新的要求。随着 OCR 技术及云计算技术的发展，"全文识别""语义检索"必将成为明清档案数字化以及利用的主要发展方向。这是为社会大众提供全方位、快捷、精准服务的迫切需要，也是充分发挥明清档案文化及历史价值的现实要求，应成为今后明清档案数字化工作考虑的重点。在做好档案图像加工的前提下，如何更好地开发、利用档案信息资源，将是明清档案数字化面临的重大挑战，也是明清档案数字化持续发展的必经之路。

（原载于《历史档案》2017 年第 3 期）

浅谈某档案馆数字化加工
网络环境建设及优化

胡芳芳

一　档案馆档案整理数字化工作前的网络环境

　　该档案馆原有网络环境搭建于 2001 年，核心交换机为 3COM4007，服务器接入交换机为 3COM4900，楼层交换机为 3COM3300，共 12 台交换机；连接了业务服务器 14 台、存储设备 3 套、计算机终端 200 余台，不存在多链路，主要用于日常业务办公。档案整理和数字化项目启动后，对数据流量的要求很大，已有的网络环境不能满足大数据量的要求。该馆需要通过网络建设、优化改造，满足档案整理和数字化项目的网络要求，搭建一个安全快速稳定的网络。

二　档案馆网络构建要解决的主要问题

　　针对该馆内网络环境中存在的问题，对以下几个方面进行改善：第一，网络布线规模的扩大。档案整理和数字化项目实施后，外包公司驻场，馆内需要的计算机工位会大幅度增加因此需要进行现场布线，增加点位。第二，网络基础设备的更新换代。原有的设备老旧且已停产，无后续备件支持，存在一定的安全隐患。通过更换老旧的交换机设备，提高网络环境稳定性和安全性。第三，网络链路稳定性的提高。原有网络单设备或单链路情况较多，如果设备或者链路出现问题，直接影响工作正常进行。通过链路聚合、设备冗余备份等方法，减少网络单点故障。第四，网络安全的保障。原有功能区域划分不细致，各个接入区域和功能区域不明确。根据不同的工作区域，进行安全域划分，确保局域网内网络安全。

三　该馆网络构建的具体解决

（一）网络布线规模的扩大

通过本次网络环境建设中，网络布线新增信息点近 500 个，采用六类双绞线作为终端接入，接入速率实现 1000M 带宽到桌面，布线结构采用星型布线结构。根据整座建筑的布局，主要设施部署一部分需要利用原有配线间，另一部分需要增加两个新的配线间。根据网络建设要求及综合布线实施标准，接入层网络交换机集中放置在两个配线间，配线间与中心机房采用多模光纤互联，多模光纤（传输距离是 500m）传输带宽 1000M。

（二）网络的可靠性设计

随着该馆档案整理与数字化项目开展，为满足网络规模扩大，网络通讯业务量大量增长的需要，要设计更全面、可靠的网络，以实现网络通讯的实时畅通，保障企业生产运营的正常进行。计算机网络可靠性主要从三方面考虑：首先是设备级可靠性设计，这要从网络设备整体设计架构、处理引擎种类等多方面去考察；其次是业务的可靠性设计，要注意网络设备在故障倒换过程中是否对业务的正常运行有影响；再次是链路的可靠性设计，要考虑网络设备是否能够提供有效的链路自愈手段和快速重路由协议的支持。

1. 设备级的可靠性设计

首先替换原有的老旧 3COM 交换机，统一采用某公司出产的交换机，因为同一公司的交换机在命令行操作上、对报文的处理规范上、规则定义上更加统一，避免了不同公司的交换机在搭建网络时可能出现的网络耦合问题。该馆采用的是核心层—接入层两层的网络结构。配备了高性能的核心交换机，对办公网络和数据加工网络进行整合，同时搭配大量的接入层交换机，把馆内所有的终端计算机接入网络。核心交换机采用的是某公司的大容量高性价比的三层交换机，可以作为小规模网络核心层设备链路连接，具有高速转发的能力，千兆接口，整机交换容量可达 768Gbps，背板容量大于等于 1.6Tbps，共有 8 个槽位，该馆配置板卡 4 个，具有千兆电口 96 个，千兆光纤端口 72 个。接入交换机采用的是同公司生产的二层交换机，确保馆内终端计算机全部接入局域网。

2. 业务的可靠性设计

主要通过接入层交换机的备机的方式，提供业务的可靠性，确保网络设备在故障倒换过程中是否对业务的正常运行有影响。

3. 链路的可靠性设计

为确保链路的可靠性，该馆使用了生成树协议和链路聚合。生成树协议即 STP，在交换机上使能 STP 后，通过接入层交换机在局域网内间传递 BPDU 报文，确定网络的拓扑结构，有选择地对某些端口进行阻塞，最终将环路网络结构修剪成无环路的树型网络结构，从而防止报文在环路网络中不断增生和无限循环，避免设备由于重复接收相同的报文造成的报文处理能力下降的问题发生。链路聚合可以实现流量在聚合组中各个成员端口之间进行分担，以增加带宽。同时，同一聚合组的各个成员端口之间彼此动态备份，提高了连接可靠性。核心交换机与部分大数据流量接入层交换机之间采用链路聚合的方式连接。核心交换机上配置了大量的动态链路聚合组，负载分担模式为二层报文由报文入端口，目的 mac 地址，源 mac 地址通过计算求的。三层报文由目的 IP 地址和源 IP 地址通过计算求的。

（三）网络访问控制的实现

网络访问有了网络设备和基本连接后，重要的是实现网络功能，实现不同区域的网络通讯、逻辑隔离、安全访问和资源间的共享。在交换机层面，该馆通过 VLAN 的划分和下发 ACL 实现办公区域和数据加工区域间的网络隔离和共享。

（四）网络带宽的优化

档案整理数字化项目，每工作日产生数据近 2TB，其中大量的数据是在档案的扫描过程中产生的，为了扩大网络的带宽，该馆采用了以下的办法：1. 接入层交换机与核心层交换机间通过光纤连接。光纤传输具有速度快、抗干扰能力强的作用。通过光纤接口连接，实现了网络有较高的带宽，为高性能的档案扫描提供了保证。2. 接入层交换机与核心层交换机间通过链路聚合。链路聚合不仅能起到备份作用，而且通过负载分担，实现了扩大带宽。以接入交换机 AH1 与核心交换机的链路连接为例，AH1 接入的计算机是某生产工区，每天有大量的数据整理和扫描的工作，需要通过网络进行上传和下载，对网络的不间断性要求较高。AH1 的 g0/23 和 g0/24 口属于聚合组。上行连接核心交换机的聚合组端口 g2/0/1 和 g3/0/1。

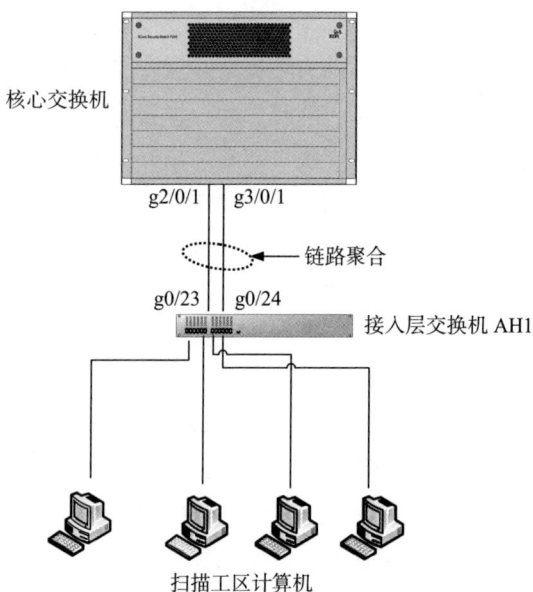

图 1　扫描工区的网络拓扑图

以下为统计核心交换机 SW 和接入交换机 AH1 聚合端口收发报文。测试时间为 2017 年 8 月 11 日 15：00，核心交换机 SW 设备运行时间为 14 天 7 小时 29 分钟。AH1 设备运行时间为 14 天 8 小时 1 分钟。通过搜集在两台设备下端口的收发报文情况，得到表 1：

表 1　端口报文收发情况表

交换机	聚合端口	Input（total）packets	Output（total）packets	Input（total）packets 总数	Output（total）Packets 总数	丢包数
SW	g2/0/1	532265	181493792	862767951	526199928	≈ 0.0005%
	g3/0/1	862235686	344706136			
AH1	g0/23	344699745	862231863	526189057	862763961	≈ 0.002%
	g0/24	181489312	532098			

如表可以看出，SW 入方向的报文数和 AH1 出方向的报文数相差为 3990，丢包率约为 0.0005%，SW 入方向的报文数和 AH1 出方向的报文数相差为 10871，丢包率约为 0.002%。并且端口的带宽增加，以 AH1 为例，g0/23 作为聚合组的主端口，带宽扩大为单个端口的 1.52 倍。

（五）网络压力的缓解

档案整理数字化加工部门为主要数据生产用户，数字化加工日均生成图像存储约为 2TB，如果单个交换机都作为扫描设备的接入点，则交换机的压力过大。档案整理产生的数据压力较小，通过把用于档案整理的计算机和用于档案扫描的计算机均匀连接在一台交换机上，很好地实现了单个交换机网络压力的缓解。

四　总结

经过了网络建设以及优化调整，该馆局域网对网上办公和档案整理和数字化工作的支持能力大大提高，为档案整理和数字化工作的顺利开展提供了基础条件，形成了一个稳定性、安全性等各方面都明显优于原有网络的全新网络环境。

（原载于《电子测试》2018 年 03/05 合刊）

明清档案电子数据管理的创新与突破

——数据治理的规范构建、模型塑造与系统革新

李　静　娄　健

　　在数字化时代的汹涌浪潮中，电子数据呈现爆发式增长态势。中国第一历史档案馆（以下简称"一史馆"）作为明清档案数据资源的核心保管机构，正面临海量电子数据带来的巨大挑战。为了解决海量档案电子数据的数据治理难题，一史馆以创新为导向深入开展课题研究，通过制定具有专业性的明清档案电子数据管理元数据规范，精准构建业务域逻辑模型，以及开发功能强大的明清档案电子数据综合管理平台，实现了明清档案电子数据管理的重大突破，为应对海量电子数据管理开辟了工作新路径，为大型综合档案馆的数据管理提供了前瞻性的思路与方法，为加强数据治理提供了极具价值的技术参考范例。

　　为了加强档案信息的保存和利用，数字化已成为档案管理的必然趋势。明清档案作为珍贵的历史文化遗产，近年来伴随数字化生成的海量档案电子数据的管理正面临着前所未有的挑战。如何有效地管理海量的明清档案电子数据，确保其真实性、完整性、可靠性和可用性，成为摆在明清档案工作者面前的一道难题。笔者从一史馆档案电子数据管理实务出发，在充分分析存在问题并开展调研基础上，开启探索明清档案电子数据管理的创新之路。

一　现状与挑战

一史馆作为国家级档案馆，拥有丰富的明清档案资源。随着档案数字化工作不断推进，馆藏档案电子数据存储总量已达7PB。如此大量的档案数据分散存储于馆内多个业务部门以及多种存储介质上，缺乏统一的管理平台，无法集中统一管理和利用。此外，由于缺乏统一的数据标准和规范，导致数据格式、编码、命名等规则不统一，数据的一致性和准确性难以保证。

海量的电子数据存储规模给一史馆的数据治理工作带来了巨大挑战。一方面，需要有效整合、清洗和应用宝贵的档案电子数据，实现数据价值最大化。另一方面，需要及时跟进数据管理技术和数据应用技术的发展，不断提升档案数据管理工作的质量和效果。针对上述"痛点"和"难点"，一史馆数据管理部门一直在积极探索如何改进和尝试创新工作模式来提高海量电子数据的管理效率。近年来，一史馆基于明清档案电子数据管理工作实务，通过分析明清档案电子数据管理工作特性，研究适用于明清档案电子数据管理业务域的元数据，探索一史馆明清档案电子数据管理科学化、规范化的新工作模式，建设明清档案电子数据综合管理平台，力争以全新的技术手段提升明清档案电子数据管理工作水平，推进一史馆档案数字资源管理工作迈向科学化、智能化。

二　改进思路与举措

本文以一史馆档案数据管理业务现状为切入点，深入剖析当前工作中存在的问题、短板以及制约因素。通过对业务流程进行细致入微的梳理，精准定位数据管理中的瓶颈环节，为后续改进措施明确方向。一史馆在充分讨论数据管理组织架构、明确数据管理职责、制定数据管理制度和流程等措施基础上，开展了详细的调研工作。首先，广泛搜集、整理国内具有行业代表性的元数据标准文献、电子文件管理规范等文献资料，了解国内外电子数据管理的先进经验和研究成果，为改进数据管理模式提供理论支持。其次，对馆内档案数据管理工作情况开展调研，了解数据管理业务需求和相关工作标准，对数据管理现状和存在问题以及解决思路进行交流探讨，调研了国内主要档案馆在档案电子数据管理方面的经验和国内档案信息化头部企业推出的多个电子档案信息化管理系统，分析各系统主要功能。同时，调研了企业数据行政管理等非档案行业的数据管理理念，对各类数据的汇集、管理、分析、统计、清洗功能进行比较研究。

在调研分析基础上，厘清一史馆在明清档案数据管理工作中的问题和难点，并基于自身的数据管理需求确定以制定标准规范、构建逻辑模型、开发信息化管理平台为主要方向的数据管理模式改进思路。

三　具体成果内容

（一）制定明清档案电子数据管理业务域元数据规范

对明清档案电子数据管理工作涵盖的所有业务实体和业务事件进行汇总，建立统一规范和描述，实现多渠道来源电子数据的无差异化管理。通过对不同来源渠道的业务实体和业务事件及其业务属性进行梳理和分析，为其建立统一规范和描述，为建立统一的数据管理平台和数据利用平台奠定坚实基础。例如，对于不同存储介质建立统一的元数据标准，达到规范化描述数据存储介质的目的，进而实现数据的集中化管理，显著提高了数据的可整合性与可利用性。

在具体操作上，精准确定明清档案电子数据管理业务域范围及基础性规范，梳理业务域中各实体和事件的业务属性，对同类实体进行业务实体泛化。明确元数据描述方法，精心撰写规范文档。在制定元数据规范的过程中，充分考量数据治理的要求，建立数据标准，规范数据格式、编码、命名等规则，切实确保数据的一致性和准确性。例如，统一档案编号格式，明确档案名称命名规则，使得不同来源的档案数据在命名和编码上具有高度一致性，便于数据的检索和管理。

（二）建立明清档案电子数据管理业务域逻辑模型

详细梳理明清档案数据管理业务域的工作内容和工作流程，打通数据生产、保管、使用环节的业务通路。通过对工作内容和工作流程的深入梳理，明确各个环节的数据流向和业务关系，为建立逻辑模型提供稳固基础。例如，从档案的数字化生产环节到保管环节再到使用环节，清晰界定每个环节的数据输入和输出，以及数据在不同环节之间的转换和传递关系。

在严格符合元数据规范的基础上，建立明清档案电子数据业务逻辑模型，实现不依赖于具体数据库产品的业务逻辑描述。这一逻辑模型为未来新馆建设时规范不同厂商软件产品之间的数据差异提供了有力保障。

通过专业建模工具软件创建清晰、直观的逻辑模型文件，为明清档案电子数据综合管理平台的开发提供了强有力的业务逻辑设计基础。待后续平台开发启动时，可以根据数据库选型结果由逻辑模型直接生成相应的数据库建库建表脚本，既节省开发阶段的设计工作量，又利于未来的数据迁移和整合工作。

（三）开发建设明清档案电子数据综合管理平台

在提炼整合数据管理业务规则的基础上，开发建设了明清档案电子数据综合管理平台，大幅提升一史馆档案数据管理工作的信息化水平。该平台的建设充分考虑一史馆的实际业务需求，通过提炼和整合数据管理业务规则，实现了对档案数据的高效管理，有效改善以往档案相关数据割裂管理的现状，实现数据存储集中化、管理过程可视化、数据利用自动化。改变了以往数据分散保存、手工台账管理的弊端，建立了一个事实上的馆级档案数据仓库，实现数据的集中化存储和集中化治理，显著提高了数据管理效率和数据利用价值。

　　明清档案电子数据综合管理平台在功能上实现了对档案全宗体系数据、数字化生产项目数据、数据备份体系数据、数据利用体系数据的多维度透视管理，在高级查询、快速报表、数据简报、数据存址查询（如图1所示）、电子数据溯源、数据共享等方面有效弥补了传统数据管理方法的短板，极大地提升了电子档案数据管理工作的质量和效率。同时，明清档案电子数据综合管理平台作为档案数据治理的重要工具，能够实现对数据的集中管理、监控和评估，平台提供了强大的数据质量核查功能，通过批量开展数据质量审核和数据质量治理，可以及时发现和修正数据质量问题，有效提升了一史馆档案电子数据总体质量，并为数据治理策略的制定提供了科学依据。

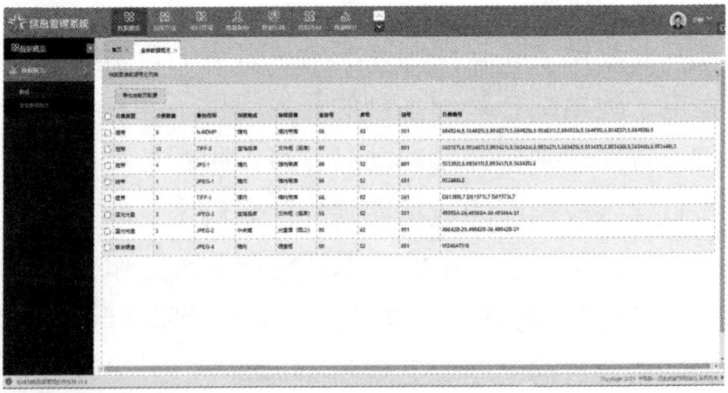

图 1　数据存址查询

四　管理创新点

（一）制定符合明清档案电子数据管理特性的工作规范

制定《明清档案电子档案管理元数据规范》，全面涵盖了明清档案电子数据管理全业务域元数据设计、捕获、著录的一般要求，为明清档案电子数据的管理提供了统一标准，为各相关应用系统的建设提供了业务规范和数据规范，也为未来各系统间实现数据互通共享打下良好基础。避免了未来各种来源数据由于格式标准不一无法整合无法共享的问题，也避免了在信息化建设过程中再走"先建设、再改造、后整合"的老路。

（二）实现档案相关数据的集中化系统化管理

在数据管理平台建设中，对多来源、多类型、多标准的数据按照元数据标准进行梳理重构后，统一纳入平台进行管理。通过对来源于馆内各业务部门、数字化外包公司以及数据管理部门自身的多源异构数据进行梳理和分析，基于各个业务实体之间的逻辑关系进行归类、泛化等处理，简化和统一对于档案数据管理业务相关业务实体、业务事件的描述规则，进而实现了基于统一规范的数据集中存储和管理，改变了以往数据分散保存、台账手工管理等弊端，建立了档案数据汇集机制（如图 2 所示），实现各类档案电子数据集中统一保存和系统化管理，显著提高了数据管理效率和质量，也为未来开展档案数据深度利用和共享提供了便利条件。

（三）创新实现数据多维透视关联管理

通过制定元数据规范和建设数据管理平台实现了明清档案全宗体系数据、备份体系数据、数据物理存址数据、档案数字化生产项目数据等多维度数据之间的相互关联，突破性地实现了多维度数据之间的透视管理。这使得数据管理人员能够更加方便地开展数据追溯、数据利用等工作。这一创新举措是大型综合档案馆在档案数据管理上的一次突破，极大地提高了档案数据管理工作的便利性和工作效率，具有十分显著的应用价值和推广价值。

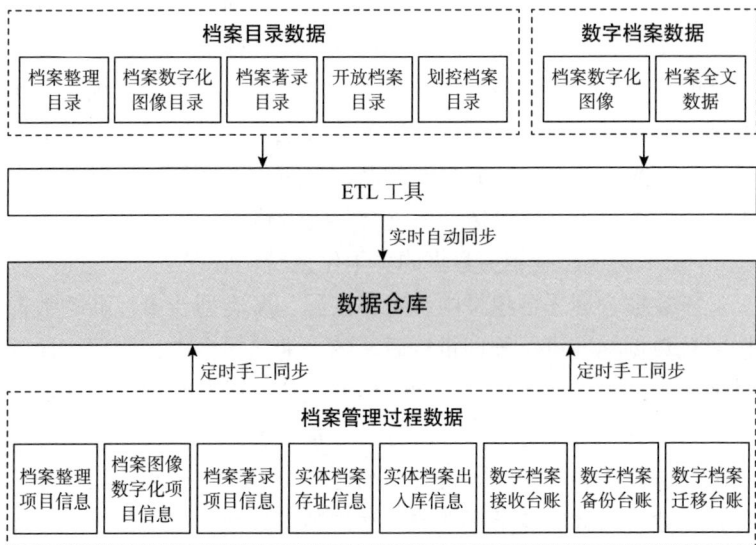

图 2　数据汇集机制示意图

（四）全面提升档案数据综合治理能力

数据管理平台定制开发了强大的数据质量校验功能，通过灵活配置数据校验策略，可以高效便捷地开展数据质量校验，发现海量档案数据中隐藏的各类值域错误、业务逻辑关系错误、冗余错误、缺失错误等数据质量问题，辅之以系统化、规范化的数据质量问题修正工作，可以形成"数据接收—数据存储—数据校验—数据修正"的数据质量问题闭环管理，进而实现纳管数据整体质量不断提升，为未来数据的深入应用打下良好基础。

（五）提升多套多介质备份数据的管理水平

数据管理平台创新性地实现了多套多介质数据的汇总管理，形成宏观的数据管理视图，有利于对多类介质的备份数据进行整体管理和横向比较，可以更为科学地做出数据管理决策。同时，备份介质统一管理可以在发生数据安全事件时快速调取数据副本，还可以及时将重要数据备份到不同介质中，提高了数据的安全性和可靠性。

五　成果应用与前景

元数据规范在一史馆新版利用管理系统建设项目中已得到遵循使用，并为后续档案信息管理系统建设提供了业务标准和数据标准。明清档案电子数据管理元数据规范已经成为一史馆开展信息化建设的基础性规范之一，为未来一史馆的信息化建设奠定了坚实基础。数据管理平台在正式投入使用一年时间里，规范了数据管理流程，提高了数据管理效率，提升了档案数据整体质量，其实际使用效果得到了业务部门和数据管理部门的高度肯定。得益于对档案相关数据进行集中管理，数据的统计分析和自动报表成为可能，档案数据的决策辅助价值得到充分体现。目前，数据管理平台出具的各类统计指标、统计报表、数据简报等已成为一史馆各级领导开展数据管理决策的重要依据。

明清档案电子数据综合管理平台的建设是一个不断探索和创新的过程，未来还需要不断完善和优化，以更好地满足档案电子数据管理和服务的需求。今后，还需要进一步增强平台数据治理能力，提升数据整体质量，进一步挖掘数据信息价值，使之能够适应不断变化的业务发展需求。继续加强与先进技术的融合，探索人工智能、区块链等技术在档案数据管理中的应用。人工智能可以实现自动化的数据分类、标注和检索，提高数据管理的效率和准确性。区块链技术则可以确保档案数据的真实性、完整性和不可篡改，提高数据的安全性和可追溯性。这些先进技术的应用将为档案数据管理带来新的突破和提升。数据治理理念也需要不断与时俱进，适应信息技术的发展和变化。持续关注国内外电子数据管理的最新趋势和研究成果，不断更新数据治理策略和方法。加强与其他档案馆和相关机构的交流与合作，共同探索适合大型综合档案馆的数据治理模式。同时，培养和引进专业的数据管理人才，提升团队的技术水平和创新能力，为海量电子数据的管理提供更加有效的支持和保障。

一史馆在明清档案电子数据管理方面的实践探索是一次创新性突破。随着信息技术的不断进步和档案数据管理需求的不断增长，一史馆将在现有基础上继续创新和完善，为明清档案电子数据管理提供更加高效、安全、可靠的解决方案，为档案事业的繁荣发展贡献更多的力量。

（原载于《中国档案》2024年第11期）

谈明清数字化档案的
存储管理方法与实践

胡芳芳

中国第一历史档案馆（以下简称"一史馆"）是保管明清皇家档案的中央级档案馆，馆藏量巨大，有近千万件档案，历史跨度大，从明朝洪武年间到溥仪小朝廷时代，历时近 600 年，馆藏档案以纸质载体为主，存在着部分档案破损、纸张变脆等问题。为进一步保护明清档案，深化历史档案的开发利用，2011 年 5 月起，一史馆进行了大规模的馆藏档案数字化工作，经过几年努力，截至 2017 年底，一史馆已完成馆藏档案数字化图像超 7500 万画幅，数据存储备份数据总量（含在线、近线、离线数据）达 6.4PB。如何对海量的数字化档案进行存储和管理是明清档案信息化工作中的重点和难点，本文就此问题结合一史馆实际情况进行论述。

一　数字化档案存储管理的难点重点及解决思路

档案是一种最真实、最可靠、最具权威性与凭证性的原声信息资源。从概念上看，档案的数字化是指利用计算机等技术手段将经过鉴选、本来存储于传统载体上的档案信息进行数字化转换并加以存储、保护、检索利用的系统功能。从工作流程上看，档案的数字化包括档案整理、著录、扫描、格式转化、数据存储等多个环节。

（一）数字化档案存储管理中的难点和重点

1. 档案数字化工作中，如何不断提高从业者的业务水平。档案的数字化工作，从涉及学科看，不仅需要档案学相关知识，还需要计算机与信息应用相关的知识，如网络技术、存储技术、数据库技术等。如果自身对技术了解不深刻，认为存储系统的扩容就是多加几个扩展柜，认为存储系统的安全稳定就是挑大厂家产品，数字资源的正式、完整与安全必然无法得到保证。技术过硬是数字化档案安全管理的强有力保障，随着科技的进步，计算机技术的发展日新月异，如何能够在档案数字化工作中，不断更新相关知识、跟上时代的发展，是档案数字化工作的重点。

2. 档案数字化生产时，如何快速地实现数据存储备份。在数字化的各个阶段，都需要数据的存储，并且数据存储容易形成瓶颈，直接影响数字化工作的进度。数据量不断增大并需要进行备份，而存储设备数量有限，且受限于存储的读写速度、网络速度，如何安全有效且快速地进行数据存储是工作的难点问题之一。

3. 档案数字化完成时，如何做好数字化档案的保护和维护。对于历史档案馆而言，生产数字档案是一时的行为，而存储管理需要花费大功夫，也非常重要。首先，存储系统的性能影响到数字化工作的效率。其次，存储系统的稳定是数字化工作进行的重要保证，数据很难进行第二次生产，如果存储系统存在数据丢失、频繁宕机等现象，将对数字化成果产生致命影响。再次，存储系统的扩展性影响到数字化工作的全局发展。存储系统的容量不是一蹴而就的，随着工作进展，存储需求增大，需要对存储系统进行扩展，并合理进行存储资源的分配，存储资源扩展能力是支持数字化工作进行的重要指标。后期的存储管理和维护是工作的难点问题。

（二）数字化档案存储管理的难点重点问题的解决思路

1. 努力提高馆内工作者的技术水平并引入专业的运维公司。网络处一直很重视本处室人员技术的提高，通过自身学习不断提高技术水平，并通过产品公司的技术培训、相关单位的调研学习等，不断提高业务能力。此外，一史馆充分调动社会力量，引入专业的运维公司，通过对运维公司的工作进行指导监督，确保在大方向上无误，在细节上精准把握，确保档案数字资源的正式、完整与安全。

2. 经过多年的档案数字化工作，一史馆已经建成了比较完善的网络存储系统，搭建了与之匹配的网络环境，并通过数据专线实现了馆内存储系统和馆外数据机房存储系统的互联，实现了存储划分、文件共享、数据备份、远程容灾等功能，数据存储囊括了在线存储、近线存储、离线存储三级存储模式。实践证明，我馆现有的存储管理能够满足档案数字化的生产，并做到了数字化档案的安全完整。

从存储架构上看，存储系统可以分为三类：DAS（Direct Access Storage，即直接连接存储），NAS（Network Attached Storage，即网络附件存储）和 SAN（Storage Area Network，即存储区域网络）。以上存储系统各有特色，如何扬长避短，为我所用，是在档案数字化工作中的一个重点。

DAS 是存储设备和使用存储设备的服务器直接相连的架构。通过 SCSI 块的方式发送数据，为服务器提供块级的存储服务，具有部署简单，复杂度低，投资小的优点，但是可扩展性低，资源共享性差，容易导致资源孤岛，并且存储设备和服务器之间连接距离最多只能有 25m，这些缺点导致在海量数据面前应用性较差，一史馆也没有使用此种存储架构。

经过多年发展，一史馆当前已经形成了以网络交换机为核心的 IP 网和以光纤交换机为核心的 SAN 网。包括了 NAS 架构和

SAN 架构两种网络存储架构。

现以我馆在线存储为例，介绍我馆如何实现快速地数据存储备份和如何做好数字化档案的保护和维护。

二　一史馆 NAS 架构的搭建及使用

一史馆的 NAS 存储是集群式的存储设备，即没有机头、主节点、元数据服务器的概念，所有节点平等并且都负载任务。单个文件系统贯穿集群的每个节点。当前 NAS 集群由 8 个节点组成，总容量超过 850TB，增加新的节点时，空间会动态增加，内容会被均衡到各个节点上。通过管理软件对 NAS 集群进行管理。

（一）一史馆的 NAS 架构

NAS 是基于 IP 协议的直接连接到网络上的文件服务和存储共享设备，可通过 TCP/IP 协议和文件共享协议（CIFS 和 NFS）实现异构平台之间的文件级数据共享。

一史馆的 IP 网采用的是核心层、接入层的两层网络拓扑结构。接入层把所有的终端连入网络，核心层作为网络的主干部分，实现高速转发通信。一史馆的 NAS 架构依托于馆内 IP 网，通过网络直接与核心交换机相连。简化的网络架构如图 1 所示。

（二）一史馆的 NAS 主要应用

NAS 的优点非常突出：首先是能够实现异构平台的客户机对存储数据的共享，其次由于采用了 TCP/IP 技术，所以系统环境搭建简单，同时可扩展性和可访问性较好，总体成本较低，所以在档案数字化中，NAS 是不错的选择。但是 NAS 也有一些缺点：如由于占用 IP 网，在存储备份中会有大量的带宽消耗，所以无法进行大容量的存储备份应用；适用于非结构化数据的存放，不支持数据库服务；传输速率慢，系统不稳定等。

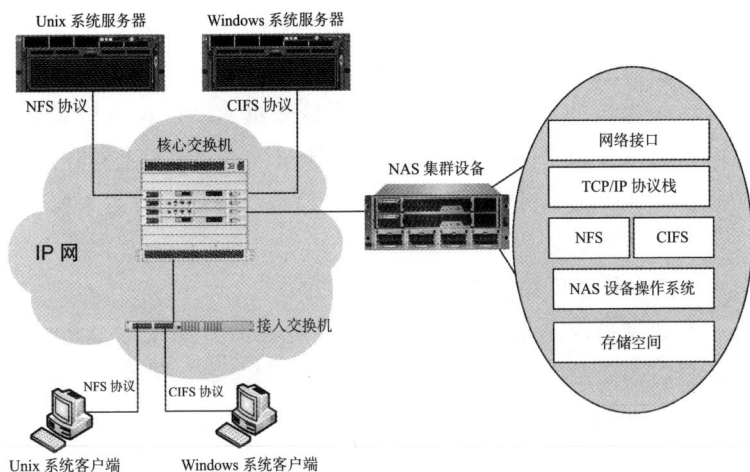

图 1　NAS 网架构示意图

　　由于 NAS 具有文件级数据共享功能，可以很方便地进行文件级数据权限设置，同时对 Unix 客户端和 Windows 客户端都有很好的兼容性，因此 NAS 在以文件处理为基础的多用户网络计算环境中，应用较广。当前，在一史馆的 NAS 设备的应用主要分为三类：

　　1. 工区提交的成品数据的存储和服务。工区提出存储资源需求后，网络处根据存储空间情况动态分配资源，工区以访问文件夹的方式，定期将成品数据存放在 NAS 设备上。

　　2. 各处室的工作数据存放。如部分处室的项目文件较大，放置此处用于共享。由各处室提出需求，网络处进行设置，通过 NAS 设备进行集中数据存储，减少客户端工作站的重复数据，简化数据管理，并提供更高的数据保护。

　　3. 馆内常用数据集中存放。常用数据即为了方便馆内使用而放置的数据。

（三）一史馆 NAS 设备的数据保护措施

NAS 设备的数据保护和访问保护上充分考虑了冗余。

1. 一史馆的 NAS 设备的文件系统依据 N+M：B 保护级别。其中 N 代表集群节点的总数目，M 代表可以不同节点上同时损坏的磁盘数，B 表示可以同时损坏的节点数。一史馆设置 NAS 的文件系统保护级别为 N+2：1 的保护级别，即可以同时损坏 1 个节点的两个磁盘的情况下存储数据不会丢失。

2. 数据可以从集群的任一个节点读取或者写入。NAS 设备内部有内部交换机，数据条带化后被放置在不同的节点上，信息通过内部网络在节点之间共享。我馆 NAS 设备的每个节点都通过网卡和核心交换机连接，每个节点分配一个 IP 地址，当某节点的网络连接不通，则通过此节点访问 NAS 设备的请求，自动跳转到其他节点，不会造成业务中断。

3. NAS 采用冗余的网络组建，提供多连接选项。部分重要业务服务器采用多网卡和 NAS 节点连接，实现链路冗余。

三　一史馆 SAN 架构的搭建及使用

SAN 是一个用在服务器和存储资源之间的、专用的、高性能的网络体系。SAN 采用可扩展的网络拓扑结构连接服务器和存储设备，每个存储设备不隶属于任何一个服务器，所有的存储设备可以在全部的网络服务器之间作为对等资源分享。

SAN 网架构中主要包括光纤交换机、存储设备和服务器等。随着项目的发展，一史馆对 SAN 网存储进行了多次扩容，当前在线存储总容量达到 3.5PB。目前，一史馆共有两套 SAN 架构，其中一套在西山数据机房，一套在馆内机房。

（一）一史馆的 SAN 架构

馆内的 SAN 网设备由两台 48 口的光纤交换机提供服务，共连接物理服务器 18 台（包括数据库服务器、工区加工生产服务器、虚拟化服务器等），磁带库 1 台，在线存储设备 4 台，在线存储总容量达到 1.7PB。

简化的一史馆的 SAN 网架构如图 2 所示：

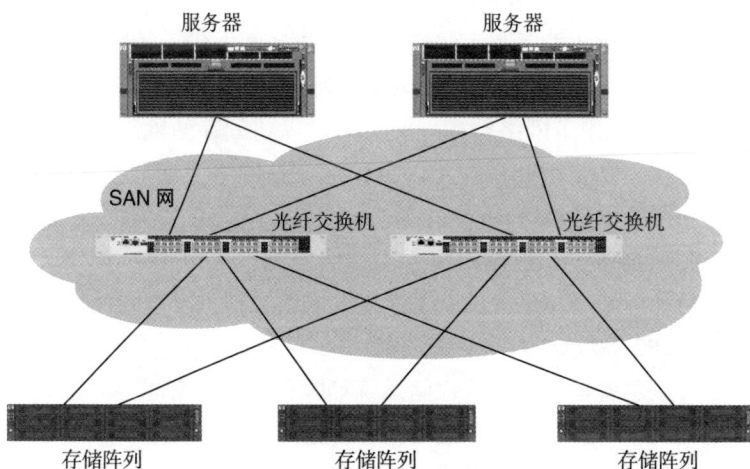

图 2　SAN 网架构

（二）一史馆的 SAN 主要应用

SAN 把网络上的存储容量整合为一个逻辑存储资源池，按照需求分配给各个应用系统使用，它的优点是扩展性强，理论上可以无限扩容；体系结构灵活；可不占用局域网网络资源，在 SAN 网内实现数据的存储迁移和备份。它的缺点是体系结构复杂，导致管理复杂；不同供应商的产品存在兼容性问题；价格比较昂贵。由于在存储性能上的巨大优势，现在 SAN 在海量数据存储中使用非常广泛。

当前一史馆的 SAN 应用主要有以下几类：

1. 工区的生产数据存放所需存储空间。由网络处根据工区存储规划，提前为工区分配存储空间。生产数据实时传送到 SAN 网存储上。

2. 数据库的主库和备库所需存储空间。SAN 以数据为中心，支持结构化数据，对数据库有很好的支持。

3. 虚拟化集群所需存储空间。一史馆通过 6 台物理服务器虚拟出 30 余台虚拟服务器，在 SAN 上为这些虚拟服务器分配资源。由于 SAN 采用了网络结构，服务器可以访问存储网络上的任何一个存储设备，因此用户可以自由地在该网络上增加磁盘阵列，带库和服务器等设备。

4. 数据备份和数据回滚所需存储空间。采用 SAN 网络，数据备份和回滚操作可以独立于原来的网络，提供操作的性能。

5. JP2 等数据的在线存放。

6. 应急管理、分布式存储系统等服务所需要空间。

（三）一史馆 SAN 网数据的保护措施

1. 光纤交换机通过采用双链路级联，链路带宽增加 1 倍，数据流量由两条链路平均分摊，并且任何一条链路中断，数据传输不受影响。

2. 磁带阵列采用 raid 和热备盘技术实现数据冗余。通过采用 raid 5 和 raid 6 的技术，可以在一定程度上实现数据冗余，部分存储配置全局热备盘，它将替换任何硬盘组中的任何失效硬盘。

3. 多服务器可以通过多个光纤交换机与存储设备冗余连接，消除了交换机单点故障带来的业务中断。

四　SAN 网和 NAS 网在数字化加工过程中的典型应用

在数字化生产中，SAN 网和 NAS 网的结合应用非常重要。现在以复制处某数字化工区为例，说明其加工数据的存储过程。

（一）数字化加工典型存储架构

数字化加工典型存储架构如图 3 所示。

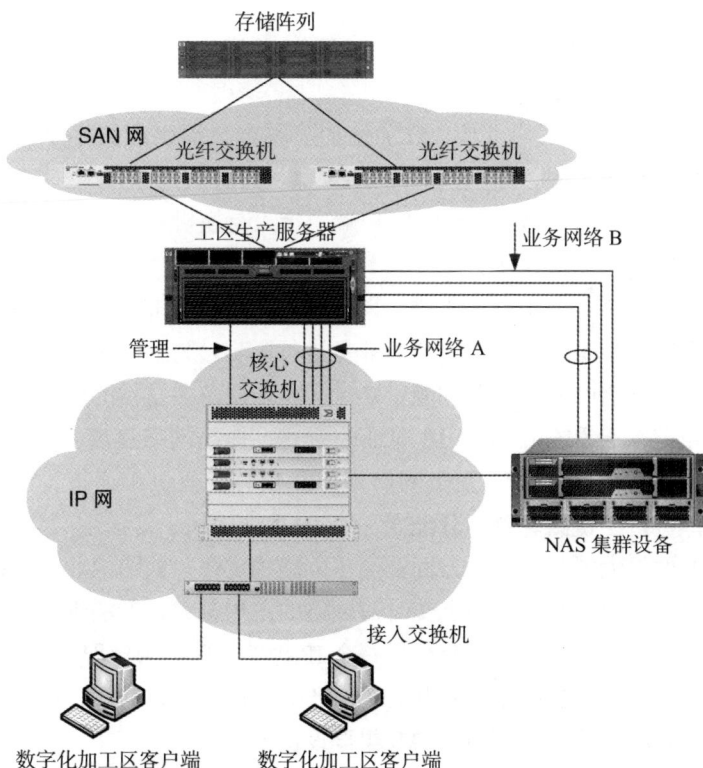

图 3　数字化加工典型存储架构图

数字化加工客户端用于生产数字化数据。工区生产服务器用于安装数字化工区所需要的软件、常用服务，并作为生产数据和成品数据上传的中介。NAS集群设备用于存放成品数据。SAN网存储阵列用于存放生产数据。

工区生产服务器共有12个网口，在IP网与核心交换机、NAS集群设备相连。在SAN网，与光纤交换机相连，并根据网络处规划，和存储阵列中的特定存储空间划到一个zone里。

（二）数字化加工流程

数字化加工的路程，从存储管理的角度分为生产数据的上传和成品数据的上传两大块。

1.生产数据的上传：数字化加工区客户端生产数字化数据后，通过生产服务器上挂载的SAN盘实时存放到SAN网的存储阵列中。此时的数据流为：客户端→接入交换机→核心交换机→加工服务器（通过业务网络A）→光纤交换机→存储阵列。

在整个业务生产过程中，网络速度和稳定性非常重要，SAN网的网络带宽足够大，不会对业务进行影响。为解决客户端访问生产服务器的网络瓶颈问题，启动了生产服务器富裕的网卡，通过链路聚合和分配多个IP地址的方式，提高网络速度。如图3中所示，生产服务器五个网口用于和核心交换机相连接，四个网口进行了链路聚合，分配了一个IP地址，用于传送生产数据，一方面扩大了带宽，一方面提高了网络稳定性，如图中业务网络A所示。为了避免业务上传时对网络的占用过大，无法进行服务器管理，故有一个网口分配另一个IP地址专门用于管理。

2.成品数据的上传：当工区生产一定数量的数据后，把数据从SAN存储阵列转存到NAS集群设备上。

由于NAS不是针对存储应用而设计的专用网络，存在传输速度慢的问题，但是因为不需要实时上传，并不影响公司生产，同时成品数据提交后，网络处对文件夹需要进行多次权限修改，

此时工区的访问权限要收回，待网络处进行校验等操作后，如果发现问题需要工区修改，再重新下发权限。所以数据存放到 NAS 集群上很有必要。

数据流为：SAN 存储阵列→光纤交换机→生产服务器→NAS 集群设备。为尽可能提高速度，不通过核心交换机进行数据交换，在生产服务器和 NAS 集群设备间搭建了一条数据专线，共有 4 个网线，分配了 4 个 IP 地址，其中一个网线连接 NAS 设备的节点 3，一个网线连接 NAS 设备节点 5，这两个做了端口聚合，一个网线连接 NAS 设备节点 2，一个网线连接 NAS 设备节点 1，共配四个 ip 地址，如图中"业务网络 B"所示。

经过实际测试和长时间的运行，此种数据化加工的性能较好，可以满足工区的数据生产强度。

数字化档案的有效存储和管理是数字化成果稳妥保存并得以展现的基础，是档案信息化的重要课题，更是下一步建设数字化档案馆的基石。在大数据、云计算技术迅速发展之际，如何利用大数据和云计算，实现数字化档案的存储升级，并做好数字化档案的数据挖掘工作是难点也是重点，档案信息化工作大有所为。

（原载于《历史档案》2018 年第 2 期）

一种基于数据字典和数据仓库的
结构化档案数据质量审核方法

——以某中央级档案馆档案数据质量管理实践为例

娄　健

在档案数据管理工作中，纳管数据不仅包括数字档案数据，还包括对实体档案和数字档案开展管理活动而产生的各类档案相关数据。数字档案数据是指那些原生于电子格式或者已经从纸质等传统格式转换为电子格式的数据；档案相关数据则是指为了管理和使用实体档案和数字档案而衍生出来的各类信息，如数字档案在接收、备份、使用等工作中产生的过程性信息以及实体档案的存址信息和出入库信息等。

要想实现长期安全保管数据，就需要确保数据在保存、迁移、使用等过程中没有发生损坏或者灭失，这就需要在数据管理工作中采取有效措施确保能够及时发现和修正数据质量问题。关于数据质量的含义，有学者从使用数据的角度出发，通过用户满意度指标来衡量数据质量的好坏，即数据质量是数据适合使用的程度、是数据满足特定用户期望的程度等[①]。对于数字档案数据的质量管理，主要体现在对数字档案真实性、完整性、可用性、安全性的检测和相关问题处理上，这方面研究著述较多，本文不再赘述；而对于档案馆中大量的非数字档案的档案相关数据，则鲜有研究如何对其开展有效的质量管理。本文就是从档案相关数据的特点和管理重点入手，研究系统化、规范化、自动化开展档案相关数据质量管理的方法，提出了一种基于数据字典和数据仓库技术的结构化数据质量审核方法，并成功应用于某中央级档案馆日常数据管理工作实践，可以灵活高效审核各类数据的值域错误、逻辑关系错误、冗余性错误、缺失性错误等问题，配合后续有效的数据整改工作，可以有效提升数据整体质量。

一　总体设计

我们以某中央级档案馆（以下简称"A档案馆"）为例，通过对该档案馆数据管理工作中纳管的所有结构化档案相关数据进行分析，发现对其规范开展数据质量审核的难点主要有两点：

第一，在空间维度上，数据来源各异、分散存储，存储介质类型多样、难以集中批量开展数据质量审核，如表1所示。

表1　A档案馆档案相关数据来源一览表

数据类别	数据名称	数据来源
数字档案数据	档案数字化图像	档案信息化管理平台
	档案全文数据	档案利用管理系统
档案目录数据	档案整理目录	档案整理数据采集系统
	档案数字化图像目录	档案扫描数据采集系统
	档案著录目录	档案著录系统
	开放档案目录	档案利用管理系统
	划控档案目录	档案信息化管理平台

续表

数据类别	数据名称	数据来源
档案管理 过程数据	档案整理项目信息	手工台账
	档案图像数字化项目信息	手工台账
	档案著录项目信息	手工台账
	实体档案存址信息	手工台账
	实体档案出入库信息	手工台账
	数字档案接收台账	手工台账
	数字档案备份台账	手工台账
	数字档案迁移台账	手工台账

第二，在语义描述上，缺少对数据本身、数据质量审核策略、数据质量审核结果的规范化描述方法，进而导致难以开发通用的数据质量审核脚本或者数据质量审核软件。

因此，构建通用的非结构化档案相关数据质量管理框架，其核心就是解决数据集中统一存储问题和建立统一的数据质量描述规范上。

二　多源异构数据的集中存储管理

建设数据仓库或者数据中心是解决各类数据集中统一存储的常用方法。数据仓库和数据中心虽然都关注于数据的集中存储和管理，但是侧重点又有所不同。数据仓库主要用于数据整合和分析，而数据中心则往往与业务系统软件、硬件设备和网络设备相整合。A 档案馆从数据整合的实际需求出发，选择构建轻量级数据仓库的方法解决多源异构数据的集中存储问题。

（一）数据仓库业务元数据的设计与实现

若只是将数据进行简单的集中存储而不进行规范化整合，同样无法实现对数据的高效集中管理，而将数据进行整合的关键就是配套业务元数据方案的设计与实现。元数据是数据仓库中重要的描述性数据，数据的存储结构、扩展属性、依赖等都可以通过元数据进行描述管理 [2]。

A 档案馆通过对自身数据管理工作所有涉及的业务实体和业务过程进行分析，以数据管理台账、数据管理表单、各业务系统数据库等为素材来源，从上千个字段信息中逐个筛选出与数据管理业务相关的业务元素信息 200 余个，并将类型相同、属性相似，可以用共性特征进行描述的业务实体进行归类泛化处理，从逻辑层面上能够更好地规范不同业务实体的共性特征，可以更好地发挥业务元数据的基础引导作用，也为后续构建数据仓库打下基础。

例如，在对磁带、蓝光光盘、存储阵列等不同类型数据存储介质实体进行归类整理时，将上述业务作用和业务属性相似的不同数据存储介质抽象泛化为"存储介质"实体，并提取多类数据存储介质的公共属性或者类似属性作为"存储介质"新实体的属性信息。这样就建立了标准统一的存储介质业务元数据定义。然后将原磁带台账、蓝光光盘台账、存储阵列台账中的数据信息按照"存储介质"实体的业务元数据标准进行转换和存储，实现对存储介质台账数据规范化、集中化管理。

（二）构建数据仓库

数据仓库的成功构建是实现本文研究目的的重要一环。数据仓库核心是为解决数据的转换及规范化存储，它不是简单地将各个数据源中的数据汇总到一处进行管理，而是按照管理需求将抽取的数据转换为所需要的规格或者内容再进行存储。为了不对各数据源生产环境数据造成影响，可以在数据仓库中设计独立的"贴源层"，将生产环境数据原封不动抽取到贴源层数据库临时存储，再利用贴源层数据进行进一步的转换和加工。在数据仓库的数据源管理方面，使用 ETL 工具定义和接入各个业务系统数据库、文件系统等，并按照上节所述业务元数据规则将数据源中的数据按照既定策略自动抽取、转换和加载到数据仓库中。

在 A 档案馆工作实践中，因为部分结构化档案相关数据还以手工台账方式进行管理，因此在向数据仓库汇集数据时，采用系统实时自动同步和人工定时手工同步相结合的方式进行。对于存储于各系统数据库中的结构化数据，采用 ETL 工具以对源库压力较小的增量捕获方式（日志解析）捕获实时增量数据，并将变化数据同步到数据仓库中；对于手工管理的各类台账信息，则采用手工方式定时进行汇总同步。图 1 就是对 A 档案馆这一数据汇集机制的说明和展示。

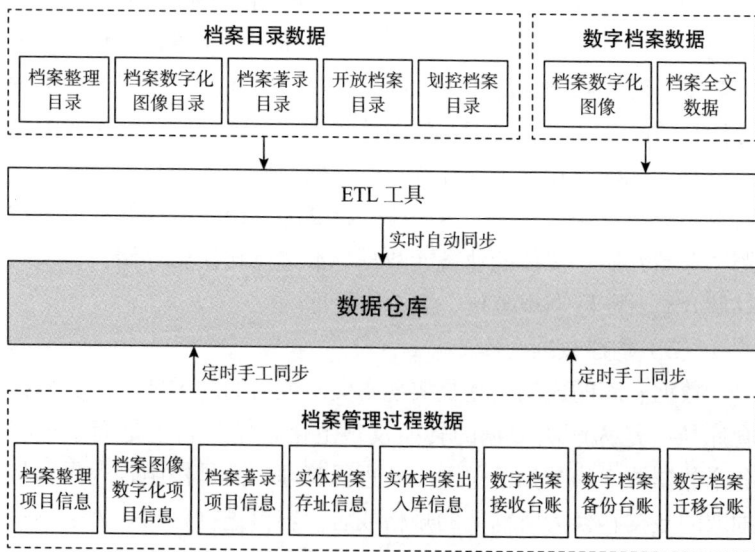

图 1　数据汇集机制示意图

三　数据质量审核策略的描述方法

（一）数据仓库技术元数据（数据字典）的设计与实现

由于待审核数据是保存于数据仓库的数据库中，因此在描述数据质量审核策略时，需要将复杂的审核逻辑转化为数据库字段的逻辑条件组合。本文中数据字典的作用就是为构建数据质量审核策略涉及的所有数据库元素提供统一的定义标准，便于用户配置数据质量审核策略时能够更好地理解相关数据元素的含义，也便于开发数据质量审核程序时能够根据数据字典定义确定相关数据库元素的类型、值域范围、可用运算符及中文名称等。以 A 档案馆为例，经过筛选与整理，最终确定数据仓库技术元数据的定义项如表 2 所示：

表 2　数据仓库技术元数据定义内容列表

序号	名称	含义
1	字典项标识	字典项唯一标识，用于标记和索引数据字典项
2	库名称	字典项所在数据库的原定义名称
3	库中文名称	字典项所在数据库的中文名称
4	表名称	字典项所在数据表的原定义名称
5	表中文名称	字典项所在数据表的中文名称
6	字典项名称	数据库字段的原定义名称
7	字典项中文名称	数据库字段的中文名称
8	类型	字典项（数据库字段）类型，用于确定该字典项的值域范围和可用运算符
9	单位	字典项（数据库字段）的单位，没有则为空
10	备注	用于补充说明数据字典项的其他重要信息

（二）数据质量审核策略的结构化描述

在已经定义数据字典的情况下，结合正则表达式，可以按如下步骤逐步构建一条完整的结构化数据质量审核策略：

1. 将以自然语言描述的数据质量审核策略转化为以数据字典元数据项的条件组合进行表达。以核查档案全宗目录台账中所有"已著录件数"取值范围错误的数据为例，转写上述审核策略可以描述为："已著录件数"必须为整数且不能为负数，并且"已著录件数"不多于"已整理件数"，并且"已著录件数"不多于"已数字化件数"。

2. 根据数据字典记录的相关元数据项类型，结合正则表达式将数据质量审核策略进一步转写为逻辑运算组合。转写结果为：（"已著录件数" like "^[1—9]\d*|0$"）并且（"已著录件数" <= "已整理件数"）并且（"已著录件数" <= "已数字化件数"）。注："^[1—9]\d*|0$"为非负整数的正则表达式形式，用于描述"已著录件数"必须为整数且不能为负数的条件。另外，严格来讲，上述表达式还需判断"已整理件数"和"已数字化件数"均必须为非负整数，本步骤仅为说明将表达式转写为逻辑运算组合的过程，因此不再严格验证。

3. 根据数据字典配置，将上一步得到的逻辑运算组合进一步转写为以数据库元素原定义名称表达的、符合数据仓库中数据库代码规范的逻辑表达式，并保存到数据质量审核策略库，供需要时选择执行。

需要说明的是，在配置数据质量审核策略过程中，操作者始终是以符合自然语言习惯的方式对以中文名称标识的数据库元素进行组合配置，逻辑运算组合转化过程和代码转写过程全部是由软件程序按照数据字典定义在后台自动执行，因此按这种方法构建数据质量审核策略无需过高的计算机知识门槛，非专业人士经简单培训即可完成全部配置过程。

（三）数据质量审核结果的制式输出

考虑到数据质量问题种类繁多，无法预先穷举定义所有可能出现的情况，因此输出数据质量审核结果时输出格式和规范不能依赖于具体问题，否则无法批量化、自动化执行多个数据质量审核策略并统一输出审核结果，开展相关质量管理工作的效率就会大打折扣。

为了实现上述目的，A 档案馆在实际工作中采用数据库存储过程封装数据质量审核过程中发现的各种质量问题，同样利用数据字典中定义的属性信息再次将数据质量问题转化为自然语言描述以便于理解，并将转化后的结果统一输出展示。这一处理过程如图 2 所示：

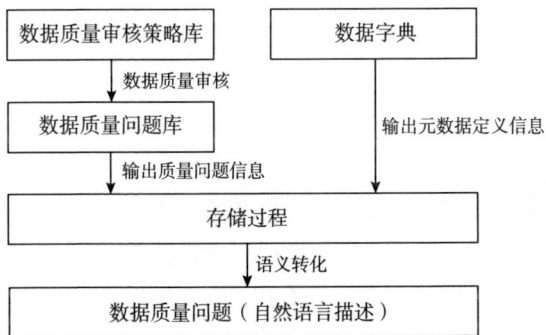

图 2　数据质量审核策略执行过程

数据库存储过程在这一处理过程中可以将复杂的数据处理细节封装为黑盒，使得数据管理员在分析数据质量问题过程中无需关注不必要的技术细节，能够迅速定位问题数据位置和产生问题的原因，专注于后续数据整改工作。图 3 展示了将上述过程编制为软件程序之后，批量校验并展示的数据质量问题。由图可见，校验结果完全以自然语言进行描述，并同时提供了详尽的错误数据位置信息。

	规则I	规则名称	校验结果描述
1	23	整理-复制卷数核查	【全宗】台账中【明朝档案】全宗的【整理卷数】（265）与【数字化卷数】（0）数量不符
2	23	整理-复制卷数核查	【全宗】台账中【内阁】全宗的【整理卷数】（93058）与【数字化卷数】（74111）数量不符
3	23	整理-复制卷数核查	【全宗】台账中【军机处】全宗的【整理卷数】（17273）与【数字化卷数】（15904）数量不符
4	23	整理-复制卷数核查	【全宗】台账中【宫中】全宗的【整理卷数】（27831）与【数字化卷数】（24544）数量不符
5	23	整理-复制卷数核查	【全宗】台账中【内务府】全宗的【整理卷数】（30122）与【数字化卷数】（21348）数量不符
6	23	整理-复制卷数核查	【全宗】台账中【宗人府】全宗的【整理卷数】（7282）与【数字化卷数】（5371）数量不符
7	23	整理-复制卷数核查	【全宗】台账中【国史馆档案】全宗的【整理卷数】（484）与【数字化卷数】（189）数量不符
8	23	整理-复制卷数核查	【全宗】台账中【户部-度支部档案】全宗的【整理卷数】（1636）与【数字化卷数】（0）数量不符

图3　数据质量问题的自然语言描述形式

四　结语

本文提出的基于数据字典和数据仓库的结构化数据质量审核方法已经实际应用于 A 档案馆的日常数据管理工作。经实践验证，该方法可以快速有效地筛查出各类结构化档案相关数据的质量缺陷。结合规范化、制度化的数据质量改进活动，可以显著提升档案馆数据整体质量，数据的应用价值和决策辅助效能也得到明显提升。数据质量的评估和改进是一个逐步完善、循环迭代趋近质量需求的过程③。未来，笔者将以本文研究成果为基础，继续探究涵盖数字档案数据及其他所有档案相关数据的完整的档案数据质量管理机制，形成具有普适性和推广价值的综合性档案数据质量管理解决方案。

注释：

① 韩京宇、徐立臻、董逸生：《数据质量研究综述》，《计算机科学》2008 年第 2 期，第 1 页。

② 房杰：《面向光伏行业的智能化数据平台构建方法研究》，《信息技术与标准化》2024 年第 5 期，第 66 页。

③ 甘似禹、车品觉、杨天顺等：《大数据治理体系》，《计算机应用与软件》2018 年第 6 期，第 5 页。

（原载于《中国档案学会 2024 年度学术论文集》，中国文史出版社，2024 年出版）

明清档案知识图谱的构建探索

彭　晖

随着社会的发展，历史档案的利用需求变得更为多元化。历史档案馆的职能定位也在升级转型，不仅要服务于专业的研究者，还要面向普通公众、学生等群体，服务于国家的社会治理、经济文化建设、战略大局。因此，需要采用新模式、新理念进行软件平台、数据资源的建设创新。

知识图谱是各类智能化技术的集成形成的集档案数据的查询、浏览、知识挖掘、知识可视化、个性化服务于一体的平台。对于历史档案馆，以馆藏数据为基础构建档案知识图谱，可实现语义层面上的档案检索、档案数据的可视化，利用者可根据档案中人物、事件的关联进行浏览，也可以使用自然语言向平台提问等，助力档案业务的升级与转型。本文拟以知识图谱作为切入视角，探讨如何充分利用中国第一历史档案馆（以下简称"一史馆"）已有的体系化档案条目数据，并结合第三方在线数据，尝试性的构建明清专题档案的知识图谱及系统平台，主要包括知识图谱的业务需求与一史馆现有档案数据的特点、搭建档案知识图谱的原则与流程、系统平台的设计等方面。

一　明清档案知识图谱的提出

知识图谱最早被谷歌用于搜索引擎。用户查询关键词，查询结果会包含一个关键词所对应的概念的虚拟知识卡片，包含被组织好的描述信息、指向其他相关概念的链接。用户可顺着链接浏览其他概念。将智能化技术与业务深度融合，构建行业知识图谱是很多行业实现业务升级、智能化转型的重要手段。目前，知识图谱广泛应用于搜索引擎、网络百科、金融、电商、营销、文献研究、图书情报、知识管理、社会治理等领域，在抗击新冠疫情、助力复工复产中也发挥了作用。

知识图谱的基本功能为信息查询、可视化关联浏览，其数据基础是用来描述真实世界中存在的各种实体及实体之间的关系的语义网络。语义网络的基本结构为概念实体为节点、节点间关系。实体是一个现实对象抽象而成的知识节点，含有各种属性，如姓名、生日、职业等。语义网的基础是三元组。一个三元组包括3个元素，A实体、B实体、A与B之间的关系R。关系则是实体间的现实关系的抽象，如光绪与李鸿章是君臣关系、曾国藩与李鸿章为师生关系。在逻辑上，知识图谱是众多三元组的集合。例如，同治、光绪、慈禧、僧格林沁、左宗棠、曾国藩、李鸿章等几人可以形成一个三元组集合，构成简易的微知识图谱。这几个人物实体之间有不同关系，如母子、君臣等。其中，光绪与慈禧为外甥关系，慈禧与同治为母子关系，而同治与僧格林沁、左宗棠、曾国藩、李鸿章为君臣关系，曾国藩与李鸿章为师生关系。同时，具体的职位也是实体，如李鸿章是人物实体，直隶总督是职位实体，它们之间存在任职关系，光绪、同治与皇帝这个职位实体间存在任职关系。

档案信息的关联与可视化让利用者看到的是相互关联的档案信息，而不仅仅是孤立的档案文件条目。利用者可以利用知识实体之间的关联，无需再次检索快速切换到有关联的其他实体进行浏览。而现有的档案查询平台是基于关系数据库的，查询的数据基础是档案条目数据，主要不足包括查询依赖字符串的匹配、难以整合外部数据、无知识可视化功能等。利用者面对的是这样一个看似有序、实则缺乏条目间内在关联的数据库，在无用档案的查看与验证上造成时间的浪费。

同时，档案知识图谱还应让利用者可以用自然语言与平台进行交互。随着明清档案对外开放程度的提高，利用者的范围也从过去的学术研究人员扩大到社会公众，他们不熟悉馆藏体系且查询时所使用的检索词也不够规范，如果依旧使用现有查询平台，那么将会严重影响档案查询的效率与利用者的积极性。而有了自然语言对话的这个功能，利用者既可以使用一般的自然语言查询，也可以随时向系统提问、要求系统进行档案内容的导航。

明清档案知识图谱的构建目标为：立足现有数据成果，以现有档案查询系统的不足为反向参照，为用户提供智能化信息服务。具体需求见下表：

需　求	描　述
概念级条目查询	使用自然语言处理技术，在语义层面进行条目检索，实现对同义词、近义词等的查询。
构建语义网络	从著录条目中按规则抽取人物、地区、机构、行为、文种等关键词，变为各种实体与关系，以此为基础构建语义网络。
智能化用户服务	可用自然语言来向系统提要求并得到响应；可用自然语言进行检索。
知识推理功能	可推理无法通过检索直接得到的问题，如"A是否认识B"。系统会在语义网络中进行运算来实现推理分析，得到答案。
浏览档案	用户不仅可按整理体系进行档案浏览，也可像浏览万维网一样借助实体间关系进行随机浏览。

流程步次如下：

馆藏数据分析调研，对馆藏数据、工具书进行系统梳理，总结所有出现的人名、地名、机构名、官职、历史事件及其他所涉及对象、固定公文用词、固定句式、特定用字等，并统计词频、字频、事件等对象出现频率，不同主题、句式的频率。

建立基础语料库，在对馆藏数据分析调研的基础上，建立用于中文分词的语料库，并整理出初步的实体、关系集合；在此基础上，实现历史档案条目数据与全文数据的准确分词。

模式层构建，设计整个知识图谱的分类层级结构，设计类实体属性、类间关系，建立"实体—分类"之间的映射关系。

数据层构建，在数据层中创建前面流程已经整理出的实体，从馆藏条目数据中抽取实体间关系并与已有的实体进行融合，创建三元组集合。

（二）模式层的构建

模式层的构建的最核心内容是"类"的设计。知识图谱中所有的知识实体都被归到不同的类，每种类拥有自己独特的属性域、关系域。类的设计内容包括：类层级结构，知识图谱中的所有的类及层级关系（子类、父类）；实体间关系，定义知识图谱中实体间所有可能的关系，各分类的实体可以拥有的关系；类属性，定义不同类所拥有的属性。

1. 设计类层级结构

类设计的核心是类层级结构。为方便知识推理，本文中类层级结构使用严格的树状结构（Ontology）。一个分类可有多个子类和单个父类，实体只能属于一个类。档案知识图谱的类结构形成一个有多层结构的分类树，分类树部分参考了《清代档案分类表》制定。但因要覆盖现实中其他的相关概念，因此不以档案的分类作为顶层分类。明清档案知识图谱的第一级分类见下表：

分　类	说　明
馆藏档案	直接将所有的档案数据作为一类实体整合进入知识图谱，参照《清代档案分类表》进行设计。
日期	实体集合包含明、清、民国时期的年、月、日等。
人物	包含所有的人物类实体。下设多个子类，包括皇帝、官吏、平民、士绅、多重身份等。
职位	可分为明、清、外国、其他等一级子类。
民族	将明清历史上的各民族归入此类。
政权	可分为明、清、民国、其他、外国政权5个一级子类。
国家	将明、清、民国历史出现过的各个国家作为独立的实体。
地区	分为国内和世界2个一级子类。
机构	可分为官方、民间、外国、其他等一级子类。官方机构可根据朝代再次分类。
历史事件	明清历史上所发生的各种事件，一级子类可参照《清代档案分类表》《清代档案主题词表》。
建筑设施	分为宫廷、军事、宗教、民间、工业、交通等子类。
自然资源	一切自然资源集合，分为河湖、海、山、岛、森林、草原、矿藏、动植物资源等分类

对于档案知识图谱，可在根据上表按实际需要简化分类结构，如将分类中多余子类去除。

2. 设计类属性

类是创建各种实体的模板。类的属性可以被分为公共属性和特有属性，公共属性见下表：

属　性	说　明
类ID	本类型的ID，唯一值
类名称	本类的名称
类级别	本类型从分类树根节点算起的分类层级

续表

属　性	说　明
分类标签	分类信息，包括一级分类、二级分类至本级别分类的标签
实体 ID	根据本类创建的实体的 ID，唯一值
实体名称	实体的名称
创建日期	实体的创建日期

不同类的特有属性各不相同，其中馆藏档案类的特有属性可以为（篇幅所限，只列出部分）：

属　性	说　明
由原有条目信息产生的属性集合	档号、官职、责任者、原纪年等
全文图像指针	对应全文图像的访问路径
全文文本（可选）	全文文本内容
相关人物	本档案的相关人物名称与实体 ID
相关历史事件	相关历史事件的名称与实体 ID
相关地区	本档案的相关地区名称与实体 ID

因篇幅所限，可以部分列举出人物类的部分特有属性，包括姓名、标签（如历史名人、普通人等）、性别、生卒日期、籍贯、职业、职位、机构、评价、履历、相关历史事件（参与过的相关历史事件的名称与实体 ID）、相关档案实体（相关档案实体 ID 与档号）、相关人物（核心的社会关系所对应的历史人物名称与 ID）、相关地区（与此人发生过某种联系的地区）等。

3. 设计实体间关系

实体间的关系是单向的，有自身的分类标签。人物类实体与其他类实体之间的部分关系如下：

实体 1	实体 2	核心的关系
人物	人物	父子、夫妻、上级、下级、同僚、战友、师生
	机构	任职、建立、裁并、改革
	地区	出生于、身故于、居住、任职于、驻扎、作战、涉及
	历史事件	参与、引发
	档案	责任者、涉及、批阅
	政权	服务于、背叛、终结、建立、被统治

限于篇幅，其他类之间关系不再论述。设计时，所有可能存在或已有的类间关系都不能遗漏。

4. 建立实体到分类的映射

完成类层级结构的设计后，必须构建实际的实体名称集合—分类映射表才能实现对实体的分类。构建映射表需要 2 种数据，分别是实体名称集合、实体的在分类体系中的位置。一史馆拥有各类分类工具，如清代档案分类表、清代档案主题词表、职官年表等。同时，条目数据的各字段中存在各类实体名称。将它们作为数据源，编写处理程序便可抽取出实体名称、分类信息。数据源的情况见下表：

数据源	获取的实体集合及分类信息
《清代国家机构名称表》	共有 152 个名称，可逐一变换为机构实体的名称，分类体系坐标为： 机构—官方—清—国家机构。
《清代行政区划名称表》	获取从省到县级的地区实体名称，以及地区实体间的隶属关系，分类体系坐标为：地区—国内。
《世界各国、地区复分表》 《清代世界各国地区名称表》	获取清代世界地区实体名称列表。

续表

数据源	获取的实体集合及分类信息
《清代著名人物表》	获取知名的历史人物类实体名称，分类体系坐标为：人物。
《清代职官年表》	获取清代历年来高阶官职的任职人、任职及离职时间，可抽取出职位实体与人物实体的对应关系及人物实体，分类体系坐标为：职位—官吏。
《清代帝王及内廷主位、爵位、官职、官衔、官阶、夫人品级名称表》	获取清代常设官职、爵位、内廷、官阶、官衔等实体名称，可抽取官职实体间隶属关系，分类体系坐标为：职位。
《清代档案主题词表》	主题词大部分可作为实体名称，可抽取出实体间隶属关系，分类体系坐标覆盖全部一级分类。
馆藏条目数据	官职爵位字段可抽取职位实体名称；责任者字段可抽取人物实体名称；地区字段可抽取地区实体名称。
外部数据	包括维基百科、地方志、出版物等，可抽取实体、关系，作为补充数据。

整合这些信息后，最终构建出映射表。流程描述如下：

编制映射关系表和实体、关系的抽取脚本。编制原有的档案分类体系到知识图谱的分类体系的映射关系表；编写用于抽取实体属性、分类信息的程序脚本；编写用于将原有的馆藏档案分类体系映射到知识图谱的分类体系的程序脚本→从馆藏目录条目数据、工具表、第三方外部数据中抽取实体属性、实体间关系、实体分类信息并保存→合并相同的实体名称，整合上一步抽取出的实体、实体间关系的相关信息→进行人工校准，校正系统对实体的错误分类。

（三）数据层的构建

1. 总流程

数据层构建的总体流程分为预构建、知识抽取、知识融合、知识更新 4 步，每步的说明如下：

预构建，使用"实体—分类"映射表、关系集合列表等预先创建出在模式层构建过程中已经获取的实体、分类、关系等；知识抽取，从馆藏条目数据中抽取出实体名称、实体间关系、实体的属性；知识融合，将抽取出的实体、关系、属性与图谱中已有的实体和关系进行"对齐"操作，创建原有不存在的实体与关系，随后用抽取数据更新已有实体的相关属性；知识更新，导入外部数据，对知识图谱中的实体、关系、属性进行补充，这是一个反复迭代，不断优化的过程。

2. 抽取与融合

这里举例说明知识抽取、融合的原理与过程。以下是与李鸿章相关的 5 条馆藏条目数据：

官职爵位	责任者	题　名
福建道监察御史	安维峻	奏为特参北洋大臣李鸿章专权跋扈请旨严办事
	吏部	为咨送直隶总督李鸿章奏天津办理海运出力与例章不符人员驳回更正遵旨议奏折事致军机处咨文
	吏部	为咨送遵旨议奏直隶总督李鸿章奏永定河漫口合龙出力人员声覆改奖折事致军机处咨文
	刑部	为抄录直隶总督李鸿章奏请将道员龚照玙革职留营效力等折事致军机处片呈
御史	王鹏运	奏为勒限北洋大臣李鸿章迅速查拿革员黄仕林赵怀业请旨事

从题名、责任者、官职爵位这 3 个字段中，可以抽取到各种

实体信息见下表：

实体类型	实体名称
人物	李鸿章、安维峻、黄仕林、赵怀业、王鹏运
地区	永定河、天津
机构	吏部、刑部、军机处
职位	北洋大臣、直隶总督、御史、道员
行为	参、查拿
公文	咨文、呈文、奏折
事件	海运、永定河漫口、革职

由于已在前面的流程中创建了对应的李鸿章实体。这里会将抽取出的属性信息对原有实体进行追加更新。对于人物实体"李鸿章"，将地区实体"天津"追加到"相关地区"属性中，将机构实体"吏部"追加到"相关机构"属性中，将人物实体"安维峻""黄仕林""赵怀业""王鹏运"追加到"相关机构"属性中，将他人的评价"专权跋扈"追加到"他人评价"属性中，将河湖实体"永定河"追加到"相关自然物"属性中。

同时，通过语法分析、语义分析，可以抽取出多个实体之间的不同关系，列举在下表中：

实体 1	实体 1 类型	实体 2	实体 2 类型	关系
安维峻	人物	李鸿章	人物	参
李鸿章	人物	天津	人物	关联事件
李鸿章	人物	海运	事件	办理
李鸿章	人物	黄仕林、赵怀业	人物	查拿
李鸿章	人物	直隶总督	人物	任职

三　明清档案知识图谱系统平台的构建

以下讨论如何在技术上实现明清档案知识图谱。

（一）关键技术

系统平台的构建原则是常规功能尽可能使用成熟技术，核心功能使用新技术，降低系统设计开发的风险与成本。在架构上使用 B/S 架构，Web 框架使用 Django，后台使用 Python。使用图数据库 Neo4j 实现三元组的查询与存储，使用 MySQL 存储配置与管理信息。系统关键技术包括自然语言处理、知识推理与可视化。自然语言处理方面，使用 NLP 相关模块算法进行语法、语义处理，包括 jieba、Word2Vec、Doc2Vec 等，使用卷积神经网络 RNN 实现问答、智能查询。在知识推理方面，用 Neo4j 的 Cypher 查询语言独立开发实现。在可视化方面，依靠基于 JavaScript 的前端技术 D3.js 与 Echarts 动态图表实现。系统的在线数据采集功能依赖 Python 的 Scrapy 爬虫框架实现。

（二）系统架构

系统平台的逻辑架构可以从逻辑上分为展现层、应用层、数据层、采集处理层、系统外部数据源。展现层提供了系统的图形界面，实现了用户提问的输入、数据条目查询与浏览、图谱的可视化浏览。应用层实现对整个系统、资源、进行中任务的管理功能，包括用户、算法、作业等。数据层用于保存系统中的各种数据，包括知识图谱中的所有三元组集合、非结构化数据、数据库条目信息，向应用层提供数据查询功能。采集处理层用于采集原始数据、并进行处理，包括实体抽取、关系抽取、属性抽取、知识融合、语义分析等等。系统外部数据源指为知识图谱系统提供数据的外部数据源，包括一史馆藏目录数据库、结构化的工具目录表（如人名表、地名表、职官年表等）、在线数据（文本、表格等）。

（三）核心功能的实现

历史档案知识图谱的三个关键功能是档案信息的关联与可视化、语义查询、智能对话。

1. 实现语义级信息检索

此功能的作用是实现系统平台的语义级信息检索，实现用同义词、近义词、短语、问句进行语义匹配查询。实现流程如下：

首先，用户输入关键词、短语或自然语句形式查询语句→系统对查询语句进行预处理，进行语法分析并中文分词，抽取出查询关键词集合→系统随后将关键词集合进行向量化，并计算此向量与预存的关系、实体属性、档案条目的向量的夹角，会得它们之间的匹配相关度→系统将只保留数值足够的相关度的关系、实体属性、条目字段作为查询结果，并按相关程度进行排序并输出这些信息即可。

2. 实现自然语言问答

自然语言问答功能的作用是实现用户可以通过自然语言问答方式与系统平台进行交互，得到系统提供的查询、导航、咨询等服务。实现流程如下：

首先，用户输入自然语言形式的问句向系统提问 → 系统对用户提问进行语法分析，提取关键要素 → 系统结合问句模板与 RNN 神经网络对用户提问进行分类匹配，识别用户意图 → 根据匹配结果启动不同的系统服务，包括交互问答、信息查询、档案导览等。

四　结语

知识图谱是一个正在快速发展中的应用技术，尚无成熟理论可借鉴。不同机构的知识图谱构建实践均是综合自身的数据特点与技术能力，因地制宜选择技术路线与构建方案。本文借助了一史馆较完善的数据基础，力求充分挖掘出在工具书与条目信息中"沉睡"的实体、实体间关系，用它们构建出一个包含海量信息的历史档案知识图谱，服务于档案利用者与档案工作者。

明清档案知识图谱的构建仍然面临着许多挑战，诸如怎样更加科学地设计整个知识实体分类体系，处理千万级条目数据库中遗留的数据错误，准确识别文本中的实体与关系，在前端页面有效展现海量的实体与其间关系而不造成混乱等。

一史馆拥有千万件量级的明清档案，从中可以挖掘出的各类实体估计可以达到百万量级，可挖掘出的实体间关系估计会达到上亿量级。实现这些信息的挖掘抽取、存储、查询、展现，涉及对历史档案主题分类体系的建模、机器学习的应用，是跨学科、需多部门协同完成的工作，也是对构建者各方面能力的很大挑战。档案知识图谱的构建者需要同时掌握历史档案业务知识、常规软件研发能力、大数据与机器学习技能。

随着时代的发展，明清档案作为一种社会资源，将会有越来越广泛的应用舞台。历史档案知识图谱及类似平台将会是一个重要的信息化与数据资源建设方向，也将成为智慧档案馆的重要软件数据基础。

（原载于《历史档案》2022年第3期）

数字人文视域下的明清档案信息资源建设与开发

田呈彬　王　宁

我国各级各类文化机构保存的 2000 余万件明清档案，是对纵跨数百年的各主体的实践活动的记录，书写材料和文字丰富，形制精美，文种多样，多项档案被列入《世界记忆名录》《世界记忆亚太地区名录》《中国档案文献遗产名录》。价值独特、原始记录性附加真实性保障的大量明清档案，理应成为以整个人类历史活动记录为研究对象①的数字人文语料。数字人文与明清档案工作具有相适性，运用数字人文理念可以克服明清档案信息资源建设和开发的不足与困境。

开发明清档案信息资源是评价档案工作成效的重要指标。文章以明清档案主要保管主体中国第一历史档案馆（以下简称"一史馆"）档案工作为案例，探讨应用数字人文理论与实践建设和开发明清档案信息资源的思路。

一　明清档案信息资源建设与开发现状

（一）明清档案信息资源建设状况

一史馆从 20 世纪 80 年代开始，逐步探索档案整理与数字化一体的档案整编工作路径②。21 世纪，一史馆先后开展两次大规模档案整理与数字化工作，以满足大规模档案利用需求。2010年，基本实现馆藏档案案卷级整理，500万件档案秩序整理至类项，并完成约350万件的标准化著录。次年5月，五年档案整理和数字化工程正式全面启动。至2015年底，800余万件档案完成数字化，电子数据总量增至4PB③，馆藏档案文件级整理基本实现，成体系、组织有序的明清数字档案信息资源体系得以建立。明清档案数字化实现了模拟信号到数字信号的转换。但受由少数民族文字、不同字体的手写体书写等因素影响，明清档案数据化程度不高，可操作性不强，知识组织和可视化表达更是任重道远。

（二）明清档案信息资源的开发状况

档案开放方面。一史馆在馆内外平台开放档案474万件、档案条目416万条，以供用户在线或来馆查询。仅2018—2022年，一史馆就在局域网开放档案上百万件。迄今开放了《清实录》《钦定大清会典》等16个满汉文全文数据库。

编研出版方面。一史馆迄今已出版各类档案出版物3000余册。仅2010年至2015年，一史馆就出版了500余册，形成国家重点出版项目、专题史料、与地方政府及部门合作出版史料、研究著述这样多层次的编研成果④，成为档案价值实现的重要途径和提供系统化信息服务的重要形式。

宣传利用方面。多年来，一史馆与各类研究中心、博物馆和地方档案馆合作举办展览或为其提供档案展品；2004年，一史馆开通官方网站，经多次改版，2022年上线最新官网；2016年正式开通官方微信平台，新媒体和传统档案网站协同发展；2022年，一史馆新馆传统布展和现代化展示结合的多个档案展览面向社会开放；在国际档案日等重要节点宣传活动上同央视、新华社等中央媒体密切合作。

然而，因档案图像的数字化成果并不利于深层次开发，缺少现代化信息服务；档案开放总量提升，但局限于馆内信息化平台，互联网开放量不足；档案编研出版成果虽丰，但形式仍多拘泥于影印式、点校式传统史料编纂和图册图录汇编⑤，网络出版和现代技术运用缺位；档案展览呈现以大量静态文字图片为主，方式较单一，对观众专注力、理解力有较高要求；社交媒体展现形式仍是传统纸媒的电子化翻版，多形式、动态化新媒体特色没有得到很好体现，传播力与影响力较弱。

二　数字人文与明清档案工作的契合性分析

（一）数字人文能拓展明清档案工作思路

明清档案机构要实现数字转型，建设、开发利用好档案信息资源，需要引入应数字时代而生的数字人文理论和实践成果，转变明清档案人思路观念，创新工作模式，推进明清档案工作向纵深发展以满足新的时代需求。

具体而言，充分借鉴、利用数字人文理念、技术方法和工具，进一步优化档案信息资源体系，谋求档案信息资源开发利用的多元化、创新性路径举措，共享档案基础业务成果，发挥档案和档案工作价值。随着明清档案逐渐走进公众视野，基于数字人文建设开发明清档案信息资源，为社会公众提供更喜闻乐见的档案服务内容具有重要意义。

（二）数字人文与明清档案工作在特征上有相适性

一是都重视协同合作。数字人文突破学科边界、强调开放性和协作性⑥。数字人文语料来源于不同文化机构的图书档案资料、文物和艺术品等。项目目标的实现往往需要跨学科团队，以吸收有不同专业技能、知识结构的成员，充分发挥各自优势，整合跨学科见解。同样，明清档案工作的开展离不开档案学、历史学、语言学等专业学科的融合，各项基础业务工作也有社会力量的参与。相互合作的不同主体，共同构成明清历史与文化的建设者与传播者。

二是都依赖大量数据信息。大体量语料库成为数字人文研究的重要基础，数据类型也不再局限于结构化文本，转而扩展至动静态图像、音视频等。人文语料库总体呈现出"大数据"趋势。借由可高效处理大规模数据的数字技术，人文研究迈向更深层次，能够从多维度形成可靠的研究成果。占有 2000 余万件明清档案资源是明清档案保管主体的最大优势。各项基础工作的开展和档案工作价值的实现以及保管主体职能的发挥紧紧围绕档案资源。而要想更好地服务党和国家工作，服务人民群众，更离不开大规模易用档案信息资源的支撑。

三是都以项目为主要途径。数字人文以项目为要素组织形式，当下各种数字人文研究均以项目为依托，成果也以项目形式呈现。数字人文将各类语料库语料、数字人文研究主体、数字人文技术方法与工具、平台等要素集成于项目之中。同样，明清档案工作也常需要整合各类资源，以项目形式推进目标实现。

（三）数字人文与明清档案工作的信息需求一致

数字人文需要海量结构类型多样的数字语料。但海量往往意味着无序。数字人文项目中，对语料的选择、数字化、组织、分析、编辑等[⑦]，需要耗费不少时间精力。占有大量档案资源的明清档案机构的一项重要任务就是使庞杂的档案从无序走向有序。数字人文和明清档案工作对信息的量和质的需求有一致性。经过数代明清档案人的努力，上千万件明清档案经数字化加工整理，逐渐形成完整序化的数字档案信息资源体系。这为数字人文项目创造了条件。

三 数字人文视域下的明清档案信息资源建设思路

（一）深入推进明清档案的数字化、数据化

数据驱动型数字人文基础性活动和后期文本标记、知识图谱生成构建等[⑧]，都以语料数据化为前提。当前明清档案图片式数字化成果不足以满足数字人文项目和机构自身深度开发档案信息的需要。一要加快完成数字化。明清档案机构馆藏档案数字化接近尾声。但馆藏舆图、玉牒和部分残档等形制特殊或保存状况不佳的档案未完成数字化加工。要继续探索该类明清档案数字化方案，完成实体档案资料向数字载体的数字资料转换，建立完整的数字档案资源体系。二要推进档案数据化。面对多以繁体、蒙藏满等少数民族文字手写而成的明清档案内容，光学字符识别技术（OCR）识别准确率不高，舆图、玉牒、样式雷图档等形制、内容特别的数据化更是困难。但要想利用数字技术实现档案信息深度开发、打破信息与利用者之间的屏障，明清档案机构就应寻求自然语言处理、图像识别等破解数据化难题的技术方案。三要加强后端数据管理。采集明清档案管理过程数据、用户基本信息和行为数据，建立明清档案大数据集，丰富数据规模和结构类型，减少数字人文研究成果的不确定性，以维护人文研究的严谨性，并针对性优化明清档案利用服务内容和方式，提高服务质量。

（二）丰富明清档案数据库建设

数据库为数字人文项目提供语料基础和技术支撑，也是项目成果的重要呈现形式。档案保管主体通过数据库有序组织数字化档案信息、提供档案信息服务以及参与和开展数字人文项目。再从档案信息的数据化语义表达到结构化知识组织，再到可视化展示以及档案信息的整合与共享，一系列活动都难以离开数据库。

一方面，面向不同服务对象和主题，选择系统性明清档案材料，并利用研究成果，来建设更多专题数据库，形成有序易用的明清档案专题数据集，提升档案信息组织水平，帮助用户快速准确查询、获取所需信息。同时专题数据库也要随着信息化建设的深入而优化，建立更多全文数据库、多媒体数据库以及其他半结构化、非结构化数据库，进一步发挥数据库文献史料准备的作用，大大减少数字人文研究前期准备时间，转而将更多精力用于知识发现和问题研究。

另一方面，充分考虑历史事件和现象通常并非孤立存在，而是相互关联，彼此影响，需要在海量信息中挖掘、分析组织，方能更全面地揭示历史关系和解释历史现象。因此在专题数据库系统基础上，加以扩充或者按类项等逻辑开发数据库，建设联系紧密、涵盖不同主题和档案类型的综合性档案信息数据库集群或者说综合档案信息资源库。

（三）推进明清档案信息整合与共享

2000 余万件明清档案散存于境内外约 200 家机构。其中，不到 40 家机构馆藏逾千卷（册），仅 13 家超万卷（册）⑨，保管主体较为分散，呈信息孤岛之势，部分档案表现为碎片化状态，不利于整体开发利用，价值实现不尽如人意。

明清档案保管主体应贯彻执行新修订《中华人民共和国档案法》中档案信息化建设要求，建立主体协同机制，以标准规范与制度体系、现有或新搭建平台探索档案信息整合与共享模式。通过已建立起的全国明清档案目录中心进一步摸清明清档案最新保存、开发利用状况，便于做整体设计。

一方面，加强档案信息整合。分布式明清档案保管主体的档案信息资源库接入全国档案查询利用服务平台或者建立其他统一平台，开发和关联异地异质数据库，以整合不同主体和不同类型的档案信息。

另一方面，要加强档案信息共享。一是不断扩展档案开放广度。既要使馆藏档案应开放尽开放、早开放，完善开放信息资源体系，又要从单位内网向互联网开放延伸，扩大资源可获取范围和主体，不断突破档案利用的时空壁垒。二是要强化档案信息开放深度。建立开放型免费数据库系统，并从开放目录到开放全文网上查询利用循序渐进，降低信息获取门槛，让数字人文研究者和其他档案利用者方便快捷地经互联网检索高度组织的档案信息，推动人文研究从有限的文本到无限文本的快速获取与分析。

四　数字人文视域下的明清档案信息资源开发思路

（一）主动以数字人文项目带动档案信息开发

项目是数字人文的基本单位，也是档案信息资源开发的重要途径。明清档案保管主体应利用馆藏档案天然资源优势、历史学与档案学复合型专业能力的后天条件与既往工作经验，主动组织人力、技术和资金实施明清档案数字人文项目，在目标导向下保持在项目过程控制中的话语权，辅助人文语料库建设。

明清档案多元价值的实现依赖不同差异化思维与技能主体从不同角度的诠释。实践领域专家、学者能为突破明清档案繁体、少数民族文字的手写体 OCR 技术识别转化困境提供技术解决方案；数字人文实践项目团队具有利用社会化众包参与式模式尝试档案著录、标记与注释等工作的经验[⑩]；图书馆界、文学界积累了中文自然语言处理、语料库语料建设方面的成功做法。围绕文化建设、记忆保存和构建等主题，明清档案保管主体组织人文研究者和其他主体、历史语料等项目要素开展数字人文项目，在项目实施以及后续维护中努力保障项目顺利进行和成果的长期可持续性，以项目促档案信息开发利用。借项目组织实施，积极融入数字人文社群，在合作中积累面向不同群体需求的档案建设与开发经验，不断提高信息传递与接收效能。

（二）档案业务工作中加强数字人文技术与理念应用

明清档案保管主体不仅要尝试在数字人文项目中运用数字人文技术方法，也要试着将其扩展至常规工作。

创新展览宣传。文字与图像相结合的形象化、抽象化表达有时更能清晰表达意图，也使接收者更易接受。文字为主的明清档案内容要求受众精读、细读。受众的持续专注力、阅读理解力、语言文字水平等直接影响档案内容信息传播效果。为此，可将数字人文常用的 3D 建模技术、虚拟现实（VR）与增强现实（AR）等数字技术用于馆藏图像类档案，实现虚拟重建和可视化展示，摆脱传统实体静态的单一呈现方式。亦可尝试基于分层制图技术、知识图谱等，从不同维度关联、分析和阐释历史，营造观众参与式历史故事讲述情景模式。以舆图为例，可基于舆图内容现实考察，结合地理信息系统分析工具（GIS）、时空数据库构造查询功能等，为用户营造该图景往昔情境的相对真实的共时性观感体验，强化用户对历史流动魅力的沉浸式感受。

优化档案编研。数字人文成果并非海量数据的简单整合堆砌，而是基于语料库的知识生产和再创造。明清档案编研要创新成果，根据现实需要强化编研内容的深度。可借助资源建设成果、依托数据挖掘与可视化等技术工具手段，将编研工作重点不断转向注重历史现象与问题研究，将单一的信息提供服务扩展至生产性知识创造，致力于输出解释性成果。数字人文一改突出文本的首要地位，转而重在强调视图化的知识生产与组织⑪。因此在编研成果的呈现方式上，要尝试加强可视化表达，补充与丰富相对匮乏的视觉效果，走向面向普通受众的浏览式、显性化阅读，并以更好的交互设计提升用户的参与感，减少受众疲态。

（三）打造新形势下的档案服务利用平台

无论数字人文还是档案信息资源开发利用，都要依托平台。这要求协同构建起档案信息开发利用平台和数字人文项目平台。依托平台来传递信息以及完成信息的加工、展演和再生产。

具体来说，可依托馆内档案信息查询利用系统、官方门户网站、微信公众号等现有平台，做好平台的改造升级，打造集成数字人文项目实施和最终项目成果展示平台、档案信息加工组织以及档案信息服务利用的综合性平台。官方网站和微信公众号不能仅仅发布政务信息、提供初级档案信息查询利用服务和设置一些简单粗糙的功能模块。而是要打造成包含案例故事、人文数据库 ⑫、网上展厅和有统一入口的分布式明清档案信息一站式查询利用等功能的平台系统。微信公众号不单单发布小文章、政务信息和提供部分目录查询，更要努力打造为可查询档案信息全文、网络在线看展以及线上交互的新型档案服务平台。此外，数字人文项目中的沟通、图形与视觉方面的设计师关注语言的符号化表达、概念的图形化表达，交互—用户体验设计师关注接口、行为，而媒体设计师则将沟通和交互相结合 ⑬。因此，要在平台设计时，留意平台的视觉、图形和接口设计，对文字、图片的排列组合、阅读的层次结构和交互导航等设计要素多加关注，力求适应用户行为特点，提升受众的平台使用体验感。

注释：

①⑦⑧⑪⑬［美］安妮·伯迪克、［美］约翰·德鲁克、［美］彼得·伦恩费尔德等著，马林青、韩若画译：《数字人文改变知识创新与分享的游戏规则》，北京：中国人民大学出版社，2018年版。

②③④《明清档案事业九十年——中国第一历史档案馆发展历程1925—2015》，内部资料。

⑤赵菁：《明清档案编纂成果的著作权保护》，《档案管理》2022年第3期，第63—64页、

第 67 页。

⑥ 王晓光等：《数字人文：数字时代的知识与批判》，大连：东北财经大学出版社，2019 年版。

⑨ 《明清档案通览》编委会：《明清档案通览》，北京：中国档案出版社，2000 年版。

⑩ 牛力、刘慧琳、曾静怡：《档案工作参与数字人文建设的模式分析》，《档案学通讯》2020 年第 5 期，第 62—67 页。

⑫ 苏依纹：《档案机构主导开发数字人文项目的方法探究——以美国马里兰州档案馆奴隶制文化遗产项目为例》，《浙江档案》2020 年第 9 期，第 21—23 页。

（原载于《档案管理》2023 年第 2 期）

满文档案信息化工作探索

李健民

满文档案是清朝各级官署及官员在处理公务过程中以满文书写的公文或记录的总称。清代，满文被统治者确立为官方文字，许多公文是以满文书写，从中央到地方各级机关形成了大量的满文档案。仅中国第一历史档案馆馆藏的满文档案就有200多万件。此外，辽宁、吉林、黑龙江、内蒙古、西藏、新疆等省、自治区档案馆，以及台北"故宫博物院"等单位，也保存着数量可观的满文档案。现存满文档案种类繁多，内容丰富，具有较高的研究价值。然而，满文档案工作是专业性极强的工作，对从业者的满文水平和专业能力要求较高。满文档案的整理、著录和翻译等工作目前只能靠人力完成，满文档案的数字化、信息化工作相对滞后，随着科技的进步和社会需求的发展，传统的工作方式已经无法满足社会的需求。这就要求加快满文档案信息化步伐，通过现代科技手段推动满文档案工作发展。

一　满文档案信息化工作的困境

传统的满文档案工作内容包括档案整理、档案编目、档案著录、档案翻译、编辑出版等。经过几代人的努力，满文档案工作在整理、著录、翻译等方面取得丰硕的成果。但是，满文档案工作在人才队伍、档案信息化和档案翻译方面存在诸多困境。

一是满文档案专业人才匮乏。人才队伍是开展工作的关键因素，满文专业人才一直处于稀缺的状态。作为全世界满文专业队伍人数最多的中国第一历史档案馆满文处，目前仅有满文专业人员 18 人左右。专业人员匮乏，是满文档案工作进展缓慢的重要因素。满文档案的整理、著录和翻译是难度较高的工作，也是特别耗费时间的工程，目前只能依靠满文档案专业工作者纯手工完成，需要从业者掌握较高的满文水平，并且具备丰富的工作经验。未来满文档案工作向信息化方向发展，则需要更多的满文专业人才，以及既懂满文又掌握一定计算机软件知识的复合型人才。

二是满文档案工作信息化程度低。档案信息化程度，主要体现在档案整理加工和档案提供利用的方式和途径。目前，满文档案整理加工和利用方式的信息化程度较低，已经提供利用的满文档案几乎都是依靠满文专业工作者纯人力加工完成的。已经开放利用的满文数字化档案仅有 30 万件左右，包括满文题本、满文录副奏折、满文上谕档、满文寄信档、满文熬茶档等。开放的数字化档案包括目录信息、著录信息和扫描图像等。利用者可以通过关键词检索档案著录信息查询档案。更高效的方式是全文检索，这需要制作档案全文信息数据。全文信息数据便于提取和利用，可为档案利用、编辑出版和研究工作提供极大的便利。然而，目前满文档案只能实现著录信息检索，没有加工全文数据，不能实现全文检索。部分档案馆曾对满文档案开展过拍摄缩微胶片、档案图像扫描、档案目录电子化等的数字化工作，但信息化程度仍然很低。

三是满文档案翻译任务繁重。著录信息检索或者全文信息检索，只是解决了档案查询的问题。满文档案由于语言文字的障碍，即使被检索到，也还需要利用者能够读懂满文才可以。近代以来国内外通晓满文者极其有限，能够直接利用满文档案开展学术研究者更是寥寥无几。这要求满文档案工作既要整理编目，又要兼顾翻译出版。根据不完全统计，从1979—2011年，汉译出版的满文档案包括《满文老档》《康熙朝满文朱批奏折全译》《雍正朝满文朱批奏折全译》等，共计38部以上，翻译总字数超过1720万字。即便如此，仍然无法满足社会需求，还有大量的满文档案等待翻译和提供利用。满文档案翻译工作对从业者的能力要求更高，耗费时间更多。根据时代发展和社会需求，完全依靠传统的人力翻译很难解决当下面临的问题，这要求满文档案工作与现代科技手段结合，利用科技手段解决满文档案翻译的难题。

二　满文档案信息化工作的难点

满文档案工作首先解决的是档案保护和利用的矛盾，在做好保护工作的前提下，探索满文档案信息化途径，充分发挥档案的作用，发掘档案的价值。相关汉文古籍的信息化的途径，多是将古籍进行高清晰度扫描或拍摄，将原书妥善封存。利用图像制作全文数字化信息，并建立相应的数据库，实现纸质文档图像化，图像信息文本化，信息数据网络化，从而提供高效便捷的利用方式。满文档案信息化工作既要解决档案数据的信息化，又要解决语言翻译的难题。

一是满文档案图像数字化工程量大。满文档案多为纸质文件，包含少量的木质和其他材质。纸质文件难以永久保存，为延长档案信息的保存时间，多采用拍摄胶片或者利用拍摄、扫描等图像提取方式，将满文档案纸质文件上的信息转化成图片格式的数字化信息。档案文件的图片数字化工作，既是保存档案信息的有效手段，也是档案信息化的基础工作。满文档案数量巨大，其装订形式包括经折装、毛装、线装、卷轴装等多种形式。对其进行图像数字化，要确保档案实体安全，避免加工过程中损坏，需要详细论证，周密安排。

二是满文档案全文信息化难度高。档案图像数字化只是开端，并不能解决检索和查询的问题。根据现有经验，全文信息数字化是满文档案信息化的有效手段，不但可以方便查询利用，也可以为后续的数据分析和全文翻译打下基础。然而，满文档案全文信息录入难度极大。如果利用纯人工录入的方式，需要懂满文又能识读档案字体的专业人员手工录入，不仅速度慢，而且满文人才紧缺，这种方式很难施行。如果采用图像识别技术或者语音识别技术加工满文档案全文信息，可以提高工作效率，但是相关识别技术的开发也具有一定的困难。即使是采用最基本的人工录入，也需要开发满文输入法软件等工具。语音识别的方式则需要专业的满文档案朗读者。可见，满文档案全文信息加工工作困难重重。

三是满文软件开发相对滞后。满文档案信息化离不开满文软件技术的发展，但是满文软件技术现状无法为满文档案信息化提供有力的技术保证。满文是非现行文字，使用者极少，满文软件商业化程度低，社会上开发者很少，相关标准也不够健全，软件成熟度不高。国内外已经开发完成的满文输入法软件屈指可数，而且标准不相统一，尤其是满文输入法软件键位设置各自为政，满文字库标准不一致，有的采用国家标准编码，有的采用自定义编码。满文翻译软件目前没有成功的案例，仅有少量的基于满文词典数据的电子词典。满文图像识别软件和语音识别软件仅有少量的研究文章和报导，没有公开发布的实际应用案例。满文档案信息化工作还需要满文编码转换技术等其他的相关技术支撑，然而相关技术领域多数是处于起步阶段或者仍是空白，需要不断探索。

四是满文信息化相关标准不健全。满文档案数字化、信息化工作以及满文软件开发工作，都需要相关标准作为规范和指导。已经发布的相关标准有：《满文档案著录名词与术语汉译规则》（DA/T30—2002）；ISO/IEC 10646 国际编码标准（其中满文和锡伯文字符集编码包含于蒙古文当中）；信息技术通用多八位编码字符集锡伯文、满文点阵字型国家标准等。目前，满文国际编码在蒙古文编码当中，满文字型编码在锡伯文字型编码标准中，满文信息技术标准包含于蒙古文或者锡伯文标准当中，关于满文的独立标准还未建立。此外，满文数字键盘布局标准、满文转写拉丁字母标准、满文信息数据库建设的相关标准皆为空白。

三　满文档案信息化途径探索

一是加大人才培养力度。满文人才和满文复合型人才是推动满文档案信息化工作的生力军。档案工作是具有传承性的工作，开展信息化工作，要兼顾传统的著录和翻译等工作。一切新技术、新手段的开发和利用都离不开传统工作的经验，以及前期积累的数据和创造的条件。满文档案传统工作离不开满文专业人才，满文档案信息化工作更需要满文专业人才的指导和介入，满文新技术开发工作需要满文专业人才参与制定规则和语言指导。因此，人才队伍建设是推进满文档案信息化工作的关键因素。要大力培养满文专业人才，不但培养满文档案专业技能，还要培养科学技术知识，努力培养一批可以将专业知识和科学技术有机结合的复合型人才。

二是推动满文档案信息化标准建设。标准的建立将有利于工作的科学性和规范性，以及工作成果的推广性。因此，要推动建立相关标准。没有标准的要及时建立，尤其是基础性的标准要提前谋划，为工作创造条件。对于已经建立的标准中不合时宜、存在问题的，要及时发现、及时修正。要努力建立满文独立的标准体系，为满文标准的发展创造空间。

三是推动满文档案全文数据库建设。全文信息数字化的优点不言而喻。建立满文档案全文数字化信息数据库，将革新满文档案整理和利用的工作模式，为满文档案工作带来跨越式发展，为利用者提供优质快捷的服务。满文档案全文数据库建设需要解决信息录入、满文显示、满文检索等技术难题。其中，最困难是满文信息录入，可以参考汉文古籍全文信息数字化的途径，利用文字图像识别技术将图片信息转化为文本信息，建立文本信息数据库，不仅为档案利用提供便利，也为档案数据分析以及满文档案翻译软件开发提供数据支持。

四是探索开发满文翻译软件。满文档案纸质文件的图像化可以解决永久保护的难题，满文档案全文信息数字化可以解决档案检索的难题。但是因为语言文字的障碍，满文档案仍然无法被广泛利用，目前只能依靠相关工作者人工翻译。随着科技的进步和人工智能的快速发展，利用满文档案全文数据库的语料积累，探索研发满文翻译软件，以便跨越满文档案利用中的语言障碍，推动满文档案更广泛地利用。

（原载于《中国档案》2019 年第 3 期）

明清历史档案信息资源整合策略研究

田呈彬

　　明清历史档案是明清两朝中央与国家机关、部分地方部门以及少数个人所形成的历史记录，以官方文书为主，同时包括舆图、玉牒、木牌等其他类型档案。其中不乏被列入世界记忆名录的珍贵名档，社会价值与历史文化价值极大。

　　明朝档案仅存数千件，数量较少，以兵部、礼部等中央机构档案为主，多保存于中国第一历史档案馆（下文简称"一史馆"）、辽宁省档案馆和台北"中研院"史语所。明朝档案数量有限，但内容丰富，价值较高，利用需求较大。

　　相较之下，清朝档案存世数量众多，达 2000 余万件，仅一史馆就存有 1000 余万件。清代档案主要为明清两朝中央国家机关和地方督抚衙门在政务实践活动中形成的官方文书，兼有王府、其他个人形成的档案。涵盖文种之广，涉及语种之多，内容覆盖之丰，保存之完整，世属罕见。

　　但明清历史档案分散在不同保管主体，彼此间未建立起有效的协作机制；数据、系统兼容性差，共享困难，导致无法提供远程利用服务，增加了用户利用成本，难以拓宽用户广度；历史档案著录项目专业性较强，对用户的专业知识和信息素养要求较高，难以满足普通利用者多样化和个性化信息利用需求。

　　为解决上述问题，本文提出在有关机构统一领导组织下，建立起明清历史档案保管主体间有效的协作机制，合理配置各类资源，以统一、可兼容的标准规范和制度等建设完整、可兼容共享的明清档案信息资源体系，将国内各保管主体馆藏已开放和待开放档案信息数据联结起来，实现档案信息的合理组织与远程传输，并通过开发统一的信息检索利用平台，实现一个用户界面内对异地异构档案信息分布等基本情况的全面了解和一站式检索利用。

一　明清历史档案信息资源整合的意义

（一）集成明清档案信息，解决信息孤岛现象

相对革命历史档案与民国历史档案，明清历史档案保存集中，但仍分散于国内至少百余家各类各级档案馆。虽然近些年全国档案馆档案数字化工作和信息化建设如火如荼地开展，档案馆初步建立起网络档案资源体系，但用户仍须到馆检索利用，信息化程度总体不高，以致利用者对馆藏分布和内容不了解，更无法满足一站式检索利用需求，馆藏信息无人问津和用户无法查找到所需信息的矛盾凸显，弱化了信息服务效果。通过整合，将各分散保管的明清档案数字化信息集成，让馆藏分布和内容清晰化，向用户提供按图索骥检索所需的已开放档案信息的服务。

（二）优化信息利用服务方式，降低信息利用成本

近些年，在档案信息化建设背景下，大量明清历史档案原件或被缩微拍照，或经数码转换完成数字图像挂接，实现计算机网络检索。但在线平台现已开放的档案仍以目录信息为主，实际查档利用仍需实际到馆，信息易获取性较差，用户经济与时间成本较高；著录信息多为专业词汇，著录后标引的深度和广度不够，需要利用者具备历史专业知识、输入准确的检索词才能实现信息

精准匹配，无形中增加用户智力成本；各档案馆检索系统功能存在差异，系统易用性不高，对用户信息素养要求较为苛刻。通过信息整合，实现统一检索入口下对各保管主体馆藏档案信息数据库的跨库检索，能有效降低上述信息利用成本。

（三）挖掘潜在信息用户，提高明清档案利用率

虽然明清历史档案早在 20 世纪初期便启动面向社会的开放工作，为读者提供利用服务，但先后主要采取单位代抄、自行抄借等低效率方式。后期发展为缩微胶片阅读、复制件阅览，直至 21 世纪后才提供计算机图片检索和少量全文检索服务。利用主体以高校和学会等学术团体、其他机关以及国内外专家学者等为主，因利用手续繁琐、程序复杂等因素，导致普通社会利用者寥寥。通过整合明清档案信息，为普通用户网络利用档案提供便利条件，在统一利用平台上以自然语言等检索方式一站式检索所需信息，满足用户个性化、多样性信息需求，能挖掘潜在用户，拓展用户广度，提高明清档案利用率和影响力。

（四）深化档案资源开发利用，实现明清档案多元价值

明清档案对学术研究、地方志编修、陈列展览的举办、古迹修复、剧本编写、影视剧拍摄、工程建设等社会经济文化建设的方方面面都能提供有力参考。各明清档案保管机构虽编辑出版了大量史料书目，多达数亿万字，但整体利用率并不高；到馆查档利用者单一，且人数较少。通过整合明清档案信息，既促进明清档案利用向纵深发展，快速检索信息，更好地服务社会经济文化建设。同时，将价值实现拓展至对社会普通公众的文化娱乐需求的满足上来，使服务对象与服务内容更具多元性。此外，在面对国内外争议与社会公共突发事件时，能及时高效地从海量信息存储库中获取有用信息，总结历史经验，提供决策参考，迅速做出反应，进一步发挥档案存史资政的效用。

二　明清档案信息资源整合的基础与优势

（一）明清档案资料目录中心取得阶段性成果

对明清档案调查摸底是信息整合的前提之一。而 1991 年 3 月在京正式成立的由国家档案局组建、一史馆具体管理的全国明清档案资料目录中心就具有信息调查功能。目录中心成立后，在全国范围内启动明清历史档案目录采集工作，指导地方档案馆明清档案著录工作，建立全国明清档案目录数据库[①]，掌握明清档案基本情况。

该中心现拟开展明清档案文件级目录采集工作，作为中心主体的一史馆当前已完成馆藏档案文件级整理和约 500 万件档案的文件级著录。目录数据库的建立是档案信息整合的重要基础，其本身也是一种阶段性整合形式。它将不同保管主体馆藏明清档案基本情况进行调查摸底、统计整合，通过标准制定与业务指导促进著录标引工作标准化、规范化，为实现更深层次的目录体系建设与明清档案全文信息整合打下坚实基础。

（二）明清历史档案信息化工作成果提供支撑

2002 年，国家档案局《全国档案信息化建设实施纲要》发布以来，档案信息化基础设施建设提速，馆藏档案数字化工作在全国展开，目录和全文数据库逐步建立，档案网站亦如雨后春笋般涌现，档案信息化工作取得历史性发展和丰硕成果。以明清档案保管主体一史馆为例，至 2015 年底，便完成数字化档案量达 800 余万件，馆藏数字资源达 4PB[②]；2004 年 12 月，一史馆开通互联网网站，更是标志着档案馆网络化、信息化、现代化管理迈入新台阶。目前已在网站先后公布数字化档案目录约 400 万条[③]；其馆内档案信息化平台现已开放 400 余万件数字化档案[④]；清代档案中含有大量满文档案，一史馆创造性开发出满文图像识别软件，为满文档案全文检索提供技术支撑。

　　档案的数字化和信息化建设的最终目标是档案信息资源的整合与共享，反之，档案信息资源整合也要以档案数字化、信息化为基础。当前信息化建设成果为明清档案信息资源的进一步整合创造了良好条件。

　　（三）明清历史档案数量明确，增长趋于稳定

　　不同于现行档案处于海量的动态增长状态，且生成、保管和利用环境复杂多变；也不同于民国历史档案多达上亿件的巨大体量，且保存更加分散；亦不同于革命历史档案生成年代较近，具有很强的政治敏感性和个人隐私保护等方面的考量。现存明清历史档案总量相对固定，馆藏分布确定，数量较为明确，保管、利用环境相对稳定，且生成年代久远，涉及知识产权、个人隐私、党和国家民族利益的内容相对较少，有利于统筹规划实施档案信息资源的整合与共享工作。

　　（四）基础设施不断完善，软硬件环境显著优化

　　近年，全国不少档案馆已完成或即将完成新馆建设，在档案信息化建设背景下，各馆软硬件环境显著提升。作为中央级档案馆的一史馆新馆即将交付；诸如湖北省档案馆等省市级档案馆新馆已投入使用；自 2010 年 10 月，中西部地区县级综合档案馆建设工作正式启动，中央与地方财政累计投入数十亿资金建设1000 余家县级综合档案馆新馆，以改善档案库房条件，提升服务能力 ⑤。这些新馆多配备了现代化档案管理设施，初步建立了档案信息化管理平台，开发了档案信息数据库和检索利用平台，软硬件条件得到极大改善，为档案信息资源整合提供了物质基础和技术支持。

三　明清历史档案信息资源整合策略

（一）深化明清档案整合的信息内容建设

整合的基础与核心在于信息。在今后档案工作中，应继续提高馆藏明清档案数字化比例，逐步实现明清档案的全面数字化；在建立起的全宗级、案卷级目录体系基础上，各档案保管主体应加快实施档案文件级整理进度，对明清档案进行文件级著录，依托明清档案资料目录中心建立全国性的全宗级—案卷级—文件级层级分明的完整目录体系；在信息标引阶段，建立词库，运用自动抽词等现代技术拓展标引深度、广度和效率，提供多途径检索方式，提升用户检索体验；当下主流的数字图像挂接之余，建立更大规模的开放档案全文信息数据库；探索利用文字识别技术手段将图像转化为 OFD 版式文件等文字文本，借此实现对文档的复制、标记等操作，同时依托全文检索技术以自然语言实施检索，降低检索智力成本，提高检索效率。

（二）建立制度政策引导与支持机制

明清档案信息整合工作涉及从中央级—省市级—县级档案各级各类跨区域保管主体，需要调配、协调各种人力、财力等资源。这非标准规范的制定和自主协调所能轻易解决，而是迫切需要政策引导与支持。因此，国家档案局牵头组织，统筹协调各方主体，确定整合工作的实际执行主体，以负责标准规范制定和开展业务指导；档案的开放鉴定始终是难题，要研究出台政策，试着明确开放范围，划分责任权限，解决明清档案保管主体开展信息整合共享的后顾之忧，减小主体合作阻力；将明清档案信息整合纳入档案信息化建设规划中，并适当考虑将整合成效作为工作评价内容之一，弥补实际管理执行主体没有话语权的不足；将当前有关明清档案著录、标引等推荐性标准和具体实施细则作为各档案馆必要的工作参考，让标准化操作成为常态。

（三）推进明清档案信息整合标准规范建设与优化

档案信息整合标准主要涉及档案数据标准，包括档案数据值标准、数据结构标准和数据内容标准，以及系统建设标准，包括基础和支持标准、网络标准、应用标准等[⑥]。

要以前端控制思想和全程管理思想为指导，综合考虑各个工作环节，对数据存储和系统输出实施标准化控制。档案整理与著录标引标准化、规范化是实现整合的重要基础，影响作为信息存储与检索依据的著录标引结果的质量，决定了信息能否兼容共享。故而要有文件级整理工作规范；要优化、调整内容标准《明清档案著录细则》在实践中的可适性；考虑是否需要借鉴革命历史档案和民国历史档案制定的标引规则，对标引数据元素值加以规范，或建立自动标引规则标准等；制定档案数据结构标准规范，规定档案数据元素之间的逻辑结构[⑦]，保证各主体数据库数据结构的一致性和兼容性，也避免档案系统的重复建设；制定系统标准保障网络明清档案信息"四性"；参考或制定如Z39.50的公共检索协议标准，实现统一入口下对异构资源的跨系统检索利用。

标准制定要平衡质与量的关系，标准不是越多越好。要积极探索现有标准的可参考性，研究既行标准对新情况新问题的适用性；要尽量使用上位标准规范，防止标准泛滥给标准执行者带来困惑和造成额外负担。

（四）构建明清档案保管主体间的有效协同机制

明清档案信息资源整合涉及档案信息内容建设、标准规范制定与实施、人力财力资源调配等各类资源要素的整合，必定需要通过订立协议等方式建立有效的交流沟通与切实合作机制，集中资源共同实现明清档案信息整合共享的总目标。具体而言，应共同研究制定、确定档案工作标准和业务细则规范，使业务工作流程与结果标准化规范化；档案著录标引工作专业性强，对著录标引规则与方法的理解、主题分析的准确性等直接影响信息著录标引质量和信息利用效果，故而主体间应搭建业务交流平台，加强档案整理、著录标引专业人才间的合作，通过业务指导提升人员专业素养，解决业务工作难题，提升整体工作水平；建立起系统设计开发人员和档案工作业务工作者间的沟通桥梁，让"懂业务"和"懂技术"紧密结合，以保证彼此准确提出和理解业务需求，助于技术实现；共同开发档案信息管理、利用平台，避免重复建设以造成资源浪费，减少财政负担。

四　结语

本文对明清档案信息资源整合的意义、目的和资源建设现状进行分析。基于一定基础与优势提出明清档案信息资源整合的策略，以解决当前面临的一些问题，利于提升明清档案工作水平。但明清档案信息资源整合涉及较多要素，保管主体权利与义务的划分、信息的开放鉴定和"四性"保障、信息数据与系统标准建设以及业务工作规范的具体制定实施等等，是一项系统性、复杂性和创新性工程，需要进一步研究、细化。

注释：

①② 《明清档案事业九十年：中国第一历史档案馆发展历程 1925—2015》，内部资料。

③ 中国第一历史档案馆：122 万余条数字化档案目录开放利用，《中国档案》2019 年第 11 期，第 67 页。

④ "皇史宬"公众号：《档案开放|10 万件清代宗人府档案和满文实录全文检索数据库向社会开放》2019 年 9 月 25 日。

⑤ 国家档案局："十三五"时期中西部地区县级综合档案馆建设项目继续推进，http://

www.saac.gov.cn/daj/ywgzdt/201809/e4ff86dbb8ee4051a80381172fd72692.shtml。

⑥⑦ 熊志云:《档案信息资源的整合趋势及整合措施浅议》,《档案学研究》2005 年第 1 期,第 29—33 页。

（原载于《2022 年全国档案工作者年会论文集》，中国文史出版社，2022 年出版）

明清档案整理刊布的
百年回望与学术贡献

——中国第一历史档案馆藏明清档案编纂出版略论

李国荣

对中国古代历史的研究，整体说来，明清史研究成果更为丰富一些，明清史成为二十五史研究中相对凸显的断代史。这是为什么？原因大致有二：一是明清时期离现代更近些，其影响也就更深刻、更直接，当代中国诸多问题寻根溯源，首先就要探索明清特别是清代的历史。故此，社会各方面对明清历史的重视程度更高。二是明清档案这座文献金矿的留存与支撑。此前各朝断代历史研究往往为二手文献资料和不多的考古成果所局限，而开展明清史尤其是清史研究则具有得天独厚的原始档案资源优势。

中国第一历史档案馆是明清两朝中央政府和皇室生活档案的保管基地，保存档案 1067 余万件。其中，明朝档案 3600 余件，清代汉文档案 800 余万件，满文档案 200 余万件，另有部分蒙、藏等少数民族档案和英、法、俄、日等外文档案。这巨量的明清档案，历经沧桑传承下来，既是中华民族的历史文化宝库，也是世界珍贵的文化遗产。由于历史原因，台北"故宫博物院"等地也藏有一定数量的明清档案。本文谨对中国第一历史档案馆所藏明清档案近百年来的整理刊布试作回望梳理，以期与学界共同分享石室金匮蕴藏的文献辉煌和学术贡献。

一　从国学大师到清史工程：明清历史研究离不开明清档案

明清内阁大库档案与殷墟甲骨文、居延汉简、敦煌遗书并称为20世纪初中国古文献四项重大发现。在明清两朝，大内档案一直森严管理秘不示人，非经特许，即便朝中重臣亦不得检视。1921年，北洋政府财政紧张，历史博物馆为补济职员薪水，将存放在端门的15万斤大内档案装了八千麻袋，当作废纸卖给北京同懋增纸店。清朝旧臣罗振玉闻讯，个人高价买回，才使这批明清旧档没有被化成纸浆重新造纸。这些档案辗转流离，大多被保存了下来。正是由于"八千麻袋事件"，宫藏巨量明清档案开始被世人所知，为学界所关注，乃至轰动世界。从那时算起，明清档案的抢救与整理至今已有百年。

民国时期的国学大师们与明清档案有着密切而深厚的情缘。鲁迅在1928年曾发表专文《谈所谓"大内档案"》谈道："'大内档案'也者，据深通'国朝'掌故的罗遗老说，是他的'国朝'时堆在内阁里的乱纸。"文中毫不留情地揭露了当时的官僚政客对明清档案极端不负责任的态度和公开盗抢，深切感叹："中国公共的东西，实在不容易保存。如果当局者是外行，他便将东西糟完。倘是内行，他便将东西偷完。"① 王国维曾充任清逊帝溥仪南书房行走，有幸得窥皇宫所藏，由此引发对大内档案的内容、价值及辗转历程的关注，他连续撰文三篇力推明清档案：《内阁大库书之发见》（1913年）②，《库书楼记》（1922年）③，《最近二三十年中中国新发见之学问》（1925年）④。王国维对明清档案极为关注，持续向世人披露"罕有知其事"的宫藏珍档，津津乐道地指出："自汉以来，中国学问上之最大发现有三"，在"孔子壁中书""汲冢书"之后，近期几项重大发现（如殷墟甲骨、各处汉晋木简、敦煌写本书卷）中的任意一项，都足以与前两者相提并论，而"内阁大库之元明以来书籍档册"便为其中之一⑤。蔡元培任北京大学校长期间，专门致函教育部"请将清内阁档案拨为北大史学材料"，推动教育部将历史博物馆原存的清内阁档案拨归北大国学门，并召集胡适、李大钊等 15 位学者组成档案整理委员会，对档案进行整理、分类、刊布。蔡元培担任"中央研究院"院长及故宫文献馆理事长期间，极力筹款为"中央研究院"历史语言研究所购入"八千麻袋"档案，使这部分内阁大库档案最终得以保存。"中央研究院"历史语言研究所的创办者傅斯年，更是长期致力于历史研究，非常重视档案史料的搜集与整理。在得知"八千麻袋"事件后，傅斯年多方奔走呼号，为抢救这批历史档案竭尽全力。傅斯年还组织人员对明清档案一边清理、分类、编目，一边编纂、印行，公之于世。在傅斯年主持下，专门成立明清史料编刊会，由傅斯年、陈寅恪、朱希祖、陈垣、徐中舒 5 人担任编刊委员，陆续编选出版《明清史料》10 编，共有 100 册。国学大师对明清档案的极大关注和倾情投入，充分反映了国人对民族文化珍存的敬重。

　　当代史学大家特别是明清史专家对明清档案珍贵价值的称道可谓异口同声。南开大学副校长、历史学家郑天挺教授在《清史研究和档案》专文中谈道："研究明代、清代的历史，比研究历代的历史有其优越的条件，这是由于明代、清代的《实录》都保存下来了"，"研究清史比研究明史条件更好，不仅有《实录》，而且还有很多历史档案资料"。他进而指出："历史档案在史料中不容忽视，应该把它放在研究历史的最高地位，就是说，离开了历史档案无法研究历史。靠传说、靠记录流传下来，如无旁证都不尽可信。历史档案是原始资料的原始资料，应该占最高地位。"⑥中央民族大学王钟翰教授曾畅言治学体会："我是一个历史工作者，如果没有档案，我就没有发言权。"⑦中国人民大学

清史研究所开拓者、中国史学会会长戴逸教授在 1995 年中国第
一历史档案馆成立 70 周年大会上致辞时强调，明清档案"被历
史学家们认为是研究清史和近代史最重要的第一手材料，离开了
档案就不可能做严肃的深入的研究。所以第一历史档案馆是我们
巨大的历史文化宝库，有着几乎取之不尽的文化资源和历史材
料"⑧。国家清史编纂委员会副主任朱诚如教授深切感言："历史
档案具有原始性、真实性、可靠性，它能直接传递历史的原貌、
历史的真实，不充分利用历史档案的结果，就会出现史实的失
真。"⑨ 还有不少国外历史学家对明清档案的珍贵价值发出由衷
感慨，如日本史学家神田信夫教授根据长期从事明清史研究的经
验，专门撰文谈道："最有助于明清史研究的，还是由于明清档
案大量保存下来，要说不利用档案就无法进行明清史研究活动，
是毫不言过其实的。"⑩ 纵观学界，明清档案成就了一批又一批
明清史专家，大大推动了明清历史研究领域的拓展和专项研究的
深入。中外历史学家以档治史的累累硕果和由此生发的学术感悟
充分证明，明清历史研究离不开明清档案。

　　清史纂修这一国家学术工程更是充分印证了清代档案的基
石作用。民国时期曾经编纂一部《清史稿》，由于"没有使用清
宫秘藏的'大内档案'，结果出现了许多史实上的错讹而遭人诟
病"。正因如此，在刚刚进入 21 世纪之际，国家决定启动清史纂
修工程，并且作出档案先行的学术部署。如朱诚如教授所说："国
家清史工程启动之初，即把历史档案的整理利用这样一件重要而
艰巨的基础性工作放在首位，并得到中国第一历史档案馆始终一
贯的积极支持和大力配合"，"档案的整理出版，为国家清史纂修
工程打下了坚实的基础，提供了宝贵的第一手资料"，"一边整理
档案，一边利用档案，一边出版档案，衔接紧密，使历史档案的
价值得到了充分开发，所产生的作用是前所未有的，此举也得到

了海内外专家的高度评价"⑪。据统计，2003—2015 年间，中国第一历史档案馆为清史编修工程整理各类档案总计 300 多万件，为清史编纂委员会提供可在网上直接查阅利用的数字化档案有 9 大类 180 万件，列入清史编纂委员会"档案丛刊"先后出版的有 10 项 353 册。清代档案的大规模整理和多层面利用，为清史纂修提供了最基本的史料保障和可靠的资源支撑，可以说，没有清代档案的深度发掘，就难有清史工程的顺利开展。

二　明清档案整理刊布的百年巨献

明清档案是明清时期中央政府留存的国家记忆，是紫禁城皇室生活的直面写真，具有原始性、唯一性、权威性、丰富性等鲜明特征，成为明清历史研究不可替代的学术资源。近百年来，在几代明清档案人持续推进下，中国第一历史档案馆及其前身机构的明清档案整理刊布工作大致经历三个阶段：

第一阶段（1921—1949 年），明清档案整理出版的拓荒时期。1921 年的"八千麻袋"事件，开启了抢救明清档案的艰辛历程，并推动了明清档案专门保管机构的产生。1925 年故宫博物院成立，下设文献部（后称"文献馆"），专门负责管理明清档案，这是中国第一历史档案馆的前身。这一时期社会动荡不安，老一辈明清档案工作者及历史学家克服重重困难，陆续整理出版了一批明清档案史料，开辟出一条明清档案的管理利用之路。由此产生了我国近代史上首次编印档案文献的高潮，明清档案逐渐走向社会。

第二阶段（1949—1980 年），明清档案管理体系基本奠定，编纂出版工作奋力前行。新中国成立后，明清档案管理机构曾几度变迁：1949—1955 年，为故宫博物院文献馆；1955—1959 年，为国家档案局第一历史档案馆；1959—1969 年，为中央档案馆明清档案部；1969—1980 年，为故宫博物院明清档案部。这一时期通过国家征集调拨，陆续形成 1000 余万件的馆藏规模，明清档案 74 个全宗体系基本建立起来。明清档案的整理出版在很大程度上受国家政治形势的影响。1949—1965 年档案编辑出版一度较为活跃，主要配合国家需要，重点出版反清革命、反帝侵略的专题档案，编纂选题往往具有较强的政治性。1966—1976 年"文革"期间，明清档案工作受到冲击，编纂出版几乎停顿。至 70 年代后期，特别是 1978 年十一届三中全会以后，明清档案整理出版得以迅速恢复和发展。

第三阶段（1980—现在），明清档案整理出版的突出特点是全面服务社会。1980 年中国第一历史档案馆正式命名，成为中央级国家档案馆，明清档案事业迅猛发展。20 世纪 80 年代，影印技术规模性引入，这一出版方式可以更好地保持档案原貌，避免点校整理过程中可能导致的信息偏差，可靠性高且出版速度快，非常适合大中型出版项目，因此备受社会各界欢迎。进入 21 世纪，明清档案整理出版呈现出多层次、多形式、系列化的发展态势，其突出特征是：选题范围拓宽、出版数量激增、编辑方法多样。在社会各界的共同参与和支持下，明清档案的整理编纂丰富多彩，开始全方位地服务社会。

百年以来，几代明清档案人薪火相传，对蕴藏宏富历史信息的明清档案进行了全面深入的发掘。在档案史料刊布上，已远远不止是对明清历史上个别事件或个别问题的拾遗补缺，而是有计划地用全面的基础史料去推动和促进明清历史的研究，使之不断开拓新的领域。据统计，1925—2020 年间，中国第一历史档案馆及其前身机构共编纂出版明清档案史料 250 种 3492 册，其中1980 至 2020 年编纂出版 185 种 3061 册。这巨量原始档案的整理刊布，为国家层面的文化事业建设作出了特殊贡献，为明清历史研究构筑了坚实基础，为社会各界文化学术活动的开展提供了丰富的历史养料，从而打造了明清档案整理刊布的百年辉煌。

（一）档案文种的系列刊布

按档案文种进行的系统出版，是明清档案整理公布的重要形式。其特点是，对社会关注度较大、学者利用率较高的某些类别档案，进行全面整理，予以系统性地刊布，迄今已有十余类档案出版。

1. 明朝档案系列。《中国明代档案总汇》是馆藏有明一代珍贵档案的总集，时间起自洪武四年（1371），止于崇祯十七年（1644）。全书101册，辑录题稿文件类3534件、武职官员簿册类113卷、宫中抄存典籍类12部。另有辽宁省档案馆藏明末辽东问题档案710件。全面反映了明代职官、防务、战事、财政、外交、文化等多方面内容，其中天启、崇祯两朝档案居多。

2. 清帝谕旨系列。《上谕档》是清代军机处专门记载皇帝谕旨的档册，每年按季装订成册，现存2913册。雍正、乾隆、嘉庆、道光、咸丰、同治、光绪、宣统这8朝的《上谕档》均已影印出版，且已实现全文检索。

3. 清帝起居注系列。皇帝起居注制度始于汉代，延续两千余年。历朝起居注册大都散佚无存，只有清代起居注尚比较完整地存世。清代《起居注册》，起自康熙十年（1671），止于宣统二年（1910），中间略有缺佚。其中包括满汉两种文本，又有正本与稿本之别。康熙、雍正、乾隆、嘉庆、光绪、宣统这6朝的《起居注册》业已分批影印出版。

4. 朱批奏折系列。奏折是清朝高级官员向皇帝直接报告政务的最主要的文书，皇帝用朱砂红笔批示过的奏折叫朱批奏折。馆藏汉文朱批奏折46万件，满文朱批奏折14万件。其中，《康熙朝汉文朱批奏折汇编》《雍正朝汉文朱批奏折汇编》《光绪朝汉文朱批奏折汇编》已影印出版。

5. 清朝官员履历折系列。官员履历引见折，是清代官员觐见皇帝时进呈的简要履历。皇帝在召见对答后，大多在官员履历折上留下评语。现存履历折始自康熙六十年（1721），止于宣统三年（1911）。《清代官员履历全编》系属影印出版，辑录档案55883件，共有清朝4万多名官员的履历，是研究清代文武百官履历的原始记录。

6. 军机处随手登记档系列。《随手登记档》始自乾隆，迄于宣统，是清代军机处在日常行政和文书处理过程中的登记簿册，按日记注，半年一册。其内容主要包括两个方面，一是臣工奏折之题由与皇帝阅示之朱批及发抄处理之结果，二是朝廷颁发旨令之摘要。《随手登记档》简明而系统地反映了奏折和谕旨两大官文书的运转情况，它既是清代各朝全史研究最可靠的检索依据，其本身又是一部翔实的编年史大纲，所载内容具有很高的史料价值和特殊的检索功用。《清代军机处随手登记档》自乾隆到宣统，采用编年体例，全部影印出版。

7. 军机处电报系列。晚清时期的军机处电报，极具机密性和权威性。这些电报秘档，是在清廷经过誊录以簿册形式保存下来的电报抄稿。现存电报原档合计1459册，共4万余件，时间始自光绪十年（1884），止于宣统三年。《清代军机处电报档汇编》影印推出，全书分为谕旨类、综合类、专题类三大类，分别按时间顺序进行编排，这是晚清时期军机处电报秘档的总汇。

8. 皇家陈设档系列。陈设档是在皇家生活区域的殿堂摆设物品的登记账本。为了掌握库存、修补破损情况及增设新品，各殿堂陈设物品每年查核一次，每五年由总管内务府大臣进行复查登记。故宫博物院现藏陈设档共682册，主要是紫禁城内各宫殿物品的陈设清册，时间自康熙三十三年（1694）至民国十一年（1922）。中国第一历史档案馆现藏陈设档共7927册，主要以皇家园林、皇帝行宫和皇家陵寝为主，时间自康熙四十三年（1704）至民国十三年（1924）。《清代皇家陈设秘档》首推玉泉山静明园卷，彩色影印出版。

9. 满文档案系列。满文，清代称为清文、国语。满文档案现存200余万件。中国第一历史档案馆自1959年开始，就特设专门的满文档案整理编译部门。在周恩来总理关怀下，1975年开办满文培训班，满文人才培养一直受到格外重视。面对内容宏富的满文档案，迄今已编译出版20部288册，其中主要有《清初内国史院满文档案译编》《郑成功满文档案史料选译》《内阁藏本满文老档》《康熙朝满文朱批奏折全译》《雍正朝满文朱批奏折全译》《乾隆朝满文寄信档译编》《明清珍藏海兰察满汉文奏折汇编》《清代军机处满文熬茶档》《军机处满文准噶尔使者档译编》《清代西迁新疆察哈尔蒙古满文档案全译》《土尔扈特满文档案译编》《清代新疆满文档案汇编》《清代边疆满文档案目录》《北京地区满文图书总目》等。满文档案的编译出版，为清史研究提供了难得的史料资源。

10. 蒙文档案系列。馆藏蒙古文档案3.7万件，是少数民族文字档案的重要组成部分。先后编纂出版的蒙文档案有《17世纪蒙古文文书档案》《清内秘书院蒙古文档案汇编》《清内阁蒙古堂档》《清朝前期理藩院满蒙文题本》等。

（二）档案专题的系列刊布

专题类档案编纂出版，是明清档案服务社会的一种主要形式。其特点是主题鲜明，针对性强。其难点是某一特定专题的档案选材要相对完整，整理编纂要精细考究。改革开放以来，随着社会文化事业的发展和对档案发掘的深入，专题档案的选题范围不断拓展，专题档案的出版成果丰富多彩，为有关历史问题研究提供了权威的第一手史料。

1. 台湾专题档案。台湾为海疆重地，自古以来与大陆血脉相连，息息相关，明清时期的中央政府更是对台湾进行了有效治理。馆藏台湾问题档案，先后按专题整理出版的有《郑成功档案史料选辑》《康熙统一台湾档案史料选辑》《明清宫藏闽台关系档案汇编》《明清宫藏闽台关系档案图录》。特别是《明清宫藏台湾档案汇编》，全书232册，辑录馆藏有关台湾问题档案16343件，时间起自明朝天启年间，至晚清光绪时期，跨度300余年，内容涵盖郑氏收复、康熙统一、乾隆平定、光绪设省等重大事件，还有台湾官员任免、移民开发、台地防务、甲午割让等诸多方面内容，这是馆藏台湾问题档案的全面汇总。

2. 西藏专题档案。西藏的边疆治理和民族宗教问题，既是历史的，也是现实的；既是宗教的，也是政治的。馆藏档案充分证实了明清中央政府对西藏的有效管理，原原本本记录了历世达赖和历世班禅对中央政府的拥护与认同。先后整理出版的西藏专题档案有《元以来西藏地方与中央政府关系档案史料汇编》《清宫珍藏历世达赖喇嘛档案荟萃》《清宫珍藏历世班禅额尔德尼档案荟萃》《清初五世达赖喇嘛档案史料选编》《清末十三世达赖喇嘛档案史料选编》《六世班禅朝觐档案选编》。还整理出版了《中国第一历史档案馆西藏和藏事档案目录》，全书辑录汉文档案条目17213条，满文、藏文档案条目13334条。

3. 新疆专题档案。档案揭示，清政府极其重视新疆区域的治理，特别是对西迁新疆和东归新疆的各少数民族，清政府均妥为安置。先后编纂出版的新疆专题档案主要有《清代新疆满文档案汇编》《军机处满文准噶尔使者档译编》《锡伯族档案史料》《清代东归和布克赛尔土尔扈特满文档案全译》《清代西迁新疆察哈尔蒙古满文档案译编》等。

4. 东北专题档案。满族兴起于东北的白山黑水之间，清朝统治者对龙兴之地一直十分关注。馆藏档案陆续编纂出版了《清代黑龙江历史档案选编》《清代东北阿城汉文档案选编》《清代鄂伦春族满汉文档案汇编》《珲春副都统衙门档》等。

5. 西南专题档案。依托馆藏档案，联合承担了国家社科基金重大项目《中国土司制度史料编纂整理与研究》，专门编纂《中国土司制度史料集成》，在助推中国土司遗址成功申报《世界遗产名录》中发挥了独特作用。此外，还编纂出版了《清代前期苗民起义档案史料》《清代皇帝御批彝事珍档》等西南专题档案。

6. 粤港澳专题档案。粤港澳为南疆特殊区域，历史上一直是中外商贸文化交往的窗口。自馆藏档案中曾选编出版《清宫粤港澳商贸档案全集》，全面反映清代粤港澳商贸史实。围绕广州及其周边地区，先后编纂出版《清宫广州档案图录》《广州历史地图精粹》《清宫广州十三行档案精选》《明清皇宫黄埔秘档图鉴》《明清皇宫虎门秘档图录》。1997 年为迎接香港回归，编纂出版《香港历史问题档案图录》。1999 为迎接澳门回归，编纂出版《明清时期澳门问题档案文献汇编》《明清澳门问题皇宫珍档》《澳门历史地图精选》《澳门问题明清珍档荟萃》。

7. 反清农民运动专题档案。反清抗清活动，在整个清代一直持续不断。关于抗清活动，陆续出版的档案有《清代农民战争史资料选编》《清代前期苗民起义档案史料汇编》《清代土地占有关系与佃农抗租斗争》。关于太平天国运动，大型档案文献汇编《清政府镇压太平天国档案史料》26 册，点校辑录档案 1300 余万字，全面反映了太平天国运动的兴衰历程，另有《杭州太平天国档案史料选编》。关于义和团运动，相继编纂了《义和团档案史料》《义和团史料续编》《筹笔偶存》。关于秘密结社，出版了《天地会》

《福建上海小刀会档案史料汇编》。

8. 辛亥革命专题档案。辛亥革命是推翻清王朝的重大历史事件，从清政府的角度留存大量有关辛亥革命的档案记录。先是编纂出版了《辛亥革命》《辛亥革命前十年间民变档案史料》两部专题史料。2011 年，在辛亥革命 100 周年之际，又全面整理出版《清宫辛亥革命档案汇编》80 册，辑录馆藏档案 5700 余件，这是清宫所藏辛亥革命档案的系统公布，这部大型档案文献被列为"十二五"国家重点出版规划项目。

9. 列强侵华专题档案。近代以来，列强殖民者依仗坚船利炮，发动了一系列侵华战争，清政府在挣扎中留下了原始文献。对这些写满悲愤与屈辱的历史档案，分为若干专题进行了编纂出版。关于鸦片战争，有《鸦片战争档案史料》《鸦片战争在舟山史料选编》《浙江鸦片战争史料》，另外还编纂出版了《第二次鸦片战争》。关于甲午战争，先是出版了《中日战争》，在甲午战争 120 周年之际又系统整理编纂《清宫甲午战争档案》50 册，辑录馆藏档案 4500 余件。关于中法战争，出版了《中法战争》专题史料。关于德国侵占胶州湾，有《德国侵占胶州湾史料选编（1897—1898）》《胶州湾事件档案史料汇编》。关于教案问题，编纂出版了《清季教案史料》《清末教案》。关于八国联军侵华，编纂的专题档案有《庚子事变清宫档案汇编》《外国人镜头中的八国联军——辛丑条约百年图志》。

10. 明清中外历史关系专题档案。早在文献馆时期，有关中外关系专题档案就陆续整理刊布，先后有《康熙与罗马使节关系文书》《清光绪朝中日交涉史料》《清光绪朝中法交涉史料》《朝鲜国王来书》《朝鲜迎接都监都厅仪轨》《广西中越交界远近图》《故宫俄文史料》《筹办夷务始末》《清代外交史料》《清季各国照会目录》等。近 40 年来，持续整理出版的清代中国与世界的综合性档案史料，有《清中前期西洋天主教在华活动档案史料》《清宫万国博览会档案》《晚清国际会议档案》《明清宫藏中西商贸档案》等。有关清代中国与特定国家双边关系的专题档案，相继出版《清代中俄关系档案史料选编》、《英使马戛尔尼访华档案史料汇编》、《清代中朝关系档案史料汇编》、《中葡关系档案史料汇编》、《清代中国与东南亚各国关系档案史料汇编》（已出版新加坡卷、菲律宾卷）、《清代中哈关系档案汇编》、《清代中琉关系档案选编》、《中琉历史关系档案》。要说明的是，清政府在光绪二十七年（1901）签订《辛丑条约》后特设外务部，晚清政府与各国往来的国书、照会、电报等外务部档案，总共 11 万多件，涉及 53 个国家，是晚清外交活动过程中产生的官文书的集合。对外务部档案经系统整理，推出《清代外务部中外关系档案史料丛编》，按国别陆续编纂出版中奥、中葡、中西、中英、中美关系卷等 5 个专题。

　　11. 明清社会经济文化专题档案。明清档案涉及清代社会的方方面面，成为各地各行业历史溯源的原始信息，是研究明清社会某一特定领域极为珍贵的史料。关于明清社会经济，编纂出版的专题档案有《明清宫藏地震档案》《清代地震档案史料》《清代天文档案史料汇编》《清代漕运史料汇编》《清代长芦盐务档案史料选编》《华工出国史料汇编》。关于清代社会文化生活，编纂出版的专题档案有《清代文字狱档》《清代皇帝御批真迹选》《清代"服制"命案—刑科题本档案选编》《清宫御档》《清代妈祖档案史料汇编》《纂修四库全书档案》《乾隆朝西域战图秘档荟萃》《乾隆朝惩办贪污档案选编》。关于地方与行业，还编纂出版了《清宫塘沽档案图典》《清宫扬州御档》《清宫杀虎口右卫右玉县御批奏折汇编》《清宫淮安档案精粹》《京师大学堂档案选编》《北洋大学历史档案珍藏图录》等。

12. 清代历史人物专题档案。关于清代历史人物，或是其本人的奏章，或是其他原始官文书的相关记载，均是考评其历史最直接的真凭实据。相继编纂出版的清代历史人物史料有《郑成功档案史料选辑》《郑成功满文档案史料选译》《多尔衮摄政日记》《清宫珍藏历世达赖喇嘛档案荟萃》《清宫珍藏历世班禅额尔德尼档案荟萃》《宋景诗档案史料》《关于江宁织造曹家档案史料》《李煦奏折》《和珅秘档》《奕䜣秘档》《左宗棠未刊奏折》《清宫林则徐档案汇编》等专题档案。

13. 清宫史专题档案。清宫档案是清宫生活的写真，是清代宫廷历史研究最翔实最丰富的具体记录，一直得到充分发掘。文献馆时期，就曾整理刊布若干清宫史专题档案，其中有《清代帝后像》《多尔衮摄政日记》《交泰殿宝谱》《升平署月令承应戏》《清内务府造办处舆图房图目》《清乾隆内府舆图》《总管内务府现行则例》等。近40年来，清宫生活档案得到全面发掘，分期分批地编纂出版了一系列清宫史方面的专题档案史料。关于帝后医疗的专题档案，有《清宫医案研究》《慈禧光绪医方选议》。关于皇宫营造管理的专题档案，有《清乾隆内府绘制京城全图》《清宫内务府造办处档案总汇》《清宫瓷器档案全集》《清宫金砖档案》《清宫武英殿修书处档案》。关于离宫别苑的专题档案，有《圆明园》《清宫颐和园档案》《清代皇家陈设秘档·静明园卷》《清代中南海档案》《清宫热河档案》。关于皇家坛庙陵寝的专题档案，有《清宫天坛档案》《清代帝王陵寝》。关于王公府邸的专题档案，有《清代雍和宫档案史料》《清宫恭王府档案总汇》等。这些清代宫廷历史方面专题档案的整理出版，大大拓宽了清宫史研究的领域，有力推动了清宫史研究的深入。

（三）档案丛书的系列刊布

采用丛书形式，汇集小型专题档案史料，定期或不定期地向社会公布，是明清档案整理编纂的一个传统。其特点是选题较小，问题集中，灵活多样，且多是学界关注的史实，经过精选精编予以刊布，备受社会欢迎。

1. 1927—1946 年，文献馆时期曾有多部档案丛书问世。先后有《掌故丛编》《史料旬刊》《文献丛编》《文献论丛》《文献专刊》陆续刊刻，累计出版 96 册。可以说，明清档案最早对外公布，便是以丛书形式，按专题进行编纂刊印的。

2. 1978—1990 年，中国第一历史档案馆推出《清代档案史料丛编》。这套档案丛编，每年一辑，总共出版 14 辑。每辑有若干专题，点校排印，总共刊发 60 多个专题的清代档案，其内容涉及清代政治、经济、军事、宗教、文化等各个方面。

3. 1981—2020 年，打造核心期刊《历史档案》。中国第一历史档案馆于 1981 年创办学术期刊《历史档案》，这是档案与史学密切结合的最早的期刊出版物。该刊在实践中探索与调整，逐渐形成明清档案特色，主旨是公布明清档案文献，刊发明清档案论文，探讨明清档案业务。每期坚持公布专题档案与刊发学术论文相兼顾，成为小型专题档案公布的平台，明清历史研究成果进行交流的窗口。1981—2020 年间，累计出刊 160 期，整理刊布档案史料 737 个专题，发表学术论文 2200 余篇。《历史档案》已成为国内外学界广受欢迎和关注的学术期刊。

三　明清档案整理编纂的主要特征

回望百年，明清档案的沧桑历史，是与国家民族命运息息相关的。明清档案整理出版的发展历程，也正是近代以来我国文化事业发展的缩影与写照。几代明清档案人在守望传承中不断创新，对堪称东方瑰宝的明清档案进行了全面深入的发掘。明清档案这座文献金矿开发的过程，累积并形成了这样几个鲜明的特征。

一是围绕中心的政治性。鉴于往事，资于治道，这是中国古代以史为镜、治国安邦的千年传统，更是服务国家中心工作的必备举措和时代要求。长期以来，明清档案工作增强时代意识，主动围绕国家大事推出一系列编研出版项目。譬如，台湾、西藏、新疆专题档案的整理刊布，都成为维护国家统一、回击分裂势力叫嚣的历史铁证；鸦片战争、甲午战争、辛亥革命档案的编纂出版，有力配合了国家重大时间节点的纪念活动；香港、澳门历史档案的系列开发，则为回归庆典活动增添了历史的内涵。明清档案一系列特定专题的刊布，既为相关领域历史研究提供了难得的第一手资料，更在围绕中心、服务大局方面发挥了独特作用，具有很强的现实意义。

二是以档治史的学术性。周恩来总理曾说，档案工作者要学习司马迁。司马迁利用兼管的官府档案完成千古巨著《史记》，是古代中国治史与治档集于一身的典型代表。中国第一历史档案馆既是明清档案的保管基地，也是明清档案与明清历史的研究重镇。长期以来，明清档案编纂工作秉持以编为主、编研结合的原则，积极开展研究指导下的编纂，大力提倡编纂基础上的研究，努力提升明清档案编纂成果的学术含量。几代明清档案人秉承以档治史理念，累计推出学术著述120余部。其中有《清代典章制度辞典》《清代六部成语词典》《满汉大辞典》《清代国家机关考略》《清代地方官制考》这样厚重的工具书，也有《日本国窃土源流　钓鱼列屿主权辨》《曹雪芹家世生平探源》《锡伯族简史》等依据档案研究推出的学术专著。明清档案学者还集体参与或承担了多项国家社科基金重大项目和重点项目，譬如《中国土司制度史料编纂整理与研究》《广州十三行中外档案整理与研究》《西藏历史地图集》《明清宫藏丝绸之路档案的整理与研究》等。部分专家依托档案优势，承担了一批清史工程主体项目的编修撰写，包括《外国使领表》《皇子皇女表》《科场案》等，还有学者应邀担任《科举志》《图录卷》审改定稿专家。中国第一历史档案馆先后集体主创25集文献纪录片《清宫秘档》和4集文献纪录片《帝国商行》，合作推出诸多影视作品，把档案搬上银屏，成为明清档案走近大众走向社会的新型编研成果。实践证明，学术研究大大推动了明清档案的深层开发和业务建设，培养了明清档案专家队伍，编研结合是打造明清档案文化精品的必备举措。

三是全面合作的社会性。明清档案是国家和民族的特殊文化资源。长期以来，明清档案编纂出版与现实社会密切结合，实施多层次、多形式、系列化的编研开发，以满足社会的不同需求，最大限度地实现明清档案的社会价值。明清档案的编纂出版，也一直倾注着社会各界专家学者的心血。自20世纪50年代开始，就持续与社科研究机构、高等院校、文博单位及出版界牵手合作，共同编纂出版有关专题的档案史料。进入80年代以后，与各地各行业的合作规模不断扩大，合作方式也更灵活多样，既有文化事业单位，也有政府机关，既有内地边疆，也有港澳台地区。概括说来，明清档案面向社会开展编纂合作，有两个基本特点：一是在形式上，不再是档案部门独家，而是与社会多家合作，优势互补，实现科学合理的课题组合；二是在内容上，不仅仅限于馆藏，在依托和立足馆藏档案的同时，适度吸纳社会文化资源作为补充，以求推出更完整系统的文化产品。通过各种形式的合作，实现"借资""借力""借脑"，共同把明清档案编纂成果的蛋糕做大。应该说，明清档案宏富的出版文库，是社会各界专家学者热情参与共同构筑的结果。同时，巨量明清档案的持续编纂公布，也的确是极大地拓宽了明清历史研究的领域，助力各地各行业打造出一张张历史文化名片。诚然，随着明清档案的大量公布，也不时有些侵权盗版行为发生，这也给档案馆带来一些思考。但作为国家历史文化资源，明清档案全面服务社会的脚步绝不会因此停歇。

四是走向世界的国际性。明清档案是民族瑰宝，也是世界珍贵文化遗产。中国第一历史档案馆立足明清档案，着眼国际合作，一直致力整理开发明清时期有关中外关系档案，持续推进国际文化交流，先后与30多个国家的科研院所、高校、博物馆、档案馆等文化机构开展合作，共同整理编纂有关专题档案，努力让明清档案走向世界。其中包括与美国旧金山大学利玛窦研究中心合作编纂天主教在华活动档案，与法国社科机构合作编纂马戛尔尼使华档案，与韩国社科学术机构合作编纂清代中朝关系档案，与俄罗斯国家档案馆合作编纂中俄历史档案，与新加坡国家档案馆合作编纂清代中新档案，与哈萨克斯坦国家档案馆合作编纂清代中哈历史档案，等等。特别值得一提的是，中国第一历史档案馆与日本冲绳教育委员会长期合作，在1992—2020年间共同整理明清时期中国与琉球历史关系档案，合作编纂出版《中琉历史关系档案》50余册，持续举办"中国琉球历史关系学术研讨会"13届，均编纂出版论文集，还在冲绳先后举办"清代琉球国王表奏文书展"和"清代中琉历史文书特展"。这些明清时期中国对外关系档案的刊布开发，有力推进了中外关系史研究，促进了国际文化交流。

五是数字网络的时代性。明清档案的工作方法和开发理念与时代并进，在数字编研、网络利用、信息开发诸多方面不断推出新举措。截至2020年，馆藏1067万件档案，已经完成数字化档案840万件，局域网可查阅的档案图像470余万件，可供远程检索的档案目录407余万件。另有《大明会典》《钦定大清会典》《大清历朝实录》《军机处上谕档》《清帝起居注》《军机处随手登记档》《大清新法令》等7大专项档案实现全文数字化，这些专题档案文献已经可作全文检索。同时，明清档案专题数据库也正在构建之中。2018 年，满文档案软件开发取得重大突破，满文图像识别系统实现自动转换，这一跨越式革新成果为建立满文档案信息数据库提供了必要工具，填补了满文档案信息化和数字化领域的空白。

回望历史，100 年前的 1921 年，"八千麻袋"大内档案被当作废纸卖掉险成纸浆；瞩目今朝，就在 2020 年，位于首都核心区建筑面积 10 万平方米的中国第一历史档案馆现代化新馆已经落成；展望未来，在构筑文化强国，实现民族复兴的大潮中，明清档案事业正走进新的时代。

注释：

① 鲁迅：《谈所谓"大内档案"》，《语丝》1928 年第 4 卷第 7 期。

② 原载《盛京时报》，收入《东山杂记》，赵利栋：《王国维学术随笔》，北京：社会科学文献出版社，2000 年版，第 40—41 页。

③ 收录于《观堂集林》卷 23，《王国维遗书》第 4 册，上海：上海古籍书店，1983 年版，第 34—36 页。

④ 收录于《静安文集续编》，《王国维遗书》第 5 册，上海：上海古籍书店，1983 年版，第 65—69 页。

⑤ 王国维：《最近二三十年中中国新发见之学问》，《静安文集续编》。

⑥ 郑天挺：《清史研究和档案》，《历史档案》1981 年第 1 期。

⑦ 王钟翰：《在第二届明清档案与历史研究学术讨论会开幕会上的发言》，《历史档案》1996 年第 1 期。

⑧ 戴逸：《在庆祝中国第一历史档案馆成立七十周年大会上中国史学会会长戴逸的讲话》，《历史档案》1996 年第 1 期。

⑨ 朱诚如：《清代档案是国家清史纂修工程的基石》，《历史档案》2015 年第 4 期。

⑩ ［日］神田信夫：《在庆祝中国第一历史档案馆成立七十周年大会上日本明治大学文学部教授神田信夫的讲话》，《历史档案》1996 年第 1 期。

⑪ 朱诚如：《清代档案是国家清史纂修工程的基石》，《历史档案》2015 年第 4 期。

（原载于《清史研究》2021 年第 2 期）

《历史档案》刊发档案史料综述

哈恩忠

　　《历史档案》杂志创刊于 1981 年，是中国第一历史档案馆主办的学术刊物，也是全国独家专门公布明清档案文献兼以刊发明清史学论文的学术刊物，集资料性、学术性、知识性为一体。从创刊至今已 40 余年，共出刊 164 期，总计 4100 多万字，其中刊发档案史料约计 920 余个专题，约 1700 万字；刊发文章约计 2500 余篇，约 2400 万字。多年来，《历史档案》杂志严守国家政治宣传纪律，严把论文学术质量，严格杂志运行流程管理，在保证杂志学术水平的基础上，改进刊物印装质量，力图使杂志"内外兼修"，夯实作为展示中国第一历史档案馆学术水平的窗口，打造出明清史学界、档案学界的一流刊物、品牌刊物。同时，作为北京大学、南京大学、中国社会科学院等学术评价体系中的全国中文（历史类）核心期刊，更是广受读者的好评。

　　《历史档案》杂志每期公布的档案史料，题材广泛，短小精悍，在国内外档案学、历史学界及广大文史爱好者中尤受关注，是《历史档案》杂志办刊特色之一，也是将历史档案转化为文献资料的重要形式和方法，最终目的是依法公布历史档案，为国家需要、为科研需要、为社会需要提供档案文献服务。本文藉《历史档案》杂志创刊 40 年之际，梳理《历史档案》杂志办刊历程，对所公布的档案史料略作综述。

一　《历史档案》杂志回顾

《历史档案》杂志风雨兼程 40 余年，从发展历程来看可以分为两个阶段。

一是 1981—2011 年，创刊与发展。《历史档案》杂志创刊时的 1981 年，"文革"刚刚结束，国家百废待兴。在历史研究领域中，与国家实现现代化有密切关系的清史、近代史成为学术界和社会关注的焦点，而档案文献是历史研究不可或缺的史料，当时有许多著名的学者非常强调档案文献的作用，凸显了学术界对历史档案等一手史料的迫切需求。在这种形势下，中国第一历史档案馆陆续上马了一系列档案史料、文献汇编的出版项目。但是，这些项目有个明显的特点，就是往往篇幅冗长，标点断句所下功夫巨大，编辑出版周期比较长。这样，编辑出版档案史料的迟滞与社会各界的迫切需求形成了比较突出的矛盾，需要有另外一种篇幅相对短小，选材相对精炼，出版周期短而有规律，灵活简便的档案史料公布出版形式。这为《历史档案》杂志奠定了编辑出版的现实需要和前提条件。

1981 年，中国第一历史档案馆与中国第二历史档案馆联合创刊《历史档案》杂志（双方合作至 1985 年中国第二历史档案馆主办的《民国档案》创刊）。在创刊号中，时任国家档案局局长曾三谆谆告诫："这个刊物，是公布历史档案的一个阵地，是加强历史档案工作者同史学研究工作者之间的密切联系的一个纽带……《历史档案》杂志，要认真地贯彻执行中央批准的关于开放历史档案的方针，有计划地公布历史档案，同时，还要发表一些有学术价值的历史研究论文，刊登一些介绍历史档案的文章，以及做好历史档案的管理工作和利用工作的经验，以促进历史档案工作更好地为社会主义现代化建设服务，为学术研究服务，为史学研究服务。"历史学者郑天挺、荣孟源、彭明也在创刊号中发表专文对《历史档案》寄予了厚望,肯定"《历史档案》的创刊,对于历史科学研究工作,实有很大的帮助"。《历史档案》杂志既公布明清档案史料,又刊发史学研究论文,成为为历史学(明清史、民国史)、档案学研究人员及社会各界文史爱好者发表研究成果,获取历史档案资料和知识的园地,从创刊时便广受关注,发行量一度达数万册。从创刊到2011年30余年,《历史档案》杂志注重内容,在开本和装帧形式方面变化不大,但积累了丰富的办刊经验。

二是2012年至今,创新与改版。2011年,中国第一历史档案馆体制改革,所有部门编制重新调整规划,《历史档案》杂志由此划归编研处。在国家新的社会形势和期刊发展趋势下,以及在中国第一历史档案馆各级领导关注下,2012年《历史档案》杂志改版,以大16开的开本和新的封面装帧形式面对各界读者。同时增加正文页数,由每期136页约22万字,增加为每期144页约25万字,有效地扩大和增加了信息量,为学术界提供了更大的发表研究成果的园地空间。栏目设置亦重新厘定,共设档案史料、学术论文、史苑杂谈、读档随笔、档房纪事、档案介绍、国外档案、档案业务、书刊评介、学术动态、珍档撷英11个栏目。为配合国家"一带一路"倡议,从2019年第一期开始临时增设"明清丝路"专栏,每期杂志均刊出与明清时期"丝绸之路"研究相关的文章。《历史档案》比较全面地涵盖了明清史学研究、明清档案工作的各个方面。

《历史档案》杂志的办刊主旨及核心内容也做了重大调整。整体上,将杂志的业务范围划定为明清时期,办刊主旨规划为"公布明清档案文献,刊发明清史学论文,探讨明清档案业务",要求在"政治上无问题,学术上无硬伤,编排上无失误"。从原则上强调杂志的政治属性，以马列主义史观办刊，为历史学、档案学研究服务，所编辑的史学研究论文、编选的档案史料都紧紧围绕这一基本原则。从内容上重视文章、史料的科学性，以文章、史料主题的新颖、创新、合理、成熟为编辑、编选标准。从版式上要求在流程中和编排时，避免出现任何问题，最大程度保持"零失误"。近 10 年来，《历史档案》杂志努力保持刊物特色，严格遵守国家新闻出版的法规、条例，没有出现政治性问题和学术方面的硬伤，而且在电子出版数据的冲击下，杂志发行依然保持着较高的数量。

在中国第一历史档案馆历任领导和档案学界、历史学界专家学者的热切关注和支持下，《历史档案》杂志紧紧关注明清史学和档案学研究动态，深入挖掘馆藏明清档案，在 40 余年的辛勤耕耘中逐渐形成了鲜明的办刊特色，并在创新调整中砥砺前行。

二　刊发档案史料概况

据最新整理统计数据，中国第一历史档案馆共保藏明清档案 1067 余万件（卷、册）。从国内外明清档案收藏状况来看，无论是从档案保藏数量方面，还是从档案全宗系统完整性方面，以及从档案的文种形式多样性方面，均无出其右者。正因为有这样厚重的明清历史档案做后盾，《历史档案》杂志所刊出的档案史料以中国第一历史档案馆保藏的明清档案为主，以其他文博、图书等单位收藏的档案文献为补充。所刊出的档案史料总体上由四部分构成，一是中国第一历史档案馆所保管的明清档案，二是国内各地各级档案馆、博物馆、图书馆等单位收藏的各类明清时期档案、文献、日记、手札等，三是国外相关单位庋藏的明清时期各类档案文献，四是个人保存或者通过田野调查等形式辑录的明清时期诸如碑记、方志、族谱等各类档案资料。

　　《历史档案》杂志既按照国家档案法规适时、及时向社会公布历史档案，同时又在内容上保证所公布档案史料的准确性和严肃性。目前每期刊发的档案史料，基本占总页数的三分之一，约七八万字左右。梳理这些档案史料，可以分为唐代档案、明代档案、清代档案和民国档案四大类。

　　（一）唐代档案

　　《历史档案》杂志所公布的唐代档案史料仅一组六件，为唐开元二年的档案实物照片，距今已1200余年，弥足珍贵。原藏于敦煌石窟，后为罗振玉所藏，1969年正式入藏辽宁省档案馆。

　　（二）明代档案

　　现存明代档案可以说历经多年战火，劫后余生，国内外的明代档案从数量上讲所存不多，但从收藏单位来看，中国第一历史档案馆应该是收藏比较集中的单位，共计3000余件（卷、册）。明代档案文种较多，诸如敕谕、诰命、题行稿、题本、奏本、奏疏、揭帖、奏表、呈、禀、启本、手本、塘报、咨文、札付、舆图、契约、税票、户口单、状纸、钞票、实录、圣训等，均有对应的档案实物。从时间上看，以天启、崇祯时期档案为多，其他还有少数档案为洪武、永乐、宣德、成化、正德、嘉靖、隆庆、万历、泰昌时期。《历史档案》杂志条分缕析，迄今为止共刊发包括其他文博单位或个人选辑的明代档案共27个专题，内容多集于军事方面，如《天启三四年对安邦彦的用兵》《明天启崇祯年间澳门问题史料选》《郑芝龙海上活动片断》《明与后金大凌河城之战史料片断》《崇祯七年后金对关内的入扰》《明军守卫松山等城堡的六件战报》《崇祯十三年辽东战守明档选》《崇祯十三年明清登莱战防史料》《崇祯十三年畿南备防档》《崇祯十三年修筑山西备防工程行稿》《崇祯十四年明清战防明档案选》，以及辽宁省档案馆藏《登州卫致戚继光公文选》，旅顺博物馆藏《明神宗著浙江巡按催解军饷敕谕》，中国社会科学院近代史研究所图书资料室藏《天启崇祯年间档案史料选》《天启崇祯防务档选刊》。其他还有如经济方面，《明代隆庆年间两淮盐务题本》《洪武四年户贴》《明天启四年经济史料片断》等；文化礼制方面，《明崇祯年间驿递制度史料》，以及辽宁省档案馆藏《明太祖实录稿部分抄本》，山东省青州市博物馆藏《明万历朝戊戌科状元赵秉忠的殿试卷》，湖南省安化县档案馆藏《有关南明尹三聘的几件史料》，王学真辑录《明崇祯二年刑部湖广清吏司郎中高默参德藩疏》等；社会治安方面，《崇祯十三年祭祀夕月坛禁卫档》《崇祯十三年直隶武强盗贼情形题行稿》及曹天生辑录《安徽泾县丁家桥宗祠碑记》等。

（三）清代档案

清代档案数量巨大，以中国第一历史档案馆为例，所保藏的1067余万件历史档案中，清代档案占绝大多数。不仅如此，清代档案的保存状况相对完好，各级公文的种类亦多种多样，诸如各种诏令文书、题奏本章、奏折、玉牒、皇册、起居注、咨文、移会、札、禀、呈、函、照会、国书、电报等等，能够较全面地反映清代历史面貌。清代档案多以机关或人物为保管全宗，共77个全宗，其中包括中央和地方机关的内阁、军机处、宫中、户部一度支部、刑一法部、邮传部、理藩院、外务部和山东巡抚衙门、黑龙江将军衙门、长芦盐运使司、顺天府等，管理皇族和宫廷事务的内务府、宗人府、銮仪卫等，以及溥仪、端方、赵尔巽等个人全宗。《历史档案》杂志爬梳筛选，粗中取精，从中选编刊发，同时兼收其他文博单位及个人收藏或辑录的清代档案文献，大致可分为政治、经济、军事、文教卫生、民族、人物、综合七类。

1. 政治类

清代的历史可以用前期发展、中期鼎盛、后期衰败几个词大致勾勒，因而清代政治也可以说是波澜起伏，宫内宫外均不平静。这一现象如实地反映在《历史档案》杂志刊出的档案史料中，如《郑成功在福建抗清斗争史料》《顺治朝剃发案》《康熙年间有关官员铨选之御史奏章》《康熙初年平寇将军石华善告示》《康熙年间平定吴三桂叛乱史料》《有关天地会起源史料》《戴名世〈南山集〉案史料》《台湾朱一贵抗清史料》《雍乾时期地方改制史料》《乾隆朝毁禁去思德政碑档案》《乾隆三年至三十一年纳谷捐监史料》《乾隆年间伪孙嘉淦奏稿案史料选》《乾隆三十九年太监高从云泄密案档案》《乾隆四十七年台湾漳泉民人械斗史料》《嘉庆十年广东海上武装公立约单》《嘉庆十六年京城轿夫聚赌案档案》《嘉庆二十四年王公大臣探听官事案档案》《清中后期宫廷门禁制度史料》《道光三十年清政府镇压广东等地会众反清斗争史料》《道光三十年道士薛执中在京"编造妖言"案档案》《道光三十年英人租住福州神光寺事件档案》《天京事变与石达开的出走》《天津租界档案史料选》《同治年间总署查核中法条约底本》《康有为第三次上清帝书原本》《戊戌政变后清政府惩处康梁党人档案》《清末台湾创设电线档案》《清末防治瘟疫中外交涉档案》《有关辛亥革命的几件电报》，以及上海市档案馆藏《辛亥革命期间上海公共租界工部局警务报告》，李丹阳译注《英国外交部档案中一件鸦片战争起因史料全译》，陶陶选译《日本外务省藏〈苏报〉案档案选译》，彭程辑录《日本藏清末日僧在华传教的政府公函》等。

2. 经济类

《历史档案》杂志刊出的经济类档案史料，涉及国内外与经济相关的方方面面。如税赋，《顺治年间征收杂税史料选》《顺治年间设关榷税档案选》《康熙前期有关赋税征收御史奏章》《雍正元年各省关税额史料》《雍正十二年征收杂项税课史料》《乾隆初年处理建阳县瞒报应升科田赋案》《摊丁入亩后新垦地亩丁银征收史料》等；如垦荒地租，《顺治年间有关垦荒劝耕的题奏本章》《康熙初年有关屯垦荒地御史奏章》《乾隆朝甘肃屯垦史料》《清代查勘台湾官庄民地佃租史料》《清代台湾"番地"开发档案》《乾隆年间徙民屯垦新疆史料》等，以及内蒙古自治区档案馆藏《蒙旗垦务档案史料选编》，黑龙江双城县档案馆藏《嘉庆二十年拉林试垦计划及章程史料》；如经济贸易，《清代广州"十三行"档案选编》《清代中西贸易商欠案档案》《康熙初年荷兰船队来华贸易史料》《康熙三十二年俄罗斯商人义迭思〈聘盟日记〉》《雍正元年划定物料价值题本》《乾隆前期准噶尔部与内地的贸易史料》《同治元年总理衙门陆路通商清档》《光绪末年中德贸易史料》等；如盐务，《顺治年间长芦盐政题本》《康熙年间关于盐务的御史奏章》《雍正十二年各地行盐征课题本》《乾隆年间查办长芦盐商王至德父子亏欠帑银案》《道光十年查办两淮私盐档案选》等；如钱粮，《雍正清理钱粮亏空案史料》《会考府准驳黄河海塘工程钱粮档案选》《乾隆年间江北数省行禁踩曲烧酒史料》《慈禧西逃时漕粮京饷转输史料》等；如工程水利，《雍正初年京畿水利史料》《乾隆初年修建沈阳故宫史料选译》《乾隆年间疏浚金沙江史料》《乾嘉年间五台山寺庙行宫修缮工程史料》《嘉庆六七年间抢修永定河史料》《光绪年间三海大修工程史料》，以及重庆万县市档案馆藏《光绪三十年万县知县劝兴水利告示》等；如宫廷置办，《清代采办楠木史料选》《乾隆四十二年宫中酒醋房用物销算折单》《嘉庆朝参务档案选编》《道光朝备办诸阿哥出痘仪式钱物档案》《清末造办金砖史料》等；如勘矿，《光绪年间开办黑龙江漠河金矿史料》《清末开办陕西延长油矿史料》《清末台湾兴办矿务档案》，以及吉林省档案馆藏《清末珲春天宝山银矿创办史料》等；如商会银号，《咸丰年间发行官票宝钞档案》《有关咸丰朝宝德局的几件档案》《清末各省设立商会史料》《清末中国参加海牙万国汇兑会史料》《清末海外华商设立商会史料》《京师当行商会创立思豫堂保险公益会史料》《光绪三十年京师药行商会规则》《宣统年间发行"爱国公债"史料》等。

3. 军事类

《历史档案》杂志刊出的军事类档案史料数量不多，但时间跨度长，由清初贯穿至清末。如战争，《洪承畴密陈三路进取贵州揭帖》《蔡牵攻打大小担清军炮台史料》《太平军北伐史料选辑》《清末沙俄派军助剿太平军史料》《光绪朝北洋水师经远舰档案》《甲午战争期间中日平壤之战档案》《甲午战后清政府对北洋海军将弁议恤档案》等；如武备，《顺治十四年吉林拉发渡口建造战船题本》《雍正末年拨放驻防官兵饷需史料》《乾隆朝整饬民间鸟枪档案》《光绪朝直隶淮练军筑河抢险史料》《北洋新军初期武备情形史料》《清末东三省陆军军医局史料》《宣统元年筹办海军大臣载洵巡阅海军奏折》《宣统年间清政府拟订颁发勋章章程》《晚清毅军陆操图》等。其他还有如吉林省档案馆藏《清代吉林地方官兵额制沿革史料》，江苏苏州市档案馆藏《有关中日安平口战役的一件史料》，太平天国历史博物藏《同治七年清军镇压临邑捻军战守日记》，及杨天石、尹俊春选译《日本政府有关惠州起义电报》等。

4. 文教卫生类

《历史档案》杂志刊出的文教卫生类档案史料以科举、学堂、书刊管理为重。如科举，《顺治甲午科乡试题本》《顺治年间科举题本选》《顺治废除制科取士中投拜门生陋习朱谕》《乾隆元年荐举博学鸿词史料》《乾隆朝乡饮酒礼史料》《乾隆朝武科举史料》

《乾隆九年整饬科场史料选》《乾隆朝贡监档案》《嘉庆年间皂役及其子孙冒捐冒考史料》《嘉庆朝江西万载县土棚学额纷争案》《咸丰末期江苏安徽借闱浙江乡试档案》《光绪癸巳科广东乡试史料》，以及李兵等辑录《同治年间福建汀州府童试文书》等；如学堂，《清代咸安宫官学档案》《嘉庆年间整顿八旗官学史料选》《光宣年间浙江兴办新式学堂史料》《清末筹办贵胄法政学堂史料选载》《清政府开办清华学堂史料》《清末北京中小学堂统计表册》《清末金韵梅任教北洋女医学堂史料》，以及中国社会科学院近代史研究所图书资料室藏《北洋武备学堂学规》等；如书刊管理，《乾隆二十二年彭家屏私藏禁书案史料选》《有关郑观应及〈盛世危言〉史料一则》《晚清创办报纸史料》《辛亥革命前清政府对革命书刊的封禁》《清末修订报律史料选载》《清末修订著作权律史料选载》等；如学务，《清游美学务处档案史料》《清末林伯渠吉林视学史料》《光绪朝留学生管理制度档案》《光绪朝同文馆教员学生考叙档案》《光绪三十一年留日学生风潮史料》《光绪三十三年留学生史料》《清末选送考取留学生办法章程》《光绪末年学政史料选载》《宣统年间清廷遣派赴美留学生史料选》《宣统二年归国留学生史料》，以及向华编选《宣统元年安徽绩溪县官立东山高等小学堂清册》等。其他如文化事务，《清代台湾教化档案选编》《乾隆初年整饬民风民俗史料》《乾隆朝整饬各省幕友档案》《清末直隶警务处拟订客店戏场及预防传染病章程》《中国红十字会的成立》《清末创办公共图书馆史料》《清末开办京师习艺所史料》《清末各地开设文报局史料》《宣统年间清政府参加意大利博览会史料》《宣统元年北京古玩行商会成立档案选编》《清末北京外城寺庙调查表》，以及吉林省档案馆藏《清末吉林省电影放映史料》等。

5.民族类

《历史档案》杂志刊出的民族类档案史料不仅有汉文档案，还有满文、蒙文、英文档案的译文。蒙文档案如《天命天聪年间蒙古文档案译稿》《崇德年间藏事档案译稿》《康熙六年〈蒙古律书〉》《蒙古博尔济锦氏族谱》等。满文档案如《清初编审八旗男丁满文档案选译》《顺治十七年招抚赫哲等部族之人史料》《查访土尔扈特回归奏折选译》《三世章嘉呼图克图圆寂前后史料选译》等。英文档案如《光绪年间"巴塘事件"史料选译》等。其他汉文档案，如《清代佐领的几件史料》《顺治十七年招抚赫哲等部族之人史料》《雍正年间广西部分地区改土归流史料》《乾隆朝台湾"生番"朝觐档案》《乾隆四十一年制作"嘎布拉"记事录》《嘉庆朝宗室移住盛京档案》《道光初筹议八旗生计史料》等，以及云南石屏县志编纂委员会藏《乾隆五年十二月云南彝汉文布告》等。

6.人物类

《历史档案》杂志刊出的人物类档案涉及清代历朝的人物，其中有引起社会轰动的满文《新发现的有关曹雪芹家世档案史料》《曹雪芹家世史料》，以真实的档案记载填补了曹雪芹研究的一段空白。所涉及的其他人物档案史料，还有诸如《有关吴三桂的几件史料》《祖大寿家族中的一起袭职之争》《有关多尔衮史料选译》《冯铨被劾案》《顺康年间〈续金瓶梅〉作者丁耀亢受审案》《两江总督傅拉塔密陈于成龙等劣迹满文奏折》《王鸿绪事略清册》《新发现的查抄李煦家产折单》《乾隆年间曹锡宝参奏和珅家人刘全档案》《乾隆五十一年骆愉因呈〈盐法册〉获罪案》《嘉庆朝前在清宫服务的西洋人史料》《有关高鹗的几件档案史料》《道光十年盐枭黄玉林案档案》《道光朝林则徐新疆履勘荒地档案》《咸丰三年清廷议恤与太平军作战死亡官绅名录》《同治朝郑亲王承志档案选编》《同治二年郭嵩焘未刊手札七通》《同治四年总兵庆锡等为父鸣冤案档案》《晚清部分王公生辰清册》《清醇亲王奕𫍯信函选》《有关川岛浪速的几件史料》等。另有山东曲阜县文物管理委员会藏《孔庆镕两次赴京为嘉庆祝寿记实》，浙江省博物馆藏《林则徐家书五通》，广东省档案馆藏《两广总督等查缉孙中山革命活动密札》，中国社会科学院近代史研究所图书资料室藏《胡林翼致阎敬铭书信选》，邹念之译《日本外交史料馆藏孙中山资料选译》，徐枫辑录《新发现的曾国藩遗折抄件》等。

7. 综合类

《历史档案》杂志刊出的此类档案史料涉及值班档案、日记、上谕、赏赐单、函札等，内容丰富，但不够系统。诸如满文《〈天聪谕奏〉校注》《天聪五年八旗值月档》《满文国史档选译》《清崇德三年汉文档案选编》《清康熙十年至十八年上谕选载》《康熙十七年〈南书房记注〉》《康熙帝亲征准噶尔期间给皇太子胤礽上谕选》《康熙三十五年皇太子胤礽奏书》《雍正元年御笔赏赐簿》《咸同之际赫德函札总案》《光绪年间江南织造驻京人员呈堂禀稿》《袁世凯驻节朝鲜期间函牍选辑》《日俄战争期间杨枢致端方函》，以及沈阳故宫博物院藏《沈阳故宫藏诰敕文书》，吉林省档案馆藏《光绪三十三年度吉林省外务统计表》《光绪三十四年度吉林省外务统计表》等。

（四）民国档案

《历史档案》杂志刊发的民国档案史料共有 167 个专题，含有各类公文、信函、电报、告示、会议录、报纸等档案文种，内容涉及政治、经济、军事、文教卫生、人物等方面。民国档案史料是《历史档案》创刊初期所刊载，1985 年后不再是主要刊出内容，而转由中国第二历史档案馆所主办的《民国档案》刊出，故本文不多赘言。

三 刊发档案史料几点特色

作为《历史档案》杂志主要办刊特色之一的"档案史料"，广受各界关注与好评，成为《历史档案》立刊的重要栏目。在40余年长期编选、刊发档案史料的过程中，逐渐凸显了一些特色。

（一）选题灵活多样

《历史档案》杂志创刊之初，就制定了公布档案史料的宗旨，强调所公布的档案史料要具有一定的科学研究价值，所以，杂志一贯注重档案史料的编选质量和对科学研究等方面的作用、价值，公布的档案史料力争做到选题多样灵活，结合国家的需要、学术研究需要和社会需要，为学术界及社会各界提供有科研价值的、具有原始性的第一手史料。如1999年第22届万国邮政联盟大会在北京召开之际，《历史档案》杂志推出《光宣年间中国参加第六届万国邮联活动史料》。2011年纪念辛亥革命百年之时，推出《光绪三十三年徐锡麟刺杀安徽巡抚恩铭档案》《光绪三十三年浙江办理秋瑾案档案》《光绪三十四年云南河口起义档案》《宣统三年邮传部邮政报告三件》4个相关档案史料专题，出版纪念辛亥百年特刊。2014年北洋水师"经远舰"打捞出水，社会上轰动一时，《历史档案》杂志随即刊出一组《光绪朝北洋水师经远舰档案》，供社会各界对此热点问题进一步深入了解。在实际确定档案史料选题时，或从国家的时事大局出发，或从自己的研究兴趣入手，或从工作的便利随选，有机地将散存于各档案全宗的相关档案集中在一起，形成专题。

如前所述，经过40余年的办刊历程和长期积累，《历史档案》杂志"档案史料"栏目已经形成约有920余个专题约1700万字的规模，涉及明清两代及部分民国时期的政治、军事、经济、外交、文化、民族、人物等众多方面，可以说选题丰富，谓为浩繁，是一份厚重的档案编研工作成果，也为明清历史研究奠就了坚实的基础。

（二）选材切合需求

《历史档案》杂志版面有限，对于公布的档案史料不追求多而全，而要求短小精悍，择要而蹴。围绕某一个问题，编选的档案点与面结合，虚与实结合，根据情况可多可少，能够展示、还原出历史问题的真实面貌即可达到目的。对于相关问题有兴趣、有需求的研究者、读者，或可以此为线索，亲自查阅档案文献，扩大查阅档案的范围，既给研究者和读者提供相应的档案史料内容，同时也给研究者和读者提供查阅线索和进一步了解档案的可能，从多角度促进、加深对相关问题的研究，这也是与大型档案史料汇编公布档案的不同之处。也正是由于这个原因，《历史档案》杂志充分利用这个特点，每期尽量推出多个选题，编选的档案史料突出“小、快、精”的特点。对于全国各地各级档案馆、博物馆、图书馆等单位提供的档案史料，一要考虑选题的政治性、学术性，二要考虑选材的真实性、多元性，保证公布档案史料的严肃性、准确性，还需要收藏单位提供相关证明认证和档案原件复印件，以便核校无误。选材需求是双方面的，《历史档案》杂志既提供刊发档案史料的版面，满足编选者的刊出需求，也要考虑选材的价值，满足研究者和读者的实际需求。“档案史料”栏目选题多样，选材精炼，出版周期短，相对而言，提供的信息面较大，也极大地符合《历史档案》杂志创刊时的“初心”和理念。

（三）编排拟题断句

《历史档案》杂志刊发的档案史料需要进行标点、拟题等二次加工。鲁迅先生曾言：“标点古文，不但使应试的学生为难，也往往害得有名的学者出丑。”[①] 清代档案的行文用语绝大多数属于文言文或半文言文，繁体字书写，以军机处录副奏折为代表的部分档案还以行草字体书写，从阅读和标点的角度来说，对于普通读者确实有些困难。尽管鲁迅先生的话语有些夸张，但从另一角度也说明，档案史料进行二次加工非常必要，需要一定文字和专业知识。档案史料选题确定后，精选档案、拟题标点、分段分节、考证注释、录入编排，是一系列的工作，需要反复阅读档案，联系前后文内容的逻辑关系，掌握文言文对仗的特点，熟悉清代公文结构及公文术语，包括职官制度和设置情况等等方面。档案史料二次加工要保证其准确、正确和完整，在古代文言文与现代书写规则之间熟练转换，方便研究者和读者阅读和使用。对清代档案进行二次加工的目的，简单地讲，就是为了方便研究者和读者，为学术研究和其他社会需要铺就基石，这同样是因为《历史档案》杂志始终不渝的"初心"。

综上所述，《历史档案》杂志历经了40余年的办刊历程，公布了大量的明清两代专题档案史料，为一些学术研究和社会需求提供了珍贵的一手档案史料，形成了一定的特色和影响，并成为鲜明的和不可或缺的刊物特色。《历史档案》杂志已考虑将所刊出的档案史料结集出版，更加方便读者阅读和研究之用。正如习近平总书记所指出的，因为有了档案，"经验得以总结，规律得以认识，历史得以延续，各项事业得以发展"。"以史为镜，可以知兴替"，真实的档案史料，是研究历史、还原历史本来面目的有力工具，是屏蔽历史虚无主义的利器，是为社会发展"寻找"客观规律的"推手"。但是《历史档案》杂志公布档案史料也面临着一些问题，诸如随着档案史料公布的日积月累，能够产生轰动效应的明清历史档案愈加稀少，在如何深入挖掘、科学公布档案史料，与国家大政需要，与史学研究需要，与各界读者需要相得益彰等方面，还需要扩大视野，拓展思路，寻找更多切入点，并进一步探索开发明清档案的文化价值，这也是《历史档案》杂志办刊方向的问题。但档案史料公布刊发，始终会是《历史档案》杂志的重点内容。

注释：

① 鲁迅：《且介亭杂文二集》，鲁迅先生纪念委员会：《鲁迅全集》第6卷，广州：花城出版社，2021年版，第240页。

（原载于《历史档案》2021年第4期）

新时代馆史展览理念与方法的
探索实践

——中国第一历史档案馆馆史展的运作考察

伍媛媛

　　馆史展是档案馆文化建设的重要一项，随着新时代档案事业的迅猛发展，馆史展越来越受到社会的关注。中国第一历史档案馆（以下简称"一史馆"）是专门负责保管明清两朝中央政府和皇室生活档案的中央级国家档案馆，其前身可追溯到1925年成立的故宫博物院文献部，至今已有近百年的历史。2021年7月，在一史馆新馆开馆之际，策划推出"守护国家记忆 传承民族文脉——明清档案事业发展历程"常设馆史展，以追溯和展示几代明清档案人薪火相传的奋斗足迹。整个展览从大纲撰写到布展完成历经四年有余，笔者全程主持参与了这一特殊工作项目。在这里谨对馆史展的主创理念与运作方法进行梳理和思考，祈请档案同行指正。

一　把握时代脉搏，提升展陈站位

　　馆史展不是普通的公共展览，而是档案馆文化建设的重要一项，是档案馆历史传承、文化积淀的浓缩。馆史展对于馆内来说，是坚守初心、传承精神、进行传统教育的特定场所，对社会则是向公众展示档案事业发展业绩的重要平台和窗口。一史馆是具有近百年历史的传统文化机构，馆史涉及的内容十分丰富且庞杂，如何在550平方米的展览面积里既体现机构的沿革、事业的发展，又充分展示几代明清档案人砥砺奋进的接力奉献，确定展览的定位和结构至为关键。在筹备过程中，经过反复研讨，在充分听取各方面专家意见基础上，展陈组对馆史展的定位和社会价值有了越来越清晰的认识和把握。

关于馆史展的定位，展陈组把一史馆的百年发展史，放入近代以来国家和民族的历史沧桑中进行审视。时任中国史学会会长戴逸先生曾经谈道："明清档案以前是深藏大内，自从民国初年以来它流散到社会，它的命运也和中国命运一样经历了坎坷的历程。"① 通过对一史馆发展历程大量历史资料的搜集及分析，我们看到一幅幅历史画面，晚清英法联军和八国联军对明清档案的抢劫损毁、抗战时期明清档案颠沛流离的南迁西运、新中国成立后明清档案的集中管理、"文革"时期明清档案事业的动荡停滞、改革开放后明清档案的大力开发、进入新世纪明清档案事业的蓬勃发展。走出个案，走出片段，我们深切感受到，明清档案事业一路发展的历史，是与国家和民族的命运息息相关的。为此，在布展中我们不断提升站位，把明清档案事业的发展历程与国家和民族的命运紧紧结合起来，换言之，就是把馆史放入到国史的恢弘画卷中来审视，通过对近百年兰台历史长卷的全面回顾，展现明清档案人守护国宝一路走来的风雨沧桑，进而见证我们国家和民族走过的复兴之路。

关于馆史展的基本结构，展陈组把一史馆的百年历程，放入近现代中国历史的不同时段进行厘定，从而确定展陈大纲的主体框架。馆史类著述贵在溯源述流，明确历史分期，以求源流明晰②。档案馆对于社会大众来说不是十分熟悉，要想使参观者直观清晰地了解一个档案馆的历史，就要清晰追溯建馆沿革与馆藏价值。根据展览定位，结合近现代中国发展阶段及一史馆的具体演进历程，经反复研讨，馆史展览确定以时间为经，以档案工作为纬，厚今薄古进行展示。

整个展览分为五个单元：第一单元"典册流传：明清国家档案的流转典藏"。追溯明清档案的由来，以及清末民初明清档案引发社会各界的关注，成为明清档案事业发展的肇始。第二单元"筚路蓝缕（1925—1949）：明清档案事业的艰辛起步"。讲述1925年故宫博物院成立，设立了专门负责管理明清档案的文献部，明清档案事业由此开启，档案整理各项工作在动荡中艰难探索与维持。第三单元"基业初奠（1949—1980）：明清档案事业的奋力推进"。新中国的成立，明清档案事业进入新纪元。配合这一时期国家提出将旧政权档案集中管理的方针，明清档案人多渠道接收散佚档案，建立起档案全宗体系，并逐步向社会开发利用。第四单元"时代辉煌（1980—2020）：明清档案事业的全面发展"。改革开放之后，党和政府对档案工作高度重视。一史馆探索明清档案服务国家和社会的新途径，积极处理基础与发展、保护与利用的关系，开展大规模的档案整理和数字化工作，发挥明清档案资源特有的社会价值。这部分时间跨度大，工作内容多，也是整个展陈重点展示的部分。第五单元"面向未来：明清档案事业的世纪新梦"。主要介绍新馆建设，突出明清档案文化事业进入新时代，从国家文化事业层面和提升国家文化软实力的高度来展望明清档案事业的未来发展。

二　广为调研交流，开拓展陈思路

举办馆史展，对档案界来说尚属尝试摸索阶段。一史馆此前从未筹办过馆史展，没有相关的展陈基础，而且馆史展陈组人员也没有举办展览工作的实际经验。为确保筹备工作顺利推进，少走弯路，对相关展览工作做好调研取经确有必要。

一是对特定专题展览进行调研考察。包括有关档案馆、博物馆、高校等单位的馆史展、院史展、校史展等。展陈组先后实地参观考察了北京市档案馆馆史展，故宫博物院院史展、清华大学校史展、北京大学校史展、科学出版社社史展等等。每到一处，展陈组都提前做好功课，拟定考察提纲，着重了解展陈特色，采取现场观摩及座谈交流的方式，吸取和借鉴办展经验，形成了宝贵的调研资料。通过一系列专题展览的考察调研，展陈组对如何展示一个单位的历史、各类展品采取怎样的陈设方式、现代多媒体技术如何应用、展览布局和参观流线如何更为科学合理、筹备展览过程中应该注意的问题等等逐渐明晰，从而丰富了展陈知识，开拓了展陈思路，增强了办好展览的信心，为馆史展陈工作的顺利开展奠定了基础。

二是对展览设计公司进行调研交流。一个展览的成功举办，展陈组与展览公司的合作与配合十分重要。在展览设计公司招标确定后，馆内展陈组立即接洽，介绍馆史展览的基本内容和特殊要求，对馆史展的特色、难点、重点进行交流。馆内展陈组还专门到展览公司进行调研，了解展览公司以往办展的有关案例和经验教训，交流开办展览的工作方式和程序，从而确定馆史展实施的工作思路。同时，展陈组也请展览公司人员走进档案馆观摩实际工作，直面了解明清档案文化。在馆史展设计和布展实施的全过程，馆内展陈组与展览公司完全结成一个项目团队，齐心协力，全流程随时沟通协调，不断优化展陈布局，从而保障了展陈项目的有效推进。

三 倾力征集资料，夯实展陈基础

馆史展要体现出档案馆独有的"魂"，要突出以人为本，强调内容为王，这就需要有充足的展品资料作为支撑。为此，征集资料，摸清家底，就成为馆史展至关重要的基础工作。馆史资料的搜集需有的放矢，要通过梳理展览大纲，来确定所需的相关资料，从而有针对地进行展品的搜集；另一方面，通过陆续搜集的展品资料，也可对大纲和展陈内容进行补充和调整。

关于馆史资料的征集方式，一史馆的馆史展大致采取了这样一些方法。一是馆内征集，制定《馆史资料征集办法》，在馆里统一部署下，馆内各个部门主动搜集提供可供馆史展览的资料与物件。同时，展陈组深入到全馆各个工作区域进行全面的踏勘走访，对在调研中确认的可纳入馆史展的展品，由馆里进行统一征集。二是社会搜集，制定《馆史资料搜集办法》，展陈组先后到中央档案馆、中国第二历史档案馆、故宫博物院、国家图书馆等单位，查寻并复制与馆史相关的资料和图片。三是个人捐献，制定《馆史资料捐献办法》，鼓励馆内同志特别是离休退休的老领导老专家，包括已经调离本单位的老同志，积极提供亲身经历和使用过的与馆史相关的资料物件，其中包括大量的文件、书稿、信函、印章、图片等等，对捐献者则颁发证书以作鼓励。

关于馆史资料的载体形式，一史馆的馆史展经过精心筹集，其展品资料大致可分为三大类。一是文献资料，主要有馆内不同时期的规章制度、专项请示、总结报告、文件汇编，以及几代明清档案工作者的工作照片、工作文件、工作记录和回忆录等。二是实物资料，其中有大批量的档案出版物，抗战时期档案南迁西运时所用的木箱，不同时期的档案装具、整理桌、档案柜，档案利用调阅单、读者登记表，数字化档案产品如胶片、光盘、缩微胶片机，反映不同时期机构名称的印章实物，新馆设计模型等。三是影像资料，这其中有一史馆主创拍摄的文献纪录片，有老一辈档案专家和清史学界专家的访谈影像资料，还有新馆开工动员及竣工验收会的影像资料等。这些丰富多彩的原始资料，成为馆史展览的厚重基石。经展陈组根据大纲需要甄别筛选，那些颇具特色的实物藏品钩织了馆史展的一个个亮点。

四　多媒立体应用，打造展陈亮点

现今展陈行业的发展给馆史展提出了新要求和新挑战。进入新时代，各类展览设计更注重艺术性、实用性、观赏性的统一。空间规划要合理，展线设计要立体，导视系统要便利高效。纵观展览业发展大势，更多地要求从美学、光学、色彩学、心理学等角度考虑，打造雅俗共赏、寓教于乐、美观大方的综合性展览陈列，从多种感官给参观者留下深刻的印象。这些展陈理念，既为馆史展提供了创新条件，也提出了必须走出传统套路的挑战。

"随着科技的快速发展，数字媒体技术逐步被应用于展览之中。应用数字媒体技术极大地丰富了展陈的方式与手段，有助于提高展览的可观性与趣味性；此外应用数字媒体技术还能将办展人所欲传达的主旨、思想等有效地传递给观众，能较好地达到办展目的，并能提高展览的知名度"[3]。客观地说，馆史展不同于实体类博物馆陈列，它更多的是以档案资料为主，缺少文物的直观和立体，具有单一形制的局限。正因如此，馆史展更应充分借鉴现代的景观复原、场景搭建、文物组合、人机交互、媒体演示、图表图示等多种手段和方法，注重馆史陈列的艺术性、观赏性、参与性、互动性，让容易呆板固化的馆史展"活起来"。

　　经反复研讨论证，一史馆的馆史展充分引入现代展陈设计手段，启动多媒体形式设计、艺术场景设计、立面板式设计、专业展柜设计与专业灯光设计，从而使展区丰满立体起来，使馆史展既有明清档案的历史特色，又有知识性和趣味性，增强了馆史展的现代吸引力。譬如，为反映抗战时期明清档案的大迁移，特制"南迁西运护瑰宝"立体场景。当年，为躲避日寇战火，兰台先人携带着近四千箱明清档案踏上万里行程，历时十余年，穿越大半个中国，最终完好地保存下这批珍贵的文化瑰宝，实乃中国人民在民族危难关头保护文化遗产的一次伟大壮举，更是明清档案前辈们在抗日战争中所做出的特殊贡献。沙盘上清晰展示明清档案分五批南迁上海，而后又分三路西运入川的迁运线路，配合声、光、电技术形象展现了硝烟炮火中颠沛流离的艰辛征程，而摆放一侧的迁运档案时使用的大大小小的原始木箱和泛黄的历史图片，更是真实再现了特定的历史氛围，观者无不感到震撼。

　　诸如此类，现代多媒体立体设计分布于一史馆馆史展的各个展区。其中，有七个场景设计：文化名人论档案群雕、清代实录档案柜复原、抗战南迁西运沙盘、档案装具组合陈列、档案办公用品组合展示、出版物成果展示墙、档案学术成果展示墙。三个多媒体展示：南迁西运投影、档案信息化历程、尾厅"兰台华章"LED影屏。三处互动区：修复档案互动体验区、档案出版物查询体验区、满文互动体验区。三处"口述馆史"专题片，特请十余位本馆退休的老领导、老专家讲述馆史过往，分别剪辑编制成新中国档案事业奠基、春华秋实满文班、走近明清档案事业三个专题，配合不同展区循环播放，给观众以亲近自然的观感。这样，明清档案事业的发展旅程与现代多媒体技术密切结合，在馆史展中独具匠心地打造出一个个陈设亮点。

五　秉持点面结合，优化展陈布局

一史馆的馆史展具有特殊的重要意义，在某种程度上它是近现代中国档案史的缩影。因为1925年成立的故宫博物院文献部，不仅是一史馆的前身，也是中国历史上第一个具有近代意义的档案管理机构，是我国近现代档案事业的开端，从那时起，明清档案事业便伴随国家命运一路走来。馆史展确定点面结合的基本原则，就是要既全面又有重点地揭示明清档案事业的发展历程。

馆史展所强调的"面"，就是要突出群体，展示集体，体现几代档案人的情怀和精神，这是基本定位。为此，展陈组在筹备馆史展的过程中注意把握这样几点：第一，要反映明清档案事业的全面历史，馆史展涉及从1925年到2020年举办展览这近百年的全过程。第二，要反映明清档案工作的全流程，兼顾到各个工作环节，成为展示明清档案全面工作的写真。第三，要展示明清档案人的集体成果，通过《明清档案辉煌榜》《馆内业人员成果墙》，展现几代专家学者的非凡业绩。第四，要反映明清档案人的群体全貌，照片的选用主要是工作群体像、历史上老档案人的集体照、历次馆庆的集体合影。

馆史展所强调的"点"，就是要格外关注历史节点、事业重点、工作亮点。抓住和突出某些点，目的在于起到以点带面的效果。譬如，第一单元的"文化名人论档案"场景，就成为展览设计的重点。1921年北洋政府因财政紧张，将内阁大库档案约八千麻袋，卖给同懋增纸店险些化浆造纸，史称"八千麻袋事件"。这一事件引起了社会各界对内阁大库档案的关注。多位国学大师包括鲁迅、王国维、蔡元培、傅斯年均不遗余力地对明清档案史料进行抢救。王国维连续撰写三篇文章为大内档案呐喊，指出"内阁大库之元明以来书籍档册"，实乃"自汉以来，中国学问上之最大发现"之一④。这些文化名人的呼吁和奔走，开启了 20 世纪初期整理明清档案的先声，也推动了明清档案专门管理机构的产生。国学大师们虽处于不同年代，但在动荡时局下，他们以守护国家典籍、延续民族文脉为己任，馆史展特地设计了四位国学大师在书桌前为明清档案发声的独特雕塑，形成了一场跨时空对话，格外耐人寻味。再比如，第三单元的"满文人才重传承"场景，重点展现了在周恩来总理的关怀下，1975 年举办满文干部培训班，从北京、新疆、黑龙江等地招收一批青年学生进行满文培训，为满文档案工作的发展培养了中坚力量，充分反映了党和国家对明清档案事业的高度重视。

"知古以察今，鉴往以知来"。一史馆的馆史展开设一年来，广泛接待各级领导、专家学者、社会大众的参观，普遍反映这个展览既有历史厚重感，又有现代气息。在馆史展面向社会敞开大门的同时，展陈组还同步推出展览图录《石室记忆兰台映像：明清档案事业发展历程》。一史馆的馆史展已经成为展示明清档案事业百年辉煌的平台，馆内进行爱岗敬业传统教育的园地，档案界和社会各界观摩交流的窗口。

注释：

① 戴逸：《在庆祝中国第一历史档案馆成立七十周年大会上中国史学会会长戴逸的讲话》，《历史档案》1996 年第 1 期。

② 徐雁：《盛世举盛典，馆庆修馆史》，《高校图书馆工作》2014 年第 1 期。

③ 王小伟：《数字媒体技术在档案展览中应用的前景展望》，《浙江档案》2019 年第 4 期。

④ 收录于《静安文集续编》，《王国维遗书》第 5 册，上海：上海古籍书店，1983 年版，第 65 页。

（原载于《档案与建设》2022 年第 9 期）

纸质文物展览相关经验与启示

陈　洁

纸质文物是在人类社会发展过程中形成的，以纸张作为介质，从不同的方面体现了人类社会发展进程中的各个时期，社会关系、思想文化、自然环境以及人与自然的相处和利用状况，是人类社会非常珍贵的历史文化遗产。主要包括：书法绘画、古籍善本、档案文书等。

由于纸张载体的特殊性，其展览内容的参与性、互动性、趣味性较少，政治性、学术性、严肃性过重。在传统的表述中，纸质文物展览工作被称为"利用文字进行科学研究"，主要目的是保证展览的科学性和学术性，在展览的接受心理学、展陈理念推广等方面比较欠缺，对展览效果的评价也缺乏严密的体系。从博物馆观众分布的经验可以推断，纸质文物是观众单件展品停留时间较长，全展线停留最短的展览。也就是说，纸质文物展览是最容易产生视觉疲劳的展览。目前在国内的纸质文物展览中，主要通过复制品和喷绘图像的形式将文物本体呈现给观众，而较少使用声像、音频、互动式等多媒体形式进行展品展示的外延。此外，大多数的展览仅仅以纸质文物配以文字说明的简单形式进行展出，对于展品本身内涵、展品时代背景、研究成果进行铺陈，现代科技手段的运用较为匮乏。与传统的器物展览相比，以纸张为载体以阅读文字为主要传播方式纸质文物展览的确容易造成展览本身与观众的交流障碍,其承载的历史价值、学术价值更不易生动的展示出来,所以需要使用较好的形式设计来增添展览的感染力,但是由于经费、展厅空间、专业人员等因素限制,相当多的展览缺乏先进的展示手段,制约着展览信息传递质量的提升。作者实地调研国内外多家纸质文物收藏机构,针对展线策划与布局、展览媒体宣传、形式及照明设计等方面,分别以敦煌研究院陈列中心经卷展览、故宫博物院"石渠宝笈特展"、英国国家博物馆埃及纸莎草画展览为切入点进行经验的分析与启示的阐述。

一 敦煌石窟文物保护研究陈列中心"敦煌石窟文物陈列"展览展线策划布局

敦煌研究院陈列中心占地面积两万多平方米,建筑面积五千多平方米,集中展示了敦煌石窟艺术的精髓和发展变化的历史进程。整个中心分为三个展区:第一展区是 8 个西魏末年至元代的原始洞窟的复制呈现,撷取了历经千年的敦煌石窟艺术的精华;第二展区主要展示的是石窟文物,均是出土文物中的精品,其中敦煌藏经和古籍册页的展示可谓别具匠心;第三展区为机动展区,主要举办各种临时展览和引进其他陈列。三大展区能够帮助观众对敦煌石窟艺术和敦煌佛教文化进行全面、深入、细致地了解与学习,其中第二展区展出的敦煌藏经和古籍册页的形式设计既关注了展品保护又兼顾了观众的视觉感受。

为加强展柜与展厅整体氛围的一致性,烘托展品的艺术风格,敦煌的策展人员在展柜的造型和装饰上兼顾标准化和多样化的统一。例如采用了整齐对称排列的磨砂不锈钢压条边框,木工板材的表面用麻绳紧密粘结,这些小细节的安排,为整个展厅的整体氛围增加了一抹亮彩,使得整个展览在安静、肃穆格调的主旋律下，增加了一些活力。立式展柜是展示文物的主要载体，在陈列中心的多数展示中广泛使用，展柜开启为平移或定点装置，顶部为灯光设置。用来展示有出土关联的成套文物、丝织品、绢纸画等主要使用平行展柜，这种展示装具大多使用超白玻璃，透光率较高，玻璃结合部位通过磨切抛光处理，用特殊的无影胶水进行粘结。

展墙与展线的布局，决定了展览的展示效果。展墙的应用能够拓展、分隔、延伸和压缩展览空间，是分割展览展线和展示区域的主要手法。在敦煌陈列中心的展览中采用固定通壁展墙的设计，使用没有经过雕琢和油漆的松木构筑框架结构，松木用喷灯进行焙烧从而形成斑驳状的表面纹理，残破的文书与厚重的写经在这样古朴的框架映衬中，更富有历史沧桑感。

以最具代表性的敦煌藏经洞出土的纸本写经和文书典籍的展示为例，陈列设计人员为了弱化平面和立体支撑加固体系的视觉干扰，创新使用了一些简易常见的材料包括：平行和立面展柜、亚麻布底垫、有机玻璃卡、圆状磁铁等，搭建起一套简易、安全、便捷、实用的加固支撑体系（图1）。

图 1　敦煌研究院陈列中心展出古代册页

二　故宫博物院"《石渠宝笈》特展"展览宣传

《石渠宝笈》全称为《秘殿珠林石渠宝笈》，成书于清乾隆、嘉庆年间，是距今最近的官藏大型著录文献。《秘殿珠林》主要著录收藏的佛道书画，而《石渠宝笈》则主要著录精品书画，以"千字文"的字头逐一编号录写，共收录作品 7757 件，是中国书画收藏史上的集大成之作。

为使观众更好厘清清代宫廷典藏书画的聚散和特质，展示《石渠宝笈》所收录书画的文化内涵和艺术特点，故宫博物院在纪念建院 90 周年之际，隆重推出了"《石渠宝笈》特展"。展览按照"编纂篇"和"典藏篇"分为两部分，分别在延禧宫和武英殿进行展出。"编纂篇"精选故宫院藏《石渠宝笈》作品 72 件（套），其中包括图书善本 12 册，《石渠宝笈》所用宝玺 15 件，展览从不同视角向观众展示和阐述了《石渠宝笈》著录的主要内容及编纂特征，包括：书画来源、编纂人员、编纂体例、贮藏地点及其版本与玺印等五个部分。"典藏篇"以《石渠宝笈》收录书画为主轴，分皇室秘赏、重回石渠、考订辨伪三个单元，共展出 82 件（套）书画藏品，大多是历代书画中的经典之作。东晋王珣《伯远帖》、隋代展子虔的《游春图》、北宋张择端《清明上河图》等都在此展出，展出的历代书画整体规格之高、精品数量之多在故宫博物院乃至博物馆界都难得一见。也因为故宫博物院优质的展览宣传策划以及持续的观众互动，使得这次展览出现了"故宫跑"、观众排队 6 小时看展的空前盛况，在展览宣传效果方面无疑是成功的。

故宫博物院为院庆展览专门成立了宣传工作组，由院长担任组长，展陈部、书画部、宣教部、信息网络部等多个部门联动配合。展陈部的业务人员作为直接全程参与展览并策划创作的专业人员，总体把握展览的策展理念、内容安排、展陈设计等信息，并为展览的宣传提供全面细致的理念支撑。书画部业务人员作为展览大纲的创作者，对展线的设置、书画作品的拣选与组合有其系统的专业背景，能够给宣传策划人员提供展览内涵的深入解析。信息网络部的编辑人员充分利用现代信息科技和互联网工具，拓宽宣传和传播的路径，利用数字信息技术对展品的历史背景、艺术特征等相关专业知识做了详尽的阐述，并通过在官方网站、微博微信公众号等社交媒体上开辟专题栏目撰写宣传文章，扩展了与受众群体的接触面，大大提升了宣传的效果和影响力。宣教部掌握着良好的公共关系平台，负责展览的全媒体宣传，同时负责策划展览相关发布、学术讲座、图录出版、观众服务等工作。通过这种多部门联动的宣传模式，提升了策展团队的工作效率，优化了展览资源的合理配置，各部门专业人员优势互补，实现了"1+1>2"的宣传班底最优化，使得此次展览宣传获得了业界的一致好评，也取得了观众的广泛关注。

　　值得一提的是，此次故宫博物院"《石渠宝笈》特展"充分利用了微博、微信等新形式媒体，使展览信息利用公众碎片化时间持续传播，突破了受众群体以往只能被动地通过传统媒体接收信息的壁垒，将信息传播从单向的线性传递拓展为多向的互动式、分享式传播。宣传策划人员通过故宫官方微博发布展览信息，并通过这个平台以亲民的态度与"粉丝"进行良好互动，打破时间和空间的局限，征求观众意见，接收观众反馈，及时有针对性地对展览进行调整和完善。受众群体也频繁通过微博、微信朋友圈等社交网络分享信息，使得一段时间内，参观"《石渠宝笈》特展"成为最受关注的文化体验活动。再次，宣传策划团队针对大量观众有观展意愿但由于种种原因未能达到满意的观展效果这一情况，开通了《"〈石渠宝笈〉特展"网络版》[①]，以360° 全景展示的方式，看清展厅全貌及展品细节，以翔实的文字、丰富的影像资料实现了博物馆展览"无墙化"。故宫博物院更推出多期学术讲座、紫禁城专刊、精品图录、**APP** 移动应用等阐述画作的释文，讲述其创作背景、艺术特征以及学术辨伪，其中不乏新近的研究成果。这些展览"线下"的活动不断挖掘宣传素材、烘托展览的重点和亮点，持续激发观众对展览的关注。

三　英国国家博物馆藏埃及纸莎草类文物展览照明设计

英国国家博物馆建于 1753 年，共有陈列室 100 余间，面积近 7 万平方米，是世界上历史最悠久、规模最宏伟的综合性博物馆，与法国卢浮宫、俄罗斯艾尔米塔什博物馆和美国大都会博物馆同列为世界四大博物馆。英国国家博物馆建立之初的藏品大部分为书籍和手抄本，后来随着英帝国向世界扩张，兼收各国历史文物和古代艺术品，其中古埃及艺术品是英国国家博物馆最负盛名的收藏[②]。镇馆之宝《亚尼的死者之书》由收藏家佛里斯班士

图 2　英国国家博物馆埃及文物展厅展示纸莎草画

于 1887 年在尼罗河中游克索西岸的墓室中发现，是众多以纸莎草纸为载体记录的"死者之书"当中保存最完整、最精致的，堪称古埃及美术作品的登封之作，也折射了古埃及的宗教意识。

纸莎草纸这种独特的书画介质，流行于大约公元前 3000 年尼罗河三角洲地区，是纸莎草茎经过切片、编织、捶打、挤压、抛光、晾晒后得到的成品，用动植物和矿物着色绘画后成为埃及国宝级工艺美术作品。这种工艺制成的纸莎草纸薄而轻，纤维韧性很高，通过玻璃装裱后，可以在较为干燥的环境下长期保存，展览时可选取温、湿度控制能力较弱的通体展柜进行展示。由于其纸质颜色发黄偏暗，具有一定的吸光性，对光的氧化反应较敏感，所以对展览照明要求十分苛刻。与国内多数纸质文物展览照明方式不同，英国国家博物馆纸莎草展厅在采光设计上，采用了自然采光与人工光源相结合的照明方式（图 2）。自然光线的投射主要是利用展馆顶部的玻璃天窗和螺旋形结构外周的高窗进行作用，通柜内辅以少量射灯，两者的有机结合满足了博物馆展览的采光要求。这种以自然光线为主、人工光源为辅的照明组合，在有效减少展品照度的前提下，使得整个展示空间亮度适中，展品展示清晰明了。笔者分析，英国国家博物馆选取这种照明方式主要基于以下几点原因：

首先，玻璃镀膜、防紫外线涂层的技术在国外博物馆已经广泛应用，可以通过技术手段降低自然光线中紫外线、红外线等有害光波对于纸质文物的纤维、颜色破坏。实验证明，过多使用人工光源进行局部点状投光会增加纸张的照度，集中光源损害，增加纸莎草纸的保护难度。

其次，对纸莎草画的重点展示部位进行人工光源的投射，可以吸引观众的视线，将注意力快速集中在纸莎草画面的色彩、布局、人物关系、文字记述上。借助人工光源的照明凸显作用，可以在展品表面形成很好的视觉层次感，使得观众在观看展品的过程中能够始终保持较高的注意力。自然采光的出现，使展示区域与整体环境的亮度差异较小，背板与展品之间不会产生较强的亮度对比，观众在此环境观展不宜产生视觉疲劳。

第三，相较于自然光线的呈色，人工光源具有一定色差。光线投射在纸莎草画上的色彩会形成一定程度的失真，所以单一使用人工光源不利于展示纸莎草画的原始色彩效果，无法呈现展品原貌，影响观众观展体验。自然光源的引入可以校正人工光源的色差程度，但是由于受到时间、天气、光线入射角度等因素的影响，展览对于自然环境的适应性要求较高，二者的搭配使用更适合展示纸莎草画矿物质着色的原始色彩。

四 结语

由于纸质文物独特的文物属性，以及其直观的历史性、真实性以及史证研究价值，亟待需要展览展示。精心策划的纸质文物展览将以其深厚的文化内涵、悠久的历史流转、极高的佐证研究价值，对不同年龄、职业、文化构成的观众产生强烈的吸引力和感染力。纸质文物展览是综合性收藏机构展览工作急需攻克的一项重要工作内容，是助力文物事业向前发展的强劲动力，是文书档案与时俱进服务公众的具体表现。我国纸质文物展览的提升空间还很大，在策展流程、展览形式、观众解构、媒体宣传、新技术运用等方面，仍然处于较低水平。这要求纸质文物收藏机构不断总结展览经验，改进办展方式，创新展览服务，为公众建立完善的展览服务体系，在不断地尝试与探索中谋求发展，在多元文化娱乐活动中，找到可以生存的基础。

注释：

① 故宫博物院"《石渠宝笈》特展"网络版，https://ggzlquanjing.dpm.org.cn/scene/J5m
64RNulWhUHm7DtsSu7xQg1dyjiMGL/shiqubaoji//tour.html。

② 英国国家博物馆"博物馆的故事"网页，http://www.britishmuseum.org/about_us/the_
museums_story/general_history.aspx。

（原载于《文物鉴定与鉴赏》2018 年 1 月（下））

档案文化的可视化形象塑造

——以中国第一历史档案馆新标志设计为例

丁 威

2021年7月6日，习近平总书记对档案工作作出重要批示，对中国第一历史档案馆（以下简称"一史馆"）新馆开馆表示热烈的祝贺[①]。作为一项国家级的文化建设工程，一史馆新馆开馆具有特殊的历史意义，新馆将成为明清档案事业发展的新平台，更好地践行存史资政育人的历史使命。

2021年8月，一史馆发布文章《中国第一历史档案馆新标志诞生记》，新标志正式在社会公众面前亮相[②]。新标志的启用与一史馆新馆开馆这一重大历史时刻相呼应，是一史馆在自身档案文化宣传和建设上的重要举措。

标志作为机构文化理念的可视化形象，凝结着一个机构的文化内在，重在通过一个具象符号建立起自己在公众心目中的认知印象。笔者通过分析梳理一史馆档案文化、过往标志形象演变及新标志设计等内容，探讨当下如何将档案文化这一宏大概念以可视化的形象进行表达，并通过分析案例，为档案馆标志设计提供现实参考。

一 从档案文化中提炼可视化的形象特质

要想深入探究档案文化的可视化形象塑造，首先要梳理档案机构的文化源流，整体了解其历史发展脉络，把握其文化发展理念，从而为可视化形象塑造提供足够的内涵支撑。

（一）档案文化中的历史内涵与文明传承

中国自古"以文书御天下"，历朝历代都非常重视对文书档案的存藏保护。周天子设"天府""掌祖庙之守藏与其禁令"[③]。汉朝设"中丞"，"在殿中兰台，掌图籍秘书"[④]。唐朝尚书省规定"凡文案既成，勾司行朱讫，皆书其上端记年月日，纳诸库"[⑤]。宋朝设政事堂，其下设有孔目房掌文书案牍，购销房掌印章和符信[⑥]。元朝先后颁布《至元新格》《大元通制》《至正新格》《大元圣政国朝典章》《皇朝经世大典》等制度来规范档案管理[⑦]。明朝"置天下诸司架阁库，以庋案牍"[⑧]，修建皇史宬存放历朝实录、宝训。清朝则在沿袭明制的基础上进一步发展了文书档案管理制度，使得大量官方文书档案系统完整地留存至今。

档案是人类社会活动的直接记录，更是兼有历史凭证价值和信息参考价值的特殊文化资源。纵观中华民族五千年文明史，档案一直是华夏文明传承与发展的重要载体。从这一意义上讲，档案文化与文明的传承延续水乳交融，它得天独厚便蕴含着记录历史与传承文明的深刻内涵。

（二）档案文化中的馆藏特色与价值挖掘

档案文化形成于档案，以及围绕档案所开展的各项工作，而档案大多存藏于各级各类档案馆之内。因此，将档案文化塑造为可视化形象，必须要对档案馆的馆藏特色和档案价值进行具体考量。

以一史馆为例，作为专门保存明清两代中央政府和皇室档案的中央级国家档案馆，其馆藏档案数量庞大，档案文化底蕴深厚。馆藏1000余万件明清档案，上起明朝洪武年间，止于清朝末代皇帝溥仪时期，跨越500余年，档案内容涵盖了政治、经济、军事、文化、艺术、民族、宗教、外交、科技、天文、地理、气象、重大事件、重要典章制度、重要历史人物等诸多方面，是历史研究的第一手宝贵资料。明清历史档案是现存数量最大保存最为完整系统的古代王朝档案，蕴藏着巨大历史文化信息。20 世纪初，深藏皇宫的明清档案一经向社会公开，即与殷墟甲骨文、居延汉简、敦煌写经一起，被称为四大文化发现，受到社会的广泛关注。一史馆馆藏明清档案，不仅是中华民族宝贵的文化遗产，同时也是全人类历史文化遗产的重要组成部分，被誉为"东方瑰宝"，其中一些档案入选《世界记忆名录》《世界记忆亚太地区名录》。

（三）档案文化中的特有符号与形象元素

当档案文化聚焦于特定的档案馆，进而塑造特定文化的可视化形象，那么与此档案馆相对应的地域，相关的文字、文物，乃至建筑等，便成了特定文化的载体。如果这一载体本身具有独特的识别特征，那么便可成为体现其档案文化内容的可视化形象之一。例如，作为明清两代皇家档案库的"皇史宬"，便是一史馆独有的档案建筑与文化符号。

明弘治五年（1492）内阁大学士丘浚有感于明宫内发生火灾，造成大量典籍档案被焚毁，上疏建议仿照古代"石室金匮"之意，建造一座"不用木植，专用砖石垒砌"的档案库。建议虽被采纳，但因种种原因搁置。42 年后重修实录，嘉靖帝"命内阁诸臣建造神御阁于南内"，"神御阁"建成后即被更名为"皇史宬"，专门用以保存皇帝实录、宝训、玉牒等珍贵档案，《永乐大典》副本也曾贮存于此。清朝入关后，亦在皇史宬存放清朝实录、圣训、玉牒，另外还存放过《大清会典》、《朔漠方略》、将军印信、石刻法帖、内阁题本之副本等档案文献。新中国成立后，皇史宬被列为全国重点文物保护单位。

皇史宬是明清时期的皇家档案库，作为中国古代"石室金匮"理念的集大成者，是明清档案工作者心目中的精神圣地，目前作为宣传明清档案文化的重要阵地，于2021年起面向社会团体免费预约开放。不论是皇史宬的历史沿革、文化内涵，还是其外形特征、保存条件，都具备作为档案文化形象的特质。

二　一史馆标志形象演变历程与文化表达

一史馆为了更好适应社会化转型及文化展示的需要，经历过3次标志形象演变。通过对这些标志形象的塑造成因及其特点分析，可以了解一史馆在过往形象塑造过程中，对自身档案文化的认识和表达。

（一）郭沫若题写馆名

从故宫文献部、文献馆到中央档案馆明清档案部，再到1980年"中国第一历史档案馆"作为独立的中央级档案馆正式命名，一史馆在历史上经历过多次改组。当时的标志设计行业处于发展阶段，一史馆的职能也以梳理馆藏档案为主，服务职能较少，尚不具备标志设计的条件，对外形象识别上采取传统单一的汉字名称识别。

1964年，应时任国家档案局局长曾三之请，时任中国科学院院长郭沫若为一史馆题写馆名。当时的一史馆机构建制应为中央档案馆明清档案部，仅对外交流往来保留此名，作为早期对外宣传与展示的文字标识。

　　以郭沫若题写的馆名字体作为对外文化交流展示的形象标识，可以借助郭沫若在当时社会的影响力提升一史馆文化形象，契合了其本身作为历史文化研究机构的文化特质。

　　（二）圆形印章式标志

　　1995 年建馆 70 周年之际，一史馆推出第一代标志，这一标志被使用于宣传彩页、员工胸牌、讲座幻灯片、馆内查档平台等。

　　从标志形态上看，这一标志同国内高校的圆形印章式标志形态相类似。近代中国高校标志中对盾形纹章式和圆形印章式标志的使用与选择，显示了对西方高校标志设计模式的借鉴[⑨]。与高校交往甚密的历史文化研究机构往往会受到相同审美形式的影响，在设计标志时借鉴或者引用同类型标志作为参考。

　　一史馆的第一代标志是在郭沫若字的基础之上，以圆形印章形式重新排布，底部用一史馆的英文首字母作为简称，重点是在标志的中心位置设计了皇史宬正殿的形象。从这一点可以看出，当时的一史馆已将皇史宬作为自身文化内涵的可视化符号嵌入进了自身的标志当中。

（三）皇史宬建筑标志

2016 年，一史馆开通了官方微信公众号"皇史宬"，开通时的公众号头像使用的是皇史宬正殿匾额的字体，而并未使用第一代标志，这一点可以看出当时的公众号宣传主要以"皇史宬"为推介核心，并未引入一史馆的官方主体概念。

2017 年，一史馆在馆内范围重新征集了微信公众号的头像，替换了原本的"皇史宬"题字。新的头像上部仍然保留了第一代"皇史宬"正殿形象，细节稍有简化，下半部分为郭沫若题字和衬线体馆名英文全称的组合。色彩上采用较为古拙的红褐色，曲别于中国红或宫墙红，更加沉稳庄重。

第二代标志的应用可以看出其形式上更加符合新媒体需要，打破了原本图章式的空间束缚，皇史宬图样及郭沫若题字在同等应用场景中显示得更加清楚，造型上抛却原有的形式后更加简约。这种形式在现代标志设计中应用较为广泛，博物馆、图书馆、体育馆等大量公共机构都采用这种上下结构形式的标志。

三　一史馆新标志的设计及其档案文化表达

从过往标识形象可以看出，一史馆新标志的推出并不是完全颠覆式的设计，而是承接了其被广泛认同的档案文化内核，采用现代图形设计技法融汇而成，其最终的目的是更完整、清晰地表达自身理念、内涵等文化概念。通过分析标志设计理念，探索其设计的成功之处，从而为档案文化的可视化形象塑造提供实践经验。

（一）新标志的形象设计

一史馆新标志将"史"字巧妙设计在"戚"字中心，正负形结合，形成了新的复合图样作为其标志图形主体，下方仍旧承续了之前第二代标志的郭沫若题字和衬线体英文组合，并对细节做了调整。色彩上图形部分采用了赭石色，与第二代标志的红褐色比较接近，形成一定的承接关系；下方文字部分则使用了墨黑色，将图形和文字用色彩做了区分，还原原本题字的墨笔感受。

使用汉字作为标志图形在中国现代设计中应用较为广泛，现代汉字由甲骨文进化而来，本身就具备一定的符号属性，也是现代设计中体现中国传统文化的一种重要形式。一史馆新标志使用

这种汉字结构作为图形主体，体现出其植根于中华文化的深厚内核，而将两个汉字融合为一体则是其较为难得的一点，两个汉字的出现意味着其能够承载更多的文化内涵。

这里特别指出的是，新标志的设计并未采用其新建筑或延用皇史宬正殿作为形象主体。国内很多场馆类标志通常喜好将场馆形象作为标志主体，这本是无可挑剔的，也是较为稳妥的标志设计方式。但相对的，其较为局限的一点也正是这种建筑形象类标志伴随着场馆的迁移或改建，往往很难再满足后续传播的需要，标志的颠覆性改变也需要公众重新构建起对机构的视觉识别认知。一史馆新馆启用，新场馆与皇史宬在建筑外形上存在很大的风格差异，且未来传播核心将不再局限于皇史宬一处，这就需要将更广泛、更核心的内涵呈现出来，所以汉字符号的设计方向在此时更优于场馆形象的设计方向。

标志换代更新不同于首次设计标志，在形象选取、文化认同、情感表达、内涵挖掘中需要将过往的标志形象符号加以梳理，进行继承和提炼，最好可以使新标志和以往形象有所关联，达到易于被受众接受和认可的目的。事实上，标志更新换代只要是植根同一文化土壤，其可视化形象天然的就具有关联特性，在形象塑造时只需注意遵循自身文化特性和内涵，其形象的转化塑造都将在这一范围内进行，在细节塑造中注意即可。

（二）新标志的档案文化释义

新标志表达的档案文化内核涵盖一史馆文化和社会功能、馆藏档案价值、历史经验传承等核心要素，突出体现了存史、传承、留印3个方面价值观念。

1. 存史

一史馆保存着浩瀚璀璨的明清档案，这些档案是记录当时文化生活的真实记录与凭证，也是历史研究不可或缺的第一手史料。存史是从古至今档案的核心价值之一，同时在新标志的图形外观上也可以看出"史"字嵌套于"宬"字之中，暗合了一直以来一史馆的核心职能之一就是存史。

2. 传承

档案事业从古至今都被重视，这是延续中华民族文脉、涵养优秀传统文化的深厚根基。标志符号中的"宬"字，既体现出当今时代一史馆对传统档案保管保护理念的继承，也宣示了一史馆和皇史宬有着一脉相承的联系。传承的谐音恰恰也是传"宬"，无论是从形还是意，都深刻揭示出皇史宬始终是一史馆不可分割的灵魂所在。

3. 留印

印玺是我国特有的历史文化产物，古代主要用作身份凭证和行使职权的工具。"宝玺者何？天子所佩曰玺，臣下所佩曰印。无玺书则王言无以达四海，无印章则有司之文移不能行之于所属，此秦汉以来之事也。""宬"字采用了近似于矩形的形状，从整体看也可视作为钤盖的印玺之印，象征着一史馆及其所藏档案的权威、庄重，视觉上也同样传达出沉稳、厚重的印象与感受。

四　结语

《"十四五"全国档案事业发展规划》指出，档案工作是维护党和国家历史真实面貌、保障人民群众根本利益的重要事业。十四五期间，要深入推进档案利用体系建设，充分实现档案对国家和社会的价值，加大档案资源开发力度。档案文化的可视化形象塑造，特别是档案馆标志的文化表达，在档案资源开发利用服务中，尤其在展览陈列、新媒体传播、编研出版、影视制作、公益讲座等活动中，都将发挥出重要作用。

纵观一史馆标志的迭代历程，我们不难看出，一个机构的文化传播需要取其最内核的部分，加之提炼、变形才能够形成一个较为成熟的可视化形象，且随着行业的发展，实际需求的变化，这一形象也要相应做出改变，以更好地适应事业发展。

从可视化形象塑造的角度看，为了更好地反映出档案文化内涵和档案馆文化特色，找到档案馆的文化核心，应该注重3个方面：第一，要注重体现档案文化的历史内涵和传承；第二，要注重展现档案馆的馆藏特色与档案价值；第三，要注重挖掘档案馆所具有的独特文化载体。另外，还可以结合档案馆本身的创建发展历程、文化归属、发展理念等属性，探寻出一个或几个最具自身特性与特色的文化挖掘点。

需要注意的是，标志是高度提炼的可视化形象，其能够传递的信息宜精炼而不宜繁杂，否则会造成形象内涵表达模糊。在形象塑造过程中，还要避免歧义的出现，充分考量受众的认知习惯，达到简洁性和丰富性、独特性与认知性的平衡统一。

注释：

① 《国家档案局印发〈通知〉要求认真学习贯彻习近平总书记对档案工作重要批示》，《中国档案报》2021年7月29日，总第3710期第一版。

② 丁威、李展：《中国第一历史档案馆新标志诞生记》，《中国档案报》2021年8月19日，总第3719期第4版。

③ 康胜利、丁海斌：《关于〈周礼〉的档案史史料学研究》，《档案学研究》2020年第5期，第6页。

④ 吴从祥：《汉代兰台考辨》，《兰台世界》2015年12月上旬，第77页。

⑤ 温华：《试论唐代甲库档案的管理》，《北京联合大学学报》1991年第1期，第93页。

⑥ 于宏艳：《宋代档案机构设置及文书管理制度》，《兰台世界》2016年4月增刊，第145页。

⑦ 王敏:《元代档案特点及其管理制度探析》,《兰台世界》2014 年 11 月,第 61 页。

⑧ 孙梅霞:《明代档案管理制度探析》,《兰台世界》2015 年 8 月,第 147 页。

⑨ 潘道忠:《中国高校标志设计研究》,苏州大学 2007 年硕士学位论文,第 21 页。

（原载于《中国档案》2022 年第 7 期）

档案文化创意产品在
国际交流中的作用

杨太阳　　张晨文

2016 年 4 月，国家档案局关于印发《全国档案事业发展"十三五"规划纲要》（以下简称《纲要》）中指出，在全面建成小康社会的决胜阶段的"十三五"时期，档案工作要抓住机遇、改革创新，树立新的发展理念，通过对档案资源的配置优化，推进档案资源体系化建设，深化和拓展档案利用服务等目标。2016年 5 月，国务院办公厅日前转发文化部、国家发展改革委、财政部、国家文物局等部门《关于推动文化文物单位文化创意产品开发的若干意见》（以下简称《意见》），《意见》要求，各文化文物单位、非物质文化遗产保护中心及其他文博单位等掌握各种形式文化资源的单位，以创新创意为动力，以文化创意设计企业为主体，开发文化创意产品，打造文化创意品牌，为社会力量广泛参与研发、生产、经营等活动提供便利条件。随着对外交流合作和多边关系的不断加强，人文交流成为党和国家对外交往的重要战略，六大人文交流机制的相继建立，推动和落实了中外人文交流机制的建设和发展。

在这些政策的支持下，档案馆作为公共文化服务机构，应及时转变传统文化服务思维，通过对馆藏档案资源的深度挖掘，着力开发文化创意产品。同时，通过档案文化创意产品践行我国人文外交政策，主动适应经济发展新常态，服务"十三五"规划，顺应时代潮流和外交趋势，为全面建成小康社会作出贡献。

一　各国档案文化创意产品开发的现状

（一）美国：打造反映本国历史的档案文化创意产品

美国国家档案馆在展厅的出口处设有专门的纪念品商店，出售其开发的档案文化创意产品，在国家档案馆网站上专门设有Shop Online（网上商店）①。目前有300多种与档案相关的文化创意产品如礼品、书籍、服饰、儿童用品等。这些产品的开发全部基于综合运用文献、照片、地图、海报及录音录像等多种档案资料，开发背景反映了美国历史发展的各个重要阶段，如革命与国家的诞生、扩张与改革、内战与重建、工业的发展、现代化进程、经济大萧条与二战、当代美国现状等等。每件商品页面有商品信息介绍，商品所依托的档案背景以及相关链接。例如，印有亚历山大·汉密尔顿画像的袜子背后有一段他卓越的故事：汉密尔顿被认为是美国业绩最辉煌、充满人格魅力和危险的开国元勋，汉密尔顿年轻时克服逆境，逐渐成长为一位伟大的、对国家作出突出贡献的宪法之父。这表现为通过设计名人主题袜子这种"点子"来表达对这位伟大爱国者的钦佩和纪念之情。从另一个层面也体现了美国作为一个典型的移民国家，其发展过程中的重大历史事件对每个美国人的影响，以及美国热衷于反抗压迫、不畏逆境、勇于探索的民族特征。

（二）英国：展现本国特色的档案文化创意产品

英国国家档案馆设有多个主题突出、反映国家和社会发展进程中历史性事件的展览，这些展览俯首皆拾，通过这种方式来宣传档案工作或本馆馆藏、本地历史、当地名人②等，很受来馆人员欢迎。如伦敦大都会档案馆在奥运会筹办和举办期间就利用馆藏陈列展览了历届伦敦举办奥运会的档案材料，展现英国的奥运文化。2014 年，精选了 1000 多件档案珍品进行网上展览并提供有偿订阅服务 ③；2015 年，与英国时装协会合作，精选出馆藏中的设计档案，参加伦敦男装时装周的展示活动 ④。英国国家档案馆网站 ⑤ 下设"Bookshop"和"Image library"出售相关书籍等阅读产品，每件商品页面有商品详情、顾客评论与专家评论供用户参考。书籍内容包括英国皇家、地方、军队、家庭和女性历史、犯罪与警务等历史题材，充满了厚重的英国历史文化积淀，以及英国对于家庭和女性、历史和侦探的特有关注，反映出英国的浪漫、绅士、严谨的民族特性。

（三）澳大利亚：关注社会公众的档案文化创意产品开发

澳大利亚国家档案馆的关注点侧重于"家庭历史"。用户可以从"探索你的家族史""案例研究""资源"和"关心你的家庭档案"中查找有关祖先的相关信息，如是否参军、何时移民等内容。在澳大利亚档案馆网上商店中，出售带有国家档案标志的胸针、钢笔、铅笔、U 盘 ⑥ 等商品，包含着澳大利亚独具特色的文化特征，如"堪培拉海报"内容是经典的安利斯山的地标景色，是最受欢迎的 12 幅精美水彩画之一。"灯塔海报"系列是基于国家档案馆收藏的数百个灯塔的原始设计手稿而设计制作的海报，其中绿色灯塔是由新南威尔士州殖民地建筑师詹姆斯·巴奈特设计的 ⑦。正如他们的宣传语"一个高质量的海报，回忆一段罕见的历史"，这些档案文化创意产品展现着澳大利亚的民族历史，对特有原住居民文化的重点研究，注重家庭血脉和社会艺术文化发展的民族文化。

（四）中国：以传统文化为依托开发档案文化创意产品

中国档案部门的文化创意产品开发刚刚起步，其形式和内容都还处于探索阶段，但也取得了一定的成果。例如，青岛档案馆为代表开发的档案微电影，合肥档案馆创作的档案动画片一经问世，就受到业内外的一致好评。在配合民俗节庆庆祝、传统习俗宣扬中，非物质文化遗产档案展览大放异彩。2010年世博会期间的"黔姿百态——贵州省国家级非物质文化遗产档案展"由贵州省档案局、上海市档案局联合举办，从"地方戏曲演绎传奇""音乐舞蹈绚丽多姿""传统技艺原汁原味""节庆习俗源远流长"四方面，以大量的档案文献、照片和实物为基础，形象生动地展现了贵州省最具代表性的国家级非物质文化遗产项目。2011年5月，北京国家大剧院举办的"兰苑芳鳌——中国昆曲600年全景"展出了多种珍贵的档案资源，各种剧照、老照片等档案资料以及戏镜、化妆箱、马鞭等实物档案。名家的手稿，如方传芸的手抄曲谱纸质档案，《临川四梦全谱》（公尺谱）以及《封相》《游园惊梦》等不少珍贵的黑胶唱片等等堪为一绝。这些丰富多彩的档案文化表现形式背后实则中国人文化创作力的体现，以及对传统音乐、传统技艺、传统节庆、传统习俗的尊重和珍惜。

此外，博物馆、图书馆等基于档案文献开发的一批具有中国文化特色的文化创意产品也受到广泛关注。例如：中国故宫博物院依托特有的档案馆藏文物开发的各种文化创意用品，并且通过实体店铺和网上平台，宣传故宫文化创意商品、礼品和艺术品。故宫娃娃、宫廷饰品、宫廷包袋服饰等商品，每一件都是一份来自故宫的礼物，更是一段底蕴深厚的历史故事。如"剔红牡丹纹钱夹"创意来源于故宫博物院藏"明永乐·剔红牡丹纹圆盒"，三朵雕红漆大花纹样弥漫着富贵之气。牡丹纹颇受世人喜爱，宋时被称为"富贵之花"，被视为繁荣昌盛、美好幸福的象征。"双龙戏珠圣旨合符U盘"设计元素源自故宫博物院藏"双龙戏珠"合符。此种合符为帝王调兵遣将的凭证、示信之物，象征着至高无上的皇权。据《北京商报》统计⑧，截至2015年底，故宫博物院共计研发文化创意产品8683种，仅在2013—2015年期间，故宫博物院研发的文化创意产品就达1273种。与此同时，故宫的文化创意产品销售额也从2013年的六亿元增长到2015年的近十亿元。故宫文化创意产品无不体现出中国源远流长的历史文化积淀和中国人对于古老宫廷文化中特殊社会现象的追捧和热爱，表现出中国人传统、受人伦道德和三纲五常影响的民族特性。

不同国家因地理、历史环境的不同，在不断发展的过程中，形成了独特的国家和民族文化。而档案文化创意产品通过最简单直接但深刻有趣的方式，以多种载体形式为依托，展示每个民族不同的风俗习惯和家国历史，在对外交往中，为我们提供了了解其他国家文化的崭新方式和途径，让国家璀璨而宝贵的文化走向世界，获得国际关注和认同。

二　档案文化创意产品在国际展览中的作用

《纲要》中提出要深化和拓展档案利用服务，提高档案公共服务能力。创新服务方式，多渠道开发档案资源，不断向社会推出精品力作和举办受公众欢迎的活动。档案文化展览作为最常见的档案利用服务活动，也在不断创新方式，呈现出多种多样的表现形式。

近年来，欧美国家着眼于打造永久性的特色档案文化展示厅供来访者和利用者参观。如美国国家档案馆设有一个永久性展厅，展出被视为美国立国之本的三份文件——《独立宣言》《美国宪法》《人权法案》。这三份文件的原件常年陈列在展厅正中，供人们参观。法国国家档案馆和各省档案馆也都设有专门和永久性展览大厅，将法国历史上最著名的珍贵档案长期陈列展出，向参观者介绍法国的历史。加拿大国家档案馆举办的名为"珍贵的记忆"永久的展览，长期展出反映加拿大历史文化的馆藏珍品，并定期更换展品。美国的总统图书馆所收藏总统的个人物品、收到的礼品、总统的画像、总统收集的货币、邮票和艺术品等，都会定期进行展示。每个总统图书馆都设有一个展览厅，陈列展览公文、总统手稿、各种纪念品、艺术品等等。

　　巡回展览在扩大参观者范围，提高办展影响力方面具有重要作用。德国下萨克森州档案管理局主办的题为"下萨克森州"和"德国千年史"两个大型展览回溯了德国上千年的发展历程，其所反映的地域范围也是非常广阔的。这两个大型展览先后多次在该州各档案馆巡回展出，影响很大。加拿大国家档案馆举办的名为"加拿大 1870—1974 年移民"展览，在两年时间内，该展览在各种博览会和国内许多地方进行巡回展览。此外，加拿大档案部门还在城市街头、交通要道、商贸中心举办了档案展览。如"历史上的渥太华地图"的仿真档案展览在渥太华市数个商业中心陈列。他们还在机场和宾馆的大厅里布置了一些相关主题展览。这种方式激发了许多通常不造访档案馆的公众的兴趣，受到民众的热烈欢迎⑨。

　　2009 年 9 月，中国国家档案局、新加坡国家档案馆联合主办的"南洋华侨机工回国抗战史料图片展"，先后在两国各地展出⑩。2011 年 6 月，国家档案局中央档案馆、新加坡国家档案馆主办的"飞虎·驼峰纪事——纪念中国空军美国志愿航空队援华抗战七十周年档案图片展览"重温了飞虎勇士为和平与幸福、自由与尊严而战的传奇故事，追怀了中美两国人民相互信任、相互尊重、并肩战斗的共同记忆，延续传承中美两国人民的友好和平，旨在祈求世界和平和人类的和谐幸福⑪。

首届中国世界遗产主题文化博览会将于 2017 年 6 月在福州海峡国际会展中心展开，届时将对中国各省、自治区、直辖市和"一带一路"沿线国家文化、《中国世界遗产名录》形象、中国非物质文化遗产传承企业形象、中国非物质文化遗产传承人、艺术家、工艺大师作品、优秀的佛教文化传统工艺、佛教文化用品、中国茶文化进行展示，将非物质文化遗产及中国传统文化相结合进行大力宣传。举办展览是国际文化交流的重要方式。国际展览上展示档案文化创意产品，在展览的基础上，注入真实性和趣味性的元素，丰富了展览的内容，增强了展览的厚度，帮助参观者更好理解展品内涵，让展览所反映的知识和见解更加持久。

三　档案文化创意产品在国际交流与合作中的作用

当今时代，全球交流与合作日益频繁，在交流中相互学习、共同进步，在合作中碰撞思维火花、促进新事物的产生，实现共赢甚至多赢是大家共同的期盼。在交流和合作中，各国间的友谊和感情也得以维系巩固，从而达到各国文化融合发展的目标。

档案文化创意产品的交流合作也不例外。例如，以中俄双方外交部保存的档案文献为主，其他相关档案馆馆藏为辅，出版的《中国与苏联关系文献汇编》在中俄建交 60 周年之际正式出版。在系列《汇编》的出版工作中，双方都积极提供档案文献，对部分文本反复考证，进行了多次磋商，在良好的氛围中达成了广泛的共识，使中俄两国在档案领域的合作不断深化⑫。作为中俄在此领域的首次合作，双方本着互相理解、真诚合作的精神，在历时五年的编辑过程中开展了卓有成效的合作。

"纪念中国和葡萄牙建交 30 周年档案史料展"展示了包括

《中葡建交联合公报》、重要双边协定等近 50 件珍贵历史文献和图片，回顾了两国建交以来在政治、经贸、文教等方面的重要交流成果，特别是两国领导人之间的交往，以及中葡共同解决澳门问题的历史进程，展现了两国建交 30 年来双边关系取得的重要成果。通过档案史料展览，共同回顾两国发展历史，极大地增强了两国人民之间的历史认同感和使命感，两国人民的友谊也因此得以巩固及延续。

"印象上海"档案图片展 ⑬，包括已故南非前总统纳尔逊·曼德拉访问上海时的珍贵影像，以及南非与上海在政治、经济、文化等方面相互往来的情况和南非参展 2010 年上海世博会时的盛况。通过展览，南非当地人民领略到上海的发展和变迁，增进南非人民对中国和上海的了解。该展之后又在西班牙、智利等多国巡展。展品结合展出地的具体情况，让更多的人在观看展览的同时了解国家间在历史发展中的友好交流，在潜移默化中增进其对他国文化的了解和认同。

2011 年，由上海市档案局馆与印度驻沪总领事馆合办的"泰戈尔的中国之旅"暨泰戈尔画作展在上海市档案馆开展，展览在印度泰戈尔故居常设展厅，永久落户印度。通过泰戈尔的档案及作品收集展示，加强中印两国的文化交流与合作，传达了两国间的深厚友谊。

在档案文化创意产品的开发过程中，要树立精品意识，开发档案资源，尤其是在日益普遍跨国查档和国际文化交流活动的大趋势下，文化创意产品的创新开发离不开各个国家的交流和合作。在固定的交流沟通合作机制中，增进了对他国相关领域工作的认识，学习了他国档案管理和利用经验，也增进了双方的友谊。

四　档案文化创意产品在学习他国档案文化中的作用

在《纲要》中的合作交流方面，要求我们广泛开展国际交流与合作，加强两岸交流，积极拓展多边和双边合作项目。学习借鉴相关行业先进经验和国际领先的档案管理理念、制度和实践经验，促进中国文献遗产的保护和提供利用。积极参与国际档案理事会和国际档案理事会东亚地区分会等国际组织的活动，加强与各国档案界同行的业务交流和相互了解。积极参与国际标准化组织的工作，加大对国际标准的跟踪、评估和转化力度，提高国内标准与国际标准一致性程度。

如今，人文交流与战略互信、经贸合作一道，成为我国对外关系发展的三大支柱，是推动我双边和多边关系健康发展的重要力量，是党和国家对外交往的重要战略。习近平主席、李克强总理在国际交往中多次强调密切中外人民往来、厚植中外友好民意基础的重要性。刘延东副总理亲自挂帅担任六大机制中方委员会主席，指导机制中方成员单位与有关国家和地区深入开展人文交流与合作，有力地推动和落实了中外人文交流机制的建设和发展。

国际档案理事会在 2016 年年会提出"全球档案界的和谐与友谊"，要努力促进档案文化的多元化发展，保持各地各国、不同社群档案文件管理的和谐共存。英国与爱尔兰档案文件协会 2016 年年会也设定了"全球未来"主题，明确指出全球化的关系、互动、交流和联系正在改变着人们的生活和工作方式，档案的内容和记忆也更加多元⑭。

在"余熙与法国——中法文化交流档案精品展览"之后，国际文化交流活动家、长江日报社高级记者余熙强调，在之前展览的基础上，将它和我们现实生活紧密联系，用我们现有的力量来推动我们与国外档案机构的联系与合作，通过这种合作成果来直接作用于我们的经济发展和文化建设。

美国国家档案馆围绕特定主题开展档案文化活动，如"探索美国餐饮文化史"，开办酒文化展览时选用了近100份馆藏档案和文物，展现联邦政府为改变人们饮酒习惯而做出的尝试与努力。从威士忌限量发售到禁酒令发布，档案和文物揭示了美国政府不同时期对酒生产和销售政策的变化⑮，以及美国人民对酒的不同态度的变化过程。通过展览，让档案同行深入了解美国酒文化的同时，学习其用文化创意服务驱动档案文化创意产品的开发，通过多元主体打造档案文化产业的新思路。

因此，我们必须积极的走出去，开展多种渠道的档案国际合作，通过档案文化创意产品的开发与传播，学习借鉴他国的先进文化，启发本国文化发展的新思路。

五 档案文化创意产品在讲好中国故事中的作用

《纲要》中关于"加快档案管理信息化进程，持续推进数字档案馆建设的规划"的要求指出，到2020年，全国地市级以上国家综合档案馆要全部建设成具有接收立档单位电子档案、覆盖馆藏重要档案数字复制件等功能完善的数字档案馆。随着无纸化办公不断深入推进，传统纸质档案生成的减少，与之相对的是越来越多数字形式的档案大量产生，这些也都影响着档案文化创意产品开发的方向。

数字档案资源依托于多样的载体形式，具有的时代性、丰富性、生动性、高效性。数字档案内容丰富，涵盖文字、图片、照片、声音、影像等多种内容，可以通过VR等技术再现历史场景、通过3D等技术还原失传实物原貌、保护少数稀有的民族文化风俗，具有人们喜闻乐见并通过互联网快速传播等特征。因此，要充分挖掘整合档案资源，发掘蕴藏于档案中深厚的文化底蕴，为在国内外讲好中国故事提供丰富生动的第一手真实素材。

为纪念中国共产党成立 95 周年，中央档案馆与上海市档案馆合作举办的"红星照耀中国——外国记者眼中的中国共产党人"档案展，展出埃德加·斯诺等 13 位外国记者在延安革命根据地、抗日前线的真实记录，档案素材源自对中央档案馆、上海市档案馆以及海外的瑞士苏黎世理工学院现代历史档案馆、美国斯坦福大学胡佛研究所、美国亚利桑那州立大学图书馆等国内外多家档案馆、图书馆所藏资源的充分整合和深入编研⑯。此后，档案展先后走进美国、瑞士等档案专业保管和学术研究机构，在讲好中国红色文化故事的同时，促进了国内外对中国历史和红色文化的了解。此外，"百年跨国两地书"侨批档案展在印尼举办；开展海上丝绸之路档案资料展等，都在向世界展现我们的中华民族文化，从多个角度提升我国的文化影响力。

传播我国档案文化，讲好中国故事，是我们共同的责任。引领优秀民间力量参与档案文化对外传播，有助于我国档案文化的更广泛传播。为纪念中德建交 40 周年，出生在上海的德国古稀老人沃夫冈先生携妻儿来到上海市档案馆，捐赠其父怀特·约翰纳斯·沃特基拍摄的 20 世纪 30 年代上海滩市井风貌的老照片 140 余张。民间力量行动起来汇聚而成的多种多样的档案资源，通过口述、表演、展览等多种形式对外呈现中国故事，将更具感染力。

当代中国的快速发展，综合国力的日益增强，越来越受到国际社会的关注。中国需要主动展示大国形象，做好对外宣传工作，增进国内外对中国的了解，而档案文化作为一个重要的切入点，可以通过档案文化创意产品，创新传统对外宣传模式，用一种新的思路来讲中国故事，传播中国声音，对于推动树立大国形象具有重要作用。

注释：

① 美国国家档案馆,https://www.archives.gov/。

② 梁伟、龙岗:《英国档案工作印象》,《云南档案》2013 年第 6 期,第 15—17 页。

③ 英国国家档案馆,The National Archives,http://www.nationalarchives.gov.uk/。

④⑤ 英国国家档案馆,The National Archives bookshop,http://bookshop.nationalarchives. gov.uk/。

⑥ 蒋冠、李晓:《美、英、澳三国国家档案馆网站数字档案资源服务情况调查与分析》,《档案学研究》2013 年第 3 期,第 82—90 页。

⑦ 澳大利亚国家档案馆,National Archives of Australia,http://shop.naa.gov.au/p/645228/ lighthouse-poster-1.html。

⑧ 故宫博物院:《2016 故宫文创产品销售额 10 亿》,《北京商报》2016 年 1 月 15 日。

⑨ 高勇:《国外档案展览实践及启示》,《中国档案》2004 年第 5 期,第 16—17 页。

⑩ 江水晶:《新加坡档案展览特点及对中国的启示》,《学周刊》2013 年第 16 期,第 206 页。

⑪ 殷俊燕:《中新两国合办"飞虎·驼峰纪事档案史料图片展"》,《兰台世界》2011 年第 17 期,第 40 页。

⑫ 《中俄首部外交档案文献汇编问世》,《中国档案报》2010 年 11 月。

⑬ 《外交档案史料展示中葡 30 年友好邦交》,《中国档案报》2009 年 2 月。

⑭ 黄霄羽、郭煜晗、王丹:《以人为本 和谐发展 创新驱动 知识为王——2016 年档案年会主题折射国内外档案工作的最新特点和趋势》,《档案学研究》2016 年第 6 期,第 60—65 页。

⑮ 黄霄羽、于海娟:《档案与文化产业结合的新亮点——美国国家档案馆"探索美国餐饮文化史"引发的思考》,《档案学通讯》2015 年第 5 期,第 101—104 页。

⑯ 《整合档案图书资源 共同讲好中国故事》,《中国档案报》2014 年 3 月。

（原载于《兰台世界》2017 年第 3 期）

档案馆品牌视觉形象体系构建述略

丁　威

一　引言：档案事业转型发展

党的十八大以来，我国档案事业取得长足发展。"十三五"期间，全国档案馆库设施持续改善，明确提出县级以上党委和政府要把国家综合档案馆建成"档案保管基地、爱国主义教育基地、档案利用中心、政府公开信息查阅中心、电子文件备份中心。"区别于传统档案馆，从国家层面要求综合档案馆转型为社会公共服务场所，因此现代档案馆建设需要兼具开放性、文化性、多功能性和时代性。

笔者于 2019 年起作为项目主要成员，参与了中国第一历史档案馆新馆形象设计与宣传服务项目（以下简称"一史馆形象设计项目"），探索档案馆品牌视觉形象体系建设，助推一史馆新馆开馆工作取得更好社会反响。文章通过案例实践和分析，认为档案馆在把握职能要求做好馆舍建设，提升档案馆"硬实力"的同时，也应注重档案馆"文化软实力"的建设，反映到具体表现，即品牌视觉形象体系的构建。通过新馆开办的契机，扭转传统档案馆在社会公众心中原本"封闭"的固化形象，以崭新面貌和开放姿态更好融入公众的社会文化生活当中。

二　文献综述：档案馆新馆及品牌视觉建设研究分析

据国家档案局统计，截至 2018 年底，全国各级国家综合档案馆总建筑面积 1050.9 万平方米，对外服务用房建筑面积 116.6 万平方米。到 2022 年底，全国各级国家综合档案馆总建筑面积达到 1536.1 万平方米，4 年间增长了 46%；对外服务用房建筑面积 211.8 万平方米，4 年间增长了 81.6%。从数据可以看出，近 4 年国家综合档案馆对外服务用房建筑面积显著增加，建筑规划更注重向对外服务功能侧重，这也更符合"十四五"时期着力推动档案工作走向开放、走向现代化的指导思想。

关于国内档案馆新馆建设的研究，《浙江档案》曾于 2009 年刊载浙江省全省档案馆新馆建设座谈会上的发言，围绕档案馆自建制模式和代建制模式下的新馆建设情况进行交流；2023 年盛舟在《抢抓"一带一路"机遇　弘扬丝绸档案文化——苏州中国丝绸档案馆建设实践与思考》一文中也提出了档案馆建设问题与策略。综合来看，目前针对国内档案馆新馆建设的研究着重于项目立项、经费、选址、建筑外观、功能用房、展厅设计等"硬件"建设，尚未涉及配套新馆建设的品牌形象、视觉体系构建等内容。

在档案馆品牌建设、形象塑造等研究方面。盛婷在《档案馆视觉形象与品牌塑造研究》中提出档案馆视觉形象与品牌塑造的原则与方法，并通过对中国丝绸档案馆进行视觉识别系统设计加以补充佐证。薛匡勇在《档案馆品牌与档案馆外在形象塑造研究》中着重从"硬件建设"与"软件建设"两方面论证了塑造档案馆外在形象的对策。苏君华、宋帆帆在《基于 SWOT 的档案馆品牌建设研究》一文中运用 SWOT 方法提出档案馆品牌建设应该转变思维理念、优化馆藏结构、拓宽资金来源渠道以及制定品牌战略等的策略。这些研究从不同角度讨论了档案馆进行品牌视觉形象构建的观点和方法，具备很高的实践参考价值。笔者将这些宝贵方法同新馆建设相结合，通过分析介绍一史馆形象设计项目案例，探讨以项目化运作的方式配套新馆建设完成品牌视觉体系的构建，通过标志、VI系统、IP形象、空间导示、宣传物料等项目实践，总结归纳实施路径和经验感悟，为档案馆新馆建设和品牌视觉体系构建提供案例参考，以达到更全面、更完善的品牌视觉传播效果。

三　案例介绍：一史馆品牌视觉形象体系实施路径

一史馆新馆建设历时5年，从2016年12月破土动工，至2020年10月竣工落成，于2021年6月面向社会开放，新馆定位是明清档案的专业保管中心、利用中心、展示中心、国际档案交流中心和爱国主义教育基地。为更好宣传推广明清档案文化，建设国家一流档案馆，一史馆借助新馆开办的契机，于2019年启动新馆形象设计与宣传服务项目，通过招投标委托专业的品牌设计公司提供设计实施一体化服务。项目包括标志设计及商标注册、VI系统设计、IP形象设计、空间及导示的设计与实施、活动与宣传物料的设计与实施5大板块。

（一）新馆标志设计及商标注册

标志作为机构文化、理念、形象的可视化符号，凝结着一个机构的抽象内在，重在通过一个具象符号建立起在公众视觉感受中的形象，是品牌视觉形象体系的核心。早在项目启动之前，一史馆曾面向社会开展了新馆标志征集活动，得到了社会各界人士的广泛关注和参与，虽然最终未采纳作品作为新馆标志使用，但开拓了创意思路，取得较好的社会宣传效果，为后续项目开展作铺垫。

新馆标志设计及商标注册作为项目的首要任务，是新馆品牌视觉体系的重中之重，关系到后续开办工作中所涉及的大量视觉要素。主要工作包括核心访谈、资料研读、视觉表现评估、品牌设计导向分析、标志设计、成果文件输出、商标申报注册等内容。项目通过梳理一史馆档案文化中的历史内涵与文明传承，挖掘馆藏特色、档案文化中的特有符号与形象元素，分析过往使用的标志形象演变历程与文化表达，从而设计出全新且蕴含深刻文化内涵的标志形象。

（二）视觉识别系统（VIS）设计

视觉识别系统（VIS）是标志规范化使用的行为规则，是现代企业向公众传达自身形象与价值的重要手段，这一管理模式已被广泛应用于文博机构、大型活动中。新时代实现档案工作创新发展、更好地发挥社会功能，档案馆必须更加注重塑造和展现自身专业、规范的品牌标志形象，提高公众对档案馆的识别认知，树立和巩固档案馆的品牌形象体系，这都使得视觉识别系统的构建在现代化档案馆建设发展中具有突出的必要性和现实意义，向社会展现更为专业和统一的视觉印象。

新馆视觉识别系统设计工作自标志设计定稿后随即展开，主要包含两个部分。一是 VI 基础部分，分为标识形态、色彩、辅助图形、标准组合、文字、图片、错误预演 7 个分类共 50 项规范，以此约定品牌标识在不同应用环境下的基础应用规则，实施原则强调规范性、准确性、适配性、可塑性。二是 VI 应用部分，分为办公、多媒体、会务、宣传、包装、赠品、服装 7 个分类共130 项规范，将标识延展至不同材质规格的物料，为馆内相关业务开展提供规范参考，实施时更侧重一致性、实用性、整体性、连续性。

（三）IP 形象（吉祥物）设计

IP形象是品牌的拟人化处理，可以增加品牌输出的价值，强化品牌个性，突出文化特质，提高宣传亲和力。一史馆的受众除了专业的历史研究者外，也有众多明清档案文化爱好者。立足具有百年历史底蕴的馆藏档案和新馆的全新平台，面对社会对档案等载体中蕴藏的中华优秀传统文化的强烈需求，一史馆通过打造IP形象来进一步彰显文化内涵、拓展宣传维度。

IP形象设计工作内容主要包括同类领域设计现状分析、创意点推导、形象解读、形象设计、命名、形态渲染、造型应用规范、周边设计等。项目通过梳理文博行业IP形象设计现状，从不同种类、外形、风格等方面多次尝试，最终选取中国传统瑞兽"鹿"为原型，提取明清皇家档案库"皇史宬"的特色要素，完成IP形象"宬宬"。同时，开展系列化的开发设计，延伸形象动态及周边设计，建立IP形象应用规范。

（四）空间及导示的设计与实施

档案馆承载着展览、利用、社教等公共功能，因此场馆导示系统是档案馆展示其空间和服务形象的重要一环，需要根据建筑、装修等风格特点，构建场馆区域导示系统，并对公共空间进行必要的美化提升和公共设施设置。一史馆新馆建筑采取代建模式，在建设方完成新馆主体建设后，内部细节尤其需要使用方继续深入完善，以达到使用标准。导示系统是场馆信息展示和方向指引的主要手段，在博物馆、艺术馆、图书馆等开放空间尤其注重导示系统的设置。

作为面向公众开放的国家级场馆，一史馆在标志设计完成后同步进行了新馆导示系统的设计和实施。导示设计的工作内容包括同类项目资料收集与分析、定位理解、概念方案设计、观众流线设计、导示布局、导示深化设计、空间提升设计、材质工艺设计、制作文件输出、系统实施导入等环节。根据一史馆新馆空间功能分区，分别对开放区、办公区、库房区、车库进行设计。牌体设计结合新标志的品牌风格、色彩等要素，融入场馆环境，实现出色的功能性与品牌导入。

空间及导示系统实施时，在材料选择、色彩搭配以及细节处理等方面均需考虑项目的特点风格以及市场的通用性；所用的材料应有足够的强度；牌体外部不能有尖、锋边、毛刺等，避免对访客及操作员的伤害；安装后应满足不发生变形、倾斜、坠落等异常现象。同时导示牌体应具有可靠性，确保能适应室内、室外的使用条件。项目实施进度要紧密结合新馆开办工作进度，满足前期人员进驻、开放后公众游览和日常办公人员行走等不同时期、环境的使用要求，需要结合新馆空间规划提前做好房间功能划分和门牌号编制工作，确保导示体系准确落位。

（五）活动与宣传物料的设计与实施。

活动与宣传物料的设计从展示新馆新形象、新面貌的角度出发，设计新馆宣传画册、宣传折页、明信片等，结合开馆后的主题活动设计视觉主形象并延伸设计活动物料，营造档案馆开放转型的崭新姿态。物料实施工作要紧密围绕新馆开办后各项运营需求，针对性制作一批办公、会议、宣传用品，通过宣传物料的设计和展示，便于受众了解新馆举办的活动、服务内容、服务流程、访客需知、场馆布局、馆藏情况等信息，节省人力投入，提升服务体验，扩大新馆品牌传播效果。

四　基于案例的理论讨论：形象体系构建赋能品牌价值提升

该项目是一史馆继承中国优秀传统文化，传播新时代档案品牌故事的有力举措，塑造从"神秘封闭"到"包容现代"的品牌形象转变。配套新馆建设，项目创新性地将新馆视觉形象体系进行统一规范设计和整体输出，形成一系列项目成果，取得较好的社会反响。

（一）短期品牌效益转化

一史馆形象设计项目的顺利实施，为新馆开放提供基本保障。项目完成新标志设计及全类别商标注册；制定 VI 系统 14 个分类 180 项规范；完成 IP "宬宬"设计，延伸形象动态和周边文创，建立 IP 形象应用规范；完成全馆导示系统覆盖，制作安装导示标识；实施宣传物料，满足新馆行政办公、宣传活动等需求。项目成果以视觉形式充分展示了一史馆独特的文化内涵，建立起独有的品牌识别符号，通过标志和 VI 系统的使用呈现，表达出一史馆"存史、传承、留印"的使命责任，认识明清档案博大深厚的历史价值。结合 IP "宬宬"以拟人化的形象拉近同受众的情感距离，为讲述明清档案故事增加亲和力、感知力、创造力。

与此同时，基于标志和视觉识别系统等阶段成果，新馆网站、小程序、查档平台等线上界面设计，新馆展览、档案装具、提示标贴等线下实物设计，得以在新馆开办期间顺利规范开展，呈现统一的视觉核心要素。公众来馆参观通过识别场馆区域的导视牌引导行进路线、从服务台领取精美的宣传册页、坐在公共区域定制座椅上休息、进入官网或小程序预约参观查档等，这些行为体验都会关联到档案馆视觉识别体系的输出，公众在无形中受到品牌视觉形象的影响，建立品牌识别基础。

该项目被人民大学档案事业发展研究中心评选为"2023 年度档案管理创新十佳案例"；项目成果 IP "宬宬"系列文创、VI 系列办公用品分别获得中国档案学会主办的首届档案文创展示评选一等奖和三等奖，并在 2023 年全国档案馆长论坛期间进行展示，取得较好的业界反响。

（二）为品牌创造更多价值可能

这是一史馆进行品牌建设的一次有益实践，为档案馆自身文化建设注入新的活力。一史馆拥有海量的历史档案资源，涵盖明清500余年政治、经济、军事、文化、艺术等诸多方面，文种多样、形制各异。项目在执行过程中牢牢把握"档案馆"这个概念，不具象于某一件或某一类档案，最终将创意聚焦于明清档案库"皇史宬"，将"宬"字作为最具一史馆特色和内涵的文化符号。这个创意在未来将伴随一史馆文化品牌的不断宣传推广，凸显极具识别性的明清档案馆品牌形象，增强一史馆的文化竞争力。

IP形象"宬宬"的诞生进一步丰富了一史馆的文化内涵，拓展了宣传维度。新馆的受众除了专业的历史研究者外，也有众多明清档案文化爱好者，"宬宬"将破除社会对一史馆传统刻板印象，活化一史馆的品牌形象。在此IP基础上可延伸出丰富多变的跨界及文创宣传产品，提升一史馆的品牌价值。

档案馆品牌视觉形象体系建设是一次难得的介绍、了解、建立档案馆自身品牌价值的契机。在以往的宣传工作中，档案馆往往以馆藏的特殊档案作为自身宣传的核心要素，这种宣传更多聚焦于某件特殊档案，而非该档案馆的文化内核。档案馆的馆藏一般而言是多样、复杂且综合的集合，这就导致公众对档案馆的形象识别往往停留在馆藏的某件档案而非档案馆本身。档案馆品牌形象体系建设就是突破出原本对馆藏档案个体的依赖，聚焦于宏观的档案馆个体文化特质本身，凝练、创造出一个全新的档案馆IP，从而达到档案馆品牌价值建设，塑造更具影响力的档案馆品牌文化体系。

五　研究结论和建议：基于案例的思考和总结

对于档案馆而言，新馆建设是具有历史性意义的重大事件，关乎未来几十年的发展，要树立高度的责任感、使命感，用历史发展的眼光规划好新馆各方面建设规划。在项目实践过程中的有一些经验做法，或可为其他档案馆在新馆品牌视觉体系建设方面提供参考。

（一）品牌视觉体系与新馆建设统筹推进

新时代档案馆从传统型向开放型转变，新馆建设将为之提供强大的硬件保障，品牌视觉体系建设是档案馆进行文化传播的软件配置，同属于品牌形象的组成部分，与新馆建设应当是紧密联系、互为呼应的。站在新馆新起点统筹谋划好品牌视觉体系，从而形成你中有我、我中有你的品牌构建，将达成新馆对外实现开放转化的叠加式的传播效果，有助于档案馆更快更好融入公众的社会文化生活当中。

此外，品牌视觉体系建设是一个系统性的工作，从设计到物料制作全流程跟踪，需要投入足够的资金才能够确保效果符合规划预期，满足新馆的社会功能定位。品牌视觉体系建设属于新馆开办及内容建设的组成部分，应当在经费申请时提前纳入新馆建设预算，控制好项目具体内容及数量，争取到足够的启动资金，满足新馆开馆后一段时间的运营需求。

（二）重视知识产权保护

随着社会经济发展，知识产权在经济文化领域的作用日渐突出，尤其是在商业领域的应用价值极具凸显。重视知识产权申请保护有三点重要意义：一是检验档案文化开发和品牌建设成果本身是独立创作，且未侵害他人合法权益；二是保护成果在未来使用过程中不受他人侵害，或遭受侵害后能够及时有效维护自身权益；三是保留开发成果未来在商业经营等领域使用的权益。

在开发创建过程中，有三点注意事项：一是要制定项目保密制度，对涉及知识产权核心内容谨慎公开，最好是在公开前完成知识产权登记或注册；二是严格要求创作者的行业素养，确保成果独创性，提前就内容进行相关领域的近似性排查，以便做出针对性地调整和优化；三是做好后期使用和维护，定期排查是否有知识产权被侵害的行为，在产权期满后及时申报维护。

（三）建立品牌视觉管理长效机制

档案馆的品牌形象要想取得社会认同，形成社会共识，是一项需要长期坚持、稳步推进的工作，不能仅靠配套新馆建设而"毕其功于一役"。面对社会主流审美的不断改变，技术手段的更新迭代，档案馆日常宣传运维，都需要将品牌视觉体系管理作为一项专门业务进行科学配置和规划。

将品牌视觉管理尽早纳入档案馆新馆建设的基本规划之内，成为一项基础性、战略性和长期性的内容建设，才能从系统层面提升档案馆价值和理念的视觉传达效能。具体措施和建议有以下几点：一是优化档案馆专业人员结构，适当引入从事广告策划、品牌建设、视觉设计等专业人才，专门从事档案馆的品牌建设规划和管理工作；二是打破工作惯性思维，借助社会力量实现品牌升级，可以通过向专业公司购买服务，或通过举办社会征集等活动推进品牌建设；三是完善品牌视觉使用管理规章，建立责任机制，形成实操性强的视觉系统使用规范和使用审批管理制度，才能够从源头杜绝品牌宣传过程中的误用、滥用，影响对外传播形象。

（原载于《浙江档案》2024年第1期）

档案馆微信公众号宣传和
服务功能发展策略

卢　溪

国家档案局局长李明华在全国档案局长馆长会议上的工作报告指出："随着我国经济社会的发展进步，信息化、网络化、智能化的程度将越来越高，对档案工作的影响也将更加深刻。我们应逐步实现以信息化为核心的档案管理现代化。"如今，档案馆正从"纸与铁"的时代加速迈入"数与网"的时代①，借助移动网络、智能手机终端和新媒体，档案馆可以足不出户地完成宣传和服务工作。

笔者从事某历史档案馆官方微信公众号（以下简称"公众号"）运营工作，现结合自身工作经验，探讨档案馆公众号宣传和服务功能的发展策略。

一　数据来源及研究方法

（一）研究对象

本文研究对象为：全国各级档案行政管理部门、专业档案馆、档案事业单位、高校和企业档案部门的官方公众号。不含与档案工作相关的但账号主体为个人的公众号，不含泛化档案概念的公众号（如"CCTV4国宝档案""灵异档案馆"等）。

（二）数据来源

1. 借鉴"清博指数""档案微平台研究"公众号的相关数据和榜单。"清博指数"，前称"新媒体指数"，是中国新媒体大数据的权威平台，现为国内最重要的舆情报告和软件供应商之一。"清博指数"推出的 WCI 指数（微信传播指数），是根据微信所展示的公众号阅读数据，按照计算公式，从"整体传播力""篇均传播力""头条传播力""峰值传播力"四个维度对公众号的传播影响力进行评估的指数。WCI 指数被认为能较权威的反映公众号及推文的整体传播力和影响力。

WCI 指数的计算公式

一级指标及权重	二级指标	二级权重	标准化得分
整体传播力 O （30%）	日均阅读数 R/d	85%	O=85%*ln（R/d+1）+15%*ln（10*Z/d+1）
	日均点赞数 Z/d	15%	
篇均传播力 A （30%）	篇均阅读数 R/d	85%	A=85%*ln（R/n+1）+15%*ln（10*Z/n+1）
	篇均点赞数 Z/n	15%	
头条传播力 H （30%）	头条（日均）阅读数 Rt/d	85%	H=85%*ln（Rt/d+1）+15%*ln（10*Zt/d+1）
	头条（日均）点赞数 Zt/n	15%	
峰值传播力 P （10%）	最高阅读数 Rmax	85%	P=85%*ln（Rmax+1）+15%*ln（10*Zmax+1）
	最高点赞数 Zmax	15%	

WCI=（30%*［0.85*ln（R/d+1）+0.15*ln（10*Z/d+1）］+30%*［0.85*ln（R/n+1）+0.15*ln（10*Z/n+1）］+30%*［0.85*ln（Rt/d+1）+0.15*ln（10*Zt/d+1）］+10%*［0.85*ln（Rmax+1）+0.15*ln（10*Zmax+1）］)^{2}*10

"清博指数"借助其大数据实力，以 WCI 指数为基础，建立了档案馆、博物馆、图书馆、媒体等不同行业的专业榜单，为研究者提供了重要的数据参考。

"档案微平台研究"，前称"档案那些事儿"，该公众号团队由档案从业人员、档案学专业学生以及档案馆爱好者组成，其发布的《档案馆公众号榜单》以 WCI 数据计值排名，是目前档案行业较为全面客观的公众号榜单。

2. 笔者通过微信公众平台自行搜索相关公众号及数据。通过各公众号的简介页面，可以了解该公众号的账号主体和功能定位；通过查看历史消息，可以确定该公众号的首篇推文的推送时间，从而推测该公众号创建时间；通过点击各公众号主页面的设置，可以掌握其功能设置情况。

3. 引用腾讯公司《2017 年微信数据报告》中关于微信公众平台的数据。通过对宏观数据的分析，了解公众号的整体发展趋势，并预估档案馆公众号的发展动向。

二　档案馆公众号发展现状概述

（一）微信公众号新媒体

新媒体是以数字信息技术为基础、以互动传播为特点、具有创新形态的媒体形式，是相对于报纸、广播、电视等传统媒体而言的概念。当前主流的新媒体形式包括以公众号为代表的手机端新媒体、以微博和博客为代表的 PC 端新媒体、数字电视新媒体等。

得益于智能手机终端的飞速发展，2017 年 9 月，微信程序日登录用户人次突破 9 亿，而基于微信程序的公众号也成为最具代表性和影响力的新媒体形式之一。

微信公众平台于 2012 年 8 月 23 日正式上线，集消息推送、品牌传播、信息共享等功能于一身，具有传播速度快、范围广、受众多、形式新的特点，在推出伊始就吸引了大量用户。2016年公众号在所有微信功能的使用率中位居第三，占比 **39.4%**，仅次于朋友圈和收发消息。

微信公众平台的优势吸引了大量政府机关和企事业单位入驻。2016 年 1 月 18 日，中国政务公众号已突破 10 万个。

（二）档案馆公众号发展现状

微信公众平台诞生以后，档案行业各单位陆续入驻微信公众平台，这也标志着档案宣传工作步入了新媒体时代。

通过对档案馆各单位公众号的纵向对比，以及与其他相近行业公众号的横向对比，我们发现档案馆公众号的发展现状有以下几个特点：

1. 开通公众号比例较低

在这里我们横向对比档案馆与博物馆、图书馆开通微信公众号的比例。其中博物馆和图书馆选择北京和贵州的一二级单位参与对比，档案馆方面虽然也有一二级的划分，但是笔者在公开渠道未找到对应名录，因此选择中央级和省级档案行政管理部门参与对比。

北京市和贵州省的一二级博物馆、一二级图书馆单位开通公众号的比例都在 80% 以上，其中贵州省一级和二级博物馆、北京市一级图书馆、贵州省一级图书馆开通公众号比例都达到了 100%。而这些二级博物馆和图书馆中还包括大量县区级单位。

相比之下，档案馆中省级档案行政管理部门的公众号开通率只有 74.2%，有 8 个省级档案馆尚未开通公众号。可以推测地级、县级档案馆开通公众号的比例会更低。

中央级档案行政管理部门			省级档案行政管理部门		
单位数量	开通公众号单位数量	比例	单位数量	开通公众号单位数量	比例
1	0	0%	31	23	74.20%

档案馆定级依据：国家档案局网站：《2016 年度全国档案行政管理部门和档案馆基本情况摘要（一）》

北京市一级博物馆			北京市二级博物馆		
单位数量	开通公众号单位数量	比例	单位数量	开通公众号单位数量	比例
14	13	92.76%	6	5	83.33%
贵州省一级博物馆			贵州省二级博物馆		
单位数量	开通公众号单位数量	比例	单位数量	开通公众号单位数量	比例
1	1	100.00%	3	3	100.00%

博物馆定级依据：国家文物局网站：《2016 年度全国博物馆名录》

北京市一级图书馆			北京市二级图书馆		
单位数量	开通公众号单位数量	比例	单位数量	开通公众号单位数量	比例
18	18	100.00%	0	—	—
贵州省一级博物馆			贵州省二级博物馆		
单位数量	开通公众号单位数量	比例	单位数量	开通公众号单位数量	比例
14	14	100.00%	34	28	82.35%

图书馆定级依据：文化部：《第五次公共图书馆评估定级上等级图书馆名单》

2. 建立时间较晚

微信公众平台成立于 2012 年，而大多数档案馆单位直到四年以后才创建公众号。

2016 年 6 月 18 日前，清博榜单中《全国档案微信平台榜》中收录的包括各级综合性档案馆在内的档案行业公众号只有 140 余个，而到了 2018 年 3 月底，该榜单中的公众号样本数为 407 个。约 2/3 的公众号是在 2016 年 6 月后建立。

再比如下表的具有代表性的 20 家档案行业公众号，大半也都建立于 2016 年及以后。

档案行业部分公众号基本情况表

公众号名称	主体类别	账号主体	首篇文章时间
金山记忆	县级档案馆	上海市金山区档案馆	2015 年 11 月
吴江通	县级档案馆	苏州市吴江区档案馆	2014 年 12 月
记忆南通	市级档案馆	南通市档案馆	2017 年 5 月
霍州档案	市级档案馆	霍州市档案馆	2017 年 3 月
江苏档案	省级档案馆	江苏省档案馆	2014 年 5 月
张家港档案	市级档案馆	张家港档案馆	2015 年 6 月
皇史宬	历史档案馆	中国第一历史档案馆	2016 年 3 月
中国档案报	事业单位	中国档案报社	2017 年 3 月
常州档案	市级档案馆	常州市档案局	2016 年 10 月
泰达图书馆档案馆	企业单位	泰达图书馆	2013 年 5 月
档案春秋	市级档案馆	上海市档案馆	2016 年 3 月

续表

公众号名称	主体类别	账号主体	首篇文章时间
三明档案	市级档案馆	三明市档案馆	2016 年 5 月
江西档案	省级档案馆	江西省档案馆	2017 年 5 月
民国大校场	历史档案馆	中国第二历史档案馆	2017 年 5 月
上饶记忆	市级档案馆	上饶市档案局	2015 年 3 月
上海交大档案馆	高校	上海交通大学	2014 年 4 月
宣威市档案局	市级档案馆	宣威市档案局	2017 年 2 月
国家电网档案	企业单位	国网中兴有限公司	2017 年 5 月
南京档案	市级档案馆	南京市档案馆	2015 年 4 月
以上公众号均进入了"档案微平台研究"公布的《2017 年度全国档案微信公众号排行榜》和《2018 年 3 月榜单》			

3. 整体影响力、传播力较低

目前档案馆优秀公众号与其他行业官方公众号相比，在 WCI 值、整体排名和推文阅读量三项重要指标上均要落后，整体影响力和传播力上明显偏低。

下表为 2018 年 3 月档案馆、博物馆、图书馆榜单中前三甲的 WCI 值，可以看出档案馆优秀公众号的 WCI 值要大大低于其他两个行业。

行业	名称	2018 年 3 月 WCI
档案馆	金山记忆	685.68
	吴江通	608.94
	记忆南通	576.76

续表

行业	名称	2018 年 3 月 WCI
博物馆	微故宫	938.07
	观复博物馆	826.50
	上海自然博物馆	808.59
图书馆	湖南图书馆	812.45
	温州市图书馆	716.14
	厦门市图书馆	680.64
数据来源："清博指数"和"档案微平台研究"。		

在档案馆公众号榜单中经常排名第一的"金山记忆"公众号，在 2018 年 3 月微信总榜中最高排名只有 4000 左右。

从推文来看，截止到 2018 年 3 月底，档案馆公众号一共只出现过 6 次 10 万 + 阅读量的推文，甚至不如"新华社"这样的大号一周的多。

（三）档案馆公众号存在的问题

目前，档案馆公众号普遍存在以下问题：

1.定位不清

在公众号的宣传和服务功能上缺乏明确的定位和规划，在宣传与服务功能定位上模糊，许多公众号推文更新频率较低且不规律，一些甚至沦为"僵尸号"。

2.公众号关注人数偏低，缺乏核心用户

截至 2016 年 10 月 28 日，有 75% 的公众号关注人数不足 1000。加之宣传推广力度不够，推广途径单一，导致推文阅读量整体偏低。

3. 推文内容同质化严重，内容与形式不够丰富

部分公众号推文数量很多，但大部分推文均为转载，且没有涉及对档案信息的加工应用。

4. 缺乏以用户为中心的服务意识

绝大多数公众号存在互动不及时、互动效果差的问题，从而导致用户黏性不断降低。

5. 服务功能不足

目前档案馆公众号多注重宣传功能，而服务功能开发不足。公众号中能满足档案馆的主要职能需求、真正在微信平台上实现查询开放档案和主动公开政府信息的并不多②。

田彬将档案馆公众号服务内容划分为 3 类 11 项（详见下表）。由表可见，目前档案馆公众号的服务功能侧重于公布利用指南和知识分享及编研成果，在预约查档、档案检索、目录检索、用户沟通、档案征集等服务上还存在短板③。

档案微信公众号服务内容分类表

档案馆分类　　　　服务内容分类		省级档案馆共11家	市级档案馆共64家	县级档案馆共77家	专业档案馆共19家	高级档案馆共18家	合计共189家
		占比	占比	占比	占比	占比	占比
机构管理类	局馆实时资讯	45.45%	31.25%	19.48%	55.56%	36.84%	30.16%
	局馆用政策法规介绍	54.55%	26.56%	18.18%	50.00%	26.32%	26.98%
	联系方式	54.55%	28.13%	14.29%	27.78%	36.84%	24.87%
	人员发展	27.27%	15.63%	2.60%	39.89%	5.26%	12.17%
	外部网站链接	36.36%	29.69%	16.88%	5.56%	31.58%	22.75%

续表

档案馆分类　服务内容分类		省级档案馆共11家	市级档案馆共64家	县级档案馆共77家	专业档案馆共19家	高级档案馆共18家	合计共189家
		占比	占比	占比	占比	占比	占比
资源建设类	知识分享及编研成果	54.55%	45.31%	28.57%	55.56%	52.63%	40.74%
	利用指南	63.64%	43.75%	22.08%	38.89%	52.63%	36.51%
	预约查档	36.36%	23.44%	10.39%	22.22%	21.05%	18.52%
	档案检索引擎或检索目录	9.09%	10.94%	3.90%	16.67%	15.79%	8.99%
沟通类	用户沟通	27.27%	28.13%	11.69%	11.11%	10.53%	17.99%
	档案征集	18.18%	18.75%	11.69%	5.56%	10.53%	13.76%

注：占比 = 具备某服务内容的档案馆微信公众号数量 / 该档案馆微信公众号所在类别的档案馆微信公众号总数。

图表来源：《我国档案馆移动服务现状研究——以国内档案馆微信公众号为例》，作者：田彬（中山大学咨询管理学院）

三　微信公众号的发展趋势和档案馆公众号的发展策略

（一）微信公众号发展趋势概述

2017 年之后，随着移动设备市场人口红利消失殆尽、智能手机市场的饱和、手机活跃用户整体增长乏力等大趋势，原本飞速发展的公众号新媒体开始遭遇新的挑战，体现在：

1. 用户黏性下降

2017 年公众号月活跃账号数为 350 万，同比增长 14%，月活跃用户数 7.97 亿，同比增长 19%。但在公众号和用户数量双双上涨的前提下，公众号尤其是订阅号的打开率偏低：2017 年第一季度平均打开率仅为 4.02%、平均分享率 5.39 %、原文打开率 1.31%。

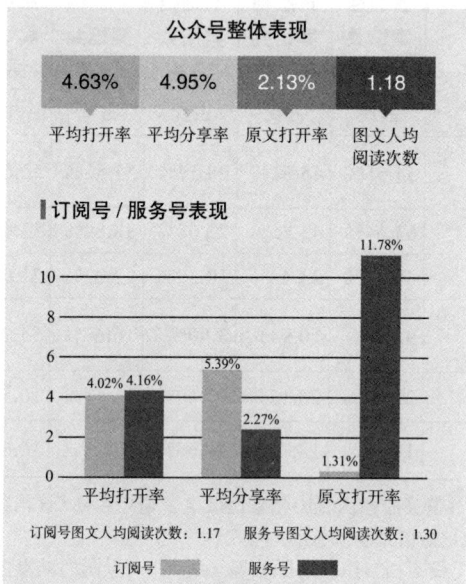

从趋势来看，微信图文群发数据报告显示：公众号点击率、打开率、分享率的整体下滑趋势明显。

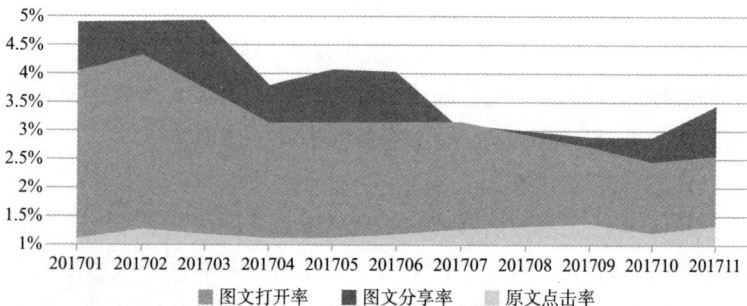

2. 新传播形式受追捧

2017年，短视频、音频内容成为自媒体的标配，受到用户尤其是青年用户的热捧。小程序成为公众号创新突破口，增强了公众号内容的链接属性。

3. 大小号加速分化，同质化现象严重

公众号流量分布呈倒金字塔式，大号占据绝大部分流量，也占据读者大部分阅读时间；小号生存越加艰难，2017年有47%的商业公众号处于无利可图的境地。以转发为主的公众号生存愈加艰难，但优质的原创型公众号仍然受到追捧。

（二）档案馆公众号的发展方向

北京大学政府管理学院副教授黄璜认为，相较于微博，微信公众平台的优势在于业务服务，老百姓通过公众号就能在线办理一些事务。

档案馆公众号最重要的功能是宣传和服务功能，两者不能分割。而目前的公众号多重视宣传而忽略服务，偏离了档案工作的中心目标。

基于微信公众号的整体发展趋势和档案馆公众号的现状，档案馆公众号今后必须要适应公众号的"新常态"，协调好宣传和服务功能，采取以下发展策略：

1. 提高重视程度

档案馆单位应提高对公众号及其他新媒体形式的重视程度，完善公众号日常管理机制，建立专业运营团队或委托专业公司运营，加强互动管理，培养核心用户，提升用户黏性。

2. 明确公众号定位

定位是公众号建设和应用的根本导向，公众号应明确在宣传和服务功能上的定位，立足档案馆特点和馆藏档案特色进行特色建设，促进公众号健康可持续发展。比如中国第一历史档案馆的

"皇史宬"公众号和中国第二历史档案馆的"民国大校场"公众号，都致力于把尘封的明清、民国档案转化成鲜活的历史故事，取得了不错的传播效果。

3. 拓展服务功能

档案馆公众号在以下服务功能上有较大的拓展空间：

在线利用功能。例如在公众号界面增加预约查档、在线目录检索、在线档案检索、在线查档等功能界面。部分档案馆公众号已经进行了类似的尝试，像"青岛档案"在其"档案服务"栏目中可以快速查询档案；"佛山档案"在"便民服务"栏目中可以进行目录查阅、预约查档服务等。

在线展览功能。利用微信公众平台开展"微展览"，通过图文、照片、视频等多种形式，丰富档案信息形式，在使档案信息的完整性、真实性得到保障的同时也降低了展览成本、扩大了服务范围。如"天津市档案馆"的"微展回顾"栏目就得到不少用户密切关注。

在线咨询功能。通过留言自动回复、关键词回复和人工回复渠道，就用户关心的问题进行解答，提升用户体验。比如浙江省档案馆的"陪聊机器人"（需后台配置机器人 KEY），会根据用户消息的内容关键词提供自动咨询服务④。

其他服务功能。如：公布单位实时资讯、介绍政策法规制度、公布联系方式、公布人员发展信息、链接外部网站、分享知识及编研成果、公布利用指南、在线档案征集等。

4. 坚持有特色的原创

微信公众平台鼓励原创推文，用户也偏好原创的文章。2016年度公众号阅读量前十推文中 80% 为原创，各级档案局（馆）推文的阅读量中三分之一为原创推文阅读量⑤。

档案单位可以馆藏特色进行原创。"皇史宬"公众号的推文往往紧密结合明清档案和明清历史进行叙事，形成了特色风格；"四川档案"以"红军长征在四川"为主题，聚焦档案背后的故事；"青岛档案"以馆藏档案为媒介，推出了"历史上的今天""岛城影像""老青岛"等讲述历史的栏目。

坚持原创需要专业人员的支持。大部分成绩较好的公众号均由专业团队负责运营，或借助了社会力量。如"金山记忆"的编辑部由 15 位成员组成，分成三个编辑小组，小组内部分工协作，完成从选题到采写、从剪辑到编辑、从配图到配音的各项工作[6]；"档案春秋"将版式设计和文章排版等技术支持性工作交由外包公司负责；吴江通的微信推文有 80% 来自社会人员投稿。

5. 创新推文形式

档案馆公众号推文应符合当今主流审美，加强美编设计，融入音视频素材，拓展内容形式。像"金山记忆"在每期推文中都加入了语音版，可供不方便阅读的用户"听"文章。

公众号还可以积极探索小程序在服务功能上的拓展应用，比如"青岛档案"挂接的小程序"青岛历史知识库"就是很好的范例。

6. 加强跨渠道互动

作为新媒体，公众号可以与本单位、本行业以及相关行业的新老媒体进行互动，达到互通有无、取长补短的目的。

"档案春秋"的推文主要是以《上海档案》《档案春秋》杂志多年来的文章加以继承，保证了推文内容的独特性和可持续性；"档案春秋"还与《作家文摘》建立沟通制度，与"上海发布"公众号、上海纪实频道等进行合作共同推出精彩内容，有效扩大了公众号的影响力[7]。

其他新媒体也是档案单位实现宣传和服务功能的有效渠道，与微信公众平台相比各有优势，可以互相之间进行联动。比如"浙江档案"同时开通了微博，"吴江通"同时开通了头条号。

7. 重视活动推广

活动推广是提升档案馆社会影响力，了解社会意见建议的有效渠道。"皇史宬"2018 年春季推出的"我语明清历史"活动得到了用户积极的响应，随后获奖读者被组织到该单位参加活动，这档案馆是面向社会服务大众、传播历史文化、听取意见建议的一次有益尝试。

活动推广还是在短时间内有效提升公众号读者数量和关注度的有效手段。2015 年吴江通推出"最美档案人"评比活动后，粉丝数由 1 千多激增至 5 万[⑧]；2016 年葫芦岛市档案局的"葫芦岛最美档案人"评选投票活动类推文的阅读量是平日推文的数百倍[⑨]。

注释：

① 李兴利：《"公众号 + 档案利用服务"的思考》，《档案管理》2017 年 2 期。

②④ 赵彦昌、张乐乐：《档案公众号服务功能解析及其实现》，《兰台世界》2016 年 23 期。

③ 田彬：《我国档案馆移动服务现状研究——以国内档案馆微信公众号为例》，《档案》2017 年 10 期。

⑤⑨ 王淼、蒋冠：《档案微信公众号推文阅读量提高策略探析》，《北京档案》2017 年 12 期。

⑥ "档案那些事儿"公众号：《社媒联盟 |"金山记忆"为何稳坐全国档案微信号排行榜铁王座》，2017 年 9 月 28 日。

⑦ "档案那些事儿"公众号：《社媒联盟 | 调研"档案春秋"，探寻档案公众号"10 万 +"秘诀！》，2017 年 9 月 14 日。

⑧ "档案那些事儿"公众号：《社媒联盟 | 2016 年榜冠军"吴江通"小编谈办好档案公众号的八点认识》，2017 年 11 月 4 日。

（原载于《2018 年全国档案工作者年会论文集》，中国文史出版社，2018 年出版）

融媒体视域下历史档案文化传播研究

——基于某清代玉牒相关微博的分析

杨　茱

　　历史档案是人类社会活动的原始记录，承载着文明延续的优秀成果与传统文化，对引领社会文化发展具有重要的历史与现实意义。作为弘扬文化自信的有力抓手，历史档案的文化传播旨在以多种传播模式将历史档案的外部表象与文字内涵等信息资源传递于社会公众，以满足公众对档案日益增长的多层次需求，提升档案资源的利用效能，进一步展示我国深厚的历史文化积淀与先进文化精髓。

　　在融媒体视域下，报刊、广播等传统传播媒介在大众视野中渐行渐远，数字化、多元化、智能化的新媒体传播方式已占据社会传播形态的主要位置。历史档案工作也应顺势而为，守正出新，利用融媒体开拓档案文化资源传播的新路径。近日，一张有关清代玉牒档案的图片在微博引起热议，引发了广大网友的好奇与关注，体现出社会公众对历史档案浓厚的学习兴趣与新媒体强大的传播效能。对该微博评论内容的分析也为历史档案文化传播带来"新启示"。

一　事件回顾

2022 年 3 月 4 日，中国第一历史档案馆公众号"皇史宬"发布了一则《石室记忆 兰台映像——明清档案事业发展历程图录》出版的书讯，推送发出 7 分钟后，拥有百万粉丝的历史博主"新水令"在其微博转发书中工作人员清理玉牒的配图（见图 1），并表示"直到见到真人参照才直观了解清代玉牒的厚重"。

图 1　《石室记忆　兰台映像——明清档案事业发展历程图录》书讯配图

玉牒用以指代古代皇室记载家族世系的族谱，始于唐宋。清代玉牒是存世至今唯一的较为完整的皇室谱牒，以满、汉文分别书写，用纸讲究，装帧精美，极具历史研究价值与审美价值。玉牒档案的视觉传播较为封闭，部分公众对其了解甚少。该微博配图中的玉牒实物与真人对比造成了强烈的视觉反差，使该微博在网络上迅速升温，1 小时内就达到了近万点赞量。无独有偶，抖音、豆瓣等新媒体平台也有博主相继发布这张配图，并被网友自发做成一系列趣味表情包，引发热议。相关推送以居高不下的热度在众多寥寥数赞的历史主题微博、短视频等新媒体内容中独树一帜。为深入研究该事件对历史档案文化传播带来的启示，笔者以博主"新水令"的微博评论文本为研究对象进行解读与分析。

二　微博评论文本分析

（一）评论主题分析

截至3月4日24点，此微博显示评论803条，使用脚本程序对评论内容进行抓取，对数据清洗后使用Jieba进行分析。通过数据清洗共采集评论内容360条。过滤掉转发微博等无关评论，提取了可用于文化传播分析的有效评论170条。因网友评论文字存在一定差异，笔者在词频排序的基础上对所有有效评论进行了主观分类，共得出高频主题5个。具体数据如表1所示。

表1　评论高频主题表

序号	高频主题	出现次数	有效占比（％）	主要词汇
1	玉牒的外部表象	121	71.2	大，厚，装订，玉
2	玉牒的档案内涵	25	14.7	玉牒，什么
3	《甄嬛传》中的三阿哥	15	8.8	三阿哥，除名
4	图片表情包	5	2.9	表情包
5	中国第一历史档案馆相关内容	4	2.4	皇史宬

1. 玉牒的外部表象

玉牒的外部表象主要包括玉牒的装帧形制与材质等视觉传达内容。有关该主题的评论共有121条，占有效评论的71.2%，占所有评论的 33.6%。其中关于玉牒的装帧形制与其体量厚重的共有 113 条评论，占据了该主题的 93.4%。其中大部分网友都对这个庞然巨物表示了惊讶。关于玉牒材质的评论共有 8 条，部分网友误将"玉牒"理解为"玉碟"，或将其材质理解为玉质。

2. 玉牒的档案内涵

玉牒的档案内涵指玉牒档案的形成、发展、记载、主要作用等内容。有关该主题的评论共有 25 条，占有效评论的 14.7%。其中有 11 条评论是疑问句，表达了网友对玉牒档案本质与作用的疑惑，表现出网友对玉牒档案知识的浓厚兴趣。

3.《甄嬛传》中的三阿哥

《甄嬛传》中的三阿哥主题来源于已火爆十年的清宫背景电视剧《甄嬛传》，剧中三阿哥在与四阿哥争夺储位过程中败阵，最终被革掉黄带子并在玉牒中除名。《甄嬛传》中雍正帝的表述使得部分公众对"玉牒"一词有了初步认知，并通过该微博配图对玉牒有了具象认识。有关该主题的评论共有 15 条，占有效评论的 8.8%。因明清档案实物与电视剧剧情的碰撞造就了独特的传播效果，这部分评论大多带有等趣味性。

4. 图片表情包

互联网的发展兴起了公众"读图"的互动习惯，具有强烈故事性的表情包文化已成为更易传播的互联网表达语言。因为玉牒的体积与真人对比造成了强烈反差，部分热心网友将图片做成表情包进行评论，以"文字＋图像符号"的方式直观地表达个人情绪，这种别具一格的视觉效果引发了网友的强烈共鸣。尽管相关的评论只有 5 条，但其热度在所有评论中的名列前茅。其中一张标注着"今天开始看书了吗？我先看为敬"的表情包（见图 2）获得了 708 个赞，并得到了 49 条回复。

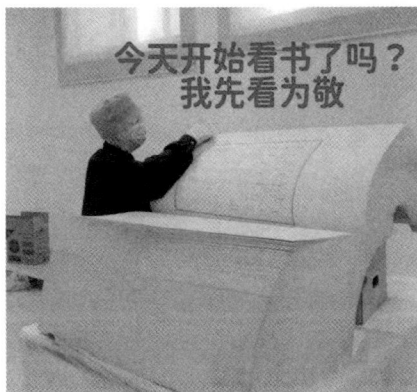

图 2　微博网友自制表情包

5. 中国第一历史档案馆

中国第一历史档案馆是专门保存明清两代中央国家机关和皇家档案的中央级档案馆，藏有历史档案千万余件，为众多明清史研究学者与史学爱好者熟知。博主在该微博中注明配图来源为中国第一历史档案馆官方公众号，评论中有网友发表了有关该档案馆的内容。有三位网友提到了石室金匮皇史宬，还有一位网友提出曾在该馆新馆展览中见过这张图片。

（二）评论内涵分析

在新媒体的背景下，社交媒体信息成为档案文化传播的良好数据来源。由对该微博评论主题归纳与分析可知，从传播导向上看，历史档案形象的特殊性更易受社会公众关注；从传播路径上看，历史档案文化传播的广度与深度有待拓展；从传播效能上看，为新媒体有助于档案的社会文化传播提供了有力依据。

1. 历史档案形制的特殊性更具吸引力

历史档案是对我国悠久历史中各领域的客观描述，记载内容大多枯燥乏味，其文化传播速度与传播范围与文物、古建筑等具有强烈视觉效果的文化遗产相比较为受限，受众群体具有一定局限性。如何增进社会大众对历史档案的兴趣成为文化传播的首要议题。

大玉牒现存世有寿皇殿藏正本、宗人府藏正本、盛京敬典阁藏正本与大玉牒稿本四个版本，除盛京敬典阁藏正本存于辽宁省档案馆外，其余皆保存于中国第一历史档案馆。沈阳故宫博物院曾于 2021 年 9 月举办"天潢一脉：沈阳故宫敬典阁皇家玉牒展"，展出一件黄绫面汉文列祖子孙宗室竖格玉牒（见图 3），是可查到的唯一一次玉牒档案展览，因此多数社会公众未能对玉牒实物有明晰的形象认识。大玉牒长 85—90cm，宽 45—50cm，最厚近100cm，该微博图片中的玉牒体量厚重，装帧形制为包背装，加装三面黄绫，其形制表达出了独特的造型艺术。而该微博评论中关于玉牒外部表象的评论在所有有效评论中占据了七成以上，表明其形制的特殊性引人注目。

图 3　沈阳故宫博物院展出玉牒①

2.历史档案文化传播的广度与深度有待拓展

历史上，档案作为资政工具通常服务于政府机构、王公贵族等，导致档案与公众之间的鸿沟难以弥合，制约了档案价值的实现。而现阶段档案存史资政育人，具有为各个领域、各类人群提供参考与凭证的作用，历史档案更是增强全社会民族自豪感和民族认同感的重要文化依据。

从微博评论中可以看出，社会公众对于玉牒的了解渠道较少，很多网友知晓玉牒仅是因为《甄嬛传》《雍正王朝》等电视剧中有关玉牒的剧情，因此将近15%的网友表达出对玉牒档案内涵的好奇与不解。而清玉牒记录了清代皇家贵族世系，是中国历史上唯一保存完整且留存至今的皇室族谱，对研究清代典章制度、清宫谱系等具有重要意义，是我国宝贵的文化珍宝。因此历史档案的文化传播应主动拓展广度与深度，消弭公众对档案的固有印象，提升公众对档案普遍利用和文化功用的理解，拉近其与档案的距离。

3.为新媒体有助于历史档案文化传播提供了有力依据

快节奏，碎片化的传媒趋势给较为枯燥古板的历史档案文化传播带来新的机遇与挑战。在融媒体迅速发展的时代背景下，档案行业也在为提高文化传播能力做积极探索与尝试。北京市档案馆、漳州市档案馆、荔浦市档案馆等综合档案管理机构都已经开通官方抖音账号，发布档案知识小视频。中国第一历史档案馆微信公众号"皇史宬"也已具备一定的粉丝基础。"新水令"等历史类自媒体博主也不断跟进，为公众推送文物科普知识。

这条热门微博的"出圈"将"玉牒"这一鲜为人知的档案类别传播向公众视野，博主随后转发公众号"皇史宬"曾推送的文章《清代玉牒形制概述》，为网友科普玉牒档案知识，形成"博得眼球—引起关注—传递信息"的文化传播新链条。文章转发至微博后，"皇史宬"的关注用户数量随之飙升，这有力佐证了新媒体对提升历史档案的文化传播效能具有重要作用。

三　历史档案在融媒体视域下文化传播的启示

（一）立足历史档案特性，深化传播文化内涵

浩如烟海的历史档案中蕴含着丰厚的文化内涵，档案的形制、装裱、装具以及文字中都隐藏着深厚的信息资源，对追忆过去、思考未来具有重要参考意义。历史档案文化传播应从多种角度深入挖掘历史档案资源，结合社会发展主流潮流和思想文化，丰富传播内容。

1. 推动受众偏好为传播内容导向

受众群体接收是整个文化传播过程的终端环节，应首先明晰目标受众群体，再以受众群体偏好为导向整合传播内容。历史档案作为全社会的文化瑰宝，取之于社会，用之于社会，因此目标受众群体范围应划定为所有社会公众。当前大多数历史档案的文化传播内容过于专业，传播导向更侧重于史学、档案学等业内人士，未能向其他领域的公众倾斜，因此整体传播效能不高。例如《清代玉牒形制概述》一文于 2021 年 9 月即在"皇史宬"公众号发表，业内评价很高，但尚未在公众中取得良好的传播效果，而关于玉牒实物的图片反而得到更多公众关注。

新媒体时代的历史档案资源挖掘应以受众导向为策略，包含两个方面：一是以业内专家学者偏好为导向，延续以往的档案研究，以专业视角发挥历史档案修史明志作用。二是以其他领域的社会公众导向为偏好挖掘档案资源。从此次微博事件中可以看出，部分社会公众缺乏特殊档案的具象形象认识，易用惯性思维对档案进行个人解读，因此可从档案的特殊形制、精美装帧、名

人轶事、背后故事等角度挖掘档案内容，推送"那些比你想象的更大的档案""那些比你想象的更小的档案"等主题内容，附档案高清图、实物对比图、档案内容与形制的简要介绍，增强传播内容的趣味性。融媒体视域下，社会公众的信息获取方式由被动接受转向大数据以公众价值取向为根源的算法推送，传播内容的选择应主动契合文化发展潮流与公众信息接收需求，实现历史档案从故纸堆中的记忆到现代及未来社会的文化赓续，向公众展示蕴藏于文字中经世大略的历史见证与文明内涵。

2. 打造历史档案文化 IP 品牌

"历史档案"一词，既突出历史，又落脚档案，具有文物与档案的双重属性。新媒体时代，越来越多的传统文化或文博行业的传播模式也已悄然转型，通过品牌化探索与塑造讲述文物故事。《国家文物局 2022 年工作要点》中即对相关机构提出"提升文物宣传传播影响力。深化实施中华文物全媒体传播计划……持续推出《中国考古大会》《如果国宝会说话》等文化宣传传播精品"的要求 ②。在传播模式转型背景下，故宫博物院早已先行出击，深入挖掘自身文化资源并加以开发，打造《我在故宫修文物》《上新了·故宫》、"故宫特色文创"等 IP 产品，在视频网站、微博、微信等多平台推送视频，图文等既迎合受众审美，又蕴藏文化内涵的传播内容，成功打造"故宫"这一博物馆品牌。

历史档案背后所蕴含的文物故事对文化传承同样具有举足轻重的作用。2019 年"锦瑟万里，虹贯东西——'丝绸之路'历史档案文献展"展出了我国"一带一路"沿线贸易与人文交流相关档案，包括国书、奏折、题本等，对丝路精神的继承与发展具有重要展示意义 ③。从此次微博事件中也可以看出社会公众对与档案背后的故事具有浓厚的兴趣，因此"依托历史档案文化资源—着重打造鲜明的重点文化品牌—增强传播效能与公众黏性"

的传播路径对于加强历史档案的社会文化传播具有重要意义。

（二）赋能新媒体传播路径，拓展多层次传播渠道

融媒体的发展扭转了整个传媒系统的格局，成为传播行为无法绕开的必选题，使得历史档案文化传播必须调整固有方向，以创新文化符号为支点探索传播新角度，融合多种媒介的传播新路径。

1.优化传播内容结构

融媒体的移动性传播矩阵与多元化传播环境强化了网络传播内容的泛娱乐化和碎片化的特性，尽管快餐化的新媒体传播特点与"博眼球""博出位"的传播目标被公众所诟病，但不置可否的是趣味性、简洁性、风格性的传播内容更迎合公众的信息接收习惯。历史档案研究与编研工作在学界已取得累累硕果，自20世纪20年代起，中国第一历史档案馆便已着手明清档案的整理与刊布，百年来已完成康熙、雍正等朝《汉文朱批奏折》《清代皇家陈设秘档》《明清宫藏台湾档案汇编》《清宫医案研究》等多文种、多主题的档案出版，并打造集专题档案发布与学术论文刊登为一体的核心期刊《历史档案》[④]。历史档案的编纂与研究成果中不乏有与现代社会热点共通的档案内容，应充分挖掘现有研究成果中的亮点故事和历史意蕴，以公众的认知习惯和融媒体的传播规律为侧重，调整这部分内容的表现形态与表达结构，以简洁鲜活的方式表达学术研究成果，让庄严肃穆的历史档案适应现代媒体的发展趋势。

2.融合多种传播路径

习近平总书记强调：媒体融合发展要坚持一体化发展方向，加快从相加阶段迈向相融阶段，实现各种媒介资源、生产要素有效整合，放大一体效能[⑤]。传统媒体与新媒体的相互交融为文化传播提供了多种方式与路径，传播主体需根据传播内容的特性与

受众群体特点，精准内容投放平台，扩大投放内容的传播范围。作为中国百年考古成果，三星堆遗址的三号坑发掘异军突起，在发掘过程中融合纸媒图文报道、考古现场直播等媒体资源，将枯燥神秘的考古工作与文物背后的巴蜀文明带到公众面前，用雕像、器具等两河流域文明的鲜活见证打造了一场古代文明的文化盛宴，不断扩大"三星堆"文化品牌与中华文明的影响力，成为融合多样媒体传播历史文化的成功案例[⑥]。

历史档案文化传播的最终目的是实现档案资源利用的最大化。根据《中国新媒体发展报告 No.12（2021）》，2020 年以来媒体融合发展已经进入全面发力、深化改革、构建体系的新阶段，推进媒体平台的深度融合处于战略机遇期和关键窗口期[⑦]。微博、微信、抖音组成的"两微一号"媒体平台作为融媒体发展的主要市场，为信息资源的传播提供了广阔的空间。因此，历史档案的文化传播应顺应融媒体发展趋势，打破传统传播格局，搭建跨界合作平台，不断探索多元化、多样化的发展路径。

3. 提升网络危机应对能力

社会学家勒庞认为社会群体易受外界刺激影响，产生冲动、多变的个人情感[⑧]。历史档案传播范围扩大同时将档案工作暴露于更多社会公众的监督之下，以"情绪化""匿名化"为主导的网络传播环境也为历史档案的融媒体文化传播带来一定风险与挑战。为应对负面信息在网络空间传播造成的负面影响，河南省博物院建立了重大网络舆情应对处置联合值班制度和协同工作机制，将网络负面信息处理向过程治理与协同治理转变，实现线上线下的一体化治理。在博物馆对外开放期间，多平台多部门联合组成的舆情监测平台 24 小时监控网络舆论，平稳应对网络危机诉求，并加强对舆情走向的正面引导，避免网络危机事件发生[⑨]。历史档案的融媒体文化传播应将网络危机处理作为底层保障的关键一环，加强网络传播过程中的舆情监测，客观面对公众情绪与网络舆论的模糊界限，正向处理不实言论与不良诉求，避免档案馆公信力受到偏见舆论的冲击。

四　结语

历史档案是中华民族发展与传承的见证，承载着世代相传的卓绝智慧与岁月积淀。站在融媒体创新发展的时代语境下，新媒体的技术框架与先进理念成为提升历史档案公共服务能力的良好助推器。通过这条清代玉牒相关微博的分析得以发现，社会公众更易被历史档案的外部表象、内涵、关联社会热点等内容所吸引，并由此开始对"小众档案"进行更深程度的探索。因此历史档案文化传播主体要顺应时代发展与进步，打破传统传播格局，立足档案特性，以公众的传播需求为导向挖掘档案文化资源。同时拓展融媒体文化传播渠道，探索多元化传播格局，以社会公众喜闻乐见的趣味性内容和合理性方式传播档案内涵，讲好档案故事，赋予历史档案新的时代动能，坚定国民文化自信，提升国家文化软实力。

注释：

① 信息来源：https://art.icity.ly/events/gdurhcj。

② 《国家文物局印发 2022 年工作要点》，《中国文物报》2022 年 3 月 1 日。

③ 胡忠良：《"锦瑟万里，虹贯东西——'丝绸之路'历史档案文献展"亮相第二届"一带一路"国际合作高峰论坛》，《中国档案》2019 年第 5 期，第 19 页。

④ 李国荣：《明清档案整理刊布的百年回望与学术贡献——中国第一历史档案馆藏明清档案编纂出版略论》，《清史研究》2021 年第 2 期，第 130—138 页。

⑤ 习近平：《加快推动媒体融合发展 构建全媒体传播格局》，《新湘评论》2019 年第 9 期，第 4—6 页。

⑥ 雒国成、张平、凌中：《全媒体传播让文物"活"起来——析三星堆遗址考古发掘传播中的媒体作为》，《新闻战线》2021年第9期，第105—107页。

⑦ 唐绪军、黄楚新、王丹：《媒体深度融合：中国新媒体发展的新格局——2020—2021年中国新媒体发展现状及展望》，《新闻与写作》2021年第7期，第97—102页。

⑧ 夏建平：《从勒庞〈乌合之众〉探析网络群体心理及其反思》，《学理论》2018年第3期，第118—119页。

⑨ 张得水、贺传凯：《新时代博物馆数字传播的实践与思考——以河南博物院为例》，《博物院》2021年第5期，第106—112页。

（原载于《档案学研究》2022年第5期）

口述档案影片与人物专题片
创作异同与互鉴

党　辙

　　现代口述档案概念自 20 世纪末、21 世纪初进入中国以来，经过几十年的繁荣发展，渐渐在历史研究上有了自己的一席之地，同时随着现代大众传媒行业空前发展，广播、电视中的录音录像技术，甚至现如今的高清、超高清数字影音技术，也为口述档案影像化提供了必不可少的技术基础。在此前提下，口述档案影片这样具有自身视听语言风格的影片形式逐渐被广大历史研究者和大众所接受和喜爱。

　　口述档案影片作为一种文献纪录片，其中影片的核心行为——与关键人物对话，同人物专题片创作过程中，采访是重中之重这一概念不谋而合，且两者在影片的前期准备、拍摄执行、画面呈现等方面有着诸多相似之处，所以客观的认识两者之间的异同是促成两者良性互动、相互借鉴、共同发展的关键所在。

一　概念界定

　　关于口述档案影片的定义有很多种表达，但是基本都集中在，利用现代化影像技术记录历史口述者对某件历史事件的口述，通过个体记忆对历史的表达，构筑和还原出历史原貌。在这过程中可以通过口述者对亲历事件的口述，结合真实历史影像等视频资料以及口述者生活场景的画面、同期声等，来引领大众一步步走近历史的真实，为人们重新了解和思考过去的文化和社会环境提供全新的视角和独特的感受。

人物专题片是以现实生活中的某个或某类人物为其表现的主体和对象，主要关注于反映社会某种现象、探求某个事件后面的本质、展现某个人物独特的性格风格。在创作过程中围绕前期制定的选题方向，多运用采访的形式，适当配合扮演、补拍，摆拍等情景再现形式，呈现出层次分明的故事意境和人物形象，带给观众更加丰富的视听感受。

二　相似之处

两者都是围绕某个主题，以还原某个"真相"为目的，以访谈（采访）为主要形式来开展创作，有着以下三点相似之处。

（一）采访贯穿始终

两者对于主题内容的呈现形式主要都是通过访谈（采访）的形式来记录影片主要出场人物的画面和声音，包括记录下被拍摄者的临场真实反应，获得口述内容以外的事实材料。

采访的画面和同期声作为整个影片的基础，承载着影片叙事的重要功能，采访作为影片解说词的重要补充，可以有效弥补解说词叙事角度单一、情感展现不足的缺陷，并且在影片中所涉及的人物和事件往往涉及多个对象、多段时间，在拍摄过程中，通过对多个人物进行不同角度，不同视野、不同内容的采访，可以把事件或者人物更加完整、立体、真实地呈现出来，叙事也会更加完整流畅。

（二）细节以小见大

影片中的细节既包括画面中人物的动作、神态方面的动作细节，人物周边、事件发生地等环境细节，也包含声音中人物的语气、语调，环境和事件中的同期声。细节的表现对两种影片都有着非常重要的意义。

1.状态细节。被拍摄者陷入回忆时语调、面部表情、动作、情绪甚至停顿等一系列细微而又真实的细节变化可以给采访增加更多的立体信息，为画面增加更加感性的视觉元素，增强影片的情绪感染力，有利于影片"主题"的表达和思想的传递，更便于加强观众对影片"主题"的认知。

2.人物细节。通过特写镜头，对被拍摄者"特殊部位"进行单独呈现，使其从周围环境甚至人物自身中凸显出来，得到强调的效果，给人们清晰的视觉形象，带来视觉和情绪上的感染和共鸣。

3.环境细节。环境细节不仅仅是对影片背景环境的一种交代，更能在后期剪辑的过程中通过蒙太奇画面组接，与影片主题产生呼应或者对比，从侧面表情达意，为影片带来更加强劲的冲击力。

（三）视角客观平视

对人物进行真实记录，保证影片的真实性是两种影片所共有的明显特征。在镜头焦段选择上，多使用标准镜头来拍摄影片的绝大部分画面，因为这个焦段所拍摄的画面观感接近人类肉眼所常见的视觉感受，画面风格自带亲近感，可以保证画面纪实性的真实感；再补充选择长焦镜头进行远距离拍摄，长焦镜头所特有的望远功能可以在拍摄过程中得到不打扰被拍摄者的旁观者视角，被拍摄者周边没有创作者的干扰，最终人物在画面中的呈现也会更加放松和自然。

　　在画面镜头视角上多使用平视视角，使画面中的人物处在同观众对等的心理位置上，这种中性化的镜头表达，让人们在观看中更加易于带入观察者的角度，好像人物就在观众的对面，从而将注意力更多地关注在影片内容本身。

　　在采访语境中，语气语调的平视感交流感同样也是两者所共有的特征，影片中人物之所以被选择，或多或少都是有其特殊性的，平视的采访视角、对话语境可以将内容聚焦到影片"主题"本身，避免人物的特殊性干扰到核心内容的输出。

三　差异之处

　　口述档案作为历史研究资料的一种，即便在其影像化之后，口述档案影片的主要目的仍然是探求历史的真相和细节。这与人物专题片是有本质上的不同的，人物专题片更加专注于对人物内心世界、精神风貌等个性化方面的细致表现，其中对事件的记录和描述也是为展现人物内心世界、精神风貌来服务的。受限于两者在创作目的上的不同，在具体创作过程中，两者还存在以下三处较为明显的不同。

　　（一）还原过去

　　两种影片在创作中都会涉及已经发生过的某件事情，但是如何巧妙地呈现过去的事情，两者采取的方式截然不同。

　　口述档案影片遵循存真求真原则，在创作过程中遵循档案的本质——档案是历史的原始纪录，或说原始的历史纪录，力求还原历史的原貌。在拍摄中，所有涉及口述者描述历史的画面、内容，尽量追求做到不停机、不重拍；关于历史事件相关的视频画面，会通过翻拍相关记载或笔记等文字资料、记录相关真实场景在当前时期的状态、拍摄实物资料等方式从侧面进行展现，谨慎进行情景再现。在后期剪辑过程中，关于口述者所描述的内容，只对当中过于冗长拖沓等无效的部分进行剪辑处理，否则尽量不进行删减、拼接等后期工作，以此保证传递出来的内容与口述者保持真实一致。

人物专题片往往追求以理服人或者以情感人，经常有着鲜明的特征，创作者对社会生活呈现以及人物的塑造会有强烈的主观意识。在呈现形式上，对于内容的表现手段会更加丰富多变，根据主题不同的需求，在拍摄中，是允许通过一定程度上的扮演、补拍、摆拍等情景再现的形式进行还原的。如：对于事件的还原，可以通过扮演的形式增加代入感，通过补拍的方式丰富画面拍摄角度和景别，从而增加画面信息量；对于人物形象的展现，会考虑前往特定的场景，围绕主题拍摄人物形象空镜，通过服装、化妆、道具、灯光等方式为画面增光添彩。在后期工作流程中，也可以借助更多的蒙太奇剪辑技巧，通过象征、隐喻等艺术手法结合三维建模、贴纸、花字等特效包装形式来烘托影片气氛，引发观众的共鸣。

（二）艺术化加工

作为向大众传播信息的媒介，为了让大众更易于接受，影片在画面表现形式上都会进行适当的艺术化加工，但在处理方式上两者各有侧重。

口述档案影片对于影像的艺术化处理是建立在客观真实的基础之上的，影像的记录者在运用光影、构图等方式进行内容表达的时候会更加谨慎，会尽可能地减少画面中人工设计的痕迹，追求原生态的质朴感和自然感。如：表达主人公处于困境之中，会将人物放置在画面边缘，通过构图调整人物在画面中的位置和所占面积的比例，象征性地进行隐喻。值得一提的是，在口述档案影片的拍摄中，当艺术化的表达方式与真实发生冲突时，一切手法和技巧都需要为真实感让路，即便当时的光影再难得，构图再精巧，也要保证"口述档案"在真实的过程中重新构筑。

人物专题片在创作过程中，最核心的要点就是塑造人物，必须要尽可能地把人物塑得真实、鲜活，使人物形象立体、感人。为了达成这一目标，创作者往往会通过多方位、多角度、多手法的方式开展创作，使影片产生较高的艺术感染力。如，在画幅的选择和变化上会更加多样，通过画幅的变化来表现画面中的内容时间的变化，如在呈现 50—80 年代的内容画面中使用当时电视媒体所常见的 4∶3 画幅，在重新回到当下的时间时，画面的画幅重新拉长为现在高清的 16∶9 的比例，通过画幅的变化，直接为画面以及画面中的人物赋予时代特色；在展现人物情绪或者烘托氛围的时候，镜头对帧数上的处理也更加灵活，根据不同内容需求，会选择升格、抽帧、降格等不同的创作方式，达到慢动作、延时等特殊效果，画面也随之变得张弛有度，大大增加了影片的观赏性。

（三）创作者介入

两种影片在创作过程中同其他类型的短片一样，都需要创作者进行前期策划设计，中期拍摄执行，后期剪辑包装，但两种影片的创作者在工作中所扮演的角色、所处的定位是截然不同的。

口述档案影片的主要创作者经常并不是职业的影片制作人，而是相关历史课题的研究者，所以他们在身份定位上与其说是影片的导演组，更像是与口述者一同探究历史真实的研究员。这就导致了在影片前期的筹备工作中，口述档案影片的创作者为了还原历史真实的情景，有时会同口述者一起对历史相关内容进行详细的沟通，查阅考证相关资料，甚至为了保证口述者表达的流畅性，会协同口述者在拍摄前梳理出文字稿以备不时之需；在采访拍摄中，创作者会尽量避免打断口述者对相关内容的表达，做好聆听者的角色，以保证内容纪录的真实完整；并且在影片拍摄完成甚至成片剪辑播出之后，口述档案影片创作者的工作还没有结束，因为对相关历史课题的研究往往还在继续。

人物专题片的创作者基本都是职业的视频创作者，带着对内容进行进一步挖掘的目标，在创作中会更加有目的性地进行介入。在前期设计中，会有针对性地选择切入点，在时间、地点、情绪等切口选择中，更加注重与选择与众不同的"异常点"；在拍摄过程中，人物专题片的创作者们欢迎各种"突发事件"来打断既定的拍摄设定，如在采访中，采访者会运用"聆听＋追问"的采访技巧，对人物和事件进行深入的探究，通过层层追问，对人物在基本呈现的基础上进行补充说明；在后期剪辑中，创作者也会对信息进行梳理，只保留对内容和主题"有用"的人物关系、情境信息，放大体现人物态度个性的语言和动作，丰富体现人物不同面向的素材，将素材重新"归纳"在一起来刻画人物。

自21世纪初期以来，随着电视、电影、网络平台等媒介的发展，口述档案影片得以突破小范围传播的局限，走进大众视野，在其发展的过程中，不断吸收各类影片的优点，逐渐被大众所接受和喜爱。与此同时，人物专题片也开始越来越多地注重用口述体的表现形式来进行创作，直接真实地呈现人物，表现事实。

总的来说，人物专题片侧重如何鲜明地去表达影片主题，而口述档案影片则更注重保证历史的全面和真实，在具体创作上，人物专题片可以参考口述档案影片的创作思路，从社会人物当时的历史客观条件入手，展现人物在时代下的整体形象。口述档案影片则可以借鉴人物专题片的呈现形式增加看点，在档案采集、档案利用、档案开放等工作中发挥更大的价值。如，在档案采集挖掘方面，对口述者增加多角度、个性化的追问，获取其记忆深处的历史细节；在档案利用方面，尝试用多样化的视频包装元素让画面更加丰富有趣味性，使口述档案影片的利用过程更加简单有趣；在档案开放方面，口述档案影片的创作通过借鉴人物专题片的创作形式，可以跳出传统档案的宏大叙事视角，聚焦微观对象，重现事件和情感，更容易获得大众的情感共鸣，从侧面激发和引导大众对档案的兴趣，继而开发利用已经开放的档案，提高整个社会的开放档案意识水平。

参考文献：

① 高爱惠、郭峰：《口述历史纪录片的叙事策略研究》，《戏剧之家》2021 年第 30 期，157—158 页。

② 梁光苇、宋瑞雪：《再中介化：口述历史纪录片的记忆呈现》，《视听理论与实践》2022 年第 4 期。

③ 马雨潇：《人物类电视专题片的拍摄制作与后期编辑》，《新闻前哨》2021 第 7 期，98—99 页。

④ 金祯耀、张淑玲：《口述历史纪录片视听语言探析——以〈二十二〉为例》，《影视制作》2014 年第 4 期，第 84—87 页。

⑤ 王颖：《影像口述历史资料的采集原则》，《现代视听》2011 年第 11 期，第 70—73 页。

⑥ 陈家彦：《从大众传播角度看口述历史的影像表达》，《上海广播电视研究》2018 年第 2 期，第 92—99 页。

（原载于《机电兵船档案》2024 年第 5 期）

明清档案编纂成果的著作权保护

赵　菁

中国第一历史档案馆（以下简称"一史馆"）所藏的 1000 余万件档案，占存世明清档案半壁江山，是研究和纂修明清历史的宝贵资料。1925 年以来，一史馆及其前身机构共推出 3000 余册档案出版物。馆方对档案史料的编纂，是在对外公布档案内容的同时，面向社会提供优质研究资源。新修订的《档案法》实施后，国家鼓励档案馆开展研究整理和编辑出版，明清档案编纂工作将迎来新发展。长久以来，馆方编纂出版物被侵犯著作权的情形屡有发生，著作权维权保护突显重要。本文聚焦明清档案编纂成果的主要类型，分析馆方作为编纂者的权利内容，归纳出保护馆方著作权的一般性策略。

一　编纂成果著作权保护的法律依据

（一）档案利用行为具有合法性

档案利用是档案编纂的先前行为。新修订的《档案法》体现推动档案开放与利用，发挥档案馆资政作用的内容特色[①]。一史馆本身具有明清历史档案和研究人员的优势，开发利用馆藏资源，研究整理、汇编出版档案材料，是把"死档案"变成"活信息"，把"档案库"变成"思想库"，回应好社会利用档案的广泛需求，发挥好档案"存史资政育人"的重要作用，积极服务中心服务社会的重要方式。

与《档案法》配套的行政法规——《档案法实施办法》（2017年修订）明确了公民和组织有依法利用档案的权利。公民和组织可持合法证明利用已开放的档案，利用方式包括对档案进行阅览、复制和摘录。因此一史馆无论是以档案馆性质，还是作为独立法人单位，都依法有权利用馆藏档案。

（二）档案编纂成果受法律保护

馆方所藏明清档案多数是文字作品，且形成年代较远。根据《著作权法》（2020年修正）第十条、第二十一条之规定，法人或者其他组织的作品、著作权（署名权除外）由法人或者其他组织享有的职务作品，其发表权、复制权、发行权等14项法定权利的保护期为五十年，截止于作品首次发表后第五十年的12月31日，但作品自创作完成后五十年未发表的，本法不再保护②。这意味着以该类档案内容作为文字作品不会再受著作权法保护，即原始作者不享有著作权。一旦进入社会公共领域，公众可以依法使用明清档案内容，既可以对档案内容本身利用，也可以在档案内容基础上进行编纂。在明清档案内容不存在著作权的情况下，馆方不用获得原作者许可，即可依法进行档案编纂，创作出新的作品。

著作权法是保护公民、法人或其他组织的作品的专门法律。判断是否构成作品、是否受到著作权法保护，独创性是判定的实质要件③。而独创性又是一个比较性标准，需要结合具体案例来分析。尽管司法实践中存在较大的主观性和不确定性，但可参考的标准是只要作品体现的独创性越多，受到著作权法保护的程度就越高。因此，馆方的编纂成果是能够受到著作权法保护的。

二　编纂成果主要类型及其著作权

目前馆藏档案出版物以纸质图书为主，大致分为三类，一是影印形式图书；二是点校形式图书；三是图册图录形式图书。上述图书出版物，是一史馆以利用所藏档案为基础，采取整理、点校、摄影等方式二次创作，并按照某种编辑体例集合出版。因三类图书在具体编纂形式和内容上的差异，影响了馆方在著作权法上享有不同权利内容。

（一）影印形式图书著作权

一般认为，影印是一种复制行为，是如实反映原作品的加工方式。影印本身并不形成新的作品，被影印的档案是否具有著作权才是判断关键。参考前述部分分析，馆藏明清档案因形成年代久远，已超过《著作权法》规定的五十年保护期④。因此，单纯去影印明清档案原文的图书成果难以受法律保护。

在影印之外附加上其他加工行为，情况则另当别论。一则是在保持呈现档案原貌前提下，馆方对档案的选材、编排、题名及加注内容提要进行加工；二则是在档案选材编纂方面，馆方有独特的选择、安排及取舍加工，比如撰写一定长度、能够体现作者思想和特定取舍且非直接摘抄原文的内容提要，有可能构成汇编作品。而按照《著作权法》第十四条之规定，汇编若干作品、作品的片段或者不构成作品的数据或者其他材料，对其内容的选择或者编排体现独创性的作品，为汇编作品，其著作权由汇编人享有，但行使著作权时，不得侵犯原作品的著作权⑤。即馆方在汇编他人受著作权法保护的作品或作品片段时，应征得他人的同意，并不得侵犯他人对作品享有的发表权、署名权、保护作品完整权和获得报酬权等著作权。若不违反上述合法性要求，馆方对编纂成果享有著作权；若第三人未经允许，擅自复制、出版、发行该作品，就需要承担民事侵权责任。

（二）点校形式图书著作权

点校是需要运用专业知识，依据文字规则、标点规范，对照其他版本古籍或史料，进行划分段落、加注标点、选择用字并拟定校勘记。由于古籍一般没有标点和断句，加上在流传过程中出现错讹以及形成不同版本等情况，故在没有专业点校情况下，一般读者无法阅读利用。点校工作出现后大大提升了古籍阅读效果。点校者立足原本原意，依照个人理解对原本含义推敲、句读、分段和校勘，客观上形成了一种特殊形式的表达，因此点校过程属于智力劳动。为方便现代读者阅读档案，馆方对档案文字进行了科学校勘，采用新式标点符号加注标点，包括分段落、加标点、改、补、删字等。

关于点校能否形成新的作品，从而受著作权法保护，在理论界一直存有争议。目前，司法实践中的主流观点主要参见《北京市高级人民法院侵害著作权案件审理指南》第2.11条之规定，"对古籍作出的校勘记、注释等满足独创性要求的，可以作为作品受保护，但对古籍仅划分段落、加注标点、补遗、勘误等，应结合案件情况认定是否作为作品或版式设计而受著作权法保护"⑥。独创性可以通过点校中选择最佳底本、改正错字、校补遗缺、加标点分段落、撰写校勘记等成果呈现。对原古籍作品的点校，如果在前述方面存在独创性，就极大可能认定构成新的作品。因此若馆方的编纂行为不只是单纯句读，很有可能受到著作权法保护。

（三）图册图录形式出版物著作权

在编纂图册图录形式出版物中，馆方编纂行为表现为：一是对档案本身进行摄影；二是将档案照片汇编成册；三是增加对档案内容的揭示，并与档案摄影作品一道组合排布。

根据《著作权法实施条例》（2013 年修订）第四条之规定，"摄影作品是借助器械在感光材料或者其他介质上记录客观物体形象的艺术作品"⑦。在图册图录中，馆方摄影作品属于主题创作型摄影作品，此类作品在摄影作品中的独创性程度最高、著作权保护范围也最大，所涉独创性除了馆方对于拍摄技术、时机及后期处理的个性化选择所呈现的艺术效果外，还体现在对所拍摄档案及其出现场景的创作性安排。就拍摄档案本身而言，如果摄影目的和形式是为全面、准确、如实反映档案文字或图片内容，摄影的性质类似于影印，一般不形成新的作品；如果摄影表现出一定的艺术美感，或在档案展现上有选择取舍的，比如挑选若干件档案放在一起拍摄、从特定角度进行拍摄等，就有形成新的作品的可能性。就汇编档案照片而言，如果馆方基于个性理解和特定考虑而挑选素材、排布版式，并且不是按照常见形式排序（如时间），则可能构成汇编作品。就档案摄影组合内容释明而言，如果对档案内容的说明解释，能够体现馆方为编纂者的独创性加工，则有可能认定为新的作品。综上分析，基于馆藏档案本身的稀缺性，加上摄影中独创选择的拍摄场景，再组合其他编纂方式，馆方对这类图册图录出版物可以享有一定的著作权。

三　编纂成果著作权的保护策略

（一）馆方编纂成果被侵权的表现及原因

本文主要关注纸质图书的著作权保护。馆方编纂的档案图书实现了专题档案的集中呈现，便利读者直接获取档案原始内容，进行合理使用，以及开展学术研究。鉴于纸质图书的传播盈利要以销售实体为必要条件，传统侵权行为主要是印制、销售盗版书的方式，即侵权方未经馆方在内的权利人许可，逃避版权费用后，将纸质图书扫描成数字化图像或直接印刷成书[⑧]。而在传媒手段不断演进的当下，侵权方直接省去印刷环节，将数字化图像（含提供扫描图像的下载链接）对口出售给高校和研究机构，最终获得非法盈利，更严重冲击纸质图书市场。

对于侵权事件中的主体，出现侵犯编纂成果著作权的原因主要有三点。第一，第三方陷入侵权纠纷的法律风险不高。如果图书内容本身的独创性成果少，受著作权法保护的概率就低，即便第三方存在翻录、截取内容的情形，通常就是认定为因复制构成侵权，不仅可能产生的赔偿金额较低，而且侵权举证受成本所限的实际操作性不强。在平衡满足自身利益需求和可能受到侵权纠纷的法律风险后，只要愿意承担相应法律风险的，第三方就很可能会做出侵权行为。第二，侵权方技术投入成本较低。纸质图书电子化轻而易举地实现了翻录、截取内容，侵权方往往不经馆方授权就肆意剽窃成果[⑨]。第三，馆方普遍性维权成本较高。无权利无救济，无救济无权利。采取维权救济措施，及时防止损害扩大，是馆方遏制非法盗版之责。当发现市场上有疑似侵权现象，调查取证、记录侵权事件信息和维权方式选择等，馆方都需付出较大的人力、财力和时间成本。如何使精力投入与效益产出相对成正比，是馆方需要审慎考量的。

（二）著作权保护的策略

1. 编纂创作往深度走，提升独创性

新修订《档案法》强调"档案工作要由封闭向开放、由重保管向重服务转变"[⑩]。为此，在制定权利保护策略上，档案馆要有效探索和利用馆藏资源，走向深度的编纂创作，将编研复杂程度高的图书出版物摆在优先位置。点校形式出版物、图录图册形式出版物以及有复杂加工的汇编作品中，对档案独特的选材和编排，开展注释、说明、校勘加工，编写内容提要和检索性文献，以及拍摄带有艺术美感的档案图片等，都能展现出馆方对档案编纂投入的更多创作思考。档案编纂独创性提升，不仅是搭建好一史馆服务中心服务社会的高架桥，擦亮明清历史档案的金名片，更是在侵权模糊地带划好边界线，以防范不良法律风险。

2. 技术保护朝优化走，加强革新性

鉴于纸质图书特别是影印形式出版物被直接剽窃的风险高，馆方要开展先进技术的研究应用。走向优化的技术保护，要增加第三人将图书直接扫描的难度，从而降低被剽窃的风险。馆方在图书排版时，可以选取档案像素较低的图像，加盖数字水印，在放置档案影印本图片时，与注释、说明等其他创作性较高的内容交叉放置、排布。馆方可以联合出版方开展技术研发，更新和优化图书防盗加密技术。比如不只是运用封面烫金或镂空、使用特殊纸张印刷的传统方式，还可以对纸质图书防盗技术进行革新，从技术源头上遏制盗版和非法复制⑪。

3. 法律维权向精准走，扩大示范性

馆方必须增强法律意识，使档案编纂出版走向法制化、规范化的轨道。走向精准化的法律维权，要以做出行业示范案例的形式扩展影响。示范案例重点指向档案图书中的畅销书目，实施过程要获得法律专业人员的支持。在前期调查取证环节，馆方要与出版方配合协作，在新书出版面世后，对重点关注的图书流通方向予以跟踪，迅速定位并标记盗版图书，之后密切追溯相关发行链，实现盗版精准打击，提升盗版整治效率。在后期追索维权环节，馆方首先向侵权方发送律师函，要求其立即停止侵权行为并支付经济补偿。然后分两步走，可以向相关市场监督管理部门举报，配合监管部门在行政执法上形成维权保障，也可以依法向法院提起诉讼，执行裁判内容。

注释:

①⑩ 袁杰:《中华人民共和国档案法释义》,北京:中国民主法制出版社,2020 年版。

②④⑤《中华人民共和国著作权法》,网址:https://flk.npc.gov.cn/detail2.html?ZmY4M
DgwODE3NTJiN2Q0MzAxNzVlNDc2NmJhYjE1NTc%3D。

③ 吴汉东:《知识产权法》,北京:法律出版社,2021 年版。

⑥ 北京市高级人民法院《侵害著作权案件审理指南》,网址:https://www.bjcourt.gov.cn/
ssfw/spzdwj/detail.htm?NId=150002897&channel=100014003。

⑦《中华人民共和国著作权法实施条例》,http://www.gov.cn/zwgk/2013−02/08/
content_2330132.htm。

⑧⑨⑪ 李晶晶、汪薇:《我国网络市场盗版图书的种群结构、生态演替及治理路径》,《出
版参考》2019 年 2 月。

（原载于《档案管理》2022 年第 3 期）

浅谈档案治理之"困"与"辙"

吴歆哲

一　档案治理之"困"

本文从治理模式陈旧、服务水平不足、展览作用不强三个视角切入，以主体协作、手段运用、价值挖掘等多个维度展现档案治理之"困"。以推进档案治理体系现代化进程为纲，注重治理系统化、创新性和协同度，倡导建立政府占主导、主体重联动、制度作保障的多元共治格局；以部门、行业、区域经营驱动为方法论，提出提升档案馆履职能力、深化爱国主义教育、破解发展难题的现实举措；通过"以文育人"、媒体交互等方式，强化档案记忆观构建，提升档案馆管理水平，从而丰富和完善档案治理在"存史、资政、育人"方面的内涵及表现，达到档案治理体系的现代化建设标准要求。现分析当前档案治理存在问题如下：

（一）档案治理模式陈旧，创新发展待加强

党的十八届三中全会提出"推进国家治理体系和治理能力现代化"。档案治理作为国家治理的重要领域，其治理模式的重要意义愈加凸显。然而，我国档案治理在一定程度上仍未摆脱陈旧模式。

一是我国档案治理主体多元化不足。受政治文化等因素影响，公民往往更多地关注社会治理过程中与自身生活密切相关的居住、医疗、教育等民生领域，对档案治理的理念认识不够、政策关注不足、发展建言较少；社会组织与档案馆的合作仍有待进一步加强，其对于所具备的档案治理业务、技术、知识力量发挥尚不充分，对档案治理的补充作用体现不足，多元共治局面尚未完全形成。

二是当前党和国家高度重视档案工作，但对于人员、财政等方面的政策、制度保障还有欠缺，档案部门还存在人员编制不足、财政预算短缺等问题，这对精细化治理、创新型发展都形成了一定制约。

三是数字化建设水平和新兴业务手段运用不够充分。当前，档案展览多为单向输出，呈现出数字化治理不足、形式内容融合生硬、与受众交互不足、展览模式单一等问题。在自媒体平台高速发展的今天，许多档案馆仍主要依靠传统宣传方式进行信息交互，缺少对新传媒方式的利用。

（二）档案服务水平不足，功能利用待挖掘

回顾我国档案馆发展历史，不少档案展览开设仅仅以响应政府号召、配合政府工作为目的。在自我定位上，大多数档案部门仅仅作为行政单位履职，相关工作也以此为方向开展，开放利用方面谋划不足，服务意识较为淡薄。

目前，在档案馆展览方面，主要依托于爱国主义教育基地，来开展爱国主义教育、革命优秀传统教育和基本国情教育。馆藏档案的价值挖掘尚且不足，具体表现在：档案馆公开信息平台利用还不充分；档案馆史料开放程度还不深入，展品的阐释挖掘还不详尽；考虑到知识产权和意识形态领域风险，馆藏档案历史渊源讲述还不全面；我国中央及省、自治区、直辖市综合档案馆目前的实体展览主题较为单一、内容较为匮乏、宣传手段较为有限；网上展览更呈现出发展不足的现象。

（三）档案展览影响力不足，育人效用待提升

在我国，博物馆作为国家科学文化事业机构，除保护历史遗产、弘扬传统文化等功能，其社会教育功能也日益凸显，博物馆展览功能主要体现在历史文化教育、爱国主义与革命教育、文化与审美教育等方面 [①]。档案馆展览作为教育功能发挥的重要途径之一，同样具备上述特点。然而，区别于博物馆展览遍地开花，档案展览这一新形式则刚刚起步。

据统计，截至 2023 年 3 月 1 日，中国第一历史档案馆（以下简称"一史馆"）两地线上线下档案展览接待观众近 20 万人次，平均每年约 12 万人次。据《北京市 2022 年国民经济和社会发展统计公报》，截止至 2022 年末，北京全市常住人口 2153.6 万人。在不考虑流动人员、仅仅以北京市常住人口计算的情况下，公众参观档案馆展览的覆盖率也仅有 0.56% 人次 / 年，覆盖面明显不足。从调查数据来看，参观档案馆展览的人员具有明显的个体差异，从事档案、历史相关工作的学者或爱好者更倾向于高频参观，其他人员则频率更低甚至从未参观。可见覆盖面和影响力仍有较大提升空间。

从教育内容看，档案馆根据馆藏差别，所具备的档案属性也不尽相同，对相关档案原始性、历史性、文化性等有针对性的教育推广不足。从展览效果看，档案馆展览教育活动多为参观讲解类的即时教育，对档案意识的培养、档案体系的构建、历史文化的汲取，都属于长期教育、持久教育、终身教育的范畴，未能打造诸如"故宫"的知名 IP，不利于品牌化宣传推广。

二　档案治理之"辙"

我国档案行业发展较早，却在档案治理方面认识较浅、起步

较晚,在展览陈列、服务水平、功能发挥、宣传推广、教育活动等方面有待加强,以传统理念指导当前档案治理工作已无法满足社会需求。结合元治理理论、协同治理理论和博物馆学理论,我们分别从系统化、协同度、创新性三方面得出档案治理之"辙"。

(一)完善现代化档案治理体系建设,实现治理系统化

1. 发挥政府主导职能,促进档案馆自主治理

从档案馆治理体系的发展沿革来看,档案局和档案馆的关系,经历了从局馆合一到局馆分离,再到局馆协同的改变,而在实际操作中档案馆依旧在档案局的行政权力干预下开展工作,政府在档案馆治理中仍发挥着重要作用。

其一,政府要转变思想观念,从宏观层面推进档案治理现代化。要以档案治理体系现代化为总目标,结合档案馆的职能作用和当前面临的发展问题,为档案馆理清发展脉络,分阶段、分情况、分层次制定发展方案,完善制度体系,打造档案馆合作交流平台,履行好"掌舵"的职能。其二,政府要"放下身段",以合作共赢的态度做好协调管理。在档案治理过程中,政府要尊重社会组织、企业等多元治理的主体地位,协调发挥各类主体作用,支持并鼓励其发展壮大,必要时采取一定的激励手段,提供政策、技术、资源辅助,充分激发各类主体的积极性和创造性,共同服务于档案事业的发展。

2. 健全配套法律法规,加强顶层制度化建设

从 1987 年《中华人民共和国档案法》颁布到 2020 年 6 月 30 日重新修订,关于档案治理的法律正在不断细化完善,但要想充分管理好、保护好和利用好现有档案,制度化建设还需要进一步加强。

其一,要健全档案工作的条块管理体制,优化档案治理结构。厘清档案主管部门、档案馆、发展基金会和志愿服务等社会组织

的治理职责，制定指导意义大、操作性强的政策性法规，规范档案治理体系。其二，探索建立档案展览行业标准，规范档案馆展览工作。档案展览应确保符合政治要求，践行社会主义核心价值观。档案藏品以文字为主，容易出现断章取义、恶意曲解等问题，在策展过程中要注意档案信息安全和知识产权保护，在展品释义和解读中把好意识形态关，建立相应舆情监测和监督机制，及时做好正向反馈。

3.凝聚治理主体力量，优化档案治理结构

由于档案馆本身非营利性的限制，新时代档案馆应突破传统档案馆发展模式，主动建立起与全社会的联动体系，利用好各行各业资源来提升档案治理能力。

其一，深化档案馆与社会组织的合作。民间档案组织、档案学会等社会组织充当着联系政府与公民的桥梁和纽带作用，也是档案治理体系中十分重要的一部分。其二，完善人才培养机制，建设高质量档案人才队伍。加大对现有人才的专业培养，持续加强信息化技能培训；健全激励机制，弘扬工匠精神，鼓励档案人才积极开展专业理论研究，以研究促管理；提供政策和财政的支持力度，加大高层次复合型人才引进。

（二）明确部门区域行业工作责任，实现治理协同化

1.部门协同：加强档案机构履职能力建设

档案治理中要充分处理好与上级部门及其他职能部门之间的关系，增强各级档案主管部门统筹谋划和指导协调能力，打造有利于档案馆更好履职的"合作圈"。

第一，档案局、馆协同，共同做好"合"字文章。机构改革后，档案局、馆虽然分设，但工作性质类似，工作内容互为补充、不可分割。要牢固树立"一盘棋"思想，坚持局、馆分工不分家。档案局突出行政职能，发挥统筹协调优势，指明档案部门的工作

方向；档案馆发挥人才和专业优势，为档案事业发展提供智力和技术支持。第二，文化机构互通有无，优势资源为我所用。目前我国档案馆的发展水平仍落后于博物馆和其他文化机构，在借鉴其成功经验的同时，更要加深与其他文化机构的合作联系。在展览表现、技术应用方面，结合实际，引入博物馆先进策展理念和新兴技术；在活动开展方面，进行资源互通、加强联动，积极开展业务交流研讨会议，形成资源优势互补。第三，档案企业拾漏补遗，公共服务科学高效。随着档案工作量的不断增加、档案事务趋于复杂化，档案馆有限的编制很难满足档案工作的现代化需求，档案企业应运而生，依托其市场化、专业化、服务化的优势，转移档案部门部分职能，采用更加先进的技术、更加系统的管理，有效减轻档案馆工作压力，使档案管理更加智能化。

2.区域协同：深化爱国主义教育基地建设

长三角地区、成渝两地档案系统就为区域协同共建红色教育基地做出了很好的范例：2021年1月，苏浙沪皖档案部门首次跨区域联合推出"建党百年初心如磐——长三角红色档案珍品展"，精选域内20余家机构的近500件革命历史档案资料，各自馆藏珍档历史突破性合体，组合成完整的档案链；2021年6月，四川、重庆档案馆协同两地68家档案机构，整合130件（组）红色档案，推出"印记100——川渝地区档案馆馆藏中国共产党红色珍档展"②。

早在2019年9月1日，国家档案局就颁布了《国家档案局爱国主义教育基地工作规范》作为行业标准。主要可以从以下几个方面入手：在内容上，要将展示馆藏精品与区域特色相结合，充分体现爱国主义教育基地特点；在设计上，要坚持科学性与艺术性相结合、线下与线上展览相结合、技术与展品相结合、受众需求与教育理念相结合；在功能上，依托巡展进行馆馆交流、依托历史教育课程展开馆校合作；在评价上，建立起全面客观的多层次评价机制，将基地工作人员与基地教育效果等方面纳入评价机制，推进爱国主义教育基地持续优化。

3. 行业协同：破解人才和技术发展难关

建立档案馆行业协同关系，形成"走出去、引进来"的开放模式，克服日益边缘化的颓势，改善档案行业相对封闭的现状，有助于档案馆破解人才和技术发展难关，为档案馆事业发展打造良好的社会环境。

其一，深化档案馆与院校等教学单位和科研单位协同共建，破解"人才关"。建立清晰明确的馆校合作制度，构建"产学研一体化"合作体系。其二，深化档案馆与新媒体等宣传机构协同共建，破解"技术关"。目前，我国档案馆展览的开放平台利用率不高。要搭建好新媒体合作平台，充分并善于运用公众使用率高、关注度高的短视频等进行宣传，为档案馆引流，加大档案馆在全社会的知名度和影响力，提升全民档案意识。

（三）加强档案馆文化功能建设，实现治理创新化

1. 以文育人，强化档案记忆观构建

国际档案理事会第二任主席布莱邦曾在第一届国际档案大会上指出，档案是一个国家的"记忆"，档案馆保存的是一个国家的历史证据和作为国家灵魂的材料③。然而，档案因其文字占比大、展陈较为困难、具有知识门槛等特殊属性，往往不易为观众所熟知。如何发挥档案馆以文育人的作用，提高档案馆的"知名度"，是我们下一步应该思考的问题。

其一，立足馆藏资源，培养公众档案意识。档案馆应当由固定的施教者逐渐转化为启发、引导为主的辅助者，以新时代公众喜闻乐见的方式提升公众历史认同感和使命感。其二，申报遗产名录，纳入档案记忆观体系。要有计划地将申报档案遗产纳入档

案记忆观体系，丰富宣传手段和形式，科学利用档案展览平台使历史文化、优秀传统得以传承和弘扬。目前，一史馆多件馆藏档案已被列入《中国档案文献遗产名录》，其中《赤道南北两总星图》档案入选为《世界记忆亚太地区名录》，《清代内阁秘本档》《清代科举大金榜》两件档案入选为《世界记忆名录》。这是中国历史文化的骄傲，而档案展览恰是最直观、最清晰地让公众了解档案文献遗产的方式。

2. 思想认同，促使文化自信深入人心

档案记录在一定程度上是历史情景的再现，为历史发展提供了可供参考的第一手资料，保存好、利用好档案可以帮助我们更加深入准确地了解历史，认同中华民族文明属性，从根本上增强全民族的文化认同感和民族自信心。

其一，重视档案研究，完善历史研究脉络。档案专家应当更加深入研究馆藏资源，加强解读和揭秘，从政治高度提出更多资政理念，为治国理政提供历史智慧。其二，重视馆藏合作，推出更具影响力和专业度的综合性展览。2023年2月15日，中国第一历史档案馆、敦煌研究院、甘肃简牍博物馆、国家图书馆（国家典籍博物馆）四家文化机构跨界联合推出"二十世纪初中国古文献四大发现展"，历时两年多精心策划、精诚合作，藏于我国各地的殷墟甲骨、居延汉简、敦煌遗书、明清档案首次集体亮相，引起了社会公众的密切关注与热议。

3. 媒体交互，提升档案馆展览水平

当前档案馆的发展正在步入改变创新之路，努力让"故纸堆"在新时代焕发新颜。

其一，注重技术与内容的融合。从档案展览内容需求出发，搭配数字化技术，便于记录、存储、查询，让科技赋能点亮档案记忆。线下展厅可以充分运用3D技术，VR、AR等可穿戴技术打造云空间，实现沉浸式体验，用身临其境之感深化文化体验之力。线上展览渠道应进一步丰富，实现跨媒体叙事，广泛吸收群众意见建议，在沉浸式观展中进一步充实展览内容，打造立体化传播格局。

其二，提高展览服务水平。要构建科学展览服务体系，加大专业人员投入和培养，保障展览咨询、参观、后期服务的良性循环。倡导精细化讲解服务，针对不同年龄段、不同受众面的观众群体，制定差异化的讲解服务方案，打造各具特色的讲解风格，使得讲解服务效果更好、公众满意度更高。

档案是社会、国家乃至人类的记忆，档案资源更是社会进步发展所留存的宝贵财富。档案馆不仅是保护、保管档案的行政机构，更是我国社会文化事业机构，是社会公共文化建设的重要组成部分。档案治理要牢牢把握"存史、资政、育人"根本任务，完善现代化档案治理体系建设，明确部门、行业之间的工作责任，加强档案馆文化功能建设，从而实现治理系统化、协同化、创新化。充分调动档案青春力量，为档案事业发展注入活力，让深处"故纸堆"的档案"强起来""实起来""活起来""亮起来"。

注释：

① 汪喆：《发挥博物馆展览价值教育功能的实践与思考》，《文物鉴定与鉴赏》2019 年第 23 期，第 120—122 页。

② 李忠宏、王萍：《红色档案资源协同开发的实践与路径优化研究》，《四川档案》2021 年第 4 期，第 15—17 页。

③ 丁华东：《论档案记忆理论范式的研究纲领》，《档案学通讯》2013 年第 4 期，第 19—20 页。

（原载于《2023 年全国青年档案学术论坛论文集》，中国文史出版社，2023 年出版）

皇史宬修缮一期工程实录

马翔宇

皇史宬建于 1534 年，曾收藏明清两朝皇家珍档秘籍，是我国现存最完整的皇家档案库。皇史宬总占地面积 8460 m²，建筑面积 3400 m²，主要由正殿、东配殿、西配殿、御碑亭及宬门五部分组成。1982 年，皇史宬被国务院列为第二批全国重点文物保护单位。

皇史宬距今已有近 490 年的历史，虽历经数次修缮，但古建各方面均已有不同程度的残损。为加强文物古建保护、加快皇史宬对外开放进程、配合北京市中轴线申遗，2020 年 10 月—2021 年 11 月，中国第一历史档案馆（以下简称"一史馆"）对皇史宬古建筑群内部分文物建筑进行修缮并开展水电及办公用房改造。修缮完成后，已正式面向机关事业单位、档案系统、高校等团体开放参观。

一　修缮历程

（一）明确修缮原则

2017 年 8 月，国家文物局印发《关于北京市 2018 年度全国重点文物保护单位文物保护项目计划的批复》，批准对皇史宬西配殿、院落地面及院墙进行修缮，给出"进一步加强现状勘测与残损统计，明确病害原因和残损状况，并提出针对性保护措施"

和"应坚持'不改变文物原状'和'最小干预'原则，对于没有渗漏的屋面应尽量减少扰动"的建议，为此次修缮工程提供了准则。一史馆吸纳批复建议，组织完善设计稿件，最终形成以院落环境修整为理念的修缮方案。

（二）科学组织施工

为规范施工、保障质量、确保安全，一史馆精心组织，建立"五专"工作机制，成立专班，指派专人，返聘专家，制定专项方案，采购专业监理服务，以技术标准为准绳，以质量控制为抓手，以安全无事故为目标，大力夯实项目基础。一史馆领导从质量、进度、安全等方面进行督办；责任处室组织干部职工驻工地办公，严格监管危险作业；项目组严格审查方案、组织安全交底、编制应急预案、开展安全培训。通过科学的管理，工程圆满完工，实体质量基本符合国家相关法律法规和设计要求，工程资料齐全，外部观感较好，各系统安全与功能测试记录符合要求，实施过程中未出现安全和疫情防控等各类责任事故。

（三）破解实施难题

因诸多原因，此次皇史宬修缮困难重重。为了顺利完成修缮工作，一史馆共向北京市文物局申报了 3 项设计方案变更。

1. 克服施工界面难题，保证工程开工

皇史宬周界环境复杂，围墙修缮困难多。为获得修缮界面，保证工程开工，一史馆克服困难协调东侧民宅腾退，获取 0.8m 作业空间，向交通、城管、街道等多部门沟通办理西墙占道施工手续，邀请故宫博物院召开 2 次现场会获取南墙修缮界面，与北湾子胡同 26 户居民签订施工扰民补偿协议并发放扰民补偿款，开工北墙修缮。

2. 克服外部因素影响，保证工程进度

为按期完成修缮，保证工程进度，一史馆克服新冠疫情等外部因素的影响，组织协调监理、施工单位对进度计划进行 7 次重要调整，解决新冠疫情、重要活动、方案变更、金匮搬运、布展施工、界面协调对施工全进程带来的影响，确保修缮项目按合同约定如期完工。

3. 克服市政接入困难，保证工程竣工

皇史宬修缮项目涉及与大市政对接工作。皇史宬地处北京市历史文化老城街区，大市政基础条件较差，历史遗留问题较多，市政工程规划设计、占掘路施工手续办理较难。一史馆与有关部门建立沟通机制，通过查阅资料、电话咨询、考察调研等方式，按照老城街区大市政对接工作流程，同期开展市政工程，确保排水管道顺利对接大市政管网。

2021 年 11 月，北京市文物局组织项目初验，专家组在听取参建单位汇报、查看修缮成果、验收工程资料后，给出"工程管理较规范，各方重视，配合密切，完成设计要求的内容，整体效果较好，质量合格，同意通过初验"的结论。同年 12 月，皇史宬修缮项目在北京市政务服务中心完成竣工验收备案，项目通过初验。

二　修缮经验

皇史宬的修缮受到社会各界关注和肯定。"皇史宬重新对公众开放"位列"2021 年度北京历史文化名城保护十大看点"第 5 项，"皇史宬保护利用"案例入选《北京历史文化名城保护优秀案例汇编（2013—2022 年）》，此次修缮工程也为北京市文物古建的修缮提供了经验。

（一）提高对古建修缮的历史认识

习近平总书记曾对加强文物保护利用和文化遗产保护传承做过重要指示批示，指出要总结经验，借鉴国际理念，健全长效机制，把老祖宗留下的文化遗产精心守护好，让历史文脉更好传承下去。皇史宬古建筑群作为明清时期的皇家档案库，与明清档案事业密不可分，是历史之根、文化之魂，蕴含着中华文化的特有精神价值。保护和修缮皇史宬，对继承和发扬明清优秀传统文化、增强民族文化自信、促进社会主义精神文明建设均具有重要且深远的意义。

（二）狠抓古建修缮中的管理责任

必须明确责任。明确和落实责任制是保证本次工程安全和质量过关的根本。在工程实施中逐级签订责任书，落实参建四方单位责任，建设单位对本项目负主体责任，统筹协调修缮，全面管理施工；设计单位负技术监督指导责任，定期到现场开展技术监督与指导；监理单位负监督管理责任，全面把控施工工艺工法合规、材料设备合格；施工单位负直接责任，保证施工安全、进度、质量。

必须加强管理。健全的管理制度是工程稳步推进的有力抓手。一史馆建立项目安全值班、安全保密、人员管理、监理例会、消防安全、施工安全、疫情防控等方面施工管理制度，并抓好各项制度落实。推动建立参建单位三级安全检查管理模式，施工单位安全员自查、监理单位工程师督查、建设单位值班员监管巡查，保证施工全过程零事故零疫情，工程按进度节点稳步推进。

（三）建立顺畅的沟通协调机制

顺畅的沟通协调机制是工程顺利实施的必要条件。皇史宬位于中央政治核心区，周边居民多、监管单位多、附属小项目多，工程实施存在诸多困难。在北京市政府、首都规划建设委员会、北京市文物局、北京市文物工程质量监督站、东城区各部门的支持协调和帮助下，一史馆与53家单位沟通相关事项并建立工作联系，解决了施工扰民、材料进场、占道掘路、对接市政等方面面临的困难，取得良好效果，保证工程顺利竣工。

三　下一步修缮展望

按照中共中央关于北京市中轴线申遗保护重点文物腾退"不求所有、但求所保、向社会开放"的有关要求，急需对皇史宬正殿、东配殿、御碑亭、宬门等古建进行修缮并全面开放，进一步发挥其在历史文化传播、社会公众宣传教育等方面的独特价值和功能作用。后续，一史馆将编制新的项目计划书，申请开展皇史宬正殿等修缮工程。根据目前正殿等4个单体建筑的通有残损现状，勾缝修补墙面裂缝，剔补、打点陡板砖；剔补、打点月台地面砖，重做阶条石、垂带、勾栏等石构件的白灰勾缝；局部接墁散水，补配碎裂城砖；重做装修油饰。针对4个单体的不同残损现状，修缮正殿和东配殿的屋面，修补御碑亭和宬门的顶，补配破损、缺失瓦件，重点去除杂草树木根系；铲除正殿室内券顶空鼓、开裂抹灰，重抹月白灰；重做正殿和御碑亭檐头飞椽地仗彩画，对大木彩画进行除尘；修整东配殿上架大木开裂、拔榫，重新拆安、修补下垂吊顶；铲除御碑亭和宬门墙体上身抹灰后，重新抹灰，清理打点御碑亭墙体下碱，剔补酥碱严重的城砖，物理清洗宬门墙体须弥座下碱，裂缝用油灰勾缝。

皇史宬修缮项目从立项到通过初验，历时4年，实现了加强文物古建保护、加快皇史宬对外开放进程、配合北京市中轴线申遗的目标，为当代兰台工作者积累了宝贵的古建修缮经验。下一步的详细修缮计划正在谋划，新的课题等待攻克，当代兰台人必将以责无旁贷的担当精神把历史文化遗产保护好、传承好，更好地发挥出皇史宬的"存史资政育人"功能。

（原载于《中国档案》2023年第1期）

历史文化街区新规助力皇史宬消防用水换新升级

马翔宇

　　皇史宬，明清两朝皇家档案馆，距今已有480多年的历史，为全国重点文物保护单位，一级防火建筑，占地面积8460 m²，建筑面积3400 m²。皇史宬现由中国第一历史档案馆（以下简称"一史馆"）管理使用。2020年，一史馆根据皇史宬消防基础设施升级改造需要，启动皇史宬市政自来水接入工程规划建设。工程项目历经自来水报装、立项赋码转码、规划设计、"多规合一"协同会商、占掘路施工等环节，于2022年经北京市自来水集团验收后开阀通水，皇史宬内升级改造的双路供水环状地下消火栓系统顺利投入使用。

一　古建筑消防灭火现状

　　消防，古称"火政"。我国历朝历代均重视防火，但从汉朝至南北朝发展缓慢，灭火主要依靠人力，器具发展无大的突破。唐宋时期出现"唧筒"等灭火器具，明清时期有了明确的防火制度，灭火器具的发展逐渐与西方融合，开始使用西洋激桶。第二次工业革命后，建筑消防灭火设施的发展逐步走向现代化，发展至今形成包括消火栓在内的多系统联动灭火形式。

随着历史的演进，保留至今的古建筑已变成不可移动文物，历史文化名城、名镇、名村、文物保护单位、古村寨主要以木结构和砖木结构为主，耐火等级低且本身多不附带固定式灭火设施，消防灭火主要依靠人力操作可移动灭火器具，一旦发生火灾扑救困难，造成的损失不可估量。2014年，云南省迪庆藏族自治州香格里拉市独克宗古城发生火灾，烧毁房屋242栋。同年，贵州省黔东南州镇远县报京大寨发生火灾，烧毁房屋148栋。可见，文物建筑的消防设施现代化升级改造势在必行，但在保护其原有现状不变的大方向下，升级改造工作只能随着大规模修缮一同进行。

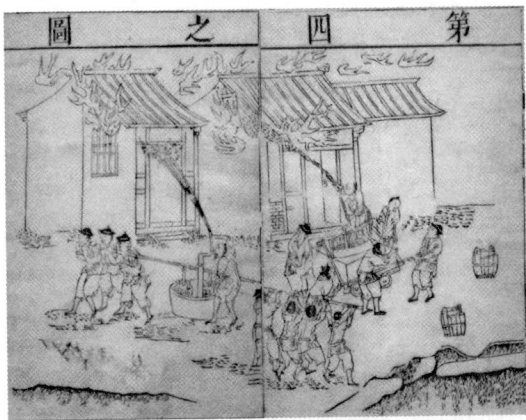

图1 《新制诸器图说》西洋激桶灭火情形插图

二 古建消防升级改造依据

我国文物建筑消防规范发展起步较晚，新中国成立初期只能参照为新建建筑研究编制的防火规范执行。我国第一部文物建筑消防规范是 1984 年文化部、公安部发布的《古建筑消防管理规则》。此部法规的颁布为我国建立文物建筑消防法规体系奠定了非常重要的基础，但其内容相对笼统，如第十九条如此表述："在城市有消防管道的地区，要参照有关规定的要求，设置消火栓。"[①]执行过程中还是要参照新建建筑的消防标准，因此面临诸多矛盾与冲突。

2015 年，国家文物局组织编制了《文物建筑防火设计导则（试行）》。这部法规的颁发指导和规范了文物建筑防火设计，加强了文物建筑消防安全，为文物建筑升级改造消防设施提供了根本遵循。它是新时代我国文物建筑防火设计的总纲，对消防给水系统等方面的技术要求进行了详细说明。其中，第五部分规定："室外消火栓给水管应布置成环状""埋地管道宜采用球墨铸铁管、钢丝网骨架塑料复合管或加强防腐的钢管等管材""向室外消火栓环状管网输水的进水管不应少于 2 条""室外消火栓给水管道的直径不应小于 DN100。"[②]非常明确地规定了该如何进行文物古建消防用水升级改造。

三　皇史宬消防换新升级

皇史宬位于天安门地区东侧，地处历史文化街区，北邻北湾子胡同，南侧菖蒲河公园，西侧为南池子大街。皇史宬院内原有两路消防供水，一路建设于新中国成立初期，引自皇史宬南院，管径为 DN65，地下暗埋敷设，供院内南侧墙壁消火栓使用；另一路建设于 2004 年，引自南池子大街下方 DN400 市政给水干管，从皇史宬西侧消防通道下方引入院内，管径为 DN100，地下暗埋敷设，供院落地下消火栓使用。新中国成立初期建设的消防管路管径小且锈蚀严重，压力及流量已不能满足日常消防用水需求。

2017年，一史馆在深入勘察调研的基础上编制了《全国重点文物保护单位消防项目计划书》，通过北京市文物局向国家文物局为皇史宬申请国家重点文物保护专项补助资金，在地面、院墙大规模修缮同期升级改造消防系统。皇史宬消防升级改造设计方案依据《文物建筑防火设计导则（试行）》《文物建筑消防设施设置规范》进行编制，对院内的消火栓、火灾自动报警、电气火灾报警等系统进行现代化升级改造。皇史宬升级改造的消火栓系统布置成环状地下管网，管道全部采用DN100球墨铸铁管，承插连接，埋深1.2m。为实现真双路供水，环状地下管网要通过两条管道分别接入市政自来水管网，设计方案保留2004年的后建管路，作为市政管网的一个接口，另新增建设一路管道，穿皇史宬西南院墙墙基下方接入市政管网。

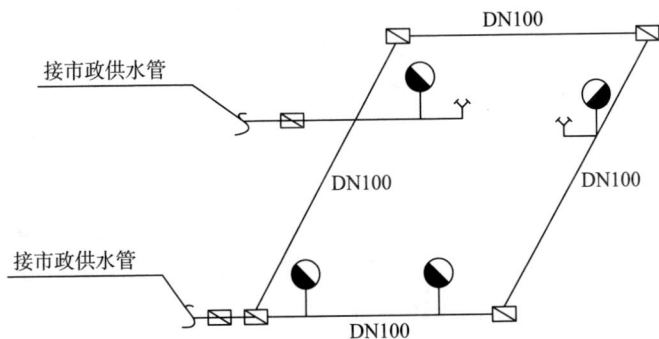

图2　皇史宬消防升级改造工程消火栓系统图

2020年第四季度，皇史宬消防升级改造工程进入施工实施阶段。一史馆同期启动皇史宬市政自来水接入工程规划建设，依据《文物建筑防火设计导则（试行）》和《文物建筑消防设施设置规范》中"向室外消火栓环状管网输水的进水管不应少于2条，当其中1条发生故障时，其余进水管应能满足消防用水总量的供给要求"③，向北京市自来水集团客户服务部申请接口报装。根据《消防给水及消火栓系统技术规范》中"应至少有两条不同的市政给水干管上不少于两条引入管向消防给水系统供水"④的规定，客户服务部经过区域现场勘察及综合考虑，出具"在南池子大街菖蒲河沿现状 DN200 供水管线开 DN100 进水口"的供水规划方案，虽然该开口距离皇史宬较远，实施难度大，但满足规范，可实现真双路供水。

四　新规助力古建消防用水规划重生

供水规划方案开口至皇史宬西南院墙接口间管道路由涉及南池子大街东侧人行步道和菖蒲河公园西侧内部路，现场测绘勘察结果显示该路由情况极其复杂，历史原因造成路面下方雨水、污水、给水、热力管道、电力、通信电缆等距离较为接近。设计单位在全面考虑可行的管道路由后，认为管线之间最小水平净距均不满足《城市工程管线综合规划规范》规定，无法出具设计方案，规划设计工作一度停滞。

首都规划建设委员会办公室在了解项目遇到难题后，组织规划、自来水、交通、地区管委会等单位部门召开专项会议帮助解决困难。会议认为，2020 年 4 月 1 日起正式实施的《历史文化街区工程管线综合规划规范》是专门针对皇史宬所处的北京老城历史文化街区编制的，工程管线间最小水平净距数值要求相对小，可作为依据开展规划设计。设计单位参照规范中的《历史文化街区工程管线之间及其与建（构）筑物之间的最小水平净距表》⑤，经过详细计算和论证，最终完成规划方案设计，设计管线沿菖蒲河沿自东向西敷设至南池子大街，再沿南池子大街自南向北敷设至皇史宬西南外墙外缘，管线长度约 155.2m。

表1　历史文化街区工程管线之间及其与建（构）筑物之间的
　　　最小水平净距表（节选给水管道部分，单位：m）

序号		1	2	3		4	5	6	7
管线名称		建筑物	雨水管道/污水管道（含合流）d≤1000mm	燃气管道		热力管线	电力管线 ≤10kV	信息保护管	缆线管廊
				低压 P< 0.01MPa	中压 0.01MPa ≤ P ≤ 0.2MPa				
给水管道	d≤200mm	1.0	0.5	0.3	0.5	0.5	0.5	0.5	0.5
	d>200mm	2.0	1.0	0.5	0.5	1.0	0.5	0.5	0.5

五　消防用水规划建设守卫城市文脉

设计方案中管线总长超出小型市政工程标准，办理建设工程规划许可证需要获取"多规合一"协同意见。北京市规划、文化和旅游、园林绿化、城市管理等单位通过北京市工程建设项目"多规合一"协同平台开展会商，原则同意规划设计方案。同时，办理建设工程规划许可证还需要完成登记备案。项目在获得建设工程立项审批行政许可后，通过全国投资项目在线审批监管平台完成登记备案被赋予"国家码"，并根据《中央单位在北京地区建设项目登记备案管理办法》，在北京市投资项目在线审批监管平台将"国家码"转换为"北京码"。

2021年12月，一史馆在首都规划建设委员会办公室大力指导和帮助下，成功为皇史宬市政自来水接入工程申领了《建设工程规划许可证》（2021 规自（东）建市政字 0015 号）。后经占掘路施工、测试验收、开阀通水，最终完成消防用水规划建设，皇史宬升级改造的双路供水环状地下消火栓系统顺利投入使用。

习近平总书记在视察福州三坊七巷历史文化街区时指出，"保护好传统街区，保护好古建筑，保护好文物，就是保存了城市的历史和文脉"。皇史宬市政自来水接入工程的成功实施，实现了皇史宬消防用水升级改造的最初设计功能，加强了文物建筑的消防基础设施建设，落实了文物建筑消防相关要求，奠定了文化事业高质量发展安全基础，其规划建设流程可在一定程度内为历史文化街区开展相关类型项目提供参考，在全面建设社会主义现代化国家新征程上贡献力量。

注释：

① 《古建筑消防管理规则》，文化部、公安部 1984 年 2 月 28 日发布。

② 《文物建筑防火设计导则（试行）》（文物督函[2015]371 号），国家文物局 2015 年 2 月 26 日发布。

③④ 《消防给水及消火栓系统技术规范》（GB50974—2014），公安部主编，住房和城乡建设部批准，2014 年 10 月 1 日施行。

⑤ 《历史文化街区工程管线综合规划规范》（DB11/T692—2019），北京市市政工程设计研究总院有限公司、北京市城市规划设计研究院主编，北京市规划和自然资源委员会、北京市市场监督管理局批准，2020 年 4 月 1 日实施。

（原载于《北京规划建设》2023 年第 6 期）

明代题本创设时间献疑

陈晓东

　　题本是明清两代最为重要的上行文书，自明代初年创设，至清代光绪二十七年（1901）废题改奏，存在五百余年，历经明清两代二十余位皇帝，几乎涵盖两代所有的军国之事，有着举足轻重的地位与作用。以清代为例，有学者统计，在顺治、康熙时期，臣工上报政务的公文中，题本占90%以上；雍正至道光年间，题本约占上报文书的70%以上；咸丰至光绪中期，题本所占比重仍在50%左右。可见在清代统治全国的260余年中，有250年左右是以题本作为上报政务的主要文书①。长期以来，学界对于明清题本的研究，无论是文书制度方面，还是档案内容方面，成果颇丰；但其中明代题本相关研究，或由于典章制度记载较少，或由于档案存世数量稀少，故成果不多，基本处于清代题本研究的点缀或从属地位。对明代题本创设时间的研究亦是如此，长期以来，诸种论著中只将其作为结论叙述，而甚少辨正者。

　　明清两代诸种文献中，对于明代题本创设时间一直未有确论，皆以"国朝""国初""明朝""明初"等语言之。如正德《明会典》载："国初定制，臣民具疏上于朝廷者为奏本，东宫者为启本，皆细字。后在京诸司以奏本不便，凡公事用题本，其制比奏、启本略小，而字稍大。"②明人叶盛《水东日记》载："国朝之制，臣民奏事称奏本。后以奏本用长纸，字画必依《洪武正韵》，又用字计数。于后舍郑重而从简便，改用题本，则不然矣。"③

　　将明代题本创设时间确定为具体年份的观点，皆为当代学者所提出，就笔者所见，有两种说法：一、洪武十五年（1382）说；二、永乐二十二年（1424）说④。

一　洪武十五年说

　　此说首倡自单士魁先生，他在《故宫档案》一文中提出题本"古来未有以之作为文书名称者，有之自朱明始，此为洪武十五年所定制"⑤。其后赵彦昌《论明清题本的格式》等论文采用了单先生的观点，认为"明代早期是以奏本作为正式的上奏文书的，后来因为奏本的规格、字体等过于烦琐，使用很不方便，所以在明朝洪武十五年出现了题本"⑥。曾斌《从明档到〈中国明朝档案总汇〉》亦引用了单先生的说法⑦。但总体来说，持此说者不多。

　　此说所据何来，单先生并未明确指出。但笔者在其另一篇文章《清代题本制度考略》中发现单先生引用的一条史料："《明会典》卷七十六：凡启、奏、题本事例，洪武十五年定。"⑧如此说来，单先生的论据来自万历《明会典》卷七十六。但据笔者核对会典原文，却发现并非如此。

　　　　凡启、奏、题本事例：洪武十五年定，凡奏、启本内，官员正面真谨金名，当该吏典于纸背书名画字。……又，六部等衙门凡差人有事公干，所在府州县止是具奏、启本，付差去人，回还复命。……永乐十年定，凡诸衙门于皇太子前具启或敬奉过事件，其本内及行移文书内，止许写启本敬奉令旨……二十二年令，诸司有急切机务不得面陈者，许具题本投进。……嘉靖八年奏准，本式遵照《大明律》后附写尺寸，参以近年适中式样。题本每幅六行，一行二十格，抬头二字，平行写十八字⑨。

可见，"启、奏、题本事例"为该部分的标题，而洪武十五年所定的，只是"奏、启本内，官员正面真谨金名"的问题，并非"启、奏、题本事例"全部。规定题本格式的，是在其下文所提到的嘉靖八年（1529）。据此则不难看出，因为单先生对《明会典》原文的误读，造成了对题本创设时间的错误判断⑩。

无独有偶，台北故宫博物院的庄吉发先生在其著作《故宫档案述要》中，亦谈道："明初定制，臣工具疏，其上于君主者，称为奏本，上于东宫者，称为启本，至于公事，则用题本。洪武年间，议定奏本与题本的格式［注二］。"其后注明"注二：李东阳等奉敕撰《大明会典》，卷七十六，页一至页三，新文丰出版社"⑪。看来，庄先生似乎与单先生犯了同样的错误。

二　永乐二十二年说

此说首倡自何人未详，但持此说的学者众多。就笔者所见，最早者为殷钟麒，他在20世纪60年代发表的《清代文书处理工作述要》中指出，光绪二十八年（1902）裁撤通政使司，改题为奏，"题本自明永乐廿二年起行使至此，已有四百七十多年历史，现决心废除，省去内外衙门繁重的文书处理手续，无疑地会提高办事效率，实属近代文书史上改进的一件大事"⑫。此外，相关观点还出自裴燕生主编《历史文书》："题本起自明初永乐年间，永乐二十二年，明廷令诸臣有急切机务不得面陈者，许具题本投进……自此之后，题本便成为法定文种，和奏本一起使用。"⑬

朱金甫、张书才主编《清代典章制度辞典》："（题本）始行于明代永乐二十二年，至嘉靖八年规定了题本的行款格式。"⑭ 中国第一历史档案馆官网："题本，亦称红本，始于明永乐二十二年，是中央及地方高级官员向皇帝陈述公务，投送内阁转呈御览的官文书。"⑮ 胡元德《古代公文文体流变述论》："明代沿用奏体文书，洪武年间定名为奏本。永乐二十二年又创设题本，与奏本分工并行，奏本陈私事，题本陈公务。"⑯ 胡明波《明清题本文书研究》："题本最早出现于我国封建社会后期的明代，产生较晚：明永乐二十二年规定，'诸司有急切机务不能面陈者，许具题本投进'。自此开始使用题本。"⑰ 此类论述，所在多有。比较这些论著，大致有一个共同特点，即引用《明会典》"明永乐二十二年规定"作为立论基础。

辨析这一问题，我们首先需回到《明会典》原文。现存《明会典》的版本，有正德朝纂修本和万历朝纂修本两种。查阅正德《明会典》，相似内容凡两见，即卷四十三《礼部二·诸司奏事仪·事例》：

> （永乐）二十二年令，诸司有急切机务不得即面陈者，许具题本封进。其余大小公私之事，并于公朝陈奏⑱。

卷七十五《礼部三十四·奏启本格式·事例》：

> （永乐）二十二年令，诸司有急切机务不得面陈者，许具题本投进。若诉私事、丐私恩者，不许⑲。

此二条规定所述文字与叙述角度虽略有差异，其主旨则是完全相同，皆是以事例角度规定了题本的使用范围。据此推论明代题本创设于永乐二十二年，虽不免有武断之嫌，但亦应去事实不远。且《明会典》作为一代官修志书，其权威性毋庸置疑，其史料价值也历来为学界所重视。如此看来，这一结论似已牢不可破了。

但笔者在《明仁宗昭皇帝实录》中发现另一条史料：

> 永乐二十二年十月庚戌，上谕鸿胪寺臣曰：故事，视朝后，诸司有急切机务不得面陈者，许具题本于宫门投进，冀得速达。今诉私事、丐私恩者，亦进题本，掩奸欺众，以图侥幸，坏法乱政，莫甚于斯。今后惟警急机务不得即面陈者，许封进题本，其余大小公私之事，并令公朝陈奏，违者论以重罪，仍令三法司知之⑳。

比读这三则史料，我们不难看出它们之间的关联，无论从内容抑或遣词用语，《明会典》两条规定明显是从《明仁宗昭皇帝实录》中仁宗皇帝上谕转化加工而来。且《明实录》作为《明会典》的重要史料来源，因其较《明会典》更少人为加工痕迹，故往往较后者保留较多的原始信息，在厘清事情本来面目方面，必然具有更为重要的价值。

此外，《明宣宗章皇帝实录》中的一条史料，亦可对题本的产生及作用等情况做一辅证。

> （宣德四年六月）壬辰，北安门守卫百户杨清奏："昨夜一更初，府军后军指挥李春进题本，臣递至北中门，守卫官不肯传达。"上命取所进本视之，谕行在锦衣卫指挥王节等曰："祖宗成法，朝罢，外廷有事急奏者，不问晨夜，即具本进，守门者即为上达，所以通紧急、绝壅蔽。今敢若此，不可宽贷，其执付法司罪之。"㉑

综合以上诸则史料，可以看出：

（一）自正德《明会典》起，将《明仁宗昭皇帝实录》中的"永乐二十二年十月庚戌"简化为"永乐二十二年"，这一做法甚为武断，极易造成混乱。永乐二十二年是个较为特殊的年份，是年八月初一日明成祖朱棣去世，八月十五日明仁宗朱高炽即位，故虽同属一年，但前半部分为永乐朝，后半部分为洪熙朝。而实际上也的确如此，很多学者直接将"永乐二十二年"等同于"永乐朝"，进而提出"题本自明永乐年间使用，延续至清光绪二十七年被废除，有近五百年的使用期"[22]。也许综合来看，此结论与事实相去不远，但这种建立在错误史料基础上，经过错误分析而得出的结论，只能是沙上筑塔，经不起任何推敲。

清人龙文彬在撰写《明会要》时，转引了此条上谕，但未详何故，误将时间记为"洪熙元年（1425）"[23]，又在一定程度上加大了这一混乱。以《明会要》的相关论述，再结合《明会典》中的规定，恰恰形成了一个相对合理的逻辑环，即永乐二十二年创设题本，洪熙元年进一步严明了题本的使用范围。如郦波、陈丽萍《明清题本文书考辨》即指出："明产生题本后，规定'凡公事用题本，所诉私事、丐私恩者，不许'。洪熙元年进一步规定'今后惟警急机务许进题本，其余并令公朝陈奏。违者论罪'。"[24]这样的论证结论具有很强的迷惑性，也加大了辨误的难度，如果未能仔细研读仁宗皇帝上谕等较原始的史料，很难发现其中的悖谬之处。

（二）《明仁宗昭皇帝实录》中，仁宗皇帝上谕严格限制题本使用范围之前，"许具题本"有几个限定语：1. 故事；2. 视朝后；3. 诸司有急切机务不得面陈。这一点，在《明宣宗章皇帝实录》中之史料可为其佐证。但正德《明会典》纂修者将前两个限定语全行删去，尤其是"故事"这一限定语的缺失，必然造成时间纵向沿革上的缺失，直接导致时间判断的错乱，这也是产生"永乐二十二年说"错误最直接的根源。纵观前后两版《明会典》，对题本及相关制度的叙述，错误、前后矛盾之处甚多。此类问题的产生，当系会典纂修时，距题本文书创设时代已久，修纂者对此问题亦不甚了解且撰文不严谨之故。然平心而言，这主要是因为时人更关注的是文书的使用范围及作用，创设时间等问题并非其关注的要点。

（三）永乐二十二年十月庚戌规定的是什么？从这条上谕中，我们可以看到，题本创设之后，使用渐趋混乱，诉私事、丐私恩者甚众，诸臣利用题本掩奸欺众，坏法乱政，有鉴于此，明仁宗进一步严格限制了题本的使用范围，从原来的"急切机务不得面陈者"到"警急机务不得即面陈者"，而对于其余大小公私之事，则要求一律于朝堂陈奏，并规定了违制使用题本的惩罚措施。而《明会典》中，将题本使用范围进一步严格这一递进关系去掉，便抹杀了题本使用的纵向沿革，也在一定程度上加深这一混乱。

据此可见，在《明会典》编纂过程中，编纂者的编辑加工失误，造成了对题本文书有关规定的叙述错误，而当今学者以之作为基础论据，故在题本创设时间这一问题上做出了错误论断。

那么明代题本究竟产生于何时？就目前所掌握资料来看，尚难断定。正德《明会典》卷四十三"朝仪·诸司奏事仪"载："凡奏启限制……洪武三十年令，通政司许早晚朝奏事，及有军情重事，其各衙门凡有一应事务，止于早朝大班内奏启，不许朝退又将琐碎事务于右顺门题奏。"㉕"永乐六年奏准，在外军民官司及各王府公差人员，在京公、侯、驸马、伯、都督，及内官出使随带人员，并各卫所等衙门公差人等到京，除例该引见者照旧外，其不在常例者，俱赴鸿胪寺报名。谢恩见辞，本寺将各人姓名附簿，仍将各起总数，每日早另具题本进呈，及引各人于承天门外行叩头礼。"㉖虽见"题奏""题本"之名，亦很难将题本产生时间确定为洪武三十年（1397）或者永乐六年（1408）。

此外，笔者在中国第一历史档案馆所藏明代档案中发现了一件档案，抄录了弘治朝时通政司左通政宋沧等所上"修职业申旧规以新政令事"奏本，内述及"臣等翻阅永乐、正统年间题本、奏本、词状、副抄，词语不繁，事理自明"等语句㉒，或亦可作为永乐朝时题本已创设之旁证。不过如此模糊的叙述，实在称不上什么的证，题本创设时间问题的最终解决，仍有待于新史料的发现。

综上所述，明代题本创设时间，现在学界所采用的"洪武十五年说"与"永乐二十二年说"皆不准确，或因误读《明会典》原文，或因《明会典》本身存在错误。但具体是何年份，因文献中尚未发现相关记载，现阶段还难以判断，然早于永乐二十二年则属必然。在明清两代文献中，多用"明初""明朝"等语言之，在现有资料下，当为更稳妥的说法。

注释：

① 江桥：《从清代题本、奏折的统计与分析看清代中央的决策》，中国第一历史档案馆：《明清档案与历史研究——中国第一历史档案馆六十周年纪念论文集》上册，北京：中华书局，1988 年版，第 533 页。

② （明）徐溥等撰，（明）李东阳等重修：正德《明会典》卷 75 "礼部三十四·奏启本格式"，《景印文渊阁四库全书》，台北：台湾商务印书馆，2008 年影印本，第 617 册第 715 页上栏。此则内容亦见于（明）申时行等修，（明）赵用贤等纂：万历《明会典》卷 76 "礼部三十四·奏启题本格式"，《续修四库全书》，上海：上海古籍出版社，2002 年影印本，第 790 册第 381 页上栏。

③ （明）叶盛：《水东日记》卷 10 "奏本题本"，北京：中华书局，1980 年版，第 114 页。

④ 赵燕：《清代题本处理和运转制度的发展》："到了永乐二十五年，明政府正式确定了题本用于公事，奏本用于私事的制度。"（《兰台世界》2013 年第 20 期）考永乐一朝仅有二十二年，此处之"永乐二十五年"当系笔误。

⑤ 单士魁：《故宫档案》，《故宫博物院刊》1983 年第 1 期。

⑥ 赵彦昌：《论明清题本的格式》，《兰台世界》2010 年第 24 期。该作者在此文中采用了单先生"洪武十五年说"，但其在《奏本制度考》《题本制度考》等文中又采用了"永

乐二十二年说"。

⑦ 曾斌：《从明档到〈中国明朝档案总汇〉》，东北师范大学硕士学位论文，2012年，第13页。

⑧ 单士魁：《清代题本制度考略》，初刊于《文献论丛》（故宫博物院十一周年纪念刊），1936年。后收入《清代档案丛谈》，北京：紫禁城出版社，1987年版，第25页。

⑨ （明）申时行等修，（明）赵用贤等纂：万历《明会典》卷76"礼部三十四·奏启题本格式"，《续修四库全书》，第790册第382页上栏。

⑩ 此"事例"与下文连排格式为万历《明会典》所改体例，正德《明会典》中"事例"作为三级标题单独成行，则当不致造成误读。

⑪ 庄吉发：《故宫档案述要》，台北：台北故宫博物院，1983年版，第9、108页。

⑫ 殷钟麒：《清代文书处理工作述要（初稿）》上册，北京：中央档案馆明清档案部，1963年油印本，第184页。

⑬ 裴燕生：《历史文书》（第二版），北京：中国人民大学出版社，2009年版，第200页。

⑭ 朱金甫、张书才主编：《清代典章制度辞典》，北京：中国人民大学出版社，2011年版，第778页。

⑮ 中国第一历史档案馆官网："知识讲堂·历史文书典章制度·清代题本"，http://www.fhac.com.cn/detail/2221.html。

⑯ 胡元德：《古代公文文体流变述论》，南京师范大学博士学位论文，2006年，第48页。另，陈龙：《明代公文变革论》（南京师范大学博士学位论文，2007年）、陈丽萍：《谈明清题本文书》（《秘书》2007年第12期）与此论述基本相同。

⑰㉒ 胡明波：《明清题本文书研究》，《兰台世界》2011年第10期。

⑱ （明）徐溥等撰，（明）李东阳等重修：正德《明会典》卷43"礼部二·朝仪·诸司奏事仪"，《景印文渊阁四库全书》，第617册第512页上栏。万历《明会典》卷44"礼部二·朝仪·诸司奏事仪"文字与此大略相同。

⑲ （明）徐溥等撰，（明）李东阳等重修：正德《明会典》卷75"礼部三十四·奏启本格式·事例"，《景印文渊阁四库全书》第617册，第716页上栏。万历《明会典》卷76"礼部三十四·奏启题本格式"文字与此大略相同。

⑳ 《明仁宗昭皇帝实录》卷3上，永乐二十二年十月庚戌，台北："中央研究院"历史语言研究所，1962年影印本，第103页。亦见于《明仁宗宝训》卷2"革弊"（台北："中央研究院"历史语言研究所，1962年影印本，第99页）、雷礼《皇明大政纪》卷8（《四库全书存目丛书》第228册，第45页）、朱国桢《皇明大训记》卷13（"皇明史概"本，《续四库全书》第29册，第617页）。清人龙文彬所撰《明会要》卷39亦转引此条，

文后注明"已上《大训记》",或系转引自朱国桢撰《皇明大训记》,但龙氏误将时间载为"洪熙元年"。

㉑《明宣宗章皇帝实录》卷 55,宣德四年六月壬辰,台北:"中央研究院"历史语言研究所,1962 年影印本,第 1315 页。

㉓（清）龙文彬撰:《明会要》卷 39"职官十一·鸿胪寺",北京:中华书局,1956 年点校本,第 680 页。

㉔ 郦波、陈丽萍:《明清题本文书考辨》,《兰台世界》2008 年第 8 期。

㉕（明）徐溥等撰,（明）李东阳等重修:正德《明会典》卷 43"礼部二·朝仪·诸司奏事仪",《景印文渊阁四库全书》,第 617 册第 512 页上栏。

㉖（明）徐溥等撰,（明）李东阳等重修:正德《明会典》卷 43"礼部二·朝仪·诸司奏事仪",《景印文渊阁四库全书》,第 617 册第 504 页上栏。

㉗ 中国第一历史档案馆藏:明代档案全宗·北大移交·杂项类·明代档册,第一函第二册第 24 页。

（原载于《明史研究论丛》第十七辑,中国社会科学出版社,2019 年出版）

清宫满汉文"朱批记载"档案研究

李　刚

　　"朱批记载",又称"朱笔记载",简称"记载",是清代皇帝在接见文武官员时,用朱笔(遇国丧用墨笔)在奏折、引见折、履历单、履历片等相应文书中官员名字处秘密注记的评语。"朱批记载"及其档案,至今未有专家学者进行介绍和研究。本文将"朱批记载"正式作为清代档案术语提出,试对"朱批记载"特点进行探究,并讨论"朱批记载"档案的概况,以便学界更好地利用这部分档案,使其发挥应有作用。

一　"朱批记载"名称溯源

　　"朱批记载"一名,目前最早可见于《清实录》及军机处汉文上谕档乾隆三十五年(1770)十月初二日关于总兵倪昂的记载:"总兵倪昂,从前引见时,朕观其大概局面。曾于名单内以止可副参记载。"①

　　《清实录》使用本文所指的"朱批记载"及"记载"共计32处,基本都在《大清高宗纯皇帝实录》中。除了上文所引关于倪昂的记载1处外,有28处与乾隆时期著名的高云从案②有关。乾隆三十九年(1774)的高云从案,源于太监高云从将"朱批记载"泄漏外廷,乾隆皇帝亲自审问处理该案,最终涉案太监高云从被斩，于敏中等大批官员受到处罚，该案轰动一时，影响巨大。《大清高宗纯皇帝实录》另有"记载"三处。一为总兵三德、斐慎的"记载"："且三德、斐慎，在军营颇为出力，是以擢用总兵。昨来行在陛见，召对时，视其材具器识，均尚可胜总兵之任，密为'记载'。著将原片二件，封发勒尔谨阅看，令其阅毕，仍即缴回。"③二为知府穆克登泰的"记载"："将穆克登泰带领引见，朕看该员不过一诚实本分之人，覆查阅该府从前请训时记载，亦不过注其谨饬。"④三为知府钱金殿的"记载"："所有'记载'原片，并著发交书麟阅看。"⑤军机处上谕档内也多处使用本文所指的"朱批记载"及"记载"，内容多与实录相重，故不细述。

相关记录亦见于宫中汉文朱批奏折，乾隆四十一年（1776）八月初五日，勒尔谨具奏为钦奉上谕并恭缴朱笔记载事一折⑥，该折内写有"且三德、斐慎，在军营颇为出力，是以擢用总兵。昨来行在陛见，召对时，视其材具器识，均尚可胜总兵之任，密为'记载'。著将原片二件，封发勒尔谨阅看，令其阅毕，仍即缴回"，"兹捧读圣训暨'朱笔记载'，仰我皇上圣明，凡蒙召见，无不洞烛隐微"，以及"恭缴'朱笔记载'二件"等语。此朱批奏折所写的内容与上文所引《实录》的内容相呼应，只是此朱批奏折内用了"朱笔记载"一词。当然，最直接的记录则是"朱批记载"档案。清代所封籤条之上所写"朱批记载""朱笔记载""记载"等字，是"朱批记载"档案存在更为有力的证明。

可见，"朱批记载"作为档案术语在清代已经广泛使用，且已明确地记录在官方档案及官修书籍里。同时可以看出，朝廷内外官员都对"朱批记载"档案抱有特别的兴趣，给予极大的关注。但是，它作为一种清宫秘档，深藏大内，臣工多欲窥而不得。

二　"朱批记载"的特点

笔者梳理《大清高宗纯皇帝实录》、军机处汉文上谕档及宫中汉文朱批奏折中关于朱批记载的内容，结合现存朱批记载的档案，从以下五个方面归纳朱批记载的特点。

（一）"朱批记载"起源及沿革

"朱批记载"源起于雍正时期，为雍正皇帝考察府道以下官员而创。如乾隆皇帝所说："至于记名道府人员'朱批记载'，乃皇考世宗宪皇帝留意人材，以便随时录用，实属法良意美，所当永远遵守。"[⑦]雍正以后，乾隆皇帝继承和完善"朱批记载"，记载对象不仅限于中下级官员，逐步扩大至外任高级官员。作为考察官员的一项重要手段，"朱批记载"一直延续使用至咸丰朝[⑧]。咸丰以后，清朝皇帝多年幼，慈禧垂帘听政，"朱批记载"档案几乎无存，此制度渐废。

（二）"朱批记载"的对象

乾隆皇帝曾言："朕与总镇等之是否相宜，一经召见无不密记，以备考核。文职道府以上亦然。总因人材难得，故时刻留心，冀备任使。"[⑨]然统计"朱批记载"档案，记载对象文职有侍郎、监察御史、学差、布政使、按察使、通政副使、道员、给事中、侍读学士、知府、郎中、员外郎等，武职有将军、护军统领、都统、提督、副都统、总兵、城守尉、侍卫等。从档案数量上看，"朱批记载"的对象主要为京内外中下级官员或者外任高级官员。

（三）"朱批记载"的内容

"朱批记载"的内容为皇帝对官员所做的秘密记录性评语。皇帝的这些评语形象生动，个性鲜明，涉及任职、相貌、性格、出身、语言能力等诸多方面。如 an i jergi（译为平常）、kemuni ombi（译为尚可）、manju i muru bi（译为有满洲模样），以及"此人或可出息，可惜其父出身不清""小城或可""何题之子，能曰文则善矣，似有出息"等等。

（四）"朱批记载"档案的形成

清代皇帝接见官员场合多有不同，如觐见、陛见、陛辞、引见等等，故"朱批记载"档案形成途径具有多样性。官员觐见、陛见、陛辞时，需同时具折向皇帝请安、谢恩或者请训，皇帝则将对官员的评语记录在其所具奏折或者封套上官员的名字处，形成"朱批记载"档案。会典对官员具折有详细规定："在京宗室王公，文职京堂以上，武职副都统以上，及翰詹授日讲起居注官者，皆得递奏折。科道言事亦得递奏折。在外各省文职按察使以上，武职总兵以上，驻防总管城守尉以上，新疆西路、北路办事大臣领队大臣以上，皆得递奏折。道员言事，亦得递奏折。其言事得递奏折者，遇除授、谢恩、老疾请假等事，仍不准自递奏折。凡在京例不准递奏折人员，如特旨派往外省查办事件，及任学政、盐政、织造、关监督，并科道巡漕及抽查者，亦得递奏折。其派各省正副考官者，例得递奏折人员，出京回京皆递奏折；例不准递奏折人员，惟回京时准递折复命。其外省得递奏折人员来京时，亦准递折请安；例不准递奏折人员，惟道府于简放出京及来京引见时，皆得递折请训。"⑩只是此类请安、谢恩、请训奏折系皇帝接见时所呈递，与日常奏事奏折及请安折不同，该部分奏折奉皇帝朱批与否，皆不发还给具奏官员，折内有"朱批记载"，则归入"朱批记载"档案管理，留存奏事处。

"引见，即官员由中央有关部门导引（即带领）晋见皇帝、接受皇帝的亲自考察的制度。文官由吏部引见，武官由兵部引见，蒙古等少数民族官员由理藩院引见"⑪。"对于中下级官员的引见，一般在乾清宫、养心殿，或者御门听政时成批进行。在引见中，皇帝一方面阅看有关大臣的奏折和官员的履历；另一方面，又亲自观察和考问官员，这样可以更准确地作出任命的裁断"⑫。特别之处在于皇帝将对官员的评语秘密记录在引见折、履历单、履历片、名单等文书上官员的名字处，形成了"朱批记载"档案。因此，"朱批记载"档案的文种涉及奏折、封套、引见折、履历单、履历片、名单诸多种类。

（五）"朱批记载"档案在清代的保管存放

清代，"朱批记载"档案按照年份分类打箍保存，交奏事处记档太监负责。注记文字简洁明了，如："乾隆二十九年文员布政按察记载"⑬"二十九年武员总兵"⑭"四十一年将军副都统城守尉"⑮等等。"朱批记载"档案仅供皇帝一人参考查阅，不示外人，偶尔给予相关官员阅看，阅毕仍需缴回宫中。

综上所述，"朱批记载"档案，是清代皇帝在接见中下级官员或者外任高级官员时，用朱笔（遇国丧用墨笔）在奏折、引见折、履历单、履历片等文书中官员名字处秘密注记对该官员的印象、评价及任职意见而形成的档案。该档存于内廷奏事处，供皇帝考察官员使用，秘不示人。

三　"朱批记载"档案概况

清代，"朱批记载"档案归内廷奏事处保管。1925 年，中国第一历史档案馆前身故宫文献部清理档案时，将地处内廷的档案集中，命名为"宫中各处档案"，简称"宫中档案"。此后，"宫中档案"一直按一个系统进行保管和整理。为维持原管理面貌，中国第一历史档案馆现今仍沿用"宫中各处档案"这个全宗名称。"朱批记载"档案作为宫中档案的一部分，始终保存于中国第一历史档案馆。

现存宫中全宗的"朱批记载"档案，主要依据文字种类分为满文和汉文两大部分进行保存；若按照文种区分，则可分为奏折、封套、引见折单、履历单、履历片、名单等。

"朱批记载"档案中的满文档案主要保存在宫中满文朱批奏折及满文杂件，约有两千六百多件。这部分满文档案中，很多案卷仍保留清代"籤封"状态，整理时仍旧保持原来同籤关系，且原与满文朱批奏折一同存放者，仍与朱批奏折归为一类保存；原与满文杂件一同存放者，则仍与满文杂件归为一类保存，维持原有整理基础。保存于满文朱批奏折内的"朱批记载"档案约有两千五百余件，多为奏折；保存于满文杂件内的"朱批记载"档案约有一百余件，多为引见折单、履历单、履历片、名单等。满文"朱批记载"档案起止时间为雍正十三年（1735）至咸丰十一年（1861）七月初九日。

"朱批记载"档案中的汉文档案主要保存在宫中汉文朱批奏折、请安折及履历引见折，约有两千多件。其中，汉文朱批奏折、请安折约一千多件。宫中履历引见折内的"朱批记载"档案基本被选入《清代官员履历档案全编》（共计 30 册），但《清代官员履历档案全编》绪言并未介绍说明这些履历引见档案与"朱批记载"的关系。《清代官员履历档案全编》内所录档案数量巨大，然笔者结合"朱批记载"档案的特点，对该书内所有档案进行梳理，只有少量档案为皇帝的笔迹，故属于"朱批记载"的档案数量不多，主要集中于《清代官员履历档案全编》1 至 3 册，约有一千余件。汉文"朱批记载"档案起止时间为雍正朝至咸丰朝。

四　"朱批记载"档案的价值

"朱批记载"档案不仅使皇帝和官员的人物形象呈现出鲜活的特征，更为重要的是，它作为一种新史料，有助于清代文书档案、清代典章制度研究工作的发展。

（一）推进清代文书档案的研究

清代档案存世数量巨大，文书种类繁多，档案关系复杂，很多文书种类还缺乏深入的研究，很多档案之间的关系还缺乏了解。毫不夸张地讲，"朱批记载"档案俨然是一种"新史料"，研究利用价值非常高。同时，"朱批记载"不仅和朱笔批过的奏折、引见折、履历单、履历片等文种关系密切，还拓展了"朱批"的外延。"朱批"不再只涉及传统意义上的奏折、谕旨等大类文种，还扩展到"记载"类文种。朱笔批过的引见折、履历单、履历片，不仅仅是朱批引见折、朱批履历单、朱批履历片这些文种，藏身于其中的记录对官员评语的档案更是"朱批记载"档案的组成部分。因此，弄清"朱批记载"档案的基本情况，能够"补白"一个档案类型，有利于推进清代文书档案的研究。

（二）加深清代皇权专制的研究

乾隆皇帝曾言："乾纲独断乃本朝家法，自皇祖、皇考以来，一切用人听言大权，从无旁假，即左右亲信大臣，亦未有能荣辱人、能生死人者。"⑩清代，各级官员的任用，上至大学士、军机大臣、总督、巡抚，下至司道、府县，甚而佐杂等官，都必须经过皇帝的钦定才能生效。吏部、兵部等衙门虽然负责承办人事等事宜，但是，为确保皇帝对官员的选任，凡高级官员，由皇帝特别简任，中下级官员也需请旨补放。尤其是中下级官员平时少为皇帝所见，故还需引见，皇帝亲自当面观察和考问，皇帝允准后方可赴任。在引见过程中，一项核心内容即是皇帝的"朱批记载"，皇帝依此来绝对把握和掌控中下级的官员情况，维护其在官员任免上的专制。

（三）拓展奏事处职掌的研究

奏事处系清代专门为皇帝呈递奏折等文书及传宣谕旨的机

构。"奏事处的职掌，主要有五项：①接收奏折题本；②传宣谕旨；③办值日班次；④递'缮牌'；⑤递'如意'及贡物"⑰。以往研究认为，奏事处职掌主要为上述五项，并未关注到"朱批记载"档案的保管。如今，我们已经能够确认，保管"朱批记载"档案也是奏事处的一项重要职能，并且由记档太监专门负责，这在一定意义上拓展了奏事处的职掌研究视域。

（四）深化清代职官制度的研究

"朱批记载"是清代官员在觐见、陛见、陛辞、引见过程中形成的文书，与觐见制度、陛见制度、陛辞制度、引见制度、奏折制度等有着十分紧密的关联，因此，"朱批记载"档案为研究这些制度提供了丰富而系统的第一手素材。这些素材不见于其他史书和档案，是独具特色的新史料。利用"朱批记载"档案，能够推进这些制度的研究。换而言之，如果研究清代职官、觐见、陛见、陛辞、引见、奏折等制度，没有充分利用"朱批记载"档案，研究工作必有疏漏，难以做到全面、彻底、充分。

（五）丰富清代帝王、官员等人物的研究

"朱批记载"是清代皇帝亲笔所记的官员评语，展现了皇帝对官员的考察视角及清代多位皇帝的个性。"朱批记载"档案不仅涉及清代官员的职位、年龄、身世等基本信息，更重要的是通过皇帝的"朱批记载"使官员的人物形象更加鲜活，更能展示官员的综合素质。同时，"朱批记载"档案上的评语，也使皇帝本人的性格愈加丰满。因此，"朱批记载"档案对研究清代帝王及官员等具有重要的参考价值。

总之，不为后人广知的"朱批记载"档案，内容鲜活，史料突出，具有重要的研究利用价值。在"朱批记载"档案中，满文数量很大，这也限制了研究利用，直接影响到其史料价值的发掘。"朱批记载"档案可以说是一座未被人挖掘的宝藏，期待更多的学者关注和研究，以推进和"补白"相关领域的研究。

注释：

① 《大清高宗纯皇帝实录》卷 870，乾隆三十五年十月上；另见中国第一历史档案馆藏：军机处上谕档，乾隆三十五年十月初二日，第 2 条。

② 王虹：《清"高云从"案考实》，《云南师范大学学报》1989 年第 3 期，第 92—95 页。

③ 《大清高宗纯皇帝实录》卷 1012，乾隆四十一年七月上。

④ 《大清高宗纯皇帝实录》卷 1235，乾隆五十年七月下。

⑤ 《大清高宗纯皇帝实录》卷 1275，乾隆五十二年二月下。

⑥ 中国第一历史档案馆藏：宫中朱批奏折，乾隆四十一年八月初五日，档号：04—01—16—0065—058。

⑦ 《大清高宗纯皇帝实录》卷 963，乾隆三十九年七月下。

⑧ 笔者所见，"朱批记载"档案形成时间最近者为宫中满文朱批奏折咸丰十一年七月初九日官铭奏折，档号：04—02—002—001390—0066。

⑨ 《大清高宗纯皇帝实录》卷 1012，乾隆四十一年七月上；另见中国第一历史档案馆藏：军机处上谕档，乾隆四十一年七月初五日，第 2 条，该档内"总镇"写作"总兵"。

⑩ （嘉庆）《钦定大清会典》卷 65，奏事处·侍卫章京职掌，第 10 页。

⑪ 朱金甫、张书才主编：《清代典章制度辞典》，北京：中国人民大学出版社，2011 年版，第 135 页。

⑫ 秦国经：《清代官员履历档案全编》，上海：华东师范大学出版社，1997 年版，绪言。

⑬ 中国第一历史档案馆藏：宫中朱批奏折，乾隆二十九年七月初二日，档号：04—02—002—000508—0025。

⑭ 中国第一历史档案馆藏：宫中朱批奏折，乾隆二十九年二月初八日，档号：04—02—002—000513—0043。

⑮ 中国第一历史档案馆藏：宫中朱批奏折，乾隆四十一年十二月十五日，档号：04—02—002—000648—0071。

⑯ 《大清高宗纯皇帝实录》卷 323，乾隆十三年八月下。

⑰ 张德泽：《清代国家机关考略》，北京：学苑出版社，2001 年版，第 36—37 页。

（原载于《满语研究》2017 年第 1 期）

清代文书抬头制度探微

石文蕴

抬头也称抬格、平阙，是我国古代文书中常见的一种制度。抬头制度是指在文书行文过程中，凡是遇到"皇帝""天"等尊贵字眼时，即需要将该类字词进行抬写或空出格书写，以示尊敬。抬头形制最早可以远溯至秦代，据清人王昶所著《金石萃编》中记载，在诸城县琅邪台立有一块石刻，上面便有对"始皇帝""丞相"等字样进行抬写的形式。此后历朝历代，在文书书写时均采用了抬头形式，时至清代，抬头制度的发展已经趋于完善，且在文书中严格执行。

一　清代文书中抬头制度的形式

（一）清代汉文文书中的抬头制度

清代的抬头制度主要沿袭明代，并以此为基础加以扩充与规范。据康熙朝《钦定大清会典》中记载："题本式，每幅六行，一行二十字，格内抬头二字，平行十八字，出格抬头加一字……奏本式，每幅六行，一行二十四字。格内抬头二字，平行写二十二字，出格抬头加一字。"[①]

清代文书中抬头的主要形式有空抬、平抬、单抬、双抬、三抬、四抬等。

空抬即在缮写文书时，对示以尊敬的字在空出格后书写，此形式多见于官府往来文书中的上行文，文中在提到上级长官时均需空抬。此外，空抬形式还可应用于引用上文结束后，例如在表示公文引文结束的引结词"等因。前来。""具奏。前来。"后有空抬形式。

平抬也称作提行，是将公文另起一行平行书写，通常是地方官府衙门之间在提及同级、上级官署或长官时使用，例如"中堂大人""内殿总管""王爷大人"。另在内务府呈稿中，员外郎、派出郎中等人在提及"堂台"时亦进行了平抬。

单抬顾名思义，即将需抬写的字样抬高一格书写。文书中一般涉及朝廷与国家时使用单抬，如"朝贺""国脉"。遇到宫殿和城门以及其他皇家宫苑名称时亦使用单抬，如"太和殿""午门""圆明园"等。另由于与皇上和皇后相关的词语需要双抬，因此在提及比帝后等级低的皇室成员时便要进行单抬，如"敦宜皇贵妃""瑸嫔""皇太子"等等。除此，在题本中，首行与末尾"谨题"中的"题"字与奏折中首行与末尾"谨奏"中的"奏"字要单抬。文书中还对一些于清代满族统治者十分重要的地名进行了单抬，如"长白山""盛京"。

双抬是将需要抬写的字样抬高两格书写，一般为指称皇帝的词语，如"皇上""天颜""睿鉴"等等。另外，与皇帝相关的人或事物词语也要进行双抬，例如指皇帝的正妻及皇帝所居所用的词语"孝贤皇后""殿宇""宝座"等。另外，描述皇帝施行的动作词语也要双抬，如皇帝发布的"谕旨""朱批""训饬"，皇帝给予的"殊恩""钦赐"，以及皇帝"御乾清宫""升座""钦颁"等。

三抬即将文书中相应的词语抬高三格书写。一般提及皇帝长辈及祖先需要三抬，如"圣母皇太后""列祖""皇考"等等。先皇遗留的"圣训""玉牒"，与安葬及祭祀祖先相关的词语"梓宫""泰陵""先农坛""太庙"等书写时亦需要进行三抬。除此，收藏实录、圣训、玉牒的"实录馆"及盛京故宫中的"崇谟阁""敬典阁"等亦要三抬。

四抬是将文书中应抬写的词语抬高四格书写，存在较少。乾隆皇帝在乾隆六十年（1795）提出在翌年举行归政大典，自称太上皇，同时规定"凡遇天、祖等字，高四格抬写"②。

（二）清代满文文书中的抬头制度

除汉文外，有大量清代文书使用满文书写。与汉文文书类似，清代满文文书亦采用了抬头制度。从结构来看，由于汉字字体较为规整，所占书写空间大体一致，一字即为一格，因此在抬写时较为清晰。在雍正朝《钦定大清会典》中，更是有格式规定体式图例，要求书写时依据规定的线条与格子，同时注明"上二格，为抬写之格，三抬者，出格"③。而满文属于拼音文字，词语都是由满文字母拼写而成，长短不一，抬写时无法像汉文一样以格为标准。因此满文文书在抬写过程中，主要以书写高度来体现抬写词语的不同。

满文文书抬写的形式与类别几乎与汉文如出一辙，只是需要通过比较词语抬写高度来予以区分。例如满文文书中的空抬是在两个词语之间空出一段距离，如 sarkiyame tucibufi jurgan de isinjihabi（抄出到部）后面空出距离，表示引文结束，再接写 baicaci（查得）。需要单抬的词语一般高出不需抬写词语约四分之一书写，如 cang cun yuan（畅春园）、wesimbuhe（奏）、mukden（盛京）。需要双抬的词语，一般高出不需抬写的词语二分之一书写，如 hese（旨）、ejen（主）、ujen kesi（弘恩）。而需要进行三抬的满文词语则要比双抬的词语高出约四分之一个词语的位置书写，如 yargiyan kooli（实录）、ambalinggv munggan（景陵）、han ama（皇考）、hvwang taiheo（皇太后）。

二 清代文书抬头制度的严格规定

清代统治者对当时的文书书写格式要求十分严格，早在顺治八年（1651），便对题本抬头书写格式有了明确规定："章内称宫殿者，抬一字；称皇帝、称上谕、称旨、称御者，抬二字；称天地、宗庙、山陵、庙号、列祖谕旨者，均出格一字写。"④要求"内外一式遵行"⑤，同时规定如果出现"本内抬头错误，应抬书不抬书，不应抬书而抬书"⑥的情况，则"均属违式，由司揭送内阁参处"⑦。

对于抬头的具体规定，道光二十九年（1849）的《科场条例》记载得最为详细："世祖章皇帝、圣祖仁皇帝……祖、宗、列圣、世德、圜丘、方泽、苍穹……以上俱系三抬字样，敬谨书写。圣天子、圣主、一人、宸衷……九重、丹陛、彤庭以上俱系双抬字样，谨略举其概，行文时各宜检点。朝廷、国朝、国家、龙楼……以上俱系单抬字样。"⑧另外在应试中，考生如果抬写格式不规范，便会受到相应惩罚："试卷于应抬字样，不行抬写者，罚停一科。"⑨科场对抬头形式的严格规定，是对仕子思想的管控，更是为其将来为官后熟练掌握与运用抬写格式打下基础。

相较于科场的考生，入仕的官员如果在文书抬写上出现失误，后果则要严重得多。嘉庆五年（1800），礼部尚书德明与礼部左侍郎扎郎阿人等缮写仪注，内容关乎皇上恭代高宗纯皇帝行礼一事，其中"恭代"二字本应双抬，而德明等人则因"未能悉心斟酌"将"恭代"二字进行了三抬，最终德明等人被罚俸一个月⑩。除此，在《清实录》中，亦有官员因抬写不规范而受到惩处的记载：光绪十三年（1887），"御史王会英陈奏事件折内，东陵字样未经抬写，非寻常疏忽可比，王会英著交部严加议处，寻议革职留任"。

与汉文文书类似，官员在书写满文文书时如果出现了抬头错误，亦会受到惩处。据《清实录》载：嘉庆二十二年（1817）七月，"太常寺进呈清文则例，第三十六卷内，世祖章皇帝、孝惠章皇后、孝康章皇后、圣祖仁皇帝均未出格抬写，该员等并不敬谨校对，非寻常疏忽可比。太常寺满洲堂官，俱著交部严加议处，其前次奏请议叙之处，著即撤销"。另据档案记载：乾隆三十九年（1774），宁夏将军傅良因将奏折中 gingguleme（谨）一词进行了抬写而遭到乾隆帝训诫。乾隆帝强调奏折中出现 gingguleme wesimburengge（谨奏）连写时，应将 wesimburengge（奏）一词抬写，而 gingguleme（谨）一词只需接续前面人名书写即可，不必抬写。乾隆帝认为傅良多年来身居将军等要职，不应不知抬头之规定，对傅良予以严厉申饬。

三　清代文书实行抬头制度的意义与目的

（一）维护清代统治者的统治地位

清代文书实行抬头制度的实质是通过对相应字词的抬写形式进行严格规定，以此维护统治地位，是统治者对臣民思想管控的一种形式。如嘉庆十八年（1813），刑部奏称江南一位僧人淳辉编造诗册，因"妄用抬写字样，语多悖谬。刑部比照大逆律，拟以凌迟处死"。由此可见，清代统治者认为不规范的抬写形式中可能隐藏着不臣之心，臣民遵守抬头制度才是对统治的顺从。再如乾隆三十七年（1772），乾隆皇帝在批阅河南巡抚何煟的奏折中提到，罗山县在籍革职知县查世柱编纂的《全史辑略》一书中，参考了禁书《明史辑略》，他认为"将应禁之《明史辑略》藏匿不毁，且敢采辑成书，自有应得之罪"。幸而查世柱"遇大清起兵之处，亦知抬写，并未敢诋毁本朝，尚不至于大逆"，乾隆皇帝对其所处的刑罚由斩决宽免为斩监候。由此可见，清代统治者将抬头制度作为了维护统治的一种手段。

（二）体现清代统治者的敬畏心理

清代抬头制度中规定，将天地、宗庙等内容相关的字词进行三抬，高于"皇帝"的双抬，足可见清代统治者对其敬畏之心。据《清实录》记载："各衙门题奏事件，恭遇列祖列宗庙号应行抬写之处，堂司各官，自应敬谨缮写，详细核对，方足以昭恪慎。"⑪有官员在抄录谕旨时，"世宗抬写之处缮录错误"⑫，嘉庆皇帝认为其"非寻常疏忽可比"，给予了降职、革职及罚俸等处罚，同时警示"嗣后内外各衙门大小官员，惟当随事敬慎。遇有恭缮天祖及一切应行抬写之字，尤宜倍加谨凛，免蹈罪愆"⑬。

清代统治者在对待神明方面，亦不敢有丝毫怠慢。乾隆五十九年（1794），乾隆帝认为河水安澜，是仰赖于河神的庇佑，为了体现其对河神的祈谢与敬谨，规定依照时任东河总督李奉翰奏折内将"河神"二字双抬为例，传谕两江总督书麟、南河总督兰第锡等一体遵行："折内于河神二字，用单抬缮写。虽向来中祀小祀，原有单抬平抬之别，但现在河神灵佑，坝工平稳，朕方亲为虔诚祈谢。今折内如圣怀等字，俱用双抬，而河神按例较低一格，朕心有所不安。同日李奉翰奏到河工平稳折内，所书河神字样，系用双抬，自属允当。嗣后凡遇河神二字，俱应双抬书写，以昭敬慎。"⑭

（三）突显清代等级制度

由清代文书的抬头制度中不难发现其等级划分极为严格。例如"太上皇帝高三格抬写"⑮，"皇帝字抬二格"⑯，而在提到等级更低些的皇贵妃、公主时只需要单抬。清代文书通过抬头制度来强化尊卑有序的等级观念。例如在通常情况下，宫殿园囿的名称在书写时只需单抬，而在提及太上皇、皇太后等所居宫殿名称时，在书写中需要进行三抬，且皇太后所居宫殿外的"慈宁门"用了双抬。同样只需要单抬的"殿内东暖阁"在陵寝中的隆恩殿中，亦进行了三抬。而于乾隆时期因所居为皇太后而三抬的"寿安宫"，在同治时期因其主人为位分较低的成妃、李贵人等，故在文书中出现时只进行了单抬。再如皇帝所发"谕旨"为双抬，而皇太后颁行的"懿旨"则需要三抬。另外"恩赏"一词主体多为皇上，因此一般将其进行双抬，而当慈禧皇太后"恩赏"时，则将此词进行了三抬。无独有偶，"御批"一词通常在文书中是双抬，但已故世祖章皇帝的"御批"则需要三抬。诸如此类，足可见尊卑等级观念在抬头制度中体现得淋漓尽致。

注释：

① （康熙）《钦定大清会典》卷50，礼部·仪制清吏司·题奏本式。

②⑮ （光绪）《钦定大清会典事例》卷290，礼部一·授受大典·归政事宜。

③ （雍正）《钦定大清会典》卷67，礼部·仪制清吏司·题奏本式。

④⑤⑥⑦ （光绪）《钦定大清会典事例》卷1042，通政使司·题本·格式。

⑧ 《钦定科场条例》卷42。

⑨ 《大清宣宗成皇帝实录》卷248，道光十四年正月甲戌。

⑩ 中国第一历史档案馆藏：内阁题本，嘉庆五年七月初二日，档号：02—01—03—08421—009。

⑪⑫⑬ 《大清仁宗睿皇帝实录》卷120，嘉庆八年九月丙申。

⑭ 《大清高宗纯皇帝实录》卷1456，乾隆五十九年七月戊戌。

⑯ （光绪）《钦定大清会典》卷32，礼部·仪制清吏司六。

（原载于《中国档案》2020年第6期）

清代"奏折代替奏本"考辨

陈晓东

奏折作为清代文书制度中最具特色的文书种类，历来是学界研究的重点，无论是奏折的起源、制度的改革、文书格式以及文书价值、史料价值等，相关学术成果颇多。在论述其文书价值时，有一个论断作为重要论据，时时为学界诸家所提及，即：乾隆十三年（1748），乾隆皇帝谕令废除奏本，由奏折替代。但笔者在研究过程中，却发现事实并非如此，故撰写此文以辨，并求正于方家。

一　从文献原文上看

在研究清代奏折制度的诸多论著中，提到"奏折替代奏本"的甚多。如秦国经《清代的奏折》："到乾隆时期，各项典章及文书制度进一步完备。奏事既速且密的奏折，逐步代替了奏本；"[①]赵伯军《奏折制度的演变及其在清代政治中的作用》："奏折制度的正规化和使用范围的不断扩大，对传统的题奏本制度产生了重要影响。乾隆十三年，皇帝谕旨明令废止奏本，使奏折正式取代了奏本，所以乾隆以后，奏折已成为政府的重要公文；"[②]王素兰《〈康熙朝汉文朱批奏折汇编〉研究》："到乾隆朝，奏折正式取代了奏本，成为正式的官样文书"[③]等等。这些文章的立论基础大都是乾隆十三年上谕，但多不引用上谕原文，只笼统给出结论。因此，辨析这一问题，我们就必须回归到乾隆皇帝的上谕原文。

> 乾隆十三年十一月二十六日内阁奉上谕：向来各处本章，有题本、奏本之别。地方公事则用题本，一己之事则用奏本，题本用印，奏本不用印，其式沿自前明。盖因其时纲纪废弛，内阁、通政司借公私之名，以便上下其手。究之同一入告，何必分别名色。著将向用奏本之处，概用题本，以示行简之意。将此载入会典。该部通行传谕知之④。

从这道谕旨中，我们不难看出，乾隆皇帝明确指出：将向例用奏本的地方，一概用题本。如此说来，代替奏本的应该是题本。这似乎不该有什么歧义。但除上述诸家论著外，仍有许多论文在引用上述谕旨后，仍称"奏折代替了奏本"。如王悦《康雍乾奏折制度研究》在引用上述谕旨后，得出结论："明清两代通行使用了很长时间的奏本制度，到乾隆朝正式废止使用，奏折最终取代了奏本。"⑤可见，这一结论似已牢不可破了。

二　从奏本与题本的发展轨迹上看

奏本之名产生于明代，是古代奏体文书的延续，最初为明代最为重要的上行文书，既可用于公事，也可以言及官员自身的私事，甚至一般百姓也可以使用奏本上书，被称为"民本"。但因奏本格式复杂，使用不便，而创设题本，并规定，"令诸司有急切机务不得面陈者，许具题本投进。若诉私事、亏私恩者，不许"⑥。可见，在题本创设之初，其使用范围只是"诸司有急切机务不得面呈者"，虽公事而非急切机务，或可面陈者，仍使用奏本。但在具体使用过程中出现了偏差,于是永乐二十二年(1424)十月,时已继位的明仁宗谕:"今后惟警急机务不得即面陈者,许封进题本,其余大小公私之事,并令公朝陈奏。"⑦此后,题本使用范围逐渐扩大,至嘉靖八年(1529)规定:"凡内外各衙门,一应公事用题本。其虽系公事而循例奏报、奏贺,若乞恩、认罪、缴敕、谢恩,并军民人等陈情、言事、伸诉等事,俱用奏本。"⑧对奏本与题本的职能进行了区分,将原本由奏本承担的最为重要的功能———一应公事,由题本承担。

清沿明制,入关前,汉族降臣等即使用奏本上书言事,陈情建言。虽然诸官私史书皆说"国朝定制,臣民具疏上闻者为奏本;诸司公事为题本"⑨,或称"大小公事,皆用题本","本身私事,俱用奏本"⑩,"地方公事,则用题本;一己之事,则用奏本"⑪。但实际上却并非如此,顺康时期,奏本不分公私之事,均可使用。康熙《钦定大清会典》载:"顺治二年定:在外督抚镇按等官一应汉字本章,及在京各衙门除题本外一切奏本,不分公私,俱赴通政司投进,违式者一体参驳。"⑫"若奏私事,不用印。"⑬"一切奏本,不分公私""若奏私事,不用印"二语,其意甚明,而且载在会典,可见奏本也有公事奏本、私事奏本之别。其中公事奏本用印,私事奏本不用印⑭。甚至有人因奏本用印模糊而受到申饬,如顺治九年(1652)十一月十五日江南布政使刘汉祚奏本的批红:"该部知道,册并发,刘汉祚之奏本比式稍长,印文模糊,著饬行。"⑮

至雍正二年(1724),雍正皇帝上谕明令:"题、奏事件理应画一。行令各省督抚、将军、提镇,嗣后钱粮、刑名、兵丁、马匹、地方民务所关大小公事,皆用题本,用印具题。本身私事,俱用奏本,虽有印之官,不准用印,若有违错,查出题参,交部议处。"⑯再次缩减了奏本的职能范畴,规定大小公事皆用题本,只有私事才用奏本。

但具体执行过程中，对于何为公事、何为私事，往往很难厘清。于是雍正七年（1729）再次重申："嗣后举劾属官及钱粮、兵马、命盗刑名，一应公事照例用题本外，其庆贺表文，各官到任接印、离任交印及奉到敕谕、颁发各直省衙门书籍，或报日期，或系谢恩，并代通省官民庆贺陈谢，或原题案件未明，奉旨回奏者，皆属公事，应用题本。至各官到任升转、加级纪录、宽免降罚，或降革留任，或特荷赏赉谢恩，或代所属专员谢恩者，均应用奏本，概不钤印。"⑰至乾隆十三年，乾隆皇帝发布上谕，最终废除奏本，全部以题本替代。

纵观奏本与题本在明清两代的发展轨迹，我们可以看出，题本产生之后，逐步瓜分了原本属于奏本的各项职能，直至乾隆初年，题本完全取代了奏本。题本历经明清两代300余年，完成了从奏本中分离并最终取代奏本的历程。

三　从奏本与奏折的文书名称上看

奏体文书之制，由来已久，最早可追溯到秦汉时期。此后历代相沿，但名称略有变化，最初仅称"奏"，秦以前"言事于主，皆称上书。秦初定制，改书曰奏"⑱，汉代称为"封奏"，唐代称为"奏抄"，宋代称为"奏状"。明代沿用前制，洪武年间定名为"奏本"。纵观历代奏体文书的命名，皆是以文书处理动作（奏）为主体，各代结合其文书特点而命名，如汉代则结合其处理方式，命名为"封奏"，为防泄密，用皂囊缄呈进，故用"封"；宋代则结合其载体形制特征，因书写在单页纸上，故命名为"奏状"。明代奏体文书命名原则，与宋代相同，称为"奏本"。对于"本"的定义，学界已有论述："所谓'本'，就是用横幅纸折叠而成的折子式样。"⑲ 这恰与"折"同义。由此可见，"本"即"折"。

清代的奏折，在产生之初，还不是一个正式的文书，名称也较为混乱，称"折奏""密折""奏帖"等，但大致是以其载体形制命名的。迨至"奏折"之名确定，其命名规则恰与明代相同，即以文书处理动作（奏）加载体形制（折）结合而成。

而更值得探讨的是，在满语中，题本、奏本、奏折所对应的为同一个词 wesimburengge，虽然乾隆朝后对此三者进行了区分，确定了相对应的满语释义，奏本为 an i wesimbure bithe，题本为 doron i wesimbure bithe，奏折为 wesimbure bukdari，但在文书开面上，皆仍然使用 wesimburengge⑳。再结合上文，"本"即"折"，因此我们可以说：所谓的"奏折"，在实际含义上，即可理解为"奏本"。奏折即是军机处系统内的奏本，奏本即是内阁系统内的奏折，二者实为一物㉑。

在不同机构中一物二名且同时运行的情况，此并不为孤例。清代中央各衙门文稿撰拟即是如此。内阁典籍厅、蒙古房，工部虞衡司等称为堂稿；宗人府、吏部等称为说堂稿；内务府、方略馆等称为呈（堂）稿。这几种稿件实为一物，无论从内容、性质还是功能上都相仿，只因使用机构不同，而造成撰拟格式、特点、流转程序等产生差异。但是此类现象一般都出现在非正式文书中。而奏折在产生之初，很明显就是一个非正式的文书，至于后朝进一步完善，最终载入会典，成为朝廷的法定文书，并成为最为重要的上行文书，这些都是创制者——康熙皇帝所不能预见的。

四　从奏本和奏折的关系上看

奏折是清代特有的文书，一般认为其创设不晚于康熙朝中期。至乾隆初年奏本废除，二者并存五六十年。如上文所述，奏本与奏折在不同机构一物二名，这一属性决定了二者在职能上存在一定的交叉。

首先，我们来看看二者之间的区别。对于此问题，前辈诸家论述颇多，如殷钟麒《清代文书工作述要》等，基本都归纳为：（1）处理手续上：奏本繁琐，要由通政使司接收送内阁，经过票拟批红，抄发各衙门，一同造册还内阁，保存于大库，而奏折简便，直接封寄上陈，经皇帝亲笔批答，最终保存于宫中；（2）缮写、用纸上：奏本缮写用宋字，用纸尺寸较大，奏折用楷体，尺寸较小；（3）文书格式上：奏本首行需罗列具奏人全部官衔，奏折仅列主要官衔；（4）撰拟语言上：奏本叙述浮言套语，文字冗长，奏折简明扼要，流利好看；（5）文书用途上：奏本使用范围也较奏折为窄[㉒]。但仔细分析二者的区别，除所属机构不同外，皆非文书本质上的差别，这也恰恰符合同一文书在不同机构一物二名的特点。

其次，我们再看看二者之间的共同点。（1）文书格式上：二者开面相同，都只写一"奏"字，而且在满语中，奏本与奏折对应的亦为同一个单词；正文格式上，奏本以"谨奏"开头，以"为此具本，谨具奏闻"或"右谨具闻"等结尾，奏折以"谨奏"或"跪奏"开头，以"为此谨奏"结尾。（2）具奏资格上：明代奏本使用范围较广，除贱民、妇女外，一切臣民都可以使用奏本，但随着题本的产生，奏本的使用范围逐渐缩小。奏折产生之初，使用范围主要局限在皇帝的少数亲信，但经过雍正、乾隆两朝的发展，具奏人的范围逐渐扩大，京内九卿科道诸臣，在外将军、督抚、提镇、藩臬，旗员都统、副都统，凡四品以上官员，皆可具折奏事。但二者相同之处在于，所有上奏之人都以私人名义。这是与题本、咨文等文书有明显区别的。（3）上奏内容上：由于奏本与奏折的私人名义属性，决定了二者所上奏的内容基本都属于"私务"，如请安、谢恩等，是君臣之间联络感情的一种方式。其他如奏报地方事务、条陈建议等，则属于奏报类，皆是非决策性质的事务。由此我们可以看出，在奏报内容上，清代奏本与奏折都具有私务及非决策性的属性，都是对国家中枢决策体系的补充。

据上，由于奏本与奏折是不同机构一物二名的关系，其属性决定了二者在本质上具有众多共同点。但奏折作为一个新兴的文书，其产生和发展得到皇帝的力推，甚至成为一种荣耀，因此奏折更符合当时当地的现实需求，具有更强的生命力。所以奏折自产生之初，就在很大程度上压缩了奏本存在的空间。可以这样说，奏折的出现，是导致奏本废除的重要原因。

综上所述，我们可以得出这样的结论：

其一，奏本在明初是最为重要的上行文书，但自题本产生之后，奏本的重要性日趋削弱，其文书职能逐渐被题本所取代。经历明清两代的发展，至乾隆十三年，奏本被废除，最终退出了历史舞台。但是，取代奏本的是题本，而非奏折。

其二，奏折作为清代最具特色的文书，从康熙朝产生到乾隆初年获得了长足的发展，并最终成为正式官文书。但是，奏折演变为正式官文书的过程中并未取代奏本，更非以取代奏本为标志。

注释：

① 秦国经：《清代的奏折》，《清史论丛》2000年号。

② 赵伯军：《奏折制度的演变及其在清代政治中的作用》，《鲁东大学学报》2008年第6期。

③ 王素兰：《〈康熙朝汉文朱批奏折汇编〉研究》，华东师范大学硕士学位论文，2011年，第15页。

④ 《大清高宗纯皇帝实录》卷329，乾隆十三年十一月下；(乾隆)《钦定大清会典则例》

卷 2、21、118、151；（嘉庆）《钦定大清会典事例》卷 10、91、781；（光绪）《钦定大清
会典事例》卷 13、114、1142。

⑤ 王悦：《康雍乾奏折制度研究》，哈尔滨师范大学硕士学位论文，2012 年，第 29 页。

⑥⑧（万历）《明会典》卷 76，《奏启题本格式》；卷 212，《通政使司》。

⑦《明仁宗昭皇帝实录》卷 5，永乐二十二年十月庚戌。

⑨（康熙）《钦定大清会典》卷 50，礼部·仪制清吏司·题奏本式。（雍正）《钦定大清
会典》卷 67 记载与此相同。

⑩（雍正）《钦定大清会典》卷 18，吏部·考功清吏司·处分杂例。此外（雍正）《钦定
大清会典》、（乾隆）（嘉庆）（光绪）《钦定大清会典事例》先后 20 次提到此内容。

⑪（乾隆）《钦定大清会典则例》卷 2，内阁。另见（乾隆）《钦定大清会典则例》卷 21，（嘉
庆）《钦定大清会典事例》卷 9、781，（光绪）《钦定大清会典事例》卷 114、1042。

⑫（康熙）《钦定大清会典》卷 148，通政使司。另见（雍正）《钦定大清会典》卷 225、（乾
隆）《钦定大清会典则例》卷 151、（嘉庆）《钦定大清会典事例》卷 781、（光绪）《钦
定大清会典事例》卷 1042。

⑬（康熙）《钦定大清会典》卷 50，礼部·仪制清吏司·题奏本式。（雍正）《钦定大清
会典》卷六七记载与此相同。

⑭ 奏本使用范围及用印情况，因非本文主要探讨内容，故不展开详述。据笔者考证，此
问题在康熙朝甚为明确，毫无异议。至雍正朝亦是如此，但雍正皇帝谕旨中语焉不
详，如（雍正）《钦定大清会典》只说"本身私事，俱用奏本，虽有印之官，不准用印"，
极易造成误解。而乾隆皇帝一纸谕旨则将其坐实，加之后面诸种典章制度类书籍的
误载，如吴振棫《养吉斋丛录》卷 23 等，造成"清代公事用题本，私事用奏本，题本用
印，奏本不用印"的错误论断。多年来，此论断为学界所沿用，虽有学者进行辨正，但
收效甚微，学界持此错误论断者仍所在多有。

⑮ 李盘胜：《奏本用印问题考辨》，《历史档案》1995 年第 3 期。

⑯（雍正）《钦定大清会典》卷 225，通政使司。另见于同书卷 67，二处皆作"雍正二年"，
然（雍正）《钦定大清会典》卷 18、（乾隆）《钦定大清会典则例》卷 151、（嘉庆）《钦
定大清会典事例》卷 10、（光绪）《钦定大清会典事例》卷 13 等皆作"雍正三年"。

⑰（乾隆）《钦定大清会典则例》卷 151，通政使司。另见（嘉庆）《钦定大清会典事例》
卷 781、（光绪）《钦定大清会典事例》卷 1042。

⑱（南朝梁）刘勰著，杨明照校注拾遗：《增订文心雕龙校注》卷 5，北京：中华书局，2000
年，第 306 页。

⑲ 裴燕生：《历史文书》第 2 版，北京：中国人民大学出版社，2009 年，第 194 页。

⑳ 故宫博物院藏:《五体清文鉴》,北京:民族出版社,1957年版,第437、438页。感谢中
　国第一历史档案馆满文处李保文、赵玉梅、王小虹三位先生在此问题上提供的帮助。
㉑ 庄吉发先生在其《清代奏折制度》中认为:"所谓'奏折',就是'奏本'与'折子'的
　结合名词。"其说不确,庄先生忽略了"本"的含义。
㉒ 殷钟麒:《清代文书处理工作述要(初稿)》下册,北京:中央档案馆明清档案部,1963
　年油印本,第208页。

(原载于《清史研究》2016年第2期)

清代满文朱批奏折中的
人名及其对音汉译

韩晓梅

中国第一历史档案馆藏有数量众多的清代满文档案，宫中满文朱批奏折因记载内容丰富，奏折上有皇帝朱砂红笔批示，是研究清史的第一手材料，具有重要的史料价值，历来受到档案利用者和清史学界的重视。为了便于广大专家学者利用满文档案，中国第一历史档案馆近年完成了对馆藏满文档案的整理编目工作，并相继推进和开展了满文档案的著录和翻译工作。

在满文档案整理、著录和翻译工作中，只有确保汉译满文档案内的责任者人名信息准确，才能为档案利用者准确查找所需档案提供帮助。本文以中国第一历史档案馆馆藏康雍乾三朝宫中满文朱批奏折中的责任者人名为例，通过梳理，总结出清代满洲人取名用词的特点，尝试探讨满文档案著录和翻译工作中满文人名对音汉译应遵循的准则，以期对现代满文档案的著录及满语文翻译工作有所裨益。

一　清代满文朱批奏折中出现的责任者人名

中国第一历史档案馆馆藏满文朱批奏折属于宫中全宗，这部分档案系统完整，内容丰富。笔者有幸参与了宫中满文朱批奏折的整理和编目工作。在档案整理和目录编制过程中，准确地对满文档案中责任者人名进行汉译，确定责任者信息项，是一项重要工作内容。满文朱批奏折的责任者是指形成奏折内容并对其负责的成文者，主要包括满洲蒙古王公、中央部院大臣以及地方总督巡抚等人。

（一）满文朱批奏折中的宗室王公贝勒

在康雍乾三朝满文朱批奏折中出现的满洲宗室王公，有康熙朝和硕简亲王 yargiyangga 雅尔江阿，多罗僖郡王 yohi 岳希，镇国公 puki 普奇；雍正朝的和硕康亲王 cunggan 崇安，多罗平郡王 fupeng 福彭，英诚公 fengxengge 丰盛额，多罗贝勒 abulan 阿布兰，奉恩辅国公 aintu 爱音图，宗室 cudzung 楚宗；乾隆朝的和亲王 hvng jeo 弘昼，恒亲王 hvng jy 弘晊，理亲王 hvng si 弘晳，定郡王 miyan de 绵德，奉恩辅国公 lu king 禄庆 [①] 等等。

除了满洲王公外，还有蒙古亲王和郡王。例如：青海扎萨克亲王 cagan danjin 察罕丹津，青海和硕特蒙古亲王 lobdzang danjin 罗布藏丹津，科尔沁蒙古达尔罕亲王 lobdzanggumbu 罗布藏衮布，sebtenbaljur 色布腾巴勒珠尔，喀尔喀多罗郡王额驸 dondob dorji 敦多卜多尔济，喀尔喀郡王 sangjaidorji 桑寨多尔济，青海多罗郡王 punsukwangjal 盆苏克汪扎尔，等等。

（二）满文朱批奏折中的中央部院大臣

中央部院大臣也是在康雍乾三朝满文朱批奏折中出现较多的责任者。例如：康熙朝的吏部尚书 funingga 富宁安，礼部尚书 cen yuwan lung 陈元龙，工部尚书 he i 赫奕，理藩院尚书 arani 阿喇尼，太仆寺卿 asinai 阿锡鼐；雍正朝的礼部尚书 arsungga 阿尔松阿，吏部右侍郎 fuxen 傅绅，太仆寺少卿 hvwaxan 花善；乾隆朝的内阁大学士 jalangga 查郎阿，礼部尚书 fulehun 富勒浑，工部尚书兼内务府总管 laiboo 来保，等等。

（三）满文朱批奏折中的地方将军督抚

除去中央部院大臣，还有许多地方将军督抚等官员，也经常出现在康雍乾三朝满文朱批奏折中。例如：康熙朝的奉天将军 anjuhv 安珠瑚，吉林将军 basai 巴赛，黑龙江将军 centai 陈泰，甘肃巡抚 coki 绰奇，山西巡抚 deyen 德音；雍正朝的两江总督 cabina 查弼纳，浙江巡抚 fahai 法海，山东巡抚 hvwang bing 黄炳；乾隆朝的宁夏将军 bahai 巴海，伊犁将军 booning 保宁，云贵总督 aibida 爱必达，等等。此外，还有各地知府、总兵、驻防八旗都统、副都统等官员，因人数众多，不便在此一一列举。

二　清代满文朱批奏折中满语人名的用词特点

姓名是一种文化符号，是通过语言文字区别人群个体的标志。姓表明其家族传承，名则通常具有一定含义，多是长辈对晚辈的祝福与期望。清代满洲人皆用满语取名，在日常生活中，彼此相称均不带姓，只呼其名。因此，清代满洲官员书写公文奏折时亦不写姓，只写其名。每个民族都有自己独特的取名习俗，并且受到环境、社会、历史等诸多因素的影响。通过对清代满文朱批奏折的责任者人名进行满语词义分析，可以总结出满洲人在取名时选词用词上的一些特点。

（一）以满语名词取名

满洲人经常以表达动物、植物、身体部位以及生活用品名称的名词来取名。

1. 动物

满洲人发源于东北白山黑水之间，生存环境中的飞禽走兽和昆虫，便成了他们取名的灵感来源。例如：刑部河南司郎中 ebte 额布特（雏鹰），署镶白旗汉军副都统事参领 kvrcan 库尔禅（灰鹤），河南彰德府知府 tojin 托津（孔雀），署正蓝旗蒙古都统事护军统领 nacin 纳秦（鸦鹘），荆州副都统 jarhv 查尔扈（豺狗），镶白旗蒙古都统 kirsa 奇尔萨（沙狐），理藩院尚书 sengge 僧格（刺猬），镶白旗前锋参领 tukxan 图克善（牛犊），正红旗满洲骁骑参领觉罗 heliyen 和廉（螳螂）②，等等。

2. 植物

与用动物名称取名相似，山林中茂密的松树、榆树和柳树等植物，也是满洲人取名时比较常见的选择。例如：工部尚书 jakdan 渣克旦（松），山西巡抚 sukji 苏克济（榆树钱儿），山东登州镇总兵 teksin 特克慎（三川柳），内阁侍读学士 bujan 布展（树林），署理商都达布逊诺尔马驼群事务三旗牛羊群总管 bohori 博和里（豌豆），散秩大臣 arsun 阿尔逊（幼芽），等等。

3. 身体部位

满洲人除了用日常见到的动物和植物取名外，还有以身体部位命名的习俗。例如：镶白旗满洲都统 foron 佛伦（头发旋），正红旗满洲都统 sudan 苏丹（鬓角）、工部郎中 nionio 牛钮（眼珠），江南松太道员 tunggen 通恩（胸脯），领侍卫内大臣 samha 萨穆哈（痣、胎记），等等。

4. 生活用品

满洲人狩猎用的弓弦、出行用的爬犁、穿戴的帽子等生活物品，也被用来取名。例如：镶黄旗满洲副都统 uli 吴礼（弓弦），四川打箭炉都统 fara 法喇（轿杆、车辕、爬犁），户部尚书 muheren 穆和伦（轮子、耳环），太原镇总兵 taibu 台布（房柁、栋梁），易州城守尉 mahala 玛哈拉（帽子），内阁侍读学士 hooxan 和善（纸张），正蓝旗汉军都统 jangju 章柱（象棋），等等。

由此可见，满洲人的生活环境、生产及生活方式对满洲人的取名习俗产生了深远的影响。满洲人独特的取名习俗彰显了狩猎民族的特性，是有别于其他民族的独特文化特征。

（二）以满语动词取名

满洲人用动词取名时，多使用动词原形和使动态形式。前面已经提到，满洲人以狩猎采集为生，在自然环境中，经常见到河水奔流，大地震动。这些都是自然之力的体现，是力量的象征。在艰苦的野外能够燃起篝火，立起帐篷，便可以获得食物和温暖，这是拥有卓越生存能力的体现。满洲人对自然之力的崇拜，对食物和温暖的向往，也同样对他们的取名用词产生了影响。

1. 动词原形

例如：吉林乌拉副都统 ucara 乌察喇（碰见、遭遇），太常寺卿 yarhvda 雅尔呼达（领导、牵引），镶红旗汉军副都统兼署吏部右侍郎 tangka 唐喀（震动），甘肃巡抚 xutu 舒图（渐渐长大），南城监察御史 hesebu 赫色布（造化、天赐），正蓝旗满洲都统 yende 音德（燃起、兴旺），等等。

2. 动词使动态

例如：四川嘉定府知府 wesibu 倭什布（提拔、晋级），wesibu 是 wesimbi（向上、兴旺）的使动态。盛京将军觉罗 ilibu 伊礼布（竖立、建立），ilibu 是 ilimbi（立起、兴起）的使动态。包衣骁骑参领 mukdembu 穆克登布（兴旺、昌盛），mukdembu 是 mukdembi（上升、兴旺）的使动态。正蓝旗前锋参领 anabu 阿那布（使推、相让），anabu 是 anambi（推、排斥）的使动态．

（三）以满语形容词取名

名字是承载长辈对晚辈祝福与希望的载体，满洲人也喜欢用形容美好愿望的词语，为后代取名，以此来表达长辈的祝福。例如：散秩大臣果毅公 necin 讷亲（平安的、安定的），议政大臣固山贝子宗室 sulfa 苏尔发（安逸的、自由的），监察御史 bekitu 伯奇图（牢固的、壮实的），总管 sektu 色克图（聪明的、伶俐的），镶红旗汉军副都统 garsa 噶尔萨（爽利的、敏捷的），詹事府詹事 tumin 图敏（丰足的、浓稠的），等等。可见，身体结实、聪明伶俐、平安富足是长辈对晚辈未来最为殷切的期望。

　　满洲人除了用上述形容词取名，还有用派生形容词取名的例子。派生形容词即由名词或动词，通过添加词缀 −ngga、−ngge 而生成的形容词。例如：承德知府 taifingga 台斐英阿（太平的、安宁的），taifingga 由名词 taifin（太平）派生而成。吏部尚书 jalangga 查郎阿（有气节的、有骨气的），jalangga 由名词 jalan（骨节）派生而成。喀什噶尔领队大臣 yangsangga 扬桑阿（姿美好看的、文采斐然的），yangsangga 由名词 yangse（文采）派生而成。库车办事大臣 tusangga 图桑阿（有益的、有用的），tusangga 由名词 tusa（益处）派生而成。领侍卫内大臣英诚公 fengxengge 丰盛额（有福祉的、有造化的），fengxengge 由名词 fengxen（福祉）派生而成。

　　（四）以满语数词取名

　　满洲人还有以数词取名的习俗，通常是以满语序数词或者基数词取名。例如：户部尚书 sunjaci 孙渣济（第五），贵州安笼镇总兵 nadanju 那丹珠（七十），德州城守尉 uyunju 乌云珠（九十），热河副都统 minggan 明安（千），等等。满洲人以序数词命名应该是取义于孩子出生时，在家中子女间的排行顺序。以基数词取名可能是取义于孩子出生时，家中父辈或祖辈的年龄[③]。满洲人以家中父祖辈的年纪给新生儿取名，体现了满洲尊老敬老的民族传统。

三　清代满文档案中人名对音汉译应遵循的准则

　　满文档案的著录和翻译工作中，满文人名的汉译是指用汉文对音满文人名，即用汉字标注满文人名的读音。在满文人名汉译时，只有规范选用汉字进行对音，才能准确反映档案里的历史信息，为史学研究提供更为信实的资料。笔者通过总结以往满文档案的著录和翻译工作经验，再结合整理清代满文朱批奏折时所遇到的满文人名对音汉译工作难点，列举了一些满文人名对音汉译应注意的问题，以期对满文档案和满语文翻译工作有所助益。

（一）满文人名对音汉译应遵循国家档案行业标准

为了提升满文档案著录工作的规范性和统一性，适应新时代满文档案著录翻译工作的新需求，最新修订的《满文档案著录名词与术语汉译规则》（以下简称满文汉译规则），经全国档案工作标准化技术委员会审查通过，国家档案局批准，将于 2019 年 9 月 1 日起正式实施。该规则由中国第一历史档案馆起草，根据《档案著录规则》（DA/T30—1999）和《明清档案著录细则》（DA/T8—1994）的规定，结合我国满文档案著录和翻译工作的实践经验和遇到的问题，在《满文档案著录名词与术语汉译规则》（DA/T30—2002）基础上修订完成。其中，对于满文人名汉译做出了具体的规范和要求：

首先，应参照《清代职官年表》④、《清代各地将军都统大臣等年表》⑤、《清史稿》⑥、《大清历朝实录》翻译著录；

其次，凡同一人名在上列各书中用字不统一时，应以列在最前面的书为依据翻译著录；

再次，在上列规定的工具书中未查到的人名，应依据满文汉译规则附录 A 音译，并考虑汉译人名的用字习惯，同时应在其后加括号，括号内依据附录 B 转写对应满文。

满文汉译规则作为满文档案工作的行业标准，规范了满文人名对音汉译所用工具书的种类和参考顺序，明确了满文人名对音汉译的工作准则，为新时代满文档案工作的推进和开展划定了规范性的行业标准，使得满文人名汉译工作有据可循、有则可依。

（二）满文人名汉译应注意满文特定字母、外加单字和变音现象

1. 特定字母

sy、cy、jy 是满文中专门拼写汉语的三个特定字母，在拼写满文人名时也被广泛使用。例如：和硕廉亲王 yvn sy 允禩，正黄旗护军参领 syge 四格，康熙朝内务府总管 xang jy xvn 尚志舜，正蓝旗蒙古副都统 jyyung 智勇，吐鲁番领队大臣 fojy 佛智，盛京礼部侍郎 jysin 志信。

2. 满文外加单字

为了满足拼写汉语或其他语言借词的需要，在满文原有字母之外，又增加了一些专为拼写借词用的单音字，称为"满文外加单字"。如：ioi 余；nioi 女；lioi 律。其中的 ioi，在拼写满文人名时较为常用。例如：哈密办事大臣 kingioi 庆玉，江西赣州知府 gingioi 景裕，荆州将军 suioi 素玉，等等。

在外加单字中，带有 ki、gi、hi 复合音的单字比较特殊。ki、gi、hi 在拼读汉字时，发音分别与 ci、ji、si 相同，并且较 ci、ji、si 更为常用。如：ciowan/kiowan 全 / 权；jioi/gioi 聚 / 居，sioi/hioi 须 / 徐，iowan/yuwan 员 / 元，siowan 宣，等等。在人名中具体体现在署镶蓝旗蒙古都统事副都统 mingciowan 明全，陕甘总督 yang ing gioi 杨应琚，浙江巡抚 sioi yuwan meng 徐元梦，仪郡王 yong siowan 永璇，等等。

3. 变音现象

在满文人名对音汉译时，应注意有些辅音和音节连写时会发生变音现象。在利用工具书查找对音人名时，只有选用准确的对音汉字，才能更为迅速、便利地查证到正确的档案责任者。

（1）m 变音成 n

在满文汉译规则附录 A 中，m 对音为"木"字。但是在满文

人名中，若在人名词中位置出现 m，m 通常与前一音节拼读，m 变音为 n。例如：闽浙总督 mamboo 满保，mam 变音成 man，对音成"满"字。福建福宁镇总兵 ulamboo 乌兰保，lam 变音成 lan，对音成"兰"字，等等。

（2）r 变音成 l

在满文汉译规则附录 A 中，reng 对音为"棱"，但是在利用工具书对音查询人名时，"棱"音变成"楞"。例如：衢州镇总兵 irengge 伊楞额，察哈尔总管 sereng 色楞，等等。

（3）xui 变音成 zui

在满文汉译规则附录 A 中，xui 对音为"水"字。而在工具书中，出现在人名中的 xui，通常变音为 zui，对音成"瑞"字。例如：西藏办事大臣 hengxui 恒瑞，伊犁办事大臣 mingxui 明瑞。

（4）dei 变音成 de

在满文汉译规则附录 A 中，dei 对音为"德依"，然而在工具书中，dei 通常变音为 de，对音成"德"字。例如：议政大臣领侍卫内大臣侯 bahvdei 巴浑德，散秩大臣 kilidei 祁里德，内阁学士 dengdei 登德，户部侍郎觉罗 sedei 塞德，西安右翼副都统 gemdei 格木德，右卫副都统 serdei 塞尔德，湖南布政使 suldei 苏尔德，等等。

（5）tei 变音成 te

在满文汉译规则附录 A 中，tei 对音为"特依"，但是在工具书中，tei 通常变音为 te，对音成"特"字。例如：湖广总督 erentei 额伦特，盛京佐领 entei 恩特，巡查游牧等处地方理藩院员外郎 ciriktei 齐里克特，等等。

（三）满文人名对音汉译应避免选用表示汉人姓氏的汉字

满文汉译规则规定，在满文档案工作中遇到未能在工具书中找到的满文人名，应考虑汉译人名的用字习惯，并根据满文汉译规则附录 A，选用正确的汉字对音汉译。汉译人名的用字习惯是指除去档案责任者是汉人的情况外，汉译其他满文人名时，应避免选用表示汉人姓氏的汉字。从满文人名汉译用字上，使满文人名有别于汉人人名，可以避免广大档案利用者对档案责任者的民族属性产生误解。

清代统治者为保持满洲旧俗，曾严禁满洲人取用汉姓。乾隆二十年（1755）十一月十二日，乾隆帝曾降谕旨："向来满洲名氏，惟取清话之与汉字对音者，书写汉字，不得依附汉姓，故意牵混……乃今日兵部进呈本内，有喀尔吉善提调都司之何督一员，朕初意其为汉人，及阅该员履历，则系镶黄旗满洲人。伊既系满洲出身，或赫或和，何字不可书写？乃必牵混汉姓，此种陋习，断不可长。著再通行晓谕，嗣后倘有仍前混写者，必当重惩其罪……"[⑦] 由此可见，早在清代，满洲人在名字中使用汉人姓氏的行为，便被严令禁止。然而，乾隆帝虽屡颁谕旨，严禁满洲人取用汉人姓名，却仍有人以身试法。乾隆四十六年（1781），同为满洲出身的伍进福、觉罗观音珠和云祥三人，于科场舞弊被抓。乾隆帝降旨"不可不严办示惩，伍进福以满洲而取汉姓名，殊属可恶，著削去旗籍，以从其欲，于枷号满日，改发伊犁，给厄鲁特为奴……"[⑧]

四　结语

在现代翻译出版的满文档案史料中，满文人名使用汉姓汉字的问题仍然存在。例如由北京市民委古籍办和新疆少数民族古籍办编译的《盛京移驻伊犁锡伯营镶红旗官兵三代丁册》中，用满文抄录的三代丁册将锡伯族闲散 wangcin 汉译成"王钦"，实际应译成"旺沁"；将 dulixan 汉译成"杜里山"，实际应译成"都理山"；将 julungga 汉译成"朱隆阿"，实际应译成"珠隆阿"，等等⑨。在今后的满文档案翻译工作中，应尽量避免再次发生这种现象。

　　时代在进步，历史在发展，新时代满文档案和满语文翻译工作面临着全新的机遇和挑战。为顺应现代满文档案的著录和满语文翻译工作的新要求，进一步满足档案利用者对满文档案的查询利用需要，满文档案工作者必须与时俱进，不断更新观念，完善工作方法。只有如此，才能充分地发挥自身的作用，为推进新时代满语文翻译工作贡献一份力量。

注释：

① 文中所有满文人名均已依据《满文档案著录名词与术语汉译规则》（DA/T30—2019）进行拉丁转写。

②（ ）内文字为满文朱批奏折责任者满语人名的汉语词义。

③ 张玉：《从清代档案看清帝对满族取名的限制》，中国第一历史档案馆编：《明清档案与历史研究文集》，北京：新华出版社，2008 年版，第 1014 页。

④ 钱实甫：《清代职官年表》，北京：中华书局，1980 年版。

⑤ 章伯锋：《清代各地将军都统大臣等年表》，北京：中华书局，1965 年版。

⑥ 赵尔巽等：《清史稿》，北京：中华书局，1977 年版。

⑦ 中国第一历史档案馆藏：军机处上谕档，乾隆二十年十一月十二，第 1 条。

⑧ 中国第一历史档案馆藏：军机处上谕档，乾隆四十六年十二月二十四，第 3 条。

⑨ 永志坚、张炳宇：《盛京移驻伊犁锡伯营镶红旗官兵三代丁册》，乌鲁木齐：新疆人民出版社，2003 年版。

（原载于《民族翻译》2019 年第 4 期）

清中后期对外藩表章的办理

——以琉球为例

王少芳

2014年3月，中国第一历史档案馆藏内阁全宗档案整理工作告竣，笔者有幸在其中发现了五种涉及外藩字处理的"大内"档册，即：甲、鲍康辑《外藩表签式》同治七年（1868）初缮本；乙、刘启瑞约在光绪三十三年（1907）到宣统元年（1909）间主持的《外藩表签式》重缮本；丙、嘉庆立档道光朝增注的《票拟外藩表奏签式档》残本；丁、嘉庆立档同治朝增注的《票拟外藩表奏签式档》残本；戊、同治立档添记到光绪朝的《办理外藩表章略节档》。其中，甲、乙即清内阁汉票签处鲍康撰辑《外藩表签式》一书两版，丙、丁为清内阁满票签处案头办公文牍汇注的《票拟外藩表奏签式档》一式两份残档，戊是满票签处立文件记载办理外藩表文流程的文件簿。上述内阁档册涉及朝鲜、琉球、越南、暹罗、缅甸、南掌等六个外藩属国进贡公文的处理程序。限于篇幅，本文仅以琉球为例。

中国古代以"天下之中"和"华夷之辨"的观念来认识和构建其世界秩序，即天下体系。明清鼎革是中国经历的又一次跨民族政权交替的中华大变局。作为入主中原的非汉族统治者，清廷在顺治、康熙两朝务实地重建了中国与外藩属国的封贡宗藩体系，朝贡国的数量在乾隆朝达到峰值。嘉庆、道光两朝围绕中国大陆从东北亚至东南亚分布着六个稳定的外藩朝贡属国，即朝鲜、琉球、安南（越南）、缅甸、暹罗、南掌①。同光时期这种稳定的宗藩格局在东西方殖民势力的全面冲击下渐至瓦解。清代中国与周边国家的这种封贡宗藩关系被费正清（Fairbank）称为"中国世界秩序"（Chinese World Order），伴随着藩属国对中国政治上效忠的朝贡活动，在中国及其外藩属国之间同步形成了朝贡经济圈。滨下武志的研究表明，华夷秩序理念为天下体系内各国所长期共有的②。19 世纪西方列强侵入亚洲后，"中国世界秩序"开始受到冲击，英国侵略缅甸、法国兼并越南、日本吞灭琉球图谋朝鲜的行为，都是打着西方近代主权观念及国际法的旗号行殖民中国藩属之实的侵略行为。两属的琉球，作为中国与藩属间朝贡体系中最脆弱的一环，自然成了标榜"脱亚入欧"、急欲取中华而代之的日本首先发难的对象③。本文通过梳理档案载籍中琉球进贡中国的表奏公文制作的来龙去脉，以期有助于今人更好地理解清中后期中日间围绕琉球展开的竞争性的地缘政治博弈。

一　五种外藩表签式样档介绍

清代内阁是辅佐皇帝处理日常政务的秘书机构，票拟中外臣工所进章奏是内阁的重要职掌。《钦定大清会典事例》载顺治十六年（1659）上谕："内阁之设，原因章奏殷繁，一时遽难周览，故令伊等公同看详，斟酌票拟，候旨裁定，此旧例也。"为方便办公，内阁各办文机构形成了各种详细列载前例成案的票签式样的汇编档册。本文要介绍的五册外藩表签式样档就是内阁汉票签处和满票签处在办理外藩表奏公文的过程中形成的。

（一）汉票签处中书鲍康辑撰的《外藩表签式》④

《外藩表签式》是现存清代内阁档案中少见的由亲历者辑录

的表签式，记载了外藩所进表奏文书的款式及对其票拟办理的过程。两册《外藩表签式》一为鲍康同治七年初缮本，一为光绪三十三年和宣统元年之间由刘启瑞组织抄写的重缮本⑤。《外藩表签式》为内阁汉票签处中书鲍康将其亲自撰拟的外藩表章票签按国别时间顺序辑录而成，其后又有光绪二年（1876）彭銮续辑的签式若干及跋文。该书的序跋及正文对各国表章样式的介绍和票拟中所加按语有助于我们了解汉票签处对外藩表章处理的成例和定规。鲍康所作序文称："外藩各表，例由礼部送内阁交汉本堂翻译清字，定期送汉票签拟签进呈，不归委署。票拟向由通本上票签侍读及部本上覆看，每年多或二三次，少则一二次，故谙习者日以少。康承叶峭岩前辈指示，粗知梗概，谨司票拟者八年。爰备载签式、说帖成帙，缮写为二，一存直庐，一存科房。俾免遗失，庶后来者有所采择焉。"⑥序中交代了阁中实际负责票拟的是品级卑微的中书，还交代了辑录签式的原因：咸丰年间内乱外侵交困的局面几致朝贡断绝，熟悉外藩公文处理程序的人日渐减少，致使外藩票拟签式几成秘传之术。彭銮在跋文称："《外藩表签式》一书为鲍子年前辈所手订，允为后进楷模，自子年前辈出守，后司票拟者咸取法焉。阅时既久，更事愈多，刘星岑前辈思有以搜辑而扩充之。命銮董厥役，因获遍览近年所票，悉不外旧式范围，姑择其签支说帖小异者一二条付诸卷末，用备参考，惭无以副阁长雅意拳拳也。"⑦交代了《外藩表签式书》成书后成为内阁汉票签处继任中书们的工作利器。

（二）满票签处《票拟外藩表章式样档》

《票拟外藩表章式样档》是由清内阁满票签处在办理票拟外藩表章公事时辑录而成的式样档册。

先看档号 02—16—021—000196—0003 的档册残本。该档册为嘉庆时所立底本，增补有两条道光时的特例记录。具体立档时间：首先根据内容可初步推断为介于嘉庆二至四年（1797—1799）间。残篇首"（前缺'奉'字）旨改签签式列后备查"下小字注"朝鲜各表向例一分，自嘉庆二年贺太上皇帝、皇帝表各一分，特记"其中"太上皇帝"抬三格写。另在暹罗国表签式中及拟写呈堂略节式样中以进贡表章最为复杂的朝鲜国为例的式样中，均尊崇"太上皇帝"。其后又载有该年正月二十五日奉中堂谕查明特记的各国所进金叶表文的处理情况，"嗣后凡有金叶表交礼部及造办处者务随时记载年月数目于后，或将来考察之一助云"。从行文语气推断该档册极可能是奉中堂谕清查关于外藩表章处理签式成规后造档汇存的产物，且该档册所收签式最晚止于嘉庆二年，故综合推定其立档时间当在该年。

再看档号02—16—012—000480—0013的残本，该档册是以上述档册为底本的抄本，因其抄写顺序完全以上述档册为准，且将上述底本中增补的道光十九年（1839）琉球国签式照抄于琉球国签式之首，由此可以推测该抄本时间晚于道光十九年。此外，该残本见缝插针地于册页空白处增补了三条同治朝的签式，最早为同治二年（1863），其书写风格显然有别，可推定该抄本时间早于同治二年。

《票拟外藩表章式样档》对乾嘉时期满票签处办理外藩表章的成规定例做了详明的记载，如："查琉球国正贡谢恩正表例不进呈，其副表及奏本由内阁兼清拟签加说帖进呈，发下时副表奏本出科，说帖交汉票签，其正表连匣一并交厅贮库。"⑧这条完整地记载了琉球国表章从进呈到发下的处理规定。又如："查各国所进表章多寡不一，向例每国说帖只一件，夹该国头一道表内，其草底虽由汉票签照例拟写，向来不致遗漏，然其中间有舛错，亦难保其必无，本处办理时亦当悉心核对然后发写，庶免因陋就简之失。其说帖纸之大小、书写之行款、抬头之格式一如部本式样，俟进呈表出科之日，说帖上大记事档，令汉票签画押领去存贮该处，凡有应交该处者其登档画押仿此。"⑨可见其与汉票签处分工之细密与办理之谨慎。再如："各国表章初送到阁时，供事等每将原匣包袱等物辄换，竟致将表章皮面间有擦损者，殊非慎重之道，务于封印后先期传谕典籍厅承办表章供事，令其将原匣盛贮送堂缮写票拟，以防污损而昭慎重。"⑩可见其规定之细、办事之慎。此外，关于拟写呈送中堂略节的注意事项："应查照礼部咨送各国次序先后及某表票某签分析有无礼单，礼单内夹某片并例应进呈与例不进呈之件，详细开明，拟定草底，令供事缮写呈送，其式列后……"⑪这一条交代了满票签处《票拟外藩表章略节档》的由来与填注格式。借此，我们进入下一档册的介绍。

（三）满票签处《票拟外藩表章略节档》

该册档号为02—16—012—000480—0011，据内容即可推定其立档于同治四年（1865）琉球国恢复朝贡之时，填注完结之日为光绪十六年（1890）八月朝鲜国进告讣表章办理一事，几乎见证了同光时期朝贡秩序衰亡前回光返照的全过程，堪称"外藩朝贡终结实录"。尽管该档册封面脱落，然而扉页明确写着"公启者：每于办理表章务须详细注明，实有裨益，特启。"执笔者应为同光时期满票签处办文中书。翻检该档册正文可知：首先该档册填注票签格式严格遵照了上述《票拟外藩表章式样档》中关于拟写呈送中堂略节的若干条款的规定，从这一档册中，我们可以很容易地发现同治四年恢复朝贡秩序的先后次序为琉球、朝鲜、越南。以光绪元年（1875）官方记载的琉球国最后一次朝贡中国为例，介绍满票签处办理外藩表章略节的办文格式。

首先全抄礼部来文："礼部为移会事，本年二月十二日本部片奏'此次琉球国恭进例贡使臣到京，所赍表奏内有庆贺表奏，应请交该使臣带还，其谢恩表奏及例贡表文，应请照例递交内阁翻译具题'等因，奉旨'知道了，钦此'。钦遵到部，除庆贺表奏应发交该使臣带还毋庸送阁外，所有例贡及谢恩各表奏相应照例移送内阁典籍厅查照翻译具题可也。须至移会者。计开：……"接着小字统计"共正表四件，无签；副表四件，有签，均合璧签；奏本三件，有签，均汉签"。又接着抄票签："览王奏进方物具（漏抄"见"字）悃忱，知道了。该部知道。"小字注"清汉合璧签一支，汉字签一支"；"览王奏谢，知道了。该部知道。"小字注"清汉合璧签三支，汉字签二支"。最后是交接事项："批红字者照例出科，正表四道均交典籍厅：崇□收；汉说帖一分交汉票签：陈□收；礼部原文一件、汉本堂移文一件，三月十六日出科。"⑫

综合上述三种记载内阁办理外藩表章过程的档案文献，清中后期内阁中枢的涉外公文的办理特点有三：

一是重视先例成规。乾嘉时期既是清代文书制度发展的集大成期，也是日趋僵化教条的酝酿期。较之军机处，内阁权重直线下降，日常题奏文书高度例行公事，票拟权在事实上下放至微员末吏，无论是对内处理六曹章奏文书，还是对外处理外藩表奏文书，票拟均形成了严重依赖签式样本的模式。

二是办理态度谨慎。从嘉庆朝通行至同治朝的满票签处内部办文条例，可以看出这一点来。如在办理外藩表章进呈前规定要片行礼部查明"本年进贡者共几国""向例开列各国先后次序"及有无"例贡之外多进者"或"作抵正贡者"等⑬，此外还要片行礼部查明例赏各国及有无加赏等情况；办理后对正副表文、奏本及票签、说帖等有明确的归档交接记录，重要的情况还要随时特别记录在本处《五要档》⑭上。再如"各国表文由汉票签送到时，即令本处纸匠量表之数目尺寸每国各做黄匣一个。（小字注：无论表章奏本及礼单之多寡，一国共贮一匣。）务于先期二三日办理妥协以备进呈"⑮。又如"汉票签票送各国表章虽系回堂拟定，至本处（满票签）办理时务须细心查对，照例者固多，遇有特表特贡者亦不得拘以回定之式，必当详细斟酌以防错误"⑯。此二条显示出内阁在涉外文书办理事宜上的慎重态度。

　　三是保守倾向明显。负责外藩进贡文书事宜的内阁各机构办文官员满足于循规蹈矩办好文，缺乏探查外藩恭顺外表下真实动机的兴趣。如"各国岁贡谢恩表章皆于开印三单后汇进。至于封王建立世子、国王薨逝、王妃薨逝告讣请赐谥典，请发列传，请将户口编入中国等项表章，皆系随到随进，又不在汇进之例"⑰。此条典型地是以中心视角来看待藩属国基于向心运动而生的外交举动。反观幕末日本对其幕藩体制下的属国琉球的离心倾向的洞如观火，中国的政治中枢显然一厢情愿地停留在怀柔向化的想象中，而对现实中属国琉球的难言之隐少有察觉。

二　邻壁之光：琉球所藏与中国相关的外交文书

　　琉球国在地缘政治上介于中国和日本两个大国之间，其政治、经济和文化上必然受两国影响，中日间的博弈⑱必然导致其国内产生亲华势力和亲日势力的分化与斗争。近代琉球历史上产生的分别以汉字与和文（借用日文假名拼写的琉球语）记载的琉球国史中，汉文与和文史料存在着某种叙述上的差异，如《中山世谱》与《中山世鉴》。某种程度上，琉球国相的留学背景，往往左右着琉球国对中、日天平的倾斜。

　　邻壁之光，足揭己蔽。对中国史料中述史思维的僵化与自我遮蔽，琉球史料有其去弊纠偏的功效。如果将上述内阁办理外藩表章档案揭示出的中国对琉球进贡公文的处理程序与琉球史料《独物语》中记载的琉球办理对中国进贡请封的公文流程两相对照的话，可以发现明显的不同：即在封贡宗藩体制中处于中心的清朝中枢机构涉外办文中体现出单向维度，而处于边缘的琉球则在涉及与中国交涉公文办理中体现出双向维度。

在久米系出身的蔡温以和文写就的《独物语》中，基于国师传授和国相辅佐的职责，他将治国理政的要领及外交方略一一开列，开宗明义即强调要处理好与萨摩藩、江户幕府及中国的外交事务。

《独物语》中反映琉球对外关系的部分摘录如"……且唐大和の御礼对付而は御分力不相应成御物入御座候而诸事万反不如意之体に候……其便も無之旁に進退不自由之至候"；又如"……然共平时进贡接贡の御状は例年の勒に候故旧案见合作调可相济候得失，……若表奏咨文の内、不宜有之候はば国土の御難题に相係，言语道断の仕合致出来候"⑲。

我们从中可以略窥蔡温在处理琉球国政时的心境：令他念兹在兹时刻萦怀的是琉球在中日两属的夹缝中艰难求生的困境，字里行间充满忧世情怀。文中一再出现的"衰微""进退不自由"等词语透露出对琉球国运的担忧，而出现频率最高的"言语道断"一词更像是中琉封贡宗藩关系的谶语。"言语道断"一词出自佛典，所谓"心行处灭，言语道断"。该词极富哲理意蕴，用以表述悟道忘言的禅境，言简义丰，有着对言意关系的洞察与玄学表述，属于典型的掺道入佛的打通作法。当"言语道断"一词随禅宗传入琉球时，词义发生变化，偏向实用性，有"无法沟通而导致交流中断"之意。《独物语》中四次使用"言语道断"，可见琉球国在处理与中国和日本的关系时常常陷入左右为难的困局中。为此，琉球国在办理涉外公文时特别执持审慎严谨的态度，同时在具体交涉中又特别强调审时度势、灵活应对。

蔡温对制作外交公文书的重要性进行论证，其披露的负责通交中国之职的琉球久米系人[20]制作表奏公文时高度依赖旧案先例的细节，这与内阁办理外藩表奏式样档显示的中国办文中书们踵事前例、依样葫芦地票拟的细节，在谨慎地例行公事这一点上是如出一辙的。一方惟恐文字不慎导致精心维系的朝贡关系因一言以废，一方是掌封授册赏之典的内阁作为辅助皇帝办理本章的秘书机构，若文字疏忽，拟签错误，其咎匪轻。但两者不同之处在于，中书们仅对清朝皇帝负责，其谨慎不受他国意志的影响；而琉球方面虽然是奉行先例地制作进贡表奏公文，却要经过萨摩派驻琉球的监察机构的审查，更有甚者，一些公文是经过中国人（福州琉球馆交际圈中之人）润色乃至捉刀代笔。由此可见，送达中国之前的琉球公文实际上综合了琉球与萨摩两方面的意见，而最终送达北京的琉球公文很可能是琉球、萨摩、福州三方努力的产物。

《独物语》蕴含着的在东亚朝贡秩序中处于边缘的外藩琉球的观察视角，很好地揭示出作为中日两属的特殊状态的独立国家的琉球与中国和日本两国间复杂的地缘政治关系。笔者受到费正清描述清朝对外关系采用的图表分析模式的启发，就其分类略作调整，又引入滨下武志提出的朝贡地域经济圈的分析观点，以琉球为焦点，描述其对外关系。先作两点说明：第一，对象目标设定为四个，即：中国的北京、福州和日本的江户、萨摩。第二，给出上述四方涉琉关系上的可能类型：

A. 控制（Control）：A-1 军事（Military）（武力征服）；A-2 管理（Administrative）（册封、颁历、朝贺进贡）

B. 吸引（Attraction）：B-1 文化和意识形态（"Culture" and "Ideological"）（儒学、礼制、文字、教育）；B-2 宗教（Religious）（禅宗、妈祖信仰等）

C. 操纵（Manipulation）：C-1 物质利益（Material Interest）

（朝贡贸易）；C-2 监视（Surveillance）（征税、监查）

从下图中可以看出：一、中国在维系与琉球的关系所用的主要手段是 A-2、B-1、B-2、C-1。详细来看：北京与琉球间的关系主要是 A-2、B-1，即重在使用如册封、赐历、入国子监读书等政教手段，福建与琉球间的关系主要是 B-1、B-2、C-1，即以白丝贸易、民间文化交流（如妈祖信仰、堪舆、风狮爷等）为主。二、日本在处理与琉球关系时所用主要手段是：A-1、A-2、B-1、B-2。具体而言：江户与琉球间的关系主要是 A-2、B-2，如通过定期"江户上"㉑强化其政治影响。萨摩与琉球间的关系主要是 A-1、B-1、C-2，即在武力威慑下控制其贸易，通过禅宗进行文字同化，散布日琉同祖论，设在番奉行所监视琉球等。

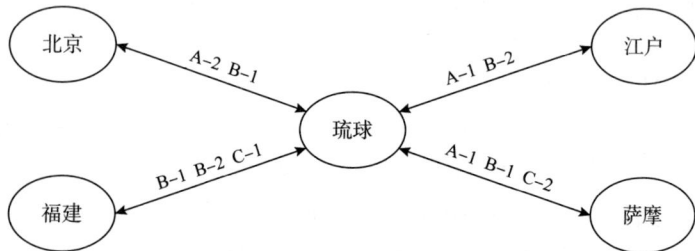

切换视角后，我们可以看到：清中后期的内阁，名义上虽是天下秩序中心的中枢，但在处理藩属国朝贡事务上，却显露出严重依赖前典先例办公的因循特征。天朝上国的虚骄导致内阁中枢对夷情的认知障碍和对藩属国情报收集上的盲区。

三　进贡公文的完成：被遮蔽的两属真相

中国早在其文明"轴心突破"的春秋战国时代，就形成了在西周封建体制下列国间互聘而周天子不干涉属国外交的政治传统，因此，在中国主导的大小国之间的宗藩封贡体制中，这一礼法理念实践中"事大以礼"的小国不必放弃其自主权，而"字小以仁"的大国则从不干预小国内政。只有在涉及属国存亡安危的大变故之时，中国才会本着"兴灭国、继绝世"的理念而尽宗主国保护属国安全的义务[22]。由于地缘政治的影响，也由于清代所奉行的对属国"听其内政自主"的礼法制度，清朝的外藩属国就出现了两属现象，如在西北有中俄两属之哈萨克斯坦，而在东海则有中日两属之琉球。其实，小国两属现象，古已有之，如《左传正义》"襄公九年"条载："公子騑进曰：'天祸郑国，使介居二大国之间。'"对此地缘利害，钱钟书曾引《汉书·西域传》楼兰王对簿曰"小国在大国间，不两属无以自安"相发明[23]。归理藩院徕远清吏司负责的哈萨克斯坦部与由礼部主客清吏司接待的琉球国，同是迫于武力威胁而不得不另属他国，区别在于清朝知悉藩部哈萨克斯坦的两属情况，而属国琉球却向清廷隐瞒了其两属的事实。

　　基于清代琉球国两属的事实，我们梳理中琉双方史料，可以得出清代琉球国进贡中国的表章的实际流程是：久米村专业办文人员比照旧案依样葫芦拟好——送交评定所审核——期间要经过萨摩藩派驻琉球的在番奉行所检查（若萨摩提出异议需重回评定所讨论[24]）——国王派遣贡使送到福州（琉球馆员役与福建督抚衙门幕僚协力检查表奏公文有无瑕疵）——经闽浙总督或福建巡抚题奏——护送到北京由礼部转内阁——经内阁满、汉票签处中书票拟夹签进呈皇帝。

　　进贡公文从首里到北京的通常运转程序，体现了一道表章的顺利进呈综合了多方的意见：在发往中国之前，离不开与萨摩的磋商；在送抵北京之前，少不了福建地方的转圜；在面呈皇帝之前，又离不开内阁办文人员参酌先例依样票拟。而这些在清代内阁档案中几乎是完全被过滤掉了，或者说幕后运作的真相被巧妙地遮盖了。长此以往，小小的遮蔽就产生了一种影响国运命脉的牵一发而动全身的蝴蝶效应。乾隆时期，当潘相在《琉球入学见闻录》中真心称赞琉球国"自明初始通朝贡，遣子入学，渐染华风，稍变旧习……其国之政俗，沐浴圣化，烝烝然日进于雅，视朝鲜国，殆弗让焉"㉕时，那种高高在上的教化者的姿态始终未变。殊不知，藩属国对封贡秩序的接受从来不是完全被动的，必然有利用游戏规则来谋求己方利益最大化的考虑在内。康熙元年（1662）琉球三司官向象贤（羽地朝秀）在与萨摩的口头备忘录中表达琉球弃明投清的真实态度："琉球归顺鞑靼并非本意，实出于无奈。"㉖

从中琉间封贡及贸易的具体实践上来看，很容易得出"与其说中国主导琉球，毋宁说琉球主导中国"的结论来。这样的结果固然与天朝"不欲叨扰外藩"的姿态有关，其实还与中国与琉球间相向的心态及关心程度密切相联。"国小贫弱，惟恃中国为生"的琉球面临困境时，会陡然生出外交智慧来。如大江健三郎在《冲绳札记》中提到琉球人的"空道的性格"㉗。又如，在中央鞭长莫及的情况下，地缘关系密切及地域经济的互惠使得福建地方胥吏帮同琉球使节作弊代拟表文㉘蒙混中枢。

相对于明朝在中琉关系的主导地位，清朝在中琉关系中表面上居于主导地位，而在事实上这一关系存在着挥之不去的萨摩影响，琉球相较于清朝居于更有利且主动的引导地位，造成一种中心与边缘的反转关系。其一，清朝停留在"中华天朝"想象中导致实际外交活动中的严重的资讯不对称是主要原因，如在册封使录中虽有对在琉日人活动及琉球通行日本宽永钱的记载，却无深究下去的知其所以然的欲望；其二，以琉球为代表的藩国在"恭守藩封"的忠顺表文下自觉或者刻意保持一种"知其主守其从"的外交智慧⑳，其安于华夷秩序安排的"世守荒陬"的姿态，某种程度上可以见出欲保持独立地位的苦心。

注释：

① 这六个藩属国由礼部主客清吏司以宾礼接待，区别于归理藩院管辖的内亚的蒙、回、藏等定期朝觐的藩部。在《光绪会典》及《清史稿》中还提到的一个属国苏禄，在本文所依据的内阁相关档案中未见记载，故此略去。

② 滨下武志认为，在以中国为中心的国际秩序中，以中国为中心的观念也引发了各国的民族主义，中华的理念并非只有中国独有，无论潜在的还是外在的，都是朝贡体制内部共有的东西。[日]滨下武志著，朱荫贵译：《近代中国的国际契机——朝贡贸易体系与近代亚洲经济圈》，北京：中国社会科学出版社，1999 年版，第 40 页。

③ 这种认识在时人康有为光绪十四年十月《上清帝第一书》中有着清晰的表述："窃见方今外夷交迫，自琉球灭、安南失、缅甸亡，羽翼尽剪，将及腹心。"黄明同、吴熙钊等：《康有为早期遗稿述评》，广州：中山大学出版社，1988 年版。

④ 具体考释详见拙文《〈外藩表签式〉研究》，《明清档案与历史研究论文集——纪念中国第一历史档案馆成立 90 周年》（上），北京：中国文史出版社，2015 年版，第 366 页。

⑤ 中国第一历史档案馆藏：《外藩表签式》，两册档号分别是：初缮本 02—16—035—000079—0007，重缮本 02—16—035—000079—0008。

⑥ 中国第一历史档案馆藏：(清)鲍康《外藩表签式》自序，档号：02—16—035—000079—0007。

⑦ 中国第一历史档案馆藏：(清)彭銮《外藩表签式》跋，档号：02—16—035—000079—0007。

⑧⑨⑩⑪ 中国第一历史档案馆藏：满票签处《票拟外藩表章式样档》，两册档号：底本 02—16—021—000196—0003，抄本 02—16—012—000480—0013。

⑫ 中国第一历史档案馆藏：满票签处《票拟外藩表章略节档》，档号：02—16—012—000480—0011。

⑬ 中国第一历史档案馆藏：满票签处《票拟外藩表章式样档》，档号：02—16—021—000196—0003。

⑭ 《五要档》即《丝纶五要档》，是满票签处将公文要件按文种级别分类存放随时增注的目录。笔者曾检阅满票签《丝纶五要文件》，其大概记载为：第一要所收公文文种据目录显示为清汉纶音、章奏、奏片、圈单；第二要所收文种为：各项稿件、各项会稿。

如同治时期的《五要档》，第二要（档号：02—16—012—000443—0006）玖号登记条目有：会议垂帘听政条款章程，会议醇亲王奏请曲赐矜全等。

⑮⑯⑰ 中国第一历史档案馆藏：满票签处《票拟外藩表章式样档》，档号：02—16—021—000196—0003。

⑱ 沃麦克（Brantly Womack）就国家间利益关系的考虑上从博弈论的均衡视角解释了朝贡体制，以此类推，琉球在两属体制下的独立国家地位的维持同样是朝贡体制内多方博弈的结果。参见 Brantly Womack, *Asymmetry and China's Tributary System*, The Chinese Journal of International Politics, Vol. 5（2012）。

⑲ [琉球]蔡温：《独物语》，[日]崎滨秀明：《蔡温全集》，本邦书籍，1980年版。

⑳ 因册封朝贡制度而存在的久米村人，负责面向中国的朝贡外交是其本业，近世琉球在实行士农分离的身份制度时，获得士族身份的久米村人能从事的职业仅限于进贡、教育等。吕青华：《琉球久米村人的民族研究》，台湾政法大学博士论文，2007年，第53页。

㉑ [琉球]蔡温：《独物语》，[日]崎滨秀明：《蔡温全集》，第8页。《独物语》中记载："江戸立又は唐へ慶賀使謝恩使抔之禦物入も兼て計遣置不申calcul不叶事に候。"

㉒ 张世明：《清代宗藩关系的历史法学多维透视分析》（之五），载清史研究网，《清史研究》2004年2月第1期，第34页。

㉓ 钱锺书：《管锥编》，北京：中华书局，1979年版，第213页。

㉔ [日]丰见山和行：《与中国有关的琉球公文》，《第一届琉球·中国交涉史研讨会论文集》，冲绳：冲绳县立图书馆，1992年版，第178页。

㉕ 黄润华等：《国家图书馆藏琉球资料汇编》下，北京：国家图书馆出版社，2003年，第273—274页。

㉖ [日]东恩纳宽惇：《校注羽地仕置》，第178页，日本内务省文书6号。

㉗ "空道"指明清交替及清初三藩动乱之际，前往中国的琉球贡使同时怀揣进呈不同对象的两份表文，且平日也持有钤盖琉球国王之印的空白表奏文书，以便紧要关头无论更哪一方都能够通融。[日]大江健三郎著，陈言译：《冲绳札记》，北京：生活·读书·新知三联书店，2010年版，第150页。

㉘ 王士禛《池北偶谈》卷一载"予昔在礼部，见荷兰、暹罗、琉球诸国表文，用金花笺，文义皆如中国，或谓是闽、粤人代作也"。可见时人即有代笔之说。王士禛：《池北偶谈》，北京：中华书局，1997年版。

㉙ 关于"知其主守其从"包含着双修德行的政治哲学，显然借自《老子》"知其白守其黑"的说法，这是中国哲学家张志扬提出的一个概念，揣意以为这一概念恰当地说明了在

中日夹缝中生存的琉球与各方势力曲意承欢、长袖善舞的政治智慧。详见张志扬《西学中的夜行——隐匿在开端中的破裂》,上海:华东师范大学出版社,2010年,第9章第3节及尾声中的相关论说。

（原载于《第十二届中国·琉球历史关系学术研讨会论文集》,冲绳县教育委员会，2020年出版）

清末新政与奏折制度变迁

刘文华

　　奏折制度是清代最重要的政治制度之一，也是清代皇权专制的重要抓手。一般认为，奏折制度自乾隆年间定制以后，变化较少。光绪二十六年（1900），八国联军侵华，慈禧太后和光绪帝仓猝西逃，由于随行的中央各部院衙门档案无存，议覆无凭，光绪二十六、二十七年（1901）间，中央衙门和各地方督抚纷纷奏请暂时改题为奏，得到清廷的允许。《辛丑条约》签订后，清廷逐步推行新政。光绪二十七年八月，作为新政措施之一，清廷下旨除贺本外，彻底废除题本，改用奏折。这被称为"改题为奏"。关于改题为奏的过程，学界已有较深入的研究，如庄吉发、刘铮云[①]等的相关论作。但是，这些研究忽略了此后奏折制度的变化。作为新政一部分的改题为奏政策怎么执行，导致了什么样的结果？随着预备立宪的迅速推进，制订内阁官制，成立责任内阁，奏折制度又有何变化？实际上，虽然清末新政时期奏折的外在形式没有改变，但是其内涵有重大改变。学界对此虽有讨论[②]，但缺乏整体纵贯梳理研讨。笔者拟挖掘相关档案、典籍，对清末新政时期的奏折制度变迁加以探讨，以期加深对清代奏折制度的研究。

一　张之洞的暂行改题为奏方案

　　两宫西逃以后，各省督抚纷纷奏请暂时改题为奏，也得到清廷允准，但这毕竟是个别的、局部的事件。直到光绪二十六年九月十二日军机处的奏请，才促成了全面的暂行改题为奏。军机处奏称：

> 查各省送部题本例有定限，各衙门题覆册籍繁多，悉凭档案稽核办理。行在并无档案，前项题本若照常咨送，不惟考核无据，恐多疏漏，即缮本翻清亦无其人。相应请旨饬下各省督抚臣转饬所属于本年应题各案内酌量缓急，若系寻常年例题本，即著暂缓送部，俟回銮后再行照常办理，其应扣例限亦请暂行免扣。若实系紧要事件，准由各该督抚改题为奏，以期妥速而免延误③。

此奏奉旨依议，要求各省督抚遵照执行。接到清廷谕旨后，光绪二十六年十月十九日，湖广总督张之洞上奏改题为奏暂行办法。

张之洞称："伏查应题各案甚多，情形缓急不一，既未便概行缓题，亦未便一律改奏。"他建议将改题为奏区分为六种情形："其向来本应具奏又复具题者，拟请暂免具题；其事关重要者，改为专奏；其事关重要亟须达部备案考核而册籍繁多、部中此时势难核办者，改为开具简明清单具奏；其次等重要事件改为汇奏；其事虽非重要而揆其情节亟须达部备案考核者改为专咨；其次则改为汇咨。"这六种情形包括暂免具题、专奏、开具简明清单具奏、汇奏、专咨、汇咨等。这样分别办理，"庶可查考有资，不虞延误，亦不至奏牍过形繁冗，致宵旰过涉烦劳"。张之洞将湖广总督、湖北巡抚衙门应题事件拟具分别改奏改咨清单奏请钦定，并建议推广各省执行④。

张之洞的清单共罗列了66种应题事件，辨析甚为详细，有不少应题事件，依据具体情况区别处理。经统计，这66种情形中，改为免题的 1 款，即恭报任事交卸日期，向来都用奏折、题本同时重复报告，此时暂免具题。改为专奏的有 9 款，包括同知通判请补合例人员、南粮不敷另请拨补、新关竹木税征收一年期满报销、军政荐劾、副将参将应回避本省请对调、秋审大案等。开具简明清单具奏的有 14 款，主要是各类报销。改为汇奏的有 5 款，分别为候补试用同知通判州县委署各缺、入祀乡贤名宦、湖南各营武职边俸期满、湖南各营武职预保、湖北湖南各营武职守备以上年届 63 岁精力尚健应保题留任等。专咨的有 14 款，包括题署州县人员试署一年期满、湖北省司道接收交代钱粮、武昌船关一年期满循例委员接办、五世同堂及年逾百岁请旌、民人一产三男、委署湖北湖南副将缺、湖南各营每年额设兵马数目、世职原领敕书被窃续请颁发、每年秋审旧案情实奉旨停勾各犯、立决重犯在监病故等。汇咨的有 6 款，包括实缺州县请销去试俸、各营世职因亲老告请终养、每年奉旨已经决过人犯、每年审拟遣军流徒人犯接准部覆随时发落、各属追缴赃赎银两等。其余的 17 款，情况比较复杂，依据所涉官员官职高低，或者事件重大程度，分别改奏改咨。如佐贰杂职俸满保荐一事，原本都是具题，改为佐贰官每年汇奏，杂职则每年汇咨。题请各属铸换新印一事，改为道府以上具奏，同知通判以下咨部。湖北省各属神祇灵应昭著请加封号，改为关系重大者具奏，其次者咨部。士庶人等乐善好施请旌，改为为数较多者具奏，其次者咨部。各属节孝妇女请旌，改为有重要情节者具奏，其次者汇咨。还有些情形复杂的具题事件，则分别处理。如文职七品以上实缺、候补人员丁忧病故并告病、终养、修墓等项出缺向来都应具题，张之洞建议按照官职高低分别处理。其中，实缺司、道、府、州、厅、县遇有出缺或请简或委署原本就应该具奏，此项拟请不必具题，但应将详细出缺缘由咨部。实缺同知、通判、首领、佐贰等官七品以上的丁忧、病故改为咨部，候补道府丁忧、病故改为专咨，候补州县同知、通判以下丁忧、病故改为每年汇咨⑤。一种具题情形，改成了多种处理方式。

张之洞折奉朱批："该衙门速议具奏，单并发。"⑥虽然未能找到相关衙门的议覆折件，不过，后来刘坤一曾提及："上年銮舆幸陕，各项题本暂缓核办，嗣接行在部咨议覆湖广督臣张之洞条陈案内奏准暂行改办，既经臣遵照将缓办题本先后分别奏咨，各在案。"⑦可见，张之洞的改题为奏方案得到相关衙门议覆奏准，通行各省。

张之洞的暂行改题为奏方案，辨别题本的重要程度，分列等第，相应改奏改咨，条理明晰，可执行性强，是后来江楚会奏变法三折中"省题本"的先声。

二　改题为奏、新政推行与奏折数量的增长

光绪二十六年底，清廷颁布上谕令中外大臣详议变法措施。光绪二十七年六月初，两江总督刘坤一、湖广总督张之洞联合呈递江楚会奏变法三折，成为清廷改革的蓝图。刘、张二人的其中一条建议是"简文法"，措施之一就是"省题本"，提请嗣后将题本"永远省除"，分别改为奏咨⑧。江楚会奏变法三折是由张之洞主稿，与刘坤一反复商议成文的⑨，省题本之议，应该是继承自张氏暂行改题为奏方案。

光绪二十七年八月初七日，直隶总督李鸿章等也提出凡属缺分题本都改题为奏的不彻底的题本改革建议。八月十五日，清廷一步到位，颁布除贺本外，废除题本的改革上谕："内外各衙门一切题本多属繁复，现在整顿庶政，诸事务去浮文，嗣后除贺本仍照常恭进外，所有缺分题本及向来专系具题之件均著改题为

奏，其余各项本章即行一律删除，以归简易。"⑩但是，上谕中并没有详细的配套执行措施，具体如何执行还得各省督抚斟酌。

九月十五日，两江总督刘坤一上奏提出具体办理方法。奏折中称："查臣衙门每月拜发本章，紧要、寻常合计总在二三十件，若全行陈奏，固觉琐渎圣聪，一律改咨，亦恐难昭慎重。"日常的题本既不能全部改为奏折上奏，也不能全部咨行各部。于是，"谨就臣衙门应办各项题本体察情形参酌暂改新章悉心核议"，分为四种情形：（一）"所有本应具奏又覆题本之案，拟请毋庸另行具题"；（二）"其事关紧要者拟请改为具奏"；（三）"其头绪繁多向缮黄册题呈者拟请改为开单具奏"；（四）"至寻常循例具题之件拟请随时咨部核办，题本概行删除，每月摘录简明案由缮单汇奏一次，庶于简易之中犹不失敬慎之道"。刘坤一最后说："如蒙俞允，所有积存各件先行核咨，嗣后即永远照此办理。"并附呈办法清单⑪。

相比此前张之洞的改题为奏暂行办法，刘坤一将题本区分为四种情形分别处理，分别是免题、具奏、开单具奏、咨部。其实两人筹划的办法大同小异，只不过刘坤一没有细分出汇奏、汇咨而已，而是包含在具奏、咨部之内。刘坤一还加了一道程序，就是对于咨部事件，每月摘录简明事由汇奏，更注重维护朝廷的权威。

刘坤一的建议得到清廷的批准，可惜的是，在档案和刘坤一奏疏中未能找到办法清单，但从此后两江总督汇奏改题为咨情形的档案可以略窥一二。光绪二十七年十一月、十二月，刘坤一改题为咨共5件，都是参案。光绪二十八年（1902）二月，刘坤一改题为咨共11件，其中有5件是参案，其余为官员出缺、休致、交代盘查等。光绪二十八年三月，刘坤一咨部的事件显著增多，共有35件，其中31件是参案，4件是官员出缺。光绪二十九年

（1903）三、四、五、闰五等四个月，两江总督魏光焘的咨部案件共有35件，30件是咨参，5件为官员出缺。光绪二十九年六、七月份，魏光焘改题为咨共29件，其中28件是咨参，1件为官员出缺。光绪二十九年八、九月份，魏光焘改题为咨共22件，其中19件是咨参，3件为官员出缺[12]。

两江总督改题为咨事件，都比较单调，数量也不算太多，每个月大致约十余件。而其他地方督抚们要么汇奏，要么专奏，咨部的并不是太多。由此可知，大部分各省原来用题本具题事件都改成用奏折呈报了。后来宪政编查馆也说，自从光绪二十七年改题为奏以后，"外省循例各件一律改奏，其改咨者什无一二"[13]。

笔者根据军机处《随手登记档》的记载，统计了光绪二十五年（1899）、光绪三十年（1904）、宣统元年（1909）三个年度的外省折件数量[14]。光绪二十五年外省折件数量为6412件，光绪三十年为8039件，宣统元年为9043件。光绪三十年的外省折件数量相比光绪二十五年增长了约四分之一，宣统元年（本年有闰月）外省折件数量又比光绪三十年稍有增长。由此看来，光绪二十七年八月改题为奏之后，加上随着新政的快速推进，地方所办新政事务日益增多，正如宪政编查馆所说的"近年学务、警务之毕业及各项报销类乎循例者亦无不奏闻，于是无分巨细悉列封章"[15]，事事都向皇帝奏报，外省折件数量的增长相当明显。

中央各部院的题奏事件，大部分是对各省的因应。各省既已改题为奏，那么各部院也相应用奏折议覆，还有一些各省改具题为咨部的，各部也得视相应情形具奏。这样，京内各部院的上奏折件数量也同样增加了。

比如，刑部原来"每年十一月内办理年终汇题赃罚黄册于封印前三日送阁进呈"，光绪二十七年后，"现在改奏，黄册改为开单具奏"。又如刑部"每年开印后传知各司于二月内将上年命盗等案犯事奏结题结各日期造册送所，以便于三月内汇缮黄册进呈"。这时，也同样"改为开单具奏"⑯。诸如此类的各部改奏事件应该还不少。

内外奏折的增多，自然加重了军机处文书处理的工作量。光绪二十八年，军机处要求增加办公经费，理由是"自前年奉旨改题为奏，折件较繁，所需笔墨纸张之费亦较前增多，非另筹津贴，实属不敷办公"。于是，军机处行文各省督抚，要求将原本用于题本处理开销的内阁、通政司饭银公费等经费转解军机处，以资津贴⑰。

不仅经费，人员也应相应增加。军机处的档册每三年修缮一次，光绪三十一年（1905）是光绪二十七年改题为奏后的第一次修缮之时，军机处奏称，"现在改题为奏，折件较繁"，要求在原派章京二员外，再添派一员协同办理⑱。而承发供事等办事人员，军机处也要求酌量多派数人⑲。

按照清代制度，奏折是由皇帝直接亲自指示处置。奏折数量的增多，必然也增加皇帝的负担。光绪二十八年年初，侍读学士恽毓鼎奏请改题为奏的折件仍旧由内阁票拟，以减轻皇帝阅折批折的负担。恽毓鼎称，"向来外省题本交通政司，各部院题本交内阁，均由内阁票签进呈，恭候钦定，责成有在，故事虽繁而不劳"，但是，"自近年改题为奏，此项照例题本皆由奏事处进呈，往往有一二百件之多，向之票签拟旨者，今皆御批行下"。恽毓鼎认为："我皇上宵衣旰食，日理万几，乃疲精劳神于此等例行公事，而内阁、通政司、六科反若投闲置散，无职守之可循，是欲求简易，乃贻圣躬以独劳也。原祖宗立法之意，节养精神乃以专心要政，若一概上劳圣虑，亦恐轻重不分。"于是，他建议："此后改题为奏之件，外省仍送通政司，各部院仍送内阁，均露封到阁，由内阁票拟进呈，于变通简易之中仍不失旧制，庶几政尚体要，庶绩咸熙矣。"⑳

原先题本的处理方式，大致是内阁拟票，皇帝认可之后，批本处批红，然后发下执行，皇帝不用花费太多的精力。这些题本大部分改题为奏之后，都要经由皇帝亲自朱批，这自然增加了皇帝的负担。因此，恽毓鼎奏请将改题为奏折件仍旧依照此前的题本处理程序处置，但并未得到慈禧太后和光绪帝的回应，只是被"归箍"㉑处理。

虽然恽毓鼎的奏请没有得到回应，但是，奏折的增多是实实在在的，它对光绪末年清廷的政务处理也确实造成了不利影响。光绪三十二年（1906）十月，御史赵炳麟就上奏批评近来奏折批答"含混"："臣观近日军机处拟旨，大非旧制，多尚含混。群臣章奏关于各部者，大都曰某衙门知道而已；关于各省者，大都曰某督抚妥筹办理而已。朝廷无一定之方针，大臣以己见为举废，庶事隳坏于无形，百官钻营于私室，纪纲不振，主权暗移。"请求以后"皆明白批答，不可含混其词。是者褒嘉之……非者指斥之"㉒。赵炳麟明面指的是军机处，实际上针对的是慈禧太后指示下的光绪帝朱批。朱批的含混与奏折数量的增多不能不说有一定关系。

御史胡思敬则将矛头直指改题为奏。清亡后，他向曾在光绪末年担任军机大臣的瞿鸿禨询问：

　　祖宗旧制，外折由通政司进，内折由内阁进，封事由奏事处进，法至善也。自改为奏，不用阁臣票拟，万几勤劳，例折不能遍阅，部臣多朦胧取旨，内批亦时有舛错（部中双请之折往往批依议，此仆所亲见也）。甚或交查、交议之件往往搁置不覆，枢廷亦遂忘之。驯至末年，枢要重地，但求一日了一日之事，所注意者，只各凭借势力位置三两私人而已。中堂在政府时，尚不至如是，然亦骎骎微露其端，卒不能规复旧制，此何故也㉓？

胡思敬认为，因为改题为奏增加了很多奏折，加大了皇帝的工作量，于是，例行奏折往往未经认真阅读，京内各部就朦胧请旨，从中取巧，甚至有时"部中双请之折往往批依议"。在笔记中，胡思敬记载这是吏部的事情，"予在吏部时，尝见部中有举两例双请之折，旨下，依议，部臣亦不再请"㉔。按照惯例，有时各部议覆事件，提供两种意见供皇帝参考，由皇帝选取其中一种，作为旨意。如果批"依议"，依哪种意见呢？而该部竟然也置之不理，可见政务丛脞的程度。甚至皇帝交办查奏的事件也往往被搁置，本应担负起辅佐皇帝重任的军机处也忘了稽查。

这跟改题为奏，尤其是汇奏，导致的弊端确实有关系。如有刑部官员指出："外省命盗各案自删去题本改为汇奏之后，一折或多至十案，案身不能不删繁就简，遂致紧要情节亦有时删去者，不见原招无从查对。且一折之内罪名之款目既多，文势前后相隔稍远，精神偶不贯注，疏忽在所难免。阅看本年秋审内有亲属相盗照擅杀问拟及误杀之案情节小有参差者，虽于罪名并无出入，而办法究未允协。此汇奏之流弊也。"㉕可见，因为改题本为汇奏，刑部一件奏折有时包含案件太多，只能删繁就简，遂使得难以清晰阐述案情。案情既不能明晰，清廷决策也就只能按照刑部所拟依样画葫芦。这对决策质量不能不产生影响。

总之，光绪末年，实行新政，废除题本、改题为奏之后，奏折数量增加，皇帝阅折批折工作量相应也增大，"例折不能遍阅"，朱批时有差错；军机处处理奏折文书的工作量大增，对于监督谕旨执行的职责也履行不力。清廷中枢的决策质量受到不小的影响。这势必需要改革。

三 宪政馆奏请例件改奏为咨

宣统年间，预备立宪飞速推进，各省需奏报的新政事件更多，各省督抚将循例事件都向皇帝具奏显得更不合时宜。宣统二年（1910）九月，宪政编查馆奏请改革。

宪政编查馆奏称，按照旧制，各省循例事件用题本，由内阁票拟，皇帝认可；军国重务用奏折，由皇帝亲自批示处理。然而，"光绪二十七年奉准改题为奏以后，外省循例各件一律改奏，其改咨者什无一二，于是入告之疏，批答之旨，数倍于前，而循例交议者各衙门又须奏复，近年学务、警务之毕业及各项报销类乎循例者亦无不奏闻，于是无分巨细悉列封章，一有驳难，奏且数至"。改题为奏以后，奏折数量大大增加。宪政编查馆认为："现在外交内治艰巨纷投，决策定疑动关理乱，若再以不急之章牍，繁琐之款目，烦万几之因应，劳黼扆之精神，非所以清政源重治本也。"现在内外交困，摄政王应该集中主要精力用于研究处理国家内政外交重要事务，而不是分散于寻常事务的处理上。因此，宪政编查馆建议："刻当预备立宪之时，自应量为更定，以省繁文，拟请凡各省嗣后循例具奏事件皆改令咨主管之各衙门，由各该衙门酌核，应汇奏者汇奏，应专奏者专奏，均按照例定议奏期限不得迟逾。"如此办理，"既可省外台章疏之繁，而各衙门遇事仍须上闻，亦无专擅壅隔之弊，似于振兴治理，不无裨益"。至于其他"各省事关重要及与例不符应专折奏请者"，仍应照常具奏以示区别。宪政编查馆将各省循例具奏改咨京内各衙门分别汇奏或专奏的事件拟具清单奏呈摄政王批准，还表示如果各省循例具奏的事件，有清单中没有列入的，由各省斟酌比照办理[26]。宪政编查馆所拟各省循例具奏事件改咨各部衙门分别汇奏、专奏清单如下：

吏：文职同知直隶州以下告病丁忧终养修墓省亲病故开缺边俸期满撤回内地及保荐，〇俸满保荐，〇知府以下循例补缺及署缺，〇知府以下试署期满请实授及销试俸，候补试用道府以下期满甄别，〇属员回避，保有升阶人员捐请离任，〇循例钱粮等处分开复应追银两全完开复，〇疏防开参。

民政：咨议局等用款报销，巡警用款报销，各项工程报销及岁修，城垣保固等件，修图志各件。

度支：各项奏销，已未完钱粮盐课数目，征过关税数目，运兑漕粮数目，解饷日期，〇钱漕未完应议职名，循例请拨各陵俸饷，〇循例估报官兵俸饷，〇循例缓征豁免田赋，应追各项银两循例请豁耗羡银两不敷动支，〇循例请拨兵饷，盘查司道府钱粮交代，各省支过廉俸数目，支给孤贫口粮数目。

礼：请换请铸印信关防及开用日期，〇举报优生，教职保荐，〇安插抚恤风漂番民，五世同堂，寿民寿妇请旌，节烈妇女请旌，捐款建坊，〇入祀乡贤名宦等祠，〇保举孝廉方正，〇庙神请封号，承袭五经博士。

学：〇各省学堂毕业各件，学堂经费各件，〇各省请调京员办学。

陆军：武职绿营副将以下告休告病丁忧终养修墓省亲病故开缺，〇绿营副将以下补缺署缺，〇军政展限，〇盛京三年一次查验军械，边俸调回及保荐，〇副将以下留标补用，〇循例出洋会哨，〇循例边界会哨，武弁遵例甄别，〇世职请袭，各项军饷报销，各项军营工程报销，驿站钱粮奏销，缴回邮符，〇疏防开参。

法：〇命案汇奏，〇奸杀专案，〇汇报正法监犯，〇承缉命盗未获职名，各级审判厅建筑报销，经费报销，各项法官五品以下循例开缺补缺署缺。

农工商：各项农务局所及农事试验场等经费报销，河工海塘江堤及各项河堤等报销，河工海塘江堤及各项沙堤循例估需经费，河工等岁修，工艺局厂等报销，商务局等用款报销。

邮传：各省电线等用款报销及岁修^㉗。

宪政编查馆折奉旨："宪政编查馆奏请将各省循例具奏事件酌议改咨开单呈览折，所有单开各条朱圈者仍行具奏，余依议。"^㉘上引清单前面加〇者即为摄政王朱圈条目。

宪政编查馆罗列的各省循例具奏改为咨部事件共有73条，其中有29条被摄政王朱圈，也就是说有35%的事件摄政王要求仍旧由各省督抚直接具奏。摄政王同意各省改咨的事件主要是各项日常经费及报销事件，而对于文、武官员铨选，以及一些刑事重案、军务边防、外交、礼仪象征事件等，他并不愿意将这些事件交由各部转奏，而是要第一时间得到各省督抚的直接奏报，表明摄政王注重紧抓人事大权及军权，并注意维护君主的象征性权力。

虽然摄政王没有完全同意宪政编查馆的将外省循例具奏事件全部改咨各部的建议，但从类项上来说仍减少了65%。加上由此带来各部议复折件的减少，宪政编查馆的建议还是能在一定程度上减少内外奏折数量。

四　责任内阁的设立与奏事权的变化

奏折制度的范畴，大致可分为奏折的形制与格式，及奏折的内容与具奏资格（奏事权），前者属于形式，后者属于内涵。相比奏折内容，具奏资格更加重要，可以说是奏折制度的核心。此前不论是改题为奏，还是改奏为咨，都是对奏折内容范围的改变，随着预备立宪的推进，更重要的涉及奏事权的改变也进入议事日程。此部分内容已有论文专门讨论[29]，本文不拟过多涉及，只进行概要性论述，并依据一些新发现史料进行补充。

宣统二年十月，清廷下令成立责任内阁，要求先拟订内阁官制。此前，宪政编查馆已着手编制内阁官制，由李景铄、汪荣宝负责起草[30]。汪荣宝评价李景铄草拟的内阁官制说："孟鲁（按，李景铄字孟鲁）于责任精神极为注意，故于召对及陈奏之限制规定甚详。"[31]可见，李景铄的草案强调内阁总理大臣要担负统一行政的责任，对其他官员奏事权有严格限制。由此进一步修改的内阁官制，仍然保持对官员奏事权的限制，就引起御史欧阳廉[32]、学部左丞乔树楠[33]等的置疑。同时，会议政务大臣也对《内阁官制》及《内阁办事暂行章程》草案有关奏事权的规定提出修改意见。如度支部尚书载泽[34]、礼部尚书荣庆[35]、学部尚书唐景崇[36]、陆军部大臣荫昌[37]等都要求暂时放宽对官员具奏资格、言事范围的限制。

总体而言，置疑者反对官员具奏须经过内阁总理大臣，反对限制官员具奏权力，防止内阁总理大臣尾大不掉，危及君权。最终，清廷颁布的《内阁官制》规定，各部上奏都需要经过总理大臣，原先例应奏事人员不能自行上奏，都得由国务大臣（并未限定仅由内阁总理大臣）代递，不过"其法令有特别规定者不在此限"[38]，允许例外。总体而言，《内阁官制》对官员的奏事权有一定限制。不过，清廷又颁布《内阁办事暂行章程》作为折衷过渡。《内阁办事暂行章程》大体延续旧制，对例应奏事人员的上奏权基本没有限制，各部寻常例行事件可径直上奏（需事后抄稿咨送内阁备案查核），只不过要求各部的重要事务须会同内阁总、协理大臣具奏[39]。《内阁官制》与《内阁办事暂行章程》将逐渐对清代奏折制度产生重要影响。

宣统三年（1911）四月，责任内阁（又称皇族内阁、暂行内阁）成立后，咨行各部衙门，着手划分重要、寻常、应奏、不应奏事件[⑩]。民政部接到责任内阁的行文后，回咨内阁，区分了需要与内阁会奏的重要事项及由本部具奏的寻常事项，其中有关自治、警政、户籍等的法律章程，官员任用、经费预算及特旨交办事件，都须与内阁会商具奏[⑪]。

法部亦拟定了本部重要、寻常、应奏、毋庸具奏各项事件咨呈责任内阁核办。其中，任命内外重要司法官员如提法使、部丞参、审检丞长、大理院推丞等及有关法律章程的制定变更等事宜，法部都须与内阁商议。法部拟定的毋庸具奏事件有八项，包括庭丁职务章程、各省申报起限展限等一切由部咨结之案、各省咨送囚犯口粮等、各级审判厅建筑报销、各省监犯病故、汇报正法盗犯、查办交所习艺徒犯、司法经费等[⑫]。其中，各省监犯病故一项，向来是法部年终汇奏；各省审判厅建筑报销，原应由法部汇奏或专奏；汇报正法盗犯，原本由各省具奏。此时，法部都拟定为毋庸具奏。可见，在暂行阁制下，法部的具奏范围已有所缩小。

由以上民政部、法部情况可以看出，两部的重要事务，如任命主要官员、财政预算、拟订法律章程等，在上奏前，都须与内阁会商。以内阁的强势地位，很可能会获得相应事务的主导权。另外，法部还将不少原应上奏的事件拟定为毋庸具奏，上奏范围有所缩减。

京内各部重要、寻常、应奏、不应奏事件的划分，不仅涉及内阁与各部权力，更涉及皇帝大权。暂行阁制下，法部具奏范围已经有所缩小，且民政部与法部的重要事项都应与内阁会奏，难免受到内阁左右甚至支配。其他各部情况也应该大致如此。一方面是各部具奏范围的缩小，另一方面是责任内阁对各部重要具奏事件的参与乃至掌控，双重"夹击"下，皇权不免会受到影响。

如果完全内阁成立，则各部向皇帝具奏的事件应该会大幅缩减，各部的重要事件的处理、上奏更加受到内阁左右，清代皇权不可能不受到巨大冲击。

辛亥革命爆发后，清廷无法控制局势，只能延请袁世凯出山组织内阁。袁世凯要求取得完全内阁权力，暂时停止奏事、入对④。在这种情形下，各部例行事件，以及各大臣专行事件都停止上奏，各部已经基本丧失了国务单独上奏权。所有应行请旨事件都咨行内阁核办，即使必须上奏的也由内阁代递，以阁令或内阁拟旨钤章的形式处理。这样，奏事权就集中于内阁，各部奏折被极大压缩。不久以后，袁世凯内阁更是进一步制定《拟订奏事制案》，其中规定"凡关于国务统由内阁具奏"，具体是："国务具奏事件以《内阁官制》第十二条所列第一、第二、第三、第四、第五、第六各款为限。"⑭所谓的《内阁官制》十二条，主要是规定应经内阁会议的事项，所列第一至第六条，包括法令官制、预算决算、条约及重要交涉、奏任以上官员进退、各部权限争议⑮，按照《拟订奏事制案》，内阁具奏事件以此为限。原先《内阁官制》第十二条所列的第七条特旨发交事件，第八条各部重要行政事件等，都不再属于内阁具奏范围。《拟订奏事制案》附则还规定：本制施行后，"凡从前有奏事权之官署及例得奏事人员除谢恩、请安外，均不得具奏"；"各省长官及各藩属长官遇有关于《内阁官制》第十二条第五、第六款事件（按，即有关奏任以上官员进退、各部权限争议的事件）均报由内阁总理大臣或主管大臣查核具奏"；"除关于皇室事务暂照向例办理外，其行政及司法事件依照现行法令办理者均毋庸具奏"；"从前专派大臣关于国务均咨由内阁总理大臣或主管大臣查核具奏"⑯。可见，按照《拟订奏事制案》，奏事权完全归袁世凯内阁独有，应奏事件剧减，清朝皇权已名存实亡。御史欧家廉就感叹道："以组织内阁，停止奏事入对，撤销值日，人心愈疑，以为实权既去，空文亦亡，朝廷自此替矣。"⑩这是辛亥革命爆发后，皇权式微的极端情况。

五　结语

奏折制度是维护清代皇权专制的核心制度，内外官员直接向皇帝奏报，让皇帝得以垄断了上行重要政务信息，拥有信息上的绝对优势，以保证皇权专制。尤其是光绪二十七年废除题本、改题为奏之后，奏折几乎成为处理国家政务的唯一书面上奏方式，奏折制度的演变，对清代皇权、官僚体系，乃至行政制度都有着重大影响。通过本文梳理可知，随着清末新政的迅速推进，奏折制度产生巨大变化。这不仅体现在奏折数量方面（体现的是奏折内容范围的扩大与缩小），更体现在奏事权问题的质的改变。光绪二十七年以后，由于废除题本、改题为奏，大部分的题本事件改为奏折具报，加之厉行新政，各省改革迅速推进，需要上奏的地方事件大幅增加，导致各省奏折数量大增，这大大加重了最高统治者的工作负担，影响了清廷的决策效率与质量。于是，宣统二年，宪政编查馆奏请缩小外省具奏内容范围、例行折件改咨，以减少内外折件，但只得到了摄政王的部分同意。在这一过程中，皇帝获知的信息有所缩减，不过尚不至影响统治大权。宣统二年十月，清廷决定仿行责任内阁制，先行拟定内阁官制。在制订内阁官制时，应当加强内阁总理大臣责任、缩小具奏官员范围，不过，最终清廷拟订了暂行章程基本维持现状。宣统三年四月，暂行内阁成立后，开始着手与各部划分重要、寻常及应奏、不应奏事件范围，重要事件须与内阁会奏，寻常事件则由各部直接上奏。民政部、法部的划分结果显示，各部的重要事务如任命主要官员、财政预算、拟订法律章程等都须与责任内阁会奏，内阁奏事权大增，而不应奏事件的区分则使各部具奏范围有所缩小。这是在为下一步更趋激烈的改变作准备。袁世凯内阁完全垄断奏事权就是奏折制度演变的极端情形。只不过由于清朝覆灭，奏折制度的演变戛然而止。

　　清廷实施预备立宪的重要目的之一本是巩固皇权，因而才主要仿照日本君主立宪之制，保证"大权统于朝廷"，但是，随着预备立宪的迅速推进，尤其是资政院的成立及责任内阁制的逐步施行，仿行立宪与巩固皇权之间的内在张力愈发突显，奏折制的变化就是其中最重要的表现之一。按照《内阁官制》的规定，具奏资格进一步缩小、责任内阁奏事权剧增、奏折内容范围的缩小、奏折在内阁总理大臣处先行集中，是一个既定的趋势。奏折制度的快速变革，甚至动摇了皇权的根基。

注释：

① 庄吉发：《清朝奏折制度》，北京：故宫出版社，2016 年版，第 241—249 页；刘铮云：《具题与具奏之间：从"改题为奏"看清代奏折制度的发展》，《四川大学学报》2017 年第 2 期。

② 刘文华：《大权将何以总揽——从召对、奏事的改变看预备立宪时的皇权》，《近代史研究》2019 年第 4 期。该文对宣统年间内阁官制制定时有关奏事权的争论及责任内阁成立后奏折制度的更改进行了探讨。

③ 中国第一历史档案馆：《光绪宣统两朝上谕档》第 26 册，桂林：广西师范大学出版社，1996 年版，第 362、363 页。

④⑥ 中国第一历史档案馆藏：军机处录副奏折，湖广总督张之洞奏折，光绪二十六年十月十九日，档号：03—5739—052。

⑤ 中国第一历史档案馆藏：军机处录副奏折，湖广总督张之洞清单，光绪二十六年十月十九日，档号：03—5739—053。

⑦⑪ 中国第一历史档案馆藏：宫中朱批奏折，两江总督刘坤一奏折，光绪二十七年九月十五日，档号：04—01—01—1045—001。

⑧ 赵德馨《张之洞全集》第 4 册，武汉：武汉出版社，2008 年版，第 25 页。

⑨ 有关张之洞主稿江楚会奏变法三折情形，见李细珠：《张之洞与清末新政研究》，北京：中国社会科学出版社，2015 年版，第 78—90 页。

⑩ 中国第一历史档案馆:《光绪宣统两朝上谕档》第 27 册,第 184 页。

⑫ 中国第一历史档案馆藏:军机处录副奏折,档号:03—7227—041、03—5518—046, 03—5416—107、03—5416—108、03—5418—066、03—5418—067、03—5742—086、 03—5742—089、03—5742—096、03—5742—097。

⑬⑮ 中国第一历史档案馆藏:军机处录副奏折,宪政编查馆大臣奕劻等奏折,宣统二年 九月十四日,档号:03—9298—009。

⑭ 每一折、片、单均各算一件。

⑯ 中国第一历史档案馆藏:刑法部档案,清单,光绪二十九年,档号:16—01—013— 000024—0020。

⑰ 中国第一历史档案馆:《光绪宣统两朝上谕档》第 28 册,第 311、312 页。

⑱ 中国第一历史档案馆:《光绪宣统两朝上谕档》第 31 册,第 34 页。

⑲ 中国第一历史档案馆:《光绪宣统两朝上谕档》第 31 册,第 207 页。

⑳ 中国第一历史档案馆藏:军机处录副奏折,翰林院侍读学士恽毓鼎奏折,光绪二十八 年正月二十一日,档号:03—5741—006。

㉑ 中国第一历史档案馆藏:军机处随手登记档,光绪二十八年正月二十一日,编号:03— 0312—1—1228—020。

㉒ 赵炳麟:《赵柏岩集》(上),北京:人民出版社,2001 年版,第 424、425 页。

㉓ 胡思敬:《退庐全集》,载沈云龙:《近代中国史料丛刊》第 45 辑,台北:文海出版社, 1970 年版,第 497 页。文中"外折""内折"表述有误,应指通本、部本。

㉔ 胡思敬:《国闻备乘》,上海:上海书店出版社,1997 年版,第 94 页。

㉕ 中国第一历史档案馆藏:刑法部档案,四川司总簿,光绪二十九年二月,档号:16— 01—013—000024—0003。

㉖ 中国第一历史档案馆藏:军机处录副奏折,宪政编查馆大臣奕劻等奏折,宣统二年九 月十四日,档号:03—9298—009。

㉗ 中国第一历史档案馆藏:军机处录副奏折,宪政编查馆大臣奕劻等清单,宣统二年九 月十四日,档号:03—9298—010。

㉘ 中国第一历史档案馆藏:军机处随手登记档,宣统二年九月十四日,档号:03—0335— 1—1302—248。

㉙ 刘文华:《大权将何以总揽——从召对、奏事的改变看预备立宪时的皇权》,《近代史研 究》2019 年第 4 期。

㉚ 韩策、崔学森:《汪荣宝日记》,北京:中华书局,2013 年版,第 158 页。

㉛ 韩策、崔学森:《汪荣宝日记》,第 166 页。

㉜ 中国第一历史档案馆藏：军机处录副奏折，御史欧家廉奏折，宣统三年三月十二日，档号：03—9301—013。

㉝ 中国第一历史档案馆藏：宫中朱批奏折，学部左丞乔树枬奏折，宣统三年三月二十日，档号：04—01—02—0013—006。

㉞ 中国第一历史档案馆藏：宫中朱批奏折，度支部说帖，宣统三年，档号：04—01—02—0014—002。

㉟ 中国第一历史档案馆藏：宫中朱批奏折，礼部尚书荣庆说帖，宣统三年，档号：04—01—02—0014—003。

㊱ 中国第一历史档案馆藏：宫中朱批奏折，学部尚书唐景崇说帖，宣统三年，档号：04—01—02—0014—006。

㊲ 中国第一历史档案馆藏：宪政编查馆全宗档案，陆军部说帖，宣统朝，档号：09—01—03—0040—032。

㊳ 中国第一历史档案馆藏：宫中朱批奏折，清单，宣统三年，档号：04—01—13—0436—042。

㊴ 中国第一历史档案馆藏：军机处录副奏折，宪政编查馆大臣奕劻等清单，宣统三年四月初六日，档号：03—9301—043。

㊵ 《新内阁之内容与外论》，《申报》1911 年 5 月 23 日，第 1 张第 6 版。

㊶ 中国第一历史档案馆藏：民政部档案，民政部咨文，宣统三年五月二十七日，档号：21—0308—0139。

㊷ 中国第一历史档案馆藏：刑法部档案，承政厅清册，无朝年，档号：16—02—001—000001—0065。

㊸ 中国第一历史档案馆：《光绪宣统两朝上谕档》第 37 册，第 311 页。

㊹ 刘路生、骆宝善、［日］村田雄二郎：《辛亥时期袁世凯秘牍：静嘉堂文库藏档》，北京：中华书局，2014 年版，第 13—15 页。

㊺ 中国第一历史档案馆藏：宫中朱批奏折，清单，宣统三年，档号：04—01—13—0436—042。

㊻ 刘路生、骆宝善、［日］村田雄二郎：《辛亥时期袁世凯秘牍：静嘉堂文库藏档》，第 13—15 页。

㊼ 中国第一历史档案馆藏：军机处录副奏折，御史欧家廉奏折，宣统三年十一月初一日，档号：03—8674—012。

（原载于《安徽史学》2022 年第 2 期）

军机处满文土尔扈特专档评述

李　刚

满文土尔扈特专档藏于中国第一历史档案馆，又称土尔扈特档、土尔扈特专档[①]、满文土尔扈特档，是清代抄录有关土尔扈特东归及其安置事宜的上谕、寄信、奏折和赏单等文件汇集形成的档簿，属于军机处[②]满文专档之一。清廷在办理土尔扈特东归事务过程中形成了一定数量的满汉文档案，其中满文土尔扈特专档是最为集中、最具特点、最有价值的档案，集中记载了土尔扈特东归史实，不仅具有档案固有的原始性、客观性、系统性，还具有集中性、独特性、关联性等特点，对于土尔扈特东归研究具有重要的学术价值。现就该档案的形成、现状、内容、特点、价值及其利用途径略作评述，以公同好。

一　满文土尔扈特专档的形成及现状

（一）历史背景

土尔扈特部在明清时期属于卫拉特蒙古。卫拉特在明朝时被称作瓦剌，在清朝时被称作额鲁特、厄鲁特。卫拉特蒙古主要有四个部落：准噶尔、土尔扈特、杜尔伯特、和硕特。17世纪20至30年代，卫拉特部间纷争、牧场缺乏造成经济危机。土尔扈特部首领和鄂尔勒克率部西迁，至伏尔加河下游地区生活，并建立汗国。西迁之后的土尔扈特部始终与祖国保持着联系，多次遣使回国呈递表文、进贡方物以及熬茶拜佛等。清朝政府也委派官员到土尔扈特部颁给敕谕、赏赐物品，表达关心和慰问。

17至18世纪恰逢沙皇俄国崛起并对外扩张之际，俄国通过多种方式加强对土尔扈特部的控制。在此严峻形势下继承汗位的渥巴锡开始寻找民族出路，经过精心策划并召开秘密会议商讨，决定返回祖国。乾隆三十五年（1770）十二月，土尔扈特部派军突袭俄国政府派驻渥巴锡牙帐的兵营，公开反抗俄国压迫。随即渥巴锡等分队率部东归祖国，面对俄军在归途中的前堵后追，土尔扈特人浴血奋战，并数次与哈萨克等战斗。东归33000多户近17万人的土尔扈特人，因恶战、疾病和饥饿，抵达祖国伊犁时仅剩一半，牺牲约达八九万人。土尔扈特人在历经8个月时间行走近万里征途后，最终胜利抵达，结束东归征程。得知土尔扈特东归的消息后，乾隆皇帝十分重视，接纳赈济安置土尔扈特，并在承德接见了土尔扈特部渥巴锡等首领，对其筵宴、赏赐、封爵等。

清政府在办理土尔扈特东归事务过程中形成大量的档案，其中就包括最具代表性的满文土尔扈特专档。

（二）相关制度规定

1. 文字使用

清政府规定，满文和汉文是国家通用文字，并兼用蒙古文、托忒文、藏文、察哈台文等。根据地区和情况不同，可采用不同的文字书写公文，或者采用合璧文字书写。在办理边疆民族事务时使用满文较多，土尔扈特东归就属于这种情况，故土尔扈特专档基本为满文书写，兼有少量汉文和托忒文。

2. 档案副本制度

公文是清政府治理国家的重要工具，在传达政令后，存留备查的公文便形成档案。满文土尔扈特专档是抄录形成的档簿，属于档案的副本。清朝不仅有完备的文书副本制度，还制定了严格的档案副本制度。文书副本制度于清初已经出现，而档案的副本制度则始于雍正七年（1729）③。当时因吏部大堂失火导致大量档案被毁，雍正皇帝降谕旨："至于内阁本章及各衙门档案，皆应于正本之外立一副本，另行收贮以备查对之用。如本章正本系红字批发，副本则批墨存案。其他档案之副本，或另有钤记以分别之。如此则虽一时遗失残缺，仍有副本可查。不但于公事有益，且可以杜奸胥猾吏隐藏改换之弊。"④ 因此，清朝开始建立档案副本制度，及至乾隆朝已十分完备，从而形成并存留了诸多相关的档案。特别是军机处办理钦命交办之事，为方便查询及向皇帝复奏办理情况，将重要事件的谕旨折件等文书按照专题进行汇抄成册，以备日后随时查考。满文土尔扈特专档原抄本（即原始抄录文本）正是按照该制度规定抄录而成的。

3. 定期抄档制度

在清代，军机处所存档案均需要定期清理重抄，此定期抄档的行为在乾隆时期作为制度确定下来。据《枢垣纪略》记载："凡本处清字、汉字清档，每届五年由军机大臣奏请另缮一份，以备阙失。清字档令方略馆译汉官缮写，汉字档令内阁中书缮写，皆派本处章京二人校对，事竣，请旨议叙。"⑤ 这项定期抄档制度一直延续到清末，满文土尔扈特专档重抄本（即依照原始抄录文本进行重抄的文本）就是该制度的产物。

（三）档案的存抄及现状

满文土尔扈特专档皆为黄色封面，封面右侧靠上位置用汉文书写档案名称"土尔扈特档"，中间位置用汉文书写该册档案起止时间，如"乾隆三十六年三月至七月""乾隆三十六年六月上"等。该专档所载内容起止时间为乾隆三十六年三月至乾隆三十七年（1771—1772）十一月，分原抄本和重抄本，二者抄录格式基本相同，主要由公文抄录时间、公文内容、公文处理信息等三部分组成，略有不同的是原抄本附有记录重抄情况的夹签，重抄本在处理公文信息后还附有抄录者和审校者⑥。

满文土尔扈特专档原抄本和重抄本内容基本相同，共计24册，每册因不同月份所抄内容多寡而薄厚不一。其中原抄本共计4册，分别为乾隆三十六年三月至七月、乾隆三十六年八月至九月、乾隆三十六年十月至十二月、乾隆三十七年正月至十一月各1册。该4册档案有所破损，现已修复。重抄本共计20册，分别为乾隆三十六年三月、四月、五月、十月、十一月、十二月，以及乾隆三十七年三月、八月每月1册；乾隆三十六年六月、七月、八月、九月每月分为上下2册；乾隆三十七年正月至二月、四月至五月、六月至七月、九月至十一月每二至三个月为1册。该20册档案保存状况较好。

另有1册为发写土尔扈特档，是记载重抄土尔扈特档情况的簿册，为汉文书写。根据该档案及原抄本夹签的记载可以了解到重抄土尔扈特档案时的详细情况。其中乾隆三十七年正月至十一月第四本土尔扈特档的抄录情况相对简短且有代表性，现摘录于后，以便理解具体分抄情况："乾隆三十七年正月至十一月土尔扈特档四本。初发共六页，计十一扣。十二月初五日，桂菖领抄，廿四日交。二、三发共十五页，计二十七扣。四、五发共十四页，计二十四扣。六、七发共十四页，计二十四扣。八发共八页，计十三扣。九发共七页，计十二扣。十发共六页，计十扣。十一发共八页，计十三扣。十二发满九、汉三共十二页，计十三扣。十三发满七、汉一共八页，计十二扣。十四发满八、汉六共十四页，计十二扣。十五、六发共十四页，计二十扣。十七、八发共十四页，计二十七扣。十九、二十发满十三、汉十八共三十一页，计二十四扣。二十一、二发共十四页，计二十六扣。二十三发，共六页，计十二扣。二十四发共六页，计十二扣。二十五发共七页，计十一扣。二十六发共七页，计十三扣。四月初七日，国兴阿领校。"[⑦]

二　满文土尔扈特专档的主要内容

满文土尔扈特专档记载了乾隆三十六年三月至乾隆三十七年十一月间土尔扈特部等东归及清政府委派官员迎接、调拨物资接济、分地安置、设置盟旗、补放官员，以及土尔扈特汗渥巴锡等人奉旨赴承德朝觐和乾隆帝接见、筵宴赏赐等详细史实[⑧]。具体有以下几个方面：

核实消息：令将军大臣等反复打探核实土尔扈特归来消息，奏报土尔扈特部落归来抵达伊犁情况以及留俄罗斯土尔扈特情况等。

调派官员：调派伊犁等处官员办理土尔扈特归来事宜，选派官员侍卫等照看朝觐之土尔扈特首领及安置各部游牧地等。

朝觐接待：查照来归三车凌朝觐之例办理土尔扈特朝觐及赏赐事项，奏报朝觐之土尔扈特行礼赏膳礼仪、赏茶宴筵座次、预备马匹、路线里程、途经驿站、抵达日期以及返程批次人员、中途病故人员等。

封授爵位：封授归来土尔扈特台吉等爵位封号及其子弟承袭情况。

进献赠送：奏报朝觐之土尔扈特首领等进贡物品及进缴印章，渥巴锡、策伯克多尔济等赠送军机大臣等物品。

赏赐嘉奖：赏赐朝觐之土尔扈特物品、银两，赏赐家人病故之土尔扈特台吉等银两，赏赐办理土尔扈特事件有功将军、大臣、官兵、回子等银两、荷包等。

接纳安置：核准土尔扈特东归消息后乾隆皇帝颁降谕旨接纳及安置，归来土尔扈特渥巴锡等各台吉所携户口人数，分散安置归来土尔扈特、和硕特以及划拨人员等。

接济救助：赏赐银两采购牲畜、棉布、蒙古袍等物品接济来归之贫困土尔扈特，乾隆三十七年继续赏给土尔扈特口粮进行接济等。

管理处置：留意土尔扈特诸台吉间关系，传谕渥巴锡等严加管束属众以及缉拿盗贼等，令土尔扈特一律使用乾隆年号等。

部落世系：奏报渥巴锡及策伯克多尔济家谱，阿玉奇汗之世系；渥巴锡讲述土尔扈特部历史，绰罗斯台吉三达克世系。

宗教事宜：奏报来归土尔扈特喇嘛数目及对喇嘛的安置，土尔扈特赴藏熬茶人数及所需费用。

对外交涉：驳回俄罗斯索要归来土尔扈特，晓谕哈萨克不可掠夺投诚之土尔扈特及向哈萨克索要被掠土尔扈特等。

其他事项：多为令军机大臣等承办查核奏报与土尔扈特相关颁发敕谕、翻译文书、拟写咨文、刊刻碑石、行程日期、进贡腰刀文字、查核俄罗斯地名、货币及人员等事项。

三　满文土尔扈特专档的特点及学术价值

（一）满文土尔扈特专档的特点

1. 集中性

专档是指就某一个专题进行档案汇抄，将同一事件的档案汇集在一起。满文土尔扈特专档属于军机处专档，集中抄录了乾隆三十六至乾隆三十七年间土尔扈特东归及安置相关的上谕、寄信、奏折和赏单等文件，为研究者开展土尔扈特东归专题研究提供了便利。

2. 独特性

首先，满文土尔扈特专档以抄录谕旨和奏折为主，特别是寄信上谕和军机大臣遵旨具奏奏折较多，而按照编年顺序抄录寄信上谕、明发上谕等的寄信档、上谕档，以及抄录议复奏折的议复档等档案并未抄录土尔扈特档所载的相关谕旨和奏折，至于实录等其他史料所载内容更是十分简略，且寄信上谕原件零散、存留不完整，故满文土尔扈特专档所载内容具有稀缺性。其次，满文土尔扈特专档抄录的谕旨及奉旨奏折反映了乾隆皇帝对事情处理的钦定意见，从中可查知事件的最终办理情况。满文土尔扈特专档所载内容的稀缺性及反映的事件处理结果的最终性，突显了满文土尔扈特专档价值的独特性。

3. 关联性

满文土尔扈特专档所载的内容与满文录副奏折、满文朱批奏折、满文月折档案所载的土尔扈特东归内容具有关联性。满文土尔扈特专档记载谕旨较多，满文录副奏折、满文朱批奏折、满文月折档案多为奏折。谕旨是皇帝所用下行文书，奏折为臣工所用上行文书，即使涉及同一内容，二者侧重不同。故可将满文土尔扈特专档与满文录副奏折、朱批奏折、月折档等一并查阅，这样将上行奏折和下行谕旨中土尔扈特东归相关的内容关联起来，可以更为全面地了解土尔扈特东归过程。

（二）满文土尔扈特专档的学术价值

对于土尔扈特东归，习近平总书记在河北承德调研时曾感慨："土尔扈特部都去了 100 多年了，最终还是义无反顾要回到祖国，这真正体现了我们中华民族的影响力和向心力。"⑨ 习近平总书记又曾在全国民族团结进步表彰大会上的讲话中指出："我们伟大的精神是各民族共同培育的。在历史长河中，农耕文明的勤劳质朴、崇礼亲仁，草原文明的热烈奔放、勇猛刚健，海洋文明的海纳百川、敢拼会赢，源源不断注入中华民族的特质和禀赋，共同熔铸了以爱国主义为核心的伟大民族精神。昭君出塞、文成公主进藏、凉州会盟、瓦氏夫人抗倭、土尔扈特万里东归、锡伯族万里戍边等就是这样的历史佳话。"⑩土尔扈特万里东归为总书记讲话中专门列举的历史佳话之一，故借助档案，特别是满文土尔扈特专档进一步加强土尔扈特东归的研究，有利于弘扬爱国主义精神和铸牢中华民族共同体意识，是贯彻和落实习近平总书记重要讲话精神的具体体现，具有十分重要的意义。

对于历史研究而言，档案具有原始、客观、系统等特性，起到十分重要且独特的证史、纠史、补史作用。满文土尔扈特专档是清政府在办理有关土尔扈特事务过程中自然形成的档案，是研究土尔扈特东归历史的第一手材料。其他官修史书、方志等所载土尔扈特东归史料，虽利用档案进行编纂，但受到纂修者的意图及编纂体例等因素的影响和限制，多有删节。相比之下，满文土尔扈特专档具有集中性、独特性和关联性的鲜明特点，是其他史料所无法比拟和替代的，在土尔扈特东归研究上具有重要的文献价值，对土尔扈特东归及土尔扈特的历史研究的深入和细化起着基础的支撑作用。

四　满文土尔扈特专档的利用途径

档案的利用途径主要为查阅原档、出版物、胶片及数字化档案，其中数字化档案又可分为通过著录条目检索和全文检索查阅。现出于对原档的保护，多采用原档以外的其他利用途径。目前，我们可查阅利用出版物和满文档案全文检索数据库了解满文土尔扈特专档。

（一）出版物

中国社会科学院民族研究所和中国第一历史档案馆满文部合编的《满文土尔扈特档案译编》一书，1988 年由民族出版社出版发行。书中收录了从满文土尔扈特专档及月折档中所选的 145 件档案，起止时间为乾隆三十六年至乾隆四十年（1775）。该书的出版发行使得学界日益关注土尔扈特满文档案，相关学者开始利用该书开展研究，并撰写发表学术论文及专著。如马大正的《土尔扈特蒙古东返人、户数考》《土尔扈特蒙古大喇嘛罗卜藏丹增史事述补》《土尔扈特蒙古东返路线考述——一条鲜为人知的哈萨克草原通道》《渥巴锡论——兼论清政府的民族统治政策》等系列文章⑪，以及马汝珩、马大正合著的《飘落异域的民族——17 至 18 世纪的土尔扈特蒙古》⑫等。特别是马大正先生利用这部分档案进行了补白式的研究，纠正以往的错误，有力推动土尔扈特东归历史研究的深入。《满文土尔扈特档案译编》至今仍是研究土尔扈特的必备书，但收录的 145 件档案中从满文土尔扈特专档所选的 109 件档案仅占整个满文土尔扈特专档的三分之一，不能全面反映满文土尔扈特档所记载的土尔扈特东归详细内容。因此，还需要直接利用和挖掘满文土尔扈特专档数字化档案。

中国第一历史档案馆满文处与新疆和布克赛尔蒙古族自治县史志办合编的《清代东归和布克赛尔土尔扈特满文档案全译》一书，2013 年 7 月由新疆人民出版社出版。该书从中国第一历史档案馆的 18 万余件满文录副奏折中挑选出有关土尔扈特策伯克多尔济部的奏折及其附件，共计 764 件，起止时间为乾隆三十六至光绪三十二年（1906），包括土尔扈特策伯克多尔济部众的东归安置及其之后的各项活动档案。该书收录的部分土尔扈特东归档案，内容上与《满文土尔扈特档案译编》及满文土尔扈特专档互相补充，可一同查阅利用。

（二）全文检索数据库

中国第一历史档案馆与相关科技公司合作成功研发满文档案图像识别软件，并在 2016 年开始利用该软件技术进行满文档案全文检索数据库建设。目前为止，建成并发布了满文朱批奏折、满文实录、满文起居注、满文圣训、满文上谕档、满文寄信档、满文专档土尔扈特档、满文专档熬茶档、满文专档夷使档等 9 个满文全文检索数据库。其中土尔扈特档全文检索数据库于 2021 年 6 月 9 日即土尔扈特东归 250 周年及国际档案日开始对外开放。该数据库含 25 册档案、4300 余画幅、28.5 万余个满文单词，其首次以全文检索数据库的方式系统全面地对外提供满文原档扫描图像，为利用者提供了更加便捷的查询方式。

五　结语

目前，学界通过利用《满文土尔扈特档案译编》《清代东归和布克赛尔土尔扈特满文档案全译》等满文档案汉译出版物已经完成对土尔扈特东归历史的宏观脉络梳理和构建。但很多具体历史细节还有待深入考证，这就需要具备直接利用满文档案能力的人员，借助满文土尔扈特专档等全文检索数据库中的满文原档来细化研究，并推动整个满文土尔扈特专档进行汉译出版，破除语言障碍，以便为更广泛的研究者所利用，充分发挥满文土尔扈特专档的价值，来进一步推进和加强土尔扈特的历史研究。中华民族共同体及中华民族共同体意识的提出具有科学的历史逻辑，我们应站在历史的高度，从历史的进程中加以考察，借助档案加强土尔扈特东归及土尔扈特历史的研究，以具体、生动、鲜活的案例展现各民族共同熔铸以爱国主义为核心的伟大民族精神，从而有利于进一步铸牢中华民族共同体意识。

注释：

① 专档为专门汇抄某一事件公文而形成的档簿。

② 军机处，清代机构名称。全称为办理军机事务处，或称办理军机处。雍正八年（1730）设立（亦有雍正四年、七年设立说），宣统三年（1911）成立责任内阁，军机处被裁撤。因其取代内阁成为中枢机构，为当时国家机务总汇之地，故清人亦称之为"枢垣"或"枢廷"。

③ 高换婷：《清代文书档案副本制度初探》，《档案学通讯》2004 年第 4 期，第 50—54 页。

④（嘉庆）《钦定大清会典事例》卷 599，刑部十六·吏律公式·弃毁制书印信。

⑤ 梁章钜、朱智：《枢垣纪略》，北京：中华书局，1984 年版，第 151 页。

⑥ 中国第一历史档案馆藏：满文土尔扈特专档，乾隆三十六年三月至乾隆三十七年十一月，档号：03—18—008—001694—0001 至 03—18—008—001698—0007。

⑦ 中国第一历史档案馆藏：发写土尔扈特档，乾隆三十六年至乾隆三十七年，档号：03—18—008—001697—0006，引文中"扣"系用来统计抄档数量，清代折件类文书一般左右两幅为一扣。

⑧ 张公瑾、黄建明：《中国少数民族古籍珍品图录：民族古文字古籍整理研究 100 年通览》第 4 册，北京：中国社会科学出版社，2018 年版，第 2073 页。

⑨ 张欣然：《"14 亿多中国人拧成一股绳，在中国特色社会主义道路上锲而不舍走下去"——习近平考察河北承德纪实》，https://www.news.cn/politics/leaders/2021-08/26/c_1127799301.htm。

⑩ 习近平：《在全国民族团结进步表彰大会上的讲话》，北京：人民出版社，2019 年版，第 6 页。

⑪ 马大正：《卫拉特蒙古历史论考》，西安：西北大学出版社，2020 年版。

⑫ 马汝珩、马大正：《飘落异域的民族——17 至 18 世纪的土尔扈特蒙古》，北京：中国社会科学出版社，1991 年版。

（原载于《民族翻译》2023 年第 2 期）

从整理馆藏档案谈清代内务府
满文连报单

王景丽

　　满文连报单是清代内务府档案的一种，是内务府值班人员记录每日内务府官员、兵丁、侍卫等在紫禁城内巡查报单及值班、值宿、进班、查夜名单及人数等汇总性文件。内务府是清代掌管宫禁事务的机构，主要职责是"掌上三旗包衣之政令与宫禁之治，凡府属吏、户、礼、兵、刑、工之事皆掌焉"①。职责中所提及的"上三旗包衣"即内务府三旗，专司内廷差事及"府属吏、户、礼、兵、刑、工之事"，即有关宫廷财物收支、各项典礼、修造工程、稽查保卫、刑罚、太监、宫女、内务府人员管理等项事务②。中国第一历史档案馆藏内务府满文连报单尚处于整理阶段，本文谨就所见，对内务府满文连报单略作简述。

一　满文连报单的基本规制

　　满文连报单为封筒式样，规格尺寸为 25cm × 12cm 左右，由办文单、正文及其余三部分组成。

　　封筒正面为办文单。左侧为时间，多为满汉文书写，其中清代年号及年、月均为满文刻印体，具体年月日多为汉文手写填入。中上部左侧为满文书写的连报单内容摘由，即某官员代内务府大臣值宿报单。中上部右侧大多标有汉文书写的连报单内共有件数，以及不同处理方式的文件件数，如现存、已完、未完、已全、未全、上交、下交、过、挂、发文、回、过督催、过月官、过打围、过办兵差、过备差、过随扈、过恭理、过档案处、进帮班、发园、发园交抄、发园备问、挂园、下交圆明园、传片、太医院名单在内等等。如咸丰二年（1852）十一月十六日连报单办文单上记载："连报共事十七件，下交 件，过月官三件，进帮班二件。"同治十三年（1874）七月初七日连报单办文单上记载："连报单共事十一件，已全三件，未全七件，下交 件，过 件，挂 件，未入事交抄二件。"右下部为满文刻印体的领文主稿笔帖式及收文笔帖式，其姓名为满文手写体。

封筒反面为正文，用满文撰写，记载内容基本与办文单上内容摘由一致，为内务府各司各库官员代内务府大臣值宿、进班等，如同治十三年七月初七日连报单记载，"缎库郎中文麟代内务府大臣进班"③。

封筒内为内务府值宿官员呈报的内务府官员、兵丁、侍卫等在紫禁城内巡查报单及值班、值宿、进班、查夜名单及数目单等。其中紫禁城东西两侧堆子报单及四角他坦巡查名单、各门堆子值宿报单，多用满文撰写，而其余各单多为汉文撰写，间有用满汉文撰写的。

连报单固有程式。纸张薄软，字体均系黑色手写体。现存封筒大多破裂，仅有极少数保有原貌；封筒内各单形制，或多件粘连，或分别成件。

二　满文连报单的主要内容

满文连报单主要保存于一史馆馆藏内务府全宗满文杂件类档

案中，总计52卷，近11000件。历乾隆、嘉庆、道光、咸丰、同治、光绪、宣统七朝，其中乾隆朝满文连报单仅178件；嘉庆朝居多，有5700余件；道光、咸丰两朝近3500件；宣统朝最少，仅9件。其主要内容涵盖了内务府所辖的紫禁城内堆子、他坦及处所的巡查和值宿等各方面。

（一）紫禁城内东西两侧堆子巡查报单。堆子，又称朱奇、朱旗、朱车，满文写作"juce"。据满文连报单所载，东侧巡查的堆子包括三所东朱奇、三所东南角、三所西南角、三所东北角、三所西北角、东激桶库④、木库、育喜房、南府、养心殿、英华殿、鳌山、银匠房、兆祥所、火班等；西侧巡查的堆子包括西朱奇、造办处南门、造办处北门、四局、西激桶库、寿安门、衣库、武英殿、咸安宫、御书处、校勘处、围房、井尔上、南勋（薰）殿、瓷库西、瓷库东、肉库、白虎殿、火班等。其中兆祥所并非常设值宿处所。东、西两侧堆子主要由内务府三旗骁骑营负责宿卫巡查。不同时期堆子数目时有变化，东侧7至14处不等，西侧17至25处不等，进班官兵数目也不固定。例如嘉庆十三年（1808）十二月十一日连报单记载，镶黄旗进班报单，紫禁城内东侧堆子7处、西侧堆子22处，共29处，巡查值宿骁骑副参领2员，章京9员、领催28员、披甲136名，共进班人等175员名。嘉庆二十四年（1819）八月十七日连报单记载，正黄旗进班报单，紫禁城内东侧堆子7处、西侧堆子23处，共30处，巡查值宿副参领1员、骁骑校1员、章京10员、领催30员、披甲139名，共进班人等181员名。咸丰二年十一月十六日连报单记载，正白旗进班报单，紫禁城内东侧堆子14处、西侧堆子18处，共32处，代巡查值宿骁骑副参领之骁骑校2员、领催10员、披甲184名，共进班人等196员名⑤。

（二）紫禁城内各门堆子值宿报单。据满文连报单所载，各门堆子包括顺贞门、顺贞门西铁门、慈宁门、内左门、内右门、永康左门、永康右门、慈祥门、贞顺门、宁寿宫东北门、宁寿宫西北门、三所正门、如意门、兆祥所门、寿安门等。其中兆祥所门不属固定看守宫门。各门堆子主要由内务府三旗护军营负责看守。如嘉庆二十四年八月十七日连报单记载，正黄旗进班报单，顺贞门印务章京一、章京一、护军校二、护军三十四，顺贞门西铁门护军校一、委护军校一、护军八，慈宁门章京一、护军校一、护军九，内左门护军校一、委护军校一、护军八，内右门护军校一、委护军校一、护军九，永康左门章京一、护军校一、护军十九，永康右门护军校一、委护军校一、护军八，慈祥门章京一、护军校一、护军十九，贞顺门暂署章京一、蓝翎长一、护军九，宁寿宫东北铁门护军校一、委护军校一、护军七，宁寿宫西北铁门暂署章京一、蓝翎长一、护军七，三所正门章京一、护军校一、护军十九，如意门暂署章京一、蓝翎长一、护军八，"以上本旗守卫朱车十三处，印务章京一员、章京八员、护军校十一员、蓝翎长三名、委护军校五员、护军一百五十四名，共进班人等一百八十二员名"。而同治十三年七月初七日连报单载，镶黄旗进班章京等报单，顺贞门、顺贞门西铁门、慈宁宫正门、内左门、内右门、永康左门、慈祥门、寿安门、贞顺门、宁寿宫东北铁门、宁寿宫西北铁门、三所正门、如意门，"以上看守禁门十三处，司钥长一员、参领四员、委参领衔之护军校十八员、蓝翎长一名、护军一百十八名，共进班人等一百四十二员名"⑥。从这两条档案可以看出，看守的禁门虽均为13处，但是同治朝档案中所载，少了永康右门，却多了寿安门，进班人员数目也相差40人，说明内务府三旗护军营所宿卫紫禁城内宫门堆子及巡查官兵数目不同时期稍有差异。

（三）紫禁城内四角他坦巡查名单。四角即东南角、西南角、东北角、西北角。他坦，又作他他、塌潭，满文写作"tatan"。据满文连报单所载，巡查他坦的范围分别包括：东南角太和门东茶房起至景运门茶房止，共 30 处左右；西南角掌仪司值房起至太和门西茶房止，共 40 处左右；东北角北小花园他坦起至太医院止，共 25 处左右；西北角神武门钟楼起至车库止，共 39 处左右。除去门已上锁之外，其余各处由文武职官员一同巡查。其中文职有员外郎、内管领、司库等，武职有护军统领、骁骑校、护军参领、副参领等。如咸丰二年十一月十六日连报单记载，"紫禁城内西南角所有他坦等处，除去门已上锁之外，所余三十一处，由员外郎维翰、骁骑校世魁一并巡查"。西北角他坦由内管领英年、护军参领明玉，东南角由骁骑校恩浩、司库福顺，东北角由内管领达三布、护军参领德安[7]，分别巡查。

（四）白虎殿、酒醋房、清字经馆值宿名单。白虎殿位于武英殿后，清朝时辟为内务府署所在地及造办处各作坊，一般由委署催总、库守、库掌等值宿。酒醋房位于神武门外路西连房、寿安宫西，顺治十年（1653）设，初设办理酒、醋房事务首领、太监，乾隆二十四年（1759）裁汰，派内管领二员值年办理，专司内廷分例及各处来文咨取酒、醋、酱菜等事，一般由库守及匠役等值宿。清字经馆位于西华门内武英殿西尚衣监后，乾隆时期设立该馆，为翻译经典之处，嘉庆时期改为实录馆，一般由库守及匠役或誊录官及苏拉等值宿。如嘉庆十三年十二月十一日连报单中记载，白虎殿由委署催总全福，酒醋房由库守舒兴、匠役准永、志青，清字经馆由誊录官福存、供事马茂昭及苏拉三名[8]，分别值宿。从满文连报单来看，自嘉庆二十五年（1820）九月起，即再无清字经馆值宿的记载。

（五）帝后、妃嫔、皇子、公主、福晋等出入扈从及导引人员名单。扈从导引人员主要由都虞司、三旗护军营负责派遣。一般提前一日预备随扈人员。如嘉庆十三年十二月十一日连报单中记载："明日跟三公主由府进内已传司库额勒格，四公主由府进内已传库掌盛祥，十公主由府进内已传司库舒图森。十二月十一日。"[9]另，是年十二月十二日正黄旗随行三公主人员有章京四达色、护军校李易、黑达色，护军扎拉丰阿、格绷额、富成阿等；随行四公主人员有章京成富，护军校长升，护军集林、六格、奇成额等；随行十公主人员有章京富禄，护军校讷亲，护军范曾、黑达色、纳达奇等。正白旗随行三公主人员有护军校德敬，护军富盈、吉泰、六十五等；随行四公主人员有护军校成庆，护军乐贵、常德、常秀等；随行十公主人员有护军校庆柱，护军额勒德、永增、特布赫等[10]。

（六）太医院值宿名单。在道光、同治两朝的连报单内出现。太医院医官在宫内值班，称为宫值。由太医院医官、恩粮、医士等担任。如同治十三年七月初七日连报单记载：乾清宫值宿，花翎二品顶戴左院判李德立、医士李玉（大方脉）、医士王玢（小方脉）；东药房值宿：御医尚宗桢（大方脉）、恩粮许永龄（堂务）、医士杨国兴（外科）、医士陈忠（眼科）、恩粮赵重阳（口齿科）；寿安宫值宿：医士顾元灏（大方脉）、本日下班八品邹余善（大方脉）；寿康宫值宿：接班八品王凤池（大方脉）、下班八品王继周（大方脉）[11]。

此外还包括西华门、东华门值宿及查赌博，内务府所属各机构及广储司六库进内备差、在内听差及有无奏事，东华门至神武门、西华门至神武门各堆子有无冒名顶替，紫禁城内值班各门各堆子人员是否如数整齐，稽查所有进班人等看守是否严肃，管理三大殿官员率领催等或苏拉处值年内管领、副内管领率领催负责查验太和殿、中和殿、保和殿是否封锁无故等等。

三　满文连报单的研究价值

内务府作为清代管理宫廷事务的机构，掌上三旗包衣政令及宫禁之治。皇家的衣食住行等都由内务府承办，其所属机构众多，事务繁杂，组成了一个为皇室服务的庞大机构。满文连报单的整理利用将有助于进一步深化内务府机构研究，为宫廷史及八旗制度研究提供新的史料依据。

（一）为研究内务府机构职能及在紫禁城内值班值宿制度提供重要史料依据

内务府重要职责之一，即为"日直班于紫禁城"⑫，总管大臣要每日在内务府衙署值宿，遇皇帝驻跸圆明园，仍以一人在署值宿。皇帝在宫内，值班总管大臣每日一人进班，若遇驻跸圆明园，则在署值班五日一轮班。然据满文连报单记载，内务府总管大臣极少亲自进班，大多由内务府各司各库官员代替，如嘉庆二十四年八月十七日由都虞司郎中阿尔崩阿代内务府大臣进班，道光十一年（1831）八月十六日由会计司郎中恒林代内务府大臣进班，同治十三年七月初七日由缎库郎中文麟代内务府大臣进班⑬。另外，从满文连报单还可以看出，内务府在紫禁城内所负责值班及巡查的堆子、他坦、白虎殿、酒醋房、清字经馆等有近200处左右，均为研究内务府在紫禁城内值班值宿制度提供了重要史料。

（二）是研究清代宫廷史及皇室文化的第一手史料

首先，补充宫廷禁卫制度研究史料。在清代宫廷禁卫制度中，紫禁城各门除最核心的部分由侍卫处禁卫外，其余诸门如午门、东华门、西华门、神武门等均由护军营和前锋营中上三旗官兵负责宿卫。然内务府三旗在紫禁城禁门护卫中亦起到不可忽视的作用。早在顺治初年就规定以内务府三旗官兵轮值宿卫宫禁。《清实录》《钦定大清会典》《钦定大清会典事例》《钦定总管内务府现行则例》等，虽然根据档案编纂，所记载史料也很丰富，但毕竟属于第二手材料，而满文连报单中，对内务府三旗护军营及内务府三旗骁骑营等在紫禁城内值班巡查处所，记载详尽，客观真实反映了内务府在宫廷禁卫中所发挥的作用，有利于进一步推进清代宫廷禁卫制度研究。

其次，对研究紫禁城防火制度有参考价值。雍正五年（1727），雍正帝下旨命内务府总管大臣等筹备在紫禁城内设置防范火具，自步军校、步军内选熟习防范的步军校2人、步军40名，自看守宁寿宫正门护军拨出2名，自看守履顺门护军内拨出2名，自看守顺贞门护军内拨出4名，自紫禁城内三旗所属值班马甲内拨出20名及各处值班之执事服役人内选出20名，自銮仪卫值班校尉内选10名，总共100名，合为一班，按期分拨防范。由此，紫禁城火班形成，此内包含内务府所属护军8名、马甲20名、服役人20名。嘉庆二十四年又自内务府三旗额设激桶130架内挑选妥固整齐者8架，在东华门内东北角闲房三间及西华门内筒子河旧有朱旗房三间内各设4架，派拨章京、披甲看守，责成紫禁城东西两侧值宿之副参领分界管辖[⑩]。自此内务府在紫禁城东、西两侧巡查堆子增加了东激桶库、西激桶库。清代皇帝非常重视防火的值班检查。满文连报单作为第一手材料，记录了内务府三旗骁骑营官兵对紫禁城内火班及东激桶库、西激桶库的巡查情况，对研究宫中防火制度有重要价值。

再者，有助于太医院宫内侍值研究。太医院首要任务是为皇帝及后妃等看病，分班侍值。在内廷值班称之为宫值，值班处所一般在内务府御药房及各宫的外班房；在外廷则称作六值，于外值房值班。满文连报单中所载道光、同治两朝太医院医官在乾清宫、东药房、寿安宫、寿康宫侍值情况，对研究太医院侍值有一定参考价值。

最后，为清代帝后及其他皇室在宫中活动研究提供新史料。内务府三旗护军营"祭祀皇帝亲诣则执镫以恭导"，且"凡扈从之事皆掌焉"[⑮]。满文连报单中，皇上圣驾、皇后及妃嫔出入，皇后内廷主位往圆明园及进宫，皇子、在京公主赴圆明园等处及进城，未分封皇子福晋出入等扈从及导引人员的记录，补充了帝后等在宫中活动研究史料。

（三）对清代内务府三旗与八旗关系研究有一定的推动作用

内务府三旗简称内三旗，由八旗上三旗包衣组成，包括内务府镶黄旗、内务府正黄旗、内务府正白旗。设有内三旗参领处、内三旗包衣骁骑营、内三旗包衣护军营、内三旗包衣前锋营。顺治初年定由上三旗负责守卫紫禁城宫阙，而宫内禁卫则由内务府三旗官兵负责，各有分工，各司其责。然实则常有交叉，如顺贞门原由上三旗守卫，雍正元年（1723）改令内三旗守卫，乾隆十二年（1747）顺贞门西北门亦令内务府护军守卫，乾隆二十二年（1757）蹈和门也改由内三旗守卫，后又复归上三旗守卫等等。内务府满文连报单较为详细地记载了内务府三旗包衣骁骑营、内务府三旗包衣护军营官兵负责在紫禁城内廷值宿巡查堆子及他坦的具体情形，是研究内务府三旗的重要史料，对探讨内务府三旗与八旗的关系也会起到一定的促进作用。

内务府满文连报单作为内务府在处理公务过程中直接形成的公文，是研究历史的最原始、最直接的第一手材料，具有客观性和真实性，其档案的系统性也清楚地反映出事物发展的全过程，对研究清代内务府机构职能与文书处理、宫廷史及皇室文化、内三旗在八旗制度中的特殊地位等各方面具有重要的参考价值和补充史料的作用。

注释：

① ⑫（光绪）《钦定大清会典》卷89，内务府·总管大臣职掌。

② 张德泽：《清代国家机关考略》，北京：学苑出版社，2001年版，第169—170页。

③ 中国第一历史档案馆：内务府满文杂件·连报单，同治十三年七月初七日，档号：05—20—001—000047—0195。本文中所涉及满文档案均转译为汉文。

④ 激桶库在档案中又写为"汲桶库"。

⑤ 中国第一历史档案馆藏：内务府满文杂件·连报单，嘉庆十三年十二月十一日，档号：05—20—001—000007—0172；嘉庆十三年十二月十一日，档号：05—20—001—000007—0173；嘉庆二十四年八月十七日，档号：05—20—001—000026—0087；嘉庆二十四年八月十七日，档号：05—20—001—000026—0088；咸丰二年十一月十六日，档号：05—20—001—000037—0132；咸丰二年十一月十六日，档号：05—20—001—000037—0133。

⑥ 中国第一历史档案馆藏：内务府满文杂件·连报单，嘉庆二十四年八月十七日，档号：05—20—001—000026—0097；同治十三年七月初七日，档号：05—20—001—000047—0209。后一件为汉文档案。

⑦ 中国第一历史档案馆藏：内务府满文杂件·连报单，咸丰二年十一月十六日，档号：05—20—001—000037—（0134—0137）；咸丰二年十一月十六日，05—20—001—000037—0141。最后一件为汉文档案。

⑧ 中国第一历史档案馆藏：内务府满文杂件·连报单，嘉庆十三年十二月十一日，档号：05—20—001—000007—（0177—0179）。均为汉文档案。

⑨ 中国第一历史档案馆藏：内务府满文杂件·连报单，嘉庆十三年十二月十一日，档号：05—20—001—000007—0183。此为满汉文档案。

⑩ 中国第一历史档案馆藏：内务府满文杂件·连报单，嘉庆十三年十二月十一日，档号：05—20—001—000007—（0184—0189）。

⑪ 中国第一历史档案馆藏：内务府满文杂件·连报单，同治十三年七月初七日，档号：05—20—001—000047—（0211—0213）。均为汉文档案。

⑬ 中国第一历史档案馆藏：内务府满文杂件·连报单，嘉庆二十四年八月十七日，档号：05—20—001—000026—0086；道光十一年八月十六日，档号：05—20—001—000033—0175；同治十三年七月初七日，档号：05—20—001—000047—0195。

⑭（光绪）《钦定大清会典事例》卷1202，内务府三十三·营制·火班。

⑮（光绪）《钦定大清会典》卷95，内务府·三旗包衣护军营。

（原载于《历史档案》2018年第4期）

中国第一历史档案馆藏清代有关泰山及泰安地区的满文档案及其价值

刘　恋

东岳泰山，作为五岳之首，自古以来受到历代统治者的封禅祭祀，文人雅士也留下很多赞美泰山的篇章。泰山在传统社会国家祭祀中，具有重要地位。清入关后，不仅继承明朝祭祀泰山之制，定期遣官致祭，康熙、乾隆等皇帝更是多次东巡，并亲自登临泰山，率领百官祭祀行礼，可见清代统治者对泰山的重视。而因泰山而得名的泰安，也是山东重镇，具有重要政治、军事地位。中国第一历史档案馆（以下简称"一史馆"）目前开放的有关清代泰山及泰安地区的满文档案，时间跨度自乾隆朝起至光绪朝止，既包括纯满文档案，还有满汉合璧的档案，具有一定的研究、利用价值。

一　有关泰山及泰安地区的满文档案

（一）祭祀、巡幸泰山的档案

清廷于顺治八年（1651）定下祭祀泰山之例，终清一代，制度虽稍有损益，但遵行罔怠。清代泰山祭祀形式包括配享方泽坛、祈晴祷雨于地祇坛、京城东岳庙致祭、所在有司春秋致祭、时巡展祭、因事遣告等①。一史馆所藏有关泰山的满文档案首先便与祭山相关，主要包括清廷派官员前往致祭，传递致祭泰山祭文等内容。如乾隆三十四年（1769）四月，乾隆帝派乾清门侍卫福康阿前往泰山致祭②，次年，派总管内务府大臣刘浩前往③。乾隆三十年（1765）还发生了迟误传递泰山祭文之案，档案也详细记载了该案发生的经过以及惩处结果④。

　　另外，还有一些与乾隆第三次东巡泰山相关的满文档案。乾隆三十六年（1771），乾隆奉太后东巡泰山，满文档案记载了自乾隆三十五年（1770）至次年二月间，即乾隆登临泰山之前，山东地区及邻近各地驻防官员不断上奏请差的情况，实际上就是请求迎接、觐见以及请准加入护军营，于乾隆登山时进行保卫。最早上奏的是德州城守尉乌什布，因乾隆此次东巡途经德州，乾隆三十五年八月初二日，他就上奏请旨，带领二位官员、十二名兵丁于德州边界迎接乾隆，一路护送乾隆至其离开德州止，并请赐差使⑤。次年二月，乌什布再次上奏，请入护军营效力，保卫乾隆登临泰山⑥。此后，青州副都统德云亦上奏请差⑦。另外，江宁将军容保也因江宁与山东相邻，于乾隆三十六年二月上奏前往泰山觐见⑧。档案还详细记载了乾隆登临泰山当天发生的一些事情。如护卫乾隆登山的蓝翎侍卫清海未能以清语（即现在所称的满语）奏对，乾隆当即革退其蓝翎侍卫之职，并申斥该管大臣务必用心教习所管人等⑨，体现了乾隆皇帝对于"国语骑射"的重视。

　　（二）有关修缮泰山庙宇及泰安城垣等工程的档案

　　一史馆馆藏有关建造、修缮泰山庙宇情况等满文档案数量相对较多，多数为满汉合璧，尤其是工部核销修缮庙宇用银的题本，均为满汉合璧。该类档案主要包括乾隆五年（1740）泰山顶庙失火及修复情况，嘉庆二十二至二十三年（1817—1818）修理岱庙内御碑汉柏亭、山顶碧霞祠内御碑亭以及碧霞祠玉皇顶、寿星亭和南天门等处工程用银及核销情况，嘉庆末年至道光初年修理泰山东岳庙及核销用过银两情况，道光中期修理泰山碧霞祠及核销用过银两情况，道光后期修理泰山玉皇庙及泰安郡城岱庙核销用过银两情况等，为研究清代泰山庙宇的修缮情况提供了资料。

有关泰安城内以及泰安营等处各项工程及核销用银情况也有一些档案的记载，如多次修理城垣、修建营房、修理泰安县南北大路大埠岭等处墩台营房、修补仓廒以及道光初年修建泉池、疏泉为湖的工程等，为泰安城市历史以及泰安营的研究提供了资料。

（三）有关泰山及泰安地区民生民情的档案

一是有关泰安地区的晴雨情况与禾苗长势。山东本地官员要定期向皇帝奏报该处雨雪及禾苗情况，如乾隆年间山东按察使富尼汉奏报济南泰安等处农作物长势良好，兖州镇总兵明僖、玛尔庆阿、观进保、富成等先后奏报兖州泰安等处的降雨情况。另外，官员入京或由京出差也要向皇帝奏报途经地方的民情，所以也有一些档案里记载了官员经过泰安时所奏报的情况。如乾隆五十八年（1793）三月福州将军魁伦就将经过泰安、江南时所见的民情上奏给了乾隆皇帝，他在奏折中写道：

ahai duleme yabuha ele ba i arbun dursun be tuwaci, žili ci šandung ni tai an fu de isitala, duleke aniya tuweri forgon de elgiyen nimanggi baha turgunde, maise gemu mutuhabi……geren bai cooha irgen gemu ekisaka banjimbi[10].

可译为，"奴才观所有途经地方之情形，自直隶至山东泰安府，因去年冬季多雪，麦子皆熟……各地兵民宁谧"。此类档案为研究清代泰安地区的农业发展状况提供了参考。

二是有关清代泰安地区刑事案件。此部分档案大多为内阁刑科题本，有纯满文档案，但以满汉合璧的形式居多。相关档案自乾隆初年起，至光绪末年止，时间跨度长。内容涵盖广泛，包括债务纷争、赌博、行窃、抢劫、斗殴、强奸、口角、凶杀等内容。如嘉庆四年（1799）泰安县县民王家立踢伤妻子邵氏致其身死一案，档案内详细记载了案发缘由、邵氏尸检情况、相关人员的口供以及结案情况⑪。还有和泰山直接相关的刑事案件，如嘉庆十六年（1811），朝城县民谢文禄（siye wen lu）、顾四（g'u sy）同往泰山还愿，却在路上发生口角，致谢文禄将顾四殴伤毙命⑫。该类档案为清代山东地区的刑事案件以及清代刑法制度研究提供了参考，也是进行社会史研究的极好资料。

三是清代泰安地区表彰情况，包括旌表和入祀乡贤祠。旌表制度是王朝时代统治者为维护统治、激励风化，以建坊、悬匾为主要方式，对孝子、顺孙、义夫、节妇等进行表彰的制度。一史馆所藏内阁礼科题本有很多关于泰安地区旌表情况的记录，时间自乾隆初年起至光绪末年止，多数为满汉合璧。旌表对象包括节烈妇女、百岁老人、五世同堂、孝子等，如山东巡抚崔应阶于乾隆三十一年（1766）奏请旌表泰安府东平州百岁寿民王文谟⑬，嘉庆五年（1800）山东巡抚蒋兆奎题请旌表泰安等州县节妇三十二人⑭，道光十八年（1838）礼部尚书奕纪议准旌表泰安县监生赵德宏五世同堂⑮等。此外，原泰安籍官宦故去后，往往入祀当地乡贤祠，如泰安县已故原礼部尚书赵国麟、泰安县故宦江渊分别于道光九年（1829）、光绪九年（1883）被题请入祀乡贤祠⑯。此类档案为研究清代礼制以及社会史提供了史料。

（四）有关泰安营及泰安府县的人事任免的档案

有关泰安营及泰安府县人事任免情况的档案数量较多，多数为满汉合璧，时间自乾隆初年至光绪末年。这一部分档案包括泰安营及泰安府县官吏的举荐、补授、惩处、开复、丁忧及病故、休致等情况。如乾隆四年（1739），泰安营参将沈静威已年满六十二岁，自言"气血虚弱、精力衰惫。近复染病，两膀麻木之症，服药罔效。不能骑射，难供职守"，于正月二十八日向兖州总兵高钰呈书特恩题请休致，高钰即派游击陈魁赴泰安营查验情况属实，并出具印结等，于乾隆四年二月二十八日一面呈送兵部，一面具题请旨，乾隆批复"兵部议奏"[17]。乾隆四年四月十六日，兵部尚书鄂善等题奏，按"定例内官员年老患病者休致"一条，并查验泰安营参将沈静威年老患病难以供职是实，议得沈静威请"照例准其原品休致"，乾隆批复"依议"[18]，沈静威遂得以依例休致。而官员虽年老，但年力尚健、训练有方者，则可留任。如道光十四年（1834），泰安营参将阿尔松阿，年六十三，经甄别考验，即以精力尚健而留原任[19]。

另外，还有一些有关泰安县请求更换印信的档案，均为满汉合璧。清例"印信篆文将欲漫漶，即令早为陈情换铸。倘有因循迁就，不及时请换者，交部议处"[20]，故地方府县都很重视印信铸换，如光绪十八年（1892），山东巡抚汤聘珍即以泰安县印"自同治六年七月二十四日领到开用迄今，清汉篆文俱已模糊不清"[21]，依例请旨换铸。这类档案对于研究清代泰安地区人事任免制度、泰安地区的官员群体等，具有重要意义。

二　有关泰山及泰安地区的满文档案的价值

一史馆所藏有关泰山及泰安地区的满文档案，时间跨度长，数量较多，文种丰富，包括内阁题本、军机处录副奏折、朱批奏折、内务府来文等。档案内容广泛，不仅为清代有关泰山及泰安地区的研究，包括祭祀泰山及泰山相关修缮工程、泰安地区民生、官员任免等研究，提供了重要的参考资料，对于整个清史研究也具有重要意义。

首先，满汉合璧的档案，或者有对应汉文史料的满文档案，满文部分可与汉文部分相互佐证。如前述乾隆登山时，蓝翎侍卫清海未能以满语奏对，这在实录里有记载，"（乾隆三十六年二月二十六日）谕：本日朕登泰山，前引帮轿之蓝翎侍卫清海，不能奏对清语，著革退蓝翎侍卫，该管大臣务将所属人等用心教习，倘仍有不谙清语者，将该管大臣一并治罪著通行晓谕知之"[22]。而同一日的满文上谕则为：

juwe biyai orin ninggun de hese wasimbuhangge, inenggi tai šan alin de tafara de kiyoo i julergi yarume yabure buthai lamun funggala cinghai kiyoo be tukiyere niyalma de aisilame yabure de fuhali menekesaka umai be ulhirakū, ini baru manjuraci geli fuhali bahanarakū. hiya bime manju gisun bahanarakvungge ere ai doro fuhali tuwara ba akv umesi gecuke baita. cinghai be lamun funggala ci nakabu . ereci juelesi harangga kadalara ambasa urunakū meni meni harangga urse be saikan kadalame tacibume manjurabukini, aika kemuni manju gisun ulhirakvngge bici, harangga kadalara ambasa be suwaliyame weile arambi.erebe bireme ulgibume slgiye sehe[23].

可译为："二月二十六日谕：本日登临泰山，轿前引导布特哈蓝翎侍卫清海，协助轿夫之时，竟痴愚不通。向伊言清语，竟又全然不懂。侍卫而不通清语者，成何体统？实属不堪入目、甚为可耻！清海著革退蓝翎侍卫。嗣后该管大臣等，务必妥善管教各自所属人等学习清语，倘仍有不通清语者，该管大臣一并治罪。将此通行晓谕。钦此。"对比可知，汉文史料记事简略，而满文档案所载内容生动丰富，不仅详细记录了当日发生之事，还体现了乾隆皇帝当时情绪，使帝王形象生动、饱满。另外，还将乾隆重视"国语骑射"，尤其重视满洲官员、大臣满语水平的态度表现了出来。

其次，满文档案记载的内容，可补汉文史料之不足。一些满文档案的记载，是汉文档案或其他汉文史料所没有的，如前述乾隆第三次东巡之前，山东及相邻地区驻防官员纷纷请差，并产生了一系列的影响，则未载于汉文史料。以德州城守尉乌什布为例。乾隆三十五年四月乾隆降谕，初定来年太后八旬万寿之际奉母东巡泰山拈香[24]，后至十月份，乾隆才定下具体日期，即乾隆三十六年二月初三日启銮[25]。但乌什布已于乾隆三十五年八月上奏请差[26]，欲于乾隆东巡之际效力。乾隆三十六年二月，乌什布复又两次上奏请差[27]。从档案中可见，乌什布是最早上奏请差的官员，继他之后，一些官员才"跟风"陆续请差。乾隆对于乌什布此次接驾及护卫是否满意，史料并无记载，但档案显示，乾隆三十六年三月，乌什布升迁，由德州城守尉补放青州副都统[28]，四月乌什布上了谢恩折[29]，同年五月初二日，乌什布走马上任[30]。乌什布此前任德州城守尉已十年[31]，可以推测，此次升迁或赖其接驾护驾之功。如果没有满文档案，是无法得知其中原委的。再如官员奏报泰安地区晴雨及禾苗长势的奏折，兼有满汉，可以互相补充，对于清代泰安地区的气象、农业生产及清代人民生活情况等社会史研究具有重要参考意义。

综上所述，中国第一历史档案馆所藏有关清代泰山及泰安地区的满文档案，数量可观，类型丰富，涉及广泛。对这些满文档案的搜集、利用与研究，是对相关汉文史料的重要补充，不仅有助于清代泰山及泰安地区地方史等研究，对于整个清代历史的研究，也具有不可忽视的作用。

注释：

① 刘兴顺、姜亭亭：《泰山国家祭祀史论》,《泰山学院学报》2015 年第 5 期。

② 中国第一历史档案馆藏：军机处满文上谕档,乾隆三十四年四月初三日,档号：03—18—009—000036—0002。

③ 中国第一历史档案馆藏：军机处满文上谕档,乾隆三十四年四月初三日,档号：03—18—009—000036—0005。

④ 中国第一历史档案馆藏：军机处满文录副奏折,乾隆三十年,档号：03—0181—2132—046。

⑤ 中国第一历史档案馆藏：军机处满文录副奏折,乾隆三十五年,档号：03—0148—2382—018。

⑥ 中国第一历史档案馆藏：军机处满文录副奏折,乾隆三十六年,档号：03—0184—2404—011；

　中国第一历史档案馆藏：军机处满文录副奏折,乾隆三十六年,档号：03—0184—2404—010。

⑦ 中国第一历史档案馆藏：军机处满文录副奏折,乾隆三十六年二月,档号：03—0184—2404—012。

⑧ 中国第一历史档案馆藏：军机处满文录副奏折,乾隆三十六年二月,档号：03—0184—2403—024。

⑨ 中国第一历史档案馆藏：军机处满文上谕档,乾隆三十六年二月二十六日,档号：03—18—009—000038—0001。

⑩ 中国第一历史档案馆藏：军机处满文录副奏折,乾隆五十八年三月二十六日,档号：03—0194—3428—007。

⑪ 中国第一历史档案馆藏：内阁刑科题本,嘉庆五年四月十五日,档号：02—01—07—2105—005。

⑫ 中国第一历史档案馆藏：内阁满文题本,嘉庆十六年十二月十四日,档号：02—02—029—002155—0017。

⑬ 中国第一历史档案馆藏：内阁礼科题本,乾隆三十一年三月十五日,档号：02—01—005—022958—0044。

⑭ 中国第一历史档案馆藏：内阁礼科题本,嘉庆五年三月二十八日,档号：02—01—005—023176—0014。

⑮ 中国第一历史档案馆藏：内阁礼科题本,道光十八年闰四月十六日,档号：02—01—005—023425—0022。

⑯ 中国第一历史档案馆藏：内阁礼科题本,道光九年四月十四日,档号：02—01—005—023358—0024；

中国第一历史档案馆藏：内阁礼科题本，光绪九年三月二十八日，档号：02—01—005—023778—0052。

⑰ 中国第一历史档案馆藏：内阁兵科题本，乾隆四年二月二十八日，档号：02—01—006—000222—0002。

⑱ 中国第一历史档案馆藏：内阁兵科题本，乾隆四年四月十六日，档号：02—01—006—000233—0010。

⑲ 中国第一历史档案馆藏：内阁兵科题本，道光十四年八月二十九日，档号：02—01—006—004693—0006。

⑳ 中国第一历史档案馆藏：内阁礼科题本，乾隆四十年二月初四日，档号：02—01—005—023039—0036。

㉑ 中国第一历史档案馆藏：内阁礼科题本，光绪十八年二月二十二日，档号：02—01—005—023884—0044。

㉒ 《大清高宗纯皇帝实录》卷879，乾隆三十六年二月丁酉。

㉓ 中国第一历史档案馆藏：军机处满文上谕档，乾隆三十六年三月二十六日，档号：03—18—009—000038—0001。

㉔ 《大清高宗纯皇帝实录》卷856，乾隆三十五年四月辛亥。

㉕ 《大清高宗纯皇帝实录》卷870，乾隆三十五年十月甲申。

㉖ 中国第一历史档案馆藏：军机处满文录副奏折，乾隆三十五年，档号：03—0184—2382—018。

㉗ 中国第一历史档案馆藏：军机处满文录副奏折，乾隆三十六年，档号：03—0184—2404—011；

　　中国第一历史档案馆藏：军机处满文录副奏折，乾隆三十六年，档号：03—0184—2404—010。

㉘ 中国第一历史档案馆藏：军机处满文上谕档，乾隆三十六年三月二十六日，档号：03—18—009—000038—0001。

㉙ 中国第一历史档案馆藏：军机处满文录副奏折，乾隆三十六年四月，档号：03—0184—2408—022。

㉚ 中国第一历史档案馆藏：内阁满文题本，乾隆三十六年五月初二日，档号：02—02—021—001412—0011。

㉛ 中国第一历史档案馆藏：军机处满文录副奏折，乾隆三十五年，档号：03—0148—2382—018。

（原载于《泰山学院学报（人文社会科学版）》2019年第2期）

伊犁将军及其满文奏折

吴元丰

中国第一历史档案馆位于北京故宫博物院西华门内侧，保存明清两朝中央国家机关档案，绝大部分是清代档案。其中有满文档案200余万件，也有一部分蒙古文、藏文、托忒文、察合台文等民族文字档案。在满文档案中保存着一定数量的伊犁将军奏折，具有重要的学术研究价值。

一　伊犁将军的设置及其职掌

伊犁地处我国的西北边陲，战略地位十分重要，是通往中亚地区的交通要道，同时地理条件也非常优越，水草丰美，宜耕宜牧。清初，卫拉特蒙古准噶尔部游牧于此，建立地方政权准噶尔汗国。从顺治元年（1644）清军入关建立全国性政权后，在百余年时间内，清廷十分关注准噶尔汗国的动向，随时采取各种应对措施，一直没有放弃统一天山南北的努力。乾隆年间噶尔丹策零去世后，准噶尔汗国接连发生内讧，明争暗斗，汗位不时更替，不少台吉、宰桑等率众纷纷归附清朝。其中最有影响的是辉特部台吉阿睦尔撒纳，乾隆十八年（1753）率领部众2万余人归附清廷。长期的内讧和部众的流失，极大地削弱了准噶尔汗国的势力，为清廷统一天山南北提供了难得的良机。

　　乾隆二十年（1755）二月，清廷发兵，分成两路，北路军从乌里雅苏台出发，由定边左副将军阿睦尔萨纳统帅；西路军从巴里坤出发，由定边右副将军萨喇尔统帅，开始向西挺进。不久，两路军在博罗塔拉会师，而后总攻伊犁，在格登山打败准噶尔汗达瓦齐，随之准噶尔汗国覆灭。清廷本想在卫拉特蒙古居住地区推行"盟旗制"，分封四汗，车凌为杜尔伯特汗、阿睦尔萨纳为辉特汗、班珠尔为和硕特汗、噶勒藏多尔济为绰罗斯汗，令其分管各自部众；天山南部维吾尔族居住地区仍保留其原有的伯克制度，以大和卓波罗尼都、小和卓霍集占为首管理。所以，在伊犁只留500名兵驻守，撤回大部分出征官兵。阿睦尔萨纳不满足于当一部之汗，而想当四卫拉特蒙古大汗，遂于当年八月乘清军大部队撤回之际，杀害领兵留守伊犁的将军班第、参赞大臣鄂容安后公开背叛清廷。清军攻入伊犁时曾率众归附的小和卓霍集占也乘机逃回天山南部，煽动大和卓波罗尼都共同发动了叛乱。自乾隆二十一年（1756）始，清廷又分西北两路军第二次远征伊犁。经过两年时间，清军大败阿睦尔萨纳，收复伊犁。接着又挥师南下，经过两年时间，乾隆二十四年（1759）平定了大小和卓叛乱。至此，经康熙、雍正、乾隆三朝的不懈努力，清廷最终统一了新疆天山南北。

　　经过数年的战火纷飞，当时的伊犁地区，人烟稀少，土地荒芜，城郭无存，防务空虚，百废待兴。为了巩固统一局面，加强西北边疆防务，清廷放弃了在卫拉特蒙古居住地区实行"盟旗制"的设想，决定驻兵屯田，一面抽调八旗和绿营官兵迁往伊犁驻防屯田，一面迁移天山南部维吾尔族人和内地民人到伊犁开垦种田。至于其管理体制，乾隆帝指出："如伊犁一带，距内地窵远，一切事宜，难以遥制。将来屯田驻兵，当令满洲将军等前往驻扎，专任其事，固非镇道绿营所能弹压，亦非总督管辖所能办理。"①

乾隆二十五年（1760）初，当时出征到阿克苏的参赞大臣阿桂奉命率数百名官兵和种田维吾尔族人抵达伊犁，不久被任命为伊犁办事大臣，又称总理大臣，专门负责办理当地事务。阿桂到达伊犁后着重落实两件事：一为防务建设，陆续调来几千名八旗和绿营官兵，设置台站卡伦，修建城池，巡查边界，搜剿盗贼；二为屯田积粮，除选派一部分绿营兵开垦屯田外，还从天山南部迁来数千户维吾尔族人种田纳粮。这样经过两年时间后，伊犁地区的形势发生了变化，防务力量初步得到加强，移民数目逐渐增加，农牧业生产开始恢复，建成官兵居住的绥定城和种田维吾尔族人居住的宁远城。

在这种背景下，清廷最终决定选调携眷八旗官兵移驻伊犁，由起初的换防兵改为永久性的驻防兵，并且着手实施。同时，开始考虑伊犁地方职官的设置及其职权问题。乾隆二十七年（1762）十月十六日乾隆帝谕曰："伊犁初定新疆之地，现在建城驻兵，此缺应作为将军，颁给印信，镇守地方。今明瑞在彼总办事务，即以明瑞作为总统伊犁等处将军，著该部照例给与印信敕书。"②这道上谕确定了两个问题，一是伊犁将军的设置，二是首任将军的任命，并未涉及伊犁将军的职权。当年十月二十三日军机大臣傅恒等遵旨议奏："此缺（伊犁将军——引者注）系创设之缺，且在新疆，其管辖之区域，调遣之官兵，理合议定具奏，载入敕书，钦遵施行。臣等酌议，伊犁本系厄鲁特地方，现在彼处设置将军，自伊犁至乌鲁木齐、巴里坤，凡寻常事务，仍照旧例，由各该地方大臣办理。此外，若有兵丁调遣之事，则听将军调遣。回子各城虽有所不同，但与伊犁相距不远，理合以彼此相通为计办理，自喀什噶尔、叶尔羌至哈密所有回子各城，亦照巴里坤等处之例，驻各城官兵，皆听将军调遣，凡寻常事务，皆照旧例办理。又喀什噶尔、叶尔羌等处，皆地处边陲，回子各城地方，若有应急事件，需要调遣伊犁兵丁，亦准各处办事大臣咨商将军，就近调用伊犁之兵。如此是否妥当，恭候训示，钦遵施行。"③奉旨允准。这样就初步明确了伊犁将军的权限，指定为全新疆的最高军事指挥长官，有权调遣新疆天山南北所有驻防八旗和绿营官兵，除伊犁地区外，新疆其他地方，"凡寻常事务，仍照旧例，由各该地方大臣办理"④。

八旗驻防是清朝立国安邦的根本制度之一。清入关之后，就在全国范围开始建立八旗驻防体系，选择各重镇要地派驻八旗兵丁，设置将军统率，至乾隆年间伊犁将军的设置，全国有盛京、吉林、黑龙江、绥远城、西安、江宁、杭州、福州、广州、荆州、成都、宁夏、乌里雅苏台和伊犁14处驻防将军。从各处将军的具体职掌来看，除盛京、吉林、黑龙江、伊犁4处将军外，其他10处将军都是纯军事驻防性质的，只管理本驻扎城或地区的八旗事务，并不干预绿营兵和行政方面事务。而盛京、吉林、黑龙江和伊犁将军则不然，全权负责管理当地的军政事务，但因各地事务有所不同，彼此间仍存在一些差异。

伊犁将军的职掌是应和当地事务的治理需求而产生的，同时也随着当地军政事务的稳定而逐渐完善和确立。伊犁将军创设之初，驻防和屯田为其要务，所以其职掌主要体现在这两方面。后来随着新疆军政体制的建立和完善，以及社会稳定和经济发展，伊犁将军的职掌也相应地调整和完善。其职掌大体归纳为以下几方面：

（一）统帅伊犁、乌鲁木齐、巴里坤、哈密等地驻防八旗和绿营官兵，负责调遣塔尔巴哈台、喀什噶尔、叶尔羌、和田、阿克苏、库车等处换防八旗官兵，有权指挥各地驻防和换防官兵出征作战；

（二）凡新疆天山南北的重要军政事务和重大突发事件，负责通报和协商处理，而且有一定的决策权，必要时与驻防都统、参赞大臣、办事大臣等联衔具奏请旨；

（三）负责办理伊犁驻防八旗和绿营官员的拣选补放、考核引见、请假销假、纠参处分，以及蒙古王公和维吾尔族伯克的选拔任用、年班朝觐、革职治罪事务；

（四）负责办理伊犁驻防各营兵丁的挑选补充、军械配备、行围演练、坐卡巡边、治罪解退，以及派遣官兵赴塔尔巴哈台、喀什噶尔、叶尔羌、阿克苏等地换防事务；

（五）负责管理伊犁的屯田、牧厂、铜厂、铅厂、钱局、商铺、仓储、库储、工程，以及官兵和蒙古王公等人俸饷事务；

（六）负责审理伊犁的偷盗、抢劫、害命、强奸、债务等案件，并管理发遣废员和罪犯事务；

（七）负责处理与伊犁交界的外藩事务，主要是哈萨克诸部的交往关系，包括奉命派员册封哈萨克汗王，解送哈萨克朝觐使臣，与哈萨克进行贸易，以及相互查拿越界犯法人员等事务。

伊犁将军是清朝中央政权派驻新疆的最高军政长官，首先是全权管理新疆驻军的调遣和布防，负责新疆全局性重要事项的决策实施，以及突发性重大事件的应对处置；其次是负责管理伊犁的军事、行政、经济、司法以及藩属等一切事务，并且直接管带与其同城驻扎的惠远城满洲营官兵。惠远城是清代新疆的首府，是新疆的政治、军事、经济和文化中心。光绪十年（1884）新疆建省后，乌鲁木齐成为首府，巡抚驻此办公。伊犁将军虽不像盛京将军、吉林将军、黑龙江将军一样被废除，但其权限大大减少，仅仅管理伊犁驻防八旗及边防事务。

二　伊犁将军满文奏折的形成及其数量

清朝对新疆采取了军府制下的多元一体的治理政策，在伊犁设置总统伊犁等处将军，简称伊犁将军，统辖新疆天山南北地区军政事务。在乌鲁木齐、塔尔巴哈台、喀什噶尔、哈密、喀喇沙尔、库车、阿克苏、乌什、叶尔羌及和田等地设都统、参赞大臣、办事大臣、领队大臣等官员，分管各该地区军政事务，并且均受伊犁将军节制。同时，因地制宜，因俗而治，对不同的地区、不同的居民，推行不同的管理方式。在伊犁、乌鲁木齐、巴里坤、古城、吐鲁番等地八旗携眷官兵驻防地区施行八旗制，分设满洲、索伦、锡伯、察哈尔、厄鲁特等营，选授协领、总管、佐领、防御、骁骑校等员，管理各该营军政事务；在天山南部和伊犁维吾尔族居住地区施行伯克制，挑选本地维吾尔族人任命为伯克，负责管理地方行政事务；在哈密、吐鲁番维吾尔族居住地区和天山南北蒙古族居住地区施行盟旗制，由各地方的维吾尔族和蒙古族王公等担任盟长、扎萨克等职，负责管理地方行政事务；在乌鲁木齐、玛纳斯、奇台等汉族居住地区施行郡县制，由内地选派中举候缺人员担任知府、知州、知县等职，负责管理管辖范围内的行政事务。这些各地各民族的官员，在驻当地将军、都统和大臣的监督和指导下开展工作，凡事必须请示汇报，不得擅自处理，若办事不力或失职犯法，则经各该地驻扎将军、都统、大臣等奏请治罪。

伊犁将军的办事机构称之为伊犁将军衙门，与其他驻防将军衙门相比，其内部机构的设置也截然不同，独一无二，具有显明的特色。其他各地的将军衙门一般都设左司、右司和印房，左司分掌兵、刑之事，右司分掌户、礼、工之事，印房分掌日行事件、印信及稿案等事。唯有伊犁驻防将军衙门的办事机构自成体系，极其特殊，分设印务处、奏折处、功过处、营务处、粮饷处和驼马处。究其原因，是首任将军明瑞、办事大臣阿桂身在伊犁，十分清楚该地区战略地位的重要性，故而能从当地的实际情况出发，不赞成依照各省驻防将军衙门之成规设置办事机构，而是参照八旗出征军营之例，因地制宜，开创性地设立内部办事机构，突出机构的专职性和实用性，分工细致而合理，便于处理各项军政事务。印务处，又称印房，专管日行事件及吏兵各部应行咨复稿案；奏折处，由印房兼管，专司缮拟奏折事务；功过处，由印房兼办，专管官员功过登记档案；粮饷处，专管钱粮支出及年终报销，并关涉户工二部事件稿案；驼马处，专管各营及各部落孳生马牛羊及哈萨克贸易牲畜等事；营务处，总办各营饬传官差及派遣巡查事务。

伊犁将军作为总统管理新疆军政事务的最高官员，责任十分重大，关乎西北边疆地区的防务、建设、民生、稳定等各方面事项，确保领土统一完整，维持社会长治久安。所以，清廷十分重视伊犁将军的人选，一般都从中央各部院、京城八旗和驻防八旗官员内，拣选德才兼备、文武双全、经历丰富、处事干练者补授，而且不定期轮换任命。自乾隆二十七年伊犁将军的设置起，止于宣统三年（1911）辛亥革命爆发被废除，时间长达149年。清朝是以满族上层为核心建立的政权，除用汉语文外，还规定满语为"国语"，满文为"国书"。从中央到地方的各级机构内，一般都分设满汉官缺，要求满洲官员都用满文书写公文。特别是办理内务府、宗人府、八旗和北方边疆地区事务的官员，多数由满洲或蒙古人担任，他们更不可擅自使用汉文，否则重者治罪，轻者训斥。与此相适应，有关皇帝的诰敕、谕旨以及中央各部院的行文，也都用满文书写。因此，伊犁将军向皇帝请示汇报时按规定多用满文书写奏折。

奏折是清代高级别官员或特别授权人员向皇帝请示汇报问题的文书之一。光绪十年新疆建省之前，在新疆推行军府管理体制，以伊犁将军为首席长官，在全疆各重镇要地分设都统、参赞大臣、办事大臣、帮办大臣、领队大臣等员，责成分别管理各地区事务。无论是伊犁将军，还是各地都统和大臣，都有直接奏事的权力，而且必要时还可以联衔奏事。伊犁作为首府之地，是当时驻兵屯田的重点地方，应办事务繁重，除将军总统管理外，还设参赞大臣、惠宁城满营领队大臣、锡伯营领队大臣、索伦营领队大臣、察哈尔营领队大臣、厄鲁特营领队大臣、总兵、抚民同知、理事同知和阿奇木伯克等员，分别负责管理具体事务。不过这些直接归将军管辖的官员，平时都没有单独奏事权，有事则具文给将军，由将军缮折具奏。其中参赞大臣及各营领队大臣，若有必要方可与将军一起联衔奏事，并且遇有自身的谢恩和请安事宜时才能单独缮折具奏。这样，在伊犁所设的办事官员内，唯有将军具奏的事宜最多，从而形成了比较多的伊犁将军满文奏折。

　　清代奏折的呈递运行及归档保存制度十分严谨完善。皇帝用朱笔批阅的奏折，称朱批奏折。起初，朱批奏折发还给各该官员后并不收回，至雍正继位后才下令缴回朱批奏折。从此缴回朱批奏折成为一项定制，所缴回的奏折集中存放在皇宫内。同时，军机处在收发朱批奏折过程中，照抄朱批奏折一份，称之为录副奏折。由于录副奏折按月或半月为一包归档保存，故名"月折包"。据不完全统计，在"月折包"内保存的伊犁将军满文奏折，共1万余件。若加上宫中朱批奏折内保存的伊犁将军满文奏折，则其数量可达2万余件。不过朱批奏折和录副奏折的内容基本上是相同的，所不同的是朱批奏折仅有具奏时间，录副奏折既有具奏时间也有朱批时间，而且作为附件随奏折进呈的各种清单、口供、图纸等文件，都随录副奏折一起归档保存。从单纯的利用角度而言，录副奏折的利用价值高于朱批奏折。

　　另外，按清代文书档案保管制度，伊犁将军满文奏折还有两种抄本。一为军机处根据录副奏折按编年体汇抄成册的满文月折档，其中就有伊犁将军满文奏折抄本，今保存在中国第一历史档案馆。二为伊犁将军衙门根据缴回前的朱批奏折按编年体抄录成册的档簿，原保存在伊犁将军衙门，现已无存，同治年间战乱和宣统三年辛亥革命时全部被毁掉。

为了便于了解历任伊犁将军及其满文奏折数量起见，现仅就军机处满文月折包内保存的伊犁将军奏折做一统计，并按具奏者姓名和任职时间列表如下⑤：

序号	姓名	旗籍	任职时间	类别	件数
1	明瑞	满洲镶黄旗	乾隆二十七年十一月至三十一年十二月	实授	826
2	阿桂	满洲正蓝旗	乾隆三十一年十二月至三十二年三月	署理	57
3	阿桂	满洲正蓝旗	乾隆三十二年四月至三十三年六月	实授	248
4	伊勒图	满洲正白旗	乾隆三十三年六月至十二月	实授	91
5	永贵	满洲正白旗	乾隆三十三年十二月至三十五年正月	署理	179
6	增海	满洲正蓝旗	乾隆三十五年正月至五月	署理	18
7	伊勒图	满洲正白旗	乾隆三十五年五月至三十六年七月	实授	255
8	舒赫德	满洲正白旗	乾隆三十六年七月至三十六年十月	署理	158
9	舒赫德	满洲正白旗	乾隆三十六年十月至三十八年七月	实授	744
10	存泰	汉军正黄旗	乾隆三十八年七月	署理	4
11	伊勒图	满洲正白旗	乾隆三十八年八月至四十一年五月	实授	783
12	索诺木策凌	满洲镶黄旗	乾隆四十一年五月至十一月	署理	125
13	伊勒图	满洲正白旗	乾隆四十一年十一月至四十九年五月	实授	1565
14	富景	不详	乾隆四十九年五月至八月	署理	15
15	伊勒图	满洲正白旗	乾隆四十九年八月至五十年七月	实授	233
16	奎林	满洲镶蓝旗	乾隆五十年七月至五十二年十二月	实授	516
17	永铎	满洲镶蓝旗	乾隆五十二年十二月至五十三年五月	署理	58
18	保宁	满洲正白旗	乾隆五十三年五月至五十五年四月	实授	442

续表

序号	姓名	旗籍	任职时间	类别	件数
19	永保	满洲镶红旗	乾隆五十五年四月至五十六年三月	署理	152
20	保宁	满洲正白旗	乾隆五十六年三月至六十年四月	实授	609
21	明亮	满洲镶黄旗	乾隆六十年四月至十一月	实授	59
22	保宁	满洲正白旗	乾隆六十年十一月至嘉庆七年二月	实授	425
23	松筠	蒙古正蓝旗	嘉庆七年二月至十四年五月	实授	685
24	晋昌	满洲正蓝旗	嘉庆十四年五月至十九年四月	实授	371
25	松筠	蒙古正蓝旗	嘉庆十九年四月至二十一年闰六月	实授	238
26	长龄	蒙古正白旗	嘉庆二十一年闰六月至二十二年三月	实授	56
27	高杞	满洲镶黄旗	嘉庆二十二年三月至五月	署理	10
28	晋昌	满洲正蓝旗	嘉庆二十二年六月至二十五年五月	实授	229
29	庆祥	满洲正白旗	嘉庆二十五年五月至道光六年正月	实授	426
30	英惠	满洲镶红旗	道光六年正月至二月	署理	10
31	长龄	蒙古正白旗	道光六年二月至八月	实授	27
32	德英阿	满洲镶蓝旗	道光六年九月至七年十月	署理	71
33	德英阿	满洲镶蓝旗	道光七年十月至九年六月	实授	128
34	容安	满洲正黄旗	道光九年六月至十一月	署理	27
35	玉麟	满洲正黄旗	道光九年十一月至十一年四月	实授	109
36	布彦泰	满洲正黄旗	道光十一年四月至十二年四月	署理	52
37	玉麟	满洲正黄旗	道光十二年四月至十二月	实授	50
38	特依顺保	满洲正白旗	道光十二年十二月至十七年十一月	实授	322
39	奕山	满洲镶蓝旗	道光十七年十二月至十八年五月	署理	25
40	奕山	满洲镶蓝旗	道光十八年五月至十九年二月	实授	56
41	关福	蒙古镶白旗	道光十九年二月至十一月	署理	48
42	奕山	满洲镶蓝旗	道光十九年十一月至二十年五月	实授	20

续表

序号	姓名	旗籍	任职时间	类别	件数
43	关福	蒙古镶白旗	道光二十年五月至九月	署理	8
44	布彦泰	满洲正黄旗	道光二十年九月至二十六年正月	实授	368
45	舒兴阿	满洲正蓝旗	道光二十六年正月	署理	9
46	奕山	满洲镶蓝旗	道光二十六年正月至六月	署理	25
47	萨迎阿	满洲镶黄旗	道光二十六年六月至三十年十二月	实授	277
48	奕山	满洲镶蓝旗	道光三十年十二月至咸丰五年四月	实授	282
49	扎拉芬泰	满洲正黄旗	咸丰五年四月至十年十月	实授	283
50	常清	满洲镶蓝旗	咸丰十年十月至同治三年十一月	实授	193
51	明绪	满洲镶红旗	同治三年十一月至五年正月	实授	5
52	李云麟	汉军正白旗	同治五年正月至五月	代办	无
53	荣全	满洲正黄旗	同治五年五月至光绪三年四月	署理	31
54	金顺	满洲镶黄旗	光绪三年四月至十一年九月	实授	118
55	锡纶	满洲正蓝旗	光绪十一年九月至十四年二月	署理	26
56	色楞额	满洲正白旗	光绪十四年二月至十六年五月	实授	4
57	富勒铭额	满洲正白旗	光绪十六年五月至十八年三月	署理	无
58	长庚	满洲正黄旗	光绪十八年三月至二十八年八月	实授	54
59	马亮	汉军正黄旗	光绪二十八年九月至三十二年十二月	实授	47
60	广福	蒙古正蓝旗	光绪三十二年十二月至三十四年六月	署理	16
61	长庚	满洲正黄旗	光绪三十四年六月至宣统元年六月	实授	11
62	广福	蒙古正蓝旗	宣统元年七月至二年七月	署理	8
63	广福	蒙古正蓝旗	宣统二年八月至三年闰六月	实授	17
64	志锐	满洲镶红旗	宣统三年闰六月至十月	实授	无
65	额勒浑	满洲正白旗	宣统三年十月至十一月	署理	无
合计					12304

通过上列之表可见，历任的伊犁将军，包括署理者，共计43人，按其旗籍区别，满洲八旗的35人，蒙古八旗的4人，汉军八旗的3人，旗籍不详的1人，绝大部分是满洲八旗人。伊犁将军的任次，包括进京陛见和奉命出差期间的离任和接任，共计65任次，其中伊勒图和奕山最多，各为5任次；保宁和广福次之，各为3任次；阿桂、舒赫德、松筠、晋昌、长龄、德英阿、玉麟、布彦泰、关福和长庚等10人再次之，各为2任次；其余29人，各为1任次。

军机处满文月折包内保存的伊犁将军奏折共12304件，按具折的人统计，排在前10位的有伊勒图2927件、保宁1476件、松筠923件、舒赫德902件、明瑞826件、晋昌600件、庆祥426件、布彦泰420件、奕山408件、特依顺保322件。这10位将军的奏折，共计9230件，占伊犁将军满文奏折总数的75%。另外，按朝统计，乾隆朝7148件、嘉庆朝2049件、道光朝2015件、咸丰朝652件、同治朝126件、光绪朝282件、宣统朝32件，仅乾隆朝33年的奏折就占整个149年伊犁将军满文奏折总数的58%。究其原因，一为乾隆年间正是伊犁将军创设和各项制度制定完善时期，需要具奏请示汇报的事项比较多；二为乾隆五十九年（1794）对伊犁将军奏事制度进行改革，删繁就简，减少了一部分常规性的专折具奏事项；三为自嘉庆年间起用满文撰写公文的规定开始松弛，加之从中央到地方满洲和蒙古官员对满文的熟悉程度已不如汉文，换句话说满文的使用情况远不如过去，而且每况愈下，这是一个普遍性的问题。

另外，在以上统计表中，唯有李云麟、富勒铭额、志锐和额勒浑名下没有满文奏折。在此需要说明的是，此次统计的是满文月折包内的伊犁将军奏折，并不包括朱批奏折和月折档内的奏折。经查阅满文朱批奏折发现，富勒铭额署理伊犁将军时期的奏折有 12 件，而没有李云麟、志锐和额勒浑的奏折。由此可见，满文月折包内保存的伊犁将军奏折，虽然比较完整而系统，但因历史上的诸多原因仍造成了一些损失。

三 伊犁将军满文奏折的内容及其价值

伊犁将军满文奏折的内容比较丰富，涉及政治、经济、军事、文化等诸多方面，由于篇幅关系，在此很难全面细致地介绍，仅就其主要内容分类介绍如下。

（一）职官方面。主要反映：伊犁将军、伊犁参赞大臣、惠宁城满营领队大臣、索伦营领队大臣、锡伯营领队大臣、察哈尔营领队大臣、厄鲁特营领队大臣、伊犁绿营总兵的到任接印视事、奉命交印卸任、承应各项官差、定期赴京陛见、接受御赏谢恩、请假养病丁忧、缘事纠参处分、病故抚恤治丧，以及惠远城满洲、惠宁城满洲、索伦、锡伯、察哈尔、厄鲁特等营协领、总管、副总管、佐领、防御、骁骑校，伊犁绿营参将、游击、都司、守备、千总、把总、外委的拣选补放、调迁应差、考核举荐、进京引见、奖赏抚恤、革职治罪、年迈休致、请假丁忧、病故出缺等情况。另外，还有地方官职的增添裁撤、划定职权、铸颁印信、进贡方物、致祭山川，以及土尔扈特蒙古、和硕特蒙古汗、王、公、贝勒、贝子、台吉等承袭封爵、赴藏熬茶、年班朝觐、请假探亲、病故治丧、订亲成婚；管理伊犁维吾尔族屯田事务阿奇木伯克、伊什罕伯克、噶杂纳齐伯克、商伯克、海子伯克、都管伯克、帕提沙布伯克、什扈尔伯克的挑选补放、年班朝觐、奖赏处罚等情况。

（二）营务方面。主要反映：从黑龙江、盛京、宁夏、察哈尔、河北承德、陕西西安，以及甘肃庄浪、凉州等处八旗，抽调满洲、蒙古、锡伯、索伦、达斡尔官兵，携眷移驻伊犁及博罗塔拉等地，分设伊犁驻防八旗的惠远城满营、惠宁城满营、索伦营、锡伯营、察哈尔营、厄鲁特营；从内地邻近各省抽调绿营官兵，携眷移驻伊犁，设置伊犁绿营镇标各营；从甘肃庄浪、凉州和宁夏等处八旗，抽调满洲、蒙古官兵，携眷移驻乌鲁木齐、巴里坤、古城、吐鲁番等处，分设驻防八旗的四个满营，以及各营营制沿革、挑补兵丁、支放钱粮、操演技艺、修补兵器、供给粮草、喂养马匹、承应差事、奖赏处罚等情况。

（三）防务方面。主要反映：根据各营驻防区域和各部人众屯田驻牧地方，分别设置卡伦，划归各营领队大臣管理，定期派遣官兵轮换驻守，查拿越界人犯。每年一次从各营选调官兵，自伊犁惠远城出发，巡查伊犁西北和东北与哈萨克交界的边境地方，直至塔尔巴哈台；每两年一次从各营选调官兵，自伊犁惠远城出发，巡查伊犁西南与布鲁特交界的边境地方，直至阿克苏和喀什噶尔。又每年或两年从各营选调官兵，分别派往塔尔巴哈台和喀什噶尔换防，除驻守当地的城池外，还分驻各该地方卡伦并定期巡查边界。另外，各地发生抢劫偷盗案件后，选调官兵缉拿罪犯，以及派兵守护军台驿站，保障交通通讯畅通等情况。

（四）司法方面。主要反映：制定伊犁驻防兵丁逃亡处置条例、往伊犁发遣罪犯条例、由新疆往内地押解罪犯章程、土尔扈特和硕特部众管理条例、土尔扈特和硕特人等赴阿泰山地方探亲条例等法律条文，以及从内地各省发遣罪犯到新疆并分地安置和管理，查禁偷挖矿产、私熬盐硝、私铸钱币、私贩大黄、夹带私玉、传播邪教等事宜。另外，还有审理偷盗抢劫、杀人害命、强奸妇女、拐卖人口、私自贸易、私入卡伦、私垦官田、私铸钱文、诬告他人等案件情况。

（五）财政方面。主要反映：按年从内地调拨银两，作为驻防官兵、蒙古汗王等俸禄、饷银和公费银发放使用；库存银两、钱文、绸缎、布棉、茶叶和仓存粮食的旧管、新收、开支、实存四项数目的奏销；征收惠远城等处房基地、店铺、菜园租银和贸易税；满洲、索伦、锡伯、察哈尔、厄鲁特等营设立滋生银两，按期收取息银，养赡鳏孤独者，分发红白喜事银，以及年终报销各项办公费用及工程费用等情况。另外，还有设立宝伊局鼓铸钱文，发行流通，严禁宝伊局钱文在天山南部地区流通和内地纸钱进入新疆；设立义仓，采买粮食储存，每年青黄不接之际和遭受灾荒之年，开仓拨粮赈济，减免应征官粮和租税等情况。

（六）屯田方面。主要反映：从甘肃、陕西、宁夏等地迁来携眷绿营兵，从天山南部喀什噶尔、叶尔羌、阿克苏和乌什等地迁来维吾尔族农户，从内地省份招募民户和商户，在伊犁河谷地区，分设"兵屯""回屯""民屯""商屯"，及其各项管理制度的制定、屯田规模的变化、耕畜农具的补充、耕种作物的种类、粮食收成的分数、交纳官粮租银的数目、按收成分数高低酌情奖赏处罚等情况。另外，在伊犁特设"遣屯"，安置由内地各省发遣的罪犯，令其种田纳粮，视其表现，按期改编入民户种田纳粮，以及各屯田地方雨水苗情、兴修水利、粮食时价、扑灭蝗虫、消除鼠灾，在兵屯试种菜籽、胡麻、水稻，并加以推广种植等情况。

（七）牧业方面。主要反映：为了解决军需马匹、屯田耕牛和官兵口食羊只的供给问题，除从商都达布逊诺尔、达里冈爱、太仆寺、喀尔喀等牧场调拨牲畜外，还用与哈萨克贸易换获的牲畜，在伊犁、博罗塔拉、塔尔巴哈台等地设置孳生马厂、孳生牛厂、孳生羊厂和备用牧厂，分别交给厄鲁特营、察哈尔营、锡伯营、索伦营军民牧放，定期委派官员查收孳生牲畜，拨入备用牧厂牧放，调往各处使用，变价出售，以及制定牧厂官兵奖惩条例，每年定期查看各牧厂牲畜膘分，酌情奖惩牧厂官兵情形。另外，还有各营官兵马匹喂养，定期补充屯田耕畜，以及因锡伯营、索伦营军民牧放的孳生牲畜累年繁殖欠佳，分别抽出拨给厄鲁特营、察哈尔营牧放等情况。

（八）矿产方面。主要反映：从内地调来熟悉矿脉人员，在伊犁地区勘察各种矿产；设置铜厂和铅厂，派拨绿营兵和遣犯采挖冶炼，所获铜铅铸造钱币和弹丸；铜厂和铅厂绿营官兵的奖赏惩罚，遣犯脱逃后缉拿处置，及其表现优良的遣犯按期改编入当地民籍；铜厂初期设在雅玛图地方，后来移至察卡尔阿曼山沟；从天山南部调来炼铁工匠，调派种田维吾尔族人挖铁矿冶炼，制造农具，特设商伯克管理；委派绿营兵丁等在辟里沁沟双树子地方试采黄金，所获之金派人赴京进贡，不久停止采挖并设卡禁止私采；在伊犁巴尔托辉等地探获煤矿，允准私人开采，照例收税等情况。

（九）贸易方面。主要反映：在伊犁和塔尔巴哈台先后设立官办贸易，分别从内地和天山南部调运丝绸、茶叶、布匹，与哈萨克易换马羊，所获牲畜调往各处，以及由哈密雇用商人牲畜运输伊犁哈萨克贸易所需绸缎；在伊犁惠远城和惠宁城设立官店铺，每年派遣官兵到内地采购货物，卖给驻防八旗兵丁；维吾尔族商人到伊犁、塔尔巴哈台、浩罕、安集延、布鲁特等处贸易；土尔扈特人从精河往伊犁贩卖食盐，土尔扈特及和硕特人赴伊犁、塔尔巴哈台、乌鲁木齐、库车、乌梁海等地贸易；禁止各卡伦官兵与哈萨克、布鲁特交易牲畜，禁止喀什噶尔等地商人赴哈萨克贸易而准与浩罕等地贸易，禁止土尔扈特人赴喀尔喀贸易，以及查禁安集延商人买卖大黄等药，禁止内地商人到伊犁等处贸易铁铅等情况。另外，还有发给情愿赴塔尔巴哈台等处经商乌鲁木齐商人执照，准许哈萨克人除贸易牲畜外携来其他货物卖给伊犁官铺，晓谕哈萨克人禁止携带俄罗斯物品贸易等情况。

（十）工程方面。主要反映：在伊犁河北岸一带勘察选址，先后修建八旗满洲官兵驻扎的惠远城、惠宁城，绿营官兵驻扎的绥定城、广仁城、瞻德城、拱宸城、熙春城、塔勒奇城，屯田维吾尔族伯克及农户居住的宁远城、怀顺城等 10 城，及其修筑时间、所用人工款项、御赐城名和城门名；在惠远城内建造鼓楼、官署、兵房、土地庙、关帝庙、明瑞祠堂、班第祠堂和挖井取水，以及惠远城扩建和鼓楼修缮等情况。另外，还有修建伊犁河北岸普化寺、土尔扈特游牧地方寺庙、惠远城御制土尔扈特全部归顺记碑亭，以及惠远城箭亭内建立满汉文合璧圣训石碑等情况。

（十一）文化与宗教方面。主要反映：在伊犁建立八旗官学，招收驻防八旗官兵子弟学习满洲和蒙古文；惠远城满营和惠宁城满营各设义学一所，委派满洲、蒙古、汉字教习授课，每所义学各招 30 名学生；在伊犁惠远城设立俄罗斯官学，从京城俄罗斯馆调来教师，教八旗子弟学习俄罗斯文；赏给伊犁将军御制诗、御制古稀说、御制诗画、诗经乐谱、颜真卿字帖、满洲蒙古汉字三合切音清文鉴等书；在伊犁普化寺，请京城堪布达喇嘛住持念经，三年一换；在土尔扈特游牧地方寺庙，请喇嘛念经，以及伊犁、塔尔巴哈台等地副达喇嘛的挑选、发放钱粮、圆寂等情况。

（十二）藩属方面。主要反映：哈萨克、浩罕、布鲁特等先后归服清朝，建立藩属关系、请命册封、遣使朝觐、进贡方物、受赏谢恩、按例请安、互市贸易、求取物品、拿送罪犯，以及清廷派员册封或补授其首领、调解相互间纠纷、致祭已故首领等情况。

除以上各方面内容外，还反映"乌什事件"、土尔扈特东归等重大事件。

史料是历史研究的基本依据，要开展历史研究工作，必须从史料的发掘、收集、整理、鉴别、释读着手，这是历史研究工作的基本规律。同时，不断地发掘和收集新史料，并用新史料进行研究，已成为当今历史研究的基本趋势。史料包括公文档案、官修史籍方志、私修史书笔记、碑刻拓片等，其中公文档案是第一手原始史料。伊犁将军满文奏折作为历任将军们在办理公务过程中自然形成的文件，属于公文档案，具有原始性、客观性、丰富性和系统性，对历史研究而言，更具有其他任何史料都无法替代的重要价值。而《清实录》《清圣训》《钦定大清会典事例》《清文献通考》及各种官修方略、地方志等，虽然根据档案编纂，所记载的史料也很丰富，但毕竟属第二手材料。这些书籍由于受作者立场观点和篇幅所限，有不少史料简略或被删除。档案则不同，它是国家各级机关和官员在处理公务过程中自然形成的，比较全面反映事物发展的全过程。围绕某一问题，往往形成几件，甚至十几件或上百、上千件文件，详尽反映事情的起因、发生、变化和结果。这就是说，档案史料的详尽程度远远胜过其他文献史料。

为了进一步说明历史档案的学术研究价值，现将清代锡伯族档案与《清实录》比较如下：从数量上看，收集到档案 1300 余件，实录记载 200 余条，约占档案总数的 15%；从系统性看，以锡伯官兵携眷移驻伊犁一事为例，收集到档案 26 件，实录记载 8 条，约占档案总数的 30%；从详尽程度看，以盛京将军舍图肯奏锡伯官兵启程一折为例，此满文折汉译文 2030 余字，实录只有 250 余字，约占奏折译文的 12%。通过以上比较，可以非常直观地了解到历史档案的重要性。

总之，伊犁将军满文奏折是珍贵的第一手史料，随着它的开发和利用，必将会推动伊犁地方史乃至新疆通史研究工作深入系统地开展，为伊犁地区文物古迹的保护和研究提供重要的参考资料。同时，对清代通史、民族史、边疆史、屯垦史、移民史和驻防八旗制度的研究，都具有一定的参考利用价值。

注释：

① 《大清高宗纯皇帝实录》卷612，乾隆二十五年五月丙午。

② 中国第一历史档案馆藏：军机处满文上谕档，档号：03—18—009—000031—0002。

③④ 中国第一历史档案馆藏：军机处满文议复档，档号：03—18—002—000864—0002。

⑤ 根据军机处满文录副奏折并参考《清实录》编制。

（原载于《西域研究》2021年第1期）

试述内务府《奏销档》
有关中琉关系之档案

张小锐

内务府，是为清朝皇帝及皇室生活服务的机构，掌管着宫廷各项事务。清朝政府把接收和管理琉球贡物，作为内务府的一项事务，说明对中琉关系之重视。本文以新整内务府《奏销档》记载的中琉关系档案为主要依据，试述内务府机构在接收和管理琉球贡物、备办赏赐礼品、接待来京使臣等事务方面的几个问题。

一　《奏销档》有关琉球关系档案之状况

明清两代的中琉关系，自明洪武五年（1372）琉球朝贡开始，至清光绪五年（1879）废藩置县为止，历时 500 多年。在 500 余年的历史进程里，中琉两国交往密切，琉球"无代不受封，无期不朝贡"，形成按例朝贡和实时请封的封贡制度。清政府对琉球前来进贡、庆贺、请封、接贡、进香、留学、谢恩等使者一概以贵宾相待。围绕以上这些活动，清朝中央政府的机构中参与接待事务的内阁、军机处、内务府、礼部、兵部、工部、国子监、钦天监等机构，各自互有分工。有关整理和出版清朝政府与琉球交往的档案，中国第一历史档案馆与日本冲绳县教育委员会自1991 年开始合作，选出清宫档案 3300 余件，整理出版《清代中

琉关系档案选编》系列，共 8 册，继续出版《中琉历史关系档案》
编年体汇编 30 册，冲绳方面编纂出版了《历代宝案》，双方为中
琉历史关系档案的收集、编纂、出版一直在工作。

由于我馆馆藏档案 1000 万件，整理尚未到件，因此从前整
理出版的档案难免不全。近期新整理完成的内务府《奏销档》发
现有 100 件中琉历史关系档案，时间起自乾隆七年正月二十七日
（1742 年 3 月 3 日），止于光绪元年三月二十三日（1875 年 4 月
28 日）。包括乾隆朝 19 件，嘉庆朝 9 件，道光朝 32 件，咸丰朝
13 件，同治朝 24 件，光绪朝 3 件。其中有满文 2 件，满汉合璧 1 件。

《奏销档》来自内务府全宗档案，内务府是清代中央国家机
关中办理琉球事务的机构之一，主要负责接收和管理琉球贡品、
备办赏赐琉球物品、提供琉球贡使饭食、衣物等事。内务府，全
称为"总管内务府"，最高长官为"总管内务府大臣"。内务府随
着清朝政权的更替而演变。清顺治初年内务府设立，统领镶黄、
正黄两旗包衣（包衣：满语音译，意为"家内的"，即家奴），具
体管理皇室家务，并随侍宿卫。顺治八年（1651）正白旗归内务
府统辖，掌上三旗包衣之政令。顺治十年（1653）裁内务府，改
设十三衙门管理宫廷事务，以宦官与包衣近臣兼用。康熙初年，
重设内务府，裁十三衙门，确立内务府成员由上三旗（镶黄、正
黄、正白）包衣和宦官组成，兼容清初内务府和十三衙门的两种
制度和特点，为皇帝和皇室生活服务。其职掌皇室宫禁事务，承
办皇帝的衣、食、住、行。"凡宫廷内部的人事、仓储、财务、
典礼、祭祀、警卫、刑狱、工程、制造、农林、畜牧、渔猎及饮
食起居等日常生活事务，及上三旗包衣的全部军政事务，统由内
务府管理"①。内务府下设内务府堂和所属广储司、都虞司、掌
仪司、会计司、营造司、庆丰司、慎行司七司及上驷院、武备院、
奉宸院三院等 40 余个下属部门，共有职官 3000 多人，构成清代

国家最为庞杂的机构。

《奏销档》是总管内务府汇抄档案，以备存查的一种簿册。总管内务府将日常经办的各项事务，以口奏、绿头牌奏、奏本的奏报形式向皇帝请示，或依照皇帝旨意办理。奏本用印的称"红本"，不用印的称"白本"。据顺治十六年（1659）闰三月十四日内务府接到的谕令："嗣后，三言两语方准写牌具奏，其他事项，皆写本具奏，再勿用牌。"②《奏销档》档簿封面会出现写有"总管内务府 ×××年 ×××月本府口奏绿头牌红本档案"或"总管内务府 ×××年 ×××月本府口奏绿头牌白本档案"的字样。中国第一历史档案馆保存的《奏销档》，时间自顺治十一年（1654）十一月起，宣统三年（1911）止。从顺治十一年至雍正二年（1724）都是满文书写，雍正三年（1725）至咸丰朝有满文，也有满汉合璧和汉文，同治朝以后汉文居多。

《奏销档》涉及的问题广泛、繁杂，凡属内务府所办理的事务，均包括在内，主要内容有：宫殿、行宫的修缮及工料银两，官员的任免、奖惩，庄头的革退，造办御用物品，帝后亲王等婚丧大事，接收外国进贡礼品，承办祭器，缉拿逃跑太监，盘查库储等。由此看来，奏销，不专指财务的支出，而是凡经内务府经办的各项事务，登记汇抄，统称奏销档。

《奏销档》中的琉球档案，主要是总管内务府或者是广储司上奏的奏本，雍正朝以后以汉文为主，记载的内容主要有四类：一是接收琉球各项贡品，二是备办赏赐琉球国王、贡使、监生等物品，三是提供琉球贡使在京的衣食住行，四是清查库储。

内务府所属的广储司是管理库藏及出纳的机构，来自琉球的贡品主要收存于内务府广储司的库里，清帝赏赐琉球国王及使臣的礼品，很多也取自广储司六库。广储司的长官，每年由皇帝钦派总管内务府大臣一员值年管理，司署设总办总管六库。广储司主要职掌是稽查出入数目，按期造册题销，每五年盘库一次；供应皇帝及宫内所需冠服、绸缎、金银、珠宝、器皿等物；承造内廷所需冠服、器物等事。

广储司的前身名为"御用监"，康熙十六年（1677）改为广储司，统辖六库事务。广储司下设银、皮、瓷、缎、衣、茶六库。银库职掌，收贮珠宝、制钱、玉器、珊瑚、玛瑙、松石、琥珀及金银器皿等物品。此外，内务府题本也存银库。皮库职掌，收贮毛皮、呢绒、象牙、犀角、凉席等物。瓷库职掌，收贮各种瓷器、铜、锡器皿。缎库职掌，储藏龙蟒缎匹、江绸、宫绸及缎、纱、绫、罗、绸、绢并布匹、棉花等物。衣库职掌，收贮朝服、各色衣服及八旗兵丁棉甲等物。茶库职掌，收储茶叶、人参、香纸、颜料、丝缨、绒线等物。广储司六库，管理严密，各库平日各有规定的开库收发日期，开库时须有库官二三人在场，一人不准开库。闭库时，由库官二人共同签画锁封，粘在锁上。每日晚有库官一人值宿，钥匙须交给乾清宫值宿侍卫保管，次日再分交六库。如遇夜间开库，由值宿库官传集六库值宿的库使和总管，率领一起开库。

由于内务府所处的特殊地位，内务府的职能和作用以及活动范围遍及许多地区，所管事务不仅是皇帝家事和宫禁事务，而且也会涉及国家庶政，参与相关的外交活动。《奏销档》从一个侧面体现出中琉两国之间频繁友好交往，内务府从中起到"管家"的作用。

二　《奏销档》所反映的中琉关系之内容

按照定例，琉球每两年一次例行正贡，也称例贡，但是例贡之外，又有封赏谢恩、庆祝登极等额外加贡，所有这些贡物到达清宫之后，由内务府广储司清点、接收、收储、分发，《奏销档》记载反映出以下几个方面的内容：

（一）接收贡品的一定之规

接收和管理贡品是内务府事务之一项。对待琉球等藩属国的进贡物品，早在顺治年间就规定："贡使到京，所贡方物会同馆报部，提督该管司官，赴馆查验，拨役管领，由部奏闻。贡物交内务府。"③康熙年间明确规定，朝鲜、安南、琉球、暹罗等国"进贡金、珠、银、币、布、蓆、香、纸、铜、锡等物，由礼部转送"④。嘉庆时期编纂的《总管内务府现行则例》广储司的条例中，对"外藩进贡"规定："凡朝鲜、越南、琉球、暹罗、苏噜（禄）等国进贡珍珠、金银、绸缎、布匹、凉席、纸张、香料、铜锡等物，俱由礼部奏明数目，转送交该库收贮。"道光十八年（1838），总管内务府续纂现行则例，在以前"外藩进贡"的基础上，更加细化形成了"接收各国贡物章程"，新条例写道："道光十八年二月，本府奏准，嗣后琉球、暹罗、越南、缅甸、南掌、廓尔喀等国进到贡物，俟该部院具奏后，定期交本府在堂上眼同接收，毋庸分交各司处领去，即交广储司按款收贮，并委六库郎中、广储司官员，详细查明呈览后，再行分交各司处承领。至所进贡物内，如有火药等项，即先交武备院在外库接收，以昭慎重。"由此看来，内务府接收琉球贡品早有一定之规，由广储司统一管理，接收方法开始较为简单，由礼部转交内务府，内务府上呈皇帝御览。乾隆朝至道光朝逐渐完善，形成接收各国贡物章程。

据《奏销档》的记载，琉球贡品大致归纳可分为例贡贡品、香贡贡品、登极贡品、入监官生谢恩贡品。例贡，每二年一贡，贡品基本固定，红铜和白钢锡，数量红铜三千斤，白钢锡一千斤。香贡，进贡给已故皇帝祭品，银一百两。登极贡品，是专为庆贺新皇帝登极，礼品丰富、隆重一些。贡品有金、银罐，金、银靶鞘腰刀，以及彩绘围屏、土夏布、土蕉布、折扇、围屏纸，另增加铜五百斤、白钢锡五百斤等。入监官生谢恩贡品，有嫩熟蕉布、围屏纸。

琉球贡品在不同时期，根据清宫要求，也有相应的变化。如清顺治十一年，琉球进贡庆贺方物是：金、银柄匣佩刀，金、银酒瓶，以及泥金花屏、泥金扇、泥银扇、蕉布、苎布、红花、胡椒、苏木。常贡贡品有：马匹、螺壳、硫磺。到了康熙六年（1667），琉球进例贡"加红铜五百斤"，还有罗钿、漆盘。琉球进贡硫磺，命留在福建督抚收储，剩余贡物由福建督抚派人解送京城，来使不必进京。康熙二十年（1681）奉旨：琉球国进贡方物，以后止令贡硫磺、海螺壳、红铜、马匹、丝烟、螺钿器皿。康熙二十七年（1688），清廷准许陪臣子弟入监读书，于常贡外加贡围屏纸、嫩蕉布，免进海螺壳。

各种贡品经过广储司验收，"眼同礼部司员及来使等将所进贡物逐一按款查收，封固粘贴印花，缮写清单，恭呈御览"⑤。广储司对贡品清点数量、登记清单，缮写折、片上报皇帝，听候皇帝旨令。

（二）贡品的存贮分发

贡品的分发，须要听从皇帝的意旨。例贡贡品一般是归库存放，庆贺登极贡品，若有皇帝喜欢的物品，皇帝也会留下私用，或做赏赐物品。某些特需的物品，皇帝也会下旨分配给不同机构使用。以两件《奏销档》为例，乾隆四十五年（1780）三月二十七日，总管内务府接收琉球例贡奏报："准礼部送到，琉球国王尚穆遣耳目官金有华赍到进贡红铜三千斤，白锡一千斤，照数查收贮库，为此谨具奏闻等因。缮折于三月二十七日具奏。奉旨：知道了。钦此。"

道光二年（1822）七月初七日，总管内务府接收琉球进贡香贡及庆贺登极贡品的奏报："准礼部咨称，琉球国王遣使恭进贡物，解交内务府查收等因，移送前来。臣等谨将收到贡物，缮写清单，恭呈御览，为此谨奏，等因……奉旨：香贡祭品银、金罐、银罐，交内殿；金粉匣、银粉匣，内留；金靶鞘腰刀、银靶鞘腰刀，交圆明园。精熟淡黄色土夏布、精熟土夏布，内留七十匹，交军机处拟赏七十匹；细嫩土蕉布内留七十匹，交军机处拟赏七十匹；金彩画围屏，赏惇亲王、瑞亲王；精致雅扇，内留一百八十把，交军机拟赏一百匹（把）；围屏纸，交圆明园工程处；红铜、白钢锡交外库。钦此。琉球国恭进仁宗睿皇帝前香贡祭品银一百两。"香贡和庆贺登极的贡品较为丰富，广储司依照皇帝的旨意，将贡品一一分发。

据军机处《上谕档》记载，道光二年七月初九日，军机处上奏收到发下琉球国贡扇、蕉布等物："蒙发下琉球贡扇一百柄，蕉布七十匹，夏布七十匹，交臣等拟赏，谨分别拟赏五十分，开缮清单进呈，伏候钦定。尚余蕉布一匹，夏布十二匹，理合恭缴，谨奏。"⑥由此可见，琉球贡品的分发是内务府按照皇帝的旨意办理，之后还要上报办理情形。

（三）赏赐物品的备办

清代沿袭明制，琉球国王尚质历时十年的曲折经历，终于在顺治十一年获得了清政府的册封颁诏和铸印，这一史实留在清宫档案的记载中⑦。对于每次琉球国王朝贡，清帝都会赐予物品。据文献记载，顺治十一年，琉球国进贡，清帝慷慨"赐国王蟒缎二匹，彩缎六匹，蓝缎三匹，素缎、闪缎各二匹，锦三匹，绸、罗、纱各四匹。王妃彩缎四匹，妆缎、闪缎各一匹，蓝缎、青缎、锦缎各二匹，罗、纱各四匹。正使王舅彩缎、表里各四匹，闪缎一匹，罗二匹，绸、纱各四匹。副使正议大夫彩缎、表里各三匹，蓝缎一匹，罗、绸、纱各二匹。使者彩缎、表里各二匹，蓝缎、绸、罗、纱各一匹。通事、从人缎、绸、纱、布、银各有差"。康熙时期，清政府对琉球采取"怀柔远人""待以宽和"⑧的外交政策，中琉从政治、经济、文化等各个方面展开密切联系。琉球除了两年一次朝贡，或派遣使节请封之外，还常以谢恩、庆贺、进香、接贡等为由，特派使臣进京，清政府对琉球也是恩礼有加，"厚往薄来"。

清帝赏赐琉球礼品，由内务府备办。据《钦定大清会典事例》"内务府·恤赏"条例载，外藩朝贡赏赉列入常例赏赐，规定"朝鲜、安南、琉球、暹罗等国进贡方物，均折给蟒缎、彩币、缎、绢、纱、布，及来使缎布有差"⑨。最初作为赏赐琉球礼品的绸缎是从户部提取，但是户部的绸缎质地远远不如内务府，因为内务府广储司缎库储藏的缎、纱、绸、绫、绢、布等，都是用于宫廷，所选绸缎来自江南三织造——江宁、苏州、杭州织造处。三织造主要负责织造"上用""官用"绸缎等纺织品。三织造具体分工："凡大红蟒缎、大红缎、片金、折缨等项，派江宁织造承办。纺丝绫、杭绸等项，杭州织造承办。毛青布等项，每年需用三万匹以内，苏州织造承办，需用至四五万匹，则分江宁等处织办。"⑩三织造的产品规定每年解京一次，送往广储司验收。广储司对织造花样、颜色、数目上有决定权。江宁织造主要织造御用彩织锦缎，苏州织造的丝织品种有绫、绸、锦缎、纱、罗、缂丝、刺绣等，杭州织造供奉皇室用丝绫、杭绸等项。三织造官员由皇帝钦派，并担负着皇帝耳目的特殊使命。

为了表示柔远之意，康熙二十八年（1689）十月，康熙帝特为赏赐琉球国王缎匹下了一道上谕："凡赏给外国，应沾实惠，以见柔远之意。户部库缎，不如内库缎匹，此赏琉球国王缎匹，向内库取赏。嗣后如赏给远处国王，俱必奏请，从内库取赏。钦此。"康熙六十年（1721），琉球国王尚敬接受清帝册封后遣使进贡谢恩，礼部遵旨议定加赏赐琉球国王尚敬物品："加赏该国王蟒缎二匹、青蓝彩缎四匹、蓝素缎四匹、衣素缎四匹、闪缎二匹、锦二匹、绸四匹、罗四匹、纱四匹。正副使加赏彩缎各二匹、纺丝各二匹、罗各一匹、绢各一匹。都通事加赏彩缎一匹、绢一匹、毛青布二匹。从人加赏毛青布二匹，留边通事加赏彩缎一匹、绢一匹、毛青布二匹，从人加赏毛青布各二匹。"⑪

嘉庆十四年（1809），嘉庆帝发现赏赐礼品开列的清单与实际赏赐物品不相符，特发上谕："户部、内务府各库存贮缎匹等名目，往往旧时所有，而近日所无，遇有颁赏事宜，各该处仍开旧时名目，将所缺之项，用他货抵补，以致名实不符，殊非核实之道。嗣后颁赏缎匹，就库中现有之物，拟用何项，即开何项，名目不得沿袭旧名，再行抵换，致有歧异。"从此，赏赐物品除了库储现有者照数赏给外，与库中"名色不符者"，内务府要上报拟请改用，开列清单。据嘉庆二十年（1815）正月十七日《奏销档》记载，总管内务府奏报，此次颁赏琉球国王缎匹等项，除库贮现有者照数赏给外，其库贮名色不符者，拟请改用。开列清单："赏琉球国王等用，锦八匹，库内现有；织金缎八匹，改用蟒缎；织金纱八匹，改用蟒纱四匹、蟒襕纱四匹；织金罗十四匹，改用罗缎；缎三十九匹，库内现有；纱十二匹，库内现有；罗三十三匹，改用花纺丝；里绸四匹，改用花纺丝；绢六十四匹，库内现有；布一百三十八匹，库内现有。"⑫为琉球贡使的颁赏仪式设在午门前，具体时间一般在贡使即将回国前，由礼部选定。颁赏时，内务府派员把赏赐物品送到指定地点，并进行监督。

上文提到道光二年七月初七日，内务府接收了琉球国王遣使进香和庆贺登极的贡品，七月十五日，道光帝分别加赏琉球国王及派遣正使臣王舅、副使等人。因为此次进贡由王舅亲任正使，所以清帝除了例赏之外还额外加赏物品。据军机处《上谕档》记载："拟加赏该国王尚灏物件：各色八丝缎二十匹，砚二方，玉器十件，珐琅炉瓶盒一副，珐琅碗六件，瓷器一百四十，玻璃器十件。拟加赏正使王舅向廷谋一员物件：锦三匹，漳绒三匹，大卷八丝段四匹，大卷五丝缎四匹，大荷包一对，小荷包四个；又因向廷谋系该国王舅，查照向例，再拟加赏八丝缎八匹，银一百两。拟加赏副使郑文洙一员物件：锦二匹，漳绒二匹，大卷八丝段三匹，大卷五丝缎三匹，大荷包一对，小荷包四个。"⑬

到了清朝末期，库贮空虚，出现库内"诸多无存"的事情，清朝政府认为"事关外国应赏要需"，下令内务府采办。同治四年（1865）六月二十九日，总管内务府大臣瑞常等为册封琉球国王例赏国王和王妃缎绸，就遇到"所开之项，诸多无存"之事，只能拟请按单采办。还有紧急从宫内调用之事，同治五年（1866）正月二十日，内务府在备办赏赐琉球国王等绸缎时，"检查库款诸多无存，事关外国尚需，臣等共同商酌，除库内现有并抵用及采办外，应由内讨领缎、表缎、大缎、云缎等四款，请旨饬下敬事房缎库，按单交出"⑭。

赏赐琉球的物品品种，不仅是绸缎等纺织品，还有匾额、石砚、玉器、瓷器、福字等，绝大部分物品都来自内务府六库。

（四）提供贡使在京衣食

清代，琉球贡使飘洋过海，历经艰险来华朝贡、请封，首站到达福建，由闽浙总督和福建巡抚安置柔远驿休整，择日由闽入京。进京路途遥远，沿途各省地方官均要派官员迎接、护送并交接。贡使到京时间，按照清政府规定，必须在十二月二十日之前到达京城，以便参加元旦随班朝贺的庆典活动，觐见皇帝。如果护送官员迟延，未按规定时间护送进京，就要受到处分。

接待进京琉球贡使的馆舍，在顺治初年，专设会同馆用于接待外国贡使，由礼部主客司派员负责安置馆舍并安排琉球贡使参加随班朝贺、觐见皇帝、筵宴、领赏、拜谒孔庙等礼仪活动。乾隆十三年（1748），将四驿馆归并礼部会同馆，新设会同四驿馆衙门。乾隆五十五年（1790）谕："嗣后外藩各国赍表来京，贡献方物使臣，其朝鲜国仍照向例，令礼部照料办理外，所有安南、缅甸、暹罗、南掌等国来京使臣、随从人等，应行照料事宜，俱著内务府经理，仍著礼部派委司官二员，帮同照应。"⑮据《奏销档》记载，内务府遵照上谕，为来京琉球贡使安置住在四驿馆，拣派司员备办饭食，例赏每人一份皮袍、棉袄、靴帽。琉球每次来京的贡使人数不等，少则十几人，多则二十几人。《奏销档》记载："总管内务府谨奏，为奏闻事。此次琉球国恭进贡使臣向统绩等二十二员名，于十二月二十三日到京，俱安置馆舍居住，所有应行赏给饭食等项，臣等照例拣派司员妥协备办。查向例该国贡使等到京，经臣衙门奏明，每人赏给皮袄、棉袄、靴、帽等物，各一份。现在天气严寒，可否仍照向例，赏给衣服之处，臣等未敢擅变，伏候皇上训示，遵行谨奏。道光二十八年十二月二十五日具奏。奉旨：照例赏，钦此。"

对琉球体恤有加还反映在遇到一些重大事件上，这里仅举一例。据《奏销档》记载，咸丰四年（1854），正值太平天国运动时期，咸丰四年十月初六日，咸丰帝发布一道上谕："琉球国王久列藩封，该贡使等航海输诚，具征忱悃。惟现在用兵省分尚未能一律肃清，若令绕越程途，跋涉远来，非所以示体恤。著王懿德于该使臣等贡船行抵闽境后，即行宣谕朕意，令其此次毋庸来京。仍优典犒赏，委员护送回国，所有进贡方物，即著赏收，由该督等派员送京，其应颁赏该国王世子及使臣等物，该管衙门查照旧章，备办发交，该督等派员赍送转给抵领，以示朕怀柔远邦至意，钦此。"这道上谕充分体现清帝"怀柔远邦"之意，也表现出清政府对琉球贡使安全的保护。

三　《奏销档》与奏案的相互补充和印证

　　已经出版的清代中琉关系档案中内务府奏案档案被辑录于《清代中琉关系档案六编》，有104件，时间自乾隆三年（1738）十月十九日至光绪元年（1875）三月二十三日。主要内容有：1.查收琉球进贡物品及取用情况；2.照例颁赏琉球国王、王妃、贡使绸缎；3.遵旨清查库储琉球贡品数量；4.安置入京贡使馆舍，提供饭食，赏给衣物。

　　奏案是总管内务府大臣向皇帝奏报办理宫廷事务的折、片、单及底稿，批回后存于广储司。档案形式是内务府具奏原件，按事立案，一事一案，一件一案。用纸包裹粘贴，并注有编号、日期、事由，内容包括了内务府各司院处经办之事，其外事簿册内容多为进贡事宜，如琉球贡使等进京，住在四驿馆，内务府堂主事负责接待、供应食宿；核销饭食银两、备办赏赐物品等等。奏案与《奏销档》同属内务府全宗档案，《奏销档》汇总了内务府机构处理各项事务的文书，也包括总管内务府大臣的奏报档，因此二者虽然记载的形式不同，但是同出自内务府机构，从时间和内容上，起到相互补充、相互印证的作用。

　　例如，乾隆四十三年（1778）三月初二日，奏案和《奏销档》都分别记载了总管内务府遵旨查核库储琉球进贡红铜数目，查得康熙三十二年（1693）起至乾隆四十三年琉球进贡"四十三次"，例贡"三千斤，年贡之外遇有谢恩等事，每次加进五百斤"，共计进贡红铜"十一万九千斤"。类似相同内容的档案不胜枚举。

　　新整理的《奏销档》有38件是已出版的内务府奏案从时间上没有见到的记载，其中乾隆朝9件，嘉庆朝4件，道光朝13件，咸丰朝7件，同治5件。内容既有琉球例贡、庆贺、香贡，也有清帝赏赐、监生谢恩、内务府安置贡使等记载，所以相互得到补充。

　　总之，内务府《奏销档》的整理完成，为研究中琉历史关系增添了新的史料。《奏销档》不仅清晰地记录了内务府接收琉球各项贡物的种类、数量，制定"接收各国贡物章程"，而且真实反映出广储司在接收琉球贡品时，按照清点、接收、上报、归库、分发的制度来管理，以及内务府备办赏赐琉球贡使礼品，提供琉球贡使来京的衣食住行等方面的史实，也反映出内务府虽然事务繁杂、机构庞大，但是分工明确，各司其职，有章可循，从而保证了琉球按期例贡，监生谢恩、庆贺登极、进香祭品、册封接贡等各项往来活动的顺畅。清帝在赏赐琉球物品表现出"厚往薄来"的柔远之意，以及内务府安置琉球贡使的大小之事等等，更加说明清政府自始至终在中琉关系的交往中，待之以诚，遇之以礼，厚往薄来，宽和相待的友好态度，体现出清朝政府对中琉之间长期友好交往关系的重视。奏销档的整理完成，将为中琉历史关系的研究提供翔实、可靠的史料，我们也将在《中琉历史关系档案》出版后期补充这部分档案。

注释：

① 朱金甫、张书才主编：《清代典章制度辞典》，北京：中国人民大学出版社，2011 年版，第 91 页。

② 中国第一历史档案馆藏：内务府奏销档，顺治十六年闰三月十四日，第 1 条。

③（光绪）《钦定大清会典事例》卷 503，礼部二百四十·朝贡·贡物一。

④（光绪）《钦定大清会典事例》卷 1190，内务府二十一·库藏·验收。

⑤ 中国第一历史档案馆藏：内务府奏销档，咸丰元年正月十二日，档号：649—029。

⑥ 中国第一历史档案馆：《清代中琉关系档案五编》，北京：中国档案出版社，2002 年，第 507 页。

⑦ 中国第一历史档案馆：《中琉历史关系档案：顺治朝、康熙朝、雍正朝》（上），顺治十一年三月二十八日题本，北京：中国档案出版社，2006 年版，第 4—12 页。

⑧《康熙起居注》第2册,第887页。

⑨（光绪）《钦定大清会典事例》卷1213,内务府历四十四·恤赏·外藩朝贡·赏赍。

⑩（光绪）《钦定大清会典》卷90,内务府·广储司。

⑪中国第一历史档案馆:《清代中琉关系档案续编》,北京:中华书局,1994年版,第22页。

⑫中国第一历史档案藏:内务府奏销档,嘉庆二十二年正月十七日,档号:480—089。

⑬中国第一历史档案馆:《清代中琉关系档案五编》,北京,中国档案出版社,2002年版,第523页。

⑭中国第一历史档案馆藏:内务府奏销档,同治五年正月二十日,档号:712—023。

⑮（光绪）《钦定大清会典事例》卷514,礼部二百二十五·朝贡·馆舍。

（原载于《第十一届琉球·中国交涉史研讨会论文集》,冲绳县教育委员会,2016年出版）

清代玉牒纂修新考

李　宇

玉，自古即为皇权的象征物之一；"牒"指记载有家世的薄木片，"牒"字本身便有谱牒的涵义，"玉牒"即是皇族家谱的雅称。皇家修玉牒始自唐代，宋代定制每十年一修，主要意图为辨昭穆，序爵禄，体现皇族内部的长幼亲疏、远近之别。其制沿及明清。纂修"玉牒"成为维护皇权统治的一种重要手段。本人有幸参加了中国第一历史档案馆（后文简称"一史馆"）的玉牒整理工作，在整理工作基础上，以档案为依托，对前人的研究做一些补充修正，同时对玉牒①整理工作中一些新的发现进行介绍与考证。

一　清代玉牒概况

以往研究玉牒的文章对清代玉牒的纂修流程、制度、价值等方面已有相当深入的研究，本文重点从几个方面对前人的成果做一些补充。

（一）纂修缘起

清朝在入关之前，并未纂修过玉牒，随着政权逐渐稳固，作为一项重要的朝廷大典，纂修玉牒迫切待行。"顺治九年，设宗人府……掌皇族之属籍，以时修辑玉牒"②。顺治十一年（1654）四月二十四日，礼部进题："夫家有乘，族有谱，在士庶且然，况堂堂帝王之胄乎。天潢首关国本，玉牒亟宜肇修，请敕专官纂集，以光钜典。"批红："纂修玉牒朝廷大典，尔部还详察往例，会同宗人府议奏。"③顺治十二年十月，礼部会同宗人府、内院议奏："纂修玉牒，应照会典开载论世次。各派所出子孙，递书于各派之下。以帝系为统，其余各照次序胪列。勒内院翰林官同宗人府、礼部纂修……每十年纂修一次。"④奉旨允准。

（二）纂修时间

玉牒纂修工作正式开始是在顺治十八年。清亡前共纂修27次，即顺治十八年，康熙九年（1670）、十八年、二十七年、三十六年、四十五年、五十四年，雍正二年（1724）、十一年，乾隆七年（1742）、十二年、二十二年、三十二年、四十二年、五十二年，嘉庆二年（1797）、十二年、二十二年，道光七年（1827）、十七年、二十七年，咸丰七年（1857），同治六年（1867），光绪三年（1877）、十三年、二十三年、三十三年。1921年最后一次补修，总共纂修过28次⑤。但康熙五十四年玉牒各版本不存，实际现存清代玉牒为27次所修。

清初定制玉牒每10年纂修一次，但实际顺、康、雍前三朝将上届纂修之年计算在内，所以只隔9年。乾隆十五年谕："宗人府纂修玉牒，每十年一次开馆，此定例也。乃历来俱连上届纂修之年计算，是以每次递减一年，实止九年，岁月转致参差。查从前既有十年一次纂修成例，自应扣准年月。如现在乾隆十五年纂修告成，下届即当乾隆二十五年重修。嗣后俱照此办理，不必接算上届纂修年分，以昭画一。"⑥自乾隆十五年后起，玉牒改为10年一修。但有两次例外：一是乾隆七年纂修玉牒后，时隔5年，因舛误太多，于乾隆十二年又提前重修一次⑦。二是逊清小朝廷于1921年补修，与上次时隔14年⑧。

清初皇族人口尚不算多，因此一般在开修当年内即可纂修完成。随着时间的推移，纂修用时越来越长，乾隆初年已经拖至三年方能修完。对此，乾隆三十一年"奉旨：纂修玉牒，不必三年，一年内即行办成，派满洲大学士一员催办"⑨。此后，玉牒基本都能在开修起一年内完成纂修。

（三）种类特点

1. 形制。清代玉牒类档案可分大玉牒和小玉牒。

2. 内容。玉牒分为宗室与觉罗两种。当兴祖、太祖、太宗时，未论世代远近。顺治朝以兴祖长子德世库、次子刘阐、三子索长阿、五子包朗阿、六子宝实，景祖长子礼敦巴图鲁、五子塔察篇古等子孙⑩，因其世代相远，故出宗室为觉罗。根据与清太祖努尔哈赤关系之远近，将皇族分为宗室和觉罗。以努尔哈赤之父显祖塔克世为大宗，其直系子孙，即努尔哈赤及其亲生兄弟所生后代称为"宗室"⑪，努尔哈赤曾祖兴祖第一、二、三、五、六子及祖父景祖第一、五子等旁支所生的后代统称为"觉罗"，景祖第一、五子被当作兴祖四子的觉罗支系，作为一个合体与兴祖其余五子并称为"觉罗六祖"⑫。宗室腰束金黄色带，又称黄带子；觉罗腰束红带，又称红带子。而清代玉牒同样也分为宗室玉牒和觉罗玉牒两大类，前者封面为黄绫，后者封面为红绫，以示区别远近。

3. 编修方法。玉牒分为直格玉牒和横格玉牒两大类。直格玉牒后改称竖格玉牒，每面画 15 行竖格，一个人名项一般占 1 至 2 格，反映宗室觉罗男女的详细情况。横格玉牒每面画 11 至 20 行横格不等，每一个横格代表一个辈分，辈分最高者写于卷首第一横格，其子孙后裔依辈分递降，反映宗支子嗣传承情况。内容记载极为简略，只有姓名、职衔、封号。另有两种特殊情况：一是宗室横格玉牒不记载皇帝本人情况，皇帝直系单独编成帝系玉牒⑬；二是横格玉牒因只记皇族子嗣传承，因而不录女子。

4. 文字种类。玉牒有满汉文之分。虽语种不同，但两者内容完全对照。

5. 版本。玉牒分为正本、稿本。嘉庆十二年谕："仪亲王奏，此次办理玉牒，请将嘉庆二年所办副本，于新书成之后，仍将散页归还原帙，交工部制造黄柜，敬谨收藏等语。所奏甚是。向来每届恭修玉牒之时，即将宗人府所藏上届副本一分作为底本，黏签改纂，分页编号。惟是副本内敬缮列圣御讳，黄红档内俱有列圣庙号，在修书时，自不能不将副本作为底本，编纂缮写。迨书成后，不应仍以散帙入库收藏。所有此次恭修玉牒，著于新告成之后，仍将散帙归齐装帙，交工部制造黄柜敬藏，以昭慎重，嗣后十年一修，俱照此办理，永远遵行。"[14]由上可知，玉牒每次纂修均会形成一套副本，存于宗人府，以便在下次纂修时作为底本，纂修完成后，副本即成为稿本。在编修过程中，随着纂修过程稿本还有初稿、初校稿、详校稿、定稿等各种形式。

（四）用纸、包裹、尺寸、包背用绫变化

玉牒用纸非常讲究，内页采用当时的顶级宣纸——泾县榜纸[15]。封面和封底均用绫面包裹，绫面为江南三织造衙门进奉的带有精美花纹的特级绫绢，宗室用黄绫，觉罗用红绫。早期玉牒完全采用纸捻装订，后期的才偶尔见有使用麻线的，不管多厚都独立成册。宗室玉牒用黄云缎包袱包裹，觉罗玉牒用红云缎包袱包裹。

清代早期，皇族子嗣未繁，玉牒不厚，从顺治十八年至乾隆二十二年，玉牒内页用纸均为三层榜纸合成的夹宣。随着皇族子孙繁茂日盛，乾隆三十二年后，内页变为单层榜纸。玉牒的厚度、重量均呈明显下降趋势。乾隆三十一年后，玉牒均被要求在开修一年内完成。玉牒所用纸张开始变化的时间正好与此要求的时间相吻合，足见纸张变薄是玉牒得以按期修完的一个重要前提。

　　玉牒正本的尺寸从道光朝起开始略微缩小，清前期玉牒一般在长 88cm—90cm、宽 49cm—52cm 区间浮动。从道光朝起，尺寸微降至长 81cm—87cm、宽 45cm—50cm 区间。

　　玉牒正本均为包背装，封面用黄绫、红绫。清代前期，玉牒正本的书脊例用绫包背，咸丰朝起战乱不断，财政紧张，江南的顶级绫缎供应不及，玉牒所专用榜纸的工艺更是因工匠四散而渐至失传⑯。咸丰七年玉牒正本首次出现包背无绫的情况，此后直至民国最后一次纂修，玉牒正本包背再无用绫，且其封皮、内页所用绫、纸的质量也大不如前。

二　清代玉牒以往研究的疏漏与舛误

　　此前学界前辈对清代玉牒有一些很深入的研究，但囿于当时宗人府档案尚未全面开放、研究者对实体档案见闻不足等情况，以往研究难免存在一些有待补充、商榷的说法。笔者试对这些情况加以补正。

　　（一）清代前两朝有无汉文本玉牒

　　此前研究多认为，清初局势复杂动荡，顺治、康熙两朝，由于统治未稳，汉化不深，清廷对于汉官不敢轻信，其前期重要文书，俱用满文书写，不准汉官参与。玉牒只有满文本，没有汉文本。这种观点颇值得商榷。

　　1.这个说法的主要论据为雍正元年，才批准增设汉主事二人。以后每年宗室觉罗子女开列送府时，才以满汉两种文字造入册籍。这一记载应出自《钦定大清会典》："雍正元年题准：玉牒事属重大，定例宗室觉罗所生子女，每年载入黄册红册，俟满十年，纂修玉牒，兼写清、汉文。该衙门除府丞外，并无汉司官，每年止有清文册籍，嗣后增设汉主事二员，将进士、举人出身官员交该部拣选引见补授，于每年各宗室觉罗开列送府时，即兼清汉文，造入册籍。"⑰细读此条，"止有清文册籍"指的并不是玉牒，而是宗人府的黄册、红册，即作为玉牒内容的主要来源的宗室觉罗名册⑱。而"纂修玉牒，兼写清、汉文"之语，恰恰说明玉牒一直以来即是满、汉文均有。此条记录，考其本意应为：雍正二年之前，宗人府所修黄册、红册只有满文，但玉牒却是满、汉文均有的，纂修过程中难免会出现文字翻译不便的问题。因此，雍正二年题准在宗人府设置汉主事，今后"每年各宗室觉罗子女开列送府时，即兼清汉文，造入册籍"，以方便玉牒纂修。另，宗人府档案有载，康熙十八年定"至汉文玉牒内觉罗及其父之官职，凡属康熙九年以后者，亦经奏请俱照改译汉衔书之"⑲。可见汉文本玉牒早已存在。

2. 根据一史馆所存实体档案来看，顺治、康熙两朝汉文本玉牒俱在。且从用纸、用绫情况判断，不存在后期补修的可能。另据辽宁省档案馆公布的数据，其所藏玉牒为汉文 532 册，满文 528 册。满文、汉文两种玉牒数量差别不大，不可能出现清代前两朝玉牒有满无汉的情况。

清代玉牒作为皇权的象征，其纂修、进呈、尊藏等礼仪无不蕴含着"皇统受命于天"的汉族传统思想。自顺治十八年首次纂修起，便是满汉本俱有的，这说明即使在学界普遍认为汉化不深的清代早期，最高统治者就极为重视自身"天子"的身份传承，主动向"汉家传统"靠拢。这个事实同时也为驳斥"新清史"所持"满洲特殊性"观点提供了一个有力论据。

（二）大小玉牒之间的关系

以往有关清代玉牒的文章，一般都沿用旧说，认为小玉牒是玉牒的稿本，纸张轻薄小，因系稿本，册内夹签、涂改、加注之处很多。这种看法似乎也不准确。

1. 小玉牒并非大玉牒的稿本。大玉牒的稿本现仅存于一史馆，形制虽较大玉牒正本小，但长度也在 70cm 以上，宽度不短于 40cm。而小玉牒长度不超过 50cm，宽度不超过 30cm。从尺寸上看，大玉牒稿本明显比小玉牒大出许多。

2. 小玉牒跟大玉牒功用不同。大玉牒更注重礼仪功能，每次修完，直接于宫外尊藏，并不考虑翻阅问题。小玉牒则不然，不仅尺寸更小，而且分册更多，厚度更薄，每次修完，尊藏于乾清宫内，以便皇帝本人翻阅。此外，将保留涂改、加签痕迹的玉牒稿本用于宫中日常御览，明显与皇家威严礼制及常理相悖。

3. 小玉牒本身即有正本、稿本之分，只有稿本才有加签、涂改。小玉牒正本十分精致，现仅保存于一史馆，因其珍贵而保管甚严，不能随意查阅。此前的研究者极可能仅得见小玉牒稿本，进而出现误将小玉牒稿本当作小玉牒的全部存在形式的认知，小玉牒为大玉牒稿本之说或由此而起。

（三）玉牒类档案清代存址

此前通行的说法认为清代玉牒正本修两份，一份于皇史宬尊藏，一份送至盛京敬典阁尊藏。这种说法不准确。首先，没有涉及清前期宗人府版玉牒正本及小玉牒正本的保存地点；其次，没有指出在京存放之玉牒正本的地点变化；再次，没有提及大小玉牒稿本的存放地点。

清代，玉牒类档案存址几度变迁，按其形制分类综述如下。

1. 大玉牒正本存址

清初定制，大玉牒正本实修三份，"每修成一次……恭送皇史宬尊藏。仍缮二部，一于本府，一于礼部恭贮"[20]。

皇史宬一份：从玉牒首次纂修起即例在皇史宬尊藏一份正本，直至嘉庆十二年，嘉庆帝谕："本年重修皇史宬，恭奉圣训，敬谨尊藏，朕亲诣瞻礼。因思石台金匮规制深严，应专为尊藏列圣实录圣训之地，以昭万年法守。其中旧贮及本年续修玉牒，均移贮于景山寿皇殿之东西室，著所司诹吉遵行。"[21]从此直至清亡，此份正本均移至景山寿皇殿尊藏，宗室玉牒藏于东室（衍庆殿），觉罗玉牒藏于西室（绵禧殿）。

礼部一份：清初期，例送往礼部尊藏。"乾隆八年定，将礼部玉牒送往盛京恭贮"[22]，当时并未转运，后乾隆十五年，礼部上奏"玉牒俱奉旨送往奉天尊藏……十分共四百四十本"[23]。此后直至清亡，每次玉牒纂修，均有一份大玉牒正本被运至盛京敬典阁尊藏。

宗人府一份：例在宗人府库尊藏，乾隆五十三年时，乾隆帝降旨"宗人府尊藏之玉牒，著送至寿皇殿尊藏，下次届修之期，此一分毋庸修制"[24]。宗人府之前所藏正本，当即转运至寿皇殿尊藏。此份大玉牒正本自乾隆五十三年后断修。

2. 小玉牒正本存放地点。小玉牒正本清代均照例尊藏于乾清宫内。

3. 玉牒类档案稿本存放地点。大玉牒、小玉牒之稿本均照例在宗人府库房内保存。

（四）玉牒进呈典礼御览地点的变化

清代，玉牒纂修完成后由礼部札行钦天监选择进呈吉日举行典礼，进呈典礼当天，皇帝在中和殿恭阅玉牒，御览完毕后即送往皇史宬尊藏。一般认为，有清一代玉牒进呈典礼御览地点一直位于中和殿，但实际上御览地点曾几次改变。

康熙五十四年玉牒修成，如照前制，玉牒进呈仪式也应在中和殿举行，但康熙帝临时决定"在宫中恭览玉牒，不升殿"[25]。照此先例，从乾隆十五年起直至1921年，每次玉牒进呈仪式均"照康熙五十四年之例，在宫中恭览玉牒，不必升殿"。此处"宫中"之具体地点，由"道光八年，玉牒告成，宣宗成皇帝诣乾清宫东暖阁行礼恭阅"㉖的记载可推知应为乾清宫东暖阁。

由上可见，清代玉牒进呈御览地点几经变动：清代早期，皇帝均在中和殿御览；康熙五十四年，御览的地点首次移至乾清宫；雍正三年、乾隆三年、乾隆九年这三次，御览地点又改回中和殿；乾隆十五年直至宣统小朝廷历次玉牒进呈典礼的御览地点，照康熙五十四年之例又重迁至乾清宫。御览地点从中和殿迁至乾清宫的原因不明，但清代自康熙朝起，乾清宫逐渐担负起一些政治性的功能。玉牒御览地点由外廷逐步迁至内廷的变化，或许伏隐着清代专制皇权逐步加强的历史辙迹。

三　清代玉牒新发现及琐证

作为珍贵档案的清代玉牒，有许多可供研究的新方向。随着一史馆宗人府全宗档案的渐次开放，许多此前玉牒研究中没有涉及的情况渐次浮现，这些新的发现虽然琐碎庞杂，但对研究清代玉牒这唯一完整保存至今的皇族家谱具有很大的价值。下面对这些新发现进行一些粗浅的介绍。

（一）小玉牒情况简述

1.起源及概况

鉴于大玉牒形制很大，是一种沟通天命、进奉祖先的礼仪性尊藏之物，庋藏于神圣之地，皇帝不便亲往翻阅。因此，纂修一种内容相同但形制较小、便于帝王平日观阅的玉牒，就变得很有必要。

小玉牒的纂修起自何朝，史料中并无确切记载。《钦定大清会典》中有一条乾隆十六年的记录："仍送还大内，俟恭修玉牒之年，更换一分，随同玉牒小横格，一并进呈。"㉗此处进呈大内的玉牒小横格，极有可能就是横格小玉牒。中国第一历史档案馆所藏年代最早的小玉牒为嘉庆二年所修。因此小玉牒起修应不晚于嘉庆二年。

小玉牒同样有正本与稿本之分，正本有函套，用铅格（黑格），内页例用单宣，分册线装，两头包角，宗室、觉罗封面分用黄绫、红绫，外用四合套函套，再以同色云缎夹包袱皮包裹，尊藏于乾清宫，以便皇帝随时翻阅。小玉牒稿本同样来源于上届副本，大部分外无函套，内用红格，例存于宗人府库房。

2.内容、种类特点

小玉牒也分宗室与觉罗两大类。小玉牒相较大玉牒尺寸更小，厚度更薄，分册更多，但其内容与大玉牒相同。宗人府所藏光绪二十三年之大小玉牒稿本均毁于庚子事变，光绪二十八年，宗人府奏请将大玉牒正本抄出大玉牒副本一份，"至应补小档（小玉牒）一分，即以此底本（宗人府补修之光绪二十三年玉牒底本）遵照小档各书则式分别缮写"[28]，可见大小玉牒只是形式不一，但内容完全一致。小玉牒的纂修时间也与大玉牒完全相同。

小玉牒每次纂修，正本都是固定为 7 套。套内数量除宗室子孙满文横格（分卷本）、宗室子孙汉文横格、宗室女孙满文直格此三套随朝年后移而渐有增加外，其余四套数量固定不变。以光绪三十三年所修小玉牒[29]为例，其概况见于下表。

小玉牒概况例表

年份	类别	子孙满文横格（一卷本）	件数	子孙满文横格（分卷本）	件数	子孙汉文横格	件数	女孙满文直格	件数
光绪三十三年	宗室	1套	1	1套	20	1套	20	1套	8
	觉罗	1套	6	1套	8	1套	8	——	

内部体例方面，横格小玉牒与大玉牒基本相同。直格小玉牒

每页的直格从中间划线隔开，分成上下两格，分别书写一个辈分。

　　3. 保存情况

　　因小玉牒用于皇帝日常翻阅，所以其保管受到高度重视。嘉庆二十年二月，嘉庆帝谕令"乾清宫尊藏实录、玉牒……嗣后著间岁抖晾一次，每次由军机大臣奏派满汉文职大臣各二员，于四月内率同批本处各员暨乾清宫总管首领太监等敬谨抖晾。即自今岁为始，著为令"㉚。从此，小玉牒正本每两年出宫抖晾一次，如发现有霉变等情况及时进行处理。因此，与大玉牒正本相比，现存小玉牒正本的保存情况更好。

　　自起修起，小玉牒正本即存于乾清宫，现有史料中虽并无记载嘉庆二年乾清宫大火中小玉牒正本的损失情况，但现存最早的小玉牒恰恰是嘉庆三年成书进呈的，因此不排除嘉庆二年之前所修小玉牒正本均没于大火的可能性。小玉牒稿本例存于宗人府库房，八国联军入京时与大玉牒稿本同遭兵燹，损失颇巨。

　　现存的小玉牒正本与稿本全部保存于一史馆，正本基本未缺，稿本主要为光绪二十三年之后所修。

　　（二）大玉牒正本纂修数量及内部体例变化

　　自首次纂修以来，大玉牒正本每次每份纂修 44 本即是定例。其中宗室 8 本（含帝系 2 本），觉罗 36 本。从语种上看，满汉均为 22 本。清代档案中遍布这方面的记载：乾隆十五年，礼部上奏中提到"玉牒十分共四百四十本"㉛；道光十八年二月十七日，盛京将军宝兴奏报当年"恭送所有盛京敬典阁尊藏黄红大档一分，计四十四本"㉜；光绪三年玉牒馆总裁奕諄上奏"恭送盛京大档一分四十四本"㉝。可见有清一代其数量沿袭未改，（惟 1921 年逊清小朝廷所修大玉牒正本为特例，仅有汉文 22 本）。大玉牒正本详细名称见下表。

清代大玉牒正本名称详表

宗室/觉罗						
宗室	满文帝系	列祖子孙满文横格玉牒	列祖子孙满文直格玉牒	列祖女孙满文直格玉牒	一	一
	汉文帝系	列祖子孙汉文横格玉牒	列祖子孙汉文直格玉牒	列祖女孙汉文直格玉牒	一	一
觉罗	兴祖一子子孙满文横格玉牒	兴祖一子子孙汉文横格玉牒	兴祖一子子孙满文直格玉牒	兴祖一子子孙汉文直格玉牒	兴祖一子女孙满文直格玉牒	兴祖一子女孙汉文直格玉牒
	兴祖二子子孙满文横格玉牒	兴祖二子子孙汉文横格玉牒	兴祖二子子孙满文直格玉牒	兴祖二子子孙汉文直格玉牒	兴祖二子女孙满文直格玉牒	兴祖二子女孙汉文直格玉牒
	兴祖三子子孙满文横格玉牒	兴祖三子子孙汉文横格玉牒	兴祖三子子孙满文直格玉牒	兴祖三子子孙汉文直格玉牒	兴祖三子女孙满文直格玉牒	兴祖三子女孙汉文直格玉牒
	兴祖五子子孙满文横格玉牒	兴祖五子子孙汉文横格玉牒	兴祖五子子孙满文直格玉牒	兴祖五子子孙汉文直格玉牒	兴祖五子女孙满文直格玉牒	兴祖五子女孙汉文直格玉牒
	兴祖六子子孙满文横格玉牒	兴祖六子子孙汉文横格玉牒	兴祖六子子孙满文直格玉牒	兴祖六子子孙汉文直格玉牒	兴祖六子女孙满文直格玉牒	兴祖六子女孙汉文直格玉牒
	景祖一、五子子孙满文汉文横格玉牒		景祖一、五子子孙满文汉文直格玉牒		景祖一、五子女孙满文直格玉牒	景祖一、五子女孙汉文直格玉牒

从清代玉牒内部体例来看，直格玉牒均为半页 15 格（玉牒为包背装，半页即一面）。横格玉牒则从顺治十八年的每页 11 格逐渐增至 1921 年的 20 格。究其原因，横格玉牒每一格表示一个辈分，因此随着年代的推进，人口繁衍，辈分增加，格数也就需要不断递增。如光绪十二年九月，"宗人府奏：此次恭修玉牒，大小横档敬增一格，报闻"[34]。1917 年，宗人府奏："再，臣等更有请者。查玉牒横档钦定十八格，现在宗支蕃衍，辈分绵长，所有钦定格数不敷按辈续入，拟请将玉牒横档增加二格，改为二十格，方敷恭入。"[35]清代横格玉牒格数的具体变化为：顺治十八年至康熙四十五年：11 格；雍正二年：12 格；雍正十一年至乾隆十二年：13 格；乾隆二十二年至嘉庆二年：15 格；嘉庆十二年至道光七年：16 格；道光十七年至光绪三年：17 格；光绪十三年至光绪三十三年：18 格；宣统十三年：20 格。

（三）大玉牒损毁与存世情况

1. 损毁情况

皇史宬（后迁至景山寿皇殿）与盛京敬典阁所藏这两套玉牒正本在清代保管严格，也从未遭遇过大的天灾人祸，因此并无多少损失。宗人府所藏之玉牒正本、稿本则有过两次重大损毁。第一次是乾隆十七年的宗人府库房火灾。宗人府宗令广禄题报"至亮钟时，火起，臣等亲赴库救火，册房三间俱被火烧"[36]。乾隆十七年前的宗人府藏玉牒正本、稿本无一得免。第二次是庚子年间兵燹，八国联军将宗人府库房付之一炬，宗人府于光绪二十八年奏称"衙门尊藏玉牒……一切书籍悉行焚毁"[37]，其所藏乾隆十七年后至光绪二十三年间的玉牒稿本也全遭焚毁。寿皇殿作为八国联军之法军司令部，其所存的大量绘画、印玺、文玩被劫掠至法国，玉牒正本侥幸逃过此劫，没有丢失。

2. 存世情况

寿皇殿藏正本。清代前期存放于皇史宬，嘉庆十二年起移往寿皇殿，现保存于一史馆。除康熙五十四年玉牒外，一本未缺。

宗人府藏正本。原存放于宗人府库房，乾隆五十三年全部被移至寿皇殿。宗人府藏正本仅存乾隆二十二年至五十二年间所修之四次。现保存于一史馆。此四次所修一本未缺。

盛京敬典阁藏正本。乾隆十五年起，礼部所藏玉牒正本均被移至盛京，自此之后，每次纂修玉牒均有一份被送至盛京敬典阁尊藏。敬典阁藏正本缺康熙五十四年、宣统十三年（溥仪小朝廷内用年号，1921年）两次所修玉牒。现保存于辽宁省档案馆，有1060本，其中汉文532本，满文528本[38]。

大玉牒稿本，原存于宗人府库。宗人府库房前后两次遭毁后，大玉牒稿本损失殆尽，现存光绪二十三年之前的稿本没有完整成本的，只有少量合订本及散页。保存至今完整成本的大玉牒稿本应为光绪二十三年、光绪三十三年两次所修（光绪二十三年之玉牒稿本，实系庚子事变后宗人府所补修[39]，宣统小朝廷未修副本）。大玉牒稿本现全部存于一史馆。

（四）1921年玉牒修纂风波

1912年2月12日清帝退位，但仍居住在紫禁城内廷，逊清小朝廷对内用宣统年号纪年，保留内务府、宗人府等机构，这种情况一直持续到1924年。

宣统九年三月，宗人府上奏："再查光绪三十三年……统计实银十五万九千六百九十余两。自光绪三十三年告成之后，迄今已届十年应行恭修之期，伏思现在时局，款项为艰，自当变通办理，臣等公同商酌，此次修书拟将恭送盛京尊藏之玉牒清汉字正本、寿皇殿尊藏之玉牒大档清汉字正本……均请暂缓恭修，俟下届恭修时体察情形，再行请旨办理。此次拟请将宗室、觉罗各档恭修汉字正本一分，恭进大内尊藏；宗室觉罗各档恭修汉字副本一份臣衙门尊藏。共需银五万四千五百八十五元……请旨饬下内务府拨款。"⑩小朝廷财政极其困难，仅能拿出上届三分之一的款项来纂修玉牒，因此只能纂修汉文玉牒正副本各一份，停修满文玉牒，同时盛京一份也暂缓纂修。

即使如此大幅压缩预算，纂修玉牒的款项仍不能按期拨放。宣统十一年十月，宗人府奏称"迄今二年零七个月，内务府并未拨款"⑪，直到宣统十二年五月，宗人府奏"拟由臣衙门商借商款现银圆五万五千圆，由臣衙门每年年终发给之五千两内随时归还"⑫。小朝廷最终决定向"天丰号挪借款项"用以纂修玉牒⑬。1921 年逊清皇室最后一次开修玉牒，1922 年纂修完成。最终仅修成汉文正本一份计 22 本（入乾清宫尊藏），及汉文副本一份计 63 本（存入宗人府库房）⑭。

清代玉牒作为研究我国古代皇族家谱情况的"孤本"，还是中国古代开本尺寸最大的写本古籍，在谱牒、史料、典章制度、古籍等诸多领域均有极高的研究价值。正因如此，它的研究应更多维化、精细化。从清代起修至今，清代玉牒的保管都相当严格，这在一定程度上加大了它的研究难度。随着近年来中国第一历史档案馆宗人府全宗档案的开放，以往一些研究成果可以重新检视，以更好地还原清代玉牒的原貌细节，发掘其多方面的研究价值。

注释：

① 为避免名称混淆，后文中的"小玉牒"单指清代形制较小的玉牒，"玉牒"、"大玉牒"均指清代形制较大的玉牒，另将"玉牒类档案"作为二者的合称。

② （康熙）《钦定大清会典》卷 1，宗人府。

③ 中国第一历史档案馆藏：内阁档案，礼部尚书胡世安为天潢首关国本玉牒急宜肇修请

饬专官纂集以光巨典事,顺治十一年四月二十四日,档号:02—01—02—2038—005。

④《大清世祖章皇帝实录》卷94,顺治十二年十月乙亥。

⑤ 玉牒各次纂修年份参考自玉牒序言。

⑥⑨⑭ (嘉庆)《钦定大清会典事例》卷1,宗人府·天潢宗派·纂修玉牒。

⑦ 乾隆十一年十二月,"宗人府奏:今查乾隆七年所修玉牒满汉不符,仍有应改之处。天潢支派甚多,宗室觉罗渐众,俱应填入。如必待十年始修,限期似远,请除照例十年一次修纂外,仍于五年增修一次,……得旨'今玉牒内舛错处既多,著照所奏,于来年修辑,嗣后仍十年一修为是'"。见《大清高宗纯皇帝实录》卷280,乾隆十一年十二月上己巳。

⑧ 此次玉牒修纂时间推迟的主要原因为所需资金不敷,后文对此有详细考证。

⑩ 景祖第二子、三子绝嗣。

⑪ 清肇祖孟特穆至显祖塔克世等几位清代追封的皇帝均计入宗室帝系。

⑫ 中国第一历史档案馆藏:军机处上谕档,乾隆四十三年四月十六日,第1条。

⑬ 帝系玉牒内虽未实线画格,但仍照横格玉牒方法上下排列人名。

⑮ 中国第一历史档案馆藏:宗人府档案,宗人府玉牒馆为恭修玉牒及添办底档篇页续取泾县榜纸银朱等项行户部事,咸丰六年十二月初三日,档号:06—01—002—000325—0001。

⑯ 中国第一历史档案馆藏:宫中朱批奏折,安徽巡抚福润为传办金线榜纸查明安徽槽户难以照式制造请另饬他省购办事,光绪二十二年八月初七日,档号:04—01—36—0116—014。

⑰ (雍正)《钦定大清会典》卷1,宗人府。

⑱ 顺治九年定:宗室觉罗所生子女,由各旗首领、族长亲加查询之后,于每年正月初十日前造册报送宗人府,分别载入宗室黄册和觉罗红册,见(嘉庆)《钦定大清会典事例》卷1,宗人府·天潢宗派·宗室觉罗册籍。后因皇族人口剧增,乾隆二十九年改定:宗室觉罗所生子女,每三月一次,查明造册报府,再由府详查注册。见(光绪)《钦定大清会典事例》卷1,宗人府·天潢宗派·宗室觉罗册籍。

⑲ 中国第一历史档案馆藏:宗人府档案,顺治十八年初次纂修竖格玉牒至同治六年历次重修添写则式编载单,同治朝,档号:06—02—004—000177—0005。

⑳㉒ (乾隆)《钦定大清会典则例》卷1,宗人府。

㉑ 中国第一历史档案馆藏:内务府档案,为重修皇史宬其中旧贮及嘉庆十二年续修玉牒移贮景山寿皇殿东西室事,嘉庆十二年十一月初七日,档号:05—13—002—000094—0022。

㉓ 中国第一历史档案馆藏：内务府档案，礼部为实录玉牒送往奉天尊藏事宜等项一折抄录原奏事致内务府等，乾隆十五年五月，档号：05—13—002—000005—0070

㉔㉗（光绪）《钦定大清会典事例》卷1，宗人府·天潢宗派·宗室觉罗册籍。

㉕（嘉庆）《钦定大清会典》卷256，礼部二十四·进书·恭进玉牒。

㉖（光绪）《钦定大清会典事例》卷320，礼部二十一·进书·恭进本纪。

㉘ 中国第一历史档案馆藏：宗人府档案，宗人府黄档房为具奏玉牒全书因兵乱焚毁酌拟章程补行恭修已经奉旨行各该处事，光绪二十八年二月十一日，档号：06—01—002—000884—0049。

㉙ 中国第一历史档案馆藏：军机处录副奏折，宗人府宗令世铎呈应行恭修玉牒全书数目清单，光绪三十二年七月初九日，档号：03—6665—097。

㉚《大清仁宗睿皇帝实录》卷303，嘉庆二十年二月戊寅。

㉛ 中国第一历史档案馆藏：内务府档案，礼部为实录玉牒送往奉天尊藏事宜等项一折抄录原奏事致内务府等，乾隆十五年五月，档号：05—13—002—000005—0070。

㉜ 中国第一历史档案馆藏：军机处录副奏折，礼部尚书怀塔布奏为恭修玉牒告成事，光绪二十三年十一月二十二日，档号：03—5352—085。

㉝ 中国第一历史档案馆藏：军机处录副奏折，玉牒馆总裁奕諒奏为遵藏盛京档本详校清楚装潢完竣等事，光绪三年十一月二十九日，档号：03—7171—019。

㉞《大清德宗景皇帝实录》卷232，光绪十二年九月庚子。

㉟ 中国第一历史档案馆藏：宗人府档案，宗人府黄档房为具奏宣统九年恭修玉牒详陈历次成案谨拟变通办法等恭候钦定遵行举办已经奉旨行内务府銮舆卫事，宣统九年三月初十日，档号：06—01—002—000948—0003。

㊱ 中国第一历史档案馆藏：内阁档案，宗人府和硕裕亲王广禄题参疏懈所致玉牒库失火之额外主事裕奇等官事，乾隆十七年五月十六日，档号：02—01—005—022844—0028。

㊲ 中国第一历史档案馆藏：宗人府档案，宗人府黄档房为具奏玉牒全书因兵乱焚毁酌拟章程补行恭修已经奉旨行各该处事，光绪二十八年二月十一日，档号：06—01—002—000884—0049。

㊳ 数据来源于辽宁省档案馆官方网站。

㊴ 中国第一历史档案馆藏：宗人府档案，宗人府玉牒馆为补行恭修玉牒全书告成择吉恭送寿皇殿东西室尊藏已经奉旨行各该处事，光绪二十八年十月二十三日，档号：06—01—002—000882—0013。

㊵ 中国第一历史档案馆藏：宗人府档案，宗人府黄档房为具奏宣统九年恭修玉牒详陈历

次成案谨拟变通办法等恭候钦定遵行举办已经奉旨行内务府銮舆卫事,宣统九年三月初十日,档号:06—01—002—000948—0003。

㊶ 中国第一历史档案馆藏:宗人府档案,宗人府黄档房为宣统十一年恭修玉牒详陈历次成案变通办法及宣统九年未能开办情形请旨拨款已经奉旨行各该处事,宣统十一年十月初一日,档号:06—01—002—000948—0042。

㊷ 中国第一历史档案馆藏:宗人府档案,宗人府玉牒处为具奏恭修玉牒拟借商款请由内务府年终发给五千两内随时归还请旨一折已经奉旨行内务府事,宣统十二年五月十五日,档号:0601—002—000950—0001。

㊸ 中国第一历史档案馆藏:宗人府档案,宗人府黄档房为奉堂谕恭修玉牒向天丰号挪借款项著派章京定秀与该号接洽办理呈明存案事,宣统十二年五月二十一日,档号:06—01—002—000950—0002。

㊹ 中国第一历史档案馆藏:宗人府档案,宗人府为恭修玉牒全书告成敬缮清单恭呈御览等事,宣统十四年三月初六日,档号:06—01—002—000950—0027。

（原载于《历史档案》2021 年第 4 期）

中国第一历史档案馆藏《〈大学〉图解》

卢　溪

中国第一历史档案馆（以下称"一史馆"）保存有一幅名为《〈大学〉图解》的档案。这件档案在清代的原名为《圣学图》，系作为文字狱的证据在宫中被保存下来。这件档案在儒学上的价值不容忽视，除了在宫廷中保留，其在民间也依旧有流传，并且成为中西方文化交流的见证。

一　《〈大学〉图解》原名《圣学图》

《〈大学〉图解》由四幅图组成，依次为《大学图》《心图》《操存》和《省察》。全图长约 163 厘米，宽约 75 厘米，中间部分有少许残缺。

《〈大学〉图解》左上有"新昌吕安世先生讳抚曾辑此图为初学进修之本……今敬书以公同志"，可见本图原作者为新昌人吕抚，此件为后来人照之重绘。所以此图的作者是没有争议的。

据一史馆以前对《〈大学〉图解》档案的注释："作者吕抚（1671—1742），字安世，号逸亭，浙江新昌人，康熙十五年（1676）补诸生，博通经史百家，辑有《三才一贯图》（珍藏于美国国会图书馆）等。为便于世人掌握《大学》之道，继承儒家思想，恪守人世间伦理道德规范，作者以言简意赅的词句诠释了

《大学》，以通俗易懂的语言阐明了儒家思想的文化精髓，以一目了然的图谱形式绘辑了该图。"

据民国《新昌县志》等资料记载，吕抚"精天文、地理、兵法、性理、皇极之选。屡试不第，遂绝意仕进，广结名流，以著述为事，成书甚多。后海宁查嗣庭狱起，惧遭牵连，私下毁版过半，仅存《三才图》(即《三才一贯图》——笔者注)《四大图》《纲鉴通俗演义》等"。

遍查吕抚的各类资料，其作品中未发现有名为《〈大学〉图解》者，但有名为《圣学图》者。此《〈大学〉图解》即《圣学图》。

据《熊学鹏奏查出吕抚著书怪妄请追板销毁折缴回朱批档》记载："新昌县人吕抚，据该县查明，吕抚系新昌县学附生，乾隆三年举报孝廉方正，部议准给六品顶带荣身……随搜刮其家，并无别项书籍字迹，惟起有《圣学图》一张、《一贯图》一张……并将吕抚家搜出《圣学图》《一贯图》二张进呈御览。"① 这里提到吕抚所著《圣学图》和《一贯图》被呈入宫中。《一贯图》目前未在一史馆藏档案中发现，参照现藏于美国国会图书馆的吕抚《三才一贯图》，可知其与《〈大学〉图解》不同，予以排除。那么《〈大学〉图解》应当就是当初呈入宫中的《圣学图》。

而从内容来看，《〈大学〉图解》中四部分体现的是《尚书》《论语》《孟子》和宋明理学等儒学思想。儒学亦称圣学，《圣学图》的名称很好地概括了全图内容。从这个角度来说，《〈大学〉图解》原名应是《圣学图》。

二　《圣学图》入宫的线索

前文已经提到，《圣学图》被呈入宫中是作为文字狱的罪证，那么这场文字狱又是怎么回事呢？

　　乾隆三十二年（1767），当时吕抚已经亡故，浙江出一起文字狱大案，即"齐周华案"。吕抚被牵连其中，其著作也因此被收缴入宫中，并且一直保存到了今天。

　　齐周华案的案发经过，可以参考《苏昌熊学鹏奏齐周华著书悖逆及审拟折缴回朱批档》②的记载。齐周华案发后，一大批当地士绅无辜被牵连其中，而吕抚也因被怀疑为齐周华作《齐巨山序》而被牵连。但事实上，吕抚与齐周华并无瓜葛。据浙江巡抚熊学鹏奏报："吕抚已于乾隆七年身故，生前并未与齐周华往来，委无赠答诗文，或因吕抚曾刊有《一贯图》《圣学图》，是以齐周华采名捏冒。"③另据闽浙总督苏昌奏："吕抚……文献各序俱系伊（齐周华）借名，以上诸人皆已亡故。"④

　　据此可知，吕抚与齐周华并无瓜葛，是因吕抚刊刻《一贯图》《圣学图》在乡间颇有声名，因而被齐周华冒名作序。但是吕抚家也因此被搜查，两张图被呈入宫中。

　　乾隆三十三年（1768）三月十九日随手档记载："查齐周华案内新昌县学生员吕抚所著《圣学图》《一贯图》图张，请将生前所得孝廉方正顶带革去，并追板销毁由，有旁朱：览。图未发下。"可知，两张图被留在了宫中。

　　有人认为，"(《圣学图》)传入清宫后，成为皇帝修身养性、内圣外王的道德标准，也是皇子皇孙学习儒家思想文化的重要教材"，认为《圣学图》在宫中是作为教材使用的。

　　但是《圣学图》《一贯图》实际上是作为一场文字狱大案的罪证而被呈入，并被评价为"……语多撷拾杂书，附会穿凿……怪诞不经……乃系妄言祸福"⑤，似乎不可能成为皇子的教材。档案史料中也没有旁证证明《圣学图》在清宫中有被作为教材使用过。故此说法存疑。

三 《圣学图》内容

《圣学图》全图由四部分组成，依次为《大学图》《心图》《操存》和《省察》。

（一）《大学图》

这部分阐述"何为大学之道"，图中展示的是儒家经典《大学》的纲目。《大学》虽然篇幅只有数百字，但是作为四书之首，受到后人的推崇，朱熹就说"大学者，大人之学也"。图左上角有文字："新昌吕安世先生讳抚，曾辑此图为初学进修之本，未获广播，今敬书以公同志。"右上角有文字："圣学真传，传此而已，得闻道，生顺死安。特辑为图，揭之座右铭，以当书绅铭益之助。"《大学图》的标题之下，是一幅太极图案，下有文字"大学之道，继天立极"，阐明"大学"的奥义在于"秉承天意，树立准则"。"继天立极"出自朱熹的《〈大学章句〉序》："天必命之以为亿兆之君师，使之治而教之，以复其性，此伏羲、神农、黄帝、尧舜，所以继天立极。"再往下是正方形框内书写"自天子以至于庶人壹是□□修身为本"，□□内文字较为模糊，应为"皆以"。《大学》中即有"自天子以至于庶人，壹是皆以修身为本"一句。

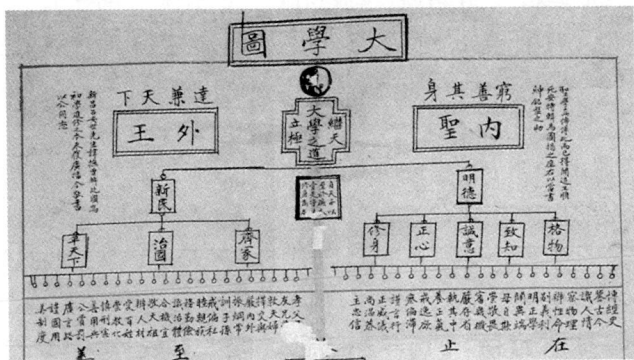

整个《大学图》的内容被以图表的形式精炼概括为两部分："内圣"和"外王"。"内圣外王"是儒家追求的最高境界，其理念出自《庄子·天下篇》，理学派以之阐释儒学，是对一个人自身修养和对外追求的高度统一，也是道德和政治的高度统一。"内圣"的解释是"穷善其身"，"外王"的解释是"达兼天下"，语出《孟子》"穷则独善其身，达则兼善天下"。"内圣"的标准是做到"明德"，"外王"的标准是做到"新民"。《大学图》最后从右至左横向书写"在止于至善"，即达到并维持圆满至善的境界。"大学之道，在明明德，在新民，在止于至善"都出自《大学》。

图中对"明德"的解释是"格物""致知""诚意""正心""修身"，"新民"的解释是"齐家""治国""平天下"。这八者是《大学》中的八条目，是一个人从内在德智修养到外在事业发展的不断升华。

再往下是对"明德"和"新民"的具体要求。"明德"的要求包括 20 项："博经史""鉴古今""识人情""察物理""辨性命""别义利""明正学""辟异端""毋自欺""崇敬畏""审几微""严存省""执其中""养正气""戒逸欲""察偏滞""谨言行""正威仪""尚温恭""主忠信"。"新民"的要求包括 22 项："孝父母""友兄弟""敦夫妇""择交与""严内外""振纲常""训子孙""戒偏私""睦亲族""务勤俭""识治体""合机宜""敬天祖""辨人材""爱百姓""崇教化""慎刑宪""善用兵""公赏罚""广言路""谨国用""美制度"。

（二）《心图》

这张图主要依据儒家的"君子小人之别"和"义利之辨"的理论，希望人们追求"道心"，克制"人心"，主张"存天理，遏人欲"。图右上角有文字"阅大学图自知正心矣，然难收易放者，心也，故再辑《心图》"，说明《大学图》和《心图》的启承关系。

《心图》《操存》《省察》的部分内容残损较多，残缺内容经考证与《汉学菁华》中收录图内容一致，因此按《汉学菁华》的记载予以补全。

《心图》最中心部分是一个"心"字。"心"之上写着"舜跖分途"，孟子曰："鸡鸣而起，孳孳为善者，舜之徒也；鸡鸣而起，孳孳为利者，跖之徒也。欲知舜与跖之分，无他，利与善之间也"，体现了孟子的"善利观"。以心的逐利引出图中的"人心"部分，以心的求善引出图中的"道心"部分。

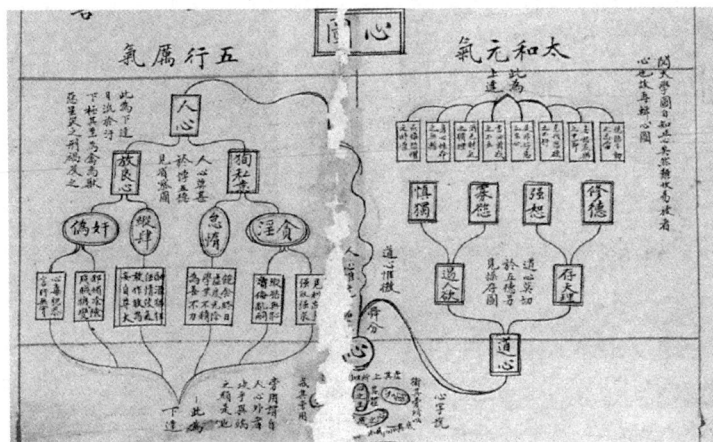

"心"字之下，是一幅缩小版的心图，以一个大写的"心"字变体字为主题，心字的四个笔画中各有文字：撇——"心之卫"，勾——"心之底丽处"，点——"心之主"，点——"心之卫"（按心字书写笔画顺序排列）。"心之主"居于上半部的中间，两旁注释"其体本虚"：心是人内心的思想，不是实际可见的。左右两侧的"心之卫"注释"卫其旁所以戒其旁用"，告诫用心当专一，不可误入旁途。整个"心"字上半部分是开放结构，注释"虚其上所以引其上达"；下半部分被笔画"勾"给封闭，注释"底其下所以防其下达"，巧妙地利用心字的字体结构，来解释"上达"

和"下达"。所谓"上达""下达"，是君子和小人的分别，《论语·宪问》说："君子上达，小人下达"，邢昺疏："言君子达于德义，小人达于财利"，并由此也引出了"人心（此为下达）""道心（此为上达）"两部分。

《心图》左右分别是"人心"图释和"道心"图释，以《尚书·大禹谟》中的"人心惟危，道心惟微"做注释。

"道心"图上注释"道心莫切于五德。另见《操存》图"，点出了与下文《操存》图的联系。另有注释"太和元气"，太和元气是阴阳五行学说中万物的根本，儒家学说中用来比喻人的思想的精华，也就是道心。"道心"的主要内容是"存天理""遏人欲"，这是朱熹在《孟子集注》"孟子因时君之问，而剖析于几微之际，皆所以遏人欲而存天理"中体现的理学思想。

"存天理"需要做到"修德"和"强恕"。"修德"出自《左传》"姑务修德，以待时乎"。"强恕"出自《孟子》"反身而诚，乐莫大焉；强恕而行，求仁莫近焉"。

"遏人欲"需要做到"寡欲"和"慎独"。"寡欲"出自《老子》"见素抱朴，少私寡欲"。"慎独"出自《大学》"此谓诚于中，形于外，故君子必慎其独也"。

"修德""强恕""寡欲""慎独"四者的具体要求是："视听言动之悉当""喜怒哀乐之中节""克伐怨欲之不行""是非好恶之至公""意必固我之不立""酒色财气之循理""身心性命之无惭""戒慎恐惧之时凛"。这八条被归纳为"此为上达"，即君子之道。

"人心"图上注释"人心莫甚于悖五德。另见《省察》图"，点出了与下文《省察》图的联系。另有注释"五行厉气"，以天地五行间的寒暑厉气比喻人心中的恶意，都能对人造成伤害。另有注释"此为下达，日流于污下极其至为禽为兽，恶星灾之，刑祸及之"。《太上感应篇·示警篇》中亦有"刑祸随之……恶星灾之"的说法。

"人心"的缺陷在于"徇私意""放良心"。"徇私意"主要是"贪淫"和"怠惰","放良心"主要是"纵肆"和"奸伪"。这四者又体现为六点:"见利忘义,强取强求""纵欲无耻,渎伦乱嗣""饱食终日,虚度光阴,学业不精,为善不利""酗酒猖狂,任情使气,敢作敢为,妄自尊大""邪魅阴险,残贼机变""心毒貌恭,言行无实"。

这六条统一归纳为"此为下达",旁边注释"旁用谓自人心外者,攻乎异端之类是也"。"攻乎异端"出自《论语·为政》"子曰:'攻乎异端,斯害也已。'"这句话的释义一直存在争议,有"钻研学习异端思想,危害极大"和"攻击批评异端,其危害就终止了"两种解释,考虑本图的前后内容,此处的意思应为前者。

(三)《操存》图内容

第三部分是《操存》图,所谓"操存",就是操守和心志,是对君子的品德要求,要执持操守心志,不使丧失。《孟子·告子上》中说"操则存,舍则亡,出入无时,莫知其乡,惟心之谓矣";《朱子全书》中说"为学之要,只在着实操存,密切体认自己身心上理会"。

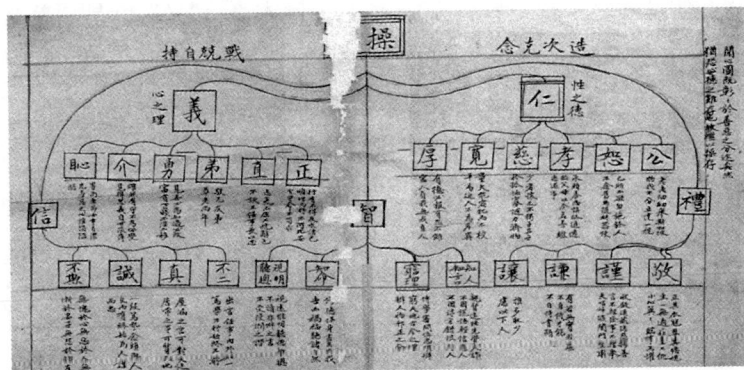

　　图右上角有文字"阅心图既彰彰于善恶之分途矣，然犹恐心德之难存也，故继以《操存》"，说明《心图》和《操存》图的启承关系。《操存》图标题两侧有文字"造次克念""战兢自持"，语出《程子四箴·动箴》"哲人知己，诚之于思；志士励行，守之于为。顺理则裕，从欲则危；造次克念，战兢自持；习与性成，圣贤同归"，意思是在困境也要保持善念，做任何事都要谨慎小心。《操存》图的内容按"仁""义""礼""智""信"分为五部分。"仁义礼智信"是儒家五常，《三字经》中说"曰仁义，礼智信，此五常，不容紊"，董仲舒《贤良对策》中说"仁义礼智信，五常之道"。

　　"仁"是儒家思想中崇高的道德原则、道德境界和道德规范。《论语》中说："士志于仁，无求生以害仁，有杀身以成仁。"《孟子》中说："仁者爱人，有礼者敬人。""仁"的注释是"性之德"，语出《中庸》"成己，仁也；成物，知也。性之德也，合内外之道也，故时措之宜也"，认为仁是出自本性的德行。图中"仁"的内容包括"公""恕""孝""慈""宽""厚"。

　　"义"在儒家思想和道德传统中有重要地位。《周易》说："立人之道，曰仁与义。"管子倡导："礼义廉耻，国之四维。"孔子认为"义"是君子的品质，"君子义以为质，礼以行之，孙以出之，信以成之。君子哉"。孟子认为人性本善，"义"就是"羞恶之心"。朱熹说："义者，心之制，事之宜也。"图中"义"的内容包括"正""直""弟（悌）""勇""介""耻"。

　　"礼"是儒家思想的核心内容。对于"礼"的定义，孟子说："恭敬之心，礼也。"《礼记》中解释："礼有三本：天地者，生之本也；先祖者，类之本也；君师者，治之本也。无天地，恶生？无先祖，恶出？无君师，恶治？三者偏亡，焉无安人。故礼上事天，下事地，尊先祖，而隆君师。是礼之三本也。"孔颖达的《礼记正义》说："礼者，理也。"广义的"礼"是天理和规则，而狭义的"礼"是仪式化的礼法、礼仪。图中"礼"的内容包括"敬""谨""谦""让"。

"智"是儒家思想的重要内容，是理想人格的重要品质之一，是分辨是非的智慧，孔子说"智者不惑，仁者不忧，勇者不惧"。对于"智"的定义，孟子说"是非之心，智也"。图中"智"的内容包括"知人知言""穷理""知命""视明听聪"。

"信"是儒家提倡的重要道德原则，是诚信和信用。《论语》中说："信近于义，言可复也。""子以四教：文、行、忠、信。"对于"信"的定义，《说文·言部》解释："信，诚也。"孔颖达《礼记正义》解释："信，不欺也。"图中"信"的内容包括"不二""真""诚""不欺"。

（四）《省察》图内容

第四部分是《省察》图，所谓"省察"，就是反省检查自己的言行思想。《楚辞》中说："弗省察而按实兮，听馋人之虚辞。"王阳明《传习录》中说："只为世间有一种人，懵懵懂懂的任意去做，全不解思维省察也。"所以本图中罗列各项恶习恶行和小人形状，以供君子省察。

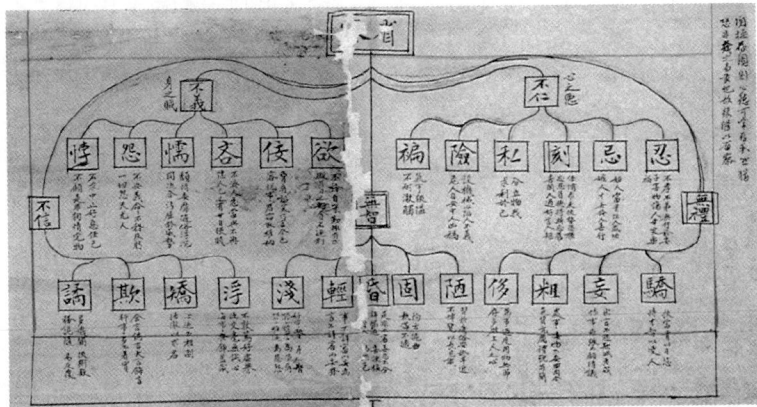

图右上角有文字"阅《操存》图则心德可长存矣，然犹恐非几之易贡也，故复继以《省察》"，说明《操存》图和《省察》图的对应关系。

《省察》图的内容按"不仁""不义""无礼""无智""无信"分为五部分，与《操存》图的"仁义礼智信"五常相对应。

"不仁"是残暴无德之意，图中"不仁"的注释是"心之恶"。《易·系辞下》中说："小人不耻不仁，不畏不义。"《孟子》中多次提到"不仁"，如"君仁莫不仁""三代之得天下也，以仁；其失天下也，以不仁"等。此处的"不仁"与《道德经》中"天地不仁，以万物为刍狗"意思不同。图中"不仁"的内容包括"忍""忌""刻""私""险""褊"。

"不义"是不合乎道义，行事不正当之意，图中"不义"的注释是"身之贼"。《国语·周语》中说："佻天下不祥，乘人不义。"《易·系辞下》中说："小人不耻不仁，不畏不义。"《左传》中说："多行不义必自毙。"《孟子·公孙丑上》中说："行一不义，杀一不辜，而得天下，皆不为也。"图中"不义"的内容包括"欲""佞""吝""懦""怨""悖"。

"无礼"是不遵循礼法之意，《诗经·鄘风·相鼠》中说："相鼠有体，人而无礼；人而无礼，胡不遄死。"儒家非常尊崇礼法，《论语》中说："不学礼，无以立。"《荀子·修身》中说："人无礼则不生，事无礼则不成，国无礼则不宁。"图中"无礼"的内容包括"骄""妄""粗""侈"。

"无智"是愚蠢、不能运用智慧之意，《吕氏春秋》中说："无智、无能、无为，此君之所执也。"儒家把"智"看作是实现"达德"的条件，认为"小人无智"。图中"无智"的内容包括"陋""固""昏""轻""浅"。

"不信"是不诚实、不信实之意，《诗经·小雅·巷伯》中说：

"慎尔言也，谓尔不信。"《论语·学而》中说："吾日三省吾身：为人谋而不忠乎？与朋友交而不信乎？传不习乎？"图中"不信"的内容包括"浮""矫""欺""谲"。

四　《圣学图》的渊源和流传

《圣学图》理论体系严谨，是儒家思想的集中体现，其形成不会是一朝一夕之功，必然有一段发展扬弃的过程。

（一）《圣学图》与《造化经纶图》的关系

《造化经纶图》的作者是赵谦。赵谦，亦名赵㧑谦，字古则，号考古先生，浙江余姚人，明初儒学大师，曾任国子监典簿，因其在海南办学，后世尊其为"海南夫子""海南圣人"。据《明儒学案》卷四十三《诸儒学案上一》记载："赵谦，字㧑谦，初名古则，余姚人也……其著述甚多，而为学之要，则在《造化经纶》一图……以上原在图内，今书于外，以便观者。"

《造化经纶图》已失传，但《明儒学案》一书详细收录了《造化经纶图》的文字内容。从内容来看，《圣学图》中《心图》《操存》《省察》的文字内容都与《明儒学案》卷四十三《诸儒学案上一》中记载的《造化经纶图》的文字内容接近。

如对"孝"的解释，《操存》为"承颜养志，慎终追远，贻父母以令名，善继志述事"，《明儒学案》卷四十三《诸儒学案上一》为"存则承颜养志，爱敬不忘；没则慎终追远，继志述事。慎行其身，不敢以遗体行殆。将为善，思贻父母令名，必果；将为不善，思贻父母羞辱，必不果"。

从年代来看，吕抚生活在清代，《圣学图》的形成年代要晚于《造化经纶图》。

再考虑到赵谦为浙江余姚人，而吕抚是浙江新昌人，两地距离很近。赵谦虽号称"海南夫子""海南圣人"，其学说主要在海南流传，但是同为余姚人的黄宗羲的《明儒学案》里将赵谦的学说翔实记载，可见在浙江当地赵谦的学说也有流传，那么吕抚能够接触到赵谦的学说应属正常现象。

由以上几点，笔者推测《圣学图》与《造化经纬图》应有传承关系。

（二）其他版本的《圣学图》

古代流传的《圣学图》，除了吕抚这一版本外，还有一种版本广为流传，即李退溪版《圣学图》，又称《圣学十图》。这两版《圣学图》虽然都是反映儒学理论的，但是两者之间的内容并没有直接关系。

李滉，初名瑞鸿，字景浩、季浩，号退溪、陶翁、退陶、清凉山人、真宝人，谥文纯。生于 1501 年，卒于 1570 年。是朝鲜朱子学的主要代表人物。他发展了朱熹哲学，继承了王阳明的学说，创立了退溪学派，被公认为朝鲜儒学泰斗，在日本被称为东方朱子。著有《退溪集》《朱子书节要》《启蒙传疑》等。1568 年，时年 68 岁的李退溪向刚即位的宣祖（李昖，朝鲜王朝第 14 任君主）进呈《圣学十图》和《进圣学十图札子》，其中反映了退溪学派对"朱子学"的研究成果，强调了"主敬"的理论。

李退溪版《圣学图》并非李滉一人所著，其中也收录了中国、朝鲜多位儒学家的著作，汇总了 10 张图，分别为：第一《太极图》（北宋·周敦颐著），第二《西铭图》（元·程复心著），第三《小学图》（朝鲜·李滉著），第四《大学图》（朝鲜·权近著），第五《白鹿洞规图》（朝鲜·李滉著），第六《心统性情图》（元·程复心、朝鲜·李滉著），第七《仁说图》（南宋·朱熹著），第八《心学图》（元·程复心著），第九《敬斋箴图》（南宋·王柏著），第十《夙兴夜寐箴图》（朝鲜·李滉著）。其中第四《大学图》和第八《心学图》的名称和所反映的思想与吕抚版《圣学图》接近。两者的《大学图》都是反映《大学》中"大学之道，在明明德，在新民，在止于至善"的内容；两者的《心学图》（《心图》）也都对"道心"和"人心"做了阐释。但是在图的表现形式上两者是截然不同的。

第四《大学图》的作者为朝鲜学者权近。《大学图》摘自其《入学图说》中的《大学指掌之图》，权近自述此书是为了教授学习《大学》和《中庸》的初学者所著⑥，李滉评价此图"阳村学术渊博，为此图说，极有证据。后学安敢妄议其得失"。

第八《心学图》的作者为元代程复心。程复心，字子见，号林隐，江西婺源人。其学术以治《四书》见长，而学本朱熹，终生以阐释朱熹《四书》为旨。以30年之功，著《四书章图》，发扬朱熹之微言，间以自己的心得体会，阐扬朱熹学说的未尽之处[⑦]。据《元儒考略》记载："程复心，字子见，婺源人。自幼沉潜理学，会辅氏黄氏之说，而折衷之章为之图，图为之说，书成名曰《四书章图总要》。"[⑧]

此外，朝鲜地区还流传有一部体现栗谷学派"圣学"构想的托名金范的《圣学十图》，其构架基本上是按"宇宙论""心性论""功夫论""实践论"的顺序设计而成。该图有50%的内容与李滉版《圣学十图》相同，不同的部分则可以看作是对李滉版《圣学十图》的补充和修改[⑨]。

（三）《圣学图》的后续流传

吕抚的重要作品《圣学图》虽然被牵连入文字狱，但是其在民间的流传并未中断。

丁韪良所著的《汉学菁华》中所载的《大学图》《心图》《操存》和《省察》，从名称到内容都和《〈大学〉图解》档案基本一致。书中记载"这件作品之所以流行甚广，主要是因为它被视为一份忠实的儒家道德纲要"，其记载的图表即为民间所流传下来的《圣学图》。略有不同的是，《汉学菁华》中没有关于作者的介绍，而是在"外王"的左侧有一句"作事需循天理，出言要顺人心"。

《汉学菁华》成书于19世纪末或20世纪初，书中记载"这张图表的作者不详，然而作者名字的缺失丝毫无损于其价值"，可见当时已经不知道原作者是谁，而作者名字失传的原因，可能是由于吕抚的作品两次遭到禁毁，虽未禁绝，但也对流传造成了不利影响。

这两次禁毁，一次是雍正四年（1726）震惊全国的"查嗣庭科场试题案"，浙江海宁人查嗣庭全族都因为查氏日记中"语多悖逆"而受到株连，这场文字狱震惊了浙江文坛，吕抚"惧遭牵连，私下毁版过半"。但是《圣学图》《一贯图》等佳作吕抚却选择保留了下来。

另一次是吕抚死后又被牵连进齐周华案，作品被官方予以销毁。据《大清高宗纯皇帝实录》记载的《将吕抚〈圣学图〉各板销毁谕》："《圣学图》一张，《一贯图》一张。所刻图说……应追板销毁，以维正学。"对应的档案上有朱批"何必追板销毁"，这两份图才没有被官方禁止，得以继续流传。

丁韪良在书中对《圣学图》的四部分单独列了一章——"中国人的伦理哲学"进行阐述。"这张图表的作者不详，然而作者名字的缺失丝毫无损于其价值。那位作者的功劳不过是想到了要以表格来表现这个主题，并凭他自己的趣味制作了这个图像。对于其中所展示的伦理体系，他没有丝毫的发明。他这件作品之所以流行甚广，主要是因为它被视为一份忠实的儒家道德纲要。"

丁韪良对《大学图》《心图》《操存》和《省察》分别作了详细的说明并给予了积极的评价[⑩]。

对《大学图》，作者写道："第一部分是《大学》的纲目，《大学》列于中国人最重要的'四书'之首，也是他们那位大哲的最令人景仰的作品。""此书讨论道德修养与统治的艺术……这两个主题被排列在两个对应的栏目中。"作者评价道："可以肯定，正是它所体现的教义在很大程度上有效地使中国变成它今天的样子，即现存各国中最古老、人口最稠密的国度。"

对《心图》，作者认为："第二幅图的有趣之处是它提出了一种对人之本性的看法……勾勒了人在生命旅途中可能会踏上的两条道路。一条道路是循着各种德行，上达幸福之境；另一条是循着各种恶行，下至灾祸之境。"

对《操存》，作者写道："第三幅图向我们展示了中国人所知的善的各种形式……所有德行被分为五类，每一类子项都被安排在一个母项的德行下面。"

对《省察》，作者写道："第四幅图与前面一图正好相反，这部分的有趣之处主要在于作者对它用处的说明。整张图表的目的是实用的，正如作者告诉我们的，是……作为自警之用。"作者评价道："有人看到这种道德修养方式能够在这个国家流行，而那儿并没有一种神圣的宗教赋予人民追求美德的高度热忱，可能会感到惊讶……即便是在异教的中国，自知之明这条长满荆棘的道路上仍然'时有过往的旅人'。"

丁韪良是西方学者最常引用的汉学家之一，这四幅图也随着《汉学菁华》一书的问世而被介绍到了西方，成为中西方文明交流的一个部分。

（四）《三才一贯图》

前文提到的乾隆三十三年三月十九日随手档记载："查齐周华案内新昌县学生员吕抚所著《圣学图》《一贯图》图张……有旁朱：览。图未发下。"可知，除了《圣学图》之外，吕抚的另一幅作品《三才一贯图》也被留在了宫中。

但是在今天的一史馆馆藏档案中未曾发现这幅图的踪迹，国内也暂未见有收藏此图者。李孝聪教授多年海外寻珍，发现美国国会图书馆、英国图书馆和荷兰莱顿汉学院各收藏有一副《三才一贯图》⑪。而据杨雨蕾考察，认为《三才一贯图》有三个版本：美国国会图书馆藏木刻本、韩国国立中央图书馆藏朝鲜彩色摹绘本、韩国国立首尔大学奎章阁藏木刻墨印本⑫。

以美国国会图书馆藏本为例，《三才一贯图》由《天地全图》《南北二极星图》《历代帝王图》《大清万年一统天下全图》《大学图》等部分组成。其中《大学图》部分的结构内容都与《圣学图》中的《大学图》基本一致，但注释更为详细。

注释：

①② 上海书店出版社：《清代文字狱档辑（增订本）》，上海：上海书店出版社，2011 年版。

③ 中国第一历史档案馆馆藏：宫中朱批奏折，乾隆三十三年三月初四日，档号：04—01—38—0045—006。

④ 中国第一历史档案馆馆藏：宫中朱批奏折，乾隆三十二年十一月十八日，档号：04—01—38—0045—001。

⑤ 中国第一历史档案馆馆藏：军机处·录副奏折，乾隆三十三年三月初四日，档号：03—1161—051。

⑥ 谭娜：《阳村权近的〈入学图说〉初探》，《科技视界》2015 年第 32 期。

⑦ 王成儒注译，贾顺先主编：《退溪全书今注今译》，成都：四川大学出版社，1992 年版。

⑧ 王成儒注译，贾顺先主编：《退溪全书今注今译》，第 207—212 页。

⑨ 崔在穆：《栗谷学派的"圣学构想"：金范〈圣学十图〉初探——与李滉〈圣学十图〉的比较研究》，《杭州师范大学学报（社会科学版）》2016 年第 3 期。

⑩ ［美］丁韪良著，沈弘等译：《汉学菁华：中国人的精神视界及其影响力》，北京：世界图书出版社，2010 年版。

⑪⑫ 欧阳楠：《中西文化调适中的前现代知识系统——美国国会图书馆〈三才一贯图〉研究》，《中国历史地理论丛》2012 年 7 月第 27 卷第 3 辑。

（原载于《历史档案》2019 年第 1 期）

养心殿透风戏单年代考

徐　琰

2019 年 1 月，故宫博物院养心殿区古建筑修缮研究人员在清理西配殿南侧夹道山墙的透风时，于陈年积土中发现了两份戏折，有关戏折的外在形态和内容，故宫古建筑研究人员张典描述道："两份戏折均首尾完整，保存状态较好，其中一份有日期标注页，而另一份无日期标注页，其余部分基本相同。内容均为 19 个戏曲曲目及演职人员名单。无日期标注的一份演职人员名单更加详细，每个曲目均有注明。而另一份则未标明最后三个曲目的演出人员。戏折次页右上角写有'十二月三十日'字样，此页之后，便是 19 个曲目及演员名单依次排开。内容从右往左分别为：《升平除岁》（一分内学）、《福寿迎年》（外学）、《看状》（闰儿）、《下海》（双保）、《亭会》（海寿、胡金生）、《回猎》（寿令）、《阴告》（七代）、《山门》（隆寿）、《宣扬文德》（外学）、《立播招亲》（寿官、顺心）、《打虎》（永寿）、《珍珠配》（四出、外学）、《走马荐贤》（潘五）、《惠明》（小双喜）、《时迁偷鸡》（二狗）、《三代》（外学）、《金庭奏事》（一分内学）、《瞎子拜年》（雨儿、小刘得）、《如愿迎新》（吉祥）。"①

戏折中注明时间"十二月三十日"，因此，此戏单是在大年三十除夕上演，即清宫档案中的"除夕承应"。至于这份戏单具体是哪一年除夕所演，张典认为："其年代下限不晚于道光六年，上限不早于嘉庆二十四年。"②嘉庆二十四年（1819）至道光六年（1826）这个时间段较长，笔者在张典文章基础之上，对戏单中的相关演员作了梳理，以期能考订出更为具体的年代。

一　戏单中三名内学太监的内廷演剧年代

折中 19 出戏，其中 6 出出演者未具人名，仅注明为内学或外学。内学即为习艺太监，外学则为民间艺人。标注由内学承演的戏《升平除岁》和《金庭奏事》都是节令承应戏，内容为庆贺河清海晏、祝愿来年升平，因其出场人甚多，不便注明具体演戏人。由外学承演的四出《福寿迎年》《宣扬文德》《珍珠配》《三代》情况也与此大致类似。

其余 13 出戏标注了 16 名具体出演人。在这 16 人中也可分为内外两学，出演《瞎子拜年》的雨儿和小刘得，及出演《如愿迎新》的吉祥三人是内学太监艺人。道光三年（1823）正月的太监花名册有载："丑，雨儿，年四十二岁，食银三两，米四石四斗，公费一贯，镶黄九家；小旦，吉祥，年二十九岁，食银二两五钱，米三石六斗，公费一贯，正黄七家；净，小刘德，年四十岁，食银二两五钱，米三石六斗，公费一贯，正黄四家。"③雨儿和小刘德最早见于嘉庆七年（1802）的旨意档④："二月禄喜传旨，《盗甲裟》了然着雨儿学。"⑤"九月二十五日，长寿传旨，《玉露秋香》着内头学、内二学学出来……柳树精：小刘德。"⑥吉祥则最早可见于嘉庆二十四年的内大学恩赏日记档："正月初一日，恩赏内大学月银一个月，吉祥等以上八名每名银三两。"⑦其后，"道光十四年八月十七日，禄喜奉旨，内学食四两八品官职太监小刘德，放为本学八品太监首领"⑧，"道光二十年十一月初一日，禄喜奉旨，沈进喜年老不能唱戏，所遗四两之缺赏给吉祥食"⑨。至道光二十七年（1847），升平署花名档中亦有雨儿、小刘德和吉祥的名字⑩。"道光二十九年，内学太监雨儿病故"⑪。此三人均历经嘉庆、道光两朝，内廷演戏生涯从嘉庆朝前期或后期开始，到道光朝末期结束，时间跨度很大，要从他们身上找寻养心殿除夕戏单的具体年代很难。

二　戏单中 13 名外学艺人的内廷演剧生涯

因此，探寻戏单年代的关键在于余下 13 名外学艺人。笔者主要依据王芷章《清代伶官传》及《中国国家图书馆藏清宫升平署档案集成》，将此 13 名艺人主要演戏经历及生平罗列如下：

养心殿除夕戏单中十三名外学艺人主要演戏经历及大致生平表
（按戏单出场顺序排列）

姓名	所习行当	生年	档案可见内廷演戏起止	南府裁撤后境况
闰儿	昆旦	嘉庆二十年	1. 道光三年六月初一日，引见于同乐园中，赏月银一两白米五口。 2. 道光四年四月十八日，于同乐园演登程。 3. 道光四年八月十五日，于同乐园演神州会。	七年二月被裁退，不知所终。
双保	副净	无载	1. 道光三年五月初一日，于同乐园演阐道除邪。 2. 道光四年十月十五日，于重华宫演冥感。	七年二月被裁退，携眷回南，不知所终。
海寿	昆腔小生	无载	1. 道光三年五月初五日，于同乐园演阐道除邪二本。 2. 道光七年正月初一日，于重华宫演亭会，搭戏胡金生。	七年二月被裁退，附舟南下，不知所终。

续表

姓名	所习行当	生年	档案可见内廷演戏起止	南府裁撤后境况
胡金生	昆腔小旦	无载	1. 嘉道之间，年华正富，故承应极频繁。 2. 道光三年五月初一日，于望瀛洲演赛龙舟，饰躲端五儿。 3. 道光四年十二月十五日，于同乐园演亭会。 4. 道光七年正月初一日，于同乐园演亭会，搭戏海寿。	七年二月，与其父被裁退，附舟南下，不知所终。
寿令	小生	嘉庆十九年	1. 道光三年六月初一日，引见于同乐园中，赏月银一两，白米五口。 2. 道光三年十二月二十三日，于重华宫演琴挑。 3. 道光四年十二月十七日，于重华宫演回猎。 4. 道光七年正月初一日，于重华宫演琴挑。	七年二月被裁退，随家人回南，后事无考。
七代	昆腔正旦	无载	1. 道光三年五月初一日，于望瀛洲演赛龙舟，饰善才三恭。 2. 道光七年正月初二日，于重华宫演年年康泰，饰小军。	七年二月，被裁退出，另谋生理，不知所终。
隆寿	昆净	无载	1. 道光三年五月初五日，于望瀛洲演赛龙舟，饰瑞雨禾丰。 2. 道光四年十二月三十日，于重华宫演山门。	七年二月被裁退回南，不知所终。
寿官	净末文武小生，无不能之	无载	1. 道光二年十月十五日，于重华宫演问探。 2. 道光四年四月初一日，于同乐园演立播招亲，搭戏顺心。 3. 道光七年正月初二日，于同乐园演立播招亲，搭戏顺心。	七年二月，南府改制，被裁退，携眷回南，后事无考。

续表

姓名	所习行当	生年	档案可见内廷演戏起止	南府裁撤后境况
顺心	顽笑旦	无载	1.道光二年十二月二十九日，于重华宫演闹山。 2.道光四年四月初一日，于同乐园演立擂招亲，搭戏寿官。 3.道光七年正月初二日，于同乐园演立擂招亲，搭戏寿官。	七年二月，南府改制，被裁退，随家人附舟南下，不知所终。
永寿	武生	无载	1.嘉庆末食钱粮至二两五钱。 2.道光二年十二月二十九日，于重华宫演显魂杀嫂。 3.道光四年七月初七日，于同乐园演打虎。 4.道光七年正月初二日，于同乐园演年年康泰，饰将官及国王。	七年二月，因南府改制被裁退，附舟南下。
潘五	正生	无载	1.嘉庆末，已擢升为官职学生，月食银四两。 2.道光二年十二月三十日，于重华宫演白袍诉功。 3.道光七年正月初二日，于重华宫演对刀步战。 4.道光七年正月十五日，于同乐园演乐庆春台，饰喜神。	七年二月被裁退，携眷属回南，卒于家。
小双喜	正净	无载	1.道光三年六月初一日，引见于同乐园中，赏月银一两，白米五口。 2.道光三年八月初八日，于同乐园演猴山控鹤，饰仙童。 3.道光四年正月十九日，于同乐园演惠明。 4.道光四年十月初十日，于同乐园演惠明。	七年二月被裁退，随家人附舟南下，后事遂无考。
二狗	武丑	无载	1.道光三年五月初一日，于望瀛洲演赛龙舟，饰把势卖艺。 2.道光三年七月一日，于同乐园演时迁偷鸡。 3.道光四年四月二十一日，于同乐园演时迁偷鸡。	七年二月被裁退，携眷离府，自谋生理，后事遂无考。

　　《清代伶官传》中 13 名外学艺人的大致生平和演剧经历，为探寻戏单的具体年代提供了线索。

　　其一，这 13 名外学艺人的宫廷演剧记录都主要集中于道光一朝。且主要集中在道光朝早期。那么是不是可以据此来判定，戏单是道光朝早期的呢？笔者认为理由并不充分。

　　因为这些艺人年龄大小悬殊，有的嘉庆年间已经成名，有的道光初年始入外学，宫廷演剧跨度必定不同。记录在案的主要集中在道光朝，究其原因，要从写《清代伶官传》的史料依据说起。《清代伶官传》例言云："本书为各伶立传，皆取升平署档案为据，"⑫ 那么此升平署档案又是何来源呢？

　　朱希祖在《清升平署志略》序中云："余于前十年购得清升平署档案及钞本戏曲千有余册，后出让于北平图书馆，以公诸同好。乃不久即有平山王芷章君之《清升平署志略》，此书取材于是。"⑬ 王芷章也说："海盐朱逷先生，由宣武门大街汇文书局将升平署太监带出之升平署档案及钞本戏曲买到千有余册，（民国）二十一年八月，将此档案钞本转让于国立北平图书馆，予于涉猎之余，觉其关于我国戏曲及典章制度、清宫禁史各方面者，至巨且重。"⑭ 从朱希祖和王芷章的话中可以看出，此升平署档案由太监带出宫，后由朱希祖购得，又转让给国立北平图书馆，也就是现在的中国国家图书馆。2011 年中华书局将此批档案整理影印出版为一套 108 本的《中国国家图书馆藏清宫升平署档案集成》（以下称《升平署档案集成》）。换言之，王芷章《清代伶官传》主要的史料依据与国图藏《升平署档案集成》基本一致。国图藏《升平署档案集成》记清宫戏曲档案从嘉庆十一年（1806）开始，嘉庆一朝保存下来的也仅有零星几册恩赏档和旨意档。从道光朝开始，档案保存逐渐详细完善。因此表中描述这 13 名外学艺人较为详细的内廷演戏经历，大都只在道光一朝。这并非表明他们于嘉庆朝没有在宫中演过戏，而是现存可见的清宫演剧档案史料从道光朝才开始较为详细。

然而，也正因为这13人年龄大小悬殊，清宫演戏经历跨度不同，要想找寻他们在同一天演出的具体年代，更应查看清宫演戏开始最晚和时间跨度最短的人。

其二，这13名外学艺人的宫廷演剧记录都止于道光七年（1827）。

外学艺人确在道光七年二月都被裁退。据道光朝恩赏日记档载：道光七年二月初六日，奉旨将南府民籍学生全数退出，仍回原籍。二月初六日，包衣昂邦禧恩穆彰阿传旨，南府著改为升平署⑮。道光七年，上谕裁撤南府为升平署，民籍学生全被裁退。笔者也曾查阅道光七年二月以后现存可见的升平署档案，确实没有再发现这13名外学艺人的名字。

由此可以看出，养心殿除夕戏单年代的下限，与前述张典在《砖雕透风里的秘密——养心殿修缮新发现》文中所认为的一致，确实应为道光六年。

三　从三名特殊外学艺人的内廷演剧经历推测戏单年代

上表这13名外学艺人之中，有三名艺人情况独特，其中两名记载了出生年份，三人都记载了入外学的确切时间。闰儿、寿龄和小双喜三人，在道光三年六月一日，同时于圆明园同乐园中，被引见给道光皇帝。道光三年恩赏日记档中有载："五月初十日，总管禄喜奏准挑弟男子侄十六名，万岁爷面传管理南府大人。"⑯"六月初一日，总管禄喜带领新挑小学生十六名，在同乐园引见。奉旨，将此十六名每名食月银一两，白米五口。新挑小学生十六名：闰儿年九岁，系马喜之子；寿龄年十岁，系沈五福之侄孙；双喜（小双喜）年十岁，系王莲生之子。"⑰道光三年五、六月，闰儿、寿龄和小双喜三人以小学生身份甫入外学。这表明，有此三人出演剧目的养心殿发现的除夕戏单不会早于道光三年。因此，此份除夕戏单是道光三、四、五、六年这四年中其中一年的。

道光三年十二月三十日，恩赏日记档记载了除夕当日的演戏情形：

> 万岁爷到重华宫东西佛堂拈香（卯初二刻十分），金昭玉粹承应《升平除岁》（一分内学），前台接唱《福寿迎年》（外学），养心殿承应《藏钩家庆》（内学），驾还重华宫接唱《宣扬文德》（外学）、《参相》（外学大庆）、《阵产》（外学小延寿）、《望乡》（刘进喜、魏得禄）、《偷鸡》（外学二狗、鸣凤）、《踢球》（内学刘保、孙福喜）、《达摩渡江》（外学长生）、《三代》（外学），乾清宫承应（除夕）《金庭奏事》（一分内学）、《锡福通明》，养心殿承应（酒宴）《瞎子拜年》（一分内学）、《如愿迎新》（内学）⑱。

道光四年（1824）十二月三十日，恩赏日记档记载了除夕当日的演戏情形：

> 卯初一刻十分，万岁爷驾幸崇敬殿东西佛堂拜佛。卯初二刻，金昭玉粹早膳承应《升平除岁》（一分内学）。卯初三刻十分，前台接唱《福寿迎年》（外学）、《疑谶》（招林）。卯正二刻，万岁爷驾幸保和殿筵宴，因撤去宵夜果盒，皇后等位仍在重华宫听戏，添唱《达摩渡江》（长生）、《昭君》（喜庆）、《下山相调》（周寿、小延寿）、《打枣》（增

福、顺心）。辰正三刻，万岁爷驾还漱芳斋，接唱《宣扬文德》（外学）、《当酒》（沈五福）、《梳妆掷戟》（玉福、汪成）、《惠明》（鸣凤）、《双缘错》（四出外学）、《山门》（隆寿）、《三代》（外学）。午正二刻戏毕。乾清宫承应《金庭奏事》（未初三刻上，未正一刻五分毕），（转宴）《锡福通明》（内学），酒宴承应《瞎子拜年》（小刘得、雨儿）、《如愿迎新》（吉祥）⑲。

　　《中国国家图书馆藏清宫升平署档案集成》缺道光五年和道光六年两年的演戏档案，但现存的南府、景山及升平署档案并非仅有朱希祖先生收藏一个来源，从其现存可见的其他档案来源中可零星查得若干条档案记载。

　　道光五年（1825）除夕演戏剧目，现存可见档案记录无载。

　　道光六年十二月没有三十日，十二月二十九日即为除夕，但养心殿除夕戏单上明确写着时间为"十二月三十日"。而且，《清代内廷演剧始末考》摘录了中国第一历史档案馆藏恩赏日记档，其中有道光六年除夕演戏的记录："辰初，万岁爷至保和殿擦连，台上不站住戏，承应《刘二扣当》（庆成）、《疑谶》（惠明）。万岁爷擦连毕，至养心殿写神牌，辰正三刻至漱芳斋看戏。赏雨儿、刘得（《瞎子拜年》）每名一两重银锞一个，吉祥（《如愿迎新》）一两重银锞一个。"⑳道光六年十二月二十九日除夕，当日演出了《刘二扣当》《疑谶》《瞎子拜年》《如愿迎新》，这与养心殿透风新发现的除夕戏单也并不相符。因此，此份戏单也不可能是道光六年除夕的。

　　从闰儿、寿龄和小双喜三人的宫中演戏经历可以判断，养心殿透风发现的除夕戏单的年代，应为道光三至六年之中的某一年。道光三年和四年两年除夕宫内演戏有记载可查，都与养心殿透风发现的除夕戏单不同。道光六年除夕时间又不是十二月三十日。独独余下了道光五年。虽然从现存可见档案中，没有查到关于此年除夕演戏的记载，但通过排除我们可以推测，此次在养心殿透风中发现的除夕戏单，年代应为道光五年。

注释：

① 张典：《砖雕透风里的秘密——养心殿修缮新发现》，《紫禁城》2019年第6期，第131—132页。

② 张典：《砖雕透风里的秘密——养心殿修缮新发现》，《紫禁城》2019年第6期，第133页。

③ 中国国家图书馆：《中国国家图书馆藏清宫升平署档案集成》第3册，北京：中华书局，2011年版，第723页。

④ 朱家溍、丁汝芹在《清代内廷演剧始末考》第74页中说："中国第一历史档案馆保留了一册原封面无存、经整理后注明无朝年的档案"，后经二位先生考证"这是一册迄今为止所见到年代最早的演剧旨意档"，并确定时间为嘉庆七年。从朱、丁二位先生在《清代内廷演剧始末考》凡例说明中所谈及的其书史料来源和书中相关档案来源看，本文转引《清代内廷演剧始末考》的相关史料应均来源于二位先生抄录的中国第一历史档案馆藏升平署档案。

⑤ 朱家溍、丁汝芹：《清代内廷演剧始末考》，北京：中国书店，2007年版，第75页。

⑥ 朱家溍、丁汝芹：《清代内廷演剧始末考》，第84页。

⑦ 朱家溍、丁汝芹：《清代内廷演剧始末考》，第111页。

⑧ 朱家溍、丁汝芹：《清代内廷演剧始末考》，第200页。

⑨ 朱家溍、丁汝芹：《清代内廷演剧始末考》，第219页。

⑩ 中国国家图书馆：《中国国家图书馆藏清宫升平署档案集成》第11册，第5484页。

⑪ 朱家溍、丁汝芹：《清代内廷演剧始末考》，第242页。

⑫ 王芷章：《清代伶官传》，北京：中国戏剧出版社，2016年版，例言。

⑬ 王芷章：《清升平署志略》（上册），北京：商务印书馆，2006年版，第1页。

⑭ 王芷章：《清升平署志略》（上册），第3页。

⑮ 中国国家图书馆：《中国国家图书馆藏清宫升平署档案集成》第3册，第1071—1073页。

⑯ 中国国家图书馆:《中国国家图书馆藏清宫升平署档案集成》第 2 册, 第 576 页。

⑰ 中国国家图书馆:《中国国家图书馆藏清宫升平署档案集成》第 2 册, 第 587 页。

⑱ 中国国家图书馆:《中国国家图书馆藏清宫升平署档案集成》第 2 册, 第 715—716 页。

⑲ 中国国家图书馆:《中国国家图书馆藏清宫升平署档案集成》第 2 册, 第 1030—1031 页。

⑳ 朱家溍、丁汝芹:《清代内廷演剧始末考》, 第 171 页。

（原载于《历史档案》2022 年第 3 期）

清代宫中腰牌考略

郭　琪

腰牌作为中国古代的一种身份凭证而屡见之于史料，如明代的锦衣卫便是以腰牌作为官阶、职位等的凭证。清代关于腰牌的记载则最早见于清太宗皇太极时。当时，朝堂之上的汉人官员与满人官员以及满族贵族多有矛盾，"汉官只因未谙满语，尝被讪笑，或致凌辱至伤心堕泪者有之"，而"皇上（皇太极）遇汉官每温慰恳至，而国人（满人）反陵轹作践"，这种冲突和矛盾成为皇太极当时面临的重大隐患。为此，参将宁完我于天聪五年（1631）上疏皇太极，提出定官制，分服色："宜急分辨服制，造设腰牌，此最简最易关系最大者，皇上勿再忽之也……但名目一立，各有职司，不敢推诿矣。"① 皇太极采纳此建议，颁发腰牌规范官员级别，整肃朝纲，以缓和满汉官员之间的矛盾。

清朝肇建之初，沿袭明制，不断完善职官制度，腰牌也不再具有品级象征的作用，但其身份凭证的特点却使得应用范围越发广泛，官方及民间均大量使用②。在紫禁城内，宫中腰牌作为苏拉、书吏等人进出的重要凭证，逐渐形成了专门的管理制度，规制不断完善，数量也十分惊人。

一　宫中腰牌源起定国之初

宫中腰牌属于清代紫禁城门禁制度中的一项，《清代典章制度辞典》中注释："腰牌是清代官员人等出入宫禁的凭证，木质，长方形，由内务府给发，正面烫有'腰牌'字样，背面开写持牌人姓名、年岁、面貌特征，并由行取腰牌衙门将领牌人花名年貌造具清册两份咨送内务府，另一份汇总清册咨送景运门，以便查对，腰牌每届三年缴旧换新一次，清宫使用腰牌起于嘉庆年间。"③《清代文书档案图鉴》中也记载："腰牌的使用者为内阁、内务府及内廷行走各处之书吏、苏拉、皂隶等人中，需要经常出入宫廷者，才由内务府发放腰牌，上有持牌者所属衙门、姓名、年龄、相貌特征等，也是每三年更换一次。"④其他相关论述基本与此二处无异，抑或引用《清实录》等文献资料，也多局限于具体的事件陈述，缺乏对宫中腰牌的规制、源流、数量等的系统梳理。但是，这两种说法尚有语焉不详之处，如宫中腰牌的使用是否起于嘉庆年间，每届三年更换的规定始于何时，规制如何变迁，使用数量多少等等。因此，不妨根据清代档案的原始记录，一一梳理。

认为宫中腰牌的使用起于嘉庆年间的观点，大抵是因为在嘉庆八年（1803）闰二月二十五日，掌四川道监察御史费锡章奏称："紫禁城内环卫森严，理应格外整肃，臣见舆夫匠役以及跟随人等任意往来，毫无顾忌……从不稽查，殊非严密之道。臣愚以为嗣后官员随从及无顶戴而有差使之人，应添设腰牌，于进出东西长安、东西阙、东华、西华、神武七门时持牌报验，然后放行，庶足以资查考。"⑤其中"应添设腰牌"一句，似乎可以印证此种观点。

但在费锡章上奏后，嘉庆帝下发谕旨："该御史所奏系专指禁城而言……一切应如何酌定章程，及该御史所奏是否可行之处，著派御前大臣、军机大臣……会同悉心妥议具奏。"⑥各大臣经商议后回奏嘉庆帝，提出："查从前旧定章程，载在会典及现行各事例，立法本为尽善，特因遵行日久，未免致有懈弛，应请敕交各该衙门，一一查照，申明旧例。"⑦可以看出，关于进出禁城人员佩戴腰牌一节在嘉庆朝之前便早有"旧定章程"。

查《钦定大清会典》中"稽查出入"一条，记载官员人等进出宫中规制："国初定……工匠服役人等由本管衙门各给以烙火印腰牌，书姓名，差役持为出入符验，以护军之识字者专司检阅门籍，讥（稽）其出入，籍内无名及不带腰牌者，不准放入。"⑧此即为"旧定章程"之始。至康熙朝，专设"悬带关防牌面"一节，规定："凡朝参文武官及内官，悬带牙牌、铁牌，厨子、校尉入内，各带铜木牌面。"⑨其中所称牙牌、铁牌、铜牌、木牌各项，即为当时的腰牌。康熙十二年（1673）又议准："太庙、社稷坛内承直人役……并令各带腰牌，责成看守旗员验明出入，如无腰牌出入者，立即拿究。"⑩可见当时的腰牌使用范围已不再局限于官员。乾隆元年（1736），覆准："内工重地，理宜肃清，管工官分饬各属择朴实有身家者点为夫头，各将召募之夫取具甘结存案，其夫役每人各给火烙腰牌一面，稽查出入。"⑪这说明除了在内廷行走的杂役等人外，凡进宫从事修葺、搬运等事务的夫役也需领取腰牌作为身份凭证。

因此，宫中腰牌的使用应源起定国之初。之后，宫中腰牌的使用范围不断扩大，规制不断改进、增加，只是"遵行日久，未免致有懈弛"，以致出现了费锡章奏折中的现象。

二　宫中腰牌的管理与规制

费锡章在奏折中提出："所有腰牌式样，应敕工部行文各该处先行核定需用数目，勿滥勿苛，据实册报，一体制给，其牌务用坚硬木植分别酌定大小方圆，镌刻某衙门字面，无使彼此雷同，以期经久而防弊混。大臣官员遇有升调事故，即将跟役原领腰牌留交后任，仍于新升新调之处照例领用。此外，文武月选，虽系官员，究非京僚常川行走者可比，亦请另制文月选、武月选腰牌，存于吏兵二部，遇有引见，先日给发，事毕点收。又，内务府匠役杂项人等，为数较多，应拣派头目给予腰牌，俾之统率于早晚出入时带领散役散匠一总验放，毋许零星行走，其有遗失不行报官、私自制造者，照例治罪。"⑫嘉庆帝将此奏折发下军机大臣等商议，各大臣会商相关章程二十九条，其中内容大体如是⑬。

费锡章之所以提出改进宫中腰牌的式样，主要因为宫中腰牌作为门禁制度中的重要环节，过于简单的样式造成了极大的管理漏洞。嘉庆朝时的宫中腰牌，上面仅注明了所属衙门而无持牌人的具体信息，这使得宫中各门的值班军士无法将人与腰牌一一对应，即便持牌人将腰牌借与他人亦无从查证。更有甚者，如某人持腰牌进出宫门数月，之后更换衙门或不再持有腰牌，只需口头说明，亦可轻松进出。副护军统领廷安当时负责午门值守，便向嘉庆帝表示："向来各部院衙门进来的人俱无腰牌，走到门上我们必先拦住，问明在何处当差，他说明地方才肯放进。"⑭

这种情况一直延续到道光朝。道光八年（1828）的《门禁章程档册》中记载："向来各衙门官员出入景运、隆宗、后左、后右各门，年底造具花名木牌移送景运门稽查，臣等伏思一年之内官员等升迁改调，时有更换，兼有新到衙门之员，仅于年底造具花名木牌，不能符合，仍属有名无实。"⑮同时，该档册也指出："乾隆六十年会议，令每门行走官员开写职名查验，迨后亦未实力奉行。"可以说，宫中腰牌的改进已经势在必行了。

即便如此，直至道光二十三年（1843）正月，此事才有了突破性的进展。总管内务府大臣敬征奏称："各部院衙门听差人役及臣衙门所属各司并各太监、他坦、听差、苏拉人等出入禁门，向由臣衙门颁发火印腰牌，令其佩带，以便稽查……惟查腰牌内仅注内务府颁发字样，并不注明某处人役，似无区别，且恐该听差人等私相换带，擅入门禁……按原设腰牌式样，添注各部院衙门名目，另行铸造火印戳记，颁发各等处人役佩带，以示区别。"⑯道光帝要求各衙门照此办理，强调："自本年二月初一日为始，一律更换，仍著前锋统领、护军统领严切晓谕各衙门章京护军等，除王大臣随带护卫及跟随人等仍遵定例额数准其带进外，其余各项听差人役出入禁门，务当严密稽查，验明新换腰牌。"⑰比对前文，可以推断，嘉庆朝时虽然对腰牌进行了改进，但更多是在门禁管理上下功夫，腰牌本身的式样并无多少变化，费锡章所言"镌刻某衙门字样"一节，也未能推行，"向由内务府颁发腰牌，令其佩戴，牌上并不填写某处人役，漫无区别"⑱，故而敬征此时再次提出于腰牌之上"添设各部院衙门等名目"。这样，目前可查的宫中腰牌第一次大规模更换便是从道光二十三年二月开始，而腰牌的制作与管理权则已由工部转移到了内务府。

道光三十年（1850），内务府堂建《牌样簿》⑲，记录所发腰牌式样及所属各衙门等信息，每年一册，直至宣统三年（1911）。同时，内务府堂为发给各部院衙门、各馆以及内务府下属的七司三院等的所有腰牌建立《颁发各衙门腰牌档》和《各司处腰牌档》，以便随时稽查核对，所有腰牌的发放、领取、制作等程序均登记在《腰牌底册（档）》中，甚至具体到了某一旗某一职位，如《正白旗回手（子）佐领腰牌花名底册》。不仅如此，内务府还针对不同事件、不同的发放对象等进行了记录，形成诸如《交存腰牌数目档》《跟随进内赏戏王大臣苏拉腰牌档》等档册⑳。与工部原本粗糙的记录相比，内务府的管理无疑严格了许多。

　　咸丰帝继位后，于咸丰元年（1851）五月十九日下发谕旨："惟稽查门禁，固以察验腰牌为凭，其是否当差正身，抑系招募雇替，仍难辨别，且恐当差人等，伪称匠役工作，私带闲人，混迹出入。"㉑这说明：第一，咸丰朝初年的腰牌仍然存在人与腰牌无法对应的情况，根据前文，此时的腰牌上应该只有具体的所属衙门及姓名；第二，腰牌持有者存在私自领人进出宫内的情况，并且未受到严格查验。因此，咸丰帝要求："总管内务府大臣将所管各处应如何酌定章程严密稽核，不至疏漏之处等，悉心详议具奏。"㉒六月初四日，总管内务府大臣柏葰上奏称："隆宗门外，造办处门内暨西面河沿一带地方他坦并内务府所属各处办公值房，其听差之披甲人、苏拉、匠役等均有发给腰牌，以凭查验……惟查前项人等所佩腰牌及宗人府、内阁、各部院衙门行取腰牌均系道光二十三年制造颁给，迄今已阅八年之久，恐有字迹模糊之处，碍难详核。"据此可知，自道光二十三年第一次大规模的更换腰牌以来，所用腰牌便一直使用至咸丰元年，并未汰旧换新。接着，柏葰建议："臣衙门办理更换咸丰年号腰牌之际，拟将本人年岁、面貌详细开写于腰牌后面，并饬令各该衙门及各他坦等处，将各项当差人役花名、年貌详细填写造具清册，二分咨送臣衙门以备考核，另将一分由臣衙门汇总咨送景运门，以便出入禁门时易于查对，嗣后每届三年更换新腰牌一次，仍将旧腰牌缴销……三年内如有革役等项事故，接充之人年貌不符，应由各该衙门接充之人花名、年貌于腰牌内随时更改咨报。"同时指出："营造司每遇工作，向来于匠夫过门之日，由该司造具该匠役、苏拉等花名清册，发给腰牌，由臣等派员按名点验……嗣后非遇大项工程不得传用民夫。"如此一来，各禁门值班官兵便可对于"如无腰牌或有腰牌而年貌不符者，一概不准放入"㉓。咸丰帝对此殊为满意，命负责值守禁宫的前锋统领、护军统领等照柏葰等所拟章程，"严饬值班之官员兵丁等于各项人役出入，随时详细查验，与内务府衙门互相查核，毋得视为具文，日久生懈"㉔。

至此，宫中腰牌的式样基本固定，沿用至清末。以光绪朝的中正殿腰牌为例：该腰牌正面上方横排"腰牌"字样，居中竖排"内务府颁发"，其下为满文钤印"总管内务府"（dorgi baita be uheri kadalara yamun）；腰牌背面居中竖排左右两列为"中正殿"与"光绪二十五年制造"，为腰牌所属衙门及制造年份，右侧竖排记载"效力苏拉恒连年十九岁"，即腰牌持有者身份、姓名与年龄，左侧竖排记载"面黄无须"，即腰牌持有者的体貌特征㉕。同时，宫中腰牌的各项规制如材质、形状等基本固定，制作、发放、更换、缴销、查验等环节均按规执行，嗣后亦有补充，如同治十二年（1873），皇帝曾指示内务府，"各处应用腰牌，著内务府随时迅速发给，以便稽查"㉖，将腰牌发放作为一种常态，不再限于三年一换。

三　宫中腰牌的使用数量

如前文所言，宫中腰牌是在宫内服务和办理差务的杂役、匠作、苏拉、书吏等人的身份凭证，仅以所属衙门划分，限在宫内使用，持有者的具体职责和活动场所等与其所属的衙门相关，不因腰牌式样的不同而承担不同的责任，或有不同的活动范围。这些腰牌持有者基本属于两大系统，一是内务府，二是各部院衙门。内务府作为清朝掌管宫廷事务的重要机构，负责绝大部分的宫内服务，而各部院衙门也因其职责所在，经常派人出入宫禁办理各项差务。那么，这些人使用腰牌的数量究竟有多少呢？

以乾嘉朝为例。乾隆三十八年（1773），内务府为起居注馆等处添设腰牌，上奏乾隆帝称："查各部院衙门、各馆并臣衙门

538　明清档案与历史研究论文选（2015—2024）

所属七司三院各等处应行出入禁门人役佩带火印腰牌，前经臣等分别该处事务繁简酌定数目，计部院衙门各馆书吏、皂隶、校尉、厨役等项人役共给过腰牌三千六百六十八面，臣衙门所属七司三院各库各作茶膳房及各他坦、苏拉、匠役、厨役、书吏等项人役共给过腰牌三千七百六十五面，俱与奏准数目相符。兹据方略馆咨称从前支领腰牌时因该处供事内有十八名将届期满，并未请领……新补供事十八名，应请添给腰牌十八面。"㉗则乾隆三十七年（1772）给过腰牌七千四百三十三面，加上未给的十八人，当年应领腰牌人数当在七千四百五十一人。然而，这仅是乾隆三十七年的应领人数，在这份奏折中，内务府又提出新增匠役、调回宫当差等人役，计有："起居注……新添供事一名，请领腰牌一面，又侍卫处茶役四名，如意馆书画三名，厨役二名，懋勤殿占用造办处匠役三名，又占用御书处匠役四名。"共十七人，则乾隆三十八年实际使用腰牌人数为七千四百六十八人，不可不谓惊人。

至乾、嘉执政交替之际，数量甚至偶有增加。嘉庆元年（1796）十二月，内务府广储司、都虞司等查报数年来腰牌发放数量："查各部院衙门、各馆并本府所属七司三院及各等处应行出入禁门当差人役佩带火印腰牌，前经本府陆续造具七千七百八十面，俱经各该处领去，又于五十六年造具三千七百七十七面，各该处陆续缴回旧腰牌三千四十四面，共领去新腰牌三千六百三十八面。"㉘据此计算，乾隆五十六年（1791），在领走七千七百八十面的基础上，缴回三千四十四面，新领三千六百三十八面，则该年共使用腰牌八千三百七十四面，相较乾隆三十八年增加了九百零六人。

嘉庆朝的腰牌领取人数依旧未减。嘉庆七年（1802）十二月，内务府制造腰牌七千五百面交都虞司以备次年发放，然而都虞司"今查各该处出具文领造册，已领腰牌七千四百六十六面，尚有銮仪卫应领三十四面，广储司灯作三十面，共需用腰牌七千五百三十面"㉙，请求补造三十面。嘉庆八年九月，内务府将七司三院及各部院衙门等处当年所需腰牌人数造册送往都虞司，由其将各处送到清册与嘉庆七年送到的应领腰牌清册逐一核对，发现"腰牌数目相符者共七十处，共三千一百九十七面，毋庸更张外，内有原领腰牌不敷应用，除原数之外，另请添造者及并无领过补行添造者共十七处共五千一百五十八面"㉚，即便不考虑"原数"多少，"相符者"与"添造者"两项之和也已达八千三百五十五面，比前一年预计人数多出八百二十五人。

那么，这些腰牌数量是否有夸大或虚报呢？事实上，内务府每一年提前统计腰牌数量时都会额外多报一定数量以备不时之需，如嘉庆七年十二月呈报数目时便"仍余存三百面，以备各处随时领用"㉛，但实际上很难有富余。紫禁城内来往役匠、当差人等为数众多，仍以嘉庆朝为例，仅统计在宫内值宿夜班（清代称为"上夜"）人员，便可窥见一二。嘉庆十五年（1810）八月二十七日，在奉旨奏报紫禁城内各处值宿夜班清单中便记载道：

> 各衙门十五处，内阁上夜供事皂役茶役三十七名，上谕处上夜茶役三名，国史馆上夜供事茶役十名，景运门上夜厨役三名，銮仪卫上夜校尉三十名，起居注上夜人役一名，翻书房上夜茶役三名，文颖馆上夜供事皂役厨役等二十名，方略馆上夜供事茶厨隶役等二十八名，会典馆上夜供事厨役等三十一名，侍卫处上夜茶役人等十五名，太医院上夜厨役四名，圣训校勘处上夜茶役四名，奏事处上夜苏拉一名，六班值房上夜茶役一名。
>
> 内务府管辖三十五处，文渊阁上夜苏拉五名，药房上夜苏拉厨役五名，上驷院上夜草夫二十一名，御茶膳房上夜苏

拉厨役十二名，养狗处上夜苏拉二名，养鹰处上夜苏拉一名，宁寿宫上夜厨役听事人八名，御书处上夜匠役二名，咸安宫上夜苏拉厨役六名，广储司上夜听事人一名，银库上夜匠役七名，缎库上夜匠役二名，茶库上夜匠役二名，衣库上夜匠役四名，磁库上夜匠役三名，皮库上夜匠役二名，三大殿值房上夜苏拉二名，圆明园值房上夜人役一名，北鞍库值房上夜匠役二名，回子缅子馆上夜苏拉一名，内务府堂上夜书吏听事人厨役茶役十七名，造办处上夜匠役六名，火班校尉三十名苏拉十四名步甲一百名，内管领值房上夜苏拉一名，宁宫花园上夜苏拉四名，清字经馆上夜苏拉二名，掌仪司上夜苏拉厨役茶役十五名，酒醋房上夜苏拉二名，家伙库上夜苏拉一名，冰窖上夜苏拉三名，中正殿上夜苏拉厨役四名，传心殿上夜乐舞生二名，文华门上夜茶役二名，武英殿上夜匠役四名，寿安宫上夜苏拉一名㉜。

从档案中可以算出，各衙门和内务府共有五十处值宿夜班，需四百八十八人，按每三天轮值一次，值守夜班者需近一千五百人，若加上白日各部院衙门及内务府办理公务，则远不止这五十处，书吏、画匠、工匠、厨役、茶役等人数更是数倍于此。如此看来，内务府每年所发腰牌在七八千面左右亦属正常。

四　结语

宫中腰牌自清朝国定至溥仪出宫，都是紫禁城门禁制度中的重要组成部分。早期的宫中腰牌上仅镌刻了所属衙门，这就造成了很长一段时间里的管理混乱，而这种混乱不断推动着腰牌规制的完善和改进，譬如，增加了腰牌持有者的样貌特征、年龄等，在经过了嘉庆、道光、咸丰等朝的多次修订、补充后，最终建立了相当完备的宫中腰牌管理制度。因此，内务府即便面对着每一年数千面宫中腰牌的发放、领取、更换等任务，依然能够较为有序地进行统计和管理。尽管如此，到了光绪、宣统两朝，与宫中腰牌相关的各类案件在清宫档案中仍屡见不鲜。由是可见，无论宫中腰牌的规制如何完善，管理章程如何健全，在具体的执行中还是要依赖于人的使用与管理，一旦在实际执行中废弛如斯，宫中腰牌在很多时候也就形同虚设了。

注释：

① 《大清太宗文皇帝实录》卷 10，天聪五年十二月辛卯。

② 根据中国第一历史档案馆馆藏档案中的相关记载，具有官方性质的腰牌有关隘腰牌、船户腰牌、仓户腰牌、领盐腰牌等，约有十数种之多。

③ 朱金甫、张书才主编：《清代典章制度辞典》，北京：中国人民大学出版社，2011 年版，第 742 页。

④㉕ 中国第一历史档案馆：《清代文书档案图鉴》，长沙：岳麓书社，2004 年版，第 118 页。

⑤⑫ 中国第一历史档案馆藏：内务府来文，嘉庆八年闰二月二十五日，档号：05—13—002—000520—0107。

⑥ 中国第一历史档案馆：军机处上谕档，嘉庆八年闰二月二十五日，第 1 条。

⑦ 《大清仁宗睿皇帝实录》卷 109，嘉庆八年闰二月庚寅。

⑧ （乾隆）《钦定大清会典则例》卷 178，护军统领。

⑨ （康熙）《钦定大清会典》卷 117，刑部·律例八·宫卫。

⑩ （乾隆）《钦定大清会典则例》卷 78，礼部·祠祭清吏司·大祀三·太庙。

⑪ （乾隆）《钦定大清会典则例》卷 137，工部·屯田清吏司·匠役。

⑬ 该二十九条章程目前尚未见于档案中，但就其之后的推行情况看，主要原则大体与费锡章所奏相同。

⑭ 中国第一历史档案馆藏：军机处上谕档，嘉庆十五年二月二十日，第 2 条。

⑮ 中国第一历史档案馆藏：内务府来文，道光八年九月初四日，档号：05—13—002—000619—0110。

⑯ 中国第一历史档案馆藏：军机处录副奏折，道光二十三年一月十八日，档号：03—

2812—044。

⑰ 中国第一历史档案馆藏：军机处上谕档，道光二十三年正月十八日，第5条。

⑱ 中国第一历史档案馆藏：军机处上谕档，光绪四年六月初一日，第1条。

⑲ 《牌样簿》具体时间暂不可考，从中国第一历史档案馆所藏档案中，目前最早可见为道光三十年，其与后文提及《颁发各衙门腰牌档》等档册均为中国第一历史档案馆藏。

⑳ 道光帝驾崩于道光三十年正月十四日，咸丰帝继位后按照旧例并未于当年更改年号，因此内务府堂设立腰牌相关册究竟是沿袭道光帝之前旨意，抑或是咸丰帝继位后所提要求，暂未见于档案记载，不可确定。

㉑ 《大清文宗显皇帝实录》卷34，咸丰元年五月乙巳。

㉒ 中国第一历史档案馆藏：军机处上谕档，咸丰元年五月十九日，第7条。

㉓ 中国第一历史档案馆藏：军机处录副奏折，咸丰元年六月初四日，档号：03—4169—021。

㉔ 中国第一历史档案馆藏：军机处上谕档，咸丰元年六月初四日，第5条。

㉖ 《大清穆宗毅皇帝实录》卷348，同治十二年正月癸未。

㉗ 中国第一历史档案馆藏：内务府奏案，乾隆三十八年十一月初五日，档号：05—0311—012。

㉘ 中国第一历史档案馆藏：内务府呈稿，嘉庆元年十二月二十八日，档号：05—08—003—000004—0078。

㉙㉛ 中国第一历史档案馆藏：内务府呈稿，嘉庆七年十二月十六日，档号：05—08—003—000020—0063。

㉚ 中国第一历史档案馆藏：内务府呈稿，嘉庆八年九月初一日，档号：05—08—003—000023—0018。

㉜ 中国第一历史档案馆藏：军机处上谕档，嘉庆十五年八月二十七日，第4条。

（原载于《清史研究》2021年第2期）

清代满汉文圣训刻本形成及
其用途研究

顾川洋

　　清代圣训是清代皇帝谕旨汇编，属记言类史籍，其编纂取材于实录。本文拟通过对中国第一历史档案馆馆藏清代圣训及军机处录副、内务府奏案、宫中朱批奏折、《钦定大清会典》、《清实录》中相关史料进行系统梳理，对清代满汉文圣训刻本出现的原因、刊印过程、刷印颁赏情况、板片流传等相关问题进行介绍，并探究其特殊的历史地位及意义。

一　圣训编纂及其版本

　　清代圣训的编纂起于顺治十二年（1655）。《清史稿·黄机传》记载："弘文院侍读黄机疏言：自古仁圣之君，必祖述前谟，以昭一代文明之治。今纂修太祖、太宗实录告成，乞敕诸臣校定所载嘉言嘉行，仿《贞观政要》《洪武宝训》诸书，辑成治典，颁行天下。"① 顺治皇帝应黄机所请，谕准在编修《太宗实录》后，仿《贞观政要》和《洪武宝训》等书，分门别类详加采辑，编修太祖、太宗圣训。自此以后，清廷每于编修实录之际，同时编修圣训，以使后代恪守祖训，也便于查考。清代圣训分别用汉文、满文两种文字书写，满文有太祖至穆宗十朝圣训，汉文有太祖至德宗十一朝圣训，太祖至穆宗圣训均有满汉文本，唯德宗（光绪）圣训目前仅见汉文本，未见满文本。

　　清圣训是将实录中的谕旨、诏令按内容分门别类进行编辑，再以时间先后进行排序，为我们系统了解统治者某一方面的言论和思想变化提供了便利。清代历朝圣训的内容涉及广泛，包括敬天法祖、制度法令、机构设置、百官规范、文治教化、恤民劝农、招降怀远等等。每个皇帝圣训门类多寡不一，以《高宗纯皇帝圣训》的卷数为多，内容涉及圣德、圣孝、圣学、圣治、敬天、法祖、文教、武功、睦族、用人、爱民、勤政、求言、察吏、理财、慎刑、省方、治水、蠲赈、积贮、赏赉、恤兵、牧政、训臣工、严法制、重农桑、兴礼乐、广幅员、正制度、笃勋旧、褒忠杰、崇祀典、礼耆年、竞奸宄、厚风俗、饬官寺、绥藩服、饬边疆、恤臣下、励将士等等，达四十门三百卷。

　　通过查阅中国第一历史档案馆所藏各版圣训，及检索现有满文图书目录中关于圣训的记载，清代圣训现有稿本、写本、刻本三种版本。稿本是纂修书籍过程中留存下来的本子，多有修改痕迹，能体现纂修的过程和内容的变化。中国第一历史档案馆现存尚有部分圣训稿本，对于研究圣训内容编纂的变化有很高的参考价值。按照稿本誊录的满汉文圣训写本有五部正本，后人依据其装帧特点和开本大小分为小黄绫、小红绫、大红绫三种文本。小黄绫本亦称御览黄绫本或称副本，是呈请皇帝御览钦定的本子，皇帝钦定之后，返还实录馆。在小黄绫本部分圣训中有纂修、校对官的职名，有修改内容夹条或黄色纸条粘贴覆盖的痕迹，应为皇帝阅览后着改或删减的部分，这是其他版本所不记载的，其文本价值更高。依据此本缮录大、小红绫本，小红绫本亦称长本，共缮两部，分藏于乾清宫和内阁实录库；大红绫本亦称方本，共缮两部，分贮皇史宬和盛京[②]。圣训的装帧方式有两种，一为简子页包背装，一为蝴蝶装。小黄绫本为筒子页包背装，但无版心；小红绫本为筒子页包背装，有版心；大红绫本为蝴蝶装，有版心。

二　圣训刻本的形成及用途

清代圣训刻本最早出现于乾隆二年（1737），其目的是在思想文化上维护清王朝封建专制统治。乾隆皇帝在谕旨中说道："向来列祖实录圣训告成之后，皆藏之金匮石室，廷臣罕得见者。朕思列祖圣训，谟烈垂昭，不独贻谋于子孙，亦且示训于臣庶。自应刊刻颁示，俾人人知所法守。今朕次第敬览皇祖皇考五朝实录圣训，应将阅过之圣训陆续交与武英殿，敬谨刊刻。"[③]此后清历代皇帝照例在命内阁实录馆纂修完前朝皇帝圣训写本后，都将满汉文黄绫写本各一部送交内务府下设武英殿修书处刊刻。圣训刻成后，分呈览本、陈设本、颁赏本三种不同规格，其纸张、装潢和刷印部数也各有所不同。相对而言，从装帧形式来看，尤以呈览本和陈设本为最佳，颁赏本次之。呈览本是专供皇帝御览钦定的样本，由武英殿修书处将刊印的样本以黄绫包袱，择吉日进呈皇帝御览钦定，数量最少但最为讲究，初刻初印，装潢华丽，多藏于宫中，外界鲜为一见；陈设本是皇帝钦定后由懋勤殿请旨发往各处陈设，如乾清宫、上书房、养心殿、圆明园、热河避暑山庄等处，以供皇帝到达这些地方随时阅览备查；颁赏本是由军机处拟写颁赏人员名单后由皇帝颁赐给皇室及王公贵族、京师内外文武大臣等，余数则暂留武英殿修书处库房存留备用。

清代各朝陈设本的数量略有不同，如乾隆朝，刷印五朝圣训满汉文各二十部；嘉庆朝，照例刷印高宗纯皇帝圣训满汉文各二十部[④]，交懋勤殿请旨发往各处陈设，此后道光、咸丰朝皆是如此。只是到了同治、光绪朝时，概因清王朝的没落，陈设本数目由二十部变为十部⑤。

　　清朝历代都曾大量刷印满汉文圣训，颁赏给皇室、王公贵族、文武大臣等，以达到其"贻谋于子孙，亦且示训于臣庶"的目的，这也突出了颁赏本的特殊性和广泛性。如乾隆朝，刷印五朝圣训满汉文颁赏本达到五百部之多⑥。嘉庆二十二年（1817），大清高宗纯皇帝圣训满汉本刊印全竣，由军机处拟写颁赏官员名单后，交武英殿修书处照数刷印满字圣训一百一十四部，汉字圣训一百五十二部，并备刷满字书二十六部，汉字书二十八部，实际颁赏满字圣训一百零六部，汉字圣训九十六部，尚余满字圣训八部，汉字圣训五十六部，暂交武英殿存贮⑦。此后各朝皆照嘉庆朝例刷印圣训颁赏。我们可以在咸丰十年（1860）恭亲王奕䜣的奏折中大致了解乾隆至咸丰朝清圣训刊印、陈设、颁赏的一些具体情况。"溯查历次恭办圣训，刷印进呈并库存清汉书各二十一部，陈设清汉书各二十部，盛京恭存清汉书各二十部，颁赏清字书一百十四部，备刷二十六部，汉字书一百五十二部，备刷二十八部，均系行取户部颜料库纸张。等因，办理在案"⑧。按惯例，满蒙皇室、王公贵族及满族官员赏满字本圣训，汉族官员专赏汉字本圣训，赏赐部数不等，有全额赏给，有只赏予一部，并无常例。但有时由于刷印部数过多，会出现满汉字圣训齐赏的情况。嘉庆二十二年，因圣训汉字书余存数目太多，赏给阿哥、亲王、郡王及满洲文员满汉字书各一部⑨；嘉庆二十二年颁赏礼亲王麟趾高宗纯皇帝满汉字圣训各一部⑩；道光九年（1829），赏云南巡抚伊里布满字汉字圣训各一部⑪；同治二年（1863）恩颁大学士官文宣宗成皇帝圣训⑫。颁赏数目之大、范围之广，足见清统治者为维护其封建专制统治之良苦用心。

　　清代武英殿满汉文圣训刻本现存藏单位较多，满文各种版本的历朝圣训分藏于国家图书馆、首都图书馆、中国社会科学院民族学与人类学研究所图书馆、故宫博物院图书馆、中国第一历史档案馆、雍和宫⑬、清华大学图书馆⑭、辽宁省图书馆、大连图书馆、内蒙古自治区图书馆、内蒙古社会科学院图书馆、南京博物馆、张家口市图书馆、保定市图书馆⑮，汉文各种版本的历朝圣训分藏于北京大学图书馆、承德避暑山庄、黑龙江大学图书馆、湖北省社会科学院图书馆、故宫博物院图书馆、辽宁省图书馆、首都图书馆、张家口市图书馆、中央民族大学图书馆、中国第一历史档案馆⑯。

三　圣训雕版板片情形

历朝圣训刻本的板片均贮藏于武英殿修书处库房。但在同治八年（1869），武英殿失火，大火延烧了三十余间房屋，凡自康熙二百年来的库存殿版书和书板基本焚毁殆尽。在光绪五年（1879）正月，武英殿修书处清查历朝圣训板片的奏折中详细记载了清查结果："高宗纯皇帝圣训清文板一万八千六百块，多半糟朽模糊，且有残缺；文宗显皇帝圣训清文板八千五百六十二块内，糟朽模糊二百五十三块，残缺六十一块；文宗显皇帝圣训汉文板三千一百九十九块内，糟朽模糊二十四块，残缺十一块。"⑰我们可以清楚地看到，在这场大火中，清圣训板片焚毁严重。光绪帝立即下令命恭亲王奕䜣着用集字板重印历朝圣训，并下发太祖高皇帝圣训四本、太宗文皇帝圣训六本、世祖章皇帝圣训六本、圣祖仁皇帝圣训六十本、世宗宪皇帝圣训三十六本、高宗纯皇帝圣训三百本、仁宗睿皇帝圣训一百十本、宣宗成皇帝圣训一百三十本、文宗显皇帝圣训一百十本，统共七百六十二卷，装成七百六十二本⑱，以补所缺。这项刊修任务于光绪七年（1881）闰七月刊刻完竣，光绪帝令刷印历朝圣训一百部以备颁赏臣工。

这次大火的原因我们不得而知，但通过光绪皇帝这次重印圣训我们可以看出，虽然当时清王朝处于内忧外患之中，但皇帝还是专门派重臣监修刊印圣训刻本，并不忘颁赏臣工，足见圣训在当权者心目中的重要地位。

中国古代的印刷事业在清代达到其发展的最高峰，乾隆朝则是清代武英殿刻书的巅峰时期，后人评价这一时期的武英殿刻书"其写刻之工致，纸张之遴选，印刷之色泽，装订之大雅，莫不尽善尽美，斯为极盛时代"⑲。而清圣训刻本恰恰随之出现，不能不说是盛世造就了盛典，而在嘉道以后，随着清王朝国力日渐衰落，加上内忧外患，战事频起，国库空虚，致使武英殿刻书也随之没落，刻书质量每况愈下。但由于清圣训的特殊性，其刻本又是皇家宫廷刻书，故在纸张、刻工、装潢、印刷等方面，处处彰显高贵、美观、大气的皇家宫廷特色，在武英殿刻书史上有着独特的历史地位。

注释：

① 赵尔巽等：《清史稿》卷250，北京：中华书局，1977年版，第9697页。

② 齐秀梅、杨玉良等：《清宫藏书》，北京：紫禁城出版社，2005年版，第254页。

③ 中国第一历史档案馆藏：军机处上谕档，乾隆二年五月十三日，第1条。

④ 中国第一历史档案馆藏：军机处录副嘉奏折，嘉庆二十二年十二月二十日，档号：03—2160—010。

⑤ 中国第一历史档案馆藏：军机处录副奏折，同治八年十一月二十九日，档号：03—4995—022；军机处录副奏折，光绪八年十二日初六，档号：03—7172—001。

⑥ 中国第一历史档案馆藏：军机处录副奏折，嘉庆十八年四月二十五日，档号：03—2159—022。

⑦ 中国第一历史档案馆藏：军机处录副奏折，嘉庆二十二年十二月二十三日，档号：03—2160—011。

⑧ 中国第一历史档案馆藏：军机处录副奏折，咸丰十年二月十三日，档号：03—4522—055。

⑨ 中国第一历史档案馆藏：军机处录副奏折，嘉庆二十二年十二月二十三日，档号：03—2160—011；军机处上谕档，嘉庆十八年五月初十日，第5条。

⑩ 中国第一历史档案馆藏：军机处录副奏折，嘉庆二十二年十二月二十六日，档号：03—1577—076。

⑪ 中国第一历史档案馆藏：军机处录副奏折，道光九年四月二十日，档号：03—2587—044。

⑫ 中国第一历史档案馆藏：宫中朱批奏折，同治二年三月十五日，档号：04—01—38—0027—002。

⑬ 北京市民族古籍整理出版规划小组办公室满文编辑部：《北京地区满文图书总目》，沈阳：辽宁民族出版社，2008年版。

⑭⑮ 黄润华、屈六生：《全国满文图书资料联合目录》，北京：书目文献出版社，1991年版。

⑯ 中国古籍善本书目编辑委员会：《中国古籍善本书目》，上海：上海古籍出版社，1993年版。

⑰ 中国第一历史档案馆藏：军机处录副奏折，光绪五年正月十七日，档号：03—7171—031。

⑱ 中国第一历史档案馆藏：军机处录副奏折，光绪五年四月初一日，档号：03—7171—035。

⑲ 陶湘：《书目丛刊（一）》，沈阳：辽宁教育出版社，2000年版，第65页。

（原载于《民族古籍研究》第三辑，中国社会科学院出版社，2016年出版）

清太祖太宗满文圣训的版本研究

赵秀娟

　　清朝圣训是专门记载皇帝诏令谕旨的官修记言类史籍，是按朝纂修的，其编纂取材于实录。史载顺治十二年（1655）开始编修圣训，自康熙起，各朝皇帝继位后均令词臣将前朝皇帝的谕旨编纂成书，以使后代恪守祖训，也便于查考。从《太祖高皇帝圣训》至《穆宗毅皇帝圣训》清代先后编有十朝满文圣训。

　　中国第一历史档案馆馆藏满文圣训写本，我们仅从封皮颜色上可以分为黄绫本、红绫本和紫绫本。其中太祖太宗两朝的满文圣训，几经编修，形成了不同版本，而且内容上也有一定的差异。本文依据中国第一历史档案馆所藏几种不同版本的太祖太宗两朝满文圣训，进行逐一比较，以期探讨其编纂情况和相互之间的差异。

一　编纂时间的考证

　　中国第一历史档案馆馆藏清太祖太宗满文圣训写本，我们按版本形成时间先后、封皮颜色及开本大小等来划分，有红绫本、黄绫本、小黄绫本、小红绫本和大红绫本。

　　据实录记载，顺治十二年、康熙十二年（1673）、康熙二十五年（1686）都曾纂修过清太祖圣训，乾隆四年（1739）则完成了对康熙二十五年太祖圣训的校刊工作。笔者将中国第一历史档案馆馆藏太祖满文圣训按其版本特征等信息梳理如下。

　　《太祖圣训》红绫本，无序言，不知所修年代。其满文书名题签为 taidzu enduringge tacihiyan，属满汉合集，共四卷，满汉文各两卷。内容涉及圣德、智略、宽仁、仁慈、训诸王、训群臣、训将、收人心、恤民、求贤、赏功、远略、定制、通下情、威勇、武功、昭信、兴文教、节俭、戒酒、教戚臣、昭内训，共22个门类，版本特征为无版框、无行格，半叶5行。《清实录》记载顺治十二年五月开始修太祖太宗圣训："朕欲仿《贞观政要》《洪武宝训》等书，分别义类详加采辑，汇成一编。朕得朝夕仪型，子孙臣民，咸恪遵无斁，称为《太祖圣训》《太宗圣训》，即于五月开馆……"①我们据此初步考证该版本为顺治年间所修。

　　《大清太祖高皇帝圣训》红绫本有两部，均为四卷，有序言，但无时间。其满文书名题签是 daicing gurun i taidzu dergi hūwangdi i enduringge tacihiyan，内容涉及论治道、明德教、训诸王、训群臣、宽仁、智略、求贤、用人、求言、收人心、恤兵、兴文教、慎刑、明法令、通下情、赏功、昭信、训将、教戚臣、昭内训、劝善、儆愚顽、节俭、谨嗜好，共24个门类。版本特征为四周双边朱丝栏，半叶7行，红口，双鱼尾，版口有满文书名（enduringge tacihiyan）、卷数、页码。根据其序言里"ama šidzu eldembuhe hūwangdi"（汉译：父亲世祖章皇帝）可以推断该版本太祖圣训系康熙朝所修。同时，我们将之与《大清太宗文皇帝圣训》红绫本中康熙十二年序言作比较，从字体风格以及序言的内容，我们可以考证出《大清太祖高皇帝圣训》红绫本也是康熙十二年纂修的。

　　《大清太祖高皇帝圣训》黄绫本，共四卷，无序言，第一卷有总目。其满文书名题签是 daicing gurun i taidzu dergi hūwangdi i enduringge tacihiyan。内容涉及敬天、圣孝、神武、智略、宽仁、论治道、训诸王、训群臣、经国、任大臣、用人、求直言、兴文教、崇教化、勤修省、重农、节俭、慎刑、恤下、收人心、通下情、明法令、鉴古、赏功、昭信、戒逸乐、谨嗜好、优戚臣，共 28 个门类。版本特征为无版框、无界行、半叶7行。我们依据其书名题签及每卷卷端和卷末之太祖的尊谥号"daicing gurun i taidzu abkai hese be alifi forgon be mukdembuhe gurun i ten be fukjin ilibuha ferguwecuke gung gosin hiyoošungga horonggo enduringge šu be iletulehe doro be toktobuha genggiyen erdemungge dergi hūwangdi"②（汉译："大清太祖承天广运圣德神功肇纪立极仁孝睿武端毅钦安弘文定业高皇帝"），可以考证出此版本系康熙朝编纂，将之与康熙十二年所修《大清太祖高皇帝圣训》红绫本相比较，发现门类及条目均不一致。据乾隆四年校刊形成的《大清太祖高皇帝圣训》小黄绫本中康熙二十五年序言和《国朝宫史》卷之二十三，康熙二十一年（1682）重修、康熙二十五年修成的《大清太祖高皇帝圣训》，共有二十六个门类。《大清太祖高皇帝圣训》黄绫本虽然比乾隆四年校刊形成的《大清太祖高皇帝圣训》多出"重农"和"优戚臣"两个门类，但笔者通过对比，发现这两个门类里的内容分别放在乾隆四年校刊的《大清太祖高皇帝圣训》小黄绫本（包括小红绫本和大红绫本）的"经国"和"崇教化"两个门类中，另外还有"恤功臣"和"睦亲"两个门类被白纸覆盖。其他门类与乾隆四年校刊的《大清太祖高皇帝圣训》小黄绫本（包括小红绫本和大红绫本）里门类的内容基本一致。由此可知该《大清太祖高皇帝圣训》黄绫本具有稿本意义，其文本价值比较高。

　　乾隆四年校刊形成的《大清太祖高皇帝圣训》分为小黄绫本、小红绫本和大红绫本，这三个版本中均有康熙二十五年和乾隆四年的序言。满文书名题签是 daicing gurun i taidzu dergi hūwangdi i enduringge tacihiyan，均为四卷。其中小黄绫本和小红绫本均为 26 个门类，内容涉及敬天、圣孝、神武、智略、宽仁、论治道、训诸王、训群臣、经国、任大臣、用人、求直言、兴文治、崇教化、勤修省、节俭、慎刑、恤下、收人心、通下情、明法令、鉴古、赏功、昭信、戒逸乐、谨嗜好。《大清太祖高皇帝圣训》小黄绫本的版本特征为无版框、无行格，半叶 9 行。有修改的夹条。《大清太祖高皇帝圣训》小红绫本的版本特征为四周双边朱丝栏，半叶 10 行，红口，双鱼尾，版口有满文书名（enduringge tacihiyan）、卷数、页码。《大清太祖高皇帝圣训》大红绫本的版本特征为四周双边朱丝栏，半叶 9 行，白口，版口有满文书名（enduringge tacihiyan）、卷数、页码。该部《太祖圣训》的大红绫本的门类有 27 个，经过笔者仔细核对，发现只是在封皮上多出了"重农"一项门类，而在目录和正文中并无此项内容。

《清实录》载《太宗圣训》是与《太祖圣训》一起编纂的，中国第一历史档案馆馆藏的《太宗圣训》有四个版本，分别是顺治朝所修红绫本、康熙十二年所修红绫本和考证为康熙朝所修的黄绫本，以及乾隆四年校刊形成的小黄绫、小红绫和大红绫本。我们将其版本特征等信息概括如下。

《太宗圣训》红绫本，无序言，不知所修年代，共六卷。满文书名题签是 taidzung ni enduringge tacihiyan，内容涉及圣德、谦德、宽仁、训诸王、训群臣、训将、收人心、恤民、远略、定法制、武功、兴文教、定文字、节俭、求言、求贤、仁慈、论治道、恤降、恤旧劳、定尊号、招降、励将士、劝农、禁异端、敦睦、宥过、明法令、训诸藩、行围、退还礼物、崇礼，共 32 个门类。版本特征为无版框，无界行，半叶 5 行。其中第一卷多处有圈改痕迹。由此可见，该部《太宗圣训》具有稿本意义。据实录载："……世祖章皇帝时，曾命儒臣纂修太祖太宗圣训，虽具稿进呈，未经裁定颁布。"③ 由此可初步考证出《太宗圣训》红绫本是顺治朝所修的。

康熙十二年纂修的《大清太宗文皇帝圣训》红绫本有两部，均为六卷。一部有具体的序言时间，另一部只有序言，而无具体的序言时间，两者内容一致，只是后者较前者纸质较薄。满文书名题签是：daicing gurun i taidzung šu hūwangdi i enduringge tacihiyan，内容涉及论治道、训诸王、训群臣、谦德、宽仁、智略、求贤、求言、收人心、恤民、劝农、兴文教、训将、励将士、怀远人、训诸藩、恤降、招降、恤旧劳、敦睦、节俭、谨嗜好、禁异端，共 23 个门类。版本特征为四周双边朱丝栏；半叶 7 行；红口，双鱼尾；版口有满文书名（enduringge tacihiyan）、卷数、页码。

《大清太宗文皇帝圣训》黄绫本，为六卷。无序言，第一卷有总目。满文书名题签是 daicing gurun i taidzung šu hūwangdi i enduringge tacihiyan，内容涉及论治道、训诸王、训群臣、谦德、宽仁、智略、求贤、求言、收人心、恤民、劝农、兴文教、训将、励将士、怀远人、训诸藩、恤降、招降、恤旧劳、敦睦、节俭、谨嗜好、禁异端，共 23 个门类。版本特征为四周双边朱丝栏，半叶 7 行，红口，双鱼尾。版口有满文书名（enduringge tacihiyan）、卷数、页码。我们依据其书名题签及每卷卷端和卷末之太宗的尊谥号 "daicing gurun i taidzung abkai de acabume gurun be mukdembuhe doro be amban obuha horon be algimbuha gosin onco hūwaliyasun enduringge hiyoošungga erdemungge ten be badarambuha gung be iletulehe genggiyen šu hūwangdi"④（汉译："大清太宗应天兴国弘德彰武宽温仁圣睿孝敬敏昭定隆道显功文皇帝"），可以考证出此版本是康熙朝编纂的。

乾隆四年校刊形成的《大清太宗文皇帝圣训》小黄绫本、小红绫本和大红绫本，均有康熙二十六年（1687）和乾隆四年的序言。满文书名题签是 daicing gurun i taidzung genggiyen šu hūwangdi i enduringge tacihiyan，均为六卷，门类也一致。内容涉及论治道、训诸王、训群臣、谦德、宽仁、智略、求贤、求言、收人心、恤民、劝农、兴文教、训将、励将士、怀远人、训诸藩、恤降、招降、恤旧劳、敦睦、节俭、谨嗜好、禁异端，共23个门类。《大清太宗文皇帝圣训》小黄绫本的版本特征为无行格，半叶9行。《大清太宗文皇帝圣训》小红绫本的版本特征为四周双边朱丝栏，半叶10行，红口，双鱼尾。版口有满文书名（enduringge tacihiyan）、卷数、页码。《大清太宗文皇帝圣训》大红绫本的版本特征为四周双边朱丝栏，半叶9行，白口。版口有满文书名（enduringge tacihiyan）、卷数、页码。

从以上内容我们可以看出太祖满文圣训每个版本皆是四卷，而考证为顺治朝所修满汉合集的《太祖圣训》，其满文本实际是两卷；《太祖圣训》门类由22个逐渐增加到26个，从无序言和总目到有序言和总目；太宗满文圣训，每个版本均是六卷，但其门类从32个变成23个，亦是从无序言和总目到有序言和总目。由此可见，太祖太宗圣训经过康熙朝两次重修以及乾隆四年的校刊重修，太祖太宗两朝圣训中的门类和内容及版本特征均发生变化，与此同时圣训的编纂体例也趋于完备。

二　内容差别

据纂修时间的不同，中国第一历史档案馆馆藏清太祖太宗满文圣训的不同写本虽然在卷次上基本一致，但在目次及内容等方面均有所差异。圣训门类里的内容基本按照时间先后编纂，也有将同一事件按编纂目的的不同，分别放在不同的门类中的情况。

如太祖攻打瓮哥落城的情节，即在顺治朝所修《太祖圣训》红绫本的"威勇"和"宽仁"两个门类中皆有记载。

（一）各版本相同门类之内容比较

笔者经过对比清太祖满文圣训几个版本的门类，发现共有十个相同的门类，分别是兴文教、节俭、宽仁、昭信、通下情、赏功、收人心、智略、训诸王、训群臣。而相同门类下，条目的数目及内容并不一定相同。我们仅就"宽仁"门类中，甲申年（万历十二年，1584）太祖攻克瓮哥落城收降人才一事，在不同的版本中的描述做一下简单的比较。

汉文内容为："甲申，太祖率兵攻克瓮哥落城，获鹅儿果尼、老科。众臣以其曾射太祖，请杀之。太祖曰：'行阵相攻，争求胜敌，各为其主，故射我耳。今为我有，彼岂不为我射人哉？如此勇士，死于锋镝犹当悯惜，何可因射我而杀之。'遂皆赐官牛录，辖三百人。"

考证为顺治朝所修《太祖圣训》红绫本中"宽仁"门类共 4 个条目，其中第 2 条目满文内容是：

> niowanggiyan bonio aniya, taidzu cooha gaifi, *dahūme* onggolo i hoton be afame gaifi.orgoni, loko be *baha* manggi. geren ambasa, taidzu be gabtaha bihe seme, waki sere *de*, taidzu hendume："dain ofi, afara de bata be eteki seme, meni meni ejen i jalin, mimbe gabtahabi dere. *te minde oci*. mini jalin, *gūwa* be geli *gabtarakūn* enteke *sain* mangga haha, loho gida, *niru sirdan* i dubede bucere be hono hairambikai! mimbe gabtaha turgunde, ainu wambi" sefi.gemu *wesimbufi*, ilata tanggū haha be kadalara nirui ejen obuha.

考证为康熙十二年所修的《大清太祖高皇帝圣训》红绫本的

"宽仁"门类有 5 个条目，其中第 1 条目满文内容为：

> niowanggiyan bonio aniya *uyun biyai suwayan singgeri inenggi*, taidzu onggolo i hoton be afame gaifi.orgoni, loko be *jafaha* manggi. geren ambasa, *ere juwe niyalma ejen* be gabtaha bihe. waki sere *jakade*, taidzu hendume："dain ofi, afara de bata be eteki seme, meni meni ejeni jalin mimbe gabtahabi dere. *bi te guwebufi baitalaha de*, *amaga inenggi gūwa bata be ucaraci*, *tese* mini jalin *bata* be *gabtarakūnio* enteke *mangga* haha *be* loho gidai dubede bucere be hono hairambikai! mimbe gabtaha turgunde ainu wambi" sefi.gemu ilata tanggū haha be kadalara nirui ejen obuha.

考证为康熙朝所修《大清太祖高皇帝圣训》黄绫本中的"宽仁"门类有 7 个条目，其中第 1 条目满文内容是：

> niowanggiyan bonio aniya, *taidzu neneme cooha gaifi*, *onggolo i hoton be afara de*, *hoton i dorgi*, *orgoni*, *loko gebungge niyalma i gabtaha de*, *ujen feye bahafi*, *cooha bederefi*. *feye johiha manggi*, *dasame cooha gaifi*, onggolo i hoton be afame gaifi. orgoni, loko be *baha* manggi, geren ambasa waki serede, taidzu hendume："dain ofi, afara de bata be eteki seme, *ini ejen* i jalinde mimbe gabtahabi dere, *te minde oci*. mini jalinde *gūwa* be geli *gabtarakūbio*, enteke sain mangga haha, *dain afara de* loho gida, niru sirdan i dubede bucere be hono hairambikai! mimbe gabtaha turgunde, ainu wambi" *seme hendufi.orgoni*, *loko* be wesimbufi.ilata tanggū haha be kadalara nirui ejen *hafan sindaha*.

乾隆四年校刊形成的《大清太祖高皇帝圣训》的小黄绫本"宽

仁"门类有 6 个条目，比《大清太祖高皇帝圣训》黄绫本少 1 条内容，其余各条目内容基本一致，"宽仁"门类第 1 条目满文内容为：

> niowanggiyan bonio aniya uyun biyade, ***han neneme cooha gaifi, onggolo i hoton be afara de, hoton i dorgi, orgoni, loko gebungge niyalmai gabtaha de. han ujen feye bahafi, cooha bederefi. feye johiha manggi, dasame cooha genefi onggolo i hoton be afame gaifi.*** orgoni, loko be ***baha*** manggi. geren ambasa waki serede. ***han hese wasimbuhangge.*** dain ofi afara de, bata be eteki seme, ini ejen i jalinde, mimbe gabtahabi dere. te minde oci, mini jalinde gūwa be geli ***gabtarakūbio,*** enteke sain mangga haha, dain afara de loho gida niru sirdan i dubede bucere be hono hairambikai! mimbe gabtaha turgunde ainu wambi ***sefi.*** orgoni, loko be wesimbufi .ilata tanggū haha be kadalara niru ejen ***hafan obuha.***

　　笔者将内容有变化的地方，将字体加粗并用斜体来表示。从以上《太祖圣训》各个版本的内容上看：第一、顺治朝所修《太祖圣训》红绫本用词比较直白，文风朴素，叙事较简单，而康熙和乾隆两朝所修的《大清太祖高皇帝圣训》的内容经过润色，比较注意措词用句以及叙事内容的完整性；第二、《太祖圣训》红绫本内的语句接近口语，有缺少主语和宾语的情况，而后朝所修《大清太祖高皇帝圣训》里的语句前后连贯、逻辑性强；第三、《太祖圣训》各版本中对太祖的称谓有所不同。考证为顺治朝所修《太祖圣训》红绫本、考证为康熙十二年所修的《大清太祖高皇帝圣训》以及考证为康熙朝所修《大清太祖高皇帝圣训》黄绫本在其正文中都是直接书写太祖。而且翻阅这三个版本的《太祖圣训》，会发现引用太祖所说的话的书写形式均是 taidzu（tacibume

训）hendume（说）……sembi（说）。乾隆四年校刊形成的《大清太祖高皇帝圣训》小黄绫本、小红绫本和大红绫本，在其正文中将太祖书写为"han"（君王、帝王），引用太祖所说的话是han tachibume（训）hese wasimbuhangge（奉旨）[wasimbume（降旨），hendume（说）]……sembi。从以上名词和动词的变化，我们可以看出清朝皇帝君权观念逐步深化的过程；第四、因与实录同修，所以圣训也极其注意参照实录格式，在每段开头部分加上了具体的时间。清太祖圣训前期的版本一般就只有年份（用天干地支表示），而从康熙朝开始除年份外，又添加月份和日期（用天干地支表示）。

因为《太宗圣训》各版本之间变化特点与《太祖圣训》各版本之间的变化特点相似，所以这里就不赘述了。这里需要指出的是，在考证为顺治朝所修《太宗圣训》和康熙十二年所修《大清太宗文皇帝圣训》中，都是直接书写太宗的，引用太宗的话均是 taidzung hendume（hese wasimbume 降旨）……sembi 或者 taidzung hese wasimbume hendume……sembi 的书写形式；而考证为康熙朝所修的《大清太宗文皇帝圣训》和乾隆四年校刊形成的《大清太宗文皇帝圣训》小黄绫本、小红绫本和大红绫本，在其正文中将太宗均写为"han"（君王、帝王），引用太宗所说的话为 han hendume（hese wasimbuhangge, hese wasimbume）……sembi, han hese wasimbume hendume……sembi。乾隆四年校刊形成的《大清太宗文皇帝圣训》小黄绫本、小红绫本和大红绫本，引用太宗所说的话是 han（tacibume）hese wasimbuhangge（wasimbume, hendume）……sembi。由此也可看出君权思想到清朝康熙皇帝时已经开始慢慢加强。

（二）独特的门类及被粘盖的内容

顺治朝所修的《太祖圣训》和《太宗圣训》里的门类较康

熙、乾隆两朝所修的《大清太祖高皇帝圣训》和《大清太宗文皇帝圣训》里的门类差异较大，而且太祖、太宗圣训中有些较特殊的门类，还是很值得我们学习和研究的。如《太祖圣训》红绫本中的"定制"门类中描写到牛录额真作为官名的由来；还有"戒酒"门类，可能是因名称太俗的原因，没有被后朝所修《太祖圣训》所收录。又如"仁慈"门类有三个条目，《太祖圣训》其他版本中已没有"仁慈"这个门类，笔者通过仔细比对，发现"仁慈"门类里的内容被收入到其他版本的"宽仁"门类中，但也非全部收录。如考证为康熙十二年所修《大清太祖高皇帝圣训》中只收了两个条目，分别是蒙古喀尔喀部宰（介）赛被抓留养和萨尔浒城建成的内容。而考证为康熙朝所修《大清太祖高皇帝圣训》的黄绫本及乾隆四年校刊形成的《大清太祖高皇帝圣训》小黄绫本和大小红绫本只收了蒙古喀尔喀部宰（介）赛被抓留养的内容。《太宗圣训》红绫本中"定尊号"门类的内容叙述了太宗称帝登基的过程，"定文字"门类内容涉及有圈点满文形成的前因后果。而这些门类的内容在其他版本《太宗圣训》门类中是没有的。

由此我们可以看出，顺治朝所修太祖、太宗圣训里的部分门类或者是被归入到后朝所修太祖太宗圣训的相似门类中，或者是因为门类名称太俗的原因被删除了。

《大清太祖高皇帝圣训》黄绫本中"睦亲"和"恤功臣"两个门类及其内容用白纸黏盖。"睦亲"里写的是太祖原谅背叛自己的亲族之事，"恤功臣"这个门类的内容是写太祖悼念一等公费英东时悲痛欲绝的场景，这些直接表现太祖个人悲伤情感的记载，却在后来校勘时被要求删去。

我们从太祖、太宗圣训各版本中独特门类及其内容信息里能更多地了解到太祖、太宗时期的历史事件，这些门类也是学习和研究清前期历史的一把钥匙。

（三）语言文字差异

考证为顺治朝所修太祖、太宗圣训红绫本语言质朴无华，更接近口语，而康熙、乾隆两朝所修太祖、太宗满文圣训的词汇量较丰富，用词逐渐规范化。

"训诸王"在顺治朝所修的《太祖圣训》红绫本中写为 geren beise be tacibuha，在康熙十二年所修《大清太祖高皇帝圣训》中写为 geren wang se be tacibuhangge，在考证为康熙朝的《大清太祖高皇帝圣训》黄绫本中写为 geren wang sebe tacibuhangge，而在乾隆四年校刊编修的《大清太祖高皇帝圣训》中写为 geren wang sabe tacibuhangge。我们可以看到考证为顺治朝所修《太祖圣训》中汉文虽写着"训诸王"，但满文则写为 geren beise be tacibuha，直译是训诸贝子，这里的 beise 指的是贝子，由此我们可以看出此版本更接近于当时的历史场景。而康熙朝和乾隆朝所修《大清太祖高皇帝圣训》门类里的"训诸王"，是按汉语之意改为 wang（王），但在条目内容中仍在使用 beise。词根 tacibu，tacibuha 是动词的过去式形式，geren beise be tacibuha 是动宾词组，从康熙朝开始"训诸王"的满语变成 geren wang se be tacibuhangge，谓语由"动词加 hangge"组成的动名词来充当，并作为专门的固定词组来使用。

"训将"门类在顺治朝所修《太祖圣训》红绫本和《太宗圣训》红绫本中分别写为 cohai ejete de tacibuha、jiyanggiyūn be tacibuha，由此可看出同一门类在太祖、太宗两朝圣训中的写法是不同的。

"兴文教"门类在顺治朝所修《太祖圣训》红绫本中写为 bithei tacihiyan be yendebuhe，而在考证为康熙十二年所修的《大清太祖高皇帝圣训》中写为 bithei tacihiyan be yendebuhengge。在考证为康熙朝所修《大清太祖高皇帝圣训》及乾隆四年校刊形成的《大清太祖高皇帝圣训》小黄绫和大小红绫本中"兴文教"被改为"兴文治"，相对应的满文也改为"bithei dasan be yendebuhengge"。即相同内容的事件，在不同时期所修的圣训中，门类的名称也会有一些差异。

从以上可以看出在太祖、太宗两朝满文圣训中用词的变化和语法结构的一些变化。

三　版本研究价值

第一、从版本学上来看，通过比较顺治、康熙、乾隆三朝所修各个版本的太祖、太宗圣训，我们可以看出顺治朝所修《太祖圣训》及《太宗圣训》的版本价值比较高，尤其是《太宗圣训》中还有"ere emu meyen be nakaci acambi（该段应删去）"的字样。例如"训诸王"门类第六个条目内容里的"giyang taigung（姜太公）"被圈画，在其旁书写了"julgei"（往昔、从前）。笔者查阅了其他版本的《太宗圣训》，发现此处均改为"julgei"。考证为康熙朝的《大清太祖高皇帝圣训》封皮和里面均有修改贴补之处，比如"敬天"门类第三条目中就有将"kai yuwan"（地名，开原）贴补上，改成"keyen"。由此可推断该版本具有稿本意义。我们翻阅乾隆朝所修清太祖、太宗圣训大小红绫及小黄绫本时，就可以发现小黄绫本有修改的夹条，其上写有"某行某字请酌"或者"某行某字似应为某字"的字样，这在乾隆朝校刊的太祖太宗圣训大小红绫本中是不存在的，可见其版本价值之高。

第二、从史料价值来看，清朝太祖、太宗两朝满文圣训所列举的门类涉及了清前期政治变化、军事活动、经济发展及对外关系等各方面的内容，尤其是顺治朝编纂的太祖、太宗圣训里的门类更是反映了太祖、太宗在当时特殊的历史背景下，面对各种复杂情况和问题，所应对的措施和态度，这些内容恰恰是研究清朝太祖、太宗统治思想的珍贵材料，也是研究清朝开国史和满族史所不可缺少的基本史料。

第三、从语言文字角度来看，通过顺、康、乾三朝所修清太祖、太宗圣训各个版本内容的比较，我们可以借此初步了解清前期满族口语使用情况，从中也可发现顺治、康熙、乾隆时期的满文字体风格的变化，可以说清太祖、太宗圣训的不同版本对于我们学习和研究满语及其文字发展史均是大有裨益的。

注释:

① 《大清世祖章皇帝实录》卷91，顺治十二年四月至五月。
② 《大清太祖高皇帝实录》卷10，天命十一年正月至八月。
③ 《大清圣祖仁皇帝实录》卷35，康熙十年正月至四月。
④ 《大清太宗文皇帝实录》卷65，崇德八年六月至八月。

（原载于《民族古籍研究》第三辑，中国社会科学院出版社，2016年出版）

清代盛京崇谟阁贮藏实录圣训探究

王景丽

盛京（今沈阳）是清朝入关前的都城，迁都北京后，定为陪都。而清朝实录、圣训最初在纂修告成后，仅藏于皇史宬、乾清宫、内阁实录库，直至乾隆朝，重修太祖、太宗、世祖、圣祖、世宗五朝实录、圣训[①]，乾隆帝为了彰显陪都盛京的尊崇地位，于乾隆八年（1743）以其为清朝发祥之地，决定将实录、圣训、玉牒各一部送往盛京尊藏。嗣后，各朝实录、圣训纂修告成均送盛京，成为定例。本文依据第一手的档案史料，着重对实录、圣训送往盛京的礼仪、过程和贮藏地点的变迁及其原因进行探究，以共同好。

一　实录、圣训送往盛京的礼仪及过程

实录、圣训恭送盛京，始于乾隆年间。据记载，乾隆十五年（1750）钦派显亲王衍潢、礼部侍郎吕炽、工部侍郎何国宗，"实录、玉牒两馆各委提调一人、纂修二人，礼部、工部各委司官一人，钦天监候时官一人"[②]，首次护送五朝实录、圣训与玉牒先后恭送前往盛京。此后各朝实录、圣训皆陆续送往盛京尊藏。

实录、圣训作为专门记载皇帝言行与朝章国故的官修史书，地位十分尊崇，故恭送实录、圣训至盛京尊藏有一套极为繁缛且

隆重的仪式与规程。在首次护送实录、圣训等赴盛京庋藏时，即遵乾隆帝谕旨，由大学士会同礼部拟定实录、圣训恭送盛京的详细仪注，嗣后各朝均视为圭臬。

先由钦天监择选启行吉日，并预先制备行箱、行驾彩亭、金柜等物以及修整沿途道路、桥梁、搭盖彩棚等事宜。具体仪典分以下三个阶段。

一是在京礼仪。需先由编纂实录、圣训的总裁官率领纂修官等将实录、圣训打包装箱，陈放于龙亭。待出发日期，皇帝拈香于东华门外彩棚前行三跪九叩礼，再由护送官员身穿朝服前往实录馆行三跪九叩礼，迎接实录、圣训。以黄盖龙旗御仗作为前导，出朝阳门后，把实录、圣训行箱装上行驾彩亭，随同送往的王大臣暨护军统领、侍卫、官员等，于彩亭前行一跪三叩礼。装好后，再于行驾彩亭前行一跪三叩。礼毕，实录圣训亭在前，玉牒亭在后，依次启行，出发运往盛京。

二是途中礼仪。沿途每站安奉实录、圣训、玉牒于彩棚时，随同送往的王大臣、官员等，均于亭前行一跪三叩礼，于次日启行时，再行一跪三叩礼。所有行经地方，文武官员均须身穿朝服出城跪在道路右侧迎送。护送实录、圣训的官员，包括随同送往的王大臣、乾清门侍卫、大门侍卫暨派出随往之提调、纂修、收掌、执事各官等，护送官兵及关内外承办棚座、桥道各官员。护送实录、圣训的官兵，据《大清仁宗睿皇帝实录》嘉庆十二年（1807）五月丙辰条载，向来恭送实录、圣训、玉牒前往盛京，由八旗派出的官员、护军等只送一站即行回京，由绿营派出的官兵等送至山海关，由盛京派来的官兵等接至关外。而从恭送高宗纯皇帝实录、圣训始，八旗派出的官员、护军等也送至山海关。

三是盛京礼仪。陈设于崇政殿。由盛京副都统、奉天府尹率领满洲官兵及地方官先期抵达山海关外跪接实录、圣训行驾。行抵奉天城外，盛京将军需预备黄案于崇政殿，准备彩亭、鼓乐并派官作为前引。届时，盛京将军、五部侍郎等率领文武官员皆着朝服出城跪迎，引至崇政殿陈设，行三跪九叩礼。礼毕后，提调等官即会同盛京五部司官，于实录、圣训前行一跪三叩礼，并将其按照次序包裹，再行一跪三叩礼。选择吉日，设彩亭于崇政殿前丹陛，随行送往的王大臣、官员及盛京将军以下各官到黄案前，行一跪三叩礼。执事官恭奉实录、圣训至彩亭内安设，行一跪三叩礼。送至崇谟阁前，随行送往的王大臣、官员及盛京将军以下等俱行一跪三叩礼。提调等官协同盛京五部司官，恭奉实录、圣训于崇谟阁尊藏，后随行送往的王大臣、将军、官员等行三跪九叩礼③。

至此，恭送实录、圣训尊藏于盛京崇谟阁的仪注才得以圆满完成。如此隆重的礼仪，展示了清朝皇帝对实录、圣训恭敬谨慎的态度。

二　实录、圣训的贮藏地点及其变迁

送往盛京的五朝实录、圣训，最先于盛京凤凰楼尊藏，后来才移藏至崇谟阁。凤凰楼位于盛京皇宫大内中央的中轴线上，前有崇政殿，后有清宁宫及东西配宫。"入关前皇太极曾在此聚会议事、筵宴、安寝；迁都京师后还将玉宝、玉册、圣容、五朝圣训、实录以及玉牒等珍藏其中"④。而崇谟阁，隶属于盛京总管内务府下设五司之一的营造司管辖，由主事统领，其下设笔帖式、内管领、司库、库使等官员。始建于乾隆十一年（1746），至乾隆十三年（1748）竣工，后被闲置，直至乾隆四十三年（1778）盛京将军弘晌遵旨将五朝圣训、实录由凤凰楼移至崇谟阁尊藏⑤。

乾隆八年，乾隆帝决定将五朝实录、圣训各一部送往盛京尊藏。礼部奏称："在京有皇史宬尊藏实录，其奉天尊藏之处，查崇政殿后有凤凰楼，高敞壮丽，堪以尊藏。"⑥经乾隆帝允准，并同时敕命奉天将军（乾隆十二年后改盛京将军）会同盛京礼、工二部及奉天府尹负责办理各项事宜。其尊藏金柜则仿照北京皇史宬内式样制备。至此，凤凰城被定为盛京皇宫内存贮实录、圣训之所。

　　盛京官员遵旨会同大理寺官员按照皇史宬存放实录、圣训的柜格式样，打造金柜三十顶，于凤凰楼上、中两层各放置十五顶。俟五朝实录、圣训，即太祖高皇帝实录、圣训，太宗文皇帝实录、圣训，世祖章皇帝实录、圣训，圣祖仁皇帝实录、圣训，世宗宪皇帝实录、圣训，共四百六十六套，每套三卷，计一千三百九十八卷，于乾隆十五年同玉牒先后送往盛京，尊藏凤凰楼上层金柜内⑦，共占用金柜十一顶⑧。

　　有关五朝实录、圣训尊藏凤凰楼，史料记载不一，另有"翔凤楼"之说。卷六十三《进书》记载："（乾隆）八年谕，奉天乃我朝发祥之地，屡朝实录皆应缮清、汉文各一部送往尊藏……再按奉天尊藏之处，惟崇政殿后有翔凤楼，高敞壮丽，堪以尊藏。"同一内容在同一朝的实录与会典中记录都不统一。

　　而有关凤凰楼与翔凤楼的关系，目前主要有两种说法。一种说法称翔凤楼与凤凰楼是同一楼，且在清早期两个楼名一直混用⑨。另一种说法认为翔凤楼与凤凰楼是盛京皇宫早期建筑中同时存在的两座楼⑩。主要依据为《满文老档》《黑图档》及满文文字分析。二者均经过认真研究，但因史料依据不足，互不认同。

　　然而这两种说法主要依据均为《黑图档》，说明该档本身记载就存在矛盾。如乾隆十二年（1747）部来档载，"宫殿，国初定都盛京……宫殿规制，崇政殿在笃恭殿右，翔凤楼、飞龙阁俱在崇政殿后，清宁宫在翔凤楼后"，又"崇德元年定宫殿名：

中为清宁宫，东为关雎宫，西为麟趾宫，次东为衍庆宫，次西为永福宫，台上楼为翔凤楼，台下楼为飞龙阁"，以上两条档案将翔凤楼的地址、方位说得十分清楚，毋庸置疑，再依照现存的凤凰楼的地址、方位相比较，此处的翔凤楼即为凤凰楼。而乾隆七年（1742）载"翔凤楼山墙一面，后檐墙一间倒坏，丈量得山墙一面长三丈二尺，檐高二丈，山尖高八尺，共用砖二万四千五百六十块"，乾隆八年又载"飞龙阁北山墙一面，丈量得三丈二尺，檐高二丈，山尖高八尺"。以上两则档案又说明了翔凤楼与飞龙阁山墙高低相同，此二楼建筑形式和规模大小相一致。而凤凰楼迄今仍完整保存，为三层单檐式建筑，坐落于盛京大内宫阙的中轴线上，位于崇政殿之后，建在四米高的阶台上，四周围以红墙，与"台上五宫"形成一个独立的建筑体系，其既为当时的制高点，又是寝宫区域的门户，故与飞龙阁建筑相同的翔凤楼不可能为同一个建筑。

因未发现更有力的史料相佐，笔者在此不对其进行赘述。但值得指出的是，"凤凰楼"的满文用罗马字注音为 Feng Hūwang leose，"翔凤楼"的满文用罗马字注音应为 Deyere Feng Hūwang leose，二者只差"Deyere"一词。满文"Deyere"一词汉译为"飞的"，"飞的凤凰楼"亦即翔凤楼。且以上两种不同说法的依据，《满文老档》为满文撰写的官修史书，《黑图档》中康熙初年至乾隆早期的档案也基本为满文书写，因此有"凤凰楼"与"翔凤楼"翻译相混的可能性。

那么，实录、圣训尊藏盛京的地点到底是翔凤楼还是凤凰楼呢？虽实录与会典记载不一，然根据汉文档案明确记载，五朝实录、圣训恭送盛京尊藏地点确是凤凰楼无疑。乾隆四十三年六月十一日，盛京将军弘晌为报将凤凰楼尊贮五朝圣训实录恭捧移请于崇谟阁上金柜内日期事具折奏称："窃奴才弘晌钦遵谕旨，谨将凤凰楼尊贮五朝圣训、实录，照依钦天监奏定吉期，于六月初十日寅时，奴才弘晌同副都统、五部侍郎、府尹府丞，率领内务府佐领及官员等，俱穿蟒袍补褂，行礼恭捧移请于崇谟阁上金柜内，敬谨尊藏，讫为此谨具奏闻。"⑪又嘉庆十一年（1806）五月初一日，盛京将军富俊为遵旨查明崇谟阁书柜现在藏书情形预筹尊藏高宗纯皇帝实录圣训事具折奏称："奴才恭查，五朝实录、圣训共四百六十六套，每套三卷，计一千三百九十八卷，于乾隆十五年由京恭送尊藏在凤凰楼内。乾隆四十三年四月十六日，前任将军弘晌接奉谕旨：前曾恭送五朝实录并玉牒至盛京尊藏。向于正殿后建有敬典、崇谟二阁，原为留都金匮石室之储，顷询之德保，知实录尊藏凤凰楼，玉牒则在敬典阁陈贮，而崇谟阁现在空闲，与建阁命名之义殊未相符。著传谕弘晌，将崇谟阁上悉心相度，如制尚宽广，所容书厨排列，即敬移五朝实录至彼尊藏，方为允协，或同藏或分代恭贮，皆可。至玉牒，每十年一次，修葺告成即应续送，将来积久愈多，或敬典阁不敷存贮，即于凤凰楼收藏亦无不可，等因。钦此。经前任将军弘晌遵旨恭请尊藏崇谟阁，在案。"⑫以上两份奏折内均提到了乾隆十五年由北京恭送盛京的五朝实录、圣训原均贮藏于凤凰楼，并且笔者在其他档案资料中也未发现有尊藏"翔凤楼"的记载。

　　两任盛京将军的奏折，不仅指出了五朝实录、圣训的最初贮藏地点，而且进一步说明了五朝实录、圣训移藏崇谟阁的原因及时间。崇谟阁为盛京"金匮石室之储"，专为盛京皇宫贮存实录、圣训等国家重要典籍档案的处所。于乾隆十三年建成后一直未投入使用，直至乾隆四十三年四月十六日，时任盛京将军弘晌奉旨将之前恭送盛京尊藏之五朝实录、圣训由凤凰楼移请至崇谟阁尊藏。经钦天监择选吉期奏准，于本年六月初十日寅时，盛京将军弘晌会同副都统、五部侍郎、府尹、府丞，率领内务府佐领及官员等，恭捧凤凰楼尊贮的五朝圣训、实录，移请于崇谟阁上金柜内尊藏。崇谟阁所有金柜二十二顶，其中正面南向金柜六顶，坐东西向金柜六顶，坐西东向金柜六顶，坐南北向金柜四顶。太祖高皇帝实录、圣训十二套以及满汉实录一包、实录图二匣、旧档案一匣、无圈点老档三包、加圈点老档三包尊藏中左一柜、中右一柜；太宗文皇帝实录、圣训二十八套以及无圈点老档四包、加圈点老档四包尊藏中左二柜、中左三柜；世祖章皇帝实录、圣训五十二套尊藏中右二柜、中右三柜；圣祖仁皇帝实录、圣训二百四十二套尊藏东一柜、东二柜、东三柜；世宗宪皇帝实录、圣训一百三十二套尊藏西一柜、西二柜、西三柜。共占用金柜十二顶，剩余空闲金柜十顶[13]。从此，崇谟阁便开始了它贮藏实录、圣训的历史。

此后，俟纂修高宗纯皇帝实录、圣训告成，统计实录满文、汉文、蒙古文正本，圣训满文、汉文正本，共有五千余卷，欲恭送盛京崇谟阁尊藏。嘉庆帝提前一年即命时任盛京将军富俊先事筹备，以期妥善藏贮。于嘉庆十一年五月初一日，盛京将军富俊遵旨筹划崇谟阁尊藏高宗纯皇帝实录、圣训，恭绘崇谟阁尊藏五朝实录、圣训金柜图式，并谨拟崇谟阁尊藏六朝实录、圣训金柜图式，呈览嘉庆帝。嘉庆帝允准照其所拟移请尊藏五朝实录、圣训，由将军富俊，侍郎荣麟、成格、广敏、穆克登额、萨彬图，副都统宜兴等，照钦天监所奏定吉期，于同年六月十一日辰时，将太祖高皇帝实录圣训十二套移藏中左一柜内上格，满汉实录一包、实录图二匣移藏中左一柜内中格，旧档案一匣、无圈点老档三包、加圈点老档三包移藏中左一柜内下格，太宗文皇帝实录、圣训二十八套移藏中右一柜内上格，无圈点老档四包、加圈点老档四包移藏中右一柜内下格，世祖章皇帝实录、圣训五十二套移藏中左二柜内，圣祖仁皇帝实录、圣训二百四十二套移藏中右二柜、中左三柜内，世宗宪皇帝实录、圣训一百三十二套移藏中右三柜内⑭。如此则将五朝实录、圣训自原藏崇谟阁十二顶金柜移入其正面南向六顶金柜内，空出金柜十六顶。

另外，还做了一些相应的准备工作。首先依据五朝实录、圣训每套厚二寸至二寸五分不等，统计柜高格数，每柜约放一百三十六套，每套三卷，计共四百零八卷，合算空闲十六顶金柜内，尊藏高宗纯皇帝实录、圣训，约以五千三百卷计算，存贮十三顶已属宽裕；另外，空闲的十六顶金柜内有十顶无金漆格板，嘉庆帝饬交造办处，派内务府笔帖式那苏图带同精细工匠前往盛京，率领匠役仿照有金漆隔板的金柜成造，以达到整齐划一⑮。

后又据实录馆称，恭送盛京的高宗纯皇帝实录、圣训尊藏本，无蒙古文，计满、汉文本实录、圣训共五百八十八函，每函长一尺四寸，宽九寸四分，书函厚薄自五六寸至七八寸不等。其中长宽尺寸均符合成式，但厚薄尺寸较盛京将军富俊之前所估增高两三倍不等，虽比原拟之函数较少，而每函厚度增高，恐所余金柜不能容收。经富俊筹度，每柜四格，格高二尺，平放四排，以五六寸至七八寸之厚薄，合计每格尊藏八函至十二函不等，每柜尊藏三十二函至四十八函不等，估计十六顶金柜还是可以足够存放的⑯。嘉庆十二年九月庄亲王绵课、成亲王永瑆、礼部尚书恭阿拉、工部尚书曹振镛率员恭送高宗纯皇帝实录、圣训前往盛京，至十月十六日按函数依次尊藏崇谟阁空余金柜十顶内⑰。但其具体摆放情形不详。

至此，前六朝实录、圣训占用崇谟阁内金柜十六顶。直至嘉庆二十二年（1817）因拆修崇谟阁，于本年正月二十七日卯时，暂移六朝实录、圣训至凤凰楼供奉，俟修理完竣，于本年九月十九日辰时，移回崇谟阁尊藏⑱。

其后，仁宗睿皇帝实录、圣训，计二百三十二函，由睿亲王端恩、礼部右侍郎辛从益、工部左侍郎舒明阿率员于道光四年（1824）九月二十二日运抵盛京奉天城外，于本月二十六日卯时，恭奉至崇谟阁，按依部分排次，尊藏金柜二顶^⑲。又咸丰八年（1858）宣宗成皇帝实录、圣训恭送盛京，尊藏于崇谟阁仅余的四顶金柜内^⑳。如此，历届实录、圣训尊藏在崇谟阁金柜安设，而如今崇谟阁四面环设金柜二十二顶，尊藏实录、圣训已满，已无空余。

俟同治六年（1867），恭修文宗显皇帝实录、圣训告成，其中尊藏盛京本，包括实录满汉文本九十六函，圣训满汉文本四十四函。然崇谟阁尊藏历朝实录、圣训已满，经时任盛京将军都兴阿奏请，于本年五月二十九日，同治帝命盛京工部仿照原设金柜式样，成造金龙顶柜二十二座安置在原有金柜之上，并移请列祖列宗实录、圣训尊藏，移出金柜十一顶^㉑。

据载，同治七年（1868）九月，礼亲王世铎、睿亲王德长等恭送文宗显皇帝实录、圣训前赴盛京尊藏^㉒。光绪六年（1880）九月二十二日辰时，礼亲王世铎等恭送穆宗毅皇帝实录、圣训前往盛京尊藏^㉓。依照之前所估前五朝实录、圣训的每函长宽、厚薄尺寸，每柜约放一百三十六套，以及高宗纯皇帝实录、圣训的尺寸每柜可尊藏三十二函至四十八函不等，且在此期间均未有重新打造金柜的记录，说明文宗显皇帝实录、圣训及穆宗毅皇帝实录、圣训均应尊藏于同治六年所移出的十一顶金柜内。

至于德宗景皇帝实录、圣训，为民国年间成书，仅有汉文本，其中实录藏于盛京崇谟阁一部，贮藏情形不详，圣训未发现贮藏盛京的记载。

三　实录、圣训贮藏地点变迁的原因及其现状

盛京皇宫内贮藏清代档案的处所主要有凤凰楼、崇谟阁、敬

典阁，三者各有其用途和功能，其中凤凰楼为"专系供奉列朝圣容之处"[24]，崇谟阁、敬典阁系盛京金匮石室之储，崇谟阁专用于贮藏实录、圣训，敬典阁则用于专奉玉牒。五朝实录、圣训恭送至盛京后最初藏于凤凰楼，不符合当初修建崇谟阁的本义，故经时任盛京将军的奏准，将五朝实录、圣训移藏崇谟阁。此后各朝实录、圣训按制续送盛京崇谟阁尊藏。

高宗纯皇帝实录、圣训告成后恭送盛京崇谟阁尊藏，因该朝实录、圣训卷帙繁多，而崇谟阁内所剩空间不足，故经时任盛京将军富俊奏请，将五朝实录、圣训由原先所藏的十二顶金柜移藏于崇谟阁内正面南向六顶金柜内，腾出金柜六顶，加上原剩十顶金柜，如此则便于高宗纯皇帝实录、圣训的贮藏。

至嘉庆二十二年，因拆修盛京崇谟阁周围廊上檐揭瓦头停，需将阁内尊藏六朝圣训、实录暂时恭移至凤凰楼供奉。盛京工部预先依照旧制，于凤凰楼、崇谟阁前各搭建一座天桥，按钦天监所择定日期，于本年正月二十七日卯时，由时任将军富俊，会同五部侍郎，率领宗室各官穿蟒袍、补服，一同抵达崇谟阁前，行三跪九叩头礼，将六朝实录、圣训移请至凤凰楼空闲之上层现有金龙柜十五顶、中层金龙柜十五顶内供奉，礼成，再行三跪九叩头礼。

俟工事完竣，仍照例由盛京工部于凤凰楼、崇谟阁前各搭盖天桥一座，并预期斋戒，按钦天监所择定日期，于本年九月十九日辰时，由时任将军富俊会同侍郎昇寅、书敏、恩宁、多福，率领宗室各官穿蟒袍、补服，一同抵达凤凰楼前，行三跪九叩头礼，移请六朝圣训、实录供奉崇谟阁尊藏，礼毕，再行三跪九叩头礼[25]。

直至宣宗成皇帝实录、圣训恭送盛京崇谟阁内尊藏，崇谟阁原有金柜二十二顶贮藏已满。经时任盛京将军奏准，同治帝命盛京工部仿照原设金柜式样，成造金龙顶柜二十二座安置在原有金柜之上，并移请列祖列宗实录、圣训尊藏，移出金柜十一顶，以备文宗显皇帝实录、圣训及其以后各朝实录、圣训的尊藏。

尊藏于盛京崇谟阁的清朝历代实录、圣训，包括太祖、太宗、世祖、圣祖、世宗、高宗、仁宗、宣宗、文宗、穆宗十朝满、汉文本实录及德宗朝汉文本实录，太祖、太宗、世祖、圣祖、世宗、高宗、仁宗、宣宗、文宗、穆宗十朝满、汉文本圣训。盛京以"发祥之地"被定为清朝的陪都，清朝皇帝将"列圣纪事之书"——实录、圣训尊藏于此，以彰显陪都盛京的尊崇地位，维护清王朝万世之统治。而崇谟阁作为陪都金匮石室之储，集中保藏了皇家实录、圣训等专门档案。它们的安危与清王朝的命运息息相关。清朝末期，国势日衰，外患愈甚，崇谟阁所藏实录、圣训亦未能逃过外国军队的劫掠。光绪二十六年（1900）俄军占领盛京后，两包汉文本宣宗成皇帝实录下落不明。伪满时期，这些实录、圣训又陆续归伪"国立奉天图书馆"所有。日本投降后，移交南京国民政府接管。中华人民共和国成立后，幸存下来的崇谟阁尊藏本实录、圣训移交辽宁省档案馆，一直保存至今㉖。

注释：

① 以下所载"五朝实录、圣训"均指太祖、太宗、世祖、圣祖、世宗五朝实录圣训。

② 中国第一历史档案馆藏：军机处上谕档，嘉庆十一年十一月十六日，第5条。

③ （光绪）《钦定大清会典事例》卷320，礼部三十一·进书。

④ 王佩环：《沈阳故宫凤凰楼建筑年代考》，《故宫博物院院刊》1982年第4期，第91页。

⑤ 郅宗：《清朝盛京皇家专门档案馆（库）——敬典阁、崇谟阁》，《兰台世界》1989年第4期，第42页。

⑥ 《大清高宗纯皇帝实录》卷196，乾隆八年七月丙戌。

⑦ 中国第一历史档案馆藏：宫中朱批奏折，嘉庆十一年五月初一日，档号：04—01—38—0025—013。

⑧ 王爱华、丁海斌：《清盛京皇宫档案收藏概述》，《档案学研究》1992年第3期，第

84 页。

⑨ 王佩环：《沈阳故宫凤凰楼建筑年代考》，《故宫博物院院刊》1982 年第 4 期，第 91—94 页。

⑩ 邹兰欣：《乾隆第一次东巡盛京驻跸处考——兼析沈阳故宫凤凰楼和翔凤楼之殊异》，《故宫博物院院刊》1993 年第 3 期，第 94—96 页；刘凡：《〈黑图档〉与沈阳故宫建筑》，《兰台世界》2005 年第 5 期，第 89—90 页。

⑪ 中国第一历史档案馆藏：宫中朱批奏折，乾隆四十三年六月十一日，档号：04—01—38—0012—016。

⑫ 中国第一历史档案馆藏：宫中朱批奏折，嘉庆十一年五月初一日，档号：04—01—38—0025—013。

⑬ 中国第一历史档案馆藏：宫中朱批奏折，嘉庆十一年五月初一日，档号：04—01—38—0025—013。据佟永功《图文并茂的〈满洲实录〉》中记载，"满汉实录一包"为满汉合璧无插图《满洲实录》，"实录图二匣"为满汉蒙合璧附插图《满洲实录》，均为乾隆四十四年重新绘写，乾隆四十五年奉旨恭送于盛京尊藏；"旧档案一匣"根据《黑图档》第 364 册第 40 页以及 1905 年日本人内藤虎次郎在崇谟阁调查形成的记录记载，包括天聪元年至崇德六年《朝鲜国来书簿》四本、天聪二年至五年《各项稿簿》一本、天聪六年至九年《奏疏稿》一本，入关前在盛京贮藏，入关时曾被带到北京，后乾隆三十二年（1767）又送回盛京崇谟阁尊藏。根据乾隆四十五年二月初十日盛京将军福康安为接收老档及舆图册宝玉石等件遵旨存贮贮事具奏一折所载，与太祖实录、圣训同柜贮藏的分别是天命年无圈点老档三包计十套八十一本、天命年加圈点老档三包计十套八十一本，与太宗实录、圣训同柜贮藏的分别是天聪年无圈点老档二包计十套六十一本、天聪年加圈点老档二包计十套六十一本、崇德年无圈点老档二包计六套三十八本、崇德年加圈点老档二包计六套三十八本，均为乾隆四十五年奉旨恭送于盛京崇谟阁尊藏。

⑭⑮ 中国第一历史档案馆藏：军机处上谕档，嘉庆十一年五月初九日，第 1 条。

⑯ 中国第一历史档案馆藏：宫中朱批奏折，嘉庆十二年八月二十四日，档号：04—01—38—0025—025。

⑰ 中国第一历史档案馆藏：宫中朱批奏折，嘉庆十二年十月十六日，档号：04—01—14—0049—068。

⑱ 中国第一历史档案馆藏：宫中朱批奏折，嘉庆二十二年十月初九日，档号：04—01—14—0051—071。

⑲ 中国第一历史档案馆藏：宫中朱批奏折，道光四年九月二十六日，档号：04—01—14—0057—024；军机处录副奏折，道光四年四月二十八日，档号：03—3648—065；道光四

年九月二十六日,档号:03—3648—069。

⑳ 中国第一历史档案馆藏:军机处录副奏折,同治七年八月十三日,档号:03—4692—052。

㉑ 中国第一历史档案馆藏:军机处上谕档,同治六年五月二十九日,第1条。

㉒ 中国第一历史档案馆藏:军机处上谕档,同治七年十月十四日,第1条。

㉓ 中国第一历史档案馆藏:军机处上谕档,光绪六年八月初四日,第3条;光绪六年十月二十一日,第1条。

㉔ 中国第一历史档案馆藏:军机处上谕档,嘉庆十一年六月初一日,第1条。

㉕ 中国第一历史档案馆藏:宫中朱批奏折,嘉庆二十一年八月十七日,档号:04—01—37—0016—001;嘉庆二十二年十月初九日,档号:04—01—14—0051—071。

㉖ 杨立红:《盛京崇谟阁本〈清实录〉庋藏浅述》,《历史档案》2011年第4期,第123页。

（原载于《民族古籍研究》第三辑，中国社会科学院出版社，2016年出版）

满文《大清太宗文皇帝实录》
版本及其价值

徐　莉

　　《大清太宗文皇帝实录》（以下简称《清太宗实录》）是清代官修记载清太宗皇太极一朝政治、经济、军事、文化、外交、民族、天文、地理等诸多方面重要历史事件的编年体史籍，是研究清太宗一朝史事的重要文献。《清太宗实录》研究成果颇多，代表性论著为陈捷先《满文清实录研究》①、谢贵安《清实录研究》②、齐木德道尔吉《关于康熙本〈三朝实录〉》③、庄吉发《清太宗汉文实录初纂本与重修本的比较》④、胡恒《〈清实录〉内阁小红绫本下落考》⑤。还有一些《清实录》研究成果直接涉及《清太宗实录》的相关情况。这些成果从《清太宗实录》纂修校订、汉文各本内容差异、各版本在国内外的存藏流转等不同侧面进行探讨，为《清太宗实录》的研究奠定了一定的基础。不过，受语言文字和文献存藏等方面的限制，挖掘运用满汉文档案，并结合满文《清实录》实体开展的研究还不够充分。

　　中国第一历史档案馆藏清代档案史料的不断开放和满文全文检索数据库开发使用，为满文《清实录》研究提供了便利条件。笔者拟梳理满汉文档案及相关史料，尝试厘清《清太宗实录》纂修与校订过程，梳理满文《清太宗实录》各版本特色，阐释其价值，以便于满文《清太宗实录》不同文本得到广泛的研究利用。

一　满文《清太宗实录》诸本的纂修

《清太宗实录》经历顺治、康熙、雍正、乾隆四朝多次修纂和校订，形成不同版本。其纂修和校订情况见诸清代官修史籍和满汉文档案。

（一）顺治年间初修

清初纂修《清太宗实录》的时间，迄今见到的最早记载为顺治六年（1649）。中国第一历史档案馆藏内阁全宗内国史院档记载了正月初八日开馆情形：

> 是日，皇父摄政王著纂修太宗实录。敕内三院大学士：择于初八日开馆，照例择内三院满、汉大学士七人，学士六人，主事五人，编检官八人，博士、笔帖式、典籍官共四十三人，书办十人，共七十九人，交礼部。置皇父摄政王敕书于衙中黄案上，内三院大学士七人跪，内大臣乌拜捧敕文逐一授之。大学士立，率众官以授敕之礼向宝座行三跪九叩礼。礼毕，按级就座，宰得牛羊之肉，整置桌案，钦差之内大臣乌拜宴之。宴毕，以飨恩之礼向宝座行一跪三叩礼。编纂月俸银，大学士各二十九两三钱，学士各十四两六钱，主事、编检各八两五钱，博士、笔帖式、典籍官各四两五钱，书办各三两一钱。
>
> 为修太宗实录，赐内三院大学士范文程巴克什、刚林巴克什、祁充格、冯铨、洪承畴、宋权、宁完我等敕书云：皇父摄政王谕大学士，兹者择于顺治六年正月初八日开馆恭修太宗文皇帝实录。朕惟帝王抚宇膺图，绥猷建极，凡一代之兴，必垂一代之史，记纂编修，以觐扬于后世，诚要务也。我太宗文皇帝，安内攘外，在位十有七年。仰惟文德之昭，

武功之盛，以及号令赏罚，典谟训诰，皆国家之大经大法，尔等皆稽核记注，编纂修辑，毋浮夸以失实，毋偏执以废公，毋疏忽以致阙遗，毋怠玩以淹岁月。尚其夙夜勤恪，考据精详，敬成一代之令典，以副朕意。钦哉⑥。

此段记载比较详细地描述了开馆纂修《清太宗实录》的情形，从中可以了解到相关的几个具体问题。

其一，有关皇父摄政王多尔衮敕令纂修《清太宗实录》的史实，与《大清世祖章皇帝实录》记载稍有差别。《大清世祖章皇帝实录》乾隆本载："纂修《太宗文皇帝实录》，命大学士范文程、刚林、祁充格、洪承畴、冯铨、宁完我、宋权充总裁官，学士王铎、查布海、苏纳海、王文奎、蒋赫德、刘清泰、胡统虞、刘肇国充副总裁官。"⑦该句没有主语，未写明敕命的颁布者。顺治六年，顺治皇帝尚未亲政。《内国史院档》的此项记载则明确说明，摄政王颁布敕书给内三院纂修《清太宗实录》。

其二，明确此次开馆时间和纂修人员。择于顺治六年正月初八日的有关记载，直接说明开馆时间是特意选择的。纂修人员的职衔从大学士、学士到书办，包括不同层级的官员。以内三院满、汉大学士居多，纂修人员达 79 人。

其三，开馆仪式遵从一定仪轨，筵宴有满洲民族特色。从礼仪来看，授予敕书时，按照"受敕之礼"行礼；筵宴之时按等级就座；筵宴之后按"飨恩之礼"行礼，各按仪轨和品级而行，体现了官阶的位次。"宰得牛羊之肉，整置桌案"，宴席明显带有满洲自身的饮食特色。

其四，明确编纂人员费用。编纂人员按月支给俸银，俸银数目按照品级给予，数量明确。

其五，编修标准和目标很清晰。即"尔等皆稽核记注，编纂修辑，毋浮夸以失实，毋偏执以废公，毋疏忽以致阙遗，毋怠玩以淹岁月"。即不失实，不废公，不遗漏，可长久。编修目标确立为《清太宗实录》"成一代之令典"。

顺治七年（1650）十二月，多尔衮病死。顺治八年（1651）正月，世祖福临亲政。因多尔衮之案，总裁官范文程革职留任，刚林、祁充格获罪被斩，多名纂修太宗实录官员折损。顺治八年十二月二十五日，内院大学士希福奏请纂修《清太宗实录》："恭惟我太祖武皇帝开创丰功，太宗文皇帝嗣位即命儒臣纂成实录，功德昭如日月，谟烈垂诸奕祀。臣等伏思，太宗文皇帝德业弘远，益扩丕基，必备载史册，永为法守，用昭我皇上孝思。且皇上躬亲大政以来，事事恪遵太宗心法，纂修实录大典，尤不可缓。谨请皇上敕行，期于速竣，则太宗功德彰于永久，而皇上承先之志弥光矣。伏乞特颁敕谕，行臣衙门纂修，应用官员人役，臣等另疏具奏。其公费钱粮，乞敕下该部察例，奏请报可。"⑧他列举了太宗即位即命纂修《大清太祖圣武皇帝实录》之例，提出应纂修《清太宗实录》。

顺治九年（1652）正月二十九日"命纂修《太宗文皇帝实录》，以大学士希福、范文程、额色黑、洪承畴、宁完我充总裁官"⑨。总裁官5人，学士伊图等12人为副总裁官，以侍读学士麻禄等26人为纂修官。同时，"赐希福等敕曰：朕惟帝王抚宇膺图，绥猷建极，凡一代之兴，必垂一代之史，以觏扬于后世，诚要务也。我太宗文皇帝应天顺人，安内攘外，在位十有七年。仰惟文德之昭，武功之盛，以及号令赏罚，典谟训诰，皆国家之大经大法。尔等稽核记注，编纂修辑，尚其夙夜勤恪，考据精详，毋浮夸以失实，毋偏执以废公，毋疏忽以致阙遗，毋怠玩以淹岁月，敬成一代之令典，永作万年之成宪，各殚乃心，以副朕意。钦哉"⑩。这道敕谕表明，顺治帝对编纂《清太宗实录》高度重视，其对纂修要求和目标与顺治六年相同。

顺治十一年（1654）二月初八日，奏请何人可以列入实录序言。由于纂修实录时间比较长，人员和职位均有变化，"初八日，谨奏：为监修实录之大臣等姓名列入序文事。大学士冯铨、刘正宗，后补放大学士，总裁其事，但未给敕书，故此等姓名应否列入序文。大学士图海、张端、成克巩等原以内阁学士衔辅佐总裁，后授大学士，总裁其事，但未给敕书。此等姓名或列内阁学士衔，或列入大学士衔等情，由大学士额色黑、内阁学士希图等奏上。奉旨：冯铨、刘正宗等既然后补放大学士，未给敕书，故不必列明。图海、张端、成克巩等既然原为内阁学士，未给敕书，故列为原内阁学士衔。特谕"⑪。

按照官修史书的惯例，既然开始撰写序言，即表明《清太宗实录》正文大部分书稿应该已经纂修完成。顺治十二年（1655）二月十二日，内翰林国史院侍读黄机在奏请纂修圣训的奏疏中讲道："年来纂修太祖、太宗实录告成。"⑫这则《清太宗实录》告成的确切记载，清晰表明本年同时纂修完成了太祖和太宗实录。

从目前存本看，确实有两部太祖和太宗实录从封面、纸张、装帧、版式、满文书写特点、纂修体例等方面都很一致，即《大清太祖圣武皇帝实录》四卷精写本和《大清太宗文皇帝实录》六十五卷精写本，目前在中国第一历史档案馆均有存藏。

顺治朝纂修《清太宗实录》历经波折，经历了摄政王摄政时期的初纂，后有因摄政王而获罪人员的变动，再有顺治皇帝亲政后的再次纂修，终有成本留存。

（二）康熙年间重修

康熙六年（1667），题请重修《清太宗实录》。该题稿未具名：

题为请旨事。康熙六年十一月十二日，皇上召臣等至内殿谕，前修《太宗文皇帝实录》内有字义未当，姓名舛错者，可详阅具奏。臣等钦遵谕旨，将第一套满字五卷另行誊录，应更改者更改缮写，恭呈御览讫。[嗣后]今臣将续改第二套将原档[陆续]与[原]前修[副本]实录详加校勘，不惟字义未当、姓名舛错，且有前后颠倒者，有[原档所载]于例应存而遗漏者，有琐屑事务例不应书而书者，有一事前后重复者，[有不书干支止书年月日者]，至于年日干支并未书载，[有]且满汉文对勘，有词义舛错不合者，有[满汉]词义虽合，而汉文近于俚俗，[且]并语气未顺者。实录一书载我太宗文皇帝圣德神功，垂宪[后]万世，[实]允系大典，诸如此类[似]应增应损，似应重修。前虽未经誊写正本告成，然已缮副本进呈御览，今臣等未奉[上谕]谕旨，不便[辄]擅行更改。应否重修，伏候上裁。谨题请旨⑬。

该题稿列举了之前所纂修的《清太宗实录》满文本诸多问题，如字义不当、前后颠倒、内容遗漏重复、体例上纪年不一致等，提请重修。又提及，已经缮写副本进呈御览，因没有谕旨，不便擅自更改，是否重修，等候圣裁。该年十一月癸亥（二十三日），"命内秘书院大学士班布尔善等，校对《太宗文皇帝实录》"⑭。康熙十二年（1673）七月二十一日告成。《大清圣祖仁皇帝实录》均记载，丙寅日（即二十二日）"太宗文皇帝实录告成"⑮。

康熙朝在原本之上重修一事，在康熙本的御制序中也有提到："旧编实录六十有五卷，皇考世祖章皇帝尝命和硕郑亲王等，重加校阅，未及蒇事。朕嗣服丕基，仰承遗志，特令儒臣，搜讨订正，纂辑成编，卷帙如旧。"⑯

（三）雍正和乾隆年间校订

雍正十二年（1734），降旨校订《清太宗实录》，在乾隆初年成书。

中国第一历史档案馆藏军机处上谕档内援引雍正年间校订前三朝实录的情形，清晰描述了校订的缘由。乾隆三年（1738）十月初四日内阁奉上谕："雍正十二年十一月内，皇考以太祖、太宗、世祖三朝实录中，人名、地名、字画、音句之属，有与《圣祖仁皇帝实录》未曾画一者，特命大臣等敬谨查对，酌改缮写，以昭示万年。朕即位之初，诸臣正在办理。因将恭加列祖尊谥字样增入书中。惟皇祖实录未有重修之处，是以恭加尊谥未增入。朕思，四朝实录，理当画一，皇祖实录内，应将恭加尊谥增入，方与列祖相符。目今正值重缮列祖实录之时，敬将恭加皇祖尊谥增入实录内，每卷只须换写前后两幅，亦理之可行者。后世子孙不得援以为例。著内阁将朕此旨谨记档册。钦此。"⑰该上谕表明，雍正十二年对太祖、太宗、世祖三朝实录中人名、地名不一的情况进行查对、修改、缮写；乾隆即位不久，增入谥号，撤换了各卷前后写有谥号的书页。根据该谥号增补情况，便可以考证版本形成年代。

至雍正皇帝驾崩，《清太宗实录》未及完成，但已初具规模。雍正十三年（1735）九月二十八日，乾隆皇帝登基不久，总裁官大学士鄂尔泰等便奏报校订三朝实录的情况：

> 总裁官大学士臣鄂尔泰等谨奏。臣等仰遵大行皇帝谕旨，恭奉太祖高皇帝、太宗文皇帝、世祖章皇帝三朝实录共二百一十九卷，三朝圣训共一十六卷，校对画一。臣等率同内阁翰詹等员悉心恭校，另行缮写，陆续敬呈大行皇帝御览。共进呈《太祖实录》十卷、《太宗实录》五十六卷。所有未经进呈，《太宗实录》五十七卷至六十五卷共九卷，《世祖实录》共一百四十四卷。现在敬谨校对，将次告竣，陆续缮写。

恭遇皇上应符御极，缵绪膺图，式瞻列祖之谟，用绍前徽之业。臣等敬遵谕旨，恭奉三朝实录，陆续进呈睿览，伏候训定。谨奏⑱。

此件奏折说明，当时即已校对完成的《清太宗实录》已经进呈至五十六卷，剩余九卷正在校对中，缮写后陆续缮写进呈，遂成书。

二　满文《清太宗实录》诸本的特点

《清太宗实录》历经数次纂修和校订，形成了多个版本。从已知可查询到的目录及各地存藏信息看，满文《清太宗实录》有顺治本 1 部、康熙本 1 部、乾隆本 5 部，其中乾隆本有小黄绫本 1 部、小红绫本 2 部、大红绫本 2 部。除盛京藏大红绫本 1 部现存辽宁省档案馆外，其余成体系的藏本均藏在中国第一历史档案馆，另有少量小红绫本存在台北故宫博物院。

（一）顺治朝精写本

顺治朝精写本六十五卷、首一卷。满文封面及卷端题名：daicing gurun i taidzung genggiyen šu hūwangdi yargiyan kooli，汉文译作"大清太宗文皇帝实录"。开本高 37.2cm，宽 23.3cm；版框高 27cm，宽 18.1cm。包背装。四周双边朱丝栏，半叶 9 行，红口，双鱼尾，版心内有满文书名、满文页码。卷首有序、目录。序言没有明确标注纂修朝年。但根据序言及版式等信息，还是有一些线索可以进行考证。

依据顺治朝精写本的卷首序言，我们可推断其纂修朝年。序言内有两处内容，可以作为判断朝年的证据。一处写有：taidzu horonggo hūwangdi ten be ilibure, ama taidzung šu hūwangdi nonggime badarambure de，amba doro be mutebuhebi，译为“太祖武皇帝肇纪立极，父太宗文皇帝增隆，大道已成”。另一处写　有：taidzu i yargiyan kooli be bithe banjibufi，da i doro be eldembuhe bi.ama hūwangdi gurun be alifi，juwan nadan aniya bihe，译为“编纂太祖实录，已彰显原道。父皇立国，已有十七年。”仅此两处称太宗为父，证明该序言必为顺治皇帝所作。按照官修史籍一贯先纂修成正文，后请御制序言的惯例，此本即为顺治朝本。

　　另可从康熙本中夹条的内容，尝试推测顺治本没有具写朝年时间的原因。康熙本内序言时间为康熙二十一年（1682）九月二十二日。序内在此页有一夹条，写有：nikan bithei sioi i dubede elhe taifin i orin emuci aniya uyun biyai orin juwe seme arahabi. manju bithede akū. erebe nikan bithei songkoi nonggime araki，译为“汉文序末写有康熙二十一年九月二十二日，满文本内无，著将此按汉文本增写。”这说明在康熙本中汉文本序末写有日期，满文本序末没有日期，是后来参照汉文书写法，才于满文序末增入了时间。以此可以推断，顺治满文本序末也没有具写日期，可能是一个惯例，康熙及以后才有满文本序末具写日期之例。当然，这只是一种可能性推断。

　　（二）康熙朝精写本

　　康熙朝精写本六十五卷、首一卷。满文封面题名：daicing gurun i taidzung šu hūwangdi i yargiyan kooli，译为“大清太宗文皇帝实录”。卷端题名：daicing gurun i taidzung abka de acabume，gurun be mukdembuhe，doro be amban obuha，horon be elgimbuha，gosin onco，gūwaliyasun enduringge，giyoošungga erdemungge，ten be badarambuha，gung be eletulehe，genggiyen šu hvwangdi i yargiyan kooli，译为：“大清太宗应天兴国弘德

彰武宽温仁圣睿孝隆道显功文皇帝实录"。开本高 37.1cm，宽 22.6cm，版框高 24.7cm，宽 17.5cm。包背装。四周双边朱丝栏，半叶 10 行，红口，双鱼尾，版心内有满文书名、满文卷次、满文页码。卷首有康熙二十一年九月二十日序、目录。

（三）乾隆朝小红绫精写本

乾隆朝小红绫精写本六十五卷、首三卷。满文封面题名：daicing gurun i taidzung genggiyen šu hūwangdi i yargiyan kooli，汉文译作"大清太宗文皇帝实录"。卷端题名：daicing gurun i taidzung abka de acabume，gurun be mukdembuhe，doro be amban obuha，horon be elgimbuha，gosin onco，gūwaliyasun enduringge，giyoošungga erdemungge，ginggun mergen，eldengge tomonghonggo，ten be badarambuha，gung be eletulehe，genggiyen šu hvwangdi i yargiyan kooli，汉文译作"大清太宗应天兴国弘德彰武宽温仁圣睿孝隆敬敏昭定道显功文皇帝实录"。开本高 37.1cm，宽 23cm，板框高 24.9cm，宽 17.5cm。包背装。四周双边朱丝栏，半叶 10 行，红口，双鱼尾，版心内有满文书名、满文卷次、满文页码。卷首卷一有康熙二十一年九月二十二日序、凡例；卷首卷二有总目、康熙二十一年九月二十二日进实录表；卷首卷三有乾隆四年（1739）十二月初十日序、乾隆四年十二月初十日进实录表。

该小红绫本有两部，其中一部有红绫函套，存藏完整。另外一部小红绫本没有函套，存藏卷数不全。据陈捷先《满文清实录研究》记载："1970 年，'国史馆'经政府的核准把他们收藏的一些满文清实录赠给了故宫博物院。"[19] 胡恒撰文介绍追索内阁藏《清实录》小红绫本时，详细开列了台北故宫博物院藏《清太宗实录》满文本共 14 卷[20]。笔者对照发现，这 14 卷与中国第一历史档案馆所藏无函套小红绫本中所缺少的部分一致。因为中国第一历史档案馆与台北故宫博物院藏《清实录》同源，可以确定这两部分即为另一部完整的小红绫本。

（四）乾隆朝小黄绫精写本

乾隆朝小黄绫精写本六十五卷。封面题名与乾隆四年小红绫精写本同。开本高33.2cm，宽20.1cm。包背装。无版框，无界行，半叶9行。该本没有卷首。

卷端有太宗皇帝谥号 ginggun mergen eldengge tomohonggo，译为"敬敏昭定"。太宗皇帝谥号追加情形在乾隆本末卷有详细记录："上在位十有七年，寿五十有二。辛未，诸王大臣等，迎梓宫，奉安于崇政殿。九月，壬子，葬昭陵。十月，丁卯，上尊谥曰：应天兴国弘德彰武宽温仁圣睿孝文皇帝，庙号太宗。康熙元年，加上尊谥曰：应天兴国弘德彰武宽温仁圣睿孝隆道显功文皇帝。雍正元年，加上尊谥曰：应天兴国弘德彰武宽温仁圣睿孝敬敏隆道显功文皇帝。乾隆元年，加上尊谥曰：应天兴国弘德彰武宽温仁圣睿孝敬敏昭定隆道显功文皇帝。"㉑雍正元年（1723）增加了"敬敏"二字，乾隆元年（1736）增加了"昭定"二字。从谥号推断，该本即为乾隆本。

（五）乾隆朝大红绫精写本

乾隆朝大红绫精写本六十五卷、首三卷。中国第一历史档案馆藏本封面题名与乾隆四年小红绫精写本同，蝴蝶装。开本高44.5cm，宽29.1cm，版框高26.9cm，宽19.6cm。四周双边朱丝栏，半叶9行，白口，版心有满文书名、卷数、页码。该本卷首内容与乾隆朝小红绫本同，唯一不同的是中国第一历史档案馆藏本卷首乾隆序时间为乾隆二年（1737）十二月初十日。序中提到太宗皇帝谥号与乾隆四年序小红绫精写本同。为何皇史宬藏本乾隆朝序言时间为乾隆二年？按照乾隆朝及以后《清实录》小黄绫进呈，经皇上钦定后抄录小红绫和大红绫本的纂修缮写流程来看，或者该大红绫本率先缮写完成，或者书写有误，还需进一步考证。

　　原盛京藏大红绫精写本现藏于辽宁省档案馆。经笔者与辽宁省档案馆何荣伟研究员求证，该馆藏大红绫满文精写本为乾隆四年十二月初十日序本。该本为乾隆皇帝第一次东巡去盛京之前奉旨誊写、抄录送去盛京尊藏之本。乾隆八年（1743）五月二十四日内阁奉上谕："奉天乃我朝发祥之地，历朝实录俱应缮写满汉文各一部送往尊藏。俟现在皇史宬内阁藏本写成后即著在馆人员敬谨缮写。"㉒此谕清晰说明了盛京藏本的来源。

三　满文《大清太宗文皇帝实录》诸本的比较

　　由于纂修朝代不同、认知变化等各种原因，各满文本在纂修体例、书写格式等方面各有差异。

　　（一）纂修体例各有不同

　　顺治本和康熙本卷前仅有序和目录，并无其他信息。乾隆本不同，卷首有三卷，首列康熙朝序、凡例、总目和进实录表，后列乾隆朝序和进实录表。满文本与汉文本也略有不同，汉文乾隆本有修纂官衔名，满文本则没有。

　　顺治本的满文目录与康熙本及乾隆本均稍有差异。如顺治本卷二十八，目录时间为天聪十年（1636）自三月初至二十六日。康熙及乾隆本该卷目录时间为天聪十年三月至四月。顺治本卷三十七目录时间为崇德二年（1637）七月初一日至二十六日，康熙及乾隆本该卷目录时间为崇德二年七月。

　　体例上也体现出满文本借鉴汉文本，不断加以完善的过程。卷首卷末题名稍有不同。顺治本每卷卷首有简单题名及卷次，如：daicing gurun i taidzung genggiyen šu hūwangdi yargiyan kooli orin jakūci debtelin，译为"大清太宗文皇帝实录卷二十八"。每卷卷末没有题名及卷次。康熙及乾隆本每卷卷首及卷末均有带完整谥号的题名及卷次。康熙本内夹条反映了这一变化的原委。康熙本目录末页有夹条写有：nikan bithei wajima bade，daicing gurun i taidzung abka de acabume，gugun be mukdembuhe，doro be amban obuha，horon be algimbuha，gosin onco，hūwaliyasun enduringge，giyoošungga erdemungge，ten be badarambuha，gung be eletulehe，genggiyen šu hūwangdi i yargiyan kooli i uheri ton seme arahabi，manju bithe akū，erebe nikan bithei songkoi nonggime araki，汉译为"汉文本完结处写有'大清太宗应天兴国弘德彰武宽温仁圣睿孝隆道显功文皇帝实录目录'，满文本没有，将此按照汉文本增写入"。

从这段夹条的记载来看，满文本在卷末是没有题名和卷次的，是后来参照汉文本增写上去的。顺治本中，每卷卷端才有题名和卷次，卷末没有。而在康熙本上，在每卷卷末均已书写题名和卷次。

（二）书写格式各有不同

从格式上看，抬格和皇帝名讳书写略有差异。顺治本内有两种抬格方式，第一为空抬，即缮写时"对示以尊敬的字在空出格后书写"㉓。第二种是抬格。每页都在上面布有一条暗线，为平抬线，写到线上的为抬格。在顺治本中，空抬和单抬一格的都很多。抬格的词也大体一致，如 han"汗"、sure han"聪睿汗"、taidzu"太祖"、abka"天"、hese"旨"、bi"朕"（指太宗本人时）、hūng taiji"皇太极"、gosin"仁"、ama han"父汗"等。康熙本和乾隆本没有空抬格式。满文为拼音文字，书写不像汉字方块字那样长短一致，但依然可以看到单抬一格的形式。顺治本中出现了太宗皇太极的满文名字，写作 hūng taiji，没有任何遮挡。康熙本和乾隆本内，凡有太宗满文名讳之处，均用黄色绫子覆盖粘贴，见不到太宗名讳。断句也有所不同。顺治本用标点符号，康乾本不同日期或不同事件之间，用红色圆圈加以区分，起到了断句的作用。

（三）修改信息各有不同

顺治本和康熙本内均有夹条，写着不同的修改信息，与各本书写内容对比，反映出不同的认知，为进一步研究各本内容差异提供了更多参考。

顺治本卷二内有夹条写有 erei gebu gangguri waka, g'angguri⑳，译为"此名字 gangguri 错误，g'angguri"。此人当时为派往广宁的使臣，在顺治本中写的是 gangguri，即此夹条所说为错误的信息。

康熙朝《清太宗实录》满文本内有很多对内容进行修改的满文夹条，在康熙本中对照发现，夹条内容进行了修改。笔者列举康熙本卷一第三页有夹条，满文为 fejergi afaha i duici jurgan i coohai gaifi yaburengge manga, bithe de amuran sehebe .dorgici tucibuhe yargiyan kooli de fulgiyan fi i dasahangge cooha gaifi yaburengge endure adali banin bithe suduri de amuran sehebi. jai ningguci jurgan i ilan se ci saha babe onggorakū sehebe fulgiyan fi i dasahangge ilan se ci saha babe uthai ejembihe sehebi. ejen i dasahangge, gisun ambalinggū bime umesi acananhabi. uthai ere songkoi dasaki，译为"下页第 4 行'精于用兵，爱好典籍'由大内取出实录内朱笔修改为'用兵如神，性嗜史籍'。再，第六行'三岁所见不忘'朱笔修改'三岁所见即牢记'。皇上所修改者，言语庄重，且甚合宜，即按此修改"。此夹条说明，有关内容经皇上亲自用朱笔修改，所改内容用词细微之处，可见一斑。由此得知，此内容确实按照皇上提出的意见进行了修改。康熙本此处内容即为修改后内容，说明夹条所记载的为康熙皇帝修改的内容。

在顺治本和康熙本中，这样的夹条存有不少。康熙本夹条有墨笔工整书写者，也有朱批书写者。在清代中央国家机关的文书档案中，朱批书写者皆被视为皇帝本人书写。夹条所记载内容牵涉甚广，如记载内容有误、满汉文不一致、满文书写错误等多种情形。还有皇上看出实录所记载内容有误，经多方查实而进行修改的情况。有的夹条为一件折件，相关问题的前因后果交代清楚，查实后才对内容进行修改，充分说明皇帝确实详细批览了此满文本《清太宗实录》。

关于各版本之间内容的差异，以往有相关论述。陈捷先著《满文清实录研究》讲道："由于清太宗实录满文初修本现在无法看到，我们只能就汉文本的内容去推知其中情形了。清初帝王实录既然是先作成满文的本子，而后由满译汉的，当然汉文的内容一定是满文而来的了。"㉕庄吉发《〈清太宗汉文实录〉初纂本与重修本的比较》㉖一文，从多个方面作过论述，所论皆以汉文本为依据。满文各本正文皆有六十五卷，对比内容差异的工作量巨大，仍需进一步挖掘整理，才能更好梳理各本之间内容差异。满语满文的差异和特色尤其需要进一步研究。

四　满文《清太宗实录》各本的价值

在中国历史上，清朝皇帝的实录与其他朝代相比，数量较多，内容丰富，自清太祖至穆宗每代都有满文本，值得深入探讨。对满文《清太宗实录》诸本的梳理，在满文古籍版本、满语满文发展演变和清史史料价值方面均有广泛的研究意义。

第一，在满文古籍版本方面，诸本均体现了不同的版本价值。满文《清太宗实录》诸本在装帧、封面、版式、书写字体、存藏、功用等多方面均体现出不同的特色。顺治本满文《清太宗实录》

在同朝官修典籍中具有鲜明的代表性。装帧为包背装，封面红绫颜色比乾隆本稍深，纸张厚实，满文书写字体古拙质朴，尚并无避讳。从装帧、纸张、满文字体方面比对，与顺治朝时所修《大清太祖武皇帝实录》和玉牒有相同的版本特色，在顺治朝官修典籍中具有一定的代表性。康熙本书写版式上，各卷在卷首卷末的题名上互相呼应，干支纪年清晰、句读标志明显，较顺治本更加规整。至乾隆朝始有五部本之例。乾隆朝小黄绫本为正本修成时的进呈之本，供皇帝钦定，而后抄写其他各红绫本，后存内阁。乾隆朝小红绫本，一部原藏乾清宫，一部原藏内阁大库。其功用有二，一是供皇帝例行阅览，二是供修纂各史书参考使用。乾隆朝大红绫本为尊藏之本，分藏皇史宬和盛京。其装帧方式为宋代以后少见的蝴蝶装。此大红绫本将这一装帧方式进行了改进，将背面无字之页粘贴起来，更方便阅读。清代此种装帧方式在官修典籍中目前仅见历朝实录和圣训的大红绫本，其版本特色不言而喻。

第二，在满语满文方面，诸本为满语满文的研究提供了更为丰富的语料。满文《清太宗实录》始修至最后形成的乾隆本，历时 90 年，正值清军入关，开疆扩土，满汉文化深度融合之际，满语满文深受汉语言文化影响。满文《清太宗实录》中满语满文变化的线条清晰可见。顺康乾三朝本，正文各六十五卷，各数万言，单从专有名词中人名、地名书写上，均能感受到其中的变化，更别说其中包含的词、词组、句子所涉及变化之复杂，无疑为满语满文的研究提供了更为丰富的语料。顺治本语句记事表达更为朴素，而康乾本多了很多修饰和描写，细细分析可见其统治地位的变化，引起了对以往历史事件认识的变化。

第三，在史料价值方面，诸本为清太宗朝研究提供了更为广阔的文献基础。清太宗时期，清朝尚未入关。目前研究者广泛使用的史料多以《满文老档》㉗太宗朝部分史料、《满文木牌》㉘、《逃人档》、盛京五部档㉙、《天聪九年档》㉚、天聪朝崇德朝《清初内国史院满文档案译编》㉛等档案史料为主。使用《清太宗实录》开展研究者，多以乾隆四年序汉文本为主要史料依据，鲜有使用其他各本开展研究，更少有以满文本作为文献依据。将满文《清太宗实录》诸本对比，可知《清太宗实录》不同时期形成的满文本的差异，与汉文本和《满文老档》等太宗朝史料也有对比研究的价值。

满文《清太宗实录》诸本，从体例、版本版式、内容等诸多方面均有差异，反映不同朝对于太宗朝事的不同认知。从各本成书年代考量，成书越早史料价值越高。清入关前，各类文书档案记载多用满文书写，当时所成史籍也多形成满文本，再译成汉文，满文本价值大于汉文本。满文《清太宗实录》顺治本的研究尤其应该引起关注，其成书最早，保存史料丰富，为清初官方记载，价值很大。康熙本经康熙皇帝批阅，矫正了人地名、语法、内容等诸多问题。乾隆本在康熙本之上适当校订人地名等。诸本均有其不同的史料价值。满文《清太宗实录》诸本为清初太宗朝政治、经济、军事、文化、外交、民族、地理、风俗等诸多方面的研究提供了更为广阔的文献基础。

随着数字技术应用于历史文献之中，中国第一历史档案馆藏满文《清实录》一部小红绫本完成整理编目、彩色扫描、图像识别等一系列工作。2019 年 9 月，满文清实录全文检索数据库已经在中国第一历史档案馆档案信息化管理平台开放。中国第一历史档案馆于 2020 年 10 月在互联网上开放了《清实录》汉文全文检索数据库。满汉文两个《清实录》全文检索数据库的开放，形成了《清实录》满汉文本对照的海量数据，为满汉文《清实录》研究提供了更广泛的文献基础和更为便捷的途径。

注释：

① 陈捷先：《满文清实录研究》，台北：大化书局，1978 年版。

② 谢贵安：《清实录研究》，上海：上海古籍出版社，2013 年版。

③ 齐木德道尔吉：《关于康熙本〈三朝实录〉》，《内蒙古大学学报（人文社会科学版）》2002 年第 3 期。

④㉖ 庄吉发：《清太宗汉文实录初纂本与重修本的比较》，《清史论集（十四）》，台北：文史哲出版社，2004 年版，第 167 页。

⑤ 胡恒：《〈清实录〉内阁小红绫本下落考》，《文史》2020 年第 2 辑。

⑥ 中国第一历史档案馆：《清初内国史院满文档案译编下·顺治朝》，北京：光明日报出版社，1989 年版，第 3 页。

⑦《大清世祖章皇帝实录》卷 42，顺治六年正月至二月。

⑧《大清世祖章皇帝实录》卷 61，顺治八年十月至十二月。

⑨⑩《大清世祖章皇帝实录》卷 62，顺治九年正月。

⑪ 中国第一历史档案馆：《清初内国史院满文档案译编下·顺治朝》，第 298 页。

⑫《大清世祖章皇帝实录》卷 89，顺治十二年二月。

⑬ 徐中舒：《内阁档案之由来及其整理》，《明清史料》，"中央研究院"历史语言研究所，1930 年版，第 10 页。

⑭《大清世祖仁皇帝实录》卷 24，康熙六年九月至十二月。

⑮《大清圣祖仁皇帝实录》卷 104，康熙二十一年八月至九月。

⑯《大清太宗文皇帝实录》卷首，序。

⑰ 中国第一历史档案馆藏：军机处上谕档，乾隆朝三年十月初四，第 2 条。

⑱ 中国第一历史档案馆藏：宫中朱批奏折，档号：04—01—38—0001—041。

⑲ 陈捷先：《满文清实录研究》，第 116 页。

⑳ 胡恒：《〈清实录〉内阁小红绫本下落考》，第 252 页。

㉑《大清太宗文皇帝实录》卷 65，崇德八年六月至八月。

㉒ 中国第一历史档案馆藏：内阁题本，档号：02—01—005—022761—0028。

㉓ 石文蕴：《清代文书抬头制度探微》，《中国档案》2020 年第 6 期，第 88 页。

㉔ 中国第一历史档案馆藏：内阁满文实录，档号：02—08—002—000011—0003。

㉕ 陈捷先：《满文清实录研究》，第 104 页。

㉗《满文老档》有原档及乾隆朝抄本。原档现藏于台北故宫博物院，已以《满文原档》为名影印出版。中国第一历史档案馆现藏乾隆抄本中的有圈点正本以《内阁藏本满

文老档》为名,已经影印出版。

㉘ 李德启:《阿济格略明事件之满文木牌》,北京:故宫博物院文献馆,1935 年版。关孝廉翻译汉文译文刊登于《清代档案史料丛编》第十四辑。

㉙ 关孝廉翻译中国第一历史档案馆藏逃人档、纸质折件及盛京五部中吏、户、礼、兵四部的档案,汉文译文刊登在《清代档案史料丛编》第十四辑。

㉚ 关嘉禄、佟永功等:《天聪九年档》,天津:天津古籍出版社,1987 年版。

㉛ 中国第一历史档案馆:《清初内国史院满文档案译编》(上),北京:光明日报出版社,1989 年版。

（原载于《满语研究》2021 年第 1 期）

内阁大库中朝鲜档案
《迎接都监都厅仪轨》之由来

年　旭　　王　澈

　　中国第一历史档案馆（以下简称"一史馆"）作为专门保管明清两代中央国家机关档案及皇室档案的机构，其卷帙浩繁的藏品，以清代皇宫及内阁大库保存的档案为主，也有来自其他国家和地区的档案。其中，就有朝鲜王朝时的官方档案——《迎接都监都厅仪轨》（以下简称《都厅仪轨》），即朝鲜为了接待中国使臣而设立的"迎接都监都厅"礼仪规制的记录①。根据一般的档案保管规律，《都厅仪轨》应保存在朝鲜王朝官方档案库中，为何会被收藏在中国皇宫的内阁大库中？同时，韩国首尔大学奎章阁也藏有《都厅仪轨》，它们之间有何关系？又是何种因缘际会，令此档案传至中国？

一　《都厅仪轨》的形成

　　一史馆所藏《都厅仪轨》的执行机构是朝鲜的"迎接都监都厅"。都监，是朝鲜因事而设的临时机构，沿自高丽时期，"凡都监，有事则置，无事则罢，例也"②。朝鲜历史上出现过的都监种类颇多，常见的有：营建都监、训练都监、礼葬都监、嘉礼都监、册礼都监、刊经都监、迁陵都监、迎接都监、接待都监等。

迎接都监是为接待明朝使臣（朝鲜称之为"天使"）而设，"凡使命之留我国，数个月交际之间，凡言语往复、起居饮食之类，都监悉主之"③。所属机构人员也是因事而临时兼职，主要有"馆伴、提调各一员，都厅军色、应办色、宴享色、米面色、饭膳色、别工作、杂物色各二员，儺礼色一员"，配合来自"工曹、礼宾寺、修理所、典设司、司饔院、尚衣院"等机构的抽调人员组成④。其中，馆伴历来挑选"练于礼、赡于词华"⑤的正卿担任，其职责是专门陪同"天使"。提调通常由户曹判书兼任，其职责是统筹接待诸事，"都监诸事，提调例为专掌责应"⑥，重点管理支出，节省虚费。万历壬辰之战以后，"诏使之来也，必以户判为迎接都监提调……盖接待之需，户曹主之。不有主者，靡费必多"⑦。都厅具体承担接待活动，"都监诸司及检饬各司，专在都厅"⑧，下辖掌管仪仗护卫、食材供给、宴饮寝居等的六色，以及提供铁物、床桌等的"别工作"等。

"仪轨"是举行相应活动时的仪式规制，朝鲜"凡设厅举行之事，必有仪轨"⑨。活动举行后，会裁撤都监，另设仪轨厅，仍从原都监选取"堂上官"（可上堂参与国家大政的正三品以上官员）主持，并从原都监选取办事人员"郎厅"承办具体事务。仪轨厅负责整理都监档案，自都监设立之日起，至都监裁撤之日止，都监存续期间的各项档案都要整理成册且制作副本。

> 国家有大礼节、大事役，则设都监举行……都监竣事后，设仪轨厅，堂上则都监堂上仍察，郎厅则都监郎厅中划出一员，专管举行。自设都监日至撤罢日，物力区划、文牒去来、物种实入，无遗抄出，分秩类聚，修正册子六秩或七秩。其中一秩，以御览件妆出；其余则分送礼曹、春秋馆及外史库⑩。

　　这些"仪轨"记录用于朝鲜下次举办类似活动的参考，"大抵国家有事，则撰成仪轨，以凭后考"⑪。《都厅仪轨》是迎接使臣事毕后，仪轨厅根据都厅的记录，整理成的接待档案。除了都厅之外，迎接都监其他部门的档案也会被编成相应"仪轨"，目前韩国就存有不同时期《迎接都监军色仪轨》《迎接都监应办色仪轨》《迎接都监米面色仪轨》等⑫。

　　但是，并非每次接待中国使臣事毕后，都会编写"仪轨"。崇祯九年（1636）时，朝鲜承旨李德洙就向国王汇报了兵曹的意见，兵曹声称"江参将接待都监仪轨厅"的所属人员不多，编写"仪轨"费时费力，而明朝差官相继而来，前有程副总（副总兵程龙），今有江参将（参将江国正），不但仪轨厅人员苦不堪言，还影响到了协助编纂的兵曹。因此请求今后对于品秩稍低的"差官"接待档案，不必另编专门"仪轨"，只修"誊录"给该曹保存，获得允准。"李德洙以兵曹言启曰：即者江参将接待都监仪轨厅称云处，移文于本曹……近来唐差之往来京中者，前后相望，而既有《程副总接待誊录》，则以此行用无妨，何必各行俱有'仪轨'乎？……下辈耽延时日，各食料布，已无毕役之期，徒以侵责该曹为事，极为不当……今后差官之行，勿为'仪轨'，只书'誊录'一件，藏置该曹，以为后考之地……传曰：依启。"⑬

　　这里提及的"誊录"也是朝鲜的档案之一种，主要是各司、曹等机构在办事过程中形成，也有以"誊录"命名的典章条文等，如《六典誊录》（朝鲜重要法典《经国大典》的前身）。"仪轨"常用于都监，"誊录"常用于司或曹等机构，二者性质类似，"都监之'仪轨'，各司之'誊录'，同一规矣"⑭，因此也有混称"仪轨誊录"⑮的现象。二者主要区别在于，除一些重要"誊录"要制作副本分地保管外，一般"誊录"由各司、曹等自己保管；而"仪轨"是国家大事档案，不但要制作副本分地保管，还要上呈国王。"仪轨"御览本采用绢制封面，锡装书脊，高级"草注纸"⑯书写。副本分藏于"外史库"等处，称为"分上用"，采用麻织物封面，铁装书脊，普通"楮注纸"⑰书写。兵曹提议不修"仪轨"，只修"誊录"一件藏于该曹，工作量无疑减少很多。

二　《都厅仪轨》的形制

目前发现保存在一史馆的《都厅仪轨》共有两册⑱，其档案外在形制特点是：封面材质为苎麻布，册内楮纸墨书，书脊铁板装订，一册的铁板上套有铁环，另一册的铁环已遗失。这种封面材质与装订方式，与一史馆保存的其他清朝簿册迥异⑲，却是朝鲜特有的装帧风格。朝鲜重要的官方档案，通常是以铁、锡装订书脊，并以织物作封面，"本国书册，敬重如《实录》，紧关如《军案》，例以铁锡镇其背，或以绫缎装其衣"⑳。苎麻布是朝鲜特产，正如朝鲜国王太宗李芳远对明朝皇帝成祖朱棣所言，"本国只产苎麻细布耳，彩缎纱罗之遍体，皆帝赐也"㉑。

有铁环的档案册（以下简称《万历档》）记载的是万历三十六年（1608）四月至万历三十八年（1610）三月间，朝鲜两次接待明朝使臣的礼仪规制。第一次是"赐祭天使行人司行人熊化"出使朝鲜，出使目的是赐祭朝鲜宣祖李昖；第二次是"册封天使司礼监太监刘用"出使朝鲜，出使目的是册封朝鲜光海君为国王。其封面自右至左写有五行墨笔大字："赐祭　天使行人司行人熊　册封　天使司礼监太监刘　迎接都监都厅仪轨"。封面右下角有墨笔小字"礼曹"，即朝鲜掌管礼仪规制、对外交往等的机构。

无铁环的档案册（以下简称《天启档》）记载的是万历四十八年（1620）八月至天启元年（1621）十二月间，朝鲜接待"登极天使"刘鸿训、杨道寅的礼仪规制。万历四十八年，明朝一年之中有三位皇帝：神宗、光宗、熹宗。明神宗七月驾崩，明光宗八月登极、九月辞世。明熹宗继位后，宣布以八月以前为万历四十八年，八月以后为泰昌元年，次年改元天启。明光宗遣派的登极诏书颁示使团（翰林院编修刘鸿训为正使、礼科都给事中杨道寅为副使）尚未出发，当朝皇帝已改为明熹宗，于是，又命刘鸿训、杨道寅颁诏朝鲜。天启元年，朝鲜两度迎接明朝"登极天使"，一为刘鸿训使团，二月十三日辰时出发；一为杨道寅使团，同月二十五日辰时出发。两使团相差 12 天，分别前往朝鲜开读"登极改元"诏敕，五月初一日返程。该册档案封面，自右至左清晰地写着三行墨笔大字："天启元年四月　登极天使刘鸿训　杨道寅"。

两册档案，虽然都是接待"天使"的礼仪规制档案，但接待的"天使"类型各不相同，且囊括了"赐祭""册封""登极"三种中朝两国交往中最为重要的"天使"接待类型。

在韩国首尔大学的奎章阁，也藏有题名相同的两册档案，一为排印本，一为手抄本。

排印本内容与《天启档》相同，并有"韩国银行寄托图书""故宫博物院民国二十一年新铅活字本（中国）"标注[22]，说明该册档案是一史馆的前身——故宫博物院文献馆于 1932 年出版发行的《都厅仪轨》排印本[23]，韩国银行购买后，寄存奎章阁。因此，这一册《都厅仪轨》，中、韩两国版本的文字完全一致，但一史馆的版本为手抄本，奎章阁的版本为排印本。

奎章阁手抄本的内容为《万历档》，其封面材质、封面大字、大字行数、装订方式，都与一史馆版本（以下简称中国版）一致，唯独封面右下角小字不同：中国版的小字为"礼曹"字样，韩国奎章阁版（以下简称韩国版）的小字为"五台山"字样[24]。五台山位于朝鲜太白山脉中部，是朝鲜保存档案文献的"外史库"的所在地之一。朝鲜都城内的弘文馆、春秋馆以及档案直接相关的司、曹等都具有保存档案的职能，都城外还设立了专门的"外史库"以保存档案副本。万历二十至二十六年（1592—1598）朝鲜战争（即壬辰之战）以前，"外史库"有三处，分别是忠州史库（今韩国忠清北道忠州市）、星州史库（今韩国庆尚北道星州郡）、全州史库（今韩国全罗北道全州市），"本朝始设三史库于忠州、星州、全州……所藏未必皆秘书，秘书未必皆藏"㉕。这里所谓"秘书"指关系朝鲜国家安危的秘密档案，早期大部分保存在都城内，防止被偷窃，例如"《铳筒誊录》，国家秘密文书也。春秋馆有一件，文武楼有二十一件，自弘文馆入内一件，军器监有几件。万一奸细偷之，因以为利，则东南之害，不可胜言"㉖。后来陆续有部分"秘书"的副本被放置到了"外史库"保存。壬辰之战期间，朝鲜因都城被攻破，各地也多遭兵火，档案损失殆尽，只有全州史库幸免于难。战争过后，朝鲜将全州史库迁至远离本土的江华岛上，在江华岛的鼎足山城设立了江华史库（今韩国仁川广域市江华郡），又在宁边郡的妙香山（今朝鲜平安北道香山郡）、奉化郡的太白山（今韩国庆尚北道奉化郡）、江陵郡的五台山（今韩国江原道平昌郡）设立了新史库，合计四处"外史库"。后来妙香山史库迁址到了茂朱郡的赤裳山城（今韩国全罗北道茂朱郡）。

　　国朝《实录》成印，藏于外史库，盖藏之名山之意也。国初分藏于忠清之忠州、庆尚之星州、全罗之全州及京之春秋馆。宣庙壬辰之乱，或失于兵，或烬于燹，惟全州者获免，乱平移置于江华之鼎足山城。至癸卯始设局更印，分藏于春秋馆及关西之宁边妙香山、岭南之奉化太白山、关东之江陵五台山。而后以妙香之地近上国，移藏于湖南之茂朱赤裳山城㉗。

万历三十八年时，朝鲜因此前档案遭兵燹佚散殆尽，迎接都监提议，此后誊抄各件接待档案时，增加誊抄份数，并增加馆藏地，效仿朝鲜《实录》，分藏各"外史库"。礼曹提出了反对意见，认为接待档案卷帙繁多，誊写费力，除了已经完成并交给江华史库、春秋馆的档案之外，只再"加书"一件，藏于五台山史库即可。礼曹的意见获得朝鲜国王的认同。

> 礼曹呈……十二月十二日备忘记：兵火之余，我国典古文书散失殆尽，凡有所考，无可取。则自今以后，凡誊录，各件俱书，分藏于《实录》奉安处，事言于礼曹……两天使文书极为浩大，各件誊录卷帙甚多，五件已抄经年未能毕写，为白去等，今若加书，则恐未易完了。江华及春秋馆所上既已缮写，只一件加书，分藏于五台山史库，何如？万历三十八年正月初六，右承旨臣洪庆臣次知启：依允㉘。

以上提及的"两天使"，即《万历档》中的"赐祭天使熊化""册封天使刘用"，韩国版《万历档》封面上书写的小字"五台山"，显示出该册档案正是《都厅仪轨》编成后"加书"藏于五台山史库的。而中国版封面小字标注的"礼曹"并非馆藏地，表明该档案是某一时期经由礼曹重新誊写、装订并上呈给中国的。

三　两国版本的内容对比

将中国版、韩国版《万历档》的内容进行对比，可以看出两种版本的内容大体一致，只在细微方面存有差别，具体表现为：

第一，工整程度不同。韩国版的书写字迹较为潦草，中国版的字迹则明显工整很多。

第二，抬头格式不同。韩国版的书写抬头混乱，对于"天使""神位""祖宗""大明""先朝""皇"等均有抬头，但对于"灵座""实录""祭""国"等时有抬头、时无抬头。中国版则全部统一抬头，格式非常清晰。

第三，准确程度不同。韩国版存在誊写错字，例如负责"天使"饮食的"盘膳色郎厅"，有的写作"盘膳色郎厅"，亦有的写成"饭膳色郎厅"㉘。中国版对此有所修正，从始至终都是"盘膳色郎厅"㉚。

第四，内容略有不同。韩国版有誊写遗漏的内容，例如有关赐诰命礼，提到"天使捧诰命置于案，殿下受诰命，以授近侍，置于灵座前，诰命上项"㉛。中国版记录是"天使捧诰命置于案，殿下受诰命，以授近侍，置于灵座前，诰命上项入京日，南别宫行礼时，诏敕诰命祭文案"㉜。其中的"入京日，南别宫行礼时，诏敕诰命祭文案"10余字，为韩国版所遗漏。同样情况还出现在档案的后半部分，韩国版记载朝鲜准备编写《都厅仪轨》时，迎接都监提议多派人手，"《日记》《誊录》各一件，所役极为浩大，乞仍于书吏七人、库直一名、使令六名"。对此，朝鲜王廷商议后，同意增加书写人员四名，但认为其他人员没必要也增加那么多，"前日启下：书吏七名内四名、使令六名内四名，减下换之。书写四名另加。董役期于今冬内完了"㉝。其前后文不一致，前文无"书写四名"记录，后文多出了"书写四名"。中国版补充了遗漏部分，说明最初迎接都监就提出了增加"书写四名"，即"《日记》《誊录》各一件，所役极为浩大，乞仍于书写四名、书吏七人、库直一名、使令六名"㉞。

　　根据以上差异可知，中国版较韩国版更为精准、明确，应是档案在某一时期又由朝鲜礼曹重新誊写、装订并上呈给中国的重抄校订本。

　　在重抄校订过程中，朝鲜对中国版《万历档》内容的增减有其重点。朝鲜注重接待礼仪规制的完备，对于接待"天使"的必备物件和给予"天使"的必备礼单等，中国版不仅没有丝毫减少，反而有所增加。如"天使"的使用物件中，韩国版只记载了"油纸二卷十一张，草席四十三叶"[35]等，中国版则为"油纸二卷十一张，白纸四卷十张，草席四十三叶"，增加了"白纸四卷十张"[36]。同样，给"天使"准备的礼单中，韩国版记载有"明暗桥雨备六张、付油芚二浮、银花裙十四双、花瓶二部"，中国版增加为"明暗桥雨备六张、付油芚二浮、雨伞一柄、银花裙十四双、工曹鞍子诸具一部、花瓶二部"，增加了"雨伞一柄、工曹鞍子诸具一部"[37]。但是，对于非必需的接待虚费，中国版有所削减，例如"天使"停宿在朝鲜专门接待中国使臣的慕华馆后，负责服侍的人数中，韩国版记载有"书吏三十六人"，中国版减少到了"书吏二十三"[38]。对于祭典举办前的演练，韩国版记载朝鲜需依据先例，提供各项演练物件或服侍人员等，包括"一，《都厅仪轨》五件，依丙午年例[39]，正书纸先可四卷、黄毛笔四柄、真墨二丁，当日内进排事。同日，一，天使前拜贴纸一卷，极品精洁纸造作进排事。同日，一，都监伺候写字官李福长、李诚国，启下使唤为去乎，一人一朔价布，上下进排事"，但这些在中国版中都被削去，只标记有"赐祭天使祭物整办后，私习仪"[40]的演练环节。

　　从以上改订倾向来看，中国版尽力完善必要的接待礼规，削减不必要的虚费，但削减力度并不大，也不是很明显。那么，从朝鲜呈递到中国的版本，在重抄校订过程中为何会有这种改订倾向？史实显示，此事与朝鲜臣事清朝后第一次接待清朝使臣密切相关。

四　朝鲜接待清朝使臣礼规的缘起

17世纪建州女真势力崛起，于天聪元年（1627）进攻朝鲜，迫使朝鲜和议，与后金结成了兄弟之盟，即史家所谓丁卯之役。自此以后，两国间不时有使者往来。如何处理关乎两国关系的接待后金使者的礼仪，就成为朝鲜不得不谨慎考虑的问题，"两国既和，使者往来，则行礼之间，不可不敬慎"[41]。对此，后金强调，当年明朝与朝鲜都鄙视女真，金国大汗因而异常恼怒，"先汗事天朝甚恭，十余年前，南朝边臣见我如昆虫，极其侮慢……朝鲜则视我甚卑，不无恼恨"，故要求朝鲜必须改变此前的接待礼仪规制。朝鲜也的确重视了接待礼规，因为"胡差接待之事，比前尤难。馈物供馈、言语酬酢之际，一或失宜，所系非轻"[42]。但此时朝鲜终究是向明朝"事大"，而非向后金"事大"，即便重视"胡差"接待，也没有达到接待明朝"天使"的标准，这招致了天聪二年（1628）的"胡差"大怒，"胡差龙骨大等入京……及至慕华馆，接待所未及出迎，龙骨大等怒"[43]。事后，"胡差龙骨大"将朝鲜的接待礼规上报给后金大汗，以致后金再次遣使时，明确要求朝鲜接待后金使臣的标准必须与接待明朝"天使"的标准相同："初，虏汗不受秋信礼单，不答国书。至是，遣所道里、沙屹者、朴仲男三将来到凤凰城，传言曰：今番接待之礼，一如天使例，则前进；不然，则当自此还去……备局回启曰：待以天使之说，则不过大言胁我，以成其所欲者耳。盖临机酬酢，不激不屈，专在边臣善处。遣使严责一款，则宜观金差举措，从长议处。上从之。"[44]换言之，即要求朝鲜按照对明朝的标准，对后金"事大"。朝鲜当时并非后金藩属，因此朝鲜国王按照备边司建议，没有完全照办。由此，接待礼仪规制成为两国外交交锋的重要内容之一。

这一局面在崇德元年（1636）丙子之役清朝征服朝鲜后，发生了变化。清朝征服朝鲜后，要求朝鲜必须严格按照"南朝旧例"接待清朝使臣，崇德二年（1637）皇太极"敕书中有曰：接待使臣毋违南朝旧例"⑮。但所谓"南朝旧例"是什么，清朝并不知晓具体标准，只能由朝鲜提供。因此，出现了以下记录：

> 悦曰：冬至月敕使来时，渠欲以天使接待望之，须讲定，可矣。上曰：谢恩使入去时，某某物措备之意，言之可也。悦曰：上教至当，前誊录书送，为可矣。上曰：胡性浮涨，各站支供及礼段盛备似当，若不为，则必为落莫。塎曰：但虚费极多，该曹裁损磨炼，可也。上曰：……礼段支供虽减之，文具则铺张，可也。鸣吉曰：上教极为允当⑯。

崇德二年六月朝鲜庙堂议政时，户曹判书沈悦根据清朝的要求，询问制订接待清朝使臣的礼仪，以便年底接待册封敕使。朝鲜国王仁祖李倧决定命礼曹抄送一份明朝时期的接待"天使"档案，让谢恩使带给清朝。领议政金塎提出，抄录档案时，可让礼曹适当裁减虚费。国王认同适当裁减，但强调接待的礼仪一定要完备，甚至可略铺张，以免被清朝责难。

由于战乱，朝鲜接待"天使"的档案佚散严重，当时只有光海君李珲时代的接待档案保存完整。彼时在位的仁祖李倧是废去光海君的王位而上台的朝鲜国王，称光海君时代为"昏朝"，本不想用"昏朝"档案，但又没有更好选择，"自甲子、丁卯经乱之后……天使接待仪注，今目之外，监军接待之事，绝无现出'誊录'，只有壬戌年梁监军出来时礼曹所撰《誊录》……此乃昏朝时所用之规，不可以此遵用，但此外更无可据之文"⑰。无奈下，只能抄录了光海君时代的《都厅仪轨》报送清朝。且抄录时，选取了"赐祭""册封""登极"三种不同类型的接待"天使"档案，作为类似情景下的参考。而朝鲜礼曹在誊抄过程中，也有针对性地作出了微调，对于必要的接待礼仪规制，较明朝时期的标准更加细致完备；对于非必要的接待虚费，较明朝时期的标准略微裁损，但裁损力度不大，也不是很明显，避免被清朝发现而招惹事端。

崇德二年十月，清朝"遣英俄尔岱、马福塔、达云，赐以一品服色，率从官、通事，赍敕往朝鲜，封李倧仍为朝鲜国王"[48]，正式将朝鲜纳入清朝政治秩序内。此次清朝册封使就是手持朝鲜抄送给的《都厅仪轨》副本前往朝鲜，一面依据档案内容检视朝鲜的接待礼规是否符合"事大"标准，另一面也根据自身理解提出了新要求，例如《都厅仪轨》中有"侍女"出现，即据此要求朝鲜提供官妓，且不断声言朝鲜的接待礼太薄，索要银两补偿。

> 金尚以迎接都监言，启曰：昨夜三更，郑命守招臣茇国相见，传敕使之言曰：南朝使臣接待，明有誊录，而今番所为，薄略太甚云。而其所言旧例，皆是无据无理之说，臣极口争辩，则命守曰，敕使之言如此也。且曰，侍女之数，何不即为回报耶？敕使催促甚急云。臣答曰，明日自有回报。命守且以所捧礼单绸、木等物，皆以银两折价，较诸南朝天使时礼单人参之价，其所不足之数，并以银两补给。臣答以明日当与户曹判书议处也[49]。

由于这是朝鲜作为清朝藩属国第一次接待清朝使臣，为免贻后日之患，不敢随意改变旧例，"我国之接待清朝使臣，此是初头，今日开例之得失，系后日之休戚"[50]。且刚刚经历了丙子之役，国库匮乏，"都监之储已乏，其于后日何？且今日求索将为后日之'誊录'"[51]。因此，朝鲜既想据理力争，又不想过分得罪清朝使臣，只能借清朝皇帝的言辞婉拒清朝使臣的额外要求，"今宜措辞谕之曰：皇帝敕书中有曰，接待使臣毋违南朝旧例云。南朝使臣往来时，绝无近妓之事。而敕使以皇命为言，故亦不敢违逆，创为无前例之事，恐或得罪于皇帝，已极未安。今此折银之事则非但前例所无，后弊无穷。皇帝敕书中所戒，如是其丁宁，小邦倘或以此得罪于皇帝，则将何以自解耶？折银一事，若此不已，则非但小邦物力万万难堪，享上之物亦无以成形矣"㉜。

不过，对于无关紧要之事，朝鲜仍尽量满足清朝使臣要求，故而此次接待完毕后形成的崇德二年（1637）接待清朝使臣的《誊录》，虽然是以明朝的《都厅仪轨》为底本，但较明朝时仍多有靡费之处，"臣观丁丑《誊录》，不胜寒心。一等头目衾被，皆用白口绸，此则天使接待时所未有之事也"㉝。此后，朝鲜接待清朝使臣，则是参照丁丑年《誊录》执行，"以迎接都监言启曰：今此敕使支待之事，当遵用丁丑年《誊录》矣"㉞。

从万历、天启年间的《都厅仪轨》到崇德年间的《誊录》，朝鲜接待清朝使臣的礼规得以确立。而清朝使臣在归国后又将《都厅仪轨》簿册交还朝廷，存储宫中，因此我们得以在清宫内阁大库中看到这两件来自朝鲜王朝的档案。

注释：

① 万明曾对此档案有详细介绍。万明：《明代后期中朝关系的重要史实见证——李朝档案〈朝鲜迎接天使都监都厅仪轨〉管窥》，《学术月刊》2005 年第 9 期；万明：《中国藏李朝档案孤本〈朝鲜迎接天使都监都厅仪轨〉新探》，《历史教学（下半月刊）》2015 年第 3 期。

② ［朝鲜］郑麟趾：《高丽史》卷 118，《列传第三十一·赵浚传》，韩国首尔大学奎章阁藏第 73 册，第 19 面。

③ ［朝鲜］洪羲达：《虚白亭集》卷 3，《迎接都监契轴文》，韩国民族文化推进会：《影印标点韩国文集丛刊》第 14 册，首尔：探求堂，1988 年版，第 116 页。

④ ［朝鲜］金指南等：《通文馆志》卷 4，《都监堂上以下各务差备官》，首尔：韩国民昌文

化社,1991年版,第59页。

⑤[朝鲜]申用溉:《二乐亭集》附录《文景公行状》,《影印标点韩国文集丛刊》第17册,第141页。

⑥《承政院日志》,孝宗元年十月四日,编号12788,韩国首尔大学奎章阁藏第108册,第126页 b 面。

⑦[朝鲜]沈悦:《南坡相国集》卷3,《馆伴辞免劄》,《影印标点韩国文集丛刊》第75册,第491页。

⑧《承政院日记》,仁祖四年三月六日,第12册,第14页 a 面。

⑨《承政院日记》,英祖二十三年十一月九日,第1023册,第53页 a 面。

⑩[朝鲜]徐荣辅等:《万机要览》财用编五《权设都监》,朝鲜总督府中枢院,1937—1938年版,第638—639页。

⑪《朝鲜明宗实录》卷29,明宗十八年九月丁酉,《朝鲜王朝实录》第20册,首尔:探求堂,1973年版,第668页。

⑫《奎章阁数据丛书·仪轨篇》,首尔:韩国学研究院,2016年版。

⑬《承政院日记》,仁祖十四年八月三日,第53册,第16页 b 面。

⑭[朝鲜]金致仁:《明义录》序,韩国首尔大学奎章阁藏第1页。

⑮《承政院日记》,仁祖十二年十月八日,第45册,第9页 a 面。

⑯朝鲜王朝初期的官用文书称为"奏纸",朝鲜语发音为"주지"。后考虑到"奏"是报告给中国皇帝的,朝鲜国王不能僭越,于是改用同样发音的"注纸(주지)","注(奏)纸"强调的是官用性质。楮注纸是用楮树皮为原料作成的简单用纸,属于下品纸。草注纸更细腻,便于染色,例如淡黄色的黄染草注纸,主要是王室用上品纸。参见孙继永:《조선시대의草注纸와楮注纸》(朝鲜时代的草注纸与楮注纸——年旭译),《书志学报》2025年第29号,第161—179页。

⑰[朝鲜]赵启英等:《외규장각의궤의장황》(外奎章阁仪轨的装潢——年旭译),首尔:韩国国立中央博物馆,2014年版,第46页。

⑱中国第一历史档案馆藏:明代档案,档号:01—02—001—000102—0001、01—02—001—000103—0001。

⑲王澈:《明清档案中的中朝交流》,《历史档案》2019年第4期。

⑳[朝鲜]梁诚之:《讷斋集》卷3,《书籍十事》,《影印标点韩国文集丛刊》第9册,第326页。

㉑《朝鲜太宗实录》卷14,太宗七年八月戊子,《朝鲜王朝实录》第1册,第409页。

㉒韩国首尔大学奎章阁藏本,图书编号:韩银90。

㉓ 张德泽：《中国第一历史档案馆大事年表》，《历史档案》1998 年第 1 期。

㉔《万历三十六年戊申四月日迎接都监都厅仪轨》，编号：14545，韩国首尔大学奎章阁藏。

㉕［朝鲜］梁诚之：《讷斋集》卷 5，《便宜十二事》，第 306 页。

㉖［朝鲜］梁诚之：《讷斋集》卷 3，《书籍十事》，第 327 页。

㉗［朝鲜］洪敬谟：《冠岩全书》卷 14，《太白山晒史记》，《影印标点韩国文集丛刊续》第 113 册，2011 年版，第 390 页。

㉘ 中国第一历史档案馆、辽宁省档案馆：《中国明朝档案总汇》第 77 册，桂林：广西师范大学出版社，2001 年版，第 444—446 页。

㉙《万历三十六年戊申四月日迎接都监都厅仪轨》，韩国首尔大学奎章阁藏第 1 页 b 面、第 22 页 a 面。

㉚ 中国第一历史档案馆、辽宁省档案馆：《中国明朝档案总汇》第 77 册，第 262 页。

㉛《万历三十六年戊申四月日迎接都监都厅仪轨》，韩国首尔大学奎章阁藏第 33 页 a 面。

㉜ 中国第一历史档案馆、辽宁省档案馆：《中国明朝档案总汇》第 77 册，第 325 页。

㉝《万历三十六年戊申四月日迎接都监都厅仪轨》，韩国首尔大学奎章阁藏第 86 页 a 面。

㉞ 中国第一历史档案馆、辽宁省档案馆：《中国明朝档案总汇》第 77 册，第 433 页。

㉟《万历三十六年戊申四月日迎接都监都厅仪轨》，韩国首尔大学奎章阁藏第 83 页 b 面。

㊱ 中国第一历史档案馆、辽宁省档案馆：《中国明朝档案总汇》第 77 册，第 427 页。

㊲《万历三十六年戊申四月日迎接都监都厅仪轨》，韩国首尔大学奎章阁藏第 71 页 b 面；《中国明朝档案总汇》第 77 册，第 403 页。

㊳《万历三十六年戊申四月日迎接都监都厅仪轨》，韩国首尔大学奎章阁藏第 5 页 a 面；《中国明朝档案总汇》第 77 册，第 270 页。

㊴ 所谓丙午年例，是指朝鲜于万历三十四年（1606，丙午年）接待因万历皇太子诞生奉命至朝鲜颁诏的明使朱之蕃、梁有年的先例。此次朱之蕃留有著名的《奉使朝鲜稿》。

㊵《万历三十六年戊申四月日迎接都监都厅仪轨》，韩国首尔大学奎章阁藏第 10 页 a 面；《中国明朝档案总汇》第 77 册，第 279 页。

㊶《朝鲜仁祖实录》卷 17，仁祖五年八月丙午，《朝鲜王朝实录》第 34 册，第 221 页。

㊷《朝鲜仁祖实录》卷 17，仁祖五年十二月乙卯、丁巳；《朝鲜王朝实录》第 34 册，第 244 页。

㊸《朝鲜仁祖实录》卷 19，仁祖六年十二月戊子，《朝鲜王朝实录》第 34 册，第 307 页。

㊹《朝鲜仁祖实录》卷 27，仁祖十年十月甲午，《朝鲜王朝实录》第 34 册，第 504 页。

㊺《承政院日记》，仁祖十五年十一月十四日，第 61 册，第 146 页 b 面。

㊻《承政院日记》，仁祖十五年六月二十日，第 59 册，第 15 页 a—b 面。

㊼《清太宗实录》卷39,崇德二年十月庚申,北京:中华书局,1987年版,第510页。
㊽《承政院日记》,仁祖十五年十一月二十七日,第62册,第57页a面。
㊾《朝鲜仁祖实录》卷35,仁祖十五年十月丙申,《朝鲜王朝实录》第34册,第705页。
㊿《承政院日记》,仁祖十五年十一月二十九日,第62册,第77页a面。
(51)《承政院日记》,仁祖十五年十一月二十八日,第62册,第63页b面。
(52)《承政院日记》,仁祖十七年六月十四日,第69册,第90页a面。
(53)《承政院日记》,仁祖十七年六月初十日,第69册,第83页a面。

(原载于《历史档案》2021年第4期)

《内阁满票签部通本式样》
概略及其价值

徐　莉

　　清代内阁是综理国家政务的最高机构，其中一项重要的职掌就是处理文书。凡皇帝下达的制、诏、诰、敕，由内阁宣示；明发谕旨以及题奏批答，亦由内阁传知各衙门抄录遵行。京内外臣工呈递皇帝的题本，由内阁进呈。处理题本，便是内阁一项重要职掌。题本在内阁经过一系列处理程序，票拟是其中的关键环节，即对题本所陈事务拟具处理办法，书于票签之上，以便皇帝裁决。针对题本的不同内容给出处理意见，就是票签处的职责。中国第一历史档案馆（以下称一史馆）藏《内阁满票签部通本式样》一书清晰记载了满汉文票签的式样，为研究票拟制度提供了更多参考。

　　本文拟介绍《内阁满票签部通本式样》一书的形制，分析其内容及特点，并结合清代内阁题本处理程序，认识清代题本票拟的重要性，阐释该书价值。

一　《内阁满票签部通本式样》的基本概况

　　《内阁满票签部通本式样》共 8 函 25 册，属内阁全宗，满文图书类下。

　　《内阁满票签部通本式样》一书题名并不是原书题名。原书各函各卷共有以下几种题名，分别为：《部本式样》《清本式样》《通本式样》，另有新增《朱笔式样》《注语式样》《勾到式样》，均为内阁处理本章票拟时的式样，确为一部书。单士魁于1945年10月在《文献专刊》上发表有《内阁满票签部通本式样之介绍》一文，即介绍本文所讲之书。

　　该本为光绪二十五年（1899）写本，二十五卷。纸质，朱墨双色，票签固定内容的部分为墨色，有变化的部分为朱色圆圈。粗布面函套，粗布面书衣。线装，包角。半页9行。页面高29cm，宽22cm。卷前有代序，详细讲解了该书的形成过程，后有办理该书人员衔名。书写文字为满汉文。票签内容部分为满汉文合璧，其余内容多为汉文。

　　每函函套下部均粘贴有黄绫函签，毛笔书写有该函函次、机构名称，以及单签双签三签等内容。函封上有该函题名、卷次及卷目，每卷书衣有该卷题名、卷次及卷目。每函每卷题名均依据该函卷内容分别定拟。根据内容不同共有三个部分。第一部分《部本式样》14卷，以中央各机构为序，依据内容不同开列票签式样。机构排序为吏部、九卿、宗人府、都察院、户部、工部、礼部、兵部、刑部。票签式样分为单签、双签、三签、四签等不同情况。《清签式样》2卷，有理藩院清签和通本清签。第二部分《通本式样》6卷，以票签用语为序，在其下开列使用此票签题本的不同内容。第三部分《朱笔式样》《注语式样》《勾到式样》各一卷。

　　开篇代序便清晰交代了该本的作用："本处式样一书，实为票签模范。现因年久失修，多有缺烂不齐。经本处侍读等回堂请修。""自三月初十日起，每逢五、十日堂期发缮，在事诸人均能踊跃从公，妥速藏事。至五月十五日一律写齐，并添缮勾到式样一本，清汉注语一本，共计二十五卷八套，装潢成书。"其所用纸张"系因满本堂恭办皇册剩余高丽纸三百余张，回明中堂，即作办书之用。至装订等项用款皆由侍读捐资办理，并未请领公款"。书成之后，对参与办理人员还有所奖励。

满票签式样并非仅此一部。该本是在光绪元年（1875）所用之本上续修增添而成，在代序中清楚说明："满票签向有丝纶部通式样各一部，清汉部本式样五部，清汉通本式样二部。自光绪元年修成后，至今二十余年之久未经续修，多有缺烂不齐，并有应行增添者，均宜补入。著派侍读、委署侍读督率中书等再行缮录一分，详细核对成书，以垂久远。"满票签式样不仅一部，前已有之。

二 《内阁满票签部通本式样》的主要内容

票拟制度形成于明代宣德（1426—1435）年间，是内阁处理公文的基本职责，是赋予内阁参政议政大权的一种标志。在明代中期以后，成为内阁辅助皇帝处理政务的主要方式。票拟制度不仅有利于皇帝在文书处理中听取臣僚的意见，也有利于提高公文处理的效率。

清初沿袭明制，题本、奏本均经内阁入奏。乾隆十三年（1748）废止奏本，概用题本。在题本处理过程中票拟是重要的环节，所形成的票签对题本提出处理意见。各处所进题本区分部本和通本，"凡各省将军、督抚、提镇、学政、盐政、顺天奉天府尹、盛京五部本章，俱齐至通政司，由通政司送阁，为通本。六部本章，及各院府寺监衙门本章，附于六部之后统为部本"[①]。根据部本、通本题报内容不同，拟写票签的样式也有所不同。

依例，内阁汉票签处收到通本、部本后由侍读校阅汉文，汉中书拟写汉文草签；满票签处侍读校阅满文，满中书拟写满文草签，草签后各书拟票侍读及协办侍读中书之姓，以为凭证。草签上呈大学士总校，校阅确认后，发回满、汉票签处缮写满汉合璧的正签。正签缮写后，阅定大学士画押，正签背面还要各缮写中书之姓名，以为凭证。

清代票签一般长22cm、宽10cm左右，根据内容多寡，长宽尺寸稍有差别。票签一般白纸墨书，左书满文，右书汉文，成合璧之式。有时为了便于皇帝有多种选择，除单签外，还会出现双签、三签乃至四签的情况。票签随题本上报皇帝后，如果与皇帝意见不符，还会打回内阁重拟，称"改票"。甚至有三改、四改、五改的情况发生。凡经过皇帝用朱笔批改过的票签，即称朱改票签。朱改票签随原本章发还内阁后，内阁翰林中书将朱改票签满、汉文内容用红笔分抄于题本满、汉文页上，称为"红本"。然后转发吏、户、礼、兵、刑、工六科，抄送各有关衙门遵照施行。

在题本处理的程序中，不同机构有不同职掌。嘉庆朝《钦定大清会典》卷二记载，满票签处的职掌是"掌校阅清文本章，拟写票签之式"。票签之式的"式"是什么样子呢？《内阁满票签部通本式样》所记载内容即是"票签模范"，详细列举了满票签式样。

该本内容庞杂，以票签样式为主，主要有三部分内容。

第一，部本式样。以机构为序列，列单签、双签、三签、四签等。单签，即仅拟写一个票签。如吏部单签，包括官员任用、补授、引见、世袭、开复、留任、罚俸、遣官行礼等项为单签。如任用大学士，票拟为："○○○著为○○殿大学士"。满文："○○○ be ○○ deyen i aliha bithei da obu。" 补授官员，如补授内阁大学士和学士，内阁侍读及中书，各部尚书及侍郎，都察院左都御史，科掌印给事中，监察御史，詹事府詹事，翰林院侍读，大理寺、太常寺、太仆寺、光禄寺、鸿胪寺卿及少卿，国子监祭酒，钦天监监正、左右监副，河道总督，漕运总督，各地方总督、巡抚、学政、布政使、按察使、盐运使等均需"检空名签"，即人名位置为空，由皇帝酌定填写，任用官员。所拟票签内容奉旨有所变化的，在该签旁有所记录。"〇〇〇补授内阁学士兼吏部侍郎衔"，旁书写有："检空名签，开列请简员缺。"表明在拟这个票签的时候，要开列所补人员，一并呈报。"道光十五年十二月初九日，御门奉朱批，朱嶟补授内阁学士兼礼部侍郎。此本留于初十日补行出科，奉旨，兼礼部侍郎下遵添'衔'字"。

双签。嘉庆朝《钦定大清会典》卷二内载："双签之式，凡各部院题请事件，有应准应驳，未敢擅便，或议功议罪，议赏议恤，可轻可重，处分应议应免，本内双请候钦定者。"即是说事涉两可的题本，有两种处理的办法，票拟人不敢专断，票拟双签，以候圣裁。如大型祭祀活动，皇帝亲自前往，或指派大臣代为行礼，地方官员请转请调，三法司驳审本等，均有不同处置的情况，需要拟写两个票签。双签次序嘉庆朝《钦定大清会典》该卷内也有记录："凡双签次序，如一准一驳，以准者为第二签；罪名一轻一重，以轻者为第二签；处分应议应免，以宽免者为第二签。其余皆以本内声请之先后为序。"

对于票拟的内容、是否双签等，该本内详细记录了谕旨，作为依据。如卷二内，列入了雍正年间3道谕旨、乾隆年间11道谕旨和两道中堂谕，对何种情形下拟何种票签，做了详细的规定。如："雍正二年十二月奉旨，嗣后科道官员内有患病具呈乞休者，该部另行缮本具题，内阁缮写留任一签，休致一签，两票进呈。钦此。"详细说明科道官员因病乞修的题本中，应该拟写两个票签并详细说明了应拟写的内容。

该本内双签，如卷十一内有："〇〇〇准其开复，来京引见；

〇〇〇不准其开复。”“〇〇〇准作为头等台吉准其世袭，余依议。”“〇〇〇不必作为头等台吉，余依议。”是两个意见完全相反的双签。刑部多涉及处置罪犯，或轻或重，差别很大。如卷十三内有：“〇〇〇依拟应绞监候秋后处决，余依议。”“〇〇〇从宽免死，照例减等发落，余依议。”这两个签处置的轻重直接关涉生死了。

三签、四签。嘉庆朝《钦定大清会典》卷二内载：“三签、四签之式，如应准应驳双请，而准驳之例各有差；功罪恤赏可轻可重，而轻重之等各有差；处分应议应免，而应议之条与应免之例各有差；或案内人数繁多，功罪互有重轻，俱分别票拟三签、四签。又三法司驳审本，有该督抚等原拟本无舛错，法司误驳者，除票双签外，再票照该督抚所拟完结一签。”所有机构中刑部多签情形较多，因为刑部题本多涉及案件，处置或轻或重有所差别。依照律法处置，情形不同也有所差别。

卷十四内有多签情形，如：“依议。〇〇〇〇〇〇照例杖徒不准纳赎”“依议。〇〇〇〇〇〇著减等发落”“依议。〇〇〇〇〇〇从宽免其治罪”。该条目下写有：杖徒三签，乾隆三十六年正月二十七日进过许宗琰一本。说明以上拟写三个票签有所依据，并有先例可以参照。

内容相同的票拟内容，先记录票签式样，项下记录了什么情形下拟写该票。如卷三“遣〇〇〇行礼；〇〇〇 be tucibufi dorolokini”项下记录：“忌辰祗祭，万寿元旦祭，太庙后点正月祭，太岁坛，关帝庙，城隍庙，火神庙，黑龙潭，玉泉龙神庙，朝日坛，双忠祠，各节祭陵，旌勇祠，显佑宫，东岳庙。以上各本俱检。”“朕亲诣行礼，余依议。”“遣〇〇〇恭代，余依议。”该项下记载：“经筵祭传心殿。”

题本里能看到很多批写有“依议”字样的批红。什么情形下拟写此签，在该书卷十《兵部单签》内有载：依议，本内加看语条，前有奉朱批字样者俱作签。列有：副将员缺另行捡补、武会试日期、乡会试应行条款事宜、武殿试仪注、军政展限、二年半举劾武员内纠参著分别议处、卓异各弁准其引见、卓异赏赐、条奏事宜、八旗武职官员军政卓异应得封恤、应得封恤提镇等准来京、各弁准终养、副将老病准休、王属护卫改设、议叙军功等，共数十条之多。

第二部分，通本式样。开篇列出通本期限。本章限期分别为40日、50日、60日、急本不同情形，下列不同期限下的题本内容。然后在目录内列票拟用语："该部知道""吏部知道""兵部知道""三法司知道"等31种。"该部知道"（harangga jurgan sa），列举了"监犯留养、屯田年满升用本处骁骑校、佐领年未及岁请署理、署理协领兼佐领、交印接印到任日期"等40余项内容。文职丁忧病故则拟"吏部知道"，武职丁忧病故副将以上拟"兵部知道"。"该部察核具奏"（harangga jurgan kimcime baicafi wesimbu），下列有：修理军械银两、奏销征收杂税数目、修理船只用过银两、奏交完粮石请入丁册、公用银两、递解军流人犯口粮、丈量地亩数目等60余项内容。

针对题本用印、格式书写、贴黄有误，以及内容漏字、错字等情形，通本票拟"饬行"，即规范其行为，使其谨严合理。如：这本面有墨污不合，著饬行；这本遗漏钤缝印不合，著饬行；这本内行款歪斜不合，著饬行；这本及贴黄内于应行三抬字样误写双抬不合，著饬行。

通本式样还开列了进通本限期、驳通本则例、题参应揭事件、应用揭帖事件等。通本三签及四签情形也详细记录。

第三，朱笔、注语和勾到。朱笔一卷，包括朱批更正、避圣讳、亲王郡王号、各省满汉文名称。朱笔记录了满汉对音的一些字。避圣讳记录了满文恭代字样，区别汉字同音字时，满文加外点的字。加外点的字，min、han、jan、šan、juwan、tiyan，字母 n 词尾形式均加外点，tiyan 惟天地之天字用此不加外点。亲王郡王号为满汉对译，各省名均为满汉对音。注语一卷，相当于满汉对应辞典，用汉字笔画排序，票拟时所用二字成语。勾到一卷，说明勾到事宜摘要。

除此之外，该本还记录了票拟时需要特别注意的事项。比如，记录了朱批修改的满文变化，拟票签时以备参考。如卷三："不准抵消原票 fangkabure be naka，奉朱笔改 fangkabure be ojorakū obu，特记。系道光十五年四月二十三日，题本改正。"

公文中经常用到的部分成语，也有清晰记录。如卷九列有满汉合璧成语：调度有方 icihiyame gamarangge doro baha，堪膺此任 ere tušan de sindaci ombi，整饬营伍 kūwaran meyen be teksileme dasaha，训练士卒 coohai urse be urebume tacibuha，武职兼辖 kamcifi kadalara coohai hafan，老成练达 ujen jingji urešhūn dacun，谋勇兼优 bodogon baturu gemu fulu，失误军机 coohai nashūn be ufarame sartabuha，遗错过失 melebuhe tašarabuha ufaraha entebuhe 等等。卷十四刑部式样内有各种伤的满汉文合璧对照书写式样：扎伤 koro arame guwesilefi，殴伤 koro arame tantafi，划伤 koro arame anjafi，砍伤 koro arame sacifi，压伤 koro arame gidafi，跪伤 koro arame niyakūrafi，踢伤 koro arame fengdilefi。这部分把满汉文书写细微的差别详细地书写出来，便于在描写细节时进行参考，减少错误。

该书内还夹有票签。卷十二刑部单签，内有一存案票签规格为 18.5cm×8.7cm，满汉合璧，汉文右上角自上而下写："法司知道"。中间下部位置汉文时间及事由"十一月初九日绍昌等重囚事"，满文时间及事由"omšon biyai ice uyun de, šoocang se, ujen weilengge niyalma jalin"。左上角满文"fafun i yamun sa"，即汉文"法司知道"。该签右下角写：此签光绪三十三年十一月初九日办，特记存案。

综观《内阁满票签部通本式样》，列举不同内容题本票签式样，分为部本及通本两部分。部本式样以机构为主线，分别单签、双签、三签、四签等情形。通本式样以票拟式样分类开列所涉及题本内容。与题本相关联的公文格式、用印、格式书写、专有名词、避圣讳等内容也均记录在内，都是公文处理过程中内容、用语、格式、书写需要注意的事项。该本不仅是票拟的式样，同时也关涉本章处理的其他事项，是一部实用性很强的内阁处理题本拟写票签的工具书。

三　《内阁满票签部通本式样》的史料价值

《内阁满票签部通本式样》一书，是清代末期内阁满票签处的拟写票签的工作手册，是票拟时必备的工具书。清代沿袭明代旧制，内阁票拟制度得以延续，成为内阁办理公文的重要职掌。虽然清代军机处设立之后，大大削弱了内阁的权力，但是日常公文的处理还是在内阁进行。凡内外臣工向皇帝报告政务的题本奏本，须先经内阁"票拟"，提出处理意见，再报皇帝批阅。皇帝批准后，再由六科抄发各衙门施行。

《内阁满票签部通本式样》一书，无论是对机构研究还是对内阁票拟制度的研究，都有不可替代的价值。

第一，机构研究价值。通过该本可更多了解内阁满票签处人员情况、职能和作用。书中开篇代序详细讲解了该本的纂修过程及性质。字虽为清末光绪朝抄写之本，但也能从中窥见清代内阁满票签处工作的人员及其职掌。代序后开列督催侍读灵椿等6人、详校委署侍读赛崇阿等 7 人、初校中书德馨等 3 人、缮写中书恩廉等 7 人，不仅反映了人员职衔及人数，还清晰表明了他们在增修该书中的职责。该本内票签涉及政务内容繁多，分门别类地进行梳理，也说明内阁在长期处理本章过程中，认识到票拟的规律，总结出一套有效进行票拟的工作方法，形成此书便于检索和使用，提高了拟写票签的准确度和规范化水平，做到了有章可循。虽然雍正年间成立军机处后，内阁的权力愈来愈小，但中央各部院及地方要员呈递的题本承载着国家机器得以正常运转的大部分庶务，从一史馆所藏的数百万件题本中可以看出，内阁处理公文的能力依然强大。

第二，研究题本票拟工作规则，为题本公文处理的研究提供新素材。题本上的批红，都是经过了票拟程序之后，票拟的最终结果，其形成经过一系列公文处理程序。票拟时针对来自不同机构不同内容的本章，内阁负责票签的人员参照什么进行的票拟，怎样区分该拟写几个票签，不同票签式样是什么，必然有所依凭。该书就直观地提供了范本，为票拟内容提供依凭。从中也能看出部本、通本以及票拟的一些规律。

六部主管的政事各有不同，针对题本涉及不同内容，均使用固定的票拟用语。部本内为议复之事，均提出处理意见，票拟根据意见，依照意见处理的，拟写"依议"。吏部拟任官员、吏部差人行礼等，拟空名签，同时拟写名单，供皇帝裁定。双签、三签、四签的情形均有所差别。各省通本题请事件归入六部议复或知晓，多不直接办理，所用票签用语多为"该部知道"，或"议奏"，或"察核"。与部院无关的寻常事件，拟写"知道了"即可。根据该本还有更多票拟的规律可以总结和归纳。

该本内记载内容详尽，不仅有票拟式样，拟写票签的关联谕旨，更能体现统治者的意志。通本内书写的各项饬行事项、题本期限、驳通本则例等涉及文书制度和文书处理的要求，为集中研究题本这一公文种类有独特的研究价值。

第三，该本内所有票签正文均为满汉文合璧，无疑提供了语言学上的参考价值。清代满文作为"国语"，一向为统治者所重视，采取了多种手段强化"国语"的地位。虽然最终没能阻止满语文的衰落，但是，从该书中也能看出，在统治集团的中心，内阁在处理公文的部分，满语还是保留得比较好。

从明代开始，内阁便是处理本章的重要中枢机构。清代沿袭明代旧制而有所改进。顺治初年，"各部院奏事，经朕面谕者，部臣识其所谕，回署录之票签，送内院照票拟批红发科，如此则错误必多"②。顺治十年（1653），"奏事时，奉御批即发内院，嗣后拟于太和门内，择一便室，大学士、学士等官，分班入直，所有一应本章，或御笔亲批，或于御前拟批，若有应行更改之事，即面奏更改"③。后经过历朝一系列改进，形成了一套完整的票拟制度。处理题本是清代内阁重要的日常工作，票拟是中间环节，但是其结果却直接关涉到事件处理的结果。《内阁满票签部通本式样》一书，让我们看到了票签的依据，是研究清代内阁公文处理不可多得的重要资料。

注释：

① （嘉庆）《钦定大清会典事例》卷10,内阁二·职掌·进本。
②③（光绪）《钦定大清会典事例》卷14,内阁四·职掌·票拟。

（原载于《历史档案》2016年第4期）

浅论《诗经》满译本中的
叠词翻译策略

石文蕴

　　《诗经》是中国历史上最早的一部诗歌总集，在先秦时期称为《诗》或《诗三百》。其中收录了自西周初年至春秋中叶的诗歌，分为《风》《雅》《颂》三部分，共305篇，相传是由尹吉甫采集，孔子编订的。《诗经》以四言为主，运用赋、比、兴等表现手法，文字生动，韵律优美。千百年来，因其丰富的内容、生动的语言以及深厚的情感表达得以世代流传。《诗经》中出现大量的叠词，据不完全统计，305篇诗歌中有186篇使用了叠词，运用了400余个不同的叠词，总量达到520个次①。《诗经》满译本中对这些叠词的翻译采用了多种丰富而灵活的方法，然而却少有相关研究，仅有门议炜的《武英殿刻本满译〈诗经〉的语言特点研究——以〈国风〉为例》一文中略有涉及。因此，笔者搜集了《诗经》中具有代表性的叠词进行分类归纳，并举例分析了其在《诗经》满译本中的对应翻译，旨在探究《诗经》满译本中各种翻译方法的运用特点，以期更深入发掘满族语言文化特色，增进满汉文化交流。

一　《诗经》满文译本的版本刊刻背景

　　清朝统治者十分重视汉文化。早在天聪年间，便有达海将汉文经典著作翻译成满文，据《清实录》记载："其平日所译汉书有《刑部会典》《素书》《三略》《万宝全书》俱成帙。时方译《通鉴》《六韬》《孟子》《三国志》及《大乘经》，未竣而卒。"②清朝统治者入主中原后，愈加迫切渴望接触和了解汉文化，以便巩固其统治地位，而翻译汉文典籍是了解和学习汉文化的一种途径。于是顺治朝至乾隆朝期间，大量的汉文典籍被翻译成满文，作为儒学经典的《诗经》亦在其列。

　　《诗经》最早被翻译成满文是在顺治时期，由于此时满汉文化交流较少，译者对《诗经》内容的理解不够深入，因此该译本中的语言质朴，存在大量直接音译词语。该译本有顺治十一年（1654）的内府刻本，共二十卷，为满文本，内有宋代朱熹集注。此版本为线装，四周双边，半页八行，小字双行③。此译本还有顺治十一年听松楼刻本、顺治年间抄本等版本存世④。乾隆时期，随着满汉文化交流的加深，汉文化被逐步深入了解。乾隆帝认为距前次翻译《诗经》时隔已久，且注疏中存有"训诂""穿凿"之弊端，于是着令在顺治十一年译定版本的基础上，参照《御制清文鉴》中的"新定国语"，再次满译《诗经》。此次翻译历时八年，最终于乾隆三十三年（1768）完成，为武英殿刻本。武英殿刻本《诗经》（以下简称《诗经》满译本），全书共八卷，满汉文合璧，每半页满汉文各有七行。乾隆帝在该刻本的御制翻译《诗经》序中，写明了翻译目的："若夫译以国书，文依本文，义依本义，不待钩章棘句，领胜标齐，而䌷绎循环，俾读者无不怃心切里。更举夫文之所未宣、义之所难显，皆得于抑扬抗间，默传其有尽无穷之情状，然后知此编之所裨于诗教。"⑤翻译完成后，乾隆帝将这部《诗经》满译本恩赏给各地大臣，从大臣的谢恩折中也可见这部武英殿刻本《诗经》的特点："睿藻精详，瑶编美备。就国书以明诗教，阐发靡遗；参新语以协原文，折衷尽善。统括乎天道，人为之备索，解于语言文字之余，既共贯而同条，洵珠联而璧合。"⑥乾隆朝《诗经》满译本因其更加规范的版式、规整的字体及准确生动的译文内容得以流传于世，并对清中后期满汉文化交流影响深远。

以下将对《诗经》叠词的满译特点进行归纳，并举例分析其在《诗经》满译本中的具体翻译策略。

二 《诗经》中叠词的满译特点

（一）《诗经》叠词的分类

叠词，又称叠字、重言、叠音词等，是汉文古代诗歌中常用的一种表现手法，亦是一种常见的修辞现象。叠词的运用可以使诗歌的形式整齐划一，增加语言的韵律感，同时还可以使文字表达更为生动形象。按照结构划分，《诗经》中的叠词主要有AABB、ABAB、AABC、ABCC、ABAC、ACBC、AAB 等多种形式。这些叠词形式，在《诗经》满译本中有以下对应形式。

AABB 式：如，战战兢兢（xurgeme xurgeme geleme geleme）、济济跄跄（simengge simengge kumungge kumungge）；ABAB 式：如，悠哉悠哉（atanggi ni atanggi ni）、委蛇委蛇（urhuri haihari urhuri haihairi）；AABC 式：如，肃肃其羽（terei asha xeo xeo sembi ni）、燕燕于飞（cibin cibin deyeci）；ABCC 式：如，伐鼓渊渊（tungken tvci tvng tvng sembi）、桃之夭夭（toro moo niowari niowari）；ABAC 式：如，于沼于沚（omo de bita de）、勿翦勿伐（asihiyaci sacici ojorakv kai）；ACBC 式：如，绿兮衣兮（nioboro kai etuku kai）、泳之游之（funtumbi olombi）；AAB 式：如，祂祂兮（far far sembi）、麑麑兮（dur dur sembi）；ABB 式：如，鼓咽咽（tungken tung tung sembi kai）。

（二）《诗经》叠词的满译特点

在《诗经》的满译本中，同一个叠词在不同诗歌中出现，当其表达的意思相同时，译者一般会将其译成语义相同或相近的满语词，如果表达的意思不同，则会译成不同的词语。对于不同的叠词，译者一般会根据其不同的语义来选择不同的满语词语予以对应，不过当不同的叠词所表达的语义相近或相同时，在满译时也会对应为相同的满语词语。

1. 同词同译

在《诗经》中，同首或不同首诗歌中会存在许多相同的叠词，对此，在其意思亦相同的情况下，译者多将这些汉语叠词翻译成相同的满语词语。

例1：

汉文：振振公子，于嗟麟兮[⑦]。

汉文中下划线部分所对应满文译文的拉丁字母转写及语义标注[⑧]：

| wesihun | wesihun | gung | ni | juse | kai |
| 高尚的 | 高尚的 | 公 | 的 | 孩子 | 矣 |

例1选自《麟之子》，同篇中的振振公姓（wesihun wesihun gung ni hala kai）、振振公族（wesihun wesihun gung ni uksun kai）与《殷其雷》文中振振君子（wesihun wesihun ambasa saisa），其中的"振振"均意指仁厚，译者均用wesihun来翻译。

2. 同词近译

《诗经》中不同语句中出现的叠词，在意义相同的情况下，译者有时会译为意思相近的满语词语。如，《采薇》一诗中的四牡骙骙（duin akta dabdurxambi dabdurxambi）与《六月》中的四牡骙骙（duin akta janggalcame janggalcame）均描写四匹马的雄壮之貌，而两首诗在翻译时分别将"骙骙"翻译为词义相近的

dabdurxambi（发急）与 janggalcambi（马挣抖缰绳），均以阵前马匹跃跃欲试的状态来表示马匹的强壮。

3. 同词异译

此外，对于《诗经》中相同的叠词，当其在不同语句中表达的意思不同时，译者会根据其语义进行翻译。以叠词"悠悠"为例。

例2：

汉文：<u>驱马悠悠</u>，言至于漕。

ekxeme　　ekxeme　　jugvn　de　morin　xodome
急忙　　　急忙　　　路　上　马　马跑

例2选自《载驰》，文中的"悠悠"一词被翻译为 ekxeme ekxeme（急忙的）。"悠悠"一词在《诗经》中多次出现，据其不同语义，译者将其翻译成了不同的满语词语，如表达"昏暗"的悠悠苍天（<u>buruhun buruhun</u> niohon abka），表达"远"的悠悠南行（<u>goromime goromime</u> julesi yabure niyalma），表达"怡然"的悠悠旆旌（<u>ler ler seme</u> girdan temgetun bi），表达"常常"的悠悠我思（bi <u>kemuni kemuni</u> gvnimbi）以及表达"念念不忘"的我心悠悠（mini mujilen <u>cik cik</u> sembi）。

4. 异词同译

通常情况下，《诗经》中不同的叠词在满文翻译中一般对应不同的满语词语，但有时会存在一种特殊情况，即翻译为相同的满语词语。

例3：

汉文：<u>湛湛</u>露斯，在彼杞棘。

jalu　　jalu　　silenggi
满的　满的　　露水

例3选自《湛露》，文中"湛湛"一词形谷露水多，而《野有蔓草》中的零露瀼瀼（wasika silenggi jalu jalu ni）中的"瀼瀼"亦有形容露水多之意，因此两词在译文中均被翻译为jalu jalu（满的）。对《诗经》中不同的汉语叠词被译作同样的满语词语，分析其原因主要有两种：一是该满语词语是多义词，可以表达多种语义；二是相较于满语，汉语的历史更加久远，使用也更加广泛，词语也更加丰富，同一语义可以使用多个词语来表达，因此在《诗经》中许多语义相同的叠词在汉语中是可以用多个词语来表达的，但翻译成满语时，这些词语却只能对应同一个满语词语。如ler（ler）seme有多种语义，包括形容人端庄、和蔼、举止沉稳的样子，形容草木茂盛的样子，形容人精神旺盛的样子，形容使人心神愉快的样子，形容动作轻快的样子，形容巨大的样子[⑨]等等。在《诗经》中就有多个汉语叠词被译成此词，不论语义相同与否。

例4：

汉文：菁菁者莪，在彼中阿。

empi　　ler ler seme

藜蒿菜　　茂盛的

例4选自《菁菁者莪》，文中"菁菁"一词形容茂盛状，与之类似的莫莫葛藟（ler ler sere hvxa siren）中的"莫莫"、厌厌其苗（jeku ler ler sembikai）中的"厌厌"、维叶泥泥（abdaha ler ler sere）中的"泥泥"、绿竹猗猗（niowanggiyan cuse moo ler ler sere gese）中的"猗猗"都有植物长势茂盛的意思，故满译时均以ler ler seme来表达，取其茂盛之意。而杨柳依依（burga fodoho ler ler sembi）中的"依依"表达树木轻柔披拂之意，《谷风》（ler ler sere banjibure edun de）中的"习习"则表达和舒之意，威仪棣棣（arbungga yongsu ler ler seme）中的"棣棣"表达了雍容闲雅之貌，君子陶陶（ambasa saisa ler ler seme）中的"陶陶"则表达出和乐之貌，虽然这些叠词所表达的意思不尽相同，但在满译本中均以 ler ler seme 来翻译。

由此可见，在将《诗经》叠词进行满文翻译时，译者并未仅仅简单依据字面意思进行翻译，而是在先行尽量理解汉文叠词语义的前提下再进行翻译，在满译本中将汉文叠词的语义进行准确的表达，便于读者的阅读与理解，以使读者可以更好地体会原作的内涵与魅力。

三 《诗经》叠词在满译本中的翻译策略

（一）逐词翻译法

在《诗经》满译本中，对于能够直接表达原文内容与意义的叠词，按照汉语字面意思采用了逐词翻译法。

例5：

汉文：<u>黄鸟黄鸟</u>，无集于穀，无啄我粟。

suwayan　gasha　suwayan　gasha

黄色的　　鸟　　黄色的　　鸟

例5选自《小雅·黄鸟》，文中的"黄鸟"是指一种喜食粮食的黄雀，作者用对啄食粮食黄鸟的愤怒来指代对不能善待异乡人的当地人的怨恨。满译本中将其逐词翻译成 suwayan gasha（黄色的鸟），同样以叠词形式来突出情感，借此表达对欺辱歧视的愤恨。

例6：

汉文：<u>绿兮衣兮</u>，绿衣黄里。

nioboro　kai　etuku　kai

秋香色　　矣　　衣服　　矣

例6选自《绿衣》，作者在此句中借故妻所缝制的绿衣来表达自己的思念之情。文中的"绿"在朱熹的《诗经集注》中解释为苍、藤黄之间色[⑩]，满语中为 nioboro 之意。对于"绿"与"衣"

后面重复出现的语气叠词"兮"，满译本逐字翻译为满语语气词 kai，既保留原文的韵律感，同时增强了译文的感染力。

此外，在逐词翻译法中，还存在一种特殊的情况。为了尽量保持汉满两种语言的对应性，同时又可以突出汉语叠词的特色，译者采用了重复翻译的方式，即将本已可以表达意思的一个词语又进行了重复性翻译。

例 7：

汉文：<u>兢兢业业</u>，如霆如雷。

geleme　geleme　olhome　olhome
害怕　　害怕　　畏惧　　畏惧

例 7 选自《大雅·云汉》，主要表达人们对旱情的畏惧。在朱熹的《诗经集注》中将叠词"兢兢"解释为恐也，"<u>业业</u>"解释为危也[11]。满译本翻译该词汇时本可以翻译成 geleme olhome，但为了保留汉语叠词的形式和韵律感，重复使用这两个满语，将其翻译为 geleme geleme olhome olhome。

例 8：

汉文：泾以渭浊，<u>湜湜其沚</u>。

terei　gargan　bolgo　bolgo　ombi
其　　支流　　清　　清　　为

例 8 选自《谷风》，文中的叠词"湜湜"在朱熹所著的《诗经集注》中解释为清貌[12]。同样，该叠词本可以用 bolgo（清静的）一词表达其意，但满译本将其重复翻译为 bolgo bolgo。

例 9：

汉文：<u>淇水汤汤</u>，渐车帷裳。

hvwai　hvwai　sere　ki　xui　muke　de
浩瀚　　　　　　　淇　水　水　格助词

例 9 选自《氓》，文中的叠词"汤汤"在朱熹所著《诗经集注》中解释为水流盛大貌 ⑬。"淇水汤汤"在满语中用 hvwai sere 即可表达浩瀚之意，但为了突出叠词的修辞效果，满译本将其重复翻译为 hvwai hvwai sere。

再有，《诗经》中的一些拟声词在逐词翻译时也被重复使用。

例 10：

汉文：<u>伐木丁丁</u>，鸟鸣嘤嘤。

moo	sacici	tak	tik	tak	tik	sembini
木	砍伐	伐木	声	伐木	声	呢

例 10 选自《伐木》，文中"丁丁"为拟声叠词，指砍伐树木的声音。"伐木丁丁"在满语中可以直接用 tak tik sembi 来表达，但满译本通过重复翻译为 tak tik tak tik sembini，突出了叠词的韵律感。

例 11：

汉文：之子之苗，<u>选徒嚣嚣</u>。

niyalma	tuciburengge	ja ji	ja ji	sembi
人	发出的	众人嚷闹声	众人嚷闹声	

例 11 选自《车攻》，此句表达的是天子在夏季进行狩猎活动，清点随行人员时的声音喧哗。"嚣嚣"一词在朱熹的《诗经集注》中解释为喧哗貌 ⑭，指嘈杂的人声。该叠词在满译本中与 ja ji ja ji sembi（即形容众人的喧闹声）相对应，也采用了重复翻译。

《诗经》满译本中对叠词采用逐词翻译法，既直观保留了叠词的形式，又可直接表达原文语义，使读者可以对原作内容有充分的理解。尽管如此，译者在逐词翻译时，有时还对一些本已可以单独表达词义的词语进行重复相叠，这也体现在对一些拟声叠词的处理上，这样可在译文中突显叠词的特色，使读者更好地感受到原作中叠词的韵律美。

此外，由于汉满文化之间存有差异，有些叠词如果直接按照字面意思翻译会造成不同程度的信息缺失，势必会给满文读者造成不便。为解决这一问题，满译本中还灵活运用了替代、释义、省略、增添等多种翻译方法。

（二）替代翻译法

替代法，即原文中有读者不易理解的词语或在译文中无法找到恰当的词语时，译者在翻译过程中通过选用相似词语进行替代，以最大限度还原原文的表达效果，缩小翻译中的文化差异，使读者更真切地体会到原文中的含义。《诗经》中也有许多晦涩难译的叠词，满译本在翻译这些叠词时采用了替代法。用替代法翻译出来的词语也多为满语叠词，既起到了使译文更加通顺易懂的作用，也保留了原有的形式与韵律。

例 12：

汉文：<u>桃之夭夭</u>，灼灼其华。

toro	moo	niowari	niowari
桃子	树	嫩绿的	嫩绿的

例 12 选自《桃夭》，文中的叠词"夭夭"意为"少好之貌"。满译本中以 niowari（嫩绿的）一词予以替代，用鲜嫩的颜色表现出桃树幼嫩长势好。满语叠词 niowari niowari（嫩绿的嫩绿的）常用于棘心夭夭 bula i arsun niowari niowari（枣树芽心嫩壮）等场合，表示植物幼嫩长势好。

例 13：

汉文：乃生男子，载寝之床，载衣之裳，载弄之璋。<u>其泣喤喤</u>，朱芾斯皇，室家君王。

songgoro	jilgan	lurgin	lurgin
哭泣	声音	粗浊的	粗浊的

例 13 选自《斯干》，此段描述表达的是对诞下男孩的对待与祝愿。叠词"喤喤"本意为大声地哭，满译本中用 lurgin lurgin（粗

浊的）来替代，意指男孩的哭声。

例 14：

汉文：閟宫有侐，实实枚枚。

akdun　　akdun　　bime　　saikan　　saikan ni
坚固的　　坚固的　　且　　优美的　　优美的呢

例 14 选自《閟宫》首句。文中"实实"一词指坚固，该叠词被逐词翻译成了 akdun（坚固的）。后面的叠词"枚枚"意为砻密，指宫殿的雕刻细密，满译本用 saikan saikan（优美的）一词替代，体现出了宫殿建筑的华美。

例 15：

汉文：雄雉于飞，泄泄其羽。

ashan　　habtaxambi　　habtaxambi

翅膀　　抿翅飞　　　　抿翅飞

例 15 选自《雄雉》首句。文中的"泄泄"一词用来形容雄雉飞行缓慢，该叠词在满译本中以 habtaxambi habtaxambi（抿翅飞）一词来替代，生动形象地展示了雄雉慢慢飞行的状态。

例 16：

汉文：桃之夭夭，其叶蓁蓁。

terei　　abdaha　　jergi　　jergi

它的　　叶子　　层　　层

例 16 选自《桃夭》。文中的叠词"蓁蓁"意为"叶之盛也"，满译本中以满语叠词 jergi jergi（层层）来替代，形象地表现出叶子的茂盛之态。

例 17：

汉文：兽之所同，麀鹿麇麇。

jolo　　buhv　　feniyen　　feniyen　　ohobi

母鹿　　鹿　　一群　　　一群　　　成

例17选自《吉日》。文中的叠词"麌麌"为众多之意，满译本中用 feniyen feniyen（一群一群）来替代众多之意，使得译文更为生动形象。满语叠词 feniyen feniyen（一群一群）一般用在出车彭彭 jurandara sejen feniyen feniyen（众多车辆出动）、采蘩祁祁 empi gururengge feniyen feniyen i yabumbi（采藜蒿者众多）等场合，表示众多之意。

从以上替代法的举例中不难看出：《诗经》中一些晦涩难以翻译的叠词，在翻译时无法找到恰当的对应词语，因而译者斟酌选用了相似的词语替代，如叠词"泄泄"以 habtaxambi habtaxambi（抿翅飞）替代、"麌麌"以 feniyen feniyen（一群一群）替代。这样不仅可以最大限度地还原原文的表达效果，而且使译文更为生动形象。

（三）释义翻译法

释义法是指译者在翻译过程中对原文加以补充解释，以使读者可以更好地理解原文之义。《诗经》满译本中也运用了释义法，这种译法一般不需要按照叠词的形态重复翻译就可以将汉语叠词的意思更加清晰、准确地表达出来。

例18：

汉文：子子孙孙，勿替引之。

jui i jui omolo i omolo
子 的 子 孙 的 孙

例18出自《楚茨》的最后一句，全诗描绘了祭祀的场景。此句意为愿后世子孙不要荒废祭祀之例，要永远效法。满译本中用释义法将叠词"子子孙孙"解释为儿子的儿子、孙子的孙子，以此表现子孙后裔、世世代代之意。

例19：

汉文：左之左之，君子宜之。右之右之，君子有之。

hashv	seci	hashv	ergide
左	若说	左	在边
ici	seci	ici	ergide
右	若说	右	在边

例 19 出自《裳裳者华》，是周王赞美诸侯的诗歌。朱熹将此句解释为"言其才全德备，以左之则无所不宜，以右之则无所不有"⑮。满译本中将"左之左之""右之右之"释译为若说左边即在左边、若说右边即在右边，以此表达诸侯德才兼美。

例 20：

汉文：潝潝訿訿，亦孔之哀。

acalarangge	acalame	ehecurengge	ehecume
合者	共合	毁谤者	毁谤

例 20 出自《小旻》。这是一首政治讽刺诗，作者在诗中揭露了当时治国的弊病，表达对国事的忧虑。据朱熹的《诗经集注》中解释，叠词"潝潝"意为相合，"訿訿"意为相抵。满译本中将其解释为党同者相和，伐异者相诋毁，以此来突显当时政治局面的混乱。

例 21：

汉文：南有嘉鱼，烝然汕汕。

tere	be	dangdali	i	dangdalilambi
其	将	网	用	下网捕鱼

例 21 出自《南有嘉鱼》。朱熹的《诗经集注》中将"汕"字解释为摍，即捕鱼所用的小网。满译本中则将叠词"汕汕"用同一词根的两个词语翻译，意为"用网网鱼"，在一定程度保留了重叠词的语音效果。

例 22：

汉文：是烝是享，苾苾芬芬。

> wa　wangga　amtan　amtangga　ni
>
> 气味　香的　味道　香甜的　呢

例22出自《信南山》。文中叠词"苾苾"意为浓香，"芬芬"意为香气浓郁。满译本中翻译时分别在两个形容词前又添加了"气味"和"味道"两个词，意指祭祀受享，气味芳香，使得文中之意更加明晰，令读者阅读时一目了然。

从以上释义法的举例中看到，译者在翻译时分别对"子子孙孙""左之左之""右之右之"等叠词进行了补充解释。这样可为读者解决由于文化差异而无法领悟原文隐含深意的问题，以更好地理解原文之意。

（四）省略翻译法

在翻译过程中，《诗经》中有些叠词在不影响整体意思表达的前提下会被省略掉。通常，省略不译的词多为语气叠词。

例23：

汉文：就其浅矣，泳之游之。

> funtumbi　olombi
>
> 浮水　涉水

例23选自《谷风》。在满译本中只翻译了"浮水"和"涉水"两个动词，描绘出游泳的动作，将语气叠词"之"省略掉。

例24：

汉文：载驰载驱，归唁卫侯。

> feksime　xodome
>
> 奔跑（马）　跑

例24选自《载驰》。文中"载"为语气叠词，没有实际意义，满译本中将其省略。

除了这些例句外，《谷风》中的"有洸有溃"在满译本中译为jolhocome dushuteme，该满语词意为怒威挣跃、横冲直撞，其中语气叠词"有"也在翻译中予以省略掉。

由此可见，《诗经》满译本中，在不影响语义表达和产生误解的前提下，一些没有实际意义的语气叠词会被省略掉，从而使译文更加符合读者的语言习惯。

（五）增添翻译法

《诗经》满译本在翻译中除使用了省略翻译的方法外，还采用增添翻译法，即通过添加一些汉文中没有的词语，使得读者更容易理解原文。这种译法多用于翻译 ABAB 形式的叠词，当汉语语气词在翻译中被省略时，可能会影响词意的表达，也会破坏叠词原有的形式，这种时候可添加新词用以增强语义的表达和形式的美感。

例 25：

汉文：式微式微，胡不归。

wasika　ni　wasika　ni
　衰落　呢　衰落　呢

例 25 选自《式微》。文中的语气叠词"式"没有实际意义，在满译本中予以省略，但在 wasika（衰落）后面加上了语气词 ni，从而保留了叠词的原有形式。

例 26：

汉文：怀哉怀哉，曷月予还归哉？

absi　kidumbi　absi　kidumbi
何其　怀念　何其　怀念

例 26 选自《扬之水》，全诗抒发了远戍士兵思乡的情感。满译本中对 kidumbi（怀念）后面的语气叠词"哉"进行了省略，在其前面添加副词 absi（何其），以此加深思念的程度。

例 27：

汉文：敬之敬之，天维显思，命不易哉。

saikan　　ginggule　　saikan　　ginggule
好生　　　慎重　　　好生　　　慎重

例 27 选自《敬之》的首句，该诗表达了周成王敬天的思想。满译本中将语气叠词"之"省略不译，但在 ginggule（敬）前添加了 saikan（好生），以表达周成王向臣民强调敬天的重要性。

从以上增添的举例中可以看出，译者在翻译时增添了词语，由此避免了因满汉文化差异而导致的信息缺失，使读者可以获取到更多的原文信息，更加深入地理解文义，同时也增强了译文表达上的完整性和形式上的美感。

四　结语

笔者通过收集、整理和分析，发现《诗经》满译本对叠词的翻译不仅采用了逐词翻译、重复翻译等较为简单直接的翻译方法，而且根据实际的语义和具体语境还灵活运用了替代、释义、省略、增添等多种翻译方法，在准确表达语义的前提下，力求充分体现叠词的形式美和韵律感。运用这些翻译方法，不仅增强了满译本的可读性，也提高了读者对汉文原作的理解，让他们如实感受到汉文化的内涵，从而能够更好地体会《诗经》的魅力。

从本文对《诗经》中叠词的满文翻译实例分析可以看出，《诗经》满译本以较高水准完成了对这个传世之作的翻译，具有很好的学术价值和参考意义。译者对作品的翻译既忠实于原文，又达到了文辞畅达，同时亦不拘泥原文并兼具文采，将《诗经》中的韵味较充分地展现出来。新的时代，对满语工作者提出了更高的要求，我们要更多地整理、研究和利用满文文献，使优秀的民族传统文化能得以更好地传承和发扬。鉴于笔者的专业和能力所限，对《诗经》满译本中叠词的翻译方法等分析只处于"浅论"

层面，希望有更多、更加深入的探究成果，以丰富完善这方面的分析研究。

注释：

① 周延云：《〈诗经〉叠字运用研究》，《青岛海洋大学学报》（社会科学版）2000 年第 2 期，第 71—76 页。

② 《大清太宗文皇帝实录》卷 12，天聪六年七月庚戌。

③ 徐莉：《清代满文〈诗经〉译本及其流传》，《民族翻译》2009 年第 3 期，第 52—57 页。

④ 北京市民族古籍整理出版规划小组办公室满文编辑部：《北京地区满文图书总目》，沈阳：辽宁民族出版社，2008 年版，第 6—7 页。

⑤ 吴元丰：《诗经：汉满对照》，沈阳：辽宁民族出版社，2019 年版。

⑥ 中国第一历史档案馆藏：宫中朱批奏折，乾隆三十六年七月十二日，档号：04—01—12—0144—060。

⑦ 以下所有汉文、满文译文的拉丁字母转写，均参考吴元丰：《诗经：满汉对照》。

⑧ 以下所有例子同上，均为汉文中下划线部分所对应满文译文的拉丁字母转写及语义标注。

⑨ 胡增益：《新满汉大辞典》（第 2 版），北京：商务印书馆，2020 年版。

⑩—⑮ 王文英：《铜板诗经集注》（精校本），上海：大达图书供应社，1935 年版。

（原载于《民族翻译》2022 年第 2 期）

国家图书馆藏清代满汉合璧
《同文物名类集》对音特点及其价值

刘东晖

　　《同文物名类集》①是清代坊间刊行的一部满汉合璧对音词典，又名《物名类集》，现已知仅存一部刻本藏于国家图书馆，其成书年代、作者、刻书机构均不详，且刻印纸张粗糙、讹误之处颇多，从古籍鉴定角度来说并非善本珍品，但因其存世数量稀少，满汉标音内容详尽，且书中记写有特别的学习笔记和使用痕迹，作为一项第二语言习得工具书的生动实例，对于见证清代民间满汉语言文化交流融合具有重要的意义和价值。该词典的基本信息在《北京地区满文图书总目》②《全国满文图书资料联合目录》③《世界满文文献目录（初编）》④等目录书中均有收录，春花所著《清代满蒙文词典研究》⑤一书对其版本特征和主体内容进行了简要介绍，但目前尚无专著或论文深入探讨此书。笔者有幸在工作中借阅了该词典，实际考察其版本、装帧、使用情况，并采集书中全部词条，拟通过进一步解读其主要内容，分析其学习笔记信息，探讨其满汉对音特点，以期为探究清代满汉语言文化交融对于中华民族共同体构建产生的深远影响提供线索。

一　《同文物名类集》基本概况

（一）版本特征

《同文物名类集》成书年代不详，根据其中词条内容可推断其成书时间应在乾隆十四年（1749）以前⑥。刻本，四孔线装，包角，曾经过重新装裱，中间夹有修补所用托裱衬纸，重新装订后由上、下两卷变为元、亨、利、贞四册，页码仍然按照两卷排序。开本 23cm×13.8cm，版框 21.3cm×12.6cm，四周单边，乌丝栏，书口为黑口，依次有单黑鱼尾、满文页码。上卷前有汉文目录，无序跋，卷端书名为《物名类集》，无满文书名。正文半页五行，每行上下双栏，各列有一组词汇，每词先列汉文词汇，下以小字双行列满文译词及汉字对音，部分汉文词汇右侧有手写的满文对音，按先上下、后左右顺序阅读。

（二）内容简介

该词典是一部小型满汉合璧分类词典，"在《同文广汇全书》《清书全集》等清早期满汉合璧分类词典基础上增删词语而成"⑦，共收录词条 1634 条，其中大部分为名词，分为 32 类，上卷分为天文、地理、山海、时令、宫室、佛神、人伦、匠艺、身体、金银、数目、珠宝、饮食、颜色、颜料、绸缎、丝线、衣服，共 18 类；下卷分为兵器、器皿、音乐、文器、农具、五谷、菜蔬、果品、树木、花草、飞禽、走兽、马匹、牲畜，共 14 类。每类目开始时单列一行，先列汉文类目名，其下左侧为满文类目名，右侧为汉字对音。上述词汇又分编于元、亨、利、贞四册，每册具体内容如表 1 所示。

表1　《同文物名类集》词汇分类汇编情况

序号	元册		亨册		利册		贞册	
	类别	词汇量	类别	词汇量	类别	词汇量	类别	词汇量
1	天文类	45	匠艺类	37	绸缎类	43	农器类	28
2	地理类	38	身体类	138	丝线类	14	五谷类	28
3	山海类	69	金银类	15	衣服类	81	菜蔬类	47
4	时令类	88	数目类	34	兵器类	125	果品类	28
5	宫室类	65	珠宝类	25	器皿类	166	树木类	46
6	鬼神类	7	饮食类	35	音乐类	28	花草类	41
7	人伦类	89	颜色类	18	文器类	7	飞禽类	74
8	—	—	颜料类	22	—	—	走兽类	46
9	—	—	—	—	—	—	马匹类	78
10	—	—	—	—	—	—	牲畜类	29

由上表可知，元册共有7类、401条词汇，亨册共有8类、324条词汇，利册共有7类、464条词汇，贞册共有10类、445条词汇。词汇数量较多的类目分别为器皿类、身体类、兵器类，较少的类目分别为鬼神类、文器类、丝线类、金银类。该词典收录词条总数虽不及《同文广汇全书》等词典，但所收类目涉及社会生活诸多方面，所辑词汇多为百姓日常生活中常见词语，几乎不包含衙署、公文等方面术语，更贴近生活化沟通场景，具有极强的实用性，适用于想要快速掌握基础词汇的初学者，是清代学习满汉文互译的入门级工具书。

此外，该书还留有大量的学习使用痕迹，主要分为以下几种情况：一是在汉文词汇右侧手写其满文对音，意在借助满文字母拼读汉字，主要集中在元册天文、地理、山海类；二是手写涂抹或增加词条，涂抹的词条已无法辨认，增加的词条，如在亨册数目类原有"分 fun""厘 eli""斤 gin"等表示重量单位的词后空格处手写添入"毫 hina""丝 sunji""忽 nixe""微 langju"等表示长度单位的词，既有记录在旁以示举一反三之效，又可帮助使用者联想记忆同类型词汇；三是在书中空白处手写练习造句，如上卷最后一页空白处写有"ere bithe san bithe kai""ere bithe sain bithe han"，虽然这两个句子的词汇和语法都存在错误，但我们可以推知写下句子的人想要表达的语意为"ere bithe sain bithe kai"，即"这是本好书！"由以上使用痕迹及学习笔记可推知，该词典使用者识读汉字的水平有限，且正处在初学满语文阶段。

二　《同文物名类集》满汉对音特点

《同文物名类集》是一部对音词典，书中既有以满文为汉字对音，又有以汉字为满文对音的情况，其中以汉字为满文对音是该书主要刻印内容之一，这种编撰方式可类比为现代的注音类读物，便于读者自学识读和练习发音；以满文为汉字的对音则全部为手写，并非原书刻印内容，也就是说此类对音是学习者利用该词典进行语言学习的学习笔记，通过该书得以保存。以上对音真实记录了当时满、汉两种语言的发音情况，其中甚至包含方言发音特色，可为清代满汉语音研究提供重要的参考资料，尤为珍贵。因该词典中"以满对汉音"词汇数量不多，暂且不做讨论，本章将重点探究其"以汉对满音"之对音特点。

有清一代，满语文作为"国语""国书"在与各民族交往交流交融的过程中，始终有与其他民族语言文字对音、对译之需要。满语和汉语分属于阿尔泰语系和汉藏语系，其音位不尽相同，某些音位汉语有但满语却无，同理，有的音位满语有而汉语无，满汉语对音无法做到完全一一对应，因此亟需规范对音标准。清代第一部由皇帝敕修的满汉文互注音韵的对音词典为《御制增订清文鉴》，于乾隆三十六年（1771）成书，其卷前附有满汉文"御制增订清文鉴序""兼写三合汉字十二字头表"等，书中阐明了满汉文切音标准及对音规范⑧。此后，又于乾隆三十七年（1772）谕令刊刻《钦定清汉对音字式》，用以规范满文之对音汉字⑨。由前文可知，《同文物名类集》早于上述清代官方对音词典刊行，其对音保存了乾隆十四年以前的满汉语发音特点，将《同文物名类集》与《御制增订清文鉴》《钦定清汉对音字式》（表 2 中简写为《类集》《增订》《字式》）中的对音情况进行对比，有利于总结其语音演化特点，还原其对音规范化进程。笔者选取满文十二字头中的第一字头为例进行比对，如表 2 所示。

通过总结表 2 信息可知，因《同文物名类集》中辑录词汇有限，部分满语音节，尤其是涉及满语第六元音 v 和特定字母 ck、cg、ch、ts、dz、z、cy、jy 的许多音节并未在该书的单词拼写中出现，故暂时无从探究其对音情况。而从已经出现的音节中可以分析出如下对音特点：

一是《同文物名类集》中每个满语音节均选用单个汉字进行对音，而非采用二合或三合切音。以第 4 行的"bu"音节为例，《同文物名类集》中以单个汉字"布"进行对音，《御制增订清文鉴》中则以二合切音"补乌"进行对音，相比较而言，虽然这两种对音方式都可以标注出"bu"音节的读音，且二合切音精准度更高，但是采用单字对音法更加直观，更能够方便读者对单词进行快速识读和记忆。

表2 《增订》《字式》《类集》中满文第一字头的汉字对音情况比较⑩

序号	类别	(1)	(2)	(3)	(4)	(5)	(6)	(7)	(8)	(9)
1	字头转写	a	e	i	o	u	v			
1	《增订》对音	阿	额	伊	鄂	乌	谔			
1	《字式》对音	阿	额	伊	鄂	乌	谔			
1	《类集》对音	阿	厄	—	鄂、倭、奥	乌、无、屋	—			
2	字头转写	na	ne	ni	no	nu	nv			
2	《增订》对音	纳阿	讷额	尼伊	傩鄂	努乌	儒谔			
2	《字式》对音	纳	讷	尼	那	努	诺			
2	《类集》对音	纳	讷、诺、纳	你、泥、尼	诺、浓、钮、拏	奴	—			
3	字头转写	ka	ga	ha	ko	go	ho	kv	gv	hv
3	《增订》对音	喀阿	噶阿	哈阿	锅鄂		和那	枯乌	觚乌	呼乌
3	《字式》对音	喀	噶	哈	科、阔	国、郭	和、霍、鹤	库	固、顾	呼、护、祐
3	《类集》对音	搭	噶	哈	科	过、姑	禾、呼	库、哭、枯	姑	呼
4	字头转写	ba	be	bi	bo	bu	bv			
4	《增订》对音	巴阿	伯额	毕伊	玻鄂	补乌	播谔			

续表

序号	分类						
4	《字式》对音	巴、拔、跋	百、帛、伯、博	必、弼、璧	波、玻	补、部、佈	拔
	《类集》对音	巴	白	毕	拔	佈	—
5	字头转写	pa	pe	pi	po	pu	pv
	《增订》对音	琶阿	珀额	毘伊	坡鄂	铺乌	泼谔
	《字式》对音	帕	颇、珀	丕、辟	坡	普、瀑、樸	泼
	《类集》对音	扒	拔	皮、批	破、披	浦、蒲	—
6	字头转写	sa	se	si	so	su	sv
	《增订》对音	萨阿	塞额	西伊	莎鄂	苏乌	索谔
	《字式》对音	萨、撒	色、鉴	西、玺、锡、席、习	莎	苏、素	索
	《类集》对音	萨、嗪	塞	什	索	苏、素	—
7	字头转写	xa	xe	xi	xo	xu	xv
	《增订》对音	沙阿	佘额	施伊	硕鄂	舒乌	朔谔
	《字式》对音	沙、砂	社、舍	施、诗、什、实、石	硕	舒、书、淑	朔
	《类集》对音	纱、沙	赊、舍	世	朔、说	书	—

续表

序号	项目										
8	字头转写	ta	da	te	de	ti	di	to	do	tu	du
	《增订》对音	塔阿	达阿	特额	德额	梯伊	氐伊	陀鄂	多鄂	图乌	都乌
	《字式》对音	塔、闼	达、答	特	德、得	提、题	氐、底、第、迪	托、拖、陀	多、朵	图、吐	都、杜、笃
	《类集》对音	他	大、打	忒	得	—	—	拖	多	兔、拖	杜、度
9	字头转写	la	le	li	lo	lu	lv				
	《增订》对音	瓎阿	勒额	礼伊	罗鄂	鲁乌	洛咢				
	《字式》对音	拉、瓎	埒、勒	礼、里、理	罗、禄、烙、洛、锣、啰	鲁、露、禄	络				
	《类集》对音	拉	勒	立	罗、绿、鹿、洛、锣	鹿、陆、录、绿	—				
10	字头转写	ma	me	mi	mo	mu	mv				
	《增订》对音	玛阿	墨额	密伊	摩鄂	穆乌	幕咢				
	《字式》对音	麻、嘛、玛	墨、默	弥、密	摩、谟	穆、睦	莫				
	《类集》对音	马、妈	抹、莫	迷、米、弥	抹、摸、末	木、母	—				
11	字头转写	ca	ce	ci	co	cu	cv				
	《增订》对音	察阿	车额	缍伊	绰鄂	初乌	辍咢				

续表

序号	类型									
11	《字式》对音	察	车、彻	齐、楼	绰	楚	缀			
	《类集》对音	叉	册、策	吃、赤、七	超、潮、绰、出、缀	初、出、厨、楚、除	—			
12	字头转写	ja	je	ji	jo	ju	jv			
	《增订》对音	楂阿	遮额	赍伊	卓鄂	诸乌	镯谔			
	《字式》对音	查、扎	哲	泲、集	卓、琢	珠、柱、箸	啄			
	《类集》对音	渣、查	者	脊	酌、召、卓	注、朱、术	—			
13	字头转写	ya	ye		yo	yu	yv			
	《增订》对音	鸦阿	叶额		岳鄂	俞乌	约乌			
	《字式》对音	雅	叶		岳、约	裕、玉、育	药			
	《类集》对音	牙	也、耶		岳、要、油、药	岳	—			
14	字头转写	ke	ge	he	ki	gi	hi	ku	gu	hu
	《增订》对音	珂额	歌额	呵额	期伊	基伊	希伊	枯乌	沽乌	祜乌
	《字式》对音	可、克	歌、格	贺、赫	奇、启	机、吉	希、喜	牯	古、鼓	瑚、笏
	《类集》对音	刻、科、可	个、哥、革	黑、贺	欺、其	几	奚、希	枯、库、哭	姑、骨、哭	胡、呼、乎

续表

续表	项目	cka	cga	cha	cko	cgo	cho
15	字头转写	cka	cga	cha	cko	cgo	cho
	《增订》对音	卡阿	嘎阿	喀阿	稞鄂	郭鄂	豁鄂
	《字式》对音	卡	嘎	哈	课	果	豁
	《类集》对音	—	—	—	—	—	—
16	字头转写	ra	re	ri	ro	ru	rv
	《增订》对音	喇阿	呼额	哩伊	啰鄂	噜乌	嘞谔
	《字式》对音	喇	呼	哩	啰	噜	嗺
	《类集》对音	拉	嘞	立	罗	鹿、录	—
17	字头转写	fa	fe	fi	fo	fu	fv
	《增订》对音	法阿	弗额	飞伊	佛鄂	扶乌	拂谔
	《字式》对音	法、发	佛	蜚、斐、费	绂	传、敷、富、赋、福	拂
	《类集》对音	法、发、绣、付、方	拂、绣、佛、夫	非、菲	付、佛、绣、夫、拂	付、夫、父	—

续表

		wa	we	tsa	tse	tsi	tso	tsu
18	字头转写	斡阿	倭额	攃阿	策额	雌伊	磋鄂	粗乌
	《增订》对音	瓦、斡	倭、沃	攃	测、策	慈	磋	粗、促
	《字式》对音	倭、乞	倭	—	—	—	—	—
	《类集》对音							
		dza	dze	dzi	dzo	dzu		
19	字头转写	匝阿	则额	资伊	佐鄂	租乌		
	《增订》对音	咱	则、责	滋、资	佐	租、足		
	《字式》对音	—	—	子	—	—		
	《类集》对音							
		za	ze	zi	zo	zu		
20	字头转写	鬃阿	热额	日伊	若鄂	儒乌		
	《增订》对音	婼	热	日	若	儒		
	《字式》对音	—	—	—	—	—		
	《类集》对音							
		sy	cy	jy				
21	字头转写	思伊	螭伊	之伊				
	《增订》对音	司、赐、四	持、池	智、志				
	《字式》对音	寺、士	—	—				
	《类集》对音							

二是《同文物名类集》中同一满语音节对音多个汉字现象普遍存在。如第 9 行的"lo"音节在《同文物名类集》中对音汉字多达 8 个，即"罗、禄、烙、鹿、绿、洛、锣、啰"，这 8 个汉字虽对应同一音节，读音却不一致，《钦定清汉对音字式》中与之对音的"罗、洛"二字声调也不相同。究其原因，主要在于"汉语有声调，满语没有，因此满语音节翻译成汉语音节的时候，可做对译用的汉字更多了"⑪。

三是《同文物名类集》中存在同一汉字对音多个满文音节现象。如第 3 行和第 14 行的"姑"对音"go""gu""gv"三个音节，"呼"对音"ho""hu""hv"三个音节；第 17 行的"缚"对音"fa""fe""fo"三个音节等。这既很好体现了满汉语分属不同语系，读音难以一一对应的特点，也从侧面反映出上述可以用同一汉字对音的满语音节在彼时的口语化读音相似度之高。

与官刻本词典《御制增订清文鉴》和《钦定清汉对音字式》相比，《同文物名类集》中选用的对音基本符合满汉对音规律，且兼具便于快速识读的特点，但是作为成书时间较早的一本坊刻本词典，在对音选字上难免有许多不甚规范之处，尤其是在上述两种"一对多"对音现象中，不乏未经审慎选取的对音汉字，一定程度上降低了该词典的准确性、权威性。

三　《同文物名类集》价值思考

（一）是对满语进行第二语言习得的重要工具书

《同文物名类集》是一部清代坊间刊行的小型满汉合璧分类对音词典，所收词条总数不多，但是类目包罗万象，收录的词汇几乎不涉及衙署、职官、公文成语等文书语言，多为百姓日常生活中的常见词汇，更贴近生活化沟通场景，具有极强的易读性和实用性。该词典刊刻时以简易汉字为满文词汇对音，为初学者通过汉字快速掌握满文读音提供了便利，适用于初学者自学，是对满语进行第二语言习得的重要工具书。

（二）提供了前期满汉语的重要记音资料

将《同文物名类集》所收词汇与乾隆朝《黑图档》所载抄送"钦定新清语"各项咨文中列列词汇进行比对可知，该词典中"殿diyan""宫gung""漆ci""纱xa""罗lo""袜子wasa""苹果pingku"等诸多词汇仍为音译，而非"钦定新清语"颁布后规范的"殿deyen""宫gurung""漆xugin""纱cece""罗ceri""袜子fomoci""苹果pingguri"[⑫]等词。根据档案形成时间可判断其成书年代不晚于乾隆十四年。因此书中的对音信息真实记录了清中前期满、汉两种语言的发音情况，为研究清代满汉语音学提供了极具价值的记音资料。

（三）促进了民族间文化的交往交流交融

"清朝是中国历史上实现大一统的朝代之一，因民族构成的多元化，语言文字的多样性，即以当时使用范围比较广的汉文、满文、蒙古文、藏文、托忒文和察合台文作为国家的通用文字，视不同地区、不同场合、不同对象使用，有时还将多语种文字合璧使用。在这种历史背景下，有清一代形成了不少各具特色的多语种文字辞书。这些各民族文化相互交往交流交融的产物，反过来又有助于推进各民族间相互学习和相互交流。"[⑬]《同文物名类集》的刊行正如上文所述，源于民族间密切的交往交流需要，切实反映出在清代官方纂修的对音规范《御制增订清文鉴》《钦定清汉对音字式》颁行以前，满汉合璧对音词典在民间已出现广泛应用需求。反之亦如上文，该词典的问世为能够识读汉字的包括汉族在内的其他各民族自学满语文提供了简明教材，而已通晓满语文的满族亦可通过该词典更直观地了解汉族文化习俗，进一步促进了民族间的相互学习，推动了民族间文化的交流融合。《同文物名类集》的流传和使用，一方面符合清朝在政治文化的构拟与实践中推行"同文之治"⑭ 的需要，另一方面充分反映了清代各民族间语言文化交往交流交融的事实，具有十分珍贵的凭证作用和研究价值，对于中华民族共同体建设具有深远影响。

注释：

① 本文研究对象《同文物名类集》系清代坊刻本满汉合璧对音词典，其成书时间、作者、刻书机构均不详，文中引用例词均出自此书。

② 北京市民族古籍整理出版规划小组办公室满文编辑部：《北京地区满文图书总目》，沈阳：辽宁民族出版社，2008 年版。

③ 黄润华、屈六生：《全国满文图书资料联合目录》，北京：书目文献出版社，1991 年版。

④ 富丽：《世界满文文献目录（初编）》，北京：中国民族古文字研究会，1983 年版。

⑤⑦ 春花：《清代满蒙文词典研究》，沈阳：辽宁民族出版社，2008 年版，第 235 页。

⑥ 该词典中"漆 ci""纱 xa""罗 lo""袜子 wasa""苹果 pingku"等诸多词汇采用音译，而于《黑图档》所载"乾隆十三年十一月二十日都虞司为知会新译之清文词组事咨管理盛京内务掌关防佐领"一则中可查得上述词汇分别被新译为"漆 xugin""纱 cece""罗 ceri""袜子 fomoci""苹果 pingguri"，故可推知，该词典成书时间早于乾隆十三年十一月二十日，即早于乾隆十四年。

⑧（清）乾隆敕修：《御制增订清文鉴》，乾隆三十六年（1771）武英殿刻本。

⑨（清）乾隆敕修：《钦定清汉对音字式》，光绪十六年（1890）聚珍堂刻本。

⑩ 表 2 及本文中所有满文均依据《满文档案著录名词与术语汉译规则》（DA/T 30—2019）附录 B 进行拉丁字母转写。

⑪［日］岩田宪幸：《满文资料与汉语语音问题》，中国音韵学研究会、汕头大学文学院：《音韵论集》，北京：中华书局，2006 年版，第 276 页。

⑫ 赵焕林、辽宁省档案馆：《黑图档·乾隆朝》第 4 册，北京：线装书局，2015 年版，第 70—72 页。

⑬ 吴元丰、徐莉：《满文古籍印证清代多民族文化交融》，《中国社会科学报》2022 年 7月 22 日第 5 版。

⑭ 马子木、乌云毕力格：《"同文之治"：清朝多语文政治文化的构拟与实践》，《民族研究》2017 年第 4 期。

（原载于《民族翻译》2024 年第 4 期）

国家图书馆藏清代满汉合璧
《成语汇编》稿本及其价值

张瑞英

国家图书馆藏《成语汇编》为满汉合璧成语类词典，主要辑录清代各部院衙署处理日常公务中所形成的常用语和专用词汇。该词典只有稿本流传于世，应是孤本。目前在满文图书目录中有著录[①]，少量著作中有基本情况的简单介绍[②]，尚无翔实的专门研究。笔者在详细采集该词典中全部满汉文成语信息的基础上，考证大致的成稿年代，具体分析梳理词典内容，阐释词典特点及其价值。

一 《成语汇编》成稿背景与年代考证

《成语汇编》稿本是满汉合璧形序词典，它的成稿符合清代中后期满语文逐渐衰微，操汉语的满族官员学习满文、缮写公文，以处理日常衙署公务需要的时代特征。

（一）《成语汇编》的成稿背景

有清一代，满洲统治者为了保持满洲之根本，十分注重"国语骑射"，定满语为"国语"、满文为"国书"。为了学习、规范和传播满语文，形成了大量的满文词典。词典的产生、发展和传播与政治、文化以及语言环境密切相关。清朝入关之初，大多数旗人操满语、只懂满文，彼时国家重要文书多以满文起草，然后翻译成汉文，词典主要方便满文翻译成汉文，因此以音序词典和分类词典为主，如《大清全书》《清文备考》《同文广汇全书》《御制清文鉴》等。入关后，满族统治者积极学习、吸收和借鉴汉文化，加之旗人和汉民之间不断交流、融合，满语文不断受到汉语文的冲击，致使旗人社会出现"入则讲满、出则讲汉"现象，旗人运用满语的能力也逐渐衰退。清廷规定承办宫廷、八旗、边疆、陵寝等事务的满蒙官员，必须以满文缮写文书，如若私自使用汉文，轻则被训斥，重则受罚。满族官员不得不学习满语、满文以处理日常公务，这样一来，大量为操汉语的旗人学习满文、缮写公文之用的满汉合璧词典应运而生。

满汉合璧形序词典以汉字形体的笔画顺序编排，符合汉字检索习惯，方便操汉语的旗人学习、翻译满文，成为清中后期十分重要的工具书。这类词典编纂成稿年代普遍在乾隆朝以后，例如《清文典要》是现今有时间可考的最早的满汉形序词典，乾隆三年（1738）由秋芳堂刊行。《成语汇编》与其他满汉合璧形序词典一样，编纂于清朝中后期。

（二）《成语汇编》成稿年代考证

《成语汇编》稿本是满汉合璧形序词典，满文为"toktoho gisun be isabuha bithe"③，套题签为"翻译成语汇编"，无跋无序，编纂者和成稿年代不详。笔者通过梳理词典内信息，试推定其成稿年代。

第一，依据"钦定新清语"词汇考证年代。词典内大量词汇是经乾隆朝钦定的"新清语"。乾隆皇帝在位期间，亲自规范满语并发上谕推行，此即"钦定新清语"。据现有史料分析，"钦定新清语"始于乾隆十二年（1747），终乾隆一朝。词典内职官、衙署等汉语借词多是经乾隆帝钦定意译的，例如"知县"为

hiyan i saraci④，"吏部"为 hafan i jurgan，"船"为 jahvdai，等等。"钦定新清语"相关上谕，最后一条是乾隆五十九年（1794）十二月二十七日发出的，规定："kuku 一字理应写作 kvke……应行改铸之印及关防俱改铸 kvke hoton。再，kuku noor（青海）亦著改写作 kvke noor。"⑤ 该词典中戌部"青海野番"译为 kvke noor i bigan i fandzi、"青盐"译为 kvke noor i dabsun。词典中"kuku"一字皆按照"新清语"标准写作 kvke，可以推断其成稿晚于乾隆五十九年十二月。

第二，依据清代帝王陵寝名称考证年代。帝王陵寝为帝、后、妃、嫔的葬地，大部分在皇帝生前便开始修建、命名。词典中记录年代最晚的陵寝为咸丰帝的定陵，咸丰十一年（1861）十一月定名。未记录在内的最早的陵寝是同治帝的惠陵，光绪元年（1875）二月定名。词典可能成稿于咸丰十一年十一月至光绪元年二月之间。

第三，依据慈安、慈禧两位皇太后的徽号考证年代。词典中出现两宫皇太后——慈安和慈禧的徽号，同治元年（1862）四月，"以恭上慈安皇太后、慈禧皇太后徽号礼成，颁诏天下"⑥，词典成稿应在同治元年四月之后。

第四，依据稿本明确纪年之处考证年代。稿本第二册丑部有一段满文：toksoi sadun hoton de dosika, temen be sabufi gvwacihiyalaha, ara ere ai jaka, beye uttu den bethe uttu muwa, meifen jaci gahvngga, juwe huhun tarman de banjiha, ara ere ai jaka, dule sahuhakv jaka be sabuha, yooningga dasan i uyuci aniya juwe biya。这段是该稿本中出现的唯一明确纪年：同治九年（1870）二月。该页上除了这段满文外，还有一个词组：士民—xusai irgen。这段满文像是一篇随笔，半页 5 行，词组半页 10 行，相对词组来说书写工整，字体端正，字形更大，且无对译的汉文。

虽然从字体、字行、书写规范来看，随笔与词组关系不大，但可以推断该稿本成稿在同治九年之后。

所以，根据以上分析推断《成语汇编》稿本成稿于同治九年二月至光绪元年二月之间。

二　《成语汇编》内容概况

《成语汇编》以汉文词组第一个字部首笔画繁简进行编排，笔画少者在前，多者在后。部首的选定、编排和分卷均与《康熙字典》基本一致，且按照繁体字编排，一共分181个部首，6292个词组。以子、丑、寅、卯、辰、巳、午、未、申、酉、戌、亥等十二地支分12卷，封面书汉文书名、卷次和汉字部首目录。

线装，页面22.8×14cm，无行格。正文半页6至13行，行数12册不统一，上下双栏，书写满汉两组词组，每个组词上列汉文，下列满文。

《成语汇编》主要收词组、短语和少量语句，字数1到11个不等。这些词组和短语大部分是清代各部院衙署公文中常用词汇，属于官方用语，大致可分为公文成语、人名、地名、职官名、折奏固定用语、文书、书名等，下面就主要部分逐一分析。

（一）公文成语

公文成语是该词典最重要部分，体量大、内容涉及广泛、一词多译现象普遍，且时态不统一。

1. 公文成语体量大

公文成语是词典收词量最大的部分，占总量的一半以上，主要是二字和四字公文成语，如：

安插——icihiyame tebumbi

收还——amasi bargiyambi

不分畛域—uba tuba seme ilgarakv

地丁银款—usin hahai menggun i hacin

一律如式—emu adali durun de acanaha

完粮积弊—caliyan be wacihiyara silkabuha jemden

2. 公文成语内容涉及广泛且有侧重

公文成语内容涉及十分广泛，包括任官、钱粮、赋税、刑罚、教化、工程、盐务、漕运、农事、水利等各个方面。其中与盐务、漕粮相关词汇相对较多，这从侧面反映了盐务与漕粮在清代末期政治中的重要地位。

在信息采集中，与盐务相关词组有 80 多个，如果没有一定研究基础，单看汉文很难准确理解其含义，而满文就表达得比较清楚。例如：商纲—mukvn i dabsun i hvdai niyalma，即负责运销纲盐的商人；灶丁—dabsun fuifure hahasi，即专事熬盐之丁，这些汉文词意需要借助满文来理解。

3. 公文成语一词多译现象普遍

《成语汇编》一词多译包括两种情况：

（1）汉文不同，满文相同，分为不同词组。如"痼疾"和"废疾"对应的满文都是 jadagalaha nemeku，因汉文不同，分为两个词组。

（2）汉文相同，满文不同，列在同一词组内。这种情况相对前者更多。因为词典为多人撰稿，所以一词多译的区分规则并不完全统一，大致采取四种方法。

第一，并列书写法。即多种满文解释并列书写，若几种满文解释有相同部分，将相同部分并作一列，不同部分分列书写。如"提行弁兵"两种满文释义分两列书写，左列为 hafan cooha ganame bithe yabubumbi，右列为 bithe yabubufi hafan cooha ganame。

第二，标点标识法。满文标点符号比较简单，一般用单点表示逗号，双点表示句号。一词多译情况下，在每种满文解释后加双点，表示解释完成，如"合龙门"有 juwere ujan be acabume weilere 和 sulabuha angga be sire 两种解释，后面各有双点，表示两种解释。

第三，图形符号标识法。满文一词多译的词汇前添加图形符号"○"或"△"，以表示不同释意间的并列关系，如"商民两便"—hvdai niyalma irgese gemu tusa ofi △ bahafi，表示 ofi 与 bahafi 两词通用；"循吏"—nomhon hafan ○ sain hafan，两种解释用"○"隔开。

第四，直接用"又""或"区分。它与图形符号标识法相似，只不过将图形符号换成汉字。如"饬令"—takvrafi 又 afabufi 又 ulhibufi，三种释译用"又"区分；"开设戏园戏庄"—juculere 或 jucun puseli jucelere kvwaran neime ilibufi，用"或"表示 jucelere 与 jucun 两个词可以通用。

一词多译，说明满文公文用语在运用的过程中其内涵和外延不断丰富和发展，为公文翻译、传递提供最大便利；也从侧面反映了清末满文渐衰，满语学习僵化，难以灵活运用的状况。

4. 公文成语动词时态不统一

公文成语的使用一般有固定的语境、情形，所以动词的形态也相对固定，为了在日常应用中更加方便，动词形态并未全部划一，而是根据句子在实际应用中通常会出现的形态呈现。既有现在时，也有过去时、将来时，还有命令式等。比如："咸皆喻晓"译为 gemu ulhime sara de isibukini，是一种上对下的命令，所以用 -kini 结尾；"早谷刈获"译为 fulu jeku be hadufi bargiyaha，在实际公文中一般是陈述收获早谷的既成事实，以过去时结尾。说明词典注重实际应用的便利化，而轻规范化。

（二）地名

词典出现的地名大约有 50 个，根据地名名称的由来、历史、文化等多方面因素，采用音译、直译、意译、增译等多种翻译方法。

地名负载着丰富的历史、文化信息。中国古人在表达地名和区域时，往往基于其语言习惯和文化认可，用地名的简称或代称，如用"燕"代指河北、北京一带。用满文表达地名时，如果直接音译地名简称，容易造成歧义和混淆，如"燕"，满文音译为 yan，而满文中 yan 是量词单位两的意思，所以词典中地名的简称满文音译都用全称，如"鲁"译为 xandung。除此之外，还有其他翻译方法，列表举例如下：

表 1　地名翻译方法

翻译方法	汉文	满文	今地名
音译法	英咭唎	inggiri	英格兰
	叶尔羌	yerkiyang	新疆莎车县
直译音译结合法	两淮	juwe hvwai	淮南淮北，即苏皖地区
	安南国	an nan gurun	越南
增译法	两广	guwangdung guangxi	广东、广西
	吴	giyangnan	江南
	晋	sanxi	山西
	上江	an hvi	安徽
	广陵	yang jeo	扬州
	宿灵	su jeo ling bi biyan	宿州灵璧县
意译法	新疆	ice jecen	新疆
	冷口	xahvrungga jase	河北迁安市东北
	绥远城	goroki be elhe obuha hoton	内蒙古呼和浩特市

（三）职官

清朝职官体系既借鉴、吸收汉族传统官制，又有自身民族特点，具有"多元化"特征。《成语汇编》词典稿本中出现的职官大约 80 个，大部分单独以词组形式出现，如协领—gvsai da，但有小部分官职名称是在句式中出现的，例如实授陕甘总督—xansi cgan su i uheri kadalara amban de jingkini obume sinda，应用性强，不拘泥于形式。词典中官职大致包括职衔、爵位、中央与地方文武职官以及少数民族部族头目等。

1. 职衔、爵位

议政王—dasan be hebexere wang

扬威将军—horon be badarambure giyanggiyvn

公爵—gung ni hergen

2. 中央职官

奉宸院卿—dorgi belhere yamun i aliha hafan

署理翰林院掌院学士—bithei yamun i baita be alifi kadalara hafan

3. 地方职官

盐政—dabsun i baita be baicara hafan

防御—tuwaxara hafan i jergi janggin

陆路千总—olkon jugvn i minggatu

试用知县—cendeme baitalara hiyan i saraci

4. 少数民族部族头目

噶布伦—cgabulun lama i hafan i gebu　阿奇木—akim

东科尔—dungckor lama i hafan i gebu　土司—aiman i hafan

（四）折奏及公文固定用语

折奏及公文固定用语在公文缮写中起框架作用，实用性很强。例如：理合恭折具奏—giya i ginggulcme wesimbure bukdari arafi wesimbuci acambi，咨部查核—jurgan de unggifi kimcime baicabume 等，都是任官必须掌握的公文折奏句式。

（五）人名

人名不属于成语范畴，一般很少出现在成语词典中。该词典中录入了鄂顺安（uxungga）与伯彦诺谟祜（boyannomohv）二位大臣。鄂顺安（1793—1874），满洲正红旗人，自道光二年至咸丰元年（1822—1851）在朝为官，其政治生涯贯穿整个道光朝。伯彦诺谟祜（1836—1891），博尔济吉特氏，内蒙古科尔沁左翼后旗人，僧格林沁长子，同治四年（1865）袭封亲王爵，先后任御前大臣、军机大臣、领侍卫内大臣、九门提督、崇文门监督等要职。

三 《成语汇编》的稿本特征

《成语汇编》稿本特色鲜明，有大量涂改、勾画、校对痕迹，保留了原始的文字修改信息，且错漏之处颇多。

（一）词典为多人合力编纂，各册情况不同

十二册的纸张、字体、文字大小、行数、书写规范等各不相同，十二册应由多人编纂，最终合成一部。最初书写在不同大小的稿纸上，为了保证装订后十二册大小规格一致，第一、三、四册和第七册第 21 面等由于稿纸太小，经托裱后装订，第六册稿纸太大，裁掉了部分文字信息。十二册中第六册与其他几册差别最大，字体更大，书写更工整，行数、栏数更少。

除了装订外，十二册在校对、书口处信息、索引等方面各不相同。校对方面：第一、二、三、四、七和十一册共 6 本用红笔修改校对，第八、九、十和十二册用黑笔校对，第五、六册没有校对痕迹。书口处信息：前四册书口处有汉字部首，后八册没有。

索引：第一册和第五册在正文前一页有部首目录，下列词组首字索引，其他十册没有。

（二）稿本内容不规范、不严谨，错漏之处颇多

稿本是体现修改、补充和完善过程的文本。文本中所存在不规范、不严谨之处也是其特色之一，且该稿本成稿于清朝后期，当时精通满语、满文的人越来越少，满语文水平较低，出现的错误比较多。

1. 词组排序错乱，入部首混乱，重复出现。

第一，词组排序错乱，主要表现在同一部首内词组排序没有明确规则和规律。总体是汉文词组首字相同的排在一起，但有很多不规律排序的词组，所以很容易出现词组重复，重复的词组在校对发现后标注"重了""重复""重出"等字样或者直接划掉。

第二，词组入部首混乱。汉字为表意文字，部首的选择因对汉字结构的理解不同或者汉字写法不同而有差异。如"正"字部首是"一"还是"二"，"聖"字部首是"耳"还是"口"，因对汉字结构认知不同而不同。同一汉字写法不同，入部首不同，如"盐"字，译作满文都是"dabsun"，但繁体字有"塩"和"鹽"两种写法，前者入"皿"部，后者入"卤"部。可以通过解读稿本中所保留的部首重复和修改信息，来分析编纂者对汉字结构的认知和部首分类的考量。

2. 书写不规范，满文书写错误。

满文的字头、字牙、圈点都是十分重要的符号，缺一处、多一处或者书写位置变化，词意都会改变。该稿本错误主要包括：字头错误、多牙少牙、多点少点、多圈少圈、字牙太长、圈点混用，等等。由于十二册由不同人书写，所以错误情况各不相同，错误最多的是第九册申部，第六册已部错误较少。

3. 内容不规范、不严谨。

第一，部分汉文词组无对译的满文，除了少数在校对中补充的，大部分尚未补充。

第二，不相关的两个词因汉文有相同的部分，合在一起书写。如伯爵和伯克两个词组，合并为一个词组，"伯"字合用，"爵"和"克"单写，满文单写。伯爵—be i hergen，为世袭爵位之一；伯克—beke，是清代对新疆地区基层统治行政制度，两者并无关联。

第三，部分满语并未按照"钦定新清语"标准书写。例如，"钦定新清语"规定："kuku 一字理应写作 kvke……应行改铸之印及关防俱改铸 kvke hoton。"⑦该稿本中"归化绥远"的满文译作 huhu hoton goroki be elhe obuha hoton，并未严格执行"新清语"标准，这也从侧面说明"钦定新清语"贯彻并不彻底。

（三）稿本反映词典内容增减删改信息

一部词典的修纂，大多不可能一稿成形，需要不断修改、完善才能最终成稿。该稿本编纂过程中的大量补充、删减、修改、校对信息被保留下来，值得深入探究，这是刻本和抄本所不具有的。

第一，誊录过程，书写错误处直接涂画修改或粘糊新纸重新书写。除这两种外，还有一些会在错误处涂上不知是铅粉还是雌黄的材料，相当于"涂改液"涂改错误，书中"延案拖毙人命"的"毙"字书写错误，在原字处涂抹掉错误部分再重新书写。

第二，校对过程，字头、字牙、圈点书写不清楚的地方，直接用红笔在原词组处书写清楚，或者在原词组旁边重新规范书写一遍。多点之处会将点往上一提拉长，表示划掉。校对过的词组开头或者结尾处画一点表示已经校对。

第三，运用修改符号进行修改。缺漏部分会在缺漏旁标注

"+"，然后写上需添加部分。需删除部分用圆圈圈掉，长的句子用线划掉。

第四，用黄色长方形纸签书写需补充添加的词组，夹于书中。

四 《成语汇编》的价值

《成语汇编》稿本是清代末期比较有特色的成语类词典，在版本学、文献学和语言学方面都有十分重要的价值。

第一，在版本学方面，稿本部分反映编纂过程，提供更多纂修信息。稿本具有唯一性、真实性和原始性特征，可以解读出更多书稿信息。通过纸张、字体、文字大小、行数、书写规范，可以分析出多人合力编纂状况；通过词组排序错乱，入部首混乱情况，可以了解到编纂过程中的字形、字义的认知与考量；通过书写错误以及不规范之处，可以真实了解纂修者满语文掌握情况；通过勾画、涂改痕迹，可以解读清末文字修改、校对方法等，这是刻印本和传抄本所不具有的精妙之处。

第二，在文献学方面，为清代中后期其他形序词典提供资料补充。清代中后期编纂的满汉形序词典，极少有刊刻发行的，大部分以抄本为主，且根据实际应用范围不同，词汇侧重点不同。例如《清文典要》《成语字典》《上谕成语》等，除《清文典要》刊印外，其他多为抄本，讹误较多且成稿年代不详。《成语汇编》与其他词典内容有相同部分，且一词多译的情况多，可以与其他词典信息互相补充、校对，还可以通过内容对比、分析，判断各形序词典成稿年代先后顺序。

第三，在语言学方面，为满语文研究和学习提供更多参考。历史文献的学习和研究工作，离不开历史词汇，很多词汇涉及典章制度、政令法令或者历史典故，如果单从字面理解极易出现偏差。词典中大量公文成语，内容涉及广泛，主要是清朝各衙门行文中常用的固定词汇及专用术语，由清人所书，更加贴合语意，保留了当时的语言特色，为时人提供参考的同时，也为后世满语文学习、文献翻译工作提供了参考依据。

注释：

① 黄润华、屈六生：《全国满文图书资料联合目录》，北京：书目文献出版社，1991 年版，第 89 页；北京市民族古籍整理出版规划小组办公室满文编辑部：《北京地区满文图书总目》，沈阳：辽宁民族出版社，2008 年版，第 52 页。

② 春花：《清代满蒙文词典研究》，沈阳：辽宁民族出版社，2008 年版，第 407—409 页。

③ 本文满文依据《满文档案著录名词与术语汉译规则》（DA/T 30—2019）附录 B 进行拉丁字母转写。

④ 本文内例句所引用满汉词组，全部来自于国家图书馆藏《成语汇编》稿本。

⑤⑦ 张虹、程大鲲译编，佟永功审订：《乾隆朝〈钦定清语〉（十一）》，《满语研究》2005年第 1 期，第 47 页。

⑥ 《大清穆宗毅皇帝实录》卷 26，同治元年四月下戊寅。

　　　　　　　　　　　　　　（原载于《民族翻译》2022 年第 1 期）

清代康熙朝满汉合璧
《同文广汇全书》刍议

刘东晖

　　《同文广汇全书》是清代康熙朝多次刊行的一部坊刻本满汉合璧分类词典。据《世界满文文献目录（初编）》①《全国满文图书资料联合目录》②《北京地区满文图书总目》③等目前国内已出版的满文图书目录记载，该词典版本众多，分别为康熙三十二年（1693）天绘阁刻本、尚德堂刻本、康熙四十一年（1702）金陵听松楼刻本以及其他重印本，故其最早刊行时间可追溯至康熙三十二年。也就是说，《同文广汇全书》是目前有据可考的清代较早刊行的义序词典，也是清代最早问世的分类词典之一，在促进清代早期满语文推广传播、推动满汉民族文化交流融合等方面具有重要意义。

　　虽然前人对于满文词典的研究成果颇丰，但是针对该词典进行详细研究者极少。其中，季永海《满文辞书史话》一文对该词典的基本信息进行了简要介绍④。春花所著《清代满蒙文词典研究》一书中进一步论述了该词典的编纂经过、使用价值等问题⑤，但未及详述。吴雪娟《〈同文广汇全书〉满语俗语研究》一文则对该词典中的满语俗语进行了专题研究⑥，而该词典中其他类别的词汇仍待详细分析。笔者拟在上述前人研究成果的基础上，以中国国家图书馆藏该词典康熙三十二年天绘阁刻本为主要研究对象，辅以同馆所藏康熙四十一年金陵听松楼刻本作为参照，试对该词典的版本特征、成书背景、编纂过程、内容特点、传世价值等做更为全面的论述，以期方家指正。

一　《同文广汇全书》基本概况

（一）版本特征

《同文广汇全书》在中国国家图书馆共藏有两个版本，分别为康熙三十二年天绘阁刻本及康熙四十一年金陵听松楼刻本，二者的版本特征如下。

康熙三十二年天绘阁刻本：线装，四卷四册，开本高26cm，宽17cm；版框高20.2cm，高15.2cm，四周单边，乌丝栏，半叶八行，白口，版口依次有汉文书名、单黑鱼尾、汉文卷次、汉文页码。封面为白色，贴有书名签和卷次目录签，书名签右侧以汉文书"同文广汇全书"，左侧以满文书"tung wen guwang lei ciowan xu"⑦，卷次目录签以汉文注明每册卷次及该卷内的分类情况。第一册有牌记、序文和目录，牌记从右至左依次为汉文书名"同文广汇全书"、刻版信息"天绘阁藏板"、满文书名"tung wen guwang lei ciowan xu"；序文名为"同文汇集小引"，款识为"康熙三十二年岁次癸酉菊月谷旦广宁正亭刘氏叙于古燕之寄畅斋"；目录名为"同文汇集目款"；卷端书名为"同文汇集"。

康熙四十一年金陵听松楼刻本：线装，四卷五册，第一册至第四册与天绘阁刻本内容大体相同，第五册为《联珠集》，由张天祈撰、刘顺译。开本高25.7cm，宽15.8cm；版框高20.9cm，宽15.1cm，四周单边，乌丝栏，半叶八行，白口，版口依次有汉文书名、单黑鱼尾、汉文卷次、汉文页码。封面为黄褐色，贴

有书名签和卷次目录签，签上所书内容与天绘阁本一致。第一册
也有牌记、序文和目录。牌记汉满书名与天绘阁刻本一致，刻版
信息为"听松楼藏板"，另钤有极具特色的戳记两处，其一为钤
于牌记页上端的圆形戳记，字样为"大学士较正，满汉字无讹"，
字周纹样似双虎纹；其二为钤于"听松楼藏板"字之上的方形戳
记，其上以篆字书"听松楼藏板"，相当于如今的防伪标记；序
文名为"广汇全书小引"，款识为"康熙四十一年岁次壬午蒲月
谷旦广宁正亭刘氏叙于金陵听松楼次"，目录名"广汇全书目款"；
卷端书名为"广汇全书"。

　　通过对该词典上述版本特征的对比考校，笔者发现关于该词
典的书名有以下两个值得注意的问题：

　　第一，该词典满汉文书名并未逐字对音。两个版本在书名
签和牌记页均书有其汉文书名和满文书名，汉文书名为"同文
广汇全书"，满文书名为"tung wen guwang lei ciowan xu"，"汇"
与"lei"发音并不对应。依据《清汉对音字式》的对音规则可知，
"汇"字应对音为"hui"，而"lei"应按其发音对应汉字"类"⑧。
因此，若以其汉文发音为依据对音满文书名，应为"tung wen
guwang hui ciowan xu"，若以其满文发音为依据对音汉文书名，
则以"同文广类全书"为宜，可见其满文书名与汉文书名并未逐
字对音，原因有待进一步探究。

　　第二，该词典存在多个汉文书名。上述两个版本在书名签和
牌记页的汉文书名均为"同文广汇全书"，天绘阁刻本的序文、
目录、卷端书名均为"同文汇集"，听松楼刻本的序文、目录、
卷端书名则均为"广汇全书"。目前国内已出版的满文图书目录
和相关著作、论文中多以"同文广汇全书"之名记载该词典，兼
有"同文汇集""广汇全书"等题名。

（二）成书背景

《同文广汇全书》的编纂源于清朝进一步推行满语文，巩固其"国语""国书"地位的需要。早在康熙十二年（1673），康熙帝就曾提出"后生子弟渐习汉语，竟忘满语"⑨的担忧，故而敕谕筹备编纂清代第一部官修满文词典《御制清文鉴》，历时35年，终于在康熙四十七年（1708）成书。《同文广汇全书》刊行时间早于《御制清文鉴》，虽非官方编纂，却是在同一时代背景下完成的。

《同文广汇全书》是顺应满汉文化交流融合需要的产物。为了更好地维护民族团结和政治稳定，清朝统治者很早便形成了"同文"的理念，并逐渐在政治文化的构拟与实践中推行了"同文之治"⑩，其中一个具体的表现便是鼓励汉人学习满文。如《大清世祖章皇帝实录》所载，顺治十年（1653），顺治帝曾降谕吏部："国家设翰林院衙门，原为储养人才，以充侍从之选，故特选教习满书官员，令伊等兼习满语满文，以资奏对讲读。"⑪顺治帝强调翰林院内汉人官员学习满语文的重要性，又根据其亲试时汉人官员的满语文习得程度，对"通满洲文义者三人，不拘资俸，以应升之缺用"。而"其次可造者十二人"则"各仍照原衔，责令勉力习学，俟再试分别"。至于"其全未通晓，不能成文者五人"本应调外，但顺治帝"念伊等曾入词林数内，姑著调六部用"⑫。顺治十三年（1656），顺治帝再度降谕吏部："朕简拔词臣，教习满书，乃豫为储养，以备将来大用。"⑬对敦促汉人官员学习满语文的重视程度可见一斑。此后，康熙帝也号召汉人、蒙古人学习满语文，这一号召在汉人中得到了积极响应。

而对于汉人来说，想要学好满语文，最基础、最不可或缺的工具书就是满汉双语词典。《同文广汇全书》的编者之一刘顺也是汉人，他在小引中曾这样阐释通晓满文的重要性："生今之世而不讲清文者，自居于瓦砾者；生今之世而不求知清文者，自甘于木偶者也。大哉，清文系乎人者重矣，且我国家之纪纲法度、章奏史册动必相资，珥笔侍从之，首隆讲贯，吾侪顾可忽乎？"[14]此外，据编者所述："予平时详玩翻译、颁赐诸书，莫不冰释理顺，至操笔临翰，不必其畅达而确切者，实见闻之未广，而取精于国语者，疏也。故自肄清业来，即思汇满汉为一帙。"[15]可见，这样一部词典亦乃刘顺等汉人官员工作时所必需。基于上述认识，刘顺积极推动该词典的编纂刊行，意在把握和顺应大势，为有学习满文需求的汉人提供便利，并与其"共习之，共知之，而脱然于瓦砾、木偶也"[16]。

（三）编撰过程

该词典由清人阿敦、刘顺、桑格共同编纂而成。阿敦生平不详，亦无传记可考，而关于另外二人，据该词典所记可知，一为广宁刘顺正亭氏，且曾"滥竽阁部"；一为鸭绿桑格豁轩氏，其与刘顺是同窗好友[17]。据该词典小引所述，起初阿敦采集大量词条，准备编纂成书，刘顺和桑格"丁卯解组，乃得同友人阿子博求而切究之，尝欲与共成一帙，以示来学"，然"未几，而阿子溘逝"[18]。因阿敦遗憾早逝，刘顺、桑格阅其遗稿，慨叹"大而天地山河，小而飞潜动植，以及宫室、衙署、彝伦、制官、人物、性情、形体、言动、疾厄、俗语、成言，一切器用服食、文事武备、舟车戏玩之类，罔不条分缕晰，森然毕具，真翻译家之津梁也！何忍任其湮灭乎？"[19]于是继续编撰，"因约窗友桑子细加校雠，次其前后，间复参以己见，增缺删冗，至字句规格要皆考之成书，质诸大方以求精确，凡七易寒暑而稿始就，名之曰同文汇集"[20]，终成其稿。

二 《同文广汇全书》主要内容及特点

《同文广汇全书》是清代成书时间最早的满汉合璧分类词典之一，其类目体系参照了《尔雅》《广雅》等古汉语义序词典②。虽属于中小型词典，然词汇分类详尽，收词范围广泛，几乎囊括了社会生活的各个方面，以下对其主要内容及特点试做分析。

（一）分类情况

笔者依据前文介绍的康熙三十二年天绘阁刻本进行统计，可知该词典共收录词汇8098条②，分为44类。康熙四十一年金陵听松楼刻本与前者相比，除在分类方式上将"地舆类"改为"坤舆类"外，其他内容基本一致。此外，后者词汇几乎无讹误之处，纸张、刻印也更为考究，这或与牌记页钤记"大学士较正，满汉字无讹"，即该版本经过大学士等权威人士校正，内容无误，以及听松楼刻书历史悠久、质量上乘有关。其具体分类情况如下：

卷之一，50页，共9类，收录词汇1816条。其中，乾象类158条、时令类254条、地舆类90条、山河类182条、城野类132条、宫室类252条、衙署类107条、彝伦类219条、制官类422条。

卷之二，51页，共9类，收录词汇1865条。其中，封号类56条、人物类200条、性情类214条、形体类597条、言动类223条、助语类270条、拟语类104条、联语类158条、俗语类43条。

卷之三，57页，共12类，收录词汇2231条。其中，成语类955条、祈禳类47条、喜丧类85条、疾厄类180条、服饰类331条、饮食类273条、布帛类75条、颜色类43条、棉线类28条、米谷类99条、菜蔬类63条、果品类52条。

卷之四，51页，共14类，收录词汇2186条。其中，器用类 401 条、文事类 101 条、武备类 351 条、舟车类 99 条、鞍辔类 99 条、金珠类 53 条、颜料类 51 条、器乐类 66 条、戏玩类 59 条、飞禽类 171 条、走兽类 370 条、鱼虫类 156 条、树木类 100 条、花草类 109 条。

（二）词汇特点

由于语法系统及承载文化的差异，清代早期的满语词汇与汉语词汇很难实现完全的对应。根据对该词典收录词汇进行整理分析推知：为解决上述问题，尽可能追求较为准确的对译，词典中的满汉词汇呈现出以下几个特征：

1. 收录大量汉语音译词

因满语固有词汇无法完全满足对译汉语词汇的需要，故而收录了大量的汉语音译借词，集中体现在以下几类。

地舆类，主要收录与地理现象、地形地貌、土壤土质、行政区划、地名、方位相关的词汇。其中，地名、行政区划相关满语词汇大都采用音译，如："直隶 jyli""江南 giyangnan""山东 xandung""府 fu""州 jeo"㉓等。

宫室类，主要包括宫殿、城门、修筑等方面词汇，其中亦包含大量汉语音译词，如："乾清宫 kiyan cing gung""武英殿 u ing diyan""神武门 xen u men"㉔等。

制官类，包含与王公、爵位、世职、文官、武将、科考、八旗、作战、打猎等方面相关的词汇。因清朝官制多沿袭自明朝，清初许多官制词汇无法与固有满语词汇相对应，故此类词汇大多收录了汉语音译词，如："庶吉士 xu gi xi""五经博士 u ging boxi""詹事府詹事 jan xi fui jan xi"㉕等。

2. 部分满语词条以汉文释义

因部分满语固有词汇很难找到对应的汉文词汇，故只能用与其意思相近的汉文语句进行释义解读，集中体现在以下几类：

助语类，该类满文部分均以"seme"结尾，意为："如何如何的样子"。"seme"前多为拟声或无实际意义的小词，如："a si seme 惊逐禽声""ar seme 高声狠叫音""kar seme 凡物不令人取意"⑳等。

拟语类，该类满文部分多为以"hon/hun/hvn"结尾的形容词，形容某种样子或状态，如："sidereshun 微不舒意""sibsihvn 上宽下细形""soksohon 独坐独立貌"㉗等。

联语类，该类满文部分多为两个满语词汇联合构成的词组，前后两个词汇往往语意相似又不尽相同，生动形象，富有韵律感，后附汉文解释，如："kemki kamki 好求人状""geje gaja 物碎多形""geri fari 闪灼光景"㉘等。

俗语类，该类收录了极具特色的满语俗语，并借用一些语意相近的汉语俗语对其内涵进行解释。据吴雪娟研究可知，"这些满语俗语来源丰富，音韵和谐，句式简单，其字面意义和喻义与满族宗教信仰、民间传说、渔猎生活等密切相关，具有鲜明的满族历史文化特色"㉙。如："doko jugvn deri yabuhai doko yali wajiha 此省事是废事之意""dobi i songko dorhon bucembi 此即近墨者黑之意""doro de bucehe，gebu de yadaha 此即穷的学富的，学得没裤子之意"㉚等。

3.部分汉语词条以满文长句详细释义

该特征多见于时令类词汇，具体如下：

时令类，既收录了天干、地支等常见且简短的满文词汇，亦收有以满文长句详释汉语时令的较长词条，如用"hailun nimaha be wecembi""bigan i niongniyaha amasi genembi"等较长语句翻译并解释汉文典故所载"獭祭鱼""候雁北"㉛等季候现象。此类中最长的一则满文长句当属用以解释汉语中"元、会、运、世"等时间单位换算方式的词条，即"一元统十二会三百六十运

四千三百二十世年月日时各有数焉 emu sucungga de juwan juwe
erguwen, ilan tanggv ninju forgon, duin minggan ilan tanggv orin
jalan be xoxombi, erei dorgi aniya, biya, inenggi, erin de geli
teisu teisu ton bi"㉜。

4. 部分词条重复

为了体现词汇构成的完整性，部分词条在同一类目下多次重
复出现。该特征多见于衙署类词汇，具体如下：

衙署类，主要收录了中央国家机关，尤其是六部辖下的衙署
名称，为了体现其衙署结构的基本完整性，以"四司 duin sy"㉝
为代表的词汇在衙署类目下反复出现，分别在涉及吏部、礼部、
兵部、工部、理藩院所辖衙署的词条下各出现一次，该词典保留
此类重复词条有利于使用者在学习相应词汇的同时全面了解各衙
署构成情况。

5. 部分满语词条的汉文词意可补其他词典之不足

多见于彝伦类词汇，具体如下：

彝伦类，包括描述君臣、血缘、姻亲、主仆等各类关系的词
汇，其中"walda"㉞一词除在该词典收录外，仅在《大清全书》
中可以查找到，相应汉意为："骂人之词也，"㉟虽有汉意，然无
详细描述，难以理解其语意，而该词典的相应词条给出了"弃掷
子"㊱这样极为具体的语意描述。

（三）编纂特点

笔者通过对《同文广汇全书》编纂方式的观察和梳理，总结
出以下特点。

1. 该词典既有以满译汉词条，又有以汉译满词条。

正如编者在小引中所述："此集中有以满注汉者，有以汉注
满者，从其文也；有以未然语注者，有以已然语注者，取其顺也，
阅者详之。"㊲根据笔者考校，该词典中以满文解释汉文之词条

为大多数，共 40 类，而以汉文解释满文的词条仅分布于卷之二助语、拟语、联语、俗语 4 类，此 4 类词条为汉人深入理解满文固有表达方式的语意、更好学习满语文提供了极大便利。

2. 该词典注重词条分类逻辑，而轻检索功能。

如前所述，作为一部分类词典，《同文广汇全书》分类详尽，涵盖词汇范围广泛，便于全面了解各类词汇。与此同时，该词典编写方式独到，同类目下词汇通常以先易后难、先短后长的方式排列，重要词汇在不同类目中不厌重复，与一般词典偏重检索查询功能相比，其更重视满语文学习逻辑，有助于利用者由浅入深地掌握满语文。

3. 该词典康熙三十二年天绘阁刻本错漏、讹误之处较多。

阿敦、刘顺、桑格等人编纂该词典时不可谓不尽心竭力，然作为私人编纂之词典在勘校等方面难免存在疏漏，因而该词典的康熙三十二年天绘阁刻本在满文字牙、圈点等刻印方面错误、遗漏较多，这一情况至康熙四十一年金陵听松楼刻本问世后方有改善。

4. 该词典仍保留着大量清代早期词汇特点。

满文初创时字母体系尚不完备，因而存在一些不足，而一个字母对应多个音位便是其突出问题之一。天聪年间达海主持满文的改进工作，通过增加圈点、规范笔画等一系列措施解决了上述问题。然而，经笔者考校，该词典收录的诸多满语词汇存在辅音音位 k/g/h 混用的情况，如"ilha"在该词典中均记为"ilga"㊳，这一现象或反映了上述老满文的特征在该词典问世时期仍有一定程度的保留和延续。

三　《同文广汇全书》的传世价值

《同文广汇全书》作为一部早在康熙三十二年业已问世的满

汉合璧分类词典，具有成书时间早、版本众多、流传范围广等特点，在满汉文化交流、辞书学、翻译学、历史研究等方面具有重要价值，具体如下。

（一）从文化交流角度，促进了多民族文化的交流融合。

该词典版本众多，重印次数及刊印数量也颇多，流传范围广，现今在国内外多个机构可以找到藏本。这切实反映出在清朝官方编纂的满文词典《御制清文鉴》刊行以前，满文词典在民间的需求量已极为可观。一方面，这一形势符合清朝进一步推行满语文，巩固满语文地位的需要，另一方面，更多的人得以利用该词典学习满文，而满族人亦可通过该词典了解汉文化，其流传对促进满汉民族文化融合意义重大。

（二）从辞书学角度，为后续满文词典编纂提供了有益借鉴。

该词典为清代最早的满汉合璧分类词典之一，在清代编纂分类词典的历程中扮演着先行者的角色，其分类逻辑、满汉词汇释义方法为后续满文词典的编纂提供了可供参考的有益范式。

（三）从翻译学角度，为当时和后世的满汉翻译提供了可靠的工具书。

词典是翻译的基础，翻译需要借助涵盖词汇范围广泛且释义准确的词典才能完成。《同文广汇全书》的问世为满汉文准确互译提供了助力，打破了满汉文间的壁垒，对满汉语言不断接触、相互影响起到了促进作用。与此同时，该词典诞生于清前期，所收词汇如实反映了满语文早期的情况，将其与清朝后续满文词典进行对比分析，可以帮助今人了解不同时期满语词汇及满汉对译方式的演变发展脉络。

（四）从历史研究角度，为满族历史文化研究提供了宝贵资料。

一个民族的语言文字是该民族历史文化得以传承的载体，《同文广汇全书》所收词汇为我们提供了把握其成书年代乃至更早时期满族在政治、经济、军事等方面发展状况的珍贵素材，生动而形象地反映了满族传统文化的意涵，亦可补史籍之不备，为今人从事满族历史文化相关课题的研究提供可靠材料。

注释：

① 富丽：《世界满文文献目录》，北京：中国民族古文字研究会，1983年版，第74页。

② 黄润华、屈六生：《全国满文图书资料联合目录》，北京：书目文献出版社，1991年版，第116页。

③ 北京市民族古籍整理出版规划小组办公室满文编辑部：《北京地区满文图书总目》，沈阳：辽宁民族出版社，2008年版，第60—61页。

④ 季永海：《满文辞书史话》，《辞书研究》1982年第2期，第148—156页。

⑤㉑ 春花：《清代满蒙文词典研究》，沈阳：辽宁民族出版社，2008年版。

⑥㉙ 吴雪娟：《〈同文广汇全书〉满语俗语研究》，《满语研究》2013年第2期，第14—25页。

⑦ 本文满文依据《满文档案著录名词与术语汉译规则》（DA/T 30—2019）附录B进行拉丁字母转写。

⑧ 光绪十六年（1890）聚珍堂刻本，相关对译书名参考出自（清）乾隆敕修：《钦定清汉对音字式》。

⑨ 中国第一历史档案馆：《康熙起居注》第1册，北京：中华书局，1984年版，第93—94页。

⑩ 马子木、乌云毕力格：《"同文之治"：清朝多语文政治文化的构拟与实践》，《民族研究》2017年第4期，第82—94、125—126页。

⑪⑫ 《大清世祖章皇帝实录》卷72，顺治十年二月。

⑬ 《大清世祖章皇帝实录》卷101，顺治十三年五月至闰五月。

⑭—⑳、㉓—㉕、㉛—㉞㊱㊲（清）阿敦、刘顺、桑格：《同文广汇全书》卷1，康熙三十二年天绘阁刻本，第1—38页。

㉒ 统计词条数量时，该词典内每一组满汉文对照字、词、短语、语句，不论长短，均记为1条。

㉖㉗㉘㉚（清）阿敦、刘顺、桑格：《同文广汇全书》卷2，康熙三十二年天绘阁刻本，第31—51页。

㉟（清）沈启亮：《大清全书》（影印本），沈阳：辽宁民族出版社，2008年版，第378页。

㊳（清）阿敦、刘顺、桑格：《同文广汇全书》卷4，康熙三十二年天绘阁刻本，第49页。

（原载于《民族翻译》2022年第3期）